D1724282

Jarosław Iwaszkiewicz

Dzienniki 1956-1963

Jarosław Iwaszkiewicz
Dzienniki

Pod redakcją
Andrzeja Gronczewskiego

Tom I: *Dzienniki 1911-1955*
Tom II: *Dzienniki 1956-1963*
Tom III: *Dzienniki 1964-1980*

Jarosław Iwaszkiewicz

Dzienniki 1956-1963

Opracowanie i przypisy
Agnieszka i Robert Papiescy
Radosław Romaniuk

Wstępem opatrzył
Andrzej Gronczewski

Czytelnik
Warszawa 2010

Projekt okładki i karty tytułowej
Lijklema Design
Karolina i Hans Lijklema

Redakcja i indeks osób
Agnieszka Papieska

Redaktor techniczny
Hanna Bernaszuk

Korekta
Bianka Dziadkiewicz
Anna Piątkowska
Monika Ziółek

© Copyright by Spółdzielnia Wydawnicza „Czytelnik",
Maria Iwaszkiewicz-Wojdowska, Teresa Markowska, 2010

ISBN 978-83-07-03113-3
ISBN 978-83-07-03213-9 (t. 2)

Wszystkie owoce czasu

Drzewo jego życia, drzewo twórczych dokonań, jakie wyłania się spoza kart drugiego tomu *Dzienników*, jest nadal potężne, wysokie, pełne majestatu, harmonijne. Darzy nas bogatym cieniem. Drzewo, znając swe powinności, okrywa się bujną zielenią, pomnaża gałązki, oferuje nowe owoce. Jest punktualne i bogate. Zadziwia nas, przyciąga i fascynuje już samą wolą rozrostu, płodnego trwania. W wielu oczach drzewo to może być obiektem wdzięczności i zachwytu.

On sam, sprawca dzieła i autor diariusza, widział jednak inne drzewo, coraz bardziej nagie, poszarpane, zdeformowane przez pracę czasu, grymas cierpienia i doznanie bólu. Dawne drzewo ufności, woli życia, drzewo trudnej harmonii musi być teraz drzewem zwątpienia, drzewem lęku. Wysokie drzewa Iwaszkiewicza – tyle ich w jego wierszach, w prozie, w jego zapiskach diarystycznych – są coraz bardziej drzewami rozpaczy, daremności, bezradnej szarpaniny wśród różnych sekretów bytu i śmierci.

W obszarze *Dzienników 1956 1963* wchodzi z wolna Iwaszkiewicz w kręgi dosłownej starości człowieczej. Buntuje się przeciwko nakazom takiego przejścia. Trapi go nadal to, co nazywa przekleństwem młodego serca. Bije ono żarliwie, intensywnie – w ciele, które stopniowo poznaje wszelkie udręki znużenia, ciężary wieku późnego, przykrości ciała.

Lampa wewnętrzna, duchowa, lampa wyobraźni i wrażliwości pali się w nim ze zmiennymi rytmami. Bywa kapryśna, zaskakująca, nieobliczalna. To wybucha gwałtownie, jarzy się w nagłych paroksyzmach, to uspokaja, nabiera cech statecznych, elegijnych, skłania pisarza do testamentalnych decyzji.

W regionach mowy poetyckiej, w tomie *Jutro żniwa* (1963) rozbrzmiewa wówczas dwukrotne, zadyszane, niecierpliwe „jeszcze, jeszcze". Usłyszymy podwojone, ekstatyczne: „dziękuję, dziękuję". W dzienniku – na przekór zmęczeniu – zapisuje Iwaszkiewicz słowa: „dalej, dalej", jak Goetheańskie rozkazy, wydane sobie. Będą wtedy gęstnieć marzenia, plany, tęsknoty. Marzenia, by ponowiły się wszystkie owoce świata. By wciąż trwał świąteczny fe-

styn krajów, miast, pejzaży. By sumowały się wszelkie dary – wbrew starości, która zazwyczaj otwiera przed nami terytoria izolacji, uwiądu, obszary
gasnących oczu i chromych uszu. I grozi wyrokami milczenia, pustki, próż-
nego buntu. Dwie odmiany wiedzy, dwie jej formy odsłonił Iwaszkiewicz. Bez trudu
rozpoznajemy tu wiedzę chwili i wiedzę, właściwą dla całości czasu, jaką
rozporządza diarysta. Wiedza atomu, cząstki, drobiny człowieczej, wiedza
kropli istnienia – kosztowna, bolejąca albo zachwycona sobą – ulega tu wielu
przemianom. Żywi się doraźnymi impulsami. Odwołuje do obrotów humoru
codziennego. Ta druga wiedza Iwaszkiewicza korzysta ze sztuki dystansu.
Zawdzięcza wszystko ogromnym i zmiennym przestrzeniom życia. Apeluje
do śmiałych syntez poznawczych.

Wiedza pierwsza i wiedza wtóra obnażają wszelkie ograniczenia i przywi-
leje diarysty. W ostatecznym, szczęśliwym rezultacie tego procesu widzimy
mistrza, który niczego nie trwoni, o wszystkim pamięta, każdą chwilę życia
umie łączyć z nieogarniętą jego sumą.

Suma owa świadczy o wysokiej temperaturze istnienia. Zaleca się szcze-
gólną urodą, choć mieści w sobie elementy nieszczęścia, choroby czasu i rodzaje zmęczenia prywatnego, choć niesie kataklizmy dziejowe, nie stroni od
szaleństw i błędów epoki.

Dawno temu, czytając po raz pierwszy *Panny z Wilka*, zapamiętałem zdanie, którego sens odsłaniał mi się z wolna, cierpliwie, w zgodzie z różnymi
obrotami życia. Odsłaniał się – coraz bardziej okrutny, kosztowny. Bardziej
cenny niż lekcje pobierane skwapliwie u różnych filozofów. „Wielki to grzech
nie umieć spostrzec własnego szczęścia..." – mówi narrator *Panien z Wilka*.

Stary artysta musi „odpominać" to zdanie, gdy jego myśl owija się w dzienniku wokół znamiennego słowa, słowa „szczęście". Wraca jednak do innych
słów. Do finalnych słów z *Brzeziny*. Wraca wiele razy. Oto umarło, co umrzeć
miało. Oto jeszcze żyje, co ma trwać przez nieokreślony czas bytu.

Oto uspokoiły się wszelkie wiry, uciszyły lamenty i skargi. Dokonane zostało to, co ludzkie, zwykłe, daremne, co należy do trudnych i gorzkich zadań
człowieczeństwa. Oto minęły deszcze, dopełniają się życiowe prace: „Spokój, spokój, prawie szczęście" – powiada narrator *Brzeziny*.

Filozof, który zechce pisać o kategorii szczęścia u Iwaszkiewicza, o bar-
wach jego tragizmu, będzie musiał długo studiować Iwaszkiewiczowski dziennik. Kto ponownie rozważał będzie kwestię doświadczeń religijnych autora
Sławy i chwały, musi prześwietlić te stronice dziennika, na których mówi poeta o szczęściu metafizycznym, absolutnym, o szczęściu niebytu. O szczęściu
unicestwienia. O wolności od wszelkich form życia. O wiekuistym odpoczy-

6

waniu, którego zapowiedzi są treściwe dla żywych, lecz płonne dla zmarłych. Walka o szczęście okaże się więc daremną uzurpacją złudzeń. Prośba o szczęście nie zostanie wysłuchana. Kategoria szczęścia należy właściwie do dziecięcych i młodzieńczych majaków. Jest owocem naiwnych utopii. Wielkie światło marzenia wypala się razem z gorzką dojrzałością. Dla człowieka w fazie starości szczęście bywa procentem od uciszenia się wszelkich zamętów życia. Może być przełęczą spokoju między cudzymi śmierciami – w drodze do śmierci własnej.

Stary człowiek będzie więc powtarzał zdanie z *Brzeziny*, jakby utożsamiał szczęście z formą snu, zaś formę snu doczesnego postrzegał jako formę albo próbę snu wiecznego. Czy nie wołał kiedyś, w pamiętnym wierszu: „Przyjdź, o śmierci, siostro spania", jakby sterował w stronę nicości, odczuwając silnie pokusę niebytu, szczęście unicestwienia? Jakby wydawało się ono pełniejsze od kalekich form szczęścia? Od wszelkich jego przejawów, zrealizowanych w niezliczonych próbach, szkicach, ułomnych scenariuszach?

Jeśli wyobraźnia Jarosława Iwaszkiewicza krąży wokół bram wieczności, a krąży bez przerwy, to swoiście projektowana, religijna szczęśliwość artysty ogranicza się do przestrzeni, która nie zna ani łaski, ani przekleństwa pamięci.

Czas diarysty jest niemal ciągły, zawsze spójny, mimo luk i szczelin między zapisami. Świadczy o tożsamości bytu, uwierzytelnia rysunek i życzliwy charakter losu, mimo cierpień i chmur, jakie widoczne są przecież w dzienniku Iwaszkiewicza.

Czytelnik diariusza, księgi poufnej i skierowanej ku dość odległym oczom, szuka dla siebie drogowskazów. Muszą być one rozstawione w lesie różnych detali. Muszą wyzierać spoza gęstej materii spraw i rzeczy. Muszą ukazywać się spoza portretów chwil – w nadmiarze, w ogromie płynnego czasu.

Czytelnik rychło dostrzega, że podobne napięcia między doznaniem cząstki i sumy, drobiny i całości określają dynamikę Iwaszkiewiczowskich wyobrażeń o istocie szczęścia. Łatwo zawdzięczać szczęście – euforiom chwil. Trudniej wiązać doznanie szczęścia – z ideą całości, z sumą bytu.

Nie buduję tu Iwaszkiewiczowskiej definicji szczęścia. Nie scalam jej z wielostronnego tworzywa, jakie hojnie ofiarował nam pisarz w swoich dziennikach. W tym miejscu powinna więc wystarczyć lapidarna pewność, że prawdy i fantomy szczęścia uwodzą wyobraźnię młodych i stają się niemal daremne w dojrzałym czasie człowieczym.

Musi wystarczyć gorzka oczywistość, że czas – rozpięty nad mostem polskim – dotkliwie deformuje wszelkie „kompozycje istnienia", często miażdży je, dławi w bolesnej masakrze, skazując nas na obcowanie z ruinami ludzkich marzeń, wysiłków, tęsknot i spełnień.

Rozmowa z samym sobą, rozmowa o własnym szczęściu, rozmowa na moście polskim, musiała być zawsze trudna dla Jarosława Iwaszkiewicza jako diarysty, a my tę uciążliwość zdajemy się podzielać w dwójnasób, inaczej patrząc na bohatera i sprawcę dziennika, niż on sam pragnął patrzeć na niezliczonych kartkach swego diariusza.

Jako kartograf złudnych, daremnych fenomenów szczęścia Iwaszkiewicz wiele razy utwierdza w nas przekonanie, że błądzimy ciągle po manowcach, obrzeżach, marginesach, pasach demarkacyjnych tego, co do obszaru szczęścia może zaledwie aspirować.

W finalnym zdaniu *Brzeziny* dominuje bowiem słówko przekorne, pełne rezygnacji, melancholii i smutku poznawczego, słówko „prawie". Wydaje się ono bardziej ważkie od słowa następnego, słowa bez definicji. Uwiarygodnia różne szanse pojmowania tego słowa, które tak pięknie brzmi w różnych językach świata, które na pierwszym miejscu jawi się we wszystkich niewinnych i zbrodniczych snach dziejowych, w utopiach świętych, w okrutnych scenariuszach historii, sporządzonych przez szaleńców i tyranów wszystkich stuleci. Czy zupełny brak szczęścia nie rodzi się zawsze tam, gdzie cudza siła przymusza nas do obcej formy szczęścia?

Wiedząc, że nie godzi się bezkarnie odwoływać do tego słowa świetlistego, pełnego obietnic, Iwaszkiewicz za każdym razem przemyca jego utajone, iluzoryczne wykładnie. Czytając dziennik, krążymy zatem wokół zmiennych, ruchomych sensów tego pojęcia. Przybliżamy się do kosztownego i toksycznego prezentu, ofiarowanego nam dawno temu, pośród innych, największych darów mowy i pisma.

Języki szczęścia – musimy o tym nieprzerwanie pamiętać – żądają genialnych tłumaczy, podobnie jak mowa bólu domaga się wielkich translatorów. Języki szczęścia i bólu są właściwie nieprzekładalne. W centrum obszarów szczęścia – sugeruje nadto Iwaszkiewicz – może nas trawić samotność równie gęsta i dotkliwa, jak samotność doznawana w ojczyźnie bólu, pośród wielu fizycznych i duchowych koszmarów.

Jeśli wolno zapytać w taki sposób, zapytam: jaka jest geografia szczęścia w dzienniku Iwaszkiewicza? Jak z obrotami szczęścia radzi sobie diarysta – w praktyce dni powszednich i dni świątecznych? Zwłaszcza na stronicach, jakie uformowały drugi tom Iwaszkiewiczowskiego diariusza?

Jakie równoleżniki i południki moralne, psychologiczne, dziejowe, artystyczne dojrzeć można w atlasie, unaocznionym przez twórcę *Sławy i chwały*? Czy Jarosław Iwaszkiewicz był również depozytariuszem pewnych myśli o istocie szczęścia? Ich przezornym odkrywcą, mądrym kolekcjonerem, skwapliwym strażnikiem?

Może godziłoby się rozpoznać wartość owego depozytu? W pejzażu ruin, ciągle widzialnym poza nowymi domami, w kraju „mogił i krzyżów" karkołomne to przedsięwzięcie, trudne, swoiście ryzykowne i nieprzystojne, skłócone z wieloma polskimi testamentami i lamentami. Muszę jednak pamiętać, że rodzimą syntezę, sumę myśli o naturze szczęścia scalał przecież polski filozof w godzinie pogardy wobec klasycznych form szczęścia. Scalał ją Władysław Tatarkiewicz w skąpym świetle „godziny strzeżonej".

Czytając gorzkie, bolesne zapiski Iwaszkiewicza, wgłębiając się w miąższ jego rozpaczy, wchodząc w rozległe obszary jego bojaźni i trwogi, przekonujemy się zarazem, że nasz bohater nie rezygnuje z własnych predestynacji do szczęścia, z widomego talentu do gromadzenia różnych jego fenomenów.

Taka postawa, jak powiedziałem, musi być pełna jątrzącego wstydu, pełna zastrzeżeń, ukrytych restrykcji, zrozumiałych u mieszkańca i rzecznika dwudziestego wieku. Dla czułego użytkownika mowy tamtego czasu słowo „szczęście" było poniekąd wygnane, deportowane daleko poza obszary ojczyzny-polszczyzny albo – w jej granicach – poddane semantycznym obróbkom, fałszerstwom, groźnym adaptacjom.

Śledząc Iwaszkiewiczowskie przygody z kategorią szczęścia, jego potyczki z inkryminowanym rzeczownikiem, poruszamy się ciągle w obszarze łowów na znaczenia. Czyhamy na sensy zmienne, ruchome, szybko pulsujące, na sensy celowo zatracone albo świadomie przemilczane.

Źródła szczęścia są zatem wielorakie, kapryśne, rozrzucone w przestrzeni. Mogą być skąpe i zasobne, doraźne i trwałe. Wiedza o jednej studni szczęścia okazuje się daremna i płonna przy studni drugiej. Bywamy szczęśliwi – poucza Iwaszkiewicz – za nową przyczyną rodząc się jakby do nowego szczęścia. Rodzimy się powtórnie, by przyjąć jego osobną i niepowrotną odmianę.

Czytelnik drugiego tomu dzienników szybko dostrzega, że teatr życia Iwaszkiewicza ciągle rozszerza się, doskonali swe aparatury. Że nasilają się jego zewnętrzne przejawy i manifestacje. Ale zarazem – w widomy sposób – kurczy się scena, dzięki której mówić można o szczęściu wymiernym, widzialnym, uchwytnym. O takim, jakie nie podlega zaskarżeniu, jakie bywa odporne wobec zwątpienia i duchowego chłodu.

Wielka księga dziennika staje się bowiem coraz bardziej księgą starości, zbiorem przejmujących zdań o „baśni zimowej" człowieka. O dojrzewaniu do umierania i śmierci.

Dopóki może, diarysta łowi wszelkie znaki szczęścia. Jest zachłanny wobec jego fenomenów. Nie stroni od jego masek i fantomów. Dłoń Iwaszkiewicza staje się drapieżna, zawsze gotowa do zamykania w sieci zdań – wszelkich stron codziennego i świątecznego piękna.

Jeśli szczęście z natury swej bywa odmianą święta, Iwaszkiewicz trwał, niemal zawsze okrążony przez to święto szczególne. Był gotów do hojnego dzielenia się z innymi, których oczy nie są tak skłonne do respektowania świata – jako wielkiego święta.

Zachwyt, najbliższy krewny i sąsiad szczęścia, u Iwaszkiewicza pozostaje zawsze w stanie gotowości, w stadium kulminacji, ciągle czynny, ekstatyczny, swoiście modlitewny w świeckiej religii podziwu i wdzięczności, predestynowany do współpracy ze wszystkimi świetlistymi i mrocznymi fenomenami świata, z tryumfami i porażkami śmiertelnej materii.

Winniśmy Iwaszkiewiczowi nieustającą wdzięczność za te lekcje zachwytu i pokory wobec rzeczy, które naszą gotowość do szczęścia budzą i doskonalą. Winniśmy wdzięczność za miłosną aprobatę, jaką obdarzamy przedmioty, wyznaczające mądrość, zmienność i trwałość najprostszych, domowych porządków ludzkich.

Czy był więc predestynowany do szczęścia? Czy uwierzytelnił sobą jego splątane ścieżki? Jak rozpoznać, czytając drugi tom *Dzienników*, tę formę talentu „do" szczęścia, tak pożądaną przez wszystkich? Tak cenną nawet dla tych, którym dary słowa wydają się iluzoryczne i płonne?

Istnieje „szczęście" o twardym, wyrazistym, demonstracyjnym konturze. Istnieje także „szczęśliwość" bardziej płynna, luźna, szeroko rozlana, bardziej uchwytna w codziennej praktyce życia, w obrachunkach i sprawozdaniach czujnego diarysty. Wydaje się spokojna, gładka, pełna ciszy, jak wody w apogeum lata.

Czy nie zanotował w swoim diariuszu: „Chciałbym to wszystko sfilmować, może wyjaśnić Wajdzie, na czym polega lato?". W istocie kochał cztery pory roku, lecz szczególnie bliska i świąteczna wydawała mu się godzina sierpnia, tak bardzo świetlista, tak przyjazna w narracjach o istocie dojrzałości, o tajemnicy zbierania plonów. O fazie słonecznej, jaka wyprzedza czas deszczu, wiatru, ciemności, owo ciemne, okrutne „dno roku" – według słów Marii Dąbrowskiej, przywołanych w dzienniku Iwaszkiewicza.

Szczęście lata, krągłe, pełne, dekoracyjne, uwodziło zawsze autora dziennika w sposób właściwy dla Iwaszkiewiczowskich olśnień wzroku, słuchu i nozdrzy. Dla dotyków tej samej dłoni, która była przecież tak zmienną dłonią, stając się ręką chłopca, mężczyzny, dłonią starego człowieka.

Choć stare drzewo, w którego stronę ciągle patrzę, odbywa podróż jedynie w czasie, nie znając przyjemności wędrówek ani rozkoszy wielu miejsc, wydaje się, że właśnie ono może unaocznić sam rdzeń bytu Jarosława Iwaszkiewicza. Może uwydatnić jego roślinną cierpliwość, jego sojusze z ojczyzną dookolną, jego miłość do miejsc wybranych, najbliższych.

W miarę jak kalendarze Iwaszkiewicza łączą się tajemnie z rytmami starości, mieszkaniec Stawiska odsłania coraz ściślejsze analogie między pejzażem duchowym i zewnętrznym. Ujawnia tożsamość ziemi, nieba i obłoków. Obnaża jedność człowieczą ze światem śmierci, zagłady, walki i uspokojenia. Szuka w tym świecie stałego adresu. Marzy o innym domu niż ten, wokół którego krąży uparcie podczas wieczornych spacerów. Miary miłości wiążą się bowiem z myślami o sąsiedztwie domu i grobu. Czy nie można – na zawsze – zostać sąsiadem własnego, ziemskiego domu? Być nadal mieszkańcem lasu i ogrodu, także w drugiej przestrzeni życia? I to marzenie Iwaszkiewicza okazało się daremne.

Wieczory jesienne są więc tylko próbą nocy innej, nocy bez granic. Są próbą ciemności, jaką trzeba podjąć, a dopełniające się pory roku stanowią dekoracje dla teatru życia, dla jego dni przedostatnich. Taką rolę wyznacza autor *Plejad* dniom październikowym. 12 października 1956 roku, zanim zgasną wszystkie światłocienie i scalą się w mroku wszelkie kształty, Iwaszkiewicz notuje: „Ubóstwiam takie wieczory. Wiatr i dość zimno, ale nie bardzo. Drzewa stoją ciche, gąszcz lasu jakby zamyślona. I ten opuszczony las, zarośnięty staw, olbrzymie stare wierzby nad wodą i chmury przykrywające połówkę księżyca. Woda na stawie czarno-różowa i to dokonanie się, zakończenie w powietrzu, w przyrodzie całej. Wszystko zamknięte i tylko się czeka, kiedy wszystkie liście opadną. A pola żytnie zielone, świeżą cudowną zielenią. Moja ukochana pora – i Stawisko takie przepiękne, takie tajemnicze, zapuszczone i do głębi samotne jak ja. Tak mi dobrze w takie dni – tak nie chcę innych i taka mi obca wrzawa Warszawy. Takie wieczory przyzwyczajają do starości, do samotności. Tak mi się nic chce jechać do miasta. Żebym to ja mógł być tu z a w s z e! Trzeba mnie pochować na terenie Stawiska, pod dużym dębem?".

Wieczorne, jesienne przechadzki Iwaszkiewicza – wśród posępnych dekoracji Stawiska – czymże są, jeśli nie wyprawami w głąb czasu, w stronę szczęścia rozpoznanego i zatraconego, roztrwonionego pośród wielu grzechów człowieka i artysty? Czym są, jeśli nie krokami ku pocieszycielskim źródłom i sekretom natury? Wciąż, do samej krawędzi życia nasila się w bohaterze dziennika owa delektacja światem, nawet w porze listopadów, nawet w godzinie pogrzebów, w spektaklu śmierci, w scenach przemijania, zagłady, w nawrotach rozpaczy i chwilach daremności ludzkiego trudu.

Istnieją formy szczęścia, zbudowane z zaprzeczeń, z negacji dawnych utopii, z rewersu martwej nadziei. A zatem bolesne, jątrzące negatywy i „powidoki" szczęścia. Twory wyjęte jakby z ojczyzny snu, twory podziemne i twory powietrzne, bliskie dziwnym bytom roślinnym. Mają one głębokie korzenie i fantasmagoryczne korony. Są to gorzkie, tajemne, splątane, lucyferyczne, groźne formy szczęścia. Pamięć o nich doskonali się, pielęgnuje i utrwala w najbardziej ukrytych, pilnie strzeżonych, wstydliwych sejfach wyobraźni i pamięci. Format Iwaszkiewicza. Format człowieka i artysty. Z odległego „dzisiaj" widać ten format jeszcze wyraźniej. Twórca *Sławy i chwały* był większy od wszystkiego, co mrowiło się w jego cieniu. Konieczna jest odwaga, by powtórzyć to – po latach wielu. Trzeba odsłonić prawdy, nie zawsze witane z życzliwym obiektywizmem i bezstronną wdzięcznością.

O cieniu wielkiego drzewa, o jego majestacie z uporem mówiąc, muszę jednak doznawać konfuzji, kiedy śledzę diariuszowe zapiski Iwaszkiewicza, badam właściwe im metafory, łowię groteskowe i gorzkie autodiagnozy.

23 marca 1958 roku Iwaszkiewicz napisał: „Najgorsze jest w moim życiu – a zwłaszcza na starość – to, że nie mam się do kogo przymierzyć. Niewątpliwie jestem postacią na miarę największą. Ale wyrosłem jak olbrzymia pieczarka przykryta małym słoikiem, stąd wszystkie zniekształcenia. Zamiast pięknego, wielkiego grzyba – szklanka napełniona białą masą. Potrawę z tego można zrobić, ale bez smaku. Kiedy się widzi postać Goethego czy nawet postać Gide'a, rozumie się, że oni mogli rosnąć swobodnie. Podczas kiedy moja indywidualność cierpi zawsze na jedno: na prowincjonalizm. Na to, co mi nie dało wykształcenia, na to, co mi nie dało wykorzystania wszelkich moich możliwości. U Goethego jest ta cudowna równowaga pomiędzy człowiekiem i artystą".

Byłoby symptomem profesorskiej, niemieckiej, pedantycznej humorystyki, gdybym wszczął tutaj spór z sądami Iwaszkiewicza. Nie podzielam bowiem żadnej jego diagnozy. Sądzę, że z tych samych elementów zbudować można system wartości całkowicie odmienny niż ten, jaki niesie krytyczna konstrukcja Jarosława Iwaszkiewicza. Zamiast bolesnej, szydliwej diatryby usłyszymy wtedy solenną i prawdomówną apologię.

Nie podejmę tego zadania z szacunku wobec skargi Iwaszkiewicza, wobec skali jego wyznań, z pokory wobec jego odważnych samosądów, z podziwu wobec ostrości inwektyw, wobec prowokacyjnych ofensyw i wyroków.

Ceniąc harmonię między życiem i sztuką mieszkańca Weimaru, sytuując się w trójkącie, wyznaczonym przez nazwiska Goethego, Lwa Tołstoja i Gide'a, co chciał ujawnić, a co przemilczeć? Czy dostrzegał rozziew między życiem a własnym pisarstwem? Czemu dawał pierwszeństwo, życiu czy sztuce literackiej? Czy wynosił dzieło ponad życie? Widział je – jako „większe od życia"? Czy – wobec projektów życia wielostronnego, intensywnego, bogatego – swe owoce w domenie literatury postrzegał jako żałosne, przelotne, ubogie?

12

Nie umiem odpowiedzieć na takie pytania. Dla każdej odpowiedzi znajduję stosowne argumenty. Musimy jednak pamiętać, że w obszarze dziennika Iwaszkiewicz wiele razy wyraził apologię własnej osobowości. Wiele razy stwierdził, że właśnie ona jest wartością główną. Że – jak u niektórych artystów – dzieła jego odgrywają poniekąd rolę poboczną, instrumentalną. Są jedynie narzędziami, koniecznymi dla ujawnienia i pomnożenia osobowości. Czyli do ewokacji tego, co jest bardzo naoczne, lecz chytrze ucieka przed każdą definicją. Co łatwo wymyka się z psychologicznych czy moralnych sideł, dzięki którym chcemy unieruchomić sedno tej osobowości, uchwycić jej płynne cechy.

Iwaszkiewicz jako diarysta – także w drugim tomie dziennika – jest bardziej analitykiem swoich klęsk, przeziercą jawnych i ukrytych ułomności niż chłodnym, trzeźwym rejestratorem własnych osiągnięć twórczych. Ich nader obfity wykaz znaleźć możemy w każdej encyklopedii lub słowniku literackim.

Diarysta słyszy zdanie młodego przyjaciela: „Ty dobrze rozegrałeś swoje życie". I odpowiada: „Niewątpliwie, tylko że to nie była gra". Co więc rozstrzygało o dynamice życia, gdy wykluczymy pierwiastek gry, dziejowego hazardu, prywatnego podstępu? Gdy dowiemy się, że budowniczy tego życia nie był świadomym architektem ani też sprawnym reżyserem przypadków? Gdy uwzględnimy, że zewnętrznym obrazom wygranej odpowiada duchowe, bolesne odczucie klęski, poniżenia, zatraty, przelotności?

Iwaszkiewicz nie jest nigdy przeziercą monotonii życia, badaczem nudy powszedniej. Jest – przeciwnie – diarystą punktów kulminacyjnych, rzecznikiem, jak powiedzieliśmy, świątecznych doznań, napięć, wzruszeń. Jest raczej biegłym protokolantem nadmiaru niż notariuszem Norwidowego „braku", bo i ten drugi stan pojmuje w kategoriach nadmiaru, jako obraz gwałtownej, wezbranej fali życia.

Czy nie wołał żartobliwie – jak wspomina pani Maria Iwaszkiewicz – „a to świetnie!", kiedy oblegały go najbardziej ryzykowne, groźne i ponure przygody życia? Czy nie stosował tego zwrotu aż do końca, witając nim złe chwile bytu?

Dziennik był dla Iwaszkiewicza „życiem życia", jeśli wolno tu przywołać formułę Zygmunta Krasińskiego. Dzięki diariuszowi – jeszcze mocniej – napinała się cięciwa w łuku jego życia. Dzięki zapiskom klarowały się esencje bytu. Odepchnięte zostały stany rozproszenia, rozrzedzenia, rozcieńczenia, zasadniczo obce Iwaszkiewiczowi – jako diaryście.

Pisząc dziennik, Iwaszkiewicz żyje tak, jakby miał żyć tylko w wybranej chwili życia. Jakby łaska chwili bieżącej była najdroższym skarbem człowieczego Sezamu. I żyje zarazem we wszystkich chwilach przeszłości, zawsze w nich obecny, gotów do powitania fal minionego – wśród wielu obrotów i fal teraźniejszości.

Skargi, gęstniejące skargi. Coraz to bardziej przykre doznania samotności – na wszystkich piętrach życia, zbiorowego i rodzinnego. Diarysta biegle konfrontuje odmiany tej samotności, zestawia jej formy z różnych godzin życia. Cierpienia sprzed wielu dekad są dla niego równie dotkliwe, jak rozpacze, rozterki czy przykrości dnia teraźniejszego. Jest upartym tragarzem własnych cierpień, sumiennym orędownikiem krzywd. Nie wyrzuca ze swej „walizki rozpaczy", jak pisał Gałczyński, ani jednej skargi, ani jednego lamentu. Wszystkie bowiem mogą być nieodzowne w sumach nowych rozpaczy, jakie zdaje się skrupulatnie zapowiadać, rzecz całą powierzając sugestywnym i pojemnym szyfrom dziennika.

Odczuwał samotność o wielu imionach i twarzach. Samotność patriarchy wśród córek i wnucząt. Samotność twórcy, którego własne rzeczy i sprawy musiały izolować wśród bliskich, także – w różnych okresach życia – od towarzyszki tego życia, od współtwórczyni jego życiowej budowli.

Gdy już zarejestrował wszelkie przejawy samotności, jakie dokuczyły mu w dniu bieżącym, gdy skwapliwie wyliczył wszystkie minione, nie omieszkał na koniec zajrzeć w czas przyszły. Nie zapomniał, by skorzystać z przekornej, mrocznej, Leśmianowskiej, cmentarnej zgoła i metafizycznej optyki, i zapowiedzieć boleśnie: „Wyobrażam sobie opuszczenie mojego grobu!".

Widziałem Go w lutym 1958 roku, w sali Związku Literatów Polskich na Krakowskim Przedmieściu, w dniach najbliższych tym zapiskom, na wieczorze autorskim, jakie zwykł przedsiębrać w okolicach swoich imienin i urodzin.

Wyłonił się jakby z innego świata, z przeszłości, pozornie zamkniętej, odległej, która – poza nim – trwała już tylko w książkach i żyła w pozgonnych legendach. Nie sprawiał wrażenia człowieka, który martwi się o własny grób. Był wyniosły, elegancki, energiczny. Z pękatej, wypchanej papierzyskami, zamczystej teki wydobył kilkanaście swoich książek i ułożył z nich pokaźną piramidę. Trochę szorstki, nonszalancko jowialny, wielkopański, z chusteczką, która – *modo antico* – luźno rozkwitała w kieszonce marynarki, żartobliwie zapowiedział: „Proszę państwa, nie ma się czego obawiać, z każdej przeczytam tylko po kawałku". I otworzył dawny egzemplarz *Pejzaży sentymentalnych*, by przeczytać *Poziomkę*.

Słyszałem wielu, którzy własnym głosem rzeźbili znaczenia swoich słów i sobą – po Norwidowemu – „zaręczali" ich wiarogodność. Żaden jednak głos nie zachował się tak wiernie w pamięci mego słuchu, jak skupiony, muzyczny głos Iwaszkiewicza. Głos ze wschodnim szlochem i zaśpiewem. Głos, który mówił o smaku czerwcowej i wrześniowej poziomki. I za przyczyną tej opo-

14

wieści odsłaniał różne sekrety czasu, młodego zachwytu, ujawniał wszystkie skale dojrzałego smutku i zamyślenia – wśród znikomych, skromnych, leśnych barw i zapachów życia.

A potem czytał *Plejady* i wiersze z *Ciemnych ścieżek*. W tamtej epoce kupowało się bilety na wieczory autorskie. Przed wieczorem chodziłem po księgarniach i daremnie usiłowałem kupić *Obcego* Alberta Camusa. Jak dobrze, że kupiłem bilet na wieczór Iwaszkiewicza. Był to bowiem bilet wymierny i zarazem symboliczny, bilet do różnych ogrodów życia i sztuki, klucz do wielu skarbców, karta wstępu ciągle bezcenna i szczęśliwie przedłużana.

W dzienniku Iwaszkiewicza kryją się materiały, prolegomena, szkice do erotycznej i seksualnej autobiografii diarysty. Autobiografia owa jest śmielsza i bardziej wyrazista niż autobiografia seksualna Wellsa, dość w końcu dyskretna, powściągliwa, oziębłe purytańska. Unikając rażącego ekshibicjonizmu, Iwaszkiewicz nie mówi przecież o życiu osób anonimowych lub fikcyjnych. Opowiada o przygodach, w jakie wplątane było jego małżeństwo. Mówi o chronologiach miłosnych i scenografiach małżeńskiego seksualizmu. Nie kieruje nim widome, zrozumiałe zażenowanie. Nie wstydzi się, gdy komentuje zachowania pani Anny i zachowania swoje.

Obie jego księgi, księga dnia i księga nocy, są do bólu szczere i prawdomówne. Iwaszkiewicz ustala nieznane dotąd miary odwagi, nagości – wobec lustra słów własnych. W lustrze przeglądają się nie tylko minuty i godziny. Diarysta potrafi zdobyć się – jakże to nazwać? – na diagnozy czy refleksje seksualne, wysnute z wielu dekad doświadczenia miłosnego. Z przygód, oświetlonych przez obroty całego życia.

Przy śmiałej amplitudzie doznań, przy różnych wahaniach, zwątpieniach, zmianach temperatury uczuciowej, przy następstwach chłodu i żaru, dziennik Jarosława Iwaszkiewicza jest wielkim poematem diarystycznym o miłości małżeńskiej. O dwojgu tak różnych osób, połączonych przez małżeńską wspólnotę losu.

Trudno o bardziej subtelne i mocne węzły życia. Trudno o większe spiętrzenie odrębności, tonacji, temperamentów. Trudno o bardziej odmienne żywioły mroku i światła. A jednak, po obrachowaniu przesłanek i wniosków, po scaleniu życiowej sumy – jakiż to wspaniały przykład życia podwojonego, owocnego. Jakie świadectwo miłości pełnej, odważnej, solennej. Niech nie zwodzą nas rozpacze, rozczarowania i rozterki chwili. Niech animozje i wstręty dnia nie tuszują właściwego obrazu. Musimy ogarnąć spojrzeniem mapę całości, mapę życia.

Bez Anny byłby kimś innym – w teatrach życia i sztuki. Jego los miałby inny kształt, z innych materii byłby zbudowany. Aż trudno wyobrazić sobie ów los alternatywny, tak ściśle są powiązani w jedyności życia, jaka stała się ich udziałem. Tak doskonale odegrali swe zadania i role – jeśli wolno tu mówić o rolach – że nie sposób tych ról oddzielić od siebie, uczynić motywami odrębnych rozważań.

Choć z właściwą sobie przekorą stwierdził na kartkach dziennika, że przez całe życie – we własnym domu – spał w za krótkim dla siebie łóżku, a także kąpał się w za krótkiej wannie, i żądał, by konstatację ową pojmować dosłownie i metaforycznie, wiedział zarazem, jak ściśle łączy się z Anną budowla jego życia. Jak wiążą się z nią wszelkie pogody domu i pogody ogrodu.

Gdyby znał dwa wersy z wiersza swego książęcego rywala, napisane jeszcze przed I wojną i przywołane pięćdziesiąt lat później jako ważki inicjał autobiografii, byłby z pewnością zakłopotany, zdumiony, pełen wahań wobec słów Krzysztofa Mikołaja Radziwiłła:

Gdy Polsce toruje to drogę,
ja dom swój sam burzyć pomogę.

To pani Anna ofiarowała Iwaszkiewiczowi przestrzeń, której stał się z wolna duchowym suwerenem, gospodarzem, jej sumiennym, poetyckim kartografem, co nie przydarzyło się – w podobnych miarach szczęścia i foremnego losu – żadnemu z pisarzy polskich, którzy w krajobrazie XX wieku do wielkości mogli pretendować.

Była poniekąd architektem jego życia – według starych, dobrych scenariuszy, jakie w tej części Europy na długo stały się anachroniczne za przyczyną nowych porządków lub raczej chaosów społecznych. W staroświeckim posagu wniosła mu rozległe scenografie życia i trwania. Bez tych scenografii jego los z pewnością byłby pomniejszony, bardziej skromny, skąpy w zewnętrznym i duchowym zakresie. Byłby swoiście kameralny, w skrajnych zaś sytuacjach – mógłby to być los zdławiony, pełen zamętu, dysharmonii i zwykłej, pospolitej niedoli człowieczej.

Jeśli pani Anna wyznała w dzienniku, że czuje się obdarowana, osobliwie wyróżniona przez dary życia, to – wbrew wielu skargom męża – musimy powiedzieć, że ona sama była najpiękniejszym darem w życiu Jarosława. I że z tym darem głównym wiązały się dary inne, które w znacznym stopniu określiły sens i barwę życia Jarosława Iwaszkiewicza.

Wolno sądzić, że autor *Młodości pana Twardowskiego* bardzo wcześnie zaglądał do poematu Byrona o Don Juanie. Z pewnością zatrzymał wtedy wzrok na tych zdaniach, jakie celnie przełożył Edward Porębowicz. Powiada Byron: „W szóstym dniu czerwca. Dokładność nazwiecie przesadą, lecz ja tej przesady bronię. Daty to stacje, gdzie los zmienia konie".

Chodzi mi o to, że w diariuszu swoim – inaczej niż Gombrowicz – autor *Krągłego roku*, twórca poezjotwórczych i prozatorskich kalendarzy jest niemal zawsze fanatykiem miesiąca, dnia i godziny. Znając tajemne węzły, badając ukryte sojusze między czasem i szczęściem, Iwaszkiewicz stara się ocalić drobiny szczęścia, które – jak nikłe wysepki – gubią się ciągle w oceanach zdarzeń. Ocala je także przed zatratą w żywiole czasu. Chronologie szczęścia dopełniają się więc pod piórem niecierpliwego i czujnego archeologa, który zaciekle szuka znaków dawnego szczęścia, jego rozsypanych cząsteczek, bezcennych, żywych atomów szczęścia.

Diarysta poznał więc szczęście bez daty i umiał docenić – szczęście z datą, szczęście bardziej imienne, uchwytne, dotykalne, bardziej spełnione dzięki wiarygodnym pamiątkom, talizmanom i amuletom. Żywią do nich upodobanie ludzie, którzy rozumieją szczęśliwą krągłość i suwerenność każdej chwili.

Kwiaty ze szczęśliwej godziny życia diarysta układa zatem między stronicami dziennika, przeczuwając zapewne, że istota szczęścia stroni od mieszkań mowy i pisma. Że od słów wyżej ceni liście wiosny i jesieni, źdźbła trawy, wonne włókna tataraku.

Spośród dat, wyznaczających liczbową architekturę szczęścia w losie Jarosława Iwaszkiewicza, najsilniej jarzy się pamiętna data wrześniowa. Co roku obchodzi się rocznicę tego dnia i wraca do rocznic uprzednich.

Nie dziwi więc, że dzień swego ślubu wspominał zawsze w napięciu świątecznej uwagi, w nadmiarze ciepła i solennej wdzięczności. Nie dziwi, że dzień 19 maja 1956 powitał również jako najważniejszy, najbardziej znaczący dzień życia. Oto zamknęły się wówczas zewnętrzne, administracyjne sprawy Anny i Jarosława Iwaszkiewiczów, związane z parcelacją Podkowy Leśnej.

Na drugim miejscu, ku finałowi notatki dość zwięźle, rzeczowo powiada Iwaszkiewicz, że właśnie tego dnia otrzymał pierwszy egzemplarz *Sławy i chwały*. Nie potrafi jednak ukryć wzruszenia, jakby oderwał się od niego kawał życia, płat bolesnej materii. Nie umie uciszyć lęku, że dzieło to otwiera swój żywot zewnętrzny w czasie niezbyt właściwym i przyjaznym.

Jeśli diariusz Iwaszkiewicza jest formą spowiedzi, trzeba stwierdzić: nie było dotąd takiej spowiedzi w całej literaturze polskiej. Mało takich spowiedzi w literaturze europejskiej.

Chodzi tu o samotność człowieka coraz bardziej zaawansowanego w myślach i odczuciach starości, człowieka wszakże skłonnego do paktowania z młodością. Do zachwytu wobec młodych ciał, młodych słów, młodej niewiedzy, młodych flirtów, manewrów, szantaży.

W późnym wieku doznawał więc cierpień młodości. Czy nie mówił w pierwszym tomie *Dzienników* o swoim bólu dojrzałym, wynikającym z całokształtu życia? Nie powiedział, że – jego zdaniem – nikt nie doznał radości, dotykając jego ciała? Manifestując zarazem owo święto dotyku, miłosnego dotyku pełni człowieczej?

O tragedii starego mistrza decyduje – jak sam twierdzi – „młode serce", nazbyt ruchliwe, pełne żywotnych energii. Wciąż jest ono ambitne, skłonne do faustycznych paktów z prężną i zmienną istotą młodości, choć tragarz owego serca coraz pilniej śledzi kapitulacje własnego organizmu. Rejestruje powolne i nagłe objawy procesu starzenia się, jego fizyczne i duchowe znaki.

Rozstrzyga więc głód życia, głód zachłanny, o wysokiej temperaturze pragnień i marzeń, równie barbarzyński, co subtelny, równie bezpośredni, co ukryty, odwołujący się do wielu masek, kostiumów, ról i funkcji pracowitego losu ludzkiego. Mówię tu o wielostronnym apetycie człowieczym. „To wielkie szczęście – notuje Jarosław Iwaszkiewicz w swoim diariuszu – (...) że mam tyle macek do oplątywania pni w lesie życia. To wielkie szczęście".

Mówię tu również o gorączkowym, ekstatycznym zwrocie ku młodości. Ku miłosnym fantomom szczęścia późnego, więc jakby szczęścia ostatecznego, szczęścia poniekąd testamentalnego.

Czy godzi się zresztą – po Norwidowemu – testować formy i depozyty szczęścia, jak przekazuje się zadania w połowie porzucone, myśli i pytania poronne? Jak odsłania się cele zaniechane i odległe?

Wino szczęścia, późnego i ryzykownego, bywa czasem zmącone, gorzkie, toksyczne. Wątpię, by gdziekolwiek można było zetknąć się z narracją o podobnej odwadze, przenikliwości, o takiej sile widzenia. Aby udało się nam zetknąć z podobną jawnością konfesji i bolesnego sprawozdania, z jakimi spotykamy się w diariuszu Jarosława Iwaszkiewicza. *Kochankowie z Marony* są zaledwie nieśmiałym echem dziennika. Są uciszoną i utemperowaną odmianą tego, co tak rozpaczliwie, bezładnie, w zgodzie z ekspresją milczenia i krzyku, w zgodzie z wolą spowiedzi absolutnej piętrzy się w zapiskach Iwaszkiewicza.

Rzecz o miłości do Jurka Błeszyńskiego narusza tu wszelkie tabu. Igra szyderczo z różnymi mitami miłosnymi. Zanurza się w pięknie i ohydzie życia. Gubi w prawdach i kłamstwach miłości. Zatraca się w złudzie i fałszu miłosnych dialogów. Dojrzewa w euforii i szczęściu, by wreszcie – uciszyć się w doznaniu daremności, wśród pozorów, fantomów, fikcji wspólnego i rozbieżnego losu.

W protokołach pisarza słychać więc dwugłosy niewiary i ufności miłosnej. Widać świadectwa zachwytu i przerażenia. W zdaniach kochającego śledzić można palimpsesty równie czytelne i świetliste, co mroczne, koszmarne, gotowe odsłaniać coraz to bardziej groźne i obrzydliwe podstępy życia, miłości, śmierci.

W kronikarzu cudzej agonii, w świadku umierania, który nie stroni od krwi, potu, od śliny i ropy umierającego, w źrenicy wieku późnego, jeśli wolno tak powiedzieć, zmaga się miłosne człowieczeństwo Iwaszkiewicza z okrutną, zimną wolą artysty. Dla takiego artysty i miłość, i śmierć, i szczęście, i wszystko, co można ująć w słowa po daremnych mozołach, musi być poligonem, na którym dokonuje się walka poznawcza. Bo właśnie z tego pola bitewnego wynosi się straszne, krwawe, brudne owoce poznania. Ale także godła miłości, znaki wiernej pamięci, stałej więzi z umarłym.

„W te dni kochałeś mnie najbardziej – wspomina Iwaszkiewicz 6 kwietnia 1960 roku – potrzebny ci byłem i myślałeś, że jakimś cudem, cudem mojej miłości, ocalę Ciebie. Miałeś do ostatniej chwili tę nadzieję, że coś się stanie i będziesz żył dzięki mnie. I dlatego tak strasznie rozpaczałeś, kiedy Cię zawiodłem. Byłeś teraz przy mnie, jak w tej depeszy, byłeś każdej, każdej chwili – i kochałem Cię bardziej niż kiedykolwiek, do bólu, do obłędu. Nie bój się, to nie obłęd, nie trwóż się, śpij spokojnie, śpij, kochany, ja jestem przy Tobie, jestem całym wielkim odruchem mej niemogącej ustać ani na chwilę miłości. Moje dziecko, mój przyjacielu, mój jedyny”.

Pisząc o sąsiedztwie miłości i śmierci, często doznawał tego pogranicza w życiu realnym, widząc, jak zbliżają się ku sobie brzegi życia i brzegi śmierci. Nie stronił od muzyki żałobnej, wiedząc, jak ucisza ona wszelkie niepokoje życia. W dzienniku zapewniał, że pociąga go czasem decyzja nagłego finału. Były to myśli dojrzałe, mroczne, bolesne, owoce skrajnej rozpaczy i krańcowego znużenia.

Jeśli decyzje takie coraz rzadziej krystalizowały się w późnym wieku artysty, to dlatego, że owa negacja życia – u Iwaszkiewicza rychło przemienia się w jego apologię. Że nasila odczucie jego zaskakujących darów. I dlatego zarazem, że – na wysokim piętrze czasu – zwykła przywoitość wobec życia nakazuje pozostawić sprawy śmierci powołanym do tego instancjom, nie zaś korygować zdarzenia, jakie muszą być przyjęte w kategoriach łaski, przywileju albo wyroku.

Rzecz o Kopenhadze, o duńskich dniach Iwaszkiewicza i Jurka Błeszyńskiego można więc czytać niby dzieje uporczywej, zaciętej batalii o szczęście, ponowione we wspomnieniu. Mamy tu ścisły opis walki o błogosławieństwo pamięci i zażegnanie jej widomych przekleństw. Rzecz Iwaszkiewicza staje się próbą „rozpamiętywania” różnych kręgów jasności, jakie nicestwieją w czasie minionym. Wiele pasm przychylnej pogody i prognoz kojącej równowagi dostrzega poeta w tej narracji o węzłach miłości i śmierci, o świecie, wypełnionym przez podstępne etery trwogi, utraty, rychłego rozstania.

„Ale ta noc była nieprawdopodobna – wyznaje Iwaszkiewicz – jakże intensywnie czułem życie, które z niego ucieka i ze mnie ucieka, a jest takie upajające. [...] W tym małym drewnianym pokoiku starego domu zamykała się ta bezbrzeżna cisza, i radość, i strach śmierci, i wszystko takie piękne i intensywne, jakie bywa tylko wtedy, kiedy się ma koło siebie człowieka, którego się bardzo kocha. Kocha się nie erotyzmem, nie marną pieszczotą, ale jakąś ludzką jednością, wspólnotą cierpienia i śmierci. Myślę, że tak może kochać tylko mężczyzna mężczyznę i że w tym tai się nagroda dla nas – okaleczonych – za wszelkie rozpacze miłości jednopłciowej".

Może zbyt silnie nękała Iwaszkiewicza pewność, że w swoim pisarstwie za bardzo powierzył się prawdom doznania i odczucia, za mało zaś ufał dyktatowi myśli? Za słabo przyciągały go chłodne, precyzyjne kryształy rozumu? Może – na koniec – skłonny byłby pogodzić się z dyskretną i złowrogą definicją Karola Irzykowskiego, znajdując proste, męskie i zarazem wyjątkowo przebiegłe rozwiązanie dla swoich najbardziej dotkliwych i splątanych dylematów? „Wszystko – napisał w swoim dzienniku autor *Walki o treść* – można do końca przeżyć, niczego nie można do końca przemyśleć".

Wszelkie sekrety, więc i ten sekret Iwaszkiewicza, sprowadzają się do symbiozy przeciwieństw, utwierdzają się w łączeniu widomych sprzeczności. Młode serce nie wyklucza bowiem *Mądrości serca Jarosława Iwaszkiewicza*. O niej właśnie w Syrakuzach napisał wiersz Krzysztof Boczkowski. Napisał jeden z najcelniejszych wierszy, jakie – w osobnym, prywatnym hołdzie – złożone zostały u stóp gospodarza na Stawisku.

Mądrość serca jest więc szczęściem zgody, mądrością postoju i mądrością podróży, mądrością miłośnika domowych progów i mieszkańca przelotnych pokojów. Jest szczęściem miłosnego zachwytu i szczęściem daremnej rozpaczy. Jest szczęściem całości, próbą jej obrony, mimo że instrumenty rzecznika tej całości muszą być zawodne.

Łącząc pejzaż Stawiska z widokami Syrakuz, wsłuchując się w pulsujące źródło Aretuzy, mówi Krzysztof Boczkowski:

Na łące Persefony zdeptane hiacynty i krwiste anemony
– Stoisz oniemiały jak Orfeusz
Lira i słowo nie zwyciężają śmierci

W dzienniku korzysta Iwaszkiewicz z głównego przywileju starości. Z daru, jaki tylko starości przysługuje. Wiek późny obdarza bowiem swego nosiciela – dźwiga się starość w sobie i na sobie – darem widzenia całości. Wiek późny zna „dalsze ciągi". Potrafi zbilansować cudze życia. Umie ogarnąć wszelkie jego sceny, zawarte między świętem narodzin i świętem śmierci. Ogarniając pożegnalnym wzrokiem tyle bytów ludzkich, losów ostatecznie zamkniętych, żegnając umarłych co kilka stronic, wędrując krawędziami życia, z których co chwilę spada ktoś w przepaść niebytu, w otchłań niewiadomego, autor dziennika pyta zawsze o sens i wagę tych istnień. O ich znaczenie w sumie człowieczego trudu. O ich godność w rodzinie wielkich i anonimowych budowniczych świata.

Uczty *Dziadów* są regularne, rozsiane po wszystkich sezonach roku. Kłosy życia mieszają się z kłosami śmierci. Obowiązek mów żałobnych coraz częściej spada na Iwaszkiewicza, który – między wieloma grobami – musi działać jak mityczny strażnik i przewoźnik do krainy umarłych.

A później, wieczorem i nocą, w deszczu albo śniegu, w upale czerwcowej nocy, w pustce i ciszy Stawiska dzieją się mnogie uczty tych, którzy odeszli. Trwa stan oblężenia, kiedy śmierć narzuca diaryście wciąż nowe zadania. Umarli żądają pociechy wspomnień. Są natrętni, jakby chcieli wrócić do świateł, udręk i piołunów doczesności, by nierozcięte zostały węzły, łączące żywych i umarłych.

Wszystkie ścieżki prowadzą do apelu umarłych. Zmęczony jego liturgiami, znękany patetyczną retoryką śmierci i pożegnania, odwołuje się Iwaszkiewicz do formy innej, na pozór żartobliwej. Oto – spośród skarbów własnej szuflady – ujawnia stare zaproszenie na bal redakcji „Pologne Littéraire". Czyta nazwiska kobiet, które były gospodyniami balu. Karta, pełna świetnych nazwisk, zmienia się w klepsydrę. Mówi ona o śmierci wszystkich pań. Mówi o zagładzie tylu odmian wdzięku i urody. O losach zmiażdżonych przez wojenne i ściśle prywatne tragedie. O strefie cienia i niepamięci, w jakiej znalazły się owe damy.

I oto widma pogonne tańczą w spojrzeniu Iwaszkiewicza. Tańczą ze wszystkimi partnerami ze swoich karnetów balowych. Krążą w pośmiertnym korowodzie jak widma z zaświatów Leśmiana. Oto dopełnia się Iwaszkiewiczowska noc umarłych. Bukiety światła z balu młodych, pięknych kobiet szarzeją, nicestwieją, palą się niby smutne, powolne świece żałobne.

Jedno ze zdjęć opublikowanych w pierwszym tomie *Dzienników* Iwaszkiewicza, zdjęcie, jakie zawdzięczamy aparatowi Jerzego Mieczysława Rytarda, przedstawia nagiego młodzieńca. Widać jego biodra, plecy, uda. Widać nagość, rozciągniętą nad wodą płytkiego, górskiego potoku. Część tej nagości zdaje się być wygaszona przez stosowne światłocienie. Możemy być jednak pewni, że tym nagim młodzieńcem jest sam Iwaszkiewicz.

Ręką pisarza umieszczony został pod zdjęciem znamienny podpis: „Dionizje". Fotografia ma więc być ikonograficznym godłem, kluczem do epoki młodości, do zbioru poetyckiego o takim tytule.

Nie dziwi nas młody, nagi Iwaszkiewicz. Widzieliśmy fotografie Hermanna Hessego, nagiego, rozpiętego na tle alpejskich kamieni. Widzieliśmy nagiego Henry'ego Millera przy grze w ping-ponga. Widzieliśmy Millera i Lawrence'a Durrella – nagich na plaży greckiej. Mógłbym poszerzyć tę listę o nagość bardziej wczesną i szacowną. O nagość Goethego, który w Weimarze pląsał z dziewczętami na łące przy Gartenhaus, nad lipcową albo sierpniową rzeką, pod patronatem wysokich gwiazd.

Chodzi jednak o nagość inną. O nagość wtórą, symboliczną. O stan poznawczy, dla którego „nagość" bywa tylko znakiem firmowym. Iwaszkiewicz nie korzysta z kostiumów. Unika gry aktorskiej, apeluje w swoim dzienniku do wielostronnej „nagości" własnej. Do sytuacji, która żąda oceny, analizy, śmiałych odniesień i analogii.

Własna „nagość" – na przemian – wydaje mu się godna rozpaczy, zachwytu, czułego wzruszenia, szyderczego śmiechu. Bo mamy do czynienia z nagością wieloraką, z nagością pisarza w niezliczonych rolach prywatnych i publicznych.

Jestże więc Iwaszkiewicz prawdziwie nagi w swoim dzienniku, czy się w tę nagość ubiera? Jak możliwa jest taka szczerość w kraju, w którym duchowe meteorologie nie przyzwalają na podobną ostentację i jawność, a zimne klimaty nie są dla niej ani zachęcające, ani przyjazne i korzystne?

Uczyniliśmy tu wszystko, by nie roztrwonić żadnego słowa. By nie poddać zdań Iwaszkiewicza jakiejkolwiek cenzurze. Chyba to pierwsza księga pośród dzieł dwudziestego stulecia, której nie szpecą nawiasy i białe plamy, która wolna jest całkowicie od interwencji rodziny, od działań wielu redaktorów, od kanonów potocznej grzeczności, niezależna od politycznych, religijnych, obyczajowych, koteryjnych żądań i oczekiwań.

Jako rzecznik własnego dzieła bywa Iwaszkiewicz powściągliwy, niezbyt ofiarny i wielomowny. Nie zmusza się raczej do cierpliwych egzegez, uwag, do starannych korekt, do polemicznych glos. Autor dziennika wyraźnie ustępuje na tym polu Tomaszowi Mannowi. Nie powierza nam sekretów własnej pracowni.

I chociaż w dzienniku Iwaszkiewicza niewiele mieści się sprawozdań z przebiegu pracy nad kolejnymi dziełami, bez trudu mogę wyodrębnić to, co nazwać trzeba księgą genezy, pasmem „genesis", więc fascynującą opowieścią o początkach wielu dzieł. Będzie to zarazem opowieść o tym, jak zaludnia się biała karta niewiadomego. Jak z okruchów przeszłości, z rozmów, aluzji, skojarzeń wyłania się – na przykład – surowy, pełen okrucieństwa, mroczny świat trzeciego tomu *Sławy i chwały*.

Jak rodziły się obrazy *Wzlotu*? Jakie były pierwsze impulsy do napisania *Tataraku*? Jakie kurtyny trzeba rozchylić, by rozświetliły się miejsca i zdarzenia zamknięte w *Opowiadaniu szwajcarskim*?

Wiele razy ponawia Iwaszkiewicz skargę, że niczego jeszcze nie napisał, choć ma świadomość, że napisał wiele. Trawi go odczucie, jakby miliony napisanych przezeń słów wracały do stanu pierwotnej bieli. Jakby stronice, zapełnione rzędami równych, spokojnych liter ogarnięte były – w jego widzeniu – jakąś chorobą zatraty, kasacji, całopalenia.

Czy nie wyznał, że dopiero po *Sławie i chwale* skłonny był uważać siebie za prawdziwego pisarza? Że dopiero wtedy utrwaliła się w nim owa nagła pewność? Jak winniśmy przyjmować takie akty samowiedzy? Takie manifestacje surowości wobec siebie i własnych dokonań? Co one znaczą? W jakim stopniu mamy obowiązek je respektować, czytając – na przykład – takie wcześniejsze dzieła Iwaszkiewicza, jak *Brzezinę, Panny z Wilka, Czerwone tarcze*?

On, który z pozorną łatwością mnożył swe dzieła, sprawiając wrażenie, że twórczość winna być punktualna jak właściwe naturze kwitnienie i owocowanie, że musi kryć w sobie wolę oddechu i zwyczajność krwiobiegu, coraz częściej mówił o trudzie kształtowania, coraz dobitniej kojarzył ten mozół z wyrokiem zsyłki, z pejzażami katorgi, choćby odbywało się ją w dekoracjach swojskich i przychylnych. Coraz boleśniej sumował koszty, jakie wiązały się z porodem nowych dzieł. Coraz bardziej gorzko myślał o daremności płonnego trudu.

„To jednak jest przesada – skarży się Iwaszkiewicz w Rabce 14 lutego 1957 roku – tak odosabniać się i pędzić takie życie tylko po to, żeby coś napisać. [...] Teraz tu z tą pogodą niemożliwą, z ciśnieniem – i tu już naprawdę sam pod każdym względem, żeby tylko napisać coś, co nikomu, nigdy nie będzie potrzebne i c o n i e z b a w i ś w i a t a. Bo rozumiem, że Chrystus był na pustyni przez czterdzieści dni, aby potem zbawić świat. Ale po to, żeby napisać *Sławę i chwałę*? Nawet aby napisać *Wojnę i pokój*, nie warto. Tworzyć trzeba jak Mozart i Chopin – nie wiadomo kiedy”.

Dziennik Jarosława Iwaszkiewicza żąda czytelnika o szczególnych kompetencjach i zaletach. Ufając diaryście, zadomowieni poniekąd w obszarach diarystycznego dyskursu, musimy nadal toczyć spór z autorem dziennika. Musimy wadzić się z twórcą wielu obrazów, opinii, sądów. Aptekarskie, ostrożne miary nie są bowiem miarami naszego diarysty.

Musimy także pamiętać, że pierwszym czytelnikiem diariusza – następnego dnia, za lat kilka czy kilkanaście – jest przecież autor zapisu diarystycznego. Także w nim samym, lecz nie takim samym, więc jakby w autorze przemienionym, autorze drugiego stopnia czy piętra rodzi się wówczas namiętność sporu – z własnym tekstem, z ocenami zdarzeń i ludzi.

Wiele osób pracuje naszym piórem w ciągu długich lat życia. Biografie duchowe składają się z różnych rozdziałów. Zdarza się, że bohater jednego rozdziału – ten sam – niewiele ma wspólnego z bohaterem rozdziałów następnych. W jakim zakresie obowiązuje odpowiedzialność za słowa, napisane – przez kogoś „innego", kto mieszka w nas bezkarnie? I nie podlega możliwościom eksmisji?

Jak często budzi się w tym pierwszym czytelniku zażenowanie albo jątrzący, elementarny wstyd. Autor, który staje się czytelnikiem, kompromituje więc samego siebie – sprzed wielu lat. Drwi z jego uwarunkowań, ułomności, uprzedzeń. Szydzi z własnych odruchów. Scala bolesne, przekorne i cierpkie diatryby przeciwko sobie dawnemu.

Z wielu fragmentów, w których słychać skargę i żal, i skruchę, i gorzki wstyd pomyłki, ułożyć można osobny, trzeźwy autopamflet Jarosława Iwaszkiewicza. Dobrze świadczy on o sztuce dystansu wobec siebie. O krytycznej surowości Iwaszkiewicza wobec własnych błędów, małostek, doraźnych diagnoz i sądów. Wobec subiektywnych luster, w jakich odbicia rzeczywistości mogą być zanadto zdeformowane, przykre i niesprawiedliwe.

Głosy żalu i skruchy niżej jednak cenię niż Wielki Śmiech z samego siebie, jaki przetacza się niekiedy w dzienniku pisarza. Ten rzadki, kosztowny gatunek śmiechu, ten ekskluzywny, zdrowy żywioł humoru poznawczego, skierowany przeciwko sobie, bywa także formą dyscypliny duchowej. Jest próbą szukania zgody z sobą. Jest widomym godłem mędrca, który – poprzez śmiech – doznaje oczyszczenia, korzysta z dobrodziejstw łaski. Wybacza samemu sobie, zanim zechcą mu wybaczyć inni czytelnicy.

W drugim tomie *Dzienników* Iwaszkiewicz wstydzi się więc tych kartek, jakie w tomie pierwszym poświęcił Arturowi Rubinsteinowi, dość przekornie, złośliwie opisując spotkanie w Rzymie. Wstydzi się zdań pokrętnych, podejrzliwych, szorstkich, jakie o Renie Jeleńskiej umieścił w opisie spotkań w Neapolu. Podobnych uczuć wstydu i zażenowania doznaje, czytając swą relację z wizyty u Benedetta Croce.

W jakim stopniu diarysta może być korektorem własnego dzieła? Czy godzi się, by – po latach – wymazywał to, co miało być dokumentem chwili, świadectwem wielkości i obrazem upadków, diariuszem żywego oddechu, rytmu serca, czynnego zachwytu i nagłego przerażenia?

Iwaszkiewicz nie kasuje stron, z którymi po latach prowadzi polemiczne wojny. Nie retuszuje po czasie własnej twarzy. Nie odwołuje się do psychologicznych szminek. Nie żąda rewizji własnych min i masek.

Czym jest więc ten rozległy dziennik z wielu obszarów życia? Jest także kolekcją, jak to powiada autor, kolekcją jego twarzy z różnych godzin bytu. Jest pojemną zbiornicą, w której demonstrowane są wszystkie „oblicza chwili", ujęte z pokorą i szacunkiem wobec własnej zmienności. Wobec kropel czasu, z jakich składają się fale i nieogarnięte morza czasu. Wobec atomów pamięci, z jakich zbudowane są portrety ludzi, wizerunki rzeczy i zdarzeń. Księga Iwaszkiewiczowskiego dziennika musi być księgą przyjaciół. Musi być traktatem o naturze przyjaźni. W twórczości autora *Przyjaciół* ścieżki przyjaźni wydają się bezcennymi drogami, jakie wiodą ku innemu człowiekowi. Ale prowadzą także na nihilistyczne manowce, na bezdroża zatraconych złudzeń i nadziei. Dziennik opowiada o konkretnych, imiennych mechanizmach przyjaźni. Mówi o łasce obdarzania i przyjmowania. O świetle przyjaźni, dzięki któremu uśmierza się rozpacz mroku, rozjaśnia ciemność, w jakiej przychodzi człowiekowi działać samotnie, w izolacji od innych, równie samotnych.

Bywa Iwaszkiewicz mistrzem, rysując portrety swoich przyjaciół. Bywa nawet wówczas, kiedy myli się w ocenach. Korzystając z prawa następstwa, lepiej od mistrza znamy zresztą owe „dalsze ciągi", których on nie mógł już poznać. Łatwo przychodzi nam korygować jego widome błędy. W sztuce przyjaźni był wybredny, dociekliwy. Stawiał wiele wymagań. Trawiła go zazdrość o takiej niemal temperaturze, jaka towarzyszy uczuciom miłosnym. Był często surowy wobec tych, których uważał za przyjaciół. A także wobec innych, którzy w nim szukali przyjaciela.

Pióro diarysty winno być zresztą gniewne, namiętne, pełne energii, skłonne do wielu przygód i awantur. Od razu musi brać udział w poufnym obiegu opinii. Nie pisze się dziennika, by ramionami miłości obejmować cały świat. W dzienniku ulegamy rozkazom temperamentu. Nie zapominamy o własnej żółci. Powierzamy się kaprysom wyobraźni. Szanujemy dyktanda własnego pulsu.

Jako admiratorzy takiego pisarstwa wolimy słuchać odgłosów sprzeczki, zwady, wymiany ciosów, niż delektować się dźwiękami miłosnej kantyleny. Czytelników diariuszy bardziej intrygują wysunięte pazury, sprawne igły i kolce polemiczne niż opuszki palców, ostrożne, aksamitne, z czułością dotykające materii wielu rzeczy i dylematów.

Autorowi dziennika sekundują nie tylko prawa, lecz także szczególne obowiązki. Musi być przewrotny, podejrzliwy, stanowczy, konsekwentny. Cenimy przecież ambicje, związane z ofensywami czynnej ironii. Kochamy złośliwość – jako narzędzie poznawcze. Nie uciekamy od celnego i płodnego szyderstwa.

Wszystko to – w dużych porcjach – niesie dziennik Iwaszkiewicza. Jeśli byłby uboższy o walory jaskrawe, o akcenty dobitne, mógłby z wolna przemienić się w obszar pozornego obiektywizmu i bezstronnej prawdy, co w odniesieniu do ludzi i spraw literatury byłoby szczególnie błędne, niefortunne, jałowe.

Wbrew ciemnym tonacjom dziennika, Iwaszkiewicz stroni od spraw przykrych. Dość chłodno patrzy na pyły życia publicznego i prywatnego. Wielka księga diariusza nie przemienia się w „książkę zażaleń" osobistych. Nie bywa rejestrem mnogich potyczek z adwersarzami i przyjaciółmi.

Kształtując swój autoportret w dzienniku, myśli Iwaszkiewicz o własnej biografii, jaka uformowana zostanie przez następców, przez inne dłonie. Staje się z wolna strażnikiem swego dzieła, orędownikiem życia, które, jak sądzi, będzie skrupulatnie prześwietlane i komentowane. Myśli o dawnych i nowych przyjaciołach. Krąży wokół rodziny Szymanowskich. Dość nagle stwierdza, że jedynie Lew Tołstoj mógłby ukazać wszystkie tajemnice jej promieniowania i odsłonić rolę, jaką rodzina Szymanowskich odegrała w jego życiu. Martwi się Iwaszkiewicz, że tak skąpe są materiały, nieodzowne do jego hipotetycznej biografii. Że zginęło tylu przyjaciół, że unicestwieniu uległo wiele świadectw przyjaźni. Że zatraciło się mnóstwo fotografii, listów, rękopisów, pamiątek rzetelnych i wielomównych.

W księgę dziennika wpisane są uwagi o charakterach przyjaciół, glosy o ich wadach i zaletach, o ich anatomii duchowej. Jakie piękne zdania – na przykład – poświęcił Iwaszkiewicz Zygmuntowi Mycielskiemu, mówiąc o pierworodnym grzechu polskości w umyśle i sercu tego przysięgłego Europejczyka.

Jak urzekająco napisał o godzinach obcowania z tym świetnym pisarzem, przenikliwym diagnostą naszego czasu i suwerennym kompozytorem, i myślicielem muzycznym – nie dość należycie teraz pamiętanym. Godziny tego obcowania – sumuje Iwaszkiewicz – kryły w sobie właściwości cennego rodzaju. Niosły energię, jaka poszerza i wzmacnia człowieczeństwo rozmówcy.

Dziś, po tylu dekadach, nadal prowadzą trudny dialog, jak prowadzili go dawniej, w salonie czy jadalni domu na Stawisku, w gabinecie gospodarza, na spacerach między sosnami, dębami i lipami stawiskiego ogrodu. Tyle że dialog ów toczy się dzisiaj ponad nimi, za przyczyną zdań dawno napisanych, dzięki diariuszom Zygmunta Mycielskiego i dziennikom Jarosława Iwaszkiewicza. Obaj są mistrzami w domenie pisarstwa diarystycznego. Obaj ofiarowali nam w tym zakresie dzieła wielkie, ważkie i trwałe.

Dialog to ciągły, gorący, trudny. Dialog Iwaszkiewicza z Mycielskim, Mycielskiego z Iwaszkiewiczem toczy się bowiem w nas, w czytelnikach tych monumentalnych diariuszy. I nie zawsze składa się ze zdań miłych, eleganckich, przychylnych dla adwersarza. W ujęciu Mycielskiego istota przyjaźni nie ogranicza się do funkcji usłużnej, niemej protezy. Wiąże się raczej z takimi zadaniami, jakie przypominają obowiązki strażnika i egzekutora prawdy. Lub tego, co za prawdę przyjaciel-strażnik skłonny był uznać.

Inaczej pojmowali swe zadania w czasie marnym. Inaczej rozumieli doraźne zobowiązania artysty. Musiały więc gęstnieć coraz to bardziej przykre i ciemne epizody – w aurze wzajemnej sympatii i krytycznego szacunku wobec dzieła Jarosława Iwaszkiewicza. Tyle ich zresztą przybliżało i łączyło: stosunek do Karola Szymanowskiego, prawa obywatelstwa w ojczyźnie wielkiej muzyki, myśli o naturze i funkcjach sztuki, sądy o dogmatach europeizmu i polskości, wreszcie – tożsame upodobania erotyczne.

Iwaszkiewicz wiedział, że nowe epoki otwierają się w Polsce za sprawą Mickiewiczowskich *Dziadów*. Że ogień sprzeciwu, buntu, nadziei rozpala się zawsze od tego ciemnego świecidła, jakie tkwi w III części *Dziadów*. To ono czyni wypukłymi wszystkie światłocienie polskości. To ono, jak sądził, oferuje jej stosowne probierze, niesie sprawdziany, ponawia egzaminy z polskości, konieczne dla wielu jej zbłąkanych rzeczników. Ale i uczta *Dziadów*, ta ze wstępu do polskiego października, i uczta druga, która wyprzedza polski marzec, zdają się zatracać swe kontury w rodzimym letargu, zanim nie nadejdzie uczta inna, której Iwaszkiewicz nie potrafił już dostrzec, wpatrzony w projekcje przeszłości, bardziej dla niego oczywiste i naturalne.

Jakiekolwiek podejmował decyzje, jakiekolwiek wybory uczynił, nie chciał być człowiekiem tragedii. Musiał być człowiekiem tragedii – jako nieodrodny mieszkaniec minionego stulecia, jedną nogą zanurzony nadto w poprzednim, dziewiętnastym wieku, w czym raz upatrywał przyczynę swej epickiej równowagi i ufności, a kiedy indziej przesłankę różnych chorób, lęków, ograniczeń, z których nie do końca zdawał sobie sprawę. Wiele trudu poświęcił, by osłonić te jątrzące rysy, widome na mapach jego pogód duchowych.

To, przed czym uciekł jako młody człowiek, dopadło go, kiedy miał lat pięćdziesiąt jeden. Dopadło w zenicie wieku, kiedy już przeczuwa się schody starości i kiedy artysta inauguruje epokę późnej, człowieczej pełni. Kiedy wchodzi w epokę sumy i epokę testamentu.

Ale – żeby owocować mógł czas prywatnej sumy, czas jedyny i suwerenny – musiał paktować, stosować wybiegi, zawierać widzialne i przeźroczyste sojusze. Musiał, aby nie być zdławionym, zdeptanym, poniżonym przez doznanie, jak sądził, daremnego buntu. Aby nie zostać zdeformowanym przez krzywdy i nieszczęścia zewnętrzne, do których zdawał się nie mieć żadnej predestynacji, wiele nieszczęścia prywatnego chowając zresztą w swoim wnętrzu, w fałdach i szczelinach swej duchowości.

Z kim paktuje Faust? Z tymi, którzy *Fausta* nie czytali. Gdyby czytali jego dzieła, gdyby je w dodatku rozumieli, z pewnością nie dostałby żadnej nagrody. Obcy byłby mu los permanentnego laureata. Żadna wstęga wielkiego orderu nie zdobiłaby jego piersi.

Z kim paktować musiał? Z naturami prostymi, szorstkimi, bezkorzennymi. Z surowymi manekinami władzy – w garniturach sekretarzy i ministrów. Z tymi, którym imponował swą wielkopańską figurą, swym formatem niewątpliwym, choć dawnych karmazynów odtrącili, uciszyli, zepchnęli do strefy ekonomicznego, społecznego i kulturalnego niebytu. Imponował – jako posągowy, choć czynny relikt dawnej epoki, który trwa ponad nowymi epokami i – swą rzetelną, prywatną ciągłością – utwierdza złudę ciągłości zbiorowej. Uwierzytelnia jej duchowe i moralne pozory.

Nie stronił od blasków władzy, choć wiedział, że są one fałszywe. Figury polityczne dość rzadko meldują się zresztą na apelach naszego diarysty. Iwaszkiewicz jest wobec nich ostrożny, powściągliwy, pełen znaczącej rezerwy, zawsze gotów do Norwidowych przemilczeń. Niekiedy manifestuje cierpką niechęć. Aluzyjnie daje wyraz swemu znużeniu. Wspomina o przykrościach daremnej rozmowy. O skazach inteligencji, o skąpym widnokręgu ideowym lapidarnie mówi.

Galeria figur politycznych okaże się jednak w dzienniku Iwaszkiewicza wcale bogata i różnorodna, złożona z wielu składników dawnej konstelacji. Mieszczą się w niej – w obszarze drugiego tomu – Chruszczow i jego akolici, Cyrankiewicz i Ochab, Gomułka, Kliszko i Zawadzki, nie licząc innych nazwisk, które są dzisiaj puste, szare i zapomniane.

Nosicieli władzy traktuje Iwaszkiewicz jak przystanki, nieodzowne, by można było swobodniej poruszać się w procesie dziejowym. By łatwiej przemieszczać się z epoki do epoki, z okresu do okresu. Umiejętności te wykorzystuje Iwaszkiewicz z wirtuozerią, także dla dobra i bezpieczeństwa tych, którym przewodzi jako prezes Związku Literatów Polskich i redaktor naczelny „Twórczości". Czasopisma, które postrzegane było wówczas jako najlepszy w Europie miesięcznik literacki.

Co usprawiedliwia jego pakty? Co je tłumaczy? Usprawiedliwia to, czego nie dał – w zasięgu naszego wzroku – żaden pisarz polski. Iwaszkiewicz jest i, jeśli można tak powiedzieć, j e s t coraz bardziej – jest ze swoimi dziełami, z diariuszem, z potężnymi tomami fascynujących listów. To źródło bogate, energiczne, wciąż pulsujące nieznanymi słowami, źródło przez wiele lat niewyczerpane. Źródło, które niesie radość nowej lektury.

Musiał dotkliwie odczuwać jawne i aluzyjne ataki przeciwko sobie, choć z olimpijskim chłodem milczał o nich w diariuszu. Liczne pociski żartu, kalamburu odbijały się z łatwością od tego egzotycznego Guliwera, nie przemieniając go – na szczęście – w św. Sebastiana tamtych, swoiście „pogańskich" czasów. Teraz pociski owe świadczą tylko o granicach wyobraźni i współczucia, o ślepej dumie tych, którzy do niego z wielu łuków szyli, korzystając z cięciw drwiny, zawiści, niechęci, pogardy.

W latach, jakie obejmuje drugi tom *Dzienników*, Iwaszkiewicz jest nadal człowiekiem podróży. Kalendarium jego przedsięwzięć podróżnych wydaje się jeszcze bogatsze, niż bywało wcześniej. Kolorowe znaki peregrynacji dominują pośród dni powszednich, choć – mimo grymasów Iwaszkiewicza – godziny powszednie nigdy nie świadczyły o szarości świata, o jego rytmie jałowym i monotonnym.

Był przez całe życie powołany do sztuki reprezentacji. Krył w sobie książęcą, Mannowską wyniosłość i giętką ironię, jaka winna cechować artystę. Wszystkie jego talenty, umiejętności, doświadczenia, zebrane w latach poprzednich, w okresie kariery dyplomatycznej, również w epoce po roku 1945, czyniły z niego orędownika spotkań między Wschodem i Zachodem, zręcznego apostoła dialogu i porozumienia.

Reprezentował więc, brał udział, przewodniczył, występował w imieniu, zabierał głos, moderował, przekonywał, temperował, animował. Budował mosty prawdziwe i scalał mosty z pajęczyny. Wymieniał doświadczenia, podejmował inicjatywy. Brał udział w sporach, kongresach, przyjęciach.

Ile jeszcze godzi się wymienić tych czasowników z wokabularza dyplomacji, ze słownika terminów pustych i ogólnikowych, z protokołów dawnej, żmudnej mowy i krzątaniny?

Zebrał w tej dziedzinie obfite plony. Mógłby stać się ekspertem od dramaturgii zjazdów, fachowcem od poetyki kongresu. Jak mało kto znał kulisy tych spektakli. Ale – rzecz osobliwa – w nikłym stopniu, poza *Pasjami błędomierskimi*, poza *Kongresem we Florencji*, poza fragmentami *Sławy i chwały* – wykorzystał tę wiedzę, zostawiając jej ślady i dokumenty jedynie na wielu stronicach dziennika.

Krążył po Europie niezmordowanie. Bywał wszędzie tam, dokąd prowadziły go wszelakie gremia literackie, kulturalne, pokojowe, związane z prawami autorskimi, dokąd kierowały go cele wynikające z obowiązków działacza, prezesa wielu stowarzyszeń, przewodniczącego lub koryfeusza różnych organizacji.

Na kartach dziennika możemy śledzić, jak godził duchową, skupioną wolę swego bytu – ze stroną zewnętrzną, otwartą, pełną wrzawy, niepokoju, sprzecznych racji i skłóconych argumentów. Skarżył się często, lecz rzadko rezygnował z tej obfitości zadań, z mnogich ciężarów, jakie spiętrzone były na wehikule jego życia.

Zdania proste, zwykłe, suche niby lakoniczny komunikat – „jutro jadę do Rzymu..." albo „do Sandomierza" – dźwięczą zatem jak tryumfalna, świąteczna fanfara, sekundująca otwarciu ciężkich bram. Po jednej stronie zostawia się obszar udręki, trudnej miłości, zamętu. Po jednej stronie „myszy, deszcz i

Polska", jak skarżył się poeta, któremu Iwaszkiewicz dedykował swój poemat *Tristan przebrany*. I dla którego każda noc miała „stubramne" wejścia i wieloimienne drogi ucieczki.

Po drugiej stronie widać już terytoria nadziei, skupienia, nowej twórczości, innej powagi bytu. Czy musiały to być połowy życia i losu, między którymi tkwiły daremne mosty i wielkie bramy? Czy – za Hezjodem i za Karen Blixen, bo ona ponowiła tę antyczną formułę w opowiadaniu o *Poecie* – powtórzył ją kiedyś Iwaszkiewicz, może innymi słowami, smakując jej gorzki, okrutny sens: „Tylko głupiec nie wie, o ile połowa jest większa od całości"?

Nigdy nie wiedział, dokąd jedzie, wiedząc, że zmierza do Włoch, do Francji, do Szwajcarii, do Anglii, Niemiec, Danii, na Ukrainę czy do Rosji. Bo podróże stawały się dla niego ekspedycjami w głąb czasu, w niewiadome regiony przeszłości. Odzyskiwał tę przeszłość, powtórnie tasował jej widmowe karty, wędrując po obszarach wymiernej przestrzeni. Za przyczyną podróży mógł podejmować wyprawy zdobywcze. Wyprawy po nowe wiersze, opowiadania, eseje.

Choć rzadko wędrował w porze lata lub w tygodniach wczesnej jesieni, kiedy zbiera się owoce, podróżował jak ten, kto jedzie na własne winobranie i liczy na zbiór oliwek. Nigdy nie wracał z pustymi rękami. Nigdy jego torba podróżna, torba poety i prozaika, autora opowiadań i esejów, nie była próżna.

Imiona miejsc, jak drogie kamienie, czarująco lśniły w jego kolii, w wierszach i prozach, wciąż demonstrując swe kosztowne blaski i odsłaniając nowe rodzaje piękna, zamknięte w starych kamieniach. Lśniły zapewne innym światłem niż dzisiaj, trudno dostępne, dane tylko wybranym, utajone za wieloma granicami.

Czy były to jeszcze podróże? Może tylko zwykłe zmiany w scenografiach życia i trwania? Może raczej powroty do tych dekoracji w europejskim teatrze życia, jakie przyspieszały tętno jego odczuwań? Zapewniały szlachetne i późne owocowanie?

Mamy prawo zapytać: skoro wracał z torbą nowych słów, co zawoził dawnym przyjaciołom, rozproszonym na emigracji, bytującym w wielu krajach i miastach? Odpowiedź przynosi zdanie, jakie w Londynie wypowiedział dawny administrator „Wiadomości Literackich", Antoni Borman: „Iwaszkiewicz przywiózł z sobą całą Polskę".

Woził ją z sobą, przepatrywał jej obrazy. Wnikał w jej pogody dziejowe. Badał jej słoneczne chwile, jej żałobne cienie, ważył odmiany jej milkliwej rozpaczy. Widział bez przerwy jej ruiny zewnętrzne i ukryte. Śledził polskie rany i blizny. Chodził powtórnie ścieżkami powstańczych zrywów, pomyłek, złudzeń. W Wenecji nękały go wersy *Dumy o hetmanie.* Odwiedzał go Żeromski, strasząc swoimi węzłami rzeczy polskich i rzeczy Europy. Świst kul z rodzinnego Podola słyszał Iwaszkiewicz – w powietrzu sycylijskim.

Wirtuoz przechadzki, zarówno w Stawisku, w Rabce, w Zakopanem, w Sandomierzu, jak w Rzymie czy w Palermo, mistrz niespiesznego, mądrego spaceru, umiał zawsze sprawić, by wielka podróż niby potężne dzieło symfoniczne rozpadła się na wiele „udomowionych" cząstek, przemieniła w muzykę kameralną, w szeregi chwil, wolne poniekąd od tyranii czasu i zwycięsko zatrzymane w czasie konkretnym, w punktach imiennej przestrzeni.

I oto śledzimy Jarosława Iwaszkiewicza, jak idzie na Awentyn. Idzie wolno, w skupieniu, cierpliwie, by za chwilę usiąść na marmurowej ławce. Siedzi samotnie, lecz nie jest sam. W zasięgu jego dłoni widzimy osoby, uformowane z tworzywa fikcji, bardziej jednak oczywiste od postaci realnych.

To zimne, marmurowe siedzisko tak bardzo szkodziło zdrowiu Edgara Szyllera ze *Sławy i chwały.* Nazywam je ławką Ariadny i Janusza, ławką Jarosława Iwaszkiewicza. Bo po latach wielu ciągle tu siedzi, między cielesnymi fantomami, w ogrodzie pomarańczowym, pod wielkimi piniami Rzymu, o których napisano tyle wierszy. I stale wraca do sosen z Awentynu, jak wraca się do przyjaciół, łącząc je w myślach z sosnami i dębami Stawiska.

Kończąc spacer, staje przy drzwiach Kawalerów Maltańskich. Co mógł zobaczyć w tej sławnej dziurce od klucza? Co można zobaczyć, jeśli patrzy się w nią – z żartobliwą powagą wobec optycznego i eschatologicznego konceptu – przez lat kilkadziesiąt?

W toku owych podróży, w Rzymie czy Paryżu, niemal zawsze miał czas, aby delektować się grą mistrzów. By przeżyć prawdziwą godzinę muzyczną, wziąć udział w dźwiękowej komunii. Wieloma echami będzie ona ponawiała się w jego pamięci, wiązała motywy jego wspomnień. Będzie więc wspinał się na „wieżę Ravel" i brodził po „łące Debussy", strząsając z siebie dawne krople dźwiękowe, krople dalekiej młodości.

Studium można napisać o Iwaszkiewiczu we wnętrzu kościołów, między freskami i mozaikami. Traktat można scalić o autorze *Podróży do Włoch* – w salach muzealnych. Czytając dziennik, słuchamy, jak diarysta prowadzi dialog z obrazami. Jak obrazy „mówią" do niego – mówią tym samym językiem – choć są to obrazy z weneckiej Akademii, ze szkoły San Rocco, z wielu kościołów Rzymu, jak obrazy Caravaggia, Tycjana i Carpaccia, czy malowidła z rodzimych galerii, jak obrazy Matejki, braci Gierymskich, Chełmońskiego, Jacka Malczewskiego.

Czytając dziennik, śledzimy, jak mnożą się te wielostronne przygody dia rysty w kościołach i muzeach. Jak buduje on własne Muzeum Wyobraźni. Jak tworzy fantasmagoryczne, prywatne, osobne galerie, złożone z fresków, mozaik, rzeźb i płócien szczególnie bliskich, najbardziej ukochanych.

Napisałem wcześniej, że w Iwaszkiewiczu tkwił potężny głód życia. Ujawniał się on także w repetycji słów dawno wypowiedzianych. Utwierdzał w dziecięcym rozczarowaniu, „że to już wszystko", w niemej pewności, że widać już dno w torbie z darami życia. W autorze *Sławy i chwały* – obok głodu życia – tkwił jednak głód wielkości. Wydawał się intensywny, żarliwy, skłonny do modlitewnej prośby, tak znamienny, dojmujący dla tego, kto wiele razy ścigał swą małość, tropił jej ukryte i widoczne przejawy, kto smagał je zdaniem ostrym, odważnym, bezwzględnym.

Był człowiekiem uczty – o wielu imionach. Brał udział we wszystkich ucztach miłości, sztuki, krajobrazu, czasu, zachwytu i lęku. Był rzecznikiem różnoimiennych darów świata, choć nie cenił sybarytyzmu duchowego, ku stronie melancholii, mozołu, dojrzałego cienia kierując raczej igły swoich wewnętrznych kompasów.

Gdziekolwiek przecież był, w jakichkolwiek ucztach brał udział, w rodzinnych, prywatnych czy oficjalnych, zawsze pióro jego stawało się uważne, szczególnie sumienne wobec rzeczy kuchni, wobec efektów wyobraźni kulinarnej. Niektóre stronice dziennika każą więc pamiętać o memuarach magnackich i szlacheckich. I zarazem przypominają kartki wyjęte jakby z tomów Marcela Prousta. Rozmach narracji łączy Iwaszkiewicz z precyzją analiz, z obfitością ich obyczajowych i psychologicznych kontekstów.

To, co się jada, bywa niekiedy ważniejsze i bardziej godne protokołu niż to, o czym się myśli albo mówi. Wielkie przyjęcia, uroczyste śniadania, obiady i kolacje są w diariuszu Iwaszkiewicza spektaklami o wyrazistej urodzie. Ujawniają swą teatralną dynamikę i powagę. Twórcę *Śniadania u Teodora* wabi pejzaż stołu. Potrawy, jak dzieła sztuki, jak martwe natury, uformowane na użytek dnia i przelotnej godziny, mobilizują wszelkie jego energie i umiejętności kontemplacyjne. Odcienie chwil łączą się bowiem ze światłocieniami materii jadalnych. Smak czasu zależy od smaku potraw, spiętrzonych na półmisku, od kompozycji, zbudowanych dzięki pięknej zastawie stołowej.

Jeśli sprawozdawcy brakuje sił, by mógł przemienić się w skrupulatnego kronikarza, nie omieszka choćby wyliczyć wszystkich dań, sporządzić ich zwięzłego rejestru, utrwalić ich następstw w obrotach przygody kulinarnej. Opisom literackim sekundują w diariuszu „menu", starannie kolekcjonowane przez autora *Kongresu we Florencji* i opublikowane w wielu książkach wspomnieniowych pani Marii Iwaszkiewicz.

Wierny czytelnik Prousta wiedział, że formy życia towarzyskiego mogą być formami prawdziwej sztuki. Że muszą być równie trudne i pożądane, tak samo kosztowne i wybredne, jak sonety, ody, elegie, jak obrazy i posągi, jak fugi, preludia i symfonie.

Z biegiem czasu, z wiekiem, jaki pomnażał ciężary życia, te wielkie spektakle o złożonej i kunsztownej reżyserii, wypełnione misterną sztuką konwersacji, okazywały się dla gospodarzy Stawiska miarami wysiłku, woli życia, do której mogli być nadal powołani, z coraz większym trudem panując wszakże nad skomplikowaną „aparaturą" tych spotkań.

Żyją one w legendzie Stawiska, trwają w dzienniku, jak wszystkie sceny rodzinne, rocznice ślubu Anny i Jarosława Iwaszkiewiczów, jak imieniny pani Anny, jubileusze Jarosława, jak „okrężne" przed domem, jak sceny wigilijne i wielkanocne, jak pamiętna wizyta pisarzy czeskich, jak uroczyste przyjęcie, zgotowane po latach – dla Neli i Artura Rubinsteinów.

Inne sceny trwają w *Podróżach do Włoch* i zapiskach Iwaszkiewicza, który z jednaką powagą i wdzięcznością traktował sceny o „domowym" charakterze i wyrazie – w Rzymie, z Reną Jeleńską i Heleną Makowską – i sceny tłumne, otwarte, podlegające wielu egzotycznym liturgiom, jak sceny z Chruszczowem – w gabinecie moskiewskiego teatru, w przerwie między kolejnymi obrazami dramatów Czechowa.

Kształty świata, barwy rzeczy są wciąż młode, treściwe, soczyste, mocno lśnią w źrenicy Iwaszkiewicza. Ale starość nie ulega wywyższeniu w jego zapiskach, choć „stary poeta" zdaje się być klucznikiem wiedzy cennej i trwałej. Jest przede wszystkim lojalny wobec wieku późnego. Nie zwodzi go pustymi hymnami. Uprzedza, że starość może być doznawana jako wysoki mur, ściana bez żadnego uchwytu, naga, niemożliwa do pokonania. Wyznaje, że skóra starości bywa niekiedy gruba, szorstka. Że jej duchowa strona może być jakby powleczona warstwami szczelnego, martwego celofanu.

Na przekór wielu skargom i lamentom, jakie słychać w diariuszu Iwaszkiewicza, na przekór zdaniom, jakie kryją ciemność, rozpacz i niemoc jęku albo niosą daremność człowieczego skowytu, chcę tu – ku finałowi moich glos do Iwaszkiewiczowskiego dziennika – wyrazić sąd ryzykowny, w pewnym sensie bluźnierczy i nagły.

Jako staranny czytelnik *Dzienników* podejrzewam, jestem niemal przekonany, że w obszarze diariusza Jarosław Iwaszkiewicz ośmielił się być szczęśliwy. Że daleko posunął się w odwadze i konsekwencji poszukiwania wielu form szczęścia. Musi to być trudne i zaskakujące do wybaczenia – dla tych, którzy z jednej albo z drugiej strony idą po moście polskim.

W istocie, było to gorzkie, mozolne szczęście poznania. Było to rzadkie szczęście spełnienia. Szczęście „dialektyczne", które w toku wielu lat wchłaniało wszystko, co niósł czas dookolny. Wchłaniało nawet własną odwrotność, nawet własne zaprzeczenie, by uczynić je tworzywem kosztownym, mocnym, harmonijnym. By przekształcić je w spoiwo trudnej pociechy, w rękojmię czynnego zachwytu i rzetelnego ukojenia.

I tak, miesiąc za miesiącem, rok po roku, żył, pisał, podróżował, trwał Jarosław Iwaszkiewicz – w złudzie niezmienności, rozdarty między urodą i okrucieństwem świata, między samowiedzą pełnych i przekleństwem pustych dłoni, w braku wiary wobec sztuki, a także w ogromnym wysiłku, jakby sensy sztuki nie mogły być nigdy podważone i zdetronizowane.

Trwał, nie znając głównych odpowiedzi, wiedząc o tej skazie, będąc pewnym, że starość marzy o uciszeniu pytań, choć bez przerwy, w lęku i chaosie życia pyta właśnie o granice czasu, jakie wyznaczone są dla wszelkich pytań i odpowiedzi.

Andrzej Gronczewski

1956

Stawisko, 7 stycznia 1956

Urządziłem sobie cztery dni „wakacji" – to znaczy nie jeżdżę do Warszawy, ale za to mam w domu mnóstwo zajęcia: nowe rzeczy do napisania i do przeczytania. Nie mam czasu na rozmyślanie. Bo i o czym to rozmyślać? O końcu? Ta myśl nie opuszcza mnie ani na chwilę jak skazańca w celi – ale w tym sensie nic nie wymyślę. Nic nie czuję, co by sięgało poza tę czarną dziurę – przerażająca jest ta niewiara w nieśmiertelność duszy. Wszystkie uniesienia, myśli o Bogu, o istnieniu jakiejś innej rzeczywistości, chwilami modlitwa. I wszystko to rozbija się jak fala o skałę, o brak wiary w nieśmiertelność indywidualną. I co wtedy zostaje? Tragiczna sprzeczność uczuć. Lepiej więc o tym nie myśleć. Po co? Na co? Myśleć o historii, o narodzie – też nie są te myśli radosne. Zygmunt tak pięknie napisał we wczorajszym liście – ale równie rozpaczliwie[1]. Może się przetrwa w tym zespole – ale także mam tragiczną niewiarę w moje pisarstwo. Nie podoba mi się ono: żadnej podstawy intelektualnej, jakże ono może przetrwać? Trwają takie rzeczy jak Orzeszkowa, Dąbrowska, a moje zestarzeją się jak sztuczne klejnoty. Więc może lepiej, że nie mam czasu na „zastanawianie się" nad tym, na myślenie, na skupienie. Lepiej te resztki życia rozrzucić jak fałszywe pieniądze przez okno, jak zwiędłe liście, za drzwi.

Rok zaczął się dobrze, mili ludzie, prezenty, pieniądze – a może to we mnie jest lepiej niż na jesieni. Jakoś porządkuje się wszystko – nie ma tych naderwań jak w listopadzie w epoce *Dziadów*. Chociaż to wszystko tkwi pod powierzchnią spokoju i wybucha w okropnych atakach gniewu, prawie szału. Tak dziwnego składu plecionki żywota dawno nie miałem. Ale to może dobrze, czuję, że żyję, nie kostnieję. Wiem zresztą, że to najgorsza forma dziennika, to co w tej chwili piszę, o sobie, o swoich przeżyciach i odczuciach. Kogo to może interesować? Powinienem pisać o ludziach, których spotykam, o Marku Hłasce[2], który się truł w Nowy Rok[3], o Jurku [Błeszyńskim], którego spotkałem w Sylwestra i nie wiedziałem, co mu powiedzieć, o Parandowskiej, która twierdziła na naszym poniedziałku, że napisała niezwykłą prozę, a to jest czysta grafomania. A to, co ja piszę? Czyż to nie czysta grafomania... Znowu „ja". Trzeba przerwać!

Dzisiaj rozebrano choinkę. Znowu cały rok czekać. Dzieci miłe, choć hałaśliwe, Magdusia [Markowska] urocza. I płakać się chce jak dziecku. Ale nie można: jesień mądra i ostrożna nie pozwala.

---

[1] Mowa o liście Zygmunta Mycielskiego z 3 stycznia 1956 roku, adresowanym do Anny Iwaszkiewiczowej. Chodzi o następujący fragment: „[...] i coraz bardziej widzę, jak życie ludzkie polega w zasadzie swojej na tej mechanice spraw codziennych, dochodów, pracy, warunków mieszkalnych etc. Potem jest dopiero budowa reszty. A życie wewnętrzne rzadko lub prawie nigdy nie dochodzi do głosu. Może to jest największe kłamstwo literatury. Ona tyle pokazuje sytuacji, rozmów, których w życiu nie ma. Imaginuje ona to, co mogłoby być lub to, co dzieje się w środku. Zresztą potęga *Dziadów* uderzyła mnie tym przede wszystkim, że dzieje się tam wszystko wewnątrz, w środku człowieka. Nawet sceny takie jak salon, więzienie czy u Senatora, to to jest wewnątrz, owiane widzeniem tych ludzi, snem. Salon, cały realny, ale ich dusze są na wierzchu w tym pokazaniu ich. Ale ponad tym te cmentarze, duchy, i Gustaw-Konrad, ksiądz, z którego robi się ks. Piotr. Wszystko odchodzi daleko, nie spotyka się, drogi wiodą daleko (na północ), jak kibitką lecą oni w niewiadome nasze, w ciche dni improwizacji. Taki jest nasz naród i nasz los, w tej strasznej, prymitywnej biedzie, której istotą jest 300 czy 1000 zł miesięcznie". Rękopis listu znajduje się w archiwum Muzeum im. Anny i Jarosława Iwaszkiewiczów w Stawisku.

[2] Marek Hłasko (1934–1969) – pisarz. Debiutował w 1954 roku opowiadaniem *Baza Sokołowska*, w latach 1955–57 pracował w tygodniku „Po prostu" jako redaktor działu prozy. W lutym 1958 wyjechał do Paryża, następnie przebywał w Szwajcarii i we Włoszech. W październiku 1958 w czasie pobytu w Berlinie Zachodnim, nie mogąc uzyskać przedłużenia ważności paszportu, zdecydował się na pozostanie za granicą. Uzyskawszy azyl polityczny w Berlinie Zachodnim, podróżował po Europie, kilka lat spędził w Izraelu, w 1966 zamieszkał w Kalifornii, gdzie zarabiał na życie pracą fizyczną. W maju 1969 pojechał do RFN, gdzie 14 czerwca w Wiesbaden zmarł na skutek przedawkowania lekarstw. Opublikował m.in. tom opowiadań *Pierwszy krok w chmurach* (1956), powieści *Drugie zabicie psa* (1965), *Nawrócony w Jaffie; Opowiem wam o Esther* (1966), fabularyzowane wspomnienia *Piękni dwudziestoletni* (1966).

[3] O próbie samobójczej Marka Hłaski i reakcji na nią Iwaszkiewicza pisze Zyg-

munt Mycielski: „W redakcji «Przeglądu [Kulturalnego]» Jaromir Ochęduszko przedstawił mi sprawę Hłaski jako nic nieznaczącą awanturę pijacką – mistyfikację z kilkoma proszkami veramonu, które wziął i zanieśli go – rzekomo pijanego tylko – do kliniki «Omega» (klinika dla wybrańców – laureatów nagród państwowych itp.). Wieczorem byłem u Iwaszkiewiczów, [...] był i Paweł Hertz – opowiadali mi tam zupełnie inaczej sprawę Hłaski, jako prawdziwy akt samobójczy. Jarosław raczej niechętnie o tym mówił – jak zwykle o sprawach nieprzyjemnych. Jednakże z dużą sympatią dla Hłaski i z uznaniem dla jego dużego talentu pisarskiego" (Z. Mycielski, *Dziennik 1950–1959*, Warszawa 1999, s. 172–173).

15 stycznia 1956

Słuchałem teraz pieśni południowofrancuskiej, z Languedoc, wykonanej przez Madeleine Grey. Cudowna pieśń – i tak mi się to wszystko pomieszało we wspomnieniu. Madeleine Grey, pierwszy nasz gość w Kopenhadze[1], polecony przez Caselcię, i jej koncert, i to śniadanie z panią Tisseau[2] i z Madeleine – a potem ta Prowansja[3] tak cudowna w majowe czy czerwcowe rano, kiedy mnie Gleizes o szóstej rano odprowadzał na kolejeczkę, i jak pociąg nie zatrzymał się na stacji, a potem zobaczył maszynista, że my czekamy, i stanął o pół kilometra dalej – i jak biegliśmy z nim razem, a naokoło było biało od rosy, i takie cyprysy na granicach pól, jak u van Gogha, i słowiki, i w powietrzu ta czystość i świeżość niezapomniane, i Hiszpanie-komuniści już wychodzący na robotę, i ta cudowna prowincja, zabawna, piękna i osobliwa. Zmieszało mi się to wszystko w jeden obraz, w jeden zielony blask – nie myślałem, że widzę wtedy ostatni raz Gleizesa, i ostatni raz wtedy widziałem Josepha Baruzi[4], który mi dał adres Gleizesów. Zapomniane, zapadłe obrazy, zaginieni ludzie – raptem się rodzą wraz z muzyką. Potem były w radio pieśni sycylijskie – i znowu tyle – od pierwszych wrażeń aż do odpustu św. Agaty rok temu. Taka była piosenka z nawoływaniem do kupowania towarów – zupełnie jak na targu w Palermo. Tak mi się chce na południe, tu pogoda parszywa, to marznie, to rozmarza – i smutno, i samotnie. Kłopoty z Wiesławem, z gospodarstwem, Hania ma grypę, mnie ucho dokucza obrzydliwie, okropne wspomnienia kolacji u Parandowskich. Ona je tak, jakby klacz jadła dupą. Wszyscy ludzie czegoś chcą ode mnie – nikt mi niczego nie daje. *Skuczno na etom swietie, Gospodi!*[5]

¹ 1 października 1932 roku Iwaszkiewicz rozpoczął pracę na stanowisku sekretarza poselstwa Rzeczypospolitej Polskiej w Kopenhadze (funkcję tę pełnił do 1935).
W listopadzie 1932 do Kopenhagi przyjechała Anna Iwaszkiewiczowa z córkami oraz
siostra pisarza Jadwiga Iwaszkiewiczówna.

² Gerda Tisseau z d. Christensen (zm. 1985) – Dunka, żona Paula-Henri Tisseau,
tłumacza Kierkegaarda na język francuski.

³ O swoim pobycie w Prowansji w czerwcu 1948 roku, u Alberta Gleizesa i jego
żony Juliette, Iwaszkiewicz napisał trzy felietony w cyklu „Listy do Felicji", opublikowane na łamach „Nowin Literackich": *Gospodarstwo artysty, Drugi list z Prowansji, Trzeci list z Prowansji*, przedrukowane następnie w książce *Listy do Felicji* (1979).

⁴ Joseph Baruzi (1876–1952) – filozof i historyk filozofii, znawca Platona, Dantego, Ajschylosa i Sofoklesa; muzykolog (zajmował się Lisztem, Wagnerem, muzyką
cygańską), uczestnik tzw. dekad w Pontigny – organizowanych przez Paula Desjar-
dins'a w latach 1910–39 międzynarodowych spotkań intelektualistów, w których brał
udział również Jarosław Iwaszkiewicz. Opublikował m.in. *Le Rêve d'un siècle* (1904),
La Volonté de métamorphose (1911), *Somnia terrae* (1949).

⁵ *Skuczno na etom swietie, Gospodi!* (ros.) – Nudno jest na tym świecie, Boże! –
Aluzja do zakończenia opowiadania Gogola *Opowieść o tym, jak się pokłócił Iwan
Iwanowicz z Iwanem Nikiforowiczem*. U Gogola zdanie to brzmi: *Skuczno na etom
swietie, gospoda!* (w przekładzie Jerzego Wyszomirskiego: „Nudno jest na tym świecie, proszę państwa!").

Bruksela, 16 lutego 1956¹

Izabela [Blume], królowa Elżbieta, Max Deauville² i jego straszna
żona³, Moisse⁴, Vivier⁵, Demuyter⁶, Camille Huysmans⁷, Emilienne
Brunfaut⁸, de Bosschère⁹, jego żona, Anna i Stefan Askenase¹⁰, dużo,
dużo ludzi – ale miasto antypatyczne, jak zawsze, jak w 1927¹¹, jak w
1928 roku¹²...

¹ 11 lutego rozpoczęła się w Brukseli Krajowa Konferencja Obrońców Pokoju.
Patronat nad konferencją objęła królowa belgijska Elżbieta II. W obradach brało udział
ponad stu delegatów. Polski Komitet Obrońców Pokoju reprezentował jego przewodniczący Jarosław Iwaszkiewicz i członek prezydium PKOP Dominik Horodyński.

² Max Deauville, właśc. Maurice Duvez (1881–1966) – pisarz belgijski, z wykształcenia lekarz, aktywny współtwórca ruchu awangardy literackiej w Belgii po I wojnie
światowej, autor powieści o tematyce wojennej, bajek, opowiadań oraz sztuk teatralnych. Nurt frontowy w jego twórczości reprezentują m.in. powieści *La Boue des Flan-
dres* (1922) oraz *L'introduction à la vie militaire* (1923), odzierające wojnę z romantycz-
nej mitologii. W latach 1948–56 stał na czele francuskojęzycznej sekcji PEN Clubu.

[3] Marguerite Nyst, córka Raya Nysta, pisarza i dziennikarza.

[4] Séverin Moisse (1895–1965) – belgijski pianista, kompozytor, pedagog; nauki pobierał w Królewskim Konserwatorium w Brukseli; od 1926 roku mieszkał w Montrealu, gdzie grał w Montreal Orchestra (1930–45) oraz uczył w kilku konserwatoriach i szkołach, ciesząc się jednocześnie uznaniem jako solista. W 1931 otrzymał obywatelstwo kanadyjskie, na początku lat 50. wrócił do Belgii.

[5] Robert Vivier (1894–1989) – pisarz belgijski; autor m.in. powieści autobiograficznej *Non* (1931), w której znalazły odzwierciedlenie jego doświadczenia z udziału w I wojnie światowej, powieści: *Folle qui s'ennuie* (1933), *Délivrez-nous du mal* (1936), poematów lirycznych: *Au bord du temps* (1936), *Le train sous les étoiles* (1976). Wykładał na uniwersytecie w Liège i na Sorbonie. Jego żoną była Zenita Tazieff, pochodzenia polskiego, matka znanego wulkanologa Harouna Tazieffa.

[6] Albert Demuyter (ur. 1925) – polityk belgijski.

[7] Camille Huysmans (1871–1968) – socjaldemokrata belgijski, premier rządu belgijskiego w latach 1946–47, minister edukacji od 1947 do 1949.

[8] Emilienne Brunfaut (1908–1986) – feministka belgijska.

[9] Guy de Bosschère (ur. 1924) – pisarz belgijski, zajmował się także dziennikarstwem, polityką i sztuką; w 1959 przeniósł się na stałe do Francji, w latach 1960–68 wchodził w skład zespołu redakcyjnego czasopisma „Esprit", w latach 1960–64 był redaktorem pisma „Présence Africaine"; autor m.in. *Autopsie de la colonisation* (1967), *Clefs pour le Tiers monde* (1973).

[10] Stefan Askenase (1896–1985) – pianista belgijski, pochodzenia polskiego. Debiutował w 1920 roku w sali Filharmonii Warszawskiej, następnie koncertował w Austrii, Niemczech i Francji. W latach 1922–25 mieszkał w Kairze, gdzie był profesorem klasy fortepianu w miejscowym Konserwatorium. W 1927 roku przeniósł się do Brukseli, przyjmując profesurę w Królewskim Konserwatorium, gdzie uczył przez czterdzieści lat. W 1955 i 1960 roku był jurorem Międzynarodowych Konkursów Chopinowskich w Warszawie.

[11] 5 listopada 1927 roku Iwaszkiewicz wygłosił w Brukseli wykład na temat grupy poetyckiej Skamander. O swoich wrażeniach z pobytu w stolicy Belgii napisał w artykule *Trzy tygodnie europejskiego powietrza. Wrażenia z podróży do Heidelberga, Paryża i Brukseli*, „Wiadomości Literackie" 1927, nr 50.

[12] W roku 1928 (we wrześniu) Iwaszkiewicz był w Brukseli prawdopodobnie przejazdem, podczas podróży z Paryża do Kolonii.

8 marca 1956

Przed godziną zdechła Koka-kola. Przyszła na kolację, Anusia [Włodek] postawiła jej miseczkę na oknie, ona usiłowała wskoczyć na parapet. Anusia jeszcze powiedziała: „O, udaje, że nie może wskoczyć!". Wreszcie wskoczyła i zwaliła się z parapetu na ziemię, wydała przeciągły, przeraźliwy jęk i już było po niej. Nigdy nie widziałem takiego końca zwierzęcia, tak niespodziewanego i „otwartego", zwłaszcza że była to młodziutka koteczka i spodziewała się dzieci. Co się stało? Ten piorunujący zgon zwierzęcia, w naszych oczach, tak nieoczekiwany, zrobił na nas duże wrażenie. Hania specjalnie lubiła Kokę-kolę, a ona była miła i bardzo mądra. Najciekawsza była jej „filozofia wodna". Godzinami siedziała na wannie i kontemplowała krople padające z kranu, a gdy się trochę wody puściło, wskakiwała do wanny i obserwowała z największym zainteresowaniem dziurkę, przez którą woda ucieka. Chwilami wkładała łapkę do tej dziurki, jakby chciała zbadać, co to jest. I nic nie wiedziała, nic nie rozumiała. Pocieszałem ją znowu tym, że profesor Infeld[1] wie niewiele więcej. I tak samo zastanawia się nad kranem, skąd wycieka, i nad dziurką, dokąd wszystko uchodzi. I tak samo skończy jak moja biedna Koka-kola, i nic nie można będzie z tego zrozumieć. Granica między zwierzęciem a człowiekiem zaciera się tak bardzo. Pytałem Hani, czy się modliła za jej jasną duszyczkę? Po tylu śmierciach ludzkich taka śmierć zwierzęcia jest jak gdyby w zgodzie, w całości świata – jeszcze jednym wyrazem naszej tragicznej ignorancji i naszego tragicznego smutku.

[1] Leopold Infeld (1898–1968) – fizyk teoretyk, autor prac z ogólnej teorii względności, teorii pola i elektrodynamiki; współpracował z Maxem Bornem i Albertem Einsteinem. W latach 1939–50 profesor uniwersytetu w Toronto. Zmuszony był opuścić Kanadę w wyniku oskarżeń o kontakty z komunistami w Polsce i sprzedaż tajemnic wojskowych dotyczących broni nuklearnej (w 1994 roku oczyszczono go pośmiertnie z zarzutów). W 1950 objął katedrę fizyki teoretycznej na Uniwersytecie Warszawskim; od 1952 członek PAN; w roku 1955 otrzymał nagrodę państwową I stopnia. Opublikował m.in.: *Wybrańcy bogów. Powieść o życiu Ewarysta Galois* (1950, wyd. pol. 1998), *Moje wspomnienia o Einsteinie* (1956), *Szkice z przeszłości* (1964).

Paryż, 22 marca 1956[1]
Wczoraj był pogrzeb Ireny Joliot-Curie[2]. Po dziwnym i bardzo wspaniałym obrządku znaleźliśmy się wszyscy na cmentarzu w Sceaux[3]. Wszyscy zaproszeni defilowali przed małą, płaską, żółtą trumną ustawioną na dwóch balach nad przepaścią grobu. W końcu alejki stała rodzina. Fryderyka[4] nie było, jest on bardzo chory, więc zaraz sobie po-

szedł. Ale stała cała rodzina, dzieci i Ewa[5]. Kiedyśmy podchodzili do rodziny, nagle stanąłem oko w oko z Ewą. Ona mnie jak gdyby poznała i uśmiechnęła się lekko. Coś się między nami wytworzyło, rodzaj jakiegoś prądu. Cóż ja ją w życiu widziałem? To był chyba dokładnie czwarty raz. Raz u Godebskich, drugi raz na naszym śniadaniu dla Karola *aux Ambassadeurs*[6]. Trzeci raz po wojnie u Mühlsteinów[7] z Arturem [Rubinsteinem], i to – czwarty. Ale przez tę chwileczkę, co stałem naprzeciwko niej, stała się dla mnie symbolem tych wszystkich dni spędzonych ongi w Paryżu, symbolem wszystkiego, i Godebskich, i Karola, i Lechonia, całego tego świata – który nigdy nie był moim światem w pełnym znaczeniu tego słowa. Podszedłem do niej, pocałowałem ją w rękę i powiedziałem jej po polsku: „W imieniu Polski...", na co ona mile powiedziała: „Bahdzo panu dziękuję...". Wyglądała jeszcze prześlicznie za czarną woalką. Pozostawiło to we mnie jakieś osobliwe wspomnienie.

[1] 19 marca wyjechała do Paryża na pogrzeb Ireny Joliot-Curie delegacja polska, w skład której weszli minister szkolnictwa wyższego Adam Rapacki, członek-korespondent PAN i kierownik Zakładu Instytutu Jądrowego PAN w Krakowie prof. Henryk Niewodniczański oraz Jarosław Iwaszkiewicz jako przewodniczący PKOP. Delegatom towarzyszyła krewna zmarłej – Maria Staniszkis. 20 marca o godz. 16.00 delegacja polska udała się do Sorbony, aby złożyć wieńce na trumnie Ireny Joliot-Curie.

[2] Irène Joliot-Curie (1897–1956) – starsza córka Marii Skłodowskiej-Curie i Pierre'a Curie; od 1937 profesor Sorbony; od 1946 dyrektor Instytutu Radowego w Paryżu. Prowadziła badania z zakresu promieniotwórczości i reakcji jądrowej. Wraz z mężem odkryła w 1933 roku zjawisko tworzenia par elektron-pozyton z fotonów, a w 1934 zjawisko sztucznej promieniotwórczości, za co rok później otrzymała (wspólnie z mężem) Nagrodę Nobla.

[3] Pogrzeb Ireny Joliot-Curie odbył się z wielkimi honorami. Trumna okryta trójkolorowym sztandarem Francji ustawiona była na katafalku wzniesionym między pomnikami Pasteura i Wiktora Hugo na dziedzińcu Sorbony. Obok trumny stali mąż zmarłej i rodzina. Obecni byli szef kancelarii prezydenta, sekretarz stanu w prezydium rady ministrów, przewodniczący Zgromadzenia Narodowego, przewodniczący Rady Republiki, członkowie rządu, deputowani do parlamentu, członkowie paryskiej rady miejskiej, przywódcy Francuskiej Partii Komunistycznej, Związku Kobiet Francuskich, Francuskiej Rady Pokoju, Powszechnej Konfederacji Pracy i innych organizacji społecznych. Na placach i ulicach przylegających do gmachu uniwersytetu zgromadziło się tysiące mieszkańców Paryża. W czasie uroczystości pogrzebowych przemówienie wygłosił minister oświaty René Billeres. Po zakończeniu uroczystości kondukt żałobny udał się ulicami Paryża na cmentarz w Sceaux, gdzie Irena Joliot-Curie

pochowana została obok swych rodziców – Pierre'a Curie i Marii Skłodowskiej-Curie. Jak pisał paryski korespondent „Trybuny Ludu", Robert Lambotte: „Niebo Paryża pokrywały chmury ciężkie i szare, padał drobny deszcz. Trumna, otoczona oddziałem Gwardii Republikańskiej, niesiona była na ramionach przyjaciół od Sorbony aż do małego cmentarza podparyskiej miejscowości Sceaux. Wzdłuż trasy pogrzebu tysiące kobiet i mężczyzn żegnało wielką uczoną" (R. Lambotte, *Kwiaty dwóch narodów*, „Trybuna Ludu" z 22 marca 1956).

[4] Frédéric Jean Joliot-Curie (1900–1958) – mąż Irène, francuski fizyk jądrowy, działacz społeczny i polityczny, laureat Nagrody Nobla w 1935 roku. Od 1925 asystent Marii Skłodowskiej-Curie. Jako działacz światowego ruchu obrońców pokoju był m.in. przewodniczącym I Światowego Kongresu Obrońców Pokoju (Paryż, 1949), współtwórcą *Apelu Sztokholmskiego* (Sztokholm, marzec 1950), pierwszym przewodniczącym utworzonej w 1950 roku Światowej Rady Pokoju (funkcję tę pełnił aż do śmierci). W 1958 roku Iwaszkiewicz napisał o nim dla „Życia Warszawy" felieton *Fryderyk Joliot-Curie*. Wieloma cechami Fryderyka Joliot-Curie obdarzony jest Marrès Chouart ze *Sławy i chwały*.

[5] Eve Labouisse z d. Curie (1904–2007) – młodsza córka Marii Skłodowskiej-Curie i Pierre'a Curie, francuska pisarka i dziennikarka, autorka książki *Madame Curie* (1937, w Polsce ukazała się jako *Maria Curie* w 1938). W czasie wojny była korespondentem wojennym wielu dzienników amerykańskich, przeżycia z tego okresu opisała w książce *Journey Among Warriors* (1943). W 1952 została mianowana specjalnym doradcą Sekretarza Generalnego NATO. W 1954 poślubiła Henry'ego Richardsona Labouisse (1904–1987), Amerykanina francuskiego pochodzenia, wieloletniego dyrektora wykonawczego UNICEF.

[6] Mowa o śniadaniu, jakie zostało wydane w czerwcu 1932 roku dla Karola Szymanowskiego w restauracji Ambassadeurs podczas Festiwalu Muzyki Polskiej w Paryżu. Oprócz Ewy Curie w śniadaniu tym udział wzięli: Grzegorz Fitelberg, Helena Casella, Marcel Achard z żoną, Mikołaj Nabokov z żoną, Albert Gleizes, Jan Lechoń oraz „cały szereg dziennikarzy i krytyków muzycznych, których trzeba było zaznajomić z muzyką Szymanowskiego przed festiwalem" (J. Iwaszkiewicz, *Spotkania z Szymanowskim*, Kraków 1976, s. 94).

[7] Diana z d. Rothschild i Anatol Mühlsteinowie – ich salon literacki należał do najbardziej znanych w Paryżu. Anatol Mühlstein (1889–1957) był dyplomatą, radcą MSZ w Warszawie (1936–39), od 1939 roku przebywał na emigracji w Nowym Jorku, po wojnie zaś w Paryżu.

Paryż, 23 marca 1956

Wczoraj spotkałem Antka Bormana. Po zawale serca jechał na południe i był przejazdem jeden dzień w Paryżu. Spotkanie tragiczne. Stary, chory – i w sytuacji beznadziejnej. Przy tym zapiekły w nienawiści do wszystkiego, co jest teraz w Polsce – i nic a nic z tego nierozumie-jący, żartujący na temat „pieców". Widać, że nie przeszedł tego wszyst-kiego co my. Marysia była poruszona. Cały czas żartował, a potem nagle zaczął mówić o swojej samotności, o pustce w życiu, o ciężkich warunkach materialnych. Pożegnanie było jak z powieści, myśmy szli z Marią do kina, na jakiś przegłupi film, on wyjeżdżał. Stanęliśmy przed oświetlonym wejściem – i powiedział: „No, myślę, że się może jeszcze gdzie spotkamy, zanim pójdziemy do piachu". Widać było, że myśli o śmierci. Ja też myślę stale o końcu, ale nie w ten sposób. Najdobitniej widać po nim tę bezcelowość i bezsensowność emigracji. Tego typu emigracji, bo co innego już jest Kot Jeleński, którego także widziałem, a nawet Miłosz, którego ostatnio wydrukowano w NRF[1]. (Pierwszy pi-sarz polski w tym piśmie). Ale taki Antek! To zupełnie nie ma sensu, opowiadanie anegdotek o Grycu [Grydzewskim]. Martwy, uschły liść myśli tak samo. Moja gałąź może nieco skrzywiona, ale świeża, to wiel-ka pociecha.

[1] „La Nouvelle Revue Française" – francuski miesięcznik literacki założony w 1909 roku w Paryżu przez André Gide'a; jeden z najbardziej opiniotwórczych perio-dyków literackich we Francji; publikowali na jego łamach m.in. André Malraux, An-toine de Saint-Exupéry, Jean Paul Sartre. W numerze 39 z marca 1956 został opubli-kowany fragment *Doliny Issy* (Biblioteka „Kultury", Paryż 1955, wyd. krajowe 1981) w przekładzie Jeanne Hersch (rozdziały XIV–XVIII).

Wenecja, 25 marca 1956[1]

Stół: ja, Merleau-Ponty[2], Piovene[3], Campagnolo[4], Fiedin[5], Polewoj[6], Unesco[7], Silone[8], Carlo Levi, Jones[9], Ungaretti[10], pani Campagnolo[11], Bernal[12], Vercors, Stephen Spender[13], Marysia[14], Diego Valeri[15], Jugo-słowianin[16], pani Ristić, Sartre, Ałpatow[17]. Dwie panie, dwoje tłuma-czy (pani Vercors[18]), Babel[19].

[1] W dniach 25–31 marca 1956 roku odbyło się w Wenecji posiedzenie istniejące-go od roku 1950 Stowarzyszenia Kultury Europejskiej (Société Européenne de Cul-ture, w skrócie SEC) – międzynarodowej organizacji zrzeszającej ludzi nauki i sztu-ki. Od chwili ukonstytuowania się Stowarzyszenia głównym celem jego istnienia jest, jak stanowi art. 1 statutu Stowarzyszenia, „jednoczenie ludzi kultury węzłami soli-darności i przyjaźni" bez względu na ich zapatrywania filozoficzne, społeczne, poli-

tyczne czy religijne. Iwaszkiewicz należał do Société Européenne de Culture od początku działalności organizacji. W latach 50. był członkiem Rady Wykonawczej Stowarzyszenia, a od roku 1966 pełnił funkcję przewodniczącego polskiego oddziału SEC. Oprócz wymienionych przez Iwaszkiewicza osób w obradach brali także udział Karl Barth, Giovanni Ponti oraz Wiktor Wołodin. Obszerną relację z obrad prowadzonych w marcu 1956, zatytułowaną *Dialog między Wschodem a Zachodem*, opublikował miesięcznik „Dialog" (1957, nr 2).

[2] Maurice Merleau-Ponty (1908–1961) – filozof francuski, profesor Sorbony i Collège de France; fenomenolog, egzystencjalista, autor m.in. *Fenomenologii percepcji* (1945, wyd. pol. 1993), *Widzialnego i niewidzialnego* (1964, wyd. pol. 1996), *Prozy świata* (1969, wyd. pol. 1976).

[3] Guido Piovene (1907–1974) – włoski pisarz, krytyk literacki i publicysta; od 1952 roku dziennikarz turyńskiego dziennika „La Stampa"; autor m.in. powieści *Listy nowicjuszki* (1941, wyd. pol. 1979), *Litość przeciwko litości* (1946, wyd. pol. 1962), reportaży i esejów. Niezwykłą popularność przyniosła mu *Podróż po Włoszech* (1957, wyd. pol. 1977), książka będąca owocem osobistych doświadczeń autora, który przemierzył Włochy od Bolzano po Sycylię.

[4] Umberto Campagnolo (1904–1976) – filozof i prawnik włoski, założyciel i długoletni sekretarz generalny Stowarzyszenia Kultury Europejskiej. Autor m.in. *Nations et Droit* (1938), *Repubblica federale europea* (1945).

[5] O obradach weneckich w roku 1956 oraz o udziale w nich Iwaszkiewicza Konstanty Fiedin pisał m.in.: „Oto pisarze spotykają się w Wenecji przy «okrągłym stole» Stowarzyszenia Kultury Europejskiej. Jarosław Iwaszkiewicz słucha. Mówi Zachód. Mówi Wschód. Mogę bez przeszkód obserwować twarz Iwaszkiewicza, oświetloną światłem sączącym się przez uchylone okna. [...] Iwaszkiewicz uważnie słucha przemówień, od czasu do czasu notuje na kartce dwa, trzy słowa, uśmiechając się przy tym. Ten uśmiech, najczęściej ironiczny, ma wiele odcieni: od okrutnego do figlarnego, od cierpkiego do życzliwego, radosnego – w zależności od tego, kto przemawia. Zdumiewa wytrwałość Iwaszkiewicza w uczestnictwie w obradach. Owszem, bywa znudzony, ale kto się nie nudzi podczas wielodniowych konferencji? Lecz oto przemawia on sam. Wydaje się, iż cała gama uczuć i myśli wyrażonych wcześniej za pomocą mimiki odbija się teraz w jego słowach. Raz brzmi w nich nagana, raz serdeczność, raz solidarność, raz sprzeciw – zawsze zaś pobrzmiewa w nich ironia, ta sama, którą przedtem wyrażał uśmiech. Zna siłę tego oręża. A jego francuszczyzna czyni ten oręż jeszcze skuteczniejszym. Rzadko ma się do czynienia z ludźmi tak swobodnie obracającymi się w najrozmaitszych sytuacjach towarzyskich. Podczas przerwy w obradach potrafi podejść do jednej z grupek i wciągnąć w ożywioną rozmowę największego flegmatyka, rozśmieszy melancholika i wystarczy, że zechce wznowić ogólną dysputę, od której inni woleliby odpocząć, natychmiast dzieje się podług jego woli. Wszystko to czyni z wdziękiem, lekko, i nikomu nie przyjdzie do głowy, że prace się przedłużają" (przeł. R. Papieski). Por. K. Fiedin, *Słowo ob Iwaszkiewicze*, w: *Wospominanija o Jarosławie Iwaszkiewicze*, pod red. W. Borysowa, Moskwa 1987, s. 21–22.

[6] Boris Polewoj, właśc. Boris Kampow (1908–1981) – rosyjski pisarz i publicysta,

sekretarz prezydium Związku Pisarzy Radzieckich; autor nowel i powieści utrzymanych w poetyce socrealistycznej, głównie o tematyce wojennej, opublikował m.in. *Opowieść o prawdziwym człowieku* (1946, wyd. pol. 1949), zbiór opowiadań *My ludzie radzieccy* (1948, wyd. pol. 1950), powieść *Aniuta* (1976, wyd. pol. 1982).

[7] Chodzi o Jacques'a Haveta (1919–1994) – francuskiego filozofa i etnologa, współpracownika Departamentu Działalności Kulturalnej UNESCO, reprezentującego podczas obrad tę organizację.

[8] Ignazio Silone, właśc. Secondo Tranquilli (1900–1978) – włoski pisarz, publicysta i działacz polityczny. W 1921 roku był współzałożycielem Włoskiej Partii Komunistycznej, którą opuścił dziewięć lat później. Jako działacz Włoskiej Partii Socjalistycznej wszedł do pierwszego po wojnie parlamentu (Konstytuanty), gdzie optował za wspólną Europą. Autor m.in. powieści *Fontamara* (1930, wyd. pol. 1934), *Chleb i wino* (1936, wyd. pol. 1938), *Wybór towarzyszy* (1954, wyd. pol. 1964); w latach 1956–68 redaktor naczelny miesięcznika „Tempo Presente".

[9] Alan Pryce-Jones (1908–2000) – angielski pisarz i krytyk literacki; w latach 1948–59 redaktor naczelny tygodnika literackiego „The Times Literary Supplement". Napisał m.in. *The Spring Journey* (1931), *People in the South* (1932), *Private Opinion* (1936).

[10] Giuseppe Ungaretti (1888–1970) – włoski poeta i eseista, tłumacz Szekspira, Blake'a, Góngory, Racine'a i Mallarmégo, profesor literatury włoskiej na uniwersytecie w Rzymie. Opublikował m.in. zbiory poezji: *La terra promessa* (1950), *Un grido e paesaggi* (1952), *Il taccuino del vecchio* (1960). W języku polskim ukazał się wybór *Poezje* (1975).

[11] Michelle Campagnolo-Bouvier – żona Umberto Campagnolo; po śmierci męża kierowała weneckim ośrodkiem SEC-u.

[12] John Desmond Bernal (1901–1971) – brytyjski fizyk i historyk nauki; od 1938 profesor uniwersytetu w Londynie, członek Royal Society od 1937, członek PAN od 1954. Aktywny działacz ruchu obrońców pokoju, w 1953 laureat Międzynarodowej Nagrody Leninowskiej „Za utrwalanie pokoju między narodami". Opublikował m.in. *The Physical Basis of Life* (1951), *Marks a nauka* (1952, wyd. pol. 1953), *Science and Industry in the Nineteenth Century* (1953), *Nauka w dziejach* (1954, wyd. pol. 1957), *Świat bez wojny* (1958, wyd. pol. 1960).

[13] Stephen Harold Spender (1909–1995) – angielski poeta i prozaik, tłumacz poezji Rilkego i Lorki. W latach 30. wstąpił na krótko do partii komunistycznej – o rozczarowaniu do komunizmu napisał potem w zbiorze szkiców *The God that Failed* (1950). W 1937 wziął udział w wojnie hiszpańskiej. W latach 1953–66 redagował pismo literackie „Encounter". Wydał m.in. zbiory poezji *Poems of Dedication* (1947), *The Edge of Being* (1949), *Collected Poems* (1954) oraz autobiografię *World within World* (1951).

[14] Maria Iwaszkiewicz, bo o nią tutaj chodzi, wspomina: „Wtedy byłam pierwszy raz w tak dalekiej podróży, nie liczę podróżowania jako dziecko. Wenecja pomimo deszczu olśniła mnie. Potem się przekonałam, że tam przeważnie pada. Zupełnie osobny urok stanowiło oglądanie tego miasta w towarzystwie Ojca, który mi pokazywał

swoje ukochane miejsca i obrazy. Już zawsze będę na nie patrzeć tamtym spojrzeniem" (M. Iwaszkiewicz, *Z moim ojcem o jedzeniu*, Kraków 1980, s. 123).

[15] Diego Valeri (1887–1976) – poeta, eseista włoski, tłumacz Flauberta, Stendhala, Goethego; w drugiej połowie lat 20. współpracownik pisma literacko-artystycznego „Novecento". Po wojnie opublikował m.in. zbiory poezji *Terzo tempo* (1950), *Metamorfosi dell'angelo* (1956), szkice literackie *Da Racine a Picasso. Nuovi studi francesi* (1956).

[16] Marko Ristić (1902–1984) – serbski pisarz i eseista, członek grupy nadrealistów belgradzkich, teoretyk tego ruchu, o lewicowej, komunistycznej orientacji; po wojnie pierwszy ambasador Jugosławii w Paryżu. Autor m.in. tomu wierszy *Od sreće i od sna* (1925), antypowieści *Bez mere* (1928), dziennika podróży *Iz noći u noć* (1940), eseju *Tri mrtva pesnika* (1954). W języku polskim ukazał się wybór poezji pt. *Wiersze* (1977).

[17] Michaił Ałpatow (1902–1986) – radziecki historyk sztuki, członek Akademii Sztuk Pięknych w Moskwie, od 1925 profesor Uniwersytetu Moskiewskiego i Instytutu Architektury, od 1948 profesor Instytutu Sztuki w Moskwie. Jego dorobek naukowy obejmuje m.in. *Historię sztuki* (t. 1–3 1948–55, wyd. pol. t. 1–4 1969), *O sztuce ruskiej i rosyjskiej* (1967, wyd. pol. 1975), *Rublowa* (1972, wyd. pol. 1975).

[18] Rita Bruller – tłumaczka, druga żona Vercorsa (Jean Bruller posługiwał się pseudonimem Vercors od 1942 roku).

[19] Antony Babel (1888–1979) – socjolog, profesor historii i ekonomii politycznej uniwersytetu w Genewie, rektor tegoż uniwersytetu; wiceprzewodniczący Stowarzyszenia Kultury Europejskiej; inicjator i pierwszy przewodniczący Les Rencontres Internationales de Genève (Międzynarodowych Spotkań Genewskich), stanowiących prekursorską wobec SEC-u formę współpracy między naukowcami i pisarzami o różnych orientacjach światopoglądowych.

26 marca 1956

Za każdym razem, co się przyjeżdża do Wenecji, ma się zupełnie inne wrażenie. Pierwszy raz byłem tu z Hanią w kwietniu 1924 roku, w dwa miesiące po urodzeniu [się] Marysi[1]. Pogoda była wtedy piękna i na murach kwitły liliowe kaskady glicynii. Tym razem przyjeżdżam z Marysią, tyle rzeczy się tu i w ogóle wszędzie działo od tego czasu – glicynie, zdaje się, wymarzły w tym roku jak oliwki – jest też na ogół bardzo brzydko, zimno i od czasu do czasu pada deszcz. Tak opowiadałem Marysi, jak to jest przyjemnie przejechać przez Alpy i pociąg schodzi w dół, a tu się robi coraz cieplej i cieplej. I nic z tego, za Alpami było coraz zimniej, a w Domodossola śnieg na dwa metry! Mediolan ukazał się jak zwykle okropny, ruchliwy i brzydki – a przejazd z Mediolanu do Wenecji bynajmniej nie ładny.

Zabawnie, ale w ogóle Wenecję pamiętam częściej zimną niż ciepłą. W 1932, kiedy jechałem do Rzymu i tylko wysiadłem na stacji na peron przedwodny (jeszcze była stara stacja Santa Lucia) i była czarna noc, i chłód, i woda w kanale czarna jak atrament. A potem jak przyjechaliśmy z Bormanem i Władkiem [Kuświkiem] samochodem, w marcu 1937, jaki straszny deszcz nas złapał, kiedy jechaliśmy gondolą z dwoma wioślarzami (nie motorówką) do Albergo Luna. Przeczekiwaliśmy pod jakimś mostem.

Ile rzeczy się zmieniło przez ten czas. Pierwszy raz mieszkaliśmy z Hanią także w Albergo Luna, ale był to mały, śmieszny hoteliczek. Polecił mi go Wiktor Poznański[2]. Nie było oczywiście miejsc, bo runęły całe Niemcy na Wenecję, pierwszy raz mogli ruszyć po wojnie i po reformie walutowej – więc dali nam jakiś malutki pokoik służbowy ze staruszką służącą, z muślinowymi moskitierami i oświetlany świecą!! Ale pamiętam, że nam było dobrze, nie tak kłopotliwie jak potem w Rzymie i we Florencji, ale do dziś dnia chce mi się śmiać z naiwności i nieumiejętności naszego podróżowania. Jakież byliśmy wsiowy i dzieci z moją Hanuśką kochaną, ale jakoś, zdaje się, nie kłóciliśmy się. I potem także z Hanią przeżyliśmy ten dzień cudowny w Wenecji, w 1949 roku, w końcu września, kiedyśmy wrócili z Rapallo, nie dojechawszy do Francji, bo wtedy Walerego Rudnickiego aresztowali i zatelefonowali z Rzymu, aby nie jechać[3]. Oczywiście *comme toujours*[4] byliśmy bez pieniędzy, więc tylko jeden dzień, na noc zatrzymaliśmy się w Terminusie – pamiętam ten ranek i śniadanie w małym ogródku nad kanałem, i ten słoneczny, dojrzały, cudowny dzień, gdzie nam tak dobrze było razem. Z Hani podróż strząsa i ściera na ogół jej dziwactwa i często bywa nam „jak dawniej". A wtedy w tym złotym dniu Wenecji było tak cudnie, jechaliśmy potem z Parandowskimi – ale oni w sypialnym, a my drugą klasą bez sleepingu, jak zawsze „oni górą, a my doliną". Jak ci ludzie umieli i umieją zawsze się urządzić – i to lepiej od nas tysiąckrotnie. Ale ja wolę, że tak jest, jak jest – i wolę niezaradność Hani od tego obrzydliwego szarogęsienia się Ireny.

Wtedy – może tylko raz w życiu – Wenecja była taka złota, ciepła, dojrzała, ludzi nie było dużo i było tak, jak w naszym życiu wtedy, bardzo dojrzale i spokojnie. Potem znowu przyszły chłody i chmury. Zresztą i wtedy przyjechaliśmy do domu nazajutrz po ślubie Teresy i nastąpił ten jej wyjazd, ta jedna z najokropniejszych scen naszego życia. To posiedzenie w deszcz w jakiejś kawiarence na Marszałkowskiej, to rozpaczliwe uczucie, że to dziecko nas porzuca i że zostajemy sami. I potem to znalezienie w jej pokoju, w kącie, zmiętego listu, któryśmy oboje pisali do niej z Rapallo. Nie zasłużyliśmy na takie rzeczy. No i właśnie ten pogodny dzień w Wenecji [był] jak gdyby pożegnaniem naszego byłego życia. Tak mi się oczywiście wydaje teraz, ale Hania od tego czasu przestała nie tylko mnie słuchać, ale nawet słuchać tego, co ja mówię. Wierzyła Pogrozińskiej, Stachowi [Włodkowi], księdzu Ziei, nie mówiąc już o babci. Nigdy mnie, brak zaufania okropny. I potem dziwi się, że ja się „zapiekam" w żalu. Nie wierzy w moją życzliwość dla niej, w to, że ją kocham – i nie wierzy w mój rozum życiowy. Jej historie z Maćkiem i Stachem są zupełnie przerażające.

Myśli się niby o Wenecji, a wraca do własnych spraw, trudno mi jest teraz poddać się urokowi tego miasta, odczuwać to, co Marysia odczuwa, tak się jest przybitym codzienną orką i codzienną rozróbką na Stawisku, że weneckie wrażenia z trudnością przenikają przez skórę.

I jeszcze ta pogoda! Chłód i deszcz! Accademia di Belle Arti w potokach deszczu traci cały urok. Nic się nie widzi po prostu, a niebywała *Tempesta* Giorgiona[5] jest tak powieszona na dobitek, że nic się nie spostrzega i nie można znaleźć takiego miejsca, skąd by nie błyszczała. Nie mogę przy tym znaleźć obrazów Cima da Conegliano[6], a może po prostu nie robią na mnie takiego wrażenia jak dawniej. Conegliano było zawsze tu pierwszą „włoską" stacją kolejową[7], z dworca widać ową umiłowaną przez Cimę górkę z cyprysami. Tam też był ów słynny „piesek naczelnika stacji w Conegliano", za którego mi się tyle w swoim czasie dostało[8]. Przyznam się, że lubiłem irytować publiczkę. Teraz tu napisałem artykulik o tej rozprawce Tuwima[9], „oprawionej" przez Gomulickiego[10], obliczony na podrażnienie publiki. Chyba mi się to uda, bo okropnie nie lubią, jak mówić w tonie zwyczajnym i niepraktycznym o czymś, o czym się mówi w tej chwili patetycznie.

W Wenecji też się zmieniło dużo od tego czasu. Wtedy to były pierwsze czasy faszyzmu i potworne typy widywało się w restauracjach i wagonach restauracyjnych. Hôtel de Londres raczej zwyczajny sobie hotel. W moim pokoju oczywiście pękła rura i były szalone prowadzania się i naradzania na ten temat, starszy ślusarz z młodszym plombierem[11] nie mogli się zdecydować, przychodził gospodarz i starszy kelner. Mieli zabawy na cały dzień, bo hotel jeszcze pusty, a deszcz pada ulewny. Cudni są ci Włosi.

Wnętrze Świętego Marka jest dla mnie tak pełne literatury, zresztą z moich własnych przeżyć i z lektur, że już nie mogę mieć do niego stosunku jak do czegoś nowego. Zasłonięte mi jest przez wiersze Błoka[12] i moje własne[13], przez tę Salome, którą przede wszystkim i pierwszą widzę, ze wszystkich najpierwszą mozaikę[14]. Do tych mozaik mam zupełnie inny stosunek niż do mozaik sycylijskich. Tamte są mimo woli jak gdyby „rodzeńsze".

Pierwszy mój pobyt w Wenecji tak mnie zafrapował i tak wrażenia te były trwałe, że zacząłem projektować „powieść poetycką" mającą za tytuł nazwę tego miasta. Splątały się tutaj trzy rzeczy i miały się przeplatać w tej powieści, która miała być po *Abdonie*[15] ostatnią moją rzeczą w tym typie. Chodziło tu o połączenie prawdziwej Wenecji, potem o ulicę w Krakowie, bardzo dziwaczną, noszącą nazwę Wenecja, i o sklepik pod firmą „Wenecja". Sklepik ten leżał[16] w ostatniej kamieniczce Krakowskiego Przedmieścia, tuż za wieżą Świętej Anny, na rogu Nowego Zjazdu. Chadzałem tam wtedy i przedtem do Hempla[17], a potem do Horzyców. Sklepik był mały, ze słodyczami: cukierki, chałwa, lody – coś orientalnego. Akcja miała się zaczynać w tym sklepiku, potem jakoś wplątać trzeba było Wenecję krakowską, wszystko miało być szare i pospolite z wyjątkiem panny sprzedającej słodycze, a potem w finale miało się roztopić we wspaniałym, barwnym (niebieskim jak u Tintoretta[18]) obrazie Wenecji, Wielkiego Kanału, historycznych regat i ślimakowatej, srebrnej Santa Maria della Salute. Szkoda, że nie napisałem tej „powieści poetyckiej" – ale już mnie wtedy (1924) odrzucało od tych surrealistycznych historii i gwałtownie gnało w stronę realizmu, chociaż *Hilary*[19] jeszcze jest taki dziecinny. Ale *Abdon* był napisany, właściwie mówiąc, po *Hilarym*... Ktoś jak Sławek Kryska[20] będzie żałował oczywiście, że nie poszedłem dalej tą drogą. Ale czy można nie pójść tą drogą, którą się idzie, tylko inną, to jeszcze pytanie. Zresztą pytanie to nie dręczy sumień naszych polonistów. Oni zawsze wiedzą, co autor powinien był napisać zamiast tego, co napisał.

Nie mogę sobie wyobrazić, jaką była Wenecja, zanim zbudowano Santa Maria della Salute. A przecież to dość późny, renesansowo-barokowy budynek. Ta srebrna koncha, muszla symetryczna, wyrzucona na brzeg przez fale Adriatyku jest czymś tak niezbędnym i charakterystycznym dla Wenecji, częścią *sine qua non*. Nigdy nie wiem, okna czyjego pałacu[21] są na rogu – zaraz obok tego kościoła – bardzo dziwne na tle weneckim okna, bo składające się z całych wielkich szyb. Wyobrażam sobie, co to za widok stamtąd, widać della Salute jak na dłoni, a dalej smukła wieża San Giorgio. Jedni mówią, że to mieszkanie pani Polignac[22] (z domu Singer), a inni że Guggenheimów[23]. Chciałbym tam kiedyś być. Podobno tam umarł Diagilew[24], inni mówią, że na Lido.

Przejeżdżaliśmy motorówką kanałem koło mocno oświetlonego słońcem kościoła Santi Giovanni e Paolo. Colleoni[25] stał w pełnym blasku, który padał jakby od dołu i oświetlał jego twarz nieco teatralnie. Uderzył mnie wyraz tej twarzy, który chyba był wyrazem twarzy rzeźbiarza, nie jakiegoś tam kondotierka. Motorówka szła szybko i postać Colleoniego ukazywała się coraz na innym tle, to na tle muru, potem na tle prześlicznych arkad kościoła, a wreszcie, jak gdyby wyzwolona, na tle szafirowego, wysokiego nieba, pełnego blasku zachodzącego czy pochylonego już słońca. To był wspaniały widok i zapadający w serce tak, że potem już nie chciałem go widzieć na nowo i nie odwiedziłem tym razem placu Santi Giovanni e Paolo.

I oczywiście to wiecznie polskie włóczenie za sobą własnych problematów, o których nikt nic nie wie i które nikogo nie interesują. I jak to nawet wytłumaczyć? Co może czuć cudzoziemiec, czytając *Dumę o hetmanie*[26]? Dosłownie nic. Ale gdyby Żeromski był Francuzem czy Anglikiem, byłby komentowany i czytany jak Claudel czy Eliot[27], do których *Duma o hetmanie* bardzo się zbliża. Niestety, plus cały konflikt Kremla, Żółkiewskiego[28], Samozwańca[29] i Cecory. Spraw, które już nikogo prócz nas nie obchodzą. I nas one n a r a z i e nie obchodzą. Ale jeszcze do nich wrócimy. I stąd właśnie Colleoni jest jakąś naszą, polską postacią – i mamy do niego własny, polski stosunek. Tu cała tragedia. My żyjemy życiem Europy, ale Europa naszego życia nie wchłania. I Rosja też nie. N a r a z i e nie. (Dwa n a r a z i e!!)

I właśnie takie byłoby zakończenie owej nienapisanej powieści poetyckiej noszącej nazwę *Wenecja*. Wszystka bieda krakowska i ten warszawsko-egzotyczny sklepik z chałwą roztapiałyby się w szerokim, posrebrzanym krajobrazie, gdzie jak na ikonie spod srebrnej okładziny wynurzałyby się czarne, jak wykrajane w srebrze obrazki. San Giorgio i jego teatr zieleni, weneckie drzewa – tak niepodobne do drzew wysokich Rabki i Klikuszowej, Santa Maria della Salute, sama biorąca w siebie srebro laguny. Zresztą byłyby to daremne wysiłki, ponieważ niepodobna opisać tego i owej rozwartości morza, które zaczyna się tuż obok ciasnoty marmurowych uliczek, tego oddechu szerokości i srebra, rodzącego się tuż obok smrodu wąskich, zapaskudzonych rozlewiskami pomyj, kanałów. Chodzenie po Wenecji jest zawsze wzdychaniem, wznoszeniem się i opadaniem po niezliczonych mostkach. Ale kiedy się staje nad brzegiem obszaru morskiego, nie wzdycha się wtedy, lecz oddycha pełną piersią. I czy mam to wyznać? Chciałoby się czasami wyzwolić. Domy Wenecji biegną za nami jak goniące nas kościotrupy – i chcielibyśmy uciec od śmierci do życia, od miasta do morza. Naprawdę to miasto nie żyje.

A tego, co opowiedział o Wenecji Canaletto[30], ja nie potrafię powiedzieć. Nie umiem oddać tego, co jest w Wenecji świąteczne, wspaniałe. Nie umiem opisać fasady Świętego Marka[31] czy „wielkiej szkoły" Świętego Marka[32]. Fasady tych gmachów w jakiejś paradzie półksiężyców wyglądają jak stosy fig i daktyli w bogatych sklepach Brukseli. Są równie złote i jak gdyby poprzewiązywane fiołkowymi, czerwonymi i szafirowymi („koloru Golczów"[33] – jak mówiła Nula Szymanowska) kokardami. I smak nawet mają suszonej malagi. A woda kanałów przed tymi wspaniałościami też jest nie do opisania, ma szerokie, wachlarzowate fale i wygląda już jak gdyby była malowana. Po cóż więc ją jeszcze na nowo malować? Wszystko tu już jest obrazem – i nie potrzeba tego uzupełniać ani pędzlem, ani słowem. Canaletto to tylko fotografował. Ja nie mam potrzebnego aparatu.

W kościele Frari, olbrzymim, potężnym, zakurzonym i jak gdyby zapomnianym przez księży – jest zawsze nieporządek. To nawet nie jest kościół, bo za wejście trzeba płacić jak do muzeum. Wszystkie te potężne i mocno zakurzone pomniki są jak gdyby ustawione tymczasowo, niby malarskie drabiny przystawione do ścian w celach remontu. Tylko jeden rycerz konny, wysoko, na bocznej ścianie jednej z kapliczek przyległych do prezbiterium jedzie naprawdę, naprawdę się modli i jest tu pogrzebany. Zamknięty w kaplicy[34]. A poza tym deski leżą i kartki zwalone, i jakieś estrady, i tymczasowe ambony, i firanki czarne, które zapomniano zaciągnąć, choć to jest Wielki Tydzień. I ta wspaniała, dojrzała niewiasta, która odpycha to wszystko i wznosi twarz ku innym, niebiańskim porządkom, robi wrażenie, jak gdyby odtrącała połamane deski i niedobudowane świątynie; ci apostołowie, którzy stoją w dole i widzą, jak unosi się wspaniała, purpurowa szata, nic nie tracąc w niebiosach z swojego fioletowego cienia, też są trochę podobni do nieporządnie porzuconych na ziemi kielni, łopat, wapna, piasku i murarskiej zaprawy[35]. To wszystko razem jest fenomenalne. Tak że kiedy się wychodzi z kościoła znowu na ulewny deszcz, ma się uczucie, że się wróciło z innego świata i świata o wymiarach tak obcych naszemu, że na gwałt pragnie się jakichś najzwyklejszych rzeczy: baru z kawą, kota ze zmrużonymi oczami (a kotów złych i obrzydliwych w Wenecji widzi się masami) albo po prostu uśmiechniętej dziewczyny. W barze tuż obok kościoła, gdzie wchodzimy z Marysią, grają w karty i tak zabawnie rzucają zatłuszczone damy i walety, jak u nas kolejarze czekający na pociągi. Niewątpliwie uczuwa się ulgę, że się nie jest zmuszonym do obcowania z Wniebobraną Tycjana i że ta dziewczyna – zresztą śliczna – co podaje kawę z uśmiechem, ma na sobie zwyczajną bluzkę, a nie purpurową „mantię"[36] ogarniętą fiołkowymi cieniami.

Obok Frari znajduje się Szkoła Świętego Rocha[37], gdzie można oglądać kilkadziesiąt płócien czy fresków – kilkadziesiąt obrazów Tintoretta, i to nie byle jakich. Zawsze z radością idę do Scuola San Rocco i zawsze, wychodząc z niej, pamiętam tylko obraz Bożego Narodzenia na ścianie podzielonej poprzecznie drewnianą belką i wyglądający jak Szekspirowska scena[38]. Pamiętam także grupę żałobną pod krzyżem na ogromnym *Ukrzyżowaniu*[39], ale nie ma tu nic niezwykłego – jak na przykład w krucyfiksie z XIV wieku, który wisi w katedrze w Sandomierzu. Natomiast pamiętam i będę pamiętał także w Warszawie i u siebie *Nawiedzenie* – ale *Nawiedzenie* jest malowane przez Tycjana. Nieduży, może niedokończony obraz sztalugowy, przedstawiający nachylone ku sobie dwie niewiasty, obie w poważnym stanie, i zatajony w cieniu i jakby trochę niepoważny święty Józef. Ten obraz mówi swoim rytmem, swoim cieniem, swoim wyrazem. To jest malarstwo mówiące – i nie potrzeba mówienia malarskiego sposobami ekspresjonistów niemieckich czy też ohydnych fresków żydowsko-meksykańskich. Zresztą Picasso także m ó w i do mnie. Cóż to jest wielkość malarstwa? Absolutnie nie wiadomo.

Matejko mówi do mnie, mówi Chełmoński[40] – i mówi Michałowski[41]. Moje córki na widok płótna Matejki muszą gasić powstrzymywany śmiech.

Dlaczego wśród wszystkich płócien nagromadzonych w Accademia di Belle Arti – w ten potworny, dżdżysty dzień, kiedy wchodzimy do przedsionka, dosłownie ociekając wodą – przekradam się poprzez wszystkie sale, poprzez wszystkie połączenia i korytarze tej bardzo skomplikowanej w planie swym galerii – i nawet z pewną obojętnością mijam rozwieszone obrazy, bez specjalnego zachwytu staję przed *Burzą* Giorgiona, powieszoną teraz tak, że nic nie można ujrzeć, tak błyszczy okrywające obraz szkło, a przecież dawniej dreszcz mnie przenikał na widok zakutego w stal rycerza i karmiącej dziecko półnagiej kobiety, pomiędzy którymi wykwita cicha, bo daleka, w nieskończoności zamknięta błyskawica – i poprzez wszystkie fałszywe i prawdziwe piękności martwo wiszące w tym miejscu, nawet nie zwracając zbytniej uwagi na niebywałe rudzizny Belliniego – przedzieram się ku małemu, podłużnemu obrazowi, przedstawiającemu umarłego Chrystusa, przy którym siedzą dwa różanoskrzydłe, zasmucone i ucieszone zarazem, zupełnie dziecinne aniołki. Dlaczego zawsze wybieram ten obraz[42]? Dlaczego ten obraz ukochał również Ernst Robert Curtius? Co oznacza ten obraz, mój smak, moje wzruszenie wobec tego płótna?

To są właśnie sprawy, których nie dogadaliśmy z Józiem Rajnfeldem. Będziemy mieli chyba całą wieczność po temu, kiedy przechadzając się po portykach raju, będziemy mieli na swoje rozkazy platońskie ideały ziemskich obrazów. Jak będzie tam paliła się *Assunta*, jak smucił Basaiti[43], i święty Augustyn smutnie jadący kędyś na ścianach kościoła w San Gimignano[44] dojedzie może w naszych oczach do jakiegoś szczęścia. Czyż więc aż taki idealizm? Czyż więc obrazy, malarstwo, architektura – to tylko okruszyny od wiecznej, jedynej i trwałej piękności? Mój Boże, co powiedzą na to moi krytycy, którzy chcą we mnie widzieć „podświadomego" marksistę i materialistę pierwszej wody? Zresztą ja sam mam się za „takowego". Ale tylko kiedy staję wobec takich obrazów (*Hirondelles* Maneta[45], *Coquelicots* Moneta[46]) – wiem, że one coś znaczą więcej niż kawałek płótna pociągnięty farbami. Ale, na miłość Boską, co? Czy nigdy się nie dowiem?

¹ O tej podróży pisze także Anna Iwaszkiewiczowa w dzienniku pod datą 8 maja 1924, w Rzymie: „Od kilku dni żyjemy jakby w bajce, zacząwszy od Wenecji, która wydała nam się jakby ze snu, jakąś biało-różową fantazją cudownie zharmonizowaną z błękitem nieba i morza, aż do tego wieczoru cudownego w Rzymie, do tego złotego zachodu słońca za dalekimi wzgórzami. Pomimo że plac św. Marka, Piazettę i wszystkie w ogóle dawne budynki zna się od dzieciństwa, jednak zawsze widzi się je jeszcze inaczej, a przede wszystkim nie można absolutnie wyobrazić sobie tego cudownego kolorytu Wenecji ani nawet nadzwyczajnych popielato-różowych tonów wnętrza kościoła św. Piotra. [...] Jarosławowi Wenecja najbardziej się podobała. Wspominamy ciągle Byrona, który tak długo tam mieszkał" (A. Iwaszkiewiczowa, *Dzienniki i wspomnienia*, do druku podała M. Iwaszkiewicz, opracował, przypisami opatrzył i indeks sporządził P. Kądziela, Warszawa 2000, s. 80–81).

² Wiktor Poznański (Yamaga) – malarz i mecenas sztuki; pochodził z rodziny bogatych fabrykantów łódzkich. Zmarł w 1937 roku w Nicei. W 1922 roku Iwaszkiewicz odbył z nim i jego matką podróż samochodem do Sandomierza, opisaną w szkicu (dedykowanym Wiktorowi Poznańskiemu) *Jak się po Polsce jeździ samochodem*. Jako Wiktor Gdański został sportretowany przez Iwaszkiewicza w *Sławie i chwale*.

³ Zob. tom 1, przypis nr 16 na s. 365.

⁴ *Comme toujours* (fr.) – jak zawsze.

⁵ Giorgione, *Tempesta* (*Burza*, ok. 1505).

⁶ Cima da Conegliano, właśc. Giovanni Battista Cima (ok. 1459–1517 lub 1518) – malarz szkoły weneckiej, pracował w Conegliano, Vicenzie oraz w latach 1489–92 w Wenecji. W Gallerie dell'Accademia znajduje się m.in. jego słynny obraz *Madonna pod drzewkiem pomarańczowym* (ok. 1496) oraz *Niedowiarstwo Tomasza i św. Magnus* (ok. 1505).

⁷ „Conegliano jest to pierwsze włoskie miasteczko, jakie podróżny napotyka, jadąc do Italii. Tym samym jest to ostatnie miasteczko przy wyjeździe i jak gdyby ostatnia stacja żegnających się z Italią. Potem już tylko zostają «niebieskie, niemieckie przełęcze»" (J. Iwaszkiewicz, *Podróże do Włoch*, Warszawa 1977, s. 230).

⁸ Mowa o artykule *Dwa tygodnie wycieczki po Włoszech* („Wiadomości Literackie" 1924, nr 24), w którym Iwaszkiewicz – opisując wrażenia z podróży po Italii – pominął kwestie na ogół poruszane przy tych okazjach, a skupił się na tym, co pozornie nieistotne i mało efektowne, jak chociażby naczelnik stacji w Conegliano i jego piesek. Pomysł spotkał się z krytyką niektórych czytelników, przyzwyczajonych do tradycyjnego ujęcia tematu „podróży włoskiej". Na głosy krytyki Iwaszkiewicz odpowiedział *Listem o piesku naczelnika stacji w Conegliano* („Wiadomości Literackie" 1924, nr 28; przedruk w: *Pejzaże sentymentalne*, 1926), gdzie pisał m.in.: „Czyż jeszcze raz miałem mówić o tym, co tyle razy powiedziano? Miałem o śmierci Danta mówić na widok Rawenny – kiedym tam pił doskonałe wino z plecionej butelki; miałem rozmyślać nad znikomością wszelkich rzeczy wobec rotundy Teodoryka – kiedy mię pociąg przeniósł obok niej szalonym pędem? Ledwie mogłem spojrzeć na szare jej kamienie poprzez plecy jakiegoś grubego Włocha – napisałem tylko wierszyk:

Dant umarł po raz nie wiem który
W butelce oplecionej w łyka.
Rzuca się pociąg jak smok bury
Na krągły grób Teodoryka.

Cóż miałem innego myśleć, mówić, pisać, ja, syn XX wieku, czytający Cocteau, czego ślady zresztą w tym wierszyku Pani znajdzie, i Reverdy'ego – choć nic z tego nie rozumiem? A że tam kiedyś na Ukrainie myślało się i czuło się, czuło inaczej! Ha, to trudno; powoli się dochodzi do momentu, kiedy już nic, nic nie obchodzi naprawdę. I wtedy się spostrzega małego pieska, małego białego pieska, jak rewelację. Nagle wzruszenie wobec szczenięcia jest kluczem, który otwiera maszynę, i wszystkie uczucia, wszystkie entuzjazmy, wszystkie ideały raptownie poczynają się poruszać jak tryby, kółka, transmisje – i dno, starożytne dno duszy ludzkiej obnaża się nagle" (cyt. wg J. Iwaszkiewicz, *Proza poetycka*, Warszawa 1980, s. 294–295).

[9] Chodzi o artykuł *Osobliwe wydawnictwo*, opublikowany w „Życiu Warszawy" (1956, nr 84), będący recenzją książki Juliana Tuwima *Wiersz nieznanego poety. Gawęda literacko-obyczajowa* (1955). Książkę tę opracował Juliusz Wiktor Gomulicki, który ponadto napisał do niej wstęp oraz posłowie, a także zrekonstruował jej zakończenie. Gomulicki podjął też polemikę z Iwaszkiewiczem (zob. J. W. Gomulicki, *W odpowiedzi*, „Życie Warszawy" 1956, nr 90).

[10] Juliusz Wiktor Gomulicki (1909–2006) – historyk literatury, edytor, eseista, bibliofil, varsavianista; syn Wiktora Gomulickiego, poety i prozaika. Debiutował w 1935 studium *Nauczyciel Norwida*, opublikowanym w „Myśli Narodowej" (nr 17). W latach 1935–39 był członkiem redakcji „Encyklopedii powszechnej Ultima Thule", a w latach 1938–39 członkiem zespołu czasopisma „Ateneum". W czasie okupacji niemieckiej przebywał w Warszawie, gdzie prowadził kolejno dwa antykwariaty z książkami. Brał udział w podziemnym życiu kulturalnym, dostarczał przeglądy prasy zagranicznej do czasopism konspiracyjnych, uczestniczył w wydawaniu nielegalnych publikacji literackich. W 1945 został członkiem ZZLP (od 1949 ZLP) i do 1950 brał udział w pracach Zarządu Głównego. W 1949 redagował „Bibliotekę Poetów i Eseistów" wydawaną przez Związek. W tym samym roku został zastępcą redaktora naczelnego „Nowych Książek", a od 1950 do 1953 był redaktorem naczelnym pisma (publikował tu do 1970). W latach 1958–63 współpracował stale z tygodnikiem „Stolica", w którym ogłosił kilkaset szkiców, felietonów i artykułów poświęconych Warszawie. Od 1957 do 1960 wykładał historię literatury polskiej na UW. W 1957 został stałym współpracownikiem „Rocznika Literackiego". Jednocześnie w latach 1957––59 należał do komitetu redakcyjnego *Encyklopedii współczesnej PWN* jako redaktor działu literatury i sztuki. W 1971 został członkiem polskiego Pen Clubu. W 1973 prowadził na UW konwersatorium edytorskie. Od 1983 do 1985 prowadził na UW wykłady z historii literatury polskiej. W 1988 otrzymał tytuł honorowy „Zasłużony dla Kultury Narodowej". Autor m.in. odczytu *O starej i nowej Warszawie* (1952), *Wprowadzenia do biografii Norwida* (1965) oraz książki *Zygzakiem. Szkice, wspomnienia, przekłady* (1981); przygotował blisko czterdzieści wydań dzieł Norwida, w tym peł-

ne, krytyczne wydanie *Pism wszystkich* (1971–76); jako varsavianista zapisał się w pamięci czytelników antologią *Cztery wieki poezji o Warszawie* (1969).

[11] *Plombier* (fr.) – hydraulik.

[12] Aleksander Błok (1880–1921) – rosyjski poeta i dramatopisarz; autor m.in. nasyconych mistycyzmem i sofiologią *Wierszy o Pięknej Damie* (1905), poematu *Dwunastu* (1918, wyd. pol. 1921), epickiego, nieukończonego *Odwetu* (1922, wyd. pol. 1989), związanego tematycznie z Polską. W tomiku *Wiersze włoskie* (1909) Błok pomieścił trzy utwory objęte wspólnym tytułem *Wenecja* (polskie tłumaczenie m.in. w: A. Błok, *Wiersze i poematy*, 1987). Iwaszkiewicz napisał o nim artykuł pt. *Wracam do Błoka* („Życie Warszawy" 1956, nr 60) i poświęcił mu osobny szkic literacki w książce *Petersburg* (1976).

[13] Chodzi tutaj przede wszystkim o wiersze, które miały się złożyć na projektowany w 1939 roku cykl poetycki poświęcony Wenecji. Osobny cykl ostatecznie nie powstał, natomiast „wiersze weneckie" pisane w latach 1939–40 weszły w skład tomu *Ciemne ścieżki* i występują pod numerami 32, 33, 34, 35 i 37; wiersz oznaczony numerem 36, ****Idzie Salome z głową Błoka*, został napisany 1 czerwca 1956 (zob. Z. Chojnowski, *Poetycka wiara Jarosława Iwaszkiewicza*, Olsztyn 1999, s. 275).

[14] W baptysterium weneckiej bazyliki św. Marka znajdują się dwie mozaiki przedstawiające Salome: *Taniec Salome i męczeństwo Jana Chrzciciela* oraz *Salome ofiarowująca głowę Jana Chrzciciela Herodowi*. Są one częścią czternastowiecznego cyklu mozaikowego poświęconego życiu i męczeńskiej śmierci św. Jana Chrzciciela.

[15] Mowa o powieści poetyckiej Iwaszkiewicza *Wieczór u Abdona*, opublikowanej w 1923 roku w „Skamandrze" (nr 28–30).

[16] Dopisane w maszynopisie: „za dawnych czasów".

[17] Jan Hempel, pseud. Jan Bezdomny (1877–1937) – działacz komunistyczny, publicysta, zginął w ZSRR w czasie wielkiej czystki. W opisywanym przez Iwaszkiewicza okresie mieszkał na najwyższym piętrze tego samego domu przy Nowym Zjeździe, w którym mieszkali Horzycowie. „W końcu roku 1920 – wspomina Iwaszkiewicz – po powrocie z wojska, i na początku roku 1921 tułałem się po Warszawie bezdomny. O mieszkanie było bardzo trudno, na wynajęcie osobnego pokoju przy moich skromnych zarobkach (byłem wtedy pomocnikiem sekretarza w biurze Zachęty Sztuk Pięknych) nie mogłem nawet marzyć. Przemieszkiwałem to tu, to tam. Wreszcie Horzycowie, wyjeżdżając na święta wielkanocne do Lwowa, pozwolili mi zamieszkać w swoich pokojach. Było mi tam bardzo dobrze. Odwiedzałem Hempla, którego już znałem i bardzo lubiłem" (J. Iwaszkiewicz, *Aleja Przyjaciół*, Warszawa 1984, s. 54).

[18] Jacopo Tintoretto, właśc. Jacopo Robusti (1519–1594) – włoski malarz i rysownik; jeden z głównych przedstawicieli szkoły weneckiej XVI wieku. W Wenecji tworzył cykle monumentalnych obrazów religijnych, historycznych i biblijnych: m.in. w Scuola Grande di San Rocco, w Pałacu Dożów, w Scuola Grande di San Marco, w kościele San Giorgio Maggiore. Wykształcił styl pełen dynamiki i dramatycznej ekspresji; w kompozycjach religijnych stosował niezwykłe efekty świetlne, układy diagonalne i skróty perspektywiczne.

[19] Mowa o powieści *Hilary, syn buchaltera* (1923).

[20] Sławomir Kryska (1935–1996) – poeta, prozaik; debiutował w 1955 wierszami *Ucieczka* i *Gwiazda*, ogłoszonymi na łamach „Twórczości" (nr 10). Od stycznia 1960 do połowy 1962 roku był redaktorem działu poezji w dwutygodniku „Współczesność". W 1961 został członkiem ZLP (w latach 1989–92 pełnił funkcję wiceprezesa Oddziału Warszawskiego, a od 1993 zastępcy członka Zarządu Głównego Związku). W latach 1966–72 pełnił funkcję członka redakcji tygodnika studenckiego „Itd.". W latach 1974–78 był członkiem zespołu redakcyjnego dziennika „Sztandar Młodych". Od 1979 do 1983 pozostawał na stanowisku zastępcy redaktora naczelnego tygodnika „Argumenty". W latach 1985–90 wchodził w skład zespołu redakcyjnego miesięcznika „Poezja". Wydał m.in. tom wierszy *Pięciogroszówki słońca* (1958), powieści *Hełm z papieru* (1964), *Koło graniaste* (1966), zbiór opowiadań *Inny człowiek* (1966). Iwaszkiewicz poświęcił mu szkic pt. *Pierwsza książka* (zob. J. Iwaszkiewicz, *Rozmowy o książkach*, Warszawa 1961).

[21] Palazzo Contarini, bo o ten budynek tutaj chodzi, należał do Winnaretty Polignac.

[22] Winnaretta Polignac z d. Singer (1865–1943) – mecenaska sztuki, córka multimilionera Isaaca Merrita Singera, fabrykanta maszyn do szycia. Jej pierwszym mężem był książę Louis de Scey-Montbéliard, w roku 1893 wyszła za mąż za księcia Edmonda de Polignac. Na przełomie XIX i XX wieku prowadziła w Paryżu salon, który skupiał najwybitniejszych przedstawicieli muzyki awangardowej: m.in. Debussy'ego, Ravela, Faurégo. Bywali też u niej Marcel Proust, Jean Cocteau, Claude Monet, Sergiusz Diagilew. Przedstawicieli świata sztuki gościła także w weneckim Palazzo Contarini. W *Moim długim życiu* wspomina ją Artur Rubinstein: „Kopiowała malowidła wielkich mistrzów tak dobrze, że mogły uchodzić za oryginały. Okazała się także dobrą pianistką – pewnego dnia wspaniale graliśmy *Valse romantique* Chabriera na dwa fortepiany dla jej gości. Pałac księżny przy avenue Henri Martin posiadał prawdziwą salę koncertową z freskami José Marii Serta i tam przedstawiała ona przyjaciołom pierwsze wykonania dzieł Strawińskiego, Prokofiewa, de Falli, Poulenca i innych, które zamawiała. Posiadała też jeden z najpiękniejszych pałaców przy Canal Grande w Wenecji, do którego łaskawie zapraszała mnie na kilka tygodni pod koniec lata. Byłem jej gościem w tym boskim mieście przez kilka lat z rzędu. Księżna miała jeszcze jedną cechę: była najbardziej skąpą kobietą, jaką spotkałem w całym moim życiu" (A. Rubinstein, *Moje długie życie*, t. 1, przeł. J. Kydryński, Kraków 1988, s. 151–152).

[23] Guggenheim – rodzina amerykańskich przemysłowców, finansistów i filantropów, pochodzenia szwajcarskiego, twórców wielu fundacji. Do Peggy Guggenheim (1898–1979) należał w Wenecji Palazzo Venier dei Leoni, w którym mieści się kolekcja sztuki XX wieku.

[24] Sergiusz Diagilew (1872–1929) – rosyjski impresario baletowy, współzałożyciel stowarzyszenia artystycznego Mir isskustwa i w latach 1899–1904 redaktor jego pisma, organizator wystaw malarskich i koncertów w Petersburgu i Paryżu, założyciel i w latach 1909–29 kierownik międzynarodowego zespołu baletowego Les Ballets Russes, dla którego pozyskał najznakomitszych kompozytorów, tancerzy, choreografów i scenografów. Zmarł na Lido, w Hotel des Bains, tym samym, w któ-

rym zatrzymał się Gustaw von Aschenbach – bohater *Śmierci w Wenecji* Tomasza Manna.

[25] Renesansowy pomnik konny kondotiera Bartolomeo Colleoniego (1400–1475) jest dziełem florentyńczyka Andrei Verrocchia, przy czym Verrocchio zdołał wyrzeźbić figurę jeźdźca i konia jedynie w glinie – po jego śmierci odlew w brązie wykonał wenecjanin Alessandro Leopardi. Uroczyste odsłonięcie pomnika nastąpiło 21 marca 1496 roku na placu Santi Giovanni e Paolo. W Polsce znajdują się dwie kopie pomnika Colleoniego: w Warszawie (na dziedzińcu Akademii Sztuk Pięknych) i w Szczecinie (na placu Lotników).

[26] S. Żeromski, *Duma o hetmanie* (1908). Utwór ten – zdaniem Artura Hutnikiewicza – to wypowiedź na temat „sprawy swoiście polskiej, ciągnącej się jak gdyby poprzez wieki całe dziejów narodu, a która niepokoiła go [Żeromskiego] nieomal od początków jego twórczości, owego tragicznego sprzężenia w polskiej duszy zbiorowej sił sprzecznych, nie do pogodzenia: bohaterstwa jednostek aż do granic świętości, biernego, gnuśnego lenistwa tłumów, umiłowania idei aż do śmierci, ofiarowania się całkowitego aż do zatraty, i ślepej, obłędnej samowoli, samoniszczącego nierządu, zakamieniałej w egoizmie prywaty. Wśród owych «duchów światłości» pociągała jego wyobraźnię od dawna postać hetmana spod Cecory. Zapatrzony w tajemnicę dziejów swego narodu dostrzegał w postaci owego rycerza niezłomnego jakby ostateczne i najwyższe samospełnienie wszystkich najidealniejszych przymiotów duszy polskiej. [...] myślał o nim we Włoszech, na obrazy ojczyste nakładały się wrażenia italskie, potężne mury Colosseum, spiżowa postać weneckiego kondotiera Colleoniego. Utwór skrystalizował się ostatecznie jako proza poetycka, rapsod w stylu *Walgierza*, wysnuty z dziejów polskich XVII wieku i rzeźbiony jakby w pysznym, świetnym języku czasów baroku" (A. Hutnikiewicz, *Żeromski*, Warszawa 2000, s. 110).

[27] Thomas Stearns Eliot (1888–1965) – anglo-amerykański poeta, dramatopisarz i krytyk literacki, laureat Nagrody Nobla (1948). Jednym z najważniejszych jego utworów jest poemat *Jałowa ziemia* (1922, przekł. pol. Cz. Miłosza w „Twórczości" 1946, nr 10; wyd. osobne pt. *Ziemia jałowa*, 1989). Napisał ponadto poemat *Próżni ludzie* (1925, przekł. pol. W. Dulęby w „Twórczości" 1946, nr 10), cykl poematów religijnych *Cztery kwartety* (1933, wyd. pol. w: *Poezje wybrane*, 1960), liczne eseje (polski wybór pt. *Kto to jest klasyk i inne eseje*, 1998).

[28] Stanisław Żółkiewski (1547–1620) – hetman polny koronny od 1588, kasztelan lwowski od 1590, wojewoda kijowski od 1608, hetman wielki i kanclerz od 1618; w 1610 pokonał wojska rosyjskie pod Kłuszynem i zajął Moskwę; w 1620 poniósł klęskę w bitwie z Turkami pod Cecorą i poległ podczas odwrotu.

[29] Dymitr Samozwaniec II (?–1610) – pretendent do tronu moskiewskiego, rzekomy syn Iwana IV Groźnego.

[30] Canaletto, właśc. Giovanni Antonio Canal (1697–1768) – włoski malarz i rytownik; wuj i nauczyciel Bernarda Bellotta (zwanego również Canaletto). Działał w Wenecji i Londynie.

[31] Fasada bazyliki św. Marka ukazana jest m.in. na dwóch obrazach Canaletta: *Plac św. Marka z bazyliką* (1730) i *Plac św. Marka. Patrząc na południowy wschód* (1735–40).

³² Wielka Szkoła Świętego Marka (Scuola Grande di San Marco) – „szkołami"
zwano w Wenecji, poczynając od XIII wieku, stowarzyszenia osób świeckich, które
łączyły się w celach głównie dobroczynnych, obierając sobie za patrona któregoś ze
świętych. Scuola Grande di San Marco, mieszcząca się przy placu Santi Giovanni e
Paolo, została założona w 1260 roku. Jej bogato zdobioną fasadę wykonali w latach
1488–95 Pietro Lombardo i Mauro Codussi. Canaletto przedstawił ją na obrazie *Santi
Giovanni e Paolo i Scuola di San Marco* (ok. 1735).

³³ Rodzinę Golczów Jarosław Iwaszkiewicz znał z czasów pobytu w Elizawetgradzie. Golczowie byli właścicielami niewielkiej fabryki narzędzi, mieszczącej się naprzeciwko gimnazjum, do którego uczęszczał Iwaszkiewicz wraz ze starszym o rok
Jankiem Golczem. Trzy siostry Janka nosiły kokardy w kolorze jaskrawoszafirowym,
który Nula Szymanowska nazwała właśnie „kolorem Golczów".

³⁴ Mowa o piętnastowiecznej, drewnianej rzeźbie przypisywanej Jacopo della
Quercii, przedstawiającej kondotiera Paolo Savelliego.

³⁵ Opisany przez Iwaszkiewicza obraz to *Wniebowzięcie Marii* (*Assunta*, 1516–18)
Tycjana, znajdujący się w głównym ołtarzu kościoła Santa Maria Gloriosa dei Frari.
W opowiadaniu *Koronki weneckie I* Iwaszkiewicz pisał o tym obrazie: „Podniosłem
głowę i w blasku przedpołudnia – widocznie niebo się rozchmurzyło – ukazała mi się
wizja czerwona lecącej Madonny. Nie wiem, czy Słowacki widział ten obraz, ale przypomniał mi on w tej chwili jego widzenie, na pół krwawe, a na pół błogosławione. W
czerwonym obłoku, w płomieniach wniebowstąpienia, w czerwonych purpurowych
szatach, piękna dojrzała kobieta, matka, leciała w niebo. Zasłona odsłoniła się tak nieoczekiwanie; z miejsca, gdzie siedziałem, nie spodziewałem się widzieć obrazu w
całym blasku; oświetlenie przesiane przez chmury czy załamane w kroplach deszczu
było tak niezwyczajne, że się zaląkłem, jak gdyby przed jakimś objawieniem" (J. Iwaszkiewicz, *Opowiadania*, t. 2, Warszawa 1979, s. 261).

³⁶ Z fr. *mantille* – mantyla.

³⁷ Szkoła Świętego Rocha (Scuola Grande di San Rocco) została założona jako
instytucja charytatywna. Jej budowę rozpoczął w 1515 roku Bartolomeo Bon, a kontynuował Scarpagnino do 1549. Mieści pięćdziesiąt sześć płócien Tintoretta przedstawiających sceny ze Starego i z Nowego Testamentu.

³⁸ Tintoretto, *Pokłon pasterzy* (1578–81).

³⁹ Tintoretto, *Ukrzyżowanie* (1565).

⁴⁰ Józef Chełmoński (1849–1914) – malarz; uczył się w latach 1867–71 w Klasie
Rysunkowej i w prywatnej pracowni Wojciecha Gersona w Warszawie; w latach 1871–
–74 przebywał w Monachium, gdzie związał się z polską kolonią artystyczną, skupioną wokół Józefa Brandta i Maksymiliana Gierymskiego; od 1875 do 1887 mieszkał w Paryżu. Po powrocie do Polski osiadł we wsi Kuklówka koło Grodziska Mazo-
wieckiego. Realizm i wrażliwość na piękno rodzimego pejzażu znalazły odbicie w kraj-
obrazach (*Żurawie*, 1870), a żywiołowy temperament i wirtuozeria formy przejawiły
się w przedstawieniach pędzących zaprzęgów konnych (*Czwórka*, 1881) i w scenach
rodzajowych o tematyce wiejskiej (*Sprawa u wójta* 1873, *Babie lato* 1875). Do obrazów podkreślających związek człowieka z naturą należą m.in. *Przed burzą* (1896)

i *Bociany* (1900). Na Stawisku, w pokoju sypialnym, znajduje się rysunek ołówkiem Chełmońskiego *Studium śpiącego dziecka* (1905) – pamiątka po matce Anny Iwaszkiewiczowej, Jadwidze Śliwińskiej.

[41] Piotr Michałowski (1800–1855) – malarz, wybitny przedstawiciel romantyzmu w malarstwie polskim. Do roku 1832 tworzył (głównie rysunki i akwarele) pod wpływem Aleksandra Orłowskiego i Claude'a Josepha Verneta. W latach 1832–35 uczył się w Paryżu, gdzie m.in. studiował w muzeach dzieła malarzy hiszpańskich, holenderskich i flamandzkich. W 1835 przebywał w Wielkiej Brytanii, następnie wrócił do Krakowa. Ze szczególnym zainteresowaniem rysował i malował (olejno i akwarelą) konie, zaprzęgi, dyliżanse, bydło domowe; tworzył pełne dynamizmu sceny batalistyczne z wojen napoleońskich (kilka wersji bitwy pod Somosierrą) i z powstania listopadowego; zafascynowany postacią Napoleona I malował wielokrotnie jego portret konny i rzeźbił projekt pomnika; malował też portrety konne polskich wodzów, m.in. Stefana Czarnieckiego i Kazimierza Kniaziewicza. Twórca realistycznych, pełnych wyrazu portretów rodziny (zwłaszcza dzieci) i przyjaciół oraz znakomitych studiów głów chłopskich (*Seńko*, 1846–48).

[42] Mowa o obrazie Marco Basaitiego *Śmierć Chrystusa*.

[43] Marco Basaiti (ok. 1470–po 1530) – malarz włoski, uczeń Alvise Vivariniego, z którym niekiedy był mylony; działał w Wenecji w latach 1500–21. Malował głównie sceny o charakterze religijnym. Do najwybitniejszych jego dzieł należy obraz *Powołanie synów Zebedeusza* (ok. 1510), znajdujący się w zbiorach Gallerie dell'Accademia w Wenecji.

[44] Chodzi o cykl fresków Benozza Gozzolego pt. *Żywot św. Augustyna* (1465), zdobiących prezbiterium kościoła św. Augustyna w San Gimignano.

[45] E. Manet, *Les Hirondelles* (*Jaskółki*, 1873).

[46] C. Monet, *Les Coquelicots à Argenteuil* (*Maki w pobliżu Argenteuil*, 1873).

Wenecja, 29 marca 1956, Wielki Czwartek
Ta Wenecja mnie dobija. Czuję, jak życie ze mnie ucieka wszystkimi porami. Pogoda parszywa, deszcz i zimno bez przerwy, a resztkę sił wysysają posiedzenia (osiem godzin dziennie!) tych gości Stowarzyszenia Kultury Europejskiej. Przeraża mnie podział pomiędzy Zachodem a nami. My się już zupełnie nie rozumiemy. Przepaście scholastyki, w których pogrążone są umysły najlepsze tutaj (nawet Sartre), są czymś wstrząsającym. Co sobie ci ludzie myślą? Chwilami spory (np. wczoraj pomiędzy Silone i Campagnolo) przypominają walki o *homoousios*[1] i *homoiousios*[2], o jotę![3] A przecież nie o to tutaj chodzi, tylko o zapobieżenie ostatecznemu rozpadnięciu się Europy na dwa placki. Zadziwiające i tragiczne widowisko. Wszystko, co mówimy my, Fiedin,

Ałpatow, ja – brzmi oczywiście bardzo dziecinnie, ale jakby z innej opery. Trochę z opery Mozarta – wobec *Wozzecka* Albana Berga[4]. To samo rozmowy z Konstantym [Jeleńskim]. Mówiła mi Marysia, że on nam zarzuca, że my tak wszystko na serio. Bardzo mi to pochlebiło. U nich znowuż całe życie „na niby". To rozpaczliwe. Uprzytomniłem to sobie, oglądając książkę o obrazach Leonor Fini[5], kochanki Konstantego. *La facticité*[6] tego wszystkiego przerażająca. Mimo wszystko co się mówi o załagodzeniu tych przeciwności – bardzo to jest trudne. Czy są ludzie na Zachodzie, którzy nie mają tego sztucznego, nieprawdziwego życia? Czy są tacy, którzy traktują wszystko na serio? Bo przecież wszystko jest tak bardzo na serio.

Mały Antek Miłosz[7] opowiada Kotowi:

– Napiszę taką historyjkę, że na łące pasą się krowy. Pasą się i pasą. A tu przychodzi tatuś. Tatuś podchodzi do krowy, a krowa przed nim w powietrze. I lata nad tatusiem i robi na niego ogromną kupkę. Tatuś ucieka, a krowa leci nad tatusiem. Leci i leci... i robi na tatusia znowu taką ogromną kupkę.

– Ale dlaczego ta krowa taka niedobra dla tatusia?

– Bo tatuś nie lubi krowy. Tatuś lubi tylko słowo „krowa".

Bałbym się mieć takie dziecko.

---

[1] *Homoousios* (gr.) – z tej samej substancji, współistotny.

[2] *Homoiousios* (gr.) – podobnej substancji.

[3] Aluzja do rozgorzałego w IV wieku sporu teologicznego między katolikami a arianami, dotyczącego natury Chrystusa.

[4] Alban Berg (1885–1935) – kompozytor austriacki, współtwórca (wraz z Arnoldem Schönbergiem i Antonem Webernem) oraz główny przedstawiciel wiedeńskiej szkoły dodekafonicznej; opera *Wozzeck* (1917–22) uznawana jest za klasyczne dzieło operowe XX wieku.

[5] Leonor Fini (1908–1996) – włoska malarka i graficzka urodzona w Buenos Aires; od 1951 roku towarzyszka życia Konstantego Jeleńskiego, w 1952 przeprowadzili się z Rzymu do Paryża. Związek ten trwał do śmierci Jeleńskiego w 1987 roku. W Stawisku znajdują się dwa obrazy Leonor Fini: akwarela *Portret dziewczynki*, pochodząca z pierwszej połowy lat 50., oraz akwaforta *Trzy dziewczynki* z 1972 roku z dedykacją autorki dla Anny i Jarosława Iwaszkiewiczów. Na zamówienie Konstantego Jeleńskiego Iwaszkiewicz, będąc w Paryżu jesienią 1976 roku, napisał esej *Twarze* jako wstęp do albumu z reprodukcjami obrazów Leonor Fini, przełożony następnie na język francuski przez Jeleńskiego. Szkic ten ukazał się po polsku w *Alei Przyjaciół* (1988).

⁶ *La facticité* (fr.) – sztuczność.

⁷ Antoni Miłosz (ur. 1947) – syn Czesława Miłosza, późniejszy tłumacz i informatyk.

Sztokholm, 3 kwietnia 1956[1]

Z narad weneckich zostało mi tylko wspomnienie niewspółmierności naszych „umysłów zniewolonych"[2] z umysłami na Zachodzie – i zupełna nieprzydatność dla nas tej scholastyki, jaką reprezentował Merleau-Ponty i Sartre, lub tej mętności, jaką starał się nas olśnić Campagnolo. Całe to Stowarzyszenie Kultury Europejskiej jest wyraźnie nie dla mnie, który mam jeszcze ten właściwy sobie sposób prymitywnego myślenia – i to w dodatku myślenia przy pomocy obrazów, a nie pojęć. W rezultacie wszystko, co tam powiedziałem, było zupełnie *à côté*[3]. I to nawet dobrze, że tak było, utwierdziło to mnie w mniemaniu, że zadaniem moim jest (może już „było") pisać, nie rozumować – i może to jest właśnie to konieczne dla twórczości *quantum* głupoty, o którym mawiał Karol Szymanowski. Stąd może płynie ta moja europejska nieprzydatność, coś, co nigdzie nie pasuje i nigdzie się nie mieści. Odczuwam to dotkliwie na tego rodzaju spotkaniach – jak również ów brak wykształcenia, który jest moim grzechem pierworodnym. Jednak to, że mój uniwersytet[4] był psu na budę, ma przecież swoje znaczenie. Toteż w dziedzinie filozofii biją mnie wszyscy na głowę, bo w tym wypadku odrobina zdrowego rozsądku, którą pochlebiam sobie, że mam – nie wystarcza zupełnie.

Oszołomił mnie pobyt w Mediolanie – wśród nowego narybku naszej służby konsularnej. Są to nowi ludzie, którzy świetnie prowadzą samochody, znają się na markach wiecznych piór – ale których ta kultura, która dla mnie jest treścią życia, nic nie obchodzi. Nie wiedzą nic o mnie – i tytułują mnie profesorem. Chamstwo zresztą potworne – to samo co u Amerykanów czy Ruskich. To znaczy, że to nie jest chamstwo, tylko ta nowa kultura, „telluryczna", dla której kultura „faustyczna" dawno się skończyła. Książki, muzyka, obrazy – to jakieś śmieszne dla nich przeżytki. Epoka odrzutowców i telewizji. I po cóż się my tak trudzimy, kiedy tego i tak nie można będzie ocalić? Ostatnich poetów wygna się z przyszłej republiki – Platon schodzi się w tym z marksistami. I kto wie, czy nie miał racji Andrzej Wasilewski, twierdząc, że liryka sama w sobie już jest reakcyjna. Kontrast pomiędzy pobytem w Wenecji a w Mediolanie (oni mówią w Milanie i w Padowie, bo miasta te w polskim brzmieniu nie były im znane) był olbrzymi, taki sam, jak między tymi miastami. W Vicenzy nie zatrzymaliśmy się, nie można im wytłumaczyć, co to znaczy Palladio[5].

Cudny przelot nad Alpami i w ogóle wspaniała podróż. Z Mediolanu do Düsseldorfu dwie i pół godziny, z Düsseldorfu do Kopenhagi półtorej godziny, tyleż z Kopenhagi do Sztokholmu. Kra na morzu u brzegów Jutlandii przeraziła mnie. Szwedzkie jeziora zamarznięte i dużo śniegu. Bogactwo Sztokholmu uderzające.

[1] 3 kwietnia 1956 roku Iwaszkiewicz przybył do Sztokholmu jako delegat PKOP na nadzwyczajną sesję Światowej Rady Pokoju, która obradowała w dniach 5–9 kwietnia. Poza Iwaszkiewiczem w skład delegacji polskiej weszli: Janina Broniewska, Maria Dąbrowska, Anna Kowalska, Ostap Dłuski, prof. Julian Hochfeld, redaktor naczelny „Dziś i jutro" Dominik Horodyński, prof. Leopold Infeld, prof. Michał Kalecki oraz przewodniczący CRZZ Wiktor Kłosiewicz. Iwaszkiewicz, wraz z Infeldem i Dłuskim, wszedł w skład prezydium sesji. Przemawiał 6 kwietnia na przedpołudniowym posiedzeniu.

[2] Aluzja do książki Czesława Miłosza *Zniewolony umysł* (1953).

[3] *À côté* (fr.) – z boku.

[4] Iwaszkiewicz w latach 1912–16 studiował na wydziale prawa Uniwersytetu św. Włodzimierza w Kijowie. „[...] moje studia prawnicze były zupełnym nieporozumieniem i napełniły mnie wstrętem do całej wiedzy uniwersyteckiej. Nie nauczyłem się także pracy seminaryjnej – na seminaria wcale nie chodziłem – ani nawet pracy w bibliotece. [...] Zniecierpliwiony studiami prawniczymi, które mi nic nie dawały – tyle tylko, że nie wymagały mojej obecności stałej w uniwersytecie i pozostawiały mi mnóstwo wolnego od nauki czasu, który mogłem poświęcać na moją muzykę i na zajęcia zarobkowe, konieczne w mojej ówczesnej sytuacji materialnej – postanowiłem jednak po dwóch latach prawa przenieść się na wydział filologiczny. [...] Przenosiny moje załatwiałem akurat na początku sezonu 1914–15, to znaczy już po wybuchu wojny. W ogólnym zamieszaniu, jakie panowało wówczas na uniwersytecie, przenosiny te trwały niezmiernie długo i wreszcie zrezygnowałem z nich [...]. Wreszcie w roku 1916, po czterech latach studiów, zostałem dopuszczony do tak zwanych egzaminów państwowych (czyli kończących) – a tym samym jeszcze korzystałem z przywilejów i nie podlegałem wcieleniu do walczącej armii. Moje zdawanie egzaminów przeciągnąłem tak daleko, aż wybuchła rewolucja październikowa [...]. Tylko jeden podpis profesorski widniał na karcie egzaminacyjnej tych państwowych egzaminów. Reszty zdać nie miałem kiedy. Zaczęły się wielkie, urozmaicone i burzliwe miesiące rewolucyjne" (J. Iwaszkiewicz, *Wspomnienia akademickie*, „Twórczość" 2005, nr 2/3).

[5] Andrea Palladio, właśc. Andrea di Pietro della Gondola (1508–1580) – włoski

63

architekt i teoretyk architektury; jeden z najwybitniejszych przedstawicieli klasycyzującego kierunku w architekturze cinquecenta; działał głównie w Vicenzy i Wenecji. W pierwszym z tych miast zaprojektował m.in. Palazzo Porto, Palazzo Chiericati, Palazzo Valmarana, Teatro Olimpico.

Sztokholm, 4 kwietnia 1956
Cały czas myślę dziś o Maryśce, która ze straszną tremą wyrusza dziś sama w taką daleką i skomplikowaną drogę[1]. Ta podróż zbliżyła nas bardzo, przekonałem się – mając trochę wolnego czasu do rozmyślania – jak bardzo kocham moje córki.

Czytam teraz pierwszy tom pamiętników Korbońskiego[2]. Bardzo zajmuje mnie ta lektura – przeżywam jak gdyby po raz drugi całą okupację, przypomina mi to czasy zasypane piachem codziennych dni, które potem nastąpiły. Poprawiam nieścisłości i piszę na marginesach uwagi. Jednocześnie jest to lektura przerażająca. Lekkomyślność – chciałoby się powiedzieć – bezmyślność tej akcji, której przewodniczy taki człowiek. Przeraża tu krótkowzroczność i głupota tego faceta. Ani jednej szerszej myśli, ani jednej idei politycznej – bo nie można nazywać, tak jak on, „polityczną" działalnością przestawień organizacyjnych, kłótni o miejsca i rywalizacji prestiżowych. Żałość ogarnia, gdy się pomyśli, że tacy ludzie wykrwawiali naszą młodzież bez żadnej jasnej myśli o przyszłości. W momencie kiedy się wszystko waliło, kiedy odbywały się gigantyczne walki o przyszłość świata, kiedy była obrona Moskwy i Stalingradu – ci panowie kłócili się o posady i o przyszłą organizację sądownictwa w „wolnej" Polsce! Niemcy chyba naumyślnie nie aresztowali Korbońskiego, aby mieć na takim stanowisku takiego durnia. Ja też byłem ślepy wtedy, ale jednak bardziej rozumiałem, co się dzieje, a w każdym razie wiedziałem, jak się potoczą wypadki w razie zwycięstwa – nieuniknionego – Sowietów. Innego wyjścia z naszej sytuacji nie było – i to należało przewidzieć. Tylko babcia Śliwińska[3] mogła rozumować „Ameryka i Anglia jakoś to urządzą" – a nie mężowie, którzy sami siebie nazywali „politykami". Wobec tej bezmyślności i deptania wytartych ścieżek jakże inaczej wygląda, antypatyczna dla mnie, ale dyktowana zrozumieniem sytuacji i sięganiem wzrokiem w przyszłość polityka Bieruta, Wandy Wasilewskiej[4] i Związku Patriotów[5]. Niemcy wiedzieli, co robią, od razu uderzając w Rataja, Starzyńskiego, nawet Niedziałkowskiego[6]; byli to jedyni ludzie w kraju, którzy mogli zorientować się w politycznym znaczeniu wydarzeń. Pozostali w Polsce ludzie, którzy walili głową w mur, a to jak wiadomo nic prócz ran nie przynosi. Polityka Bieruta nie mogła być inna. Zabawne, że po raz pierwszy u Korbońskiego, a także w ostatniej „Kulturze", znajduję oskarżenie Bieruta o współpracę z Niemcami[7]. Co to znaczy? Do Bieruta miałem zawsze wielkie zaufanie – i przykro mi było, że w ostatnich latach wycofał się jak gdyby od kontaktów z nami, pracownikami kultury. Wierzyłem mu bardzo. Śmierć jego sprawiła na mnie bardzo silne wrażenie, pogrzeb – wspaniały. Te tłumy, które przesuwały się przed trumną, tłumy prawdziwego, do dziś cierpiącego proletariatu, dla którego on był symbolem i nadzieją. Zamęt w kraju po jego śmierci ogromny i nikt nie ma jego autorytetu. Żaden Korboński nie zasmaruje jego rozwagi i mądrości. Mogą na niego zwalać wszystko jak na Stalina – mój osobisty stosunek do niego, bardzo osobisty, nigdy się nie zmieni. Myślę, że nie bez racji trumna jego była przykryta narodowym sztandarem.

[1] Chodzi o powrót Marii Iwaszkiewicz z Mediolanu do Warszawy. Przed wylotem do Sztokholmu Iwaszkiewicz napisał córce instrukcję, w której zawarł wskazówki, jak radzić sobie w hotelu i podczas podróży. Instrukcja kończyła się zdaniem: „Tylko, Marysiu, na miłość Boską, nie flirtuj ze ślicznym Chińczykiem, który mieszka naprzeciwko!" (zob. M. Iwaszkiewicz, *Z archiwum na Stawisku*, „Przekrój" 1984, nr 2041).
[2] Stefan Korboński, pseud. Nowak, Zieliński i in. (1901–1989) – polityk, działacz ruchu ludowego, adwokat; zagrożony po wojnie aresztowaniem przez władze komunistyczne, przedostał się za granicę; od listopada 1947 w USA. Pamiętniki, o których mówi Iwaszkiewicz, to książka zatytułowana *W imieniu Rzeczypospolitej*, Biblioteka Kultury, Paryż 1954.
[3] Jadwiga z d. Stankiewicz 1 v. Lilpopowa, 2 v. Śliwińska (1872–1966) – matka Anny Iwaszkiewiczowej; rozwiodła się ze Stanisławem Lilpopem w 1903 roku. Poślubiwszy pianistę Józefa Śliwińskiego, wyjechała z nim do Saratowa. Ostatnie lata życia spędziła w Stawisku.
[4] Wanda Wasilewska (1905–1982) – działaczka polityczna, pisarka. Po wybuchu II wojny światowej wstąpiła do Związku Pisarzy Radzieckich i WKP(b). Założyła i w latach 1941–43 redagowała „Nowe Widnokręgi". Była współzałożycielką i przewodniczącą ZG Związku Patriotów Polskich. W 1945 roku wyszła za mąż za Ołeksandra Kornijczuka i osiadła w Kijowie.
[5] Związek Patriotów Polskich (ZPP) – istniejąca w latach 1943–46 organizacja

polityczna, założona i kierowana przez polskich komunistów w ZSRR; narzędzie polityki Józefa Stalina w kwestii polskiej.

[6] Mieczysław Niedziałkowski (1893–1940) – działacz i teoretyk PPS, publicysta; w 1939 roku aresztowany, następnie rozstrzelany przez Niemców w Palmirach.

[7] Chodzi o list do redakcji paryskiej „Kultury", podpisany A. Korbut. Oto jego obszerny fragment: „Na początku października 1941 roku udałem się znowu do Mińska, aby odwiedzić mego dobrego znajomego ze studiów na USB w Wilnie, p. dr. W. Tumasza, który pełnił wówczas obowiązki komisarycznego burmistrza miasta Mińska. W czasie przyjacielskiej rozmowy wspomniałem mu, że osoba Bieruta jest mi podejrzana. P. Tumasz pochwalił Bieruta jako dzielnego pracownika, ale w toku dalszej rozmowy i po pewnych wahaniach opowiedział mi, co następuje: «Jakim cudem Bierut znalazł się w Mińsku – nie wiem. W każdym razie wkrótce po wkroczeniu wojsk niemieckich do Mińska zgłosił się dobrowolnie jako kandydat na pracownika miejskiego. Wszędzie przedstawiał się za zbiałoruszczonego Polaka. Przyjęto go chętnie, bo był brak chętnych do pracy, a dawni sowieccy pracownicy albo siedzieli w ukryciu, lub pouciekali na Wschód za czerwoną armią. Bierut okazał się niezłym pracownikiem, zdołał zabezpieczyć kilka magazynów żywnościowych przed grabieżą motłochu. Przed kilkoma dniami zgłosił się do mnie Bierut w bardzo dyskretnej osobistej sprawie. Przyjąłem go natychmiast. Nie rozprawiając długo, wyjmuje Bierut ze swego portfela podanie do Gestapo w Mińsku, w którym dokładnie podał swój życiorys oraz przebieg swojej wywrotowej działalności dla Kominternu. To podanie dał mi do przeglądu. Było to – na modłę rosyjskich komunistów pisemne kajanie się, *pokajanije* – wyznanie grzechów i prośba o przebaczenie. Po prostu nie wierzyłem swoim własnym oczom. Otóż Bierut zapewniał Gestapo, że on zwątpił w komunizm, jako narzędzie międzynarodowego żydostwa, i staje się od tej chwili zwolennikiem 'Nowej Europy', a jej 'Führera' Hitlera uważa za jedynego człowieka, który przyniesie światu zbawienie i uwolnienie z rąk krwiożerczego kapitału. Oczywiście Politbiuro ze Stalinem na czele obezwał bandą szubrawców etc. W końcu podania było specjalnie zaznaczone, że Bierut jest czystym 'aryjczykiem' i że to go też skłania do zerwania z 'żydo-komuną'. Jednym słowem Bierut zaklinał się na wszystkie świętości, że zrywa z komunistami i będzie uważał służenie 'Führerowi' za wielki zaszczyt. [...] Gestapowcy przyjęli p. Bieruta bardzo uprzejmie, słuchając i czytając jego zeznania z ogromnym zainteresowaniem. Rozkrochmaleni wylewem uczuć ze strony starego komunisty, gestapowcy przyrzekli mu bezkarność, o ile on znajdzie w Mińsku dwie solidne osobistości, gotowe ręczyć za niego. Oczywiście zawahałem się złożyć podpis pod podaniem Bieruta. Zwrócił się on wtedy do p. J[ana] Stankiewicza, ówczesnego kustosza Miejskiego Muzeum w Mińsku, i ten podpisał się na podaniu Bieruta do Gestapo i nakłonił mnie przedwczoraj do tego samego kroku, mówiąc, że Bierut jest także katolikiem i trzeba mu pomóc»" („Kultura" 1956, nr 3, s. 140–141).

Sztokholm, 7 kwietnia 1956
Wczoraj rozmowa z Dąbrowską:
Ja: Wiesz, przeraża mnie poziom książki Korbońskiego.
Ona: Tak powinno być. Od takich ludzi nie wymaga się poziomu, tylko pionu.
Ja: Jak ty to rozumiesz?
Ona: Od poziomu to jesteśmy my. Chociaż niektórzy z nas nie posiadają pionu.
A niech cię, babo, diabli wezmą.
Wczoraj na kolacji dla polskiej delegacji zjawili się Kornijczuk i Wanda, zaproszeni przez Jasię Broniewską[1]. Dąbrowska zjawiła się bardzo późno, czekaliśmy na nią, a kiedy przyszła, demonstracyjnie nie przywitała się z Wasilewską. [Anna] Kowalska szepnęła coś dramatycznie: „Rób coś, bo ona chce wracać do hotelu". Trzeba było opanować sytuację, usadzić ją obok siebie i bawić przez cały wieczór. Z drugiej strony ode mnie siedział Kornijczuk, ale z nim zamieniła kilka słów. Sytuacja cały wieczór potworna[2]. Wracaliśmy samochodem z [Ostapem] Dłuskim.
– Jaki przyjemny był dziś wieczór – powiedział.

[1] Janina Broniewska z d. Kunig (1904–1981) – autorka książek dla dzieci i młodzieży, publicystka, działaczka polityczna; w latach 1926–37 żona Władysława Broniewskiego. Od 1934 do 1937 pracowała w Wydziale Wydawniczym ZNP w redakcji „Małego Płomyczka". W 1938 redagowała (pod pseudonimem Bronisława Janowska) pisemko dla dzieci „Gazetka Miki". Po wybuchu II wojny światowej przebywała początkowo w Białymstoku, a następnie w Mińsku, gdzie była kierownikiem działu literackiego „Sztandaru Wolności". Po wybuchu wojny niemiecko-radzieckiej została ewakuowana w głąb ZSRR. W 1942 rozpoczęła pracę publicystyczną w czasopismach związanych z działalnością Związku Patriotów Polskich; pisywała też do czasopism radzieckich pod pseudonimem Roman Jasiński. Po utworzeniu w 1943 roku Dywizji im. T. Kościuszki towarzyszyła jej do 1945 jako korespondent wojenny. W 1944 weszła jako poseł do Krajowej Rady Narodowej. W 1947 zamieszkała na stałe w Warszawie i została redaktorem naczelnym tygodnika „Kobieta" (1947–50). W latach 1958––64 była redaktorem literackim „Kraju Rad". Opublikowała m.in. opowieść o generale Karolu Świerczewskim pt. *O człowieku, który się kulom nie kłaniał* (1948), powieść *Ogniwo* (1951), opowieść dokumentarną *Biała plama* (1956).
[2] Maria Dąbrowska wspomina: „Pierwszego czy na drugi dzień pobytu p. Axerowa oznajmiła, że Dłuski zaprasza polską delegację na kolację do hotelu «Carlton». Dłuski potem to zaproszenie potwierdził. Oboje zapytywałam, kto będzie na owej

kolacji, czy tylko polska delegacja – «Nikogo więcej, tylko polska delegacja» – zapewnił mnie Dłuski. Gdyśmy przyszły do hotelu, gdzie ta kolacja miała się odbywać – od razu przy wejściu wziął mię pod ramię, pytając: «Znasz Wandę Wasilewską?» Zrobiłam niecierpliwy i pewno niegrzeczny gest ręką. Wskutek zaskoczenia nie byłam w stanie przemyśleć, jak się mam zachować. Czułam tylko całą sobą, że w tym małym marginesie dla możliwości uczciwego zachowywania się to jedno przynajmniej mieć muszę, że nigdy nie podam ręki Wandzie Wasilewskiej, nie będę z nią rozmawiała ani z nią się znała. [...] Usłyszałam, bardzo zdetonowana, że Anna mówi: «Zlituj się, Maryjko», a Iwaszkiewicz: «Właśnie – to Jasia (Broniewska) to urządziła. Miała być tylko polska delegacja». W rezultacie kolacja odbyła się w nastroju jak u Dostojewskiego. Wasilewska siedziała dwa miejsca ode mnie. Jarosław pił dużo i nazajutrz zachorował na serce (a teraz w Warszawie podobno opowiada, że przeze mnie)" (M. Dąbrowska, *Dzienniki powojenne*, wybór, wstęp i przypisy T. Drewnowski, t. 3, Warszawa 1997, s. 101–103).

8 kwietnia 1956
Wczoraj miałem mały ataczek sercowy. Dr Wittlin-Winnicka[1] przestraszyła się trochę. Właściwie był to mały zawałek. Lewa ręka bolała mnie od dwóch dni – i cierpła trochę. Wczoraj odrzuciło mnie od papierosów, których ostatnio (Wenecja) bardzo dużo paliłem. Szkoda by mi było teraz umierać. Chciałbym co najmniej skończyć drugi tom *Sławy i chwały* i ten rozdział z trzeciego ze śmiercią Janusza, i historię z „Leninem", boby inaczej głupio wyglądało. Okropnie winię Dłuskiego, który dla wątpliwych interesów partii (Ruch Pokoju!) wysysa ze mnie wszystkie soki[2]. Jeżeli nie skończę *Sławy i chwały*, jego to będzie wina. Już nie mówiąc o tym, że mi się w ogóle nie chce umierać pomimo zmęczenia domowym życiem. Tyle jeszcze chciałbym się dowiedzieć...

Przy tej samej kolacji Kornijczuk mi powiedział, że mnie tak polubił wtedy pod Oxfordem[3], że byłem taki cierpiący, a mimo wszystko miałem taką *wydierżkę*[4]. Więc jakże to jest? Mam kościec czy nie mam?

Dąbrowska jest mądra, ale nie inteligentna. Powiedziałem jej to. Prócz tego jest zła, ale tego już jej nie mówiłem.

[1] Wiktoria Wittlin-Winnicka (ur. 1908) – siostra Józefa Wittlina, lekarka; od końca lat 50. pracowała w Światowej Organizacji Zdrowia w Genewie.
[2] O relacjach łączących Iwaszkiewicza z Dłuskim pisze Andrzej Panufnik: „Zachowałem niemiłe wspomnienie o Dłuskim z jednego z międzynarodowych kongresów pokoju, gdzie manipulował moim przyjacielem, poetą Jarosławem Iwaszkiewi-

czem, który jako przewodniczący Polskiego Komitetu Obrońców Pokoju miał wygłosić zasadnicze przemówienie. Aż do momentu, kiedy biedny Jarosław wchodził już na mównicę, Dłuski wyrywał mu tekst wystąpienia i robił poprawki, wstawki i skreślenia, ulepszenia – w odpowiedzi na przemówienia innych delegatów, którym przysłuchiwał się pilnie przez słuchawki. Za każdym razem, gdy Dłuski wyrywał mu kartki, Iwaszkiewicz reagował z rosnącym zakłopotaniem, gdyż była to publiczna demonstracja, że jego tekst wymaga interwencji dojrzalszego politycznie członka partii" (A. Panufnik, *Panufnik o sobie*, Warszawa 1990, s. 236).

[3] Kongres w Oxfordzie, którego uczestnikami byli m.in. Iwaszkiewicz i Kornijczuk, odbył się w kwietniu 1951 roku.

[4] *Wydierżka* (ros.) – opanowanie, panowanie nad sobą, siła woli.

Sztokholm, 11 kwietnia 1956, i silny śnieg

Jakoś tak się składa, że w Sztokholmie piszę więcej o Dąbrowskiej niż o czym innym. Wczoraj obiad wieczorny w poselstwie z Gunnarem Gunnarssonem[1] i Nilssonem[2]. Gunnarsson wzniósł toast, mówiąc, że za najwyższy zaszczyt uważa sobie to, że siedzi obok Marii Dąbrowskiej. O mnie oczywiście ani słowa. Podobno Przyboś napisał olbrzymi artykuł[3], twierdząc, że powinniśmy być dumni, że mieszkamy w tym samym miejscu i w tym samym czasie co Dąbrowska. Nawet stary Ochab[4], kiedy mu powiedziałem, że Maria nie podała ręki Wasilewskiej, odrzekł: „Tak, ale ona napisała *Na wsi wesele*". Dzisiaj pojechała do Uppsali na seminarium polonistyczne. Jakbym już widział Nobla w jej kieszeni. Jarosławie, czy jesteś zazdrosny? Chyba trochę, ale niewiele. Sam uważam Dąbrowską za prawdziwego pisarza, za sumienie narodu ponadto. Ale myślę, że los jest trochę niesprawiedliwy dla mnie. Należałoby mi się małe miejsce „obok" Dąbrowskiej. Rozmawiałem parę dni temu z Lukácsem o *Czerwonych tarczach*. Trochę pokpiwał sobie ze mnie mówiąc, że za bardzo się rozpraszam, że epizod z Judką *ist wunderbar*[5], a wszystko przedtem do niczego. To samo mówił mi ongiś, ongiś Selichanowicz[6]. Że nie umiem wybrać zagadnienia czy punktu centralnego. Oczywiście rozpraszam się, ale w tym rozproszeniu jest cała moja *tourment*[7]. A u Dąbrowskiej nie ma żadnej *tourment*. Donini mi zarzucał kapryśność, że mówiłem w Brukseli o niej jako o „sumieniu narodu" – a teraz powiedziałem, że to jest *une littérature de femmes de chambre*[8]. On tego nie rozumie. To nie jest *pour femmes de chambre*[9], to jest *écrit par une femme de chambre géniale*[10]. To jest literatura o f i c j a l i s t y. To jest znakomite, ale zawsze naznaczone grzechem pierworodnym ekonomstwa. Dlatego znakomite dla Niemców i Szwedów – nie do pomyślenia dla Francuzów. Straszliwie prowincjonalne. A potem to „sumienie narodu". Raczej wyraża się w złośliwościach – a nie w uderzeniu wprost. Ale można powiedzieć – inaczej nie można było. Ale ostatecznie pogodziła się z sytuacją w kraju – a że z kaprysami? Teraz chodzi w aureoli promiennej i u nas, i na emigracji. *И девственность сохранила и капитала сберегла*[11]. A ja lekkomyślny rzuciłem się jak święty Kasjan do pomagania ludziom, nie myśląc o sobie. Wyszła z tego jak gdyby bezmyślność. Bo niemyślenie o sobie wydaje się bezmyślnością (*Idiota* Dostojewskiego), zwłaszcza w naszym światku. I zostałem ani tu, ani tam – jak zwykle i na pozycjach trzeciorzędnego pisarza. O moim *Chopinie* – oprócz Zygmunta [Mycielskiego] – n i k t nic nie napisał[12]. Czasem odczuwam z tego powodu małą myszkę w sercu. Ale ponieważ teraz myszy na całego do mego serduszka się dobrały...

Dzisiaj niby to lecimy, ale deszcz, śnieg, wicher gwałtowny. Żadna przyjemność. Ach, żeby już wreszcie dojechać do domu i zakotwiczyć się na czas dłuższy.

Nie wytrzymałem wczoraj i za całe pieniądze, jakie miałem, kupiłem nową książkę o Sycylii[13]. Nareszcie fotografie dające pojęcie o tym, co to jest. I tak mi znowu wszystko wypłynęło ze środka. Chciałbym teraz ze dwa lata posiedzieć murem w Stawisku (oprócz Sandomierza) – a potem pojechać na dwa miesiące na Sycylię – i już! Czy mi to serce jeszcze na ten czas wytrzyma? Wątpię, ale róbmy sobie projekty, inaczej trudno.

[1] Gunnar Gunnarsson (1899–1987) – organizator studiów slawistycznych w Szwecji, założyciel i redaktor czasopisma „Publications de l'Institut slave d'Upsal" (1949––60), profesor Uniwersytetu w Lund (1938–40) i w Uppsali (1940–66), w latach 1946––47 był również profesorem Wyższej Szkoły Sztokholmskiej (późniejszego Uniwersytetu Sztokholmskiego). Opublikował m.in. prace na temat składni rosyjskiej, etymologii słowiańskiej i semantyki polskiej.

[2] Nils Åke Nilsson (1917–1995) – wybitny slawista szwedzki; od roku 1967 do emerytury w 1983 – profesor języka i literatury rosyjskiej na slawistyce Uniwersytetu Sztokholmskiego. Doktorat (1949) uzyskał na podstawie rozprawy *Die Appolonius--Erzählung in den slavischen Literaturen*. Autor monografii – m.in. *Russian Literature* (1948), *Studies in Čechov's Narrative Technique* (1968), *Rysk literatur från Tje-*

chov till Solsjenitsyn (1973) – studiów o poezji Osipa Mandelsztama i Borysa Pasternaka, wydawca i popularyzator dzieł pisarzy rosyjskich. Autor, tłumacz i redaktor
antologii poezji polskiej *Det nakna ansiktet* (*Naga twarz*, 1960) i *Du måste vittna*
(*Masz dać świadectwo*, 1981), które odegrały przełomową rolę w popularyzacji powojennej poezji polskiej. Tłumacz poezji Czesława Miłosza: Czeslaw Milosz, *Samla-
de dikter 1931–1987* (*Wiersze zebrane*, 1990).

[3] J. Przyboś, *Dzieło Marii Dąbrowskiej*, „Przegląd Kulturalny" 1956, nr 13.

[4] Edward Ochab (1906–1989) – działacz ruchu robotniczego; od 1944 roku na kierowniczych stanowiskach w wojsku, administracji państwowej, w związkach zawodowych i spółdzielczości; od marca do października 1956 pełnił funkcję I sekretarza
KC PZPR.

[5] *Ist wunderbar* (niem.) – jest wspaniały.

[6] Aleksander Selichanowicz (1880–1968) – pedagog, historyk pedagogiki, profesor (1920). Od 1906 uczył w gimnazjach kijowskich. Jego uczniami byli m.in. Konstanty Paustowski i Michaił Bułhakow. Autor książek, m.in. *Oczerki obszczej pedagogiki* (1912), *Fiłosofskaja propiediewtika w sriedniej szkole* (1913), *Psichołogija nraw-
stwiennych pierieżywanij* (1913), *Istorija piedagogiki na Zapadie i w Rossiji* (1917).
Iwaszkiewicza uczył w kijowskim gimnazjum propedeutyki filozofii; był to „przedmiot na ogół w programach szkół rosyjskich stojący na szarym końcu. Potrafił jednak
z przedmiotu tego zrobić rzecz bardzo interesującą, wciągnąć całą klasę w krąg zainteresowań psychologicznych i filozoficznych, dawał nam pewne prace naprawdę przy-
gotowujące do studiów uniwersyteckich i rzeczywiście wielu z nas zawdzięczało mu
bardzo dużo. Moja lektura Platona, Bergsona – a nawet Dostojewskiego, którego Alek-
sandrowicz [nauczyciel literatury rosyjskiej] nie lubił, a program szkolny nie przewi-
dywał – miała swoje źródło w wykładach Selichanowicza. On pierwszy zwrócił moją
uwagę na filozofię sztuki, na psychologię, dając mi do czytania Wundta, Christianse-
na, Taine'a; jemu też zawdzięczam pewne wskazówki czysto literackie, które do dziś
dnia pamiętam" (J. Iwaszkiewicz, *Książka moich wspomnień*, Warszawa 1994, s. 58).

[7] *Tourment* (fr.) – udręka.

[8] *Une littérature de femmes de chambre* (fr.) – literatura pokojówek.

[9] *Pour femmes de chambre* (fr.) – dla pokojówek.

[10] *Écrit par une femme de chambre géniale* (fr.) – pisane przez genialną pokojówkę.

[11] *И девственность...* (ros.) – I cnotę zachowała, i kapitał zbiła.

[12] Zob. tom 1, przypis nr 3 na s. 524.

[13] K. Helbig, *Sizilien*, Wiesbaden 1956.

Stawisko, 13 kwietnia 1956
(Leżę w łóżku).
Jeszcze o Dąbrowskiej, póki pamiętam. Jej twórczość dokładnie po-
krywa się z granicami kraju. Pasuje na Polskę jak rękawiczka i nigdzie

się nie wzdyma. Ani na jotę nie przekracza linii granicznej i nigdy nie przekracza możności rozumienia, nie wymaga intuicji. Ciekawe, co myśli Gombrowicz o Dąbrowskiej?[1] U niej nawet wyobrazić sobie nie można takich scen jak zabójstwo pani Rênal[2], spotkanie przez Vautrina Lucjana de Rubempré[3] na drodze – nie mówiąc już o Dostojewskim.

Z rozmów w Sztokholmie:

Ja: Jakże, Maryjko, uważasz ten przekład niemiecki *Nocy i dni*[4]? Dobry?

Ona: Oczywiście nie jest kongenialny, ale ujdzie...

Rozumiem, że używa słowa „kongenialny" w znaczeniu „kongenitalny", ale zawsze...

Inna scena: Dąbrowska, Broniewska, ja.

Broniewska: Wiesz o artykule Przybosia?

Ja: Nic nie wiem.

Broniewska: Coś okropnego... sama wazelina... no, już po prostu nieprzyzwoity panegiryk na cześć pani Marii... coś tak niesmacznego.

Dąbrowska: Nie. Dlaczego? Mnie mówili, że on jest naprawdę takim wielbicielem mojej twórczości.

Putrament[5] pisze dzisiaj w „Przeglądzie Kulturalnym":

„Przyznam się zresztą, że to, co ostatnio napisał o Dąbrowskiej Przyboś, wydało mi się grubym nietaktem wobec autorki *Nocy i dni*. Kiedy się pisze o żyjącym pisarzu, należałoby pamiętać, że im większy jest ten pisarz, tym niechętniej znosi superlatywy pod swoim adresem. Wydaje się, że ze wszystkich współczesnych pisarzy Dąbrowska jest szczególnie na tym punkcie uczulona"[6].

Jeszcze jedna anegdota, „pozytywna". Na tym obiedzie jeden ze szwedzkich profesorów, którzy mówią lepiej po rosyjsku niż po polsku, pyta, jak przetłumaczyć rosyjskie *niedostatok*. Ja mówię, że brak, wada.

– Niestety – zwracam się do Dąbrowskiej – u nas ciągle używa się po polsku słowa „niedostatek" nie jako „bieda", ale w rosyjskim znaczeniu, jako „brak", „wada". Spotyka się to na każdym kroku. Zdaje mi się nawet, że ty, Maryjko, niedawno gdzieś tak napisałaś.

– Ale gdzież tam – oburza się Dąbrowska – nic podobnego. Zawsze na to bardzo uważam.

Nazajutrz o 10 rano przychodzi do hotelu, aby się z nami pożegnać. Odprowadza mnie na stronę:

– Wiesz, ja zdaje się gdzieś użyłam tego słowa „niedostatek" w niewłaściwym znaczeniu. Myślałam o tym...

– Co? Więc myślałaś o tym całą noc?

– Całą noc – wyznaje z rumieńcem.

Przeczytałem ten artykuł Przybosia. Ucieszył mnie bardzo. Tak rzadko u nas pisze się o żyjących pisarzach w tym tonie, głupi bo głupi artykulas – ale zjawisko raczej pozytywne. Tylko z jednym się nie mogę zgodzić: z panegirykiem na cześć jej języka jako poezji. Język Dąbrowskiej jest ścisły i dobrze przylega do obrazu – ale niemuzykalny.

Później

Nigdy nie umiem ocenić działania lekarstwa. Nigdy nie czuję, że mi coś „dobrze robi" ani nawet w ogóle że działa. Nawet aspiryna. Co to znaczy? Czyż aż taki brak umiejętności introspekcji? Czy nie umiem badać swojego organizmu, czy też mnie to nic nie obchodzi?

Później

Jeszcze o Dąbrowskiej.

Na wsi wesele u nas w redakcji nie było przyjęte z entuzjazmem. Anka[7] mi to streszczała mętnie, że niby tylko opis wesela, i już, Stryjkowski mówił „takie sobie". Ja nie czytałem i nie będę ani cenzurował, ani poprawiał Dąbrowskiej. Przeczytałem już wydrukowane w numerze. I byłem wstrząśnięty. Przyszedłem do redakcji i położyłem numer na stole. „Bardzo mi jest przykro – powiedziałem – że mój zespół nie docenił tego utworu. To jest olbrzymie zdarzenie literackie!" Było to przeszło rok temu – teraz to dopiero widać.

Co prawda program tego dziełka da się streścić słowami: nie wolno bić! Program, jak widzimy, minimalistyczny. Ale i on był rewolucyjny w styczniu 1955 roku. *Ottiepiel*[8] czytałem w grudniu 1955 roku, *The Old Man and the Sea*[9] wtedyż, *Na wsi wesele* w styczniu. To były przeżycia.

---

[1] „Przede wszystkim kobiety. Oto *testimonium paupertatis*: że powieść owego czasu opierała się głównie na kobietach i była jak one. Okrągła w liniach, miękawa, rozlazła. Sumienna, drobiazgowa, dobrotliwa, czuła. [...] – oto autorki zawsze skromne lub nawet pokorne, z godnym pochwały zaparciem się siebie, zawsze gotowe rozpłynąć się altruistycznie w innych lub też zgoła w bycie, głosicielki «prawd niewątpli-

wych» w rodzaju Miłości lub Litości, które Renata lub Anastazja odkrywały pod koniec sagi w drżeniu liści lub w śpiewie drzew... Nikt nie neguje talentu tym Dąbrowskim, Nałkowskim, do Gojawiczyńskiej włącznie, ale czyż ta rozpływająca się w kosmosie babskość mogła w jakikolwiek sposób ukształtować świadomość narodu?" (W. Gombrowicz, *Dziennik 1953–1956*, Kraków 1997, s. 257).

[2] Pani de Rênal – jedna z głównych postaci powieści Stendhala *Czerwone i czarne*.

[3] Vautrin, Lucjan de Rubempré – postacie z *Komedii ludzkiej* Balzaca.

[4] M. Dąbrowska, *Nächte und Tage*, przeł. L. Lasinski, t. 1–2, Berlin 1955. Było to drugie tłumaczenie na język niemiecki *Nocy i dni*, pierwsze ukazało się przed wojną (przeł. H. Koitz, t. 1–2, Breslau 1938).

[5] Jerzy Putrament (1910–1986) – literat, komunistyczny działacz kulturalny, redaktor prasy literackiej; w latach 1947–50 ambasador PRL w Paryżu, od 1952 do 1961 poseł na Sejm PRL, w latach 1959–80 wiceprezes Zarządu Głównego Związku Literatów Polskich. Artykuły, opowiadania, recenzje, reportaże i felietony ogłaszał m.in. na łamach „Nowej Kultury" (1950–62), „Twórczości" (1950–55), „Życia Literackiego" (1951–70), „Przeglądu Kulturalnego" (1952–63). Opublikował m.in. zbiory opowiadań *Święta kulo* (1946) oraz *Wypadek w Krasnymstawie* (1957), reportaże *Notatnik chiński* (1952) oraz *Dwa łyki Ameryki* (1956), powieści *Rzeczywistość* (1947), *Wrzesień* (1951), *Rozstaje* (1954).

[6] J. Putrament, *Paniczna ofensywa*, „Przegląd Kulturalny" 1956, nr 15.

[7] Anna Baranowska (1913–1980) – redaktor; od 1950 do 1975 była sekretarzem redakcji „Twórczości", ponadto opracowywała dla pisma przegląd prasy literackiej angielskiej i amerykańskiej (podp. at).

[8] I. Erenburg, *Ottiepiel* (t. 1–3 1954–56, wyd. pol. *Odwilż* t. 1–2 1955–56).

[9] E. Hemingway, *The Old Man and the Sea* (1952, wyd. pol. *Stary człowiek i morze* 1956).

Stawisko, 17 kwietnia 1956

Czasem uprzytamniam sobie to, jak bardzo niedzisiejszym jestem człowiekiem. Jakbym inaczej wyglądał, gdybym się urodził na miejscu Bola na przykład, to znaczy w 1875 roku. Byłbym rodzajem Berenta[1], poszedłbym do podręczników, spędziłbym życie prawie wiktoriańskie i jakoś bym i ja do świata pasował – i świat do mnie. A tak to stałe cierpienie niedopasowania – i zbyt przesadna chęć z mojej strony „nadążania" za czasem, jak ta stara pani w *Kawalkadzie*[2], która nosiła modne suknie i wieczorami chodziła na *cocktaile*. A przecież i ja urodziłem się w epoce, gdzie *cocktaile* były nieznane. I może nie potrafiłem zachować godności w pozostawaniu w zgodzie z tą epoką, która mnie wydała. Za bardzo zawsze chciałem być „z młodymi", wydawanie „Nowej Sztuki"[3] ze Sternem, aż do osławionej sesji nieborowskiej, gdzie myślałem, że kto jak kto, ale młodzi mnie zrozumieją[4]. A tu *comme toujours* ani młodzi, ani starzy. Jestem teraz pod wielkim obstrzałem, groźniejszym niż kiedykolwiek. Oto niedawno jeszcze słyszałem, że przeze mnie przemawia głos podziemia i opozycji – niedawno walczyłem o *Famę*[5] i *Borsuka*[6] – aż tu teraz okazałem się „na służbie" u reżymu, facetem, który przez swoje „zaprzedanie się" utrudnił pozycje innym. Itd., itd. Widzę stąd, że ostatnie lata mojego życia będą zapaskudzone tego rodzaju sprawami, zrobią ze mnie coś w rodzaju Pétaina[7]. Najprzykrzej mi, że w momencie, kiedy najbardziej liczyłem na moje książki – wpadną one w próżnię. Już o *Chopinie* – powinno to było być ewenementem – nikt nic nie napisał. To samo stanie się zapewne ze *Sławą i chwałą*, tym bardziej, że jak widać ze stanu mojego zdrowia, nie zdążę już tego skończyć. Bardzo to przykre zostać niepełnym, niedokończonym, niezupełnym pisarzem, czymś marginesowym, kiedy się miało taki głód wielkości.

Lemury[8].

[1] Wacław Berent (1873–1940) – powieściopisarz, eseista, tłumacz; autor m.in. powieści *Próchno* (1903), *Ozimina* (1911), *Żywe kamienie* (1918). Iwaszkiewicz ma zapewne na myśli erudycyjny cykl esejów historycznych o inteligencji polskiej, na który składają się: *Nurt* (1934), *Diogenes w kontuszu* (1937), *Zmierzch wodzów* (1939).

[2] *Kawalkada* (1933, reż. F. Lloyd). Film na podstawie sztuki Noëla Cowarda.

[3] „Nowa Sztuka" – awangardowe pismo z podtytułem „miesięcznik artystyczny", o krótkotrwałym żywocie (dwa numery), wydawane w Warszawie na przełomie 1921 i 1922 roku. W redakcji, obok Iwaszkiewicza, znaleźli się Anatol Stern, Leon Chwistek i Tadeusz Peiper. Pismo przynosiło zapowiedzi i omówienia ówczesnych wydarzeń artystycznych i literackich w Polsce (m.in. sztuk Witkacego) i za granicą (m.in. berlińskiej wystawy ekspresjonizmu).

[4] W dniach 11–17 stycznia 1948 roku odbyła się w majątku poradziwiłłowskim w Nieborowie pod Łowiczem sesja literacka dla młodych pisarzy zorganizowana przez Ministerstwo Kultury i Sztuki. Brało w niej udział czterdziestu siedmiu literatów; trzynastu wykładowców wygłosiło dwadzieścia referatów, wyświetlono dziewięć filmów długometrażowych i kilkanaście krótkometrażówek. W ciągu ponad pięćdziesięciu godzin wykładów i dyskusji poruszono zagadnienia współczesnej problematyki literackiej i filmowej. Iwaszkiewicz wystąpił na sesji z odczytem *O prawdzie i kompozycji w „Nowelach włoskich"*. Zarówno cała sesja, jak i wystąpienie Iwaszkiewicza zostały zrelacjonowane przez Tadeusza Borowskiego: „O tej swobodzie twórczej, moż-

liwej w granicach realizmu, mówił Jarosław Iwaszkiewicz na przykładzie swoich *Nowel włoskich*. Jak wiadomo – *Nowele włoskie* opowiadane są w pierwszej osobie przez narratora, którym jest oczywiście sam pisarz. Analizując wybrane fragmenty opowiadań oraz napomykając o innych, Iwaszkiewicz bardzo przekonywająco pokazał technikę przerabiania przeżyć na materiał artystyczny, tworzenia postaci z kilku ludzi naprawdę istniejących, dorabiania artystycznego komentarza i puenty artystycznej. Jednakże najbardziej frapującymi były nie rozważania Iwaszkiewicza o realiach i materiale życiowym *Koronek weneckich II* (o czym plotkują już w Warszawie), lecz obrona aktualności i świadomości społecznej *Nowel włoskich*. Dla człowieka związanego niesłychanie silnymi więzami z Ukrainą proces likwidowania kolonizacji polskiej na tym terenie, proces, który z nieodwracalnym fatalizmem rozpoczął się w końcu XVIII wieku i trwał przez następny wiek oraz połowę naszego, aż zakończył się w naszych oczach, jest problemem bolesnym i aktualnym, stąd w nowelach tych, pozornie tylko dziejących się we Włoszech, wciąż jest mowa o Ukrainie" (T. Borowski, *Studium literackie w Nieborowie*, „Po prostu" 1948, nr 2). Iwaszkiewicz napisał o sesji w liście do Czesława Miłosza z 3 kwietnia 1948: „Wielkie larum było z powodu «studium literackiego» w Nieborowie [...]. Przedsięwzięcie było dobre i bardzo interesujące, ja też tam miałem wykład, ale bardzo osobisty, potraktowano mnie z chłodnym szacunkiem, raczej już jak mumię, tak jak my traktujemy Staffa!" (Cz. Miłosz, *Zaraz po wojnie. Korespondencja z pisarzami 1945–1950*, Kraków 1998, s. 172).

[5] Napisane w roku 1952 opowiadanie *Fama* ukazało się dopiero w „Twórczości" 1956, nr 6.

[6] Zob. tom 1, przypis nr 14 na s. 476.

[7] Philippe Pétain (1856–1951) – marszałek Francji, polityk; w czasie I wojny światowej wsławił się obroną twierdzy Verdun; w czerwcu 1940 jako premier podpisał z Niemcami i Włochami kapitulację i utworzył nowy rząd z siedzibą w Vichy; po zakończeniu wojny został za kolaborację z hitlerowskimi Niemcami skazany na karę śmierci zamienioną na dożywotnie więzienie.

[8] Lemury – aluzja do końcowej sceny *Fausta* Goethego, w której pojawienie się lemurów zapowiada nadciągającą śmierć. Scena ta w drugim tomie *Sławy i chwały* staje się przedmiotem rozmyślań Edgara Szyllera w ostatnich dniach jego życia.

Warszawa, 21 kwietnia 1956 (u Elżbietanek)[1]

Zadziwiające jest pomyśleć, że już. Taśma się kończy. Oczywiście może ją tu podłatają na miesiąc, dwa, na dwa lata. To w niczym sprawy nie zmienia, że się już wszystko skończyło i zostaje to moje klasyczne pytanie: to już? To już wszystko: epoka Kalnika[2], epoka Tymoszówki[3], epoka Byszew[4], epoka Stawiszcz[5], epoka Aidy[6], epoka Stawiska[7] – zakończone. Przede mną nie ma nic i trzeba się tylko oglądać. Kiedy zapisywałem się tutaj do szpitala, co trwało dwie godziny (siostra, która musi wypełnić cztery (!) karty, nie umiała sobie poradzić z datą moich urodzin – 1894, to było nad jej siłę napisać!!), zapisywał się razem ze mną Janusz Mücke, kolega Miecia [Rytarda] z Agrykoli, z piłki nożnej. Kiedy spojrzałem na niego, od razu go zobaczyłem przebierającego się na boisku w białe płócienne spodenki, w czerwcu 1919 roku. Był śliczny wtedy i dzisiaj wydał mi się niezmieniony. Zajrzałem do zapisu: Janusz Mücke, lat sześćdziesiąt! To spotkanie to całe opowiadanie – ale właśnie opowiadanie mojego życia. *Meet life's exactly*[8]. I to właśnie, że z tych sześćdziesięciu lat nic nie zostało, nie ma właściwie o czym opowiadać, że to całe życie, takie cenne dla mnie, na zewnątrz jest nikłe i ubogie. Nie ma w nim zdarzeń ani zewnętrznych, ani niestety... wewnętrznych. Właściwie wnętrze moje jest takie, jakie było za czasów rozmów z Kolą Niedźwiedzkim i z Jurą Mikłucho-Makłajem. Równie niesformowane, nieukształcone i płynne – bez żadnych przekonań i bez żadnej wiary. Cały kłębek uczuć nieskoordynowanych i nawet nie zawsze określonych. I ten pasek różnokolorowej włóczki nożyce przecinają „w byle jakim miejscu", jak mówiła Zosia [Nałkowska].

[1] Chodzi o warszawski Szpital Sióstr Elżbietanek, w którym Iwaszkiewicz przebywał na obserwacji.
[2] Zob. tom 1, przypis nr 3 na s. 46.
[3] Zob. tom 1, przypis nr 1 na s. 128.
[4] Zob. tom 1, przypis nr 1 na s. 101.
[5] Zob. tom 1, przypis nr 1 na s. 104.
[6] Aida – drewniana willa w Podkowie Leśnej, wybudowana około 1900 roku, była początkowo domkiem myśliwskim Stanisława Wilhelma Lilpopa; w latach 1923–28 służyła Iwaszkiewiczom za letnie mieszkanie. „Dom był zapuszczony, ograbiony w roku 1914 przez Niemców i okoliczną ludność, pozbawiony najprymitywniejszych urządzeń, a nawet najniezbędniejszych mebli. Pierwszego zaraz lata urządzaliśmy kompletne wyprawy odkrywcze znajdując po komórkach, strychach, spichrzach i domkach części dawnego umeblowania. [...] Toteż wnętrze «Aidy» wyglądało dziwnie, gdyśmy powstawiali doń masywne meble z połowy zeszłego stulecia. Rzeczy te rozsadzały po prostu liczne, ale szczupłe pokoje willi. Odnaleźliśmy wielki marmurowy stół okrągły, potężne biurko, na którym można było obrócić czwórką koni, gotyckie romantyczne fotele, olbrzymi obraz starego Ejsmonda przedstawiający polowanie św. Huberta, wielkie psy z brązu i olbrzymie ciężkie łoża, odlewane z żelaza w pierwszych latach istnienia fabryki Lilpopa, tzn. gdzieś w trzecim dziesiątku dziewiętnastego stulecia. Przywoziliśmy na lato pianino z Warszawy i jakoś mieszkało nam się

dobrze w tym dziwacznym domostwie, pełnym starych przedmiotów i młodego życia. Najważniejsze było to, że nie czuliśmy się tutaj skrępowani, prowadziliśmy gospodarstwo na własną rękę i mogliśmy przyjmować tutaj, kogośmy chcieli. [...] Odwiedzali nas często w tym pustkowiu przyjaciele, jak Antoni Słonimski, Staś Baliński, Olek Landau, Roman Jasiński, któremu zawdzięczałem poznanie mojej żony, Irena, podówczas Malinowska, później Łempicka, a wreszcie Karol Szymanowski i Jerzy Liebert. Odwiedzali nas także nasi znajomi paryscy. Dziwnie wyglądały na tle prymitywizmu «Aidy», w cieniu wielkich sosen lasu, jaki się zaczynał tuż za werandą, takie czysto paryskie osoby jak Gustaw Taube lub pani Casella. Kiedyś cały dzień spędził u nas Gilbert Jean-Aubry, przyjaciel, tłumacz i biograf Józefa Conrada. Wieczorami siadywaliśmy przy krągłym marmurowym stole, przy świecach, tocząc nigdy nie kończące się rozmowy na wszystkie możliwe tematy. Przede wszystkim o poezji. Bardzo nam bliski Słonimski czytywał zawsze w «Aidzie» wszystkie nowo powstające wiersze, o których ja i moja żona mieliśmy bardzo wysokie mniemanie. [...] Tutaj, w «Aidzie», otrzymaliśmy od Lechonia pierwsze numery «Cyrulika Warszawskiego» – najlepszego pisma humorystycznego, jakie kiedykolwiek w Polsce wychodziło" (J. Iwaszkiewicz, *Książka moich wspomnień*, s. 231–233). W „Aidzie" Iwaszkiewicz pisał powieści *Księżyc wschodzi* i *Zmowa mężczyzn*, tutaj zrodził się pomysł napisania sztuki *Lato w Nohant* oraz opowiadania *Brzezina*.

[7] W Stawisku Iwaszkiewicz mieszkał od października 1928 do śmierci w 1980 roku.

[8] *Meet life's exactly* (ang.) – spotkanie życia właśnie.

23 kwietnia 1956, szpital

Wczoraj była u mnie moja Hania. Siedziała długo na łóżku, bardzo blisko, i mogłem się jej przypatrywać. Zastanawiałem się nad tym, jak bardzo się postarzała i jak mało zostało dzisiaj z jej niezwykłej urody. Jakaż była piękna wtedy, kiedyśmy się zaręczali: owa czystość linii podbródka, rysów (nosa nie miała garbatego jeszcze) i zadziwiający koloryt popielatych włosów i ciemnych oczu. Nieporównana świeżość cery, rumieniec delikatny i zajmujący cały policzek. Nie używała szminki ani pomadki do urodzenia Marysi. Trochę z tego przeszło do rysunku Kramsztyka[1], ale poza tym żadna fotografia nie oddaje tej urody, bo była to twarz o marmurowych rysach – ale nigdy zimna, zawsze niezmiernie ożywiona. To dziwne, że nigdy, właściwie mówiąc, nie opisałem Hani w żadnym moim utworze – trochę w *Annie Grazzi*, ale też niezupełnie, a przecież ta kobieta odgrywała taką rolę w całym moim życiu. Kochałem także tę jej powierzchowność, pochlebiała mi, cieszyła mnie. I ta potworna chwila, kiedy, przyjechawszy po nią do Bato-wic[2], nie poznałem jej. Siedziała ostrzyżona w poczekalni, przywita-łem się z doktorem – i nie spostrzegłem, że to ona siedzi na fotelu. Nie była bynajmniej zmieniona, tylko wyraz całkiem był inny, to był kto inny. Wyprawa Orfeusza do Hadesu – z którego wyprowadza Eurydy-kę, ale inną Eurydykę – zawsze mnie prześladuje. A nie mogę tego na-pisać. W tej chwili – mimo wszystko – nie mógłbym bez niej żyć. I chociaż dawniej myślałem, że chciałbym umierać, trzymając za rękę jakiegoś pięknego chłopca (symbol życia) – czy otoczony miłością có-rek, czy wobec wnuków – teraz, gdy śmierć się zbliża, czuję, że pewną ulgę w tej ciężkiej przeprawie mogłaby sprawić mi tylko jej ręka.

[1] Chodzi o *Portret Anny Iwaszkiewicz* Romana Kramsztyka – rysunek sangwiną i węglem, gwasz. Obecnie stanowi on własność Muzeum im. Anny i Jarosława Iwasz-kiewiczów w Stawisku.

[2] Wiosną 1935 roku Anna Iwaszkiewiczowa leczyła się w sanatorium dla nerwo-wo chorych w Batowicach koło Krakowa. Pensjonariuszami zakładu leczniczego w Batowicach byli przede wszystkim ludzie zamożni: arystokracja, wysocy urzędnicy. O randze sanatorium może świadczyć wizytacja lekarzy z dwudziestu państw Ligi Narodów w czerwcu 1933 roku. Po wojnie budynek sanatorium stał się siedzibą Miej-skiego Domu Starców i Ozdrowieńców, obecnie mieści się w nim Dom Pomocy Spo-łecznej.

26 kwietnia 1956, szpital

Wczoraj były u mnie moje córki i Eugeniusz [Markowski]. Wydały mi się obie takie piękne, dorodne, dalekie i obce. Rozmawialiśmy o przedstawieniach teatralnych, o wartości teatrzyku na Tarczyńskiej[1], o jakichś nowych sztukach. Teresa wyglądała prześlicznie, a Eugenio był jak z żurnala. Stanęła mi jak żywa w pamięci scena ze *Śmierci Iwana Ilicza*[2], kiedy do łoża umierającego ojca przychodzi córka z narzeczo-nym, idą właśnie na występ Sary Bernhardt[3] i „wpadli" tylko do tatu-sia. Jak ten Tołstoj znał życie... I śmierć oczywiście także. Dzisiaj była Hania, bardzo czekałem na jej wizytę, wyglądałem jej, ale przyszła tak podenerwowana, podekscytowana, przygnębiona, przejęta zdarzenia-mi ze służbą, a to pani Maria[4], a to pani Helena[5]. Że też jej się chce martwić i kłopotać tym wszystkim. Ubrana tak okropnie, potargana i w gruncie rzeczy brudna. Naturalnie „ma mnóstwo kłopotów, o których mi nawet nie mówi". Domyślam się, że znowu chodzi o Maćka. Cóż to za biedne stworzenie, zawsze sama nieszczęśliwa i wszystkich dokoła czyni nieszczęśliwymi. „Zbytkiem słodyczy na ziemi jesteśmy nieszczęśliwemi"[6]. Tak mi jej żal. A jednocześnie kiedy doktor powiedział, że muszę jeszcze parę dni dłużej tu pozostać, nie poczułem zmartwienia – nie chce mi się do domu. Potrafiła zrobić z niego prawdziwe piekło. Mając wszystkie dane po temu, aby zrobić zeń raj. Co za życie. Z długiego szeregu osób, które mnie odwiedzają w szpitalu, nikt mi nie przyniósł ulgi, nikt nie powiedział: „Nie martw się, ja to zrobię, ja ci ułatwię", a wszyscy czegoś chcą, czymś mnie kłopoczą lub martwią. Wiesiek był dzisiaj, mizerny, marny, z pokoju nic na razie, a muszą mieszkać na Foksal, bo Krysia idzie do roboty. Był Gilski[7]... Nic nie rozumiem z tej sprawy, on pewnie też. Deperasiński chce, abym coś tam podpisywał, Jurek Lisowski – żeby po coś tam przyjść do redakcji, dobrze, że się jeszcze Szyfman nie odezwał. Gdzie tu miejsce na rozmyślania o śmierci – a Żera powiedział (nie do mnie), że serce otoczone silnymi zwapnieniami.

Dużo dziś myślę o *Dziadach*. To było dla mnie olbrzymie przeżycie. O Jurku [Błeszyńskim] myślę też. Nie widziałem go od premiery *Lata*[8].

Jakaż głęboka, do dna sięgająca samotność! „Że sam, że sam, że sam..."[9]

[1] Chodzi o założony w 1955 roku z inicjatywy Lecha Emfazego Stefańskiego Teatr na Tarczyńskiej, który swoją nazwę zawdzięcza kamienicy przy ulicy Tarczyńskiej 11, gdzie w mieszkaniu Stefańskiego odbywały się eksperymentalne przedstawienia. Zespół teatralny stanowiła grupa przyjaciół, złożona głównie z poetów (Stefański, Miron Białoszewski, Bogusław Choiński, Maria Fabicka), scenografów (Gabriel Rechowicz, Ludwik Hering) i aktorek (Ludmiła Murawska, Małgorzata Komorowska). Jak wspomina Stanisław Prószyński, kompozytor muzyki do spektakli Teatru na Tarczyńskiej: „Wczesną wiosną 1955 roku odbyła się premiera pierwszego programu w Teatrze na Tarczyńskiej. Program ten obejmował tylko jeden wieczór (powtarzany oczywiście kilkadziesiąt razy), na który składały się dwie – nazwijmy tak umownie – «jednoaktówki», odgrywane w «skrzynce»: autentycznej, drewnianej skrzynce, przerobionej na miniaturową scenkę, we wnętrzu której «grały» ręce aktorów, ich dłonie czy nawet same tylko palce (jak u Mirona) oraz różne dziwne rekwizyty, jak na przykład autentyczny kielich mszalny czy kryształowa solniczka. [...] Po kilkudziesięciu spektaklach «skrzynki» wiosną i jesienią 1955 roku, nastąpił drugi «sezon» w 1956

roku. Wtedy na przemian wystawiano tutaj trzy różne, tym razem już «aktorskie» programy, na «prawdziwej» scenie, w jaką przemieniła się odpowiednio przebudowana i zaadaptowana alkowa pokoju Lecha. Trzy kolejno prezentowane programy obejmowały z reguły trzy następujące po sobie dni tygodnia: jeden wieczór Lecha Emfazego Stefańskiego (*Narodziny Afrodyty* z moją muzyką, *Śledzie, śledzie* i *Szminka*), drugi wieczór Mirona Białoszewskiego (*Lepy, Szara msza* oraz *Wyprawy krzyżowe*) [...]. Wreszcie trzeci wieczór drugiego sezonu na Tarczyńskiej obejmował trzy sztuki Bogusława Choińskiego (*Konie, Ściana, Kolacja*)" (S. Prószyński, *Poezja, teatr, muzyka*, w: *Miron. Wspomnienia o poecie*, zebrała i opracowała H. Kirchner, Warszawa 1996, s. 38–39). W roku 1957 Teatr na Tarczyńskiej (pod nieco zmienioną nazwą Teatr z Tarczyńskiej) dawał przedstawienia w sali Klubu Studenckiego „Hybrydy" przy ulicy Mokotowskiej. Czwarty i ostatni sezon Teatru na Tarczyńskiej, w 1958 roku, ponownie odbywał się w mieszkaniu Stefańskiego.

² L. Tołstoj, *Śmierć Iwana Ilicza* (1886, pierwsze wydanie polskie ukazało się w 1890 roku jako dodatek książkowy do „Tygodnika Ilustrowanego"). Istnieje sześć tłumaczeń tego opowiadania na język polski. Za kanoniczny przyjęło się uważać przekład Jarosława Iwaszkiewicza, po raz pierwszy opublikowany w tomie: L. Tołstoj, *Śmierć Iwana Ilicza i inne opowiadania*, Warszawa 1954.

³ Sarah Bernhardt, właśc. Henriette Rosine Bernard (1844–1923) – aktorka francuska; występowała od 1862 roku, głównie w Paryżu; w 1893 objęła prowadzenie Théâtre Sarah Bernhardt; uznawana za jedną z najwybitniejszych tragiczek, autorka kilku sztuk teatralnych oraz *Pamiętników* (1907, wyd. pol. 1974). Jej występy sceniczne, o których jest mowa w opowiadaniu Tołstoja, mają swój odpowiednik w rzeczywistości: w 1882 roku Sarah Bernhardt odbywała po Rosji tournée, podczas którego grała rolę tytułową w pięcioaktowym dramacie Scribe'a i Legouve'a *Adrianna Lecouvreur* (1849).

⁴ Pani Maria – gospodyni pracująca w Stawisku.

⁵ Helena Korpys – guwernantka młodszego syna Marii Iwaszkiewicz.

⁶ „Zbytkiem słodyczy na ziemi / Jesteśmy nieszczęśliwemi" – A. Mickiewicz, *Dziady. Część II*, w. 92–93. Zob. A. Mickiewicz, *Dzieła*, t. 3 *Dramaty*, Warszawa 1995, s. 18–19.

⁷ Jerzy Gilski – urzędnik z Polskiego Komitetu Obrońców Pokoju.

⁸ J. Iwaszkiewicz, *Lato w Nohant. Komedia w 3 aktach*, pierwodruk: „Skamander" 1936 nr 77; 1937 nr 78–80, 81–83. Prapremiera: Warszawa, Teatr Mały 1936. Wyd. osobne: Warszawa 1937. Tu mowa o premierze w Teatrze Kameralnym 17 marca 1956, w reżyserii M. Wiercińskiej, ze scenografią Z. Strzeleckiego, kostiumami Z. Węgierkowej. Sztuka cieszyła się dużym powodzeniem, wystawiono ją 156 razy.

⁹ „Że sam, że sam, że sam..." – fragment wiersza Iwaszkiewicza *** *Sam. Schodzę stopniami* oznaczonego numerem 80 w tomie *Ciemne ścieżki* (1957).

Warszawa, 19 maja 1956

Od dnia urodzin Teresy, to znaczy od równych dwudziestu ośmiu lat, chyba dziś jest najważniejszy dzień w moim życiu. Podpisaliśmy dziś z Hanią w hipotece akt kończący parcelację Podkowy Leśnej. Ostateczny rozdział współwłasności. Jak zawsze wydawała mi się dziwaczna współwłasność: Anna Helena Iwaszkiewiczowa, Bank Spółek Zarobkowych, Spółka „Siła i Światło"[1] (Light And Power), jak efemeryczne istnienie jakiejś Anny Heleny obok tak wiecznościowych instytucji. Tymczasem instytucje okazały się efemeryczne, a Anna Helena przetrwała. Wszystko, co jeszcze zostało niezałatwione, niepodpisane, niezrobione, przekazaliśmy państwu, dostaliśmy jeszcze trzy place – i już. Tym samym zakończona sprawa ciągnąca się trzydzieści dwa lata! Zapoczątkowana tak fatalnie przez mojego teścia[2], to co nam dało możność przeżycia i przetrwania przez tyle lat, co nam (i nie nam) ułatwiło istnienie w czasie okupacji, co było powodem zmartwień, kłopotów, trudów – ale i dochodów, z czego żył Miecio [Rytard], Roman Kołoniecki, Wiesio... Teraz już od dobrych paru lat przeszliśmy na moje dochody osobiste, które są olbrzymie, wciąż jednak ledwie wystarczają na nieproporcjonalnie wielkie wydatki.

Tegoż samego dnia ukazał się pierwszy egzemplarz *Sławy i chwały*[3]. Przez tyle lat leżało to u mnie w szufladzie, że stało się czymś zupełnie intymnym i aż mi dziwno widzieć to w druku i myśleć, że ludzie czytać to będą. Będą pewnie czytać i ten dziennik, najlepiej o tym nie myśleć. A pierwszy tom *Sławy* na razie bardzo kochany, tyle włożyłem w Janusza, Ariadnę, panią Royską, która ostatecznie jest bohaterką całej powieści, ma coś z mamy, coś z Hani... Myślę, że *Sława* przychodzi nie w porę, ale wyjście jej drukiem d l a m n i e jest olbrzymim zdarzeniem. I tak to się zbiegły te dwa, tak różne, a tak poważne „zakończenia" – i to w dzień narodzin mojej ukochanej córki. Jutro jadę do Sandomierza.

---

[1] „Siła i Światło" – założona w 1918 roku Spółka Akcyjna, jedna z największych w międzywojennej Polsce. „Koncern, zajmujący się głównie finansowaniem elektrowni okręgowych, miejskich tramwajów i kolei elektrycznych, miał między innymi większościowe udziały w belgijskim truście Métallurgique Electrique et Industriel S-té oraz kilkudziesięciu przedsięwzięciach w Polsce, między innymi: w elektrowniach okręgowych w Sosnowcu, Bielsku Białej, Zagłębiu Dąbrowskim, Tramwajach Miejskich

w Sosnowcu, Czeladzi, Będzinie i Dąbrowie Górniczej, Sieciach Elektrycznych, Towarzystwie Akcyjnym Kabli Polskich w Bydgoszczy czy wreszcie EKD" (J. S. Majewski, *Podróż z Siłą i Światłem*, w: J. Kasprzycki, J. S. Majewski, *Korzenie miasta*, tom VI *Niedaleko od Warszawy*, Warszawa 2004, s. 103). W 1924 roku Spółka uzyskała koncesję na budowę Elektrycznej Kolei Dojazdowej z Warszawy do Grodziska. Ponieważ wytyczona trasa biegła przez majątek Podkowa Leśna, nawiązano rozmowy z jej właścicielem, Stanisławem Wilhelmem Lilpopem, z którym uzgodniono koncepcję przeprowadzenia przez tereny Podkowy linii kolejki elektrycznej i stworzenia miasta-ogrodu. 9 kwietnia 1925 roku Stanisław W. Lilpop oraz członkowie Zarządu Spółki „Miasto-Ogród Podkowa Leśna" podpisali akt oddający w ręce spółki przeprowadzenie komisowej sprzedaży terenów Podkowy. „Data ta wyznacza początek współczesnej historii tej miejscowości i zarazem koniec trwającego dziesięciolecia procesu, który spowodował uszczuplenie posiadłości ziemskiej Lilpopów" (tamże, s. 111).

[2] Stanisław Wilhelm Lilpop (1863–1930) – najmłodszy z czterech synów Stanisława Lilpopa i Joanny z d. Petzold, ojciec Anny Iwaszkiewiczowej; ziemianin, myśliwy, fotografik, jeden z założycieli miasta Podkowa Leśna pod Warszawą. Był pierwowzorem dwóch postaci literackich: Wiktora Liebe z powieści Józefa Weyssenhoffa *Soból i panna* oraz Hubego ze *Sławy i chwały*. W latach 1883–89 studiował na Wydziale Handlowym Politechniki Ryskiej. Po ojcu odziedziczył majątek Brwinów pod Warszawą. Sprzedawszy w 1909 roku większą część tego majątku, za uzyskane pieniądze wyjechał na safari do Kenii, skąd przywiózł zarówno trofea myśliwskie (niektóre z nich znajdują się w muzeum w Stawisku), jak i duży zbiór fotografii (część z nich została opublikowana w 1998 roku w książce *Portret dżentelmena*, wstęp, podpisy i posłowie M. Iwaszkiewicz; wstęp do części afrykańskiej R. Kapuściński). Jeszcze przed 1914 rokiem zamierzał przekształcić dobra podkowiańskie w miasto-ogród, lecz plany te udaremnił wybuch I wojny światowej. Zrealizował tę ideę w roku 1925, kiedy to odsprzedał tereny przyszłego miasta spółce akcyjnej „Miasto-Ogród Podkowa Leśna", w której miał 40% udziałów. Sobie pozostawił tylko część terenu, 35-hektarową posiadłość nazwaną przez Annę i Jarosława Iwaszkiewiczów Stawiskiem (dziś ok. 18 ha), gdzie w 1928 roku zbudowany został dom według projektu Stanisława Gądzikiewicza. Zmarł śmiercią samobójczą, pochowany został na cmentarzu w Brwinowie.

[3] J. Iwaszkiewicz, *Sława i chwała*, t. 1, Warszawa 1956.

Jacentów, 20 maja 1956

Moja rozmowa telefoniczna w Jacentowie (zatrzymaliśmy się tu z powodu defektu maszyny):

– Czy to centrala Sandomierz?

– Sandomierz.

– Proszę mnie połączyć z Domem Dziecka nr 2[1]. Nie tym na ulicy

Mickiewicza, ale na Jasińskiego. (Tak jest przynajmniej w książce telefonicznej). Ale, zdaje się, to się teraz nazywa ulica Marchlewskiego...
– To jest ulica Świętopawelska.
– Tak. Dawniej się tak nazywała.
– Dla mnie zawsze Świętopawelska.
– No, to proszę mnie połączyć.
– Proszę.
... Drdrdrdr...
– Czy to Dom Dziecka na Świętopawelskiej?
– Jakiej Świętopawelskiej? (głos kobiecy)
– No, nie wiem, Jasińskiego czy Marchlewskiego...
– To jest ulica Marchlewskiego.
– No dobrze. Ale tylko co w centrali powiedziano mi, że to Świętopawelska.
– Kiedyś tam to się nazywała Świętopawelska. Teraz to się nazywa Marchlewskiego.
I dopiero teraz mogę wytłumaczyć moją sprawę.

[1] W Domu Księży Emerytów, w którym Iwaszkiewicz zatrzymywał się w Sandomierzu, mieścił się Dom Dziecka.

21 maja 1956
Nocowaliśmy w tej wsi pod Jacentowem, nie mogę zapamiętać jej nazwy. Myślałem, że baba, właścicielka chaty, zagada nas na śmierć. Spaliśmy z poczciwym Tadeuszem [Częścikiem] na podłodze, na słomie. Z rana odbyłem ogromny spacer polami w stronę Gór Świętokrzyskich[1]. Widać było doskonale i całe kształty klasztoru na Łysicy, i „domowe" góry Żeromskiego, Klonową i Radostową; przypomniały się wędrówki młodości. Z Nadbrzezia[2] przeprawiliśmy się z Mieciem [Rytardem] do Sandomierza łódką, mostu nie było jeszcze, potem z Sandomierza furmanką do Opatowa, z Opatowa piechotą do Nowej Słupi – nocleg w Nowej Słupi – potem na Święty Krzyż i w dół do Tarczka, potem wzdłuż gór – i wąskotorówką poniemiecką do Kielc. Z Kielc do Olkusza koleją, potem z Olkusza do Ojcowa piechotą, przez Sułoszową i Pieskową Skałę, nocleg w Ojcowie, Miecio poszedł z Ojcowa do

Krzeszowic – a ja kończyłem w Ojcowie *Jedermanna*[3]. Potem poszedłem do Krzeszowic. Kraków. Staś Witkiewicz w żałobnym kapeluszu Boyowej na ulicy[4] (Boyowa[5] umarła tydzień temu) i Boyowa. Bruno Jasieński[6] w Esplanadzie ze złotym *face-à-main*[7] przy oczach. *Tumor Mózgowicz*[8]. Potem Zakopane – góry od Kominów Tylkowych do Roztoki, Morskie Oko... Rabka, wesele na Obidowej...[9] To było w roku 1921. Wszystko mi się przypomniało na tym spacerze wzdłuż wspaniałego kwitnącego sadu, gdzie wymarzły morele i niektóre śliwy, z widokiem na sine i po japońsku narysowane góry. Potem wróciłem do chaty i nagle przez radio koncert Skriabina w wykonaniu Harika Neuhausa[10]. Jeszcze dawniejsze czasy, pierwszy koncert symfoniczny w Kijowie, na jakim byłem, Kola Niedźwiedzki... i to wszystko tu, w tej wiosce pod Opatowem. Biedny Tadeusz nic nie rozumiał.

[1] Przyczynę nocowania pod Jacentowem ujawnia Iwaszkiewicz w szkicu *Jazdy do Sandomierza*: „Kiedyś, pamiętam, jadąc do Sandomierza utknąłem w drodze, nie dojeżdżając do Opatowa. Samochód, który kaprysił od samej Warszawy, utknął ostatecznie w Jacentowie, parę kilometrów przed Opatowem. Był to samochód Komitetu Obrońców Pokoju, z poczciwym szoferem Wacławem Kurem. [...] Bardzo się trwożył i sumitował, zabrał się wreszcie z jakąś ciężarówką do Sandomierza, a noc już przyszła. Zanocowałem razem z moim przyjacielem doktorem Częścikiem w jakiejś czystej chacie, na słomie rozesłanej w izbie na podłodze. Spało się znakomicie – z rana po wstaniu spostrzegłem, że idąc ogródkiem i polem za tą chatą w Jacentowie podchodzi się blisko do gór, do Łysicy. I tak się z tego ucieszyłem. Czekałem do południa na poczciwego Wincentego Burka, który przybył po mnie samochodem, a jednocześnie kontemplowałem góry, które wznosiły się tuż, za polem, zdawało się, tylko rzucić kamieniem" (J. Iwaszkiewicz, *Jazdy do Sandomierza*, w: tenże, *Podróże do Polski*, Warszawa 1983, s. 220–221).

[2] Również w *Jazdach do Sandomierza* można znaleźć więcej szczegółów na temat przeprawy z Nadbrzezia do Sandomierza: „Nie wysiedliśmy w Dwikozach, tylko w Nadbrzeziu, i tu ujrzeliśmy na przeciwnym brzegu Wisły tę koronę wieńczącą wzgórze, katedrę, dzwonnicę, domek Długosza jeszcze z płaskim dachem, Collegium Gostomianum, a w tle Bramę Opatowską. Ta strona rzeki nie była tak zabudowana, leżały tu płaskie ogrody, a sama wieś Nadbrzezie zesunięta była w prawo. Poszliśmy prosto przed siebie, zabrnęliśmy w jakieś zarośla i szuwary, wyleźliśmy nad wodę, na szczęście spotkaliśmy tam jakiegoś przewoźnika, który nas przeprawił przez Wisłę, i wyszedłem na brzeg mniej więcej w tym miejscu, gdzie teraz jest «Okrąglak». Naprzeciwko spichrza. Taki był mój pierwszy przyjazd do Sandomierza" (J. Iwaszkiewicz, *Podróże do Polski*, s. 194).

[3] Chodzi o dramat *Kwidam* – bo taki tytuł ostatecznie nadał temu utworowi Iwasz-

kiewicz – napisany, jak głosi podtytuł, podług staroangielskiego moralitetu, dramatu Hugona von Hofmannsthala *Jedermann* (1911) i innych autorów; Iwaszkiewicz pracował nad nim w 1921 roku na zlecenie reżysera Ryszarda Ordyńskiego. Został opublikowany w: J. Iwaszkiewicz, *Dramaty*, Warszawa 1958; wystawiony w poznańskim Teatrze „5" w 1963 roku.

⁴ Tak ten epizod opisuje Iwaszkiewicz w szkicu *Kraków*: „[...] chyba ulicą Batorego, środkiem jezdni, bo samochodów licznych wtedy nie było, kroczą Boy w letnim ubraniu, pani Zofia Żeleńska w czarnej sukni, ale z gołą głową (kobieta z gołą głową, dama, w owych czasach, na ulicy!) i Witkacy wyprostowany, wyprężony jak on to był zwykł chodzić, w jasnym, szarym letnim garniturze, w czarnym żałobnym toczku pani Zofii na głowie, którego czarny welon w obfitych fałdach spadał mu na plecy" (J. Iwaszkiewicz, *Kraków*, w: *Podróże do Polski*, s. 53). Zdarzenie to zyskało także wyraz poetycki w wierszu *Kraków* z tomu *Muzyka wieczorem*:

Jaki miły ten Kraków. Sami nieboszczycy:
Tu pani Arturowa wysiada z karocy,
Tu Boy chodząc po rynku wielkim głosem krzyczy
Z żalu, zupełnie trzeźwy, o samej północy.

Tu Witkacy się kłania Fusi kapeluszem,
Niusia mnie list Lechonia, książęcia Polaków.
A Mickiewicz się z krypty ciągnie – zacna dusza –
I pyta wciąż uparcie: to taki jest Kraków?

(J. Iwaszkiewicz, *Muzyka wieczorem*, Warszawa 1980, s. 23).

⁵ Zofia Żeleńska z d. Pareńska, pieszczotliwie nazywana w rodzinie Fusiem (1886––1956) – sportretowana przez Stanisława Wyspiańskiego jako Zosia w *Weselu*, a także na kilku obrazach (m.in. *Macierzyństwo*, 1905); od 1904 roku żona Tadeusza Boya--Żeleńskiego. Małżeństwo to wystawiane było na próbę przez liczne związki Boya z innymi kobietami. Sama Żeleńska miała kilkuletni romans z Rudolfem Starzewskim, dziennikarzem „Czasu", który 22 października 1920 roku popełnił samobójstwo, gdy zerwała z nim i związała się z Witkacym. Żałobne nakrycie głowy, o którym wspomina Iwaszkiewicz, Zofia Żeleńska nosiła wówczas po teściu, Władysławie Żeleńskim, który zmarł 23 stycznia 1921 roku.

⁶ Bruno Jasieński, właśc. Wiktor B. Zysman (1901–1938) – czołowy poeta polskiego futuryzmu. W 1919 roku wraz ze Stanisławem Młodożeńcem i Tytusem Czyżewskim założył w Krakowie klub futurystów Katarynka. Debiutował w 1921 wierszami *Cafe* oraz *Panienki w lesie*, ogłoszonymi w piśmie „Formiści". Był współautorem pierwszych jednodniówek futurystów, m.in. *Nuż w bżuhu* (1921). Po wyjeździe do Lwowa w 1923 zbliżył się do środowiska Komunistycznej Partii Robotniczej Polski. W 1925 wyjechał do Paryża jako korespondent „Wieku Nowego". W roku 1928, po opublikowaniu w „L'Humanité" przekładu powieści *Palę Paryż*, został wydalony z Francji. W 1929 przyjechał do ZSRR. Zamieszkał w Moskwie, gdzie włączył się w działalność Rosyjskiego Zrzeszenia Pisarzy Proletariackich (RAPP). Wstąpił do Wszechzwiązkowej Komunistycznej Partii (bolszewików), przyjął obywatelstwo ra-

dzieckie. W kwietniu 1937 został oskarżony o „obcość ideologiczną" oraz działalność kontrrewolucyjną i usunięty z WKP(b) i Związku Pisarzy Radzieckich. Aresztowany w lipcu 1937, został rozstrzelany 17 września 1938. W 1956, po XX Zjeździe KPZR, został zrehabilitowany.

Iwaszkiewicz pisał o nim w *Marginaliach*: „O Jasieńskim nie mogę inaczej pomyśleć i zobaczyć go inaczej jak na werandzie w kawiarni «Esplanada» w Krakowie, w letnie, piękne popołudnie. Siedzi oparty o stolik, jasne włosy spadają mu pięknym puklem na czoło – i raz po raz podnosi do pięknych, niebieskich oczu złote *face-à-main*, aby się przypatrzeć przechodzącym dziewczynom, zwłaszcza nogom. Pensjonarki szalały na jego widok. Nie mogę go ujrzeć jako komunisty, rewolucjonisty – a już najmniej w łagrze. Ale tak było. Pasjonujący temat dla pisarza, tego typu powieść jak życie Jasieńskiego... Opowiadał Zygmunt Nowakowski, że kiedy był w Moskwie (1932?) – Jasieński zaprosił go na kolację. Kolacja była wspaniała. W stołowym pokoju, na długiej półce siedział na łańcuchu orzeł... Nowakowski pomęczył Brunona: nie zadał mu ani jednego pytania na temat tego orła. Ten snobizm – i ta śmierć. Temat" (J. Iwaszkiewicz, *Marginalia*, Warszawa 1993, s. 28).

[7] *Face-à-main* (fr.) – binokle z rączką.

[8] Iwaszkiewicz ma na myśli swoją obecność na premierze sztuki Witkacego w krakowskim Teatrze Miejskim im. Juliusza Słowackiego, która to premiera odbyła się 30 czerwca 1921 roku (był to zarazem debiut Witkacego-dramaturga). Sztukę reżyserował Teofil Trzciński, w roli tytułowej wystąpił Władysław Bracki, Rozhulantynę zagrała Leokadia Pancewicz-Leszczyńska. Jak napisał Karol Estreicher: „[...] to jedna z tych niezapomnianych premier, wyznaczających teatrowi nowe drogi. Teatr był pełny. Fotele «Czasu» zajął Boy z żoną, a dalej cały artystyczny i literacki Kraków, podniecony faktem, że autor w *Tumorze Mózgowiczu* sportretował profesora Tadeusza Sinkę. [...] Bawiono się świetnie. Nie rozumiano kalamburów lub brano je za aluzje. Oklasków nie brakło" (K. Estreicher, *Leon Chwistek. Biografia artysty*, Kraków 1971, s. 173).

[9] Iwaszkiewicz wspomina: „[...] mieszkałem kiedyś czas jakiś w zapadłej wioszczynie, hen, za Rabką, za Obidową Górą i nawet nie w wioszczynie, lecz w chacie, która wraz z drugą stanowiły placówkę ludzkiej pracy, wsuniętą głęboko w łono jarów, głęboko w porośl smrekowych lasów. Z okna tej chaty roztaczał się widok na morze ciemnej świerczyny, która zębatymi hakami wbijała się w lazur nieposzlakowanego w owo lato nieba. W dół schodziło się do strumyka, mała grobelka kamieni zatrzymywała pieniste wody w tym miejscu, gdzie pod krzakiem jarzębin prałem bieliznę i kąpałem ciało, spalone słońcem upalnego czasu. [...] Właśnie była Święta Anna, uroczystość w górach, odpust w jakimś oddalonym kościele, wesele w sąsiedzkiej chałupie. Siostra Anuśki [Anuśka mieszkała we wspomnianej sąsiedniej chacie] wychodziła za mąż i od tygodnia już przeszło mnóstwo się o tym weselu mówiło. [...] Wczesnym rankiem obudziła mnie już monotonna kwinta basu, późnym wieczorem jeszcze brzmiała za nami ozdobiona gzygzakowatym ornamentem melodii, gdyśmy schodzili z Anuśką ku strumykowi. Postanowiliśmy bowiem, choć noc była ciemna na nowiu, posłuchać o północy ze szczytu Obidowej Góry, czy nie zagra nam lepsza niż w chacie muzyka" (J. Iwaszkiewicz, *Muzyka gór*, w: *Podróże do Polski*, s. 77–79).

[10] Henryk Neuhaus (1888–1964) – urodzony w Elizawetgradzie rosyjski pianista i pedagog muzyczny pochodzenia polskiego, jego rodzicami byli Gustaw Neuhaus, niemiecki pianista i nauczyciel języka niemieckiego, oraz Olga z d. Blumenfeld – utalentowana pianistka (jej matka była z domu Szymanowska). Ważną rolę w muzycznej edukacji Henryka Neuhausa odegrała atmosfera domu rodzinnego w Elizawetgradzie. Początkowo muzyki uczył Henryka ojciec, a następnie wuj Feliks Blumenfeld. W 1915 jako ekstern uzyskał dyplom Konserwatorium Petersburskiego. Rok później rozpoczął pracę pedagogiczną w konserwatoriach w Tyflisie (obecnie Tbilisi, 1916–18), Kijowie (1918–22) i Moskwie (1922–64; w latach 1935–37 był rektorem tej uczelni). W repertuarze miał m.in. wszystkie sonaty Skriabina, komplet preludiów Debussy'ego oraz dzieła swego kuzyna Karola Szymanowskiego (m.in. *Maski, Wariacje b-moll* i *h-moll, Fantazję C-dur* – jemu dedykowaną). Uprawiał kameralistykę z muzykami różnych specjalności, m.in. z Pawłem Kochańskim, z którym grał utwory na skrzypce i fortepian Szymanowskiego (m.in. *Sonatę d-moll* oraz *Mity*). Był jurorem Międzynarodowych Konkursów Chopinowskich w Warszawie (1937, 1960). Jego uczniami byli m.in. Emil Gilels i Światosław Richter.

Sandomierz, 26 maja 1956

Nie myśl, Jarosławie, o tym, że to wszystko niepotrzebne i nie ma sensu. Czytam powieść Lema[1] i nie mogę się powstrzymać od pytania: po co? To samo i moje książki. Po co? Jakie to ma znaczenie? Oczywiście żadnego, ale nie trzeba tak myśleć, bo to bardzo szkodzi. Potem się nie pisze. Ja wiem, że to wszystko proch, *cyema*[2], ale nie mogę od tego się oderwać, mam za mało charakteru, aby wszystko porzucić. A to przecie jak u Kiplinga[3]: dwadzieścia lat zdobywa się wiedzę, dwadzieścia lat władzę, dwadzieścia lat używa się wiedzy i władzy – a w sześćdziesiątą rocznicę urodzin odchodzi się w góry i siada przy drodze z drewnianą miseczką[4]. Och, Jarosławie, dlaczego nie chcesz usiąść przy drodze z drewnianą miseczką?

Z całego Sandomierza, z całego uroku tego miasteczka, murów, widoków, przestrzeni, obłoków najbardziej mnie zawsze wzrusza św. Paweł[5]. To podwóreczko tak nieskończenie polskie, ta kwintesencja powstań i żeromszczyzny, i tych takich okropnych i tak wżartych w krew rzeczy, i potem to wnętrze do żadnego innego na całym świecie niepodobne. Te stalle rzeźbione, ta ambona (zresztą rzeźby na ambonie wcale niezłe), a przede wszystkim drzwi na chór, szczyt wdzięku i naiwności. A przy tym ten zielony kolorek, tak cudny i prostacki. W drzwiach prowadzących na chór kolorek ten odmienia się, mieni – jak w mojej bibliotece – całą gamą kolorów od zieleni do szafiru, i ten ich kształcik taki wąski i nieporadny, z przekrzywioną belką. Taki był dziś Miecio w moim wąwozie, wątły, nieporadny, brzydki – a sam wdzięk. Wyjął mi muchę z oka. Jakie to wszystko cudowne, jak mi szkoda życia...

[1] Mowa zapewne o powieści Stanisława Lema *Czas nieutracony* (1955).

[2] *Cyema* (ros.) – marność.

[3] Rudyard Joseph Kipling (1865–1936) – pisarz angielski, urodzony i wychowany w Indiach. Fascynacja egzotyką Indii znalazła wyraz w jego najwybitniejszym dziele, powieści *Kim* (1901, wyd. pol. 1902) i w zbiorach fantastycznych opowieści *Księga dżungli* (1894, wyd. pol. *Bracia Mowglego* 1900) i *Druga księga dżungli* (1895, wyd. pol. 1902). W 1907 roku otrzymał Nagrodę Nobla.

[4] Chodzi o postać o imieniu Purun Dass, zwaną też Purun Bhagat, z opowiadania *Cud Puruna Bhagata z Drugiej księgi dżungli*. U Kiplinga fragment ten brzmi następująco: „Zgodnie ze starodawnym prawem był on przez lat dwadzieścia młodzieńcem, przez drugie dwadzieścia wojownikiem – aczkolwiek nigdy w życiu nie miał oręża w dłoni – wreszcie trzecie dwadzieścia lat głową rodziny. Użył bogactwa i potęgi w tej mierze, w jakiej jedno i drugie wydało mu się godnym zachodu: nie odtrącał zaszczytów, jeżeli go spotykały; widział ludzi i państwa z daleka i z bliska, a ludzie i państwa powstawały przed nim, ażeby go czcić. Obecnie porzucał to wszystko, jak zrzuca się płaszcz, gdy nie jest już potrzebny. Gdy wychodził za bramy miasta, odziany w skórę gazeli, z kijem o mosiężnej gałce pod pachą i brunatną miseczką żebraczą z wygładzonego *coco-de-mer* w dłoni, boso, samotnie, ze spuszczonymi oczyma – poza nim rozległy się z baszt powitalne salwy wystrzałów na cześć jego szczęśliwego następcy" (R Kipling, *Księga dżungli. Druga księga dżungli*, przeł. J. Czekalski, Warszawa 1965, s. 152).

[5] Kościół św. Pawła w Sandomierzu – usytuowany na szczycie wzgórza, przy wyjściu z Wąwozu Królowej Jadwigi; wzmiankowany już w 1226 roku. Dużym walorem świątyni jest jej jednolite wyposażenie pochodzące z XVII wieku i uzupełnione w następnym stuleciu. W kronice parafialnej znajduje się relacja ks. Józefa Lisikiewicza o walkach polsko-austriackich z 1809 roku, na której oparł się Stefan Żeromski, pisząc *Popioły*.

Sandomierz, 31 maja 1956

Jak czas leci niepostrzeżenie, spokojnie, przy cudownej pogodzie i niebywałych kwiatach. Wczoraj był przejrzysty wieczór po wielkim upale, choć niepozbawionym wiatru. Byłem na przystani o zachodzie słońca. Wisła jak ołowiana, nalana srebrem, gładka, choć bardzo małowodna. W wiklinowych zaroślach jak co roku słowiki zalewają się bez przerwy, jak za czasów Żeromskiego, jak za czasów księcia Józefa, jak za czasów Henryka[1]. Było niewielu ludzi na przystani i nawet paru (jak na Sandomierz, gdzie mieszka najbrzydsza ludność w Polsce) było pięknych. Niebo bez chmurki po całym dniu bez chmurki robiło się zielone i coraz wyższe jak na Sycylii. I nagle w ten wieczór wpadł głos Janki Romanówny[2] jako Lady Makbet. Wysłuchałem trzech aktów *Makbeta*, chodząc wzdłuż Wisły, dziwaczna czyjaś muzyka mieszała się ze śpiewem słowików, a głosy aktorów z głosami wiosłujących chłopców. Było niesamowicie pięknie. Cóż za dramat ten *Makbet* – i jaka przede wszystkim prostota. Coś niebywałego, jak to się rozwija. I jak to pasowało do Wisły, do prymitywnych ludzi, do zamku zamienionego na więzienie[3], który stał przed moimi oczami. Takie można mieć przeżycia w Sandomierzu.

[1] Wszystkie wymienione postacie mają w swojej biografii epizod sandomierski: książę Józef Poniatowski przybył do Sandomierza z kwatery w Trześni na lustrację okopów i szańców wojsk polskich dowodzonych przez gen. Sokolnickiego, które na przełomie maja i czerwca 1809 roku zwycięsko biły się z Austriakami o Sandomierz – opis tych walk dał Żeromski w *Popiołach*, w rozdziale *Sandomierz*; Henryk Sandomierski (ok. 1132–1166) – syn Bolesława Krzywoustego, na mocy testamentu ojca otrzymał we władanie ziemię sandomierską, Iwaszkiewicz uczynił go bohaterem powieści historycznej *Czerwone tarcze*.

[2] Janina Romanówna (1904–1991) – aktorka, pedagog. Debiutowała w 1921 roku w Teatrach Miejskich we Lwowie rolą Kasztelanki w *Don Juanie* Tadeusza Rittnera. W 1924 Juliusz Osterwa zaangażował ją do Teatru Narodowego w Warszawie. Od roku 1926 do 1973 (z przerwą w latach 1939–46) była aktorką Teatru Polskiego. Wykładała w PWST w Warszawie. Jako aktorka filmowa debiutowała w 1925 w filmie *Iwonka* (reż. E. Chaberski); zagrała też m.in. w *Mocnym człowieku* (1932, reż. H. Szaro), w *Małżeństwie z rozsądku* (1966, reż. S. Bareja), *Lalce* (1968, reż. W. J. Has).

[3] Korpus główny Zamku Kazimierzowskiego w Sandomierzu został przekształcony w więzienie przez austriackie władze zaborcze w 1795 roku. Obiekt pełnił tę funkcję do 10 marca 1959. Iwaszkiewicz wraz z Wincentym Burkiem czynili starania, by przywrócić zamkowi jego zabytkowy charakter, o czym świadczy zarówno ich korespondencja (zob. *Sandomierz nas połączył. Korespondencja z lat 1945–1963*, słowo wstępne K. Burek, do druku przygotowali Marta, Krzysztof i Tomasz Burkowie, Warszawa 1995, s. 12–15, 163), jak i artykuł Wincentego Burka *O zamku w Sandomierzu*, opublikowany na łamach redagowanych przez Iwaszkiewicza „Nowin Literackich" 1948, nr 7.

5 czerwca 1956

Gdybym był malarzem!

Wczoraj przed zachodem słońca na terenie między Rybitwami a szosą[1] cyrk nr 5 rozbijał swe namioty. Wozy stały na zielonej łące, częściowo układano namiot, czterech nagich cyrkowców grało w karty, kobiety i dzieci im się przypatrywały. Na pierwszym planie gruby, tęgi, opalony cyrkowiec, zbudowany jak Herkules Farnezyjski[2], rozmawiał z cyrkówką w krótkiej plażowej sukience, robiącej wrażenie baletowej spódniczki, sterczącej do góry. Wszystko na tle szmaragdowej łąki, a nad całym obrazem majestatyczne wzgórze Sandomierza z kształtami katedry[3], domem Długosza[4], Collegium Gostomianum[5] – a za miastem wspaniały, letni, cały w chmurach zachód słońca. Jakież to było groteskowe, piękne, niezwykłe – ten cały koloryt, wspaniałe akty i światło niebywałe. Ale jakim to trzeba by było być malarzem, żeby namalować taki obraz.

[1] Między ulicą Rybitwy a ulicą Podzamcze.

[2] Herkules Farnezyjski – olbrzymi marmurowy posąg bohatera wspartego na maczudze, odkryty w 1540 roku w Termach Karakalli w Rzymie, rzymska kopia zaginionego posągu z brązu, dzieła Lizypa (ok. 325 p.n.e.); do początku XVIII wieku przed Palazzo Farnese w Rzymie (stąd nazwa), dziś w Museo Archeologico Nazionale w Neapolu.

[3] Kościół katedralny pod wezwaniem Narodzenia NMP powstał w XIV wieku z fundacji Kazimierza Wielkiego. W południowej, zewnętrznej ścianie katedry zachowały się romańskie ciosy pochodzące ze świątyni o tym samym wezwaniu, wzniesionej około 1120 roku. Wraz z powstaniem diecezji sandomierskiej w 1818 roku kościół otrzymał godność katedry, a w 1960 godność bazyliki katedralnej.

[4] Dom Długosza – gotycki dom ufundowany w drugiej połowie XV wieku przez historyka Jana Długosza. W 1937 roku w jego wnętrzu urządzono ekspozycję muzealną, która obecnie – zachowując pierwotny układ – prezentuje m.in. zbiory malarstwa i rzeźby.

[5] Collegium Gostomianum – późnorenesansowy budynek dawnej szkoły jezuickiej, powstały w latach 1605–15 dzięki hojności Hieronima Gostomskiego – wojewody poznańskiego i starosty sandomierskiego.

10 czerwca 1956

W jednej z bajek Andersena jest taka scena, gdzie po jednej stronie ulicy odbywa się bal, a po drugiej dzieci jedzą jako wielką rzadkość kartofle pieczone – i wszystko oświecają świece i Pan Bóg, i wszyscy są j e d n a k o szczęśliwi, i po tej, i po tamtej stronie ulicy[1]. Dzisiaj czyta się to z szaloną przykrością. Z drugiej strony, naprzeciwko moich okien, na wprost Domu Dziecka[2], stoi tutaj więzienie. Z moich okien widzę więźniów plączących się po celach, chodzących w kółko – widzę zakratowane lub całkiem pokryte okiennicą okno (ciemnice) – i nic. Siedzę tu, pracuję, czytam, słucham piosenek radiowych znad Wisły i jest to dla mnie prawie normalne, staram się nie patrzeć na więzienie, nie myśleć o więzieniu. Mają mi za złe, że dla mnie wszystkie reżymy są dobre. Ale dla mnie każdy reżym, gdzie jest więzienie, sąd, wyrok, gwałt człowieka nad człowiekiem, jest jednakowy. Wszystkie są czymś potwornym *à subir*[3]. Instytucje sądowe napełniają mnie zgrozą, rzeczy nie do pojęcia, jak ludzie śmieją sądzić innych, jakiż to fałsz, jakie kłamstwo – w każdym ustroju, i nie ma w naszym świecie na to lekarstwa, jak nie ma leku na śmierć. I dlatego ten świat jest taki potworny.

[1] Chodzi o baśń pt. *Świece*.
[2] Zob. tom 1, przypis nr 1 (pod datą 17 maja 1955) na s. 480.
[3] *À subir* (fr.) – do zniesienia.

18 czerwca 1956

Cyrkowcy chcieli mnie zabrać do Tarnobrzega, ale nie pojechałem. Uląkłem się tego, „co ludzie powiedzą", co powie cały Sandomierz, i pomyślałem sobie, „jak to będzie wyglądało". W nocy po przedstawieniu miano złożyć namiot i wyruszyć. W wozie „młodszego clowna" było miejsce, mógłbym leżeć, jechać nocą bezdrożami (korabiami[1]), gdzieś przez Wielowieś, do Tarnobrzega. Mógłbym codziennie widzieć dwoje ludzi: Walerię Grzelak, Mieczysława Młodzianowskiego. Waleria Grzelak jest starawą, ale bardzo zgrabną, bezzębną linoskoczką. Numer jej jest w miarę trudny, ale pospolity. Jest trochę „sutułowata"[2], jak mówiła mama, ma zadatek na garb. Z tym wszystkim jest to istota urocza, dobroć emanuje z niej, promienieje – a przy tym to napięcie wyrazu w momencie wykonywania „sztuki", które się rozładowuje w uśmiech, tak uroczy, bezpośredni, powiedziałbym: niewinny. Kiedy się układa na drucie w niedbałej pozie, oparta łokciem, przegubem kolana i palcami jednej nogi – ma wyraz śmiesznie naiwny i uroczy, tak niesłychanie kobiecy (po przeczytaniu trzeciego tomu *Dzienników* Żerom-skiego[3] szaleję za kobietami – inaczej się nie można wyzwolić z tej obsesji). Nie mogłem się na nią napatrzyć. A przy tym to nazwisko: Waleria Grzelak. Miecio Młodzianowski to młody byczek, zły, o kwadratowym czole, uśmiecha się trochę bokiem, jak Jurek B[łeszyński]. Wraz z trzema innymi młodymi gimnastami tworzy „grupy", a potem pokazuje z trzema innymi jazdę figurową na rowerach. Oczywiście jest ze szlachty, może nawet z bezetów [byłych ziemian] – tamci inni to chłopi, jak większość cyrkowców. Ale co za urok. To taki „zły" chłopiec. Gdy byłem z piękną Cebertowiczówną[4], robił oko bez przerwy do naszej loży, loży nr 8, reprezentacyjnej. Następnym razem byłem w loży nr 7, nie spojrzał ani razu na mnie – tylko na lożę nr 8, choć nikogo interesującego tam nie było. Z zasady robi oko do loży reprezentacyjnej. Za drugim razem chłopcy byli zmęczeni i nic im się nie udawało. Byli wściekli i w czasie tworzenia jakiejś grupy Młodzianowski uderzył swego kolegę głową, tryknął jak baran, zaciskając usta, bez słowa – ale z potworną wściekłością. Żyje z prześliczną, młodziutką żonglerką.

Na ulicy spotkałem żonglera, chociaż go nie znałem, ukłoniłem mu się. Zastanawiałem się potem, dlaczego to uczyniłem. Niewątpliwe poczucie pokrewieństwa fachu, *esprit de corps*[5]. Tylko że ta literatura robiła fantastyczną karierę.

[1] Korab – daw. kareta.
[2] Sutułowata (z ros.) – przygarbiona.
[3] S. Żeromski, *Dzienniki*, t. 3, 1888–1891, do druku przygotował i przypisami opatrzył J. Kądziela, Warszawa 1956. Trzytomowa edycja *Dzienników* Żeromskiego, w opracowaniu S. Adamczewskiego, W. Borowego i J. Kądzieli, ukazywała się w latach 1953–56.
[4] Cebertowiczówna – córka Romualda Adama Cebertowicza (1897–1981), hydrotechnika, profesora Politechniki Gdańskiej (1949–67).
[5] *Esprit de corps* (fr.) – duch koleżeństwa.

20 czerwca 1956
Gide pisze w pamiętniku czy też w jakimś wywiadzie, że kiedy człowiek starzeje się, słabnie w nim wzrok, słuch, aby mniej było mu żal rozstawać się z tym wszystkim. Mnie się zdaje, że starzenie się polega

na czym innym, na tępieniu na wrażenia świata. Ja mam wzrok jeszcze dobry, słuch zawsze miałem słaby. Ale jestem jak gdyby porośnięty stwardniałą skórą, przez którą wrażeniu coraz trudniej się jest przedostać. Dziewczynki przywiozły mi bukiet niezapominajek. Stoi na stole od tygodnia. I nagle wczoraj przypomniałem sobie, patrząc na te niebieskie koronki, czym były dla mnie niezapominajki w dzieciństwie, gdyśmy chodzili z Nucią[1] czy z Augustą[2] „na łąki" w Kalniku. Niezapominajki nie rosły w rowie, tylko w jakimś kanale czy strudze przechodzącej przez łąki. Było dla mnie w tych kwiatach coś zachwycającego i patrząc na nie, widziałem nie pianę koronki, jak dzisiaj, ale każdy niebieski kwiatuszek z osobna. Zachwycało mnie, że coś takiego jest, istnieje, że istnieje ta intensywna barwa, ten delikatny, miodowy zapach, że to można rwać – i że taki cud rośnie sobie tak zwyczajnie. Takież szczęście napełniało na widok grążeli. A nad wszystkim unosiły się zadziwiające istoty: granatowe ważki. Tylko w takich chwilach odczuwa się naprawdę życie. A teraz między mną a życiem jest jakaś przejrzysta ściana, wszystko, nawet ciało, owinięte jest w przezroczysty celofan.

[1] Anna Iwaszkiewiczówna, Nucia (1882–1944) – siostra Jarosława Iwaszkiewicza, matka chrzestna jego córki, Marii; ukończyła Zakład Wychowawczo-Naukowy Marii Dłuskiej w Krakowie. Przez wiele lat pracowała jako urzędniczka, m.in. w należącym do rodziny Spiessów Warszawskim Towarzystwie Akcyjnym Handlu Towarami Aptecznymi. Jako jedyna z sióstr Iwaszkiewicza wyszła za mąż, „ale pechowo – jak pisze Maria Iwaszkiewicz – bo po dwóch latach okazało się, że pan jest bigamistą" (M. Iwaszkiewicz, *Z pamięci*, Warszawa 2005, s. 18). Wraz z siostrą Jadwigą wybudowała mały domek w Podkowie Leśnej przy ulicy Orlej, przez rodzinę zwany „Majątki". W latach 1930–31 prowadziła w Podkowie sklepik spożywczy. Jak dodaje Maria Iwaszkiewicz, „genialnie wymyślała opowiastki na jedną literę. Na przykład: «Kasia kwadratowym kozikiem kraje kapelusz kapelana, który kręci kuprem koło karety» [...] albo «Jarosław jadł, jęcząc, jaja jaszczurki»" (tamże, s. 23). W czasie okupacji mieszkała w Warszawie. Zginęła w powstaniu warszawskim. Iwaszkiewicz dedykował jej pamięci niedokończoną powieść *Podgaje*, opublikowaną w *Utworach nieznanych* (1986).

[2] Augusta uczyła w Kalniku kilkuletniego Iwaszkiewicza języka niemieckiego. „Była hoża, dość ordynarna i nieco kulała. Moja matka podejrzewała, że była to eks-cyrkówka, która po złamaniu nogi nie mogła pracować w swoim fachu i poszukała posady. [...] Augusta nie bawiła u nas długo. Na długich spacerach opowiadała mi jakieś podejrzane historie o sygnalizacjach, śledzeniach, pogoniach, myślę, że streszczała mi po prostu sensacyjne romanse. Rozbudzała przez to moją fantazję, ale myślę, że w złym kierunku" (J. Iwaszkiewicz, *Książka moich wspomnień*, s. 34–35).

21 czerwca 1956

Dziś jest miesiąc, jak przyjechałem do Sandomierza (po przygodach). Jutro wyjeżdżam. Dawno już tu tak długo nie siedziałem. Najmilsza zawsze p r a w d a samotności. Nie trzeba udawać, że kogoś, że coś się ma. Tutaj człowiek jest nago samotny. Niewiele w tym roku użyłem, nie byłem ani razu na plaży nad Wisłą, nie miałem żadnej przygody, nie robiłem żadnej znajomości (Juryk! Przed pięciu laty) – jakoś ten czas przeszedł niemrawo. Coraz bardziej kocham to miasto, coraz mniej jego ludzi. Trudno o coś bardziej prowincjonalnego. Czy uda mi się kupić ten dworek za Bramą Opatowską?[1] Czy warto?

[1] Chodzi o dworek przy ulicy Zawichojskiej 2, wybudowany w 1861 roku przez Matyldę i Cypriana Strużyńskich. Projektantem zespołu dworskiego był ówczesny architekt powiatowy Jan Lasota. Częstym gościem w dworku Strużyńskich był pisarz Andrzej Strug (Tadeusz Gałecki). Jego siostra Wanda Gałecka wyszła za mąż za Tadeusza Strużyńskiego – syna Cypriana i Matyldy. Iwaszkiewicz był zainteresowany kupnem dworku lub części terenu przydworskiego. Zamysł ten nie został jednak przez pisarza zrealizowany. W 1959 roku zespół dworski Strużyńskich wpisany został do rejestru zabytków województwa kieleckiego. Zob. W. Burek, J. Iwaszkiewicz, *Sandomierz nas połączył. Korespondencja z lat 1945–1963*, s. 110.

16 sierpnia 1956

Dwa miesiące ciężkich prób i doświadczeń. Wypadki poznańskie[1] wytrąciły mnie całkowicie z równowagi. Poza tym to piekło, które stworzyła tu przez lipiec Hania, z dziećmi, z babami, z tym wszystkim, co zabiera spokój. Dopiero teraz dochodzę do jakiej takiej równowagi, ale to już późno, zaczną się znowu rzeczy przykre, zajmujące czas i trudne. Ha, co robić, takie już jest życie – aż do śmierci. Potworna pogoda i chłód przez cały lipiec i sierpień dopełniają miary. Nic nie napisałem. Trochę o Leszku[2]. To był jednak niezwykły człowiek.

Mon beaux tzigane mon amant,
Ecoute sonner les cloches...[3]

Albo tak jakoś. Znowu francuska muzyka, francuska poezja, kraina niedostępnej szczęśliwości. Chce się płakać. *Siciliana* Faurego![4]

¹ 28 czerwca 1956 roku robotnicy poznańskich Zakładów Przemysłu Maszynowego im. Hipolita Cegielskiego (od 30 grudnia 1949 do 1 listopada 1956 roku Zakłady im. Józefa Stalina, w skrócie: ZISPO), niezadowoleni z obniżenia zarobków i zawyżenia norm oraz oburzeni arogancją administracji fabrycznej oraz ministerialnej, przystąpili do strajku generalnego i wyszli na ulice. Dołączyły do nich załogi z innych zakładów. Śpiewano pieśni patriotyczne i religijne, domagano się powrotu religii do szkół, żądano uwolnienia prymasa Wyszyńskiego. Około 11.30 część demonstrujących zebrała się pod gmachem wojewódzkiego Urzędu Bezpieczeństwa Publicznego. „Wówczas z gmachu UBP padły pierwsze strzały. [...] Około 12.00 pojawiły się ciężarówki z plutonami Oficerskiej Szkoły Wojsk Pancernych i Zmotoryzowanych oraz kilka czołgów. Wobec zakazu użycia broni oddziały te szybko rozbrojono. Żołnierze zbratali się z tłumem. Dopiero po godzinie przybyły oddziały 10. pułku KBW z rozkazem strzelania. Bitwa stawała się coraz bardziej zacięta, bowiem coraz więcej broni dostawało się do rąk manifestantów, między którymi były i dzieci. Trzynastoletni Romek Strzałkowski przejął z rąk rannej tramwajarki sztandar polski. Wkrótce potem sam padł zabity strzałem w serce w dyspozytorni garażowej UBP. Nadciągały nowe oddziały i czołgi. Z okien sąsiednich domów leciały na nie butelki z benzyną. Rosła liczba zabitych i rannych, wynoszonych spod ognia przez pielęgniarki i karetki pogotowia z sąsiedniego szpitala. [...] Według oficjalnych danych zginęło 75 osób, a około 800 raniono. Zrewoltowany Poznań był sceną licznych bestialstw ubeków i samosądów ze strony ludności miasta. Żołnierze buntowali się przeciw rozkazom, a dowódcy strzelali do nich dla zastraszenia. Aresztowano 658 osób, 323 zaś poddano torturom po stłumieniu oporu" (A. Albert, *Najnowsza historia Polski (1914—1993)*, t. 2, Londyn 1994, s. 320–321).

² Iwaszkiewicz pisał w tym czasie dla „Twórczości" wspomnienie o Janie Lechoniu, który popełnił samobójstwo 8 czerwca 1956 roku. Zob. J. Iwaszkiewicz, *Jan Lechoń (Wspomnienie)*, „Twórczość" 1956, nr 9.

³ Cytat niedokładny, powinno być: „*Mon beau tzigane mon amant / Ecoute les cloches qui sonnent"*. Jest to fragment wiersza *Les cloches (Dzwony)* Guillaume'a Apollinaire'a. W przekładzie Artura Międzyrzeckiego: „Mój kochanku mój piękny cyganie / Rozdzwonionych posłuchaj dzwonów" (*Rimbaud, Apollinaire i inni*, wybór i tłum. A. Międzyrzecki, Warszawa 1988, s. 211).

⁴ Zob. tom 1, przypis nr 3 na s. 518.

Stawisko, 25 sierpnia 1956
Przedwczoraj byłem w Poznaniu na naradzie grupy posłów poznańskich¹ i Frontu Narodowego². Było to zebranie przedwyborcze, a zarazem pierwsze po wypadkach poznańskich. Między innymi był poseł Januchowski³, robotnik z ZISPO, Zosia Dembińska, Pauksza. Ogar-

niało mnie przerażenie. Nikt nic nie umiał i nie chciał powiedzieć na temat wypadków. Miałem wrażenie kompletnej bezradności i niemożności ogarnięcia tej tragicznej sytuacji, w jakiej się Polska znajduje. Mówiono bzdury – bo banały im wydarto. Tylko posłowie chłopi sygnalizowali rozdrażnienie i rozgoryczenie na wsi. Januchowski przemawiał jak błazen. Płakać mi się chciało. Nic, nic, nic – nie rozumieją, i, co ważniejsze, nic nie mogą[4]. Uczucie zbliżania się niezmiernie poważnych zdarzeń – i niemożność przeciwstawienia im niczego. Przede wszystkim żadnej idei. Wańkowicz[5] mówił, że czeka tu tej iskry rewolucyjnej, jaką wyczuł u marynarzy rosyjskich w 1917 roku. Mój Boże, czy on się nie orientuje, że od tamtej chwili minęło trzydzieści dziewięć lat? Teraz nie znajdzie się nawet iskry z 1945 roku. A przy tym wszystkim wszystko zagadane, jak Kierenski[6], wszystko tragiczne i nieuchronnie zatopione w morzu słowa. Dobrze, że są dyskusje, ale źle, że za dyskusjami nie idą fakty. Mam wrażenie, że nic się nie zmieniło prócz tego, że wszystko można pisać.

Za tydzień jedziemy do Szwajcarii. Trochę mi wstyd tam się zjawić.

[1] W I kadencji Sejmu PRL (1952–56) siedemnasty okręg wyborczy w Poznaniu reprezentowali Wacław Barcikowski, Jarosław Iwaszkiewicz, Edward Januchowski, Jan Krolski, Włodzimierz Strażewski oraz Szczepan Szczeniowski.
Swoje pierwsze poselskie doświadczenie zdobyte na wiecu w Poznaniu Iwaszkiewicz spożytkował w wierszu, który w projektowanym tomie poetyckim *Warkocz jesieni i inne wiersze* oznaczony był pierwotnie rzymską cyfrą X.

„Ojczyzna – mówię – ojczyzna, człowiek"
głos mój o mur bije Poznania,
I na kształt szarych, wilgotnych powiek
obłok niebo niebieskie zasłania.

Nade mną stada gołębi lecą,
kręcą się w kółko pod chmurą,
Myślę, że słowa me iskry niecą,
a lud mnie słucha ponuro.

Dla wszystkich słowa moje – obczyzna,
w milczeniu ciżba sina,
wołam wam: „człowiek!" wołam „ojczyzna!"
W Poznaniu, na placu Stalina.
(Cyt. za: Z. Chojnowski, *Poetycka wiara Jarosława Iwaszkiewicza*, s. 315).

Napisany w 1952 roku wiersz, wraz z dwunastoma innymi, ostatecznie nie wszedł do zbioru *Warkocz jesieni i inne wiersze* (1954). Został odrzucony w styczniu 1953 roku przez ówczesnych redaktorów „Przeglądu Kulturalnego", „Nowej Kultury" i „Twórczości", czyli Jerzego Andrzejewskiego, Jerzego Putramenta i Adama Ważyka (zob. Z. Chojnowski, *Poetycka wiara Jarosława Iwaszkiewicza*, s.172).

O poselskiej działalności Iwaszkiewicza w okręgu poznańskim pisał Włodzimierz Krzyżaniak: „«Głos Wielkopolski» zapewniał wyborców (nr 225 z dnia 19.11.1952), że «najlepsi synowie Ojczyzny zostaną wybrani do Sejmu Polskiej Rzeczypospolitej Ludowej». Niewątpliwie, znaleźli się w nim i ludzie wartościowi. Sprawa inna, czy wszyscy oni spełnili swe zadania. Sprawa jeszcze inna, czy naprawdę wybraliśmy najlepszych. Wyborcom Poznania zarekomendowano literata Jarosława Iwaszkiewicza. Wybrano go więc posłem z naszego rejonu. To, zapewne, zdolny chyba pisarz i mogę tylko żałować, że, jedynie z braku czasu, nie czytam jego książek. Ale śledzę jego «działalność» jako posła, którego wybrano reprezentantem Poznania. Poza kilku bytnościami w Poznaniu na mdłych «spotkaniach» z wyborcami nie uczynił on jako poseł dosłownie nic. W «rzeczowym» obrachunku poselskim, o jakim pisał swego czasu «Głos Wielkopolski», Iwaszkiewicz przyznał się samokrytycznie, że jego działalność w Sejmie ograniczała się do... «wstawania i siadania». Nie wiadomo, co tu więcej podziwiać? Czy cynizm, czy tupet tej wypowiedzi. I jak to się stało, że Iwaszkiewicz nie usłyszy nawet od wyborców poznańskich, że jest dla nich tylko goniącym za poselskim uposażeniem mięczakiem? Robotnicy Poznania mogą się też słusznie zapytać, co robił Iwaszkiewicz, kiedy w zakładach naszego miasta narastała atmosfera, poprzedzająca tragiczny czerwiec?" (W. Krzyżaniak, *Przeciwko „tabu" osób*, „Głos Wielkopolski" 1956, nr 237).

[2] Front Narodowy (od listopada 1956 do sierpnia 1983 pod nazwą Front Jedności Narodu) – organizacja społeczno-polityczna utworzona podczas kampanii wyborczej w 1952 roku, podporządkowana PZPR i realizująca jej cele polityczne; obejmowała partie polityczne, związki zawodowe i organizacje społeczne. W czasie wyborów do Sejmu lub rad narodowych przedstawiała program wyborczy i zgłaszała listy kandydatów. Iwaszkiewicz brał udział w jej pracach z racji obowiązków poselskich, które sprawował od 1952 roku.

[3] Edward Januchowski – poseł na Sejm w latach 1952–56, pracownik Zakładów Przemysłu Metalowego im. J. Stalina w Poznaniu; odznaczony Złotym Krzyżem Zasługi i Odznaką Przodownika Pracy.

[4] Oficjalna relacja prasowa z tego posiedzenia brzmiała: „Wczoraj w sali konferencyjnej Prezydium Wojewódzkiej Rady Narodowej odbyło się posiedzenie Wojewódzkiego Zespołu Poselskiego, w którym uczestniczyli również przedstawiciele Prezydium Wojewódzkiego Komitetu Frontu Narodowego. Posiedzeniu przewodniczył poseł okręgu ostrowskiego i członek Prezydium Wojewódzkiego Komitetu Frontu Narodowego ob. Jan Kaj. W prezydium zasiedli posłowie: Wiktoria Hetmańska – wiceprzewodnicząca Zespołu, oraz jego sekretarz – Aleksander Rozmiarek. Po referacie posła Kaja, poświęconym omówieniu zadań na najbliższy okres, a wynikających z uchwał VII Plenum KC PZPR, wywiązała się dyskusja. Głos zabrali m.in.: literat

Jarosław Iwaszkiewicz, Ignacy Skowroński – przewodniczący Związku Zawodowego Kolejarzy, Edward Januchowski z ZISPO, wiceminister kolei – Józef Popielas i literat Eugeniusz Paukszta. W dyskusji krytykowano pracę Zespołu Poselskiego. Wskazano na zbyt słaby kontakt posłów z radami narodowymi" (*Posiedzenie Wojewódzkiego Zespołu Poselskiego*, „Gazeta Poznańska" 1956, nr 204).

[5] Melchior Wańkowicz (1892–1974) – prozaik i publicysta; żołnierz w I wojnie światowej (1917–18 w I Korpusie Polskim w Rosji); założyciel i w latach 1927–39 współwłaściciel i redaktor naczelny Towarzystwa Wydawniczego „Rój"; w czasie II wojny światowej korespondent wojenny Armii Polskiej na Wschodzie i 2. Korpusu Polskiego we Włoszech, od wiosny 1944 do 1947 razem z armią polską był we Włoszech i uczestniczył w bitwie pod Monte Cassino, za co otrzymał Krzyż Walecznych. Od 1947 mieszkał w Londynie, w 1949 przeniósł się do Stanów Zjednoczonych, gdzie w 1956 przyjął obywatelstwo amerykańskie. Korzystając z możliwości wyjazdu na planowany Kongres Wolnej Kultury Polskiej w Paryżu, w lipcu 1956 po raz pierwszy po wojnie przyjechał na cztery miesiące do Polski. W maju 1958 powrócił do kraju na stałe. Napisał m.in.: *Szczenięce lata* (1934), *Na tropach Smętka* (1936), *Sztafeta. Książka o polskim pochodzie gospodarczym* (1939), *Bitwa o Monte Cassino* (t. 1–3 1945––47, zmienione i skrócone wyd. krajowe *Monte Cassino* 1957), *Ziele na kraterze* (1951, wyd. krajowe 1957), *Karafka La Fontaine'a* (t. 1 1972, t. 2 1981), *Wojna i pióro* (1974).

[6] Aleksandr Kierenski (1881–1970) – polityk rosyjski, związany z socjalistami--rewolucjonistami; po zwycięstwie rewolucji lutowej 1917 roku – w Rządzie Tymczasowym; po przewrocie bolszewickim kierował pierwszym wystąpieniem białej armii w stolicy Rosji; od 1918 na emigracji.

Genewa, 9 września 1956

Zresztą tutaj to samo. Rencontres de Genève[1] wydają się być zawieszone w zupełnej próżni, jak gdyby się odbywały na księżycu. Odczyt Daniel-Ropsa[2] tak straszliwie niski pod względem poziomu, tak płaski pod względem ideowym, że nawet Hania była oburzona. A taki Halecki[3] był zachwycony, że cudowne – powiada. Czyż można być do tego stopnia zaślepionym? Zresztą wystąpienia z naszej strony okropne: Rumun[4], Jugosłowianin[5] okropni. Ałpatow jak zwykle niezręczny, choć to, co mówi, jest rozsądne. Wszystko wydaje mi się jak sobór w sprawie *homoousios* i *homoiousios*. W dalszym ciągu literatura i nauki humanistyczne nie mają najmniejszego wpływu na bieg spraw. Pod tym względem nic się nie zmienia – ale jak będzie u nas?

[1] Les Rencontres Internationales de Genève (Międzynarodowe Spotkania Genewskie) służyły wymianie myśli na temat aktualnych problemów dotyczących cywiliza-

cji, polityki, sztuki bądź nauki; brali w nich udział filozofowie, teologowie, pisarze, naukowcy, artyści i socjologowie ze Wschodu i Zachodu Europy. Pierwsza sesja rozmów, w której uczestniczyli m.in. Julien Benda, Georges Bernanos, Karl Jaspers, Denis de Rougemont i György Lukács, odbyła się w 1946 roku, a jej temat brzmiał: „L'Esprit Européen". W dniach 5–15 września 1956 odbyła się XI sesja Spotkań Genewskich pod hasłem „Tradition et Innovation. La querelle des Anciens et Modernes dans le monde actuel". Wygłoszono siedem odczytów głównych, „o których następnie dyskutowano w małym teatrzyku nieopodal Katedry Genewskiej. Biorący udział w rozmowie siedzą na scenie i zabierają głos po kolei, w miarę jak im udziela go przewodniczący, a na widowni siedzi publiczność, która przysłuchuje się tym rozmowom" (J. Iwaszkiewicz, *Miesiąc w Szwajcarii*, „Nowa Kultura" 1956, nr 45). W osobie Iwaszkiewicza, który w Genewie zamieszkał w Pension Les Bastions, Polska była reprezentowana na Międzynarodowych Spotkaniach Genewskich po raz pierwszy.

² Daniel-Rops, właśc. Henri Petiot (1901–1965) – francuski pisarz katolicki i historyk, od 1955 roku członek Akademii Francuskiej. W 1948 roku założył i do 1965 redagował miesięcznik „Ecclesia". W powieściach (m.in. *Dusza w mroku* 1929, wyd. pol. 1933) i esejach (m.in. *Świat bez duszy* 1930, wyd. pol. 1936) podejmował problemy współczesnej cywilizacji i ostrzegał przed odrzucaniem wartości chrześcijańskich. Od 1943 zajmował się głównie historią chrześcijaństwa, opublikował m.in.: *Od Abrahama do Chrystusa* (1943, wyd. pol. 1952), *Dzieje Chrystusa* (1945, wyd. pol. 1950), *Biblię dla moich dzieci* (1946, wyd. pol. 1983).

³ Oskar Halecki (1891–1973) – historyk. W 1919 roku objął katedrę historii w Uniwersytecie Warszawskim, gdzie pracował do 1939. Równolegle pełnił odpowiedzialne zadania w Lidze Narodów. Od 1922 był sekretarzem komisji Ligi Narodów ds. współpracy intelektualnej. Współdziałał na tym polu z Albertem Einsteinem, Henri Bergsonem i Marią Skłodowską-Curie. Był aktywnym uczestnikiem międzynarodowych zjazdów historyków (Bruksela 1923, Oslo 1928, Warszawa 1933, Zurych 1938, a po wojnie: Paryż 1950, Rzym 1955, Sztokholm 1960). Wybuch II wojny światowej zastał go w Szwajcarii, skąd udało mu się przedostać do Paryża. Stąd przez Portugalię wyjechał do Stanów Zjednoczonych, gdzie znalazł pracę w Vassar College (1940––41), po czym przeniósł się do kierowanego przez jezuitów uniwersytetu Fordham nieopodal Nowego Jorku, na którym pozostał do przejścia na emeryturę w roku 1961. Jednocześnie wykładał na uniwersytecie Columbia oraz w Montrealu. W roku 1942 należał do założycieli Polskiego Instytutu Naukowego w Nowym Jorku, traktowanego jako przedłużenie Polskiej Akademii Umiejętności. W latach 1942–52 był jego dyrektorem, a po śmierci Jana Kucharzewskiego w 1952 został honorowym prezesem. W styczniu 1944 roku głośnym echem odbił się jego udział w debacie radiowej na temat stosunków z Rosją, podczas której stawił czoło rosyjskiemu attaché wojskowemu oraz prof. Paresowi, zwolennikowi terytorialnych zdobyczy Stalina kosztem Polski. Politykę Związku Radzieckiego postrzegał jako kontynuację imperializmu carskiego. W studium *Post-War Poland* (1944) pisał o potrzebie odbudowania Europy na bazie federacji. Jako zwolennik optymizmu historycznego uważał, że cywilizacja europejska może rozwijać się poza Europą. Swoje poglądy usystematyzował w książ-

ce *Limits and Divisions of European History* (1950). W PRL jego teksty objęte były zakazem druku.

[4] W Międzynarodowych Spotkaniach Genewskich w 1956 roku uczestniczyło dwóch Rumunów: Mihail Ralea (1896–1964) – filozof, psycholog, socjolog, eseista, dyplomata, profesor uniwersytetu w Jassy, członek Akademii Rumunii, oraz George Macovescu (ur. 1913) – dyplomata, w latach 1949–52 minister spraw zagranicznych, od 1955 do 1959 roku kierował rumuńską kinematografią. Najprawdopodobniej chodzi o Macovescu, bowiem to jego nazwisko – obok nazwisk m.in. Daniel-Ropsa, Guéhenno czy Étiemble'a – zostało przez Iwaszkiewicza podkreślone na liście uczestników Międzynarodowych Spotkań Genewskich (lista ta znajduje się w stawiskim archiwum).

[5] Dušan Matić (1898–1980) – pisarz serbski. W latach 20. współtworzył pierwszą grupę belgradzkich nadrealistów, utrzymujących bliski kontakt z surrealistami francuskimi i publikujących w ich organie „La Revolution Surrealiste". Po wojnie, w latach 1952–53 należał do zespołu redakcyjnego czasopisma „Svedočanstva". Od 1955 do 1968 wchodził w skład redakcji miesięcznika „Književnost". Od 1948 był profesorem, a następnie rektorem Akademii Teatralnej w Belgradzie. Opublikował m.in. zbiór esejów *Jedan vid francuske književnosti* (1952), tomy wierszy *Bagdala* (1954) i *Budjenje materije* (1959), powieść psychologiczną *Kocka je bačena* (1957). Po polsku ukazał się wybór poezji pt. *Tajny płomień* (1980).

Genewa, 17 września 1956

Nigdy dostatecznie nie zdaję sobie sprawy z odpowiedzialności pisania. Nigdy nie myślę jak Gide, że wszystko, co powiem, wszystko, co skreślę, jest takie niezmiernie ważne. Ach, nie. Przeciwnie, wszystko wydaje mi się bzdurą. A jednak doszedłem do tego punktu, że wszystko, co napiszę, powinno być ważne. Zastanawia mnie jednak niesprawiedliwość „Zachodu" w stosunku do naszego pisarstwa, do naszego znaczenia. Przecież w gruncie rzeczy, jeżeli nie jestem mądrzejszy od wszystkich pirennów[1] czy guéhennów[2], to to, co tutaj na tych *rencontres* utrapionych powiedziałem, było chyba najważniejsze. Nawet taka pani Harot – chociaż podobna jak dwie krople wody do Ireny Szymańskiej[3] – powiedziała mi: „*Vous avez contredit les choses*"[4]. Gazety zbyły byle czym mnie, rozwodząc się nad Guéhenno, który plótł naprawdę trzy po trzy. Najlepszy był Pirenne, który był bardzo ujęty moim przemówieniem, powtarzając: „*Mais c'est vrai, c'est vrai*"[5] – a potem na pożegnanie podał dwa palce. A potem w ogóle po dwóch dniach przestał się witać czy nawet kłaniać. Niesłychane!

[1] Jacques Pirenne (1891–1972) – historyk belgijski, autor m.in. *Les grands courants de l'histoire universelle. I: Des origines de l'Islam* (1944), *Les grands courants de l'histoire universelle. II: De l'expansion musulmane aux traités de Westphalie* (1944), *Civilisations antiques* (1951). Iwaszkiewicz, przypisując mu omyłkowo imię jego ojca – Henri Pirenne'a, również historyka – pisał o jego wystąpieniu: „Konstrukcje Pirenne'a, ozdobione wspaniałą erudycją i po prostu rewelacjami (na przykład to, co powiedział o strukturze społecznej starożytnego Egiptu, który nie znał niewolnictwa) – były dla mnie czymś zupełnie dowolnym, nieodpowiadającym żadnej rzeczywistości, jakąś grą demiurgów, niesłychanie atrakcyjną, ale i niesłychanie bezpłodną" (J. Iwaszkiewicz, *Miesiąc w Szwajcarii*, „Nowa Kultura" 1956, nr 45).

[2] Marcel Guéhenno, pseud. Jean Guéhenno (1890–1978) – francuski pisarz, krytyk literacki i pedagog, wydał m.in. *Caliban parle* (1928), *Conversion à l'humain* (1931), *Jean-Jacques, roman et vérité* (1950), dzienniki *Journal d'un homme de quarante ans* (1934), a także wspomnienia z dzieciństwa *Changer la vie* (1961).

[3] Irena Szymańska z d. Wiernik (1921–1999) – tłumaczka, autorka powieści kryminalnych, wydawca; w latach 1945–51 pracowała w SW „Czytelnik", następnie związała się z PIW, gdzie od 1953 pełniła funkcję zastępcy redaktora naczelnego, a od 1954 redaktora naczelnego do spraw literatury polskiej. W tym czasie namówiła do współpracy Jarosława Iwaszkiewicza, który wydał w PIW *Opowieści zasłyszane* (1954), *Warkocz jesieni i inne wiersze* (1954), *Sławę i chwałę* (1956–62). W 1958 została przeniesiona na stanowisko zastępcy redaktora naczelnego SW „Czytelnik" i kierowała działem literatur obcych. Zaprzyjaźniona z wieloma pisarzami, odgrywała inspirującą rolę w ruchu wydawniczym, m.in. zabiegała o publikacje utworów pisarzy opozycyjnych oraz przekładów ważnych dzieł pisarzy zachodnich. Za popieranie literatury opozycyjnej w 1976 roku została zmuszona do przejścia na wcześniejszą emeryturę. Opublikowała m.in. powieść *Kto się boi Stefana Szaleja...* (1973) oraz wspomnienia *Miałam dar zachwytu* (2001), gdzie zamieściła rozdział poświęcony Iwaszkiewiczowi. Iwaszkiewicz ofiarował jej notki o poetach, których wiersze znalazły się w antologii *Poezja polska 1914–1939*, opracowanej przez Seweryna Pollaka i Ryszarda Matuszewskiego. Notki te złożyły się potem na książkę zatytułowaną *Marginalia* (1993), opracowaną przez Marię Iwaszkiewicz, Pawła Kądzielę i Ludwika B. Grzeniewskiego.

[4] *Vous avez contredit les choses* (fr.) – Sprzeciwił się pan.

[5] *Mais c'est vrai, c'est vrai* (fr.) – Ależ to prawda, to prawda.

Genewa, 20 września 1956

Dzisiaj chodziłem do delegacji i natknąłem się na cerkiew prawosławną z pięcioma bardzo błyszczącymi pozłacanymi kopułami. Było po jakimś nabożeństwie czy pogrzebie i kilkanaście osób rozmawiało *na papierti*[1]. Brodaty *batiuszka*[2], do którego jakaś starsza pani podchodziła „po błogosławieństwo", trochę zgrzybiałych, rozsypujących się staruszek, ale i paru eleganckich panów i nawet trochę młodzieży. Zrobiło to na mnie najdziwniejsze w świecie wrażenie. Nagle tutaj, w Genewie, w połowie dwudziestego wieku, kawałek Rosji, staroświeckiej i zaśniedziałej, jak z nowel Turgieniewa czy Czechowa. Coś, czego mi w gruncie rzeczy bardzo żal i co otoczone jest nimbem takiej literatury, że po prostu stało się własnością całego świata. Próbowałem o tym pisać w *Voci di Roma*, ale mi nie wyszło, to znaczy nie stało się jasne. Nie chodzi mi przecież o „białą" Rosję, ale o Rosję poetycką. Ruskie obszarnictwo było zawsze czymś więcej niż polskie. Bogatsze, swobodniejsze, o szerszych horyzontach. Zawsze mnie zastanawiało ustawienie domów Szymanowskich i Dawydowych[3]. O ile Dawydowie to było więcej, szerzej, kulturalniej. A cóż dopiero jacyś Rościszewscy[4] (ukraińscy, płoccy[5] się w ogóle nie liczą). Stałem przez chwilę i gapiłem się na te szczątki starej Rosji przed pozłacaną cerkwią. To naprawdę było bardzo osobliwe – i dla mnie wzruszające. Stara Gotowcewa[6], „tiotia Jela"[7], Lila Gotowcew[8] – to wszystko jak z romansu Turgieniewa – i starzy Pietrowscy (rodzice Borii) to już zupełna dostojewszczyzna. Wyrzekłem się tego wszystkiego – ale przyszło mi to z trudnością.

[*Tegoż dnia*]
Czuję się dziś słaby, zły, mam mdłości. Obawiam się, że kuracja doktora genewskiego uderza nie tam, gdzie trzeba. Cóż to może być za kuracja? Nigdy jeszcze nie byłem tak uderzony szarlatanerią medyczną jak podczas tej wizyty. Nawet to proste doświadczenie ze świeżym moczem, które widziałem tyle razy i które jest tak proste – on osławił tajemniczą magią.

Siedzę w ogrodzie uniwersyteckim (cudowne, stare drzewa) naprzeciwko pomnika reformacji i zastanawiam się nad tym, dlaczego ja tak nienawidzę Lutra, Kalwina i całego kościoła protestanckiego. Wszystko dla mnie w nim jest takie okropne, a przede wszystkim ta potworna pycha, która jest zasadniczym „tonem" protestantyzmu. Decydowanie o sobie samym, ta jakaś równość pomiędzy człowiekiem a Bogiem, to zadufanie do swoich możliwości ostatecznego rozstrzygnięcia – to wszystko, co przekreśla ludzką pokorę – to takie antypatyczne. A przy tym brak zaufania do organizacji, anarchizm. Nie mówiąc już o potwornej hipokryzji, kłamstwie po prostu. W tych moich uczuciach jest dużo afektu, nie mogę się zdobyć na ocenę obiektywną reformacji – oczywiście doceniając całkowicie stronę polityczną sprawy. Muszą to być jakieś pokłady katolicyzmu... Zadry młodości oczywiście, ale nie pozwalają mi one całkiem na jakieś spokojne traktowanie sprawy. Dziwne.

[1] *Na papierti* (ros.) – w kruchcie.

[2] *Batiuszka* (ros.) – dosłownie „ojczulek"; określenie duchownego prawosławnego.

[3] Główną siedzibą Dawydowów była oddalona od Tymoszówki o osiem kilometrów Kamionka. Posiadłość ta stała się ich własnością w 1791 roku, kiedy to po śmierci faworyta carycy Katarzyny II, księcia Grigorija A. Potiomkina, odziedziczyła ją jego siostrzenica – Katarzyna Mikołajewna Dawydowa (1750–1825). Centralnym punktem majątku był stary pałac, otoczony wspaniałym parkiem, na którego terenie znajdowały się fontanny, rzeźby oraz malownicza grota. Opodal pałacu, na życzenie właścicielki majątku, zbudowano w 1817 roku rodzinną cerkiew. Podczas niektórych uroczystości rodzinnych przybywających do Kamionki gości witały armatnie wystrzały. Pierwszym mężem Katarzyny Dawydowej był pułkownik Mikołaj Siemionowicz Rajewski (1741–1771), drugim Lew Denisowicz Dawydow (1743–1801). Jej starszy syn (z pierwszego małżeństwa), gen. Mikołaj Mikołajewicz Rajewski (1771–1829), został uznany za bohatera wojny ojczyźnianej w 1812 roku. Jeszcze większą sławę wojenną zdobył bywający w Kamionce krewny Dawydowej – Denis Wasiliewicz Dawydow (1784–1839), jeden z organizatorów i przywódca ruchu partyzanckiego z czasów wojny francusko-rosyjskiej 1812 roku, poeta, pamiętnikarz, pierwowzór Denisowa z *Wojny i pokoju* Lwa Tołstoja; znał osobiście Waltera Scotta i korespondował z nim. Bohaterstwem (w bitwie pod Borodino) odznaczył się także młodszy syn Dawydowej – Wasilij Lwowicz Dawydow (1792–1855), w młodości oficer huzarów, aktywny członek dekabrystowskiego Związku Południowego. Za jego sprawą odbywały się w Kamionce pod pretekstem uroczystości rodzinnych zjazdy i narady członków Związku Południowego, na które przybywali m.in. Michaił Orłow, Konstantin Ochotnikow, Iwan Jakuszkin, Siergiej Wołkoński. W posiadłości Dawydowów bywał także Aleksander Puszkin, który o swoim pobycie w Kamionce pisał w liście z 4 grudnia 1820 roku do Mikołaja Gniedicza: „Mija już osiem miesięcy, odkąd wiodę żywot pielgrzyma, czcigodny Mikołaju Iwanowiczu. Byłem na Kaukazie, na Krymie, w Mołdawii, teraz zaś przebywam w kijowskiej guberni, w posiadłości Dawydowów, zacnych i mądrych pustelników [braci generała Rajewskiego]. Mój czas upływa wśród arystokratycznych obiadów i demagogicznych dyskusji. [...] Mało kobiet, dużo szampana, dużo dowcipu, dużo książek, trochę wierszy" (A. Puszkin, *Listy*, przeł. M. Toporowski i D. Wawiłow, komentarz oprac. D. Wawiłow i O. Usenko, Warszawa 1976, s. 24––25; w nawiasie kwadratowym zaznaczono opuszczony przez tłumaczy fragment oryginału). O Kamionce jako miejscu spotkań dekabrystów Puszkin pisze także w X rozdziale (wers 74) *Eugeniusza Oniegina*. Gdy w 1826 roku Wasilij L. Dawydow za

przynależność do dekabrystów został pozbawiony wszelkich praw i zesłany na Syberię, majątek przeszedł na jego dwóch starszych synów: Piotra i Mikołaja Dawydowów. Ponieważ obydwaj byli jeszcze małoletni, majątkiem zawiadywali opiekunowie, którzy doprowadzili Kamionkę do ruiny. Majątek dźwignął z upadku Mikołaj, gospodarując w nim (po dojściu do pełnoletności) przez dziesięć lat. Gdy w 1856 roku – po śmierci cara Mikołaja I – pozwolono Aleksandrze Iwanownie Dawydow, wdowie po zesłańcu, wrócić do rodzinnego majątku, Mikołaj powierzył zarządzanie Kamionką swemu młodszemu bratu, Lwu Wasiljewiczowi (1837–1896), któremu starsi bracia wyznaczyli cztery tysiące rubli rocznej pensji, zatrzymując prawo własności majątku dla siebie. Pod rządami Lwa Dawydowa Kamionka zaczęła przynosić około stu tysięcy rubli rocznego dochodu. W 1870 roku, w nagrodę za wzorowe zarządzanie, nowy zarządca otrzymał od braci pięćdziesiąt tysięcy rubli, za które nabył położoną obok Wierzbówkę, którą również doprowadził do kwitnącego stanu (dawała rocznie około szesnastu tysięcy rubli). Żoną Lwa Dawydowa była Aleksandra Iliniczna Dawydow (1841–1891), siostra słynnego kompozytora Piotra Czajkowskiego. Autor *Dziadka do orzechów* regularnie odwiedzał Kamionkę przez dwadzieścia osiem lat. Pracował tutaj m.in. nad *Opricznikiem, II Symfonią c-moll, III Symfonią D-dur* („Polską"), *Sonatą fortepianową G-dur, Mazepą, Dziewicą Orleańską*. Słynne *andante cantabile z I Kwartetu smyczkowego D-dur*, które Lwa Tołstoja wzruszało do łez, także ma rodowód kamionkowski: Czajkowski wykorzystał w tym fragmencie piosenkę ludową *Sidieł Wania*, którą nucił pewien chłop pod oknem pałacu Dawydowów. *VI Symfonię h-moll* („Patetyczną") Czajkowski zadedykował swemu ukochanemu siostrzeńcowi Włodzimierzowi (Bobikowi) Dawydowowi. W pierwszych latach XX wieku Kamionka należała do Lwa Aleksiejewicza Dawydowa (1868–1935) i jego żony Marianny, którzy mieli także willę w Odessie, nad brzegiem Morza Czarnego, gdzie we wrześniu 1918 roku przebywali Szymanowski i Iwaszkiewicz.

Po śmierci ojca Karola Szymanowskiego „dom rodziny Karola był w stałym kontakcie z licznymi rozgałęzieniami na pół arystokratycznej rodziny Dawydowych, a przez nich Szymanowscy byli wciągnięci w bujne życie zamożnego towarzystwa rosyjskiego południowej Rosji. [...] Najwybitniejszą [wówczas] postacią w gronie rodziny Dawydowych była właścicielka sąsiedniej Wierzbówki, pani Natalia z Hudym--Lewkowiczów. [...] W życiu Karola Szymanowskiego kobieta ta odegrała ważną rolę. Przypuszczam, że Karol Szymanowski był jedyną miłością tego nieszczęśliwego życia. I wtedy, kiedy ją ujrzałem na tle Tymoszówki, jako zupełnie nowe w tym otoczeniu zjawisko, i później, gdy ją spotkałem w Kijowie, a wreszcie w Paryżu, jako ubogą emigrantkę, zarabiającą na życie szyciem i haftami – wzbudzała we mnie dziwne uczucie szacunku, pomieszanego z pewnego rodzaju lękiem. Strach ten płynął nie z tego powodu, iż pani Natalia imponowała mi jako wielka dama; było to raczej przeczucie jej tragicznego losu i strach, jaki mają ludzie przed nieszczęściem. Pani Natalia skończyła życie, popełniając samobójstwo. [...] Pani Natalii dedykował Szymanowski drugą *Sonatę* fortepianową – utwór, w którym jest coś z kosmopolityzmu, ale i z wysokiej atmosfery moralnej tej osoby. W powieści Szymanowskiego pt. *Efebos*, która się spaliła w 1939 roku, jedyną postacią kobiecą była niejaka hrabina Łanskaja – ścisły portret pani Dawydowej" (J. Iwaszkiewicz, *Książka moich wspomnień*, s. 50–51). Mężem Natalii Dawydowej był Dymitr Lwowicz Dawydow (1870–1930) – marszałek powiatów czechryńskiego i kijowskiego. Do jego tekstów, przełożonych z rosyjskiego przez Iwaszkiewicza, Szymanowski skomponował w 1915 roku trzy pieśni: *Wschód słońca, Bezgwiezdne niebo, Jesienne słońce* (op. 32). Po rewolucji październikowej Dymitr Dawydow przedostał się do Francji i pracował w kasynie w Monte Carlo.

[4] „Wywodzili się Rościszewscy z Rościszewa w Płockiem. Później bardzo się rozrodzili. W drugiej połowie XVII w. Stanisław Rościszewski, ożeniwszy się z Ludwiką Tysza-Bykowską h. Chorągwie, córką Gabriela, stał się dziedzicem należącego dotąd do jej rodziny Chodorkowa w woj. kijowskim. On też zapoczątkował nową gałąź, zwaną kijowską. Wkrótce gałąź ta podzieliła się na dwie linie kijowskie, a powstała także i trzecia, małopolska. Razem z płocką, Rościszewscy utworzyli więc cztery linie. Wielokrotnie poprzez małżeństwa łączyły się one ze sobą, powinowacąc się równocześnie z domami miejscowymi. W końcu w województwach południowo--wschodnich doszli Rościszewscy do dużej zamożności. Oprócz klucza chodorkowskiego posiadali jeszcze, niektóre zresztą tylko przejściowo, także klucze lipowiecki, makarowski, uładowski i krasnopolski. W czasach nowszych należały do nich również dobra mniejsze, jak Kosar, Tymoszówka czy Bandurowo" (R. Aftanazy, *Dzieje rezydencji na dawnych kresach Rzeczypospolitej. Województwo kijowskie*, t. 11, Wrocław 1997, s. 358). W pierwszej połowie XIX wieku Rościszewscy wykupili dużą część Tymoszówki od Dawydowów. W latach siedemdziesiątych XIX w. Zygmunt Rościszewski dla upamiętnienia swego złotego wesela zbudował w Tymoszówce nowy dwór, liczący osiemnaście pomieszczeń. Najbardziej reprezentacyjna była sala balowa: „Z sufitu zwisał brązowy żyrandol, którego ramiona wykonano w postaci gałązek i kwiatów. Pomiędzy drzwiami wiodącymi do sali z hallu a piecami ustawiono rzeźbione i złocone konsole rokokowe z marmurowymi blatami, a na czterech czarnych postumentach naturalnej wielkości popiersia, wykonane w Rzymie z marmuru kararyjskiego przez Wiktora Brodzkiego na specjalne zamówienie Zygmunta Rościszewskiego. Przedstawiały one Stefana Batorego, Piotra Skargę, Tadeusza Kościuszkę i Adama Mickiewicza. W pomieszczeniu tym znajdował się również fortepian. [...] Do pomieszczeń reprezentacyjnych należała jeszcze bardzo duża sala jadalna ze ścianami wyłożonymi boazerią, sala bilardowa i biblioteczna. Bogaty księgozbiór zawierał druki zwarte i czasopisma w językach polskim, angielskim, francuskim i niemieckim. Obok dworu, przy frontowym gazonie, stała niewielka oficyna, mieszcząca pięć pokoi gościnnych i łazienkę. Park, obsadzony głównie lipami, topolami, świerkami i kasztanami, obejmował dom ze wszystkich stron. Od tyłu pozostawiono szeroki, otwarty gazon, skąd roztaczał się widok na leżący w dole staw i przeciwległe wzgórze z dworem rodzinnym Karola Szymanowskiego" (tamże, s. 360).

[5] Rościszewscy płoccy mieli majątek we wsi Radomin w Płockiem. W latach 1914––18 mieszkała u nich najmłodsza siostra Iwaszkiewicza, Jadwiga. Iwaszkiewicz odwiedził ją 11 listopada 1918 roku. Wrażeniami z pobytu w Radominie podzielił się listownie z matką i dwiema pozostałymi siostrami, przebywającymi wówczas w Ki-

jowie: „Dom nie macie pojęcia, bo zupełnie od a do z z XVIII stulecia; pobożności nie ma granic, bo nawet mama sobie takiej katolickości nie wyobraża. Służące wszystkie zakonnice i Jadwinia zabłagiwała się, aby im broń Boże czego nie pokazać – codziennie są w kościele – Jadwinia co niedziela. Gościnności niesłychanej, okarmiali nas strasznie [...]. Staruszkowie fiksum dyrdum, ale bardzo mili, niby Masiostwo [Julian i Maria Biesiadowscy], niby «старосветские помещики» [„staroświeccy ziemianie", aluzja do opowiadania Mikołaja Gogola pod tym właśnie tytułem] – z jedenaściorga dzieci została im jedna córka, zupełnie w wieku Jadwini, ale pohana [wstrętna] i nielubiana dawniej przez rodziców. No, teraz to naturalnie jedynaczka, więc robi, co chce" (*List Jarosława Iwaszkiewicza z listopada 1918 roku do rodziny*, „Twórczość" 1978, nr 11).

[6] Elżbieta Gotowcew z d. Zabołocka. Iwaszkiewicz przebywał w jej rodzinie latem 1912 roku, o czym pisze w *Książce moich wspomnień*: „Inne znowuż lato, inny świat: jestem lektorem u starego senatora Gotowcewa, byłego wiceministra sprawiedliwości, który otrzymał w darze od rządu rosyjskiego Puszczę Mariańską pod Skierniewicami. Środowiska takiego nigdy nie znałem i raz tylko dane mi było w nim się obracać. Urzędowa półarystokracja petersbursko-kijowska [...]. Pani Gotowcew była córką kozackiego generała Zabołockiego – tego, który dał rozkaz strzelania wtedy, gdy zginęło «pięciu poległych» w 61, i urodzona była i wychowana w Warszawie. Dokuczała mi, twierdząc, że mówi lepiej po polsku ode mnie – i rzeczywiście akcent miała lepszy, gdyż wówczas jeszcze bardzo znać było po mojej mowie ukraińskie wychowanie. Przez dom Gotowcewych przewijało się mnóstwo ludzi z Petersburga, z wielkiego świata rosyjskiego, zatrzymywano się tutaj w drodze do wszystkich ukochanych przez Rosjan badów niemieckich w Wildungen i Baden-Baden" (s. 112–113).

[7] Chodzi o Helenę Konszin. Dwór Konszinów w Krasnoiwanowce Iwaszkiewicz poznał latem 1909 roku, kiedy pojechał tam w charakterze korepetytora. „Zaczęło się to od rosyjskiego dworu Konszinów w Krasnoiwanowce w jekaterynosławskiej guberni, który był zupełnie dworem z opowiadań Turgieniewa. W olbrzymim parku stały tutaj dwa domy, stary i nowy, w parku też, za żelaznym ogrodzeniem, widniały groby przodków, których nie chciano chować na cmentarzu wraz z pospólstwem. Domy były zamieszkane wyłącznie przez kobiety ginącego rodu, którym przewodziła babka mojego ucznia, stara pani Konszin, energiczna osoba, i jeszcze energiczniejsza jej córka, «tiotia Jela», która pomimo swojej energii nie potrafiła opanować niezwykle rozpuszczonej służby" (J. Iwaszkiewicz, *Książka moich wspomnień*, s. 108–109).

[8] „Myślałem o ożenieniu się ze znacznie starszą ode mnie Lilą Gotowcew, dziedziczką wielkiego majątku" – pisze Iwaszkiewicz w *Książce moich wspomnień*, w rozdziale *Moje małżeństwo*, gdzie zarówno ten, jak i inne swoje projekty małżeńskie – dość liczne w młodości – określa mianem „niedowarzonych pomysłów bardzo jeszcze młodego wieku" (s. 351).

Zurych, 1 października 1956
Dziwny ten pobyt w Zurychu[1]. Zamiast być czymś nowym, nawiązaniem do jakichś nowych i ciekawych spraw (oczywiście i to było także), dzięki spotkaniu starych przyjaciół, Nabokova[2] i Fenneberga[3], stał się jakąś rekapitulacją. Nabokov zresztą jest żałosną resztką dawnych czasów, niewiele zostało z jego uroków intelektualnych, a pozostała żółć i niechęć do ludzi, resentyment artysty, któremu się nie powiodło. Mimo to wszystko wczorajsze śniadanie przypomniało mi dawne czasy i niekończące się rozmowy Niki z Hanią, i całą jego dawną kulturę, i *charme*[4], i tę nieprawdopodobną zdolność opowiadania, niemającą sobie równych. Anka Baranowska baraniała. Dla nas to było wspomnienie dawnych czasów, kiedy bywaliśmy pośród samych takich rozmówców. Tamto było naszym chlebem powszednim. Spotkanie i godzinna rozmowa z Fennebergiem to inna para kaloszy. Kopenhaga – ta cała epoka – i później ten p r o c h, który z tego pozostał. Mówiliśmy cały czas po duńsku, okazało się, że nie zapomniałem zupełnie. John[5] ożeniony po raz drugi. Nora[6] dwa razy wyszła za mąż niefortunnie (czyż się aż tak kochała we mnie?) – Paul jest burmistrzem Lyngby! Owdowiał, ale taki sam niepoważny. Znowu mi się chce napisać to ibsenowskie opowiadanie *Na balkonie*[7]. Żeby Fennebergów „ocalić od zapomnienia". W cudownej pogodzie (dwadzieścia pięć stopni ciepła), w pogodzie wewnętrznej, w jakimś zaufaniu do przyszłości narodu (procesy poznańskie[8]) kończy się nam podróż. Ciekawy jestem, co zastaniemy w domu? Jeszcze nie tęsknię do powrotu, ale trzeba...
Dzwony w Zurychu. Czy to Rilke[9]?

[1] W dniach 24–27 września 1956 roku spotkali się w Zurychu redaktorzy ośmiu europejskich miesięczników literackich. Stephen Spender, Konstanty A. Jeleński, Laurens van der Post reprezentowali „Encounter" (Anglia); Georges Bataille, Jean Piel, Théodore Fraenkel – pismo „Critique" (Francja); Maurice Nadeau, Jean Duvignaud, Roland Barthes, Clara Malraux, Jean Jacques Mayoux – „Les Lettres Nouvelles" (Francja); Ignazio Silone, Nicola Chiaromonte, Jean Paul Samson – „Tempo Presente" (Włochy); Aleksander Czakowski, Iwan Anissimow – pismo „Inostrannaja Litieratura" (Związek Radziecki); Wadim Kożewnikow – „Znamia" (Związek Radziecki); Dušan Matić i Eli Finci – „Kniżevnost" (Jugosławia); Jarosław Iwaszkiewicz, Anna Baranowska, Jerzy Lisowski – „Twórczość". Inicjatywa tego spotkania wyszła od redakcji miesięczników zachodnich. Cel spotkania nie był z góry sprecyzowany. Chodziło o nawiązanie kontaktów, rozważenie możliwości wymiany mate-

riałów między redakcjami oraz o konfrontację poglądów. „Zebranie w Zurychu [...] nie miało nawet porządku dziennego. Nie wypracowano tu żadnej rezolucji. Stwierdzono jednomyślnie na zakończenie, że spotkania takie są bardzo pożyteczne i mogą wydać doskonałe owoce zrozumienia i współpracy" (J. Iwaszkiewicz, *Miesiąc w Szwajcarii*, „Nowa Kultura" 1956, nr 45).

[2] Nicolas Nabokov, Nika (1903–1978) – amerykański kompozytor i pedagog pochodzenia rosyjskiego, kuzyn Vladimira, współpracował z Les Ballets Russes Diagilewa; od 1933 roku mieszkał w Stanach Zjednoczonych. Skomponował m.in.: operę *The Holy Devil* (1958); oratorium *Job* (1933); balety *Les Valses de Beethoven* (1933), *Union Pacific* (1934), *The Last Flower* (1941), *Don Quichotte* (1966). Iwaszkiewicz poznał go w 1925 roku w Paryżu, skąd pisał do żony w liście z 27 maja: „Nabokov bardzo miłe, biedne i nieszczęśliwe dziecko, mam wrażenie, że mógłbym mieć na niego dodatni wpływ i bardzo go lubię – to wszystko. Jest przy tym inteligentniejszy od wszystkich moich przyjaciół, więc o ile mogę, chcę z nim przestawać" (A. i J. Iwaszkiewiczowie, *Listy 1922–1926*, opracowały M. Bojanowska i E. Cieślak, wstępem poprzedził T. Burek, Warszawa 1998, s. 434). W Stawisku zachowały się listy Nabokova do Iwaszkiewicza z lat 1925–57.

[3] Paul Fenneberg (1907–1982) – duński przyjaciel Iwaszkiewicza; burmistrz Lyngby w latach 1952–73.

[4] *Charme* (fr.) – urok.

[5] John Fenneberg – brat Paula Fenneberga.

[6] Nora Fenneberg – siostra Paula Fenneberga.

[7] Wspomniane opowiadanie nie powstało.

[8] 27 września 1956 roku rozpoczęły się w Poznaniu dwa procesy uczestników czerwcowych demonstracji poznańskich, relacjonowane w programach radiowych i obserwowane przez dziennikarzy zagranicznych. Pierwszy proces był skierowany przeciwko Józefowi Fołtynowiczowi, Kazimierzowi Żurkowi i Jerzemu Sroce – oskarżonym o zamordowanie funkcjonariusza Urzędu Bezpieczeństwa, wzięcie udziału w grabieży kiosków na dworcu i uczestniczenie w zbrojnym ataku na gmachy publiczne. Wyrok ogłoszono 8 października 1956: Fołtynowicza i Srokę skazano na cztery i pół roku, a Żurka na cztery lata więzienia. W drugiej rozprawie na ławie oskarżonych zasiadło dziewięciu podsądnych: Zenon Urbanek, Józef Pocztowy i Stanisław Jaworek, którym postawiono zarzut uczestniczenia w zamachu na funkcjonariuszy UB; Ludwik Wierzbicki, któremu zarzucono, że w czasie ataku na gmach UB strzelał z przechwyconego przez napastników czołgu; Łukasz Piotrowski – oskarżony o dowożenie zrabowanym samochodem napastników i broni przed gmach UB; Janusz Biegański, Stanisław Kaufmann, Leon Olejniczak i Jan Suwart, których pociągnięto do odpowiedzialności za dostarczanie zamachowcom broni lub amunicji. Wszystkim dziewięciu zarzucano ponadto posiadanie broni palnej, zrabowanej w więzieniu i na żołnierzach Wojska Polskiego. Wyrok zapadł 12 października 1956: pierwszych siedmiu oskarżonych skazano na kary od dwóch do sześciu lat pozbawienia wolności, dwóch ostatnich uniewinniono. 5 października 1956 rozpoczął się trzeci „proces poznański", obejmujący dziesięciu oskarżonych. Do wydania wyroku jednak nie doszło, gdyż Sąd Wo-

jewódzki w Poznaniu zwrócił akta prokuraturze w celu uzupełnienia śledztwa. Procesy poznańskie zakończyły się stosunkowo łagodnymi jak na tamte czasy wyrokami, obrońcom udało się bowiem zmienić kwalifikację czynów, a dzięki obecności przedstawicieli międzynarodowej opinii publicznej poznańscy adwokaci uzyskali możliwość prawdziwej obrony oskarżonych. Często korzystano z opinii biegłych socjologów i psychiatrów, używano argumentów z zakresu psychologii tłumu. Ujawniono przypadki wymuszania zeznań na oskarżonych. Ponadto wykazano, że pierwsze strzały, które spowodowały lawinę przemocy, zostały oddane przez funkcjonariuszy UB. Zob. E. Makowski, *Poznański czerwiec 1956. Pierwszy bunt społeczeństwa w PRL*, Poznań 2006, s. 259–295.

[9] Rainer Maria Rilke (1875–1926) – poeta austriacki; debiutował zbiorem *Leben und Lieder* (1894), ponadto opublikował tomy: *Księga obrazów* (1902, wyd. pol. 1927), *Księga godzin* (1905, wyd. pol. 1935), *Nowe wiersze* (cz. 1–2 1907–08, wyd. pol. 1935). Do najważniejszych osiągnięć liryki Rilkego należą *Elegie duinejskie* (1923, wyd. pol. 1930) i *Sonety do Orfeusza* (1923, wyd. pol. 1961). Ostatnich siedem lat życia Rilke spędził w Szwajcarii, mieszkając początkowo m.in. w Nyon, Zurychu, Bazylei, Lozannie i Genewie; w 1921 osiadł na zamku w Muzot.

Stawisko, 12 października 1956

Ubóstwiam takie wieczory. Wiatr i dość zimno, ale nie bardzo. Drzewa stoją ciche, gąszcz lasu jakby zamyślona. I ten opuszczony las, zarośnięty staw, olbrzymie stare wierzby nad wodą i chmury przykrywające połówkę księżyca. Woda na stawie czarno-różowa i to dokonanie się, zakończenie w powietrzu, w przyrodzie całej. Wszystko zamknięte i tylko się czeka, kiedy wszystkie liście opadną. A pola żytnie zielone, świeżą cudowną zielenią. Moja ukochana pora – i Stawisko takie przepiękne, takie tajemnicze, zapuszczone i do głębi samotne jak ja. Tak mi dobrze w takie dni – tak nie chcę innych i taka mi obca wrzawa Warszawy. Takie wieczory przyzwyczajają do starości, do samotności. Tak mi się nie chce jechać do miasta. Żebym to ja mógł być tu z a w s z e! Trzeba mnie pochować na terenie Stawiska, pod dużym dębem?

28 października 1956

Znowu Debussy...

Chyba dawno nie odczuwałem tak piękna i spokoju jesieni. Jestem prawie szczęśliwy. Przyczynia się oczywiście do tego poczucie przeżycia wspaniałych dni 18, 19, 20, 21 października[1]. Jakież to szalenie pocieszające, radosne, naprawdę intensywnie radosne. Tak wiele złego myślałem i mówiłem ostatnio o moim narodzie. A tu nagle taka niespodzianka wielkości. Jakie szczęście, że byłem tutaj z tym wszystkim, że przeżyłem znowu takie dnie historii. W moim pojęciu zaczęło się wszystko od dnia, kiedy Żółkiewski[2] i Sokorski płakali na próbie *Dziadów* i kiedy potem siedzieliśmy przez dziesięć minut bez słowa w gabinecie Szyfmana. Zrozumiałem wtedy wszystko, co oni czuli – i że oni są też Polakami. To było cudowne, olśniewające i naprawdę natychające optymizmem. Teraz już wiadomo, cokolwiek się jeszcze stanie, jesteśmy wielkim narodem. Boże, dzięki Ci za tę chwilę. Po tylu cierpieniach, po tylu wątpieniach – nagle uczucie dumy. Tragedia węgierska przerażająca[3], okropna, nie mogę myśleć o niej bez łez.

Nie mogę po prostu wyrazić tych uczuć, którymi jestem przepełniony. A tu jesień, deszcz, żółte liście, Wiesiek palił dziś na kominku, był Gucio Zamoyski, piliśmy czerwone wino. Jakaś atmosfera spokoju, fałszywego spokoju. Uczucie szczęścia czy fałszywego szczęścia?

Oglądałem dziś z trojgiem wnuków stereoskop. Tak mi było dziwno objaśniać im te różne rzeczy, a raczej różnych ludzi na tle rzeczy, które dobrze znają. Fotele, łóżka, krzesła są te same, co oni znają, ale ludzie inni i w innym kształcie. Maciek nie mógł się nadziwić, że „dziadzio jest taki młody" na fotografii przed Aidą, gdzie ich matka ma rok. A mnie się zdaje, że to wczoraj fotografowaliśmy się tam – i plączą mi się córki i wnuczki, jak plątały się mojemu teściowi, co mnie zawsze bardzo dziwiło. Życie niezmienne – jak zawsze te same zabawy kotka, który jest coraz to inny, a jakby ten sam. Co moje wnuki będą pamiętać ze swojego dzieciństwa? Zawsze mnie interesuje to, jak będą widziały dom, Stawisko, Hanię, mnie, moje siostry. Nie mogę sobie wyobrazić, że nie znały Nuci, że Nucia ich nie znała. Tak sobie wyobrażam ją z nimi, jak z moimi córkami. A mama przecież nawet Tereni nie znała. Myślę, że to wszystko wyda się im (i nie tylko im) jedną wielką bajką. Takich domów już nie ma teraz w Polsce.

Ach, Boże, jakże mnie ta Polska wzrusza i wciąż nie mogę tego wyrazić. I ten biedny, stary György Lukács, który wygłasza odezwy, aby nie strzelać do siebie – biedny, kochany, mądry Lukács, na co mu się dzisiaj zdała cała jego filozofia. Czy myślałem o tym, rozmawiając z nim ostatni raz w Sztokholmie?[4]

[1] W nocy z 18 na 19 października radzieckie dywizje pancerne z Legnicy i Bornego-Sulinowa rozpoczynają marsz na Warszawę; w FSO na Żeraniu organizują się oddziały robotnicze, które zyskują poparcie Komitetu Warszawskiego PZPR i otrzymują broń z magazynów wojskowych; oficerowie Wojska Polskiego opowiadają się po stronie robotników. W dniach 19–21 października obraduje VIII Plenum KC PZPR. Zaraz po rozpoczęciu obrad przybywa do Warszawy radziecka delegacja z Chruszczowem na czele; wyjeżdża następnego dnia. 20 października na Politechnice Warszawskiej odbywa się wielki wiec, na którym żąda się przyspieszenia demokratyzacji. 21 października na plenum składa samokrytykę Jakub Berman, I sekretarzem wybrany zostaje jednogłośnie Władysław Gomułka. Partia obiecuje praworządność, reformy i wyższe płace.

[2] Stefan Żółkiewski (1911–1991) – krytyk, teoretyk i historyk literatury, publicysta; redaktor i czołowy publicysta tygodnika „Kuźnica" (1945–48); założyciel i dyrektor Instytutu Badań Literackich PAN (1948–51), profesor Uniwersytetu Warszawskiego (1948–68); w latach 1956–59 minister szkolnictwa wyższego. Na szczecińskim Zjeździe Związku Zawodowego Literatów Polskich w styczniu 1949 roku wygłosił referat pt. *Aktualne zagadnienia powojennej prozy polskiej*, postulujący metodę realizmu socjalistycznego w literaturze. Wydał m.in. *Rozważania nauczycielskie* (1946), *Puszkin a my* (1949), *Stare i nowe literaturoznawstwo* (1950), *Spór o Mickiewicza* (1952), *Kultura i polityka* (1958).

[3] 23 października po manifestacji mieszkańców Budapesztu pod pomnikiem gen. Józefa Bema, demonstrujących solidarność z Polską, doszło do starć z milicją, która na rozkaz władz partyjnych otworzyła ogień. Manifestanci obalili pomnik Stalina. Do ogarniętego powstaniem miasta wjechały radzieckie czołgi. Następnego dnia premierem został Imre Nagy, a 25 października János Kádár zastąpił na stanowisku I sekretarza Komunistycznej Partii Węgier, znienawidzonego Ernö Gerö. W całym kraju zaczęły powstawać rady rewolucyjne przejmujące władzę.

[4] Poetyckim wyrazem tych przemyśleń stał się wiersz *Świeczki na trotuarze*, napisany przez Iwaszkiewicza 1 listopada, a opublikowany w „Życiu Warszawy" 1956, nr 262:

Győrgy Lukács, stary filozofie,
Mądry pisarzu, na co Ci to przyszło?
Gdzieś się rozbiegli ci, co Cię słuchali,
Po pustej sali toczysz smutnym wzrokiem.
Czyśmy o takich śnili sympozjonach,
Gdyśmy ostatni raz z sobą gadali
O Sartrze, o Tomaszu Mannie, o *Czerwonych tarczach*,
I słów Twych cichych słuchałem jakoby
Także Twój uczeń.
      Pusta aula Twoja
I zamiast mówić słuchasz: strzały, strzały
I straszny poszum ponad Twoim miastem,

Który poszumem jest śmierci i chwały.
O, filozofie, taki dzień nam nastał,
Że się zamykać z książkami nie można.
Nieraz uderza w drzwi fala oddechów,
W szybę okienną stuka cicho palec,
A potem w nocy wybuch.
Trzeba wołać
A głos Twój starczy łamie się, nie umie,
Tu trzeba krzyczeć: bracia, bracia Węgrzy!
A bracia giną nie słysząc wołania.
A polski stary poeta oniemiał,
Oczy swe zakrył mocno powiekami,
Aby nie wylać jednej łzy słabości,
By pohańbienia ofiar nie wspominać,
I na kolanach gdzieś na trotuarze
Stawia ubogą świeczkę.
Niechaj płonie

Za dusze wszystkich Twych pomordowanych
Studentów.

10 listopada 1956

Przeżycia dni wielkich i tragicznych, podłość ludzka i bohaterstwo.
Ale przede wszystkim rozczarowanie, wszystkie wielkie hasła silnych
tego świata okazały się kłamstwem. Upojeni swoją siłą nie oglądają się
na nic – i tylko te biedne i małe państwa, małe narody usiłują zastąpić
siłę prawem. I zawsze za to są bite. Nieszczęsne Węgry, nie tylko tak
strasznie nieszczęsne, ale jeszcze i opluwane, hańbione, zwymyślane.
Biedni ci ludzie, którzy już nie mogli tego znieść. I ten Mukařowský[1],
który śmie użyć słów: „Z głęboką radością...". Boże, czyż podłość musi
być aż tak głęboka? I znikąd nic – tylko siła, tylko gwałt, tylko chciwość, tylko skazywanie człowieka na cierpienie. To cierpienie ludzkie,
które, jak to mówił kardynał Wyszyński, już nie mogło być ukryte pod
korcem i zewsząd się wydobywało, aby zwyciężyć choć na chwilę, ale
tylko u nas. Na Węgrzech... A w Rosji?

---

[1] Jan Mukařovský (1891–1975) – czeski badacz literatury; profesor Uniwersytetu
Karola w Pradze (w latach 1948–53 rektor); przedstawiciel i współtwórca praskiej
szkoły językoznawczej. Autor m.in. *Estetická funkce, norma a hodnota jako sociálni*

fakty (1936), *Kapitoly z české poetiky* (1948), *Studie z estetiky* (1966); w języku polskim ukazał się wybór jego szkiców *Wśród znaków i struktur* (1970, wybór, redakcja i słowo wstępne J. Sławiński).

26 grudnia 1956

Jak dziwnie skomplikowane jest moje życie uczuciowe. Ileż rodzajów uczuć przeplata się w moim sercu, teraz znowuż stosunek do wnuków nie daje mi spokoju. Wszystkie te dzieci kręcą się teraz w czasie świąt po domu – nie myśląc o tym nawet (i nigdy nie będą tego myśleli), jaki ważny jest dla mnie mój stosunek do nich. Okropnie dziś nakrzyczałem na moją najmilszą, najdroższą ze wszystkich Magdusię [Markowską], a ona bała się mnie i krzyczała „ojczuniu, ojczuniu". Może mnie to najbardziej gniewało i doprowadzało do szału, że ona wzywała obcego mężczyznę, którego jedynie kocha. W ogóle moim przeznaczeniem była przez całe życie miłość nieodwzajemniona – a teraz już jest tylko miłość dla interesów.

Byłem w wigilię u Jurka B[łeszyńskiego]. To jest też do opisania, scena z *C* Baringa[1], ale z punktu widzenia starego generała, dla którego Lilka jest ostatnią radością w trudnym, smutnym, skomplikowanym i bezwyjściowym życiu[2].

Inwazja domu przez dzieci przerażająca, nie do wytrzymania, zagubiony jestem w tym krzyku i ważności spraw dla mnie nieważnych. Rózia[3] urocza, milutka, rozkoszna. Ale to wszystko, ja bym chciał innego życia. Zabawny ten motyw „innego życia", który wciąż powraca i wciąż nie mam siły, aby sobie je zbudować. Może uciekę z domu, mając osiemdziesiąt dwa lata jak Tołstoj?

Święta mnie znowu poruszają, wyliczyłem wczoraj Hani wszystkie wigilie od 1898 roku! Pamiętam z każdej jakiś szczegół, a niektóre w całości. Niesamowita pogoda, zamieć zaczęła się w wigilię, jak w kurierkowym opowiadaniu wigilijnym, i dzisiaj mróz, śnieg, samotność, smutek. Co to wszystko znaczy?

Dostałem dziś ohydny anonim, w którym nazwano mnie bandytą. Co za dziwne nazwanie, nieodpowiednie dla mnie, ale jak już nazywają bandytą, to jest raczej dobrze.

[1] Maurice Baring (1874–1945) – pisarz angielski, autor m.in. powieści *C* (1924).

[2] Chodzi o Mieczysława Pietraszka (1889–1961) – inżyniera mechanika, oficera WP. Po 1918 pracował w Sekcji Technicznej Ministerstwa Spraw Wojskowych. Był członkiem pierwszego zarządu Ligi Obrony Powietrznej Państwa i członkiem kierownictwa Centralnych Zakładów Lotniczych. W latach 1922–24 jako stypendysta Ministerstwa Spraw Wojskowych studiował w Paryżu w École Nationale Supérieure de l'Aéronautique et de la Construction Mécanique i uzyskał stopień inżyniera mechanika. Od 1927 podpułkownik. W 1929 organizator i do 1939 dyrektor Państwowej Szkoły Technicznej w Warszawie (później: Państwowa Szkoła Techniczna, Lotnicza i Samochodowa). W 1945 dyrektor Departamentu Lotnictwa Cywilnego w Ministerstwie Komunikacji. Od 1949 do 1958 adiunkt Wydziału Lotniczego Politechniki Warszawskiej. W latach 1957–60 zorganizował Lotniczą Komisję Historyczną, zajmującą się gromadzeniem materiałów do dziejów lotnictwa w Polsce. Miał dwóch synów: Henryka (1922–1953), inżyniera mechanika, i Adama (1926–1945). Obydwaj zginęli śmiercią tragiczną. Wdową po Henryku była Lilka Pietraszek.

[3] Magdalena Kępińska (ur. 1956) – córka Krystyny i Wiesława Kępińskich; miała wówczas dziesięć miesięcy. Jarosław Iwaszkiewicz, który nazywał ją Rózią, był jej ojcem chrzestnym.

31 grudnia 1956
[wklejony wycinek prasowy]
„Dla obopólnej korzyści
Jednym z najciekawszych moich doświadczeń roku 1956 było spotkanie z pisarzami polskimi w Wenecji, a później w Zurychu. Rozmawiając z nimi, nauczyłem się podziwiać ich godność i niezależność. Żywiąc najserdeczniejsze uczucia osobiste wobec nich, pragnę nade wszystko, aby stosunki między pisarzami Zachodu i literatami polskimi rozwijały się nadal, ponieważ obie strony zyskują na tym. Rok 1956 był wielkim rokiem w historii Polski. Wierzę, że nic nie może zatrzymać rozwoju, który zaczął się w tym czasie i znajdzie zapewne swą kontynuację w roku 1957. Stephen Spender – Londyn"[1]
A któż to byli ci pisarze w Wenecji i Zurychu? Kto?

[1] Wycinek pochodzi z artykułu *Pisarze zagraniczni pozdrawiają Polaków*, opublikowanego w „Trybunie Ludu" 1956, nr 363.

1957

Rabka, 6 lutego 1957[1]

Czytając *La jeunesse d'André Gide* Delay'a[2], przypominam sobie wciąż moją młodość i zastanawiam się nad moją religijnością. Na czym ona polegała? Na pewnej umiejętności modlitwy, po której mam wspomnienia bardzo rekonfortujące[3]. Pamiętam bardzo wybitne momenty modlitwy w nowym kościele w Kijowie[4]. Pamiętam, jak mi stara Smolnicka w Stawiszczach powiedziała, że nie widziała nigdy młodego człowieka, który by się tak modlił. Ale zadziwiające jest to, że taka modlitwa nie zakładała wiary w nieśmiertelność duszy, a już najmniej wiary w dogmaty katolickie. Było to jakieś panteistyczne uniesienie, niezmiernie jednak wyraźne i mające odpowiedniki w opowiadaniach o mistycznej modlitwie. (Ksiądz Bremond[5]). Natomiast wyraźny wstręt do spowiedzi stawał na przeszkodzie w wykonywaniu obowiązków narzuconych przez Kościół, do którego nigdy nie miałem zaufania. Chorobliwa bigoteria Hani (przypominająca panią Madeyską[6]) odrzuciła mnie chyba ostatecznie od tych spraw, a dzisiejszy ohydny fanatyzm religijny wszystkich paniuś i paniuśtek przeraża mnie ostatecznie myślą, że i ja mógłbym być takim. Hania chorobliwie miesza wszystko i dla niej każde powiedzenie o niebie czy aniołach już jest bluźnierstwem i powoduje ten szok wewnętrzny, widzialny dla każdego, może nawet taki, którym się ona popisuje czy chce zwrócić uwagę otaczających. Okropna jest ta dysharmonia na tym tle i bardzo mnie wyczerpuje. Tym bardziej że nie jest widzialna dla innych, że odbywa się pomiędzy nami dwojgiem i powoduje moje zniecierpliwienie, które wygląda na zewnątrz jak jakieś tetryczenie, czepianie się, irytowanie. Bardzo mnie to przejmuje i martwi, napełnia niepokojem i smutkiem, kiedy jestem sam. Przykre to, że wyschły we mnie te źródła modlitwy, były one niechybnie źródłem pociechy, a dzisiaj bardzo by się to przydało, gdy przychodzi starość, osamotnienie, strach śmierci i strach końca świata. Że niby nic po nas nie pozostanie. Ta myśl jest najbardziej przerażająca i to, co Zygmunt napisał, że odtąd wszystko, co robimy, jest już tylko „na niby"[7], napełnia mnie obłędnym smutkiem i lękiem. Oczywiście odczuwam, że siła intelektu przezwycięża te lęki i że już te same zapiski, które prowadzę, stwierdzają wiarę w jakieś przetrwanie, ale tylko instynkt jako cała wiara życiowa „to jest to bardzo mało"[8].

Cholera, Sudzicki[9] kupił mi takie pióro, i to za grube pieniądze, które tak ohydnie pisze. A przyjechałem tutaj przecież na pisanie.

W drodze jechałem w sypialnym z jakimś chłopcem. Sam urok i wdzięk, jak kiedyś Julek Ostrowski. Co za rasa, choć nie uroda, inteligencja, ręce prawie jak ręce Jurka Błeszyńskiego – i jakaś taka swoboda towarzyska, z którą się dawno nie spotkałem. Taka pociecha, że jeszcze są tacy ludzie w Polsce, nie same tylko chuligany.

W Rabce mieszkam jak jakiś król, z dwojgiem służby. Dużo myślę o „Elżuni"[10] i tęsknię do niej. Ja lubię takie rzeczy...

---

[1] Iwaszkiewicz przebywał w Rabce, w willi „Paprotka", od 4 lutego do 28 marca. W liście z 11 lutego 1956 roku do Jerzego Lisowskiego pisał: „Ja się tu b. dobrze urządziłem, mam wygody, d w o j e służby, wszystko jak lubię, tylko ta pogoda okropna, błoto i deszcz, i halniak na odmianę, zupełnie nie wychodzę i nie «utleniam» serca, które postukuje. Dużo piszę i dużo czytam" (*Z korespondencji między Jarosławem Iwaszkiewiczem a Jerzym Lisowskim*, podał do druku T. Komendant, „Twórczość" 2005, nr 2/3).

[2] Jean Delay (1907–1987) – francuski psychiatra, eseista i powieściopisarz; książka, o której mowa, to *La jeunesse d'André Gide*, t. 1, *1869–1890: André Gide avant André Walter*, Paris 1956.

[3] Rekonfortujące (z fr.) – krzepiące, pocieszające.

[4] Zob. tom 1, przypis nr 1 na s. 35.

[5] Henri Bremond w wykładzie *La Poésie Pure* (1925) dowodził, że poezja jest zjawiskiem całkowicie irracjonalnym, bliskim poznaniu mistycznemu.

[6] „Najbardziej zaprzyjaźnionym z nami domem rodzinnym Kalnika był dość dziwaczny, ale interesujący dom państwa Madeyskich. [...] pani Madeyska była osobą doszczętnie zdziwaczałą, ale mimo wszystkie swoje dziwactwa ogromnie miłą, dobrą i dla mnie najsympatyczniejszą. Pod jej opieką zostawałem zawsze podczas wyjazdów matki do Krakowa, Kijowa czy Elizawetgradu. W jej domu znajdowałem zawsze jakieś przyjemne zabawy i ubóstwiałem oglądanie u niej Biblii z ilustracjami Dorégo,

jej pobożności i dość śmiesznej bigoterii zawdzięczam swoje pierwsze wrażenia religijne, a stąd płynął i mój zapał do odprawiania mszy «na niby», i pociąg do religijnych uroczystości, który wyraźnie objawiałem przez wszystkie lata mojego dzieciństwa. Pobożność pani Madeyskiej była bardzo dziwaczna. Uchylając się od obowiązku pilnowania męża i wychowania synów, po stracie jedynej córki, przenosiła się – najczęściej piechotą – z jednego odpustu na drugi, od jednego kościoła do drugiego – często całymi milami – modląc się, poszcząc, odprawiając nowenny. Ascetyzm swój posuwała do tego stopnia, że nie chciała sypiać w łóżku. [...] Pobożne legendy, podania, opowiadania, wizerunki świętych, relacje świętej Bernardki, wizje Katarzyny Emmerich, wszystko to przychodziło do mnie od pani Madeyskiej" (J. Iwaszkiewicz, *Książka moich wspomnień*, s. 18–20).

[7] Chodzi o następujący passus z listu Zygmunta Mycielskiego: „To, co nazywamy czasami moim pesymizmem, nie jest specjalnie podcinającym życie elementem – ale raczej przekonaniem, że «kierunkowa» umysłowego wysiłku ludzkiego zwrócona jest w złą stronę, w stronę dla człowieka szkodliwą (szkodliwą dla jego istnienia na ziemi). Odczuwam to i mam świadomość tego bardzo silną, żeśmy weszli już w okres rezultatów tej kierunkowej, na którą składa się cała piękna i niepiękna też historia europejskiego wysiłku, *crescendo*. Rezultaty Renesansu w XVIII wieku prowadzą do wynalazków w XIX wieku i do dalszych ich konsekwencji w XX wieku – którego ostatnio przeżyte przez nas 20, 30 czy 40-lecie jest jawną już demaskacją bardzo paskudnych rzeczy. Dlatego też ustawicznie mam świadomość miecza Damoklesa nad naszym rodzajem na tej planecie i jeżeli ta świadomość zejdzie głębiej w masy ludzkie – u młodych dzisiejszych – to nie mam nadziei, żeby jakiekolwiek wysiłki mogły temu przeszkodzić. I dlatego uważam, że nie wiara w działanie ludzkie, ale raczej działanie maskujące tę chorobę, działanie jako zapomnienie tego, co drąży ludzkość, może być jeszcze na czas pewien interesującym paliatywem pozwalającym nam istnieć. Jednym słowem, wszystko wydaje mi się już tylko na niby, zamiast. Bez względu na to, czy jest to Suez, powstanie węgierskie, Gomułka, wybory, wiersz czy symfonia. W dodatku nikt mi tego nie zaprzeczył – w najlepszym razie słyszałem: po co o tym myśleć, albo: żyjmy tak, jakby tego nie było. To oczywiście trochę załatwia nasze sprawy – jednakże nie da się porównać z tym, co przez wieki człowiek robił, szukając zapomnienia czy rozwiązania sprawy swego indywidualnego nieistnienia. To indywidualne nieistnienie, czyli śmierć, miała zawsze jakiś smak *non omnis moriar* – w najgorszym czy najlepszym wypadku. Jednakże groźby wiszące nad tym *omnis* zmieniają właśnie radykalnie sytuację, zmieniają perspektywę ludzką. I nawet gdyby się mogło «nic takiego nie stać», to fakt, że pewna ilość ludzi z tą myślą się oswaja, ma ogromny wpływ (który będzie rósł) na nasz los" (list z 16 stycznia 1957, rękopis w archiwum Muzeum im. Anny i Jarosława Iwaszkiewiczów w Stawisku).

[8] Niedokładne przytoczenie ostatniej linijki wiersza Marii Pawlikowskiej-Jasnorzewskiej *Fotografia* z tomu *Pocałunki* (1926). Cały wiersz brzmi następująco:

Gdy się miało szczęście, które się nie trafia:
czyjeś ciało i ziemię całą,

a zostanie tylko fotografia,
to – to jest bardzo mało...
(M. Pawlikowska-Jasnorzewska, *Poezje*, t. 1, Warszawa 1958, s. 121.)

[9] Włodzimierz Sudzicki (ur. 1908) – ówczesny sekretarz Jarosława Iwaszkiewicza, pracownik PKOP. Podczas okupacji pomagał Annie Iwaszkiewiczowej w ratowaniu Żydów – jako urzędnik gminy Brwinów wystawiał im fałszywe dokumenty, ponadto wraz żoną Jadwigą (ur. 1920) udzielał im schronienia w swoim domu (m.in. ukrywał rodzinę Karwasserów), za co w 1980 roku został wraz z żoną odznaczony medalem „Sprawiedliwi wśród narodów świata".
[10] Chodzi o królową belgijską, Elżbietę.

8 lutego 1957

Mam opisać pobyt Edgara w Rzymie w 1937 roku[1]. Ale przypomina mi się ten jedyny poranek, jaki spędziłem w Rzymie w 1938 roku. Pociąg z Neapolu przychodził wczesnym rankiem, a miałem tylko zmienić w Banca d'Italia te dolary, jakie mi zakwestionowano w Agrigento. Musiałem czekać na otwarcie banków. Jeszcze był stary dworzec. Poszedłem z dworca wprost piechotą na Monte Pincio i do Willi Borghese. Cóż za cudowny poranek majowy. Zielono i ciepło, i pustki zupełne. W parku na Monte Pincio stały po prostu w trawie wielkie czerwone amarylisy. Pora wczesnych konnych spacerowiczów. To wszystko – i Sycylia w głowie, i *Hamlet*[2], którego wtedy tłumaczyłem, i przeczucia paskudne. Około południa, zmieniwszy dolary, zwiedziwszy wystawę poświęconą Augustowi (!)[3], wyjechałem do Parmy. W Parmie naszkicowałem *Pożegnanie Sycylii*[4] i napatrzyłem się mojego ukochanego Correggia[5]. Była jego wystawa w Palazzo Ducale czy jak to się tam nazywa. „W Parmie nie ma fiołków parmeńskich..."[6]

[1] Mowa o pierwszej części ósmego rozdziału w drugim tomie *Sławy i chwały*.
[2] Zob. tom 1, przypis nr 9 na s. 372.
[3] Chodzi o wystawę poświęconą cesarzowi rzymskiemu Oktawianowi Augustowi (63 p.n.e.–14 n.e.), otwartą w Rzymie w 1937 roku z okazji dwutysięcznej rocznicy urodzin imperatora.
[4] Wiersz ten, pod którym widnieje data: kwiecień 1938, wszedł w skład *Elegii*.
[5] W Parmie freski Correggia zdobią centralną kopułę katedry, kopułę kościoła San Giovanni Evangelista i refektarz klasztoru San Paolo.
[6] *W Parmie nie ma fiołków parmeńskich* – incipit oznaczonego numerem 40 wiersza Iwaszkiewicza z tomu *Ciemne ścieżki* (1957).

9 lutego 1957
Wczoraj byłem na dalekim spacerze. Widziałem z górki pod świerkami ukochane pasmo Tatr. Teraz już tylko patrzę na szczyty, na których bywałem. I to nie na tych najwyższych!

10 lutego 1957
Przeczytałem sześćsetstronicowy (pierwszy!) tom (*La jeunesse de Gide*) jakiegoś tam Jean Delay'a. Zastanawia mnie to wyolbrzymione znaczenie Gide'a dla całego pokolenia Francuzów. Pisze o tym Étiemble[1] w książce, którą teraz czytam. Dlaczego? Co to znaczyło? Co oznacza w ogóle Gide jako pisarz? Zupełnie tego nie rozumiem, nie chwytam. I jednocześnie chwytam wszystkie rzeczy pokrewne na mnie. I to, że nie mam żadnego znaczenia dla nikogo, dla żadnego pokolenia w Polsce. Ostatnio spotykam się często ze Ściborem-Rylskim[2]. Jakie ja mogę mieć znaczenie dla pisarza typu Ścibora-Rylskiego? Absolutnie żadnego. Zagadnienia kultury ich nie interesują, interesują ich zagadnienia polityki – i to najwyżej oglądane z wysokości „października". I to Bogu dzięki za tę perspektywę. Wyżej nie wejdą. I na tym polega moja tragedia urodzenia się za późno. Zawsze się mówi Stendhal, Stendhal... Oczywiście Stendhala ocenili wnukowie, ale już za życia docenili go Balzac i Tołstoj. To chyba coś znaczy. A mnie nawet wnukowie nie docenią: co może myśleć o mnie syn Ścibora-Rylskiego? On nawet nie będzie wiedział, o czym ja piszę.

[1] René Étiemble (1909–2002) – francuski historyk literatury, wybitny komparatysta, pisarz i podróżnik; od 1956 profesor literatury porównawczej na Sorbonie w Paryżu, *l'enfant terrible* francuskiej nauki akademickiej o literaturze. Opublikował m.in. *L'Orient philosophique* (1957), *Poètes ou faiseurs* (1966), *C'est le bouquet* (1967); w języku polskim ukazały się m.in.: *Porównanie to jeszcze nie dowód*, „Pamiętnik Literacki" 1968, z. 3 oraz *Czy należy zrewidować pojęcie „Weltliteratur"?*, w: *Antologia zagranicznej komparatystyki literackiej*, pod red. H. Janaszek-Ivaničkovej, Warszawa 1997. Iwaszkiewicz poznał go na Międzynarodowych Spotkaniach Genewskich we wrześniu 1956 roku. Pisał o nim: „Co to za umysł, jasny, trochę sarkastyczny i złośliwy, ale inteligencja szatańska, zdolność przeciwstawiania się wszelkim kompromisom, erudycja niebywała i znajomość historii niepospolita" (J. Iwaszkiewicz, *Miesiąc w Szwajcarii*, „Nowa Kultura" 1956, nr 45). Książka, o której wspomina diarysta, to albo *Le Mythe de Rimbaud. Structure du mythe*, Paris 1952, albo *Le Mythe de Rimbaud. Genèse du mythe (1869–1949)*, Paris 1954. Iwaszkiewicz otrzymał z Fran-

cji obydwie książki w tym samym czasie, trudno orzec, którą z nich wziął do Rabki. Pisał o nich w cytowanym wyżej artykule: „Akurat niedawno dotarły do moich rąk dwa wspaniałe tomy dzieła Etiambla [sic!] o «Micie Rimbauda». Jest to najciekawsza praca z historii literatury, jaką ostatnio czytałem. Pierwszy tom jest tylko rozumowaną bibliografią, a czyta się go jak Simenona".

² Spotkania te – jako że Aleksander Ścibor-Rylski pełnił wówczas obowiązki kierownika literackiego Zespołu Autorów Filmowych „Rytm" – miały związek z przygotowywaną przez Zespół Filmowy „Rytm" ekranizacją opowiadania Iwaszkiewicza *Stracona noc*. Utwór Iwaszkiewicza – wraz z trzema innymi opowiadaniami: *Śliczną dziewczyną* Marka Hłaski, *Zuchwałą panienką* Kornela Makuszyńskiego i *Lotniskiem* Stanisława Dygata – stał się kanwą filmu obyczajowego *Spotkania* (reż. S. Lenartowicz, premiera: 18 listopada 1957).

14 lutego 1957

To jednak jest przesada tak odosabniać się i pędzić takie życie tylko po to, żeby coś napisać. Wtedy w Gorzekałach¹ też to była zupełna męka – i wytrzymać dwa tygodnie z tą pupą przymarzniętą do siedzenia, to przecież było potworne. Teraz tu z tą pogodą niemożliwą, z ciśnieniem – i tu już naprawdę sam pod każdym względem, żeby tylko napisać coś, co nikomu, nigdy nie będzie potrzebne i co n i e z b a w i ś w i a t a. Bo rozumiem, że Chrystus był na pustyni przez czterdzieści dni, aby potem zbawić świat. Ale po to, żeby napisać *Sławę i chwałę*? Nawet aby napisać *Wojnę i pokój*, nie warto. Tworzyć trzeba jak Mozart i jak Chopin nie wiadomo kiedy. Tylko żeby w środku dojrzewało, a po tem plumps jak jajeczko zniesione.

Od Jurka Bł[eszyńskiego] okropne wiadomości. Numer „Twórczości" ze śmiercią Edgara². Ależ takich rzeczy się nie robi! – jak mówi ten facet w zakończeniu *Heddy Gabler*³. To jest *mauvais genre*⁴.

¹ Zob. tom 1, zapis z 27 stycznia 1954 (s. 418–419).

² Chodzi o styczniowy numer „Twórczości" z 1957 roku, w którym opublikowano fragment *Sławy i chwały*, rozdział *Kwartet d-moll*. Więcej na ten temat pisze Iwaszkiewicz tego samego dnia w liście do Jerzego Lisowskiego: „Co się tyczy kwartetu d--moll, to jestem zdania, że tak nie wolno pisać, to nie jest sztuka, to jest granie na nerwach i rozdzieranie ich do ostatku. Interpretacja ostatniej sceny *Fausta* przerażająca, no, ale jedynie możliwa w naszej sytuacji. Ten rozdział ściśle biorąc przekracza granice powieści i dlatego jest niedobry" (*Z korespondencji między Jarosławem Iwaszkiewiczem a Jerzym Lisowskim*, „Twórczość" 2005, nr 2/3).

³ H. Ibsen, *Hedda Gabler* (1890, wyd. pol. 1899). Przytoczone przez Iwaszkiewi-

cza zdanie wypowiada Brack; w przekładzie J. Giebułtowicza brzmi ono: „Ależ, na litość boską, tego się przecież nie robi!" (H. Ibsen, *Hedda Gabler*, w: tenże, *Wybór dramatów*, część II, Wrocław 1984, s. 966).
⁴ *Mauvais genre* (fr.) – w złym stylu.

Rabka, 3 marca 1957
Jaki ja jeszcze byłem młody – dzieciak zupełny – kiedy przyjechałem pierwszy raz do Paryża[1]. A miałem przecież już trzydzieści jeden lat, byłem żonaty i miałem dziecko. Pamiętam, jak mnie dziwiło wszystko i imponowało u Wiktora Poznańskiego[2]. W tej chwili w szafie u siebie mam butelkę whisky, z którą nie wiem, co zrobić. Chyba darować Piotrowi Rzepeckiemu[3]. A wtedy u Poznańskiego jak mnie to dziwiło, że podawano właśnie whisky i piłem to po raz pierwszy. Tak samo imponowało mi, kiedy Wiktor pokazywał portret pięknego marynarza, wiszący wśród innych fotografii na ścianie jego sypialnego pokoju, i mówił: mój przyjaciel Duńczyk. Dania wydawała mi się czymś tak odległym i niemożliwym, jak można znać Duńczyka? Przypuszczam, że te same rzeczy muszą przeżywać teraz liczni młodzi ludzie, którym mówię bynajmniej nie w celu zaimponowania „mój przyjaciel Duńczyk" czy podaję whisky jako rzeczy dla mnie naturalne. (Oczywiście także *au figuré*[4]). Na tym polega owa świeżość młodości, która nie może być niczym podrobiona ani niczym zastąpiona. Owego tygodnia, który spędziłem po maturze u Cesia Peszyńskiego w Smołówce[5], nie odda żadna literatura, bo jest nie do opisania, i ten stan duchowy, to upajające letnie powietrze. To jest mądrość życiowa, że maturę zdaje się zawsze latem, i to razem już idzie w parze, młode burze letnie i to wszystko, co się w człowieku dzieje, a co się już nigdy nie powtarza. Niestety już jestem za stary, aby zaopatrzyć w to mojego Andrzejka[6]. To tylko stary Lew [Tołstoj] potrafił – i to bez żadnego pudła.

¹ Zob. tom 1, przypis nr 5 na s. 444.
² Wiktor Poznański w latach dwudziestych mieszkał wraz z matką w Paryżu. „Było to jedno z najpiękniejszych mieszkań, jakie w życiu widziałem, ale też i siedlisko nieprawdopodobnego snobizmu. Przez salon Poznańskich przewijały się najrozmaitsze osoby, mniej lub więcej ciekawe, ale znajomość z nimi zawsze była bardzo powierzchowna. Dzięki Poznańskiemu poznałem malarza Alberta Gleizes i jego żonę Juliettę Roche" (J. Iwaszkiewicz, *Książka moich wspomnień*, s. 214–215).

[3] Piotr Rzepecki (ur. 1939) – syn Lidii Rzepeckiej, 1 v. Kruszyńskiej i Lucjana Rzepeckiego, został scenografem. Rodzina Rzepeckich mieszkała w Rabce.
[4] *Au figuré* (fr.) – w przenośni.
[5] W Smołówce u Czesława Peszyńskiego – przyjaciela gimnazjalnego z Kijowa – Iwaszkiewicz spędził dwa tygodnie latem 1912 roku. „Smołówka był to majątek czysto leśny, nie posiadał nawet dworu, mieszkaliśmy ze starym panem Peszyńskim i z młodszym rodzeństwem Cesia w małej leśniczówce. Nieopodal leżała wieś polska, szlachecka i katolicka. Ten swoisty zaścianek był dziwną oazą wśród lasów; zachował się tam staroświecki język i obyczaj jak w powieści Orzeszkowej. Poza tym wieś Smołówka odznaczała się urodą swoich mieszkanek. Najładniejszymi zaś dziewczynami były Zosia i Anielcia, w których domu złożyliśmy oficjalną wizytę i bywaliśmy dosyć często. Zapraszano nas tam na pierogi z serem – notabene znakomite – co się stało dla mnie pamiętnym momentem z tego względu, iż wówczas po raz pierwszy napiłem się wódki. Nie powiem, żeby mi smakowała, ale pomału się przyzwyczaiłem. Tegoż wieczora po raz pierwszy pocałowałem się z Anielcią. Obie rzeczy czyniłem bardzo niezdarnie. Okolice Smołówki były prześliczne, po całych dniach włóczyliśmy się ze strzelbą, Ceś bardzo lubił polowanie. Kąpaliśmy się w stawach i strumieniach, spacerowaliśmy wieczorem z pannami lub chodziliśmy na grzyby, a w domu zachowywaliśmy się jak trusie pod argusowym okiem panny Jadwigi, nauczycielki młodszych Peszyńskich, która kochała się na zabój w moim przyjacielu i bardzo była o niego zazdrosna. Dodawszy do tego nocleg w karczmie żydowskiej na pół drogi między Kijowem a Żytomierzem, wyprawę do samej stolicy Wołynia, spacer brzegiem Teterewa ścieżkami, po których chadzali Kraszewski i Apollo Korzeniowski, a przede wszystkim nastrój, jaki się ma po maturze – można zrozumieć, czym był ten krótki okres dla mnie" (J. Iwaszkiewicz, *Książka moich wspomnień*, s. 71–72).
[6] Chodzi o Andrzeja Gołąbka – postać ze *Sławy i chwały*.

5 marca 1957

Ciągnę teraz dużo pasjansów, żeby trochę ulżyć głowie po bardzo intensywnym pisaniu (nie chcę o tym mówić: żeby nie powstał mi *Journal des Faux-monnayeurs*[1]) i czasem mówię sobie: wujaszek Staś tak ciągnął! Mój Boże, wujaszek Staś Szymanowski, który zmarł pięćdziesiąt lat temu[2], jest dla mnie jeszcze autorytetem w dziedzinie pasjansów. Kto jeszcze pamięta kochanego wujaszka? Nulka[3], moje siostry[4], Harry Neuhaus – więcej już nikt.

[1] Zob. tom 1, przypis nr 6 na s. 285.
[2] Stanisław Szymanowski, ojciec Karola Szymanowskiego, zmarł w roku 1905.
[3] Anna Butkiewiczowa z d. Kruszyńska (Nulka) – cioteczna siostra Karola Szymanowskiego, córka Heleny z Taubów i Kazimierza Kruszyńskich, żona znanego chi-

rurga warszawskiego prof. Tadeusza Butkiewicza. Niektóre jej cechy nosi Ola Gołąbek ze *Sławy i chwały*.
⁴ W 1957 roku żyły jeszcze dwie siostry Iwaszkiewicza: Jadwiga i Helena.

13 marca 1957

Wieczorkowski[1] w „Przeglądzie Kulturalnym":

„Miłosz odszedł, gdyż ocenił przyszłość jako beznadziejną. Jego przesłanki były aktualnie logiczne, konsekwentnie je opisał w *Zniewolonym umyśle* oraz *Zdobyciu władzy*. Tym samym zakończył rozrachunek z krajem, odseparował się od niego i zrezygnował z jakiejkolwiek próby walki skutecznej".

„Musimy zgodzić się, że najmniejsze nawet wystąpienie t u miało większe znaczenie niż tomy publikacji t a m [podkr. J. I.]. Że każdy student w czasie wieców na Politechnice mógł mieć większy wpływ na historię niż wszyscy emigracyjni publicyści razem wzięci.... I dlatego uważam, że Październik nie jest tym samym dla nas, co dla Miłosza. Jest przecież kontrargumentem przeciw wszystkim jego racjom, jest dowodem ślepoty politycznej autora *Zniewolonego umysłu*".

A przedtem, co mi najbardziej odpowiada:

„Jeżeli ktoś z załogi opuszcza tonący statek, w przekonaniu, że wysiłek ratowania jego jest beznadziejny, to w gruncie rzeczy jest nieważne, czy statek rzeczywiście zatonął. Nas obchodzi jedynie aktualny konflikt między człowiekiem, który odszedł, a załogą, która pozostała..."[2].

A więc Lord Jim! A nawet Conrad.

[1] Aleksander Jerzy Wieczorkowski (ur. 1929) – felietonista, krytyk literacki; debiutował w 1955 na łamach „Nowej Kultury" jako felietonista; w latach 1957–70 współpracownik dwutygodnika „Współczesność". Wydał zbiory felietonów: *Chłopiec gwiżdżący Mozarta* (1967), *Wariacje na drumlę z towarzyszeniem* (1974).
[2] A. J. Wieczorkowski, *Nad paryską „Kulturą" (2)*, „Przegląd Kulturalny" 1957, nr 10.

17 marca 1957

Dzisiaj obiad dla Rzepeckich[1]. Piotr po raz pierwszy w życiu jadł ananasa (z puszki oczywiście) i pił *cocktail*. Dżin z sokiem grapefruitowym. Wczoraj było wielkie *aufsehen*[2], bo zobaczyli numer „Match"[3]. To okropne. Było zresztą bardzo miło, Piotr uroczy, a on [Lucjan Rzepecki] był w katzenjammerze i spokojny.

[1] Lidia z d. Choromańska, 1 v. Kruszyńska, 2 v. Rzepecka (1902–1960) – siostra Michała Choromańskiego, urodziła się i skończyła gimnazjum w Elizawetgradzie. Pierwszym jej mężem był Michał Kruszyński, kuzyn Karola Szymanowskiego i Jarosława Iwaszkiewicza. W 1938 roku wyszła powtórnie za mąż za Lucjana Rzepeckiego (1901–1959) – architekta, projektanta m.in. sanatoriów i pensjonatów w Rabce. W 1939 urodził się ich syn, Piotr.

[2] *Aufsehen* (niem.) – sensacja.

[3] „Paris Match" – tygodnik francuski, założony w 1949 roku w Paryżu przez Jeana Prouvosta; ilustrowany magazyn informacyjny o międzynarodowym zasięgu. Iwaszkiewicz dysponował w Rabce najnowszym numerem pisma, przysłanym mu z Warszawy przez Jerzego Lisowskiego.

19 marca 1957

Zbliża się dwudziesta rocznica śmierci Karola, wydałem teraz wybór jego listów[1], tak często wydaję teraz listy i coraz to wspominamy najrozmaitsze strony tej zadziwiającej rodziny – i zastanawia mnie, że tak z nich nic nie zostało. To była rodzina, jakiej drugiej w Polsce nie było niewątpliwie, pomijając już wujostwo [Stanisław i Anna Szymanowscy], babunię[2], pięcioro dzieci[3], jedno dziwaczniejsze od drugiego – i właściwie mówiąc niesympatyczne – ale ta całość z przyległościami. Ta ciocia Hela z dziećmi[4], ta ciocia Mynia[5] – a przede wszystkim znakomita, najmądrzejsza z nich wszystkich i jedyna obdarzona mądrością, ciocia Józia[6] – przecież tego żaden pisarz nie opisze, żaden malarz nie namaluje. Jakiś wielki Matejko mógłby tylko namalować ów „balkon domu w Elizawetgradzie", jak na tej fotografii, z historią dziwaczną, ludzką i jedyną w swoim rodzaju każdej z tych osób. A Neuhausowie[7]? A Przyszychowscy[8] – z portretami pomorskich Przebendowskich[9] na ścianach domku w Elizawetgradzie! I ta kultura! Przecież książka Zioki[10] jest karykaturą tego wszystkiego, moja książka o Karolu[11] jest jakąś cienką wodą wobec upajającego wina tego środowiska, tej rodziny. I te domy! W Tymoszówce! W Elizawetgradzie![12] W Krzywym Rogu[13] nie znałem, ale podobno także! A potem to włóczenie się, to Warszawa, to Lwów, to Kijów – i wszędzie domy, tłumy ludzi, tłumy zdarzeń, tłumy dzieł. Wszystko to na takim poziomie intelektualnym, artystycznym... Chociażby ten kabaret artystyczny u Karola Rościszewskiego[14] albo parodia *Fausta* Gounoda[15] na balu u Glinków[16]. I z tego nie zostało nic. *Factura*[17] – która jak woda zamknięta w rurach pod wysokim ciśnieniem, jak to określił Janusz Tyszkiewicz – zawarta w dziełach Karola jest z czego innego, jest z ciepłych nocy tymoszowieckich, z zapachu, jaki tam był latem w ogrodzie i w domu (śliwki i jabłka), w spiżarni opisanej przeze mnie w *Pannach*[18]. A z tej groteski, jaka była w tym domu rzeczą zasadniczą, prawie nic (niektóre wariacje *II Sonaty*[19] i *II Symfonii*[20]), w moich utworach oczywiście także masa tych elementów się znajdzie, rozsiane są one wszędzie, i to w najbardziej niespodziewany sposób (*Barkarole w Tymoszówce*[21]), ale nigdzie nie są skondensowane, dane w całej swej rozciągłości. Podobne obrazy rodzin daje tylko Tołstoj w swoich powieściach, nikt tak nie opisuje właśnie rodziny jak on i on mógłby tylko opisać Szymanowskich, jak opisuje Rostowów czy Szczerbackich[22]. Tylko tu zawsze ta ohydna pokusa autorska, nie fotografować, tylko komponować, zmieniać, przestawiać, układać puzzle z kawałków zupełnie gdzie indziej zaczerpniętych. Tak jak mój Edgar w *Sławie i chwale* – no, niby Karol, ale jaka masa szczegółów zaczerpniętych gdzie indziej, niby amalgamat Karola i mnie, coś w rodzaju naszego syna, bardziej niż Pasterz w *Królu Rogerze*. A gdyby tak sportretować samego Karola? Prawie niemożliwe, za trudne. I to, że z naszej rodziny właściwie tylko j a przystawałem do Szymanowskich, byłem jakby z tej samej gliny. Od pierwszej chwili, od momentu, kiedy wysiadłem w Kamionce i wsiadłem do tej dwukółki powożonej przez Feliksa[23], i kiedy z powodu deszczu schowano mnie pod fartuch. Lato 1903! Siostry nie pasowały zupełnie do Tymoszówki, przyjaźniły się raczej z Nowickimi[24], a Bolo tylko do Felcia [Feliksa Szymanowskiego] i Fela[25]. Mama też raczej ze zgorszeniem patrzyła na to wszystko jako najwierniejsza córka babuńki [Michaliny Taube]. I z tego wszystkiego, z tego zadęcia, z tego noszenia się, z tego dętego wielkopaństwa – nie zostało nic. *Poussière*[26]. *Dusty Answer*[27]. Cóż to za temat dla dobrego powieściopisarza, a choćby i dla dobrego pamiętnikarza. To wspaniałe osoby. Wujaszek [Stanisław Szymanowski], podług którego wskazówek dziś jeszcze układam pasjanse! Mój Boże, jaki świat jest nieoczekiwany!

[1] Pisząc „wydałem teraz wybór jego listów", Iwaszkiewicz nie ma na myśli opublikowania korespondencji Karola Szymanowskiego, lecz przekazanie jej części Teresie Chylińskiej, która opracowywała wówczas książkę *Karol Szymanowski. Z listów*. Książka ukazała się w roku 1958, Jarosław Iwaszkiewicz opatrzył ją przedmową.

[2] Michalina Taube z d. Czekierska, babunia Misiunia (1824–1909) – ciotka matki Iwaszkiewicza, babka Karola Szymanowskiego, żona barona Karola Taube (1812––1891). „Głęboka i surowa religijność, purytańska niechęć dla radości życia, wierność praktykom i obrządkom Kościoła, na poły religijne przechowywanie tradycji rodzinnych – kontrastowało wybitnie z usposobieniem jej dzieci, a zwłaszcza wnuków. Mimo to stale przebywała otoczona gromadą potomków, a jej drobna, szczupła postać skromnie ubrana i jej do celi klasztornej podobny pokój był charakterystycznym, ale niespodziewanym akcentem w żywym i rozbawionym domu. Chwilami wydawała się powieściową, trochę przerysowaną «babunią». Cały dom bał się staruszki, a wnukowie – zresztą mnie babunia nie lubiła – po prostu truchleli pod ostrym spojrzeniem jej małych czarnych oczu. Zamknięta w swoim apartamencie, do którego dzieciom rzadko wolno było wchodzić, widzialna tylko w chwilach wspólnych posiłków i wspólnych modłów, przejmowała wszystkich trwożliwym szacunkiem. Brzydka żona pięknego męża, mająca sześcioro udanych dzieci, zamożna i poważna, przeszła przez życie niezwykle szczęśliwie" (J. Iwaszkiewicz, *Książka moich wspomnień*, s. 43).

[3] Chodzi o dzieci Anny i Stanisława Szymanowskich: Feliksa, Karola, Annę, Stanisławę i Zofię.

[4] Helena Kruszyńska z d. Taube, zwana „Pesymisią" (1863–1944) – ciotka Karola Szymanowskiego, żona lekarza Kazimierza Kruszyńskiego z Krakowa; miała dwoje dzieci: Michała i Annę (Nulkę). Krewny Kazimierza Kruszyńskiego, Marceli Nałęcz--Dobrowolski, wspominał: „Hela grała na fortepianie wyjątkowo biegle, z dużym uczuciem. Kazimierz był prawdziwym wirtuozem, jako mistrz fortepianu może by większą zrobił karierę aniżeli jako lekarz, chociaż i na polu medycyny był wyjątkowo zdolnym fachowcem. Koncerty domowe, które urządzali co wieczór w ścisłym kole familijnym – stanowiły duchową sjestę dla przygodnych melomanów, lubowników poważnej muzyki, tak – niestety – rzadko w ówczesnym Krakowie słyszane" (cyt. za: T. Chylińska, *Dom rodzinny Karola Szymanowskiego*, „Kresy" 2004, nr 1–2). Po wyjeździe w 1903 roku do Lwowa małżeństwo się rozpadło. „Powodem było – pisze cytowany wyżej krewny – ohydne prowadzenie się Kazimierza, egoizm bezmierny i brutalność – dziwnie zresztą połączona z czarem obejścia salonowego. Hela z córeczką Anną wyjechała do Elizawetgradu i zamieszkała tam w domu będącym własnością Stanisławostwa Szymanowskich" (tamże). Jakiś czas potem do matki i siostry dołączył Michał Kruszyński. „I tak Nulka z Michałem – pisze Teresa Chylińska w przytaczanym już artykule – stali się niemal przyszywanym rodzeństwem Karola".

[5] Maria Zbyszewska z Szymanowskich, zwana też Mynią i „Optymisią" (zm. 1935) – siostra Stanisława Szymanowskiego (ojca Karola), żona Ksawerego Zbyszewskiego.

[6] Józefa Szymanowska z d. Taube, przez najbliższych nazywana „św. Franciszkiem" (1856–1942) – siostra Anny Szymanowskiej, matki Karola. W 1884 roku poślubiła Marcina Szymanowskiego, brata Stanisława. Po śmierci męża w 1905 roku

przeniosła się do Tymoszówki. „Przemiła, roztrzepana, wszystko gubiąca i zapominająca – łączyła w sobie z wesołością niezwykłą łagodność. Dobroci nieskończonej, ukochana była przez swoich siostrzeńców – a dla mojej matki była siostrą prawdziwą" (J. Iwaszkiewicz, *Książka moich wspomnień*, s. 47).

[7] Neuhausów łączyły z Szymanowskimi węzły pokrewieństwa oraz zamiłowania artystyczne: Olga Marta Neuhaus była córką Michała Blumenfelda i Marii z Szymanowskich. Wraz ze swoim mężem, pianistą i pedagogiem Gustawem Neuhausem prowadziła w Elizawetgradzie szkołę muzyczną. Dziećmi Neuhausów byli wybitnie utalentowani muzycznie Henryk i Natalia.

[8] Rodzina spokrewniona z Szymanowskimi: Maria Przyszychowska z Blumenfeldów, podobnie jak Olga Marta Neuhaus, była córką Michała i Marii Blumenfeldów. Jej mężem był Rudolf Przyszychowski. Mieli trzy córki, Dorota (Dora) i Aleksandra (Ola) były malarkami, Halina (Hala) – pianistką. Z Przebendowskimi łączyły ich więzy pokrewieństwa za sprawą Marii Przyszychowskiej, bowiem brat jej matki, Feliks Szymanowski (dziadek Karola Szymanowskiego), wziął za żonę Olgę Berensównę z Tahańczy, której matka wywodziła się z familii Przebendowskich.

[9] Przebendowscy – rodzina szlachecka wywodząca się z księstwa słupskiego. Na przełomie XVI i XVII wieku poprzez związki rodzinne z Mortęskimi i Krokowskimi oraz w wyniku przyłączenia ziemi lęborsko-bytowskiej do Rzeczypospolitej przeniknęli na obszar Prus Królewskich i osiedli na północnym terytorium województwa pomorskiego. Podstawę fortuny majątkowej rodu zbudował Piotr Przebendowski (ok. 1620–1700), sędzia ziemski lęborski, który wzbogacił się na administracji puszcz Wielkiego Księstwa Litewskiego. Jego syn Jan Jerzy Przebendowski (1639–1729), podskarbi wielki koronny, wydźwignął rodzinę do grupy najmożniejszych w Rzeczypospolitej. Po jego śmierci główną postacią rodu stał się wojewoda malborski Piotr Jerzy Przebendowski (ok. 1674–1755). Na początku drugiej połowy XVIII wieku na czele rodziny stanął Ignacy Franciszek Przebendowski (ok. 1730–1791) – wojewoda pomorski, jeden z czołowych przedstawicieli „familii" Czartoryskich w Prusach Królewskich, zwolennik króla Stanisława Augusta. Po rozbiorach Rzeczypospolitej rodzina zaczęła tracić na znaczeniu, wygasła w XIX wieku. Zob. *Polski Słownik Biograficzny*, t. 28.

[10] Zofia Szymanowska, 1 v. Grzybowska, 2 v. Kociubowa, Zioka (1898–1946) – najmłodsza siostra Karola. Autorka wspomnień o Tymoszówce pt. *Opowieść o naszym domu* (1935, wyd. drugie 1977). Autorka tekstów do trzech kompozycji Szymanowskiego: *Pieśni księżniczki z baśni* (*Samotny księżyc*, *Słowik*, *Złote trzewiczki*, *Taniec*, *Pieśń o fali*, *Uczta*) op. 31 (1915), kantat *Demeter* op. 37b (1917) i *Agawe* op. 39 (1917). Tłumaczyła również teksty pieśni Szymanowskiego na język francuski. We wczesnej młodości – wspomina Iwaszkiewicz – była „kozakiem-dziewczyną, nerwową, roztrzepaną, brzydką, bijała mnie mocno i pogardzała moimi strachami przy konnej jeździe. Chwilowe zbliżenie w momencie pierwszej młodości szybko minęło i staliśmy się sobie w krótkim czasie bardzo obcy" (J. Iwaszkiewicz, *Książka moich wspomnień*, s. 41). Pewne jej cechy nosi Kazia z *Panien z Wilka*. Iwaszkiewicz uczynił Zofię Szymanowską bohaterką wiersza oznaczonego numerem 79 z tomu *Ciemne ścieżki* (1957):

Zioka taki wiersz napisała
O wiecznie samotnym księżycu.
Teraz to wszyscy śpiewają,
Bandrowska tą pieśnią zachwyca.

A mnie ona przypomina
Zapachy balsaminu,
Nadzieję na dobrą jesień,
Wspomnienia egzaminu.

I nawet teraz, gdy wschodzi
Księżyc od strony Roztoki,
To mi samotność przypomina
I moją, i Karola, i Zioki...
(J. Iwaszkiewicz, *Wiersze*, t. 2, s. 121).

[11] J. Iwaszkiewicz, *Spotkania z Szymanowskim* (1947).

[12] „Dom Szymanowskich leżał przy ulicy Gogolewskiej (ja jeszcze pamiętałem, że przed 1909 rokiem nazywała się Bezpopowska). Był to dom wysoki, ale parterowy od frontu, od tyłu, od ogródka, stawał się piętrowy i wzdłuż całego pierwszego piętra biegła obszerna weranda, na której w lecie koncentrowało się życie domu. Obszerne domostwo liczyło wiele pokoi, prócz tego była oficyna, w której ongi mieszkał mój brat, był drugi dom obok, gdzie teraz [w czerwcu 1918 roku] mieściła się szkoła muzyczna Neuhausów, a przy bramie stała stróżówka, w której mieszkali Karolostwo Taube. [...] Przez sień wchodziło się do dużego, szerokiego korytarza. Na wprost wejścia leżały dwa pokoje babuni Taube (ongi), które teraz zajmował wuj Iwański. Z korytarza wchodziło się do obszernej jadalni i dużego salonu. Z jadalni prowadził wąski korytarz w stronę kuchni, która leżała na parterze. Za salonem był duży pokój ongi wuja Stasia, teraz zajmował go Karol. Stało tam jakieś pianino, na którym Karol komponował – o ile teraz mógł komponować – stało łóżko Karola i duży stół-biurko. Tam też wstawiono dla mnie jakieś łóżko i tam spałem. To leżące trochę na uboczu obszerne, przestronne, wygodne domostwo, którego balkon wychodził na ogród (w czerwcu!), zaciszne i spokojne, w momencie kiedy o spokój było bardzo trudno, usposabiało do intymnych rozmów, do intymnego muzykowania – i do opowiadań o sprawach nieosiągalnych, o niezwykłych podróżach i o nadzwyczajnych miłościach" (J. Iwaszkiewicz, *Podróże do Włoch*, s. 194).

[13] Chodzi o Gdańcówkę pod Krzywym Rogiem, majątek Marcina i Józefy Szymanowskich. „W niedługi czas po ślubie (w 1884 roku) Marcinostwo Szymanowscy osiedli w Gdańcówce koło Krzywego Rogu (około 100 km na południowy wschód od Tymoszówki, była to już gubernia chersońska). Świadkowie powiadali, że dom Marcinostwa Szymanowskich – bardzo zresztą zasobny – rychło stał się ogniskiem kultury, przyciągającym z dalekich nieraz stron krewnych i przyjaciół, którzy pragnęli poodychać sztuką, poezją i muzyką" (T. Chylińska, *Dom rodzinny Karola Szymanowskiego*, „Kresy" 2004, nr 1–2).

¹⁴ Mowa o spektaklu wystawionym w 1912 roku przed balem u Karola Rościszewskiego w Tymoszówce. „Z numerów tego świetnego przedstawienia przypominam sobie tylko parę. Jednym z nich był brzuchomówca (Hieronim Zbyszewski) z lalkami (Nula i Zioka); pamiętam piękny kwartet włoski śpiewający piosenki ludowe i akompaniujący sobie na rakietach tenisowych; do kwartetu należeli Karol, Nula i Zioka Szymanowscy oraz Kruszyński. Potem były cygańskie romanse wykonane przez Kruszyńskiego, ubranego we frak nałożony na czerwoną rubaszkę; akompaniowałem mu, przebrany za prowincjonalną akompaniatorkę z grzywą jasnej peruki na głowie. Clou jednak całego przedstawienia był taniec Salome z opery Straussa w wykonaniu Feliksa Szymanowskiego [...]. Feliks w kruczej peruce, w pięknym stroju, który w znacznej części był dziełem Nuli, przejął się swoją rolą, i przypominam sobie, że taniec ten bynajmniej nie zrobił na mnie wrażenia karykatury – przeciwnie, bardzo mi się podobał" (J. Iwaszkiewicz, *Spotkania z Szymanowskim*, Kraków 1976, s. 30–31).

¹⁵ Ch. Gounod, opera liryczna *Faust* (1859).

¹⁶ Glinkowie – rosyjskie małżeństwo z Kijowa, krewni Dawydowych, przyjaciele Karola Szymanowskiego.

¹⁷ Faktura (z łac. *factura*) – w muzyce sposób komponowania na określony instrument, zespół, głos ludzki lub sposób koordynacji melodii i harmonii.

¹⁸ J. Iwaszkiewicz, *Panny z Wilka* (1933).

¹⁹ K. Szymanowski, *II Sonata fortepianowa A-dur* op. 21 (1910–11).

²⁰ K. Szymanowski, *II Symfonia B-dur* op. 19 (1909–10).

²¹ J. Iwaszkiewicz, *Barkarole w Tymoszówce* – utwór z gatunku prozy poetyckiej, wchodzi w skład tomu *Kasydy zakończone siedmioma wierszami* (1925).

²² Rodzina Rostowów występuje w *Wojnie i pokoju*, Szczerbaccy zaś w *Annie Kareninie*.

²³ Feliks Szymanowski, Felcio (1879–1934) – brat Karola Szymanowskiego, pianista (uczeń Aleksandra Michałowskiego), kompozytor muzyki popularnej w typie operetkowym. Wspólnie z bratem opracował na fortepian zbiór patriotycznych pieśni pt. *20 pieśni polskich*. Karol Szymanowski dedykował mu cztery pieśni z opusu 17, dwa mazurki z opusu 50 oraz „Pamięci Brata" *12 pieśni kurpiowskich* na głos i fortepian op. 58 (zob. notę biograficzną Feliksa Szymanowskiego autorstwa Teresy Chylińskiej zamieszczoną w: K. Szymanowski, *Korespondencja: pełna edycja zachowanych listów od i do kompozytora*, t. 1, 1903–1919, zebrała i opracowała T. Chylińska, wyd. drugie poszerzone, uzupełnione i poprawione, Kraków 2007, s. 702–703). Iwaszkiewicz pisze o Feliksie Szymanowskim w *Książce moich wspomnień*: „Najcichszym i najskromniejszym w rodzinie wielbicielem brata był starszy od niego Feliks. Ograniczony ten i dobry człowiek w ciszy dokonał jednej z największych ofiar, na jaką się można zdobyć. Miał wenę kompozycyjną oraz inwencję melodyjną znacznie łatwiejszą niż jego brat. Niechybnie mógł w bardzo prędkim czasie uzyskać prawdziwą popularność: jego pieśni, walce, muzyka do *Piosnki wujaszka* Fredry, wystawianej w jego oprawie przez Szymanowskich w Elizawetgradzie, świadczą najlepiej, że umilkł w nim jakiś polski Lehár. Wiem o tym, że świadomie powstrzymał się na tej drodze, aby swą popularnością nie przeszkadzać bratu, którego od dzieciństwa kochał bardzo sil-

nie. W epoce swej młodości, a potem na starość, był to miły, trochę nudnawy człowiek, bardzo mierny pianista; w środkowej części swego krótkiego życia, gdy po śmierci ojca został dziedzicem Tymoszówki, przeżył fazę raczej nieprzyjemną. Pretensje do gospodarowania i rywalizacja z matką w odgrywaniu pierwszej roli w domu czyniły z niego przykrego, zazdrosnego człowieka. Gospodarstwo prowadzone było jeszcze fatalniej niż za rządów jego poczciwego ojca i obdłużenie Tymoszówki stawało się z roku na rok niebezpieczniejsze. Przypuszczam, że rewolucja, zabierając majątek Szymanowskim w tragiczny sposób, zaoszczędziła im tylko innej, bardziej osobistej tragedii" (J. Iwaszkiewicz, *Książka moich wspomnień*, s. 41–42).

[24] Aleksandra, Janina, Magdalena i Michalina Nowickie – kuzynki Iwaszkiewicza.

[25] Feliks Zbyszewski, Felo (1881–1935) – syn Marii Zbyszewskiej, cioteczny brat Karola Szymanowskiego, aktor i reżyser. Debiutował w 1904 roku w warszawskim Teatrze Ludowym. W sezonie 1907/08 występował w Teatrze Miejskim w Krakowie, w latach 1908–10 w zespołach polskich w Rosji (m.in. w sezonie 1909/10 w Kijowie), od 1910 do 1912 w Łodzi, w sezonie 1912/13 w Petersburgu, w sezonie 1913/14 w Teatrze Polskim w Kijowie, w sezonie 1914/15 krótko w Teatrze Polskim w Warszawie, w lutym 1915 w zespole pod kierownictwem Aleksandra Zelwerowicza w Petersburgu, w sezonie 1915/16 ponownie w Teatrze Polskim w Warszawie. W okresie I wojny światowej służył też w Legionach Polskich. W następnych latach nadal występował w Warszawie: w Teatrze Praskim (sezon 1917/18), w Teatrze Polskim i Teatrze Małym (1918–21), Reducie (1922–24), i w Teatrze im. Bogusławskiego (sezon 1924/25). W latach 1925–27 występował z Redutą w Wilnie, Grodnie a także uczestniczył w objazdach (był kierownikiem jednej z grup objazdowych). W sezonie 1927/28 grał w Teatrze Miejskim w Grodnie, w sezonie 1928/29 w Teatrze Placówka Żywego Słowa w Ateneum w Warszawie, wiosną 1929 w Teatrze Rewia w Poznaniu, od 1929 do śmierci w Teatrze Polskim w Katowicach. Grał różnorodne role, powodzenie zyskując w charakterystycznych; ważniejsze z nich: Joachim (*Ponad śnieg bielszym się stanę* Żeromskiego), Joseph i Maścibrzuch (*Pastorałka* Leona Schillera), Telesfor (*Dom otwarty* Bałuckiego), Dyndalski (*Zemsta* Fredry), Ojciec (*Lampka oliwna* Zegadłowicza), Derwid (*Lilla Weneda* Słowackiego), Poloniusz (*Hamlet* Szekspira), Archidamus (*Opowieść zimowa* Szekspira). W filmie *Ochrana warszawska i jej tajemnice* (1916) zagrał studenta-prowokatora.

[26] *Poussière* (fr.) – pył, kurz.

[27] Tytuł powieści Rosamond Lehmann (1901–1990) – pisarki angielskiej, autorki powieści psychologicznych, wzorowanych na technice narracyjnej Henry'ego Jamesa i Virginii Woolf. *Dusty Answer* (1927) ukazała się po polsku jako *Bez echa* w 1931 roku. Iwaszkiewicz tytuł oryginału tłumaczył jako *Garstka prochu*.

25 marca 1957

Właściwie mój „błąd" polega na tym samym, na czym polega także błąd Miłosza. Za mało wiary w naród. Brak wiary w to, że naród okaże

131

się mądry i strząśnie z siebie to, co zdawało się złem koniecznym. Mnie naprawdę zdawało się, że inaczej być nie może, że Bierut obrał jedyną właściwą drogę (w pewnym momencie tak było) i że trzeba pewnymi ustępstwami okupywać to, co się zdobywa na innych drogach. Oczywiście to było złudzenie, bo można było wierszem do Bieruta[1] okupić *Warkocz jesieni* – ale i *Fama*, i *Borsuk* leżały latami w szufladzie, i *Papierowe głowy* Andrzejewskiego[2], i nie można ich było drukować. I zdawało się, że nigdy nie można będzie, Pilniak[3] (któremu tyle zawdzięczam) zdawał się być pogrzebany na zawsze. I to było takie małoduszne, że mimo że broniłem zawsze naszej młodzieży, nie wiedziałem, jaka ona jest (Sławek Kryska), nie wyobrażałem sobie, że potrafi ona strząsnąć, strząsnąć to za dużo, jeszcze nie strząsnęła, ale potrafi podgryźć tę górę kłamstwa, która nas przywaliła. Zdawało się, że w tym kłamstwie trzeba żyć, jak myszom w serze i wykopywać sobie chodniki do drobnych przestrzeni, w których można było oddychać nieserowym powietrzem. Jednym słowem i mnie, i Miłoszowi brakło rewolucyjności. Cóż robić, ja jej nigdy nie miałem, ale w naród (nie w Ważyka, broń Boże!) powinienem był wierzyć. Zresztą nie chodzi tu o wiersz do Bieruta, tego nie wstydzę się. Jestem głęboko przekonany, że jeszcze historia pokaże, kim był Bierut – a jeżeli nie, to jest to z mojej strony dopuszczalna omyłka, ale okropnie się wstydzę *Wycieczki do Sandomierza*[4], jak i tego, że dałem sobie w *Bachu* wsadzić porównanie Manna do Żdanowa[5]. Zresztą Mann był w głębi duszy reakcjonistą. Co pisze o nim Étiemble, warto by przeczytać. Ale nie o to chodzi – wstyd mi bardzo za tamte rzeczy, to była małoduszność, to było zaślepienie, brak widzenia spraw narodowych tak, jak powinien widzieć pisarz. Wdzięczność moja zawsze wspomina kochaną Nałkę [Zofię Nałkowską], która miała także zastrzeżenia przeciwko *Wycieczce*. Oczywiście i ja, i Miłosz musimy za te błędy płacić. Jego zapłata jest bardzo gorzka, moja oczywiście mniej, bo moja niewiara posunęła się tylko do drobnych podłostek, nie do zasadniczej zdrady. A jego pozostawienie nas „we własnym sosie" bardzo było podłe. Ale właściwie mówiąc, nie miałem racji, nie podając mu ręki w Paryżu[6]. Przeciwnie, powinienem mu był podać rękę jako towarzysz towarzyszowi. Za mała była nasza wiara, jak u apostołów – i dlatego i nagroda nasza będzie zaprawiona goryczą.

Z Warszawy dochodzą mnie niewesołe odgłosy. Nie mamy przyjaciół na świecie, chciano by nas utopić w łyżce wody czy też morzu krwi[7]. Tym niemniej, to, co się stało, to się stało i tych stronic historii nikt nam nie wydrze z naszej księgi, na zawsze są one tam wpisane ręką anioła mądrości. Najbardziej mnie napełnia dumą, żeśmy się okazali tacy inteligentni, tacy nie do upupienia, tacy mądrzy. Numer „Temps Modernes"[8] zawiera taki ładunek wysiłku umysłowego, to samo myśli Janka Strzeleckiego[9]. Skąd my tacy? Oczywiście numer „Temps Modernes" otwierają wiersze Ważyka, dyktowane wstrętem do polskiego plebsu – ale o tym ja tylko wiem, dla redaktorów „Temps Modernes" to rewolucja, rewolucja polskiego myślenia: to znaczy rewolucja narodu, który wśród innych myślących narodów jest tym, który nie dał się otumanić bredniom Żdanowa i rabinackim sofizmatom Iljuszki [Ilji Erenburga]. To, że się z tym trzeba liczyć – to także ważne. Oczywiście z obu stron grozi nam wyniszczenie biologiczne (proces Haricha![10]), jesteśmy zagrożeni w swym istnieniu, ale nawet skazani na stos powtarzamy Galileuszowe *E pur si muove*[11]. Oczywiście to może nie mieć żadnego znaczenia wobec zniszczenia całego świata. Ale to pomińmy, lepiej pamiętajmy to, co powiedział Bataille[12] w Zurychu, że w Polsce świta jakaś wiara w człowieka, że rzeczywiście może istnieć jakaś sprawiedliwość na świecie. Zawsze byłem cynikiem i sceptykiem, możliwe, że tak trzeba było bronić się w tym okropnym świecie. A teraz na starość jakieś głupie wiary poczynają do mnie przychodzić, wiary w człowieka, w Polskę, w rację walki o sprawiedliwość, rewolucji nieujętej potem przez Napoleona czy Stalina w żelazne ramy, rewolucji nie rozlewającej się krwi, a rewolucji mądrości. Przecież to niesłychane – cokolwiek by się mogło zdarzyć potem – że powstaje, rodzi się taki jeden moment takiej wiary. „*Verweile doch! du bist so schön!*"[13] Nawet gdyby jak Faust powiedzieć te słowa w momencie zniknienia.

[1] Zob. tom 1, przypis nr 4 na s. 515.

[2] *Wielki lament papierowej głowy* – bo tak brzmi pełna wersja tytułu – ukazał się w drugim, rozszerzonym zbiorze opowiadań Andrzejewskiego, zatytułowanym *Złoty lis* (1956).

[3] Boris Pilniak, właśc. Boris Vogau (1894–1938) – pisarz rosyjski, przedstawiciel tzw. prozy ornamentalnej; rewolucję 1917 roku ukazywał jako anarchiczny bunt, zderzenie chłopskiej Rusi z cywilizacją Zachodu; stracony podczas wielkiej czystki. Wy-

dał m.in. *Maszyny i wilki* (1925, wyd. pol. 1984), *Wołga wpada do Morza Kaspijskiego* (1930, wyd. pol. 1932).

⁴ Zob. tom 1, przypis nr 12 na s. 462.

⁵ Andriej Żdanow (1896–1948) – radziecki działacz komunistyczny; w latach 1934––44 sekretarz leningradzkiego komitetu miejskiego i obwodowego WKP(b); od 1934 sekretarz KC, od 1939 członek Biura Politycznego; jeden z organizatorów wielkiej czystki. Główny inicjator i nadzorca przeprowadzanych w Związku Radzieckim przekształceń w życiu literackim i doktrynie estetycznej; proklamował realizm socjalistyczny, poddając twórców wzmożonemu nadzorowi i represjom.

Fragment, o którym pisze Iwaszkiewicz, brzmi następująco: „Niewątpliwie pokolenie nasze przeżywa sytuację zasadniczą i przełomową także i w dziedzinie muzyki. Przezwyciężenie tragizmu przeszłości dokonuje się i w twórczości naszych kompozytorów. Wezwanie do tego przezwyciężenia wyszło ze Związku Radzieckiego – niektóre myśli Manna są dosłownym powtórzeniem słynnej odezwy Żdanowa" (J. Iwaszkiewicz, *Jan Sebastian Bach*, Warszawa 1951, s. 117–118). W następnych wydaniach książki przytoczony cytat nie występuje.

⁶ Tak o tym zajściu pisał Miłosz: „W 1954 czy 1955 roku w foyer paryskiego teatru, gdzie wystawiano jakąś polską sztukę, natknąłem się na Jarosława Iwaszkiewicza, który odwrócił się, rzuciwszy: «Z tobą, złotko, nie mogę się przywitać»" (Cz. Miłosz, *Rok myśliwego*, Kraków 1991, s. 169). Zdarzenie miało miejsce w czerwcu 1955 roku podczas II Międzynarodowego Festiwalu Sztuki Dramatycznej, a tą polską sztuką było *Lato w Nohant* Iwaszkiewicza (zob. tom 1, zapis z 9 czerwca 1955 wraz z przypisami s. 488–493). W nocie poświęconej Iwaszkiewiczowi, dołączonej do zbioru korespondencji, Miłosz odsłania nieco motywy gestu Iwaszkiewicza: „W latach pięćdziesiątych spotkaliśmy się w Paryżu podczas antraktu jakiejś polskiej sztuki. Wiedział, że otaczają go czujne oczy szpiclów, więc rzucił szybko, przechodząc: «Z tobą, złotko, nie mogę się przywitać»" (Cz. Miłosz, *Zaraz po wojnie. Korespondencja z pisarzami 1945–1950*, Kraków 1998, s. 123).

⁷ Impulsem do tej konstatacji był list Jerzego Lisowskiego z 19 marca 1957 roku: „W Warszawie nastroje raczej niewesołe, w ogóle czasy nieprzychylne. Spotkałem dziś wieczorem Janickiego – dziennikarz z Radia – który wrócił po 6-ciu tygodniach z ZSRR, gdzie robił reportaż o repatriacji. Opowiada rzeczy przeraźliwe, włos się jeży na głowie. Pokazywał mi podręcznik geografii dla którejś tam klasy szkoły powszechnej. Dosłownie: «Olbrzymia większość ludności St. Zjedn. żyje w nędzy takiej, jakiej my ludzie socjalistyczni nie możemy sobie nawet wyobrazić. Chodzą w łachmanach, żyją w norach, mięso jadają raz na tydzień i to najgorszego gatunku... itd.». Podręcznik wydany we wrześniu 1956 roku! Ładne perspektywy ma ta koegzystencja, nie ma co. Nic dziwnego, że oni bronią się przed nią rękami i nogami. We Lwowie na prasówce lektor Komitetu Wojewódzkiego czyta z «Notatnika agitatora»: «Najlepszym dowodem tego, że Polska faktycznie odeszła od obozu socjalistycznego, są wyniki styczniowych wyborów. W takim Krakowie z listy wyborczej nie wybrano do Sejmu ani jednego członka Partii». Puszczają się nawet na takie rzeczy! Ukochani sojusznicy. W tej sytuacji dziw w ogóle, że jest u nas tylko tak źle, jak jest. Powinno

być o wiele gorzej. O co już się niektórzy usilnie starają. Czy dochodzi do Rabki «Polityka»? Czytając trzeci numer, o mało się nie popłakałem z bezsilnej wściekłości. A jednak to całe kłamstwo musi, nie może się nie przewrócić. Ale w jakich potokach krwi trzeba będzie utopić tego obalonego molocha!" (*Z korespondencji między Jarosławem Iwaszkiewiczem a Jerzym Lisowskim*, „Twórczość" 2005, nr 2/3).

[8] „Les Temps Modernes" – francuski miesięcznik polityczno-literacki, założony w 1945 roku przez Sartre'a. Numer lutowo-marcowy z roku 1957 poświęcony był w całości polskiemu socjalizmowi. Zamieszczono w nim teksty literackie i publicystyczne opublikowane w prasie polskiej między 1954 a 1957 rokiem autorstwa: Adama Ważyka, Jana Kotta, Wiktora Woroszylskiego, Kazimierza Brandysa, Andrzeja Brauna, Jerzego Andrzejewskiego, Adolfa Rudnickiego, Antoniego Słonimskiego, Krzysztofa Teodora Toeplitza, Władysława Machejka, Mieczysława Jastruna, Władysława Bieńkowskiego, Edwarda Lipińskiego, Albina Kani, Ryszarda Koniczka, Jacka Bocheńskiego, Eddy Werfel, Leszka Kołakowskiego, Leopolda Tyrmanda, Ryszarda Turskiego, Eligiusza Lasoty, Jerzego Kossaka, Romana Zimanda, Jerzego Broszkiewicza. Uzasadniając dobór nazwisk, autor wstępu do numeru, Marcel Péju, napisał: „Zależało nam przede wszystkim na tym, by pokazać ruch intelektualny poprzedzający wydarzenia październikowe, etapy destalinizacji, aktualną atmosferę socjalizmu polskiego. Ten cel nie zostałby osiągnięty, gdyby wybrani autorzy nie byli członkami PZPR. Wszyscy z wyjątkiem czterech (Adolf Rudnicki, Antoni Słonimski, Krzysztof Teodor Toeplitz i Leopold Tyrmand) są wojującymi komunistami. Oto fenomen polskiej rewolucji: to wewnątrz partii, w podległych jej gazetach i organizacjach pojawił się i zatriumfował nurt demokratyczny" (przeł. A. Papieska).

[9] Chodzi o *Zapiski 1950–1953* Jana Strzeleckiego, opublikowane w „Twórczości" 1957, nr 2. W liście do Konstantego A. Jeleńskiego z 17 marca 1957 Iwaszkiewicz pisał: „Czy zwróciłeś uwagę na rozważania Janka Strzeleckiego w ostatnim nr. «Twórczości»? Uważam, że Jeanne Hersch powinna to przetłumaczyć na fr[ancuski] dla jakiegoś pisma. Moim zdaniem ta herezja powinna odpowiadać niektórym ludziom u was" (Jarosław Iwaszkiewicz, Teresa Jeleńska, Konstanty A. Jeleński, *Korespondencja*, opracował i przypisami opatrzył R. Romaniuk, Warszawa 2008, s. 39).

[10] Wolfgang Harich (1923–1995) – niemiecki filozof i krytyk literacki. W zrozumieniu skrótu myślowego, jakim posłużył się Iwaszkiewicz pisząc o jego procesie, pomocny będzie obszerny cytat z paryskiej „Kultury": „[Przygoda Haricha z komunizmem zaczyna się na początku 1946 roku, kiedy] zaprzyjaźnia się z krytykiem teatralnym i pisarzem z Leningradu – Dymszycem, który w mundurze oficera sowieckiego zdobywał, nie bez talentu i powodzenia, sympatie intelektualistów berlińskich dla Rosji i marksizmu. Harich ulega całkowicie dialektyce nowego przyjaciela i staje się zagorzałym marksistą. Jesienią 1946 roku [...] przenosi się do sektora sowieckiego jako krytyk teatralny wydawanego przez rosyjskie władze okupacyjne pisma «Tägliche Rundschau». Niepospolity intelekt Haricha, jego błyskotliwa elokwencja i fantastyczna zdolność absorbowania tajników «Nowej Wiary» sprawia, że drzwi do kariery w ustroju komunistycznym otwierają się mu wszędzie bez najmniejszych trudności. W ciągu półrocznych studiów Harich opanowuje obfity program marksizmu-

-leninizmu, na który inni potrzebowaliby długich lat. W roku 1949 obejmuje on profesurę zagadnień marksizmu-leninizmu na uniwersytecie wschodnioberlińskim. Następnie zostaje redaktorem naczelnym «Deutsche Zeitschrift für Philosophie». [...] Powstanie robotników niemieckich 17 czerwca 1953 roku załamuje wiarę Haricha w słuszność polityki kierownictwa partii SED. [...] Wczesnym latem 1956 Wolfgang Harich przebywa w Polsce. Konferuje z marksistami warszawskimi, wygłasza referaty i wykłady dla studentów polskich, przypatruje się polskiemu życiu naukowemu i kulturalnemu. Dostrzega nowe prądy, śledzi z rosnącym zainteresowaniem polską «odwilż» nad Wisłą. Kiedy wraca do Berlina, oświadcza w gronie przyjaciół, że znalazł w Polsce to, czego nie widzi w Niemczech Wschodnich: «odważną myśl i rewolucyjny patriotyzm». [...] Na początku listopada 1956 roku Wolfgang Harich postanawia działać. Wraz z nieliczną grupką młodych filozofów, dziennikarzy i lektorów oficjalnych wydawnictw komunistycznych redaguje program reformy rządzącej partii komunistycznej i istniejącego w NRD systemu władzy państwowej. [...] Główne postulaty opracowanego przez Haricha i jego towarzyszy programu odnowy zamykają się w żądaniu złamania monopolu aparatu partyjnego, rozwiązania wschodnioniemieckiej bezpieki, tak zwanej SSD, i niekontrolowanego sądownictwa, przywrócenia swobody myśli naukowej, zniesienia wyzysku ludzi pracujących, wprowadzenia Rad Robotniczych, rozwiązania kołchozów i usunięcia stalinowców z partii. Domaga się on skorzystania z doświadczeń polskich, jugosłowiańskich, chińskich. [...] 29 listopada 1956 wschodnioniemiecka bezpieka aresztuje Wolfganga Haricha i jego najbliższych współpracowników pod zarzutem przygotowywania zamachu antypaństwowego. [...] kierownictwo SED postanowiło wykluczyć z procesu wszelkie przesłanki natury ideologicznej, które były głównym motywem akcji Haricha. Skonstruowano natomiast oskarżenie o wywrotową działalność, przygotowywanie kontrrewolucji, kontakty szpiegowskie z zachodem, a szczególnie z socjaldemokratami zachodnioniemieckimi i powiązania ideologiczne i organizacyjne z «kontrrewolucyjnymi» środowiskami na Węgrzech i w Polsce. Antypolski charakter marcowego procesu przeciw Harichowi wystąpił w szeregu elementów aktu oskarżenia i sposobu prowadzenia rozprawy. Oficjalne komunikaty publikowane w ciągu dwudniowej rozprawy [7 i 8 marca 1957] na łamach dziennika SED «Neues Deutschland» głoszą, że w toku procesu udowodniono Harichowi, iż latem 1956 roku prowadził rozmowy w Polsce, że w październiku ubiegłego roku pertraktował w Weimarze z «dwoma intelektualistami polskimi», którzy go informowali o «rewolucyjnej walce przeciwko stalinizmowi w Polsce». Jako ważny moment oskarżenia figurował zarzut, że Harich był zafascynowany wynikami VIII Plenum PZPR. Głównym punktem aktu oskarżenia było wreszcie twierdzenie, że Harich postanowił utworzyć ośrodek swej kontrrewolucyjnej akcji w Polsce, by z Warszawy propagować koncepcje «kontrrewolucji». [...] Lansując tego rodzaju wersję, kierownictwo SED i bezpieka wschodnioniemiecka osiągnęły szczytowy punkt nasilenia propagandy antypolskiej. Akcja ta, uzgodniona niewątpliwie w najdrobniejszych szczegółach z czynnikami sowieckimi, stanowi nowy element wywierania nacisku na rozwój sytuacji w Polsce. Jest ona niejako wezwaniem pod adresem Gomułki, aby ukrócił «kontrrewolucyjną» działalność środowisk intelektualnych"

(Berlińczyk, *List z Berlina (Sprawa Wolfganga Haricha)*, „Kultura" 1957, nr 4). O-skarżony o zdradę stanu Wolfgang Harich został skazany na dziesięć lat ciężkiego więzienia; w roku 1990 został zrehabilitowany.

[11] *E pur si muove* (wł.) – A jednak się porusza. – Słowa, które wypowiedział (według legendy powstałej około 1760 roku) Galileusz o Ziemi po wymuszonym na nim przez inkwizycję uroczystym wyrzeczeniu się nauki Kopernika.

[12] Georges Bataille (1897–1962) – francuski filozof, krytyk literacki i prozaik; założyciel wielu pism, m.in. w 1946 miesięcznika literackiego „Critique". Opublikował m.in. *Doświadczenie wewnętrzne* (1943, wyd. pol. 1998), *Część przeklęta* (1949, wyd. pol. 2002), *Literatura a zło* (1957, wyd. pol. 1992).

[13] *Verweile doch! du bist so schön!* (niem.) – słowa, które wypowiada Faust w dramacie Goethego (wersy: 1709–1710 oraz 11574–11575). W przekładzie Feliksa Konopki: „Gdybym mógł chwili rzec: Jak pięknaś! / O, nadal trwaj! nie uchodź mi" (J. W. Goethe, *Faust*, Warszawa 1977, s. 457).

Rabka, 26 marca 1957

Zadziwiające, jak ja się tu odrodziłem. Nie wyobrażam sobie teraz moich zwyczajnych zajęć, redakcji[1], Sejmu[2], nawet domu. W tej ciszy zupełnej i zupełnej samotności zatraca się powoli sama rzeczywistość istnienia i płynie się jak gdyby w jakimś cichym i spokojnym morzu. Jak gdyby łódka dopływająca do portu na wielkim, cichym jeziorze (Łagów czy Lago di Como – wszystko jedno). Nie wiem, jak potrafię wrócić do gwaru i trudu. Tu mi jest tak fantastycznie dobrze, bo tak fantastycznie wszystko jedno. W tej obojętności można wjechać w śmierć jak w cichą przystań.

Jedną z najpiękniejszych rzeczy jest stary kościół tutejszy. Jedną z najpiękniejszych na ś w i e c i e. I to wspomnienie kiedyśmy tu przyszli z chłopcami[3]. Jeżelibym żył sto lat, nigdy tego momentu bym nie zapomniał.

I tu się urodził mój wnuk, pierwszy wnuk [Maciej Włodek]. Co on będzie z tego wszystkiego wiedział? Co pamiętał? Co rozumiał? Jak mi żal, że nie będę tego widział, że nie będę z nim o tym mówił.

[1] Mowa o redakcji „Twórczości", w której Iwaszkiewicz w latach 1955–80 piastował stanowisko redaktora naczelnego.

[2] W styczniu 1957 roku Iwaszkiewicz (jako bezpartyjny) został posłem na Sejm PRL II kadencji z okręgu nr 2 Warszawa – Stare Miasto.

[3] Zob. tom 1, zapis z 30 lipca 1955 (s. 505–506).

28 marca 1957

Die Liebe liebt das Wandern
Gott hat sie so gemacht[1]

Nic nie robi na mnie takiego wrażenia jak *Der Wanderer* Schuberta[2]. Dlaczego? Śpiewał to tylko Andrzej Bachleda[3], ten nowy, śliczny tenor. To połączenie wiosny, romantyzmu (niemieckiego, z niemieckiego malarstwa), pejzaży zimowych i tej strasznej *sehnsucht*[4] Schuberta, jego rozpaczy, to zupełna zmiana w dziejach sztuki.

Wczoraj wieczorem godzinna pogadanka o muzyce Karola z ilustracjami, słabymi. *Jestem i płaczę*[5] – ujrzałem po prostu Stasię[6], jak zaczynała zawsze z tremą o jedną setną sekundy opóźniona i jak jej się wyraz twarzy zmieniał podczas śpiewu. To swoją drogą wielkie szczęście, że się znało w życiu takich ludzi, jak Karol, Stasia, Lechoń, Tuwim (czystość szlachetności). To wielkie szczęście, że jestem sobą, to znaczy, że mam tyle macek do oplątywania pni w lesie życia. To wielkie szczęście.

Samotny dzień w Rabce. Głodkowski[7] pojechał do Zakopanego. Słońce i wiatr, fiołki. Taka samotność do reszty odrealnia. List od Jastruna[8]. Zupełnie jakbym był zamknięty w wielkim, kryształowym pudle. Całkowita cisza i poczucie „innego życia"[9]. Tamto kłębi się tak daleko, że nie mogę nawet sobie wyobrazić. Wizyta Piotra [Rzepeckiego].

Opowiadania zaniechane
„Historia o krawatach". Historia moich stosunków z Witkiem Hulanickim[10]. Podczas mojej pierwszej wizyty u niego w 1915 czy 1916 roku, gdy miałem poznać Henryka Józewskiego[11], który mnie potem chciał wciągnąć do POW[12] i nic z tego nie wyszło, Witek wyciągnął szufladę w biurku, która była pełniuteńka krawatów (*pêle-mêle*[13]). Witek wrócił wtedy z Anglii, czy już był w Int[elligence] Ser[vice][14]? Otóż ta szuflada krawatów szalenie mnie, myszy kościelnej, zaimponowała. A potem miały być dzieje tych kobiet. Do której się zwróciłem, to tam już przedtem był Witek Hulanicki. Lusia Bolewska, Lu Peszyńska[15], Jadzia Hanicka – wszystkie trzy. I historia z Jadzią. Potem ewentualnie spotkanie. Ja jadący do Sandomierza, on do Lwowa i Palestyny. Ostatnie nasze spotkanie. A potem go Arabowie (czy Żydzi) powiesili w

Palestynie za szpiegostwo. U mnie mieli go zdusić jedwabnym krawatem. Nowela bardzo porządna w temacie, może jeszcze napiszę.

„Zaczarowane miasteczko". Powinienem był napisać trzy lata temu po wizycie w Łagowie, ale nie miałem czasu. Teraz już nie można, bo to była nowela przeciw ZMP[16], o zakłamaniu. Dziewczyna naiwnie wierząca w ZMP jedzie na pomoc żniwną w okolice Łagowa, a tam się odbywają te zdjęcia do filmu. Zebrane w kopy z wielkim trudem snopy co rano są rozrzucane. Robi się wielka chryja i ta Zosia czy Marysia prosi faceta z POP[17] w szkole dramatycznej, żeby to wyśledził. Marysia się w nim kocha. On robi dochodzenie, obwinia niewygodnych mu kolegów, przeprowadza fałszywie sprawę; Marysia odkrywa, że to on codziennie rozrzuca snopy na polu, gdzie się odbywają orgie z wódą (tak jak wtedy w Łagowie), chce się topić w jeziorze w czasie pływania na lince za motorówką (tak jak Zosia Mrozowska[18] pływała), ale on ją wyratowuje. Miłość i śmierć, miały być zupełnie nowe i śmiałe rzeczy. Może lepiej, że tego nie napisałem[19].

[1] *Die Liebe liebt das Wandern / Gott hat sie so gemacht* (niem.) – „Miłość lubi wędrować / Bóg uczynił ją taką" (przeł. R. Papieski). Cytowany dwuwiersz pochodzi z pieśni Franciszka Schuberta *Gute Nacht* op. 89 nr 1 (1827) do słów Wilhelma Müllera, wchodzącej w skład słynnego cyklu *Die Winterreise*.

[2] Pomyłka Iwaszkiewicza. Tytuł *Der Wanderer* noszą dwie inne pieśni Schuberta: do słów Georga Philipa Schmidta (op. 4 nr 1) oraz Friedricha von Schlegla (op. 65 nr 2).

[3] Andrzej Bachleda-Curuś (1923–2009) – śpiewak, od 1951 solista filharmonii w Krakowie; w 1959 zdobył II nagrodę na Ogólnopolskim Konkursie Śpiewaczym im. M. Karłowicza w Warszawie; współzałożyciel Towarzystwa Muzycznego im. Karola Szymanowskiego w Zakopanem; ceniony wykonawca pieśni Schuberta i Roberta Schumanna.

[4] *Sehnsucht* (niem.) – tęsknota.

[5] *Jestem i płaczę* – tytuł drugiej pieśni wchodzącej w skład cyklu wokalnego Karola Szymanowskiego pt. *3 fragmenty z poematów Jana Kasprowicza* na głos i fortepian op. 5 (1902). Pieśń została skomponowana na kanwie hymnu *Święty Boże* Jana Kasprowicza. Zawiera motywy muzyczne surowo zakazanej przez władze rosyjskie patriotycznej pieśni Józefa Nikorowicza, ułożonej do słów *Chorału* (1846) Kornela Ujejskiego.

[6] Stanisława Szymanowska (1884–1938) – śpiewaczka, pedagog, siostra Karola Szymanowskiego; debiutowała w 1906 roku we Lwowie w *Opowieściach Hoffmanna* Offenbacha, od 1920 śpiewała w teatrach operowych Warszawy, Krakowa i Lwowa, była wybitną wykonawczynią pieśni brata. Jej mężem był Stefan Bartoszewicz (1870–1934) – chemik. Pamięci ich tragicznie zmarłej córki, Aliny (1911–1925), Ka-

rol Szymanowski poświęcił pieśni *Rymy dziecięce* do słów Kazimiery Iłłakowiczówny. Zdaniem Iwaszkiewicza, „dobra, ale trochę pusta istota, rozkochana tylko w sobie, a potem – gdy ciężką pracą wykształciła swój nieduży i nieładny głos na organ niezwykłej inteligencji interpretacyjnej – zapatrzona w swą karierę śpiewaczą. [...] W niej może też najmniej harmonijnie zlało się cygaństwo artystyczne z ziemiańskimi przyzwyczajeniami, powodując pewne skrzywienie i stwarzając jej, biedaczce, jedno z najbardziej nieszczęśliwych żyć, jakie spotkałem na tym niewesołym przecie padole" (J. Iwaszkiewicz, *Książka moich wspomnień*, s. 41). W niektóre jej cechy została wyposażona Elżbieta Szyller ze *Sławy i chwały*.

[7] Stanisław Głodkowski – stróż na Stawisku, towarzyszył Iwaszkiewiczowi w Rabce; w czasie okupacji „był dozorcą w niedokończonej willi Marka Eigera [w Podkowie Leśnej]. Ale kiedy Niemcy zabili Marka i zajęli willę na Judentum, został bez dachu nad głową. Z jakichś resztek pozwoliłem mu wybudować budę nad stawem. Mieszkał tam z żoną i dziećmi. Starszy chłopak mu umarł w czasie wojny. A on jakoś się tak obijał, za leśniczego, za nocnego stróża. Gdy weszły wojska radzieckie, w tej swojej budzie przechował przez trzy dni trzech żołnierzy niemieckich. Starych bawarskich piwiarzy. «Co pan chce – mówił – to przecież także ludzie!»" (J. Iwaszkiewicz, *Ogrody*, s. 68).

[8] List Mieczysława Jastruna z 25 marca 1957 roku, będący odpowiedzią na wysłany z Rabki list Iwaszkiewicza z 15 marca. Zob. *Jarosław Iwaszkiewicz, Mieczysław Jastrun – listy*, podał do druku i przypisami opatrzył R. Romaniuk, „Twórczość" 2002, nr 2.

[9] Aluzja do tytułu tomiku poetyckiego Iwaszkiewicza.

[10] Witold Hulanicki (zm. 1948) – Konsul Generalny RP w Jerozolimie w latach 1934–40; znajomy Iwaszkiewicza z czasów kijowskich, wprowadził go do kijowskiego teatru „Studya" Stanisławy Wysockiej (w latach 1916–18 Iwaszkiewicz był aktorem i kierownikiem literackim tego teatru).

[11] Henryk Józewski, pseud. Niemirycz, Olgierd (1892–1981) – działacz polityczny i społeczny, malarz; po wybuchu I wojny światowej założył tajną Wojskową Organizację „Dniepr", która później weszła w skład Polskiej Organizacji Wojskowej na Ukrainie. W roku 1917 współpracował jako scenograf z kijowskim teatrem „Studya", gdzie poznał Iwaszkiewicza. W latach 1919–20 pełnił funkcję komendanta III POW. W 1920 został wiceministrem spraw wewnętrznych w Rządzie Ukraińskiej Republiki Ludowej. Brał udział w przygotowaniach do przewrotu majowego. W latach 1928––29 i 1930–38 sprawował urząd wojewody wołyńskiego, od grudnia 1929 do czerwca 1930 piastował stanowisko ministra spraw wewnętrznych. W latach 1940–44 był doradcą politycznym Komendanta Głównego AK. Organizował i redagował wydawnictwa podziemne (m.in. dwutygodnik „Polska Walczy"), był przywódcą „grupy Olgierda". Po powstaniu warszawskim kierował konspiracyjnym Polskim Stronnictwem Demokratycznym. Jako więzień polityczny przebywał w areszcie od lutego 1953 do listopada 1956. Po wyjściu na wolność poświęcił się malarstwu. Jego obrazy znajdują się w zbiorach prywatnych i w Muzeum Narodowym w Warszawie. Zob. M. Gałęzowski, *Henryk Józewski „Olgierd"*, „Zeszyty Historyczne" 2004, z. 150; P. Mitzner,

Milczenie Józewskiego, w: tenże, *Gabinet cieni*, Warszawa 2007. Stał się prototypem postaci Henryka Antoniewskiego ze *Sławy i chwały*.

[12] POW – Polska Organizacja Wojskowa; tajna organizacja wojskowa, powstała z inicjatywy Józefa Piłsudskiego w październiku 1914 roku w Warszawie; działała w Królestwie Polskim, potem również w Galicji, na Ukrainie i w Rosji. W grudniu 1918 została wcielona do Wojska Polskiego.

[13] *Pêle-mêle* (fr.) – bezładna mieszanina różnorodnych rzeczy; groch z kapustą.

[14] Intelligence Service – ogólna nazwa brytyjskich służb wywiadu i kontrwywiadu.

[15] Helena (Lu) Peszyńska – koleżanka Iwaszkiewicza z kijowskiego teatru „Studya" Stanisławy Wysockiej. „Od niej otrzymałem egzemplarz *Annonce faîte à Marie* Claudela, który zachowałem do dziś dnia, i z którego sporządziłem swoje pierwsze claudelowskie tłumaczenie, latem 1917 roku. Od niej też otrzymałem małą książeczkę ozdobioną czułą dedykacją. Dedykacja oczywiście od kogoś dla niej. Były to *Iluminacje* Rimbauda. Przez nią więc zetknąłem się z tymi francuskimi pisarzami, którzy mieli największy wpływ na moją twórczość" (J. Iwaszkiewicz, *Stanisława Wysocka i jej kijowski teatr „Studya"*, Warszawa 1963, s. 42).

[16] ZMP – Związek Młodzieży Polskiej; organizacja polityczna działająca od 1948 roku, podporządkowana PZPR, mająca znaczny udział w stalinizacji Polski; rozwiązana w 1957.

[17] POP – Podstawowa Organizacja Partyjna.

[18] Zofia Mrozowska (1922–1983) – aktorka, pedagog; w sezonie 1945/46 grała w Teatrze Wojska Polskiego w Łodzi, w latach 1946–49 w łódzkim Teatrze Kameralnym Domu Żołnierza. We wrześniu 1949 wraz z zespołem łódzkim przeszła do Warszawy i rozpoczęła ponad trzydziestoletnią współpracę z Teatrem Współczesnym. Od 1965 wykładała w stołecznej PWST, w latach 1969–71 była dziekanem Wydziału Aktorskiego tej uczelni. Zagrała m.in. w filmach: *Miasto nieujarzmione* (1950, reż. J. Zarzycki), *Uczta Baltazara* (1954, reż. J. Zarzycki), *Spotkania w mroku* (1960, reż. W. Jakubowska), *Prawo i pięść* (1964, reż. J. Hoffman, E. Skórzewski).

[19] Pomysł, by tłem opowiadania uczynić kręcenie zdjęć do filmu, zaczerpnął Iwaszkiewicz z własnego doświadczenia. Jak wynika z prowadzonych przezeń zapisów kalendarzowych, w Łagowie przebywał w dniach 22–24 sierpnia 1954 roku. Realizowano tam wówczas dramat wojenny *Godziny nadziei* (1955, reż. J. Rybkowski; Zofia Mrozowska grała aktorkę teatru polowego). Więcej szczegółów o swoim pobycie w Łagowie podaje Iwaszkiewicz w liście do Wiesława Kępińskiego: „Zeszłej niedzieli jeździłem ze Stasiem [Kępińskim] na dwa dni do Łagowa lubuskiego na zdjęcia filmowe. Bardzo było przyjemnie, bo Łagów to wspaniały stary zamek stojący na przesmyku pomiędzy dwoma jeziorami. I lokal, i przyroda, i zabawna ekipa filmowa – wszystko było bardzo dziwne, jak z bajki. Masa gołej młodzieży i powietrze przesycone erotyzmem, chwała Bogu, że to był Staś, a nie ty, bobyś na pewno oszalał! [...] W Łagowie jeden dzień lało, a na drugi było cudownie. Stasiek kajakiem zjeździł oba jeziora (pięć i siedem kilometrów), a ja jeździłem motorówką i chodziłem na dalekie spacery" (list niedatowany, rękopis znajduje się w archiwum Muzeum Anny i Jarosława Iwaszkiewiczów w Stawisku).

Stawisko, 22 maja 1957

Mimo wszystko – i to są chwile tragiczne – przychodzi mi czasem do głowy, że nie ma porozumienia między elitą intelektualną a masami i że to wszystko bzdura, co się mówi o twórczości dla wszystkich. Bywają takie chwile, że się po prostu czuje jakieś porozumienie ponad głowami moich czytelników i czytelników pism codziennych, jakąś międzynarodówkę inteligencji, jakąś wielką warstwę ludzi, którzy rozumieją. To bardzo przykro tak czasami konstatować, że może się okłamywało nawet samego siebie, łudząc się, że pisze się dla ludzi. Jeżeli pisze się tylko dla artystów – złych, pamiętliwych, podchwytliwych i niedobrych – artystów, to wtedy może nie warto pisać? Ale kto z szerokiej publiczności pojmie i odczuje to, że najpiękniejsza w *Ciemnych ścieżkach* jest ta dedykacja[1], która wymienia najdroższych mi umarłych, którzy wszyscy razem plus Tatry stworzyli atmosferę mojej młodości, naszej młodości, bo przecież Hania była jej współuczestniczką i współtwórczynią. I czasem robi się smutno, że jednak nie można wyjść poza swój zaklęty krąg spraw czysto artystycznych – i że się mimo woli mruga do augurów, że tak jest, a nie inaczej, jak powiadają ci, którzy wierzą w różne takie hasła. Wierzyło się może w nie i jeszcze czasem wierzy – ale nie w chwilach samotności i opuszczenia, kiedy powtarza się przy końcu tę linijkę – suchą i bezpłodną: „Oliwny ogród cienia nie ma"[2].

Elizabeth Schwarzkopf[3] śpiewała dzisiaj tak nieprawdopodobnie *Der Nußbaum* Schumanna[4], że można było upaść na trawę i ryczeć. Ach, jakaż cudowna wiosna. Jaki zapach i cisza.

---

[1] Tomik poetycki *Ciemne ścieżki* (1957) kończy się komentarzami, w których poeta wyszczególnia, komu jakie wiersze zostały przypisane: wiersze 1–58 Zygmuntowi Mycielskiemu; 59–76 osiemnaście tekstów do pieśni dla zmarłego kompozytora; 77–100 Romanowi Kołonieckiemu; 110–119 przypisane pamięci Karola Stryjeńskiego, Karola Szymanowskiego, Stanisława Ignacego Witkiewicza, Stanisława Mierczyńskiego, Adolfa Chybińskiego, Jana Mieczysławskiego, Romana Kramsztyka, Zbigniewa Uniłowskiego, Bolesława Micińskiego, Jerzego Lieberta, Aleksandra Landaua, Aleksandra Szymielewicza, Witołda Czartoryskiego, Kornela Makuszyńskiego, Bartusia Obrochty i Eli Roj-Rytardowej; 124–130 przypisane Mieczysławowi Jastrunowi.

[2] *Oliwny ogród cienia nie ma* – incipit wiersza planowanego do *Ciemnych ścieżek*, ale niezakwalifikowanego do ostatecznej wersji tomu; pierwodruk: „Tygodnik Powszechny" 1946, nr 4; później wiersz został zamieszczony w *Lirykach* (1959).

[3] Elisabeth Schwarzkopf (1915–2006) – niemiecka sopranistka, jedna z najsłyn-

niejszych śpiewaczek operowych XX wieku. Debiutowała w 1938 roku w Städtische Oper w Berlinie (w *Parsifalu* Wagnera), gdzie występowała do 1942; od 1944 śpiewała w Staatsoper w Wiedniu, a w latach 1951–59 w Covent Garden w Londynie. W 1945 rozpoczęła gościnne występy na całym świecie. Ceniona szczególnie za partie w operach Ryszarda Straussa i Mozarta. W 1953 roku, po ślubie z brytyjskim producentem muzycznym Walterem Legge, przyjęła brytyjskie obywatelstwo.

[4] R. Schumann, *Der Nußbaum* op. 25 nr 3 (1840) – pieśń do słów Juliusa Mosena.

23 maja 1957

Kometa Arenda-Rolanda[1] znikła dziś z oczu, aby już n i g d y nie powrócić do naszego układu. Co to znaczy?

[1] Kometa Arenda-Rolanda (inne oznaczenie: C/1956 R1) – kometa jednopojawieniowa, odkryta 8 listopada 1956 roku przez astronomów Sylvaina Arenda i Georges'a Rolanda. W XX wieku była to jedna z najjaśniejszych komet, określana też jako Wielka Kometa z 1957 roku. Ponieważ poruszała się po orbicie hiperbolicznej, nigdy nie zjawi się powtórnie w Układzie Słonecznym.

25 maja 1957

Zadziwiające rzeczy dzieją się z pamięcią ludzką. Jesienią wczesną roku 1903 pojechałem z panem Zarzyckim, który zarządzał wtedy zakładem czyszczenia pierza i puchu, który miała mama, do jego krewnych do Pruszkowa. Pamiętam dużo szczegółów tej wycieczki. Była piękna niedziela początków września, wiadomo, jak w taki dzień bywa ładnie pod Warszawą. Najprzód poszliśmy z panem Zarzyckim do jego kuzynki na obiad, pamiętam, że był rosół z lanymi kluskami i sztuka mięsa. A po obiedzie poszliśmy już gdzieś na granicę wsi, gdzie były ogrody; były tam dzieci, dwóch chłopców i dziewczynka. Okropnie się zgorszyłem faktem, że dziewczynka nazwała tych chłopców „gówniarzami". Ileż razy w ciągu ostatnich lat trzydziestu pięciu przejeżdżałem przez Pruszków! Nigdy nie mogłem nic zlokalizować z tych wspomnień, a nawet nie wiedziałem, w którą stronę szliśmy wtedy z panem Zarzyckim z dworca. Aż raptem przedwczoraj, przejeżdżając samochodem z Władkiem [Kuświkiem], spostrzegłem trzy czerwone ceglane dwupiętrowe domy, stojące po lewej stronie, jak się wyjeżdża w stronę Helenowa, i raptem ożywienie wspomnienia: w jednym z tych domów byliśmy na tym obiedzie z rosołem i lanymi kluskami (której to potrawy nienawidziłem w dzieciństwie). I oto po pięćdziesięciu czterech latach mogłem uprzytomnić sobie, gdzie byłem wtedy w Pruszkowie! Wydało mi się to zadziwiające, jak te zasypane, stare wspomnienia u starych ludzi wydobywają się spod skorupy wszelkich naleciałości. Zjawisko, które coraz częściej obserwuję.

26 maja 1957
Dzwonił dzisiaj do mnie Tadeusz [Częścik], potem Jurek Lisowski, pomimo to nie mogę oprzeć się uczuciu ohydnej, mrożącej samotności. Jak na biegunie północnym. Zwłaszcza, że taki straszny chłód na dworze, cały dzień było siedem stopni. Hania w Sopocie zamieni się w sopel lodu. Tak mi bardzo okropnie i straszno, jak w ogrodzie oliwnym, tylko nie z powodu gorąca, a z powodu chłodu, w sobie i na zewnątrz. To okropne uczucie samotnego zamarzania. Teresa jest na górze, Hela [Helena Iwaszkiewiczówna] w swoim pokoju. Na pewno przyszłyby do mnie, gdyby im choć przez chwilę przyszło do głowy, co ja przeżywam. A ja o sobie nie mogę powiedzieć rzeczy, których nikt nie zrozumie, bo nikt nie podzieli. To jest samotność starości i zbliżanie się nieuchronnego końca i nic na to nie można poradzić. Tak mnie wszystko drażni i nudzi, jeszcze tylko chciałbym zapisać parę kart *Sławy i chwały* – przyszła mi do głowy nowa scena, podług tych nabożeństw, jakie bywały w Repkach we wrześniu 1939 roku. I to już sobie wmawiam wszystko, bo czuję, jak ta powieść tragicznie spóźniona i niepotrzebna. Jakie ciężkie jest życie w każdym szczególe, w każdym dniu, w każdej godzinie. Zimno, zimno.

30 maja 1957
Dziwne, jak ktoś, kogo zaczyna się kochać, wyrasta nagle jak cień pod wieczór, staje się nowy, dziwny i znaczący. Staje się symbolem życia, kiedy niedawno był jeszcze czymś zupełnie pospolitym i czymś, na co się nie zwracało większej uwagi. I po tym jednym można by było poczuć rodzące się uczucie, że ktoś, do kogo miało się pociąg, z kim się nawet żyło, to znaczy robiło te dziwne rzeczy, zwierzęce i ludzkie

a niewytłumaczalne – nagle staje się czymś podobnym do Dżina z bajek arabskich, czymś niezmiernie wielkim i przysłaniającym horyzont. Oczywiście jest to nasza własna emanacja, ale czasem spostrzegam, jak ktoś dobrze znany staje się wyższym od świerków naszej alei – i nie idzie wśród zieleni lip, ale w chmurach, w zielonych chmurach liści i szczęścia. Chmury u Marka[1] źle się skończyły, pewnie tak skończą się u mnie...

[1] Aluzja do opowiadania Marka Hłaski *Pierwszy krok w chmurach* (1955).

8 czerwca 1957

Najpiękniejsze dnie, najpiękniejsze noce. Dzisiaj pachnie w sypialni wino, aż dusi, na ganku kapryfolium. Tydzień zapachów, jutro będą akacje, pojutrze jaśminy. Noc księżycowa, spokojna i cicha, tylko słaby, chłodny podmuch jak w Byszewach. Świat jest tak piękny, że zatyka. Nie można myśleć ani mówić, chciałoby się „z kimś spacerować, coś śpiewać"[1]. Chciałoby się kochać, ale nie ma kogo. Starego nikt nie kocha, najwyżej go oszukują, oczekując rekompensaty. Jak cudnie i smutno – i tak zawsze było, tylko że były złudzenia.

Staff umarł[2]. Byłem trzy dni w Krakowie z Tadeuszem [Częścikiem]. Marysia wyjeżdża dzisiaj do Paryża. Mój Boże, jaki świat – o każdej chwili – jest zadziwiający. Dzisiejsza noc powinna być nocą szczęścia. Ale czy szczęście jest możliwe? Oczywiście nie dla mnie już, ale w ogóle?

Po co ja stawiam takie pytania? Aby samemu sobie dogodzić tanim sentymentalizmem.

Dalej, dalej!

[1] „Z kimś spacerować, coś śpiewać" – wedle informacji uzyskanej od Marii Iwaszkiewicz, w stawiskim domu było to „powiedzenie stosowane do kota Miki, nocnego włóczęgi".
[2] Leopold Staff zmarł 31 maja 1957 roku w czasie pobytu w Skarżysku-Kamiennej, gdzie od kilku lat spędzał wakacje u księdza Antoniego Boratyńskiego.

Sandomierz, 19 czerwca 1957[1]

„Na cmentarzu w Sandomierzu"[2]. Odwiedzałem dziś ten cmentarz, iluż tam znajomych, już! A zdawałoby się, że taki obcy jestem temu miasteczku. Fotografie obojga Świestowskich, moich pierwszych sandomierskich gospodarzy, na ich grobikach, położonych obok siebie. Poczciwi staruszkowie... Straszny grobowiec Żubrów: pięcioro drobnych dzieci, panna siedemnastoletnia i trzech zdrowych, pięknych chłopców, zamęczonych w Oświęcimiu... potem stary... żyje jeszcze ona i Maniuś, rozpity, na pół przytomny... Jakież okropne są losy rodzin. Burek swojej Zosi[3] zafundował olbrzymi grobowiec, widocznie sam tu myśli leżeć. Okropnie smutno jest u niego i ten dzieciak[4] w tym niebezpiecznym wieku bez matki, może się zmarnować.

Tacy mili są chłopcy w domu dziecka: Stasio, Jasio, Andrzej i Zyzio. Chociaż Zyzio jest śliczny, w gruncie rzeczy najładniejszy jest Jasio Dzioba.

[1] Iwaszkiewicz przyjechał do Sandomierza na dwa tygodnie w połowie czerwca, z zamiarem pisania końcowych partii drugiego tomu *Sławy i chwały*.

[2] *Na cmentarzu w Sandomierzu* – incipit wiersza oznaczonego numerem 54 w tomie *Ciemne ścieżki* (1957).

[3] Zofia Burkowa z Młodożeńców (1907–1957) – siostra poety Stanisława Młodożeńca, od 1935 roku żona Wincentego Burka, matka Tomasza, Marty (ur. 1940) i Krzysztofa (ur. 1954). Zmarła 19 lutego 1957 roku.

[4] Tomasz Burek (ur. 1938) – eseista, krytyk literacki, historyk literatury. W latach 1955–60 studiował na Wydziale Dziennikarskim Uniwersytetu Warszawskiego. Debiutował recenzją z przedstawienia Moliera *Don Juan* w warszawskim Teatrze Polskim pt. *Nie ma Moliera* („Współczesność" 1957, nr 9). Systematyczną pracę krytyczną rozpoczął w 1961, współpracując głównie z „Twórczością". W 1970 podjął pracę naukową w Instytucie Badań Literackich PAN. W 1972 pełnił funkcję zastępcy redaktora naczelnego miesięcznika „Nowy Wyraz". W latach 1977–81 wchodził w skład redakcji niezależnego czasopisma „Zapis". Współpracował z wychodzącymi poza cenzurą czasopismami „Nowy Zapis" (1982–84 członek redakcji) i „Almanach Humanistyczny" oraz z londyńskim „Pulsem". Od 1990 do 1996 wchodził w skład redakcji „Tekstów Drugich". Opublikował m.in. szkice literackie *Zamiast powieści* (1971), *Dalej aktualne* (1973), *Dzieło niczyje* (2001). Iwaszkiewiczowi poświęcił m.in. tekst *Mądrość daremna*, opublikowany w miesięczniku „Pismo" 1981, nr 5/6; wybrał, ułożył i przedmową opatrzył zbiór opowiadań Iwaszkiewicza *Najpiękniejsze opowiadania* (Londyn 1993), poprzedził wstępem pierwszy tom *Listów* Anny i Jarosława Iwaszkiewiczów (1998).

Stawisko, 6 lipca 1957
Bardzo niedobrze czuję się z moim uchem, względnie z hajmorą (*highmore'*ą)[1] – ropa bardzo mi dokucza. Głupio byłoby umierać na ucho.

Wczoraj w potworny upał cały dzień w Warszawie: Afryka Środkowa. Obyczaje, młodzież, życie – obserwowane przez cały dzień – to zupełnie coś nieprawdopodobnego. Koszule chłopców pod CDT-em coś niebywałego, desenie, kolory; w kawiarni na antresoli w LOT towarzystwo podpite z prześliczną, młodą kobietą, cały czas rozmowa o interesach: „dasz mi cztery tysiące za pięć" – ale ona nie chciała, widocznie nie miała zaufania, ale potem omawiano większe transakcje, w setkach tysięcy. Bardzo zadziwiające. W tym wszystkim olbrzymia, gruba, stara Cyganka w amarantowo-żółtych szatach, z malusieńkim, może tygodniowym dzieckiem w poduszce na ręku, chodziła i wypijała ludziom szklanki z lemoniadą ze stolików. Poza tym rodzina z prowincji: ojciec, matka i troje dzieci 10–12 lat. Sprawunków nałożyli masę pod stół i pili lemoniadę, dzieci, włażąc na głowy publice, patrzyły na ulicę. Do tramwaju (pełnego) siadała pani w jedwabnej jaskrawozielonej sukni, w czarnym kapelusiku na głowie; z czarną lakierowaną torbą i z czarną parasolką grubości trzcinki. Ledwie się zmieściła pomiędzy babami i prawie gołymi chłopcami, w króciutkich spodenkach, zresztą prześlicznych. Wszystko razem jakaś Uganda, perski targ, dzicz, jaskrawość, brutalność! Co za kraj i jak szybko dziczeje!

[1] Właśc.: z jamą Highmore'a. Jama Highmore'a – termin medyczny, oznaczający zatokę szczękową, pochodzący od nazwiska Nathaniela Highmore'a (1613–1685), angielskiego anatoma i chirurga.

13 lipca 1957
Zawieyski jest szalenie przejęty swoją rolą członka Rady Państwa[1] i w ogóle posła[2]. W Sejmie zgrywa się szalenie, wszędzie go pełno i zna mnóstwo gierek, po których się poznaje jego młodościowe aktorskie zapały[3]. Śmieję się, że ma szczęście jak Messalka[4]; obmyśla je sobie na pewno. Miał niedawno jakiś wypadek samochodowy i dzisiaj odczekawszy, aż Sejm się zbierze i będzie w pełnym składzie, wszedł nagle do miejsc Rady Państwa z tym olbrzymim, białym bandażem. W

całej sali rozległ się „szmerek", a Zawieyski – niby nie zwracając na to uwagi – siadł obok Zawadzkiego[5] z tym swoim kokieteryjno-zmanierowanym uśmiechem.

W przerwie rozmawialiśmy w kuluarach, gdzieś w jakimś zakątku. Zauważyłem, że ma rozsznurowany pantofel. „Pozwól, że ci zawiążę" – powiedziałem i przyklęknąwszy, zawiązałem mu but. Aż tu za nami rozlega się rechot. Kuryluk[6] (minister kultury) stoi za nami. Zaczął szydzić z mojej funkcji, ale ja – wstawszy – powiedziałem: „Azaż nie jestem godzien zawiązać rzemyka u nogi jego?".

[1] Rada Państwa została wybrana 20 lutego 1957 roku. Jerzy Zawieyski, który wszedł w jej skład jako jedyny bezpartyjny, w dzienniku, pod datą 14 lutego 1957, zanotował swoją reakcję na zapowiedź tego faktu: „O, Boże! Co się dzieje? Zmartwiałem przy telefonie i tylko cicho jęknąłem. Pół nocy nie spałem ze zgryzoty. Data rozpoczęcia się pierwszej sesji Sejmu – to dla mnie jak data śmierci lub więzienia" (J. Zawieyski, *Dziennik 1955–1969*, rękopis, zeszyt 6, s. 33; cyt. za: B. Tyszkiewicz, *Naiwny i heroiczny. Jerzy Zawieyski jako mediator pomiędzy kardynałem Wyszyńskim a Władysławem Gomułką*, „Zeszyty Historyczne" 2006, z. 156). O okolicznościach towarzyszących wyborowi pisał zaś 20 lutego 1957: „Przełomowy dzień w moim życiu, bo dziś złożę ślubowanie poselskie. Sejm rozpoczyna się ok. 16.00. Wstąpiłem przedtem do kościoła, napełniony lękiem i niepokojem. Później trochę krążyłem przed Sejmem, nim wreszcie zdecydowałem się wejść do gmachu. [...] Wybory do Rady Państwa odbywały się także według ustalonej listy. Sensacją dla mnie była kandydatura Gomułki na członka Rady Państwa. Przy głosowaniu na mnie – do Rady Państwa – od głosu wstrzymali się przy poparciu mojej kandydatury posłowie: Iwaszkiewicz, Hryniewiecki. Dołączył do nich Kruczkowski i Putrament. Wywołało to zdumienie wśród posłów, że wśród pisarzy panuje taka niezgoda. Niektórzy traktowali to z humorem. Ja sam najlepiej się tym ubawiłem. W końcu jak demokracja to demokracja!" (J. Zawieyski, *Kartki z dziennika 1955–1969*, wybór, wstęp i opracowanie J. Z. Brudnicki i B. Wit, Warszawa 1983, s. 116).

[2] Jerzy Zawieyski, który w styczniu 1957 roku został posłem na Sejm, pełnił tę funkcję przez trzy kadencje, zasiadając w Kole Posłów „Znak" (do 1969).

[3] Przygoda Jerzego Zawieyskiego ze sztuką teatralną zaczęła się już w gimnazjum, kiedy występował w charakterze statysty na łódzkich scenach. Po zdaniu matury w latach 1921–22 uczył się w szkole dramatycznej przy Instytucie Muzycznym w Krakowie. W roku 1924 założył przy łódzkim oddziale Towarzystwa Uniwersytetu Robotniczego robotniczy teatr amatorski działający pod nazwą Koło Literacko-Dramatyczne i jako kierownik zespołu prowadził tę placówkę przez kilka miesięcy (był zarazem jednym z wykonawców). Równocześnie w latach 1924–26 występował na scenie zawodowej w Teatrze Popularnym w Łodzi. Jesienią 1926 został członkiem zespołu teatralnego Reduta w Wilnie. W połowie 1927 wraz z grupą aktorów tego ze-

społu przeniósł się do Poznania i występował w tamtejszym Teatrze Nowym. Po nawiązaniu w 1928 współpracy z Jędrzejem Cierniakiem uczestniczył w działalności Związku Teatrów i Chórów Ludowych. W 1931 wszedł w skład zespołu warszawskiego Teatru Ateneum, w którym pozostał do 1932, łącząc obowiązki kierownika literackiego i aktora. W latach 1931–39 był dyrektorem Instytutu Teatrów Ludowych. Z występów na scenie zrezygnował w roku 1934.

[4] Messalka – Lucyna Messal, właśc. Lucyna Mischal-Sztukowska (1886–1953), popularna i lubiana tancerka, śpiewaczka, gwiazda operetki warszawskiej.

[5] Aleksander Zawadzki (1899–1964) – działacz komunistyczny, generał dywizji; poseł na Sejm PRL I, II i III kadencji; od 1952 do 1964 przewodniczący Rady Państwa.

[6] Karol Kuryluk (1910–1967) – redaktor, wydawca, działacz polityczny; w latach 1934–39 redaktor naczelny „Sygnałów", w latach 1945–47 redaktor naczelny „Odrodzenia"; od 1949 dyrektor Państwowego Instytutu Wydawniczego; w latach 1951–56 prezes Centralnego Urzędu Wydawnictw; od 1956 do 1958 pełnił funkcję ministra kultury i sztuki; w latach 1959–64 był ambasadorem PRL w Austrii, od 1965 do 1967 – dyrektor PWN.

16 lipca 1957
Dzisiaj grałem preludia Skriabina, które są dla mnie nie tyle muzyką, ile wspomnieniem. Oczywiście ich nastrój przypomina mi bardzo rzeczy młodości, ich rosyjskość, ich sentyment – zapały studentów i kursistek. Bo same preludia poznałem dosyć późno. Najdziwniejsze, że nigdy nie spotkałem się z nutami ani nawet z nazwiskiem Skriabina w Tymoszówce lub u Neuhausów. Grając dzisiaj, stwierdzałem co krok, że Karol, komponując swoje pierwsze opusy, musiał znać te preludia, a jednak nigdy nie widziałem w Tymoszówce nut Skriabina i nie słyszałem jego muzyki (jak potem Strawińskiego!). Pierwszy raz w ogóle posłyszałem o Skriabinie w Krasnoiwanowce latem 1909 roku. Ta „tiotia", co przyjechała z Moskwy (czy była to matka Jury Gamowa?[1]), zapytała mnie, co sądzę o jego muzyce, a kiedy powiedziałem, że jej nie znam, opowiadała mi o sporach, jakie wówczas ta muzyka wzbudziła. W 1909 już chyba zaczął on tworzyć swój system kwartowy[2]? Od tego czasu słyszałem o Skriabinie dużo potem w Kijowie. I oczywiście zaczęły się kłótnie z Kolą [Niedźwiedzkim] o Skriabina. Boria Pietrowski go nie uznawał, Kola ubóstwiał – ale dopiero epokę *Ekstazy*[3] i ostatnich sonat. Dla mnie najmilszy we wczesnych opusach, tak

mi przypomina nastrój Kijowa, matury – i z literatury nie wiadomo dlaczego Czechowa. Karol unikał rozmowy o nim, nawet po *III Sonacie*[4]...

[1] George Anthony Gamow (1904–1968) – fizyk amerykański pochodzenia rosyjskiego; w 1925 ukończył uniwersytet w Leningradzie; w 1933 wyemigrował do Francji, następnie przeniósł się do Anglii; w latach 1934–56 profesor uniwersytetu w Waszyngtonie, od 1956 wykładał na uniwersytecie w Colorado. Jego rodzicami byli Anton Michajłowicz Gamow (nauczyciel języka rosyjskiego w odeskich gimnazjach) i Aleksandra Arseniewna Lebiedincewa (nauczycielka historii i geografii w Gimnazjum Żeńskim w Odessie; zmarła, kiedy Gamow miał dziewięć lat; trudno orzec, czy to ją właśnie Iwaszkiewicz ma na myśli, czy też myli ją z kimś innym).

[2] Chodzi o tzw. skalę mistyczną: *c fis b e a d*, opartą na dwu kwartach zwiększonych, jednej zmniejszonej i dwu kwartach czystych; są to 8, 9, 10, 11, 13 i 14 tony górne szeregu naturalnego. Nad „skalą mistyczną" Skriabin pracował w latach 1910–15.

[3] A. Skriabin, *Poemat ekstazy* op. 54 (1907). Utwór ten był największą muzyczną fascynacją Anny Iwaszkiewiczowej, która w dzienniku pisze o nim: „Skriabin. – Objawienie ostateczne przeżyte pod wpływem *Ekstazy* na wiosnę 1917 roku. Potem silniej jeszcze, zawsze podczas słuchania *Ekstazy*, latem tegoż roku. Objawienie, którego domagało się serce, jest już nie do utracenia. Ten sam zachwyt, tę samą *Ekstazę* przeżywać można zawsze. Najmniejsza pobudka wystarcza, bo we wszystkim, tak w *Ekstazie* Skriabina jak potem, już po prostu tylko w blasku słonecznym, widzi się Boga i to niewypowiedziane, jedyne na świecie, jedynie istotne uczucie zachwytu, radości boskiej odczuwa się całą istotą niewypowiedzianie potężnie, bezbrzeżnie" (A. Iwaszkiewiczowa, *Dzienniki i wspomnienia*, s. 11–12).

[4] K. Szymanowski, *III Sonata fortepianowa* op. 36 (1917).

25 lipca 1957

Wczoraj było przyjęcie wydane przez Ho Szi Mina[1] w Prymasowskim pałacu. Hania uparła się, żeby tam jechać, bo myślała, że zobaczy Gomułkę. Tymczasem Gomułki nie było, a przyjęcie nie było ładne. Oczywiście głównie dlatego, że było ciasno: jedna tylko sala, służąca zarazem za jadalnię i salon konwersacji. Zamieniłem parę słów z Ho Szi Minem, ale raczej mówił rzeczy banalne i emfatyczne, czego nie lubię. Hania miała na sobie suknię świeżo przez Józię[2] zrobioną, wąską długą spódnicę, z tej aksamitnej robionej jeszcze do Londynu przed dziesięciu laty, i górę koronkową z tego, co Hania kupiła na ciuchach na przyjazd królowej Elżbiety. Wyszła śliczna suknia, miała też perły na sobie, była świeżo uczesana u fryzjera. Wyglądała w tym całym towarzystwie, jak gdyby zeszła z księżyca. Nie pasowała do tego dobrze odżywionego, ordynarnego zebrania, wyglądała tak eterycznie i zarazem tak pięknie, że można ją było wziąć za anioła. Winiewiczowa[3] zachwycała się w sposób naiwny jej profilem. Ale rzeczywiście to było nieziemskie zjawisko. *Et la pureté de ce visage...*[4], jak mówi Edyta [Morris]. Zatykało mnie z zachwytu i zrozumieć nie mogłem, że ta kobieta od trzydziestu pięciu lat jest moją żoną!

[1] Ho Szi Min, właśc. Nguyen Tat Thanh (1890–1969) – wietnamski przywódca komunistyczny; w 1941 założył Viet Minh, Ligę Niepodległości Wietnamu, która podjęła walkę z okupującymi Indochiny Japończykami, wtedy też przyjął pseudonim Ho Szi Min (niosący światło); w 1945 proklamował w Hanoi powstanie Demokratycznej Republiki Wietnamu, której prezydentem został w 1946. Po konferencji genewskiej w sprawie Indochin w 1954 dążył do narzucenia Wietnamowi Południowemu ustroju komunistycznego, co doprowadziło do wojny wietnamskiej.

21 lipca 1957 – na zaproszenie Rady Państwa i rządu PRL – Ho Szi Min przybył do Warszawy z okazji święta 22 lipca. Na przyjęcie, które wydał 24 lipca w godzinach wieczornych, przybyli m.in. przewodniczący Rady Państwa Aleksander Zawadzki, prezes Rady Ministrów Józef Cyrankiewicz, członkowie Biura Politycznego KC PZPR – Stefan Jędrychowski, Edward Ochab, Adam Rapacki, Roman Zambrowski, sekretarz KC PZPR Zenon Kliszko, ministrowie, generalicja WP.

[2] Józefina Jędrzejczakowa – córka stawiskiej gosposi Heleny Wróblewskiej, krawcowa Anny Iwaszkiewiczowej.

[3] Maria Winiewiczowa – żona Józefa Winiewicza, dziennikarza, publicysty i dyplomaty; w latach 1957–72 wiceministra spraw zagranicznych PRL.

[4]*Et la pureté de ce visage...* (fr.) – I czystość tego oblicza.

13 sierpnia 1957

Znowu ciepła, księżycowa noc tego cudownego lata. Ani kropli wiatru, gwiazdy, kometa, szelest liści. Chciałbym być tak spokojny, jak ten cudowny wieczór – wieczór latu na to dany, by ukoił itd.[1] – ale tak nie jest. Jestem spokojniejszy niż zwykle, cichszy, dojrzalszy. [O] 9.30 skończyłem drugi tom *Sławy i chwały*. W Moskwie (raptem przypomnieli sobie) wielkie ataki na mnie. Nagle przestali mnie kochać[2]. Tadeusz [Częścik] potłukł się na motocyklu. Motocykl kupił za moje pieniądze, za siedem tysięcy, sprzedał za czternaście – i bardzo się zdziwił, kiedy powiedziałem, żebyśmy się podzielili tymi pieniędzmi. Hania z dziećmi w Zakopanem, Doda[3] z Jadwinią [Iwaszkiewiczówną] wróciła z Ustki dziś, taka śliczna. Wszystko się bardzo komplikuje domowo i finansowo. Ale cóż robić?

[1] Cytat z wiersza pochodzącego ze zbioru *Księga dnia i księga nocy* (1929), oznaczonego numerem XXXIX:

Wieczór latu na to dany,
By ukoił i pogodził,
Światłem ogrzał kwiat kasztanu,
Wiódł za ręce po ogrodzie.

Ale noc jest Boga szpiegiem –
Drzewa zmienia w szorstkie cienie,
Ogród – kwietnym rani śniegiem,
Przypomnieniem – zapomnienie.

(J. Iwaszkiewicz, *Wiersze*, t. 1, Warszawa 1977, s. 246).

[2] 5 sierpnia 1957 – w ramach VI Światowego Festiwalu Młodzieży i Studentów – odbyło się w moskiewskim Centralnym Domu Literatów wielogodzinne spotkanie delegacji Związku Literatów Polskich z władzami Związku Pisarzy ZSRR. W polskiej delegacji byli m.in. Jerzy Broszkiewicz, Andrzej Mandalian, Krzysztof Teodor Toeplitz, Tadeusz Drewnowski, Andrzej Drawicz, Witold Dąbrowski, Tymoteusz Karpowicz oraz młodzi satyrycy z STS-u, m.in. Agnieszka Osiecka i Jarosław Abramow. Stronę radziecką reprezentowali krytyk Helena Usijewicz (wdowa po Feliksie Konie), redaktor czasopisma „Inostrannaja Litieratura" Aleksander Czakowski, krytyk Aleksander Dementiew, dyrektor Instytutu Literatury Witali Oziеrow, krytycy Tamara Motylewa i Borys Bialik, prozaik Aleksander Bek, krytyk literacki i redaktor naczelny „Litieraturnoj Gaziety" Walerij Druzin, poeci Wasylij Ardamatski i Borys Słucki, prozaicy – Sergiusz Antonow i Wiktor Sytin, tłumacz Marek Żiwow. Spotkaniu przewodniczył ówczesny sekretarz Związku Pisarzy Radzieckich Aleksy Surkow. Strona radziecka „złożyła protest przeciwko odwołaniu delegacji ZSRR na VII Zjazd ZLP oraz uznała za nieprzyjazne politycznie a zarazem tożsame z oficjalnym stanowiskiem ZLP wszelkie publikacje o kulturze radzieckiej ogłaszane w polskiej prasie po XI Sesji Rady Kultury i Sztuki w r. 1954. Pisarze radzieccy nie ukrywali też dezaprobaty dla kierunku rozwoju literatury polskiej po r. 1956, zwłaszcza dla twórczości Marka Hłaski. Z kolei strona polska (kierowana przez Jerzego Broszkiewicza) energicznie protestowała przeciwko utożsamianiu poglądów autorów publikacji czasopiśmienniczych z linią ZLP, podtrzymywała prawo polskiej krytyki do odmiennej niż w ZSRR interpretacji zjawisk kultury oraz zarzucała kolegom radzieckim brak rzetelnego rozeznania w przemianach polityczno-kulturalnych zachodzących współcześnie w PRL. Spotkanie, jak nigdy dotąd, przebiegało w napiętej atmosferze, kończąc się stwierdzeniem niezbędności wymiany pełnych informacji między ZLP a Związkiem Pisarzy ZSRR" (K. Woźniakowski, *Między ubezwłasnowolnieniem a opozycją. Związek Literatów Polskich w latach 1949–1959*, Kraków 1990, s. 128–129).

Tak przebieg tego spotkania zapamiętał Andrzej Drawicz: „Z trzech stron podłużnego stołu zasiadła doborowa stawka gospodarzy z pierwszym sekretarzem Związku Aleksym Surkowem. Z czwartej – luźno i swobodnie – my, goście, w przeczuciu lekkiej konwersacji, mile połechtani tak poważnym potraktowaniem. No i zaczęło się. Od razu, bez uprzedzenia, jak cios w słabiznę. Wytrawny i wytrenowany w stalinowskiej szkole demagogii Surkow zagrzmiał oskarżycielsko. Usłyszeliśmy rejestr błędów ideologicznych polskiej literatury z czasów odwilży. Jeden cięższy od drugiego.

Dźgano nas Kottem, Ważykiem, Kołakowskim, Hłaską, obecnym, ale jeszcze przez mówcę niezidentyfikowanym Toeplitzem, *Poematem dla dorosłych*, «Po prostu», «Nową Kulturą», Dejmkową *Łaźnią* Majakowskiego, gdzie świętokradczo i szkodliwie ośmieliliśmy się zmienić tekst oryginału. Piętnowano za rewizjonizm, oportunizm, antysowietyzm, antykomunizm i znowu rewizjonizm we wszystkich wariantach, bo słowo to zrobiło wtedy w Związku wyjątkową, inwektywną karierę. [...] Miałem Surkowa dokładnie naprzeciw. Jego szeroka, plebejska, chciałoby się rzec: swojska twarz z zaczesanymi ku górze bujnymi, szpakowatymi włosami – byłaby właściwie ujmująca, gdyby nie pewien szczegół, który zauważyłem wcześniej. Pierwszy sekretarz miał oczy przezroczyste i zimne, a częsty na jego twarzy bardzo rozległy uśmiech nie zawierał ani źdźbła serdeczności, był jak grymas. Widziałem twarz drapieżnika, i to rozwścieczonego, ze zbielałymi tęczówkami. Zwany nieoficjalnie «hieną w syropie», co świetnie chwytało efekt podrabianej słodyczy – był teraz raczej parskającym, dzikim kotem. Zaraz, nie dając nam ochłonąć, zawtórowali mu inni, zgodnym chórem inwektyw. Ale że on był demagogiem natchnionym, inni wypadli bladziej. Zapamiętałem jednak dokładnie występ Walerego Druzina, leningradczyka, redaktora różnych ważnych czasopism. Na krótko przedtem był w Polsce, gdzie zrobił swym obyczajem i liberalizmem najlepsze wrażenie. Teraz Druzin jakby zwolnił rytm imprezy. Wstał, założył okulary, wyjął notes i nieśpiesznie go kartkując, oświadczył, że, niestety, musi się zgodzić ze słowami przedmówcy: zaraza rewizjonizmu bardzo się u Polaków rozpleniła. «No właśnie! tu z satysfakcją znalazł właściwą kartkę. – Na przykład! Kiedy byłem w Polsce, dwunastego kwietnia krytyk Stawar powiedział mi, że Gorki to słaby pisarz». Pauza, szelest kartek, namysł. «A znowu trzynastego... nie, czternastego kwietnia krytyk Fedecki źle się, proszę towarzyszy, wyraził o socjalistycznym realizmie...». Demonstrowano nam, gratis, mechanizm klasycznej, sowieckiej zbiorowej nagonki. [...] głosy były zestrojone, jeden podniecał drugiego, przekazywano sobie pałeczkę w klimacie świętego oburzenia, którego wysokie tony bywały podszyte histerią. Potem się dowiedziałem, że ta lekcja odbywała się według reguł szkoły leninowskiej: zbijać nie argumenty przeciwnika, a jego samego – z nóg, wszelkimi chwytami. I tu nastąpił efekt przez naganiaczy nieoczekiwany. Zagrała w nas sarmacka krew i duma «odnowicieli» socjalizmu. [...] Broniliśmy naszej odnowy, suwerenności, rewizjonizmu, Kotta, Dejmka i Gomułki; jak dyskusja, to dyskusja! [...] nasza bezczelność wybiła gospodarzy z uderzenia. Tego nie było w scenariuszu. [...] konstatując naszą nieuleczalność, [Surkow] wypowiedział zdanie tak złowrogie, że natychmiast postanowiłem zapamiętać je *in extenso*. Brzmiało w dosłownym przekładzie tak: «Dopiero teraz widzę, że w zeszłym roku powinniśmy byli pójść z wami na wielką awanturę. Może za to dzisiaj byłoby nam łatwiej się dogadać!» Oceńcie sami ten żal, że nie zastosowano u nas wariantu węgierskiego. Nie było już o czym rozmawiać. Pozostawało mordobicie albo wyjście z sali. Popatrzyliśmy po sobie, poruszyliśmy się na krzesłach. Surkow chyba się połapał; cokolwiek powiedzieć, był naganiaczem bardzo doświadczonym. Raptem impet osłabł, okazało się, że jest już późno, oni i my mamy jeszcze różne obowiązki, ale spotkanie było pożyteczne..." (A. Drawicz, *Pocałunek na mrozie*, Łódź 1990, s. 37–41).

W liście z 16 sierpnia 1957 Iwaszkiewicz pisał do Jerzego Lisowskiego: „Dostaliśmy sprawozdanie ze spotkania pisarzy polskich i sowieckich podczas festiwalu. Okazało się, że byliśmy głównymi bohaterami. Staruszek poczciwy Druzin naświnił, co się zowie. Mogą w nas «zwalczać», co chcą, ale po co kłamać? Julek Ż[uławski] był bardzo niezadowolony, bo tam atakowali nie Pawełka Hertza, nie Sandauera, ale niejakiego Jarosława I. Bardzo im się zawsze nie podobałem, a teraz na dubelt" (*Z korespondencji między Jarosławem Iwaszkiewiczem a Jerzym Lisowskim*, „Twórczość" 2005, nr 2/3).

[3] Wanda Bogatyńska, Doda (ur. 1953) – córka Wandy Bogatyńskiej; wnuczka Bolesława Iwaszkiewicza – brata Jarosława.

24 sierpnia 1957
Opisanie Kopenhagi

I znowu parę dni zupełnego spokoju i radości jak dwa lata temu podczas podróży piechotą z Krakowa do Zakopanego. Jak tam towarzystwo Wojtka [Janickiego] i Staszka [Suchego][1], tak tu towarzystwo Jurka B[łeszyńskiego]. Rozumiem dokładnie, że potrzebne mi jest towarzystwo młodych mężczyzn, wtedy odczuwam w sobie to uczucie pełni, które jest bliskie uczucia szczęścia. Szczęście oczywiście nie jest możliwe w moim wieku, zwłaszcza wobec niedopełnienia erotycznego. Z tymi chłopcami nic mnie nie łączy. Tym razem tutaj to szczęście czy radość, przeżywane poprzez Jurka i przeze mnie w granicach przez niego nieprzeczuwanych lub przeczuwanych intuicyjnie. Choroba Jurka i to, że nieprzeznaczone mu jest długie życie (Tadeusz przepowiada katastrofę na jesień bieżącego roku lub na wiosnę przyszłego), czyni go dla mnie czymś jeszcze cenniejszym i droższym, układa na zupełnie innej płaszczyźnie mój stosunek do niego, uważam go za dziecko, którym się należy opiekować. W nocy w kabinie przykrywałem go kocami, które z niego spadły, otworzył oczy i widział to. Ale zaraz zasnął. W dzień powiedział do mnie: „przykrywałeś mnie w nocy" i oczy jego zaświeciły takim niebywałym ciepłem. Dziwna rzecz, jaki on jest piękny we śnie. Mama mówiła kiedy[ś] à propos Anieli Jurow[2], że człowiek bardzo rzadko wygląda pięknie śpiący i że Aniela była taka piękna we śnie. To samo mogę powiedzieć o Jurku. Nawet kiedy ma zamknięte te swoje świetliste oczy, jest tak zadziwiająco piękny. Ten krótki nos, wąskie, niezwykle zarysowane wargi, kości policzkowe i te „żywe" wężowe włosy, wszystko składa się na niewymowne piękno. Ale niestety oddech jest krótki, wargi rozchylone, zarost buja szybko – wszystko wskazuje na to śmiertelne zło, które drąży to przepiękne ciało. W całej podróży zachowuje się powściągliwie i spokojnie, nie mówi nic o swoich uczuciach (dziękuje tylko trzy razy za tę wycieczkę) – ale widać, jakie to dla niego przeżycie: port, „Batory", droga, kabina (zresztą paskudna i którą dzielimy z Mossakowskim, zięciem Michała Rusinka[3]) – i wreszcie sam przyjazd do Kopenhagi.

W drodze kołysze nas bardzo. Wszyscy naokoło chorują, ale on chodzi po najwyższych pokładach. Razem obserwujemy rozszalałe morze i wicher, który zatyka oddech w piersiach. Jest bardzo pięknie. Wieczorem jest kapitański obiad, ubieramy się w czarne ubrania, po obiedzie jest dancing.

Rano, o szóstej, podpływamy do Kopenhagi. Wysuwam głowę przez lukarnę: jesteśmy na Langelinie[4].

Zadziwiające, jak mój stosunek do Kopenhagi stał się wolny od ciężkich wspomnień. Ów koszmar choroby Hani, który prześladuje mnie przez całe życie, a który powinien by był tutaj właśnie okazać mi się w całej swej okropności, zupełnie zanika. Nawet wtedy, kiedy patrzę na te długie mola portowe, po których chodziliśmy aż na sam koniec i kiedy siedzieliśmy na samym końcu, wówczas rozburzone fale marcowego morza uspokajały ją trochę, przynosiły jakąś ulgę w tej strasznej chorobie, która była niepokojem, okropnym, najwyższym niepokojem. Myślę o tym, patrząc na te mola, ale to mnie nie przyprawia o ściskanie serca. Przeciwnie, z szaloną radością witam to kochane miasto i pamiętam tylko, że to jest to miasto, w którym byłem szczęśliwy. Dzień robi się prześliczny. Zaczynamy ten dziwny spacer: ja, któremu każdy listek, każdy kamień przypomina atmosferę sprzed ćwierć wieku i wszystkie moje tutejsze tak intensywne przeżycia – i ci ludzie, którzy wszyscy to widzą po raz pierwszy. Janek Parandowski na dobitkę jest tak zwrócony ku sobie, że go właściwie ten świat mało obchodzi, z trudnością przedziera się ku niemu poprzez pokłady egotyzmu i starych przyzwyczajeń – raczej wrażeniowych niż myślowych. Chłopcy Parandowscy[5] fotografują. Jurek milczy.

Idziemy więc poprzez przedziwne plantacje kwiatów na Langelinie, obok mojego ukochanego portu jachtów, który przypomina *Poddanie Bredy* Velázqueza[6] swoimi sterczącymi masztami. Obraz tego maleńkiego porciku jest tak przedziwnie poetycki i malarski: żaglówki są każda innej barwy, innego odcienia. Zauważamy, że ich właściciele, nawet kiedy nie wypływają w morze, przychodzą na swoje stateczki, aby na nich przez chwilę pogospodarować i pomieszkać.

Potem idziemy oczywiście tam, gdzie jest „coś dla Parandowskiej" – to znaczy do Syrenki[7]. Naturalnie zaczyna się fotografowanie tej rzeźby, ale właściwie mówiąc, nikt nie orientuje się w tym, jak ta bajka Andersena jest genialna i co oznacza, właściwie mówiąc, ta zamyślona i zakochana syrenka[8]. Każdy krok jej jest jak stąpanie po nożach. Tyle razy o tym myślałem, parę razy o tym pisałem. Tak trudno jest innemu człowiekowi wytłumaczyć, co się czuje właściwie. Siedzimy z Parandowską na ławce i milczymy. Ja jej nigdy nie wytłumaczę, czym jest dla mnie syrenka: nie ta rzeźba banalna, ale owa syrenka z bajki Andersena. Parandowska to dziwna kobieta, z naiwnością wytłumaczyła sobie, że ja się w niej kocham – i tak mnie zawsze traktuje. Ja czasami ją nabieram – i to tak brutalnie – aż mi chwilami wstyd, ale ona się na to nabiera – co najzabawniejsze. Czasami bardzo z niej szydzę i ośmieszam – chwilami jest mi jej żal. Oni zresztą oboje żyją w gęstej, nieprzezroczystej mgle.

Potem oczywiście oglądanie Gefion[9] – opowiadanie o całej legendzie, fontanna mimo szpetoty rzeźby robi duże wrażenie sposobami rozmieszczenia wody, wspaniały jest ten wytrysk spod kół pługa i z nozdrzy byków. Od Gefion idziemy do Amalienborgu[10] tymi cudnymi „morskimi" ulicami. Jest tam taki jeden sklep, gdzie sprzedają cały sprzęt okrętowy: lampy naftowe, które będą płonęły w kejach rybackich kutrów, liny, marynarskie i rybackie ubrania, wszystko takie obce dla mnie, i takie zachwycające, powieściowe, niedzisiejsze. W takim sklepie mógłbym spędzać długie godziny. Potem ten plac z czterema pałacami, podobnymi do pałaców w Nancy[11] czy w Nymphenburgu[12], i z tą prześliczną statuą Fryderyka VI[13] na środku, która zupełnie już zzieleniała.

Oczywiście gapimy się na wartowników, którzy w dalszym ciągu przemierzają trotuary przed pałacami. Jakież to osobliwe.

I oto kiedy wychodzimy ku Bredgade[14] i widzimy przed sobą monumentalną kopułę Marmorkirke[15], za pałacami przepływa czarno-biały statek z czerwonym pasem na kominie, jak zawsze. Zawsze to pomieszanie osiemnastowiecznych pałaców z przepływającymi statkami, które stanowi dla mnie istotę tego miasta. I *også vi venter på skib*[16] – jak w tej wspaniałej powieści[17] – zawsze dla mnie te statki są jakimś echem przeszłości, czymś, co było – i czymś, co będzie zaraz, co się nasuwa spokojnie i nieubłaganie. Tak jak w tej powieści. *Vi venter på skib*[18].

Na Bredgade te same wszystkie sklepy bez zmiany najmniejszej – tylko nie ma Phoenix hotellet[19], gdzie się zatrzymałem po przyjeździe i z którego mam te właśnie pierwsze, najdziwniejsze wspomnienia. Nieznajome, zadziwiające, mówiące nieznanym mi językiem miasto: jakież to było potężne wrażenie. Idąc ku Bredgade, mijamy gmach dawnego poselstwa polskiego. Pokazuję Parandowskim okno mojego gabinetu i powiadam: „Tu powinna wisieć tablica: «W tym pokoju urzędował Jarosław Iwaszkiewicz w latach 1932–1935»"[20]. I znowu pamiętam rzeczy dobre o tym gabinecie, a nie rzeczy straszne. Mieszkał tu przecież i Karol Szymanowski[21], i Romek Totenberg[22], urzędowała kochana, dobra, prawdziwa przyjaciółka – Maria Babicka[23]. A te straszne rzeczy: a kysz, a kysz. Istnieją one, ale przychodzą w nocy, jako przypomnienia, żywo biją w pamięci, ale nie tutaj. Tutaj wesoło: zamknęliśmy się z Kiepurą[24], któremu obrzydła księżna Margaretha[25] i cała ta sztuczna sztywność[26], tutaj była Margaretha, Iłła[27], inni ludzie. I kochani Duńczycy też, stary Behrend[28], jaki uroczy, Femcio [Paul Fenneberg], i John [Fenneberg] taki piękny, i Bruun de Neergaard. Wciąż rozmyślam o tej „skandynawskiej" opowieści, o tej fotografii rodzinnej „na balkonie" i o wszystkim, co by się dało z tego wyciągnąć. Trzeba by jeszcze trochę dłużej tu posiedzieć, ewentualnie pojechać do Norwegii, aby mocniej zaczerpnąć tej północnej, tragicznej atmosfery. Niedawno czytałem *Dziką kaczkę*[29], jakież to jednak wspaniałe odbicie i epoki, i miejsca, właśnie prawie jak ta fotografia rodziny Fennebergów „na balkonie".

Na Bredgade, powiadam, wszystkie sklepy na swoim miejscu, nie mogę oderwać Parandowskiej od sklepu „Kaere Ven" – okazje i komisy biżuterii, bardzo czasami zabawne. To tam był ten emaliowany kot z rubinowymi oczami, otoczony cały brylantami, największy nonsens *comme un bijou*[30], jaki w życiu widziałem. Parandowskich zadziwia, kiedy mówię: „Tu kupiłem ten stół, który stoi u mnie w bibliotece, tu tę niebieską komódkę z fotografiami, od Kaere Vena Marysia ma czerwony zegarek z perełką...". Dziwi ich to powiązanie mojego domu z dalekim i jak im się wydaje egzotycznym miastem.

Wychodzimy na Nyhavn[31]. Nieco się zmieniło, owe dawne knajpy i burdeliki przestały być dyskretne: afisze i szyldy narzucają się, jaskrawe kolory zastąpiły dawne pastele. Ale charakter ten sam: ów kanał sięgający centrum miasta, na nim barki i holowniki i owe domki jak z kartonu, jak z teatru lalek, a w nich bynajmniej nie lalkowate zabawy i wydarzenia. Tu kiedyś (już w 1948 roku[32]) byłem w mieszkaniu Andersena. Pokoiki (bardzo dużo) jak w domkach kukiełkowych, wbudowane w strych facjaty, wszystko mikroskopijne i urocze: wieczna bajka Andersena.

Zadziwiające, jak w tym mieście, w tym kraju, pomimo owego postępu technicznego, z którego oni są tak dumni, ciągle myśli się o Andersenie, o jego kufrach podróżnych (które widziałem ongi w Odense) i jego cylindrach[33]. Wielkość Andersena mierzy się tym jego ciągłym istnieniem w kraju. Za mało (moim zdaniem – może tam w Danii coś o tym piszą?) pogłębia się w studiach filozofię Andersena. Marzeniem moim byłoby przeprowadzenie paraleli: Kierkegaard – Andersen[34]. Niestety za mało znam Kierkegaarda, moje *Entweder-Oder*[35] zabrał w czasie wojny Irzykowski (jak Kafkę). Czy Andersen nie jest egzystencjalistą? Znowu przypomina mi się syrenka, daremna ofiara (czy nie stąd pochodzi *Bitwa na równinie*[36]?).

Na placu Kongenstorv, przed ambasadą francuską stragan z przepięknymi owocami. Rozgaduję się ze straganiarzem – i o dziwo, on mnie rozumie i ja jego, chociaż on mówi prawdziwym straganiarskim kopenhaskim językiem. Chodzi mi o to, aby wyprawić Jasia Parandowskiego do Gliptoteki[37], o której on marzy. Okazuje się, że szóstka dowiezie go na samo miejsce. Wsadzam go więc do tramwaju powierzając opiece konduktora, który zresztą w pierwszej chwili nie rozumie, o co mi chodzi, bo się omyliłem i powiedziałem „Gliptoteket" zamiast

„Gl*ü*ptoteket". Zabawni Duńczycy. Jaś potem mówi, że konduktor opiekował się nim jak dzieckiem.

A my idziemy przez Strøget[38] oglądać sklepy, kupować (?) i patrzeć na ludzi. Sklepy te same: Fonnesbech, Illum[39], zachodzimy do Illuma, gdzie chłopcom wyłażą oczy z głowy, choć nie ma tu nic nadzwyczajnego. W samo południe jesteśmy na placu ratuszowym. W jednym jego kącie postawiono teraz ławki i duże „dziary"[40] z kwiatami. Oni siadają tam, a ja stoję pośrodku, czekając na dzwony z wieży. Jest dwunasta i pada ukochany, ze wszystkich na świecie jedyny „hejnał", cztery nuty, ułożone na cztery sposoby, z minorowym zakończeniem, dźwięk, który przypomina mi się w rozmaitych okolicznościach, czasem nawet w nocy. Ten kurant jest jakby symbolem mojej „smutnej radości", czegoś nieuchwytnego, żalu z niedopełnień, radości z istnienia, tęsknoty do południa, do nieposiadanych ciał, świadomości północy, bałtyckiej mojej natury. Stoję i słucham, a oni naokoło mnie nic z tego nie rozumieją, dziwią się – i nawet cień moich uczuć nie mąci ich świadomości[41].

Wracamy z Jasiem tramwajem do okrętu. Tramwaj idzie pomiędzy Muzeum Thorvaldsena a kanałem, gdzie sprzedają ryby. Barki pełne ryb, kosze na ich przechowanie, baby, rybacy, wszystko to kłębi się na kanale, piętrzy i porusza. Niezwykle malownicze widowisko, jedyne, powtarzające się zapewne od biskupa Absalona[42], który tu stoi, konny, z obuszkiem w ręku, bardzo rycerski i fałszywy. Zupełnie inaczej musiał wyglądać założyciel tego kupieckiego miasta!

Po obiedzie ja kładę się spać. Muszę wypocząć trochę po wczorajszym dancingu, który mnie zatrzymał długo na sali. Dziś rano w tym samym miejscu, gdzie grała orkiestra, ksiądz odprawiał mszę świętą. W międzyczasie były d w i e kolejki. Jednym słowem: cała Polska.

Jurek (spryciarz) bierze tramwaj wodny i objeżdża nim za 30 øre (jak on mówi „ore") cały port, obwożą go po kanałach Nyhavn, Christiansborgu – do stoczni i do przystani statków wojennych, bardzo mu się to wszystko podobało, potem jeszcze raz idziemy do miasta, ale nas łapie deszcz. Wracamy szybko na statek.

Na szczęście wieczorem, kiedy mamy jechać do Tivoli[43], wypogadza się. Już się ściemniło. Do Tivoli wchodzimy boczną bramą, ale ogarnia mnie ten sam dziecinnie radosny nastrój. Jesteśmy z Józią Rusinkową[44], jej córką[45] i zięciem, młodszą córką[46] i Natansonową[47]. Zaczynają się gry.

Ale tamte panie tak się zajmują ruletą, a zwłaszcza tym, co mają wybrać za wygrane pieniądze (wybierają ostatecznie sardynki i kawę! – praktycznie), że się gubimy w labiryncie kramów, zabaw, strzelnic. I tak jest chyba lepiej. Zostajemy z Jurkiem w tłumie – który, jak na Danię, jest „rozbawiony", to znaczy od czasu do czasu wydaje okrzyki. Ja oczywiście lecę do zwierząt, którym się w paszczę rzuca piłki. To moja ulubiona zabawa i jestem w niej dość zręczny. Nie tak jak w rzucaniu kółek na butelki – ale tego tu nie ma. Jestem czy to zmęczony, czy też wyszedłem z wprawy – na dziesięć piłek trafiam tylko pięć razy – wygrywamy jakąś popielniczkę... Słyszę za sobą głos jednego z pasażerów „Batorego": „Widać on lepiej pisze, niż trafia".

Wreszcie dostajemy się do tego pawilonu, gdzie są specjalne rączki, które (po wrzuceniu 25 øre) mają zsunąć do dziury jedno z pudełek papierosów, które kręcą się bezustannie w koło, ustawione sztorcem. Rzecz zdawałoby się niezmiernie łatwa, ale pudełka papierosów ustawione są na blaszanych kółkach i zawsze w ostatniej chwili wywijają się spod spychającej je rączki. Rzecz bardzo ekscytująca. Mam sposobność poznać charakter Jurka: podziwiam jego wytrzymałość i wstrzemięźliwość, obmyśla sobie cały system posuwania rączki, polegający na wielkich pauzach pomiędzy pchnięciem a pchnięciem. Powściągliwość ma naprawdę imponującą i wytrzymale rozkłada punkty gry. Niestety nie daje to żadnych rezultatów. Odkrywa mi jednak tajemnicę Jerzego, musiał sobie całą grę w stosunku do mnie rozłożyć na takie same oddzielne punkty, wykonywane z ogromną ostrożnością i w przeciągu bardzo dużego czasu. To także nie dało żadnych rezultatów.

Potem idziemy na „mały", to znaczy na ludowy dancing. Tańczą tu żołnierze, marynarze, zabijaki i bardzo zwyczajne dziewczyny. Na ogół nie ma tu ładnych ludzi. Tańczą niezwykle spokojnie i bez temperamentu; zadziwiający kontrast z wczorajszym dancingiem na statku. Jeden marynarz jest śmieszny, z baczkami i wyprawia zadziwiające miny. Bardzo dziecinny, a mający jednak w sobie coś niebezpiecznego. *Querelle de Brest*[48].

Pijemy niestety piwo, bo najtańsze i nikt nic innego tutaj nie pije.

Jesteśmy na galerii ponad tłumem tańczących – w „przyzwoitej" części dancingu. Ale i tu są zadziwiające kociaki. Zwracamy uwagę na całą rodzinę siedzącą niedaleko nas. Ojciec, matka i trzy córki. Widać, że nie Duńczycy, dość są speszeni i zdziwieni rodzajem lokalu, gdzie wpadli. Najstarsza córka brzydka, ale robi oko do Jurka (wszyscy się gapią na jego urodę), średnia bardzo ładna, widać rysuje nasze karykatury. Panny się śmieją i bardzo dają do zrozumienia, że chciałyby się poznać. Jurek bierze na odwagę i zaprasza najstarszą pannę do tańca. Zgadza się, widać jednak, że trudno im się rozmówić. Po drugim tańcu panna podchodzi do mego stolika i zaczynamy rozmowy. To są Francuzi ze Strasburga. Panna prowadzi mnie do swego stołu i zaczynamy wielką rozmowę, że niby Polacy i Francuzi, kochajmy się itd. Jurek tańczy bez przerwy. Jest bardzo przyjemnie.

Trochę się zagapiliśmy przy tej rozmowie i kiedy wychodzimy z dancingu, Tivoli pustoszeje. Autokary mają czekać przy bocznym wejściu, jest to dość daleko od miejsca, gdzie się znajdujemy. Nim dochodzimy do tej bramy, ogród pustoszeje zupełnie, część świateł gaśnie. I oto nagle we dwóch znajdujemy się w bajce. Pole kwiatów, między którymi biją małe fontanny wielkości krzaków dalii, pagoda oświetlana krągłymi lampami, żółtymi i czerwonymi, staw otoczony lampionami. A wyżej masyw drzew i krzaków zupełnie ciemny. Nad tymi krzakami i drzewami wznosi się wieża ratusza, oświetlona reflektorami, zielonkawa. Bije północ, znowu moje hasło, a my bez słowa spieszymy poprzez cienie, lampy i kwiaty. Jurek jest jak bohater filmu, wysoki i łamki, zdziwiony tą przygodą, która nie jest przygodą, tylko nagle – może nawet bez powodu – bardzo głębokim przeżyciem. Całą dziwność życia raptem odczuwa się w tej scenerii. Nic nie mówimy. „Boże, jak pięknie" – wzdycham raz tylko. I Jurek, który nie lubi wyrażać żadnych uczuć, spogląda na mnie z niechęcią.

Jeszcze siedzimy jakiś czas – na dancingu – potem kładziemy się spać, bo jutro czeka nas wyjazd do Kronborgu[49]. Jeszcze w łóżku ten ostatni epizod w Tivoli nie daje zasnąć, jakieś niesamowite piękno tego momentu, tego pośpiechu w gasnących światłach ogrodu, poczucie głębokie jakiejś pełni życia, a także jakiegoś związku między nami, ani miłości, ani przyjaźni, tylko tego połączenia naczyń, które tak bardzo lubię. Tak cieszę się dla Jurka i z Jurka – z całego uroku tej chwili i czuję, że on ją tak bardzo zrozumiał. (Potem ciągle wspominał ten moment jako kulminację wycieczki)[50]. Ranek piękny, niebo niebieskie z wielkimi białymi obłokami. Krajobraz morski i całe wybrzeże niesamowitej piękności. Wille i kwiaty zachwycające – i ten nowy odcinek drogi samym brzegiem morza nadzwyczajny. Trochę nowych budowli, jakieś wspaniałe osiedle zrobione przez nowoczesnego architekta, jak szereg zasłon, stojące domy jeden za drugim. Dziwne wrażenie. Wolę stare domki kryte słomą z czasów pani Heiberg[51]. Jurek raczej milczy, ale konstatuję z niebywałą przyjemnością, że jest bardzo spostrzegawczy. W półtorej godziny jesteśmy już w Kronborgu. Tutaj nic się nie zmieniło i Helsingør wydaje mi się zupełnie takie samo, jak kiedyśmy tu przejeżdżali naszym buickiem jadąc do Hellebaek[52]. (W czerwcu 1934 roku jechałem pociągiem i dowiedziałem się o zamachu Hitlera[53] i morderstwie Röhma[54]. Napisałem, a raczej wymyśliłem wiersz *Zapach siana*[55]).

Oczywiście jedną z największych atrakcji tej wycieczki jest zachowanie się Jurka. Zadziwił mnie jego charakter przy atrakcjach w Tivoli – dziwi mnie cały czas, a raczej zachwyca jego nieprawdopodobna powściągliwość. Przy dobrym humorze – absolutne niepokazywanie swoich uczuć, niewyrażanie ich, nieprzejmowanie się. Przez cały czas owa dżentelmeńska obojętność, pozorna obojętność. Dopiero przy nim widzę prostactwo (kochane, poczciwe, ale prostactwo) Tadzia. Ani Tadeusz, ani Wiesio tak by się nie zachowali, nie mieliby tej *wydierżki*, jak mówią Rosjanie. Oczywiście ten sposób bycia jest niesłychanie uspokajający. Czuję się z nim jakbym był otoczony opieką, a przecież on się mną nie opiekuje (jak Tadzio). Jestem spokojny i wiem, że on żadnej gafy nie zrobi. Po pewnych drobnych odruchach tylko poznaję, że jest on zachwycony tą podróżą, że wiele rzeczy go dziwi, wiele bardzo zaskakuje. Nic o tym nie mówi, zachowuje się tak, jakby latami siedział na tarasie hotelu d'Angleterre[56], widywał od rana do wieczora cadillaki i wspaniałe wystawy Bredgade i Strøget. Chwilami imponuje mi. Żebym to ja tak mógł nie wyrażać swoich uczuć. Kronborg oczywiście wydaje się brzydki, ubogi, za jasny i bynajmniej nie „północny" jako tło dla *Hamleta*. Parandowska z zażenowaniem mówi, że to się jej nie podoba. Natomiast widok z okien narożnika na armaty, Kattegat i

Szwecję cudowny. Jurek nie wyraża zachwytu, tylko namiętnie fotografuje. Ciekawy jestem, jak mu wyjdą te fotografie? Wychodzimy z zamku i oglądamy tę piękną północną linię Zelandii: tam gdzie jest Hellebaek i dalej. Pokazuję to Parandowskiej i mówię, że tu się dzieje *Słońce w kuchni*[57]. Parandowska pyta: „A co to jest *Słońce w kuchni?*". Nie ma to jak przyjaciele. Okazuje się, że oni nie czytali moich opowiadań. Irena usiłuje przypisać mi jakąś nowelę o rybaku na Capri i nie chce mi wierzyć, że nigdy w życiu nie byłem na Capri. Przypuszczam, że chodzi jej o Gorkiego[58]. No, przynajmniej poplątała mnie z dobrym pisarzem.

Jedziemy stąd polami do Fredensborgu[59]. Są akurat żniwa. Ani jednego konia na polach, wozy ze snopami wożą traktory. Drogi cudowne.

Fredensborg jak zwykle brzydki, ale przypomina dawne ukraińskie dwory z tymi stajniami z boku, Hajworon[60], Czarnomin[61], Stawiszcze. Park jest cudowny, wyobrazić sobie trudno, jak utrzymany – obecnie podobno pielęgnuje się go za fundusze którejś piwiarni, Carlsberga czy Tuborga. Przestrzenie trawników niebywałe. Napisy: „*Græs kan (ikke)* *besætte*". *Ikke* – skreślone. Znaczy, że od niedawna wolno tu chodzić po trawnikach, jak w Anglii.

Bardzo dużo ludzi (między innymi i Parandowscy) nie idzie na zwiedzanie parku, ale leci do sklepików Fredensborga kupować jakieś rzeczy. Przypuszczam, że niektórzy także próbują sprzedawać... Jakaś paniulka opowiada, co kupiła (dla ojca!) i jak się to jej opłaciło. Cieszy mnie, że Jurek nie zdradza najmniejszych zamaszek w tym kierunku. Z trudnością go namawiam, aby kupił żonie płaszcz od deszczu. Jurek mówi: „A reszta to już za przyjemność!" – Pani protestuje: „Nie, muszę tak, aby mi się przynajmniej połowa kosztów podróży wróciła". I wylicza: skarpetki tyle, pasta do zębów tyle... „Jak wrócimy do Kopenhagi, to muszę jeszcze pójść do sklepów". A potem nagle: „Ale jeszcze muszę pójść do muzeum, bo tam są podobno wspaniałe Courbety[62] i Gauguiny!"[63] (rzeczywiście). Jak ona to łączy razem, skarpetki i malarstwo?

Wracamy wspaniałą, nieznaną mi autostradą, przez Lungby. Autostrada niebywała. Ale Jurek na niej zasypia. Dziwne działanie autostrad – coś w rodzaju hipnotyzmu. Jurek jest oczywiście bardzo zmęczony, nie mówi, ale czuje się słaby. Serce mi się kraje, gdy patrzę na jego chudość i ten uśmiech, który obciąga skórę na zębach. Nie jest już tak ładny, jak był. Przede wszystkim zęby nie mają już tego blasku jak pięć lat temu. Co za podła choroba!

Popołudnie to też spacer do placu ratuszowego i kawa na tarasie hotelu d'Angleterre – gdzie po raz pierwszy zauważamy tych, co prawdopodobnie mają zamiar zejść z „Batorego". Przykre to – mają miny przestraszone i zdenerwowane. Nie wszystkim przychodzi łatwo ta decyzja. Ale najpiękniejszy – może z całej wycieczki – jest spacer późnym wieczorem. Jest zupełnie zimno i ciemno, kiedy po kolacji wyskakujemy we dwóch, aby przelecieć się jeszcze. Ulice są zupełnie puste i ciemnawe, ogarnia nas jakaś wewnętrzna radość, wesołość – a mnie i smutek zarazem. Cała wyprawa się kończy – fajerwerk się wypala, jak mówi Słowacki:

...raca zgasła i swe włosy złote
W ciemnym powietrzu cicho osypała[64]

(genialne) – a my lecimy Bredgade i potem Nyhavn, gdzie na trotuarach tłumy marynarzy, dziewcząt, kibiców i co krok jakaś awantura, a potem znowu z powrotem tą równoległą do Bredgade ulicą, zupełnie pustą, oglądając wszystko „czegośmy nie kupili" i resztki drobnych wrzucając do automatów i wyciągając pomarańczę, pudełko papierosów i już za monety po 10 øre – małe pudełeczka zapałek. Nasza gruba moneta dwukoronówka gubi nam się, nie chce wylecieć i nic nam nie otwiera. Już zrezygnowaliśmy (to znaczy ja!) z niej, ale Jurek wraca i wyciąga ją z bocznego otworu, gdzie wypadają niezużyte monety. Twierdzi, że to dla mnie charakterystyczne, ta łatwość rezygnowania, jeżeli coś od razu się nie uda. Możliwe...

Przez Grønningen, przez Langelinie wracamy na statek. Jest tam niejaki niepokój z powodu tych, co nie wrócili. My idziemy na dancing. Jurek tańczy z Rusinkową, okazuje się, że jest świetnym tancerzem: „Najlepszy tancerz w całym Brwinowie!" – powiadam, ale on mnie poprawia: „Najlepszy tancerz w całym powiecie! Tak się mówi...". Śmiejemy się.

O pierwszej statek odpływa, widzę, jak Jurek przez iluminator śledzi oddalające się brzegi. Mossakowski śpi nade mną. Jurek pod pretekstem wzięcia gazety ode mnie tak nagle i szybko przyciska swoją rękę moją. Jest to chwileczka, a wyraża się w niej bez słów cała radość z tej „wyprawy" i cała wdzięczność za nią. Jestem prawie szczęśliwy. Chyba to nie jest złe z mojej strony? Zastanawiam się.

Długo nie mogę zasnąć i ciągle słyszę wezwania przez megafony do składania kart ambarkacyjnych[65]. Apel staje się coraz bardziej dramatyczny, coraz natarczywszy. Można się domyślać, że oni tam liczą te karty i z przerażeniem widzą, że tyle jest nieoddanych, tylu ludzi uciekło.

Gdy z rana się budzimy, jest piękny słoneczny dzień i morze zupełnie lazurowe. Idziemy na śniadanie, a potem ja towarzyszę Parandowskim przy ich stoliku. Mówi się tylko o tych ludziach, co uciekli. Liczy się mniej więcej ich ilość. Parandowski opowiada jakieś kawały o swoich dawnych podróżach. Siedzimy tak, bawiąc się rozmową, do godziny wpół do jedenastej – wtedy wreszcie Parandowski wstaje i powiada: „No, muszę im wreszcie oddać tę kartę ambarkacyjną, wczoraj mi się tak nie chciało".

Zabawne, żeby człowiek-pisarz nie rozumiał, co się kryje pod słowami. Pod wezwaniem o zwrot karty ambarkacyjnej krył się lęk, że tylu ludzi zwiało. „Orbis" i załoga statku do jedenastej rano myśleli, że i Parandowski został w Kopenhadze.

Tak sobie chodzę po okręcie i przypominam krótkie chwile poszarpanych wspomnień. Gadamy w trójkę – Parandowska – Jurek – i ja. W pewnym momencie ona powiada tak głupio: teraz nie starzy, teraz młodzi umierają, dwudziestoletni...

Kiedy znajdujemy się we dwójkę, mówię do niej:

– Ty tak nie mów o umieraniu przy Błeszyńskim, bo on jest w ostatnim stadium gruźlicy!

A ona na to z oburzeniem:

– To dlaczego on nie pije gęsiego smalcu?

U Parandowskich zdaje się w ogóle wszystkie zadania życiowe rozstrzygają się przy pomocy gęsiego smalcu.

Gdy powiedziałem Jasiowi, że skończyłem drugi tom *Sławy i chwały* – odpowiedział bez wahania:

– A to świetnie. Będę mógł oba razem przeczytać.

Nie będę opisywał powrotu do Gdyni. To cała epopeja bałaganu, nieudolności i złośliwości. Co za cholerny naród! Chciałem przenocować w Grand Hotelu, ale oczywiście nie było pokoju. Ostatecznie rozzłościłem się. Ale w takich momentach Jurek jest bezcenny: po co się irytujesz? uspokój się, czy to warto? Poszliśmy do Boberka[66]. I w tym momencie odczułem taką ulgę, nareszcie prości, zwyczajni – jakże mili ludzie. Boberek dał nam kolację i pokój, wolny pokój jakichś malarzy. I zaczęła się idylla. Nie myślałem, że jeszcze mogę przeżyć taką noc, prawie jak z *Panien z Wilka*. Jurek zasnął oczywiście zaraz, a ja nie mogłem spać, czując to piękne, a przede wszystkim kochane ciało obok siebie. Przed zaśnięciem Jurek się tak przytulił (głową), jak dziecko do matki, a potem spał, nie budząc się, do rana. A mnie ogarniała żałość i miłość na przemiany, miłość do tego ciała, stoczonego przez korniki jak mięso jakiejś drewnianej figury. Tym był cenniejszy dla mnie, że taki kruchy, taki obcy, oddany swoim myślom o Halinie i o Piotrusiu, którego ubóstwia. Taki niemożliwy do osiągnięcia, choć jest sobie najzwyklejszym człowiekiem w świecie. Znam go od pięciu lat i właściwie nie wiem, jaki on jest. Kto on jest?

Ale ta noc była nieprawdopodobna, jakże intensywnie czułem życie, które z niego ucieka i ze mnie ucieka, a jest takie upajające. W głowie mi utkwiły kawałki „ucieczki z Tivoli", lampiony, kwiaty i nagle zapadająca cisza. W tym małym drewnianym pokoiku starego domu zamykała się ta bezbrzeżna cisza, i radość, i strach śmierci, i wszystko takie piękne i intensywne, jakie bywa tylko wtedy, kiedy się ma koło siebie człowieka, którego się bardzo kocha. Kocha się nie erotyzmem, nie marną pieszczotą, ale jakąś ludzką jednością, wspólnotą cierpienia i śmierci. Myślę, że tak może kochać tylko mężczyzna mężczyznę i że w tym tai się nagroda dla nas – okaleczonych – za wszelkie rozpacze miłości jednopłciowej.

Chuda, owłosiona noga Jurka (nie ma ładnych nóg i w owłosieniu ich wyraża się gruźlicze usposobienie), którą w pewnym momencie poczułem przy sobie, nie wzbudzała we mnie ani wstrętu, ani żadnych pożądań, tylko ogromną miłość do cierpiącego człowieka i żałość nad wspólnym naszym losem. Nie czułem żadnego optymizmu, chociaż w sercu miałem pełnię, *gromokipiaszczyj kubok*[67] i coś, co było podobne do bardzo wielkiego szczęścia, szczęścia przechodzącego w strach i smutek.

¹ Zob. zapis z 30 lipca 1955 roku, tom 1, s. 505 (Stanisław Suchy występuje tam pod błędnie odczytanym nazwiskiem Luchy).

² Aniela Jurow – koleżanka szkolna sióstr Iwaszkiewicza.

³ Michał Rusinek (1904–2001) – prozaik, dramaturg. W latach 1947–72 pełnił funkcję sekretarza generalnego Polskiego PEN Clubu; od 1956 do 1959 wiceprezes ZAiKS, w latach 1957–59 wiceprezes Zarządu Głównego ZLP. W 1957 i 1959 podróżował do Brazylii, gdzie wygłosił cykl odczytów o literaturze polskiej, przede wszystkim o Krzysztofie Arciszewskim, w Rio de Janeiro, São Paulo i Kurytybie. W 1959 został honorowym członkiem Brazylijskiej Akademii Literatury, w 1960 otrzymał honorowe obywatelstwo miasta Rio de Janeiro. Pełnił obowiązki wiceprezesa (1968––81) i prezesa (od 1981) Oddziału Polskiego Stowarzyszenia Kultury Europejskiej (SEC), a także redaktora naczelnego rocznika „Polski SEC" (1982) oraz wiceprezesa Międzynarodowej Federacji SEC (1982–99). Wydał m.in. cykl powieściowy o Krzysztofie Arciszewskim: *Wiosna admirała* (t. 1–2 1953), *Muszkieter z Itamariki* (1956), *Królestwo pychy* (1958), wspomnienia literackie i teatralne *Opowieści niezmyślone* (1969), szkice literackie *Moja wieża Babel* (1982).

⁴ „Nad samym brzegiem morza wzdłuż cytadeli ciągnie się wąski bulwar; jest to ulubione miejsce spacerów cudzoziemców i Duńczyków, słynna Langelinie. Ozdobiona zieleńcami i kwiatami, bardzo osobliwymi kwiatami, rzeźbami (to tu właśnie siedzi Syrenka) i pomnikami – ta barwna, pogodna promenada jest jednym z najweselszych miejsc na kuli ziemskiej" (J. Iwaszkiewicz, *Gniazdo łabędzi. Szkice z Danii*, w: *Podróże*, t. 2, Warszawa 1981, s. 188).

⁵ Chodzi o Piotra i Zbigniewa, synów Ireny i Jana Parandowskich; przy czym informacja Iwaszkiewicza jest nieścisła, bowiem zdjęcia robił wówczas wyłącznie Zbigniew.

Piotr Parandowski (ur. 1944) – późniejszy absolwent archeologii śródziemnomorskiej na UW, od 1969 pracownik w Zakładzie Archeologii Śródziemnomorskiej PAN; autor książek *Nie ma, a jest* (2001) oraz *Mitologia wspomnień* (2008); twórca pięćdziesięciu filmów dokumentalnych dla TV, m.in. o Janie Parandowskim, o Paryżu, Sienie, Neapolu, Warszawie i Kairze; tłumacz – przełożył *Sztukę chińską* (1978) Jeana Alphonse'a Keima, *Miniatury himalajskie* (1978) i *Miniatury mongolskie* (1978) George'a Lawrence'a.

Zbigniew Parandowski (ur. 1929) – architekt, fotograf, autor ilustracji do książek, profesor Akademii Sztuk Pięknych w Gdańsku; w 1956 ukończył Wydział Architektury na Politechnice Warszawskiej, następnie Akademię Sztuk Pięknych w Warszawie. Zdobył trzydzieści nagród w konkursach architektonicznych i urbanistycznych; wydał i opracował pod względem graficznym album *Rzym* (1968), do którego wstęp i teksty napisał Jan Parandowski; ilustrował m.in. *500 zagadek archeologicznych* Anny i Lecha Leciejewiczów (1966) oraz *Wojnę trojańską* Jana Parandowskiego (1967).

⁶ Zob. tom 1, przypis nr 9 na s. 384.

⁷ Rzeźba Edvarda Eriksena z 1913 roku; symbol Kopenhagi.

⁸ Chodzi o baśń Hansa Christiana Andersena pt. *Mała syrenka* (1837), która przyniosła pisarzowi międzynarodową sławę. W liście do duńskiego poety Bernharda Ingemanna, napisanym 11 lutego 1837 roku, Andersen pisał: „Najnowsza baśń, *Mała*

syrenka, będzie się Panu podobała, jest lepsza niż *Calineczka* [...] i jeśli pominąć historię małej Abedisse z *Improwizatora*, jest jedyną z moich prac, która wzruszała mnie samego, kiedy ją pisałem. Być może się Pan uśmiecha? Cóż, nie wiem, jak czują inni pisarze! Ja cierpię z moimi postaciami; dzielę z nimi ich dobry i zły humor. Mogę być dobry lub niegodziwy, w zależności od tego, jaka jest scena, nad którą pracuję" (cyt. za: J. Wullschläger, *Andersen. Życie baśniopisarza*, przeł. M. Ochab, Warszawa 2005, s. 198).

⁹ Gefion – fontanna wykonana w 1908 roku przez Andersa Bundgaarda. Przedstawia boginię rolnictwa Gefion z czterema synami, zamienionymi przez nią w woły. Legenda głosi, że gdy pewnego razu poprosiła króla o kawałek ziemi, obiecał dać jej tyle, ile zdoła zaorać w ciągu dnia. Bogini zamieniła swoich synów w woły i zaprzęgła ich do sochy. Zaorany szmat ziemi dał początek wyspie zwanej Zelandią. Zob. J. i C. Matthews, *Mitologia Wysp Brytyjskich*, Poznań 1997, hasło „Gefion".

¹⁰ „Amalienborg jest to prawidłowy, kwadratowy plac, którego cztery kąty odcinają cztery jednakowe pałace w stylu Ludwika XV; jest to rezydencja królewska. [...] Kiedy patrzy się na ten plac od Bredgade, zawsze tam, tuż zaraz za pałacami, widzi się stojący albo przesuwający statek, który wydaje się być gdzieś w górze, jak gdyby wyżej ponad szarymi dachami Amalienborgu wznosząc swój kremowy kadłub i czarny, czerwono przekreślony komin. Mieszanina rokoka z nowoczesną linią okrętowych budowli nadaje cały «ton» widokowi, który właśnie jest tym tonem charakterystycznym Kopenhagi" (J. Iwaszkiewicz, *Gniazdo łabędzi*, s. 182–183).

¹¹ Mowa o zabytkowym zespole architektonicznym ukształtowanym w połowie XVIII wieku za panowania w Lotaryngii Stanisława Leszczyńskiego, jednym z najwybitniejszych osiągnięć nowożytnej urbanistyki.

¹² Nymphenburg – barokowy zespół pałacowo-parkowy w Monachium, letnia rezydencja królewska. Jeden z dziesięciu pawilonów otaczających dziedziniec przed frontonem pałacu to słynny rokokowy Amalienburg z pierwszej połowy XVIII wieku.

¹³ Pomyłka autora. Na placu Amalienborg w Kopenhadze stoi konny pomnik króla duńskiego Fryderyka V, fundatora zespołu pałacowego.

¹⁴ Bredgade – nazwa ulicy w Kopenhadze.

¹⁵ Marmorkirke – Marmurowy kościół; pomimo potężnych rozmiarów jest to zwykły kościół parafialny.

¹⁶ *Også vi venter...* (duń.) – My także czekamy na statek.

¹⁷ Chodzi o powieść Marcusa Lauesena *Og nu venter vi på skib* (1931).

¹⁸ *Vi venter...* (duń.) – Czekamy na statek.

¹⁹ Czterogwiazdkowy hotel Phoenix Copenhagen, mieszczący się przy Bredgade 37, został ponownie otwarty w 1991 roku po przejściu gruntownej renowacji.

²⁰ Iwaszkiewicz mieszkał w Kopenhadze przy Gustav Adolfsgade 5. „Nigdy nie miałem równie pięknego mieszkania jak w Kopenhadze. Duże pokoje były jednocześnie w amfiladzie, a zarazem przylegały do korytarza i do przedpokoju. Z sali jadalnej, nieforemnego narożnego pokoju, otwierał się widok na cztery komnaty. W jadalni stał piękny stary dębowy stół z wysokimi gotyckimi krzesłami i wisiały piękne martwe natury Kamila Witkowskiego, które potem spłonęły w Warszawie w 1939 roku. Z ja-

168

dalni wchodziło się do gabinetu, który był cały szary, aksamitne zasłony na oknach, szaro wykładana podłoga. Przy jednym stole, na którym stało moje popiersie z czarnego dębu roboty Ireny Wiley, ustawiono dwa głębokie, skórzane, czerwone fotele. Za gabinetem był jasny salonik z fortepianem i jasnym dywanem, a za salonikiem pokój mojej siostry, która sypiała na szarej zamszowej kanapie projektowanej przez Jerzego Hryniewieckiego jeszcze za studenckich jego czasów. Meble w tym pokoju, i w ogóle, były robione podług rysunków Hryniewieckiego. Nie były specjalnie wygodne. Na bladozielonej ścianie wisiał tu duży, zielony obraz Rafała Malczewskiego, zamykając całą perspektywę amfilady widokiem na grzbiet tatrzański i na dymy unoszące się nad lasami" (J. Iwaszkiewicz, *Podróże do Włoch*, s. 225–226).

[21] „Karol Szymanowski był u mnie dwa razy w Kopenhadze. Pierwszy raz w styczniu 1933 roku, w bardzo uroczystej gali, z Fitelbergiem, na symfonicznym koncercie. Były obiady i kolacje, odwiedziny «Fiskekrog» (rybnej restauracji) i muzyczne sesje, nie było czasu na rozmowy. Moja żona wspaniale wyglądała w paryskich toaletach. Karol mieszkał w poselstwie [u Michała i Ireny Sokolnickich], ale na prawdziwe gadanie nie było ani miejsca, ani czasu. W dwa lata potem [w marcu 1935] Karol był sam, Romek Totenberg doszlusował później, żona była poważnie chora i nie opuszczała łóżka, dziewczynki, moje córki, zimowały w kraju. Karol mieszkał u nas, na Gustav Adolfsgade 5, i mało wychodził. Kucharski gotował nam znakomite obiady i przez parę dni byliśmy rzeczywiście razem" (J. Iwaszkiewicz, *Podróże do Włoch*, s. 225).

[22] Roman Totenberg (ur. 1911) – skrzypek amerykański pochodzenia polskiego; profesor amerykańskich uczelni muzycznych; koncertował m.in. z Karolem Szymanowskim i Arturem Rubinsteinem; ceniony wykonawca muzyki XX wieku. Debiutował w 1925 z Orkiestrą Filharmonii Warszawskiej. Krótko przed wybuchem II wojny światowej wyemigrował do USA. Od 1947 był profesorem Akademii Muzycznej w Santa Barbara w Kalifornii; w latach 1950 60 pełnił funkcję kierownika w Aspen Institute w Kolorado. W latach 1961–78 był profesorem i kierownikiem wydziału smyczkowego w Boston University.

„Roman Totenberg – wspomina Iwaszkiewicz – to specjalny rozdział mojej biografii. Wspaniały to muzyk (jakoś nie bardzo przypadł do gustu naszym krytykom i naszej publiczności – może za mało efektowny?) i zawdzięczam mu niejedno wielkie przeżycie muzyczne, na przykład *Chaconne* Bacha zagraną u mnie w mieszkaniu, wobec niewielkiego grona słuchaczy. [...] W Kopenhadze grywał u nas całymi dniami, były to dalsze ciągi rozmów warszawskich o muzyce i rodzinie. Janka [siostra Romana Totenberga] wychodziła za mąż, uroczy pan Totenberg-ojciec umarł nagle, nie widział pięknej kariery syna. [...] Potem przyjechał Romek do Kopenhagi razem z Karolem Szymanowskim. Bardzo przypadli sobie do gustu. Mieli bardzo piękny wspólny koncert" (J. Iwaszkiewicz, *Podróże do Włoch*, s. 128–129).

[23] Maria Babicka – urzędniczka poselstwa polskiego w Kopenhadze.

[24] Jan Kiepura (1902–1966) – śpiewak operowy (tenor) i aktor filmowy, w 1926 wyjechał za granicę, gdzie zrobił międzynarodową karierę; występował m.in. w teatrach operowych w Wiedniu, Berlinie, Londynie (Covent Garden), Paryżu, Mediolanie (La

Scala), Buenos Aires, Nowym Jorku (Metropolitan Opera); również w teatrach operetkowych (na Broadwayu w Nowym Jorku); dawał recitale arii i pieśni.

[25] Margaretha Sofia Lovisa (1899–1977) – księżniczka szwedzka, od 1919 żona księcia duńskiego Christiana Georga Axela (1888–1964).

[26] Mowa o pobycie Kiepury w Kopenhadze w 1934 roku. Pisze o tym Iwaszkiewicz w *Gnieździe łabędzi*: „Takiego szału z powodu śpiewaka nie oglądałem w moim życiu. Dwa koncerty w «Forum», sali na trzy tysiące osób, były przepełnione, tłumy dobijały się o bilety – jak też o zaproszenia na raut w poselstwie. [...] «Janek» śpiewał w browarze na Carlsbergu, gdzie zatrzymano wszystkie maszyny na dwadzieścia minut, co kosztowało fabrykę spory majątek. W rozmowach Kiepura zgrywał się na artystę i robił aluzje do roli politycznej, jaką rzekomo miał odgrywać. Dopiero kiedy w środku tłumnego rautu powiedział: «mam dosyć tego wszystkiego», i zamknął się ze mną i moją żoną w odosobnionym pokoju – okazał się miłym i prostym «chłopakiem z Sosnowca»" (s. 124–125). Zob. także A. Iwaszkiewiczowa, *Kiepura w Kopenhadze*, w: tejże, *Dzienniki i wspomnienia*.

[27] Kazimiera Iłłakowiczówna wspominała: „Iwaszkiewicz przez pewien czas był kolegą moim w MSZ o tyle, że urzędował na paru placówkach za granicą. Spotkałam go w Danii z okazji jednego z moich objazdów z pogadankami o Polsce. [...] Odbyły się wywiady z prasą, a nawet w sam dzień przybycia prasa drukowała piękny przekład mego wiersza o Czarnieckim w Danii. Powtarzały się też życzliwe spotkania i wygodne zwiedzanie ślicznej, wesołej Kopenhagi. W Kopenhadze kulturalnymi zbliżeniami zarządzał Jarosław Iwaszkiewicz, młody, pogodny, doskonale się prezentujący. Jak zawsze – z pewnym rygorem, który tylu ludziom zwykł odbierać naturalność, jemu, przeciwnie, było daleko bardziej do twarzy niż z bezpośredniością i nieskrępowaniem. [...] Więc Iwaszkiewicz rządził zbliżeniem kulturalnym i obwoził mnie trochę po mieście. Zatrzymaliśmy się i kupiłam piękny bukiet najkolorowszych tulipanów.

– Co mamy z tym zrobić? – zdziwił się Iwaszkiewicz. – Mało ma pani jeszcze kwiatów w hotelu?!

– Zaraz pan zobaczy. [...]

Poprosiłam, byśmy mogli dojechać do portu. Tam u stóp pomnika andersenowskiej Małej Syrenki, umieszczonego na pół w morzu, złożyłam moje tulipany.

– Mój Boże – zasmucił się Iwaszkiewicz. – Czemu żeśmy nie zabrali fotografa! I rzeczywiście, bo to był jeden ze szczytowych momentów mego życia" (K. Iłłakowiczówna, *Trazymeński zając*, Kraków 1968, s. 102–104).

[28] William Behrend – krytyk „Berlingske Tidende". Iwaszkiewicz wspomina go w *Gnieździe łabędzi*: „Widywaliśmy go [Jarosław z Anną] dość często podczas całego naszego pobytu w Kopenhadze i do dziś dnia przechowujemy w pamięci jego niecodzienną sylwetkę. Był bardzo brzydki (podobny do Beethovena), ale pełen swoistego i osobliwego wdzięku, który nadawała mu niepospolita umysłowość i prawdziwe ukochanie muzyki. Nie pamiętam już, jak się z nim zetknąłem, ale stary wyczuł od razu w nas nie «dyplomatycznych amatorów», ale ludzi prawdziwie kochających muzykę. Odtąd zawsze przysiadał się do nas na koncertach i godzinami potrafiliśmy gadać o naszej ulubionej sztuce" (s. 120).

[29] H. Ibsen, *Dzika kaczka* (1884).

[30] *Comme un bijou* (fr.) – jako biżuteria.

[31] Nyhavn – ulica, przy której przez ponad dwadzieścia lat (pod numerem 18, 20 i 67 – w różnych okresach życia) mieszkał Hans Christian Andersen; tutaj powstały jego pierwsze baśnie.

[32] W 1948 roku, na początku czerwca, Iwaszkiewicz był w Kopenhadze na Kongresie PEN Clubów.

[33] Kuferki podróżne Andersena i pudła na kapelusze widział Iwaszkiewicz w muzeum Andersena w Odense, gdzie bajkopisarz przyszedł na świat.

[34] Myśl o związkach łączących Andersena z Kierkegaardem powraca w publicystyce Iwaszkiewicza: „Pozornie życie ich przebiegało na innych płaszczyznach, inne były zainteresowania, inne sprawy, którymi się zajmowali w swoich książkach. A jednak sens filozoficzny bajki o matce, jej sens egzystencjalny, występujący z taką wyrazistością, większą może niż w innych dziełach Andersena, zbliża tych dwóch myślicieli – bo i tak Andersena nazwać można – czyni ich zatajony, tajemniczy świat osobowości zbliżonym, jedna w jakiś sposób dwóch synów tego samego kraju i tej samej epoki, dwóch najwybitniejszych pisarzy duńskich XIX wieku. Nie darmo przecie pierwszą pracą Kierkegaarda, ogłoszoną drukiem, była rozprawa o Andersenie" (J. Iwaszkiewicz, *H. C. Andersen*, w: *Marginalia*, s. 104). Podobieństwo Kierkegaarda i Andersena dostrzegał Iwaszkiewicz m.in. w podejściu obydwu pisarzy do problemu lęku jako trwałego elementu życia człowieka.

[35] Niemiecki tytuł dwutomowego dzieła Sørena Kierkegaarda *Enter-eller* (1843, wyd. pol. *Albo-albo* 1976, t. 1 przeł. J. Iwaszkiewicz, t. 2 przeł. K. Toeplitz).

[36] *Bitwa na równinie Sedgemoor* – opowiadanie Iwaszkiewicza, napisane w 1942 roku, opublikowane w zbiorze *Nowa miłość i inne opowiadania* (1946).

[37] „Zwiedzanie Gliptoteki należy do najmilszych obowiązków turystycznych w Kopenhadze. Kiedy byłem w tym mieście z Parandowskim, nic innego nie chciał widzieć. Kiedy reszta towarzystwa oglądała sklepy na Strøget, piła kawę na placu ratuszowym i czekała, kiedy już można będzie skoczyć do «Tivoli» na dziecinne zabawy – Parandowski dążył do tego wielkiego, bardzo brzydkiego budynku z czerwonej cegły, stojącego przy Bulwarze Andersena, i zagłębiał się w nim na całe godziny. Najbardziej interesującym dziełem Gliptoteki są rzymskie biusty portretowe. Zaprezentowane nienagannie, znakomicie oświetlone i doskonale objaśnione, są one naprawdę czymś jedynym w świecie" (J. Iwaszkiewicz, *Gniazdo łabędzi*, s. 115).

[38] Strøget – prawie dwukilometrowy deptak handlowy składający się z pięciu ulic, pełen ekskluzywnych sklepów, restauracji i kawiarni.

[39] Illum – najpiękniejsze kopenhaskie centrum handlowe, mieści się na czterech piętrach pod szklaną kopułą.

[40] Dziara (z wł. *giara*) – gliniany dzban.

[41] Motyw kopenhaskich dzwonów występuje także w wierszu oznaczonym numerem 117, wchodzącym w skład tomu *Ciemne ścieżki*. Utwór ten, napisany w roku 1955, w rękopisie nosił tytuł *Dzwony kopenhaskie*.

Dzisiaj w radio słyszałem
Sygnał niespodziewany:
To na ratuszu w Kopenhadze, daleko
Za morzem, tak dzwony dzwonią.

Cztery nuty w dół i w górę,
Tak samo zbyrczą owce na hali,
Bracia zamorscy, tak samo
Brzmią nasze dzwonki na hali.

O moje szczęśliwe życie,
Jakeś mi się prędko odmieniło.
Jakeś, strumyku, upłynął.
Jakeś wysechł, jakeś zubożał,
Dzwoniący jak owce na hali.

Jeszcze pójdziemy w górę,
Ty dzwonie kopenhaski,
Jeszcze posłuchamy na szczytach,
Jak owce zbyrczą po halach,
Jak pokrzykują juhaski.

Na szczycie słońce się pali,
A w dołach niebieska mgła.
Przez cały dzień w oddali,
Jak szczęścia, jak szczęścia znak
Zbyrczą dzwonki na hali.

Słuchaj ich, słuchaj ich.
(J. Iwaszkiewicz, *Wiersze*, t. 2, s. 159).

[42] Absalon (1128–1201) – duński mąż stanu, dowódca i dostojnik kościelny. Założony przez niego zamek (na jego ruinach zbudowano pałac Christianborg) stał się zaczątkiem miasta Kopenhaga.

[43] „Ten położony w samym centrum miasta park zabaw świadczy o dziecinnych zamiłowaniach mieszkańców Kopenhagi. Czego tam nie ma! W małych straganach są strzelnice [...], gry zręcznościowe, bilardy, siłownie, itd., itd. W większych pawilonach kawiarnie, z największych pyszny «Nimb» – otoczony tysiącami kolorowych żarówek, przybytek gastronomiczny pierwszej klasy; wreszcie ogromna, nowoczesna sala koncertowa" (J. Iwaszkiewicz, *Gniazdo łabędzi*, s. 194).

[44] Józefa Rusinkowa z d. Krausiewicz (1907–1979) – od 1932 roku żona Michała Rusinka.

[45] Barbara Mossakowska z d. Rusinek (ur. 1933) – antykwariuszka.

[46] Magdalena Rusinkówna (ur. 1943) – w przyszłości fotografka.

[47] Kazimiera Natansonowa z d. Zaczkiewicz – aktorka, od 1934 roku żona Woj-

ciecha Natansona, krytyka teatralnego i literackiego, eseisty, tłumacza, działacza Polskiego PEN Clubu.

[48] *Querelle de Brest* (Querelle z Brestu) – tytuł powieści Jeana Geneta, wydanej w 1947 roku, której akcja rozgrywa się w środowisku marynarzy.

Michał Rusinek, towarzysz Iwaszkiewicza w kopenhaskiej podróży, wspomina: „Wódka była wtedy piekielnie droga w Kopenhadze, ale to nie przeszkadzało Jarosławowi na ludowym dancingu w Tivoli zaprosić do stołu czterech młodych marynarzy ze szkoły morskiej, których raczył tym obrzydliwym dla polskiego gardła alaszem. W towarzystwie uczniów szkoły morskiej, z którymi dowcipkował po duńsku, był chyba najbardziej rozanielony w czasie naszej wędrówki" (M. Rusinek, *Moja wieża Babel*, Warszawa 1982, s. 155).

[49] Kronborg – zamek w mieście Helsingør na północnym wybrzeżu Danii, wzniesiony w XVI wieku, miejsce akcji *Hamleta* Williama Szekspira.

[50] To zdarzenie znalazło także swój wyraz w książce *Gniazdo łabędzi*: „Na sali jest balkon, skąd można obserwować tańczących. Za butelkę piwa można tu przesiedzieć parę godzin. Zagapiłem się tam kiedyś z moim przyjacielem, bo przy sąsiednim stoliku tkwiła jakaś cudzoziemska rodzina z trzema pięknymi córkami. Na balkonie też można tańczyć, mój przyjaciel zaprosił do tańca jedną z tych cór – i ostatecznie nasze dwa stoliki zlały się w jeden. Okazała się to familia jakiegoś przemysłowca z Lyonu, odbywająca własnym cadillakiem wielką podróż po Skandynawii. Zaprzyjaźniliśmy się i zagadali. Panu trzeba było opowiadać wszystko o Polsce, a z panien każda chciała tańczyć z moim towarzyszem. Opatrzyliśmy się dopiero, kiedy już wygaszali światła na sali. Wybiegliśmy czym prędzej z budy dansingowej. Światła już były stłumione i kramy zamknięte. I nagle cały ten feeryczny park nabrał innego charakteru. Spieszno szliśmy przez opuszczone uliczki, nad brzegiem stawu, nad którym pogasły kolorowe lampiony. Autobus miał czekać na nas tylko do pół do pierwszej. Biegliśmy przez całą „dzielnicę", której wpierw nic zauważyłem: był to trawnik zarośnięty niedużymi krzakami georginii, pomiędzy tymi krzakami jaśniały nie zgaszone jeszcze lampki i tryskały małe fontanny, zupełnie tego samego wzrostu co krzewy kwiatowe. To było cudowne. Czy tylko może wydało się cudowne. Wyskoczyliśmy na plac ratuszowy i wtedy z wieży rozległ się ten ukochany sygnał, smutna melodia z czterech nut czterokrotnie w różnych kombinacjach powtórzonych. Przez ciemne miasto jechaliśmy na Langelinie, tam stał wtedy «Batory». A za nami w cieniu leżało «Tivoli», plac ratuszowy, bulwary i kolorowe Strøget – jak zamknięta książka kolorowych bajek, barwnych, choć poważnych bajek Andersena" (J. Iwaszkiewicz, *Gniazdo łabędzi*, s. 195–196).

[51] Johanne Luise Heiberg (1812–1890) – największa aktorka dziewiętnastowiecznego duńskiego teatru, także reżyser i dramatopisarka; żona Johana Ludviga Heiberga – pisarza, krytyka literackiego i teatralnego. Zeszła ze sceny w 1864 roku. Postaci Johanne Heiberg poświęcił Iwaszkiewicz jeden z rozdziałów *Gniazda łabędzi*.

[52] Hellebaek – miejscowość na północnym wybrzeżu Danii, pięć kilometrów od Helsingør. „Jest to typowe dla Danii połączenie morza, plaży, lasu, starego *gaard*, czyli dworu – i jeziora też są niedaleko. Stary, zamyślony dom w Hellebaeck jest bardzo

173

pięknym przykładem osiemnastowiecznej budowy, tak samo na wzorach cudzych opartej, tak samo przenikniętej miejscowym duchem, budowy, która się kształtowała pod wpływem pejzażu, tych chat rybackich, na które patrzy stara fasada, i pod wpływem gustu robotnika miejscowego i miejscowego planisty. Powstało tu coś, co po prostu jest kwintesencją duńskiego pejzażu. [...] Ten pałac w Hellebaeck i otaczająca go natura [...] wyrósł w mojej wyobraźni, zanim jeszcze znałem Danię. Umieściłem go w jakiejś powieści, którą pisałem w r. 1920, jakby w przeczuciu więzów, które mnie będą kiedyś z Danią łączyły. A potem w *Pasjach błędomierskich* owa «fabryczka», w której wiesza się Kanicki, to także jest kopia budynku gospodarczego położonego w pobliżu dworca w Hellebaeck. Idylliczne to miejsce nie mogło mi nasunąć tak ponurych obrazów – zrobiłem więc to może na złość sobie i na złość duńskiej sielankowości. Hellebaeck to także częściowo miejsce akcji mojej noweli duńskiej *Słońce w kuchni*" (J. Iwaszkiewicz, *Gniazdo łabędzi*, s. 17–19).

[53] Chodzi o krwawą czystkę zwaną „nocą długich noży", podczas której z 29 na 30 czerwca 1934 roku, pod pretekstem udaremnienia zamachu stanu, stracono z rozkazu Hitlera około pięćdziesięciu członków kierownictwa SA. Wielu innych wówczas pomordowanych, choć nie miało powiązań z SA, padło ofiarą prywatnych porachunków.

[54] Ernst Julius Röhm (1887–1934) – jeden z głównych działaczy ruchu hitlerowskiego, szef sztabu SA. Zastrzelony 30 czerwca 1934 podczas „nocy długich noży".

[55] Wiersz pozostał w sferze projektu, o okolicznościach towarzyszących jego „wymyśleniu" Iwaszkiewicz pisze więcej w *Gnieździe łabędzi*: „Pamiętam zapach siana w ową czerwcową niedzielę, kiedy gazety doniosły o morderstwie Röhma i zamieściły cyniczny komunikat na ten temat, podpisany przez Hitlera. Zapach siana pomieszał się wtedy z zapachem krwi, a pogodny dzień zasępił się prawdziwie strasznymi chmurami" (s. 19).

[56] Hotel d'Angleterre – najstarszy i najbardziej elegancki hotel w Kopenhadze, „wspomina o nim Andersen, bywał tu i Thorvaldsen ze swoją baronową. Taras hotelu d'Angleterre jest miejscem najbardziej «szykownym» w Kopenhadze. Około południa widuje się tu «wszystkich». Kiedy przychodzę tu na smørrebrødy z krewetkami i kieliszek «martini-dry», nie spotykam już żadnej znajomej twarzy. Ale ludzie są tacy sami jak dawniej, starsze panie bardzo wyelegantowane i panowie – coś w rodzaju krakowskich «radców» od Noworolskiego, podniesionych do n-potęgi elegancji i zramolenia. Kelnerzy są tu jak u nas – leniwi i nieprzyjemni – rzecz charakterystyczna dla całej Kopenhagi. W zimie taras zastępuje bar tegoż hotelu. Można się tu było otrzeć o braci i kuzynów królewskich i o przedstawicieli największych interesów, jak stocznia Burmester i Wain czy Oestasiatiske Kompani. A także o przedstawicieli największej potęgi, jaką jest rozłożysta i mocna duńska prasa" (J. Iwaszkiewicz, *Gniazdo łabędzi*, s. 192–193).

[57] *Słońce w kuchni* – tytuł utworu Jarosława Iwaszkiewicza, opublikowanego wraz z *Anną Grazzi* w zbiorze *Dwa opowiadania* (1938).

[58] Maksym Gorki przebywał na emigracji we Włoszech (mieszkał głównie na wyspie Capri) w latach 1906–13. Literackim pokłosiem tego pobytu są *Baśnie włoskie* (1911–13, wyd. pol. 1950).

[59] Fredensborg – osiemnastowieczny zamek w mieście o tej samej nazwie, letnia rezydencja królewska (dla zwiedzających dostępna tylko w lipcu). Atrakcją turystyczną są otwarte przez cały rok ogrody schodzące ku brzegom jeziora.

[60] Hajworon – majątek Leonsa i Niny Rzewuskich na Podolu, gdzie Iwaszkiewicz bawił latem 1916 roku. „Pałac był wspaniały. W salonie wisiały portrety hetmana Rzewuskiego i króla Augusta III pędzla Rigaud, meble, dywany, porcelana były wszystkie na najwyższym poziomie artystycznym. Wspaniała sala jadalna, purpurowa z czarnymi boazeriami, ściany zawieszone miała saskimi talerzami. W małym empirowym salonie, z meblami pokrytymi czerwonym atłasem w złote gwiazdy z epoki napoleońskiej, na honorowym miejscu wisiał niewielki portret Balzaka, o którym Leons Rzewuski mówił «mój wuj»!" (J. Iwaszkiewicz, *Książka moich wspomnień*, s. 122–123).

[61] Czarnomin – majątek na Podolu, który od początku XIX wieku do roku 1917 należał do rodziny Czarnomskich. Piękny pałac, który został wzniesiony około 1820 roku przez włoskiego architekta Francesco Boffo, stał wśród olbrzymiego parku krajobrazowego o powierzchni 500 morgów. „Wokół domu – pisze Roman Aftanazy – ciągnęły się rozległe trawniki, obsadzone dekoracyjnymi krzewami i wysokopiennymi różami, a przed portykiem południowym także klomby kwiatowe. Pod rozłożystym dębem stała tam rzeźba ponadnaturalnej wielkości, przedstawiająca Matkę Boską, wykuta przez jakiegoś rzeźbiarza włoskiego w białym marmurze" (R. Aftanazy, *Dzieje rezydencji na dawnych kresach Rzeczypospolitej*, t. 10, Wrocław 1996, s. 54). Iwaszkiewicz, który odwiedził Czarnomin w 1916 roku, wspomina: „Pałac położony tutaj był wśród wspaniałego parku, przechodzącego w las – otoczenie tym samym było monumentalne – a sam dwór zakrojony był na tak magnacką stopę, jak dwory jakich książąt udzielnych na Zachodzie. Nikogo wówczas w domu nie było, oglądaliśmy więc te wszystkie wspaniałości – wysłuchując legend po prostu o zbytkowym i nierozsądnym prowadzeniu tego domu, który już się chylił ku ruinie. Ze wszystkich splendorów najbardziej mnie zachwyciła wozownia, gdzie mieściła się nieprzebrana ilość wehikułów najrozmaitszego kalibru i rodzaju. Karety, takie, w jakich zapewne Zygmunt Krasiński odbywał swoje niekończące się podróże, powozy podobne do tego, jaki Siżyś i Dially w swej korespondencji nazywają «nieśmiertelnym», amerykany, kocze, które tylko osiem koni mogło dźwigać, jakieś bałagulskie, wspaniałe i wspaniale malowane bryki. Cała przeszłość, cały ukraiński XIX wiek kryły się w tej wozowni i na długo mi w nozdrzach został zapach skór, jakimi były obite powozy" (J. Iwaszkiewicz, *Książka moich wspomnień*, s. 117–118).

[62] Gustave Courbet (1819–1877) – malarz francuski, główny reprezentant realizmu w sztuce europejskiej XIX wieku. W galerii Ny Carlsberg Glyptotek znajdują się cztery jego płótna: *Pejzaż z drzewami* (ok. 1860), *Autoportret* (1850–53), *Pejzaż zimowy z dzikiem* (1866–67), *Trzy młode Angielki przy oknie* (1865).

[63] Paul Gauguin (1848–1903) – malarz francuski, przedstawiciel postimpresjonizmu. W zbiorach Ny Carlsberg Glyptotek znajdują się dwa reliefy Gauguina, siedem rzeźb oraz dwadzieścia dziewięć obrazów, m.in. *Droga do Rouen* II (1885), *Ogród w śniegu* (ok. 1883), *Kwiaty i koty* (1899).

[64] Dokładnie fragment ten brzmi: „Lecz raca zgasła i swe włosy złote / W ciemném

powietrzu cicho osypała" – J. Słowacki, *Beniowski* (1841), pieśń II, w. 561–562. Cyt. wg Słowacki, *Beniowski*, oprac. A. Kowalczykowa, Wrocław 1996, BN I 13/14, s. 62–63.

[65] Karta ambarkacyjna (z fr. *embarquer*) – karta zaokrętowania.

[66] Boberek był recepcjonistą w sopockim Domu Związku Literatów, mieszczącym się na rogu ulic Powstańców Warszawy i Daszyńskiego.

[67] *Gromokipiaszczyj kubok* (ros.) – *Gromem kipiący kubek*; tytuł tomiku poetyckiego Igora Siewierianina z 1913 roku.

20 września 1957

W „Kulturze" paryskiej zabawna polemika o Witka Hulanickiego[1], bohatera mojego opowiadania „o krawatach". Ktoś dobrze znający sprawy napisał, że Witek poległ jako przedstawiciel wywiadu angielskiego, przyjaciele ujmują się o jego honor. Dla mnie nie ulega wątpliwości, iż Witek był na usługach Intelligence Service od jesieni 1914 roku, kiedy to przerzucono go przez Szwecję z Anglii (gdzie studiował) do Rosji. Nie przestawał być na usługach wywiadu angielskiego ani w Kijowie (Józewski i POW!), ani potem w kraju i w naszym MSZ. Myślę, że to on (może przez Halę[2]?) wciągnął w ten interes Tola Hanickiego[3], skąd jego tajemnicze wyprawy do Rosji, o których mi coś niecoś napomykał. A Witek chyba też był konsulem na Wschodzie? W Rosji? Bo jego praca w Tel Awiwie nie ulega wątpliwości. I żadni tam komuniści go nie zabijali. Swoi się z nim policzyli: jak z Lawrence of Arabia[4]. Witek to był ten mały, polski Lawrence. Może jednak napisać to opowiadanie?

[1] Chodzi o list do redakcji – podpisany: Wł. Michniewicz, ppłk. dypl. – opublikowany w „Kulturze" 1957, nr 5. List był wyrazem polemiki ze wspomnieniami ambasadora Michała Sokolnickiego, zamieszczonymi w „Kulturze" 1957, nr 1–2.

[2] Halina Hulanicka (1899–1975) – tancerka i pedagog, nie była związana na stałe z żadnym teatrem. W latach 1921–39 występowała z własnymi recitalami w kraju i za granicą (Berlin, Paryż); w 1935 wykładała taniec akrobatyczny w warszawskiej szkole baletowej; w latach 1951–62 pracowała jako pedagog w szkołach baletowych w Bytomiu i w Warszawie.

[3] Witold Hanicki, zwany Tolo – pianista, syn Witolda, administratora Stawiszcz. Iwaszkiewicz był guwernerem Tola w 1914 roku w Stawiszczach i od tego czasu datuje się ich przyjaźń.

[4] Thomas Edward Lawrence, znany jako Lawrence z Arabii (1888–1935) – brytyjski orientalista i agent wywiadu na Bliskim Wschodzie; uczestnik prac archeolo-

gicznych w Mezopotamii i Syrii. Podczas I wojny światowej współorganizator antytureckiego powstania Arabów. W 1926 roku wydał książkę wspomnieniową *Siedem filarów mądrości*.

21 września 1957

Tym razem nie pisałem o Genewie[1]. Tyle o niej napisałem w poprzednich latach. Zdaje się, że zaczynam się naprawdę starzeć, przestaję rozumieć – to najgorsze. Wszystko, co piszą teraz w tygodnikach (na przykład Andrzej Dobosz![2]), zupełnie niezrozumiałe, głupie, szczeniakowate. Chyba to jakieś kostnienie. Czy mam wobec tego prawo być redaktorem pisma?

Ohydą mnie napełnia stała, ciągła i okropna nagonka wszystkich moich „przyjaciół" na moją forsę. Jasne jest i zrozumiałe, że nie mogą mnie obdarzać uczuciami, które chciałbym w nich widzieć. Ale z drugiej strony, może to jest czysty cynizm z ich strony? Jurek miał wczoraj łzy w oczach, gdy mu dałem kartkę napisaną do niego przed katastrofą samolotową w Pradze. Więc gdzie prawda? A nabiera mnie nieludzko przy robotach ziemnych. Ach, Boże, jaką ja mam niespokojną starość. Jakoś mi tak wszystko nie wychodzi.

[1] 1 września 1957 roku Iwaszkiewicz pojechał na dwa tygodnie do Genewy, by wziąć udział w XII Międzynarodowych Spotkaniach Genewskich, które odbyły się w dniach 4–14 września pod hasłem „L'Europe et le monde d'aujourd'hui" (Europa a świat dzisiejszy). Obok Iwaszkiewicza, który zatrzymał się w Pension von Steiger przy rue de Candolle, Polskę reprezentowali Irena Krzywicka, Leszek Kołakowski i Jan Strzelecki. Głównymi prelegentami byli André Philip, Max Born, Paul-Henri Spaak, Étienne Gilson oraz Paulo de Berredo Carneiro. Zapis: „Tym razem nie pisałem o Genewie" – dotyczy dziennika, bowiem obszerną relację z obrad, zatytułowaną *Genewskie Spotkania*, Iwaszkiewicz zamieścił na łamach „Życia Warszawy" z dnia 24 września 1957. Pisał tam m.in.: „Jedna z najwybitniejszych «gwiazd» tegorocznych rozmów, wielki polityk «europejski» Paul-Henri Spaak przyznał, że mówiąc o Europie, myśli o «bardzo małej» Europie, składającej się z sześciu państw, które zawarły umowę o wspólnym rynku. Ale i inni prelegenci pojęcie Europy ograniczali do rozmiarów, które dla nas Polaków zaproszonych do udziału w dyskusjach były nie do przyjęcia. Interesująca prelekcja francuskiego socjalisty-dysydenta, André Philip, traktowała o Europie wyłącznie śródziemnomorskiej. Na postawione przeze mnie zarzuty Philip tłumaczył się, że rzeczywiście jest południowcem i że mimo woli może, myśląc o Europie, myśli o jej basenie śródziemnomorskim. [...] Oczywiście staraliśmy się w naszych dość licznych wystąpieniach przede wszystkim wyjaśnić pojęcie Europy.

Przemawialiśmy przeto jak gdyby z wnętrza tego kontynentu – nie z zewnątrz. Czasami zżymano się na nas. Jeanne Hersch (profesor filozofii uniwersytetu genewskiego) krzyczała na mnie, Spaak na Kołakowskiego, a Gilson na Strzeleckiego – ale to chyba oznaczało, że coś znaczyliśmy na tych spotkaniach i że czegoś broniliśmy. Chwilami miało się wrażenie, że przedstawiciele oficjalnej polityki i oficjalnej nauki «europejskiej» trochę się niecierpliwią, że zamiast potępić nas w czambuł i odrzucić ex abrupto tam, gdzie jest tylko płacz i zgrzytanie zębów, musieli się z nami liczyć. Może nie tyle z naszymi osobami, ale z tym, cośmy w dzisiejszej chwili reprezentowali".

[2] Andrzej Dobosz (ur. 1935) – krytyk literacki, publicysta. Recenzje literackie i teatralne oraz artykuły publicystyczne ogłaszał w „Nowej Kulturze" (1954–58). W latach 1956–57 pełnił funkcję sekretarza literackiego Teatru Ateneum w Warszawie, od 1961 do 1963 był kierownikiem literackim tegoż teatru. Twórczość krytycznoliteracką rozwijał na łamach „Współczesności" (1958–65, tu m.in. pisywał felietony pod pseudonimem Pustelnik z Krakowskiego Przedmieścia). W 1966 publikował felietony w „Życiu Literackim" (podp. A.D.), następnie w „Literaturze" (1972–74). Od 1974 przebywa za granicą, głównie we Francji. W 1990 podjął pracę w Radiu Wolna Europa jako komentator polityczny specjalizujący się w sprawach francuskich i rosyjskich. W 1994 otworzył w Paryżu księgarnię polską pod nazwą „Mickiewicz i inni". Współpracował z „Tygodnikiem Powszechnym", gdzie publikował cykle felietonów pt. *Przechadzki paryskie* (1994), *O wszystkim* (1998–2004) i *Kartki z dziennika* (2004). Wydał książki: *Pustelnik z Krakowskiego Przedmieścia* (1993), *O kapeluszach* (1999), *Generał w bibliotece* (2001), *Ogrody i śmietniki* (2008).

Impulsem do wzmianki o Andrzeju Doboszu stał się jego artykuł *Wielka powieść Andrzeja Kijowskiego* („Nowa Kultura" 1957, nr 37), będący omówieniem książki Andrzeja Kijowskiego *Różowe i czarne* (1957).

1 października 1957

Po długich rozmowach z Jurkiem B., który mi opowiadał swoje życie w drogich knajpach warszawskich, ukończyłem dzisiaj małe opowiadanie *Wzlot*[1]. Oczywiście nie wiem, co to jest warte – na pewno niewiele. Niby taka dyskusja z Camusem[2]. Ale już dawno niczego nie pisałem z takim wewnętrznym drżeniem, z przejęciem. Co najdziwniejsze, od razu na maszynę – po dziesięć stron dziennie. Ciekawy jestem, jakie będą losy tego opowiadania, jest w typie *Świateł małego miasta*[3], którego w swoim czasie w ogóle nie zauważono.

[1] J. Iwaszkiewicz, *Wzlot*, „Twórczość" 1957, nr 12.
[2] Chodzi o powieść Alberta Camusa *Upadek* (1956, wyd. pol. 1957).
[3] *Światła małego miasta* – opowiadanie Iwaszkiewicza z 1947 roku, opublikowane w zbiorze *Opowiadania 1918–1953* (t. 1–2 1954).

2 października 1957

Dziś Karol skończyłby siedemdziesiąt sześć lat[1]. Dużo o nim myślałem i słuchałem bardzo dobrej jego muzyki, między innymi drugiej części pierwszego kwartetu[2], która mi się bardzo podobała. Oczywiście dziś mogę tego słuchać tylko poprzez IX rozdział[3]. U Bursztynowicza[4] widziałem dziś książkę Borisa Kochno[5] o balecie. Są tam fotografie Wacława Niżyńskiego[6], coś nieprawdopodobnego, że takie coś mogło być (w *Szeherezadzie*[7] na przykład). Dopiero zrozumiałem to, co mówił Karol, że to było coś tak nieprawdopodobnie nadzwyczajnego. Jego fotografia w Paryżu, w 1909, coś zupełnie nierealnego. A przy tym szalenie polskie, tak mógł wyglądać Romek z *Wzlotu*. Przypomniałem sobie przygody Karola i Kochno. Kiedy byłem u Karola w Elizawecie w 1918, olbrzymia fotografia Borisa z chryzantemą w butonierce stała u Karola na pianinie czy na biurku. Opowiadał o nim z entuzjazmem i wybierał się do niego do Piotrogradu, co oczywiście wówczas było niemożliwe. W parę lat potem Karol zgłosił się do Diagilewa w Majesticu[8] w Paryżu, i nagle zamiast Diagilewa ujrzał schodzącego po schodach wspaniałego hotelu jego sekretarza Borisa Kochno. Zamarł po prostu – a ten położył palce na ustach, a potem zaczął rozmowę jak z nieznajomym: „*Vous voulez voir monsieur Diagilew*"[9]? Karol wspominał o tym z goryczą[10]. Kochno bał się o swoją sytuację przy Diagilewie i nie przyznał się do znajomości z Karolem. Petersburg! To musiało być życie.

Nabokov mówił, że to antypatyczne stworzenie. Koło Diagilewa tylu ludzi wieszało się na klamce. Co się stało z Wołodią Dukielskim[11]?

[1] Pomyłka autora. Urodzony nie drugiego, lecz trzeciego października 1882 roku, Szymanowski skończyłby w roku 1957 nie siedemdziesiąt sześć, lecz siedemdziesiąt pięć lat. O trudnościach w ustaleniu daty urodzin kompozytora pisze Teresa Chylińska: „Karol Szymanowski utrzymywał z uporem, że urodził się w 1883 roku, ta właśnie data wpisywana była do jego kolejnych paszportów, ona również figuruje na wystawionym w Lozannie świadectwie zgonu. Bliski przyjaciel kompozytora, August Iwański, po ukazaniu się w 1938 roku zeszytu «Muzyki Polskiej» poświęconego Szymanowskiemu, pisał tak do jej redaktora prof. Adolfa Chybińskiego: «Datę o cały rok późniejszą przyjęto powszechnie zarówno we wszystkich życiorysach, wzmiankach itd., jak i w papierach osobistych, a powód zapewne jest w jakiejś pomyłce w paszporcie, którą Mistrz akceptował i której nie chciał prostować. W rozmowach ze mną wspominał o tym kilkakrotnie, dodając żartobliwie, że udało mu się odmłodzić choć o rok»" (T. Chylińska, *Dom rodzinny Karola Szymanowskiego*, „Kresy" 2004, nr 1–2).

² K. Szymanowski, *I Kwartet smyczkowy* op. 37 (1917).

³ Chodzi o rozdział *Kwartet d-moll* z drugiego tomu *Sławy i chwały*.

⁴ Tadeusz Bursztynowicz (1920–1985) – reżyser, dyrektor i kierownik artystyczny teatru. W 1945 współorganizator Opery Śląskiej w Bytomiu, w latach 1950–52 dyrektor Opery Warszawskiej, w latach 1953–55 dyrektor Teatru Nowego w Warszawie. Od 1955 do 1958 pełnił funkcję kierownika artystycznego, a od 1956 także dyrektora, Operetki Warszawskiej. W latach 1957–59 był dyrektorem i kierownikiem artystycznym Opery Warszawskiej.

⁵ Boris Kochno (1904–1990) – syn rosyjskiego pułkownika huzarów; po wybuchu rewolucji 1917 roku znalazł się wraz z matką w Elizawetgradzie, gdzie spotkał Karola Szymanowskiego i Henryka Neuhausa. Jak sam przyzna po latach, spotkanie to miało decydujący wpływ na jego dalsze losy i wybór drogi życiowej. Szymanowski utwierdził go bowiem w niesprecyzowanych dotąd, młodzieńczych rojeniach poetycko-teatralnych. Po opuszczeniu Rosji dotarł – przez Krym i Konstantynopol – do Paryża, gdzie w 1921 roku został najbliższym współpracownikiem Sergiusza Diagilewa, jego osobistym sekretarzem, autorem wielu librett baletowych. Po śmierci Diagilewa objął kierownictwo nowego baletu Monte Carlo, następnie założył zespół z George'em Balanchine'em. Od 1945 do 1951 był dyrektorem artystycznym Teatru Champs-Elysées. Autor cennych prac o balecie: *Le Ballet* (1954) i *Les Ballets Russes de Diaghilev* (1973). W czasie niedługiego pobytu Kochno w Elizawetgradzie między młodziutkim poetą a Szymanowskim zawiązała się gorąca przyjaźń, której widomym znakiem stało się przełożenie przez kompozytora długiego i ważnego rozdziału *Efebosa* pt. *Uczta* na język rosyjski, by Kochno mógł poznać zasadniczą ideę dzieła (zob. opracowany przez T. Chylińską biogram Kochno w: K. Szymanowski, *Korespondencja: pełna edycja zachowanych listów od i do kompozytora*, t. 1, 1909–1919, Kraków 2007, s. 695).

⁶ Wacław Niżyński (1889–1950) – rosyjski tancerz i choreograf pochodzenia polskiego; w latach 1905–11 był pierwszym tancerzem w balecie Teatru Maryjskiego w Petersburgu, 1909–13 i 1916–17 w Les Ballets Russes Sergiusza Diagilewa.

⁷ W balecie *Szeherezada* (1910), z muzyką Nikołaja Rimskiego-Korsakowa, w choreografii Michaiła Fokina i ze scenografią Leona Baksta, Wacław Niżyński wcielił się w postać niewolnika Murzyna. Spektakl przyjęto entuzjastycznie: Niżyńskiego porównywano do „tygrysa", „wijącego się, połyskującego gada" lub „ptaka obijającego się o pręty klatki"; zachwycano się jego ciałem „podobnym do stalowej sprężyny" (zob. *Wstęp* Jacka Marczyńskiego w: W. Niżyński, *Dziennik*, przeł. G. Wiśniewski, Warszawa 2000, s. 17).

⁸ Majestic – luksusowy hotel paryski.

⁹ *Vous voulez voir...* (fr.) – Chce się pan widzieć z Diagilewem?

¹⁰ Nieco inaczej opisuje tę scenę jej naoczny świadek, Artur Rubinstein: „Diagilew zaprosił Karola i mnie na obiad do «Continentalu». Przybyliśmy punktualnie; poprosiliśmy recepcjonistę, żeby zatelefonował do pokoju Diagilewa i zawiadomił go, że jesteśmy, po czym usiedliśmy w hallu, czekając. W kilka minut później ujrzeliśmy, że wielki człowiek pojawił się na schodach drugiego piętra i zaczął schodzić do nas powoli w towarzystwie młodego mężczyzny [Borisa Kochno]. Szymanowski, który

dotychczas czekał obojętnie, nagle zmienił się i wyglądał tak, jakby za chwilę miał dostać ataku serca. Przestraszyłem się. W ułamku sekundy jego twarz znów jednak przybrała normalny wyraz, choć oczy miał tragiczne. Diagilew powitał nas łaskawie i przedstawił młodzieńca jako swojego nowego współpracownika. Karol mruknął coś i poszliśmy na obiad. [...] obiad stał się rozgrywką. Diagilew najwidoczniej zaczął coś wyczuwać, młody człowiek, śmiertelnie obawiając się utraty swej pozycji, musiał grać niesłychanie trudną rolę kogoś, kto nigdy przedtem Karola nie spotkał, Karol natomiast miotał się pomiędzy dziką potrzebą wygadania się, a świadomością, że młody człowiek zostałby natychmiast zwolniony, Diagilew zaś nigdy więcej nie chciałby mieć nic do czynienia z Karolem" (A. Rubinstein, *Moje długie życie*, t. 1, s. 119).

[11] Włodzimierz Dukielski (1903–1969) – rosyjski kompozytor, poeta, autor wspomnień; znaczna część jego muzycznych kompozycji oraz dwie książki w języku angielskim podpisane są pseudonimem Vernon Duke (od V. Dukelsky). Już w roku 1910, jako siedmiolatek, uczęszczał do kijowskiego konserwatorium, ucząc się w klasie fortepianu (u Bolesława Jaworskiego) i kompozycji (u Reinholda Gliera). W 1918 został oficjalnie przyjęty do grona studentów, lecz rok później opuścił wraz z rodziną Kijów i w 1920 przybył do Konstantynopola, skąd w 1921 wyjechał do Stanów Zjednoczonych, gdzie kontynuował karierę muzyczną, pisał wiersze, wzorując się na akmeistach i futurystach, oraz próbował sił w komponowaniu piosenek popularnych. W 1923 wyjechał do Paryża, zachęcony pozytywnymi ocenami swojej twórczości muzycznej, wystawionymi przez Igora Strawińskiego, Sergiusza Prokofiewa i Sergiusza Diagilewa, który zamówił u niego balet *Zefir i Flora* (wystawiony w 1925 w choreografii Leonida Miasina). Po powrocie do USA tworzy m.in. kantatę *Epitafium* (1932, do słów Osipa Mandelsztama), oratorium *Koniec Sankt-Petersburga* (1931–37, do słów Łomonosowa, Dzierżawina, Puszkina, Annienskiego, Tiutczewa, Kuzmina, Achmatowej, Błoka i Majakowskiego). Jako Vernon Duke komponuje na potrzeby Broadwayu i Hollywood, m.in. rewię *Ziegfeld Follies 1934* (1933), komedię muzyczną *Cabin in the Sky* (1940). W roku 1946 z inicjatywy Prokofiewa otrzymał oficjalną propozycję powrotu do ZSRR, z której nie skorzystał. W 1950 przeniósł się z Nowego Jorku do Kalifornii, gdzie skomponował muzykę do filmów *She's Working Her Way Through College* (1952, w jednej z ról wystąpił Ronald Reagan) i *April in Paris* (1952). W 1955 wydał książkę wspomnieniową *Passport to Paris*. Dwa lata później ożenił się ze śpiewaczką Kay McCracken. Od 1962 – znowu jako Dukielski – wydał tomiki poetyckie w języku rosyjskim, m.in. *Posłanija* (1962). W 1964 opublikował książkę publicystyczną *Listen Here!* Zmarł w Santa Monica na zawał serca.

5 października 1957

Kto gwałtem do cię wiedzie mnie, nieznany,
Biada mi, biada, biada,
Kto mnie wolnego związał, w jarzmo kłoni?
Jeśli bez kajdan pętasz mnie w kajdany,

Jeśli pojmałeś bez ramion i dłoni,
Któż mnie przed piękną twą twarzą obroni?[1]
Michał Anioł Buonarroti

[1] Wiersz *Chi è quel che per forza a te mi nena*, w: Michał Anioł Buonarroti, *Poezje*, przeł. L. Staff, wybór opracował i wstępem opatrzył M. Brahmer, Warszawa 1956.

12 października 1957

Ostatnie cztery dni wyjątkowo nieprzyjemne. W redakcji „Twórczości" sprawy konfiskat i związanych z tym targów[1]. W Komitecie Pokoju dalsze rozróbki i wiecznie ta sprawa węgierska, co do której nie ma porozumienia – a zwłaszcza nie ma zrozumienia u ludzi typu Ochaba; potem sprawa Wiesława i kawiarni w Podkowie, która zatacza coraz szersze kręgi[2]. Spotkania z Jurkiem [Błeszyńskim], z Tadkiem [Częścikiem], z Mieciem[3] raczej przykre. Jakaś okropna fatalność nad wszystkim ciążąca, czuję się źle pod względem zdrowia. Hania nie puszcza do Chin, może to i lepiej. Chciałem wyjechać na tygodniowy wypoczynek: nie mogę, bo przyjeżdża ten debil Endicott[4]. Na próżno sobie powtarzam, że to są drobiazgi, że to wszystko przeminie, rozproszy się czy opadnie jak łuska – i pozostanie fakt, że napisałem drugi tom *Sławy i chwały* i *Wzlot*, i że to jest ważne. Ach, nie, irytują tamte drobiazgi, smutno, samotnie, jesiennie. Jurek nie dzwoni od dwóch dni. Wiedzie mnie – nieznany. Rzeczywiście nieznany...

[1] Gotowy październikowy numer „Twórczości" został przez władze skonfiskowany.
[2] Wedle ustnej relacji Wiesława Kępińskiego, pewna mieszkanka Podkowy Leśnej nosiła się z zamiarem otwarcia kawiarni w swojej willi. Wykorzystując osobę Wiesława Kępińskiego, w swoich staraniach o kawiarnię powoływała się na poparcie Jarosława Iwaszkiewicza, którego ten bynajmniej jej nie udzielił.
[3] Mieczysław Goździkowski – sąsiad z Podkowy Leśnej i przyjaciel Iwaszkiewicza.
[4] James Gareth Endicott (1898–1993) – urodzony w Chinach, w rodzinie misjonarzy chrześcijańskich. W 1910 wraz z całą rodziną przeniósł się do Kanady. Po ukończeniu uniwersytetu w Toronto został wyświęcony na pastora Zjednoczonego Kościoła Kanady (United Church of Canada). W 1925 wrócił do Chin w celach misjonarskich i przebywał tam ponad dwie dekady. W Chinach stał się społecznym doradcą Czang Kaj-szeka; służył też jako doradca amerykańskiemu wywiadowi wojskowemu w latach 1944–45, będąc łącznikiem między wojskiem amerykańskim a chińskimi komunistycznymi siłami zbrojnymi walczącymi przeciwko Japonii w II wojnie światowej.

W 1947 wrócił do Kanady, gdzie po dwóch latach utworzył Kanadyjski Kongres Pokoju, zajmował także wysokie stanowiska w Światowej Radzie Pokoju. Na początku lat 50. ponownie wrócił do Chin i oskarżył Stany Zjednoczone o stosowanie broni chemicznej i biologicznej w wojnie koreańskiej, wskutek czego został uznany przez media kanadyjskie za „wroga publicznego numer jeden". Wspieranie chińskich komunistów przysporzyło mu wrogów także w łonie Zjednoczonego Kościoła Kanady. W 1953 został odznaczony Stalinowską Nagrodą Pokoju. Apologetyczną wobec Chińskiej Republiki Ludowej postawę zachował także w następnych dziesięcioleciach.

16 października 1957 roku – z racji pełnienia funkcji przewodniczącego Międzynarodowego Instytutu Pokoju w Wiedniu oraz wiceprzewodniczącego Światowej Rady Pokoju – Endicott złożył wizytę w Polskim Komitecie Obrony Pokoju, podczas której omówiono sposoby dalszego udziału polskiego ruchu pokoju w światowej walce o pokój. 17 października w Pałacu Kultury i Nauki (w sali kina Wiedza) Endicott spotkał się z mieszkańcami Warszawy.

Kazimierz nad Wisłą, 21 października 1957

Życie nasze doszło mniej więcej do równowagi. Zajęci jesteśmy swoimi sprawami, latamy za interesami i jak gdyby wszystko jest w porządku. Ale w małych miasteczkach pamiętają. Pamiętają dawne okropne zdarzenia i mówią o nich w tej ciszy i spokoju, jaka spada na te osiedla o jesiennym zmroku. Wczoraj mi opowiadano o rozstrzelaniu czternastu tysięcy Żydów w Poniatowej, niedaleko stąd. Byli to ci Żydzi, wywiezieni z getta warszawskiego, którzy nie chcieli walczyć. Wymordowano ich w ciągu jednej nocy. O tych Żydach się nic nie mówi, bo to byli „zdrajcy" – którzy odmówili uczestnictwa w boju. Przerażające. Antek [Michalak] opowiadał mi, że widział ze swojego tarasu światła zbliżających się aut. Było ich dwieście czterdzieści! Auta stanęły pod górą w Kazimierzu – i nie wyłączając motorów, dygotały przez godzinę...[1] Zgroza takiej godziny nocnej zapiera dech. Tutaj jeszcze się to wszystko czuje i pamięta. Tutaj te ciche, smutne wieczory, jak wczorajszy, wywołują tamte wspomnienia. Legendy o tych bezprzykładnych rzeczach będą jeszcze żyły tutaj długo, bardzo długo, setki lat. A kto o tym pamięta w Warszawie?

[1] W nocy z 3 na 4 listopada 1943 roku w ramach *Aktion Erntefest* (Akcja Dożynki) Niemcy wymordowali około czternastu tysięcy Żydów z obozu pracy w Poniatowej. Więźniów rozstrzeliwano w specjalnie przygotowanych rowach, czemu towarzyszyła zagłuszająca strzały muzyka. *Aktion Erntefest*, będąca ostatnim etapem *Aktion*

Reinhard, objęła swoim zasięgiem – oprócz obozu w Poniatowej – jeszcze dwa inne obozy: w Trawnikach (ok. dziesięciu tysięcy zamordowanych) i na Majdanku (ok. osiemnastu tysięcy ofiar). Operacją kierował Höherer SS-und Polizeiführer w dystrykcie lubelskim, Jacob Sporenberg. *Aktion Erntefest* „była przeprowadzona jak operacja wojskowa, z udziałem tysięcy policjantów i esesmanów, także z Waffen SS, zmobilizowanych z całego obszaru działania. Aby uniknąć aktów oporu, przeprowadzono ją bardzo szybko, jednocześnie we wszystkich trzech obozach. Dla więźniów była ona całkowitym zaskoczeniem" (*Polski Słownik Judaistyczny*, t. 1, oprac. Z. Borzymińska i R. Żebrowski, Warszawa 2003, s. 59).

Stawisko, 24 października 1957

Wczoraj po koncercie Dody Freunda[1] (prześlicznym) zebrało się małe towarzystwo u nas na Szucha: Szyfmanowie[2], Lutosławscy[3], Horodyńscy[4], Zygmunt [Mycielski], Paweł [Hertz] itd. Doda opowiadał bardzo zabawną anegdotkę o Wandzie Landowskiej[5]. Opisze ją na pewno w swoich pamiętnikach. Ale co mnie najbardziej uderzyło w tym opowiadaniu, opowiadał po francusku, ale dialogi przytaczał po polsku: „Nie śmiej się, Doda, to poważne...". Ci Żydzi *dans le fond d'Amérique*[6] rozmawiają z sobą po polsku. Co za siła tej kultury. Skąd to? Dlaczego? Żebym ja to rozumiał...

[1] Doda Freund, właśc. Konrad Wallenrod Freund, znany także jako Doda Conrad (1905–1997) – syn śpiewaczki Marii Freund z d. Henschel (1876–1966); amerykański śpiewak (bas) polskiego pochodzenia. Początkowo zajmował się malarstwem, porzucił je jednak w 1932 roku na rzecz muzyki. Wybitny odtwórca pieśni Chopina do słów Mickiewicza, wykonawca pieśni Schuberta, Schumanna, Brahmsa, Faurégo i Debussy'ego. Po wybuchu wojny znalazł się w USA, gdzie Ignacy J. Paderewski powołał go na stanowisko wiceprezydenta swego funduszu pomocy Polakom w kraju (Paderewski Testimonial Fund); z chwilą przystąpienia Stanów Zjednoczonych do wojny ochotniczo zgłosił się do armii amerykańskiej. Po wojnie, działając z Karolem Estreicherem na terenie Niemiec, przyczynił się do powrotu do Polski ołtarza Wita Stwosza, *Damy z łasiczką* Leonarda da Vinci, obrazów Canaletta oraz innych ważnych dzieł sztuki, zagrabionych przez Niemców. Po powrocie do USA w 1947 wznowił swoją karierę wokalną. Zrezygnował z niej w roku 1965, osiadł w Paryżu i poświęcił się pracy pedagogicznej. W roku 1997 ukazały się jego pamiętniki pt. *Dodascalies – Ma chronique du XXème siècle*.
    Koncert, o którym pisze Iwaszkiewicz, odbył się w warszawskiej Filharmonii Narodowej i był jednym z kilku, jakie Doda Conrad dał w Polsce w drugiej połowie października 1957 roku. Program obejmował pieśni Brahmsa, Chopina, Debussy'ego,

Schuberta, arię z *Alcesty* Lully'ego i z *Króla Edypa* Strawińskiego. Śpiewakowi akompaniował amerykański pianista Noël Lee.

[2] Arnold Szyfman i jego żona Maria z d. Broniewska, 1 v. Iwanicka, 3 v. Gordon-Smith (ur. 1929).

[3] Witold Lutosławski i jego żona Danuta z d. Dygat, 1 v. Bogusławska.

[4] Dominik i Teresa Horodyńscy.

[5] Wanda Landowska (1879–1959) – klawesynistka, kompozytorka, publicystka, pedagog muzyczny. Karierę klawesynistki rozpoczęła w roku 1903; w 1912 na festiwalu we Wrocławiu grała na klawesynie zbudowanym specjalnie według jej wskazówek przez firmę Pleyel (instrument ten, skradziony w czasie wojny przez Niemców, odnalazł w 1945 w Bawarii Doda Conrad); w 1925 założyła w Saint-Leu-la-Forêt pod Paryżem własną szkołę muzyki dawnej – École de la Musique Ancienne; od 1941 mieszkała w Nowym Jorku.

[6] *Dans le fond d'Amérique* (fr.) – w głębi Ameryki.

23 listopada 1957
Bardzo dawno nie pisałem dziennika. Nie zabierałem z sobą tego zeszytu do Sztokholmu[1] i do Monachium. Pisałem tam listy – w osobnym zeszycie. Z początku myślałem, żeby z tych listów pewne fragmenty wciągnąć do dziennika, ale potem zaniechałem tego zamiaru. Listy są zawsze do kogoś, dziennik to listy do samego siebie. Ogromna różnica w formie. Do kogoś można mieć bardzo dużo entuzjazmu – którego się nie ma do samego siebie. Przeciwnie – dla siebie ma się zniecierpliwienie i coś w rodzaju pogardy. A przez to ominąłem bardzo wiele ciekawych zdarzeń, a jeszcze więcej ciekawych wrażeń[2]. Szczególniej Monachium było bardzo interesujące – w Starej Pinakotece spotkanie z Peruginem[3], Kandinsky[4] – a zwłaszcza przedstawienie *Dziennika* Anny Frank[5] w Monachium! To robiło bardzo duże wrażenie, zwłaszcza śmiertelna cisza po przedstawieniu i płacz tej młodzieży na widowni. Pewne rzeczy nie przeszły nad tym krajem (niegdyś nazywałem go „ukochany kraj"!) bezkarnie.

Wozzeck zrobił na mnie ogromne wrażenie.

Przedwczoraj znalazłem w starych papierach wiersz Miłosza *Sicilia sive Insula Mirandae* ofiarowany Hani na imieniny w 1943 roku. Cóż to za wiersz! Krótki, parę obrazów jakiejś szczęśliwej wyspy, niby obraz Claude'a Lorraine'a[6] – a zostawia wrażenie wręcz niebywałe. Cały dzień czułem się omyty tym wierszem, tak jakbym z samego rana zażył kąpieli w wannie zarzuconej fiołkami. Cóż to za poeta wspaniały, którego czaru zdefiniować niepodobna, jeden z największych poetów naszego zmaltretowanego świata. Oto ten wiersz:

Na morzu granatowym biała wyspa świta,
Ptaki lecące widzą jej oliwne gaje
I osiołka, na którym służąca, Artemis,
Jedzie do domu drogą między winnicami.
Jej panią jest Miranda. Dom stoi na wzgórzu.
Kiedy jeźdźcy na mułach wjeżdżają przed bramę
Wołają długo, dłonie składają przy ustach
I echo wtórzy echu: Mirando, Mirando.
Wyżej krater wulkanu nad zielenią lasów
I słońca wóz błyszczący toczy się po niebie.
Miranda schodzi w blasku. Pierścienie jej włosów
Ciemne na długiej sukni barwionej przez ciało.
Już wstępują na schody goście i w pokoju
Prowadzi ich, i woła klaszcząc: hej, Artemis,
Przynieś wina, weź tego co stoi na prawo.
A wtedy zasiadają na krzesłach rzeźbionych
Pod jej wzrokiem, podobnym do przymkniętej nocy.

Hania ma szczęście: litanię Jurka[7] też dostała na imieniny. W którym to roku? Chyba w 1925?

[1] 25 października 1957 Iwaszkiewicz wyjechał do Sztokholmu na Sesję Biura Światowej Rady Pokoju. Towarzyszyli mu Ostap Dłuski i prof. Stanisław Kulczyński. Obrady trwały do 29 października.

[2] O wrażeniach z tej podróży pisał Iwaszkiewicz w liście z 14 września 1957 do Wincentego Burka: „Potem byłem parę dni w Sztokholmie, tydzień w Monachium i dwa dni w Wiedniu. Podróż miałem dobrą i pogodę cudowną, zwłaszcza w Bawarii. Pierwszego listopada siedziałem na słońcu nad jeziorem Starnbergskim [Starnberger See – jezioro w okolicach Monachium] i opalałem się, ludzie w trykotach wiosłowali po wodzie i góry były niebieskie. Bardzo było ładnie i widziałem dużo rzeczy. Pierwszy pobyt w NRF nie bardzo mnie zresztą zachwycił, mnóstwo jeszcze tragicznych i złych rzeczy czai się tam po kątach, natyka się człowiek co chwila na to, pomimo pozornej niezwykłej prosperity. Widziałem dużo filmu, teatru i mnóstwo malarstwa, najrozmaitszego – i jeszcze jestem bardzo wrażliwy na to wszystko. W Sztokholmie też miałem doświadczenia najrozmaitszego rodzaju (spotkania z rosyjskimi pisarzami) – i wyniosłem z tych doświadczeń raczej smutne wrażenia" (W. Burek, J. Iwaszkiewicz, *Sandomierz nas połączył. Korespondencja z lat 1945–1963*, s. 145).

[3] Perugino, *Wizja św. Bernarda* (1490–94).

[4] Wassily Kandinsky (1866–1944) – rosyjski malarz, grafik, teoretyk sztuki; największy zbiór prac Kandinsky'ego znajduje się w Monachium, w Städtische Galerie im Lenbachhaus.

[5] *Dziennik* (1947, wyd. pol. 1957) Anny Frank (1929–45) to zapiski żydowskiej dziewczynki, ukrywającej się z rodzicami i znajomymi w czasie drugiej wojny światowej w centrum Amsterdamu. Ostatni zapis powstał 1 sierpnia 1944 roku – na trzy dni przed aresztowaniem i przewiezieniem do obozu koncentracyjnego wszystkich mieszkańców kryjówki.

W roku 1955 powstała na podstawie książki sztuka teatralna *Diary of Anne Frank* autorstwa Alberta Hacketta i Francesa Goodricha. Inscenizacja, na której był Iwaszkiewicz w Monachium, to *Das Tagebuch der Anne Frank*, wystawiana w teatrze Münchner Kammerspiele przez zespół Staatstheater Kassel. Tytułową rolę zagrała dwudziestoletnia wówczas Witta Pohl.

[6] Claude Lorrain, właśc. Claude Gellée (1600–1682) – malarz francuski okresu baroku; malował przede wszystkim pejzaże ze scenami pasterskimi, rybakami i wędrowcami; rejestrował blaski słońca na powierzchni morza, rozświetlone widoki portów.

[7] Mowa o wierszu Jerzego Lieberta *Litania do Marii Panny*, ofiarowanym przez poetę Annie Iwaszkiewiczowej na imieniny w 1925 roku. Muzykę do tego wiersza skomponował Karol Szymanowski.

15 grudnia 1957

Nagły śnieg, zima, dziesięć stopni mrozu. W domu jak zawsze choroby i kłopoty. W duszy niesmak z powodu Sejmu i z powodu zamierzonej jazdy do Moskwy, wszystko zresztą wydaje się nudne i niepotrzebne w tym zimowym dniu pełnym blasków i cichego piękna. Ach, gdyby można było zasnąć w tym śniegu i nie czuć. A tutaj do końca miotają człowiekiem niepokoje. Jasiunio [Wołosiuk] taki chory, płacze w swoim pokoju; trudno mi bardzo bez Jerzego, smutno mi w ogóle – i jakaś przykra, starcza pustka wewnętrzna. Pomyślałem sobie niedawno, że może być wiosna, że na kasztanach mogą być świeże liście i dreszcz mną wstrząsnął. Przecież to wszystko minie, trwogi i niepokoje, miłości i przywiązania. Uspokój się, stary, nie warto się przejmować. A tutaj wszystko tak przejmuje, tak sięga do głębi, tak rani – chce się płakać. Nad Polską płakać i nad swoim życiem, nad ludźmi moimi, nad tymi cudnymi polskimi ludźmi, którym tak trudno. Leszek Koł.[1], Janek Strz[elecki], Jurek Lis[owski], przecież to wspaniali ludzie, mogliby zbudować taki wspaniały kraj, ojczyznę myśli mojej. I wszystko się tak plącze. Ucieka człowiek mimo woli w muzykę, dziedzinę rozmiękczającą i szkodliwą, z którą walczyli wszyscy porządni ludzie na świecie: Platon, Orzeszkowa, Żdanow. Chyba nigdzie nie odbija się tak moje ubóstwo duchowe jak w tym dzienniku – tak nie umiem nic prawdziwego wymyślić i przemyśleć. To chyba i cała wada mojego pisarstwa, wszystko tam odczute, a nic nie pomyślane. Ale ja mam takie trudne życie, tak mi jest ciężko iść – gdzie mi jeszcze myśleć. Prawda? Żyć – to już bardzo wiele. Trzeba mi wybaczyć moje wszystkie niedomyślenia.

[1] Leszek Kołakowski (1927–2009) – filozof, historyk filozofii i myśli religijnej, eseista, publicysta, prozaik; w latach 1952–56 związany z linią ortodoksyjnego marksizmu, później przeszedł na pozycje rewizjonistyczne. Od 1954 do 1957 jeden z głównych publicystów i eseistów „Nowej Kultury" (członek redakcji do 1958) i „Po prostu"; w latach 60. współpracownik „Argumentów" i „Twórczości". W latach 1964––68 profesor UW oraz PAN. Po wydarzeniach marcowych 1968 pozbawiony katedry emigrował; od 1970 profesor uniwersytetu w Oxfordzie. Wydał m.in.: *Światopogląd i życie codzienne* (1957), *Świadomość religijna i więź kościelna* (1965), *Rozmowy z diabłem* (1965), *Kultura i fetysze* (1967), *Obecność mitu* (1972), *Główne nurty marksizmu. Powstanie – rozwój – rozkład* (t. 1–3 1976–78), *Czy diabeł może być zbawiony i 27 innych kazań* (1982). W roku 2002 napisał wstęp do angielskiego wyboru opowiadań Iwaszkiewicza *The Birch Grove and Other Stories* (Budapest 2002), opublikowany następnie w polskim przekładzie, w wersji nieco zmienionej (ze względu na polskiego czytelnika). Pisał w nim m.in.: „Znałem Iwaszkiewicza. Nie mógłbym powiedzieć, że byliśmy bliskimi przyjaciółmi (fakt, że mówiliśmy sobie po imieniu, o tym nie świadczy, gdyż był to zwyczaj bardzo rozpowszechniony w środowisku pisarskim, również wśród ludzi różnych pokoleń). Widywaliśmy się i rozmawiali głównie w jego biurze, w redakcji pisma «Twórczość», czasem w sąsiedniej kawiarni, czasem na zebraniach Związku Literatów. Rozmowy były zawsze przyjacielskie, bez śladu nieufności. [...] Był człowiekiem naprawdę głęboko i poważnie wykształconym – nie tylko w dziejach muzyki i literatury światowej, ale także w historii i kwestiach religijnych. Znał dobrze wiele języków, włączając język tak dla Polaka egzotyczny jak duński. Przez całe życie prawdziwie i dokładnie czytał książki, nie po to, by pisać z nich recenzje, ale by się nauczyć. Piszący niniejsze może się pochwalić, że Iwaszkiewicz przeczytał jego bardzo grube dzieło o całkiem egzotycznych sekciarzach i mistykach XVII wieku w Holandii, w Niemczech, we Francji i we Włoszech. Wiem, że przeczytał, bo dostałem od niego list z uwagami i podziękowaniem, napisał też w związku z tą lekturą kilka wierszy" (L. Kołakowski, *Nota o Iwaszkiewiczu*, w: tegoż, *Wśród znajomych. O różnych ludziach mądrych, zacnych, interesujących i o tym, jak*

czasy swoje urabiali, wybór i posłowie Z. Mentzel, Kraków 2004, s. 81–82). Wiersze, o których pisze Kołakowski, to *Status creaturae, Principium individuationis* oraz *Interminabilis vitae possessio*, opublikowane pierwotnie w „Twórczości" 1965, nr 9, a następnie włączone do tomu *Krągły rok* (1967). W pierwodruku były dedykowane Leszkowi Kołakowskiemu, w wydaniu książkowym bez dedykacji.

28 grudnia 1957

Wczoraj przeżyłem koszmarny wieczór z Jurkiem. Byłem z nim w Kameralnej, potem na imieninach u Jany Kasińskiej[1] i znowu z Jurkiem i Władkiem [Kuświkiem] w Saskiej (pusta i żałosna restauracja) na wódce. To, co mi mówił, i o czym się dowiedziałem nareszcie i co tłumaczy całe jego zachowanie – to koszmar. Poza tym przeziębił się wczoraj i miał silne kłucia w płucach. Wyglądał tak, że nawet cała ta piękność jego (Marysia mówi: piękny jak archanioł!) zaczyna znikać. Zupełnie jakby już leżał w trumnie, a gruźlicy tak się strasznie zmieniają po śmierci. Skóra ściągnięta koło ust i na skroniach, pergaminowo żółta. Zdaje się jest przestraszony, bo znowu sam mówi o urlopie i sanatorium. Ale to, co przeżywa wewnętrznie, jest gorsze od wszystkiego. Płakać mi się chce, gdy na niego patrzę. Zdaje się, że gruźlica już zjadła jego potencję i na tym polega tragedia, powód rozwodu. Tak mi go strasznie żal, nie mogę myśleć o nim. I wszyscy widzą w tym coś innego, wyrzuty robią mi zarówno Hania, jak Tadeusz [Częścik]. Potem powrót w nocy, w błoto, tą smutną ziemią, wśród tych chat i chałup niskich i szarych, gdzie śpią zmęczeni ludzie. Naprawdę chce się płakać – z tego wszystkiego. Dzisiaj telefonowałem, czuje się źle, jutro niedziela, będzie leżeć. Czy to już początek końca? To by było straszne. Myślałem jednak, że zdążę umrzeć pierwszy. Dałem mu swoją szpilkę do krawata z rubinem, cieszył się jak dziecko. Mówił, że to jest pierwsze złoto, jakie ma na własność, że nigdy w życiu nie miał nic złotego, ani on, ani jego żona. Szkoda mi było tej szpilki, bardzo do niej byłem przywiązany (*le rubis de l'élégance*[2]) – ale potem tak cieszyłem się, że mu ją dałem. Tak bym chciał przyczynić mu tych drobnych, nic nieznaczących radości. Kapelusz, w którym jest mu do twarzy, koszula z Monachium, ta szpilka – czy to może mu wynagrodzić ten krótki i smutny żywot? Ta odrobina starczej przyjaźni czy miłości – czy może mu zakryć oczy przed czarną przepaścią? Ach, biedny mój chłopiec, biedny. A on tak potrafiłby żyć. I to, że nie mogę do niego ani napisać, ani zatelefonować. Ach, Boże...

[1] Janina Kasińska – żona Ludwika Kasińskiego, prezesa SW „Czytelnik" w latach 1955–75.

[2] *Le rubis de l'élégance* (fr.) – elegancki rubin, tu: symbol elegancji.

31 grudnia 1957, 22.30

Kończy się rok. W moim „wierszu noworocznym" wydrukowanym w „Życiu Literackim"[1] jest to pytanie stawiane przez starca i przez dziecko, to wieczne moje pytanie (pamiętam, jak je zadałem mamie stojącej przy fortepianie w „starym domu"), to pytanie: „I to już wszystko?". Otóż muszę powiedzieć, że kończący się rok zadał kłam temu tragicznemu pytaniu: dał mi nowe rzeczy. Niewątpliwie w tkaninie tego dziwnego roku odnalazły się jakieś nieznane dotychczas mi tony, nieznane uczucia czy nawet barwy. I dlatego wydaje mi się, że *Wzlot* zabrzmiał tak mocno, jak tonami wielkiej orkiestry, rozbrzmiewającej *tutti*. Podróż do Kopenhagi, trzydniowa, niewątpliwie była nowym tonem w ogóle w moim życiu i wszystko, co w stosunkach z J[erzym Błeszyńskim] jest przyjaźnią i strachem śmierci wspólnym, jest czymś nowym. Myślę, że tym powinna zabrzmieć *Droga*[2] – nie tonami *Warkocza jesieni*, a czymś nieznanym dotychczas ani mnie, ani moim słuchaczom. Ach, chciałbym jeszcze tego dokonać w tym nadchodzącym, niepokojącym roku. To znaczy, żeby pokazać i poczuć, że to jeszcze nie „wszystko".

[1] J. Iwaszkiewicz, *Cztery wiersze noworoczne*, „Życie Literackie" 1957, nr 51/52. Utwór, o którym mowa, brzmi następująco:

Czy to ten sam człowiek
Kraje dziś chleb nożem
I niesie go ostrożnie do starczych ust,
Ten sam co mówił:
„Mamo, daj placuszka"?
I jakąż drogą szedł
Od chwili kiedy brał od matki drewniane naczyńka
I pytał: to już wszystko?
Do chwili kiedy od losu bierze

Ostatni uśmiech pogody
I siedząc na ławce przed domem
Pyta:
„To już wszystko?"

Podobny motyw zawiera wiersz ***Jak nas wtedy z tomu Krągły rok (1967).

² Projektowany cykl poetycki Droga, redagowany przez Iwaszkiewicza w latach 1957 (w Sandomierzu) – 1958 (w Rabce) nigdy się nie ukazał w zakładanej pierwotnie postaci. Poszczególne utwory zostały włączone do Ciemnych ścieżek (1957), Liryków (1959) i tomu Jutro żniwa (1963). W całości cykl został opublikowany w aneksie do książki Zbigniewa Chojnowskiego, Poetycka wiara Jarosława Iwaszkiewicza, s. 318–333.

1958

7 stycznia 1958
Najszczęśliwszym dniem mojego życia był niewątpliwie dzień 12 września 1947[1]. Była to pełnia rodzinnego życia, radość z chwilowo odnalezionej wiary czy jej pozorów, uczucie niesamotności – i ten tłum przyjaciół zebrany w ten słoneczny, pogodny, nieskazitelny dzień. Od tego czasu minęło dziesięć lat, jakże się przerzedził tłum przyjaciół (przez parę dni wtedy na Stawisku mieszkali Horzycowie, Parandowscy, Andrzejewscy[2], Paweł Hertz!) – i zupełnie już nie mam uczucia, że jestem z „kimś", idę z kimś. Hania tak bardzo odeszła ode mnie, zajęta wnukami, i nie rozumie mnie, i nie bardzo ją to obchodzi, co robię, i bardzo odczuwam moją samotność. Wczorajszy jednak dzień i na innej płaszczyźnie zupełnie inne przyniósł mi szczęście. Chyba właśnie szczęście to brak samotności, a ten dzień spędzony wczoraj z Jerzym w Brwinowie i Warszawie był potwierdzeniem naszej wspólnoty, czymś jak dwóch naczyń połączonych. Nasze wczorajsze rozmowy (byliśmy razem od 10.30 do 5.30! bez przerwy) były podobne do rozmów młodości, do czegoś, co się w tamtych czasach nazywało przyjaźnią. A jednocześnie ta pełnia życia, jak grono kaliny czerwone, pochylające się nad przepaścią. Z nim jest bardzo źle, ale chociaż nie myśleliśmy o tym, mówiliśmy mało, to się nie kładło cieniem na nasze bytowanie wspólne, tylko złotym światłem. Więc przeminiemy, oczywiście, że przeminiemy – ale wczoraj byliśmy, żyliśmy, byliśmy w pełni. Przyszedł do biura cały zaśnieżony i zaróżowiony, dlatego myślałem, że dobrze wygląda. Potem dopiero w Warszawie i w Bristolu zobaczyłem te fałdy koło ust i obciągnięcie skóry na skroniach. Okropnie wygląda. Ale był tak dobry, tak jasny w tym padającym bez przerwy śniegu, że to wszyst-

ko wydało się głupstwem, skoro się przeżyło taki j e d e n dzień. Wart on więcej niż sto dni szarzyzny, kłótni, nocników i dzieci. Radość bytu odczuta do samej głębi, chwała istnienia, chwała tworzenia, fanatyczny hymn życia w obliczu śmierci, urąganie śmierci. Mówił o dniach spędzonych ze mną w Krakowie, w Kopenhadze jak o bajce. Jakież szczęście, że mogłem mu to dać i że on mógł mi dać tyle. Dancing w Tivoli i ucieczka wśród gasnących lampionów – jakież to piękne. I nikt tego nie rozumie, tej radości i tego szczęścia. Wszyscy myślą, że to polega na rżnięciu w dupę! A przecież to już Sokrates wyłożył Alcybiadesowi, że nie na tym polega szczęście i radość, jakiej doznają dwaj mężczyźni z obcowania z sobą[3]. I przez tyle wieków nikt tego właściwie nie zrozumiał – i zawsze to interpretują poprzez gówno. Dlaczego człowiek musi być zawsze brudny? Sprawa ze śmiercią oczywiście z góry przegrana, ale jakimże potężnym tchnieniem miłości można jej odpowiedzieć. Tchnieniem miłości, która się staje hymnem radości. Właśnie: grona czerwonych kalin zwieszające się nad przepaścią. Życie nagle, raptem potrafi się zrobić takie cudowne. Nie widziałem dzisiaj okropnej pogody, topniejącego śniegu, śmierdzącego tłumu w kolejce. Serce skakało radością z takiego dnia, który był dopiero wczoraj. Jeszcze mogę uchwycić jego resztki, jeszcze mi pachnie, jeszcze dźwięczy mi dzień cudowny – choć ucieka niepowrotnie coraz dalej, coraz dalej. Boże, jakie szczęście, jaka radość. Dla jednego takiego dnia warto się męczyć lata całe. Nagła, choć chwilowa realizacja tego, co kiedyś nazwałem *le bonheur impossible des âmes*[4]. Bo przecież o dusze tu chodzi, nie o ciała, a raczej o całość człowieka, o integracje niesłychanych rozmiarów. Zapisałem wczoraj wieczorem w kalendarzyku: „Kto przeżył taki dzień jak ja dzisiaj, ten poznał zimny, kruchy i gorzki smak szczęścia".

---

[1] Na ten dzień przypadło srebrne wesele, hucznie obchodzone przez Jarosława i Annę Iwaszkiewiczów. „Urządziliśmy w Stawisku wielkie zbiegowisko, ale najbliższych przyjaciół zaprosiliśmy do naszego domu na parę dni: byli Parandowscy, Jerzowie Andrzejewscy, Horzycowie i Paweł Hertz (Antoni Słonimski był jeszcze w Londynie). Był wrzesień, ładna pogoda, wielki urodzaj jabłek. Jeszcześmy rachowali nasze rany, ale robiliśmy i dalekosiężne plany na przyszłość. Było nam zgodnie i dobrze. Zaliczam tych parę dni do najszczęśliwszych w życiu" (J. Iwaszkiewicz, *Aleja Przyjaciół*, s. 71). Do tego dnia Iwaszkiewicz nawiąże także w wierszu *Stary poeta* z

tomu *Mapa pogody*. Znacznie szczegółowiej uroczystość opisała Anna Iwaszkiewiczowa: „Po bardzo zimnych i pochmurnych dniach początku września 11-ego pod
wieczór wypogodziło się i ociepliło i 12-ego od rana dzień wstał tak przepiękny, tak
niebieski i pełen blasku słońca i rosy, tak cichy, a zarazem radosny, że wydawało się
to nam naprawdę jakimś szczególnym błogosławieństwem na tę naszą wielką rocznicę. Widok tego od dzieciństwa tak dobrze znanego ołtarza białego i złotego, teraz przy-
strojonego różowymi mieczykami, ten widok tak z bliska, kiedy znów jak w dzień
ślubu, 25 lat temu, staliśmy u jego stóp, to niewypowiedziane szczęście i pełnia, którą
dane mi było osiągnąć, czyż mogłam kiedy myśleć, że tego dostąpię? Tak, stwierdzam
to stanowczo, czułam się wtedy szczęśliwsza niż w dzień ślubu. Tyle za nami, tyle się
przeszło i taka straszliwa burza przewaliła się ponad światem, a my tu jesteśmy znowu, przed tym samym ołtarzem, ten sam ksiądz, który 25 lat temu złączył nasze ręce
stułą, wkłada nam teraz srebrne obrączki i przeżywamy szczyt szczęścia; oboje przyj-
mujemy Chrystusa do serca i wiemy, że teraz On błogosławi naszej miłości już na
wieczność całą. Tego dnia i w dniach następnych, kiedy tak wszystko to rozpamięty-
wałam znowu – i teraz z większą jeszcze słusznością niż dawniej – zastanawiałam się
nad tym, dlaczego tak bardzo, tak bezmiernie Bóg mnie obdarza. Grupka przyjaciół,
która oprócz dzieci, tj. Stachów, Tereni i sióstr była obecna, była niesłychanie wzruszona tą uroczystością, a najbardziej rozczulił mnie poczciwy ksiądz proboszcz [Fran-
ciszek Kawiecki], któremu ręce drżały ze wzruszenia i który w krótkim przemówieniu do nas po nabożeństwie parę razy zatrzymywał się, bo głos mu się załamywał.
Obecni byli na mszy Parandowscy, Andrzejewscy, mieli być Horzycowie, ale przyjechali dopiero po południu, za to z Krakowa przyjechał Mycielski, z rodziny mojej An-
drzejowie, matka, Jańcia Lilpopowa, przypadkowo poprzedniego dnia zjawił się Jurek
Łoziński, przyjaciel Staszka i naszych dziewczynek, była Janka Nowicka i Władko-
wie Kuświkowie, którzy na szczęście przyjechali na nasze wezwanie z Wrocławia.
Władek przy dużych przyjęciach w Kopenhadze był nieoceniony i teraz miał okazję
rozwinięcia całego swojego kunsztu *maître d'hôtela*. Po południu wszystko udało się
wspaniale. Jeszcze dodać muszę, że kiedy wróciliśmy z kościoła, służba czekała na
nas z chlebem i solą, a cały dom od frontu i weranda były pięknie udekorowane, a
napis na frontowym balkonie życzył nam doczekania złotego wesela. Muzyka przyszła już koło trzeciej i tańce na werandzie po trochu się rozpoczęły. Goście nasi za-
częli zjeżdżać od piątej. Dostaliśmy sporo ładnych prezentów i szalone ilości kwiatów; było przeszło sto osób, tak że mało z kim, a właściwie z nikim prawie nie rozma-
wiałam" (A. Iwaszkiewiczowa, *Dzienniki i wspomnienia*, s. 382–383).

[2] Jerzy Andrzejewski i jego żona Maria z d. Abgarowicz, 1 v. Czyściecka (1906–
–1971).

[3] Iwaszkiewicz ma zapewne na myśli końcowe akapity *Uczty* Platona.

[4] *Le bonheur impossible des âmes* (fr.) – nieosiągalne szczęście dusz.

12 stycznia 1958
Przed chwilą słuchałem koncertu Paderewskiego[1] i uważam, że to zupełnie ładna sztuka. Grał Drath[2], a dyrygował Czyż[3] – wykonanie było bardzo dobre. Pomyślałem sobie, ile jest „przyzwoitej" muzyki polskiej zupełnie zaniedbanej w dwudziestoleciu. Jakby się cieszył Olek Landau, z którym chcieliśmy założyć biuro koncertowe w 1926 roku. Chcieliśmy dużo uwagi poświęcić muzyce polskiej i tym nigdy niegranym kompozytorom, między nami mówiąc, lepszym od bardzo grywanych kompozytorów czeskich. Mówiliśmy o Statkowskim[4], Zarzyckim[5], Melcerze[6] (który był też z Kalisza, jak Olek). Teraz dopiero ich grają i okazuje się, że można ich grać, słucha się ich z przyjemnością. Koncert Paderewskiego bardzo dobrze brzmi, dobrze jest instrumentowany i bardzo efektowny.

Wczorajsza nagroda Marka H[łaski] i jej perypetie[7] bardzo mnie wzruszyły. Bardzo lubię Marka[8].

[1] I. J. Paderewski, *Koncert fortepianowy a-moll* op. 17 (1882–89).

[2] Jan Drath (ur. 1923) – pianista, pedagog; działalność estradową zaczął rozwijać w 1945. Występował w audycjach Polskiego Radia oraz we wszystkich placówkach filharmonicznych w kraju. Partnerowali mu m.in. tacy dyrygenci, jak Karol Stryja, Henryk Czyż, Stanisław Skrowaczewski.

[3] Henryk Czyż (1923–2003) – dyrygent, kompozytor i pedagog. W 1952 ukończył Państwową Wyższą Szkołę Muzyczną w Poznaniu, gdzie studiował kompozycję w klasie Tadeusza Szeligowskiego i dyrygenturę pod kierunkiem Waleriana Bierdiajewa. W latach 1952–53 dyrygował w Operze im. Stanisława Moniuszki w Poznaniu; w latach 1953–57 był drugim dyrygentem Wielkiej Orkiestry Symfonicznej Polskiego Radia, od 1957 do 1960 – kierownikiem artystycznym i pierwszym dyrygentem Filharmonii Łódzkiej, w latach 1961–62 – dyrygentem Opery w Warszawie, w latach 1963–67 – kierownikiem artystycznym i pierwszym dyrygentem Filharmonii Krakowskiej. Od 1962 do 1966 prowadził klasę dyrygentury w Państwowej Wyższej Szkole Muzycznej w Krakowie. Do jego uczniów należał m.in. Antoni Wit. W okresie 1971– –74 pracował jako Generalmusikdirektor w Düsseldorfie, od 1972 będąc równocześnie kierownikiem artystycznym i pierwszym dyrygentem Filharmonii Łódzkiej. W latach 1980–95 prowadził klasę dyrygentury Akademii Muzycznej w Warszawie. Skomponował m.in. *Kwartet* na instrumenty dęte (1949), musical *Białowłosa* (1962), operę komiczną *Kynolog w rozterce* (1965).

[4] Roman Statkowski (1859–1925) – kompozytor i pedagog muzyczny; prof. konserwatorium w Warszawie. Studia muzyczne z zakresu kompozycji odbył w Instytucie Muzycznym w Warszawie pod kierunkiem Władysława Żeleńskiego. Następnie przeniósł się do Petersburga, gdzie w tamtejszym konserwatorium studiował u Niko-

łaja Sołowjowa (kompozycja) i Nikołaja Rimskiego-Korsakowa (instrumentacja) – dyplom ze złotym medalem uzyskał w 1890. W 1903 zdobył I nagrodę za operę *Filenis* na międzynarodowym konkursie w Londynie. Rok później w Warszawie na konkursie kompozytorskim za operę do libretta opartego na treści poematu Antoniego Malczewskiego *Maria* zdobył także I nagrodę. W 1904 zamieszkał w Warszawie, gdzie został profesorem Instytutu Muzycznego – początkowo wykładał historię muzyki i estetykę, a od 1909, po śmierci Zygmunta Noskowskiego, prowadził również klasę kompozycji. Jego uczniami byli m.in.: Jerzy Lefeld, Jan Adam Maklakiewicz, Piotr Perkowski, Michał Kondracki, Kazimierz Wiłkomirski, Bolesław Szabelski.

[5] Aleksander Zarzycki (1834–1895) – pianista, kompozytor, dyrygent i pedagog. Początkowo studiował grę na fortepianie pod kierunkiem Rudolfa Viole'a w Berlinie, następnie kompozycję u Napoleona Henri Rebera w Paryżu. W 1866 zamieszkał na stałe w Warszawie, ograniczył występy, koncentrując się na własnej twórczości. W latach 1871–75 był pierwszym dyrektorem artystycznym nowo założonego Warszawskiego Towarzystwa Muzycznego. Będąc na tym stanowisku, zorganizował chór mieszany i męski, zainicjował urządzanie koncertów symfonicznych. W 1879, po śmierci Apolinarego Kątskiego, objął funkcję dyrektora Instytutu Muzycznego. Sprawował ją do 1888. Do 1892 był dyrektorem i dyrygentem chóru w Katedrze św. Jana. Jako pianista wystąpił jeszcze w 1894 w ramach koncertów abonamentowych Wrocławskiego Stowarzyszenia Orkiestrowego, a rok później w Warszawie.

[6] Henryk Melcer-Szczawiński (1869–1928) – pianista, kompozytor, dyrygent, pedagog muzyczny. W 1888 rozpoczął studia w Instytucie Muzycznym w Warszawie – w klasie fortepianu Rudolfa Strobla i kompozycję u Zygmunta Noskowskiego. W 1891, w ramach stypendium zagranicznego, wyjechał do Wiednia i do 1895 kontynuował naukę gry na fortepianie pod kierunkiem Teodora Leszetyckiego. Od 1895 do 1896 był profesorem klasy fortepianu w konserwatorium w Helsinkach. W 1897 objął klasę fortepianu w konserwatorium we Lwowie. W latach 1899–1902 stał na czele Łódzkiego Towarzystwa Muzycznego. W latach 1902–03 ponownie przebywał we Lwowie, gdzie był nauczycielem i dyrektorem szkoły muzycznej Heleny Ottawowej oraz drugim dyrygentem nowo powstałej Filharmonii Lwowskiej. W 1903 objął posadę profesora fortepianu w Konservatorium der Gesellschaft der Musikfreunde w Wiedniu. Jesienią 1907 wraz z rodziną powrócił do kraju i zamieszkał na stałe w Warszawie. Rok później został dyrektorem artystycznym Filharmonii Warszawskiej i sprawował tę funkcję przez jeden sezon. Od października 1915 do marca 1916 był kierownikiem artystycznym i dyrygentem Opery Warszawskiej. W styczniu 1922 został powołany na stanowisko dyrektora Konserwatorium Warszawskiego. W grudniu 1926 zrezygnował z funkcji dyrektora w proteście przeciw nieuzasadnionemu, jego zdaniem, pogwałceniu autonomii uczelni przez zarządzenie jej wizytacji ze strony ministra Wyznań Religijnych i Oświecenia Publicznego. Nie rozstał się jednak z uczelnią – pozostał profesorem klasy fortepianu. Jego uczniem był m.in. Aleksander Landau. Skomponował m.in. *Koncert fortepianowy nr 1 e-moll* (1893–94), *Trio fortepianowe g-moll* (1894), *Koncert fortepianowy nr 2 c-moll* (1897–98), *Sonatę G-dur* na skrzypce i fortepian (1907).

[7] Chodzi o uroczystość wręczenia Markowi Hłasce Nagrody Wydawców za tom

opowiadań *Pierwszy krok w chmurach* (1956). O towarzyszących jej okolicznościach pisze Maria Dąbrowska: „Zdaje się, że partyjni członkowie jury tak się bali, aby nie nagrodzono Andrzejewskiego, że nie tylko wszyscy zgodzili się na Hłaskę, ale dwu matadorów partyjnych: Bieńkowski i Żółkiewski, wygłosili entuzjastyczne przemówienia na cześć Hłaski. [...] Kiedy skończyło się posiedzenie owego jury, Iwaszkiewicz powiedział: «No, ale nasz sąd może wywołać komplikacje polityczne. Bo jakże to? Dwu ministrów, prezes Związku Nauczycielstwa, przedstawiciel PAN, prezes Związku Literatów, Komitet Pokoju – oto jakie instancje udzieliły nagrody Hłasce». Kiedy potem znaleziono Hłaskę (który gdzieś pił) i Jarosław wręczał mu czek i przemawiał, warto było widzieć jego twarz – wyglądała jak wybuch bomby jądrowej, zapewne bał się, co Moskwa powie na tę nagrodę. Kiedy skończył oficjalną króciutką przemowę, zawołał takim tonem: «Marek, chodź» – że siedzący koło mnie Paweł Hertz mruknął: «Jak to erotycznie zabrzmiało...». Rzeczywiście zabrzmiało to jak: «Chodź do łóżka!»" (M. Dąbrowska, *Dzienniki powojenne*, t. 3, Warszawa 1997, s. 272).

[8] „Czytałem jego nowele po włosku, po francusku, po czesku, po szwedzku... Porównują go z autorką *Pewnego uśmiechu*. Jednym tchem wymawia się nazwisko Hłaski i Saganki. Bardzo to jest błędne. Powierzchowna melancholia i beznadziejność Saganki mało mają wspólnego z twardą walką Hłaski o to, żeby można było na świecie żyć i kochać pięknie. Chyba tak można sformułować – w prymitywnej formie – zasadniczą treść opowiadań tego młodego moralisty. Bo Hłasko jest moralistą. Oczywiście, nie moralistą na miarę Dostojewskiego czy Conrada – jest moralistą na swoją własną miarę, na miarę Hłaski. Ma swoją własną – i wcale nie taką małą – szklankę, z której pije gorycz i piękno życia. Zarzucają mu, że jest degeneratem i gorszycielem. Rzeczywiście «słownik Hłaski», a raczej słownik osób występujących w jego opowiadaniach, jest bardzo brutalny. Ale to tylko szczegół. Zasadniczym pędem twórczym Hłaski jest umiłowanie czystości" (J. Iwaszkiewicz, *O nagrodach literackich*, „Twórczość" 1958, nr 2).

14 stycznia 1958

Spotkałem wczoraj Gucia Zamoyskiego. Żeni się po raz czwarty[1]. Powiedział mi (poznałem jego narzeczoną), że czuje się szczęśliwy jak dwudziestoletni chłopak. Trochę mnie zeźliły te starcze amory – niestety zobaczyłem, że to jest śmieszne i obiecałem sobie nigdy już nie pisać o tym w tym dzienniku.

---

[1] Czwartą żoną Zamoyskiego (trzy poprzednie to: Rita Sacchetto, Maneta Radwan, Bela Paes-Leme) była Hélèn z d. Peltier (ur. 1924) – profesor literatury rosyjskiej na uniwersytecie w Tuluzie, którą artysta poślubił w 1959 i z którą następnie zamieszkał w Saint-Clar-de-Rivière koło Tuluzy. Po śmierci Augusta Zamoyskiego w 1970 roku pisała o jego twórczości i organizowała wystawy jego prac.

16 stycznia 1958
Umarł Henryk Ulatowski[1]. W głowie mi się to nie chce pomieścić, to jest coś tak nieoczekiwanego i niemożliwego. Tyle rzeczy związanych było z tym człowiekiem. Ostatnio byłem dla niego niedobry, bo mnie niecierpliwił. Ale pomyśleć sobie, cała okupacja. Wszystkie transakcje placowe, wszystkie interesa. Nigdy nie zapomnę, jak byliśmy u niego drugiego dnia powstania i telefonowaliśmy do dworca EKD na Nowogrodzką i mieliśmy jeszcze te pierwsze dobre wiadomości. Patrzyłem na lipy przed kościołem i przypominałem sobie nasze z nim rozmowy. Bo to wiadomo, że Pan Bóg jest wszędzie, ale Ulatowski tylko w kościele. Jaki zacny, jaki dobry był człowiek. Jak mi go będzie brakowało. Zawsze myślałem: jak umrę, to Ulatosio wszystko załatwi, on Hani pomoże. A tymczasem zostajemy jak bez ręki. Co za straszny smutek. Chłopcy są zupełnie zmiażdżeni.

[1] Henryk Ulatowski – podkowianin, prowadził sprawy majątkowe Iwaszkiewiczów.

26 stycznia 1958
Wczoraj premiera *Marii Stuart* Słowackiego w Teatrze Polskim z Niną Andrycz[1]. Co za toalety! Siedzieliśmy z Marysią w loży obok Parandowskich. I nagle w czasie akcji to uczucie, że mnie to wszystko j u ż nie interesuje. Czterdzieści pięć lat chodzę do tego teatru – z dawnych został tylko Szyfman i woźny teatralny Stanisław – i zawsze sprawiało to mi taką przyjemność. Premiera, znajomi, przyjaciele, plotki. A tutaj – wygaśnięcie wszelkich zainteresowań. Odsuwa się wszystko ode mnie, gdzieś w jakiś cień, coraz dalej, coraz głębiej. Bo to wszystko nie ma żadnego znaczenia. Śnią mi się gwiazdy, przestrzenie, dziury w niebie. A Nina, Inek Gogolewski, Jasiukiewicz[2]... to przecież szyderstwo. Zrobiło mi się bardzo smutno i chciało mi się pójść spać. Żałosny jest koniec życia ludzkiego.

Andrzejewski wczoraj „po pijaku" powiedział, że byłem najpiękniejszą polską postacią w czasie okupacji. A potem co? Zbrzydłem?

[1] Nina Andrycz (ur. 1915) – aktorka; od 1935 roku występowała w Teatrze Polskim, z którym związała się na stałe. Jej pierwsza słynna rola to Solange w *Lecie w Nohant* (1936) Iwaszkiewicza. Predestynowana do ról tragicznych i kultywująca tra-

198

dycyjny warsztat aktorski, występowała głównie w repertuarze klasycznym i romantycznym. W *Marii Stuart* Juliusza Słowackiego (reż. R. Zawistowski, scen. O. Axer) grała tytułową rolę. Do jej najbardziej pamiętnych ról należą ponadto: Lady Milford w *Intrydze i miłości* Schillera (1951, 1969), Natalia Pietrowna w *Miesiącu na wsi* Turgieniewa (1955), Elżbieta Valois w *Don Carlosie* Schillera (1960). Występowała także w Teatrze TV (m.in. *Dama kameliowa* Aleksandra Dumasa, 1959, reż. A. Hanuszkiewicz) oraz w filmach; w serialu telewizyjnym *Sława i chwała* (1997, reż. K. Kutz) wcieliła się w księżnę Annę Bilińską. Jest autorką zbioru poezji *To teatr* (1983), powieści autobiograficznej *My, rozdwojeni* (1992) oraz wspomnień *55 lat w Teatrze Polskim w Warszawie 1936–1991* (1991).

   ² Stanisław Jasiukiewicz (1921–1973) – aktor; w latach 1949–55 występował w Teatrze Dramatycznym we Wrocławiu. Początkowo obsadzany był przede wszystkim w rolach amantów. Jesienią 1955 zagrał z wielkim powodzeniem Gustawa-Konrada w *Dziadach* w Teatrze Polskim w Warszawie i od tej pory związał się z tą sceną do końca życia. W okresie warszawskim przeważnie grał role z repertuaru romantycznego, m.in. występował w sztukach Juliusza Słowackiego: jako Henryk Darnley w *Marii Stuart* (1958), Zbigniew w *Mazepie* (1958), ksiądz Negri w *Beatrix Cenci* (1959), Semenko w *Śnie srebrnym Salomei* (1963). Podejmował się również interpretacji postaci charakterystycznych, komediowych a nawet groteskowych. W filmie debiutował w roli żołnierza radzieckiego (*Miasto nieujarzmione*, 1950, reż. J. Zarzycki). Ponadto zagrał m.in. Ulricha von Jungingena (*Krzyżacy*, 1960, reż. A. Ford), Chrząszczewskiego (*Matka Joanna od Aniołów*, 1961, reż. J. Kawalerowicz), przeora Kordeckiego (*Potop*, 1974, reż. J. Hoffman). Występował także w filmach telewizyjnych, m.in. jako Stanisław Kos („West") w serialu *Czterej pancerni i pies* (1966, reż. K. Nałęcki).

Rabka, 18 lutego 1958[1]

Pochlebne, nader pochlebne opinie o *Wzlocie* mam od Grydzewskiego[2], Jeleńskiego[3], Modzelewskiej[4], Jastruna[5], Zawieyskiego, Sławka Kryski, Wata, Janka Strzeleckiego, trochę przygodnych znajomych (Wiktorczyk[6]). Ale co mnie najbardziej umocniło w przekonaniu, że to jest dobre: Hłasce nie podoba się, Jerzy Andrzejewski nie rozumie, o co mi chodzi w tym opowiadaniu, a Marysia Brandysowa[7] nie miała jeszcze czasu przeczytać...

   ¹ Iwaszkiewicz przebywał w Rabce od 17 lutego do 30 marca.
   ² Mieczysław Grydzewski w liście z 2 lutego 1958 roku pisał: „Drogi Jarosławie. Szperacz (Maria Danilewiczowa) dał dużą notatkę [*Znakomita nowela*, „Wiadomości" 1958, nr 8] o Twoim opowiadaniu w «Twórczości». Bardzo Ci tego opowiadania winszuję. Byłbym zmartwiony, gdybyś przypuszczał, że ze względu na różne niedopowiedzenia i akcenty, które mogłyby mi jako emigrantowi odpowiadać. Broń Boże:

to w tym wypadku drugorzędne. Uważam, że rzecz w swojej «historiozoficznej» kondensacji, w ukazaniu w skrócie tragedii całego pokolenia, w naturalności i prawdzie narracji jest majstersztykiem.

Słonimski swego czasu przesadził, twierdząc, że cały Giraudoux nie jest wart jednej linijki ukraińskiej prozy Iwaszkiewicza, ale ja nie przesadzę, że cała literatura tutejszych *angry young man* nie jest warta jednej linijki tego przejmującego monologu. Uściski serdeczne. M." (M. Grydzewski, J. Iwaszkiewicz, *Listy 1922–1967*, oprac. M. Bojanowska, Warszawa 1997, s. 121).

[3] W liście do Iwaszkiewicza z 26 stycznia 1958 roku Jeleński nazwał *Wzlot* „straszną, piękną i głęboką rzeczą", a w kolejnym, z 6 lutego, pisał: „Trans znać na *Wzlocie*, jeśli transem nazwać tę niemal bezpośrednią komunikację z jakąś rzeczywistością, którą jest chyba każda wielka twórczość. Bardzo żałuję – nie dla «Preuves» nawet, dla siebie, miałem taką na to ochotę – że zdecydowałeś się to dać do «Lettres Nouvelles». O *Wzlocie* mówiłem z Bloch-Michelem, który jest (po plajcie «Demain») redaktorem literackim «Preuves» [...]. Bloch-Michel oblizywał się już na to od ucha do ucha i trochę mi żal, że będę musiał mu powiedzieć, że te winogrona zostaną zielone, B[loch]-M[ichel] jest największym przyjacielem Camusa [...] i miał ochotę prosić Camusa o coś w rodzaju «odpowiedzi» czy komentarza. Nie wiem zresztą, czy by coś z tego wyszło, bo Camus jest jedynym bodaj francuskim pisarzem, który swej twórczości nie komentuje" (Jarosław Iwaszkiewicz, Teresa Jeleńska, Konstanty A. Jeleński, *Korespondencja*, s. 70–71). Zgoła odmienną opinię wyrażał Jeleński ponad dwie dekady później, gdy w szkicu poświęconym *Dziennikowi pisanemu nocą* Herlinga-Grudzińskiego określił *Wzlot* Iwaszkiewicza mianem noweli „najsłabszej chyba w jego dziele, obok *Felka Okonia*" (K. A. Jeleński, *Portret dekady z wizerunkiem autora w lewym rogu*, „Kultura" 1981, nr 3).

[4] Jarosław Iwaszkiewicz pisał z Rabki do żony: „Zastałem tu dużo listów – m.in. od Gryca, od Jeleńskiego i od Marii Dąbrowskiej – wszystko o *Wzlocie* – zaczyna mnie to nudzić już. Przecież ja i inne rzeczy pisałem. Dąbrowska pisze, że Natalia Modzelewska twierdzi, że «wielki» Iwaszkiewicz zaczyna się od *Wzlotu*. Ki diabeł!" (list z 17 marca 1958, rękopis w archiwum Muzeum im. Anny i Jarosława Iwaszkiewiczów w Stawisku).

[5] Mieczysław Jastrun napisał w liście z 5 lutego 1958 roku: „[...] Twoje opowiadanie, odpowiedź Camusowi – znakomite, również ma smak zapisanego autentyku. Niestety, jest ono aż nazbyt prawdziwe" (*Jarosław Iwaszkiewicz, Mieczysław Jastrun – listy*, oprac. R. Romaniuk, „Twórczość" 2002, nr 2).

[6] Zenon Wiktorczyk (1918–1997) – satyryk, konferansjer, reżyser teatralny. Największą popularność przyniosła mu praca w radiu. W latach 1950–68 kierował Redakcją Humoru i Satyry, w latach 1973–83 Redakcją Rozrywki. Był autorem słuchowisk, audycji satyrycznych i programów estradowych, a także współtwórcą, konferansjerem i jednym z wykonawców audycji „Podwieczorek przy mikrofonie", nadawanej nieprzerwanie od 1958 do 1989 roku. Założył działający w latach 1954–63 kabaret „Szpak". W 1956 roku otworzył Teatr „Buffo", którego był pierwszym dyrektorem. Ma na swoim koncie jeden występ w filmie: w *Misiu* Stanisława Barei (1980)

zagrał ministra Władka Złotnickiego, który wypowiada kwestię: „Wszystkie Ryśki to porządne chłopaki" – jeden z kultowych cytatów z tego filmu.
[7] Maria Brandys z d. Zenowicz (1916–2007) – tłumaczka, żona Kazimierza Brandysa. Przełożyła m.in. *Żaluzję* Alaina Robbe-Grilleta (1957, wyd. pol. 1975).

20 lutego 1958
Jak przeglądam za sobą wszystkie moje imieniny[1], chyba nie znajdę równie samotnych jak dziś. Nawet w 1936 roku (dwadzieścia dwa lata temu!) jakoś coś się zrobiło, córki mi przyniosły klasyczne rysunki i było jakoś lżej. Nie wzdycham do tego, co było cztery lata temu[2], to było niepotrzebne i zbyt „pyszne". Prawdziwy pisarz nigdy by na to nie pozwolił. Wtedy zresztą nie byłem jeszcze prawdziwym pisarzem i powiedziałem prawdę, że jeszcze n i c nie napisałem. Dopiero od pierwszego tomu *Sławy i chwały* zaczyna się moje prawdziwe pisarstwo. Ale tu nie chodzi o sprawy pisarskie. Nigdy po ludzku nie było mi w ten dzień tak smutno jak dzisiaj. Może właśnie w 1937 roku tylko. Ale mam te same troski co wtedy i jeszcze trochę więcej. Stan nerwów Hani bardzo ciężki. Trudno jest wytrzymać – trzy dni, które ona była na Stawisku przed wyjazdem moim do Rabki, były straszne. Córki takie strasznie obce i obojętne. Zadowoliły się dziś depeszami. Nawet Teresa nie osobną, ale wspólną z Hanią. A przecież jeżeli się kogoś kocha, to się do niego nie depeszuje – tylko pisze. Ale nawet sobie nie mógłbym wyobrazić listu na przykład od Marysi. Drugi wielki smutek to Jurek. Nie miałem nic od niego, chociaż obiecał napisać w poniedziałek zaraz po wizycie u lekarza. Zresztą jest mi wszystko jedno, czy pisze, czy nie pisze. Mam ciągle to okropne wrażenie, że on przefajdał życie. Przez swą lekkomyślność zatracił tę cherubińską urodę, swoje zdolności organizacyjne, swoją inteligencję, swój niezwykły, taki spokojny charakter, żonę, dziecko, przyjaciela. Wszystko tak jakoś głupio przepuścić. I co on z tego ma? Patrzę na jego fotografię (żadna z jego fotografii nawet w części nie oddaje tej fascynującej urody) co chwila, postawiłem sobie ją tak, aby moje oczy padały na nią zaraz po przebudzeniu – i powiadam sobie: co ci po tym?
Jego już nie ma, nie było. Ach, to okropne.
Ostatnie tygodnie to jakaś galopada i koszmar, przewoziny Jurka do

Warszawy[3], idiotyczne posiedzenia komisji sejmowych, jeżdżenie na ten zapadły Mokotów, kolacja w Krokodylu, gdzie wyglądał jak anioł, a potem ten straszny atak nerkowy[4] i ten strach mój i jego, pijany facet, który nas zaczepiał przy taksówce, dwa wieczory autorskie, redakcja, telefony o *Wzlocie* i największe superlatywy, jakie w życiu słyszałem, ten odjazd, ostatni pobyt na Mokotowie, gdzie on wyglądał jak z trumny wyjęty, jego ostatnie spojrzenie przez okna, zabawa w Brwinowie[5], ordynarna ale poczciwa serdeczność Tadeusza [Częścika] – to wszystko jeszcze kłębi się we mnie i nie może uspokoić jak zbełtane pomyje. Życie chwilami jest przerażające. I ta pustka, i cisza tutaj: że sam, że sam, że sam. Tyle ludzi i ani jednego człowieka. Płakać się chce. I płaczę. Tak jak wtedy w dzień urodzin Jurka, pierwszy raz w jego samotnym mieszkaniu. Nie powinienem był tego robić; nie trzeba go peszyć. Trzeba go mężnie odprowadzić do grobu, jak Jedermanna[6], i samemu się położyć. Ciągle myślę o Sienkiewiczu, który miał siłę pisać najlepsze partie *Potopu* u łóżka konającej, ukochanej żony. To była wiara w swoje pisarstwo, swoje posłannictwo. Niestety ja tej wiary nie mam. I dlatego mi jest tak strasznie ciężko, nim się w te groby ułożymy.

Przyroda znośna, pada śnieg. *Des pas sur la neige*[7]. To słyszałem właśnie tutaj. Mniej więcej taki nastrój mój, jak tego preludium.

---

[1] Iwaszkiewicz, który na chrzcie otrzymał imię Leon, obchodził imieniny 20 lutego wraz z urodzinami.

[2] 20 lutego 1954 roku w Domu Literatury w Warszawie odbyła się uroczystość 60--lecia urodzin i 40-lecia pracy twórczej Jarosława Iwaszkiewicza. Minister kultury i sztuki Włodzimierz Sokorski udekorował Iwaszkiewicza Krzyżem Komandorskim z Gwiazdą Orderu Odrodzenia Polski, przyznanym przez Radę Państwa w uznaniu dla jego zasług jako pisarza, poety i działacza obrony pokoju. Następnie wygłosiła przemówienie Maria Dąbrowska (zob. M. Dąbrowska, *Jarosław Iwaszkiewicz*, „Nowa Kultura" 1954, nr 9). „W miarę jak mówiła, nastrój w sali podnosił się coraz bardziej, przemówienie jej było piękne i mądre, chociaż nie ze wszystkim bym mógł się zgodzić [...] – pisał Jarosław Iwaszkiewicz do Wiesława Kępińskiego w liście z 23 lutego 1954. – Po przemówieniu Dąbrowskiej podszedł do mnie jakiś porucznik i wręczył mi duży bukiet liliowych bzów i różowych goździków i dużą kopertę zaadresowaną odręcznie: były to kwiaty i list od Bieruta. List zawiera tylko jedno zdanie życzeniowe, ale zawiera przy tym słowa, że są one połączone z «głębokim szacunkiem» dla mnie – co jest dla mnie najwyższym wyrazem uznania i aprobatą mojego postępowania" (cyt. za: W. Kępiński, *Sześćdziesiąty pierwszy*, Warszawa 2006, s. 83). Krótkie przemówienia wygłosili także Leon Kruczkowski, który otwierał uroczystość, Ostap

Dłuski oraz Zygmunt Mycielski. Jan Kreczmar deklamował *Panny z Wilka*, *Plejady*, *Westchnienie* i *List do prezydenta Bieruta*, a Zofia Małynicz recytowała *Ikara* i *Podróż do Patagonii*. Następnego dnia w Stawisku odbyło się wystawne przyjęcie na sześćdziesiąt osób.

³ Chodzi o przeprowadzkę Jerzego Błeszyńskiego do wynajętego pokoju w willi przy ulicy Ludwika Idzikowskiego na Mokotowie. Przeprowadzka odbyła się w połowie stycznia 1958 roku.

⁴ Według zapisów kalendarzowych Iwaszkiewicza, zarówno kolacja w Krokodylu, jak i atak nerkowy miały miejsce 13 lutego.

⁵ Mowa o balu karnawałowym, który odbył się w Brwinowie 15 lutego.

⁶ Jedermann (Everyman, Każdy) – postać z moralitetów średniowiecznych, symboliczny reprezentant człowieka (natury ludzkiej); współcześnie motyw wyzyskany w jednoaktówce Hugona von Hofmannsthala *Jedermann* (1911). Zob. też przypis nr 3 na s. 85.

⁷ C. Debussy, *Des pas sur la neige* (*Kroki na śniegu*, 1910).

21 lutego 1958

Żadnej wiadomości. Trzeba się do tego przyzwyczajać. Najokropniejszą rzeczą jest świadomość, do której doszedłem na drodze logicznego rozmyślania, że jedynym rozwiązaniem wszystkiego, najmniej tragicznym, byłaby śmierć Jurka. Rozumiem teraz, że można popełnić zbrodnię z miłości – i aby się już tak nie męczyć. Oczywiście to jest dostojewszczyzna, ale rozumiem ten stan ulgi, którego doznawał – nie ulgi, szczęścia – którego doznawał i Rogożyn, i Myszkin na widok trupa Nastazji Filipowny. Bo co może być dalej, jeżeli będzie żyw i zdrów? Ożeni się z panią Rajską, ja też odwrócę się od wszystkiego, zestarzeję się, zgorzknieję do reszty – i znowu gdzieś zapodzieją się te spotkania o zmierzchu w świerkowej alei, kolacje przy czerwonym winie, szpilki z rubinami, ukrywanie oczu i uczuć, jak tyle ich się zapodziało, tyle zmarniało i schowało się – i o których już nie pamiętam. Okropne jest mieć naturę tak pełną afektów i tak przemijających burz. Pisałem już w dzienniku takie rzeczy odnoszące się do spraw, traw i kwiatów, „których już nie ma". I znowuż ta cała przyjaźń – bo przyjaźń jest istotą tego stosunku – z Jurkiem ma się przerodzić w nicość: zatrzeć, zagubić? Te wszystkie wiosny, te spotkania, te rzadkie jego powiedzenia konstatujące: a to już jest pięć lat, a to wtedy na pustych ulicach Kopenhagi, a to wtedy na twoim odczycie w Nowej Hucie... wszystko ma zniknąć w codziennym zapomnieniu, w jego nowym małżeństwie, w banale warszawskiego życia, to całe piękno i cała pasja, którą żyje *Wzlot*? A jeżeli umrze – ten wielki, potworny, rozdzierający ból – przecież lepszy od tych „bólików", targań, szarpań, które się zmieszają wreszcie w pospolity smutek. *Bonjour tristesse*[1] – jak napisałem sobie na lustrze – z Dostojewskiego w... Sagankę[2]. Ach, jakże jest ciężko żyć z młodym sercem, zaczynając sześćdziesiątą piątą wiosnę. Płakać się chce – i płaczę. Jak napisałem wczoraj. Ale chce mi się łez gorących, gęstych jak burza letnia – a nie załzawionych, jesiennych oczu.

Podejrzewam, że toczy się wokół mnie jakaś wielka, paskudna intryga.

Trzeba milczeć. Trzeba być mężnym, Jarosławie.

[1] F. Sagan, *Bonjour tristesse* (1954, wyd. pol. *Witaj smutku* 1956).
[2] Françoise Sagan, właśc. F. Quoirez (1935–2004) – pisarka francuska, autorka powieści psychologicznych, m.in. *Pewien uśmiech* (1956, wyd. pol. 1967), *Wszystkie drogi prowadzą do nieba* (1991, wyd. pol. 1992).

27 lutego 1958
Czytam tutaj, jak przed rokiem, *La jeunesse d'André Gide*, tylko teraz drugi tom. I znowu przychodzi mi to samo na myśl. Jaką obfitość materiałów oni mają, jakie masy rzeczy niewydanych, przechowywanych w rozmaitych bibliotekach i w zbiorach prywatnych. Na wszystko mają cytat z listów Gide'a, do Gide'a, jego matki, narzeczonej, przyjaciół, znajomych, Schwoba[1], Prousta, Valéry'ego – bez końca. Toteż tu można napisać biografię. Myślałem o sobie. Do mojej biografii, do biografii mojej młodości, materiałów zupełnie nie ma. Wszystkie listy do Zosi Świerczyńskiej, olbrzymi materiał – przepadły. Wszystkie listy do Karola[2], wszystkie listy do Koli Niedźwiedzkiego. Ale tutaj przynajmniej zachowały się ich listy do mnie: Zosi, Koli, Karola – przynajmniej z tego można będzie coś wnioskować. Ale całe partie, które przepadły na wieki, moja korespondencja z Jurą Mikłucho-Makłajem, listy do Cesia Peszyńskiego, listy do Józia Świerczyńskiego, listy do Olka Landaua, do Jurka Lieberta – wszystko przepadło[3]. Jakiś mój przyszły biograf będzie się musiał zadowolić moimi „wspomnieniami", niepo-

partymi żadnymi dokumentami. A przecież *Si le grain ne meurt*[4] daje zupełnie fałszywy obraz, dawałoby fałszywy obraz młodości Gide'a, gdyby nie rektyfikacja tysiąca tych fałszywych twierdzeń przez listy. Ostatecznie trzeba jeszcze i to powiedzieć, że nieprędko ktoś będzie się interesował moją biografią tak, jak się Francuzi interesują biografią Gide'a. Jeżeli dotychczas nie mamy biografii Sienkiewicza czy Orzeszkowej, nie mamy dobrej książki o Żeromskim, to co tam jest martwić się o to, że do mojej biografii mało będzie materiałów.

Żyję (o ile to można nazwać życiem) bez żadnych wiadomości o Jurku. Dochodzę do szału. Zaciskając zęby, przymuszam się do pracy – ale jakież będą jej wyniki w takich warunkach?[5] Jak nikt nigdy o mnie p r a w d z i w i e nie pomyśli za życia, cóż mówić – po śmierci.

[1] Marcel Schwob (1867–1905) – pisarz francuski; eseista i krytyk o rozległej erudycji; autor m.in. zbiorów opowiadań opartych na motywach orientalnych, z elementami fantastyki i grozy (*Żywoty urojone* 1896, wyd. pol. 1924), poematów prozą (*Księga Monelli* 1894, wyd. pol. 1907), a także prac z zakresu kultury średniowiecza oraz przekładów z języka angielskiego (m.in. przełożył *Makbeta* Szekspira oraz *Moll Flanders* Daniela Defoe). Jego wielką pasją było badanie życia i dzieła François Villona.

[2] Część listów Iwaszkiewicza do Karola Szymanowskiego zachowała się, o czym świadczy zebrana i opracowana przez Teresę Chylińską *Korespondencja. Pełna edycja zachowanych listów od i do kompozytora* (t. 1 1982, t. 2 1994, t. 3 1997, t. 4 2002).

[3] Na marginesie dopisane przez Iwaszkiewicza: „wszystkie listy do Miecia Rytarda, wszystkie listy do Józia Rajnfelda".

[4] A. Gide, *Si le grain ne meurt* (1924, wyd. pol. *Jeżeli nie umiera ziarno* 1962) – autobiografia André Gide'a, która spotkała się z ostrą krytyką.

[5] Podczas pobytu w Rabce Iwaszkiewicz pracował nad ostatnimi rozdziałami trzeciego tomu *Sławy i chwały*. Opracował około stu stron.

28 lutego 1958
Życie osób, które kochamy i które żyją blisko nas, da się porównać do życia dżdżownic. Dżdżownice mają jakieś tam swoje życie podziemne, ale my go nie znamy. *One cannot control the life of a* dżdżownica[1]. Tylko od czasu do czasu wychodzą na wierzch ich odchody: tu jakiś syfilis, tu jakaś gruźlica, tu jakaś skrobanka, tu podbite sińcem oko, tu awantura z opieką nad kawiarnią, gdzie chodzą gołe dziwki. My tylko

to widzimy, to odczuwamy. A co jest ich prawdziwym życiem, nie dowiemy się nigdy, nigdy, pomimo największej naszej miłości i choćbyśmy życie za tę wiedzę o nich oddali!

[1] *One cannot control...* (ang.) – Nie można kontrolować życia dżdżownicy.

4 marca 1958
Jak kupowaliśmy z Jurkiem w Kopenhadze łódeczki, podgrzewane spirytusem w kostkach...

17 marca 1958
„Tym razem nie pojedziemy do Madrytu" – jak mówi Robert Jordan[1].

[1] Robert Jordan – bohater powieści Ernesta Hemingwaya *Komu bije dzwon* (1940, wyd. pol. 1957). Słowa, które Jordan, mając świadomość nadchodzącej śmierci, kieruje do Marii, w przekładzie Bronisława Zielińskiego brzmią następująco: „Nie pojedziemy teraz do Madrytu, ale gdziekolwiek się znajdziesz, ja zawsze będę przy tobie" (E. Hemingway, *Komu bije dzwon*, Warszawa 1957, s. 621).

20 marca 1958
Nie wiem, jak wrócę do Warszawy. Splot spraw i interesów, jakie przeżyłem w ciągu tego tygodnia, co tam bawiłem[1], przechodzi wszelkie pojęcie, staje się nie do opanowania dla starego człowieka. Jubileusz Wójcikowskiego[2] – ale przedtem od rana czekanie na telefon Jurka do trzynastej! Okazało się, że telefon tam zepsuty, potem obiad w Kameralnej, gdzie skonstatowałem potworny jego wygląd i zniechęcenie do życia, potem niedobre popołudnie w jego mieszkaniu z koszmarnym profesorem Pietraszkiem. Jubileusz – *tout Varsovie*[3] (jakie mizerne teraz) – a potem cały tydzień taniec: Romek Totenberg[4], koncert symfoniczny[5], przyjęcie u nas[6], komedia z Czechami w PKOP[7], posiedzenie Sejmu[8], śmierć kota[9] – i codzienne widywanie się z Jurkiem, chorym, złym, rozdrażnionym, prześladowanym przez prokuratorów, rozpacz zupełna, noce bezsenne, głupie pijaństwo z Austriakiem[10], wieczór w

Bristolu (nazajutrz telefon do Jurka od jego znajomej, przestrzegający przede mną), kwestie pieniężne (Hania, Teresa, Tadeusz), zmartwienie u Wiesia – jednym słowem farandola[11] z tych najgorszych. Jak żyć? Jak to jakoś ułożyć, aby było choć trochę spokojniej? Atak Heli [Iwaszkiewiczówny], nerwy Hani, kłótnia Janków[12], pożyczka 10 000 dla Stacha [Włodka], rozhowory z cenzurą, stałe opóźnianie numerów – o Boże, daj to wytrzymać.

[1] Między 8 a 16 marca Iwaszkiewicz przebywał w Warszawie, po czym wrócił do Rabki.

[2] Leon Wójcikowski (1899–1975) – tancerz, choreograf, pedagog, uważany za jednego z najwybitniejszych tancerzy charakterystycznych pierwszej połowy XX wieku. Od 1915 do 1929 roku tańczył w Ballets Russes Sergiusza Diagilewa, gdzie od sezonu 1921/22 – po sukcesie odniesionym w nagłym zastępstwie w tytułowej roli w *Pietruszce* – został solistą. Z czasem stał się pierwszym tancerzem charakterystycznym tego zespołu. W 1928 roku rozpoczął w Londynie pracę pedagogiczną, udzielając lekcji tańca klasycznego. W latach 1935–36 prowadził własny zespół Les Ballets de Woizikovsky, z którym występował w Hiszpanii, Francji, Anglii i Niemczech. W sezonie 1938/39 był kierownikiem artystycznym Polskiego Baletu Reprezentacyjnego. W latach 1947–50 był pierwszym tancerzem w Teatrze Nowym, w latach 1950––52 kierownikiem baletu i choreografem Opery im. Moniuszki w Poznaniu. Od 1952 do 1959 roku pracował jako choreograf w Operze Warszawskiej, gdzie w latach 1953––55 był również kierownikiem baletu.

Jubileusz 40-lecia pracy artystycznej Wójcikowskiego obchodzony był w Operze Warszawskiej 8 marca 1958 roku. Protektorat nad uroczystością objął minister kultury i sztuki Karol Kuryluk. Centralnym punktem ceremonii była premiera widowiska baletowego, na które złożyły się rekonstrukcje trzech utworów z repertuaru zespołu Diagilewa: *Szeherezady* Rimskiego-Korsakowa, *Popołudnia Fauna* Debussy'ego i *Pietruszki* Strawińskiego. Jubilat, sprawując pieczę nad stroną choreograficzną przedstawienia, przypomniał widzom układy taneczne Michała Fokina. Dekoracje Izabeli Konarzewskiej i Anny Zakrzewskiej opierały się w znacznej mierze na dawnych wzorach Baksta i Benoit. Po przedstawieniu i licznych przemówieniach sala odśpiewała jubilatowi chóralne „sto lat".

W 1960 roku Wójcikowski wyjechał do Włoch, w kolejnych latach był m.in. pierwszym tancerzem i choreografem w London's Festival Ballet, choreografem opery w Kolonii, a także cenionym pedagogiem w Kolonii, Antwerpii i Bonn. W 1972 roku powrócił do Polski, gdzie pracował jako pedagog w Operetce Warszawskiej. Od 1974 roku do końca życia był choreografem i pedagogiem w Teatrze Wielkim.

[3] *Tout Varsovie* (fr.) – cała Warszawa.

[4] 10 marca 1958 Roman Totenberg przyjechał do Polski na cykl występów. 11 marca dał recital w Katowicach, 12 marca w Krakowie, 18 marca w Warszawie. Skrzyp-

kowi akompaniował amerykański pianista Raymond David Hanson. 14 i 16 marca Totenberg wystąpił jako solista z orkiestrą symfoniczną Filharmonii Narodowej w Warszawie pod dyrekcją Stanisława Wisłockiego.

[5] Iwaszkiewicz ma na myśli koncert, który odbył się 14 marca o godz. 19.30. Na jego program złożyły się *III symfonia* Brahmsa oraz dwie kompozycje Karola Szymanowskiego: *I koncert skrzypcowy* i suita z baletu *Harnasie*. Na bis Totenberg zagrał dwa kaprysy Paganiniego i *Fugę g-moll* Bacha. 16 marca o godz. 12.00 odbyło się powtórzenie koncertu sprzed dwóch dni.

[6] Wiesław Kępiński w notatniku pod datą 15 marca 1958 zapisał: „Jarosław urządza przyjęcie na Szucha dla skrzypka Totenberga. Jest masa wybitnych osób, Totenberg daje wspaniały koncert".

[7] Od 4 do 14 marca 1958 roku na zaproszenie Sejmu PRL przebywała w Polsce delegacja parlamentarna Czechosłowacji. W warszawskiej siedzibie PKOP Czesi gościli 13 marca.

[8] Wspomniane przez Iwaszkiewicza posiedzenie Sejmu odbyło się 12 marca. Oprócz przewidzianej w porządku obrad dyskusji nad pięcioma projektami ustaw rozpatrzono również – zgłoszony przez prezydium Sejmu – projekt odpowiedzi Sejmu PRL na orędzie Rady Najwyższej Związku Radzieckiego z dnia 6 listopada 1957 oraz na uchwałę Rady Najwyższej ZSRR z dnia 21 grudnia 1957 w sprawie polityki zagranicznej ZSRR. W obradach Sejmu wzięła również udział przebywająca w Polsce delegacja Zgromadzenia Narodowego Czechosłowacji.

[9] 15 marca, podczas wspomnianego przyjęcia na Szucha, kotek Marii Iwaszkiewicz, Bazyli, wypadł z okna. Jak się potem okazało, ocalał.

[10] Zdarzenie to miało miejsce 14 marca.

[11] Farandola – ludowy prowansalski taniec korowodowy, wykonywany z towarzyszeniem fletu i bębenka baskijskiego; tu w znaczeniu przenośnym: korowody, kłopoty.

[12] Chodzi o Marię Iwaszkiewicz i jej drugiego męża Jana Wołosiuka.

22 marca 1958

W dalszym ciągu czytam *La jeunesse d'André Gide*. Teraz sprawę tego małżeństwa. Rzeczy zadziwiające i irytujące, oczywiście także dlatego, że tak blisko mnie obchodzące. Pomijam tu idiotyzmy, które wypisuje ten biograf. Ale sama kwestia dwojga „kochających się" ludzi, którzy – żyjąc z sobą około pięćdziesięciu lat – nigdy się nie rozmówili w sprawie najważniejszej. I to „białe" małżeństwo, co do którego n i g d y nie nastąpiło wyjaśnienie. Czy to hipokryzja XIX wieku? Czy w 1895 roku nie można było poruszać kwestii pederastii? Zresztą – jedynie słuszna rzecz, co pisze Delay – małżeństwo Gide'a było „białe" nie dlatego, że on był pederastą. Byłoby ono takim zawsze. Wszystko to mnie bardzo obchodzi, bo jest takie bliskie. Przede wszystkim przyzwyczajenie od dzieciństwa do szacunku dla kobiety (mama, siostry) i niemożność wyobrażenia sobie, a nawet przypuszczenia, że posiadają one jakieś cielesne pożądliwości. To była dla mnie zawsze sfera mężczyzn. A jednak przezwyciężyłem to w sobie. Hania oczywiście wiedziała (i to nie z plotek, ale z moich ust), kogo poślubia, i nie przeżyłem żadnej „inhibicji" mimo idiotyzmu, jakim było tygodniowe wstrzymywanie się od konsumacji małżeństwa z powodu lęku przed natychmiastowym zajściem w ciążę i pomimo zabiegów higienicznych, które mogły zniechęcić całkowicie do małżeństwa. Mimo że Lechoń to miał na myśli, składając mi podczas ślubu życzenia „na sześć tygodni", jednak małżeństwo trwało dotychczas trzydzieści sześć lat i do choroby Hani było bardzo harmonijne pod względem stosunków erotycznych. Przy tym Hania zachodziła w ciążę, ile razy tylko chciała – wszystkie trzy razy „świadomie". Naturalnym biegiem rzeczy po chorobie Hani stosunek ten zmienił się nieco, ale nie bardzo, pomimo że zabiegi higieniczne jej stały się wprost maniakalne. Oczywiście były tu i wszystkie takie sprawy, na których mogli sobie używać freudyści: przeniesienie na Hanię obrazu matki (zresztą Hania w wielu rzeczach bardzo mamę przypomina), chłopięcość Hani w młodości, jej pociąg do kobiet, który zresztą zanikł w miarę czasu itd., itd. Jak w tym świetle wygląda choroba Hani? „Oni" nic o tym oczywiście nie wiedzą. Ale chyba nie mam sobie pod tym względem nic do wyrzucenia. To, co mówił Borejsza, że Hania zachorowała, dowiedziawszy się, że ja jestem pederastą – właściwie mówiąc, jest śmieszne. Nawet gdybym chciał to ukryć, to w owych czasach – przy gadatliwości Lechonia, przy zupełnej szczerości Karola nie dałoby się to ukryć. Mówili tak ludzie, którzy nie tylko nie znali mnie i mojej żony, ale którzy nie orientowali się w samym kolorycie epoki. („C'est tellement démodé"[1] – mówi Hania dzisiaj o pederastii). Zresztą wiedziała o wszystkich moich uczuciach, bo niestety w przeciwieństwie do Gide'a mojemu plaisir[2] towarzyszyło zawsze amour[3]. A nawet w ostatnim wypadku jak gdyby to uczucie podzielała, pomagała mi w jego przezwyciężeniu i rozumiała, co ono dla mnie znaczy. Jedynie w wypadku Wiesia potwornie mi dokuczała, bo wydawało się jej, że to jest ze szkodą moralną i materialną dla córek, a przede wszystkim dla wnuków. Tu już była oczywiście robota cioci

Anielci, niech jej ziemia lekką będzie. Trudno oczywiście to wytłumaczyć, że z Wiesiem, nawet gdy spaliśmy w jednym łóżku, nic między nami nie było. I małżeństwo nasze nie zachwiało się nigdy, nigdy nie zamierzałem spalić jej listów ani ona moich. Może raz – w epoce Stasia Rotherta[4], 1926, co było krótką, ale straszliwą burzą – dobrze, że moje listy do niego, które mi zwrócił, żeniąc się, spaliły się na Kredytowej. Małżeństwo Gide'a ostatecznie się rozchwiało w epoce jego wyprawy do Afryki z Markiem Allegret. Oczywiście chodzi tu także o możliwości praktyczne. Gdybym ja też wyjechał do Afryki z Wojtkiem [Janickim] i Staszkiem [Suchym], zamiast iść piechotą z Krakowa do Zakopanego, albo pojechał z Jurkiem zamiast do Kopenhagi – do Peru, to nie wiem, jak by to wyglądało. Zawsze ta skala jest mniejsza. Jestem oczywiście egoistą, ale Gide był jeszcze większym – może nie egoistą, ale egotystą. Wszystko poświęcał dla swojej *oeuvre littéraire*[5], może dlatego nie napisał ani jednej książki. Podobny egotyzm prowadzi jednak do bezpłodności. I jak Catherine spłodził „na boku", tak i wszystko, co wartościowe u niego w pisaniu, jest „na boku". A szczerość bardzo podejrzana. Przecież się nigdy nie przyznał, nawet w najintymniejszym dzienniku, że jego małżeństwo było porażka. Ja mojego małżeństwa, dzięki Bogu, porażką nazwać nie mogę. Nie mogę sobie wyobrazić mojego życia, gdybym nie był żonaty. Chciałem się zawsze ożenić[6], *depuis toujours*[7]. Miewałem najgłupsze pomysły, jak z Janką Smolnicką czy Lilą Gotowcew, ale i mniej głupie, jak z Nińcią Brunnow[8] lub Teresą Potulicką[9]. Na szczęście spotkałem Hanię. Lepiej nie mogłem trafić.

---

[1] *C'est tellement démodé* (fr.) – To takie niemodne.

[2] *Plaisir* (fr.) – przyjemność, rozkosz.

[3] *Amour* (fr.) – miłość.

[4] Stanisław Rothert (1900–1962) – dziennikarz, przed wojną sportowiec wyczynowy (w latach 1922–27 był sprinterem warszawskiego klubu „Polonia"). W latach 1926–39 był sprawozdawcą sportowym i zastępcą redaktora naczelnego „Przeglądu Sportowego". Po wojnie organizował popołudniówkę „Wieczór Warszawy", w której w latach 1946–48 pełnił funkcję zastępcy redaktora naczelnego. Po likwidacji pisma, od stycznia 1949 roku związał się z „Życiem Warszawy", gdzie od 1950 roku pracował jako sekretarz redakcji, a od 1956 także jako zastępca redaktora naczelnego. Jarosław Iwaszkiewicz dedykował mu *Nocleg w górach* z *Pejzaży sentymentalnych* (1926).

[5] *Oeuvre littéraire* (fr.) – twórczość literacka.

[6] „Do małżeństwa zawsze miałem pociąg i od bardzo wczesnej młodości zawsze sobie projekty małżeństw moich układałem. Jak dzisiaj widzę, projekty te zawsze były pomyślane jako jakieś «urządzenie» sobie życia, oparcie się o przyjaźń w małżeństwie, chęć stworzenia bazy domowej dla siebie i dla mojej rodziny – nigdy zaś nie jako jakiś płód gwałtownego afektu lub namiętności. Projekty moje zawsze były «rozsądne» – zbyt nawet może rozsądne" (J. Iwaszkiewicz, *Książka moich wspomnień*, s. 351).

[7] *Depuis toujours* (fr.) – od zawsze.

[8] Oczywista pomyłka autora. Nińcia Brunnow, czyli Janina Brunnow z d. Taube (1864–1943), była starsza od Iwaszkiewicza o trzydzieści lat i od roku 1889 była żoną barona Stanisława Brunnowa (1858–1941). Iwaszkiewicz ma na myśli ich córkę, Irenę (Renię) Brunnow (1897–1979), która w 1923 roku wyszła za mąż za Włodzimierza Izydora de Virion, zwanego Dziukiem (1896–1974).

[9] Teresa hr. Potulicka (1893–1982) – córka Mieczysława hr. Potulickiego i Krystyny Hutten-Czapskiej. „W roku 1922 miałem już lat 28 – ale właśnie wtedy odpadły mnie projekty matrymonialne, chociaż mi trochę serce pikało, ile razy spotykałem pannę Teresę Potulicką. Ale ona była prawie arystokratką, spokrewniona z różnymi wielkimi rodami i chociaż starzała się (i zestarzała potem) w panieństwie, myślałem jednak, że na małżeństwo ze mną nie mogłaby się zdecydować. W tym momencie przyszła znajomość z panną Hanną Lilpop [...]" (J. Iwaszkiewicz, *Książka moich wspomnień*, s. 351–352).

23 marca 1958

Najgorsze jest w moim życiu – a zwłaszcza na starość – to, że nie mam się do kogo przymierzyć. Niewątpliwie jestem postacią na miarę największą. Ale wyrosłem jak olbrzymia pieczarka przykryta małym słoikiem, stąd wszystkie zniekształcenia. Zamiast pięknego, wielkiego grzyba – szklanka napełniona białą masą. Potrawę z tego można zrobić, ale bez smaku. Kiedy się widzi postać Goethego czy nawet postać Gide'a, rozumie się, że oni mogli rosnąć swobodnie. Podczas kiedy moja indywidualność cierpi zawsze na jedno: na prowincjonalizm. Na to, co mi nie dało wykształcenia, na to, co mi nie dało wykorzystania wszelkich moich możliwości. U Goethego jest ta cudowna równowaga pomiędzy człowiekiem a artystą. Gide poświęcił wszystko dla swojej twórczości literackiej, którą uważał za najważniejszą rzecz w świecie. Nawet Tołstoj mógł dać swobodę swojej potrzebie moralizatorstwa, tworzenia zespołów moralnych – porzuciwszy sprawy estetyczne; zawsze i w jednym, i w drugim skrzydle swego życia odpowiadając na

211

pytania: co robić? Dlaczego moją indywidualność muszę uważać za zmarnowaną? Dlatego, że dla mnie nie ma nic naprawdę ważnego. Że nie wierzę jak Tołstoj, jak Gide, iż w moim dziele będę żył wiecznie. Wiem, że moje dzieło jest przemijające – gdyż nie może być podstawą żadnej wiary. Żeromski, słaby pisarz, swą trwałość zawdzięcza potężnemu uczuciu związania się z tą kamienistą ziemią – ale ja przecież i na tej ziemi jestem obcy. Po prostu pustka wewnętrzna mnie zmarnowała. Wyrosłem jako pieczarka – a później okazało się, że purchawka. Nie Gide, nie Tołstoj, ale Iwaszkiewicz. A to jest bardzo mało. Czy mogłoby być więcej? Gdybym był Anglikiem albo jak Conrad pisał po angielsku?[1] Gdybym po rewolucji został w Rosji i pisał po rosyjsku? Prawdopodobnie nie. To jest jakiś brak wewnętrzny i te zewnętrzne niesprzyjające okoliczności tylko ten brak podkreśliły. Jakiś brak siły (moralnej?), jakiś brak doskonałości (wewnętrznej?) są jak pęknięcia na krysztale moich „dzieł". Jak w dniu jubileuszu, tak i dziś mam żałosne uczucie, że nic nie napisałem.

Jedną mam tylko wygraną z tej świadomości. Uczucie, że nie mam pychy, że nie grzeszę wywyższaniem się, że nie jestem zbyt pysznym haftem na zgrzebnym płótnie mojej ojczyzny wyszytym. Że świadomie czy nieświadomie przystosowałem się, że jestem według stawu grobla.

(Staw i grobla wywołują we mnie burzę uczuć i wspomnień, wysoko zacząłem ten zapis i nisko kończę: wieczną męką duszy, wieczną męką ciała...)

[1] W podobnym tonie rozważania o randze twórczości Iwaszkiewicza snuł Zygmunt Mycielski, który w swoim dzienniku pod datą 23 lutego 1951 roku zanotował: „Jarosław byłby wielkim pisarzem we Francji, we Włoszech, nawet w Anglii I połowy XX wieku. U nas dusi się, jak i paru innych pisarzy. Jest to duszenie się między życiem a dziełem. Tragiczna historia, której nie może ujawnić, opisać, bo to nie miejsce i nie czas na to. Tu nie obchodzi nikogo projekcja jego życia i doświadczeń, osobistych perypetii, na twórczy plan. Ma to i aspekt szerszy. Ale to jest tak nie tylko po tej wojnie, nie tylko zależne od obecnych, politycznych i społecznych powikłań. To stała u nas historia" (Z. Mycielski, *Dziennik 1950–1959*, s. 41). W tym samym zapisku Mycielski postawił Iwaszkiewicza obok wielkich pisarzy francuskich, pisząc: „[Iwaszkiewicz] Należy do czasów, w których autor stał w centrum swego dzieła, nawet jeżeli potrafił to przezwyciężyć. Jak Gide czy Proust: erotyzm jako sprężyna centralna, bardziej czy mniej zamaskowana. «Ja» jak u Verlaine'a czy Baudelaire'a. W wierszach Jarosława zdradza się to najbardziej" (tamże, s. 40).

24 marca 1958
Dzień rozpaczy. Tyle innych już było. Ale ten jest wyjątkowo jaskrawy. Jak w powieści – dostałem do ręki dowód w sprawie tej „wielkiej intrygi", która toczy się wkoło mnie i o której pisałem przed paroma dniami. W jedną całość łączyłoby się tajemnicze mieszkanie, taksówki z kobietami zajeżdżającymi raz po raz i byłe funkcje jego kochanki. Na szczęście myślę, że to są już igraszki mojej wyobraźni. Cała tragedia rodzinna, którą mi opowiadał i którą zmiękczał mnie i Hanię, zdaje się, jest wyssana z palca. Po prostu porzucił żonę, aby się ożenić z panią R. Tegoroczny pobyt w Rabce jest jednym potwornym koszmarem. Odciśnięcie na papierze, na którym napisał list do mnie, tekstu listu poprzedniego, jest efektem z powieści angielskiej XVIII wieku. Że się takie rzeczy w życiu zdarzają! Trzymać się, trzymać. Zaciskać zęby. Chodzi oczywiście nie o sam fakt (tak naturalny), ale o ogradzanie go tyloma kłamstwami. *Vide* ustęp o dżdżownicach.

Przysłano mi dziś drugi tom *Sławy i chwały*. Dziwne uczucie: raczej zdziwienia. Więc jednak to napisałem? I stosunek jak do czegoś obcego. A po drugie w dzisiejszym dniu te rzeczy nic mnie nie obchodzą. Cierpienie tak potworne i ostre jak za czasów najdawniejszej młodości. Dlaczego zawsze to samo?

25 marca 1958[1]
Na pewno nie ma na świecie człowieka w moim wieku, z taką rodziną rozrodzoną, z taką ilością przyjaciół, który by był tak opuszczony jak ja. Dnie takie jak dzisiaj to właściwie jest dno koszmaru. Tylko należy się dziwić, że człowiek wytrzymuje coś podobnego – i to dobrowolnie. Wygnanie, więzienie, obóz – to tylko da się porównać z moimi tegorocznymi przeżyciami w Rabce. Jurek, Hania, Marysia, Kolankowska, redakcja – mają mój telefon, mogą po prostu zatelefonować, jeżeli im się nie chce pisać... Marny Stach Włodek telefonuje do swojego małego co parę dni. Do mnie nikt nie może. Nikt nie pisze, nikt nic nigdy nie przyśle. Zadziwiające. A wszyscy ode mnie chcą czegoś. Czegoś to nawet przesada, wszyscy chcą pieniędzy. Więcej nic. Muszę zarabiać dla wszystkich, to przerażające. Przecież nawet by można i przyjechać do mnie na jeden dzień, nie zostawiać mnie w tak gorzkim

opuszczeniu. Jaki świat jest dziwny i nieobliczalny. Przecież gdyby to komuś powiedzieć, toby nie uwierzył. Jarosław – samotny, Jarosław – opuszczony. Ach, Boże, żebyż i to się już skończyło. Wyobrażam sobie opuszczenie mojego grobu!

Nie wysłałem listu napisanego do Jurka, tego pomylonego szlachcica. Obawiam się, że słowem pisanym można bardzo urazić – i trudno potem odrobić. Gdyby nawet wszystko, co o nim myślę, było prawdą, to jednak zawdzięczam mu tak wiele, że muszę się trzymać – i być dla niego samą wdzięcznością. Przez te pięć lat: podróże nasze do Krakowa, do Kopenhagi, do Poronina, 6 stycznia z tą znamienną notatką moją w kalendarzyku[2], nocleg u Boberka, wieczór tydzień przedtem na Szkolnej, ostatni wieczór na Flisaków[3], *Wzlot* – to przecież bardzo wiele. Na starość – Jarosławie? Czegóż ty chcesz więcej? Dziękuję ci, mój drogi, kłam, oszukuj, szantażuj – dałeś mi więcej, niż nawet sobie wyobrażasz. I ta twoja najdroższa uroda – i te moje cierpienia młodości na starość. Jerzy, jesteś czymś najbardziej istotnym w moim życiu, samym rdzeniem życia. To nic nie szkodzi, że jesteś czymś w rodzaju hochsztaplera. Ale dałeś mi smak szczęścia, ty jedyny. Wiem, jakby szczęście smakowało, gdybym je posiadał.

[1] Fragment poniższy Iwaszkiewicz czytał Błeszyńskiemu, o czym informuje adnotacja na marginesie rękopisu.

[2] W kalendarzyku Iwaszkiewicza na 1958 rok pod datą 6 stycznia znajduje się następujący zapis ołówkiem: „Zadziwiające są te przeczucia – nagłe objawienie wczoraj już w łóżku, że z dzisiejszego spotkania nic nie wyjdzie. Zupełnie nie pojmuję tej całej sprawy – ale chyba zwyczajny *schluss*. Właśnie w momencie, kiedy mi na tym tak bardzo zależy". Zapisek ten został przez Iwaszkiewicza przekreślony długopisem, obok zaś widnieje dopisek: „Kto przeżył taki dzień jak ja dzisiaj, ten poznał zimny, kruchy i gorzki smak szczęścia".

[3] Tak w latach 1952–56 nazywała się ulica Ludwika Idzikowskiego na warszawskim Mokotowie.

26 marca 1958

Jednak potwornie zirytowała mnie tamta sprawa. Miałem dziś w nocy bardzo przykry atak wątrobiany i czuję się pod psem. Co za głupi pomysł był ten przyjazd tutaj.

27 marca 1958
„...żem taki wielki i taki zbędny?"[1] Włodzimierz Majakowski.

Tegoż dnia
Dwie rozmowy telefoniczne, wczoraj i dziś. Wczoraj skonstruowane wszystko w górę: dobrze się czuje, wesoły, przyjeżdża do Zakopanego. Dzisiaj wszystko w dół: źle się czuje, brak pieniędzy, nie przyjedzie, widać, że w złym humorze. Takie jest całe moje życie. Że też wytrzymałem do sześćdziesiątej piątej wiosny. Tak się świetnie czułem dzisiaj na spacerze z nadzieją jutrzejszego spotkania. I tak mi się dobrze pisało. A teraz... Wkopałem się jak dziewiętnastoletni idiota.

Zadziwiające, jak rodzą się pomysły literackie, jak powoli tworzy się, wznosi ich kształt. Jadąc do Rabki, nie miałem pojęcia o trzecim tomie *Sławy i chwały*, z wyjątkiem czternastego i szesnastego rozdziału. I nawet kiedy skończyłem czternasty rozdział, nie wiedziałem, co dalej będzie. Oczywiście wiedziałem, że musi być powstanie, tak wypadało chronologicznie, ale z drugiej strony musiało być ono znowu tylko tłem, jak jest nim historia na przestrzeni całej mojej książki. I oto powoli, powoli jak z mgły wyłoniła się sprawa rodzinna Gołąbków jako temat zasadniczy. I wobec tego musiał być tylko p i e r w s z y dzień powstania. I potem dopiero uznałem trafność kompozycyjną tego. Jak w sztuce Priestleya[2] w drugim akcie jest to, co było potem, a w trzecim to, co przedtem. I ponieważ widz juz wie, co było potem, inaczej reaguje na to, co było przedtem. Tak samo i tutaj, czytelnik wie, czym było powstanie warszawskie. Całość tego powstania, świadomość przebiegu jego, zabarwi ten cały *Pierwszy dzień*[3] i można się do tego pierwszego dnia ograniczyć. Czytelnik i tak rozumie, że Andrzej i Helenka zginą, a zresztą dowiedzą się o tym z epilogu. I tak pomału – plus wspomnienie Hani z ogródka wedlowskiego, rozmowy z Zosią Żochowską[4] i Piotrem[5], który zginął już tego dnia po południu – wyłonił się obraz sceny Ola – Andrzej, który staje mi przed oczyma coraz plastyczniej. I jak sieć zarzucona w jezioro wyciąga z dna ryby i wodorosty, tak ta scena wyciąga za sobą inne postacie, przedmioty, pejzaże Warszawy w tym ostatnim jej poranku. Potem już Warszawy nie było. I tak powstał już cały obraz piętnastego rozdziału. Gdybym miał czas, tobym siadł i napisał.

Cytat z utworu *Sobie ukochanemu wiersze te poświęca autor*:
Cztery słowa.
Ciężkie jak kłoda.
„Co boskie Bogu – cesarskie cesarzowi".
A taki
jak ja,
gdzie ma się podziać?
Gdzie barłóg dla mnie gotowy?

Gdybym był
maleńki
jak Ocean Wielki –
na palcach fal bym stanął,
przypływem księżyc pieścił.
Gdzie taką jak ja
znajdę ukochaną?
W maluśkim niebie bym jej nie pomieścił!

O, gdybym był nędzarzem!
Jak miliarder!
I na co duszy pieniądze?
Ona jak złodziej niesyty chłonie.
Rozkiełznana horda – moje żądze,
nie nastarczą im złota wszystkie Kalifornie.

Gdybym mógł być jąkałą
jak Dante
albo Petrarka!
Wierszami duszę zapalić!
Duszą do jednej ulecieć!
I słowa,
i miłość moja –
to triumfalna arka:
dumnie,
bez śladu przejdą przez nią
kochanki wszystkich stuleci.

O, gdybym był
cichy
jak gromy –
jęczałbym,
ziemi zgrzybiałą pustelnię przejąłbym dygotem.
Jeśli
ja całą ich potęgę
wyryczę głosem ogromnym –

216

komety załamią płonące ręce,
rzucą się w dół z tęsknoty.
Ja oczu promieniami gryzłbym nocy cienie –
o, gdybym był
przyćmiony
jak słońce!
Muszę koniecznie
poić mym jaśnieniem
ziemi łono pragnące!
Pójdę,
miłość mą taszcząc przez światy.
Jakiej to nocy
burzliwej,
obłędnej,
jakie poczęły mnie Goliaty –
żem taki wielki
i taki zbędny?
(Przeł. S. Pollak, w: W. Majakowski, *Poezje*, pod red. M. Jastruna, S. Pollaka, A. Sterna, A. Ważyka, Warszawa 1957, s. 72–74).

[2] Chodzi o sztukę eksperymentalną angielskiego pisarza Johna B. Priestleya (1894––1984) *Pan inspektor przyszedł* (1947, wyst. pol. 1947).

[3] *Pierwszy dzień* – tytuł piętnastego rozdziału *Sławy i chwały*.

[4] Zofia Żochowska z d. Wedel, 1 v. Skibińska – siostra Jana Wedla, ostatniego z rodu Wedlów właściciela fabryki czekolady. Zginęła wraz z córką Krystyną w powstaniu warszawskim. Stała się po części – obok Anny (Nulki) Kruszyńskiej – prototypem postaci Oli ze *Sławy i chwały*.

[5] Piotr Żochowski – syn Zofii Żochowskiej, walcząc w oddziale AK, zginął na placu Teatralnym w pierwszym dniu powstania warszawskiego.

29 marca 1958

Zadziwiająca seria snów o psach. Parę dni temu śniła mi [się] zorana rola między malinami na Stawisku, oświetlona niskimi promieniami zachodzącego słońca, tylko że słońce zachodziło na północnej stronie nieba od strony łąki. Po tej roli Stanisław Zarębski[1] prowadził dużego, ciemnego (nie czarnego) psa, całego w takie długie angielskie loki, bardzo osobliwego i nadzwyczaj pięknego. A w głębi latał taki rudy, miły, wysoki pies w rodzaju Mausyja. Było jakieś wołanie na tego pieska, ale ja zawołałem do Stanisława: „Co to za pies?". On mi odpowiedział: „To cudzy pies!". I poprowadził go na stryczku w stronę podwórza. A ten rudy pies podbiegł do mnie i zaczął tak milutko bawić się ze mną i łasić. Na tym się skończyło.

Sen drugi. Duży, piękny, biały pies, ale chory. Ma jakąś połamaną tylnią lewą nogę i przewraca się. Pogrozińska się nad nim pochyla i mówi: „No już dobrze, już dobrze". I rzeczywiście piesek jak gdyby ozdrowiał, ożywia się, macha kiściastym ogonkiem, chce wstać i znowu się przewraca na płask. Rzecz dzieje się na rodzaju gazonu, takiej platformie jak we francuskich ogrodach, całej obsadzonej – jak roślinkami – kolorowymi istotkami. Każda jest innego koloru. Są to suczki – kurki – kwiatki, stworki, małe, milutkie i bardzo kolorowe; są one jednocześnie i suczkami, i kurkami, i kwiatkami...

Sen trzeci, dzisiaj. Na ciasnym strychu z kimś jeszcze coś robię, wtem słychać jęk psa, wpada piękny, brązowy wyżeł, podnosząc kurz, za nim jakiś chudy, nieduży człowiek, który strzela do psa z myśliwskiej strzelby *à bout portant*[2], trzymając strzelbę cynglami do góry. Widać dym wystrzałów i słychać jęk psa. Ale pies nie pada i nie ma krwi. I myślę: co za licho? Strzelał ślepymi nabojami czy co?

Szalenie ciekawa byłaby interpretacja tych snów. Oczywiście ja wiem, że pies oznacza przyjaciela – to znaczy: ja sobie już wymarzam przyjaciela pod postacią psa. Czy to wszystko odnosi się do Jurka? Czy to są „przepowiednie", czy też wyrazy moich życzeń? Czy ja chcę, żeby on był chory? Czy chcę, aby go zabito? Bardzo dziwne.

Oczywiście listu dziś nie ma.

[1] Stanisław Zarębski – fornal na Stawisku.
[2] *À bout portant* (fr.) – z bliska.

Stawisko [bez daty]
Nie przesadzaj, Jarosławie. To wszystko wina poczty. List był i tak był napisany, aby przyszedł w sobotę. Ale się im coś poplątało. Mam go dopiero dziś tutaj. Zresztą smutny, bardzo bezradny.

5 kwietnia 1958
Rozmawiałem dzisiaj przez telefon z Watem. Mówił dużo o *Wzlocie* i o *Opowiadaniu szwajcarskim*. Ale mnie się zdaje, że w sedno utra-

fił Zygmunt M[ycielski][1]. Oczywiście te dwa opowiadania są na przeciwnych biegunach, ale jeszcze nikt nie zauważył, że oba mają podszewkę tę samą. Zresztą jest to jeden z zasadniczych nurtów mojej twórczości, poczynając od wiersza *Do Pawła Valéry*[2]. Chodzi tu i w jednym, i drugim wypadku o polemikę z „Zachodem". We *Wzlocie* polemika ta jest wprost z Camusem i jego, jak to nazywa Andrzej[3], „upławami intelektualnymi", w *Opowiadaniu szwajcarskim* polemika jest bardziej ukryta, ale może tym wnikliwsza. Ta sama przecie polemika jest tematem *Lata w Nohant*. Mniej więcej brzmi ona tak w ordynarnym skrócie: jesteście idioci, bo zapatrzeni we własny pępek nie spostrzegacie, ignorujecie olbrzymie wartości zawarte w naszym narodzie i jego kulturze. Kulturze Chopina i Więcierzaka[4] – wszystko jedno. Oczywiście tego nie dostrzegają i nie wiedzą na Zachodzie, bo mnie tam nie znają. Ale zupełnie są ślepi wszyscy u nas. Zawsze ciąży na mnie zarzut snoba i kłaniającego się Francji, a przecież już w 1925 (*Wiosna w Paryżu*[5]) przeciwstawiałem się tym niskim pokłonom. Oczywiście nie widzą tego na Wschodzie, bo im trzeba łopatą w głowę: karykatury amerykańskiego dziennikarza i francuskiego intelektualisty, wtedy dopiero zrozumieją. Może jednak kiedyś i u nas zobaczą nurt mojej twórczości, na którym wypłynęły na światło dzienne dwa moje ostatnie opowiadania?

[1] O *Wzlocie* Zygmunt Mycielski zanotował w dzienniku: „Ostatecznie, Jarosław tak pisze, jaki jest, a jest jak żywotne zwierzę – prymitywny witalizm bije też z jego opowiadania *Wzlot* w «Twórczości», w którym chciał dać odpowiedź na *La chute* Camusa, a napisał opowiadanie – w gruncie rzeczy pod wpływem Hłaski zrobione. Facet z tego opowiadania Iwaszkiewicza jest znihilizowany wojennymi czasami, pije, morduje i pierdoli, bez jakiegoś innego niż witalistyczne tła" (Z. Mycielski, *Dziennik 1950–1959*, s. 318).

[2] *Do Pawła Valéry* – wiersz Iwaszkiewicza z tomu *Powrót do Europy* (1931).

[3] Andrzej Bobkowski (1913–1961) – prozaik, eseista, od 1939 w Paryżu, od 1948 w Gwatemali, autor m.in. dziennika *Szkice piórkiem* (1957) oraz tomu szkiców i opowiadań *Coco de Oro* (1970). Bobkowski w telegramie do Iwaszkiewicza z 24 lutego 1958 roku napisał: „Dopiero dziś wzlot wspaniałe i wstrząsające jedyna odpowiedź [na] intelektualne upławy Camus'a zachwycony i przejęty". Zob. A. Bobkowski, *„Tobie zapisuję Europę". Listy do Jarosława Iwaszkiewicza 1947–1958*, podał do druku i opracował J. Zieliński, Warszawa 2009, s. 122.

[4] Zygmunt Więcierzak – bohater *Opowiadania szwajcarskiego*; zob. też zapis pod datą 9 sierpnia 1955 w tomie 1.

[5] *Wiosna w Paryżu* – utwór wchodzący w skład *Pejzaży sentymentalnych* (1926).

21 kwietnia 1958

Granados[1] – kompozytor dla zakochanych. Śmiertelnie.

[1] Enrique Granados (1867–1916) – hiszpański kompozytor i pianista; przedstawiciel narodowego stylu w muzyce hiszpańskiej. Ogromny sukces, jaki kompozytorowi przyniósł cykl fortepianowy *Goyescas* (1911), sprawił, że zaproszono go z recitalem do Białego Domu. W drodze powrotnej do Europy Granados znalazł się na statku storpedowanym w Kanale La Manche przez niemiecką łódź podwodną. Próbując ratować żonę, utonął wraz z nią.

3 maja 1958

Przedwczoraj wróciliśmy ze Szczecina. Kiedy już byliśmy w wozie i było ciemno, wyciągnąłem rękę do Jurka, a on wziął moją dłoń i mocno przycisnął do twarzy. Było w tym geście wszystko, i wdzięczność, i przywiązanie, i jakby pewne odsunięcie. Te trzy dni w Szczecinie – jak zwykle podróż z Jurkiem, gładka, sprawnie, szczęśliwie, rozsądnie, w świetnych humorach. Można być jednak szczęśliwym, to znaczy można byłoby być szczęśliwym. Ale trzeba na to zapomnieć o tylu rzeczach – ale tu było tak pięknie, w dodatku słonecznie, radośnie, nawet można było połknąć oba wieczory poetyckie moje[1], akademię pierwszomajową i okropne cacao-choix do jajecznicy u Felka Fornalczyka. Najmilszy był spacer na wieżę Bismarcka i obiad u Piotrowskich. Potem zadziwiająca rozmowa w wagonie, podobna do rozmów z Jurą Mikłucho--Makłajem, przerażające – i usprawiedliwione – nie warto. Rozmowa o śmierci. Poczułem się taki młody. Stosunek matki do Jurka niewytłumaczalny, obojętność kompletna.

[1] W „Głosie Szczecińskim" ukazała się relacja z wieczoru poetyckiego, który odbył się w Szczecinie 29 kwietnia w Wojewódzkim Ośrodku Propagandy Partyjnej w Alei Wojska Polskiego 65. Autor podpisany R. L. informował: „[...] podczas wtorkowego spotkania Jarosław Iwaszkiewicz zaprezentował się słuchaczom jako poeta. Przeczytane bowiem na początku krótkie, refleksyjne opowiadanie *Poziomka* można było uważać za oficjalne rozpoczęcie spotkania. Nie, nie dlatego, że było słabsze od czytanych później wierszy, ale chyba dlatego, że jak to zresztą przyznał później sam Iwaszkiewicz, na wieczorach autorskich poezja bardziej wzrusza, mocniej oddziaływa na słuchaczy. Z przeczytanych wierszy największe wrażenie wywarła na zebranych IV *Oda Olimpijska* – napisana rytmiczną prozą. Z niezwykłą uwagą słuchano także trzech fragmentów z poematu *Podróż do Patagonii*. Jeden z tych fragmentów kończył się piękną pointą: «O

Polsko! Drzazgo niewymowna, / Tkwiąca na zawsze w czole, sercu, dłoni». Uzupełnieniem spotkania były wiersze liryczne pochodzące z różnego okresu życia Jarosława Iwaszkiewicza. Usłyszeliśmy m.in. przepiękny XIX wiersz ze zbioru *Lato 1932* zaczynający się od słów: «Trzy mile od Krakowa jest wysoka góra...». W dyskusji, którą słuszniej byłoby nazwać swobodną rozmową słuchaczy z pisarzem, poruszano m.in. tzw. «sprawę Hłaski» i sprawy naszego najmłodszego pokolenia. Jarosław Iwaszkiewicz przestrzegał przed pochopnym formułowaniem ostatecznych sądów w tych sprawach. Mówiąc o młodzieży, wskazał na fakt utraty zaufania młodzieży do starszego społeczeństwa. Jest to wynik tego, że starsze społeczeństwo bardzo często nie szuka głębiej przyczyn zła, a zadowala się najczęściej narzekaniem: co z nich wyrośnie. Spotkanie z Jarosławem Iwaszkiewiczem, «jednym z mistrzów współczesnej prozy polskiej» – jak go nazwał Artur Sandauer – nazwać trzeba niezwykle udaną i wartościową imprezą literacką" („Głos Szczeciński" 1958, nr 102).

18 maja 1958

Zjazd kijowian. Necia [Nestora] Narbutta widziałem akurat pięćdziesiąt lat temu ostatni raz, u cioci Masi [Marii Biesiadowskiej], w czasie wakacji, bujaliśmy się na kieracie i wydał mi się bardzo sympatyczny. Postanowiliśmy się zaprzyjaźnić: i oto spotykamy się po pięćdziesięciu latach, dosłownie. I cóż z tym robić? Wspominać nie ma co, zaczynać nie ma po co. Uśmiechać się i myśleć o czymś innym. Toteż cały czas myślałem o czym innym, czyli o kim innym. Przeraża mnie ta monomania.

Zaprosił mnie Panfiorow[1] do Moskwy, muszę tam pojechać i nie mogę tego wytłumaczyć Hani. Ona też jest zaproszona i powinna jechać, ale nawet słyszeć o tym nie chce. Jak ona bardzo nie rozumie mojej sytuacji, tego, co ja robię – ale ona ma „Boga w arendzie" i wszystko inne wydaje jej się zbędne i niepotrzebne. W gruncie rzeczy ma rację. Ale jak pisałem w liście do Jurka wczoraj, dżentelmen wie, że wszystko jest bez sensu i nie ma żadnego znaczenia, ale zachowuje prawidła gry jak w brydżu czy w szachach i nie może wyrzucać trzech siódemek – to niedopuszczalne. Musi udawać, że wierzy, iż wszystko, co robi, jest bardzo ważne i konieczne dla istnienia ludzkości.

[1] Fiodor I. Panfiorow (1896–1960) – powieściopisarz rosyjski. Przed wojną opublikował m.in. czterotomową powieść „chłopską" *Bruski* (t. 1–4 1926–1936, wyd. pol. 1950). W latach 1941–45 był korespondentem wojennym. Po wojnie wydał m.in. cykl powieściowy, na który złożyły się: *Bor'ba o mir* (1947), *W stranie powierżonnych* (1948) i *Bolszoje isskustwo* (1949). Od roku 1931 do 1960 (z krótkimi przerwami)

pracował na stanowisku redaktora naczelnego miesięcznika „Oktiabr'" i z racji pełnienia tej funkcji zaprosił Iwaszkiewicza – jako redaktora „Twórczości" – do Moskwy w celu omówienia współpracy między obydwoma pismami.

Sandomierz, 25 maja 1958
Jakaż romantyczna podróż wczoraj. Po denerwującym ranku, gdzie każdy mówił o swoim (Hania, Częścik), wyjechaliśmy w cudowny dzień. Naprzeciwko zakrętu do Puław skręciliśmy w stronę Baranowa nad Wieprzem – a raczej w stronę Kocka. I nagle znaleźliśmy się w zapadłej i pięknej okolicy. Wieś zalana kwiatem bzu, całe fiołkowe pachnące grzywy. Zaczęliśmy szukać cmentarza, gdzie pochowany ojciec Jurka (patrz *Wzlot*). Z początku byliśmy na pięknym romantycznym cmentarzu, ale potem się okazało, że to nie Baranów. Dotarliśmy do Baranowa i rozpoczęliśmy poszukiwania. Co za zapadła dziura! Byliśmy na plebanii, w kościele; prosty, ładny budynek, potem u byłego kościelnego, który nas wreszcie zawiózł na cmentarz i pokazał, gdzie mniej więcej mogła być mogiła Błeszyńskiego. Sprawa zdawała się beznadziejna, piętnaście lat od śmierci, Jurek miał jedenaście lat, kiedy był na pogrzebie, nic już nie pamiętał. W ciągu piętnastu lat, kiedy nikt grobu nie odwiedzał, mógł się zatrzeć kompletnie. I oto za białą, sporą brzózką ja odnalazłem krzyż, na którym wpół zatarty napis: „Adam Błeszyński umarł 26 marca 1943 roku". Tak się szalenie ucieszyłem, że mogłem to dla Jurka zrobić i żeśmy nie darmo przyjechali. Jerzy był bardzo wzruszony. On w gruncie rzeczy jest bardzo uczuciowy. A ja także miałem łzy w oczach. Ze względów raczej ogólniejszych. Przypomniał mi się Rozłucki[1] na mogile ojca, tamten był powstaniec 1863 roku, ten partyzant 1943. I znowu to samo w tym kraju, gdzie każda grudka ziemi pełna jest krwi. Cóż to za ziemia nieszczęsna, romantyczna i mimo wszystko atrakcyjna. I wiecznie ten patos, krzyże, mogiły, mgły, bohaterstwo. Ach, Boże, jakież to i piękne, i nużące. Żywoty szwajcarskie i żywoty lackie!

W Sandomierzu radośnie i dobrze. Słońce nieprawdopodobne, widok cudowny, spokój, spokój. Pierwszy dzień już mija.

---

[1] Piotr Rozłucki – postać z dwu utworów Stefana Żeromskiego: wzmiankowana w noweli *Echa leśne* (1905) oraz główna w powieści *Uroda życia* (1912); syn Jana Rozłuckiego, głównego bohatera *Ech leśnych*, rozstrzelanego za udział w powstaniu styczniowym. Wspomniana przez Iwaszkiewicza scena ma miejsce w *Urodzie życia*.

Sandomierz, 26 maja 1958

Ubiegłe dwa tygodnie spędziłem w takim wirze, że po prostu myśli nie mogłem zebrać, nie umiem sobie nic przypomnieć z tego czasu, chronologia zawodzi kompletnie i kiedy chciałem w kalendarzyku napisać mniej więcej, com robił, zaplątałem się zupełnie i wszystko zlało się w jedną kaszę. Redakcje, Sejm, wyborcy, Hania, „zagadnienie" Heleny [Korpys] od Jasia i choroba Jurka. Przegapiłem też i nie zrobiłem wzmianki o prześlicznej uroczystości odsłonięcia pomnika Chopina[1]. Nocowaliśmy w Warszawie i piechotą poszliśmy w cudowny ranek do Pomarańczarni na malutki koncercik w prześlicznie odnowionym teatrzyku. Co za smak i kultura, zarówno w teatrze, jak w koncercie. Grał stary Drzewiecki (oczywiście *Polonez es-moll*[2] i *Barcarolę*[3]) i Harasiewicz. Ten ostatni trzy cudowne mazurki i *Balladę g-moll*[4], którą odmalował w pysznym balladowym tonie, chwilami nawet drapieżnie! Był tak ładny, że po koncercie odważyłem się zamienić z nim parę słów. Od owych ohydnych plotek konkursowych[5] unikam go jak ognia. Z koncertu na piechtę, *pêle-mêle*[6], wszyscy razem, Zawadzki, Wanda Telakowska i ambasador angielski[7] poszliśmy do pomnika. Dzień był cudny i Łazienki wyglądały bosko w pierwszej zieleni z nierozkwitniętymi jeszcze kasztanami. Było dużo kwiatów (tulipany) i Dworakowski[8] miło mówił. Mazowsze obok pomnika ustawione wyglądało także jak kwiaty – i wszystko miało pozór odpustu. Zygmunt Mycielski, który cały czas był z nami, mówił, że brak tylko obwarzanków, a odpust byłby zupełny. I były obwarzanki! Kupiliśmy je i jedli, idąc zatłoczonymi alejami, bo jednocześnie odbywał się kiermasz książki. Było ładnie, barwnie, wesoło. Tak się cieszyłem za Frycka! Pomnik zresztą okropny!

[1] Pomnik Fryderyka Chopina autorstwa Wacława Szymanowskiego pierwotnie został odsłonięty w warszawskim Parku Łazienkowskim w roku 1926. W 1940 został zniszczony przez niemieckich okupantów. Po wojnie poddano go rekonstrukcji i ponownie odsłonięto 11 maja 1958.

[2] F. Chopin, *Polonez es-moll* op. 26 nr 2 (1835).

[3] F. Chopin, *Barcarola Fis-dur* op. 60 (1845–46).

[4] F. Chopin, *Ballada g-moll* op. 23 (1835–36).

[5] Zob. tom 1, przypis nr 15 na s. 476.

[6] *Pêle-mêle* (fr.) – tu: bezładnie.

[7] Eric Alfred Berthoud (1900–1989) – pełnił funkcję ambasadora Wielkiej Brytanii w Polsce w latach 1956–60.

[8] Zygmunt Dworakowski (1905–1971) – polityk, działacz samorządowy w Warszawie; od 1950 był wiceprzewodniczącym, a w latach 1956–60 przewodniczącym Prezydium Stołecznej Rady Narodowej; w latach 1960–66 pełnił funkcję ambasadora PRL w Grecji i na Cyprze.

27 maja 1958
Jurek powiedział mi kiedyś: „Ty dobrze rozegrałeś swoje życie". Niewątpliwie, tylko że to nie była gra.

28 maja 1958
Wczoraj był u mnie z wizytą Tadzio Zdyb. Jest to jedno z najosobliwszych zjawisk pośród moich przyjaciół. Jest naczelnikiem poczty, radnym miejskim i jest miotany straszliwą żądzą nauki. Do pół do czwartej pracuje na poczcie, a potem cztery, pięć godzin uczy się. Zdaje w tym roku dopiero z dziewięciu klas, a ma czterdzieści dwa lata. Idzie mu bardzo trudno z nauk matematyczno-fizycznych, ale kuje i zdaje. „Jestem zachłanny na naukę" – powiada. I liczy, że zda maturę, a gdzieś około pięćdziesiątki skończy prawo. Zadziwiające jest obserwowanie jego z roku na rok. Jak się rozwija – nawet pod względem sposobów mówienia, nawet co do dykcji. W tym roku mówi już słownictwem zupełnie inteligenckim, mówi o nauce, o dzieciach (ma ich czworo), o sytuacji społecznej czy o metodach swojego postępowania, jak każdy z nas. A był to prosty chłopina, posługacz fryzjerski, gdy go poznałem dwadzieścia dwa lata temu. Jeszcze jeden dowód głębokiej wartości naszego narodu, który tak trudno jest schrupać, choć mają na to ochotę i ci, i owi. Siła takiego indywiduum jak Tadzio jest bardzo duża.

Sandomierz, 29 maja 1958
Małomiasteczkowe tragedie. Doktor Kazio Sobolewski[1] był trzynaście lat w Workucie. Wrócił. Zastał rodziców (dwaj bracia jego zginęli w czasie wojny[2]), przybraną siostrę z mężem. Trochę odżył, choć bez przerwy mówił o obozie i o Rosji, źle mówił po polsku. W parę miesię-

cy po jego powrocie umarła matka i szwagier. Został tylko stary, również doktor[3], i Kazio. Gospodarstwo prowadziła siostra. Po roku Kazio ożenił się z pielęgniarką, dziewczyną prostą, chłopskiego pochodzenia, niewykształconą i biedną (zresztą i sami Sobolewscy są chłopami, chociaż brat starego doktora był asystentem Mościckiego[4] na katedrze we Fryburgu!). Oburzenie rodziny było ogromne. Siostra wyjechała. Ojciec był wściekły na Kazia i powiedział mu: „Poczekaj, ja ci pokażę, jak można się ożenić!". I mając sześćdziesiąt osiem lat, ożenił się ze świeżo owdowiałą panią Karpińską, Niemką z pochodzenia – bardzo „bogatą" – ma dom i duże sady owocowe w samym Sandomierzu. Poznali się przy grobach swoich współmałżonków na cmentarzu. I teraz w jednym domu: młoda doktorowa, prosta i uboga, ale była pierwej gospodynią, i stara doktorowa, doświadczona, bogata, mająca pełne prawa. Podobno zrobiło się piekło. Kazio powiedział: „Gdybym był wiedział, że tak będzie, nie wracałbym z Workuty!!".

[1] Kazimierz Sobolewski (1919–1968) – lekarz z Sandomierza. „Kazimierz ukończył podczas wojny studia medyczne we Lwowie, działał w konspiracji we Lwowie i Sandomierzu, żołnierz AK, członek Delegatury Rządu we Lwowie i Stanisławowie z ramienia Stronnictwa Narodowego; aresztowany w sierpniu 1944 przez NKWD wraz z pozostałymi członkami Delegatury, w lutym 1945 sądzony i skazany na 18 lat łagru, w marcu dotarł etapami do obozu Inta w Kraju Komi za kręgiem polarnym. Na wiadomość o aresztowaniu i skazaniu Kazimierza ojciec rozpoczyna intensywne starania o jego uwolnienie, m.in. wysyła petycję do Bieruta i Kalinina (przewodniczącego prezydium Rady Najwyższej ZSRR), dociera – zabiegając o interwencję w sprawie syna – do różnych osobistości politycznych tamtego czasu" (W. Burek, J. Iwaszkiewicz, *Sandomierz nas połączył. Korespondencja z lat 1945–1963*, s. 22, przypis nr 24).

[2] „Najstarszy, Zdzisław [1917–1939], przed wybuchem wojny student piątego roku medycyny UJ, działacz narodowy (wiceprzewodniczący Młodzieży Wszechpolskiej w Krakowie), więzień polityczny II Rzeczypospolitej, we wrześniu 1939 zatrudniony w sandomierskim szpitalu i wraz z nim ewakuowany na Lubelszczyznę, zmarł na zapalenie płuc 20 września 1939 w okolicach Janowa Lubelskiego. Najmłodszy, Janusz [1921–1944], również podjął studia medyczne na tajnych kompletach w Warszawie, uciekinier z więzienia w Kielcach i warszawskiej «Gęsiówki», żołnierz AK, uczestnik Powstania Warszawskiego, zmarł 26 sierpnia 1944 roku w wyniku rany otrzymanej w walkach na Starym Mieście" (W. Burek, J. Iwaszkiewicz, *Sandomierz nas połączył. Korespondencja z lat 1945–1963*, s. 22, przypis nr 24).

[3] Wincenty Sobolewski (1889–1976) – lekarz sandomierski; autor pamiętników z lat 1942–69, publikowanych w „Zeszytach Sandomierskich".

[4] Bratem Wincentego był Stanisław Sobolewski (1885–1969). Studiował chemię

na uniwersytecie we Fryburgu, gdzie uzyskał doktorat. Tam poznał Ignacego Mościckiego (1867–1946), chemika, prezydenta II RP w latach 1926–39.

2 czerwca 1958
Właśnie wczoraj spędziłem wieczór u doktora Sobolewskiego. Wszyscy, doktor Sobolewski, jego stryj, profesor, przewodniczący Rady Narodowej Wachowicz[1] opowiadali rzeczy mrożące krew w żyłach. Z obozów niemieckich, rosyjskich, z czasów okupacji w Sandomierzu. Każdy, kto zaczyna opowiadanie o swoim życiu, niezmiennie wpada na te tematy. I to jeszcze mnie się powiada, zarzuca, że we *Wzlocie* konkluduję: takie życie, zwyczajne, jak każdego... Oczywiście trzeba dodać: „każdego w Polsce". Jurka, Wiesia, Kazia Sobolewskiego...

Przedwczoraj i wczoraj najpiękniejsze wieczory, jakie przeżyłem od bardzo dawnych czasów. Przedwczoraj w mgiełkach, wczoraj w czystym powietrzu (tuman tylko nad łąkami) przy pełni, słowikach i żabach. Drzewa akacjowe całe białe od kwiatu, stojące w blasku księżyca – i durzący ich aromat, nawet w nocy. Zupełna bajka, bez kropli wiatru, wszystko stało nieruchome, tkwiło w powietrzu – i nawet Wisła wydawała się jak wykuta z marmuru.

Chodziłem wczoraj na „przystań". Z początku z Burkiem, Wachowiczem i Brustmanem, potem sam. Obserwowałem tak zwaną „czerwoną koszulę"[2], który wczoraj był w eleganckim czarnym ubraniu, w towarzystwie takich samych niezwykle eleganckich i przystojnych młodzieńców. Dałbym wiele za to, aby się dowiedzieć, jak się nazywa. Czasami imię tak wiele znaczy w tych wypadkach. W tych wypadkach to znaczy, że on jest zarodkiem mojego nowego opowiadania *Tatarak*[3]. Nazwę go chyba Bogusiem. Tyle tu Bogusławów! Skąd? Jest brzydki, w typie Rysia Dobrowolskiego[4], ale tydzień temu widziałem go nagiego. Jest jednym z najpiękniej zbudowanych ludzi, jakich w życiu widziałem, zupełnie o greckiej harmonii. I ruchy też jakby tańczył. Brzydka twarz, fascynująca. A ten „tatarak" męczy mnie od Baranowa, gdzie wzięliśmy parę źdźbeł od chłopaczka na ulicy. Historia dr Schinzlowej[5], chłopak, który się utopił przedwczoraj w Wiśle, i taneczny krok nagiego „czerwonej koszuli" (chyba jest z UB?), a przede wszystkim zapach tataraku i wspomnienia z dzieciństwa z nim związane (Gra-

226

cio Ryniejski[6]), wszystko splata się w jedną plecionkę. Opowiadanie dojrzewa.

Przed chwilą skończyłem czytać *Podróż* Stasia Dygata. Śliczne to i nie dziwię się, że się wszystkim podoba. Młodzi mówią „kapitalna powieść" (KTT[7]). Ale właśnie w tym sęk – że to powieść na poziomie „młodych". Chyba zestarzeje się wraz z nimi. Jest przede wszystkim zupełnie *démodé*, a im się wydaje, że to jest bardzo „współczesne". Zupełnie to jest przedwczorajsze w stylu *Bella* Giraudoux[8], bajka o pozorach realizmu. Parę paradoksów, parę dowcipów, urocza kobieta – zupełnie nieprawdopodobna przebieranka (Bella za arrasem schowana – coś w tym rodzaju). Czyta się bardzo dobrze. Ale trochę za bardzo francuskie, a nawet żydowskie. Tam tylko, gdzie mówi o Białobrzegach, o Pilicy, tam gdzie mówi o Oli (Bonacka?[9]), tam jest uroczy. A przecież to i moje wspomnienia.

Cudowny upał. Mgiełka za Wisłą. Jaskółki latają wysoko.

Miałem wczoraj listy od Jurka i Romka. Hania chora!

[1] Włodzimierz Wachowicz (1916–1984) – ekonomista, działacz społeczny, od 1951 roku związany z PTTK. W latach 1957–61 był przewodniczącym Prezydium Miejskiej Rady Narodowej w Sandomierzu.

[2] Na marginesie Iwaszkiewicz dopisał: „Zbyszek Rammat (1959)".

[3] Opowiadanie *Tatarak*, dedykowane Andrzejowi Brustmanowi, ukazało się w „Twórczości" 1958, nr 10, a następnie w zbiorze *Tatarak i inne opowiadania* (1960). Opowiadanie doczekało się adaptacji telewizyjnej (1965, reż. A. Szafiański) oraz stało się podstawą filmu *Tatarak* (2009, reż. A. Wajda). Więcej na temat opowiadania i ekranizacji w: *Tatarak. Pożegnanie miłości*, fot. P. Bujnowicz, Warszawa 2009. W skład książki, poza opowiadaniem Iwaszkiewicza, weszły m.in.: wypowiedź Andrzeja Wajdy *Jak spotyka się dojrzałość z młodością, jak się z nią mija*, rozmowa Alicji Albrecht z Marią Iwaszkiewicz *O ojcu i jego twórczości*, rozmowa Mateusza Wajdy z Krystyną Jandą *Nikt inny nie zrobiłby takiego filmu* oraz esej Andrzeja Gronczewskiego *Rzeka bólu*.

[4] Stanisław Ryszard Dobrowolski (1907–1985) – poeta, publicysta, prozaik; współorganizator grupy literackiej „Kwadryga", w latach 1927–31 wydawał miesięcznik o tej samej nazwie. W latach 1947–48 pracował w redakcji „Nowin Literackich", prowadzonych przez Iwaszkiewicza. Od 1948 do 1956 i od 1962 do 1968 był prezesem ZAiKS-u. W latach 1954–56 piastował stanowisko wiceprezesa Zarządu Głównego ZLP, w latach 1958–59 pełnił funkcję redaktora naczelnego „Żołnierza Polskiego". Opublikował m.in. *Pożegnanie Termopil. Poezje* (1929), poemat *Powrót na Powiśle* (1935), powieści *Warszawska karmaniola* (1955), *Piotr i Anna* (1957), *Nasz czas* (1961), zbiór opowiadań *Dzień dzisiejszy* (1966).

⁵ Maria Wanda Schinzlowa z d. Świeżyńska (1905–2001) – malarka, w latach 1925–31 studiowała w Akademii Sztuk Pięknych w Warszawie pod kierunkiem Tadeusza Pruszkowskiego. W 1934 poślubiła sandomierskiego lekarza Zygmunta Schinzla. Brała udział w wystawach zbiorowych w Warszawie i Sandomierzu.

⁶ Gracjan Ryniejski – najmłodszy z rodziny Ryniejskich, sąsiadów Iwaszkiewiczów w Kalniku; pierwszy przyjaciel Iwaszkiewicza. „Choć starszy o parę lat ode mnie, obdarzał mnie serdecznością – i gdy w bardzo wczesnym wieku utopił się w stawie, który widniał z naszych okien, byłem bardzo zmartwiony" (J. Iwaszkiewicz, *Książka moich wspomnień*, s. 32).

⁷ Krzysztof Teodor Toeplitz (ur. 1933) – krytyk filmowy, felietonista, autor scenariuszy filmowych. W latach 1952–59 był członkiem redakcji „Nowej Kultury", publikował także w pismach: „Świat" (1954–68), „Dialog" (1956–62), „Szpilki" (1960––76). Członek redakcji „Przeglądu Kulturalnego" (1960–65), a następnie „Kultury" (1965–69 oraz 1975–81). Od 1969 do 1975 redaktor naczelny „Szpilek". W latach 1973–81 wykładał podstawy wiedzy o filmie i telewizji na Wydziałach Aktorskim, Reżyserskim i Wiedzy o Teatrze w Państwowej Wyższej Szkole Teatralnej im. A. Zelwerowicza w Warszawie, od 1983 do 1990 wykładał w Państwowej Wyższej Szkole Filmowej, Telewizyjnej i Teatralnej w Łodzi. Od 1994 do 1998 pełnił funkcję redaktora naczelnego tygodnika „Wiadomości Kulturalne". Opublikował m.in. felietony filmowe *Groch o ekran* (1956), szkice o filmie *Wiek XX do wynajęcia* (1958) oraz *Seans mitologiczny* (1961), zbiór felietonów *Co ma wisieć nie utonie* (1965).

Przypisując Toeplitzowi formułę „kapitalna powieść", odnoszącą się do *Podróży* Dygata, Iwaszkiewicz popełnił drobną niedokładność. W artykule Toeplitza *Rodacy w kosmosie* („Nowa Kultura 1958, nr 22) pada stwierdzenie: „znakomita powieść".

⁸ Jean Giraudoux (1882–1944) – pisarz francuski, dyplomata, dziennikarz, autor m.in. powieści *Bella* (1926, wyd. pol. 1929) oraz licznych dramatów, m.in. *Elektra* (1937, wyst. pol. w przekładzie J. Iwaszkiewicza 1946), *Sodoma i Gomora* (1943, wyst. pol. 1965), *Wariatka z Chaillot* (1945, wyst. pol. 1947).

⁹ Ewa Bonacka (1912–1992) – aktorka, reżyserka. W okresie międzywojennym występowała na scenie w Katowicach, we Lwowie i w Warszawie. W latach 1946–48 grała w Teatrze Wojska Polskiego w Łodzi, a od 1949 do 1975 roku w Teatrze Narodowym w Warszawie. W jej reżyserii wyemitowano w TVP liczne spektakle, m.in.: dwukrotnie *Pastorałki* wg Leona Schillera (premiera 24 grudnia 1956 oraz 25 grudnia 1957), *Weselne gody* Leona Schillera (4 lipca 1957), *Lokatorzy domku z kart* Olega Stukałowa (5 listopada 1962), *Zazdrość kocmołucha* Moliera (27 listopada 1965); w filmie Jana Rybkowskiego *Naprawdę wczoraj* (1963) zagrała właścicielkę hotelu w Darłowie.

Stawisko, 8 czerwca 1958

No więc czwartego odbyło się to przyjęcie dla Arturów Rubinsteinów¹, o którym Hania tak marzyła od dłuższego czasu. Wszystko udało się znakomicie. Piąte to z serii wielkich przyjęć powojennych na Stawisku – i chyba ostatnie. (Dla Czechów[2] i srebrne wesele w 1947[3], jubileusz 1954[4], dla królowej Elżbiety 1955[5], i to). Było bardzo pięknie i bardzo wspaniale. Jako „stary komediant" (słowa jednego z anonimów) zagrałem wspaniale scenę wręczenia Arturowi pożydowskiego lichtarza[6]. Bufet był dobry, wszystko grało. Bardzo czuliłem się z Arturami. Ale mi strasznie wstyd tego, co napisałem w dzienniku z Rzymu kilka lat temu. I wstyd, i żal. Co innego snobizm Rubinsteinów, a co innego zadry „ubogiego krewnego", które być może pozostały mi jeszcze z okresu Tymoszówki – a które na pewno działały w motywach złośliwości – kiedy z takimi szczegółami opisywałem nasze spotkanie w Rzymie. Chodzi o to, że spostrzegałem wtedy może nieistniejące rzeczy, a istniejące powiększałem. Odgrywała w tym rolę i zazdrość, i smutek, i okropne ciernie owych lat – kiedy jakoś chciałem się odegrać i na Crocem, i na Rubinsteinach, i nawet na Renie Jeleńskiej. Człowiek mimo wszystko jest bardzo małostkowy – i właśnie kiedy najmniej o małostkach chce myśleć, okazuje się, że jest taki! Oczywiście nie zgadzam się z tymi, którzy chcą widzieć same małostki w moich „wspomnieniach", ale niewątpliwie w dzienniku zdarzają się one. Oczywiście mógłbym je wykreślić. Ale po co? Najważniejsze, aby ten dziennik był odbiciem moich prawdziwych oblicz, chociażby chwilowych.

Na Stawisku cudownie – ten czerwiec jest przepiękny – obfity, pełny ptaków i kwiatów. Zboża wyższe ode mnie. Czyżby „piękne lato"[7]?

---

[1] 3 czerwca 1958 roku Artur Rubinstein wraz z żoną i dwojgiem dzieci, Aliną i Johnem, przyjechał do Polski na zaproszenie Filharmonii Warszawskiej. 7 czerwca wystąpił w Krakowie, 9 i 10 czerwca w Warszawie. „Na lotnisku warszawskim oczekiwał wielki tłum. Po chwili otoczyła nas rodzina Neli, moi dwaj siostrzeńcy i siostrzenica oraz liczni przedstawiciele świata muzycznego. [...] Dałem trzy koncerty we wspaniale odbudowanej Filharmonii i jeden dodatkowy dla starego Towarzystwa Chopinowskiego [...]. Przyjmowano mnie z entuzjazmem większym niż kiedykolwiek przedtem. [...] Po cudownym koncercie w Krakowie, gdzie dzieci mogły podziwiać nietknięte, przepiękne stare miasto, wróciliśmy do Warszawy; zagrałem tu jeszcze poranek w tak zwanym Pałacu Kultury [...]. Moje rodzinne miasto Łódź błagało mnie, żebym tam przyjechał i zagrał, ale odmówiłem. Nie mogłem znieść myśli, że zobaczę zniszczony cmentarz, na którym pochowano moich rodziców, i ulice, na których każdy dom przypominał mi kogoś drogiego, niewinnie zamordowanego podczas wojny" (A. Rubinstein, *Moje długie życie*, t. 2, s. 610–611). O przyjęciu na Stawisku Rubinstein nie wspomniał.

[2] Od 15 maja do 15 czerwca 1947 gościła w Polsce delegacja pisarzy czeskich i słowackich, w której skład wchodzili m.in.: Rudo Brtáň, Pavol Bunčak, František Halas, A. C. Nor (właśc. Josef Kavan), Marie Pujmanová i Václav Řezáč. 21 maja Iwaszkiewicz wydał dla nich przyjęcie na Stawisku, przygotowawszy wcześniej instrukcję, podług której odbyła się uroczystość. Tekst instrukcji stanowił:

„Z samego rana pojechać do Józi Jankowskiej po zimny bufet. Zmienić kwiaty.

Godz. 12.05 – Marysia, Terenia, Stach, Józio Szlachetny [Zakrzewski] i Wiesio spotykają na stacji gości czeskich i odprowadzają ich do domu.

Godz. 12.20 – Ojciec, matka, Maciuś spotykają gości przed domem, przemówienie ojca. Józio Krawczyk trzyma tacę z chlebem i solą, po podaniu tacy przeze mnie p. Halasowi odbiera ją z rąk Halasa i odnosi do domu. Wchodzimy do domu.

Godz. ... – Rodzice idą do gabinetu na górę z Halasem i panią Brdyk. Stachowie i Teresa zostają z częścią gości w bibliotece. Drzwi do jadalni i drzwi na taras zamknięte.

Godz. 13.00 – Punktualnie otwierają się drzwi do stołowego. Stół rozsunięty, szkło i wódka osobno, porcelana tylko granatowa i Skarżyńskich, kwiaty żółte, srebro, szkło wszystkie, jakie jest w domu. Stół z werandy, o ile będzie pogoda, ustawić na zewnątrz, na stole kieliszki i kanapki (sto kanapek z wędliną, ogórkiem kwaszonym i rzodkiewkami), szklanki do piwa. Wódki na razie dawać niedużo, wódkę nalewa Stach i Józio Szlachetny.

Godz. 14.00 – Przychodzą delegacje szkół, harcerstwa, młodzieży wiejskiej. Józio Szlachetny ustawia delegacje przed domem od strony werandy.

Godz. 14.15 – Wychodzimy do delegacyj, powitania i przemówienia. Harcerze śpiewają (?). Radio nadaje.

Godz. 14.30 – Poczęstunek delegacyj wódką, piwem, lemoniadą, kanapkami. Zajmują się tym Teresa, Janka [Nowicka], Józio Szlachetny, Wiesio.

Godz. 15.00 – Muzyka zaczyna grać, na werandzie zaczynają się tańce. Czarna kawa i herbata podana ma być do biblioteki i pokoju Stachów.

Godz. 16.27 – Odjazd.

Pamiętać, że przyjęcie będzie nadawane przez radio, nie używać więc nieprzyzwoitych wyrazów pod żadnym pozorem – chyba że po czesku" (cyt. za: M. Iwaszkiewicz, Z archiwum na Stawisku, „Przekrój" 1984, nr 2041).

[3] Zob. przypis nr 1 na s. 193.

[4] Zob. przypis nr 2 na s. 202.

[5] Zob. tom 1, przypis nr 6 na s. 475.

[6] Ze świecznikiem ofiarowanym Rubinsteinowi wiąże się historia opisana przez Jerzego Putramenta, który w październiku 1959 roku, nieoficjalnie wysuwając kandydaturę Iwaszkiewicza na prezesa ZLP przed grudniowym zjazdem, usłyszał w rozmowie z wysoko postawionym członkiem partii:

„– Iwaszkiewicz byłby doskonały. Ale wiecie, ma te jakieś historie z przywłaszczeniem mienia pożydowskiego.

Zdębiałem. Co za bzdury? Rozmówca uznawał, że rzecz przesądzona, i nie udzielał

żadnych wyjaśnień. Wypadłem od niego wściekły i zrozpaczony. [...] Do «Czytelnika» było blisko. Zapytałem Marysię, córkę Iwaszkiewicza, co to za historia. Zbladła. – A dranie! To jednak się chwycili tej bredni. Rzecz była całkiem prosta. Za okupacji wielu znajomych i przyjaciół Iwaszkiewicza pochodzenia żydowskiego przywoziło doń różne rzeczy, głównie meble, którym groziła konfiskata. Stało to wszystko w którejś izbie w Stawisku, ma się rozumieć bez inwentaryzacji, księgi wpisów czy czegoś równie szaleńczego. Po wojnie, kto ocalał, ten przychodził i swoje rzeczy zabierał. Przyszła wdowa bodaj po Breiterze. Zabrała parę gratów.
– Wszystko? – spytał Iwaszkiewicz.
– Wszystko.
– A to?
Był to srebrny, siedmioramienny świecznik żydowski, starej roboty.
– A nie, to nie moje.
Świecznik został. W kilkanaście lat później gościł w Warszawie Artur Rubinstein. Iwaszkiewicz podejmował go kolacją, w trakcie której wręczył mu ten świecznik jako «dzieło geniuszu żydowskiego». Zdjęcie świecznika zamieścił «Express». Nazajutrz wdowa nareszcie sobie przypomniała, że to jej. [...] Wysłuchałem tego wszystkiego, pobiegłem z powrotem. Towarzysz jeszcze był u siebie, drzwi do niego jeszcze nie ostygły po moim niedawnym pobycie. Opowiedziałem historię, którą właśnie usłyszałem. Zrobiła na nim wrażenie, dalszą robotę w dziele rozdeptywania tej plotki wziął na siebie. W każdym razie odtąd już nie było mowy o żadnych innych kandydaturach"
(J. Putrament, *Pół wieku*, t. 5 *Poślizg*, Warszawa 1980, s. 275–277).
[7] *Piękne lato* – tytuł ostatniego rozdziału drugiego tomu *Sławy i chwały*.

Kraków, 14 czerwca 1958
Byliśmy dziś w Nowej Hucie z Chińczykami[1]. Oglądaliśmy olbrzymią walcownię blachy. Spotkaliśmy się tam niby przypadkiem z dużą grupą robotników. Dobrani byli zresztą jak na obrazie Lentza[2], skomponowani całkowicie, jeden brunet, jeden blondyn, młody entuzjasta, stary sceptyk, ale robociarz całą gębą, kobieta itd. Chińczyk mówił do nich, oni odpowiadali (ten młody) – najbardziej drętwe rzeczy, jakie można sobie wyobrazić. Jak zwykle na widok robotników odczuwałem czułość i żałość. Zawsze wydają mi się najbardziej oszukanymi ludźmi na świecie – wmawia się w nich wiadomo co, a oni biorą wszystko na serio i cierpią jak pierwsi chrześcijanie dla przyszłej szczęśliwości. Tak by się chciało im naprawdę pomóc, stworzyć świat, gdzie by oni byli prawdziwymi, pełnymi ludźmi. Oczywiście nie będzie to świat ko-

munizmu. Ale czy naprawdę nie można myśleć o prawdziwym socjalizmie? Czy mechanizacja sprzyja wytwarzaniu prawdziwych ludzi? Jaka jest ich przyszłość? Teraźniejszość smutna. I dlatego ile razy się z nimi stykam – w kolejce, na zebraniach wyborców – tyle razy mi ich tak bardzo żal. Ale tego żalu nie mogę wytłumaczyć ani im, ani nikomu innemu. Zakłamanie nasze nie pozwoli na to. Nie można w tym kierunku posunąć się ani na jeden krok. I to jest właśnie najgorsze w naszym społeczeństwie.

[1] Chodzi o delegację Chińskiego Komitetu Pokoju, która na zaproszenie Polskiego Komitetu Obrońców Pokoju przebywała w Polsce od 11 czerwca 1958.

[2] Stanisław Lentz (1861–1920) – malarz, karykaturzysta, portrecista. Jego ilustracje były publikowane w „Kłosach", „Tygodniku Ilustrowanym", „Kurierze Codziennym". W 1909 roku został profesorem i dyrektorem warszawskiej Szkoły Sztuk Pięknych, którą kierował do końca życia. Twórca realistycznych portretów, głównie męskich, scen rodzajowych oraz obrazów o tematyce proletariackiej. Iwaszkiewicz ma zapewne na myśli obraz *Strajk* (1910), znajdujący się w zbiorach Muzeum Narodowego w Warszawie.

Stawisko, 22 czerwca 1958
Umarł Zdziś Januszewski[1]. W ogłoszeniach dr Zdzisław Januszewski. Zadziwiające, jak starość pozwala oglądać życia ludzkie w całości. Najprzód ten staranny, zwyczajny uczeń. Tak też pamiętam te lekcje muzyki ze Zdzisiem i sztuczki, które grał, jego piękną matkę, wspaniałe mieszkanie na Luterańskiej [w Kijowie], które mnie onieśmielało. Potem to lato w Krzysztofówce[2], gdzie Zdziś miał już siedemnaście lat, spacery linijką z nim i z Jerzym Jaczewskim, kąpiel; był wtedy uroczy, zawsze taki piękny, pogodny i szalenie zrównoważony. A potem już Warszawa, znany lekarz, piękny mężczyzna, porady okulistyczne. I już! Już całość przeszła, mam ją u siebie jak na dłoni. Od początku do końca, życie jak Iwana Ilicza[3], jak Jonycza[4], coś z rosyjskiej noweli. I tak to się nakłada jedno życie na drugie, przemija, przewala, i znowu to samo, w kółko... Po co? Jakie to ma znaczenie? Biedny Zdziś, szary, zwyczajny człowiek. Po co żył, po co się męczył? Dla innych? A ci inni?

[1] Zdzisław Januszewski (1899–1958) – lekarz, ordynator oddziału okulistycznego przy ul. Chocimskiej w Warszawie. Zmarł 23 czerwca, a zatem w dacie zapisku jest

232

pomyłka. Zapis ten powstał najwcześniej 24 czerwca, tego też dnia ukazał się nekrolog w „Życiu Warszawy" (nr 150 z 24 czerwca 1958 roku).
[2] W Krzysztofówce na Ukrainie Iwaszkiewicz spędzał lato 1917 roku. Tłumaczył wówczas *Zwiastowanie. Misterium w 4 aktach* Paula Claudela, które zostało wydane nakładem poznańskiego „Zdroju" w 1921 roku.
[3] Zob. przypis nr 2 na s. 81.
[4] Jonycz – tytułowy bohater noweli Antoniego Czechowa, przełożonej na język polski przez Iwaszkiewicza, opublikowanej w: A. Czechow, *Dzieła*, t. 9, Warszawa 1959.

Stawisko, 29 czerwca 1958
Dziwnie mi się teraz układa stosunek z Jurkiem Lisowskim. Odczuwamy wobec siebie coś w rodzaju skrępowania, chociaż ja mówię z nim absolutnie o wszystkim. Nawet może trochę koloryzuję, też nie wiem dlaczego. On oczywiście mi się nie zwierza, jak mówi Stryjkowski, jest moim wiernym przyjacielem – ale coś to nie wychodzi. Kiedy zostajemy we dwóch, nagle przychodzi moment, że nie mamy o czym mówić. Przyczynia się do tego zapewne i gwałtowna przyjaźń Jurka z Aronkiem[1], który jest bardzo wymagający od przyjaciół. Myślę, że on go trochę odciąga ode mnie. Aronka ja niezmiernie cenię i lubię, wielki odczuwam brak jego jasnego umysłu (pomijając kaprysy) w redakcji, ale jest w nim i coś obcego. Gdy chorował, w lecznicy bywało u niego po trzydzieści osób – sami Żydzi. Coś w rodzaju cadyka z Góry Kalwarii czy też rabina z Zabłudowa. Schodzą się do niego z kwiatami, radami – dziwacznie to wyglądało, bardzo dziwacznie. I mimo woli odczuwało się zbędność naszej obecności. Byłem raz i szybko się wycofałem. A Jurek z nim jak gdyby konspirował – są naprawdę zaprzyjaźnieni. Trochę mi zazdrosno i o jednego, i o drugiego, mam tak mało przyjaźni intelektualnych. Starzeję się w tej samotności. Trochę już przestaję rozumieć sprawy (np. podobał mi się artykuł Kijowskiego[2] o Schaffie[3], nie zauważyłem w nim tego co Najder[4] – dla mnie wszystkie koty w nocy szare) – i przestaję się nadawać na redaktora poważnego pisma. Trzeba będzie się nad tym zastanowić. Jurek L[isowski] zatracił swoją świeżość i trochę jakby się czegoś wobec mnie wstydził. Zastanawia mnie bardzo ta sytuacja.

[1] Chodzi o Juliana Stryjkowskiego, który był nazywany Aronkiem (lub Arełkiem) od imienia bohatera swojej powieści *Głosy w ciemności* (1956).

[2] Andrzej Kijowski (1928–1985) – prozaik, eseista, krytyk literacki. Od 1958 do 1985 pracował w redakcji „Twórczości". Publikował artykuły i recenzje literackie, teatralne i filmowe oraz utwory prozą i przekłady z literatury francuskiej m.in. w „Nowej Kulturze" (1950–55, 1960–61), „Przeglądzie Kulturalnym" (1957–63), „Dialogu" (1958–75, z przerwami) i „Filmie" (1961–67). W 1959 roku otrzymał nagrodę „Życia Literackiego" za działalność krytyczną. Autor m.in. zbioru recenzji i felietonów *Różowe i czarne* (1957), powieści *Oskarżony* („Twórczość" 1958, nr 9, wyd. osob. 1959), tomu szkiców i recenzji *Miniatury krytyczne* (1961), powieści *Dziecko przez ptaka przyniesione* („Twórczość" 1966, nr 12, wyd. osob. 1968).

Wspomniany przez Iwaszkiewicza artykuł to jeden z odcinków cyklu *Przegląd prasy* („Twórczość" 1958, nr 8), w którym Andrzej Kijowski odniósł się do szkicu Adama Schaffa *Czy moralność może być amoralna* („Polityka" 1958, nr 21–23).

[3] Adam Schaff (1913–2006) – filozof marksistowski. W latach 1940–45 pracownik naukowy Instytutu Filozofii Akademii Nauk ZSRR, w latach 1945–48 profesor Uniwersytetu Łódzkiego, następnie do 1970 profesor Uniwersytetu Warszawskiego. W latach 1950–57 dyrektor Instytutu Kształcenia Kadr Naukowych przy KC PZPR. Od 1954 do 1968 kierował Instytutem Filozofii i Socjologii PAN. Zaliczany do głównych przedstawicieli oficjalnego nurtu w filozofii marksistowskiej, w latach 40. i 50. odegrał decydującą rolę we wprowadzaniu marksizmu w Polsce. W pierwszej połowie lat 60. odszedł od ideologii i linii PZPR, głównymi dziedzinami jego pracy naukowej stały się: teoria poznania, semantyka, filozofia człowieka, teoria socjalizmu. Autor ponad trzydziestu książek, do najważniejszych należą: *Wstęp do teorii marksizmu. Zarys materializmu dialektycznego i historycznego* (1948), *Wstęp do semantyki* (1961), *Język a poznanie* (1964), *Szkice z filozofii języka* (1968), *Alienacja jako zjawisko społeczne* (1978). Wydał autobiografię *Pora na spowiedź* (1993).

[4] Zdzisław Najder (ur. 1930) – historyk literatury, krytyk literacki, publicysta. W latach 1952–57 pracował w Instytucie Badań Literackich PAN. Od 1957 do 1959 wchodził w skład redakcji miesięcznika „Twórczość" (ponownie w latach 1969–81), gdzie kierował działem eseju, tu publikował również liczne artykuły i recenzje literackie oraz przekłady artykułów z języka angielskiego. Badacz życia i twórczości Josepha Conrada, autor biografii *Życie Conrada-Korzeniowskiego* (1980, właśc. 1981), edytor 27 tomów dzieł zebranych Conrada (1972–74). W 1982 objął stanowisko dyrektora Sekcji Polskiej Radia Wolna Europa w Monachium, gdzie pracował do 1987. W późniejszych latach wykładowca literatury polskiej, literatur porównawczych i filozofii na uniwersytetach amerykańskich; uczestnik opozycji demokratycznej w PRL.

30 czerwca 1958

Trzy listy, jakie dziś otrzymał Jurek B.:

1) Piękny, czysty, szlachetny list Hani, który trudno mi bez łez czytać.

2) Zawiadomienie adwokata, że przyspieszył jego sprawę rozwodową, która odbędzie się 7 lipca już.

3) List żony jego kolegi – marynarza, żeby przysyłał już tę pralkę albo żeby odesłał te 2000 złotych, które mąż u niego zostawił na pralkę. (Oczywiście nie było nigdy mowy o żadnej pralce albo dwóch tysiącach). Czyż to nie cała nowela?

[Bez daty]
Lipiec – podróż na Ukrainę i do Moskwy[1], chyba zrobię osobno?

[1] 2 lipca 1958 roku Jarosław Iwaszkiewicz wraz z żoną pojechał do Moskwy na zaproszenie Fiodora Panfiorowa, redaktora miesięcznika „Oktiabr'". Podróż objęła także Kijów i część Podola. Choć celem wizyty było omówienie form współpracy między rosyjskim pismem a „Twórczością", dla Iwaszkiewicza wędrówka do miejsc młodości własnej i młodości Anny nabrała charakteru intymnego przeżycia. Władimir Frołow, który wówczas opiekował się w Moskwie Iwaszkiewiczami, w artykule *Wrożdiennoje striemlenije k sczastju...* pisze o wielogodzinnych spacerach po Moskwie, poszukiwaniu w plątaninie zaułków na Arbacie domu, w którym w dzieciństwie mieszkała Anna Iwaszkiewiczowa, oraz o zwiedzaniu cmentarza Nowodziewiczego, gdzie pochowany jest Czechow (zob. *Wospominanija o Jarosławie Iwaszkiewicze*, s. 64). W Kijowie Iwaszkiewiczowie zatrzymali się w hotelu Dniepr. Mykoła Upenyk, wówczas zastępca redaktora naczelnego ukraińskiego czasopisma „Wseswit", pisze w szkicu *Putieszestwije na rodinu*, iż Iwaszkiewicz (Anna, zmęczona podróżą, została w pokoju hotelowym) zaczął zwiedzanie Kijowa od Ławry Peczerskiej, gdzie była właśnie otwarta wystawa prac Kateryny Biłokur. W następnych dniach już obydwoje Iwaszkiewiczowie odwiedzili miejsca związane z latami gimnazjalnymi i uniwersyteckimi pisarza, pływali po Dnieprze kutrem, którym sterował Ołeksandr Kornijczuk (stąd wziął się tytuł artykułu Iwaszkiewicza *Spacer po Dnieprze*), byli na herbatce u Wandy Wasilewskiej, gościli w mieszkaniu Bażanów. Z Kijowa udali się do Daszowa i Kalnika, mijając po drodze Berdyczów i Niemirów (zob. *Wospominanija o Jarosławie Iwaszkiewicze*, s. 108–113). O okolicznościach związanych z podróżą Iwaszkiewicza w 1958 roku do Daszowa na grób ojca pisze Mykoła Bażan: „Przyjechawszy do Kijowa, Jarosław wyznał, że chciałby odwiedzić grób swego ojca. «Mój Boże – pomyślałem – ile to już lat minęło, ile wydarzeń i wstrząsów, ile bitew przewaliło się w tym czasie przez starą ziemię daszowską! Czy mógł tam ocaleć zaniedbany cmentarz katolicki, na którym dawno już nikogo nie chowano i na który nikt już chyba nie zagląda? Jak to pokazać Jarosławowi? Przecież to niemożliwe, by ocalał tam grób jego ojca...». Trzeba zadzwonić do ilinieckiego komitetu dzielnicowego partii – może odnajdą grób, zorientują się w sytuacji, podpowiedzą, czy można tak szacownego gościa wieźć do Daszowa, czy ta podróż nie wzbudzi w nim żalu i goryczy? Sekretarz komitetu dzielnicowego zrozu-

miał nasze położenie, obiecał, że pojedzie do Daszowa osobiście i rozezna się w sytuacji. Minął jeden dzień. Telefon milczy. Mija drugi. Iwaszkiewicz pyta, kiedy jedziemy. Próbuję się jakoś wykręcić, bąkam coś o nieprzejezdnej drodze (w tym czasie rzeczywiście szalały burze z ulewami), o samochodzie w warsztacie i widzę, że Iwaszkiewicz ze zdziwieniem słucha moich wykrętów. Kiedy pod koniec następnego dnia zadzwonił sekretarz i z radością oznajmił, że grób jakimś cudem ocalał, nie wierzyłem własnym uszom. Dodał, że grób doprowadzą do porządku i syn może przyjeżdżać. Drogi od razu wyschły i stały się przejezdne, samochód wrócił z warsztatu – i Jarosław, w towarzystwie ukraińskiego poety Mykoły Upenyka, z mieszanymi uczuciami udał się w rodzinne strony. Wróciwszy, z zadowoleniem opowiadał, jak serdecznie przyjęto go w komitecie dzielnicowym i jak wszyscy pojechali do Daszowa. Grób był zadbany, miejscowi towarzysze nawet trochę przesadzili w gorliwości. Usypali z piasku ścieżkę prowadzącą do mogiły, wokół płyty posadzili kwiaty, ale było znać, że posadzone zostały w pośpiechu zaledwie wczoraj. Upenyk opowiadał, że Iwaszkiewicz spostrzegł to, ale nie dał niczego po sobie poznać. Był nawet wzruszony tą przesadną, ale szczerą gorliwością miejscowych władz" (przeł. R. Papieski). Por. M. Bażan, *Razdumja i wospominanija*, Moskwa 1983, s. 223.

Iwaszkiewicz wrażenia z tej podróży zawarł w artykule *Spacer po Dnieprze*, gdzie napisał m.in.: „I oto po czterdziestu latach byliśmy w miastach naszej młodości. Ona pokazywała nieznaną mi Moskwę, ja pokazywałem nieznany jej Kijów i nieznaną Ukrainę, o której tylko słyszała przez tyle lat moje opowiadania. [...] tam pokazała mi żona, gdzie słyszała pierwsze wykonanie przez autora III koncertu Rachmaninowa, tu Mieczysław Limanowski wykładał o tym, co jest dionizyjskie, a co apollińskie; tu, w Trietiakowskiej Galerii, odwiedziliśmy najosobliwsze jej obrazy, portrety wielkich pisarzy rosyjskich XIX wieku, gdzie twarze Tołstoja, Dostojewskiego, Puszkina, oddane przez znakomitych malarzy, wstrząsają swą prawdą. Oczy Tołstoja czy Dostojewskiego zostają w pamięci na zawsze. A ja pokazałem mojej żonie dom, w którym pisałem *Oktostychy* i *Ucieczkę do Bagdadu*, mieszkanie Jury Mikłucho-Makłaja, gdzie opowiadał mi o swoim wuju podróżniku, dom, w którym mieścił się teatr «Studya» Stanisławy Wysockiej, gdzie graliśmy *Balladynę*, *Cyda* i *Świerszcza za kominem*, dom, gdzie mieszkała aktorka Janowa, dla której pisałem rosyjskie wiersze, i teatr, gdzie widziałem *Erosa i Psyche* po rosyjsku i Kazimierza Kamińskiego w *Grubych rybach*. A nazajutrz miałem jej pokazać obrazy Szewczenki i Zaleskiego, kościół, w którym brał ślub Honoré Balzac, opuszczony cmentarz z zachowaną mogiłą mego ojca, krajobraz mego dzieciństwa, któremu tyle zawdzięczam, ile Dnieprowi i miastu nad Dnieprem. A kiedy przejeżdżaliśmy – w pewnym miejscu pokazałem żonie drogę: tędy się jedzie do Kazimierówki, tędy jechał Joseph Conrad na pocztę do Daszowa, aby odebrać list od przyjaciela, Johna Galsworthy'ego...

Sitkowce zostawiliśmy na boku: tam brali ślub rodzice Karola Szymanowskiego i moi. Jechaliśmy przez Niemirów, tu kończył gimnazjum mój brat i Stanisław Brzozowski. [...]

Jakaż może być lepsza współpraca *Twórczości* z miesięcznikiem *Oktiabr´* – jak konstatacja tego wszystkiego, co nas łączy? Zapewne, dzieli nas bardzo wiele i o wiele rzeczy możemy się kłócić, mocno kłócić. Łączy nas jednak jeszcze więcej spraw, a przede wszystkim jedność wielkiej kultury europejskiej" (J. Iwaszkiewicz, *Spacer po Dnieprze*, „Twórczość" 1958, nr 9).

Wbrew zapowiedziom, zapiski dziennikowe z tej podróży nie powstały.

8 sierpnia 1958
Nocne notatki Jurka (zniosłem podział na „wiersze"):
„Dziwny jest dzisiejszy wieczór, niby jest coś, a nie ma nic. Och, wy przyjaciele, kochanki moje, robicie dużo, aby osłodzić żywot człowieka, który stoi nad popiołami. Próżny wasz trud i wysiłki próżne. Wszystko dobiega końca, plany są realizowane przez machinę, stale i konsekwentnie. Jeszcze pozostała jedna próba.

Przyłóż, kochanie, głowę do piersi – czy słyszysz bijące mocno serce i coś jak głosy pary wydobytej z (wyraz nieczytelny – J. Iw.). Coś świszcze, charczy, bulgoce, czasem usta krwią zajdą, machina przystanie. I znów rytm serca, i znów bulgotanie. Czasem kaszlu napad jeden, drugi, trzeci, potem zadyszka lub termometr stanie i Celsjusz, biedak, pomylił się o parę kresek czy stopni. I znów bieg przez schodki, i znowu serce bije rytmem równym, by zacząć od początku nowy takt, dużą gorączkę, zadyszkę, bulgotanie. Z kroplą krwi wyrzuconej na wargę zadokumentować, że jeszcze istnieję. Jak długo będzie trwać ta zabawa? Śmierć jest najlepszym początkiem końca".

W parę dni później.
„Gdybym mógł, krwią bym pisał na białym marmurze, serca tęsknoty, wzruszenia, zwątpienia i burze. Ale będąc człowiekiem małym i przyziemnym, piszę czerwonym atramentem, popełniając błędy. Dusza buja w obłokach, serce myśli inaczej, a ja piszę, piszę bzdury pełen rozpaczy. Życie zamknęło przede mną kartę moich dziejów, ograniczyło wszystko twardym rytuałem mroku i chociaż łkam w głębi, nie zmienię potoku, nie wypluję robactwa, co od wieków toczy myśli. Aż do zmroku. Mnie nie wolno jest kochać, jam zgnilizna i łajno, rzecz martwa, dobytek, nieruchomość, igraszka losu. Bilans życia zero, bilans uczuć nieważny, ważna jest śmierć, która jedna może przynieść rozwiązanie zagadek. Czekajmy więc z pieśnią na ustach. *Memento mori*".

„A w międzyczasie co robić? Pociąg nie nadjeżdża".

21 sierpnia 1958
Znalazł doskonałe zajęcie.
A ja? Ta kobieta okradła mnie najstraszliwiej: zabrała mi jego śmierć.

24 sierpnia 1958
Jedzie do Surabai, a wyląduje w Bydgoszczy[1].

[1] W indonezyjskiej Surabai pracował (jako technik budowlany) brat Jerzego Błeszyńskiego, w Bydgoszczy mieszkała Lilka Pietraszek.

Sobieszów, 29 sierpnia 1958
Materiały do powieści
W połowie stycznia Jurek B. zjawił się w Alhambrze[1] i powiedział, że znany dziennikarz warszawski znalazł dla niego mieszkanie u niejakiego profesora politechniki (konstruktora samolotów), pana P.[2] Stosunki Jurka z tym dziennikarzem dość niejasne. Dziennikarz notoryczny pedzio, a Jurek zna go od dawna, jeszcze ze szkoły wojskowej we Wrocławiu. Dziennikarz mieszkał niedaleko szkoły i jeździli razem tramwajem. Potem byli razem w sanatorium w Bystrej, to już kiedy Jurka znałem.

Chodziło tylko o zapłacenie poważnej sumy z góry, obiecałem ją Jurkowi – i wypłaciłem. Jurek dostał urlop w „Kafarze" brwinowskim i wyjechał do Poronina, przez ten czas odnowiono mieszkanie.

Są to dwa pokoje w ładnej willi na dolnym Mokotowie. Profesor P., staruszek około siedemdziesięciu lat, mieszka tam sam z żoną[3]. Oboje są trochę zdziwaczali, stracili dwóch dorosłych synów. Jeden tuż po wojnie, na wsi został trafiony zabłąkaną kulą i zginął na miejscu. Młodszy w parę lat potem, już ożeniony z Lilką i mający syna, spalił się w samochodzie na samotnej bocznej drodze. Lilka w pewien czas potem wyszła za mąż za pewnego Pomorzanina w Bydgoszczy.

Dla starych profesorostwa został tylko ukochany domek, ukochany wnuk i ukochana synowa, którą uważają za kobietę zupełnie osobliwą i bardzo wartościową.

Po powrocie z Poronina Jurek umeblował pokoje (dwa połączone, bardzo piękne) i zagospodarował całe mieszkanie, kupując noże, widelce, szklanki, filiżanki, kieliszki, firanki – w jeden dzień.

Mieszkanie to przezwałem „meliną" i ta nazwa przystała. Jerzy od pierwszego kwietnia począł znowu pracować w „Kafarze", gdzie powierzono mu w dalszym ciągu pracę nad budową tajnego obiektu wojskowego, z którym miał wielkie kłopoty. Jednocześnie musiał się wykręcać z wielkiej afery w Kopytowie[4], gdzie był odpowiedzialny za nadzorowanie rozbiórki, z której cegły skradziono. Na roboty jeździł z Mokotowa motorem, kupionym za wiadome pieniądze.

Powrót do pracy w „Kafarze" uważał za konieczność, bowiem na temat jego zimowego wystąpienia chodziły po Brwinowie tysiączne komentarze, plotki podsycane przez jego teściową i żonę, którą porzucił, przenosząc się do Warszawy. Dlaczego porzucił żonę – będącą w poważnym stanie – nie wiadomo. Twierdził, że spodziewane dziecko nie jest jego dzieckiem, tak mu w złości powiedziała żona Halina, ale to okazało się nieprawdą. W całej hecy moje nazwisko odgrywało także pewną rolę. Mówiono, że go z „Kafaru" wywalono za kradzieże, musiał postawić na swoim i „pokazać się". Trudno mu było to wyperswadować. Przy jego stanie płuc jeżdżenie o piątej rano motorem z Mokotowa do Brwinowa było po prostu samobójstwem.

Pożycie Jurka z profesorostwem P. układało się dobrze. Pewnego dnia zauważyłem, jak profesorowa ukradkiem pogłaskała go po głowie. Powiedziałem mu, że oni się do niego przywiążą jak do syna. W ciągu zimy bardzo często spotykałem profesora u Jurka na kawie, herbacie lub wódce. Dla mnie był to koszmarny staruszek, typowy cudak, trochę wariatowaty. Jurek był jednak bardzo pod jego wpływem i zdaje się przywiązał się do niego.

Na Wielkanoc Jurek urządził chrzciny nowo narodzonej córeczki i sprowadził na tę uroczystość całą rodzinę ze Szczecina. Wszystko musiało być *comme il faut*[5] i imponujące jak przedtem pogrzeb babci. I jedna, i druga uroczystość odbyła się za wiadome pieniądze.

Przy okazji mogłem zaobserwować stosunek rodziny (matki!) do Jurka, najzupełniej obojętny. Latami i miesiącami matka do niego nie pisuje, nie interesuje się jego zdrowiem i nie zdradza najmniejszych macierzyńskich uczuć. Dwaj starsi synowie i najmłodszy (z drugiego małżeństwa) traktowani są zupełnie inaczej. Jurek od siódmego roku życia oddany był obcym ludziom, dalekim krewnym, i jak twierdzi, od tego czasu pędzi życie samodzielne. Nie zaznał życia rodzinnego, tym bardziej był czuły na stosunek do niego profesorostwa P.

W tym samym mniej więcej czasie zjawiła się w „melinie" synowa profesorostwa – Lilka P. Nie ulegało najmniejszej wątpliwości, że zakochała się w Jurku od pierwszego wejrzenia. Gdy po tygodniu wyjechała, telefonowała natychmiast z Bydgoszczy, a potem przysłała list, w którym niby to żartami pytała, co on by zrobił, gdyby ona zjechała do niego z dwojgiem dzieci. Jerzy nie traktował tego na serio, najlepszy dowód, że opowiadał to ze śmiechem wszystkim na prawo i na lewo.

Tymczasem ze zdrowiem było coraz gorzej: ciężka, całodzienna praca w „Kafarze", codzienne jazdy motorem, zupełne zaniedbanie wszelkich kuracji, niechęć do życia i rozpacz z powodu rozstania z bardzo kochaną żoną składała się na to, że z dnia na dzień stan się pogarszał. Wreszcie zaalarmowana dalsza rodzina skierowała go do centralnej poradni przeciwgruźliczej. Lekarz zalecił natychmiastowe przerwanie pracy i wyjazd do sanatorium. Oczywiście z tego nici.

Tak przeszły wiosenne miesiące. O pani Rajskiej, która śmiertelnie kochała się w Jurku (był jakiś czas jej kochankiem), nie było już mowy. Po ataku nerkowym w lutym skonstatowano, że plemniki jego uciekają wraz z moczem, o spółkowaniu nie ma mowy. Czasami miewa erekcję, nigdy ejakulacji. Kobiety odpadły. W czerwcu (w końcu) zjawiła się na Mokotowie Lilka, miała tu pozostać całe lato. Jurek śmiał się z tego, ale zauważyłem, że zainteresowanie tą osobą stopniowo wzrasta. Z początku wyrażało się to w starannym zachowywaniu pozorów i przysłanianiu stosunków ze mną. Potem już wyraźniej zaczynał się flirt. W wigilię mojego wyjazdu do Moskwy byliśmy na kolacji w Bristolu. Sytuacja stawała się jasna. Baba stawiała na swoim.

Po powrocie z Moskwy zastałem sytuację całkowicie zmienioną. Przede wszystkim skonstatowano u żony Jurka, Haliny, ciężką formę gruźlicy. Trzeba ją było wywieźć do sanatorium w Rudce (moim samochodem). Poza tym stosunek Jurka i Lilki nabrał wyraźnych form współżycia. Jakiego? Podobno sytuacja erotyczna jego poprawiła się. Ponadto dr Meissnerowa w Pruszkowie skonstatowała ostatecznie gruźlicę nerek. Gruźlica nerek – to początek końca. Nie będę podawał szczegółów tego miesiąca. Idiotyczny pomysł jechania motocyklem do Rudki z Lilką za plecami, gonienie po szosie, spotkanie w Mińsku Mazowieckim, nieporozumienie itd., itd. Chodzi mi o stan aktualny: starzy P. profesorostwo wrócili znad morza, chyba spodziewali się, co się stanie, kiedy zostawiali w pustej willi bezrobotnego Jurka i zakochaną Lilkę, a może nawet odpowiadało to ich celom. W dniu powrotu, na uroczystej kolacji skonstatowali, że kochają Jurka jak syna, że adoptują go, że nie puszczą go do sanatorium, że przeprowadzą kurację na miejscu pod dozorem pielęgniarki, panny Poli, ale że warunkiem tej kuracji jest odcięcie Jurka od świata, od telefonów, od przyjaciół (czyli ode mnie). Oczywiście w dalszej perspektywie jest połączenie Jurka z Lilką i umieszczenie ich wraz z ukochanym wnukiem w willi na Mokotowie. Jurek twierdzi, że nie może żyć z ich łaski i jeżeli zostanie w willi profesorostwa, to musi nadal płacić za to mieszkanie – a kosztuje ono 1500 złotych miesięcznie.

W tym samym czasie przyszedł do Jurka kontrakt od jego brata z Surabai, angażujący go w charakterze technika budowlanego do Indonezji, na świetnych warunkach, na trzy lata.

Lilka wyjechała. Wyjazd poprzedziły trzy wielkie rozmowy Jurka ze mną przeprowadzone na Szucha. Ostatecznie sytuacja taka: z jednej strony starzy profesorostwo, którym Jurek zastępuje zmarłych synów. Z drugiej Lilka, w której ostatecznie się zakochał (baba postawiła na swoim), ale która nie zdecydowała się porzucić męża i dzieci dla niego. „Więc to nie jest miłość!" Zresztą ukrywał przed nią prawdziwy stan swego zdrowia, dowiedziała się o nim dopiero wilią wyjazdu. Z trzeciej strony ja i kompletna zależność materialna ode mnie. Zresztą wielkie przywiązanie, „kocham ciebie, ale nie tak, jak ty myślisz". Z czwartej możność wyrwania się do Indonezji, na szeroki, szeroki świat, gdzie jego stryj, wuj, brat zdobyli już pieniądze i stanowisko. Z piątej żona, którą bardzo kochał, którą zaraził gruźlicą i wobec której czuje się piekielnie winny. Z szóstej strony dwoje uroczych dzieci, które są pod opieką teściowej chorej na raka, i co się z nimi stanie, gdy rodzice umrą?

A w gruncie rzeczy czeka jedyna sprawa: rychła śmierć, z czego sobie zdaje sprawę mimo wszystkich innych spraw. Właściwie śmierć będzie tu rozcięciem gordyjskiego węzła. Trzeba by było ją przyspieszyć. Myślałem o zastrzeleniu Jurka i rozglądałem się za rewolwerem. Wiedziony intuicją chorego człowieka (ma potworną intuicję) przyniósł mi rewolwer w formie zapalniczki. To znaczy zapalniczkę w formie rewolweru.

Czyż to nie są wspaniałe materiały do powieści?

[1] Alhambra – warszawska kawiarnia mieszcząca się w Al. Jerozolimskich 32, urządzona w stylu mauretańskim.
[2] Zob. przypis nr 2 na s. 115.
[3] Żoną Mieczysława Pietraszka była od 1917 roku Maria z d. Wołowska (zm. 1976).
[4] Kopytów – wieś położona w powiecie warszawskim zachodnim, w gminie Błonie.
[5] *Comme il faut* (fr.) – jak należy.

31 sierpnia 1958

„Mówię dużo o pierwszej miłości, ostatnia miłość jest najniebezpieczniejsza"[1]. Balzac.

Tegoż dnia

Zastanawiam się znowu nad tym, na czym polega urok umysłowości Zygmunta[2]. To nie jest umysł olśniewający wiedzą czy wiadomościami, jakimś paradoksalnym przedstawieniem świata i jego zagadnień, nie jest to także umysł filozoficzny, specjalnie uczony. Myślę, że cechą zasadniczą jego jest mądrość (a co za tym nieuchronnie idzie – dobroć). Mądrość to znaczy oglądanie spraw tego świata *sub specie aeternitatis*. Toteż nie może on przejąć się moimi cierpieniami czy namiętnościami, gdyż widzi ich małość i śmieszność. Przecież to mija jak wicher, burza czy Neron – i coś się zostaje. Ale co? To jest właśnie pytanie, co dla niego jest tą bazą najważniejszą, co przeciwstawia się burzom i chwilowym namiętnościom. Nie sztuka, jak u Prousta. Myślę, że zwyczajne ludzkie trwanie, ludzka chciwość życia i związanie z życiem. Ma on przy tym jakieś głębokie zasady moralne, prawo moralne jak u Kanta, niebo gwiaździste... I ta szalona polskość, widzenie świata i wszystkich spraw poprzez temperament mądrego Polaka, rzeczy najrzadszej na świecie. Obcowanie z tym umysłem czy bezpośrednie, czy poprzez listy jest czymś pocieszającym, umacniającym w człowieczeństwie, czymś ważnym – i ma dla mnie specjalne znaczenie jako przeciwstawienie mojej histerii, mojemu niepokojowi i mojemu ekshibicjonizmowi. Bardzo dobry dla mnie przyjaciel.

[1] Cytat z pisanej właśnie sztuki *Wesele pana Balzaka*. Ostatecznie zdanie to zyskało kształt: „Mówi się dużo o pierwszej miłości – ostatnia jest najniebezpieczniejsza" (J. Iwaszkiewicz, *Wesele pana Balzaka*, w: tenże, *Dramaty*, t. 1, Warszawa 1980, s. 571). Sztuka została pierwotnie opublikowana w „Dialogu" 1959, nr 1.

² Asumpt do tych rozmyślań dało spotkanie z Zygmuntem Mycielskim w Domu ZAiKS-u w Sobieszowie koło Jeleniej Góry, dokąd Iwaszkiewicz pojechał, aby pisać *Wesele pana Balzaka.* Spotkanie to zostawiło ślad również na kartach dziennika Mycielskiego, który pod datą 1 września 1958 zanotował: „Przyjechał tu Jarosław Iwaszkiewicz na tydzień – pisze sztukę o Balzacu. Dał mi do czytania dobre opowiadanie *Choinka* – ale – czy mu to wydrukują? I drugie, słabe, *Tatarak.* Jest cały już skupiony w swej starości, nastawiony na śmierć, a przy tym żywotny. Dał mi jeszcze zeszycik swojego dziennika. To, co tam pisze o Hani, o umierającym Jurku B. i o swoim stosunku do niego, jest bardzo wzruszające. Chciałby zostawić dziennik jak Gide. Ale Gide interesuje się większą ilością rzeczy, a on kręci się koło własnej osoby w ciaśniejszy sposób. Za to z mniejszym może od Gide'a literackim krygowaniem się" (Z. Mycielski, *Dziennik 1950–1959*, s. 342).

5 września 1958, Sobieszów

Mam wrażenie, że bardzo mi dobrze zrobił ten tygodniowy pobyt w Sobieszowie, że był bardzo pożyteczny (pomijam już tu napisanie tej komedii). Był pewnego rodzaju wytchnieniem i wyrwaniem się z dwóch zwariowanych środowisk, w jakich przebywałem przez ostatnie miesiące. Przede wszystkim odetchnięcie i zerwanie z niezdrową w najwyższym stopniu, chorobliwą i naładowaną zdrożnym erotyzmem [atmosferą] znienawidzonej przeze mnie „meliny". Spojrzenie obiektywne na rolę, jaką tam odgrywałem, napełnia mnie bolesnym wstydem i zdumieniem. Namiętność mnie zaślepiała, byłem igraszką w ręku chorego i zdemoralizowanego człowieka, który był w zmowie z wyrachowaną kobietą. To jest ta przesada, kreślenie grubymi liniami, ale żebym lepiej widział sytuację. Oczywiście takie spojrzenie nie zmienia w niczym mojego stosunku do Jurka, ale naprawdę chwilami zachowuję się śmiesznie i bez godności. Chorobliwa atmosfera, którą wytwarza ten stojący u grobu człowiek, jest czymś z gruntu obcym mojej zdrowej naturze. Był okropny ostatniego wieczoru przed moim tu przyjazdem. Wszystko było wymierzone przeciwko mnie – i to idiotyczne uczucie dla tej idiotki. I pewność siebie większa niż kiedykolwiek, powiedzmy po prostu „zarozumialstwo". Trzeba mu to wszystko wybaczyć, bo chory, ale naprawdę moja tolerancja posuwa się chwilami za daleko. Przez ten tydzień byłem, właściwie mówiąc, pozbawiony wiadomości. Dwie depesze Szymka[1] nic nie znaczą, a dziś nawet nie wiem, gdzie oni są, czy wrócili z Sopotu i Gdyni do Warszawy, czy nie. Idiotyzm przepro-

243

wadzania sprawy rozwodowej w tym momencie jest widoczny. Czyż on naprawdę ma nadzieję na ożenienie się z Lilką? Mój Boże! Druga atmosfera – to Stawisko z Hanią i Pogrozińską. Atmosfera intryg tej starej baby i frenezji Hani, która też jest przerażająca i męcząca, nie do wytrzymania na dłuższą metę. Od Hani też nie mam tu żadnych wiadomości, a kiedy telefonowałem do niej w niedzielę, nie dowiedziałem [się] nic, oprócz tego, że potrzebuje pieniędzy i że nie ma na jazdę do Kielc i Krakowa, choć jej na tę jazdę zostawiłem tysiąc złotych. Zaczynam rachować jak Balzac – mogę sobie na to pozwolić, tak nigdy niczego nie rachuję. Z dreszczem myślę o powrocie do domu, w dalszym ciągu mam wciąż stany podgorączkowe (dziś w południe trzydzieści siedem stopni) i cierpię na żołądek. Gdybym mógł w spokoju siedzieć na Stawisku, byłoby to dla mnie najlepiej, ale o spokoju mowy nie ma. Teraz Hania zacznie mnie męczyć o ten wyjazd do Paryża, na który nie mam najmniejszej ochoty. A Jerzy? Jak mi się wszystko niedobrze układa. Jedyna pociecha, że napisałem tutaj tego *Balzaka*.

[1] Szymon Piotrowski (1933–1995) – od lipca 1958 administrator Stawiska, kierowca i sekretarz Jarosława Iwaszkiewicza.

Stawisko, 14 września 1958
Był u mnie wczoraj Wojtek Żukrowski[1]. Ogromnie lubię tego człowieka – od zawsze. Poznałem go w 1945 roku. Ma on tę rzecz, którą dość rzadko się spotyka: łatwo jest z nim nawiązać kontakt. Czuję się z nim zawsze jak u siebie w domu, chociaż on ma w głowie „nie wszystko po porządku" i trochę blaguje. Ale to, co mnie zasadniczo zniechęca do blagierów, u niego mnie nie razi. Jest i mądry, i dziwaczny, i nieoczekiwany. (Współczucie dla rosyjskich oficerów wygnanych po październiku z Polski). Radził się mnie, jaki temat zacząć opracowywać, czy akowski, czy chiński. Poradziłem mu chiński – bo trochę się boję jego pisaniny o AK. Spędziłem z nim naprawdę miłą godzinkę, tak teraz nikt z „przyjaciół" nie przyjeżdża do mnie, tak wszyscy omijają Stawisko, że byłem bardzo rad z tej wizyty. Przyjechał bardzo „po europejsku" ślicznym fiacikiem, który sam prowadził.

Znowu po paru dniach spokoju przychodzi wieczór wielkiego niepokoju. Jerzy był trzy dni w Szczecinie. Miał wrócić wczoraj, ale wczoraj telefonował wieczorem, że przyjedzie dopiero jutro rano. Bardzo mnie to zmartwiło, bo chciałem dzisiaj przegadać z nim wieczór. A jutro już będzie tylko pośpiech i zdenerwowanie. Odwożenie go ostateczne do tego sanatorium – do Gostynina. Hania prosiła, żeby go jeszcze przywieźć na Stawisko. Powiedziała mi, że jeszcze do nikogo w życiu nie miała tego stosunku co do Jurka. Zadziwiające, jak on sobie wszystkich bierze. Na czym to polega? Przez wczoraj i przedwczoraj pisałem do niego sześć dużych listów, które ma sobie w sanatorium czytać po jednym co dzień. Mam wrażenie, że powstał piękny cykl – ale czy on to oceni? Jutrzejszy dzień, a zwłaszcza wieczór, będzie trudny do przeżycia. Tym bardziej, że mi serce dzisiaj nawala jak nigdy. A tu trzeba tyle siły, tyle wytrzymania – i umiejętności powrotu do najzwyklejszych i codziennych spraw. Mam wrażenie, że on wraca ze Szczecina przez Bydgoszcz.

Teresa skończyła przepisywać *Wesele pana Balzaka*. Przeczytałem to i przestraszyłem się – podoba mi się, a to jest zły znak. Teresa doskonale pisze na maszynie, mam z niej pociechę.

[1] Wojciech Żukrowski (1916–2000) – prozaik, autor książek dla dzieci i młodzieży. Po II wojnie światowej (podczas której brał udział w walkach zbrojnych oraz w działalności konspiracyjnej w AK) był członkiem redakcji katowickiego tygodnika „Odra" (do 1949 roku). W 1952 zamieszkał na stałe w Warszawie. W 1953 roku wyjechał do Chin, a pod koniec tego roku jako korespondent wojenny do Wietnamu, gdzie przebywał do 1954 roku. Następnie wraz z Januszem Przymanowskim odbył podróż reporterską do Chin i zamieszczał (napisane wspólnie) cykle reportaży pt. *Szlakiem wielkiego marszu* w piśmie „Świat" (1955, nr 38–45) oraz cykl reportaży w „Żołnierzu Wolności" (1955). W latach 1956–59 pełnił funkcję radcy do spraw kultury w Ambasadzie PRL w Indiach. Felietony, artykuły, recenzje, prozę publikował m.in. w „Nowej Kulturze" (1952–63), „Widnokręgach" (1960–79), „Kulturze" (1962–69), „Nowych Książkach" (1967–80). Wydał m.in. opowiadanie *Lotna* dedykowane Iwaszkiewiczowi („Twórczość" 1945, nr 2, zekranizowane przez Andrzeja Wajdę w 1959 roku), powieści *Porwanie w Tiutiurlistanie* (1947), *Kamienne tablice* (t. 1–2 1966), reportaż z pobytu w Laosie *W królestwie miliona słoni* (1961).

15 września 1958
Dziś odwiozłem Jerzego do sanatorium.

20 września 1958

Wczoraj byłem na obiedzie w Bristolu z Jurkiem Lisowskim. Zapewne bardzo się wynudził, bo mogłem mówić tylko o dwóch przedmiotach: o moim *Balzaku* i o moim Jurku. Jurek siedzi w sanatorium w Gostyninie, odwiozłem go tam w zeszły poniedziałek. Od tego czasu piszę do niego codziennie listy, które zastępują mi dziennik. Wczoraj byłem na chwilę w jego mieszkaniu, które zatrzymałem „dla siebie" – te odwiedziny zrobiły na mnie piekielne wrażenie, nie będę mógł chyba tam przebywać, radości i rozpacze tam przeżyte były zbyt gwałtowne. Pomimo tych ciężkich przejść czuję się znacznie lepiej i chwilami prawie radośnie. Wszystko z powodu *Balzaka*, który mi się (zdaje się) udał. Nie darmo Andrzej Kijowski powiedział kiedyś, że ja nic nie traktuję na serio oprócz mojej twórczości. Na wadze mego usposobienia większy ciężar ma zadowolenie z udanego utworu literackiego niż cała ta dramatyczna i żałosna historia z „lordem". Historia naprawdę żałosna, telefony jego i listy z sanatorium przerażające, list zresztą chłodny, powściągliwy i nazbyt już ostrożny – ale „wiersze", dołączone do niego, świadczące o okropnym stanie ducha i o trwaniu tej idiotycznej miłości do tej małej „mieszczki", która zapewniła swoją eksteściową, że głupstwa nie zrobi. I moja rola w tym wszystkim – trochę śmieszna i bardzo głupia.

Hania pojechała do Częstochowy na intencję Jurka. Czasami trudno oddychać w atmosferze stałego patosu. Chce się trochę kartofli ze skwarkami.

4 października 1958

Niewątpliwie Jurek Bł[eszyński] jest „kuzynem Jerzym"[1]. Immoralność zupełna – i jednocześnie ten czar. Wszędzie jest otoczony sympatią, zainteresowaniem, miłością. W „Kafarze", u starych Pietraszków, w Stawisku (Pilawitzowie) – a teraz w sanatorium. On już tam jest kimś, wszędzie wywołuje uśmiech; nie jest ani inteligentny, ani mądry, ani specjalnie zabawny, ale ma jakiś czar, którym zniewala wszystkich. Kobiety giną jak muchy w miodzie. I tak mi przykro, że on się wdał w tę nieprzyjemną historię z tą Lilką. To wszystko tak n i e ł a d n i e wygląda. I ten mąż, i ta „kocia łapa", i jego rola zamożnego gościa. Jak to się skończy? Ostatnie dni były okropne... Dwa dni w Krakowie, Kraków zawsze cudowny o tej porze. Ciepło, pisałem listy na Plantach, młodzież tak prześliczna, że napatrzeć się nie można. Życie, życie... Wieczór bardzo udany. No i Maciek, nowy, budzący się. Jakież to dziwne! Jakie on będzie miał wspomnienie z tego spotkania, pierwszy obiad w restauracji, spacer z babką, odprowadzanie nas na dworzec. Coraz bardziej interesuję się tym dzieckiem. On już jest obkuty przez życie i zamknięty w sobie pomimo zewnętrznej gadatliwości.

[1] Kuzyn Jerzy – jeden z bohaterów powieści Iwaszkiewicza *Księżyc wschodzi* (1924).

5 października 1958
Całe życie śpię w za krótkim łóżku i kąpię się w za ciasnej wannie. Dosłownie i w przenośni.

Elizin, 11 października 1958
Kiedy spytałem się dziś mojej gospodyni, jak się nazywa wieś, w którcj micszkamy, powiedziała: „Wołają na nią Pasieki, a pisze się: Alisin". Okazuje się, że nazywa się naprawdę Elizin. Jestem tu od trzech dni, mieszkam w nowo zbudowanej chacie chłopskiej. Do mojego pokoju wchodzi się wprost z ogródka o tej porze jeszcze pełnego kwiatów i jarzyn. Gdy wracam w nocy, jeszcze bardzo mocno pachnie maciejka, dziś tu zapach jak w czerwcu. Pierwszy raz jestem w tej okolicy i zachwyca mnie ona. Z moich drzwi cały dzień otwartych widać pola i chałupy, skomponowane jak na obrazie z epoki Die Neue Sachlichkeit[1]. Naprzeciwko mnie na wydętym jak żagiel polu stoi samotny duży dąb, a o dwa kroki od niego polna grusza. Horyzont otoczony lasami, a w miejscu, gdzie widać olszyny, są jeziora. Wczoraj byłem nad jednym z nich, cudowny ciepły, jesienny dzień, woda zupełnie szafirowa, widok na jezioro z małego brzozowego lasku jedyny w swoim rodzaju.

Wszystko jakieś słowiańskie, pradawne, nietknięte stopą cywilizacji. Tam chciałbym umrzeć.

Jurek przychodzi do mnie po czwartej, odprowadzam go, kiedy już jest ciemno, gwiazdy świecą olbrzymie, cisza zupełna w tym zapadłym kącie. I potem śpię na tym chłopskim łóżku, cisza aż w uszach dzwoni. Jestem zupełnie szczęśliwy.

Z Jurkiem gada się dobrze, wszystko wydaje się jasne. O mój Boże, dlaczego to tylko cztery dni. A potem znowu. Chcę zbudować domek nad jeziorem. Muszę pokazać to miejsce nad jeziorem. Chciałbym tu mieszkać, tworzyć, kochać. Zapominam, że mam tyle lat... Jakież to piękne.

[1] Die Neue Sachlichkeit (Nowa Rzeczowość) – określenie odnoszące się do tendencji, jakie pojawiły się w sztuce niemieckiej (głównie w malarstwie i grafice) po I wojnie światowej i trwały do około 1933 roku. Podstawowym tematem artystów tego nurtu stała się rzeczywistość widziana w dwojaki sposób: jako pełna drastycznych kontrastów powojennych lub jako wyidealizowana, spokojna i solidna ostoja człowieka. Reprezentantami Nowej Rzeczowości byli m.in. George Grosz, Otto Dix, Carlo Mense.

18 października 1958

„Je la trouvais bien belle: pleine encore d'espérances. Riante, formée des années mêmes que j'avais perdues, elle ressemblait à ma jeunesse"[1]. M. P.

Byłem wczoraj na filmie *Popiół i diament*. Zrobił na mnie wielkie wrażenie, ale nie o to mi chodzi. Wszystko w nim jest pomnożone przez fakt, że główną rolę kobiecą gra Ewa Krzyżewska, córka Julka. Tak sobie wyobrażam tego chłopaczka, który trzydzieści lat temu jeździł ze mną kolejką z Komorowa do Warszawy. W kolejce było tak pusto jeszcze wtedy (i te mrozy!), żeśmy się wreszcie poznajomili – i potem zaczęła się ta niemożliwa przyjaźń. Był zupełnie narwany. I ta jego miłość do Marysi[2], i te listy do Kopenhagi jeszcze, a potem czasy okupacji i ostatni ich przyjazd na Stawisko przed samym powstaniem, już z małą Ewunią. Wszystko się dołącza jeszcze raz do widoku Ewy, za każdym razem, co zjawia się na ekranie... *„la charmante tête aux yeux perçants de l'oiseau envolé, était venue se poser sur les épaules de Mlle* *de Saint-Loup, ce qui faisait longuement rêver ceux qui avaient connu son père"³.*

Julek miał rzeczywiście małe, bystre, ptasie oczka. To był uderzający rys jego twarzy. Ale wtedy, przed powstaniem, w długich butach i samodziałowej kurtce, chodzący w czerwcowy czy lipcowy dzień po werandzie, jakiż był piękny. Cała piękność Ewy z niego pochodzi. Tak mnie to wzruszało. I te jego wiersze...

¹ *Je la trouvais bien belle...* (fr.) – „Była według mnie piękna – pełna daleko sięgających nadziei, roześmiana, mająca w sobie te lata, które straciłem, podobna była do mojej Młodości" (M. Proust, *W poszukiwaniu straconego czasu*, t. 7, *Czas odnaleziony*, przeł. M. Żurowski, Warszawa 2001, s. 300).
² Maria Krzyżewska z d. Piotrowska – żona Juliusza Krzyżewskiego.
³ *...la charmante tête aux yeux perçants...* (fr.) – „[...] widziało się u panny de Saint-Loup czarującą głowę z przenikliwym spojrzeniem ulatującego ptaka, co na długą chwilę zatrzymywało uwagę tych, którzy znali ojca" (M. Proust, *W poszukiwaniu straconego czasu*, t. 7, *Czas odnaleziony*, s. 300).

25 października 1958

I choć ubywa w żyłach krwi,
Czułości w sercu nie ubywa...
Ostatnia już miłości – ty
I beznadziejna jesteś, i szczęśliwa!
Tiutczew¹

¹ Fiodor I. Tiutczew (1803–1873) – rosyjski poeta, dyplomata i myśliciel, pozostawał pod wpływem idei słowianofilskich. Pracę literacką rozpoczął od przekładów z Horacego, tłumaczył również Goethego, Schillera, Heinego, Hugo, Byrona i Szekspira. W języku polskim ukazały się wybory: *Wiersze wybrane* (1948), *Poezje* (1957), *Wybór poezji* (1978) oraz dwujęzyczna edycja *Sto wierszy* (1989). Zacytowany przez Iwaszkiewicza fragment pochodzi z utworu *Ostatnia miłość* w przekładzie Juliana Tuwima. Zob. *Dwa wieki poezji rosyjskiej*, ułożyli i opracowali M. Jastrun i S. Pollak, Warszawa 1954, s. 217.

Rzym, 23 listopada 1958

Od kilku dni siedzimy w Rzymie, po Wiedniu i Monachium. Po co? Absolutnie nie wiem. Chyba tylko po to, aby skonstatować absolutną *vanité*[1] tego typu podróży w moim wieku. Jestem stary, zmęczony i bardzo mało rzeczy mnie w takiej podróży interesuje, a już najmniej sposób podróżowania Hani, która wszędzie jest razem z bagażem swoich tików, przyzwyczajeń i przesądów. Rzym w jesieni jest dosyć przykry, chociaż dotychczas siadywało się na dworze – nawet Hania – ale dziś leje i chyba będzie lało przez dłuższy czas. Nudno mi tu i obco, nikogo oprócz Hani – i smutno do melancholii. Najgorsze, że jeżeli myślę o powrocie do domu, to także myślę: Po co? Do kogo? Czy do czego. Trochę do redakcji – ale boję się, że właśnie tu czeka mnie po powrocie najprzykrzejsza „niespodzianka". Do Jurka im dalej od niego, im dłużej go nie widzę, rozczarowuję się coraz bardziej. Od Wieśka miałem uroczy list, ale on ma tak mało środków po temu, aby mi towarzyszyć. Córki nie umieją stworzyć wokół mnie jakiejś atmosfery. Dziwne to wszystko – a najdziwniejsze, że mnie zupełnie nie interesują te wszystkie rzeczy, jakie się w Rzymie ogląda. Przedwczoraj znowu Sykstyna tak jak chleb z masłem – już nie wiem który raz i zupełnie obojętna. Może, że złe światło, Amerykanie itd., itd. Stance Rafaela na chwilę mnie zajęły. Ale poza tym nuda. Tęsknota potworna i smutek bezcelowości: starość.

W Monachium jedna z rzeczy, która mnie uderzyła, to spotkanie z Piotrem Lachmannem[2]. Bardzo fajny człowiek, właśnie człowiek. Inteligencja, subtelność, dojrzałość – a przy tym solidność, z jaką się wziął do roboty z wydawnictwem. Pożegnanie na dworcu pełne swoistej subtelności. Urocze wrażenie. Daj Boże, żeby był nadal taki. Napisał w Monachium trzy wiersze, jeden pod wrażeniem wspólnego zwiedzania wystawy Renoira[3] i Pinakoteki, drugi krótki, ale mocny. Jak on sam mówi, „katastroficzny". Przepisuję go:

> Noc wysyła ćmy na zwiady
> czy już oczy nasze zwiędły
> a my wciąż przy prętach tkwimy
> równoleżników i południków
> wypatrując gwiazd które świecić miały
> sądów ostatecznych ponownie odraczanych
> przelotów komet, aniołów i rakiet
> superdzid zdalnie sterowanych
> i tak stoimy aż do rana

kiedy słońce rzęsy nam przerzedza
więźniowie małej kulistej klatki
niepewnością zrównani
kołysanką przebudzeni.

Monachium, 16 listopada 1958

Zupełnie wyjątkowy poeta. Leje się z niego jak z Gałczyńskiego czy Miłosza. Zwłaszcza Czesia przypomina. Jutro Jurek ma telefonować. Z Kruka[4]!!

[1] *Vanité* (fr.) – marność.

[2] Piotr Lachmann (ur. 1935) – poeta, tłumacz, reżyser. Pierwsze wiersze drukował w prasie śląskiej. W 1958 roku debiutował powtórnie w „Twórczości", w tym samym roku wyjechał z Polski do RFN. Studiował filozofię, germanistykę i slawistykę na uniwersytetach w Kolonii i Bazylei. Publikował m.in. w „Tygodniku Powszechnym", „Dialogu", a także pismach niemieckojęzycznych: „Merkur", „Theater Heute", „Dialog". Tłumaczył na niemiecki Józefa Czapskiego, Leszka Kołakowskiego, Stanisława Ignacego Witkiewicza. W 1985 roku wraz z aktorką Jolantą Lothe założył w Warszawie Lothe Lachmann Videoteatr „Poza", w którym wystawił m.in. sztukę *Rówieśnicy* opartą na skierowanych do siebie listach Jarosława Iwaszkiewicza. Wybór listów do Piotra Lachmana ukazał się na łamach „Twórczości" 2004, nr 2/3 (podał do druku Piotr Lachmann).

[3] Auguste Renoir (1841–1919) – malarz francuski; jeden z najwybitniejszych przedstawicieli impresjonizmu. Jego dorobek artystyczny obejmuje tematykę krajobrazową (*Droga pnąca się wśród traw* 1875), sceny rodzajowe (*Loża* 1874, *Parasolki* 1879, *Śniadanie wioślarzy* 1881), portrety (*Czytająca* 1874–76, *Pani Charpentier z dziećmi* 1878), akty i martwą naturę.

[4] W miejscowości Kruk koło Gostynina znajdowało się sanatorium przeciwgruźlicze.

Roma, 28 listopada 1958
Kiedyś zapisywałem codziennie, gdzie byłem i co widziałem. Teraz mi się nie chce. Jurek telefonował, ale mnie bardzo zdenerwował tym telefonem. Nie mam zresztą racji, on się rwie do życia z tego sanatorium, cóż w tym dziwnego? Trzeba będzie jakoś zakończyć tę całą sprawę.

On jest fantasta i z życiem się nie liczy. Tak się jakoś składa, że w ogóle jestem otoczony rozmaitymi fantastami, nieprawdziwymi ludźmi, ludźmi, którzy życie tak chcą brać, jak im jest wygodniej, ale którzy mało mają pojęcia, jak naprawdę jest. Przede wszystkim takim człowiekiem-cieniem jest Hania. Nie ma ona najmniejszego pojęcia nie tylko o życiu w ogóle, ale nawet o moim życiu. Wszystko, czym ona żyje, to są złudzenia. Czy ona wyobraża sobie np. współczesne życie erotyczne czy też w ogóle życie erotyczne? Sama miała tak ubogie i tak podporządkowane idei, a raczej myśli macierzyńskiej. Zawsze tylko: czy zajść w ciążę, czy aby nie zajść w ciążę. Gdyby znała życie swoich córek (nie mówię już o takich rzeczach, jak życie Wiesia, Szymka, bo cóż dopiero Jurka B. i Jurka L.), toby się zdziwiła, ale nie przyjęłaby tej sprawy do wiadomości. To samo odnosi się do spraw politycznych. Jej się wszystko śni i dlatego tak wszystko stara się ustawić, jak jej byłoby wygodniej: kardynała Wyszyńskiego i mnie, moich przyjaciół i moich wrogów.

Roma, 29 listopada 1958
Czterdziesta rocznica Pikadora[1].

Pomimo wszystkich „neorealistycznych filmów", pomimo całej literatury Rzym nie jest dostatecznie opisany, pokazany, omówiony w swojej zadziwiającej osobliwości. Osobliwość ta – to owa niesłychana przyziemność jego mieszkańców, ich troska o byt codzienny – w kontraście z cudowną sztuką i przyrodą tego miasta. Ostatnio Rzym bardzo się zmienił dzięki zagęszczeniu samochodów, ale jest to zawsze to samo kontrastowe powiązanie – jeszcze niedostatecznie uwypuklone przez najbardziej rewelacyjne filmy. (*Złodzieje rowerów*[2] – teraz się prawie rowerów nie widzi, tylko motocykle). Ktoś jeszcze musi to miasto odtworzyć.

Tym razem w Rzymie „odkryłem" tego Chrystusa[3]. Jestem stary, zmęczony, nic mi już nie imponuje, mało interesuje. Ale do tego Chrystusa nagle się przywiązałem. Oczywiście nie chodzi tu o żadną urodę. Przedstawia brzydkiego, dojrzałego mężczyznę, o krótkich nogach, z budowy przypomina Mietka Goździkowskiego. Ale właśnie to triumfalne, bogate, dojrzałe, podobne do owocu ciało zrobiło na mnie takie wrażenie! Żywość tego modelu, a jednocześnie czułość, z jaką Michał Anioł rzeźbi te muskuły, głaszcze je i wygładza, delikatne przejście od brzucha do piersi jest jak gdyby prowadzone delikatną ręką. Na portrecie Michała Anioła w *Szkole Ateńskiej* Rafaela zwracają uwagę ręce, bardzo nieładne, duże, robotnicze (jak o moich rękach pisała „Die Welt"[4]), silne. I właśnie tą ręką wygładzono tak czule nie ciało już – ale skórę tego brzydkiego, starszego człowieka – takiego, jakich tysiące się widzi na ulicach Rzymu. Ta cielesność jakoś godzi mnie z życiem; właśnie w takim momencie, kiedy jestem z życiem tak bardzo skłócony, kiedy mam w środku taki bunt na niesprawiedliwość świata, wewnętrzną, zewnętrzną, taki brak rezygnacji i zgody. Ten stary (czy młody?) artysta tworzący takiego „Chrystusa", bo oczywiście jest to Chrystus w cudzysłowie, jakoś mi to zrozumienie i uspokojenie ułatwia. Choć mi tak szalenie daleko do uspokojenia... To straszne jest męczyć się tak swoim przeznaczeniem, swoją niedoskonałością, oschłością swoich uczuć. Ach, Boże, jakże mi okropnie ciężko tym razem w tym mieście i jak bardzo nie mogę sobie dać rady.

[1] Tego dnia Iwaszkiewicz napisał w liście do Grydzewskiego: „Drogi, kochany Grycu! W dniu czterdziestej rocznicy Pikadora myśli moje, nawet stąd, biegną do wszystkich żywych i umarłych, związanych z tym dniem. Oczywiście przede wszystkim do Ciebie, który byłeś dla nas niezastąpionym pomocnikiem i przyjacielem. Myślę, że kiedy popatrzysz wstecz na te lat czterdzieści, musisz czuć dumę i zadowolenie. Nieraz kłóciliśmy się z tobą i dawniej, i dziś – ależ ile ja Ci zawdzięczam. Te lata naszej młodości niezapomnianej, ile nam dawały w tej prawdziwej przyjaźni, która nas łączyła! Bardzo Ci za to wszystko dziękuję i ze łzami przypominam, drogi, kochany, przyjacielu. Nie mam adresu Kazia, pozdrów go ode mnie i powiedz, że i o nim myślałem w dniu dzisiejszym – jakby Hania powiedziała, modliłem się... Pozdrów także Stasia i Bormana. Przecież «Pikador» to i «Pro arte», i «Skamander», i «Wiadomości» z przymiotnikiem i bez przymiotnika" (M. Grydzewski, J. Iwaszkiewicz, Listy 1922–1967, s. 127).
[2] Złodzieje rowerów (1948, reż. V. De Sica). Film w 1949 został nagrodzony Oscarem.
[3] Przy tym zapisku w dzienniku widnieje zdjęcie figury Chrystusa Zmartwychwstałego (1521) dłuta Buonarrotiego z kościoła Santa Maria sopra Minerva.
[4] „Die Welt" – niemiecki dziennik, założony w 1946 roku w Hamburgu przez brytyjskie władze okupacyjne, zakupiony w 1953 przez koncern Axela Springera.

Rzym, 4 grudnia 1958
Przeżyłem zbyt wiele w ciągu ostatniego roku i mam w środku jak gdyby zastygłą skorupę, ściągniętą na ranie, wiecznie bolącej, i to jest chyba powodem, że nie mogę zupełnie odczuwać radości z tej podróży. Dzisiaj cmentarz protestancki i święty Paweł za murami. Hanię draż-

niło to, że chciałem pójść na cmentarz protestancki, nie dała mi się nasycić jego urokiem. W książce Bomansa[1] o Rzymie, którą czytam, piękny rozdział o śmierci Keatsa[2], o roli Severna[3] przy jego zgonie. Rilke napisał wiersz na ten temat[4], chciałbym i ja napisać, ale coś w rodzaju Scala di Spagna – *excusez du peu*[5]. Popołudniami chodziłem po mieście – ale jest bardzo zimno, śnieżne obłoki na horyzoncie, ciemno wcześnie i wszystko jakby nieprawdziwe. Zresztą same kłopoty: kwestura z prawem pobytu, sprawa biletów na wyjazd, depesza do Jurka z aluzją do tego, że przeczułem jego nowe machinacje, chodzenie po mieście, które męczy i drażni przeładowaniem samochodowym. Tadzio Breza przyciśnięty po prostu do ściany – zaprosił na jutro na kolację, Ziemek[6] widocznie wyjechał bez pożegnania. Czy się obraził? Hania wyrzuca pieniądze w błoto, nie mogłem sobie nawet kupić maszyny do pisania – a takie są piękne. Nie możemy wyjechać w tych dniach, bo w piątek musi być do spowiedzi (pierwszy piątek), [w] niedzielę w kościele, w poniedziałek święto! Poza tym tak nieznośnie rozpacza, że nie może jechać do Paryża[7], gdzie czeka na nią Irena [Łempicka] – i jakiś znajomy Ireny, ksiądz. Wszystko mnie diablo irytuje – chciałbym być w domu, a w domu wiadomo, jak będzie. Szymek dzwonił, że studnia zepsuła się kompletnie i trzeba robić nową. Skąd ja wezmę forsę na to wszystko? I Jurek, wyszedłszy z sanatorium, ile będzie potrzebował, i Wiesiek pisał, że im nie starcza. Rzeczywiście jest o czym rozmyślać – w Rzymie. I gdzie tu mówić, myśleć, pisać o wartości sztuki. Sztuka chyba nie ma żadnej wartości w naszych czasach...

A jednak Kwartet Węgierski[8] przedwczoraj, wczoraj *Bracia Karamazow* – z rolą Yula Brynnera[9]. I w ogóle Dostojewski: Hania czyta *Biesy*. Czy to nie ma znaczenia? Ma, ale jakie? Czy metafizyczne?

Jestem jak szesnastoletni chłopiec, zakochany po uszy w kokocie – i same pytania „istotne". Nie mam ich nawet komu zadawać.

W parę godzin później
Jest trochę po dziewiątej. Jesteśmy już w łóżkach. Hania idzie jutro do spowiedzi. Rozumiem nudzić się w Rabce, ale w Rzymie... i w dodatku za takie piekielne pieniądze. Trzeba i tego doznać.

Zadziwiająca obojętność w stosunku do nas absolutnie wszystkich. Nie mamy od nikogo żadnej wiadomości. Jurek telefonował trzy razy, dwa razy depeszował, dwa razy pisał. Od Teresy, Marysi i Szymka było po jednym liście. I to pisanych w połowie zeszłego miesiąca. Od nikogo z redakcji, od nikogo z domu, od nikogo ze znajomych. Jesteśmy naprawdę sami na świecie. My dla wszystkich – dla nas nikt. Depeszowałem dziś do Jerzego, nie mogę żyć bez wiadomości od niego. Zupełnie nie rozumiem, jak będzie dalej, wobec jego *collage*'u z L[ilką]. Jak się to wszystko ułoży i ile jeszcze trzeba będzie znieść. Kłamstw, wykrętów, pozornych pogodzeń itd. Obawiam się powrotu do kraju potwornie. Ale od tego się nie można wykręcić, jak od wszystkiego, co mnie tam czeka. I to okropne uczucie, że się człowiek niczego – przez całe życie – nie nauczył.

[1] Godfried Bomans (1913–1971) – pisarz holenderski, autor esejów, opowiadań i sztuk humorystycznych. Iwaszkiewicz mówi o jego książce *Wandelingen door Rome* (1956).

[2] John Keats (1795–1821) – poeta angielski, jeden z czołowych przedstawicieli angielskiego romantyzmu. W listopadzie 1820 roku za poradą lekarza, który cierpiącemu na suchoty poecie zalecił suchy klimat, przybył do Rzymu, gdzie wraz ze swoim przyjacielem Josephem Severnem zamieszkał w Casina Rossa przy Schodach Hiszpańskich (Piazza di Spagna 26). Rozczarowany niespełnioną miłością do Fanny Brawne, zmarł w lutym następnego roku. Pochowany jest na rzymskim cmentarzu protestanckim.

[3] Joseph Severn (1793–1879) – angielski malarz, przyjaciel Johna Keatsa. Podczas ich wspólnego pobytu w Rzymie zimą 1820–21 z oddaniem opiekował się chorym Keatsem. Pochodzące z tego czasu listy Severna do przyjaciół w Anglii stanowią źródło informacji o ostatnich miesiącach życia poety. Severn zmarł w wieku 85 lat, został pochowany na cmentarzu protestanckim w Rzymie, obok Keatsa.

[4] Chodzi o wiersz Rilkego *Zu der Zeichnung, John Keats im Tode darstellend*, napisany w Paryżu w 1914 roku.

[5] *Excusez du peu* (fr.) – proszę, proszę, co za wymagania!

[6] Ziemowit Fedecki (1923–2009) – tłumacz, satyryk, publicysta. W 1947 roku pełnił funkcję attaché prasowego Ambasady Polskiej w Moskwie, wówczas także rozpoczął pracę przekładową z literatury rosyjskiej. W latach 1948–50 pracował w redakcji literatury rosyjskiej Spółdzielni Wydawniczej „Czytelnik". W 1950 nawiązał stałą współpracę z redakcją miesięcznika „Twórczość", gdzie od 1956 był redaktorem działu poezji, a od 1964 również autorem przeglądu prasy i wydawnictw radzieckich, publikował tu ponadto przekłady z literatury rosyjskiej i artykuły. W latach 1956–74 był związany ze Studenckim Teatrem Satyryków (STS). W 1957 był jednym z założycieli i członkiem kolegium redakcyjnego kwartalnika „Opinie", poświęconego kulturze radzieckiej. Kilkakrotnie wyjeżdżał do ZSRR. Wygłaszał odczyty o literaturze rosyj-

skiej m.in. w Uppsali (1967) i we Włoszech (1988). Przekładał prozę m.in. Bułata Okudżawy, Jurija Trifonowa, Wasilija Aksionowa, przetłumaczył czternaście piosenek Włodzimierza Wysockiego, opracował dwutomowy zbiór *Nowela rosyjska XIX wieku* (wstępem opatrzył A. Sandauer, 1954).

[7] Anna Iwaszkiewiczowa nie mogła jechać do Paryża z powodu braku wizy.

[8] Kwartet Węgierski (Hungarian Quartet) – zespół muzyczny istniejący w latach 1935–72, słynący z perfekcyjnych i błyskotliwych wykonań kwartetów Beethovena i Beli Bartóka. W swoim repertuarze miał także kompozycje Haydna, Mozarta, Schuberta, Czajkowskiego, Borodina i Kodalya. W grudniu 1958 w skład Kwartetu wchodzili: Zoltán Székely (pierwsze skrzypce), Alexandre Moskowsky (drugie skrzypce), Denes Koromzay (altówka) i Gabor Magyar (wiolonczela).

[9] Yul Brynner (1915–1985) – amerykański aktor filmowy i teatralny, urodzony we Władywostoku; wystąpił m.in. w musicalu *Król i ja* (1956) oraz w filmie *Siedmiu wspaniałych* (1960). W ekranizacji *Braci Karamazow* (1958, reż. R. Brooks) zagrał rolę Dymitra.

Rzym, 5 grudnia 1958

Wzbierają we mnie jakieś wiersze, pomieszanie chłodu w Rzymie, całej fantastyczności tego miasta z uczuciem niepotrzebności mojej, więdnięcia – i zadziwiającego przeznaczenia, losów Jurka, tego takiego prostego i złego chłopca, porwanego nagle przeze mnie w wir innych przeznaczeń, w których się połapać nie może. Chciałbym tu porównać go do Ganymeda[1], który nie umie karmić Jowiszowego orła i nudzi się przy tym ogromnie, ale jakoś mi nic nie wychodzi.

Dziś w duży chłód na placu Świętego Piotra, *contradictio in adiecto*[2] – i wszystko razem przerażająco piękne. Dojrzałe czy już więdnące piękno.

Oczywiście – żadnych wiadomości.

[1] Ganymed (Ganymedes) – postać z mitologii greckiej; słynny z urody młodzieniec, porwany przez bogów na Olimp. Według późniejszych źródeł, zakochany w nim Zeus porwał go, przybrawszy postać orła (Owidiusz, *Metamorfozy*, 10, 155) lub posłał orła po niego (Wergiliusz, *Eneida*, 5, 255). W przenośni: urodziwy podczaszy. Porównanie Jurka do Ganymeda znalazło wyraz w wierszu ****Takiego losu się nie odrzuci*, napisanym właśnie w Rzymie 5 grudnia 1958, opublikowanym najpierw w „Przeglądzie Kulturalnym" 1959, nr 17, a następnie pomieszczonym w zbiorze *Jutro żniwa* (1963):

Takiego losu się nie odrzuci,
Takiego losu się nie odprzeda,

Takich przeznaczeń się nie odwróci –
Porwał cię orzeł jak Ganymeda.

I musisz teraz po niebie lecieć,
I musisz teraz otwierać oczy,
I musisz teraz jak gwiazda świecić –
A świecić jest trudno wśród nocy.

Trudno jest lecieć, trudno oddychać,
Trudno... ach, wszystko jest trudne,
Bo na Olimpie jęków nie słychać:
Serca bogów – wyspy bezludne.
(J. Iwaszkiewicz, *Wiersze*, t. 2, s. 283).

² *Contradictio in adiecto* (łac.) – sprzeczność w określeniu, oksymoron.

Rzym, 7 grudnia 1958
Mój drogi Jurku! – Dobiega do końca żmudny, trudny i bezpłodny pobyt w Rzymie. Dziś jest pięć tygodni, jakeśmy się nie widzieli. Tak długiej pauzy nie było w naszej przyjaźni. Co zastanę? Boję się nawet pomyśleć. Twój ostatni telefon zakończył się szyderstwem: „Dobry pomysł był sprowadzenia Szymka do telefonu!". Głos twój brzmiał triumfem, cieszyłeś się, że mnie nabrałeś. Ale czyż mogłem wątpić, że Szymka sprowadziłeś tylko po to, aby pojechać w niedzielę do Bydgoszczy. Co zastanę? Jak zwykle taniec wkoło mnie rozmaitych czynników, wysiłki twoje, Szymka, Wiesia – i gadanie przede mną. Głodkowski na Piotrowskiego, Piotrowski na moją siostrę, moja siostra na Pogrozińską, Pogrozińska na kucharkę... rozpacz zupełna, że przez ostatnie dwa tygodnie nie miałem ani słówka od Ciebie, zastanawiam się, czy nie pisałeś, czy listy nie dochodziły, i w jednym, i w drugim wypadku to niepokojące. Ten list zapisuję w dzienniku, pisany jest bowiem dla mnie, nie dla Ciebie – ty już masz dosyć moich listów. Chcę sobie wyobrazić, że mówię z tobą – rozmowy nasze będą trudne i niedobre, to wiadomo. Strasno mi wracać do grudniowych mroków, do tłuczenia głową o okienne ramy, do ciemności moralnych i fizycznych, jak nie widzę już przed sobą nic jaśniejszego. Całuję Ciebie i życzę wiele dobrego, pojutrze opuszczasz Kruk. Jaki stamtąd przyjeżdżasz? Mój Boże, jaki inny, jaki obcy, jaki straszny. Do widzenia, boję się Ciebie jak śmierci, twój wiecznie nabierany Foka.

8 grudnia 1958

Dziś rano uroczy list Maćka, po południu kochana, najdroższa depesza: „Wyjazd jutro. Czekam piątek. Warszawa. List otrzymałem. Wypadu nie było. Szymek od tygodnia milczy. Pozdrowienia. Jurek".

Zmiana wszystkiego, jak w kalejdoskopie.

1959

Stawisko, 1 stycznia 1959
Jakaś piosenka z repertuaru „Stodoły"[1], oczywiście piosenka o miłości (jakaś jak gdyby z repertuaru Marka Hłaski), zdolna jest doprowadzić do łez. Wszystko się we mnie gotuje, ale gotuje ze szczęścia. Po powrocie z Rzymu zapanowała miedzy mną a Jerzym nieoczekiwana harmonia. W ciągu tygodnia przedświątecznego nocowałem dwa razy na Flisaków (pierwszy raz od kiedy melina istnieje!). Sam poradziłem mu, aby pojechał do Bydgoszczy na Sylwestra. Był u matki na świętach, w Szczecinie. Potem spędziliśmy trzy dni w Toruniu. To jest trudno opisać: w zupełnej abstrakcji i jak w przestrzeni międzyplanetarnej, żadnych znajomości, stosunków, powiązań. Sami jak na bezludnej wyspie. Co za cudowny pomysł (jego) – nie potrafię opisać tej pełni i harmonii, nawet cień jego choroby i godzinne ataki kaszlu nad ranem nie potrafiły zaciemnić tej jasności. Był tak niezwykle dobry, kochany, mądry, dowcipny. Nazwał mój stosunek do niego „kultem jednostki". Przyjechałem stamtąd przepełniony promieniami, *gromokipiaszczyj kubok*. Stąd uroczy dzień wczorajszy z przyjaciółmi w redakcji i w SPATiF-ie. On pojechał do Bydgoszczy. Dopiero dziś troska i niepokój z tego powodu. Ale tam dziś pogoda. (Pogoda na dworze potworna, ale nawet nie widziałem tego). Jakiż on jest niezwykły w pożyciu, ten spokój, zaradność i męska, powściągliwa czułość. Jakie kobiety mogłyby być z nim szczęśliwe. Tak mi się nowy rok zaczyna jak tamten, myślą o nim – bez niego. Hania urocza, słodka, dobra.

---

[1] Chodzi o Kabaret „Stodoła", który został założony w 1956 roku przez studentów Politechniki Warszawskiej w baraku przy ul. Emilii Plater (wcześniej była to stołówka robotników rosyjskich budujących Pałac Kultury i Nauki). Pierwszy program ka-

baretowy pt. *W tym szaleństwie jest metoda*, w reżyserii Jana Biczyckiego, miał premierę 22 maja 1957 roku. Ze „Stodołą" związani byli m.in.: Jan Stanisławski, Henryk Sytner, Elżbieta Jodłowska, Andrzej Rosiewicz, Magda Umer.

3 stycznia 1959

Najosobliwsze są nasze przechadzki z Jurkiem po Warszawie. On ledwie nogami powłóczy, ale chłonie w siebie życie miasta, ogląda sklepy, kupuje; wspomina potem wielokrotnie te przechadzki, przypomina, którymi ulicami szliśmy. Dzisiaj wyglądał, jakby miał upaść lada chwila. Trzyma się tylko nerwami. Ja także ledwie dotrzymuję mu kroku, mam bóle w pęcherzu, ciśnienia. Dzisiaj popuściłem mocz. Dwóch ludzi żegna się z życiem, ale wciąż pragnie życia, łyka je, pije – i tak się nim zachwyca. Dziś w tej smutnej włóczędze obaj byliśmy szczęśliwi.

13 stycznia 1959

Wczoraj cały wieczór opowiadałem Jerzemu o mojej działalności okupacyjnej. Słuchał mnie z rozdziawioną gębą. Wszystko było dla niego kompletną nowością. Twierdzi, że nikt nic o tym nie wie i mówią wszyscy, że „kombinowałem z Niemcami". Oburza mnie ta niesprawiedliwość opinii publicznej. To, co powinno by być zrośnięte całkowicie z nazwiskiem moim i Hani, co powinno by być źródłem ludzkiego szacunku dla nas, jest kompletnie ignorowane, zastąpione złymi uwagami o „kombinacjach". Jerzy twierdzi, że powinienem coś napisać na ten temat. Ja się z nim nie zgadzam: inni powinni o tym pisać.

Poronin, 28 stycznia 1959

Przeczytałem wczoraj zapis dziennika z pierwszego sierpnia 1955 – i bardzo on mnie zastanowił. Gdybym wówczas ustąpił instynktowi zwyczajnej moralności, tak zwanej moralności „mieszczańskiej", ile rzeczy poszłoby inaczej – i na pewno lepiej. Moja niemoralność prowadzi zawsze do bied, do kłopotów, do nieszczęść. Trzeba było dać spokój tej całej sprawie. Może jeszcze był czas. „Może"? Jeżeli może, to na pewno już nie było czasu. Trzeba się pocieszać, że takie było fatum, że inaczej być nie mogło. Ostatecznie to mi zapełniło pustkę starości. Byłem wczoraj bardzo wzruszony sceną Feliksa Krulla z lordem (w filmie)[1] – więc właśnie...

Urocze spotkanie z Ewą Zielińską[2] wczoraj na kolacji w Orbisie. Jakaż ona piękna, wciąż dziewczęco piękna. I taka miła, ciepła. Patrzyłem na nią z przyjemnością. Przypomniałem sobie, jak klęczała w piżamie „na czerwonej kanapie" i modliła się za Tadeusza, który siedział w obozie w Łodzi. On teraz wielki architekt, ona szczęśliwa matka i żona. Wspominała ten obiad na Stawisku zaraz po ich ślubie, dla nich jako młodego małżeństwa[3] i dla Stachów[4] i Arturów Taube[5] jako narzeczonych. Uroczy był obiad. Że też człowiekowi chciało się wtedy urządzać takie rzeczy.

Byłem wczoraj z Jerzym u Fischera[6].

[1] Mowa o zachodnioniemieckim filmie *Wyznania hochsztaplera Feliksa Krulla* (1957, reż. K. Hoffmann), nakręconym na podstawie powieści Tomasza Manna.

[2] Ewa Zielińska z d. Jaroszewicz – plastyczka, żona Tadeusza Zielińskiego, architekta.

[3] W stawiskim archiwum zachowało się zawiadomienie o ślubie Ewy i Tadeusza Zielińskich: „Ewa z Jaroszewiczów i Tadeusz Zielińscy zawiadamiają, że ślub ich odbył się dn. 30 grudnia 1943 r. w Warszawie w kościele św. Michała".

[4] Było to zaręczynowe przyjęcie Marii Iwaszkiewicz i Stanisława Włodka.

[5] Artur Taube i Maria Bielecka (1916–2000) wzięli ślub w 1944 roku.

[6] Ludwik Fischer (1886–1965) – doktor medycyny, członek Polskiego Towarzystwa Chorób Płuc. Przed wojną i krótko po niej pełnił funkcję naczelnego lekarza Sanatorium PCK w Zakopanem. Po zwolnieniu z posady w 1949 roku leczył prywatnie. Na jesieni 1946 chory na tyfus Iwaszkiewicz korzystał z jego porad.

Poronin, 3 lutego 1959

Kończy się nasz gorzki pobyt w Poroninie. Kończy się tragicznie: Jurek przez trzy ostatnie dni miał trzydzieści dziewięć stopni i ma straszne bóle głowy. Z tym wszystkim te ostatnie dnie są czymś niezwykle jasnym jako harmonia, współżycie i współrozumienie dwóch ludzi. Próbowałem pisać jakiś wiersz, gdy potem wszedłem do jego pokoju, od razu powiedział: pracowałeś, masz zupełnie inny wyraz twarzy. Nikt jeszcze tego u mnie nie zauważył. Prowadzimy parogodzinne rozmowy, nareszcie szczere i głębokie (nie takie jak w Szczecinie – o śmierci), bardzo istotne i bardzo harmonijne. Zadziwiające, jak mogą współbrzmieć istoty tak różne, które dzieli wszystko: wiek, usposobienie, przyzwyczajenia, sfery zainteresowań, odmiany uczuć. Potrzebuje mnie obok, rozdziela nas tylko noc, dla niego najczęściej bezsenna. Nie napisałem ani słowa, nie miałem chwili czasu. Ale Mickiewicz przerwał pisanie *Pana Tadeusza*, żeby pielęgnować Gaszyńskiego[1]. Tak mi się przynajmniej zdaje. Mówimy o wszystkim, o kobietach, o moim pisarstwie – dużo o Hani, dla której on ma prawdziwy kult, nie mówiąc już o mnie. Rozmawiałem dziś z nią dwa razy przez telefon. Tak się ucieszyłem, słysząc jej głos. Tęsknię po prostu do życia w zwyczajnym wymiarze, patos tego pobytu tutaj jest jak naprężona struna. Spacer końmi do Morskiego Oka w biało-niebieski dzień zostawił wspomnienia wstrząsające. Odjechały wycieczki i byliśmy sami wśród śniegu i gór. Cisza, niebywała górska cisza, którą tak kocham – chociaż jest ciszą śmierci. Byłem pierwszy raz nad Morskim Okiem w zimie – jakież to piękne. Ile rzeczy u mnie związanych jest z górami (przełęcz pod Chłopkiem) – a teraz jeszcze to wspomnienie tej niewiarygodnej urody na tym tle i śmiertelne przeczucia. Myślę, że głównie zaszkodził sobie tym spacerem.

Fischer pokazał mi wnętrze jego płuc, prześwietlając go na żywo. Olbrzymie kawerny pod obojczykami, w których coś się poruszało za każdym kaszlnięciem. To było wstrząsające.

Fotografia „za górala". Jeszcze jedno fiasko. Żadne zdjęcie nie oddaje tego uroku i piękna proporcji, jaką ma ta twarz. Wczoraj był list od Lilki i jeszcze jednej „nowej" kobiety. One wszystkie giną zupełnie wobec niego, topnieją, stają się masłem. Cóż dziwnego, że mu w głowie przewróciły.

Lękam się tej jutrzejszej drogi. Hania się za nas modli. Dopiero teraz, wobec niego, zaczynam wierzyć w nieśmiertelność duszy.

Trochę później

Lękam się ogromnie powrotu do „Twórczości". Bardzo lubię moją pracę redakcyjną i to całe pismo. Obawiam się, że znowu zaczną się przykre hece. A przecież to pismo odegrało w swoim czasie wielką rolę. *Na wsi wesele* było już rewolucją w zarodku, a potem wiersze Pawła [Hertza], po których otrzymałem ten ohydny list Andrzeja Wasilewskiego, recenzja z *Dziadów* Julka Żuławskiego[2] i zapieniony telefon Kruczkowskiego potem. I to wszystko, co przyniósł numer francuski, zapiski Janka Strzeleckiego, wszystkie drobne wysiłki „niezniewolonych umysłów", które w sumie dały to, czym jest to pismo. Jak tego muszą nienawidzić wszystkie putramenty, jak mało to jest doceniane przez innych, jak się z tym trzeba męczyć. Śpiewak[3] nagle zostaje socjalistycznym świętym – i co dalej? Co prawda cztery lata pracy już są i nikt tego nie wyrąbie. To też coś znaczy, to także pociecha. Miałem wczoraj list od Andrzeja Kijowskiego[4].

[1] Pomyłka: chodzi o Garczyńskiego. Stefan Garczyński (1805–1833) – poeta, autor *Wacława dziejów* (1833). W latach 1825–29 studiował prawo i filozofię w Berlinie. Tam poznał Mickiewicza, który wywarł na jego poglądy wielki wpływ. W roku 1831 brał udział w powstaniu listopadowym. W 1832 wyjechał do Drezna; ciężko chory na gruźlicę leczył się w Szwajcarii. W początku lipca 1833 roku Mickiewicz, przerywając działalność publicystyczną (był wówczas redaktorem i głównym publicystą „Pielgrzyma Polskiego") oraz pracę twórczą (kończył przekład *Giaura* i pisał *Pana Tadeusza*), przyjechał do Szwajcarii, aby opiekować się Garczyńskim. Umierającego przewiózł do Awinionu, gdzie Garczyński zmarł 20 września 1833 roku. Po powrocie do Paryża Mickiewicz podjął na nowo pracę nad *Panem Tadeuszem*.

[2] Juliusz Żuławski (1910–1999) – poeta, prozaik, krytyk literacki, tłumacz. W latach 1946–74 współpracował z miesięcznikiem „Twórczość", w którym publikował artykuły, wiersze i prozę, w latach 1950–52 cykl recenzji „Na scenach warszawskich", w latach 1951–57 wchodził w skład redakcji pisma. Od 1950 do 1961 roku współpracował z „Nową Kulturą", zajmował się także pracą przekładową z języka angielskiego i hiszpańskiego (przekładał m.in. dramaty Lope de Vegi oraz poezje Browninga). Jesienią 1957 roku należał do zespołu przygotowującego nowy miesięcznik „Europa", w którym miał pełnić funkcję zastępcy redaktora naczelnego (pismo zostało zawieszone przez władze przed ukazaniem się pierwszego numeru). Po 1957 podróżował do Anglii, Francji i Włoch; uprawiał wspinaczkę wysokogórską (m.in. w Alpach i Pirenejach) oraz żeglarstwo morskie. W latach 1959–68 był przewodniczącym sekcji literackiej ZAiKS, w 1966 został członkiem zarządu polskiego Pen Clubu, którego od 1972 roku był wiceprezesem, a w latach 1978–90 prezesem. Wydał m.in.: powieść *Skrzydło Dedala* (1949), opowieść biograficzną *Byron nieupozowany* (1964), zbiór wierszy i przekładów *Kartki z drogi* (1975).
Recenzja, o której wspomina Iwaszkiewicz, to tekst pt. *Słowianie, my lubim sielanki* („Twórczość" 1956, nr 1).

[3] Jan Śpiewak (1908–1967) – poeta, tłumacz, krytyk literacki. Przed wojną współpracował z pismami lewicowymi „Lewar", „Lewy Tor", „Sygnały". Po wybuchu II wojny światowej przebywał do 1941 roku w Równem (włączonym do ZSRR). Stąd w czasie ofensywy niemieckiej ewakuował się do Astrachania, gdzie pracował jako ro-

botnik. W 1946 powrócił do Polski i zamieszkał w Łodzi, w 1947 został członkiem PPR (od 1948 PZPR). W 1948 roku poślubił Annę Kamieńską, poetkę. W 1949 przeniósł się do Warszawy. Od 1950 roku wchodził w skład komitetu redakcyjnego „Twórczości", w której prowadził dział recenzji poetyckich. Wiersze, recenzje, przekłady z literatury bułgarskiej i rosyjskiej ogłaszał także na łamach m.in. „Kuźnicy" (1946––50), „Nowej Kultury" (1950–63, z przerwami), „Nowych Książek" (1958–62), „Wiatraków" (1960–67). Wydał m.in. zbiory poezji: *Wiersze stepowe* (1938), *Zielone ptaki* (1958), *Dialogi naiwne* (1960), a także szkice dotyczące życia literackiego w dwudziestoleciu międzywojennym *Przyjaźnie i animozje* (1965).

[4] Andrzej Kijowski pisał: „Drogi Jarosławie, bardzo Ci dziękuję za list, który nie wiadomo dlaczego dostałem dopiero 29 stycznia. Szedł ze Stawiska o s i e m d n i! List jakiś bardzo smutny, nie chciałbym Cię oglądać w tym stanie po powrocie. Nie powinieneś mieć żadnych skrupułów co do Kwiatkowskiego. Szkic jest rzeczywiście dobry, a poza tym – bądźmy szczerzy – trzeba oddzielić Twoją twórczość od «Twórczości». Twoja twórczość jest obiektywnym, niezależnym od polityki pisma problemem, którym krytyka musi się zajmować. Że się zajmuje mało? A kim się zajmuje więcej? Kto umie robić porządną analizę literacką – ja sam zupełnie nie potrafię, nie mam do tego cierpliwości. Pisze się o Dąbrowskiej, bo łatwo – bo to trochę publicystyka, trochę pamiętnik – [słowo nieodczytane], obyczaje, psychologia etc. U Ciebie są estetyczne problemy, wymagające ogromnego oczytania, którego nam (a przynajmniej mnie) ogromnie brakuje. Jestem czasem przerażony lukami w erudycji, których już nie mam czasu uzupełniać. Co z tego, że się na poczekaniu wymyśla formułki, że się ma zawsze coś do powiedzenia, kiedy to wszystko jest w powietrzu, poza kulturą, poza jej faktami. [...]" (list z 30 stycznia 1959 [datowany pomyłkowo: 30.2.1959], rękopis w posiadaniu Muzeum im. Anny i Jarosława Iwaszkiewiczów w Stawisku).

Stawisko, 8 lutego 1959
Wszystko przeszło względnie dobrze. Jurek wilią wyjazdu miał czterdzieści stopni gorączki! W drodze był zdrów zupełnie. Teraz pojechał do Bydgoszczy. Męczy mnie to wszystko do niemożliwości. Sam czuję się słaby, mętny, pracować prawie nie mogę. W głowie się kręci i szum w niej straszny, to ta jama Highmore'a chyba. Hania zawsze dobra, słodka i kochana. Słuchaliśmy dziś trochę muzyki przez radio: Karłowicza[1], Chopina. Lubię słuchać z nią razem, wiem, że czujemy wszystko tak samo. Muzyka – potwór Kierkegaarda – jest dla mnie zawsze źródłem najwyższej radości. Jakiegoś dziwnego spełnienia. Czyżbym był w gruncie rzeczy mistykiem? Maciąg[2] znów pisze o moim estetyzmie. Czy im to nigdy nie obrzydnie?
Mozaiki w Santa Maria Maggiore, pomarańcze na Awentynie, chłód

przed kościołem Świętego Piotra... O Boże, jakie to dalekie, niedostępne, nie dla nas. Ale się do tego tęskni. Chcę już wiosny.

¹ Mieczysław Karłowicz (1876–1909) – kompozytor i taternik, twórca m.in. *Serenady na orkiestrę smyczkową* (1897), *Koncertu skrzypcowego A-dur* (1902), poematów symfonicznych *Powracające fale* (1904) i *Odwieczne pieśni* (1906), a także pieśni solowych oraz utworów kameralnych. W 1907 osiedlił się w Zakopanem. Działał w Towarzystwie Tatrzańskim, publikował artykuły o tematyce tatrzańskiej, pasjonował się wspinaczką, jazdą na nartach, fotografiką. Stał się jednym z pionierów polskiego taternictwa. Zginął pod lawiną śnieżną w Tatrach. Po jego śmierci ukazała się książka *Mieczysław Karłowicz w Tatrach. Pisma taternickie i zdjęcia fotograficzne* (1910).

² Włodzimierz Maciąg (ur. 1925) – historyk literatury, krytyk literacki. Artykuły i recenzje publikował m.in. w „Twórczości" (1949–53, 1956–71), „Nowej Kulturze" (1950–52, 1955–56) oraz „Życiu Literackim" (od 1951). W 1953 podjął pracę w redakcji tygodnika „Życie Literackie", gdzie w latach 1954–75 pełnił funkcję kierownika działu krytyki literackiej. W 1956 doktoryzował się na UJ na podstawie rozprawy *Sztuka pisarska Marii Dąbrowskiej* (promotor prof. Kazimierz Wyka). W późniejszych latach publikował artykuły i recenzje m.in. w „Tygodniku Kulturalnym" (1963––66), „Odrze" (1963–73, z przerwami), „Nowych Książkach" (1967–81, 1992–93). W 1974 roku habilitował się na UJ na podstawie książki *Literatura Polski Ludowej 1944––1964*. W 1983 został mianowany profesorem nadzwyczajnym UJ, a w 1993 profesorem zwyczajnym UJ. Wydał m.in.: *Szesnaście pytań. Portrety polskich prozaików współczesnych* (1961, jeden z rozdziałów poświęcony jest Iwaszkiewiczowi), powieść biograficzną *Żeromski. Opowieść o wierności* (1965), *Nasz chleb powszedni. Szkice o prozie i krytyce współczesnej* (1966, jednym z rozdziałów jest *Epika Iwaszkiewicza*). Artykuł Maciąga, o którym pisze Iwaszkiewicz, to *Dramaty Jarosława Iwaszkiewicza*, opublikowany w „Dialogu" 1959, nr 1. Na tekst Maciąga odpowiedział Ryszard Zengel (*O Iwaszkiewiczu inaczej*, „Dialog" 1959, nr 5).

20 lutego 1959
Znowu ten okropny dzień: urodziny. Po mojej koszmarnej wizycie w Bydgoszczy czuję się jak zbity pies. Wszystko razem przerażające – jak to pisałem przed rokiem. I nie wiem, co jest gorsze, czy zeszłoroczna samotność, czy tegoroczna „uroczystość", gdzie mi się nic nie chce, tylko płakać. Nie miałem żadnej wiadomości od mojego wyjazdu z Bydgoszczy, a przecież tam to wszystko bardzo źle wyglądało, z tym tylko, że ona naprawdę jest Jurkowi oddana i ma on tam opiekę, w której ja jestem zupełnie niepotrzebny. Miałem zupełnie zdawkowy telegram z

życzeniami. Tak jak pisałem kiedyś, ta kobieta (baba) zabrała mi jego śmierć. Ona chce, aby on umarł przy niej, chce być twarda, mocna i do końca wierna. Mojego pobytu w B[ydgoszczy] potrzebowali dla umocnienia swojej sytuacji – tak jakby to się mogło na coś przydać. Ostatecznie spoili mnie – i poprztykałem się dość mocno z Jurkiem – obawiam się, że ona się do tego trochę przyczyniła, choć to może byłaby zbyt wyrafinowana intryga: zaprosić do stołu chłopaka od sąsiedniego stolika i potem mówić, że ona by nigdy sobie na coś podobnego nie pozwoliła. Zmęczony jestem tym wszystkim, bardzo zmęczony, chociaż bardzo wciąż zaciekawiony, jak się sprawy rozwiną. Czy rzeczywiście skończy się na tej depeszy: „Z okazji urodzin dużo serdecznych życzeń zasyłają – Lilka, Jurek". Ostateczne triumfy!

Albę[1] porwano dziś w nocy. W tym domu nawet psa mieć nie można. W tym kraju...

W parę godzin później
Trochę mi wstyd tego, że ten dziennik zamienił się całkowicie w dziennik o Jurku, że wciąż powracam do niego. Ale to ponad moje siły pisać teraz o czym innym w dzienniku. O czym innym to ja piszę do druku.

Przeglądałem teraz listy. Mało tego, konwencjonalne, nieliterackie. Bo przecież to zwyczajny, pospolity chłopiec, banał zupełny, taki, jakich pełno wszędzie. Tyle tylko, że piękny. Tak samo chędoży, bo młody, ma babskie historie, niepotrzebne małżeństwo, niepotrzebny rozwód. To ja tylko tyle w niego wkładam, tyle wagi przywiązuję do każdego jego gestu. A on uspokoił się przy tamtej kobiecie. W Bydgoszczy były jednak całe godziny rozmów, gdzie czuliśmy się tak blisko, tak nierozerwalnie blisko, i gdzie przyciskałem to jego oświęcimskie ciało, niegdyś tak piękne, z uczuciem, jakbym całował relikwię. Jego cierpienie i cierpliwość wznoszą go jakoś ponad własne możliwości. A mimo wszystko jest jak Ganymed uniesiony przez zbyt dużego orła. I przy tym nie nadaje się do podawania „czaszy". Myślę, że to się nie może skończyć tak, *en queue de poisson*[2], jak rybi ogon. Czy już nie będzie nic – żadnej sceny? Tęsknię mimo wszystko do tego patosu. Tęsknię do niego i bez patosu – nie mogę żyć bez niego. Co będzie potem? „Potem weźmiesz sobie moje radio" – tak powiedział kiedyś.

Zapewne. Będę miał radio i nie tylko radio. Ale tamto naprawdę było jedyne w moim życiu. Niech będzie imię jego błogosławione. Jutro napiszę do Lilki.

¹ Dzień wcześniej Iwaszkiewicz pisał do Grydzewskiego: „My mamy trochę piesków, ale niesympatycznych. Sympatyczne nie trzymają się. Suka (biały seter) Alba ma teraz dwóch synków, którzy nazywają się Sławek i Chwałek" (M. Grydzewski, J. Iwaszkiewicz, *Listy 1922–1967*, s. 131).
² *[Finir] en queue de poisson* (fr.) – spełznąć na niczym.

23 lutego 1959
Do Lilki nie napisałem. Miałem od niego wielki rekapitulacyjny list. Bardzo wzruszający. Jeżeli korespondencja skończy się na tym liście, to co innego.

Wczoraj przyjęcie urodzinowe u nas. Około trzydziestu osób. Nudnawo, zresztą przerażająca ilość nudziarzy: Krzysztof Radziwiłł¹, Parandowski, Horzyca. Oczywiście Marysia Brandysowa zaczęła swoją litanię: jaki ja jestem nadzwyczajny, pełny, renesansowy i co tam jeszcze. Że takich ludzi już nie ma, że ja jestem wiecznie młody itd., itd. Nie orientuje się, biedactwo, że mówiąc „jeszcze młody", mówi „już stary", że podziwiając mnie, traktuje już jako olimpijczyka – i że tego się załatać nie da, że mówiąc „piszesz wspaniale" – uzupełnia przez to nieznośne „jeszcze". Bardzo to ciężkie, acz nieuniknione rozkładać się na atomy, zanikać, topić się jak łojowa świeczka w słońcu „wszechistnienia", jak mówiło to bydlę Przybyszewski². Po nim też nic nie zostało, po mnie będzie niewiele więcej. To wieczna męka niedoskonałości – i uciekające chwile, które mówią: już lepszy nie będziesz, już nie zdążysz – zajęty głupimi sprawami – zająć się swoją własną sprawą. Może za bardzo absorbują mnie inni ludzie. Sartre określa: „inni ludzie to piekło"³, ja mam ochotę powiedzieć: „inni ludzie to nieśmiertelność". Ale nie powiem tego. Nieśmiertelności nie ma. A może i nie ma „innych ludzi"?

¹ Krzysztof Mikołaj Artur Radziwiłł, książę (1898–1986) – syn Macieja i Róży z Potockich, ziemianin, dyplomata, tłumacz, przełożył m.in. *Rozmowy z Goethem* Johanna Petera Eckermanna (z Janiną Zeltzer), jest również współautorem przekładu

Człowieka bez właściwości Roberta Musila (z Kazimierzem Truchanowskim i Janiną Zeltzer). Przez wiele lat pracował jako redaktor w wydawnictwie „Nasza Księgarnia". Był pierwszym narzeczonym Anny Iwaszkiewiczowej, która zerwała zaręczyny, by wyjść za Jarosława Iwaszkiewicza. O swoim narzeczeństwie z Hanną Lilpop napisał: „[...] Pozwoliłem mojemu stryjowi Franciszkowi zerwać w moim imieniu moje narzeczeństwo z panną Hanną Lilpop w poczuciu, że jeśli walczyłem o to z moim ojcem jako żywym przeciwnikiem, to po jego śmierci spierać się z nim już mi nie wolno. Po jakimś czasie spotkałem moją byłą narzeczoną w teatrze i wszystko zaczęło się od początku: znów się zaręczyłem, a wobec zgody mojej matki, która ubóstwiając mnie po dawnemu, nie mogła mi odmówić, doprowadziłem sprawę mojego małżeństwa z panną Lilpop aż do zapowiedzi w kościele. [...] ale w końcu nic z tego wszystkiego nie wyszło. [...] Małżeństwo moje z panną Lilpop nie doszło do skutku, bo w końcu nie ja, ale ona nasze zaręczyny z całkiem zrozumiałych powodów zerwała, z czego – wbrew temu, co zwykle uchodzi za tak zwany honor męski – jestem dumny, bo w ten sposób wobec wyolbrzymianych wtedy przez nas różnic społecznych nie ja byłem tym krzywdzicielem, ale ona wzgardziła księciem" (K. Radziwiłł, *Pamiętniki. Od feudalizmu do socjalizmu bezpośrednio*, Warszawa 2000, s. 95–96).

[2] Stanisław Przybyszewski (1868–1927) – pisarz; w latach 1889–98 działał w środowisku europejskiej bohemy, głównie w Berlinie i Norwegii. W latach 1898–1900 jako redaktor krakowskiego „Życia" stał się czołowym twórcą programu Młodej Polski; głosił program wyzwolenia sztuki od zobowiązań społecznych na rzecz nieskrępowanej ekspresji twórcy. Autor poematów prozą, powieści (*Dzieci Szatana*, wyd. niem. 1897, wyd. pol. 1899), dramatów, pamiętnika *Moi współcześni* (t. 1–2 1926–30).

[3] Cytat z dramatu Jeana Paula Sartre'a *Przy drzwiach zamkniętych* (1944, wyst. pol. 1947). W przekładzie Jana Kotta zdanie to brzmi: „Piekło to są inni".

4 marca 1959

Śmierć Horzycy uzupełnia tylko te koszmary, jakie są moim udziałem od ostatniego mojego zapisu. W ten dzień dwudziestego trzeciego niespodziewanie wrócił Jurek. Zaczęły się korowody z mieszkaniem. Ostatecznie zamieszkał na Szucha. Pod tym faktem kryją się tysięczne rafy. Jest w bardzo złym stanie zdrowia, rozdrażniony i gada mi całymi godzinami albo zupełne bzdury, albo bardzo przykre rzeczy. Trudno to znosić.

Wil umarł przedwczoraj, w tydzień po wizycie na Stawisku. Byłem u Stasi w parę godzin po jego śmierci: mały, żółty trupek, na łóżku w piżamie, okropny. I wszystkie wspomnienia, śpiewy pieśni legionowych z Kaziem W[ierzyńskim] u Turka[1] na jesieni 1918 roku, moje mieszkanie u nich na Nowym Zjeździe (pod Hemplem) – Stach Vincenz[2] – i wszystkie, wszystkie spotkania, okupacja i ich pobyt po powstaniu na Stawisku. Dopiero teraz przekonuje się człowiek, jak był do niego przywiązany, jak potrzebna była ta mętniacka filozofia – i aforyzmy w rodzaju „Stalin to dziecko". Przykro mi było, że irytowałem się na niego po ostatniej wizycie i dziwiłem się, że on tak „nic nie wie". Może to lepiej jest niż tak „wiedzieć wszystko" – jak ja wiem, to znaczy też nic, ale ciągle się o coś dowiadywać. On wybrał sobie lepszą cząstkę. A cóż to była za naiwność i dobroć! Strasznie mi szkoda, że odszedł[3].

Jeszcze jeden list od Jurka, nocny, pogrzebowy, przerażający. Najgorsze to jest skonstatowanie, że dwaj ludzie tak kochający się nawzajem, tak zżyci, tak bliscy, mimo wszystko obracają się w kręgu własnych egoizmów, zapatrzeni we własny pępek, własną miłość, własną, osobną śmierć. Niepodobna wyjść za ten zaklęty krąg.

[1] W poświęconym Wilamowi Horzycy rozdziale *Alei Przyjaciół* Iwaszkiewicz wspomina: „Jeszcze wtedy nie chodziło się nawet do «Astorii». Toteż pierwsze wspomnienie Wilama połączone jest z kawą u «Turka». «Turek» mieścił się na Nowym Świecie na piętrze w tym samym domu co «Astoria». Tam też zachodziliśmy po występach w «Picadorze» na kawę po turecku. Widać nie samą kawę tam się dostawało, bo to pierwsze wspomnienie jest takie: Kazio i pan Wilam (zawsze się mówiło «pan Wilam», choć był tylko o parę lat od nas starszy) siedzą przy okrągłym stole i uderzając dłońmi o biały obrus, śpiewają austriackie żołnierskie piosenki" (s. 53).

[2] Stanisław Vincenz (1888–1971) – prozaik, eseista, badacz kultury, filozof, tłumacz (m.in. z języka angielskiego i węgierskiego). Urodzony i wychowany na Huculszczyźnie, poświęcił temu regionowi cykl epicki *Na wysokiej połoninie*, którego pierwsza część *Prawda starowieku* ukazała się w 1936 roku, zaś dwie następne po II wojnie światowej: *Nowe czasy* (t. 1 1970, t. 2 1974) i *Barwinkowy wianek* (1979). W maju 1940 roku przedostał się na Węgry, gdzie utrzymywał się z pensji przyznanej mu jako pisarzowi przez rząd węgierski. Na Węgrzech ratował i ukrywał Żydów, za co Instytut Pamięci Narodowej Yad Vashem w Jerozolimie przyznał mu pośmiertnie medal „Sprawiedliwy wśród Narodów Świata". Od 1947 roku ogłaszał eseje, artykuły i wspomnienia na łamach paryskiej „Kultury". Opowieści huculskie Vincenza do tego stopnia zafascynowały Iwaszkiewicza, że dwukrotnie odbył podróż na Huculszczyznę, w roku 1922 i w 1923. Pierwszą z nich – jako kawaler. „Zamiary nasze małżeńskie wywołały burzę, którą musiałem przeczekać – wybrałem się w tym celu śladem Jurka Lieberta na Huculszczyznę. [...] Przewodnikiem moim w tej krainie, która mi się wydawała podówczas krainą czarów, był Stanisław Vincenz – z dawien dawna na Huculszczyźnie osiadły, który był niezwykłym znawcą swej bliższej ojczyzny i którego interesujące towarzystwo było jeszcze jedną przyjemnością więcej w tej wyprawie. [...] W domu Vincenzów [Stanisława i jego drugiej żony Ireny z d. Eisenmann], w Słobodzie Rungurskiej, odnalazła mnie depesza mojej narzeczonej, stwier-

dzająca, że wszystkie trudności są usunięte i że mogę wracać do Warszawy na ślub"
(J. Iwaszkiewicz, *Książka moich wspomnień*, s. 229–230).

[3] Postaci Horzycy poświęcił Iwaszkiewicz wspomnieniowy artykuł *Wilam Horzyca, czyli o potrzebie naiwności*, opublikowany w „Twórczości" 1959, nr 5.

18 marca 1959

Dzisiaj ta sonata Milhauda[1]. Pierwsza jej część: pastorale, coś, co mi nagle – nie wiem dlaczego – uprzytomniło cały urok Prowansji[2], którą widziałem jedenaście prawie lat temu. Wszystko, co jest w tych polach Camargue, spłachciach grodzonych cyprysami, wszystko, co było tego ranka, kiedy Gleizes odprowadzał mnie na taką śmieszną, lokalną kolejkę. I wszystko to, co było w mieszkaniu Gleizesów – i owi ludzie tacy dziwaczni, a tacy rozkoszni, tacy dobrzy, Albert i Juliette. Jakeśmy się z nimi zbliżyli w Barcelonie[3], jak pod paryską *facticité* znaleźliśmy serce, prawdziwe serce. To dobrze, że się spotykało takich ludzi, szkoda, że ich już nie ma. Juliette podobno żyje jeszcze, Albert umarł niedawno. Chciałbym jeszcze zobaczyć te miasta, miasteczka, pola. Ludzi już nie zobaczę. Prowansja podobna do Sycylii... to już jest prawie wiersz.

[1] D. Milhaud, *II Sonata na skrzypce i fortepian* (1917).
[2] W twórczości urodzonego w Aix-en-Provence Dariusa Milhauda (1892–1974) wielokrotnie odzywa się duch rodzinnej Prowansji, najwyraźniej w *Poème sur un cantique de Camargue* (1913), *Suite provençale* (1936), *Suite campagnarde* (1953). Sam kompozytor napisał o sobie w autobiografii *Ma vie heureuse* (1973): „Jestem Francuzem z Prowansji i wyznania żydowskiego".
[3] Chodzi o Zjazd Unii Intelektualnej w Barcelonie na jesieni 1929 roku.

28 marca 1959

To, co przeżywam w ostatnich tygodniach, nie da się opisać. Może kiedyś po latach czy po miesiącach powrócę do tej sprawy, aby opowiedzieć ją i uprzytomnić samemu sobie. Dzisiaj jestem jak w koszmarnym śnie, z którego lękam się zbudzić – a który, jeżeli będzie trwał dłużej, może mnie też pogrążyć w oceanie. Najważniejsze zadanie na dzisiaj: trzymać się, nie poddawać się, wyjść cało. Winien jestem to sam sobie. Tragedia mojej historii z Jurkiem przybiera kosmiczne wymiary, choć jest tak pospolita, odczuwam ją jednak jak wodospad Niagary, tłoczący mnie i porywający w nicość, „w Jurka" – jak napisałem w jednym wierszu[1], kiedy to nie było jeszcze takie przerażające. Parę dni byłem z nim w Łodzi, potem ciągle na Szucha, aż wreszcie tydzień temu wyjechał do Bydgoszczy. Przeraźliwość nocy, spędzanych na gadaniu byle czego, na stanach graniczących z obłędem, wszystkie przykrości, jakich od niego doznawałem, jego chorobliwa drażliwość na każdym punkcie i żałosna moja walka o to, aby mówił prawdę, a on otacza się nimbem mistyfikacji i niedobrej atmosfery. I te momenty, kiedy naprawdę czuję się z nim czymś jednym, jedynym, zwartym we wspólnym cierpieniu. I potem odchodzenie jego do tej kobiety, tylko dlatego, że to jest kobieta, a on potrzebuje kobiety. Moja bezsiła pod każdym względem, moja niemożność przezwyciężenia ani jego, ani siebie, zaplątanie się bez sensu i bez dna – i jedyne rozwiązanie – śmierć. Jego tak, ale czy i nie moja także? „Co ja będę robił, jak ty będziesz w Bydgoszczy?" – „Co ty będziesz robił, jak mnie wcale nie będzie?" – „Jak ciebie nie będzie – to i mnie nie będzie". Muszę być, muszę to przetrwać, muszę to przejść, jak przeszedłem rok 1935. Ale wtedy miałem czterdzieści jeden lat. Byłem w sile wieku, dzisiaj coraz bardziej odczuwam starość. Hania stara i opuszczona płacze z bezsiły. Jutro święta: nie będzie ani Marysi, ani Tereni, ani Wiesia, ani Jurka. Starzy i nikomu niepotrzebni, z pustką, z przepaścią bólu w sercu. To wszystko potworne. Wczoraj telefonował z Bydgoszczy: ledwie mógł mówić, jest już chyba bardzo źle, ale nie pozwolił mi przyjechać do Bydgoszczy. Rozstanie w Kutnie było tak zupełnie byle jakie, że chyba nie może być ostatnim widzeniem. A może właśnie tak, właśnie tak kiedyś muszę opisać ten cały „ostatni dzień", pełen takich zwykłych czynności i takiej ukrytej dramatyczności. Jak to może tak być, jak można tak cierpieć, jak można tak kochać kogoś, który tak kłamał. I po co? Tak się brzydzę kłamstwem i sam kłamię, kłamałem, będę kłamał. O, jakie uczucie małości, nicości, wyczerpania. Co bym dał za to, żeby go jeszcze widzieć, trzymać za rękę, pójść z nim do knajpy, gdzieśmy się ostatnio kłócili potwornie. O Boże, jakie i mam życie. W domu wnuki przyjechały na święta, wiosna taka cudowna, wczesna, już wszystko zieleni się, słowik próbuje w lesie. A ja nie mogę się uspokoić. Wszystko bez sensu, bez najmniejszego sensu – i żebyż przynajmniej było łatwe, a to taka trudna rzecz: cierpienie. Nie umiem tego.

[1] Mowa o napisanym w nocy z piątego na szóstego października 1958 roku wierszu ***Podaj mi rękę i trzymaj mocno*, oznaczonym numerem XVI w planowanym przez Iwaszkiewicza cyklu poetyckim *Droga*:

Podaj mi rękę i trzymaj mocno
Ty – moja matka, i żona, i córka,
Trzymaj, abym się nie przechylił
W nicość – w śmierć, w Jurka.

Ty tylko możesz mnie na dnie jezior
Włosami związać topielicy –
I jedna tylko wyciągnąć możesz
Na białobrzegi Pilicy.

Złożyć w wiklinach, gdzie nikt nie znajdzie
I gdzie już nikt nie szuka,
Trzymaj mnie. Dzisiaj we mgle, w nocy
Alicja znalazła kruka.

(Cyt. za: Z. Chojnowski, *Poetycka wiara Jarosława Iwaszkiewicza*, s. 327).

29 marca 1959
Piosenka o szklanej górze i czerwonym motocyklu. Potworny, oszałamiający, wszystko ogarniający patos wspomnień, patos miłości i śmierci.

1 kwietnia 1959
Widzę, że nie wspomniałem w dzienniku, w którym tyle napisałem o podróży do Kopenhagi (zeszyt u Jurka Lisowskiego), nie wspominałem nic o podróży do Krakowa. Odbyła się ona w listopadzie 1955 roku, przeszło trzy lata temu i była taka bardzo urocza. Mam wrażenie, że Jurcio jechał pierwszy raz wagonem sypialnym – ale zgodnie ze swoimi zasadami niczemu się nie dziwił. Staliśmy w Grandzie, miałem dwa wieczory, przy tym jeden w Nowej Hucie z dyskusją na temat *Poematu dla dorosłych* Ważyka. Boże, jak to wszystko przeminęło i jakie wtedy było szczęśliwe. Jurek był ze mną w Nowej Hucie, potem jedliśmy kolację z Jerzami Kwiatkowskimi[1], było tak spokojnie, miało się tyle nadziei, pod każdym względem. Dzisiejszy list Jurka uraził mnie bardzo, ale teraz wieczorem pomyślałem sobie, że przecież on jest teraz umierający, biedny, ma żal do mnie, że jestem zdrowy jak byk i wybieram

272

się w podróż. Jakim tonem on powiedział w piątek przez telefon to: Berlin, Paryż, Cannes! Przecież on, ledwie ruszając się, zebrał się po okropnym ataku ropnych wymiotów i poszedł do telefonu, abym się tylko ja „nie niepokoił". To nieprawda, że on tylko myśli o interesach, przywiązał się jak pies. A jeżeli nawet nie, to ta dawna podróż do Krakowa – ten spokój, jakiego doznawałem w jego towarzystwie, powinny mi przypomnieć dawnego, względnie zdrowego Jurka, który był, sam był szczęściem. Jego istnienie samo oszałamiało – nie trzeba być niesprawiedliwym i nie chować w sercu żadnego żalu. Tylko wdzięczność za to, co było. A chcę, żeby to trwało wciąż. Niemożliwe. Dzisiaj miałem list z Paryża od Andrzeja Bonarskiego[2].

[1] Jerzy Kwiatkowski (1927–1986) – historyk literatury, krytyk literacki. W latach 1948–55 pracował w krakowskiej Pracowni Bibliograficznej Instytutu Badań Literackich. W 1949 ożenił się z Marią Podrazą. Od 1955 do 1958 roku kierował działem literatury współczesnej Wydawnictwa Literackiego w Krakowie. W 1958 został ponownie zatrudniony w IBL PAN. W pracy badawczej zajmował się poezją polską XX wieku. W 1966 roku doktoryzował się na UJ na podstawie pracy pt. *U podstaw liryki Leopolda Staffa* (promotor prof. Kazimierz Wyka). W 1971 roku habilitował się w IBL na podstawie pracy *Świat poetycki Juliana Przybosia*. W latach 1976–78 oraz 1983– –84 wykładał literaturę i kulturę polską na uniwersytecie w Clermont-Ferrand we Francji. Opublikował m.in. *Klucze do wyobraźni. Szkice o poetach współczesnych* (1964), *Poezje bez granic. Szkice o poetach francuskich* (1967), *Literaturę Dwudziestolecia* (1990). Twórczości Iwaszkiewicza poświęcił liczne szkice i książki *Eleuter. Szkice o wczesnej poezji Jarosława Iwaszkiewicza* (1966) oraz *Poezja Jarosława Iwaszkiewicza na tle dwudziestolecia międzywojennego* (1975).

Maria Podraza-Kwiatkowska (ur. 1926) – historyk literatury; w latach 1948–74 pracowała w Instytucie Badań Literackich PAN; w latach 1953–62 kierowała krakowską Pracownią Bibliograficzną gromadzącą materiały do zawartości czasopism polskich XIX wieku; następnie przeszła do Pracowni Historii Literatury Okresu Młodej Polski; w 1964 uzyskała na UJ doktorat na podstawie rozprawy *Wacław Rolicz-Lieder* (promotor prof. Kazimierz Wyka); w 1970 uzyskała w IBL stopień doktora habilitowanego na podstawie rozprawy *Młodopolskie harmonie i dysonanse*, w 1987 została mianowana profesorem zwyczajnym UJ. Od 1978 redagowała wspólnie z Jerzym Kwiatkowskim (po jego śmierci – samodzielnie) serię „Biblioteka Poezji Młodej Polski"; opublikowała m.in. *Symbolizm i symbolika w poezji Młodej Polski. Teoria i praktyka* (1975), *Somnambulicy – dekadenci – herosi. Studia i eseje o literaturze Młodej Polski* (1985), *Literatura Młodej Polski* (1992).

[2] Andrzej Bonarski (ur. 1932) – prozaik, dramatopisarz, autor scenariuszy filmowych. Od 1953 roku pracował na Politechnice Warszawskiej. Debiutował w 1957 roku

opowiadaniem *Zmęczenie* opublikowanym w tygodniku „Odnowa" (nr 6), na którego łamach ogłaszał później felietony. W 1963 roku zrezygnował z pracy matematyka na rzecz twórczości literackiej. Opublikował m.in.: powieści *Pojednanie* (1960), *Poszukiwania* (1966) oraz wywiady z twórcami teatru *Ziarno* (1979).

Oto treść listu, o którym wspomina Iwaszkiewicz: „Drogi i Szanowny Panie Jarosławie, zwracam się do Pana z prośbą o radę: czy sądzi Pan, że byłoby niewłaściwie i nierozsądnie zamieścić opowiadanie o miłości Jareckiego do Tomaszka do paryskiej «Kultury»? Przepraszam, że tak od razu, bez wstępu zacząłem. Teraz trochę wstępu. Przyjechałem tu dwa dni temu. Chodzę po mieście, nikogo nie znam i jestem zachwycony. Sam nie wiem czym: wczoraj stałem wieczorem na moście Solferino i gapiłem się, to i wszystko; nie wiem, co jest w tym mieście. Jaka szkoda, że nie można być czarnoksiężnikiem (nawet za cenę duszy), raz, dwa, trzy – zrobiłbym hokus-pokus i już by Pan szedł mi naprzeciw z drugiej strony mostu. Proszę mi wybaczyć, że tak zadysponowałem Pana osobą – imaginacja powinna być zakazana. Panie Jarosławie! Dziś piękny dzień, nawet kluska gmachu Banku Fr[ancuskiego], który widzę przed oknem, wydaje mi się ładna, uśmiecham się, pisząc do Pana, jeśli ma Pan zmartwienia, jeśli dalej źle się Pan czuje, niech się Pan spróbuje uśmiechnąć. Proszę na chwilę przerwać czytanie i uśmiechnąć się. – Już? Tak! To kończę ten niewłaściwy list, całuję Pana mocno i serdecznie. Andrzej Bonarski" (list z 25 marca 1959, rękopis w posiadaniu Muzeum im. Anny i Jarosława Iwaszkiewiczów w Stawisku).

3–4 kwietnia 1959
Uroczy pobyt w Bydgoszczy. Samo szczęście. Wieczór w Zodiaku. Radość istnienia mimo wszystko.

5–6 kwietnia 1959
Pisanie *Jadwini*[1]. Znowu uniesienie. Dwadzieścia dwie strony rękopisu (stalówką!) w dwa dni.

[1] Opowiadanie *Jadwinia (Dzień kwietniowy)*, dedykowane Julianowi Stryjkowskiemu, ukazało się w „Twórczości" 1959, nr 7, a następnie w zbiorze *Tatarak i inne opowiadania* (1960).

Berlin, 21 kwietnia 1959[1]
Rozmowa przez telefon: Całujesz mnie? Tak. Mocno? Tak. Kochasz mnie? Tak. Bardzo? Tak!!

20 kwietnia 1959 przybyła do Berlina wschodniego delegacja Ogólnopolskiego Komitetu Obrońców Pokoju, by wziąć udział w wielkim wiecu, który odbył się 21 kwietnia w Berlinie z okazji 10-lecia działalności światowego ruchu pokoju. W skład polskiej delegacji weszli obok Iwaszkiewicza Stanisław Dawski i działaczka gdańskiego Komitetu Obrońców Pokoju Irena Netkowska.

Berlin, 22 kwietnia 1959
Dziś po południu przyjęcie u Grotewohla[1]. Dziś przyjemny nastrój. Czułości z Duńczykami. Podprowadzają nas do Grotewohla. Rozmowa. Grotewohl: *Sie brauchen keinen Übersetzer*[2]?
Ja (po niemiecku): Na szczęście nie. Mówię po niemiecku, był to pierwszy język, jakiego nauczyłem się w dzieciństwie. Mówiłem nim dość biegle. Ale potem była epoka, kiedy nie używałem tego języka.
Grotewohl: Tak, to się prędko zapomina.
Ja: Tak, ale istniały pewne zewnętrzne okoliczności, które kazały mi unikać niemieckiego języka. Dopiero teraz znowu go sobie przypominam, kiedy możemy rozmawiać z niemieckimi przyjaciółmi.
Grotewohl: A co tam u was słychać w Polsce?
Ja: ...
Grotewohl: To uderzenie przed trzema laty (*der Schlag vor drei Jahren war ganz unnötig*) było zupełnie niepotrzebne. (Powtarza dwa razy słowo *Schlag*). To wam bardzo zaszkodziło. To powstrzymało rozwój Polski!
Ja: ?
Grotewohl: No, ale teraz już jest u was wszystko w porządku, doprowadzono was do równowagi...
Ja: (Cofam się o krok i nabieram wody w usta)[3].
Grotewohl (do Dawskiego[4]): Tak, stosunki kulturalne pomiędzy naszymi krajami to najważniejsze, to najmocniejsza więź. Kultura to najtrwalsza dziedzina stosunków między narodami. Tak się cieszę, że stosunki kulturalne pomiędzy naszymi krajami rozwijają się tak pomyślnie...
Willmann[5] słyszał to wszystko, kręci się potem koło mnie z niebywałymi czułościami. Ja też staram się być jak najuprzejmiejszy, ale jaka cholera mnie bierze. Chwała Bogu, że bardzo bolesny „dysk" każe mi opuścić Berlin już jutro.

¹ Otto Grotewohl (1894–1964) – niemiecki polityk i działacz komunistyczny; w latach 1949–64 premier NRD.

² *Sie brauchen keinen Übersetzer?* (niem.) – Nie potrzebuje pan tłumacza?

³ Do tej rozmowy Iwaszkiewicz wrócił w liście do Mieczysława Grydzewskiego, pisanym w Kopenhadze 26 sierpnia 1959 roku, po otrzymaniu od niego paczki z numerami „Wiadomości": „Straszliwie irytuje mnie ton «ja wiem lepiej» przy zupełnej nieznajomości spraw Kraju. Np. ktoś tam pisze o świetnych stosunkach pomiędzy «rządem w Berlinie» a rządem warszawskim. Czy wiesz, że Grotewohl uważał za stosowne w kwietniu br. powiedzieć mnie, prywatnemu człowiekowi, bez pytania, prosto z mostu, «że październik [...] był zupełnie zbędny, niepotrzebny, że nam bardzo zaszkodził – i że zatrzymał nas w rozwoju...». Pozwoliłem sobie przerwać rozmowę w tym miejscu. Stosunki w gruncie rzeczy są fatalne" (M. Grydzewski, J. Iwaszkiewicz, *Listy 1922–1967*, s. 138).

⁴ Stanisław Dawski (1905–1990) – malarz, grafik; w latach 1952–64 rektor Akademii Sztuk Pięknych we Wrocławiu. Należał do Association Internationale des Arts Plastiques (od 1952), Międzynarodowego Stowarzyszenia Drzeworytników XYLON w Szwajcarii (od 1979), Accademia Italiana delle Arti e del Lavoro (od 1980). Otrzymał medal honorowy IV Międzynarodowego Biennale Ekslibrisu Współczesnego, Malbork 1969, uczestniczył w II i III Biennale Grafiki w Krakowie (1962 i 1964). Autor książki *Szkło wrocławskie* (1970). Uprawiał malarstwo (sztalugowe, ścienne, witraż), rzeźbę, ceramikę artystyczną, grafikę warsztatową (techniki metalowe, litografia, monotypia, linoryt).

⁵ Heinz Willmann (1906–1991) – ówczesny sekretarz generalny Niemieckiego Komitetu Obrońców Pokoju.

Stawisko, 3 maja 1959
Ostatnia kolacja

Wczoraj wieczorem jednak Jurek wybrał się ze mną do Bristolu na kolację. Przedwczoraj opowiedziałem mu, że pani Helena przygotowała dla niego befsztyk z polędwicy. Ponieważ pojechaliśmy do Konstancina na obiad, prosiłem, aby zostawiła befsztyk na kolację dla niego. Gdyśmy po teatrze przyszli do domu, oczywiście nie było nie tylko befsztyka, ale nawet w ogóle czegokolwiek do jedzenia. Wobec tego śnił mu się ten befsztyk i marzył o nim cały dzień. Pojechaliśmy więc do Bristolu na „befsztyki". Oczywiście, jak bywa w takich razach, rozczarował się tym befsztykiem hotelowym, niedobrym w samej rzeczy. Wypił dwa kieliszki czerwonego wina i począł naglić, aby wracać do domu. Pojechaliśmy zaraz i widać było, że czuje się niedobrze. Mówił, że kolacja mu się zmarnuje, że gdy zacznie kaszleć, zwróci wszystko.

Rzeczywiście natychmiast po powrocie dostał „wymiotów". Wynosiłem wiadro – nie było tam śladów jedzenia, tylko ropa z płuc, to jasne. Dostał potem dużych dreszczy, gorączka podniosła mu się i leżał skurczony pod kołdrą, nic nie było, zdaje się, pod tą kołdrą – same kości. Przerażający, żałosny widok. Trząsł się z zimna. Potem z wolna się uspokajał, prosił, żeby mówić. Mówiłem byle co. Potem się rozpogodził, ale mówił tak cichutko, że ledwie go słyszałem. Nagle zaczął mówić cicho rozpogodzony: „Tak mi teraz dobrze, rozgrzałem się, prawie nic mnie nie boli, tak mi dobrze".

Myślałem, że to już koniec.

Potem popatrzył mi w oczy. Patrzyliśmy sobie w oczy bez słowa, bardzo długo. Nigdy w życiu nie doznałem niczego podobnego. Tego magnetycznego prądu, czegoś, co nas łączyło przez to spojrzenie, jakiejś głębokiej jedni. Trwało to bardzo długo i było bardzo intensywne.

A potem powiedział szeptem, tak że trudno było usłyszeć: „Tylko pamiętaj, pochowaj mnie na jakimś wiejskim cmentarzu...".

Milczałem.

Po chwili dodał:

„I żebyś mi posadził na grobie...".

Ostatniego słowa nie zrozumiałem. Spytałem:

„Co?".

Zniecierpliwił się:

„Narcyzy, żebyś mi posadził narcyzy".

Milczałem znowu.

Potem on już drzemał. Wychodziłem i zgasiłem mu światło.

„Dziękuję ci, Jarosławie" – powiedział mi jakoś uroczyście.

„Co ty mi dziękujesz dzisiaj ciągle tak poważnie" – powiedziałem.

Rzeczywiście zwróciłem w ciągu dnia parę razy uwagę na owo „dziękuję" wypowiedziane jakoś osobliwie.

„Bardzo dobry jesteś dla mnie, Jarosławie" – rozległo się w ciemności.

„Bo my się obaj bardzo kochamy nawzajem" – powiedziałem.

„Dobranoc".

„Dobranoc".

O tych narcyzach to parokrotnie mówił w ciągu dnia, przedtem, że od dzieciństwa tak lubi te kwiaty.

Dziś pojechał do Rabki, do syna.

Sztokholm, 8 maja 1959

Rozmowa z Erenburgiem

Dziś w przerwie między gadaniną Światowej Rady Pokoju[1] Erenburg zabrał mnie do hotelu Malmen, naprzeciwko naszej sali, na kawę. Przez cały ciąg dziesięciu lat, kiedy spotykamy się w tych pokojowych okolicznościach – zdarzyło się to po raz pierwszy. Prawdopodobnie chciał się czegoś ode mnie dowiedzieć. Niestety, przede wszystkim moja nieśmiałość bierze zawsze nade mną górę w spotkaniu z ludźmi bardzo sprytnymi lub inteligentnymi (Witkacy, Lechoń) – Erenburg należy do nich i po prostu trudno mi jest z nim mówić. Po drugie, pomimo że jestem redaktorem „Twórczości", niezmiernie trudno mi jest w paru słowach określić, jaki jest przedmiot naszych literackich dyskusji. Nie mogę się ani w nich połapać, ani określić ich treści. Wobec tego na pytanie: „Co słychać u was w Polsce?" – odpowiadam mętnymi komunałami. Czy to moja głowa, czy czyja inna jest taka mętna? Prawdopodobnie jedna i druga.

Rozmowa z Erenburgiem, chociaż taka krótka, da się podzielić na trzy obrazy: pierwszy, pytanie: „Co u nas słychać?", na które nie otrzymał konkretnej odpowiedzi. Drugi, to chciał mi powiedzieć o stanie literatury radzieckiej.

On: U nas nie ma takich literatów jak Słonimski. Z grubsza nasi pisarze dadzą się podzielić na trzy grupy, jedni to są pisarze postępowi: Paustowski, Panowa[2], Kazakiewicz[3], Martynow[4] i jeszcze kilku innych. Druga grupa to pisarze-urzędnicy, tacy jak Surkow e *tutti quanti*[5]. Trzecia grupa to zajadli nacjonaliści, którzy mają jak najwęższe spojrzenie na zadania literatury.

Tu nie wymienił żadnego nazwiska.

Ja: A pan do których należy? Czy jest pan outsiderem?

On: Nie. Ja raczej zaliczam siebie do grupy pierwszej. Do postępowych. Obecnie udało mi się wydać książkę pt. *Zeszyty francuskie*, gdzie znalazły miejsce artykuły o Stendhalu, o impresjonistach – i te wszystkie inne, które ściągnęły na moją głowę takie gromy. Cała ta moja robota w Światowej Radzie Pokoju, którą prowadzę, to tylko po to, aby móc wydawać tego typu książki. Uważam to za swój obowiązek, za niezwykłej wagi pracę – która ma duże znaczenie dla społeczeństwa radzieckiego[6].

Potem trzecia część rozmowy: o polskiej literaturze. Erenburg zna te rzeczy z prasy i z miesięczników francuskich. Mówi jednak o tych sprawach dość mgliście, nie raczył zapamiętać ani nazwisk, ani tytułów, tak że pierwszej rzeczy nie udało mi się zidentyfikować. Dzieje się w Wiedniu, jest mowa o teatrze, ale nie Tadeusz Nowakowski[7]. Przeciwstawienie Zachodu i Wschodu. Nie wiem, może *Listy do Pani Z*. Brandysa?[8] Druga rzecz to Kołakowski. Zachwycony jest jego umysłem, chociaż z wieloma rzeczami się nie zgadza. Oczywiście. Ale to, że odczuwa wdzięk i piękno rozumowań Kołakowskiego, to już bardzo dużo. Trzeci autor, o którym mówi, to Gombrowicz i *Ferdydurke*. Zachwycony jest nowością tego, oryginalnością. Twierdzi, że we Francji bardzo zwrócono na to uwagę. Rozmawiał o *Ferdydurke* z Sartre'em i z innymi. Pyta, co się z nim dzieje, co jeszcze pisze? Mówię, że napisał parę rzeczy jeszcze, ale że chyba pozostanie autorem jednej książki, *Ferdydurke*. „To chyba wystarczy" – powiedział na to.

I na zakończenie już na ulicy: „Jednak u was w Polsce macie ten stosunek do sztuki, te wartości... Może inne rzeczy nie bardzo się wam udają, ale w dziedzinie artystycznej przodujecie...". (Po drodze jeszcze mówił o wystawie malarstwa polskiego w Moskwie[9]: „Nie było tam rzeczy nadzwyczajnych, ale to miało znaczenie, aby pokazać radzieckiej publiczności rzeczy, o których nie miała ona pojęcia, to było prawdziwe zdarzenie". Jemu osobiście podobał się bardzo Cybis[10]).

---

[1] W dniach 8–13 maja 1959 roku w Sztokholmie odbywała się jubileuszowa sesja Światowej Rady Pokoju dla uczczenia 10-lecia światowego ruchu obrońców pokoju. Obok Iwaszkiewicza w skład polskiej delegacji weszli Leopold Infeld, Ostap Dłuski, Stefania Skwarczyńska, Andrzej Sołtan i Tadeusz Strzałkowski.

[2] Wiera Panowa (1905–1973) – pisarka rosyjska, uprawiała głównie prozę psychologiczną, rozgłos zyskała powieścią *Towarzysze podróży* (1946, wyd. pol. 1947) o pracy frontowego pociągu sanitarnego. Napisała także powieść produkcyjną *Krużylicha* (1947, wyd. pol. 1949). O częściowym odejściu Panowej od schematyzmu oraz poszukiwaniu w powojennej literaturze radzieckiej nowej tematyki świadczy jej powieść o konfliktach rodzinnych *Pory roku* (1953, wyd. pol. 1955). W jej twórczości obecna jest także tematyka dziecięca (m.in. *Sierioża* 1955, wyd. pol. 1956).

[3] Emmanuił Kazakiewicz (1913–1962) – pisarz rosyjski pochodzenia żydowskiego. Pierwsze wiersze i poematy pisał w języku jidysz, w późniejszej twórczości (w jęz. rosyjskim) dominuje tematyka wojenna. Napisał m.in. opowieści *Gwiazda* (1947,

wyd. pol. 1948), *Dwaj w stepie* (1948, wyd. pol. 1964) oraz powieść socrealistyczną *Wiosna nad Odrą* (1949, wyd. pol. 1950).

[4] Leonid Martynow (1905–1980) – poeta rosyjski. Choć zaczął publikować w latach 20., za prawdziwy jego debiut uznaje się tom *Łukomorie* (1945), w którym połączył baśń, mit i fantastykę ludową, wskutek czego krytyka zarzuciła mu ponadczasowość i apolityczność. W tomie *Stichi* (1955), prezentującym lirykę pejzażową i refleksyjną, nawiązał do tradycji tzw. poezji intelektualnej Briusowa. Zbiory *Lirika* (1958), *Nowaja Kniga* (1962), *Pierworodstwo* (1965) czy *Gipierboli* (1973) charakteryzują się bogactwem rytmiki wiersza wolnego, nawiązaniem do futuryzmu i tradycji folkloru syberyjskiego. W języku polskim ukazał się m.in. zbiór *Poezje wybrane* (1963).

[5] *E tutti quanti* (wł.) – i cała reszta.

[6] Po ukazaniu się w 1958 roku *Zeszytów francuskich*, zawierających artykuły o literaturze francuskiej i przekłady francuskich poetów, Konstanty Paustowski pisał do Erenburga: „Dziękuję za *Zeszyty francuskie*, za to, co Pan napisał o Stendhalu i o impresjonistach, dziękuję za każdą myśl, która jest jak powiew świeżego powietrza, wnikający do zatęchłego domu. [...] Jest Pan dla mnie wielką podporą moralną" (cyt. za: E. Zarzycka-Bérard, *Burzliwe życie Ilii Erenburga*, przeł. z języka francuskiego A. Kozak, Warszawa 2002, s. 285).

[7] Tadeusz Nowakowski (1917–1996) – prozaik, reportażysta; po wojnie brał udział w życiu społecznym i kulturalnym emigracji polskiej w Londynie. Od uruchomienia w maju 1952 roku Rozgłośni Polskiej Radia Wolna Europa był jej pracownikiem, przygotowywał komentarze polityczne i kulturalne, pisał słuchowiska i cykle audycji historycznych i literackich. Od 1959 należał do zachodnioniemieckiej grupy literackiej Gruppe 47; w 1966 został członkiem Bawarskiej Akademii Literackiej. Na łamach zachodnioniemieckiej prasy publikował artykuły na temat literatury polskiej. W latach 1979–87 brał udział jako reporter w około trzydziestu podróżach zagranicznych papieża Jana Pawła II (z wyjątkiem pielgrzymek do Polski, gdyż władze odmawiały mu wizy). W 1995 roku przeniósł się do Polski i zamieszkał w Bydgoszczy. Wydał m.in. powieści: *Obóz Wszystkich Świętych* (Paryż 1957), *Syn zadżumionych* (Paryż 1959), *Byle do wiosny* (Londyn 1975).

[8] K. Brandys, *Listy do pani Z. Wspomnienia z teraźniejszości*, cz. 1, Warszawa 1958; część druga szkiców literackich Kazimierza Brandysa ukazała się w roku 1960, część trzecia w 1962; wydanie łączne wyszło w 1963. Z pewnością jednak nie ten utwór Erenburg miał na myśli.

[9] Chodzi o Międzynarodową Wystawę Sztuk Krajów Socjalistycznych, którą otwarto w Moskwie 26 grudnia 1958. Zaprezentowano na niej około trzech tysięcy dzieł przeszło dwustu artystów z dwunastu krajów: Albanii, Bułgarii, Chin, Czechosłowacji, Korei, Mongolii, NRD, Polski, Rumunii, Węgier, Wietnamu i Związku Radzieckiego. Polskę reprezentowało dwieście sześć prac dwudziestu artystów, m.in. Xawerego Dunikowskiego, Zbigniewa Pronaszki, Andrzeja Strumiłły, Eugeniusza Eibischa, Wacława Taranczewskiego, Jana Cybisa. Wystawa trwała trzy miesiące.

[10] Jan Cybis (1897–1972) – malarz i krytyk sztuki, współzałożyciel grupy kapistów; w latach 1945–50 i 1957–68 profesor ASP w Warszawie, 1955–57 sopockiej

Wyższej Szkoły Sztuk Plastycznych; autor wydanych w 1980 roku *Notatek malarskich* i *Dzienników 1954–1966*. Wykształcił własny styl odznaczający się wysokimi wartościami kolorystycznymi, swobodną, zróżnicowaną fakturą i ekspresyjną plamą. Malował głównie pejzaże i martwe natury, m.in. *Martwa natura czerwona* (1935), *Młyn w Suffczynie* (1949), *Bukiet i waza* (1955), *Gdańsk* (1955), *Ustka* (1964).

Moskwa, 21 maja 1959[1]

Wiadomość, że Jurek zgodził się na Turczynek i poszedł do szpitala, wstrząsnęła mną. Bronił się przed tym rękami i nogami, wściekał się i irytował. Telefonowałem do Marysi zaraz po przyjeździe tutaj, powiedziała mi, że wyjechał, byłem wściekły. Aż tu depeszuje Szymek, że już jest w Turczynku. Taka mnie żałość wzięła. On się bronił jak ta w *Czarodziejskiej górze* przed komunią[2], bo takie pójście do szpitala to zgoda na śmierć. Nie mam żadnych wiadomości bezpośrednio, nie ma zapewne siły napisać czy podyktować, tak mi straszno, że umrze sam, beze mnie, opuszczony, bezradny – on, ten „król życia". Tak mi okropnie, że zupełnie, nawet w przybliżeniu opisać nie mogę.

Moskwa zawsze taka sama, tylko z Hanią wydawała mi się inna.

[1] Od 18 do 23 maja 1959 odbywał się w Moskwie III Zjazd Pisarzy Związku Radzieckiego. W skład polskiej delegacji, której przewodził Iwaszkiewicz, weszli: Leon Kruczkowski, Jerzy Putrament, Jerzy Zawieyski, Jerzy Broszkiewicz, Czesław Centkiewicz, Ziemowit Fedecki. Wyjazd do Moskwy nastąpił 16 maja.
[2] Chodzi o Barbarę Hujus, jedną z postaci *Czarodziejskiej góry* Tomasza Manna. O jej bezskutecznej obronie przed przyjęciem ostatniego namaszczenia, które oznaczało dla niej widomą zapowiedź rychłej śmierci, opowiada Hansowi Castorpowi jego kuzyn Joachim Ziemssen.

22 maja 1959
Uczta u Makbeta

Dzisiaj obiad w hotelu Moskwa, na który nas zaprosił Surkow. Była cała nasza delegacja, a z Rosjan Surkow, Polewoj, Riurikow[1], Kornielij Zieliński[2], Simonow[3], z Ukraińców Rylski[4] i Bażan[5]. Siedziałem naprzeciw Surkowa i z nim prowadziłem głównie rozmowę. Obok Surkowa Broszkiewicz[6], z którym dwa lata temu miała miejsce owa słynna dyskusja[7]. Ja starałem się mówić o rzeczach obojętnych, Surkow starał się naprowadzać dyskusję na literaturę polską i nieporozumienia między nami. Mówiłem o tym, że przypisują tym sprawom zbyt wielkie znaczenie. Na przykład tłumaczyłem Polewojowi, że niepotrzebnie w swoim przemówieniu zajmował się tyle tym „gownojedom" Hłaską. Ale nie bardzo mnie chcieli zrozumieć.

Zresztą rozmowa zmieniła się po chwili w monolog Surkowa, który jakby nieprzymuszony spowiadał się ze swoich kompleksów. Teraz to się nazywa kompleksy, a dawniej po prostu wyrzuty sumienia.

Najpierw ni z tego, ni z owego zaczął mówić o śmierci Majakowskiego[8] i o przyczynach jego samobójstwa[9]. Przy tym mówił o nagonce na Majakowskiego, jak gdyby sam nie brał w niej udziału. Opisał samo samobójstwo, mówił także o stosunku do Lili Brik[10], ale to nie było takie ważne. Ważne było uparte powracanie do samego widoku zastrzelonego poety[11], ciągle mówił o tym obrazie, który widocznie tkwi u niego w mózgu. Zresztą słyszałem od niego już kilkakrotnie tę historię. Widocznie jest to sprawa, która go prześladuje. Wyraźnie starał się podkreślić, że nie jest zamieszany w tę tragedię.

Potem zaczął mówić o Stalinie. Zaczął zastanawiać się nad tragizmem i wielkością tej postaci. Opowiadał szczegółowo o tym, jak go „trzymano" (kto? Beria?[12]) pod ciągłym strachem, jak po każdym pochodzie pierwszomajowym donoszono mu o dziesięciu czy piętnastu spiskach na jego życie. Że człowiek ten nieustannie znajdował się pod terrorem – ale że był to człowiek wielki, twórca wielkiego państwa i zwycięzca armii „faszystowskiej". Nie oponowaliśmy przeciw temu i rozmowa wygasała naturalnie. Zauważyłem, że wszyscy w Moskwie są jeszcze bardzo zafascynowani tą postacią i że śmierć jego i degradacja, przemówienie Chruszczowa[13] na dwudziestym zjeździe są jeszcze bardzo żywe w pamięci ludzi radzieckich. Coś ich tu boli i coś chcą zapamiętać – ale fascynacja starego z Kremla działa mimo wszystko. Zresztą cały „kult jednostki" zwraca się obecnie na Chruszczowa. Wreszcie, gdy już wstaliśmy od stołu, poruszył kwestię Borysa Pasternaka[14]. „Nie myślcie, że to ja jestem inicjatorem tej całej nagonki – powiedział – to cały związek pisarzy jednomyślnie w ten sposób zareagował". Broszkiewicz i Fedecki powiedzieli, że była to niepotrzebna historia i że można było całą sprawę rozegrać inaczej. Tego samego zdania był Polewoj. „Nie jest to żadne głupstwo – powiedział Surkow – w tej sprawie uderzająca jest jednomyślność pięciu tysięcy pisarzy, a taka gromada nie może popełniać głupstwa". Powiedziałem, że nie uważam *Doktora Żywago* za dobrą książkę. I że nie widzę w niej żadnej idei. Oburzyli się na to: „Właśnie o to chodzi – powiedzieli – że ma ona swoją bardzo wyraźną ideę". Myśleli zapewne o idei antyrewolucyjnej. W ten sposób Surkow wywołał wszystkie duchy jak ducha Banka: Majakowskiego, Stalina, Pasternaka. Widać było, że nurtują go te sprawy i że myśli, iż nas one w tym samym stopniu zajmują co jego. Oni nawet nie wyobrażają sobie, jak nasz sposób myślenia jest inny. Rozeszliśmy się. Była to prawdziwa uczta u Makbeta.

[1] Boris Riurikow (1909–1969) – rosyjski literaturoznawca, krytyk literacki i publicysta; od 1932 roku członek KPZR; redaktor naczelny periodyków „Litieraturnaja Gazieta" (1953–55) i „Inostrannaja Litieratura" (1963–69). Wydał m.in. książki *Litieratura i żyzń* (1953), *O bogatstwie iskusstwa* (1956), *Kommunizm, kultura i iskusstwo* (1964), na które złożyły się artykuły poświęcone sztuce socjalistycznej, realizmowi krytycznemu i zagadnieniom estetyki marksistowsko-leninowskiej. Teksty Riurikowa charakteryzował partyjny dogmatyzm, zapał polemiczny oraz wrogość wobec „ideologii burżuazyjnej".

[2] Kornielij Zieliński (1896–1970) – rosyjski krytyk literacki, główny teoretyk działającego w latach 1924–30 Literackiego Centrum Konstruktywistów, które proklamowało przeniesienie do sztuki metod produkcji przemysłowej i propagowało stosowanie maksymalnej wyrazistości i celowości środków artystycznych. Wydał wiele prac teoretycznych i krytycznoliterackich, m.in. *Konstruktiwizm i socyalizm* (1929), *Poezija kak smysł* (1929); w 1960 opublikował wspomnienia *Na rubieże dwuch epoch. Litieraturnyje wstrieczi 1917–1920*.

[3] Konstanty Simonow (1915–1979) – rosyjski poeta, dramaturg i prozaik, w czasie wojny dziennikarz frontowy, redaktor naczelny pism „Nowyj Mir" (1946–50, 1954–58) i „Litieraturnaja Gazieta" (1938, 1950–53); „w pamięci pisarzy zapisał się jako oportunista i konformista, gorliwie realizujący zalecenia ideologów partyjnych. Emigracyjny krytyk Mark Popowski nazwał go «idealnym pisarzem radzieckim»" (T. Klimowicz, *Przewodnik po współczesnej literaturze rosyjskiej i jej okolicach (1917––1996)*, Wrocław 1996, s. 632). Powodzenie wśród czytelników przyniosła mu proza batalistyczna poświęcona II wojnie światowej, m.in. powieści *Dni i noce* (1943–44, wyd. pol. 1948), *Towarzysze broni* (1952, wyd. pol. 1954), *Żywi i martwi* (1959, wyd. pol. 1961), *Nikt nie rodzi się żołnierzem* (1964, wyd. pol. 1966), *Ostatnie lato* (1970––71, wyd. pol. 1975); opublikował ponadto m.in. liryki wojenne *Z tobą i bez ciebie* (1942, wyd. pol. 1970), opowiadania (pol. wybory: *Opowiadania* 1954, *Decyzje* 1965, *Każdy dzień jest długi* 1966), dramaty, m.in. *Rosjanie* (1942, wyd. pol. 1952).

[4] Maksym Rylski (1895–1964) – ukraiński poeta, syn polskiego szlachcica-ukrainofila. W latach 20. był przedstawicielem szkoły „neoklasyków"; późniejsze wier-

sze, oparte na motywach politycznych, społecznych i patriotycznych, były utrzymane w konwencji realizmu socjalistycznego. Ważne miejsce w jego dorobku zajmują przekłady, zwłaszcza poezji francuskiej, rosyjskiej i polskiej. Za jego translatorskie arcydzieło uchodzi tłumaczenie Mickiewiczowskiego *Pana Tadeusza*. Polskie przekłady w antologii *Stu trzydziestu poetów* (1957); wybory pol.: *Liryki* (1960), *Poezje* (1965).

Jak pisze Eugeniusz Sobol w artykule *Twórczość Iwaszkiewicza w ocenie rosyjskich i ukraińskich badaczy*: „Na podstawie materiałów archiwalnych Muzeum Maksyma Rylskiego w kijowskim Gołosiejewie Larisa Wachtina w szkicu *Jarosław Iwaszkewycz i Maksym Rylśkyj* stwierdza bliską zażyłość obu poetów polegającą na częstych spotkaniach, licznych dedykacjach i wypowiedziach prasowych. Ważny jest także fakt, że ich ojcowie, Bolesław Iwaszkiewicz i Tadeusz Rylski, w tym samym czasie studiowali w Uniwersytecie Kijowskim, angażując się politycznie, co stało się powodem wykluczenia ich z uczelni" („Pamiętnik Literacki" 2006, z. 2).

⁵ Mykoła Bażan (1904–1983) – poeta ukraiński; w latach 1946–49 zastępca Przewodniczącego Rady Ministrów USSR, od 1953 do 1959 przewodniczący Związku Pisarzy Ukrainy, członek rzeczywisty Akademii Nauk USSR; początkowo związany z futurystycznym ugrupowaniem Aspanfut, później z tzw. neoklasykami. Autor zbiorów wierszy i poematów o rewolucji październikowej, wojnie domowej i II wojnie światowej oraz zintelektualizowanej liryki filozoficznej (m.in. zbiory wierszy *Budiwli* 1929, *Niczni rozdumy staroho majstra* 1974, *Karby* 1974; poematy *Slipcy* 1930–31, *Mickiewicz w Odessie. 1825 rok. Cykl poezji* 1957, wyd. pol. 1962, ze wstępem Iwaszkiewicza). Tłumacz poezji polskiej (Mickiewicza, Słowackiego, Norwida, Iwaszkiewicza), rosyjskiej, gruzińskiej i niemieckiej. Polskie wybory: *Rozmowa serc* (1967), *Poezje wybrane* (1986). Iwaszkiewicz poznał go w lipcu 1958 roku podczas pobytu w Kijowie.

We wstępie do korespondencji Iwaszkiewicza i Bażana, zamieszczonej w książce *Wospominanija o Jarosławie Iwaszkiewicze*, ukraiński poeta Dmytro Pawłyczko pisze, że przyjaźń łącząca obydwu pisarzy była impulsem do wielu wspólnych polsko-ukraińskich wydarzeń kulturalnych i wydawniczych: „Wydanie drukiem dwóch tomów dzieł zebranych Juliusza Słowackiego, wierszy zebranych Cypriana Norwida, antologii poezji polskiej w ukraińskich tłumaczeniach ze wstępem Iwaszkiewicza, konferencje poświęcone Juliuszowi Słowackiemu z udziałem wielu pisarzy polskich i radzieckich w 1969, które odbyły się w Krzemieńcu, Tarnopolu i Kijowie" (cyt. za: E. Sobol, *Twórczość Iwaszkiewicza w ocenie rosyjskich i ukraińskich badaczy*, „Pamiętnik Literacki" 2006, z. 2).

⁶ Jerzy Broszkiewicz (1922–1993) – prozaik, dramatopisarz, scenarzysta filmowy, publicysta i krytyk muzyczny. Utwory prozatorskie, artykuły i recenzje ogłaszał m.in. w „Nowej Kulturze" (1950–63) oraz w „Przeglądzie Kulturalnym", którego członkiem redakcji był w latach 1953–63. W 1959 przeniósł się do Krakowa. Do 1971 roku zajmował stanowisko kierownika literackiego Teatru Ludowego w Nowej Hucie. Autor m.in. *Opowieści o Chopinie* (1950), opowiadań *Kartki z notesu* (1955) oraz popularnych powieści dla młodzieży *Wielka, większa i największa* (1960), *Długi deszczowy tydzień* (1966).

[7] Zob. przypis nr 2 na str. 152.

[8] Włodzimierz Majakowski (1893–1930) – poeta i dramatopisarz rosyjski, organizator rosyjskiego ruchu futurystycznego, autor słynnego poematu *Obłok w spodniach* (1915), który cenzura skonfiskowała jako bluźnierczy. Po 1917 propagator sztuki służebnej wobec rewolucji (wiersz *Lewą marsz* 1919, poematy *Włodzimierz Iljicz Lenin* 1924, *Dobrze* 1927). W latach 1923–28 stał na czele grupy LEF (Lewy Front Sztuki), która była gwałtownie atakowana przez cieszący się oficjalnym poparciem RAPP (Rosyjskie Stowarzyszenie Pisarzy Proletariackich). Po rozłamie w grupie Majakowski przemianował ją na REF (Rewolucyjny Front Sztuki), w końcu – nie chcąc dłużej pozostawać na marginesie oficjalnego życia literackiego – rozwiązał REF i wstąpił do RAPP-u. Nie powstrzymało to dalszej nagonki na niego, do której pretekstem stało się wystawienie w Państwowym Teatrze im. Meyerholda jego satyrycznych sztuk *Pluskwy* (wyst. 1929) i *Łaźni* (wyst. 1930), piętnujących biurokrację i konformizm partyjny w porewolucyjnym życiu społecznym. Z napaściami politycznymi łączyły się szykany osobiste – odmówiono mu wydania paszportu do Paryża, gdzie mieszkała jego ówczesna miłość, emigrantka Tatiana Jakowlewa. 14 kwietnia 1930 roku, kwadrans po dziesiątej rano, Majakowski odebrał sobie życie. Do połowy lat 30. jego twórczość była objęta zakazem druku. Sytuacja zmieniła się po interwencji Lili Brik u Stalina, który w odpowiedzi na jej list nazwał Majakowskiego „najlepszym, najbardziej utalentowanym poetą naszej radzieckiej epoki".

[9] Mówiąc o przyczynach samobójstwa Majakowskiego, na ogół wymienia się zamążpójście Tatiany Jakowlewej, nieudany romans z Weroniką Połońską, napaści ideologiczne na Majakowskiego w prasie, odejście poety z REF-u i wstąpienie do nieprzychylnego mu RAPP-u, niepowodzenie wystawy podsumowującej „dwadzieścia lat pracy" pisarza, pogłębiające się osamotnienie, chłodne przyjęcie przez krytykę i publiczność przedstawienia *Łaźnia* (zob. J. Karabczijewski, *Woskriesienije Majakowskogo*, rozdz. X pt. *Smiert'*, München 1985). Niekiedy wskazuje się także na rozczarowanie Majakowskiego komunizmem (zob. A. Wat, *Mój wiek*, t. 1, rozmowy prowadził i przedmową opatrzył Cz. Miłosz, do druku przygotowała L. Ciołkoszowa, Warszawa 1998, s. 147).

[10] Lila Brik (1891–1978) – siostra Elzy Triolet, żona Osipa Brika, rosyjskiego krytyka literackiego, wielka miłość Włodzimierza Majakowskiego. Poznawszy ją w 1915 roku, poeta zadedykował jej *Obłok w spodniach*, którego wydawcą został Osip Brik. Małżeństwo Brików Majakowski traktował jak swoją rodzinę. W języku polskim ukazały się Majakowskiego *Listy do Lili Brik (1917–1930)*, przekład, słowo wstępne i przypisy W. Woroszylski (1962).

[11] W protokole sporządzonym po śmierci Majakowskiego zapisano: „Pośrodku pokoju na podłodze leży na wznak trup Majakowskiego. Głową do drzwi. Głowa nieco obrócona w prawo, oczy otwarte, źrenice rozszerzone, usta półotwarte. Trupiego zdrętwienia nie stwierdzono. Na piersi, trzy centymetry powyżej lewego sutka, widnieje okrągła rana o średnicy około 2/3 centymetra. Obwód rany w nieznacznym stopniu umazany krwią. Brak przestrzału. Trup odziany w koszulę. Po lewej stronie piersi, w miejscu opisanej rany, widnieje w koszuli otwór o nieregularnym kształcie, o

średnicy około jednego centymetra; wokół tego otworu koszula jest pobrudzona krwią na przestrzeni dziesięciu centymetrów. Obwód otworu w koszuli nosi ślady osmalenia. Pomiędzy nogami trupa leży rewolwer marki Mauzer, kaliber 7,65, nr 31204, w rewolwerze nie ma żadnego naboju. Z lewej strony trupa, na odległość tułowia, leży pusta łuska ze wspomnianego rewolweru" (przeł. R. Papieski). Por. A. Andriejewicz, *Spustia siem' diesiatiletij (Ekspierty o gibeli Majakowskogo)*, http://www.peoples.ru/art/literature/poetry/contemporary/mayakovskiy/history.html.

[12] Ławrientij Beria (1899–1953) – polityk radziecki. W latach 1917–21 I sekretarz KP Gruzji, od 1921 w CzK, następnie GPU. Od 1938 minister spraw wewnętrznych, od 1941 wicepremier. W latach 1939–52 członek Biura Politycznego, później Prezydium KC KPZR; jeden z najbliższych współpracowników Stalina. Po śmierci Stalina ujawniono, że stojąc na czele organów bezpieczeństwa, dopuszczał się łamania praworządności i gwałcenia praw obywateli; skazany na karę śmierci i stracony.

[13] Nikita Chruszczow (1894–1971) – polityk radziecki; w partii od 1918. W latach 1939–64 członek Biura Politycznego, od 1938 do 1949 I sekretarz KC KP(b) Ukrainy, w latach 1953–64 I sekretarz KC KPZR, a od 1958 do 1964 premier ZSRR. Na XX Zjeździe KPZR, który odbył się w Moskwie w dniach 14–25 lutego 1956 roku, wygłosił na zamkniętym posiedzeniu w nocy z 24 na 25 lutego tajny referat *O kulcie jednostki i jego następstwach*, w którym przedstawił zewnętrzne objawy kultu Stalina i jego konsekwencje. Z aprobatą odnosząc się do rewolucji październikowej i Lenina, napiętnował „wypaczenia" narosłe jego zdaniem później: m.in. patologiczny kult Stalina, represje wobec aktywu partyjnego i wojskowych, samowolę organów bezpieczeństwa, procesy byłych przywódców partii oskarżonych o zdradę i szpiegostwo, metody śledztwa („bić, bić i jeszcze raz bić"). W dniach 20–21 marca 1956 zapoznano z referatem uczestników VI Plenum KC PZPR w Warszawie. Przekład referatu, powielony w formie ponumerowanej broszury, rozkolportowano do kwietnia na zebraniach Podstawowych Organizacji Partyjnych. Ściśle wyliczone egzemplarze należało potem zwrócić. Oficjalnie przedrukowano referat dopiero w 1988 roku („Polityka" 1988, nr 31).

[14] Borys Pasternak (1890–1960) – rosyjski poeta i prozaik. Debiutował w roku 1913 jako poeta związany z futurystyczną grupą literacką Centrifuga. Świadectwem ówczesnych fascynacji literackich był m.in. tomik *Siestra moja – żizń. Leto 1917 goda* (1922). Poczynając od lat 20., coraz częściej poezji Pasternaka towarzyszyła proza, m.in. *Rasskazy* (1925), *Wozdusznyje puti* (1933). Międzynarodowy rozgłos zdobył dzięki powieści *Doktor Żywago* (Mediolan 1957, wyd. ros. 1988, wyd. pol. fragmentów w „Opiniach" 1957 nr 1, przeł. pol. całości, Paryż 1959, wyd. krajowe 1990).

Pasternak pracował nad tą powieścią od 1948 do 1955 roku. W kwietniu 1956 prasa radziecka i radio moskiewskie zapowiedziały rosyjskie wydanie książki. „Pod wpływem tych właśnie wiadomości moskiewski przedstawiciel komunistycznego wydawnictwa mediolańskiego Feltrinelli – również komunista Sergio d'Angelo – zwrócił się do Pasternaka osobiście z propozycją przekładu włoskiego, podpisał z nim umowę i otrzymał rękopis. Ale już pod koniec tegoż 1956 roku zaczęły się z wielu stron, zarówno z centrali włoskiej partii komunistycznej, jak z samej Moskwy (przy czym Surkow powołał się przy okazji niedwuznacznie na los Pilniaka), naciski na Feltrinellego, by odesłał manuskrypt. Wobec jego kategorycznej odmowy spróbowano z innej beczki.

Goslitizdat [wydawnictwo moskiewskie] wystosował do niego uprzejmy list z prośbą o odroczenie daty wydania przekładu włoskiego do daty wydania «nieco poprawionego przez autora» oryginału rosyjskiego, czyli do września 1957 roku. Działo się to wówczas, gdy Pasternak otrzymał już był opublikowany dopiero teraz przez «Litieraturną Gazietę» list od Kolegium Redakcyjnego «Nowogo Mira» z datą «wrzesień 1956», wykluczający ogłoszenie w Rosji *Doktora Żywago* w jakiejkolwiek postaci! Feltrinelli zgodził się poczekać do oznaczonej daty, ale ani dnia dłużej. Kiedy wyczerpały się możliwości dalszej gry na zwłokę, «nakłoniono» w Moskwie Pasternaka do wysłania do Mediolanu następującej depeszy: «Proszę o zwrot rękopisu, uważam rzecz za niedojrzałą»" (G. Herling-Grudziński, *Wielka książka*, w: tenże, *Godzina cieni*, Kraków 1996, s. 286–287). Mimo tych zabiegów książka została we Włoszech wydana, co zapoczątkowało nagonkę radzieckiego środowiska literackiego na Pasternaka. Ataki przybrały na sile po przyznaniu pisarzowi Nagrody Nobla. Już trzy dni później, czyli 27 października 1958 roku, usunięto Pasternaka ze Związku Pisarzy ZSRR, na którego czele stał wówczas Surkow. Uchwała podjęta na wspólnym posiedzeniu Prezydium Zarządu Związku Pisarzy ZSRR, biura Komitetu Organizacyjnego Związku Pisarzy RFSRR i Prezydium Zarządu Moskiewskiego Oddziału Związku Pisarzy głosiła: „Wszyscy uczestnicy posiedzenia jednomyślnie potępili zdradzieckie zachowanie Pasternaka, z gniewem odrzucając wszelkie próby naszych wrogów, by przedstawić tego wewnętrznego emigranta jako pisarza radzieckiego" (zob. B. Pasternak, *Listy do Ziny*. Z. Pasternak, *Wspomnienia*, przeł. M. Łukaszewicz, Warszawa 2004, s. 271). 31 października walne zebranie pisarzy moskiewskich „całkowicie poparło decyzję organów kierowniczych" i „zwróciło się do rządu z prośbą o pozbawienie [Pasternaka] radzieckiego obywatelstwa" (tamże). 29 października Pasternak wysłał telegram do Sztokholmu: „Z racji znaczenia, jakie jest przydawane przyznanej mi nagrodzie w społeczeństwie, do którego należę, jestem zmuszony zrezygnować z niej, proszę mojej dobrowolnej odmowy nie uważać za obelgę" (tamże, s. 269). 2 listopada moskiewska „Prawda" opublikowała list Pasternaka do Chruszczowa, w którym pisarz prosił o pozostawienie mu obywatelstwa radzieckiego. Nb. list ten nie został napisany w całości przez Pasternaka, jest on autorem tylko jednej linijki: „Jestem związany z Rosją, gdyż tu się urodziłem, żyłem, pracowałem. Nie wyobrażam sobie życia samemu i poza nią". Resztę napisali Wsiewołod Iwanow, Olga Iwińska i Ariadna Efron (zob. tamże, s. 270).

9 grudnia 1989 roku medal noblowski Pasternaka został wręczony w Sztokholmie jego synowi Jewgienijowi Pasternakowi.

23 maja 1959

Moja rozmowa z Chruszczowem

Dzisiaj na przyjęciu w Gieorgijewskiej Sali na Kremlu w pewnym momencie podszedł do mnie Surkow i zapytał, czy chcę, aby mnie przedstawił Chruszczowowi. Zgodziłem się oczywiście. Podprowadził mnie do niego.

Chruszczow siedział na podłużnej kanapce, która przysunięta jest do estrady, samotnie z Twardowskim[1]. Miał na sobie jasne, żółte ubranie, w którym nie wygląda imponująco. Jest bardzo brzydki, ma małe czarne oczka, wygląda raczej na robotnika niż na chłopa, ale raczej robi wrażenie dobrotliwego, w każdym razie chce za takiego uchodzić. Surkow podprowadził mnie, przedstawił i zaraz się ulotnił, Twardowski także ulotnił się, zostałem sam na sam z Chruszczowem. Fotografowie tylko szaleli w pewnej odległości, zdejmując nas jeden przez drugiego.

Z początku powiedziałem mu (w imieniu polskiej delegacji), że jesteśmy szczęśliwi, mogąc asystować na tak interesującym zjeździe. Mówiłem mu o znaczeniu zjazdu i że bardzo to interesujące, że partia ich i rząd tak się zjazdem interesują.

Spytał się mnie, co słychać w Polsce i jak się układają stosunki polsko-radzieckie.

Odpowiedziałem mu, że na polityce się nie znam, ale interesują mnie zjawiska kulturalne i że stosunki kulturalne między naszymi dwoma krajami rozwijają się pomyślnie – i że oczywiście stopień zainteresowania tymi sprawami rośnie w obu krajach.

– Pod każdym względem – odpowiedział – nasze stosunki się rozwijają pomyślnie. Bardzo się z tego cieszę.

– Oczywiście – odpowiedziałem na to – to bardzo ważna sprawa nie tylko dla nas, ale i dla wszystkich krajów obozu socjalistycznego.

Potem zacząłem mówić o jego wczorajszym dwugodzinnym przemówieniu. Oczywiście mówiłem o tym w nader pochlebnych wyrazach. W pewnym momencie powtórzyłem mu jego wczorajszy dowcip: *только не стреляйте по своим!* – i zbaraniałem. Powiedzieć Chruszczowowi po wypadkach węgierskich i po czołgach w Sochaczewie: tylko nie strzelajcie do swoich – to potworna rzecz. Ale on ani okiem nie mrugnął na to i chyba nie pomyślał tego co ja. Przeskoczyłem więc na inny temat. Zacząłem dziwić się jego pracowitości i temu, że tak potrafi łączyć i organizować swoje zajęcia. A jeszcze przy tym znajduje czas na czytanie dzieł literatury współczesnej (to ostatnie to już było czyste pochlebstwo, bo jednak z jego mowy wynikało, że nie bardzo jest oczytany). Na to mi odpowiedział, że trudno. „Skoro podjąłem się mojej pracy, to już muszę ją spełniać sumiennie. Oczywiście, że wolałbym mój czas spędzać inaczej, nie na posiedzeniach i przyjęciach, ale skoro nie można inaczej..."

Tematy zaczęły się wyczerpywać, ale ponieważ staliśmy zupełnie sami, nie mogłem go porzucić. Kornijczuk zwąchał sytuację i podszedłszy do nas, objął mnie i zaczął opowiadać o mnie staremu różne rzeczy. Między innymi rzeczami powiedział o naszej podróży na Ukrainę ubiegłego lata. Wobec tego opowiedziałem, że jestem urodzony na Ukrainie, że mój ojciec pochowany jest w Daszowie – i o wszystkich moich związkach z tym krajem.

Zainteresowało go to.

Kornijczuk opowiedział z kolei o swojej wizycie u nas, o Stawisku, o tym, jak ja mieszkam, że mu się to tak podobało itd., itd. Chruszczow zadał jakieś pytanie w związku z tym. Ale tutaj Surkow podprowadził Majerową[2], więc ja mogłem odstąpić. Zresztą z Majerową przywitał się tylko i odszedł na chwilę do siebie. Potem zaraz wrócił i rozmawiał z Wurmserem[3].

Ze wszystkiego wynika, że kult jednostki *bat son plein*[4].

[1] Aleksander Twardowski (1910–1971) – poeta rosyjski; w latach 1950–54 i 1958––70 redaktor naczelny miesięcznika „Nowyj Mir". Autor m.in. poematu epickiego *Wasyl Tiorkin* (1941–45, wyd. pol. 1953), dygresyjnego poematu filozoficzno-lirycznego *Za dalą dal* (1953–60, wyd. pol. 1966) i satyrycznego *Wasyl Tiorkin na tamtym świecie* (1963, wyd. pol. 1964).

Iwaszkiewicz pisał o nim w roku 1972: „Z poetami polskimi łączyła go serdeczna, zadawniona przyjaźń. Spotykaliśmy się z nim w Moskwie i na forum międzynarodowym, na zebraniach Comesu i organizacji pokojowych. Podziwialiśmy zawsze pogodę i dobry humor, które zdawało się woził z sobą w kuferkach, razem z pachnącym chlebem i wędzoną słoniną swojej rodzonej Smoleńszczyzny" (J. Iwaszkiewicz, *Marginalia*, s. 87–88).

[2] Marie Majerová, właśc. M. Bartošová (1882–1967) – pisarka czeska, redaktorka czasopism komunistycznych; początkowo tematem jej prozy był los kobiet w społeczeństwie burżuazyjnym, później walka proletariatu czeskiego (*Ballada górnicza* 1938, wyd. pol. 1949); po II wojnie światowej realizowała założenia oficjalnej polityki kulturalnej.

[3] André Wurmser (1899–1984) – francuski pisarz, dziennikarz i krytyk literacki; od 1934 roku członek Francuskiej Partii Komunistycznej; w latach 1940–44 uczestnik francuskiego Ruchu Oporu, wydawca nielegalnej gazety „Le Patriote du Sud--Ouest". Od 1954 członek redakcji „L'Humanité". W latach 1946–55 opublikował

siedmiotomowy cykl powieściowy *Un homme vient au monde* – utrzymaną w poetyce schematycznego realizmu opowieść o przemianie „burżuazyjnego inteligenta" w komunistę. W 1964 wydał książkę *La Comedie inhumaine* stanowiącą próbę marksistowskiej analizy życia i twórczości Balzaca. W języku polskim ukazała się jego powieść *Okuty w powiciu* (1946, wyd. pol. 1951).
[4] *Bat son plein* (fr.) – dochodzi do szczytu.

Stawisko, 27 maja 1959

To, czym jest szpital w Turczynku – i ten nieszczęśnik na tym tle, to jest przerażające. Męczy się tak okropnie, zastałem go zupełnie konającego, siedziałem w niedzielę całe popołudnie u niego i dwa razy myślałem, że koniec. Dusi się bez przerwy, wczoraj wszedłem na chwilę, ślina bez przerwy wycieka mu z ust, wygląda jak rozłożony trup, śmierdzi, bo robi pod siebie, a kto go tam umyje. Najpiękniejsze, że jest przy nim Halina, oddana jak najczulsza matka dziecku, a on jej ani na chwilę nie chce puścić od siebie. Wszystko sztuczne odpadło – i ja, i Lilka, a została żona. Ona będzie miała jego śmierć. Czy to nie jest coś z literatury?

Ale umrzeć nie może, podtrzymują go piekielnymi zastrzykami. Po co?

28 maja 1959

Umarł dziś o godzinie dziewiątej i pół wieczorem.

Sandomierz, 9 czerwca 1959

Ostatnie słowa były (wielkim głosem): „Telegramy wyślijcie, telegramy do wszystkich! Jurek umarł!!".

Potem już tylko cicho i niezrozumiale: „Trzymaj mnie, Halina". Umarł w objęciach żony.

10 czerwca 1959

Wiersze Jurka to nie jest grafomania *pura distillata*[1]. Przede wszystkim chciał w nich wyrazić to wszystko, czego nigdy nie powiedział ani w listach, ani w rozmowie. Przesyłał mi je z Kruka, ale ja je lekceważyłem. Dopiero śmierć nadała im znaczenie ostateczne i definitywne. Mają teraz sens, którego się wówczas nie widziało. Śmierć jest zawsze ostateczną rzeźbiarką znaczeń. W wierszach tych można znaleźć klucz do całej tej skomplikowanej psychiki. Klucz nie najważniejszy. Tamten też znalazłem, ale o tym potem. Przepisuję tu niektóre z tych wierszy czy fragmentów. Nie są one datowane, ale pisaniem ich zajmował się tylko w okresie sierpień – grudzień 1958.

Gdybym dziś wiedział, co robić mam,
tak jak wiedziałem przed miesiącem,
spałbym spokojnie, jak spałem tam
i inne byłoby słońce.

A dzisiaj stoję na bezdrożu,
związany tysiącami spraw,
a każda wiąże – nie pomoże –
a ja naprawdę jedno serce mam.

Te wszystkie sprawy uczuciowe
rozwikłać dzisiaj ciężko jest,
do tego sprawy finansowe,
a zdrowic leczyć... tu czy tam?

Ja wiem, że wszyscy radzą dobrze,
każdy swe racje tutaj ma,
lecz jak pogodzić wszystkie racje?
Gdzie dobro, a gdzie szukać zła?

Dlatego proszę, przyjaciele,
odetchnąć trochę dajcie mi,
a z wyjść, których jest bardzo wiele,
to jedno odpowiada mi:

Za wszelką cenę dziś się starać
uciec od troski bytu tu,
najlepsza będzie Surabaja,
„do swidanja, prijatieli, adieu!"

Wyjechać sobie z kraju
na jakiś choćby czas,
niech ci, co chcą, pamiętają,
a ja mam dosyć was.

Jednego tylko przyjaciela
żałować będę ja,
tego, co włożył serca wiele,
a serce to szlachetne ma.

(Ostatnia linijka brzmiała pierwotnie: „przyjaciel przy tym błędy
ma", ale pożałował potem i poprawił).
A oto inny wiersz, równie, a może bardziej rozpaczliwy:

Jestem znowu sam, sam! Sam?
Ciemno, noc głucha za oknami,
liście szeleszczą, srebrny księżyc świeci,
a ja sam siedzę i czas dziwnie leci.

Łzy do krtani idą wciąż wytrwale,
serce zamiera z bólu, a ja stale,
stale kłamię przed sobą, kłamię bardzo skrycie.
Kocham, jak dawno nie kochałem.

Kocham się. Ja, człowiek stojący nad grobem,
śmiałem zwrócić oczy, pozwoliłem sobie
kochać i być kochanym. Boże, co za męka.
Los w życiu się zemścił.
                                Stąd jest ta udręka.

Fragmenty innego:

...Dzwoniłem dziś wieczorem
I znów prawdę poznałem
Nie wolno ci jednak
Iść z żywymi razem
Życie i ludzie wyrzucają z tobą
Także gruźliczną zarazę
Pozbyli się więc ciebie
I są niezadowoleni

Że dzwonisz do nich jeszcze
Z trędowatego świata swego.
...
Dwie sprawy mnie dziś wstrzymują
Od kroku szalonego
Miłość do przyjaciela
I do dziewczęcia swego.

A oto ten nagrany w Radio przeze mnie, napisany nad morzem, kiedy był tam z Lilką i Szymkiem i kiedy bawił się „na całego" – pijąc mnóstwo wódy, tańcząc itd.

Huczą w porcie syreny,
syreny huczą i w hucie,
huczy myśli tysiące,
tysiące w każdej minucie.

Najgorsze w tym jest jedno:
gdy wśród tego huczenia
czujesz, biedaku, żeś chory
i nie masz wybawienia.

Organy pięknie grały,   (to Oliwa)
grają w radiu Cajmera,
a w tobie, skromny biedaku,
gra stale ta sama cholera.

Myśli lecą jak ptaki
dziwne gdzieś w obłokach,
a ty chodzisz po ziemi
jak głuszec na tokach.   (to o Lilce)

Może już niedługo
wzlecisz też w obłoki,
wtedy niepotrzebne
będą ptasie toki.

Dzień dobiega końca
godziny mijają,
kwiat też nie ma słońca,
gdy gwiazdy mrugają.

To przecie przypomina w nastroju wiersze ostatnie tamtego Jurka[2], tak samo pisane w przeczuciu śmierci. I ten najdłuższy, bardzo już nieudolny i bardzo przejmujący, skierowany do mnie. Nie zareagowałem nań, co za egoizm i gruboskórność – byłem zajęty czym innym, zagadnieniem, o którym powiedział: „To nie ma większego znaczenia!". I miał rację.

Zastanów się, chłopcze, dobrze nad swym losem
I pomyśl jaka przyszłość twa,
Coś zrobił dotychczas, jaka perspektywa
Przy podłym życiu ciebie trzyma.

Walka twa w życiu śmieszna jest,
Sam zdajesz sobie z tego sprawę,
Coś zrobił, jeśli nawet żona twa
Odeszła, widząc twe życie kulawe.

Dzisiaj zamknięty siedzisz w sanatorium,
Złudzenia nawet tobie odebrano.
Po co ci żyć? Być ciężarem im?
Którego pozbyć się chcieli wykrętem tym.

Ja wiem, że według ich wszystkich dążeń
Ten cel tu przebija wyraźnie,
Bym pod pretekstem zdrowia
Dał wszystkim spokój najwyraźniej.

Mnie jest nie wolno kochać
I choćby już dlatego
Odizolowano mnie tutaj
Pod pretekstem zdrowia mego.

O! nie bójcie się, wszyscy po kolei,
Ja figle potrafię płatać,
Dowiecie się którejś niedzieli,
Że tu już nie warto płakać.

Kochać mi nie jest wolno,
Gdyż co ja mogę dać tej kobiecie?
Uzależniony od waszej woli,
Wiem, że jestem zerem na świecie.

A jeśli jeszcze pomyślę i o swoich dwójce,
To nie ma nawet mowy,
Bym mógł w obecnej dobie
Dać im wszystko to, co chciałbym dać sobie.

Pracy nie mam, domu nie mam,
Wam jestem ciężarem, a więc
Taki to bilans tutaj występuje.
O! Wierzcie mi, ja nie oszukuję.

Skoro tak zadecydowaliście,
Że wyjść innych nie ma,
A w każdym razie wy ich nie widzicie,
Sam zadecyduję, co warte me życie.

Czy ja – sądzicie choć przez moment –
Wierzę w wyjazdy planowane,
Do Jugosławii, Surabai czy w inne takie kraje?
Wszystko to jest zakłamanie.

Do czego wracać? Do popiołów?
Do zgliszcz i ruin? Na cmentarzyska?
Nie, nie będzie tam już sokołów,
Tam trupi fetor tryska.

Nie chcecie, bym szedł z żywymi,
Ja żalu do was w sercu nie chowam,
Ale ja tutaj bez widoków w przyszłość
Zdechnę, jak zdycha nędzna krowa.

To cóż, że ja tu od rana do nocy
W masce kamiennej chodzę.
Są w życiu i takie przemoce,
Gdzie pretekst dobry; lecz cóż się w sercu dzieje?

Wam wszystkim tu się zdaje,
Że mój uśmiech na twarzy
Jest aktem pojednawczym.
Nie ruszaj jednak myśli ani serca – parzy!

Cała fontanna buchnie jadu,
Gdy śluzy byś otworzył.
Cóż ty, jak zwykle wyższy ponad wszystko,
Myślisz: on znów coś nawarzył.

Ja nie wiem. Lecz raczej stąd
Trzeba mnie przewieźć do wariatów,
Gdyż nie ręczę tu za siebie.
Ucieknę stąd. Następna randka w niebie.

Gdy w sercu piekło mam,
Myśli jak wrzód wezbrały,
To tyś sądzić chciał,
Że robię ci kawały!

Nie wrócę do was, wy nie chcecie mnie,
Choć tego nie mówicie,
Uciekliście ode mnie stąd,
Ja widzę wszystko przecie.

Dlatego też odejdę tak nieznany,
Jak przyszedłem kiedyś
(tak jak mi mówiłeś w liście swym)
W kurtce, co dziurami świeci.

To nic, że serce z bólu drży,
Ciało od szlochu wzbiera,
Żegnaj i nie bądź na mnie zły,
Ostatni kawał zrobię teraz.

Będziesz miał spokój,
Jak masz go już,
Ja w siną dal odjadę,
By ostatnią w życiu zrobić próbę.

Jeśli jednak w sercu iskrę chowasz
I trochę mnie lubicie,
Dajcie mi perspektywę miłości i życia,
Bym i ja myślał należycie.

To znaczy: pozwól mi kochać Lilkę. Boże drogi, czemu mi nigdy
tego po prostu nie powiedział w rozmowie, w liście. Byłem ślepy. Krę-
ciłem własne *hula hoop*!
   To chyba po moim odjeździe z Elizina? A my do Monachium, a my
do Rzymu, a my do Moskwy – a my na koncercie, a my w teatrze. A on
sam... Z taką burzą w duszy. Nie trzeba się niczemu dziwić, co robił.

¹ *Pura distillata* (wł.) – tu: czysta.
² Chodzi o Jerzego Lieberta.

12 czerwca 1959
Jeszcze jeden dowód sugerowania się powierzchnią. Poprzednio – zrażony półanalfabetyczną nieudolnością – cytowałem fragmenty „wiersza", opuszczając wyjątkowo niezdarne strofy. A właśnie w tych strofach są rzeczy najważniejsze treściowo. Oto ten wiersz w całości. Podkreślenia moje.

Łudziłem się przez moment,
Że to, co tu pisałem – ?
Dzwoniłem dziś wieczorem
I znów prawdę poznałem.

Nie wolno ci jednak
Iść z żywymi razem,
Życie i ludzie wyrzucają z tobą
Także gruźliczną zarazę.

Pozbyli się więc ciebie
I są niezadowoleni,
Że dzwonisz do nich jeszcze
Z trędowatego świata swego.

Dlatego też od dzisiaj
Zmieniam swoje oblicze,
Zmieniam tryb swego życia,
Nie potrzebuję już liczyć się z niczym.

Na złość wam wszystkim, całemu światu
Pokażę, że jeszcze nie kapituluję,
Zmienię tryb życia, sam się zmienię,
Póki nie zbankrutuję.

Dwie sprawy mnie dziś wstrzymują
Od kroku szalonego:
Miłość do przyjaciela
I do dziewczęcia swego.

Gdy jednak z życia mego
I te też sprawy w y r u g u j ę,
Będę mógł powiedzieć jedno:
Wiem jak wolność smakuje.

Ciążyła mu niewola uczuć. Podsumować to wszystko, co przeżył przez ostatnie miesiące – to przerażające. Nic dziwnego, że często robił wrażenie wariata. To było nad siły chorego chłopca. Bronił się, jak mógł, najczęściej kłamstwem, nieliczeniem się z niczym. Ale i tak tych uczuć nie w y r u g o w a ł...

Stawisko, 5 lipca 1959
Szymek twierdzi, że ktokolwiek się teraz zbierze w Brwinowie czy gdzie, rozmowa schodzi na Jurka. Nie mogą przestać o nim mówić...

7 lipca 1959
Wczoraj Erenburg był na Stawisku[1]. Oprócz niego tylko Stryjkowski i Woroszylski. Wstrząsający monolog starego pisarza. Czterogodzinna gadanina (z tego trzy godziny w Stawisku) Iljuszki zrobiła na nas olbrzymie wrażenie. Witek telefonował dziś do mnie z podziękowaniem za to wielkie przeżycie. Kiedyśmy jednak dzisiaj próbowali to streścić ze Stryjkowskim, istota tego monologu uciekała nam z dłoni. I właśnie zdaje mi się, że wszystko, co mówił, polegało na tonie, nie na szczegółach. Ostatecznie cała ta melopeja była jakimś *plaidoyer*[2] za siebie, chociaż ani razu wprost tego nie powiedział. Mówił tylko o terrorze, pod którym żyli wszyscy, i on także, mówił o fascynacji, którą wywierał Stalin, mówił o tym, jak wszyscy bez wyjątku świnili się w epoce Żdanowa – i jak gdyby w całym tym gadaniu chciał wyrazić tłumaczenie się literatury radzieckiej przed Polską. Tłumaczył ich i siebie, wykładając szczegółowo, że inaczej być nie mogło. Do szczerości tej wypowiedzi przyczyniły się niewątpliwie i nasze pytania. Stryjkowski zapytał go o antysemityzm, co wywołało długie opowiadanie o przeżyciach osobistych, oczekiwaniach aresztu itd. Mówił o sprawie Majakowskiego[3], najwięcej może o Meyerholdzie[4]. Twier-

dził, że M[eyerhold] został zastrzelony zaraz po rozprawie i w żadnych obozach – jak się to u nas mówi – nie był. Mówił także o Mandelsztamie[5], cytując z pamięci jego cudowny wiersz (o Syberii)[6]. Do Pasternaka ma widoczną niechęć, w bardzo śmiesznych kilku anegdotkach dał wyraz swoim uczuciom (na przykład jedno z powiedzeń: że Pasternak ma cztery damy na utrzymaniu: 1. pierwsza żona[7], 2. druga żona[8], 3. kochanka[9] i 4. on sam!).

Zadziwiająca jeszcze wciąż fascynacja osobą Stalina. Oni wszyscy koniec końców zaczynają mówić o Stalinie. Referat Chruszczowa musiał być dla nich niebywałym przeżyciem – dla samego Nikity zapewne także to musiało być przerażające, dostojewszczyzna na całego, deptanie bożyszcza czy Boga. Zrywanie z czymś, z czym łączyło tyle więzów.

Erenburg mówił wiele o Żdanowie, o jego telefonach, o jego decyzjach. W sumie wszystko było okropne, strach był tym czynnikiem, który kształtował umysły tych ludzi. Przeciwko decyzji w sprawie Achmatowej[10] głosował tylko jeden człowiek, i to nie pisarz, tylko *litieraturowied*[11].

Achmatowa powiedziała, że nigdy nie poda ręki Simonowowi, bo on źle o niej mówił. Erenburg zwrócił jej uwagę na to, że wielu źle o niej mówiło. Na to ona: „Tak, ale oni mówili po orzeczeniu Żdanowa, wtedy trzeba było źle mówić, a on mówił przedtem...".

Opowiadał także o Cwietajewej[12], o jej znowuż samobójstwie.

Potem mówił: „No, co u was jest lepiej? No, tylko tyle, że pisarze i malarze mogą swobodniej pracować, a co jest jeszcze lepiej? Nic".

Chciałem mu powiedzieć: „U nas lepiej, bo nie mamy takich wspomnień". Ale zamilczałem.

[1] O tej wizycie napisał Iwaszkiewicz w szkicu *Wspomnienie o Erenburgu*: „Pamiętam, kiedyś odbywał się w Warszawie jeden z «krągłych stołów» poświęconych sprawie pokoju. Erenburg wydał mi się zmęczony i znudzony. Zaproponowałem mu przyjechanie ze mną na całe letnie popołudnie do mojego domu, do Stawiska. Chętnie się zgodził i powtórzył przy tej okazji to, co kiedyś powiedział mi w Berlinie podczas równie nużącego zebrania: «To są nasze męczarnie». Zdążyłem zawiadomić tylko dwóch kolegów i pojechaliśmy wszyscy razem do Stawiska. Erenburg był już po obiedzie, ale ja nic nie jadłem, zasiedliśmy więc przy dużym stole w jadalni i Erenburg rozpoczął swój wielki monolog, Erenburg w ogóle nie był rozmówcą, tylko monologistą. Tym razem monolog trwał bez przerwy trzy godziny, a nawet więcej. Opowiedział wszystko: swój powrót z Paryża do Moskwy, jedyną rozmowę, jaką miał telefo-

nicznie ze Stalinem (nigdy go osobiście nie spotkał), całą grozę trudnej epoki, jaką musiał przeżyć, o wszystkim, co było lękiem i upodleniem. Zapisałem mniej więcej zapis tego monologu, ale cóż to znaczy! O, gdybym miał pod stołem magnetofon! Mówił o sprawie Majakowskiego, o Achmatowej, o Marynie Cwietajewej i o szczegółach jej samobójstwa, o Meyerholdzie i Mandelsztamie. Ciekawy był pewien ironiczny ton w stosunku do Pasternaka, raczej opowiadał o nim anegdoty, których nie brak przecież na temat tego dziwnego człowieka. Wszystko to zrobiło na nas wszystkich trzech ogromne wrażenie. Działo się to 6 lipca 1959 roku. Nazajutrz telefonowałem do moich dwóch przyjaciół. Obaj zapisali na gorąco wypowiedź Erenburga, będziemy ją kiedyś zapewne czytali" (J. Iwaszkiewicz, *Wspomnienie o Erenburgu*, „Twórczość" 1967, nr 11).

² *Plaidoyer* (fr.) – mowa obrończa.

³ Chodzi o samobójczą śmierć Majakowskiego i przyczyny, które do niej doprowadziły. Zob. przypis 9 na s. 285.

⁴ Wsiewołod E. Meyerhold (1874–1940) – rosyjski aktor, reżyser i reformator teatru. W latach 1906–18 był reżyserem teatrów w Petersburgu (m.in. Teatru Aleksandryjskiego i Teatru Maryjskiego). Od 1920 roku kierował założonym przez siebie Teatrem Rosyjskiej FSRR I (od 1923 pod nazwą Teatr im. W. Meyerholda), w którym wystawił m.in. *Pluskwę* i *Łaźnię* Majakowskiego. W 1938 roku teatr zamknięto, a jego twórcę rok później aresztowano pod fałszywymi zarzutami i w 1940 roku rozstrzelano.

⁵ Osip Mandelsztam (1891–1939) – rosyjski poeta, prozaik i eseista; wydał m.in. zbiory wierszy *Kamień* (1913), *Tristia* (1922), miniatury liryczne *Zgiełk czasu* (1925), surrealistyczną opowieść *Znaczek egipski* (1928, wyd. pol. łączne w wyborze *Zgiełk czasu* 1994). Dorobek poetycki Mandelsztama, w większości za życia poety niepublikowany, ocalał dzięki staraniom jego żony, Nadieżdy. W maju 1934 roku Mandelsztam został aresztowany i skazany na trzy lata zesłania za napisanie wiersza o Stalinie ***Żyjemy tu, nie czując ziemi pod stopami*. Początkowo przebywał w Czerdyniu, gdzie usiłował popełnić samobójstwo. Na skutek starań żony, która towarzyszyła Mandelsztamowi na zesłaniu, przeniesiono go do Woroneża. Pozwolono mu opuścić Woroneż w maju 1937. Rok później został aresztowany powtórnie i za „działalność kontrrewolucyjną" skazano go na pięć lat łagrów. Według naocznych świadków: „Jeszcze w etapie Mandelsztam zaczął zdradzać oznaki obłąkania. Podejrzewając, że *naczalstwo* (to znaczy *etapnyj karauł*) otrzymało w Moskwie nakaz otrucia go, odmawiał przyjmowania jedzenia, które składało się z chleba, śledzi, zupy i czasem kaszy jaglanej. Sąsiedzi przyłapali go na kradzieży chleba i bili go codziennie w sposób bestialski, aż w końcu zrozumieli, że jest obłąkany. W władywostockim obozie tranzytowym obłęd Osipa Emiliewicza przybrał jeszcze ostrzejsze formy. Bał się otrucia, kradł żywność sąsiadom w baraku (w przekonaniu, że ich fasunek nie jest zatruty), znowu bito go bezlitośnie. Skończyło się na tym, że wyrzucono go z baraku; pętał się i spał koło śmietnika, żywił się odpadkami. Brudny, zarośnięty siwymi włosami, z długą brodą, w łachmanach, obłąkany, zamienił się w obozowe straszydło" (cyt. za: G. Herling-Grudziński, *Godzina cieni*, s. 310). Zmarł w obozie 27 grudnia 1938 roku w nie do końca wyjaśnionych okolicznościach.

⁶ Motyw Syberii – nie licząc żartobliwego czterowiersza wchodzącego w skład minicyklu *Stichi o dochie* – Mandelsztam wprowadził *expressis verbis* do dwóch wierszy: *Diekabrist* i *****Za griemuczuju doblest'* griaduszczych wiekow*. Zapewne chodzi o drugi z tych utworów (w przekładzie J. Pomianowskiego opublikowany pt. *****Więc za chwałę tych dni, co nadejdą w przyszłości*, w: O. Mandelsztam, *Poezje*, wybór, redakcja i posłowie M. Leśniewska, Kraków 1983, s. 299). Pierwszą strofę tego wiersza, także w tłumaczeniu J. Pomianowskiego, Iwaszkiewicz cytuje w felietonie *Poezja I* („Życie Warszawy" 1958, nr 101). Erenburg przytacza drugą zwrotkę tego utworu w II tomie cyklu wspomnieniowego *Ludzie, lata, życie* (przeł. W. Komarnicka, Warszawa 1963, s. 120).

⁷ Jewgienia Lourié (Łurie) (1898–1965) – malarka, w latach 1922–31 pierwsza żona Borysa Pasternaka.

⁸ Zinaida Neuhaus (1897–1966) – w latach 1933–60 druga żona Pasternaka; jej pierwszym mężem (1919–31) był wybitny pianista Henryk (Harry) Neuhaus.

⁹ Olga Iwińska (1912–1995) – tłumaczka, redaktorka; „muza" Pasternaka od 1947 roku.

¹⁰ Anna Achmatowa, właśc. Anna A. Gorienko (1889–1966) – poetka rosyjska, w młodości przedstawicielka akmeizmu. Debiutowała w 1912 tomem *Wieczór*, dwa lata później wydała zbiór lirycznych miniatur *Różaniec* (1 wyd. pol. pt. *Paciorki* 1925). W późniejszych latach zwróciła się ku tematyce filozoficznej i historiozoficznej (m.in. *Białe stado* 1917, *Dmuchawiec* 1921, *Anno Domini MCMXXI* 1922). W latach 1922–40 jej twórczość została objęta zakazem publikacji. Syntezę wątków autobiograficznych i historycznych stanowi *Poemat bez bohatera* (1 wersja 1940–42, 2 – 1962, wyd. Ann Arbor 1978; pol. przekład fragmentów w wyborze *Poezje* 1964, całość 1997). Pamięci ofiar represji stalinowskich Achmatowa poświęciła poemat oratoryjny *Requiem* (powstał 1935–43, uzupełniony 1957–61, wyd. München 1963; pol. przekład fragmentów w wyborze *Poezje* 1981, całość *Akme znaczy szczyt* 1986). Iwaszkiewicz przywołał Achmatową – obok Iłłakowiczówny – w liryku *Dedykacja* z tomu *Krągły rok* (1967) i uczynił ją bohaterką dwóch wierszy: *Premio Taormina* z tomu *Śpiewnik włoski* (1974), *Młodość* ze zbioru *Muzyka wieczorem* (1980). Tłumaczył wiersze Achmatowej, m.in: *****Kwiaty i każda rzecz nieżywa*, ****Dzionek każdy, *Poeta*, *Urywek*, *****Ach, nie strasz mnie dolą przeklętą* (zob. zbiór *Pięciu poetów*, oprac. S. Pollak i Z. Fedecki, Warszawa 1975).

Wspomniana przez Iwaszkiewicza „sprawa Achmatowej" wiąże się z uchwałą *O czasopismach „Zwiezda" i „Leningrad"*, powziętą 14 sierpnia 1946 roku przez KC WKP(b), a następnie przyjętą dwa dni później przez środowisko pisarskie w Leningradzie. W uchwale tej obiektem krytyki stali się przede wszystkim Achmatowa i Michał Zoszczenko (nagany udzielono także m.in. Ilji Sadofjewowi, Aleksandrowi Chazinowi i Marii Komissarowej). Uzasadniając treść uchwały, Żdanow grzmiał: „Tematyka utworów Achmatowej jest na wskroś indywidualistyczna. Skrajnie ograniczona i uboga jest skala jej poezji – poezji wściekłej paniusi, która miota się między buduarem a zakrystią. Przeważają w jej twórczości motywy miłosno-erotyczne, przeplatające się z motywami smutku, tęsknoty, śmierci, mistyki, beznadziejności. Beznadziejność jest uczuciem zrozumiałym dla świadomości społecznej wymierającej grupy – ciemne kolory przedśmiertnego pesymizmu, mistyczne przeżycia na poły z erotyką – oto duchowe oblicze Achmatowej, jednego z odprysków bezpowrotnie pogrążonego w otchłani nicości świata starej kultury szlacheckiej – «dobrych dawnych czasów Katarzyny». Ni to mniszka, ni to wszetecznica, a raczej i mniszka, i wszetecznica, u której rozpusta łączy się z modlitwą. [...] Tak oto wygląda Achmatowa z jej ubogim, ograniczonym życiem osobistym, z jej marnymi przeżyciami i religijno-mistycznym erotyzmem. Poezja Achmatowej jest najzupełniej obca ludowi. [...] Co ma wspólnego ta poezja z interesami naszego narodu i państwa? Absolutnie nic. Twórczość Achmatowej – to sprawa dalekiej przeszłości; jest ona obca rzeczywistości radzieckiej i nie może być tolerowana na łamach naszych czasopism. Nasza literatura to nie prywatne przedsiębiorstwo, obliczone na to, by dogadzać rozmaitym upodobaniom na rynku literackim. Nasza literatura wcale nie jest obowiązana zaspokajać upodobania i skłonności niemające nic wspólnego z moralnością i cechami ludzi radzieckich. Cóż bowiem dobrego mogą dać utwory Achmatowej naszej młodzieży? Niczego prócz szkody. Utwory te mogą być tylko rozsadnikami smutku, załamania duchowego, pesymizmu, dążenia do unikania aktualnych zagadnień życia społecznego, aby w ciasnej skorupce własnych przeżyć duchowych szukać schronienia przed wielkimi problemami życia i działalności społecznej. Jak można dopuścić do tego, aby Achmatowa miała wpływ na wychowywanie naszej młodzieży?! [...] Nie trzeba chyba dowodzić, że tego rodzaju nastroje lub propagowanie tego rodzaju nastrojów może wywierać tylko szkodliwy wpływ na naszą młodzież, może tylko zatruwać jej świadomość zgniłymi wyziewami bezideowości, apolityczności, pesymizmu. A co by było, gdybyśmy wychowywali naszą młodzież w duchu pesymizmu i niewiary w naszą sprawę? Nie odnieślibyśmy zwycięstwa w Wielkiej Wojnie Narodowej. [...] Weźcie teraz taki temat, jak kobieta radziecka. Czy można kultywować wśród czytelników i czytelniczek radzieckich wstrętne poglądy Achmatowej na rolę i powołanie kobiety, nie dać rzeczywistego, prawdziwego obrazu kobiety radzieckiej w ogóle, dziewczyny leningradzkiej i kobiety-bohaterki w szczególności, które zwycięsko stawiały czoło olbrzymim trudnościom w okresie wojny, a obecnie ofiarnie pracują nad wykonaniem trudnych zadań odbudowy gospodarczej?" (A. Żdanow, *Referat o czasopismach* „Zwiezda" i „Leningrad", w: *Przemówienia o literaturze i sztuce*, przeł. J. Ogrodowicz, Warszawa 1954, s. 18–25).

W świetle ostatnich ustaleń rosyjskich historyków literatury Achmatowa i Zoszczenko padli ofiarą rywalizacji, jaką prowadziła leningradzka klika Żdanowa i Aleksieja Kuzniecowa z moskiewską koterią Gieorgija Malenkowa i Ławrientija Berii. Nie bez znaczenia był też od dawna żywiony przez Stalina uraz do towarzyszy leningradzkich. Atakując leningradzkie czasopisma za opublikowanie utworów Achmatowej i Zoszczenki, osiągano dwa cele jednocześnie: dyskredytowano środowisko literackie Leningradu i leningradzką organizację partyjną. Prawdziwą motywację działań zachowywano oczywiście w tajemnicy. Żdanow, zdając sobie sprawę z prawdziwych intencji Stalina i Malenkowa, w swoim referacie cały impet oskarżenia skierował na Achmatową i Zoszczenkę, by tym samym odwrócić uwagę od „winy" leningradzkiego aparatu partyjnego. O tym, że strategia Żdanowa była skuteczna, świadczy fakt, iż rok po jego śmierci (umarł w sierpniu 1948) oskarżono o „działania antypartyjne" i aresztowano jego stronników z komitetu leningradzkiego, a następnie rozstrzelano w październiku 1950, unicestwiając tym samym leningradzką elitę partyjną.

Uchwała KC WKP(b) z 14 sierpnia 1946 roku obowiązywała formalnie do 20 października 1988 roku. Do 1955 tekst i wykładnia uchwały wchodziły w zakres programu szkolnego ZSRR. Skutkiem uchwały było ponadto objęcie Achmatowej i Zoszczenki zakazem druku, usunięcie ze Związku Pisarzy, a tym samym pozbawienie ich kartek żywnościowych. W ciąg zdarzeń uruchomionych w 1946 roku wpisuje się także powtórne aresztowanie Lwa Gumilowa, syna poetki, oraz jej trzeciego męża Nikołaja Punina. Achmatową przyjęto ponownie do Związku Pisarzy 19 stycznia 1951 roku, po opublikowaniu w tygodniku „Ogoniok" cyklu jej wiernopoddańczych wierszy na cześć Związku Radzieckiego i Stalina.

[11] *Litieraturowied* (ros.) – literaturoznawca.

Informacja przekazana Iwaszkiewiczowi przez Erenburga nie znajduje potwierdzenia ani w stenogramach z zebrania pisarzy i pracowników środowiska literackiego, które odbyło się 16 sierpnia 1946 roku w leningradzkim Pałacu Smolnym, ani we wspomnieniach uczestników tego zebrania. Rezolucję potępiającą Achmatową i Zoszczenkę przyjęto jednomyślnie, bez głosu sprzeciwu, nikt się też od głosu nie wstrzymał, o czym mówi formuła zamykająca stenogramy z zebrania. Nie sposób też potraktować żadnego z przemówień uczestników zgromadzenia jako choćby próby obrony Achmatowej. Podczas posiedzenia spośród literaturoznawców głos zabrali Lew Płotkin i Włodzimierz Orłow. Pierwszy z nich nie tylko poparł krytyczne wobec Achmatowej i Zoszczenki przemówienie Żdanowa, ale z dezaprobatą odniósł się do twórczości innych jeszcze pisarzy, niewywiązujących się z zadań, jakie stawia przed nimi socjalistyczna ojczyzna (dotyczyło to m.in. Aleksandra Prokofiewa i Konstantego Simonowa). Również wystąpienie Orłowa nie zawierało nic, co można by uznać za próbę obrony Achmatowej. Orłow zabrał głos pod koniec zebrania, występując we własnej sprawie. „W projekcie rezolucji – zwrócił uwagę Orłow – widnieje moje nazwisko. Z szacunku dla faktów – nie ze wszystkim mogę się zgodzić. W rezolucji wymienia się moje nazwisko w takim kontekście, iż ja – wspólnie z innymi towarzyszami, jak już powiedział Gierman – wychwalałem twórczość Zoszczenki i Achmatowej. O Achmatowej wypowiedziałem się raz w życiu, i to nie w druku, lecz w radiu, i za to ponoszę odpowiedzialność. Ale o twórczości Zoszczenki ani w druku, ani na antenie nie powiedziałem nawet jednego słowa. Dlatego chciałbym, żeby te dwa nazwiska zostały rozgraniczone. Pozwalam sobie postawić tę kwestię dlatego, że podczas współpracy z czasopismem «Zwiezda» zdarzało mi się występować przeciwko niektórym utworom Zoszczenki, i tym bardziej bezpodstawne jest łączenie mojego nazwiska z jego nazwiskiem w tak ważnej rezolucji" (przeł. R. Papieski). Por. *Stienogramma obszczegorodskogo sobranija pisatielej, rabotnikow litieratury i izdatielstw*, w: W. Jofe, *K piatidiesjatoj godowszczinie postanowlienija KC WKP(b) „O żurnałach «Zwiezda» i «Leningrad»"*, „Zwiezda" 1996, nr 8. Apel Orłowa nie odniósł skutku. Jego nazwisko widniało w rezolucji pośród tych (m.in. Olgi Bergholc, Jurija Giermana i Jefima

Dobina), którzy zostali obwinieni o „wyolbrzymianie «autorytetu» Zoszczenki i Achmatowej i propagowanie ich twórczości" (zob. „Leningradskaja Prawda" z 22 sierpnia 1946 roku).

Treść zapisów stenograficznych znajduje potwierdzenie we wspomnieniach jednego z uczestników zebrania, pisarza Piotra Kapicy: „Jeśli ktoś z nas zdobyłby się wtedy na odwagę i stanął w obronie Anny Achmatowej, to być może Żdanow nie nazwałby jej w swoim przemówieniu «ni to mniszką, ni to wszetecznicą». Ale [Aleksandrowi] Prokofiewowi bliższa była Maria Komissarowa. Szlachcianka Achmatowa pochodziła z obcego mu środowiska. On milczał [w obronie Achmatowej, bo podczas zebrania był jednym z tych, którzy wygłosili przemówienia i złożyli samokrytykę]. Nie odezwali się słowem ani Nikołaj Tichonow, ani Aleksander Fadiejew. I spośród nas, młodszych, nikt nie ośmielił się wstać i przypomnieć, że Anna Achmatowa bezinteresownie służyła rodzimej literaturze" (przeł. R. Papieski). Por. P. Kapica, *Eto było tak*, „Niewa" 1988, nr 5.

[12] Marina Cwietajewa (1892–1941) – poetka rosyjska; w Rosji wydała m.in. zbiory *Wieczernij albom* (1910), *Wiorsty* (1921). W latach 1922–39 przebywała na emigracji w Pradze, Berlinie i Paryżu; swojemu negatywnemu stosunkowi do rewolucji październikowej dała wyraz w cyklu wierszy *Lebiedinyj stan* (1917–21, wyd. München 1958). Własny program poetycki i koncepcję tragicznego losu artysty zawarła w esejach i prozie wspomnieniowej (pol. wybór *Dom koło starego Pimena. Szkice i wspomnienia* 1971).

18 czerwca 1939 roku Cwietajewa wraz z synem Gieorgijem (Murem) wróciła do ZSRR, gdzie od 1937 przebywali jej córka Ariadna i mąż Siergiej Efron, który – jako tajny współpracownik radzieckich służb specjalnych, zamieszany w tzw. „sprawę Reissa" (zabójstwo radzieckiego rezydenta Ignatija Reissa) – uciekł przed policją francuską i pod zmienionym nazwiskiem zamieszkał w Bolszewie pod Moskwą. 27 sierpnia 1939 NKWD aresztowało Ariadnę, 10 października zabrano na Łubiankę Siergieja Efrona (obydwa aresztowania miały związek z czystką w kadrach NKWD w latach 1938–40, córkę Cwietajewej zesłano do obozu, męża rozstrzelano 16 października 1941). 8 sierpnia 1941 poetka wyjechała z synem do Jełabugi. 31 sierpnia odebrała sobie życie. Jak podaje Irma Kudrowa, istnieją trzy podstawowe hipotezy wyjaśniające przyczyny samobójstwa Cwietajewej. Według pierwszej z nich, przyjętej przez siostrę poetki, Anastazję Cwietajewą, autorka *Poematu góry* „odebrała sobie życie, by ratować, a przynajmniej ułatwić egzystencję swojemu synowi. Kiedy się przekonała, że sama nie może już mu pomóc, a co więcej – przeszkadza mu swoją reputacją «białogwardzistki», podjęła dramatyczną decyzję, żywiąc nadzieję, że gdy jej nie będzie, Mur łatwiej znajdzie pomoc" (I. Kudrowa, *Tajemnica śmierci Mariny Cwietajewej*, przeł. K. Tur, Białystok 1998, s. 117). Druga z hipotez, reprezentowana m.in. przez Marię Biełkiną, głosi, że „Cwietajewa od dawna była wewnętrznie przygotowana do samobójstwa, o czym świadczą jej liczne wiersze i zapisy w dzienniku" (tamże). Autorem trzeciej hipotezy jest Kirył Chenkin, który twierdzi, że „złowroga rola przypada organom NKWD w Jełabudze" (tamże, s. 118). O stanie, w jakim znajdowała się Cwietajewa przed popełnieniem samobójstwa, wiele mówi jej zapis z wrześ-

nia 1940 roku: „Wszyscy uważają mnie za dzielną. Nie znam bardziej bojaźliwego człowieka ode mnie. Wszystkiego się boję. Oczu, mroku, kroków, a najbardziej – siebie, swojej głowy, jeżeli ta głowa – tak wiernie mi służy w zeszycie i tak zabija mnie w życiu. Nikt nie widzi, nie wie, że ja już od roku (mniej więcej) szukam oczami – haka, ale nie ma ich, dlatego że wszędzie jest elektryczność. Żadnych «żyrandoli». [...] Od roku przymierzam śmierć. Wszystko jest potworne i straszne. Przełknąć – ohyda, skoczyć – wrogość, wrodzony wodowstręt. Nie chcę straszyć (po śmierci), zdaje mi się, że już boję się sama siebie – po śmierci. Nie chcę umrzeć. Chcę nie być" (tamże, s. 177).

22 sierpnia 1959
(Dwa lata temu Kopenhaga).

W środę obiad u Paula Fenneberga w Orholmie. Jak zawsze w tej rodzinie coś z powieści. Żona Paula umarła trzy lata temu, ma teraz nową[1] z trzema dorosłymi synami[2]. Najmłodszy, trzynastoletni Adam jest faworytem Pawła.

Orholm zawsze prześliczny. Zadziwiający dom, stara Dania, z zielonym zapuszczonym ogrodem zamienionym na wybiegi dla koni. W stajni para pięknych koni, przyjechał po mnie chevroletem, bardzo wspaniałym. Jest z nim siostra żony, pani Fischer – żona nowo mianowanego ambasadora w Polsce[3] (jest to wielki sekret ujawniony przez „Børsen"[4] wczoraj). Wszystko razem w niebieskim mroku, pijemy szampana. To samo Orholm, gdzie zostawiłem Bukasię[5] i żegnałem, płacząc w maju 1935 roku, Nora, która mnie całowała, i ten cały ból, który był taki przerażający. Dzisiaj też mi się serce ściska, w Kopenhadze wszystko mi przypomina moje nieszczęścia, a mimo to tak kocham to miasto[6].

Wspaniała biblioteka, ohydnie oprawione litografie Picassa, jeden oryginał, nowe życie. O starym się nie wspomina – o rodzicach, Johnie raczej wymijająco. Ole się nie ożenił. Wszystko razem smutne.

Pan burmistrz serdeczny i wspaniały, ani jednego pytania o Polskę; przyjedzie do szwagra. Przypomina mi się mały skromny chłopczyk, który przyjechał do Polski trzydzieści lat temu. Jest to jedna z największych karier europejskich. Myślę, że w rządzie konserwatywnym będzie ministrem.

Zadziwiający stosunek z małym Adamem, stosunek kochanka. Mały wiesza mu się na szyi i wciąż całuje. Pani Nina Fenneberg patrzy na to bez uśmiechu. Adam zresztą uroczy, starszy Morten bardzo miły. Paul jeździ z Adamem konno, zbierają kolekcję batów, obiecałem im przysłać do kolekcji. Ale myślałem o kolekcji opisanej w *Księżycu*[7] jako o czymś realnym. Skąd mu teraz dostanę nahajek? Nawet w Sandomierzu na jarmarku nie widziałem. Nigdzie nie czuję tak mijającego czasu jak w Kopenhadze. Dom, mieszkanie, w którym napisałem *Czerwone tarcze*. A jednocześnie uczucie, że wszystko jest t o s a m o, że nic się nie zmienia w ludzkich namiętnościach. Cudowne miasto, mimo wszystko miasto Jurka. Przeżywam tu wszystko na nowo. Dziś rok od pogoni na szosie – dwa lata od pobytu tutaj – i już nic z tego. Trup jak na Dyrehavsbakken[8]. Już nic – i już więcej nic nie będzie, nic nie wypłynie, nic nie dojdzie. Już wszystko.

A to Orholm to wciąż mnie prześladuje, chciałbym to opisać – jak tyle rzeczy, jak pomysł „balkonu"...

Poznałem wczoraj Carla Banga[9]. Świetny pisarz.

[1] Nina Fenneberg (1907–2000) – duńska aktorka i tancerka; od 1958 roku druga żona Paula Fenneberga; poprzednio była zamężna z Frederykiem Schybergiem (od 1934) i Henrikiem Hollesenem (od 1945).

[2] Pasierbami Paula Fenneberga byli Kasper Schyberg (ur. 1935) i Morten Schyberg (ur. 1936), synowie Niny Fenneberg z jej pierwszego małżeństwa, oraz Adam Hollesen (ur. 1946) – syn Niny Fenneberg z jej drugiego małżeństwa.

[3] Chodzi o dyplomatę Paula Fischera.

[4] „Børsen" – gazeta duńska.

[5] Anegdotę związaną z kotką Bukasią przywołuje Iwaszkiewicz na kartach *Gniazda łabędzi*: „W prasie duńskiej np. był zaznaczony i opisany ze szczegółami fakt upadku mojej kotki z balkonu naszego mieszkania na balkon niższego piętra. Ponieważ w tamtym dolnym mieszkaniu nie było nikogo (wyjechali na wakacje), sprowadzono straż ogniową, strażak wręczył przerażoną kotkę moim domownikom – a nazajutrz była o tym wiadomość w prasie z piękną fotografią i z wymienieniem nazwy kotki. Nazywała się Bukasia" (J. Iwaszkiewicz, *Gniazdo łabędzi*, s. 189).

[6] W sierpniu 1959 roku Iwaszkiewicz pojechał do Kopenhagi na zaproszenie polskiego ambasadora w Danii, Stanisława Wincentego Dobrowolskiego (1915–1983), przyjaciela zięcia Iwaszkiewicza – Eugeniusza Markowskiego. Pobyt ten Iwaszkiewicz zrelacjonował w trzech felietonach opublikowanych na łamach „Życia Warszawy" pod wspólnym tytułem *Co przywiozłem z Kopenhagi* („Życie Warszawy" 1959, nr 220, nr 232, nr 238), przedrukowanych następnie w *Szkicach o literaturze skandynawskiej* (1977).

[7] W powieści *Księżyc wschodzi* kolekcjonerem batów i nahajek jest pan Kalinow-

ski, który pokazuje Antoniemu zdobiące ścianę zbiory: „Tam już na dywanie (tym razem był to wzór przedstawiający potężnego psa o czerwonych podżarach i z karminową cętką czerwieni w oku) rozwieszony był olbrzymi zbiór batów i nahajek. Baty, batogi, bicze ściegienne, biczyska, rzemienie kręcone, moczone i ciągnięte, harapy, harapniki, nahaje, szpicruty, steki. Poczynając od olbrzymich berdyczowskich bałagulskich, na szóstkę albo ósemkę koni przeznaczonych, znalazłeś tu barskie giętkie baty, znane ze swej elegancji, obodowskie mocne, acz nieco niezgrabne, stawiskie kręcone przez tamecznego znanego rymarza Moszka, nahajki z kopytkiem (wołyńskie) albo z «wolego korzenia», mocno bijące i z Rumunii sprowadzane, albo znów z prostej skóry nie farbowanej, a strzyżonej w frędzle, na obsadzie nabijane miedzianymi gwoździkami i drucikami, które zdradzały niechybnie jej wschodnie pochodzenie, albo proste zaporoskie, dziegciem smarowane. Z dumą niesłychaną pokazywał pan Kalinowski Antoniemu, zwracając uwagę na najdrobniejsze szczegóły, obróbkę, skóry, specjalne farby lub garbowanie" (J. Iwaszkiewicz, *Księżyc wschodzi*, Warszawa 1964, s. 41–42).

[8] Dyrehavsbakken – park rozrywki usytuowany na skraju Królewskiego Parku Jeleni, na północ od Kopenhagi. Mniej wyrafinowany niż kopenhaskie Tivoli, oferuje oprócz huśtawek, szatańskich kolejek i diabelskich młynów możliwość spacerów przez dębowe i bukowe lasy.

[9] Carl Bang (1926–1998) – pisarz duński, autor m.in.: *Alt om heste* (1952), *Sommer for Espen* (1953), *Rotterne* (1955), *En stribe af lys* (1958). Iwaszkiewicz poświęcił mu felieton *Co przywiozłem z Kopenhagi (3)* („Życie Warszawy" 1959, nr 238), w którym porównał jego pisarstwo do prozy Marka Hłaski.

Kopenhaga, 23 sierpnia 1959
Jak nic nie odradza się, nie odnawia. Oba te dnie 23 sierpnia tak różne między sobą – i tak intensywne. A wczoraj, dziś – nic, zupełna pustka. Nic z tamtych rzeczy. Wspomnienie o nim, tak oczywiście, ale zabarwione całym późniejszym żalem. Na próżno odczytuję zapiski dziennika, na próżno przypominam to, co mu zawdzięczam. Żal pozostaje. Wczoraj wieczór w Tivoli, w takim ścisku, że kroku zrobić było niepodobna. Nie odnalazłem tej „trafiki", rączki zsuwającej papierosy, o której mówiłem, że dopiero przy niej, że przy niej zrozumiałem charakter Jurka. Dziś widzę to jeszcze lepiej: z szaloną cierpliwością i chytrością, z szalonym wytrzymaniem zaczajał się i operował. Ale rączka nie zrzuciła mu a n i j e d n e g o pudełka papierosów. Tak samo w życiu. Tyle wyrachowania, tyle gry – i nic. Za głupi był *a u f o n d*[1].
Jeździliśmy dziś po Zelandii, do Køge i do Stevns, trochę po morzu. Wszędzie sielanka, półnadzy, cudowni fizycznie ludzie, domy, miesz-

kania, drogi, kwiaty. Chciałbym pokazać to znowu jemu, trochę może biednemu Szymciowi.

Tak projektowałem spędzenie dzisiejszego dnia w Gdyni i Sopocie, z Lilką; tak mi żal, że nic z tego nie wyszło, a jednocześnie dobrze mi tu, gdzie byłem dwa lata temu z nim. Myśli te same, rozpacz ta sama. Wczoraj w Tivoli w tłumie, stojąc nad stawem, pomiędzy kwiatami i niziutkimi fontannami, płakałem jak dziecko. Przechodnie musieli się dziwić. I znowu dzwoniły mi z ratusza „dzwony Kopenhagi". Stare motywy splatają się i krzyżują: Paweł, John, Hania, Jurek – wszystko na tle Kopenhagi. Wolałbym coś nowego. Ciekawy jestem, co mnie czeka w Warszawie.

[1] *Au fond* (fr.) – w gruncie rzeczy.

24 sierpnia 1959
Moje dziecko, moje dziecko, moje dziecko...

Stawisko, 3 września 1959
Byłem dzisiaj u starej Jasińskiej[1] w Polesiu. Pokazywała mi fotografię Helci[2] we wspaniałej sukni ślubnej, naprawdę bardzo pięknej i bardzo „paryskiej", u boku męża, okropnego, grubego, małego. Fotografia podpisana: Helen i Majk. Jeszcze roku nie ma, jak ta dziewczyna wyjechała do Kanady, a już jest Helen i ten jej okropny mąż Majk. Inna fotografia, gdzie siostra Jasińskiej (stara baba), jej córka i Helenka, wszystkie trzy we wspaniałych wieczorowych strojach. Szybkość, z jaką ludzi zagarnia „cywilizacja" amerykańska, nie zmieniając ich ordynarnego środka, jest przerażająca. Zresztą to samo jest na Wschodzie. Przyszłość ludzkości należy do Helen i Majka. Wszystko inne oprócz tych sukien (lodówek, odkurzaczy, pralek) to tylko niepotrzebne akcesoria. Przestrzeń kulturowa zacieśnia się – do wąskiego skrawka Europy. Reszta to tylko cywilizacja – albo analfabetyzm. Dziś wyczytałem, że procent analfabetów w świecie wynosi około 50. Coraz bardziej odnoszę to wrażenie, że kultura europejska (faustyczna) kończy się pod zalewem tych tiulowych sukien i lakierowanych lodówek. I że nasz naród, jak i

wszystkie inne narody Europy, nie może zachować ani swej odrębności (bo i po co?), ani nawet swoich skarbów. Helen i Majk nie czytają *Dziadów* i nie wiedzą, co to są *Treny* Kochanowskiego. Iwaszkiewicz jest im niepotrzebny. Komu on w ogóle jest potrzebny?

[1] Karolina Jasińska – pracownica gospodarstwa na Stawisku. Iwaszkiewicz wspominał ją ciepło w *Podróżach do Polski*, pisząc: „wychowała sama w swoim wdowieństwie pięcioro swoich dzieci w chacie z chrustu, otynkowanej byle jak, ale jak wychowała!" (s. 233).

[2] Helena Jasińska – córka Karoliny Jasińskiej.

7 września 1959

Jestem do tej chwili pod wrażeniem *Wesela pana Balzaka*[1] wysłuchanego w ostatni piątek w towarzystwie Lilki. Ona też była bardzo poruszona. I było to zadziwiające, że wśród tej publiczności, zresztą życzliwie dla sztuki usposobionej, tylko my we dwoje wiedzieliśmy, co to wszystko znaczy. Sztuka jest całkowicie, od brzegu do brzegu przepełniona Jurkiem i całym tym zadziwiającym latem 1958 (nie wróci! nie wróci! nie wróci!). Nie żyje on w żadnej postaci dramatu, tak samo jak Balzac to nie ja, a pani Hańska to nie Lilka – ale każda rozmowa, każdy aforyzm, każde zdanie nieledwie zaczerpnięte jest z naszych rozmów, naszych sytuacji, naszych przeżyć – i we wszystkim jest zaklęte życie tego niezwykłego człowieka. Że też on nie dożył do tego, że też on tego nie widzi.

Te wszystkie zdania tak z naszym życiem związane, te sytuacje znajome (patrz wyżej), wszystko to nas wzruszyło bezgranicznie i przypomniało tak plastycznie tego niezwykłego człowieka, którego jeszcze przed chwilą – zdaje się – mieliśmy przy sobie.

Lilka potem powiedziała: „Cóż to był za człowiek, potrafił dać jednocześnie szczęście mnie i panu. Bo byliśmy szczęśliwi".

To prawda, nigdy tak często nie używałem wyrazu „szczęście", jak mówiąc i myśląc o nim. To niemożliwe, że go już nie ma.

[1] Premiera sztuki *Wesele pana Balzaka*, dedykowanej Jerzemu Błeszyńskiemu, odbyła się w Teatrze Polskim (Teatr Kameralny) 9 lipca 1959 roku (reż. W. Hańcza, scen. K. Horecka). Sztuka była wystawiana 127 razy.

8 września 1959

To byłoby naprawdę zbyt jaskrawą złośliwością losu, aby z tego wszystkiego, co w takiej obfitości piszę, przeszedł do następnych pokoleń tylko mój teatr, „teatr Iwaszkiewicza", jak pisze Jaszcz[1], którą to twórczość ja sam na razie uważam za całkiem marginesową. Uważam się za liryka, inni uważają mnie za prozaika, a okażę się dramaturgiem...

[1] Jan Alfred Szczepański, pseud. Jaszcz (1902–1991) – prozaik, autor reportaży, krytyk teatralny i filmowy, taternik; w latach 1945–48 zastępca redaktora naczelnego wydawanego w Krakowie „Dziennika Polskiego", w piśmie tym debiutował w 1945 jako krytyk teatralny recenzją z wystawienia sztuki Konstantego Simonowa pt. *Rosjanie*; w latach 1946–47 współpracował z tygodnikiem „Odrodzenie". W 1948 przeniósł się do Warszawy i objął stanowisko kierownika działu kulturalnego „Głosu Ludu", a następnie „Trybuny Ludu", funkcję tę pełnił do przejścia na emeryturę w 1971. W dzienniku tym publikował recenzje teatralne i filmowe. Wydał m.in. *Przygody ze skałą, dziewczyną i śmiercią*. *Wspomnienia z Tatr* (1956), wspomnienia z wypraw alpinistycznych *Siedem kręgów wtajemniczenia* (1959), szkice historyczne *Troja dla dorosłych* (1975).

Mowa o artykule *Polonez Iwaszkiewicza*, w którym Jaszcz, recenzując przedstawienie *Wesela pana Balzaka*, pisał m.in.: „W latach czupurnego zadufania pisywaliśmy, na przykład, «teatr Gruszczyńskiego» (gdy fabrykował produkcyjniaki), dziś głosimy chwałę «teatru Białoszewskiego». To dziecinne zabawy. Ale «teatr Iwaszkiewicza» istnieje rzeczywiście, jest sprawą poważną i serio. Teatr epicki, dyskusyjny, oparty na dialogu refleksyjnym (świetnie robionym), teatr intelektualnej analizy, teatr o tak wyraźnych, własnych cechach, że omyłki w rozpoznawaniu nawet na pierwszy rzut oka być nie powinno" (Jaszcz, *Polonez Iwaszkiewicza*, „Trybuna Ludu" 1959, nr 247).

28 września 1959

Godzina 9.30 wieczorem, cztery miesiące temu.

Posłałem Skwarczyńskiej[1] „obrazek żałobny" Jurka. Oto co mi odpisała na cudownej kartce przedstawiającej Pietę z *Heures de Rohan*[2].

„Drogi Panie – dziękuję Panu. Wiele od wtedy, od Sztokholmu, myślałam o Panu i o Nim. Stał mi się bardzo bliski (przecież osobista znajomość nie jest potrzebna do bliskości). Tak, «odszedł do domu» – ale jego *dies nativitatis*[3] nie zerwał żadnych nici – prócz zewnętrznych – nici ani miłości, ani istotnej obecności, ani nienasycenia za wielkim Spotkaniem. Wszystko, co było – trwa, nie w «łzach potęgi drugiej»[4], lecz w miłości potęgi drugiej. Myślą i sercem, i modlitwą jestem z Nim i z Panem. Stefania Skwarczyńska"

Zadziwiająca sprawa, jak rośnie legenda naokoło „Niego". I coraz pewniejszy jestem, że nie był to „najlepszy tancerz Brwinowa", skoro mógł uwikłać, opleść w tak trwałe sieci tylu ludzi i skoro mógł i może działać przez moje medium na innych (Kolankowska, Skwarczyńska). Ta siła nie mogła polegać tylko na seksie. Tam jednak było wiele więcej prócz tego, wiele więcej. Ale czego: ani uczucia, ani umysłu, ani dobroci. Co w nim było? Ach, jak to mnie męczy.

13–14 byłem w Gdyni. Olbrzymi sukces mojego wieczoru autorskiego, a potem godzinami gadanie z Lilką. Nic nowego oczywiście, ale dużo szczegółów. Także spotkałem Zanozińskiego[5].

Sopot, Gdynia – całe Trójmiasto cudowne, urocze, mieszkałbym tam latami – oczywiście nie w sezonie. Strasznie lubię tam być i czuję się dobrze.

[1] Stefania Skwarczyńska (1902–1988) – teoretyk i historyk literatury. W 1925 doktoryzowała się na Uniwersytecie Jana Kazimierza we Lwowie na podstawie rozprawy pt. *Ewolucja obrazów u Słowackiego*, w 1937 habilitowała się na UJK na podstawie monografii *Teoria listu*. W 1945 objęła Katedrę Teorii Literatury na powstającym Uniwersytecie Łódzkim (od 1946 jako profesor nadzwyczajny). W 1946 została członkiem zwyczajnym Łódzkiego Towarzystwa Naukowego, którego była współzałożycielką; w latach 1949–50 pełniła funkcję sekretarza, w latach 1957–60 przewodniczącej Wydziału I, od 1960 do 1978 przewodniczącej Komisji Teorii Literatury i Sztuk Wydziału I. W 1946 była współinicjatorką założenia dwumiesięcznika „Znak" i do 1955 członkiem zespołu redakcyjnego. Wchodziła w skład Międzynarodowego Komitetu Obrońców Pokoju (1952–69) i Światowej Rady Pokoju. W 1957 została mianowana profesorem zwyczajnym. Od 1961 wchodziła w skład Komitetu Nauk o Literaturze Polskiej PAN; w latach 1966–81 należała do Rady Naukowej Instytutu Badań Literackich PAN. Opublikowała m.in.: *Wstęp do nauki o literaturze* (t. 1–3 1954–65), *Mickiewiczowskie „powinowactwa z wyboru"* (1957), *Stylizacja i jej miejsce w nauce o literaturze* (1960), *W kręgu wielkich romantyków polskich* (1966).

[2] Chodzi o jedną z iluminacji ze średniowiecznego rękopisu *Les Grandes Heures de Rohan* (1430–35), przechowywanego obecnie w Bibliothèque Nationale w Paryżu.

[3] *Dies nativitatis* (łac.) – dzień narodzin; we wczesnochrześcijańskiej i średniowiecznej *ars moriendi* dzień śmierci oznaczał zarówno koniec życia doczesnego, jak i narodzenie do życia wiecznego. Zwłaszcza w życiorysach świętych moment śmierci określa się mianem *dies nativitatis* – dniem narodzin dla nieba.

[4] Cytat z wiersza Cypriana K. Norwida ***Coś ty Atenom zrobił, Sokratesie*, którego wersy 22–34 brzmią, jak następuje:

Więc mniejsza o to, w jakiej spoczniesz urnie,
Gdzie? kiedy? w jakim sensie i obliczu?

Bo grób Twój jeszcze odemkną powtórnie,
Inaczej będą głosić Twe zasługi
I łez wylanych dziś będą się wstydzić,
A lać ci będą łzy p o t ę g i d r u g i é j
Ci, co człowiekiem nie mogli Cię widzićć...

Każdego z takich jak Ty ś w i a t nie może
Od razu przyjąć na spokojne łoże,
I nie przyjmował n i g d y , j a k w i e k w i e k i e m ,
Bo glina w glinę wtapia się bez przerwy,
Gdy sprzeczne ciała zbija się aż ćwiekiem
Później... lub pierwéj...
(C. Norwid, *Dzieła zebrane*, opracował J.W. Gomulicki, t. 1 *Wiersze*, Warszawa 1966,
s. 371).

[5] Jerzy Zanoziński (1910–1996) – historyk sztuki, kolekcjoner, wieloletni kurator
Galerii Sztuki Współczesnej Muzeum Narodowego w Warszawie. Wydał m.in. monografię *Piotr Michałowski. Życie i twórczość. 1800–1855* (1965) oraz album *Współczesne malarstwo polskie* (1974).

3 października 1959
Wczoraj wieczór zamiast pracować albo słuchać koncertu Kleckie-
go (podobno był cudowny), czytałem do późna w noc moje listy do
Jurka. W sumie nudne.
Przed wieczorem poszedłem do Mietka Goździkowskiego na Polesie. Nie było go w domu. Pojechali z młodszą córeczką do „ojców" na
kopanie kartofli. To jest dosyć daleko, gdzieś za Siestrzeń polnymi drogami z piętnaście kilometrów. Pojechali wozem konnym, wyobrażam
sobie tę ich jazdę, cudowny, ciepły jesienny dzień, dziecko zawinięte
w chustę, powolny truchcik koni i ten dom „ojców" otoczony czerwo-
no-żółtymi drzewami. Takie to jakieś wszystko odwieczne i piękne,
takie zupełnie oddalone od wszystkich intelektualnych przeżyć i spo-
rów, które wydały mi się w tej chwili takie nikomu niepotrzebne, takie
sztuczne. Oni pojechali na kopanie kartofli. Piękny dzień. Wracałem
powoli w kurzu, ciepło, wszystko przykryte mgiełką, spokój, spokój,
prawie szczęście[1]. I taka męka cały ten rok – jakież to bezsensowne.
Dzisiaj śniadanie z Pawłem Kleckim. Taki cudowny człowiek, tylko mówi „węskie trawniki" zamiast wąskie.

[1] Zob. tom 1, przypis nr 5 na s. 415.

9 października 1959, godzina 17.00
Moje dziecko, kochany, mój synu najmilszy.

Rok temu o tej samej godzinie byłem „zupełnie szczęśliwy". Dnie w Elizinie były jeżeli nie najlepszymi moimi dniami w życiu, to na pewno w jesieni mojego życia. Tylko że nie wiedziałem, iż z tych dni cudownych, łagodnych, ciepłych, z tych nocy pachnących maciejką będę musiał czerpać siłę na długie miesiące cierpienia. „Ale dobrze, że było..." Byłeś dla mnie w te dni taki miły, zabawny, prosty, kochany. Knowałeś oczywiście pod nosem, ale ja o tym nic nie wiedziałem. A poza tym nie mogę oprzeć się wrażeniu, że mnie kochałeś. Niekończące się rozmowy w tej chłopskiej izbie były pełne jakiegoś zżycia się i zrozumienia, było dobrze, najdroższy mój, było spokojnie i dobrze. Wybieraliśmy miejsce na ten domek nad jeziorem i to jezioro było tak cudowne poprzez brzózki oglądane z twoim obrazem pod powieką. Dopiero teraz pod wpływem tych wspomnień zaczynam Ciebie „widzieć", mam przed oczami twój plastyczny obraz, nie taki zamazany, jak dotychczas. Widzę Cię na drodze z Kruka do Elizina, jak Cię ujrzałem rok temu w tym twoim zielonym sweterku. (Osioł jestem, nie rozumiałem, po co kupiłeś drugi taki sam sweter – a to był sweter na pobyt Lilki). Albo znowuż jak nazajutrz siedziałem w chacie i ty zjawiłeś się w progu na tle tego prześlicznego widoku na pole i na las na horyzoncie, na tle tego niezapomnianego widoku, i nawet w kalendarzyku zapisałem: sylwetka w drzwiach, twoja wiotka, elegancka, pięknymi rysami zaznaczona sylwetka – jakby ją narysował wytrawny malarz. I potem ogarniał nas zmierzch i ciemność – jak mnie samotnego teraz – namiot rozciągał się nad nami i byłem sam z tobą i moją bezbrzeżną miłością i z moim bezbrzeżnym – tak krótkim – szczęściem. Za każdy twój uśmiech powinienem całować twoje nogi, a cóż dopiero za te dnie, całe cztery dni tego scenariusza, tej dekoracji, co najważniejsze – tej treści. Za te dnie powinienem zapomnieć wszystko, co było złe – wdzięczność powinna przepełniać mnie całego i przepełnia mnie. Dziękuję Ci z głębi serca.

Straszno mi przekraczać ten rok, rok cały od naszego szczytu; przez cały rok schodziłem z góry i nadal będę schodzić coraz dalej, coraz dalej – aż wreszcie i ten dzień, i ty, i Elizin rozpłyną się we mgle. Nie chce mi się wierzyć, że to naprawdę było, że było tak cudowne, że były te twoje oczy, które na mnie patrzyły serdecznie – i to czerwone wino, i ręka twoja tak cudowna jak kwiat amarylisu i uścisk tej ręki tak dobry i tak oddany. Kocham Cię, mój drogi – i nikt Cię tak nie kochał i nie będzie kochał. Jedyna pociecha – to, co mówi Hania – to już niedługo. Niepotrzebna szarpanina, a potem będzie spokój. Z Tobą. Całuję Cię. Jarosław.

10 października 1959
Moja edukacja muzyczna jest tak skomplikowana, że muszę sporządzić tabelkę, bo nikt inny tego nie pozbiera:
lata 1906–1909 lekcje fortepianu u cioci Marci Neuhaus[1] (przygotowany byłem do nich przez mamę i ciocię Helę Krusz[yńską][2])
teoria ze starym Gustawem Neuhausem[3]
dwie lekcje z Harrym Neuhausem
na egzaminie grałem: 1) sonatinę Clementiego C-dur[4], 2) finał sonaty Mozarta F-dur[5], na popisie na cztery ręce z Nulką Kruszyńską: 3) sonatinę Kuhlaua[6]
lata 1910–1913 w szkole Marii Diomidi w Kijowie: historia muzyki, formy muzyczne – M. Diomidi
na popisach i egzaminach: koncert Beethovena c-moll[7] (I część), *Sonata C-dur* Beethovena[8] (I część), *Sonata fis-moll* Brahmsa[9] (I część)
na egzaminie do konserwatorium: *Preludium i fuga e-moll* J. S. Bacha[10] i etiudy
rok 1914 – Konserwatorium Kijowskie u Kamczatowa: na egzaminie *Andante Favori* Beethovena[11], *Bagatela h-moll* Beethovena[12]
rok 1914–15 – pobyt w Połoweńczyku[13], pauza
lata 1915–17 – szkoła Tutkowskiego[14], najpierw asystentka (von Possart), potem sam Tutkowski, pierwszy rok harmonii u Tutkowskiego
na egzaminie: *Preludium Des-dur* Chopina[15], *Impromptu fis-moll* Chopina[16]
improwizacja z modulacjami
W 1917 z powodu rewolucji, prac w teatrze Wysockiej itd. przerwałem systematyczną naukę.

[1] Olga Marta Neuhaus z d. Blumenfeld (1859–1936) – pianistka; córka Michała Blumenfelda (1824–1883) i Marii z Szymanowskich, żona Gustawa Neuhausa; lekcji gry na fortepianie udzielała od czternastego roku życia.

[2] Lekcje z Heleną Kruszyńską obejmowały głównie grywanie na cztery ręce *Album Tatrzańskiego* Paderewskiego, o czym wspomina Iwaszkiewicz w szkicu *„Harnasie" Karola Szymanowskiego* oraz w wierszu oznaczonym numerem 78 z tomu *Ciemne ścieżki*:

> Jeszcze kiedyś w Tymoszówce
> – Ach, fumy wielkopańskie –
> Graliśmy na cztery ręce
> Owo *Album Tatrzańskie.*
>
> I „czy to dziewczyna" –
> I takie różne fiołecki,
> I pięknie aranżowane
> Fioritury zbójeckie.
>
> Na dworze upał stał wielki,
> Zajeżdżały po Felcia siwki
> I w starej wielkiej spiżarni
> Pachniały zielone śliwki.

(J. Iwaszkiewicz, *Wiersze*, t. 2, s. 120).

[3] Gustaw Neuhaus (1847–1938) – niemiecki pianista i pedagog; studiował w kolońskim Konserwatorium. W 1870 roku przybył do Rosji i wkrótce potem osiadł w Elizawetgradzie. Początkowo utrzymywał się z prywatnych lekcji muzyki i z pracy w szkole muzycznej Michała Blumenfelda. W 1898 roku, przy pomocy swego szwagra Feliksa Blumenfelda (1863–1932), otworzył wraz z żoną własną szkołę muzyczną, która w krótkim czasie zyskała szeroki rozgłos. Działalność pedagogiczna Gustawa Neuhausa obejmowała prowadzenie wykładów, pisanie prac naukowych z zakresu metodyki nauczania, komponowanie muzyki (ułożył m.in. cykl romansów do wierszy Heinego i Lenau'a, utrzymany w stylu Schuberta i Schumanna). Warto też odnotować, iż Gustaw Neuhaus tłumaczył na język niemiecki poezję Nikołaja Niekrasowa i wymyślił nowy system zapisu nutowego. Według opinii członków rodziny był „typowym Niemcem, przypominającym Schillera z Gogolowskiego *Newskiego Prospektu*. Cały Elizawetgrad wiedział: jeśli Neuhausowie [Gustaw i Olga] wyszli na spacer, znaczy to, że jest dokładnie godzina dziewiąta. A jeśli zegar wskazuje inny czas, świadczy to o błędzie zegara, a nie o niepunktualności Neuhausa. Gustaw i Olga pracowali od rana do wieczora. Na przerwę obiadową i odpoczynek przeznaczali dokładnie godzinę i piętnaście minut. Jeśli przerwa przedłużyła się choćby o minutę, Gustaw się wściekał. [...] Nie pił, palił mało, nie przeklinał, nie grał w karty. [...] Po śmierci Olgi, jak głosi rodzinna legenda, dziewięćdziesięcioletni już Gustaw Neuhaus przeciął sobie żyły siekierą! Lekarze z trudem go odratowali. Umarł półtora roku później, podobno z tęsknoty za żoną" (przeł. R. Papieski). Por. G. Neuhaus jr, *Neuhaus Gustaw Wilhelmowicz*, http://www.neuhausfamily.com/gv/.

[4] M. Clementi, *Sonatina C-dur* op. 36 nr 1 (1797).

[5] W. A. Mozart, *Sonata F-dur na cztery ręce* (1786).

[6] Friedrich Kuhlau (1786–1832) skomponował około trzydziestu sonatin na fortepian. Trudno orzec, którą z nich Iwaszkiewicz ma na myśli.

[7] L. van Beethoven, *III Koncert fortepianowy c-moll* op. 37 (ok. 1800).

[8] L. van Beethoven, *Sonata fortepianowa C-dur* op. 2 nr 3 (1794–95).

[9] J. Brahms, *Sonata fortepianowa fis-moll* op. 2 (1852).

[10] J. S. Bach, *Preludium i fuga e-moll* BWV 548 (1727–36).

[11] L. van Beethoven, *Andante favori F-dur* (1803).

[12] L. van Beethoven, *Bagatela h-moll* op. 126 nr 4 (1824).

[13] Iwaszkiewicz spędził zimę z roku 1914 na 1915 u państwa Ułaszynów we wsi Połoweńczyk, dokąd pojechał jako korepetytor. Konieczność zarobkowania wynikała z pogorszenia się sytuacji materialnej rodziny na skutek wojny: „Spółka Akcyjna «Kalnik», właścicielka cukrowni, gdzie pracował mój ojciec, obok innych zarządzeń moratoryjnych cofnęła wypłacanie emerytury mojej matce. Nie mieliśmy wtedy w zarządzie spółki nikogo znajomego (dawniej był w niej wuj Artur Taube i to on przeprowadził przyznanie emerytury).Teraz tę emeryturę cofnięto i musiałem się obejrzeć za tak zwaną «kondycją», która by mi pomogła utrzymać siebie i matkę" (J. Iwaszkiewicz, *Wspomnienia akademickie*, „Twórczość" 2005, nr 2/3).

[14] Nikołaj Tutkowski (1857–1931) – ukraiński kompozytor i pianista. W 1893 roku założył w Kijowie przy ulicy Kreszczatik 58 (obecnie nr 52) szkołę muzyczną, w której prowadził zajęcia w klasie fortepianu oraz w klasie teorii. W latach, o których pisze Iwaszkiewicz, szkoła mieściła się przy ulicy Prorieznej 18 (budynek nie zachował się). W 1931 roku szkoła przestała istnieć.

[15] F. Chopin, *Preludium Des-dur* op. 28 nr 15 (1838–39).

[16] Katalog dzieł Fryderyka Chopina nie notuje takiego utworu. Prawdopodobnie pisarz miał na myśli *Impromptu Fis-dur* op. 36 (1839).

12 października 1959

Tak już mi wypadło, aby przez trzydzieści siedem lat mieszkać w tym ibsenowskim domu. Na początku była ciocia [Aniela Pilawitzowa] i Bersonowa[1] w tych żałobach (i miniatura Leniczyka [?] oprawiona w brylanty). Potem choroba nerwowa i samobójstwo teścia, które pogrążyło w żałobie dom na dobre dwa lata, potem trochę oddechu w Kopenhadze i znowu choroba Hani, trzy lata koszmaru, potem samobójstwo Lenczewskiego[2] i „ruina" majątkowa, potem wojna i okupacja, po wojnie jeden rozwód, potem teraz drugi rozwód. Ja płaczę wieczorami w jednym pokoju, Teresa w drugim – i przy stole, przy obiedzie czy przy kolacji koszmarne staruszki, nadrabianie miną albo ponure milczenie. Nieżyczliwość w stosunku do mnie wszystkich w domu oprócz Hani, jednym słowem koszmar. Teraz jeszcze cień Jurka, który się nad wszystkim rozpościera. Biedna Tereska powiedziała dzisiaj przy kolacji: „żyć się nie chce!". Boże drogi, młoda kobieta – sama się wpakowała w taką kabałę. Wszystko razem może przyprawić o pomieszanie zmysłów. A Julek Stryjkowski dziwił się przedwczoraj, że ja nie chcę iść na amerykański balet, że to mnie nie interesuje. Przecież mnie w ogóle nic nie interesuje. Parandowska twierdzi, że my mamy wspaniałe życie – a my w ogóle życia nie mamy. Poza tym nikt się nie orientuje w tym, co dla mnie znaczy śmierć Jurka, którą mam bez przerwy przed oczami. Nie chodzę przecież ani na koncerty, ani do teatru – i to od dłuższego czasu, na parę lat przed jego śmiercią już byłem w tej „atmosferze" umierania, kończenia się; wszystko było ostatni raz. I jak to może być jakikolwiek nastrój w domu? A wszyscy zachwycają się tym Stawiskiem – Stief[3], Borysow[4], Erenburg, wszyscy, którzy mnie tu odwiedzają i nie rozumieją, co się tu działo i dzieje. A z drugiej strony może właśnie ta atmosfera przywiązuje mnie tak do tego miejsca. Dzisiaj byłem w lesie po ciemku. Też wygląda tam wszystko dramatycznie, balladowo. Jestem zupełne beztalencie, że nie potrafiłem tego jeszcze oddać...

[1] Justyna Berson z d. Waltuch (?–1945) – żona Edwarda, właściciela majątku Boglewice pod Grójcem, przyjaciółka Stanisława Wilhelma Lilpopa. „Pod Grójcem królowała też kobieta jak z powieści Henry Jamesa. Piękna i nieszczęśliwa, światowa i bogata, znakomita gospodyni i wierna przyjaciółka, pani Justyna B., której biografia jest jednym wzruszającym i głębokim romansem, nic niemającym wspólnego z sentymentalizmem *Trędowatej*. [...] Znałem jej życie tak dokładnie, gdyż łączyły ją z rodziną mojej żony węzły ścisłej przyjaźni. Obie rodziny przechodziły razem wiele dramatów i tragedii. Pani Justyna kochała się śmiertelnie w moim pięknym teściu, który był rozwiedziony i mógł zażądać od niej rozwodu. Ale mój teść nie chciał się żenić drugi raz, nie chciał dawać córce jedynaczce drugiej matki" (J. Iwaszkiewicz, *Podróże do Polski*, s. 208). Mąż Bersonowej oraz jej matka zmarli przed wybuchem II wojny światowej. Jej biografia znalazła odzwierciedlenie w losach Eweliny Royskiej, jednej z bohaterek *Sławy i chwały*.

[2] Jan Lenczewski – od 1932 roku administrator Stawiska. W 1938 roku popełnił samobójstwo. Iwaszkiewicz wspominał: „[...] kiedy w jesieni 1932 roku wyjeżdżałem na stałe do Kopenhagi, interesy były uporządkowane, Stawisko zagospodarowane doskonale, a czuwanie nad całością powierzyłem młodemu, ale bardzo energicznemu i budzącemu całkowite zaufanie człowiekowi, Jankowi Lenczewskiemu, bratu żony mojego przyjaciela, Antka Bormana, wydawcy «Wiadomości Literackich». I siostra, i szwagier ręczyli mi za Janka, w domu u nas pokochano go natychmiast. Wszystko u niego chodziło jak na sznureczku. Stworzył wzorowo prowadzony «Za-

rząd Interesów Anny i Jarosława Iwaszkiewiczów». Jedno tylko mi się w nim nie podobało i budziło nieufność: na biletach wizytowych miał napisane «Jan Samotyja-Lenczewski». Było to dla mnie bardzo podejrzane, zdradzało to niezdrowe ambicje u tego syna szwaczki z Białegostoku" (J. Iwaszkiewicz, *Książka moich wspomnień*, s. 378).

[3] Carl Stief (1914–1998) – wybitny slawista duński, profesor uniwersytetu w Kopenhadze; opublikował m.in. *Studies in the Russian Historical Song* (1953), *Renæssancen i Dalmatien* (1968), *Kontraster og sammenhænge: Tre studier i russisk litteratur* (1976).

[4] Wiktor Borysow (ur. 1924) – tłumacz, krytyk literacki; od 1955 długoletni konsultant Komisji Zagranicznej Związku Pisarzy Radzieckich do spraw kontaktów z Polską. Iwaszkiewicza poznał w lipcu 1958, podczas pobytu pisarza polskiego w Moskwie na zaproszenie redaktora miesięcznika „Oktiabr'". „Niejednokrotnie – pisze Borysow – spotykaliśmy się w Moskwie i w Warszawie, wypadło mi zabawić z nim w Kijowie i odbyć podróż do jego rodzinnych miejsc na Ukrainie, towarzyszyłem mu w wyjazdach do Rygi, Leningradu, Jarosławia, Włodzimierza i Suzdalu. Przez te wszystkie lata [1958–80] korespondowaliśmy ze sobą, czasami udawało się dodzwonić na Stawisko i porozmawiać. Rozmawialiśmy o rozmaitych rzeczach: o książkach, które z jakiegoś powodu nagle nam się przypomniały lub które dopiero co wyszły drukiem, o wydarzeniach, tych dawniejszych bądź całkiem świeżych, o ludziach, których się spotykało, o teatrze przeżywającym okres świetności, o literaturze – głównie rzecz jasna polskiej i rosyjskiej" (przeł. R. Papieski). Por. W. Borysow, *Moi wstrieczi s Jarosławom Iwaszkiewiczem*, w: *Wospominanija o Jarosławie Iwaszkiewicze*, Moskwa 1987, s. 202. W książce tej, której redaktorem jest właśnie Borysow, opublikowano także korespondencję między Borysowem a Iwaszkiewiczem.

W cytowanym tekście Borysow pisze także o tej wizycie na Stawisku, o której wspomina Iwaszkiewicz w dzienniku. Miała miejsce 26 września 1959 roku, poza Borysowem gośćmi Iwaszkiewicza byli Carl Stief oraz polski historyk literatury Stanisław Frybes. „Rozmawialiśmy o wszystkim – wspomina Borysow – głównie o literaturze i o książkach. Stief opowiadał o Danii, mówił: «ludzie u nas niemal nie kupują książek, wolą korzystać z bibliotek». Iwaszkiewicz opowiadał o niedawnej wizycie Erenburga. Wypowiadał się o nim ciepło i był pod wrażeniem tego spotkania, mówił o przenikliwym umyśle Erenburga, o jego szczególnym zainteresowaniu literaturą polską" (tamże, s. 206).

13 października 1959

Dzisiaj długi i męczący sen, bardzo przykry. Byłem w jakimś dużym towarzystwie, w którym (pamiętałem to) zgodziłem się zostać. Przedtem byłem z Jurkiem, ale nie widziałem go, tylko pamiętałem, że z nim byłem. Zgodziłem się zostać w tym towarzystwie, ale czułem, że Jurek jest z tego niezadowolony i nie pokazuje się. Gdzieś sobie poszedł. My w tym towarzystwie zabawiamy się rozmową i jakimiś „sennymi" grami, jakieś dziwaczne obrazy przechodzą przed oczami – a ja cały czas myślę o tym, co się dzieje z Jurkiem: czy poszedł do jakiejś kobiety, czy poszedł na wódkę z Szymkiem. Ale widzę potem Szymka, który przychodzi do drugiego pokoju, a raczej przedpokoju, ale nie wita się ze mną. I ja wciąż czuję, że Jurka nie ma, nie przychodzi – i sam nie wiem, co zrobić, żeby przyszedł. I zbudziłem się.

14 października 1959
Dzisiaj znowu sen o Jurku. Tym razem był przy mnie: poczucie takiej pełni, jakiej rzadko doznawałem za jego życia. Uczucie spokoju i radości, później cały dzień byłem spokojny.

24 października 1959
Straszna historia z biednym Rysiem Zenglem[1]. Już od paru tygodni wiedziałem, że nosi się z zamiarami samobójczymi. Miałem z nim jedną dużą rozmowę, przemawiałem, jak umiałem – ale widać nie umiałem. Argumenty moje były nieskuteczne. Przedstawiałem mu sprawy literackie, chciałem, aby odpowiedział na artykuł Beylina[2] – chciał, abym przeczytał jego nowelę. Ale potem powiedział: przecież pan wie, że mnie nic z tego nie interesuje, mnie interesuje tylko to jedno. Ta dziwna, wynaturzona miłość chyba była tylko pretekstem tej woli unicestwienia się, która go opanowała całkowicie. Libido – jako pretekst do destrudo. Przeżyłem te sprawy z wielką trudnością. Byłem na pogrzebie – ta mała biała trumienka, która kryła takie zapowiedzi. Andrzej Kijowski, Janek Kott, strasznie poruszeni tą sprawą. Andrzej Ziemilski[3] nieprzytomny próbował szukać winnych. Ale gdzie tu znaleźć winnych? Wszystko narastało w nim, wszystko parło do tego końca, niepokoiłem się od razu, podczas kiedy inni moi koledzy lekceważyli i twierdzili, że jest taką mocną bestią, że mu nic nie będzie. Ale przecież to całe pięcie się w górę i wszystkie ambicje, wszystko było tylko środkiem, a nie celem. Kiedy te środki zawiodły – został luminal. Straszny żal został w sercu.

Śmierć Jurka

Teraz, kiedy minęło już parę miesięcy od tej śmierci, mogę opisać ten film, który siedzi we mnie i który się okręca bez przerwy. Widzę wciąż to wszystko przed sobą po kolei.

Kiedy wyjeżdżałem szóstego maja do Sztokholmu, Jurka nie było w Warszawie. Wyjechali z Szymkiem trzeciego samochodem do Poronina. Jurek chciał koniecznie „zobaczyć się" z Piotrusiem, a właściwie mówiąc: pożegnać się z synkiem. Wyjazd ten był wielokrotnie odkładany, miałem i ja z nimi jechać, ale zbiegło się to z wyjazdem do Sztokholmu i musiałem z tego zrezygnować. Jurek był zmartwiony z tego powodu, a ja zrobiłem głupio, bo mój wyjazd do Sztokholmu był zupełnie niepotrzebny. Ale jednocześnie Jurkowi zależało na tym, abym do Sztokholmu pojechał. „Rób zawsze to, co ci radzi Kolankowska – mówił – to twoja najlepsza przyjaciółka". Wieczorem trzeciego dojechali do Poronina. Jurek był tak zmęczony, że położył się zaraz do łóżka i przeleżał cały poniedziałek (czwartego) – depeszował tylko do mnie, że dojechali. Był widać niespokojny, bo nazajutrz o dwunastej (piątego) telefonował na Stawisko z Zakopanego. Powiedział, że bardzo źle się czuje, że ledwie dyszy (kazał mi słuchać, jak dyszy), i był zaniepokojony moim wyjazdem i naszym rozstaniem. Powtarzał ciągle: „Pamiętaj, że będę przy tobie w tej podróży". Widocznie czuł się tak, że bał się, iż już się nie spotkamy. Okazało się potem, że pojechali jeszcze do Doliny Chochołowskiej, bo on jej nigdy nie widział! W dolinie zbierał pierwsze górskie kwiatki, które zasuszył w mapie samochodowej. (Przypomniało mi to odwiedziny Ogrodu Botanicznego w dniu pierwszego maja, czego nigdy nie zapomnę). Dopiero potem pojechali do Rabki. Kiedy Piotruś zbiegł po schodach prewentorium i rzucił mu się w ramiona – nie miał sił podnieść go w górę. Opowiadał potem ze smutkiem.

Z rana szóstego maja telefonowano do mnie z Okęcia, że otrzymano tam telegram dla mnie z Zakopanego: „Jadę z Tobą. Jurek". Znowu oznaka chęci bycia „przy mnie", która mnie zresztą bardzo wzruszyła. Trudno mi było wytłumaczyć telefonującemu, co ta depesza znaczy i że nikt więcej ze mną do Sztokholmu nie jedzie. Zresztą na lotnisku depeszy tej mnie nie doręczono. Wiem o niej tylko z tego telefonu.

Bardzo zatrwożony pojechałem do Sztokholmu. Czekając na samo-

ś. † p.

J E R Z Y
B Ł E S Z Y Ń S K I

(12.II.1932 — 28.V.1959)

*I stało się gdy upłynęły dn.i
urzędu jego, że odszedł do
swego domu*

(Św. Łukasz I, 23)

Nekrolog Jerzego Błeszyńskiego

Jarosław Iwaszkiewicz z wnuczką Magdusią w Stawisku, ok. 1957

Anna i Jarosław Iwaszkiewiczowie w Kalniku na Ukrainie,
w środku gospodarz Sienkiewicz, który znał ojca Iwaszkiewicza, 1958

Artur Rubinstein z Jarosławem Iwaszkiewiczem podczas przyjęcia
w Stawisku, 4 czerwca 1958

Premier NRD Otto Grotewohl i Jarosław Iwaszkiewicz
jako przewodniczący delegacji
Ogólnopolskiego Komitetu Obrońców Pokoju, Berlin, kwiecień 1959

Ołeksandr Kornijczuk, Jarosław Iwaszkiewicz i Nikita Chruszczow
podczas III Zjazdu Pisarzy Związku Radzieckiego w Moskwie,
Kreml, 23 maja 1959

Jarosław Iwaszkiewicz,
Stawisko, lata 60.

Od lewej stoją: NN, Władimir Ogniew, Jarosław Iwaszkiewicz
i Wiktor Borysow, Moskwa, kwiecień 1961

Jarosław Iwaszkiewicz
w Stawisku z psem Kasią, ok. 1962

Z Jarosławem Iwaszkiewiczem stoją od lewej: Wanda Bogatyńska,
Magdalena Markowska, Magdalena Kępińska, Jan Wołosiuk i Anna Włodek,
Stawisko, 1961 lub 1962

Julian Stryjkowski
i Jarosław Iwaszkiewicz,
Kraków, lipiec 1963

Anna Baranowska, Jarosław Iwaszkiewicz i Jerzy Lisowski,
Kraków, lipiec 1963

Od lewej siedzą: Wiktor Borysow, John Steinbeck, Jarosław Iwaszkiewicz
i Czesław Centkiewicz – podczas spotkania autorskiego Steinbecka
w Warszawie, listopad 1963

lot w Kopenhadze, napisałem ostatni list do niego. W Sztokholmie byli Dłuski, Strzałkowski[4], Skwarczyńska i prof. Andrzej Sołtan[5]. Byłem tak źle usposobiony, że musiałem powiedzieć im, że jestem zatrwożony stanem zdrowia przyjaciela. Ósmego w hotelu miałem depeszę, że wrócili w czwartek dopiero. (Okazało się później, że jeździli jeszcze do siostry Jurka do Prudnika. Chciał pożegnać się ze wszystkimi, „jak trzeba"). Depesza była podpisana „Syn". Był to ostatni „list" Jurka, ostatni z jego niezliczonych depesz i telefonów.

Nazajutrz, dziewiątego, otrzymałem depeszę od Szymka, że Jurek „zdecydował szpital". Zadepeszowałem do niego na Szucha, żeby z odjazdem zaczekał na mnie. Jednocześnie zacząłem się krzątać nad tym, aby zaraz wyjechać ze Sztokholmu. Miałem dobry pretekst po temu, bo zaraz wyjeżdżałem do Moskwy i musiałem jako przewodniczący delegacji ten wyjazd przygotować.

Jedenastego, w poniedziałek, wróżyłem z Pisma Świętego. Wypadł mi werset ze świętego Łukasza: „I stało się, gdy upłynęły dni urzędu jego, że odszedł do swego domu". Powiedziałem o tym Skwarczyńskiej. Ponieważ obecność nasza w Sztokholmie nie była związana z posiedzeniami, po całych dniach rozmawialiśmy ze Skwarczyńską i z Sołtanem. Opowiedziałem Skwarczyńskiej dużo o Jurku.

Nazajutrz, we wtorek, wyleciałem ze Sztokholmu, spędziłem trzy godziny w Kopenhadze w towarzystwie Staszka Dobrowolskiego – i o piątej po południu byłem na Okęciu. Czekali na mnie Kolankowska, Axerowa[6], Gilski, Hania, Szymek i Jurek. Ucieszyłem się szalenie, że miał jeszcze tyle siły, aby przyjść. (Kolankowska i Axerowa mówiły potem – widziały go po raz pierwszy – że nigdy nie zapomną urody tej twarzy i wyrazu jego). Pojechaliśmy na Szucha, ale on się zaraz położył i zasnął. Męczyły go bóle nerwów.

Nazajutrz z rana miałem z nim rozmowę, mówiliśmy o konieczności wyjazdu do szpitala – wszystko na spokojno. Szymek był w ten dzień u Meissnerowej, żeby dostać dla niego przydział do Turczynka. Wieczorem pojechałem na Stawisko, gdzie było majowo i cudownie. Rozmówiłem się z Bronką Lewicką[7], która ordynuje w Turczynku, o przyjęcie go tam – i o całych warunkach w tym szpitalu, które są bardzo okropne.

Gdy nazajutrz pojechałem do Warszawy – Jurek wówczas bardzo długo w łóżku leżał i z wielką trudnością się podnosił – zastałem wielce wzburzonego i zirytowanego. Zbeształ Szymka, który mu skierowanie Meissnerowej do Turczynka przyniósł, i irytował się na mnie, że go do szpitala chcę wysłać, aby się go z domu pozbyć. Tłumaczyłem mu, że sam mi pisał i mówił o szpitalu, że powziął już tę decyzję i że jest ona konieczna, bo nie może sam zostać na Szucha, gdy ja do Moskwy wyjadę. Bardzośmy się kłócili, jak często ostatnio. Wreszcie on list napisał do Meissnerowej, twierdząc, że jego stan zdrowia jest zadowalający i że dziękuje jej za to skierowanie. Skierowanie włożył do koperty i wyszedł na miasto, żeby ten list rzucić do skrzynki.

Rozmowa ta była bardzo przykra. Oczywiście i on, i ja – chociaż wyraźnie o tym nie mówiliśmy – zdawaliśmy sobie sprawę, że ten wyjazd do szpitala to jest ostatni wyjazd, „na umieranie". On się przeraził tej myśli, że to jest ostateczny koniec i bronił się przed tą decyzją w sposób dziecinny i rozpaczliwy. Było mi go potwornie żal, a jednocześnie niecierpliwił mnie, bo mnie gwałtownie oskarżał o okropne rzeczy, był prawie nieprzytomny ze strachu i wściekłości. Takeśmy się kłócili, że zapomnieliśmy o obiedzie (oskarżał mnie potem przed Lilką, że go nawet na obiady nie zabieram). Sytuacja była rozpaczliwa, z *Czarodziejskiej góry*. W tym nastroju wziąłem udział w wieczorze starych pisarzy w Filharmonii, w tak zwanych „piernikaliach"[8].

Gdy wieczorem wróciłem do domu, Jurek leżał już w łóżku, nie wracaliśmy już do tych kwestii, mówił z trudnością, prosił, żeby mu coś opowiadać. Plotłem byle co. Gdy wychodziłem do siebie, przyznał mi się wreszcie, że nie wrzucił listu do Meissnerowej. Czuł, że to już jest konieczność.

Nazajutrz jeszcze się bronił. Był to piekielny dzień. Była to już wigilia mojego wyjazdu do Moskwy. Z rana przyjechała Hania i Szymek. Przedtem miałem rozmowę z Jerzym, który powiedział, że stanowczo nie pójdzie do szpitala. Cały czas robił to w bardzo ostrej formie. Bardzo mnie utrudziło przełamywanie jego woli, zniecierpliwiony wyszedłem do drugiego pokoju do Hani i Szymka i powiedziałem głośno: „Niech robi, co chce, niech sobie zdycha pod płotem!". Myślę, że on to słyszał. Podobno cały ranek spacerował po Bielanach, ledwie powłóczył nogami.

Potem poszliśmy na obiad w trójkę, Hania, on i ja do „Caritasu". Tak on nazywał restaurację Cristal w przeciwieństwie do Rarytasu położonego po drugiej stronie uliczki Oleandrów. W restauracji było nudno, źle podawali, obiad był kiepski (on jadł, a właściwie dłubał jakąś wątróbkę), ja byłem bardzo zmęczony, bo miałem w tym dniu z rana dwa posiedzenia. Z obiadu wróciliśmy na Szucha.

Wieczorem miało być przyjęcie w Ambasadzie Radzieckiej dla delegatów wyjeżdżających do Moskwy z żonami. Chciałem skorzystać, że był gaz i woda i wykąpałem się. Gdy się ubierałem na wieczór i stałem półnagi w moim pokoju – wszedł Jurek. Gdy mnie zobaczył gołego, uśmiechnął się. Nigdy nie pokazywaliśmy się sobie w tym stroju. W uśmiechu stał się dawnym, miłym Jurkiem, pogłaskał mnie po gołych plecach, a potem mnie wziął za pierś. Coś zażartowałem i jakoś tak zrobiło się nam zwyczajnie i dobrze.

Po przyjęciu u Ruskich, które się długo zaciągnęło (film!), Hania pojechała do Stasi Horzycowej, gdzie nocowała, a ja wróciłem do domu. Jurek nie spał, czekał na mnie, ale czuł się niedobrze i był bardzo cierpiący. Nie wracaliśmy już do kwestii szpitala ani do żadnych ważnych zagadnień. Rozmawiał ze mną cichym głosem, ale spokojnie i pogodnie. Potem pozwolił mi się pocałować, mogłem pocałować całe ciało: nogi, kolana, brzuch, dwie plamki na piersi, tylko nie w usta, bo to mu odbierało krótki i ciężki oddech. Gdy klęczałem przy łóżku w otwartej koszuli, tuż przy jego głowie, włożył mi ręce za kołnierz, na plecy i głaskał i lekko drapał po skórze. Była to czuła i już nieerotyczna pieszczota. Potem w ciemności pocałowałem go w czoło, we włosy. Ostatni raz, obaj wiedzieliśmy o tym.

Nazajutrz rano wstał bardzo wcześnie, pomimo że w nocy miał parę ataków duszności i kaszlu, i ubrał się od razu. Ogolił się i wybrał się ze mną na dworzec. Odnosił jeszcze jakieś moje rzeczy do windy, wracał od windy już wybrany i spotkaliśmy się w progu w drzwiach. Objąłem go i pocałowaliśmy się tym razem w usta. Powiedziałem: „Nie zacinaj się, nie bierz mi tego za złe". Nic nie odpowiedział.

Zajechaliśmy po Hanię. Na dworcu było dużo jadących i odprowadzających. Spytałem się Szymka, czy kupił mi papierosów na drogę i szklanych tutek. Okazało się, że nie. Wobec tego Jurek poszedł (miał siły!) i przyniósł mi cztery pudełka poznańskich i dwanaście szklanych fifek. Zdołałem mu tylko powiedzieć na stronie: „Nie zacinaj się". Trzeba było wsiadać, pożegnałem się z nim ostatnim, ścisnąłem go za rękę.

Gdy pociąg odjeżdżał, patrzyłem tylko na niego. Stał niezmiernie chudy, w czarnych okularach. Nie machał dłonią. Za to Broszkiewicz, który stał w wagonie obok mnie i kiwał ręką, zasłaniał mi go, wreszcie wziąłem go za tę rękę i odchyliłem – i zobaczyłem go raz jeszcze. W tych okularach wyglądał jak na Batorym. Był strasznie blady i nieruchomy.

Tak mi został w oczach na zawsze.

Do Moskwy przyjechaliśmy nazajutrz o drugiej. O ósmej zadzwoniłem na Szucha do Marysi. Powiedziała mi, że Jurek wyjechał tego samego dnia co ja i że go nie ma w Warszawie. Zbaraniałem. Jeszcze bardziej się zdziwiłem, gdy nazajutrz w poniedziałek dostałem depeszę od Szymka: „Odwiozłem Jurka na Turczynek decyzję lekarzy zadepeszuję w czwartek".

—

Co się działo po moim wyjeździe z Warszawy, mogę podać tylko z opowiadania Lilki. Zostawiłem mu tysiąc złotych. Wrócił do domu, spakował się i o szóstej wyjechał do Bydgoszczy. Był tak bezsilny, że Lilka, która go spotkała na dworcu, sprowadzała go ze schodów. W domu ledwo wszedł na schody. Potem gadał do późna w nocy. Opowiadał okropne rzeczy o mnie, że chcę go się pozbyć, że wysyłam go do szpitala, że nie daję mu pieniędzy. Bardzo dużo zjadł. Lilka powiedziała (nie zdając sobie do ostatniej chwili [sprawy] z powagi sytuacji): „A może rzeczywiście to byłoby najlepiej, gdybyś poszedł do szpitala?". Na co on zrobił jej straszną awanturę, że i ona także chce się go pozbyć, że ona jest w zmowie ze mną itd.

Nazajutrz Lilka wyszła do miasta po sprawunki i na mieście dostała ataku sercowego. Przypadkiem spotkany jej mały sprowadził ją taksówką do domu, wprowadził do domu i ułożył do łóżka. Jurek przestraszył się bardzo, zaczął sumitować się, że przeszkadza, wreszcie ubrał się. Wieczorem miał wielką rozmowę z nią, gdzie przygotowywał ją do tego, że umrze. Żądał od niej, żeby umarła razem z nim – był jak nieprzytomny. Wreszcie późno w nocy zdecydował się, że musi jechać do Warszawy, w poniedziałek miał się stawić... w szpitalu.

Przed samym wyjazdem, o drugiej w nocy powiedział do niej: „Pamiętaj, powiedz Jarosławowi, że go bardzo kocham. Byłem dla niego bardzo niedobry w ostatnich czasach. Powiedz mu, że tego bardzo żałuję. I żałuję, że dla Szymka byłem niedobry. To bardzo dobry chłopak. Powiedz mu to".

Lilka nie mogła [go] odprowadzić na dworzec, bardzo źle się czuła. Pojechał sam, w zimną noc.

Jak dojechał do Warszawy, nie wiadomo. Helena, która mu otworzyła drzwi, przestraszyła się. Wzięła teczkę od niego z ręki i zaprowadziła do pokoju. O dziewiątej zatelefonował do Szymka na Stawisko, żeby przyjechał po niego. Wziął tylko parę drobiazgów, ostatnie listy moje i Lilki. Z początku w drodze rozpytywał się, czy to z mojej inicjatywy Szymek uzyskał u Meissnerowej to skierowanie i powtarzał: „Stary chciał się mnie pozbyć!". Potem już nic nie mówił całą drogę, tylko chłonął oczami pejzaż wiosenny, oglądał się na obie strony, przypatrywał drzewom i kwiatom, jakby chciał to w sobie zatrzymać na zawsze. Zajechali jeszcze na Stawisko. Wysiadł z samochodu i patrzył na dom, który bardzo lubił. Hania rozmawiała z nim przed domem, narwała mu olbrzymi bukiet bzów. Potem pożegnał się z nią i pojechali na Turczynek.

W Moskwie tymczasem sprawy szły swoją koleją. Otwarcie Zjazdu, moje przemówienie, spotkania z pisarzami. Nie mogłem jednak ukryć ani przed Jadzią Staniukowicz, ani przed Borysowem mojego niepokoju. W środę wieczorem zatelefonowałem na Stawisko. Odpowiedziała mi Hania, mówiąc, że przez pierwszy dzień (wtorek dziewiętnastego) Jurek się trzymał, ale że potem nastąpiło pogorszenie. Hania rozmawiała z Bronką Lewicką, która uprzedziła, że stan jest jak najgorszy. Nazajutrz w czwartek był ten obiad z pisarzami radzieckimi, o którym pisałem (Uczta u Makbeta)[9]. Wieczorem znowu telefonowałem do Hani, bo miała być w tym dniu (czwartek) u Jurka. Domyślałem się, jakim poświęceniem dla Hani było pójście do szpitala dla gruźlików. Hania powiedziała, że stan jest niedobry, ale że Jurek ucieszył się z jej wizyty i rozmawiał z nią, choć z trudnością. Powiedział jej: „Najgorsze jest to, że ja się załamałem". Choroba przemogła już i jego nerwy, którymi się trzymał przez czas tak długi. W piątek cały dzień byłem zajęty na Zjeździe, pomimo potwornego niepokoju nie komunikowałem się z domem. Czekałem na depeszę Szymka, ale jej nie otrzymałem. Mieliśmy wyjechać z Moskwy w poniedziałek, bylibyśmy więc w Warszawie we wtorek wieczorem. Putrament miał jednak lecieć samolotem w sobotę rano. Wieczorem zatelefonowałem do Hani. Powiedziała, że stan Jerzego jest bardzo zły i że powinienem być przygotowany na wszystko. (Ja już od półtora roku byłem przygotowany!) Zrobiono mu transfuzję krwi, ale nie mówi już, pisze kartki. Jest przy nim cały czas żona jego, Halina. To mnie zdziwiło najbardziej. Po telefonie postanowiłem jechać razem z Putramentem, była już jedenasta moskiewskiego czasu; ale znalazłem w restauracji hotelu Borysowa, powiedziałem mu o wszystkim, a on tym się bardzo przejął. Znalazł tego faceta, który zajmował się naszymi biletami, i on telefonował do Wnukowa[10] na lotnisko, tam już tylko był dyżurny, ale obiecał na rano przygotować bilet – tak że mogłem jechać. Poleciałem do Putramenta i akurat zastałem go wracającego z miasta. Powiedziałem mu, że pojadę z nim razem do Wnukowa i samolotem. Zrobiło się bardzo późno – w Moskwie, ale u nas o trzy godziny wcześniej. Zatelefonowałem jeszcze raz do Hani i dałem jej znać, że nazajutrz przed dwunastą będę na Okęciu.

Odprowadzali mnie Jadzia i Borysow. Byli bardzo czuli, jak zawsze. Jedliśmy obiad w Wilnie – z Putramentem. Ale kiedy dolecieliśmy do Warszawy, tam jeszcze nie było południa. Na pustej platformie czekała na mnie samotna Hania. Nigdy nie zapomnę tego widoku. Kiedy podszedłem do niej, powiedziała mi szeptem: „Jeszcze żyje".

Były piękne majowe dni. W samochodzie (Szymek speszony wiózł nas) opowiedziała Hania o przebiegu choroby, o transfuzji, o odjęciu mowy – i o tym, że kiedy Halina przyszła go odwiedzić w czwartek, to już jej nie puścił od siebie. Siedziała przy nim w dzień i w nocy. Warunki w szpitalu okropne.

Pojechaliśmy od razu na Turczynek. Jurek leżał w drugim domu (Weliszów) na pierwszym piętrze. Wejście frontowe jest zamknięte i wchodzi się od dawnej kuchni. Jurek zajmował łóżko w głębi pokoju, pod oknem. Miał jeszcze pięciu towarzyszy w długim i wąskim pokoju. Pomiędzy łóżkami zostawało wąskie przejście.

Zobaczyłem go w głębi, siedzącego na łóżku z nogami na ziemi. Obok łóżka siedziała Halina, trzymająca kurek tlenu. Tlen zastosowano od wczoraj, bo Jurek dusił się. Był bardzo zmieniony, włosy zmierzwione. Miał na sobie czerwoną piżamę, którą mu przywiozłem z Monachium. Na framudze okna za nim leżała książka rachunkowa, a w niej ostatnie listy moje i Lilki. Nogi miał bardzo obrzękłe. Tylko oczy patrzyły jasno. Były tak piękne jak zwykle. Nie zwrócił zupełnie uwagi na moje przyjście. Szymek też wszedł za mną. Dopiero kiedy Halina na chwilę zamknęła dopływ tlenu, zażądał na migi papieru i ołówka. Nakreślił parę słów na papierze i podał mi: „Szpital nie z tej ziemi. Tlen dopiero od dzisiaj". Zmienialiśmy się przy tlenie z Haliną. Szymek poszedł, odwiózł Hanię na Stawisko. Ja siedziałem parę godzin, wróciłem po obiedzie. Czuł się trochę lepiej (jak twierdzono po transfuzji) i mówił trochę. Mówił odtąd głosem nienaturalnym, głębokim i zupełnie obcym. Ktoś przesądny mógłby powiedzieć, że to szatan w nim przemawiał. W pewnej chwili powiedział: „Mów coś!", gdyż siedziałem przerażony i przygnębiony jego stanem. Zacząłem coś opowiadać o mojej podróży do Moskwy, o Chruszczowie itd. Ale przerwał mi rozpaczliwym pytaniem: „Ale co będzie ze mną?". Halina mu ciągle bez przerwy gadała jak do dziecka, a że się przeziębił, a że trudno, ale musi trochę pochorować itd. Mnie to piekielnie irytowało, ale jemu to było potrzebne. Nie puszczał jej od siebie ani na krok i robił straszne awantury, gdy wracała po wyjściu. Spytałem go, czy nie chciałby widzieć Lilki. Kiwnął głową przecząco.

Odpadło wszystko: ja, Lilka. Została tylko – żona. Matka jego dzieci. Zresztą już o tym pisałem.

Wróciłem do domu: cudowny majowy dzień, Jankowie z małym, Gucio [Iwański] z Martyną[11]. Co im powiedzieć?

Wieczorem kazałem Głodkowskiemu nocować w moim gabinecie. Myśleliśmy, że nad ranem posłyszymy telefon, tymczasem noc przeszła spokojnie. Halina była przy nim całą noc. Z rana poczciwy Szymon zaleciał na Turczynek. Porobił tam już znajomości. Stan bez zmian. Pojechałem do Warszawy.

Oczywiście niedługo bawiłem w redakcji, zaszedłem do apteki po jakieś niezwykle silne zastrzyki, które przepisała jeszcze Bronka Lewicka. Byłem także w ZAiKS-ie, aby zdobyć trochę pieniędzy, bo byłem bez grosza. Jakoś nie bardzo rozumieli sytuację i kręcili nosem. Bardzo to było dla mnie przykre i jeszcze bardziej zdenerwowało. Po obiedzie pojechaliśmy znowu na Turczynek. Zmian niewiele. Halina była w dalszym ciągu przy nim, ale ordynator zażądał, aby nie siedziała przy mężu, chciał, aby wynająć pielęgniarkę. Tymczasem żadna nie chciała siedzieć przy nim, bo uważały go za „obrzydliwego" chorego. Boże drogi, tego pięknego Jurka.

Halina rzeczywiście pielęgnowała go z poświęceniem. Cały czas wczoraj, cośmy tam z Hanią siedzieli, wycierała mu zwilżoną watą usta wewnątrz, dziąsła, wargi. Wszystko to pokrywało się ropą i piekło go bardzo; chwilami wypływała z ust wielka, okrągła kropla gęstej ropy. Halina to wszystko brała na watę.

Teraz znowu było to samo. Stan o tyle się poprawił (jak mówią po transfuzji), że mówił, ale głosem bardzo zmienionym. Do końca mówił tym obcym głosem.

Matka jego przyjechała. Pierwsze słowa do Haliny były, że nie będzie mogła brać udziału w kosztach pogrzebu. Była u niego przez chwileczkę.

Siedziałem jak na szpilkach. Po krótkiej chwili Jurek zwrócił się do mnie ze słowami: „Idź już sobie. Ja nie chcę, żebyś mnie widział w takim stanie". A po chwili: „Wy nie rozumiecie, jak to mnie denerwuje, że wy mnie tak widzicie!". I powtórzył: „Ja nie chcę, abyście mnie widzieli w takim stanie".

Poszedłem więc sobie. Ogólne wrażenie jednak było trochę lepsze. Potem był piękny majowy wieczór. Hania modli się prawie bez przerwy. Jeszcze przed moim przyjazdem był ksiądz u niego, wyspowiadał go i komunikował. Jurek rozmawiał z nim i zamówił go sobie (to znaczy pogrzeb) na czwartek.

Halina została jeszcze i na tę noc. Ordynator mówił, że chorzy skarżyli się na jej obecność, która ich jakoby krępowała. Mnie chorzy na korytarzu mówili, że są pełni podziwu dla niej i że ona jest wzruszająca. „Żadna pielęgniarka tego nie zrobi, co ona dla niego robiła" – mówili.

Nazajutrz, we wtorek dwudziestego szóstego, mając ciągłe informacje od Szymka, zachodzę do niego po południu. Robi lepsze wrażenie, choć wciąż siedzi na łóżku z nogami na podłodze. Nogi ma spuchnięte jak kłody i pojawiły się na nich sine plamy gangreny. Mówi, rozmawia. Powiada: lepiej, lepiej. Daję mu pić herbaty, wycieram usta watą, ale zapominam zwilżyć watę, na wargach pozostaje puszek, który trudno obetrzeć. Niecierpliwi go to.

Obok niego na łóżku leży chory: wysoki, uroczy, piękny blondyn. Zwykle chodzi po szpitalu, dzisiaj leży. Ledwie posiedziałem trochę, ten chory pochyla się nad dzbanem i wybucha strumieniem ciemnej, gęstej krwi. Robi się zamieszanie, wzywają siostry z zastrzykami. Atmosfera w pokoju okropna. Ulatniam się więc. Tego wieczora ma być przy nim specjalna pielęgniarka. Gdy przychodzę nazajutrz, jest bardzo podenerwowany. Mówi, że się tak zirytował, że nie było przy nim Haliny. „A ta pielęgniarka to największa kurwa w całym szpitalu". Nakrzyczałem na niego (ostatni raz w życiu), żeby nie gadał świństw. Ale chorzy mi powiedzieli, że pielęgniarka wcale przy nim nie siedziała w nocy, a kiedy potrzebował kaczki, to mu jej nie podała, bo to rola salowej, i póty szukała tej salowej, aż on zrobił pod siebie. Wygląda okropnie, jest bardzo niespokojny, a z ust mu wycieka bez ustanku ciąg gęstej, przeźroczystej śliny, która spływa bez przerwy do nereczki, którą trzyma w ręku. Irytuje się, że nie ma Haliny, że przerwano stosowanie tlenu. „Duszę się, duszę się" – mówi. Ostatecznie siostry obiecują konspiracyjnie sprowadzić wieczorem Halinę. Będzie przy nim w nocy. To go trochę uspokaja. (Potem był bardzo niespokojny!)

Kiedy wychodzę, spogląda na mnie bardzo wyraziście swoimi olbrzymimi oczami. Potem demonstracyjnie, trzymając na płask, podaje mi rękę. Potem ją nawet dość silnie ściska. Nie mówi przy tym nic. To jest ostatnie pożegnanie. Gdy odchodzę, widzę go siedzącego i dyszącego ciężko, skupionego, ale bardzo cierpiącego.

Nazajutrz jest czwartek, dzień odwiedzin. Boże Ciało. Ponieważ Halina dała znać znienawidzonym przez Jurka Frontom o jego stanie, boimy się, że Frontowie zjadą. Spieszymy się bardzo, ale oczywiście obiad jak zawsze w święta spóźnia się i kiedy zajeżdżamy samochodem przed szpital (z Wiesiem i Szymkiem), przed szpitalem stoją dwie Frontówny i jeszcze jakaś baba, a u Jurka są starzy Frontowie. Posyłam Szymka, aby ich wyprosił. Wychodzą, ale przed domem robi się straszna awantura.

Ja jestem z Haliną u Jurka tymczasem. Jestem zmiażdżony. On się tak awanturował, że go związano. Leży teraz na brzuchu na łóżku przywiązany na poprzek do łóżka prześcieradłem. Dyszy potwornie ciężko, tak że słychać bardzo głośny oddech i widać poruszające się plecy. Plecy miał bardzo szerokie. Widzę go tak leżącego bezsilnego i żałosnego jak dziecko. To mną wstrząsa. Nie mogę oderwać oczu od tego widoku.

Tymczasem przed domem straszne hece. Jedna z Frontówien przypada do Wiesia siedzącego w samochodzie i woła: „Niech pan idzie i zobaczy, co on z nim zrobił! Niech pan ucieka póki czas, póki on z pana nie zrobił takiego zdechlaka!". Zaczynają się wymysły na mnie, głośne okrzyki i wymówki do Haliny, że zadaje się z takim świństwem. Wreszcie cała rodzina udaje się do ordynatora z tym, że chcą Jurka zabrać do Warszawy do szpitala. Ordynator ich wyśmiał: „Czy państwo nie widzą, jaki jest jego stan?".

Halina i matka wychodzą do rodziny, ja sam zostaję przy Jurku. Po chwili wchodzi stary Front. Bez słowa patrzymy na leżące ciało, na plecy wstrząsane kurczowym oddechem, na przepiękny kształt głowy z tyłu. Front odchodzi.

Jurek porywa się z łóżka i mimo przywiązania prześcieradłem siada w swej zwykłej pozie. Trzymam go za rękę. Tak mija godzina. Oczy ma zamknięte. Cichutko wsuwają się Halina i matka. Siadają koło mnie. On odczuwa ich obecność. Woła bardzo zniekształconym głosem: „Halina jest?", potem: „Jarosław jest?". „Tak – odpowiadam – jestem". „Matka jest?" – „Jest". A on wtedy zaczyna, bardzo donośnym głosem: „Telegramy posłaliście?". „Jakież telegramy, do kogo?" – pytam. „Do wszystkich, wyślijcie telegramy do wszystkich: Jurek umarł!". To było straszne. Ale on zaraz opadł, oparł się głową o ramię Haliny i powiedział słabo: „Trzymaj mnie, Halina". Halina go objęła i tak siedzieliśmy. On wciąż dyszał, ale spokojnie. Matka wysunęła się cicho.

Około szóstej, po szóstej i ja wyszedłem. Halina trzymała go mocno, on powtarzał: „trzymaj mnie". Pocałowałem go we włosy i w czoło. Od drzwi odwróciłem się. Halina puściła go na chwilę, siedział dysząc ciężko, włosy zmierzwiły mu się i opadały na czoło. Piękne rysy ściągnęły się.

Wróciłem do domu, siedziałem w gabinecie, zjadłem kolację. Za dwadzieścia dziesiąta rozległ się dzwonek telefonu. Dzwoniła Halina: „Jurek umarł u mnie na ręku przed dziesięciu minutami".

———

Odwróciłem się do Hani i powiedziałem: „Już po wszystkim", po czym zacząłem się wybierać, aby pójść do Szymka. Wchodząc na schody, spotkałem Hanię, która wyciągnęła do mnie ręce; powiedziałem do niej: „Nie dotykaj mnie, nie dotykaj mnie!" i wyskoczyłem na podwórze.

Była ciepła majowa noc. Na Stawisku było ciemno i pięknie. Leciałem pospiesznie, potykając się, przez las. Potem przez łąki prosto do Brwinowa. Nic nie czułem, nic nie myślałem. Wchodząc na podwórze domu Szymka, zobaczyłem światła samochodu jadącego w tym samym kierunku. Szymek wjechał na podwórze. Rzuciłem się ku niemu! „Wracasz ze szpitala?" – „Nie! Byłem u kogoś. Ze szpitala wyjechałem po szóstej". – „Nie byłeś w szpitalu?" – „Nie byłem". – „Jurek umarł". Szymek zakręcił się jak trafiony kulą. Nigdy nie zapomnę tego gestu. Basia Szymkowa stanęła w drzwiach. Szymek powtórzył jej wiadomość.

– Jedziemy do szpitala – powiedziałem. Posuwaliśmy się prędko w ciemnej, pachnącej nocy. Stawisko, opuszczony staw, potem Turczynek. Zajeżdżaliśmy od strony Milanówka. Za chwilę byliśmy przed szpitalem. W dyżurce była spokojna, niepłacząca Halina i dwie siostry. Jurka już wynieśli do małego przedpokoiku przed głównym wejściem. Leżał na noszach, na podłodze, owinięty prześcieradłami. Rozwinęliśmy głowę. Był nagi, oczy miał półotwarte, usta otwarte. Dotknąłem, był jeszcze ciepły. Zamknąłem mu powieki. Ustąpiły łatwo. Trzeba było podwiązać szczękę. Siostra przyniosła bandaż, wiązaliśmy z Szymkiem, ale bandaż był zbyt lekki, źle się wiązał i nie trzymał szczęki. Nie udało się nam domknąć całkowicie ust. Halina jeszcze raz podniosła jedną powiekę i błysła na chwilę lazurowa tęczówka oka. Siostra powiedziała: „Nie trzeba, nie trzeba". Uklękliśmy i zmówiliśmy pacierz. Halina zakryła mu twarz. Poszliśmy.

Pojechaliśmy na Stawisko. Słowiki śpiewały w lesie. W gabinecie było pięknie. Przyniosłem trochę czerwonego wina i kieliszki: piliśmy. Halina nie spała całą noc i cały dzień. Zaczęliśmy omawiać sprawy zawiadomień, depesz, pogrzebu. Zatelefonowałem do Jurka Lisowskiego, mówiąc, że nie będę przez parę dni w redakcji.

Omawialiśmy sprawę pogrzebu, ubrania do trumny. Boże Ciało – przez całą oktawę nie może być żałobnej mszy. Pogrzeb musi się odbyć w sobotę po południu. W Brwinowie. Prosił, aby go pochować na wiejskim cmentarzu. Czarne ubranie? Nie miał go z sobą w Turczynku, chcieliśmy jechać po nie do Warszawy, zatelefonowałem pomimo późnej pory do Marysi, na Szucha. Ale przeszukała wszystko w pokoju Jurka, ubrania nie było. Widocznie zostawił w Bydgoszczy. Natomiast to szare, w którym przyjechał do szpitala, miał odświeżone i wyprasowane. Widać to szare przygotował sobie do trumny. Znalazłem czarny krawat mój, moje krótkie kalesony i moje czarne skarpetki. Buty też trzeba było mu dać moje, gdyż nogi miał tak spuchnięte, że nie mógł włożyć swoich. Koszulę miał bardzo piękną, którą mu przywiozłem ze Sztokholmu, białą „non iron". Tak się z niej cieszył i miał tylko raz na sobie. Długo w noc siedzieliśmy. Wreszcie Szymek i Halina pojechali. Noc była wciąż cudowna, słowiki zanosiły się od śpiewu. Nazajutrz rano Szymek z Haliną przyjechali bardzo wcześnie. Pojechaliśmy do Turczynka. Jurka jednak już przeniesiono do kostnicy. Poszedł tam naprzód taki szpitalny dziad, niestary jeszcze człowiek, aby go ogolić i umyć. Mała biała kostnica stoi w lesie wśród wysokich sosen. Składa się z dwóch części, w pierwszej otwierającej się na las odbywa się obrządek ubierania, druga, gdzie stoi katafalk, otwiera się wprost na szosę. Tamtędy trumnę się wynosi.

Gdy przyszliśmy, drzwi od pierwszego pokoiku były otwarte, na drewnianej ławie leżał zupełnie nagi trup Jurka, a człowieczyna go golił starą żyletką. Ranek był cudowny. Kukułki na odmianę kukały ze wszystkich stron, niebo było lazurowe, las świeży. Halina i Szymek poszli do lasu, spacerowali gdzieś, a ja stanąłem blisko drzwi i patrzyłem na Jurka.

Był bardzo chudy, wyschnięty, ręce i ramiona jak u świętego Franciszka, nogi wychudzone, a stopy spuchnięte. Twarz wyglądała lepiej niż w wigilię. Ciało można było widzieć całe ze wszystkimi szczegółami. Górę korpusu miał czystą i pięknie rzeźbioną, nogi smukłe i bardzo obrośnięte czarnym włosem. Na przeponie miał dwa czarne znaczki, o których często mówiliśmy.

Człowiek, który go golił, przystąpił do mycia. Szorował całe ciało ręcznikiem i szczotką, wodą z mydłem. Gdy mu się ręce lub palce opierały, przemawiał do trupa. Cały czas z nim rozmawiał. To podobno należy do obrządku. „No, puść, puść braciszku" – powiadał do niego.

Kiedy umył go, zbliżyłem się do ławki i patrzyłem na to nieruchome, bardzo piękne ciało, podobne do krucyfiksu ze słoniowej kości. Zbliżyłem się tuż do niego, powtarzając: „Jurek, Jurek" – i palcem poskrobałem owłosioną nogę. Był bardzo, okrutnie zimny – jak lód.

Wtedy zawołałem Szymka i Halinę i zaczęliśmy go ubierać. Z włożeniem szwedzkiej koszuli był kłopot, nie chciała przejść przez sztywną głowę. Kiedy mu ją wkładałem, objąłem go przez plecy, odczuwając ich szerokość, ich masyw, obciągałem koszulę i dotknąłem tego miejsca u nasady kości pacierzowej, wgłębienia nad kością ogonową, które jest najbardziej intymnym miejscem męskiego ciała. Reszta poszła bez większej trudności. Włożyliśmy mu moje krótkie kalesony. Chciałem mu zawiązać mój czarny krawat, ale Szymek wyrwał mi to i powiedział: „Nie, nie, trzeba na trójkącik". I rzeczywiście zawiązał bardzo zgrabny węzeł „na trójkącik". Teraz leżał na ławce ubrany, bardzo „elegancki", twarz mu się rozluźniła, nie była już tak ściągnięta cierpieniem i piękniała w oczach.

Zostawiłem go tak, Szymek z Głodkowskim mieli pojechać po trumnę, Halina poszła do domu, a ja pojechałem do Warszawy. Wracałem na Stawisko z Turczynka, przez cały las turczyniecki i przez nasz, przez dziury w płocie – przez zielone majowe liście, wciąż gnany kukaniem kukułek, patrzący na przejrzyste sine niebo. A on już tego nie widział.

Z tych dni niewiele zostało mi w głowie. Tylko ta pogoda i mieszanina kwiatów i żałoby. Gdy przyjechałem z Warszawy ze snopem różanych lewkonii, Jurek już leżał w trumnie i był tak piękny, jak nigdy. Olśniewająco, nieziemsko piękny. Ironiczny nieco uśmiech obnażał nieco zęby, ale nie było w tym nic z makabry, tylko wielki spokój – z pewną dozą ironii wobec nas wszystkich. Z lewej strony policzka ukazał się mały dołek, który tam rzadko gościł za życia. Utrwalił się on tam, nadając całej twarzy osobliwy wyraz leciutkiej wzgardy dla żywych.

Hania nie chciała go widzieć w trumnie, ale potem, gdy się zdecydowała, nie mogła się uspokoić, tak wydał się jej „anielski". Linia czoła i nosa nabrała prawdziwej czystości, profil otoczony kwiatami i rozsypanymi nieco włosami ukazywał się w całej swej doskonałości. Na obcych ludzi wzruszająco działała ta uroda.

Leżał w drugim pomieszczeniu, tym z drzwiami ku szosie, za nim były trzy małe okna, które wlewały do pokoiku i trumny całe morze wiosennego blasku. Obeszło się bez świec i sztucznych świateł.

Nazajutrz rano był równie piękny. Szymek pojechał gdzieś z Haliną – i myślę, że specjalnie – zostawił mnie na parę godzin samego przy trumnie. Chodziłem po pokoiku tam i z powrotem i rozmawiałem z nim jak dawniej. O wszystkim, mówiłem głośno o naszych projektach, o naszych uczuciach. A najwięcej wyrzucałem mu wszystkie nieszczerości i kłamstwa – tłumacząc mu, że można było mi mówić zawsze prawdę. A przecież jeszcze wówczas ani pojęcia nie miałem, jak dalece ukrywał przede mną ważne w jego życiu sprawy, jak wiele fałszu i kłamstwa włożył w ten stosunek do mnie. Ale wybaczałem mu to wszystko na kredyt. Od czasu do czasu dotykałem jego czoła, włosów, rąk zimnych jak lód. W tym pokoiku – a właściwie w tej trupiarni było zimno – co kilkadziesiąt minut wychodziłem na zewnątrz, do lasu, i siedząc pod sosną, ogrzewałem się. Las był tak świeży, tak zielony – i kukułki nie przestawały kukać. A potem znów szedłem do niego. Dotykałem uszu, policzków, warg i mówiłem mu: „Byłeś głupi i nierozważny, miałeś za mało zaufania do mnie".

Aż wreszcie przyszedł Szymek. Pogrzeb miał się odbyć o trzeciej, mogli się już schodzić ludzie. Trzeba było iść. Wtedy pochyliłem się ku jego głowie, pocałowałem włosy i powiedziałem: „Dobranoc, dobranoc". Szymek znowu zakręcił się, jakby go trafiła strzała.

Potem już tylko wyszedłem do trumny, doczekałem, dość długo trzeba było czekać, aż pogrzebowy orszak przeszedł szosą. Epitafium na trumnie: „śp. Jerzy Błeszyński" największe na mnie zrobiło wrażenie. Nazwisko, które widziałem na kopertach moich listów, na kartkach tego dziennika, na książkach, na rachunkach – przechodziło do innych kategorii. Stawało się nazwiskiem zmarłego. Człowiek nie istniał.

Na samym pogrzebie nie byłem.

[1] Ryszard Zengel (1938–1959) – krytyk literacki, eseista. Od 1955 roku, jako student filologii polskiej na Uniwersytecie Warszawskim, był członkiem Studenckiego Teatru Satyryków. Recenzje i artykuły publikował m.in. w „Twórczości", „Współczesności", „Życiu Literackim". Uprawiał taternictwo. Zmarł śmiercią samobójczą 17 października 1959 roku. W 1970 roku ukazał się zbiór jego artykułów *Mit przygody i inne szkice literackie*, w wyborze i ze wstępem Tomasza Burka (jeden ze szkiców poświęcony jest Iwaszkiewiczowi – *O Iwaszkiewiczu inaczej*).

[2] Chodzi o artykuł Pawła Beylina *Krytyka i metoda*, który ukazał się w „Twórczości" 1959, nr 12.

[3] Andrzej Ziemilski (1923–2003) – pisarz, publicysta, socjolog, trener narciarstwa. Napisał m.in.: *Polska w latach dziewięćdziesiątych. Problemy społecznego przystosowania do wielkiej zmiany* (1995), *Dobry Niemiec. Opowiadania prawdziwe* (1997), *Cud na Kasprowym* (1998), wspomnienia *Znalezione nad jeziorem Wiartel* (2002). W poświęconym mu szkicu wspomnieniowym Andrzej Dobosz pisał: „Od roku 1943 zaczął konspiracyjne studia na Politechnice Warszawskiej, pracując równocześnie w fabryce kabli w podwarszawskim Ożarowie, no i oczywiście należąc do AK. W połowie roku '45 wyszedł z partyzantki AK w Tatrach, zgłaszając się do PPS. Tak przed

wojną nazywała się partia jego ojca. W marcu tegoż roku – dwudziestodwuletni – został, z trzema innymi nawzajem nieznającymi się rówieśnikami, w roli «pełnomocnika do spraw administracji polskiej na Ziemiach Odzyskanych» wysłany do Gliwic. W najtrudniejszych miesiącach wykonywał swą misję z zapałem i pełnym przekonaniem. Wkrótce jednak zrezygnował z kariery w administracji i rozpoczął studia uniwersyteckie na socjologii w Warszawie u Stanisława Ossowskiego. Tam zaprzyjaźnił się ze Stefanem Nowakiem i Janem Strzeleckim. W początkach roku 1948 wystąpił też z własnej woli z PPS, jeszcze przed jej połączeniem z PPR. W roku 1950 nie było już socjologii. Były akowiec, były socjalista opuścił Warszawę i po odpowiednim kursie został w Zakopanem – latem był instruktorem taternickim, zimą trenerem narciarskim. Podczas październikowego ożywienia roku 1956 zjechał z gór, lądując prosto w redakcji «Trybuny Ludu», nie zostając jednak członkiem partii. [...] Andrzej, z którym wtedy zaczęła się moja znajomość, a wkrótce przyjaźń, był na tyle inteligentny, by opuścić redakcję po paru miesiącach. [...] zajął się socjologią sportu i rekreacji. Jak wszystko w życiu, robił to z pasją i na wysokim poziomie. Ale słuchając go, miało się pewność, że jego zainteresowania sięgają znacznie dalej. Ja zresztą zawsze myślałem, że socjologia dotyczy nas, ale w znikomym stopniu mnie samego. Andrzej Ziemilski również wymykał się formułom socjologicznym określającym polskiego inteligenta jego czasów. Przez wiele lat uniknął etatu. Dzielił czas między chodzenie po górach, zjeżdżanie z nich na nartach, prywatny udział w dobrych uniwersyteckich seminariach" (A. Dobosz, *O Andrzeju Ziemilskim*, „Tygodnik Powszechny" 2003, nr 20).

[4] Tadeusz Strzałkowski – sekretarz Prezydium Ogólnopolskiego Komitetu Pokoju.

[5] Andrzej Sołtan (1897–1959) – fizyk, od 1952 członek PAN, organizator Instytutu Badań Jądrowych i pierwszy jego dyrektor (od 1955), współorganizator Zjednoczonego Instytutu Badań Jądrowych w Dubnej (Rosja); prowadził prace dotyczące reakcji jądrowej i promieniowania rentgenowskiego, zajmował się budową akceleratorów.

[6] Fryderyka Ernestyna Maria Axerowa z d. Schuster (1895–1982) – wdowa po adwokacie Maurycym Axerze, matka Erwina Axera; pracowała w biurze Ruchu Obrońców Pokoju.

[7] Bronisława Lewicka – lekarka. Lewiccy mieszkali przy ulicy Gołębiej 12, w bliskim sąsiedztwie Stawiska. Zob. M. Iwaszkiewicz, *Z pamięci*, s. 129 i 188.

[8] 14 maja 1959 roku w sali Filharmonii Narodowej odbył się „Wieczór Seniorów", w którym udział wzięli: Władysław Broniewski, Maria Dąbrowska, Jarosław Iwaszkiewicz, Jan Parandowski i Melchior Wańkowicz. Wieczór prowadził Jan Kott.

[9] Pomyłka autora. Obiad z pisarzami radzieckimi odbył się nie w czwartek (21 maja), ale w piątek (22 maja), o czym świadczą także prowadzone na bieżąco zapiski w dzienniku. Konsekwencją tej pomyłki jest kolejna: dzień powrotu do Warszawy przypadł nie na sobotę (23 maja), lecz – jak wynika z dalszej części relacji – na niedzielę (24 maja).

[10] Wnukowo – lotnisko w Moskwie.

[11] Martyna Iwańska – córka Haliny Hulanickiej i Tadeusza Iwańskiego (ur. 1902), wnuczka Jana Iwańskiego, brata Augusta Iwańskiego juniora.

Piątek, 30 października 1959

Dzisiaj, w pierwszym dniu pobytu w Paryżu, byliśmy na śniadaniu z Arturem Rubinsteinem. Nela jeszcze jest w Warszawie, więc pokazawszy cały dom, zabrał nas do wspaniałej restauracji Berkeley. Mężowie śmiertelnie zakochani w swoich żonach zawsze są przyjemniejsi bez nich, na przykład Parandowski. Tak samo Artur, o ileż jest przyjemniejszy, zwyklejszy, szczerszy, gdy jest sam. Nie ma ani amerykańskiej *facticité*, jaką ma Nela – i odrzuca swoje paryskie pozy. Jest dobrym, starym, prostym Żydem – i wielkim artystą. Właściwie tak szczerej rozmowy z Arturem nie mieliśmy nigdy. Naprzód zaczęliśmy mówić o swoich dzieciach. Zakomunikował nam, że Ewa, ku jego przerażeniu, spodziewa się trzeciego dziecka, w niespełna trzy lata[1]. O tym już nie mówił, ale to trochę wynikało z dalszego ciągu rozmowy, że całe to jej wyjście za pastora metodystów jest buntem przeciwko stylowi życia rodziców, przeciw artystycznym podróżom, całemu *schwungowi*[2] – i co tu dużo gadać, przeciwko całej sztuczności tego *train*[3]. Nela przeznaczyła ją w myśli dla jednego z Rotszyldów, a tymczasem zabrał ją pastor nazwiskiem Coffin[4].

Potem zaczął mówić o Paulu[5]. Wreszcie opowiedział o wszystkich kłopotach i trudnościach, jakie miał z tym synem, który od dzieciństwa nienawidził ojca. Wszystkie jego *faux-pas*[6], wszystkie *écart*[7] wyznał nam z rozbrajającą szczerością – i wreszcie wiadomość o tym, że się ożenił bez ich wiedzy – i napisał do ojca olbrzymi list z prośbą o przebaczenie, bijący się w piersi – oczywiście z prośbą o pomoc i o pieniądze potrzebne przy tym ożenku. „Ja to wszystko rozumiem – powiedział – to wszystko bardzo dobrze. Ale dlaczego on mnie tak nienawidzi?" Bardzo to tragiczne, takie reakcje dzieci – zwłaszcza synów, ale takie bardzo zrozumiałe, to dobrze, że ja nie mam synów.

Potem zaczął opowiadać o swoim tournée po Hiszpanii, z którego wracał. A z tego przeszedł na swoją pianistykę. Powodzenie jego przed małżeństwem z Nelą było oparte głównie na graniu hiszpańskiej muzyki, Granadosa[8], Albéniza[9]. Ale przyznał się nam, że on nigdy tych utworów nie grał tak, jak były napisane, „ja przecie nie wygrywałem tam wszystkich nut". Dopiero jakichś dwóch młodych krytyków się na tym poznało. „Ja dopiero po ślubie z Nelą zacząłem naprawdę pracować!" – powiedział. Dlatego jego gra się tak zmieniła, tak udoskonaliła (mówiąc nawiasem) i tak bardzo dojrzał. „To wszystko, co przedtem robiłem, to nie była muzyka".

Siedzieliśmy w tym Berkeley bez końca, ostatni wyszliśmy z restauracji. Gadali głównie Hania i Artur. Ciekawe jest, że nikt nigdy nie jest ciekaw moich przeżyć – i że ja tak rzadko mówię o sobie. Co prawda, moje przeżycia nie są ani w połowie tak ciekawe, jak przeżycia takiego Artura.

[1] Ewa Rubinstein miała troje dzieci: Amy (ur. 1957), Alexa (1958–1983) i Dawida (ur. 1959) Coffinów.

[2] *Schwung* (niem.) – rozmach.

[3] *Train* (fr.) – tutaj: sposób, styl życia.

[4] William Sloane Coffin (1924–2006) – pastor prezbiteriański, aktywista ruchu na rzecz pokoju, w latach 1956–68 mąż Ewy Rubinstein. Słowo *coffin* w języku angielskim znaczy: „trumna".

[5] Paul Rubinstein (ur. 1935) – starszy syn Neli i Artura Rubinsteinów, makler giełdowy.

[6] *Faux-pas* (fr.) – nietakt.

[7] *Écart* (fr.) – tu: wyskoki.

[8] Artur Rubinstein miał w repertuarze utwory fortepianowe Enrique Granadosa: *La Maja y el Ruiseñor* z cyklu *Goyescas* i *Andaluza* z cyklu *Danzas españolas*.

[9] Isaac Manuel Francisco Albéniz (1860–1909) – hiszpański kompozytor i pianista, inicjator powrotu do inspiracji ludowych w muzyce hiszpańskiej. Rubinstein wykonywał jego utwory: *Iberia*, *Navarra*, *Cordoba*.

1 listopada 1959

Dzisiaj grób Chopina. Postawiliśmy świeczkę. Po południu Artur grał Schumanna[1].

[1] W dniu koncertu Rubinsteina powstał wiersz Iwaszkiewicza *Schumann*, włączony do zbioru *Jutro żniwa* (1963) i dedykowany artyście.

4 listopada 1959

Dziś rano zadzwonił do mnie Cześ. Przywiozłem całą tekę jego maszynopisów i rękopisów, jaka od okupacji była u mnie na przechowaniu. Powiedziałem o tym Zygmuntowi Hertzowi[1]. Widocznie dał mu o tym znać. Zjawił się u mnie w hotelu de Suede o godzinie zaraz po piątej. Uderzyłem z początku w bardzo serdeczny ton, miałem łzy w oczach, ściskając go. Ale on odpowiedział na to chłodem. Usadowiłem go w fotelu (właściwie nic się nie zmienił) i zacząłem mówić. Powiedziałem mu, że go przepraszam za mój odruch wtedy, kiedy nie podałem mu ręki[2]. Ale że, właściwie mówiąc, i ja, i on popełniliśmy ten sam błąd, nie ufając swojemu narodowi. Na to on gorąco zaprotestował – i powiedział, że on mój czyn doskonale rozumie, że ja nie umiem bronić swojej indywidualności i działam zawsze pod naciskiem tłumu. Nie było to ani przyjemne, ani prawdziwe. Przeszliśmy na inne tematy. Rozpytywałem go o to mieszkanie, czy to jego własne itd. Nic mi wyraźnego nie powiedział, a co najciekawsze, że nie nazwał ani razu miejscowości, w której mieszka, i mowy nie było o tym, żeby mi dał swój adres albo tylko telefon[3]. Mówiliśmy potem o książkach, o moim *Wzlocie*. Powiedział, że napisał cały szkic na temat *Upadku* i *Wzlotu*, ale go nie ogłosił[4]. Że cała ta nasza polemika z Camusem polega na nieporozumieniu i że właśnie Camus i ja obracamy się na zupełnie innych płaszczyznach. Widziałem, że uważa *Wzlot* za zbyt prymitywną rzecz. Potem rozmawialiśmy o *Doktorze Żywago*, którego on uważa za „wielką książkę", ja zaś, jak wiadomo, nie bardzo.

Gdy tak rozmawialiśmy dość długo, obserwowałem go uważnie i teraz dopiero ujrzałem te zasadnicze zmiany, jakie w nim nastąpiły. Przede wszystkim zmiana kardynalna: z chłopca i mężczyzny bardzo miłego zmienił się w istotę antypatyczną. Cała istota jego tchnie jakąś pychą i fałszem, niesłychanie niemiłym. Piękne niegdyś jego oczy, w które patrzyłem przenikliwie, cały czas unikały mojego wzroku w sposób nader nieprzyjemny, biegając na wszystkie strony. Ta ruchliwość oka wydała mi się u niego rzeczą nową i nad wszelki wyraz nieprzyjemną. Nieprzyjemny także jest ton jego mówienia, bardzo apodyktyczny i pewny siebie. Zresztą nie dawał mi najważniejszych szczegółów o sobie.

Swój czyn porzucenia okrętu, który, jak mu się wydawało, już tonął, starał się tłumaczyć sposobem podjazdowym, okólnym. Powiedział mi tylko: „Nie wiesz i nigdy nie będziesz wiedzieć, jakie intencje w tej sprawie miał Modzelewski"[5]. Nie zatrzymałem się dłużej nad tym zagadnieniem. Potem starał się zbagatelizować to wszystko, co się działo w Polsce po Październiku. Mówił mi, że to, co się dzieje w Rosji i co niechybnie wybuchnie, będzie daleko ostrzejsze i bardziej ważne. Że to, co się dzieje „w podziemiu" węgierskim, jest i ważniejsze, i bardziej przemyślane niż to, co dała Polska. Odpowiedziałem: „No, oczywiście bardziej przemyślane!" – myśląc o spontaniczności „rewolucji" polskiej, ale on to źle zrozumiał. Powiedział z pewnym zniecierpliwieniem: „Przecież Węgrzy to nie naród filozofów". Starał się mnie pouczać, parę razy powiedziawszy: „Wy o tym nie wiecie". Oczywiście wyrażał się o literaturze polskiej (krajowej) z dużym lekceważeniem – zresztą nie pytając o żadne szczegóły naszego życia, ani publiczne, ani prywatne. Twierdził – chyba nie bez racji – że moda na Polskę bardzo prędko przejdzie. Mimo wszystko wyraźne były wpływy myślenia typu „Preuves"[6] – może Silone[7]. Wszystko, co mówił, było powiedziane w formie mało sympatycznej i nie było w tym ani kropli serdeczności. Myślałem, że rozmawiam z człowiekiem obcym i o którym nic już nie wiem. Zwrócił moją uwagę na to, że nigdy nic o mnie nie napisał tutaj, a mógł bardzo wiele. Powiedział to tak, jakby się domagał ode mnie wdzięczności.

Potem przyszła Hania i pomimo jej niezwykłej serdeczności nie zmiękł wcale. Ciekawy jestem, jakie na nim wrażenie wywołało to całe spotkanie? Rozstaliśmy się obojętni, nie ustalając następnego spotkania. Usiłował zbagatelizować wagę przywiezionych przeze mnie papierów, twierdząc, że ma to wszystko u siebie. Myślę, że już się nie zobaczymy[8].

[1] Zygmunt Hertz (1908–1979) – współzałożyciel i pracownik Instytutu Literackiego w Maisons-Laffitte w latach 1946–70, mąż wieloletniej współpracownicy Jerzego Giedroycia, Zofii Hertz. Przyjaciel Czesława Miłosza, jego *Listy do Czesława Miłosza* w opracowaniu Renaty Gorczyńskiej ukazały się nakładem paryskiego Instytutu Literackiego w 1992 roku.

[2] Zob. przypis nr 6 na s. 134.

[3] Czesław Miłosz w latach 1957–60 mieszkał z rodziną w kupionym przez siebie domu w Montgeron pod Paryżem, przy 10 avenue de la Grange.

[4] Niepublikowany szkic Czesława Miłosza *Polska odpowiedź Albertowi Camus* z 1957 roku znajduje się wśród archiwaliów pisarza w Beinecke Rare Book And Manuscript Library w Yale University.

[5] W 1951 roku Zygmunt Modzelewski, pełniąc funkcję ministra spraw zagranicznych, udzielił zgody na wyjazd do Stanów Zjednoczonych odwołanego z placówki dyplomatycznej w Paryżu Czesława Miłosza. „Uważał, że pisarza nie należy trzymać siłą" – wyjaśniał decyzję Modzelewskiego Miłosz (Cz. Miłosz, *O Neli Micińskiej*, w: tegoż, *O podróżach w czasie*, wybór, oprac. i wstęp J. Gromek, Kraków 2004, s. 248). Okoliczności wyjazdu Miłosza do Stanów Zjednoczonych szerzej omawia w swych wspomnieniach Ryszard Matuszewski. Pisze on: „[Paweł Hoffman] przekazywał mi

co jakiś czas komunikaty w sprawie Czesława i jego starań, by mógł jednakże pojechać do Stanów, do mającej rodzić żony. Formalnie decydował o tym ówczesny minister spraw zagranicznych, Zygmunt Modzelewski. Trudno jednak nie pamiętać, jaka to była epoka. Żaden, nawet bardzo wysoki dygnitarz państwowy czy partyjny nie rozstrzygał o takich sprawach sam. Każdy musiał przedstawić swoje argumenty zwierzchnikom i angażować w sprawę cały własny autorytet, czyli narażać się. [...] Natalia Modzelewska, o której od początku było wiadome, że włożyła wiele serca, wstawiając się za poetą u męża, powiedziała mu, gdy wyjeżdżał, zdanie świadczące wówczas o niemałej odwadze: że w jej przekonaniu ma prawo nie wrócić, jeżeli swoje pozostanie za granicą potrafi wykorzystać dla głoszenia światu prawdy o «przodującym ustroju»..." (R. Matuszewski, *Moje spotkania z Czesławem Miłoszem*, Kraków 2004, s. 47–48).

⁶ „Preuves" – miesięcznik społeczno-literacki, wychodzący w latach 1951–68, redagowany przez François Bondy'ego; francuskojęzyczny organ Kongresu Wolności Kultury (Congrés pour la Liberté de la Culture). W jego redakcji zasiadał Konstanty A. Jeleński; pismo wiele miejsca poświęcało tematyce polskiej, publikował w nim również Czesław Miłosz.

⁷ Ignazio Silone współredagował z Nicolą Chiaromonte włoski miesięcznik Kongresu Wolności Kultury „Tempo Presente".

⁸ W liście do Jerzego Andrzejewskiego z 27 grudnia 1959 roku Iwaszkiewicz napisał: „W Paryżu widziałem się z Czesiem, ale to spotkanie nie zrobiło na mnie dobrego wrażenia, raczej było nieudane i Cześ nie dał się wziąć na serdeczność, i starał się utrudnić mi wszystkie wyjaśnienia – no, ale to detal. Grunt, że go widziałem" (J. Andrzejewski, J. Iwaszkiewicz, *Listy*, oprac. A. Fiett, Warszawa 1991, s. 112). Do wspomnianego spotkania odnosi się także następujący fragment napisanej przez Iwaszkiewicza w 1962 roku noty o Miłoszu: „Ostatnio widziałem go w Paryżu. Nie dał się wzruszyć, mówiliśmy o wszystkim, ale on wiedział wszystko lepiej ode mnie, był pewniejszy swego ode mnie, był bardzo wielkim pisarzem, a ja skromny, mętny i pełen rozterki. Potem przez panią McCarthy przepraszał mnie za to..." (J. Iwaszkiewicz, *Portrety na marginesach*, oprac. P. Kądziela, Warszawa 2004, s. 94).

6 listopada 1959

Wczoraj poszedłem przejść się ulicami Paryża. Było bardzo piękne. Idąc naszą rue Vanneau, a potem jej dalszym ciągiem na rue Bellechasse, wyszedłem na Boulevard Saint-Germain. Tam na rogu, obok metra Députés, jest piękna, na nowo urządzona księgarnia. W wielkim, jasnym, białym klinie tego magazynu ułożono najpiękniejsze książki. Zatrzymałem się przy jednej z witryn, oglądając książki ozdobne. Gdy podniosłem oczy, zobaczyłem w pustej, jasnej przestrzeni bardzo pięknego młodego człowieka, który siedział przy małym stoliku i zapisywał jakieś notatki o trzymanej w ręku książce. Zauważyłem, że to była moja książka, która świeżo wyszła, *Matka Joanna od Aniołów* – a obok papierek reklamowy Laffonta z moją fotografią[1]. Bardzo mnie to rozśmieszyło i kiwnąłem na chłopca, gestami pokazując, że ma moją fotografię w ręku. Pokiwaliśmy sobie ręką – potem poszedłem na kawę. Ale ostatecznie zdecydowałem, że muszę zajść do księgarni i wytłumaczyć się przed młodzieńcem. Zrobiłem to, a on był szalenie uszczęśliwiony, uprzejmy i nieśmiało prosił mnie o dedykację na egzemplarzu *Matki Joanny*. Nazywa się Daniel Chaumayer. Jest bardzo ładny i miły.

Czy nie byłby to dobry początek opowiadania? Tylko że nie bardzo prawdopodobny.

[1] *Mère Jeanne des Anges*, przetłumaczona przez Jerzego Lisowskiego, ukazała się w paryskim wydawnictwie Editions Robert Laffont w 1959 roku (wznowiono ją w roku 1984).

20 listopada 1959
Dzisiaj byliśmy na śniadaniu z Piotrem Lachmannem w tej restauracyjce na placu du Palais Royal, dokąd nas kiedyś zaprowadził Iwo [Iwaszkiewicz]. Naprzeciwko nas siedziała starsza pani, pijąca kawę. Płakała bez przerwy. Strasznie nam było jej żal. Kiedy już wstawaliśmy od stołu, podszedłem do niej, pocałowałem ją w rękę i powiedziałem: *„Ne pleurez pas, madame! Ça ne vaut pas la peine!”*. A ona odpowiedziała bez zdziwienia: *„C'est à cause du chagrin de mon fils!”* – ja powiedziałem jeszcze: *„Mon fils est mort! Mais quand même ne pleurez pas!”*[1]. Uśmiechnęła się do mnie przez łzy. Kiwnęliśmy sobie dłonią – i wyszliśmy na miasto.

Tadeusz Nowakowski wczoraj opowiedział mi *un mot*[2] Stypułkowskiej (córki Zuzanny Rabskiej)[3]. Kiedy pytano ją, jak się czuła w obozie, powiedziała: „Z początku można było wytrzymać, ale potem przyłączono mnie do Żydówek i cały pobyt miałam zepsuty”.

Rozmowa z Sartre'em
Parę dni temu byliśmy na godzinnej, bardzo intensywnej rozmowie z Sartre'em. Hania widziała go po raz pierwszy i zrobił na niej bardzo duże wrażenie. Mieszka na ulicy Bonaparte, na czwartym piętrze, tak

że okna jego malutkiego gabinetu wychodzą na plac Saint Germain des Près. Widać kościół i kawiarnię Deux Magots, i cały piekielny ruch na placyku i na bulwarze. Pokoik cały zawalony książkami, małe biurko pośrodku. Otworzył nam miły sekretarz. Zapukał do gabinetu, wyszedł gospodarz i przyjął nas bardzo serdecznie. Rzeczą charakterystyczną dla niego jest to, że nie ma on ani trochę owej nieznośnej francuskiej *facticité*. Jest bardzo prosty i niezmiernie ludzki, wszystko go naprawdę interesuje, toteż rozmowa, chociaż skacze z przedmiotu na przedmiot, jest istotna. Mam nad nim towarzyską przewagę, toteż ja mu narzucam tematy naszej rozmowy, a on każdy temat chwyta „oburącz" i zaraz zaczyna omawiać go w sposób bardzo intensywny. *C'est le mot*[4]: intensywny. Bo specjalnej głębi czy oryginalności spostrzeżeń w rozmowie nie ma. Ale w porównaniu z takim Claudelem czy Valérym, z którymi rozmawiałem w swoim czasie, nie ma nic z pozy, nie ma wrażenia, że uważa każde swoje powiedzenie za coś niezmiernie ważnego i ostatecznego. Nie gra „Sartre'a" – jest człowiekiem.

Mówimy o jego sztuce[5]. Przyznaje nam rację, że nie jest dostatecznie dobrze grana. Zauważam, że tematy poruszane w tym dramacie nie są nam obce. Że zagadnienie niemieckie ma dla nas dużą wagę i że na pewno jego dramat wywołałby w Polsce oddźwięk. Przechodzimy na temat literatury polskiej. Powiada, że uważa obecnie literaturę polską za najciekawszą w Europie i dlatego, począwszy od polskiego numeru „Temps Modernes"[6], co miesiąc zamieszcza w swoim miesięczniku studia i utwory literackie polskie. Mówimy przez chwilę o Kaziu Brandysie, którego on bardzo ceni. Opowiadam mu o Erenburgu, który też zainteresował się polską literaturą i zaznajamia się z nią poprzez „Temps Modernes". Opowiadam mu o wizycie Erenburga u mnie i jego „spowiedzi". Bardzo go to interesuje – i prowadzi jednocześnie do rozmowy o antysemityzmie. Opowiadamy mu o objawach antysemityzmu w Rosji sowieckiej i o pojmowaniu tam żydostwa jako zupełnie czegoś odrębnego. Przykład Szejnina[7] bardzo go dziwi i porusza. Mówimy o antysemityzmie we Francji, który go bardzo niepokoi.

Interesuje go obecna sytuacja w Polsce. Mówię mu moje zdanie, że obecne przykręcanie śruby wydaje mi się rzeczą „na niby". Opowiadam mu moją ulubioną anegdotkę Gaxotte'a o Ludwiku XVI[8]. Mówimy o Październiku, przy czym on wyraża się z entuzjazmem o zachowaniu Polaków. Porusza sprawę węgierską. Mówię mu, jaki był stosunek nas wszystkich do tej rzeczy, i opisuję mu zachowanie się polskiej publiczności, [mówię] o świecach i kwiatach na trotuarze przed Instytutem Węgierskim. Wydaje się być bardzo poruszony tą sprawą.

Opowiada dość szczegółowo o pracy nad filmem o Freudzie dla Hollywoodu[9]. Myśl ta nam wydaje się bardzo dziwaczna, on stwierdza, że wobec znaczenia, jakiego nabrała teoria Freuda w Ameryce, zainteresowanie takim tematem jest zrozumiałe. Inna rzecz, że producenci filmowi myślą, iż zrobią z tego coś bardzo „podniecającego" – i na pewno są zawiedzeni scenariuszem Sartre'a.

Mówimy także o *Popiele i diamencie*[10], którego on jeszcze nie widział, ale bardzo interesuje się polską kinematografią i zna nazwiska polskich reżyserów.

Mówię mu, że popłakałem się na tym filmie. I że zresztą zawsze płaczę w kinie. On mówi, że zawsze płacze tak samo. Zastanawiamy się przez chwilę, jaka jest psychologiczna przyczyna tych „łez kinowych", ale nie dochodzimy do żadnego wniosku.

Pytamy go o ewentualny przyjazd do Warszawy. Mówi, że na razie nie myśli o tym, bo chyba trzeba poczekać, aż sprawy się wyjaśnią, jak się wyjaśni, jakie są, właściwie mówiąc, nastroje w Polsce i czy rzeczywiście obecne przykręcanie śruby ma charakter przejściowy.

Po upływie godziny żegnamy się. Sartre zdaje się być zadowolony z naszej wizyty. „Cieszę się, że miałem okazję poznania pani..." Żegnamy się, życząc sobie spotkania w lepszej sytuacji europejskiej. Mówię mu: „Jesteśmy obaj pesymistami, ale jakoś żyjemy – nie poszliśmy ze sznurkiem do lasu, bo życie mimo wszystko przywiązuje nas do siebie". Skwapliwie mi potakuje i śmieje się serdecznie. Rozstajemy się w doskonałej komitywie.

Der Untergang des Abendlandes[11]. Na obiedzie u Laffontów było bardzo dobre czerwone wino. Laffont[12], który siedział obok Hani, wrzucił do swego kieliszka kawałek lodu. Francuz do czerwonego wina wkładający lód – to zupełny upadek Francji. Od tego zaczynają się wszelkie końce.

---

[1] *Ne pleurez pas...* (fr.) – „Niech pani nie płacze! Nie warto!" „To z powodu mojego syna". „Mój syn umarł! Mimo wszystko, niech pani nie płacze!" Zdarzenie to,

opowiedziane przez Piotra Lachmanna, znalazło swoje odzwierciedlenie w wierszu
Tadeusza Różewicza *tempus fugit (opowieść)*:

Piotr opisał nam scenę
która „rozegrała się"
przed wielu laty
w paryskiej kawiarni
między Jarosławem Iwaszkiewiczem
i nieznajomą kobietą
która siedziała sama
przy stoliku i płakała
nikt się tym „zjawiskiem"
nie interesował
być może była to modna
kawiarnia egzystencjalistów
członków „ruchu oporu" (ho! ho!)
kolaborantów
kobieta płakała
nie ukrywała twarzy

Jarosław wstał
podszedł do kobiety
pochylił się nad nią
mówił coś szeptał do ucha
objął ramieniem mówił dalej

kobieta przestała płakać
otarła łzy wyszła

Jarosław wrócił na swoje miejsce
i powiedział (do Piotra)

„kiedy ktoś płacze
trzeba go czasem dotknąć
objąć"

(T. Różewicz, *tempus fugit (opowieść)*, w: tegoż, *Wyjście*, Wrocław 2004, s. 72–73).

[2] *Un mot* (fr.) – powiedzenie.
[3] Aleksandra Stypułkowska (zm. 1981) – córka Zuzanny Rabskiej, pisarki, i Władysława Rabskiego, publicysty i krytyka literackiego. Ok. 1943 roku została wywieziona do obozu koncentracyjnego w Ravensbrück. Po wojnie współpracowała z Radiem Wolna Europa pod pseudonimem Jadwiga Mieczkowska.
[4] *C'est le mot* (fr.) – To jest właściwe słowo.
[5] Chodzi o dramat Sartre'a *Więźniowie z Altony* (1959, wyst. pol. 1961).
[6] Zob. przypis nr 8 na s. 135.
[7] Lew Szejnin (1906–1967) – rosyjski prozaik, scenarzysta i dramaturg. Od 1919

roku pracował jako prokurator. W latach 1935–50 kierownik wydziału śledczego prokuratury ZSRR. Brał udział w procesach politycznych, m.in. był prokuratorem w sprawie zabójstwa Siergieja Kirowa (1934). Po wojnie brał udział w procesie norymberskim jako pomocnik oskarżyciela, kierował również grupą dziennikarzy radzieckich obsługujących proces. Sam był dwukrotnie więziony: w 1936 roku i w latach 1951––53. Działalność literacką rozpoczął w 1928 roku (ukończył Wyższy Literacko-Artystyczny Instytut im. W. Briusowa), od 1950 roku była jego głównym zajęciem. Swoje doświadczenia z pracy w prokuraturze wykorzystał w licznych powieściach kryminalnych, opowiadaniach, sztukach i scenariuszach filmowych. Jego utwory, ściśle podporządkowane celom wychowawczym określonym przez partię i organa bezpieczeństwa, przeznaczone były dla masowego odbiorcy. W 1949 roku został laureatem nagrody stalinowskiej za scenariusz do filmu *Wstriecza na Elbie*. Był członkiem kilku państwowych gremiów zajmujących się literaturą i filmem.

⁸ W przemówieniu podczas uroczystości nadania doktoratu *honoris causa* Uniwersytetu Warszawskiego Jarosław Iwaszkiewicz przytaczał następującą opowieść monografisty Ludwika XIV Pierre'a Gaxotte'a: „[...] francuski historyk Gaxotte powiada, że monarchia francuska przegrała w momencie, kiedy Ludwik XVI wstawał o szóstej rano, ubierał się, szedł do pracy przy swoim warsztacie tokarskim, zjadał śniadanie i dopiero koło dziesiątej kładł się znowu do łóżka, przychodzili szambelanowie i inni dworacy, i rozpoczynało się królewskie *grand lever!* Było to *grand lever* na niby, obrządek, ślad czegoś, co było prawdziwe za czasów Ludwika XIV" (*Przemówienie podczas uroczystości nadania doktoratu honoris causa Uniwersytetu Warszawskiego*, „Miesięcznik Literacki" 1972, nr 1).

⁹ Jean Paul Sartre pracował nad scenariuszem filmu Johna Hustona *Freud: The Secret Passion* (1962). Ostatecznie, nie mogąc porozumieć się z reżyserem co do kształtu scenariusza, poprosił o wycofanie swojego nazwiska.

¹⁰ *Popiół i diament* (1958, reż A Wajda) – film na podstawie powieści Jerzego Andrzejewskiego. W rolach głównych wystąpili: Zbigniew Cybulski, Ewa Krzyżewska, Wacław Zastrzeżyński i Bogumił Kobiela. Film zdobył nagrodę FIPRESCI na Międzynarodowym Festiwalu Filmowym w Wenecji w 1959 roku.

¹¹ *Der Untergang des Abendlandes* (niem.) – *Zmierzch Zachodu*. Tytuł książki Oswalda Spenglera (1918–22, wyd. pol. 2001).

¹² Robert Laffont (ur. 1916) – wydawca francuski, w 1941 roku założył paryskie wydawnictwo Editions Robert Laffont.

Monachium, 29 listopada 1959 (41. rocznica Pikadora¹)

Wczoraj pojechaliśmy z Schöndorffem² i siostrzeńcem jego żony do Schondorf nad Ammersee, aby odszukać grób profesora Zielińskiego³. Dzień był mglisty, ale piękny. Wszystkie perspektywy były w niebieskim tumanie, przez który przeświecało słońce. Dojechaliśmy nad jezioro pełne czarnych kaczek i białych mew. Nad samym jeziorem stoi opuszczony prosty kościółek z XI–XII chyba wieku, obrośnięty bluszczem, otoczony garażami i autami, sprawia niesamowite wrażenie. Okazało się, że sam cmentarz leży w Oberschondorf, w wiosce położonej wyżej i mającej już zupełnie rolniczy charakter. Bardzo tam pięknie, malowniczo i spokojnie. Nad wioską, na górze, naokoło sporego kościółka rozłożony prześlicznie utrzymany cmentarz. Nie mieliśmy wielkiej nadziei, że akurat tu znajdziemy ten grób. Ale przy pomocy jakichś tamtejszych ludzi znaleźliśmy... Bardzo mnie to wzruszyło. Duży kamienny krzyż z napisem *R(equiescat) I(n) P(ace)*[4] – co wychodzi RIP, jak restauracja paryska. A pod nim napisy po łacinie jego i Weroniki. Leży pod jednym kamieniem ze swoją Antygoną[5]. *„Thaddeus Stephanus Francisci filius (Faddiej Francowicz) Zieliński, natus... augusti 1859..."*[6] Sto lat! Mój Boże! Nie mieliśmy z sobą kwiatów, bo niewielką mieliśmy nadzieję odnalezienia grobu, ale zmówiliśmy za nich wieczny odpoczynek. Spoczywają w cudownym, cichym, uroczym miejscu.

Wczoraj pół roku. O niczym innym nie mogłem myśleć przez parę dni. Ale kiedy dziś rano poszliśmy do kościoła, przez całą godzinę, co tam byłem, nie pomyślałem o nim ani razu.

[1] Zob. zapis z 29 listopada 1943, tom 1, s. 240. W 2006 roku staraniem Marii Iwaszkiewicz na budynku przy ulicy Nowy Świat 57 w Warszawie odsłonięto tablicę o treści: „W tym domu 29 listopada 1918 roku Jarosław Iwaszkiewicz, Jan Lechoń, Antoni Słonimski, Julian Tuwim, Kazimierz Wierzyński, otwierając kawiarnię poetów «Pod Pikadorem», zainicjowali przyszłą grupę poetycką Skamander. Warszawa 2006".

[2] Joachim Schöndorff – niemiecki wydawca Jarosława Iwaszkiewicza.

[3] W miasteczku Schondorf w pobliżu Monachium zmarli i pochowani zostali profesor Tadeusz Zieliński, jego córka Weronika Zielińska oraz jego syn i synowa Feliks i Karin Zielińscy. Począwszy od 1922 roku Tadeusz Zieliński spędzał w Schondorfie niemal każde lato. Zob. T. Zieliński, *Autobiografia. Dziennik 1939–1944*, podali do druku H. Geremek i P. Mitzner, Warszawa 2005, s. 202.

[4] *Requiescat in pace* (łac.) – Niech spoczywa w spokoju.

[5] Weronika Zielińska (1892 lub 1893 – 1942) – córka, opiekunka i sekretarka Tadeusza Zielińskiego. Postaci Weroniki i Tadeusza Zielińskich pojawiają się w wierszu Iwaszkiewicza *Wiedeń* z tomu *Jutro żniwa* (1963). Ich relacje posłużyły Iwaszkiewiczowi także za kanwę jednoaktówki dramatycznej *Egoistka* (powst. 1941, druk: „Dialog" 1984, nr 7). W wykładzie w Towarzystwie im. Adama Mickiewicza w Warszawie, który odbył się w grudniu 1978 roku, Iwaszkiewicz wspominał szczególny

stosunek Tadeusza Zielińskiego do tragedii Sofoklesa, mówiąc, że uczony za każdym razem płakał, gdy streszczał *Antygonę*.

[6] „*Thaddeus Stephanus...*" (łac.) – „Tadeusz Stefan, syn Franciszka (Faddiej Francowicz) Zieliński, urodzony... sierpnia 1859..."

Rzym, 2 grudnia 1959

Leje potwornie – i duszno. Pogoda niemożliwa, ale nawet nie wychodząc z cichego i ciepłego hotelu (Hotel Minerwa!), czuje się naokoło oddech tego osobliwego miasta. Cóż za zadziwiające miasto, naprawdę – właśnie tak, na co dzień, z niepogodą, bez cudzoziemców – nie zwiedzane, tylko odbierane przez obcych barbarzyńców. Dzisiaj Augusteum[1] w deszczu, z cyprysami, które już urosły duże, mury, w których drzemały popioły Augusta... Straszno się robi, gdy się to sobie uprzytomni – i to w tym gwarze, w tłumie, w mnóstwie krzyku, sklepów, traktierni, owoców, kawy, obrzydliwych „pamiątek", kłótni, ścierających się samochodów i poplątanych uliczek bez trotuarów. Z okna mojego pokoju widok na Panteon, słonia Berniniego[2], na fronton kościoła, w którym jest Chrystus Michała Anioła[3]. Dzisiaj ten Chrystus przypomina mi zeszły rok, wszystko, co o nim do Jurka pisałem – i nakłada się na to wszystko, co o tym zeszłorocznym czasie dzisiaj już wiem. Telefonów zresztą nie będzie... może to i lepiej. Rana ogromna, okropna i niezasklepiona.

[1] Mauzoleum Augusta – miejsce pochówku cesarza i jego rodziny.
[2] Stojącą na piazza della Minerva rzeźbę słonia dźwigającego starożytny egipski obelisk wykonał w 1667 roku według projektu Giovanniego Lorenza Berniniego jego uczeń, Ercole Ferrata.
[3] Zob. zapis z 29 listopada 1958.

4 grudnia 1959

Jedno z najosobliwszych wspomnień Paryża to wycieczka z Jean Marinem[1] do Montfort l'Amaury. Ta zadziwiająca łatwość utworzenia się pomostu ponad owymi dwudziestu pięciu laty. Rozmawiało się intensywnie, rozumiało wszystkie podteksty, tak jak wtedy w Kopenhadze. W momencie, kiedy w kościele podał nam na swym palcu wodę święconą – nagłe poczucie wspólnoty, wspólnej troski o Europę, naszą jedyną ojczyznę.

[1] Jean Marin (1909–1995) – dziennikarz francuski; od 1957 do 1975 był szefem agencji prasowej France Press. Iwaszkiewicz poznał go w Kopenhadze w 1932 roku, gdzie Marin posługiwał się nazwiskiem Yves Morvan. Od tamtego czasu datowała się przyjaźń między nim a Anną i Jarosławem Iwaszkiewiczami.

5 grudnia 1959

Przeczytałem jednym tchem *Il Gattopardo* Tomasiego[1]. Bardzo mnie wzięła ta książka. Leży ona na linii wielkiej prozy XIX wieku. Nie jest wcale „współczesna". I tak ostatecznie, jak każda wielka proza, jest rzeczą o przemijaniu. Wszystko tu można odnaleźć: epilog *Wojny i pokoju*, drugi tom *Le temps retrouvé* i tym podobne rzeczy. Trochę rozpada się kompozycyjnie, to znaczy nie realizuje wielkich zamierzeń (i możliwości), jakie tkwią w pierwszych rozdziałach. Sprawy rodzinne, jazdy końmi, stare domy, kochający się kuzyni – przypomina wszystko kroniki Aksakowa[2], podróż Rostowych – a w końcu nawet *Popioły*. Jednym słowem, bliska nam książka. Chciałbym ją zawsze mieć pod ręką. Finał wspaniały, jak w wielkiej symfonii.

Tegoż dnia

Wczoraj w potworny deszcz na via Nomentana u matki Połotyńskiej[3]. Nie ma jej, jest w Anglii. Jeszcze jedna *nieudacza*[4] naszej podróży do Rzymu. Ale sama „generalicja" urszulanek wspaniała. Otoczenie, wejście, ogród – robi potężne wrażenie. Jednocześnie uczucie, że stąd było jej tak łatwo przesyłać moralne nauki i pouczenia na burzliwą, tragiczną, zamieszaną i zupełnie dla niej niezrozumiałą drogę życiową Jurka.

[1] Giuseppe Tomasi di Lampedusa (1896–1957) – prozaik i eseista włoski. Do historii literatury przeszedł dzięki wydanej po jego śmierci powieści *Lampart* (*Il Gattopardo* 1958, wyd. pol. 1961), osnutej wokół wydarzeń z historii Sycylii schyłku XIX i początku XX wieku. Wrażeniom z lektury *Lamparta* Iwaszkiewicz poświęcił akapity *Podróży do Włoch*: „Czytałem noc i dzień. Z niegasnącym zachwytem. I wtedy uchwyciłem ten ważny związek [...] sycylijsko-ukraiński [...]. To pokrewieństwo kultur i pejzażów, nawet dziejów historycznych, nie od razu mnie uderzyło. Tylko wszystko w tych opisach podróży przez pszeniczne pola, życia w małym miasteczku-wsi, opis tego starego pałacu, który nie wiadomo kiedy i nie wiadomo jak był zbudowany, jak wspaniałe pałace w Podhorcach i Hajworonie, stosunek do chłopów, do wojska – cały nastrój drugiej połowy XIX wieku – tak równoległy na stepach południowej Rosji

i w tych stronach Sycylii, które już są zwrócone ku Afryce. W wiecznym deszczu rzymskiej jesieni, w dość zimnym mieszkaniu Reny, ten paralelizm ożywiał moje wspomnienia i stał się intensywną treścią mojego przeżycia książki Lampedusy. Wiele rzeczy w mojej twórczości urodziło się z tych nocnych lektur, z sylabizowania włoskiego tekstu" (J. Iwaszkiewicz, *Podróże do Włoch*, s. 106).

[2] Cykl powieści wspomnieniowych rosyjskiego pisarza Siergieja Aksakowa (1791––1859), obejmujący tytuły: *Kronika rodzinna* (1856, wyd. pol. 1953) i *Lata dziecięce Bagrowa-wnuka* (1858, wyd. pol. 1953). Utwory te kreślą obyczajowy fresk środowiska rosyjskiego ziemiaństwa epoki pańszczyźnianej.

[3] Stanisława Połotyńska – siostra urszulanka, przełożona zgromadzenia w Rzymie. Ciotka Jerzego Błeszyńskiego.

[4] *Nieudacza* (ros.) – niepowodzenie.

10 grudnia 1959

Rok temu wyjeżdżaliśmy z Rzymu.

Cały mój wysiłek teraz to nie dać się uczuciu przegrania. A mimo wszystko czuję się zupełnie złamanym starym człowiekiem, którego nic już nie interesuje. I to nie sama śmierć Jurka jest tego przyczyną, ale ta potworna masa przebiegłego kłamstwa, do której ten człowiek był zdolny – i która stopniowo odkrywała się przede mną po jego śmierci. Móc tak kłamać, kiedy widział, że ja mu wierzę, móc do tego stopnia, na każdym kroku oszukiwać, podczas kiedy wydawało się, że jesteśmy tak zżyci, tak rozumiemy się i tak sobie ufamy, to napełniło mnie przerażeniem i zachwiało i bez tego wątłe wrzeciądze mojego myślenia o człowieku. Nie mogę się z tego podźwignąć, każdej chwili myślę o tym. I tylko o tym myślę naprawdę.

Przeczytałem modną książkę Colina Wilsona *The Outsider*[1]. Nie powiedziała mi ona nic nowego. Same znajome sprawy. Znane mi od młodzieńczych lektur Williama Jamesa[2]. Mówi, jak o czymś nowym, o rzeczach dawno powiedzianych. Przykłady z „moich" książek Jamesa, Eliota, *Braci Karamazow*. Całe moje życie to walka z outsiderstwem. Nie trzeba być outsiderem, to znaczy trzeba swoją osobistą wielkość poświęcić ogółowi. Stąd moje rozczarowania i bicie głową w różne mury, w mury wybudowane własnymi rękami także. A te są najgorsze.

[1] Colin Henry Wilson (ur. 1931) – pisarz angielski, debiutował esejem-studium wyobcowania *Outsider* (1956, wyd. pol. 1959), uznanym za manifest „nowego egzystencjalizmu".

[2] William James (1842–1910) – amerykański filozof i psycholog. Lekturą, która wywarła na młodym Jarosławie Iwaszkiewiczu wielkie wrażenie, była książka *Doświadczenia religijne* (1902, wyd. pol. 1958). Piotr Mitzner napisał o Iwaszkiewiczowskiej recepcji Jamesa: „Pisząc o tym, co go ukształtowało w latach młodości, wymienia jedną książkę – *Doświadczenia religijne* Williama Jamesa. [...] Jak cień towarzyszy ona Iwaszkiewiczowskim tematom religijnym. Jest obecna. Małgorzata Czermińska pisze o postawie intymisty «z cudzą książką w ręku», dokonującym «wiwisekcji własnej duszy». Można sparafrazować tę formułę i powiedzieć, że dla Iwaszkiewicza taką książką były *Doświadczenia religijne*, tyle że przechowywane w pamięci" (P. Mitzner, *Na progu. Doświadczenia religijne w tekstach Jarosława Iwaszkiewicza*, Warszawa 2003, s. 24).

Roma, 13 grudnia 1959
„Quand j'aimais Albertine, je m'étais bien rendu compte, qu'elle ne m'aimait pas et j'avais été obligé de me résigner á ce qu'elle me fit [seulement] connaître ce que c'est qu'éprouver de la souffrance, de l'amour et même, au commencement, du bonheur"[1]. Marcel Proust

[1] *Quand j'aimais Albertine...* (fr.) – „Kiedy kochałem Albertynę, byłem świadom, że nie kochała mnie, i godziłem się, by dawała mi tylko poznać, czym jest doświadczenie cierpienia, miłości i nawet, z początku, szczęścia" (M. Proust, *W poszukiwaniu straconego czasu*, t. 7 *Czas odnaleziony*, s. 188). Opuszczone słowo w cytacie uzupełnione w nawiasie kwadratowym za wydaniem: M. Proust, *Le temps retrouvé*, t. 15 *Á la recherche du temps perdu*, Paris 1946–47, s. 65.

1960

Moskwa, 27 stycznia 1960
Cholera! Przyjechałem wczoraj do Moskwy i dzisiaj znowu angina, przywiozłem sobie z domu, gdzie chora była Zofia[1] – i przyszła, jeszcze nie wyzdrowiawszy. Gdyby to o kogo innego chodziło, Hania nigdy by nie dała jej przygotowywać potraw jeszcze nie bardzo zdrowej. W dodatku szczepiono mi ospę. Jestem tak wściekły, że nie mogę przymusić się, aby mile rozmawiać z kochanym Borysowem. On pochodzi z lasów na Kamie, ze starowierów. To wiele objaśnia w jego czystej rosyjskości.

[1] Zofia Gorczyk – kucharka w Stawisku.

Moskwa, 30 stycznia 1960
Na szczęście nie była to angina: dwudniowy ból gardła, ale mi strachu napędził. Nie lubię chorować poza domem.
Wczoraj po dwuipółgodzinnej pierwszej części akademii ku czci Czechowa[1] zawołano mnie za kulisy loży „państwowej". Są to nieduże, ale wspaniałe czerwono-złote salki. W małej sali nakryty był stół na dziesięć osób. Zastałem już przy stole Chruszczowa, Mikojana[2], Szwernika[3], dwóch sekretarzy i jeszcze kilku z ichniego KC. Spoza biura byli zaproszeni tylko Fiedin, Robeson[4] i ja. Ja siedziałem po prawej stronie Chruszczowa, Fiedin po lewej, koło mnie Robeson, Mikojan naprzeciw Chruszczowa.
Na stole były zastawione zakąski, których nikt nie jadł. Było tam wszystko, czego można dostać w Związku, kawior stał wzgardliwie na

351

boku. Zwróciły moją uwagę olbrzymie rzodkiewki, czerwone, jak nasze zwyczajne, ale dużych rozmiarów. Mikojan powiedział mi, że to są specjalne rzodkiewki, ormiańskie, dające się przechowywać zimą w piwnicach jak czarna rzodkiew. Smakują zupełnie jak nasze rzodkiewki, zjadłem ich dwie, jedyną zakąskę.

Zwróciły moją uwagę owoce ustawione w dwóch piramidach, bardzo wysokich, były tam rozmaite rodzaje pomarańcz, mandarynek, banany i wspaniałe białe winogrona (niecieplarniane). Niestety, owoców tych nie ruszyliśmy, bo dano znać, że antrakt się kończy i trzeba iść na salę.

Kolację podawano na chybcika, ale bardzo sprawnie. Naprzód podano małą rybę faszerowaną, ale farsz tak pomieszany z zielenią, że ryba wydawała się zielona, chyba to był szczypiorek. Potem były pierożki z pieczarkami, z sosem pieczarkowym. Potem podano jakąś dziwną potrawę: pod skrzydełkiem z takiego ciasta jak maca zapiekane małe kotleciki baranie w kształcie kiełbasek, na łożu łazanek z takiego samego macowego ciasta.

Spytałem Chruszczowa, co to jest. Nazwał mi tę potrawę, ale zapomniałem tej egzotycznej nazwy. Powiedział tylko, że to gruzińska potrawa. Mikojan powiedział, że podają to i w Armenii, a jeden z sekretarzy powiedział, że w ogóle na Kaukazie. Chruszczow dodał: „Jednym słowem, to taka muzułmańska potrawa. U Stalina ją często podawali".

Powiedział to bez uśmiechu. Odniosłem wrażenie, że to nie był dowcip, ale chęć powiedzenia, że u niego jest tak, jak u Stalina. Poczucia dowcipu nie ma. Gdy mu powiedziałem, że Fiedina poznałem u królowej Elżbiety belgijskiej, nie zaśmiał się, tylko skonstatował, że *Это очень умная женщина*[5].

Potem podali małe kotleciki – były to jabłka w cieście wykrojone z dużego blatu. Przygotowywano kawę, na stole stały wspaniałe ciastka i cukry, ale nie zdążyliśmy tego nawet ruszyć.

Chruszczow dolewał mi koniaku, potem pił moje zdrowie, robiąc aluzję do Światowej Rady Pokoju, do rozbrojenia – i za pokój. Mikojan dodał, patrząc na mnie: „i za wszystko, co nas łączy". Widocznie myślał, że nie wszystko nas łączy. W ogóle widać było, że Mikojan jest zainteresowany moją osobą.

Chruszczow mówił o rozmaitych rzeczach. Rozmawiał z Fiedinem, wtedy ja rozmawiałem z Robesonem. Opowiadał mi jakąś anegdotkę o pobycie Bażana na Kaukazie. (Okazało się potem, że anegdotka była prawdziwa, ale się odnosiła do Kornijczuka – którego Chruszczow chciał oszczędzić). Spytałem się go o przygotowania do jego podróży do Indii i Birmy, powiedział, że to będzie zupełnie co innego niż podróż do Ameryki i że podróż do Ameryki to rzecz niepowtarzalna. „Gdybym dzisiaj pojechał znowu do Ameryki – powiedział – toby to już było co innego. Amerykanie byliby inni i ja byłbym inny". Uważałem, że to bardzo inteligentne.

Robi wrażenie mądrego, przebiegłego człowieka – ale już bardzo zmęczonego. Wygląda gorzej niż w maju. Zawsze mi się bardzo podoba Mikojan.

Gdyśmy wstali od stołu, zaprosił nas do swojej loży. Siedział w niej Chruszczow, Fiedin, Robeson i ja. Bardzo to było zauważone.

Żegnając się z Chruszczowem, powiedziałem: „Dziękuję wam za wielki honor mnie okazany, oczywiście zapisuję to na konto Światowej Rady Pokoju, po części na konto polskiej literatury, ale łudzę się, że i moja skromna osoba odgrywa w tym pewną rolę". Tym razem zaśmiał się.

Moja mowa dosyć ostra i nieoficjalna, przerwana oklaskami i przyjęta gorąco. Nadawana przez telewizję i przez radio, wywołała, zdaje się, oddźwięk[6].

[1] W 1960 roku odbywały się obchody stulecia urodzin Antoniego Czechowa. Jarosław Iwaszkiewicz pisał o jubileuszu w artykule *Czechow 1860–1960* na łamach „Nowej Kultury" 1960, nr 5.

[2] Anastas Mikojan (1895–1978) – radziecki działacz partyjny i państwowy. W latach 1946–64 wicepremier ZSRR, między 1964–65 przewodniczący Rady Najwyższej ZSRR.

[3] Mikołaj Szwernik (1888–1970) – radziecki działacz partyjny i państwowy. W latach 1946–53 przewodniczący Prezydium Rady Najwyższej ZSRR, następnie przewodniczący Komisji Kontroli przy KC KPZR (1956–62).

[4] Paul Robeson (1898–1976) – amerykański śpiewak i aktor, zaangażowany w działalność pokojową oraz walkę z rasizmem. Członek międzynarodowego Ruchu Obrońców Pokoju.

[5] *Это очень...* (ros.) – To bardzo mądra kobieta.

[6] 29 stycznia Iwaszkiewicz wystąpił na uroczystym posiedzeniu w Teatrze Wielkim z mową poświęconą Czechowowi. Jak wspomina Wiktor Borysow w tekście *Moi wstrieczi s Jarosławom Iwaszkiewiczem*, publiczność przyjęła to wystąpienie bardzo ciepło. Zob. *Wospominanija o Jarosławie Iwaszkiewicze*, s. 206.

Moskwa, 1 lutego 1960
Widziałem czwarty akt *Trzech sióstr, Wiśniowy sad* i *Czajkę* Czechowa. Raczej nie do zniesienia. Nawet Borysow zastanawiał się nad
tym, że Czechowa trzeba już pokazać jakoś inaczej. Styl MChAT-u wy-
czerpany kompletnie – i po prostu wszystko robi wrażenie okropne.
Tarasowa[1] w *Wiśniowym sadzie* po prostu okropna. W nowej insceniza-
cji *Czajki* jakieś nowe tony, przede wszystkim w scenografii. Także rola
Niny zagrana przez młodziutką, naprawdę młodziutką aktorkę ze szkoły
MChAT-u. Ale to jeszcze mało. Teatr rosyjski musi się odnowić.

[1] Ałła Tarasowa (1898–1973) – rosyjska aktorka teatralna i filmowa, od 1937 roku
Narodowy Artysta ZSRR. Odtwórczyni roli Ani w *Wiśniowym sadzie* Antoniego Czechowa oraz ról w innych sztukach Czechowa, Ostrowskiego, Gorkiego, Bułhakowa
i tytułowej roli w teatralnej adaptacji *Anny Kareniny* Lwa Tołstoja.

Stawisko, 9 lutego 1960
Lilka przyjechała. Teraz to są dnie rocznicowe: powrotu z Poronina,
pierwszej wizyty w Bydgoszczy, tego „jasnego" odprowadzenia go na
dworzec, po którym się tak zmienił, wszystkich tych dni, kiedy rozu-
mieliśmy obaj – że to już jest początek końca. Ciągle to samo: życie
moje jak ręcznik, z którego wydarto czy wypalono ogromną dziurę.
Pustka niezmierna – i samotność zupełnie przerażająca.
    Rok temu – ósmego – pisał: „Nie wiesz, ile radości sprawiłeś mi
dzięki twej obecności na dworcu... nastrój niespecjalny... Chyba ja się
już do życia nie nadaję. Pisz do mnie. O nieporozumieniach zapomnij...".
Chyba to bardzo dużo. Czego ja jeszcze od niego chciałem?
    A w następnym: „Nie miałem korespondencji i bardzo mnie to bo-
lało, gdyż są wypadki, gdy i ja mam swoje wersje... Wewnętrzny jakiś
stały niepokój, coś mnie gdzieś stale gna i chyba już nie znajdę miejsca, by się uspokoić...".
    Jak te słowa inaczej brzmią po roku, jaki byłem głuchy i głupi, że ich
wtedy nie słyszałem jak trzeba. Mój bardzo drogi – jak on się męczył.
„Tak nie chce mi się wracać tam do meliny. Samotnie do czterech ścian".
    Wieczna samotność. I ty, i ja – i każdy człowiek.

354

Stawisko, 17 lutego 1960
Przedwczoraj Lilka opowiadała mi taką scenę:
W Elizinie, po południu (listopad) Jurek leży na tapczanie. Jest bardzo ponury, roztargniony i smutny. Lilka orientuje się, że chodzi o to, iż nie ma wiadomości od nas z zagranicy. Wobec tego zaczyna mówić o mnie z niesłychanym entuzjazmem („czego kochająca kobieta nie robi" – z uczucia). Jurek ożywia się, zaczyna potakiwać i wywiązuje się długa rozmowa o mnie. Ostatecznie Jurek powiada: „Bo musisz wiedzieć, że ja Jarosława kocham". Był to jedyny raz, kiedy wyraził się tak kategorycznie.

Mówiliśmy także o tym, że Jurka bardzo irytował stosunek do mnie mojego otoczenia. Wiadome rzeczy, takie różne braki guzików u koszul, niezostawianie obiadu lub kolacji, niestosowanie się do moich życzeń. „Gdybym ja mógł, ja bym się inaczej nim zaopiekował".

I tego mi tak strasznie brak: Jurek był dla mnie „punktem odniesienia" do wszystkich spraw. Wiedziałem, że go wszystko interesuje i że mogę mu wszystko powiedzieć. Dlatego też odczuwam teraz tę szaloną pustkę i lodową samotność. Właśnie teraz, gdy tyle mam na głowie. On jeden mógł mi ułatwić moje dzisiejsze życie. Szymek chciałby, ale nie potrafi. On się niczym nie przejmuje.

Mój daleki, drogi Jurek. Wszystko inne nieważne.

20 lutego 1960
Umieć, jak Jurek, pożegnać się z życiem.

21 lutego 1960
Mowa Rapackiego. Wysłuchałem jej przed kilkoma dniami w Sejmie. No cóż, poważna, spokojna mowa. Cieszyło to wszystko, co powiedział o Francji[1]. Ale cóż to oznacza? Znowu przyjaźń z Francją i jej montowanie oznacza podnoszenie głowy przez Niemców. To straszne. Po tym wszystkim, cośmy przeżyli, znowu myśleć o tym, że przyjdą oni: straszni, bezlitośni i ohydni. Znowu moje wnuki mają przeżywać to samo? Nacisk tu, w kraju, okropny. Podobno na Opolszczyznę przychodzi po dziewiętnaście tysięcy listów dziennie z NRF. I z tego zno-

wu przyjaźń z Francją, nie z czego innego. A dla mnie, chociaż nie siedzę głęboko w kulturze francuskiej, ale to jest najważniejsze, co mam w życiu poza Polską – to wielkie przywiązanie do tego języka i tej literatury. Niestety nieodpłacone wzajemnością...

[1] Chodzi o wygłoszone 16 lutego 1960 roku w Sejmie exposé ministra spraw zagranicznych Adama Rapackiego (1909–1970) – ekonomisty, działacza politycznego i państwowego, od 1947 posła na Sejm, w latach 1956–68 szefa MSZ. Mowa dotyczyła aktualnych założeń polityki zagranicznej Polski. „W stosunkach polsko-francuskich – mówił Adam Rapacki – pozytywnie oceniamy dotychczasową współpracę kulturalną i naukową. Mamy nadzieję, że tej obopólnie korzystnej wymianie nadane zostaną formy umożliwiające jej dalszy rozwój" (*Nasza polityka zagraniczna – polityka pokoju. Exposé ministra spraw zagranicznych Adama Rapackiego w Sejmie*, „Trybuna Ludu" 1960, nr 48).

22 lutego 1960

Znowu Rubinstein. I muzyka[1]. Nie mogę przeprzeć w sobie jakiejś niechęci do tego człowieka. Nie odpowiada mi w tej chwili jego zrównoważona doskonałość i niewybredna światowość. Mam takie wrażenie, kiedy go słucham albo kiedy jestem w jego towarzystwie, że to jest wszystko nie dla mnie. Za ubogi jestem na takie bogactwo sztuki i życia. Jestem osamotniony jak na skale w górach, w żlebie Nowickiego[2], na przykład co by mi pomógł Rubinstein, gdybym wisiał na linie, jak ten co zamarzł dzisiaj na Granatach[3]? A ja wiszę na jakiejś linie: i wszystko rozpaczliwie jest niepotrzebne. A co potrzebne? Rzeczy niemożliwe: zmartwychwstanie Jurka, podróż na Sycylię, napisanie cudownego wiersza. A do tego wszystko inne i niepotrzebne, i blade. Dziura wypalona w ręczniku.

Lidka Rzepecka umrze w tych dniach[4]: wszystko związane z Rabką odchodzi bezpowrotnie. Męczyłem się tam strasznie. I nie było po co. Miałem wtedy wszystko, co mogłem mieć w życiu – i męczyłem się. Miałem listy, telefony, niepokoje – a dziś nie potrzebuję się niepokoić o brwinowski grób. N i k t nie napisze, nikt nie zatelefonuje. Stary jestem i bardzo zmęczony.

[1] 21 lutego 1960 roku odbyła się uroczysta inauguracja obchodów 150-lecia urodzin Fryderyka Chopina. W sali Filharmonii Narodowej wystąpił z recitalem Artur

Rubinstein. Artysta pełnił funkcję honorowego przewodniczącego jury rozpoczynającego się 23 lutego 1960 roku VI Międzynarodowego Konkursu Chopinowskiego w Warszawie. 22 lutego 1960 wystąpił w Filharmonii Narodowej raz jeszcze, z koncertem inaugurującym Konkurs. W programie znalazły się *Koncert fortepianowy f-moll* Fryderyka Chopina i *Koncert fortepianowy B-dur* Johannesa Brahmsa, oba wykonane z orkiestrą Filharmonii Narodowej pod dyrekcją Witolda Rowickiego, zagrany na bis *Polonez As-dur* Chopina oraz – w drugiej części koncertu – *Stabat Mater* Karola Szymanowskiego. Między 6 a 24 lutego Artur Rubinstein wystąpił w Poznaniu, Bydgoszczy, Katowicach i rodzinnej Łodzi.

² Franciszek Henryk Nowicki (1864–1935) – poeta i taternik. Inicjator wytyczenia szlaku Orlej Perci. W 1902 roku jako pierwszy wszedł na położoną na wysokości 2105 m przełęcz w masywie Buczynowych Turni, nazwaną później Przełęczą Nowickiego.

³ 22 lutego 1960 roku silny wiatr halny zaskoczył w tatrzańskim paśmie Granatów dwóch turystów. Jeden z nich, członek krakowskiego klubu wysokogórskiego PTTK, Włodzimierz Maik, odpadł od ściany skalnej i poniósł śmierć.

⁴ Lidia Rzepecka zmarła 26 lutego 1960 roku w Rabce.

24 lutego 1960

Dziś przyszedł Maciek na Szucha, bo to jego imieniny. Wysoki, chudy, mizerny. Raptem poczułem się wobec niego i odpowiedzialny, i zawstydzony. Mój wnuk – jakby syn – i już dorosły, poważny. Ze swoimi zamiarami – ze swoimi planami, jednym słowem: ze swoim życiem, w którym ja już żadnego nie biorę udziału. Chciałbym wiedzieć, jaki będzie jego stosunek do mnie, kiedy już naprawdę będzie dorosły, co będzie myślał o mnie, który myślę o nim więcej, niż mu się wydaje. Czy mój los, moje życie nie zaciąży na jego życiu? Czy przeminie dla niego bez większego znaczenia? Czy będzie się mnie wstydził? Jak nic nie wiadomo. Byłem z córkami na koncercie Rubinsteina: dwie piękne, dojrzałe kobiety. Co nas łączy? Prawie nic. Co to znaczy rodzina? Co znaczy rodzina dla takich jak ja samotników? Życie się kończy – a tu nie ma odpowiedzi na te najprostsze pytania. I tak już będzie do końca. Inny człowiek na zawsze zostaje istotą nieznaną. Banalne to powiedzenie – ale czasami dotkliwie boli ta sprawa, odczuwa się ją szczególnie wyraźnie. I myśli się, że może inni ludzie nie tak odczuwają tę samotność.

26 lutego 1960

Mówił mi wczoraj Drda, że kiedy był u Halasa[1] przed samą jego śmiercią, Halas jeszcze wspominał przyjęcie na Stawisku (z maja 1947 roku). Halas był uroczy człowiek, jako młodzieniec w 1928 roku w Pradze cudownie zakochany w Tuwimie. To przyjęcie było jednym z wielkich przyjęć stawiskowskich (Czesi 1947, srebrne wesele 1947, królowa Elżbieta 1955, Artur Rubinstein 1958, jubileusz 1954) – i rzeczywiście było bardzo piękne. Kazałem przyjść wiejskiej orkiestrze i zaprosiłem całą młodzież okoliczną. Halas mówił Drdzie, że równie pięknych dziewcząt nigdy w życiu nie widział. Pamiętam, że były wtedy Marysia, Jasia i Krysia Bieńkowskie[2], Stefa Jasińska[3] – rzeczywiście były bardzo ładne. Z chłopców były wielkie urody: Jaś Jasiński[4] i Tadzio Hajduk[5]. Cieszy mnie to, że kochany Halas to tak zapamiętał.

Wczoraj w ambasadzie francuskiej. Radca ambasady chciał, aby mu wytłumaczyć, jakie znaczenie ma dla Polaków *Pan Tadeusz*. Nie mógł tego zrozumieć. Co widzi polski chłop albo robotnik, czytając *Pana Tadeusza*? Jakim sposobem można robić quizy z *Pana Tadeusza*? Nie mogłem mu tego wytłumaczyć, tym bardziej że czytał *Pana Tadeusza* w prozaicznym przekładzie Cazina[6]. Dopiero potem uprzytomniłem sobie, że oni nie mają nic podobnego. Trudno jest robić quizy z *Henriady*[7] na przykład.

[1] František Halas (1901–1949) – poeta czeski, uważany za najwybitniejszego twórcę literatury czeskiej okresu międzywojennego. Autor m.in. zbiorów wierszy: *Kohout plaši smrt* (1930), *Hořec* (1933), *Staré ženy* (1935). Tłumacz utworów Adama Mickiewicza i Juliusza Słowackiego. Jarosław Iwaszkiewicz poznał go w marcu 1928 roku, podczas podróży poetów Skamandra do Pragi.

[2] Siostry Maria, Janina i Krystyna Bieńkowskie z sąsiedniej wsi Polesie w różnych okresach pracowały na Stawisku w charakterze pomocy domowej.

[3] Stefania Jasińska – córka Karoliny Jasińskiej, pracownicy gospodarstwa na Stawisku.

[4] Jan Jasiński – syn Karoliny Jasińskiej, pierwowzór Janka Wiewiórskiego ze *Sławy i chwały* Jarosława Iwaszkiewicza. Por. M. Iwaszkiewicz, *Z pamięci*, s. 68.

[5] Tadeusz Hajduk – sąsiad Stawiska, mieszkaniec wsi Polesie.

[6] Paul Cazin (1881–1963) – francuski pisarz, tłumacz i historyk literatury polskiej. Przełożył m.in. utwory Gabrieli Zapolskiej, Józefa Weyssenhoffa, Henryka Sienkiewicza, Cypriana K. Norwida, Jarosława Iwaszkiewicza (*Panny z Wilka, Brzezina*). Jego przekład prozą *Pana Tadeusza* Adama Mickiewicza ukazał się w 1934 roku.

[7] Voltaire, *Henriada* (1728, wyd. pol. 1803) – epopeja wierszem opisująca wydarzenia z czasów panowania we Francji króla Henryka IV.

6 marca 1960

Rok temu ten kawalerski, pozornie wesoły wieczór, a potem ten tragiczny płacz. Jakież to było okropne, ale jednocześnie bujne, dramatyczne – nie ta straszna, bezgranicznie jałowa pustka, jaka mnie dzisiaj otacza. I te wszystkie okropne powiedzenia Jurka, i to, co wyrabiałem pijany, i to, że powiedział do Wiesia: „Niech nam stary jeszcze Bristol postawi", wszystko to była maska „czerwonej śmierci". Ale to było życie, walka o życie, zmaganie się dwóch indywidualności, strach przed śmiercią i nadzieja, że ta śmierć nie nadejdzie. A teraz minął rok, zupełnie jakby fala mnie odsunęła od życia, od wszystkiego. I już teraz będą tylko takie odsuwające fale. Zupełna czarna rozpacz w sercu, rozpacz samotności i wegetacji. Nic innego nie zastąpi mi tamtego życia, które spalało się, szalało – tuż obok mnie. Nie znałem ani połowy tego płomienia, ale przeczuwałem je, było ono obok mnie – czułem je w tym okropnym ostatnim zmaganiu. A teraz cisza, jak cisza na pobojowisku. Nic mi nie może zastąpić tamtego „zajęcia", codziennej myśli, listów, depesz, telefonów. Jak wiele miejsca zajmowaliśmy nawzajem w swoich życiach, jakież to bujne życie szarpało się w tej przepięknej formie. Czy spotkam jeszcze człowieka, który by tak żył? Wszystkie inne życia wydają mi się martwotą, czymś jałowym i pozbawionym uroku. Może Marek [Hłasko] – ale on się nigdy do mnie nie zbliżył i jest daleko. Wszyscy koło mnie są tacy bezbarwni. A także boją się mnie, boją się życia. To przeraźliwe.

Sobieszów, 18 marca 1960

Jestem w Sobieszowie. Tu, gdzie pisałem *Balzaka*, gdzie miałem te telefony i depesze z Sopotu, które później okazały się zupełnie fałszywe, to znaczy zupełnie nieoddające sytuacji. Ale mimo wszystko wtedy czułem, że wszystkiego jest pełno, że dużo – przeżyć, uczuć, tworzenia. *Balzak* wylał mi się w tydzień – i to trzeci akt pisany dwa razy. Były ciepłe, ciemne noce – a dziś chłód, wszędzie topniejący śnieg i pustka. Zupełna pustka. Mam pisać tutaj trzeci tom *Sławy i chwały* – i zupełnie nie wiem, jak się do tego wziąć. Pisać na siłę – nie starczy mi wytrzymałości. I ciągłe pytania: po co! To już nikomu – a co gorsza i mnie – niepotrzebne. Właściwie mówiąc, te dwa pierwsze tomy stanowią już całość, potem wymyśliłem ten trzeci – i okazuje się, że niepotrzebnie. Przyda się on tylko moim wydawcom – niestety nie może być już ani sensowny, ani dobry, mimo że przez ten czas w miejsce Andrzeja podstawiłem Jurka. Prowadzę tu jakąś kurację w Cieplicach, chyba mi ostatecznie zaszkodzi. A teraz na razie wyczerpuje mnie bardzo. Może i to uniemożliwia mi pisanie. Nawet listów nie piszę, a mam ich do napisania mnóstwo, do Jurka Lis[owskiego], do Kocika. Jurek pisał ostatnio bardzo ciekawe rzeczy o Czesiu, o Kaziu [Wierzyńskim][1]. Czasami tak jest okropnie, że się wszystko tak pokiełbasiło. I ten straszny Związek, który jest moim koszmarem. Muszę napisać „poważny" list do Putramenta i też mi się nie chce. I tak wiadomo, że wszystko niepotrzebne, że się załatwia poza moimi plecami. Nie miałem nigdy w życiu żądzy władzy – i może to właśnie stawia mnie w tak fałszywym świetle, że właściwie mówiąc nikt nie wie, jaki ja jestem. A czy ja wiem?

[1] Jerzy Lisowski przebywał wówczas na stypendium w Paryżu.

20 marca 1960
Znalazłem dziś u Audena[1]:

In Breughel's Icarus, *for instance: how everything turns away*
Quite leisurely from the disaster; the ploughman may
Have heard the splash, the forsaken cry,
But for him it was not an important failure; the sun shone
As it had to on the white legs disappearing into the green
Water; and the expensive delicate ship that must have seen
Something amazing, a boy falling out of the sky,
Had somewhere to get to and sailed calmly on[2].

Ciekawy jestem, kiedy to napisane?

[1] Wystan Hugh Auden (1907–1973) – amerykański poeta, eseista i dramaturg pochodzenia angielskiego, uznawany za jednego z klasyków poezji światowej XX wieku. Autor m.in. zbiorów poezji: *The Orators* (1932), *Another Time* (1940), *The Age of*

Anxiety (1947), *The Old Man's Road* (1956), *Homage to Clio* (1960), tomów szkiców
i esejów.

² Cytowany fragment wiersza Audena *Musée des Beaux Arts*, powstałego w grudniu 1938 roku, w przekładzie Jarosława Marka Rymkiewicza brzmi:

> Na przykład w *Ikarze* Breughla: jak wszystko spokojnie
> Odwraca się od nieszczęścia; może tylko rolnik
> Usłyszał plusk i krzyk zapomniany,
> Lecz dla niego nie był to wypadek ważny; słońce
> Oświetlało, jak oświetlać winno, białe nogi znikające
> W zielonej wodzie; a delikatny i kosztowny okręt, z którego na pewno widziano
> Rzecz zdumiewającą, chłopca lecącego z nieba,
> Musiał żeglować dalej i płynął, gdzie trzeba.

(W. H. Auden, *Poezje*, wybór i przedmowa L. Elektorowicz, Kraków 1988, s. 85).

22 marca 1960

Ach, jak smutno. Dogłębnie, do samego dna smutno. Może dlatego,
że jestem po wczorajszym zupełnie niespodziewanym ataku wątrobianym, a może dlatego, że dzień taki cudowny – jeszcze nie wiosenny,
ale w przeczuciu wiosny taki nad wszelki wyraz uroczy, słoneczny, niebiański ze śniegiem. Do Jurka mi tak tęskno, jakby wczoraj wyjechał i
jakby był moim synem przez całe moje życie. Pomyślałem sobie, że
gdybym miał syna, nazwałbym go Sebastianem, nie Janem Sebastianem, bo to byłoby już nachalnie, ale Sebastianem. I tak mi się zrobiło
straszno, że to już wszystkie możliwości minione. I że nieodwołalne.
Nie miałem syna – i nawet Jurka nie mam. Zostaje mi Wiesiek, który
przez pewien czas był czymś niezwykle bliskim, ale on zagasił wszystkie swoje możliwości. Przede wszystkim, biedactwo, jest nudny, poza
tym nic ze mnie nie rozumie – i nawet nie może w przybliżeniu ogarnąć, o co mi chodzi. Podobno zapisuje moje słowa – to chyba będzie
żałosne. Bardzo go kocham, ale to tak, jak moje dzieci czy wnuki, ta
miłość nic mi jakoś nie daje. I przychodzi taki wiosenny dzień jak dzisiaj, kiedy smutek upaja po prostu jak brzozowy sok. Może to nawet
dobrze być do tego stopnia smutnym.

Mondadori[1] z a p r o s i l i mnie do Włoch na wypoczynek.

¹ Włoskie wydawnictwo Mondadori Editore, założone w 1907 roku przez Arnolda Mondadoriego (1889–1971).

24 marca 1960

Zauważyłem dziś, że mi poczerniała mocniej plama na czole nad lewą brwią. Takiej rzeczy to już teraz nikt inny nie zauważy. Tylko Jurek się tym zajmował. Zwracał uwagę na to poczernienie – i na inne takie rzeczy. Uważał na to. On jeden.

30 marca 1960

„Umierający to zupełnie inni ludzie. Do nich nie można stosować zwykłych praw logiki i życia. Są to ludzie jakby z innych planet, obdarzeni odrębnymi zmysłami i władzami umysłu. Znieczuleni na jedno, przeczuleni na drugie, inaczej patrzą na cały otaczający ich świat i pojmują go odmiennie. Czy lepiej, czy gorzej – któż osądzi! Życie ma swoje prawa, a śmierć swoje. I w jednym, i w drugim razie ulegamy tylko tym prawom, bo wyjść z siebie nie możemy". Ignacy Dąbrowski[1], *Śmierć*.

Parę dni temu miałem przykrą historię. Przyszedł do mnie rano Henio K[rzeczkowski][2], że Steć prosi do siebie do Sobieszowa na czwartą po południu. Nie chciało mi się iść, ale Henio prosił, mieli tam być jacyś chłopcy itd. Henio kupił dwie butelki wina i poszliśmy. Steć jest obłąkany na punkcie seksualnym, jest to przykra obsesja, która rozmowę z inteligentnym gościem, znającym doskonale warunki tutejsze, zamienia w szereg niezwykle ordynarnych fragmentów. Niecierpliwiło mnie to wszystko. Z oczekiwania na tych „chłopców" wynikało, że to są chłopcy do konsumpcji na miejscu, co mnie przeraziło. Wreszcie przyszli ci chłopcy, trzy chłopaczyska, jak to bywa, w miarę ordynarni i głupi. I z nimi jeden jeszcze pan – nieznajomy, który mnie widział w takim towarzystwie. Zacząłem się rozpytywać o powrotne tramwaje, ten obcy facet wyszedł, a Henio i Steć wzięli tych dwóch chłopaków do bocznych pokoi, jak w burdelu. Nie mogłem wyjść zaraz, bo mój płaszcz był w tym pokoju, gdzie był Henio. Wściekłość moja nie miała granic, chodziłem po stołowym pokoju, roztrącając meble, i gdzie z przerażeniem na mnie popatrywał trzeci chłopak, „sekretarz" Stecia. Wreszcie wyleciałem jak z procy i piechotą poszedłem do domu, a to jest ze cztery kilometry. Przeraziło mnie to ogromnie. Wiec oni myślą, że ja, prawie siedemdziesięcioletni facet, Jarosław Iwaszkiewicz, mąż, ojciec, dziadek – mogę w ten sposób załatwiać swoje sprawy erotyczne. Publicznie chędożyć nieznajomych chłopaków? Coś nieprawdopodobnego. Dlatego że mam pociąg do mężczyzn, to od razu już tak? Uczułem się do głębi, do żywca, obrażony. Wróciłem do domu, położyłem się do łóżka i rozpłakałem się. Byłem upokorzony i przerażony. Ale świat jest taki.

[1] Ignacy Dąbrowski (1869–1932) – powieściopisarz i nowelista, autor utworów psychologicznych, łączących estetykę naturalizmu z młodopolską konwencją nastrojowo-symboliczną. Debiutował powieścią *Śmierć* (1893) – utworem w formie zapisków studenta prowadzonych w czasie śmiertelnej choroby. Autor m.in. powieści: *Felka* (1894), *Zmierzchy* (1914), *Matki* (1923) oraz tomu prozy *Samotna* (1912). W 1959 roku ukazało się wznowienie *Śmierci*. Jarosław Iwaszkiewicz poświęcił mu felieton *„Śmierć" Dąbrowskiego* („Życie Warszawy" 1960, nr 92), zaś w 1970 roku komentował wznowiony *Wybór nowel* (1969) tego pisarza w felietonie *Zmierzchy Dąbrowskiego* („Życie Warszawy" 1970, nr 63).

[2] Henryk Krzeczkowski (1921–1985) – tłumacz, eseista, krytyk literacki i redaktor PIW-u. W latach 1969–77 redagował wydawaną przez PIW serię Wielcy Pisarze w Oczach Krytyki Światowej. Tłumaczył utwory m.in.: George'a Byrona, Johanna Wolfganga Goethego, Jamesa Frazera, Roberta Gravesa, Isaiaha Berlina. Autor zbioru szkiców literackich *Po namyśle* (1977) oraz eseju *O miejsce dla roztropności* (1979).

31 marca 1960

Raptem odezwali się wszyscy z listami: oprócz Hani Marysia, Terenia, Anusia, Wiesiek, Zygmunt M[ycielski], Szymunio. Ostatnie dwa listy Szymcia takie przyjemne i inteligentne w swoisty, jemu właściwy (bardzo ostrożny) sposób. Także Stryjkowski i Andrzej Kijowski do mnie napisali. Poczułem się nagle otoczony, opromieniowany serdecznością. I przykro mi, że tak bardzo narzekam na samotność. O ile człowiek może być samotny, to chyba jestem. Ale jednocześnie to uczucie, że t e g o j e d n e g o listu nie ma i nie może być, i nigdy już nie będzie. Niewątpliwie teraz przy pisaniu muszę przezwyciężać większe niż zazwyczaj opory. Trudno mi się zdecydować, trudno wybrać to, co chciałbym pisać, trudno rozłożyć jakoś pracę, aby coś z tego wychodziło. Paraliżują mnie pytania i zagadnienia, czego dawniej nigdy nie było. Oczywiście jest to starość, skleroza, ogólne zmęczenie życiem, straszliwy smutek z powodu śmierci Jurka. Ale jeżeli chodzi o trzeci tom

Sławy i chwały, to także i brak ideologii, brak decyzji, jak to wszystko, co jest i bliskie, i straszne, oceniać, jak oświetlić. Mimo to już tutaj napisałem scenę z pierwszego dnia powstania, która mi się podoba. Naturalnie nie ma ona nic wspólnego z powstaniem i z nastrojem pierwszego jego dnia – z tego sobie zdaję sprawę, ale jest w jakiś sposób odbiciem tamtych czasów – i jest jako tragiczne, dramatyczne zestawienie osób (każda z własnym widzeniem świata) czymś bardzo naprężonym. Na razie jestem z tej sceny zadowolony. Zresztą to jest wszystko, co tutaj dotychczas napisałem.

Sobieszów, 5 kwietnia 1960
Dzisiaj Anuśka kończy czternaście lat. Dorosła – dawniej – panna. Zabawnie sobie pomyśleć. Miałem od niej taki miły list, napisany już „dorosłym" pismem, niepodobnym ani do pisma Hani, ani do pisma Marysi. Henio K[rzeczkowski] proponuje, żeby na pełnoletność Anusi urządzić na Stawisku „bal". Za cztery lata? A co będzie za cztery lata? Bardzo jakoś tutaj dużo myślę o moich wnukach – i oczywiście bardzo dużo o Hani. Znowu mam okres wyrzutów sumienia w stosunku do niej – za moje zniecierpliwienie, za moją nietolerancję. Ale kiedy sobie pomyślę o jej nietolerancji – jakoś mi się wszystko odwraca. Pojutrze wyjeżdżam już stąd, z poczuciem wielkiej jałowości. Nie wydaje mi się, aby moja kuracja w Cieplicach miała jakie znaczenie, prócz ujemnego. A zrobiłem tu wyjątkowo mało. I znowu *Sława i chwała* w zawieszeniu, a z *Kochanków z Marony* są tylko małe próbki[1]. A chciałbym to napisać tak intensywnie, jak były intensywne moje i Jurka dnie, i Lilki – w Elizinie. Wspomnienie tamtych trzech dni – zapach maciejki w nocy – przyprawia mnie o zawrót głowy. A Lilka miała taki cały miesiąc, czyli dziesięć razy więcej. Oczywiście zamknie się w tym opowiadaniu tylko „cień" tych spraw, ale chciałbym zagarnąć jak najwięcej. Napisałem dopiero parę stron. Rok, jak skończyłem *Jadwinię*, ostatnią rzecz, którą on czytał.

[1] Opowiadanie *Kochankowie z Marony* zostało ukończone w Rzymie w 1960 roku. W wydaniu książkowym ukazało się w roku 1961.

6 kwietnia 1960
Jureczku najdroższy, dziecko moje, przyjacielu mój – te trzy tygodnie w Sobieszowie spędziłem z tobą. Byłeś przy mnie każdej chwili, czułem Cię przy sobie i myślałem, że dopiero wczoraj wyjechałeś do Surabai. Rozumiałem Ciebie i czułem Ciebie, i wiedziałem, że kochałeś mnie jak rok temu w Bydgoszczy, kiedy pisałeś, że byłem grzeczny. W te dni kochałeś mnie najbardziej, potrzebny ci byłem i myślałeś, że jakimś cudem, cudem mojej miłości, ocalę Ciebie. Miałeś do ostatniej chwili tę nadzieję, że coś się stanie i będziesz żył dzięki mnie. I dlatego tak strasznie rozpaczałeś, kiedy Cię zawiodłem. Byłeś teraz przy mnie, jak w tej depeszy, byłeś każdej, każdej chwili – i kochałem Cię bardziej niż kiedykolwiek, do bólu, do obłędu. Nie bój się, to nie obłęd, nie trwóż się, śpij spokojnie, śpij, kochany, ja jestem przy Tobie, jestem całym wielkim odruchem mej niemogącej ustać ani na chwilę miłości. Moje dziecko, mój przyjacielu, mój jedyny.

Stawisko, 6 maja 1960
Po tej zapisce przez cały miesiąc nie śmiałem zajrzeć do dziennika. Każde inne słowo wydawało mi się bluźnierstwem.

Piątek, 13 maja 1960
Przylot, o dziewiętnastej kolacja w Klubie Pisarzy. Majerová, Drda, Skála[1], Kubka[2], Otčenášek[3] i inni.

Menu:
sardynki z cebulą,
rosół z ryżem,
kotleciki cielęce z ryżem,
szparagi,
kaczka pieczona,
sałata zielona,
tort czekoladowy,
kawa.

[1] Ivan Skála (1922–1997) – czeski poeta, dziennikarz i tłumacz. W okresie 1959––64 sekretarz Związku Pisarzy Czechosłowackich (SČSS), z którego w 1964 roku wystąpił z przyczyn politycznych. Autor m.in. zbiorów: *A cokoli se stane...* (1957), *Ranní vlak naděje* (1958), *Zdravím vás, okna* (1962).

[2] František Kubka (1894–1969) – czeski pisarz, eseista, po 1945 roku pracował jako dyplomata. Na obiedzie wydanym 14 maja 1960 roku przez czeskich działaczy Światowego Ruchu Pokoju Iwaszkiewicz otrzymał od Františka Kubki polski przekład jego książki *Karlštejnské vigilie* (1944), o której pisał później w felietonie *Z Pragi (2)* („Życie Warszawy" 1960, nr 158). Książka w przekładzie Heleny Gruszczyńskiej--Dubowej ukazała się w 1959 roku pt. *Rycerze i białogłowy*.

[3] Jan Otčenášek (1924–1979) – czeski prozaik, w latach 1956–59 sekretarz Związku Pisarzy Czechosłowackich (SČSS). Autor m.in. powieści produkcyjnej *Zwycięskim krokiem* (1952, wyd. pol. 1954), noweli *Romeo, Julia i mrok* (1958, wyd. pol. 1961), powieści *Gdy w raju padał deszcz* (1972, wyd. pol. 1974). Jako jeden z pierwszych pisarzy czeskich zerwał z konwencją estetyczną socrealizmu.

Sobota, 14 maja 1960
Z rana DILIA[1], Bank.
O 12.30 obiad [z] obrońcami pokoju.
Fr[antišek] Kubka bardzo miły.
Simonides[2].

O 20.00 koncert
André Cluytens[3].
Janáček i *Sinfonietta*[4].
Musorgski-Ravel: *Obrazki z wystawy*[5].
Schumann: *IV Symfonia*[6].

Menu:
zakąski (bardzo dobre),
rosół z pulpetami,
eskalopy cielęce,
sałata,
owoce.

*

Właściwie mówiąc, Praga połączona jest ze wspomnieniami mojej młodości. Zaraz widzę tu i nas młodych, i entuzjazm Małaniuka[7], i młodziutkiego Halasa, zwariowanego na punkcie Tuwima. Musiałem tu opowiadać moje pierwsze zetknięcia z Czechami, z jeńcami w 1917, z których jeden, młody i ładny, uczył mnie czytać po czesku[8]. I to przedstawienie *Balladyny*[9] u Wysockiej w Kijowie, z przemówieniem Jerzego Bandrowskiego[10] – i z obecnością Masaryka[11] z żoną[12]. Ale ten pobyt tutaj w 1928, to najmilsze wspomnienie[13]. Żadnej innej „zagranicznej" wizyty nie zrobiliśmy tak jak wtedy, w piątkę. Wszystko to mi się tu przypomina – no i wizyta pisarzy czeskich u nas w Stawisku w 1947. Już i Halas, i Pujmanova[14], i Řezáč[15] nie żyją – taki był piękny, wiosenny, majowy dzień. Jak to dawno! Jurek [Błeszyński] miał wtedy piętnaście lat, tyle co Maciek dzisiaj.

Na razie jest mi w Pradze bardzo dobrze, przede wszystkim dlatego, że mieszkam wprost idealnie. Trochę hałasu – tylko tyle, żeby wiedzieć, że się mieszka w wielkim mieście – a pokój śliczny i kwiaty piękne, które dostałem na przyjezdne. Żeby tak było dalej.

[1] DILIA – Divadelní a literární agentura. Założony w 1949 związek skupiający ludzi pióra i teatru.

[2] Jaroslav Simonides (1915–1996) – wybitny tłumacz literatury polskiej, autor przekładów utworów m.in. Mikołaja Reja, Łukasza Górnickiego, Jana Chryzostoma Paska, Stanisława Wyspiańskiego, Jarosława Iwaszkiewicza, Marii Dąbrowskiej, Stanisława Ignacego Witkiewicza, Romana Brandstaettera, Stanisława Lema, Tadeusza Różewicza. Przetłumaczył na język czeski książkę popularyzatorską Jarosława Iwaszkiewicza *Chopin* (wyd. czes. 1957) i opowiadanie *Psyche* (wyd. czes. 1973). Autor wielu artykułów poświęconych Fryderykowi Chopinowi i jego związkom z Czechami.

[3] André Cluytens (1905–1967) – dyrygent francuski pochodzenia belgijskiego. Wybitny interpretator współczesnej muzyki francuskiej oraz dyrygent operowy, prowadzący orkiestry m.in. na scenach w Bayreuth i Paryżu. Na festiwalu „Praska Wiosna" dyrygował gościnnie orkiestrą filharmoników praskich. Jarosław Iwaszkiewicz pisał o jego występie: „Cieszy się on tutaj bardzo wielkim powodzeniem – nie przemówił jednak do mnie za bardzo przekonywająco. Wydaje mi się, że i *Sinfonietta* Janáčka, i *Kartinki s wystawki* Musorgskiego-Ravela są poza zakresem jego zainteresowań – nie chcę powiedzieć: jego odczuwań. Jest to wybitny Francuz (Flamand?) – ale pewnych «naszych» rzeczy nie może pojmować właściwie" (J. Iwaszkiewicz, *Praskie Jaro. Listy o muzyce*, „Nowa Kultura" 1960, nr 24).

[4] Leoš Janáček (1854–1928) – kompozytor czeski, najwybitniejszy przedstawiciel stylu narodowego w muzyce czeskiej przełomu XIX i XX wieku. *Sinfonietta* (1926) jest kompozycją symfoniczną z rozszerzonym składem instrumentów dętych. Tworzą ją pięć kontrastujących ze sobą części, o wyraźnych wpływach melodyki ludo-

wej, zwłaszcza folkloru morawskiego. Po koncercie z 1960 roku Iwaszkiewicz napisał: „Cóż to za zadziwiający starowina, ten Janáček! Po siedemdziesiątce skomponować taką muzykę, jaką jest ta *Sinfonietta* – ze wspaniałymi fanfarami, z tą zadziorną kwartą, z tym atakowaniem słuchacza i braniem go natychmiastowym w jasyr!" (J. Iwaszkiewicz, *Praskie Jaro. Listy o muzyce*, „Nowa Kultura" 1960, nr 24).

[5] M. Musorgski, *Obrazki z wystawy* (1874). Cykl dziesięciu miniatur fortepianowych, zinstrumentowanych w 1922 roku przez Maurice'a Ravela.

[6] R. Schumann, *IV Symfonia d-moll* op. 120 (1841).

[7] Jewhen Małaniuk (1897–1968) – poeta ukraiński. Brał udział w wojnie polsko-bolszewickiej w szeregach armii Semena Petlury, następnie przebywał na emigracji. Początkowo mieszkał w Pradze, gdzie studiował i uzyskał dyplom inżyniera rolnictwa. Iwaszkiewicz poznał go w marcu 1928 roku, podczas wizyty poetów Skamandra w Pradze; dedykował mu wiersz *Praga* z tomu *Powrót do Europy* (1931), w zbiorze tym zamieścił także przetłumaczony przez siebie wiersz Małaniuka *Do Jarosława Iwaszkiewicza* (obydwa utwory zostały pominięte w kolejnych wydaniach). W latach 30. Małaniuk zamieszkał w Warszawie, utrzymywał kontakty z kręgiem „Wiadomości Literackich" i domem Iwaszkiewiczów. Z Warszawy wyjechał w 1944 roku, początkowo do Czech, później do Stanów Zjednoczonych, gdzie mieszkał i zmarł. Jego wiersze publikowały ukraińskie emigracyjne wydawnictwa w Kanadzie, na język polski przekładali je – oprócz Iwaszkiewicza – Józef Łobodowski i Julian Tuwim. Współpracował z „Kulturą" paryską.

[8] „Lato to [1917] spędzałem ostatni raz na wsi ukraińskiej, niedaleko od miejsc bardzo mi bliskich, miejsc mojego dzieciństwa i miejsc, gdzie młodość spędzała moja matka, gdzie brała ślub w tej samej kaplicy co rodzice Karola Szymanowskiego w parę miesięcy później. Już tym samym, że było to moje ostatnie «ukraińskie» lato, było ono pamiętne dla mnie. [...] Gdy siły rewolucyjne przygotowywały się do ostatecznej walki i zwycięstwa, na wsi ukraińskiej było jeszcze spokojnie. Jeździliśmy z Jaczewskim na połowy ryb lub na wielkie wycieczki, odwiedzaliśmy znajomych lub czytaliśmy wspólnie książki. Wtedy też zacząłem się uczyć języka czeskiego od jednego z «jeńców» pracujących na roli w majątku" (J. Iwaszkiewicz, *Stanisława Wysocka i jej kijowski teatr «Studya»*, s. 73–74).

[9] *Balladynę* Juliusza Słowackiego wystawiano w prowadzonym przez Stanisławę Wysocką kijowskim Teatrze „Studya" w latach 1914–17. Rolę tytułową grała Stanisława Wysocka. Jarosław Iwaszkiewicz, będąc p.o. kierownika literackiego teatru, 23 sierpnia 1917 roku wygłosił w jego gmachu odczyt *Balladyna jako dzieło sztuki*, prezentujący konteksty interpretacyjne utworu.

[10] Jerzy Bandrowski (1883–1940) – powieściopisarz, poeta, tłumacz i dziennikarz; brat Juliusza Kadena-Bandrowskiego. W czasie I wojny światowej od 1915 roku przebywał w Rosji i był współorganizatorem Dywizji Syberyjskiej oraz wiceprezesem Polskiego Komitetu Wojennego. W latach 1917–18 opublikował w Kijowie kilka broszur patriotycznych dla żołnierzy. Współpracował m.in. z lwowskimi dziennikami „Gazetą Wieczorną" (1920–22) i „Gazetą Poranną" (1921–24), a także z tygodnikiem „Kultura" (1933–39).

[11] Tomáš Garrigue Masaryk (1850–1937) – czechosłowacki mąż stanu, filozof i socjolog; w latach 1882–1914 profesor filozofii na uniwersytecie w Pradze. W listopadzie 1918 roku został pierwszym prezydentem Republiki Czechosłowackiej, w 1935 zrzekł się tego urzędu. Autor m.in. *Rewolucji światowej* (cz. 1–3 1925, wyd. pol. 1930–32).

[12] Żoną Tomáša Masaryka była Charlotte Garrigue (1850–1923), działaczka feministyczna, publicystka i tłumaczka amerykańskiego pochodzenia, od której Masaryk przejął jeden z członów swojego nazwiska.

[13] Iwaszkiewicz w dniach 17–19 marca 1928 roku przebywał w Pradze wraz z poetami grupy Skamander: Janem Lechoniem, Julianem Tuwimem, Kazimierzem Wierzyńskim i Antonim Słonimskim. Gościł ich pisarz Roman Jaworski, który pracował na placówce dyplomatycznej w tym mieście. W Pradze Skamandryci odbyli wspólne spotkanie autorskie.

[14] Marie Pujmanová (1893–1958) – pisarka czeska. Za jej najważniejsze dzieło uważa się trylogię powieściową *Ludzie na rozstajach* (1937, wyd. pol. 1948), *Igranie z ogniem* (1948, wyd. pol. 1949) oraz *Życie zwycięża śmierć* (1952, wyd. pol. 1955), kreślącą panoramę wydarzeń lat 30. i okresu wojny.

[15] Václav Řezáč (1901–1956) – powieściopisarz czeski, autor m.in. powieści *Krawędź* (1944, wyd. pol. 1948), będącej studium psychologicznym o powstawaniu powieści. Po wojnie przedstawiciel nurtu realizmu socjalistycznego i działacz międzynarodowego Ruchu Obrońców Pokoju. W 1948 roku gościł w Polsce jako czechosłowacki delegat na Światowy Kongres Intelektualistów we Wrocławiu.

15 maja 1960

Nie wiem dlaczego, ale jakoś mi się nie bardzo podobał wczorajszy koncert. Cluytens należy do tych dyrygentów, który więcej pokazuje, niż wydobywa. Ale i w samej orkiestrze jest coś, co mi przeszkadza, cudowne drzewo, mocne smyczki – a razem nic. Może trochę za grube? Dźwięk masywny, ale ciężki. Pasaż trzech fletów u Janáčka wykonany fantastycznie.

A może to sam program – nie bardzo. Mam szczególniejszą antypatię do *Kartinok s wystawki*[1] – a zwłaszcza do przeróbki Ravela. Antypatia jakaś wewnętrzna i chyba amuzyczna. Może dlatego, że ze Złotych Wrót kijowskich robi taką prawosławną, carską historię à la finały Rimskiego?[2] Dość, że bardzo nie lubię tego. I jako stary warszawista – nie lubię koncertów bez solistów!

Urocza Milada Kubkova, wyjątkowo ładna i miła kobieta.
*

W Dobrzyszu. Nowa droga, już się nie jedzie przez Mniszek! (Patrz moje wiersze[3]).

Drda,
Pilař[4],
Skála,
Skálova,
Jiři Kubka[5]
itd.

Menu:
zakąski,
zupa pieczarkowa,
kurczęta, sałata,
crème caramel[6],
kawa,
świetne wino słowackie jak mozelskie.
*
Kiedy jestem w Warszawie, spieszę zajęty. Zostaję sam, na obczyźnie, wszystko wypływa jak trup z dna. Trudno tak żyć.
*
Opowiadał mi dziś Drda o starym murarzu, który nie mając roboty, wstąpił kiedyś do cyrku przed laty i jest tam do dziś dnia. Z cyrkiem tym jeździł po świecie i wpadał zawsze w najgorsze tarapaty, nie było historycznego zdarzenia w połowie XIX wieku, w którym nie brałby udziału. Był w Meksyku podczas rewolucji, w Rosji w obu rewolucjach, był w wojsku austriackim i rosyjskim, był w partyzantach czeskich i w wojnie hiszpańskiej domowej itd., itd. Pamiętał wszystko, ale wszystko mu było zupełnie obojętne. Pamiętał tylko zupy. „O, w czasie rewolucji październikowej w Moskwie to dostałem takiego barszczu!" „A w Hiszpanii to zupy robią z jarzyn". „A w Meksyku to najlepsza zupa rybna". Nazywał siebie: „Ja jestem zupny (*polévkovy*) człowiek!".

---

[1] *Kartinki s wystawki* (ros.) – *Obrazki z wystawy*. Zob. przypis nr 5 na s. 368.
[2] *Wielka Brama Kijowska* jest ostatnią częścią cyklu *Obrazki z wystawy*.
[3] Motyw ten pojawia się w wierszu *Mniszek*, należącym do cyklu *Suita czeska*,

który składa się z czterech utworów: *Droga do Dobrzysza, Mniszek, Święty Prokop, Srebrna maska*. Utwór został opublikowany na łamach „Nowin Literackich" (1947, nr 39), a następnie wśród wierszy rozproszonych w drugim tomie *Wierszy* (1977).

[4] Jan Pilař (1917–1996) – czeski poeta i tłumacz, w latach 1949–54 sekretarz Związku Pisarzy Czechosłowackich (SČSS). Redaktor pism „Lidové Noviny" i „Literární Noviny". Tłumaczył na język czeski wiersze Jana Kochanowskiego, Cypriana Kamila Norwida, Juliana Tuwima, Władysława Broniewskiego, Konstantego Ildefonsa Gałczyńskiego, Jana Brzechwy, Krzysztofa Kamila Baczyńskiego. Jest tłumaczem wyboru poezji Iwaszkiewicza *Plavení koní* (1972). W przekładzie na język polski ukazała się jego praca *Eseje o poezji polskiej* (1987) oraz wybory wierszy: *Takiego drzewa się nie grzebie: wiersze wybrane* (1962), *Szyderstwo i inne wiersze* (1975) oraz *Piękny zawrót głowy* (1989).

[5] Jiří Kubka (ur. 1924) – czeski pisarz i dziennikarz, sekretarz międzynarodowej organizacji dziennikarzy, syn pisarza Františka Kubki.

[6] *Crème caramel* (fr.) – krem karmelowy.

16 maja 1960

Trochę to smutne, że coraz bardziej odchodzę od muzyki. Nie tyle mnie nudzi, ile staje się niepotrzebna. Oczywiście to całe „Praskie Jaro"[1] jest jednym nieporozumieniem. Przyjeżdżać aż tutaj i siedzieć tyle czasu, żeby posłuchać *Pini di Roma*[2] – w dobrym co prawda wykonaniu – to nie ma najmniejszego sensu, kiedy to samo słyszałem tyle razy przez radio w Stawisku samym. Nie, ale chodzi tu o jakieś głębsze „odłączenie się" – i to od śmierci Jurka. Myślę, że to też jest to ostateczne starzenie się. Poza tym muzyka jest zawsze wyrazem ekstazy – erotycznej u młodych, religijnej u starych (Hania), a ja jakoś coraz bardziej odchodzę od patosu, od ekstazy. To właśnie jest smutne.

*

Wczoraj Henio Szeryng[3] nieprawdopodobnie niegrzeczny. Dobrze mu nagadali w Paryżu. Jaś Krenz[4] sztywny. Dlaczego ludzie tak się mnie boją i tak nie lubią?

*

Zupełnie nie rozumiem stosunku moich najbliższych, „otoczenia", do mojego zdrowia. Insynuowałem Szymkowi wezwanie poważnego lekarza – ale jakoś mu to rozeszło się po kościach. A przecież to cierpnięcie lewej ręki to rzecz poważna. Oczywiście to są procesy nieodwracalne, ale można je zwolnić. Oczywiście nie łyżką miodu, którą

Hania wmusza we mnie co dzień. Przecież do mnie chyba m o ż n a wezwać najpoważniejszych lekarzy? Ale im to do głowy nie przychodzi. Po prostu nie uświadamiają sobie, jak poważnym człowiekiem ja jestem. Dla nich zawsze „Jarosław"...

*

Sklep z jarzynami i owocami:
jarzyny: młoda cebulka, 80 halerzy pęczek,
sałata, dzielona na połówki,
pół główki, 1 korona,
były tylko d w i e połówki,
z owoców – włoskie orzechy.
Poza tym n i c.

*

Pilař wyraził żal, że skasowano święto św. Jana Nepomucena (16 maja).

*

Menu w Barrandovie[5]:
kanapki z kawiorem,
bulion z żółtkiem,
kotleciki cielęce ze szparagami
(po jednym szparagu na osobę),
banany smażone na grzance z sosem morelowym,
kawa.

[1] Międzynarodowy Festiwal Muzyczny „Praska Wiosna" („Pražské Jaro") odbywa się w Pradze od 1946 roku. Rok później powołano przy festiwalu konkurs dla młodych muzyków w różnych kategoriach instrumentalnych. W 1960 roku festiwalowe koncerty odbywały się w dniach 2–16 maja i były związane z obchodami 15-lecia niepodległości. Iwaszkiewicz uczestniczył w sześciu koncertach. O „Praskiej Wiośnie" pisał na łamach „Twórczości" w editorialu zatytułowanym Praskie Jaro („Twórczość" 1960, nr 7) oraz w artykule pod tym samym tytułem w publikowanym na łamach „Nowej Kultury" cyklu Listy o muzyce („Nowa Kultura" 1960, nr 24).

[2] O. Respighi, Pini di Roma (1924). Iwaszkiewicz nadał później ten tytuł cyklowi wierszy wchodzących w skład tomu Śpiewnik włoski (1974).

[3] Henryk Szeryng (1918–1988) – skrzypek i pedagog muzyczny. Debiutował w 1933 roku na scenie Filharmonii Warszawskiej. Od 1946 roku mieszkał w Meksyku, przyjąwszy obywatelstwo tego kraju. Zajmował się pedagogiką, do działalności artystycznej i koncertowej wrócił w 1954 roku, dokonał licznych nagrań dla najbardziej prestiżowych wytwórni fonograficznych. Na Festiwalu „Praska Wiosna" Henryk Sze-

ryng grał 15 maja 1960 roku z towarzyszeniem Orkiestry Radia Praskiego pod dyrekcją Mircei Basaraba *Koncert G-dur* Wolfganga Amadeusza Mozarta (KV 216) i *II Koncert skrzypcowy* Sergiusza Prokofiewa.

[4] Jan Krenz (ur. 1926) – dyrygent i kompozytor. W latach 1949–51 współpracował z Grzegorzem Fitelbergiem i Wielką Orkiestrą Symfoniczną Polskiego Radia w Katowicach. Po śmierci Fitelberga, w latach 1953–68 dyrektor i dyrygent WOSPR. Odbył z tą orkiestrą wiele podróży koncertowych i dokonał licznych nagrań. Od 1967 do 1977 roku współpracował z Teatrem Wielkim w Warszawie, od 1968 pełnił funkcję dyrektora artystycznego tej placówki. W maju 1960 roku w Czechosłowacji WOSPR występowała w Mariańskich Łaźniach (14 maja), Pradze (16 maja), Brnie (19 maja) i Bratysławie (20 maja). W latach 1936–39 Jan Krenz uczęszczał do szkoły muzycznej z Marią Iwaszkiewicz, stąd znajomość dyrygenta z rodziną Iwaszkiewiczów.

[5] Barrandov – czeska wytwórnia filmowa w Barrandovie (dzielnica Pragi), założona w 1910 roku, rozbudowana po II wojnie światowej, jedna z największych i najlepiej wyposażonych wytwórni filmowych w Europie, kręcono w niej także polskie filmy fabularne.

17 maja 1960

Jednym z największych wrażeń muzycznych ż y c i a jest wczorajszy *Don Juan*[1] dyrygowany przez Jasia Krenza[2]. On myślał, że to zwyczajne komplementy, ale to naprawdę. I ta orkiestra, młoda, pełna żarliwości. To było wspaniałe, niezapomniane. I ta *Szeherezada* Ravela[3]. Dla mnie to jest wszystko: i młodość, i Stasia [Szymanowska], i Francja, i *Sława i chwała* – a oni tego tu nie uchwycili, przyjęli chłodno Woytowiczównę[4], która dobrze śpiewa, ale z dykcją gorzej.

*

Na bis zagrali arię Bacha w instrumentacji Fitelberga. Pamiątka po Ficiu, wspomnienie. Oni o nim myśleli – i ja. To ładnie tak czcić swego założyciela i organizatora, wspomnienie o Ficiu. Ja myślałem sobie o nim – i o wszystkich ludziach, z którymi miałem szczęście obcować. Ficio, Karol, Artur, Caselcia. Ludzie, dla których słowa „sztuka", „artysta" coś znaczą. W dzisiejszym świecie te znaczenia zacierają się.

*

Obiecałem kiedyś Jurkowi kupić za granicą pędzel do golenia, a potem nie kupiłem. Ale on pamiętał. Upomniał się kiedyś o to. Byłem potem w Berlinie i w Sztokholmie – i już nie kupiłem tego pędzla, bo myślałem, że już n i e w a r t o. Ciekawy jestem, czy on zdawał sobie z tego sprawę? Na pewno tak, bo przecież on wszystko wiedział. Kupiłem teraz pędzel Szymkowi. Po co? To już niczego nie odrobi.

Szczegóły chopinowskie w Pradze

Dom, gdzie mieszkał Pixis[5], zachowany; konserwatorium w starym klasztorze benedyktynek, gdzie szukał Pixisa (Pixis grał na skrzypcach w teatrze premierowym *Don Giovanniego*) – wszystko bliziutko siebie. Brama (obecnie w galerii), którą Chopin wchodził do Hanki[6].

W Mariánskich Láznach zachował się dom, gdzie mieszkali Wodzińscy[7] i Chopin. Zachowały się zapiski lekarza o starych Chopinach; portret Józefiny Thun-Hohenstein[8] zaginął, był pędzla Mánesa[9] (zaginął dopiero w 1945 roku) – są zapiski Lwa Thuna[10] o improwizacji Chopina – i kartka z dziennika Matyldy (?) Thun o Chopinie i jego grze wtedy na zamku[11].

Thunowie przez Clary-Aldringen[12] spokrewnieni z Radziwiłłami, Józefina korespondowała z Elizą[13]. Czy pisała jej o Chopinie?

Simonides był w Poturzynie! Stwierdził ukraińską ludność. Historia brzozy pod oknem![14] Człowiek, który pamiętał urządzenie salonu w pałacu w Poturzynie (spalonym). Fotografie Tytusa i jego siostry w wieku podeszłym zachowały się.

Wszystko to Simonides opisze w swojej książce[15].

Legenda o tym, jakoby George Sand i Chopin byli w Pradze w 1837 roku! Zupełne novum dla mnie[16].

*

Urocze popołudnie u Branislavów[17]. Akompaniowałem pani Wierze Branislav do śpiewu. Przepiękne pieśni ludowe słowackie – i Martinů[18], i Janáček[19]. Bardzo miła pani i ma piękny mezzosopran.

*

Dreszcze w momencie pauzy w przerwie *Don Juana*. Dawno czegoś podobnego nie przeżyłem. *Das Schaudern* – o którym tyle pisze Gide[20].

*

Iłła była we Wrocławiu na moim odczycie o Karolu w średniej szkole muzycznej. Po odczycie wracaliśmy razem taksówką do hotelu. Powiedziała mi zdawkowo, że się jej odczyt podobał. Nazajutrz przyłapała Tymoteusza Karpowicza[21] i zaczęła go prosić, żeby mi powtórzył, jak się jej bardzo, ale to bardzo podobał mój odczyt. „Dlaczegóż pani sama mu tego nie powie?" – spytał Karpowicz. „Ach, bo kiedy się w oczy mówi takie rzeczy, to ludzie nie wierzą!"

[1] R. Strauss, *Don Juan* (1887–88).

[2] Koncert Wielkiej Orkiestry Polskiego Radia z Katowic pod dyrekcją Jana Krenza odbył się 16 maja 1960 roku w Pradze. W programie, poza *Don Juanem*, znalazły się: *Wojskowa sinfonietta* Vítězslavy Kaprálovej, *Szeherezada* Maurice'a Ravela i *Concerto giocoso* Michała Spisaka. Koncert był transmitowany przez radiofonie czeską, polską i NRD. Iwaszkiewicz pisał o nim na łamach „Nowej Kultury": „Sala szalała na tym koncercie, zasypując wykonawców kwiatami i zmuszając oklaskami do dwóch bisów, rzecz tutaj prawie niesłychana. Rzeczywiście, trzeba przyznać, że żarliwość wykonawcza naszych muzyków, muzykalność i przejęcie się, przeżycie muzyki ich dyrygenta, patos muzyczny solistki – składały się tutaj na zjawisko wyjątkowe. [...] Takiego wykonania *Don Juana* Straussa nie słyszałem nigdy. A w ogóle ten koncert był jednym z największych przeżyć muzycznych w moim życiu w ogóle – a to przecież bardzo ważne. Prasa też była wspaniała" (J. Iwaszkiewicz, *Praskie Jaro. Listy o muzyce*, „Nowa Kultura", 1960, nr 24).

[3] M. Ravel, *Szeherezada* (1903) – utwór na sopran i orkiestrę. Warstwę tekstową stanowi poemat *Szeherezada* Tristana Klingsora.

[4] Stefania Woytowicz (1922–2005) – polska śpiewaczka (sopranistka), wybitna interpretatorka muzyki oratoryjno-kantatowej i muzyki XX wieku. W 1954 roku zdobyła I nagrodę na Międzynarodowym Konkursie Wokalnym w Pradze i od tego momentu rozpoczęła się jej międzynarodowa kariera. Do jej najwybitniejszych osiągnięć należą m.in. krcacjc w *III Symfonii* i *Stabat Mater* Karola Szymanowskiego oraz w *III Symfonii – „Symfonii pieśni żałosnych"* Henryka Mikołaja Góreckiego. Na praskim koncercie 16 maja 1960 roku śpiewała partię solową w *Szeherezadzie* Maurice'a Ravela.

[5] Friedrich Wilhelm Pixis (1785–1842) – niemiecki skrzypek, kompozytor i dyrygent; dyrektor konserwatorium w Pradze. Fryderyk Chopin przyjaźnił się z jego bratem Johannem Peterem Pixisem, pianistą i kompozytorem.

[6] Václav Hanka (1791–1861) – czeski literat i filolog. Zyskał sławę, wydając rzekomo odkryte przez siebie, w rzeczywistości sfingowane, zabytki staroczeskie: *Rękopis królowodworski* (1817, wyd. pol. 1830) i *Rukopis zelenohorský* (1818). Dziewiętnastoletni Chopin spotkał się z nim podczas krótkiego pobytu w Pradze: 19 sierpnia 1829 roku oglądał miasto w jego towarzystwie, a 23 sierpnia wpisał do dziennika Hanki okolicznościowego mazurka do słów Ignacego Maciejowskiego *Jakież kwiaty, jakie wianki* (op. posthume). Hanka od 1819 roku pracował jako bibliotekarz w Muzeum Czeskim i mieszkał w gmachu muzeum.

[7] Rodzina Wodzińskich składała się z małżonków Teresy i Wincentego oraz ich dzieci: Antoniego, Feliksa, Kazimierza, Józefy, Teresy i Marii, która w latach 1836––37 była narzeczoną Fryderyka Chopina. Kompozytor poznał ją we wrześniu 1835

roku w Dreźnie. Kolejne spotkanie miało miejsce 28 lipca 1836 roku w Marienbadzie (dziś Mariánské Lázně). Chopin i Wodzińscy zatrzymali się tam w gospodzie Pod Białym Łabędziem. Pod koniec sierpnia 1836 roku kompozytor udał się w towarzystwie Marii i jej matki do Drezna, gdzie 9 września poprosił o rękę Marii. Narzeczeństwo zostało zerwane z powodu zastrzeżeń rodziców Wodzińskiej dotyczących stanu zdrowia i trybu życia kompozytora. Chopin we wrześniu 1835 roku dedykował Marii Wodzińskiej *Walc As-dur* (WN 48), a rok później wpisał do jej sztambucha pieśń *Pierścień* do słów Stefana Witwickiego (WN 50). Maria Wodzińska była autorką kilku portretów kompozytora.

[8] Józefina (Juža) Thun-Hohenstein – uczennica Chopina, kompozytor dedykował jej *Grande Valse Brillante As-dur* (op. 34 nr 1), opublikowany w 1838 roku.

[9] Josef Mánes (1820–1871) – czeski malarz i grafik, główny przedstawiciel narodowej szkoły czeskiej, wybitny portrecista.

[10] Leopold Lew Thun-Hohenstein (1811–1888) – w latach 1849–55 urzędnik ministerialny ministerstwa szkolnictwa, autor kilku prac z dziedziny organizacji szkolnictwa. Ojciec Anny, Józefiny i Bedřicha Thun-Hohensteinów, uczniów Fryderyka Chopina. Kompozytor był gościem w pałacu Thun-Hohensteinów w Dieczynie między 6 i 19 września 1835 roku.

[11] Notatkę tę rozwinął Iwaszkiewicz w artykule *Chopin w Pradze*: „W Marienbadzie zachował się dom, w którym mieszkali Chopin i Wodzińscy, zachowały się zapiski lekarskie o stanie zdrowia rodziców Chopina. A z pobytu Chopina u Thunów w Dieczynie zachowały się nie ogłoszone zapiski i pamiątki. Między innymi dziennik księżniczki Matyldy Thun, kuzynki Elizy Radziwiłłówny, autorki tych uroczych portretów Chopina jako młodzieniaszka... Panienki korespondowały ze sobą. Czy pisały i co pisały o Chopinie? Przecież to cały temat do powieści. Coś w rodzaju *Wojny i pokoju*" (J. Iwaszkiewicz, *Chopin w Pradze. Listy muzyczne*, „Nowa Kultura" 1960, nr 31).

[12] Clary-Aldringen – rodzina arystokratyczna, wywodząca się z Florencji, od 1757 roku legitymująca się tytułem książęcym.

[13] Eliza Radziwiłłówna (1803–1834) – córka księcia Antoniego Henryka Radziwiłła i księżniczki pruskiej Ludwiki von Hohenzollern, wnuczka Heleny Radziwiłłowej, twórczyni Arkadii pod Łowiczem. Miłość przyszłego cesarza Wilhelma I. Chopin był gościem w pałacu Radziwiłłów w Antoninie w październiku 1829 roku. Eliza Radziwiłłówna była autorką dwóch ołówkowych portretów kompozytora.

[14] Poturzyn (położony w dzisiejszym województwie lubelskim) był wiejską posiadłością z XVIII-wiecznym dworem i kilkuhektarowym parkiem krajobrazowym, należącą do Tytusa Woyciechowskiego (1808–1879) – przyjaciela i powiernika Fryderyka Chopina. Woyciechowski nabył ją od Eleonory z Szeptyckich Ostrożyny, przebudował i sprzedał w 1870 roku. Fryderyk Chopin przebywał w Poturzynie przez dwa tygodnie w lipcu 1830 roku. W 1944 roku dwór został spalony, a park wycięty. O wizycie Jaroslava Simonidesa w Poturzynie pisał Jarosław Iwaszkiewicz: „[...] Mimo wszystko, wiele jeszcze zobaczył. Między innymi resztki brzozy posadzonej na miejscu tej, o której pisał Chopin w liście do Tytusa. I dopilnował, aby na tym miejscu,

obok resztek spalonego dworu, posadzono nową brzozę..." (J. Iwaszkiewicz, *Chopin w Pradze. Listy muzyczne*, „Nowa Kultura" 1960, nr 31).

[15] Jaroslav Simonides pracował wówczas nad artykułem *Češti pianisté – žáci Fryderyka Chopina*, opublikowanym w serii Chopiniana Bohemica et Slovenica, t. 2, 1964.

[16] W felietonie opublikowanym w czerwcu 1960 roku na łamach „Życia Warszawy" Jarosław Iwaszkiewicz pisał: „[...] Wśród praskiej inteligencji od bardzo dawna, bo od lat osiemdziesiątych zeszłego wieku, utrzymuje się legenda o pobycie George Sand w Pradze. Legenda ta utrzymuje się uporczywie, choć na potwierdzenie jej nie ma żadnego – albo prawie żadnego – dowodu. Jedynie w pamiętnikach czeskiej literatki Karoliny Svetlej, które ukazały się w parę lat po śmierci George Sand, znajduje się opis rozmowy z doktorem Cejką, który podobno był przewodnikiem George Sand po Pradze i pokazywał jej osobliwości tego miasta. W jaskrawej sprzeczności z tą wiadomością znajduje się list George Sand pisany w roku 1865 do siostry tejże Svetlej, Podlipskiej, tłumaczki powieści George Sand, mających za teren akcji Czechy. W liście tym autorka *Consuelo* stwierdza, że nigdy w Czechach nie była i wszelkie opisy tego kraju, które wyszły spod jej pióra – są produktami czystej fantazji. Oczywiście w Pradze dorobiono do tego listu teorię, że jest to kamuflaż, gdyż George Sand ukrywała swój pobyt w Pradze. Przyjechała tam bowiem *incognito*... z Chopinem. Ta druga Majorka George Sand i Chopina ma wiele pociągających cech i bardzo by się chciało w nią wierzyć. Jednakże legenda ta nie da się utrzymać. [...] Czy może [...] właśnie w lasach Szumawy ukrywali się kochankowie, których tak niegościnnie przyjęła Majorka? Profesor Krejči, z którego świetnego odczytu czerpię te wszystkie wiadomości, twierdzi, że nic podobnego" (J. Iwaszkiewicz, *Z Pragi (I)*, „Życie Warszawy" 1960, nr 140). Jako źródło wiedzy George Sand o Czechach, ich kulturze i topografii, profesor Krejči wskazał korespondencję ojca pisarki. „Legendy więc o wędrówkach romantycznych kochanków po romantycznych zamkach, ruinach i pejzażach Czech – są czystym wymysłem. Ale trzeba przyznać, że mają w sobie materiał nawet dramatyczny: do widowiska à la Cocteau. Szkoda, że to nieprawda. Z odczytu profesora Krejči miałem wiele radości!" (tamże).

[17] Viera i František Branislav. František Branislav (1900–1968) – czeski poeta i dziennikarz, twórca wierszy dla dzieci. Autor m.in. zbiorów wierszy *Věnec z trávy* (1960), *Moře* (1961), *Řecká sonatina* (1962), *Divertimento a kantiléna* (1964).

[18] Bohuslav Martinů (1890–1959) – kompozytor czeski, od 1941 roku na emigracji, początkowo w Stanach Zjednoczonych, później w Szwajcarii, gdzie zmarł. Autor m.in. szesnastu baletów, piętnastu oper, sześciu symfonii i koncertów fortepianowych, wielu koncertów instrumentalnych oraz utworów muzyki kameralnej. Jest autorem około stu czterdziestu pieśni, w tym cyklu pieśni ludowych *Nový Špaliček* na głos i fortepian (1942).

[19] Wśród skomponowanych przez Leoša Janáčka utworów wokalno-instrumentalnych jedynym utworem na głos wysoki i fortepian jest pieśń *Jarní piseň* (*Pieśń wiosenna*) z 1897 roku i to ona była prawdopodobnie wykonywana.

[20] *Das Schaudern* (niem.) – dreszcz, poruszenie. Gide, pisząc w swoim dzienniku o *das Schaudern*, odwołuje się do terminu Goethego. Zob. np. zapis z 9 kwietnia 1906 roku: „Myślę o powiedzeniu Goethego: «Drżenie (*das Schaudern*) jest tym, co w czło-

wieku najlepsze». Niestety, próżne wysiłki... nie czuję drżenia u France'a. Czytam France'a bez drżenia" (A. Gide, *Dziennik*, przeł. J. Guze, Warszawa 1992, s. 39).
[21] Tymoteusz Karpowicz (1921–2005) – poeta, dramatopisarz, historyk literatury. Od 1949 roku mieszkał we Wrocławiu, pełniąc w latach 1957–61 funkcję prezesa Oddziału Wrocławskiego ZLP. Redagował dział poezji i prozy w „Nowych Sygnałach" (1956–57), wchodził w skład kolegium redakcyjnego „Odry" (do 1976). Od początku lat 70. przebywał za granicą, wykładał literaturę polską na uczelniach w Monachium, Regensburgu i Chicago. Autor m.in. tomów poezji: *Znaki równania* (1960), *Trudny las* (1964), *Odwrócone światło* (1972), *Słoje zadrzewne* (1999) oraz studium *Poezja niemożliwa. Modele Leśmianowskiej wyobraźni* (1975).

Praha, 18 maja 1960
Jeden z windziarzy w tutejszym hotelu (Jałta), niepozorny, blady człowieczek rozmawia ze mną w windzie po polsku i daje mi do zrozumienia, że on też ma styczność z literaturą. Wczoraj dopiero powiedział mi w windzie, że on jest najlepszym imitatorem ptaszków w Pradze i bierze udział w przedstawieniach w Národním divadle[1] i w radio. „A ponieważ w sztukach pana Drdy dużo jest ptaszków, to go często widuję i dobrze znam". Autentyczne. Imitował mi w windzie różne ptaki.
*
Już wolę Berga niż Bartóka[2], pierwszy kwartet nudny jak flaki z olejem. Stara Majerová mówi na Bartóka (z odcieniem pogardy) „ten *Mad'ar*"[3].
*
Kwartet Juilliard[4] grał:
Albana Berga[5]
Bartóka (*I Kwartet*)
Dvořáka (*Kwartet C-dur*)[6]
Ostatecznie wypadł najlepiej Dvořák. Myślę, że po prostu kwartet jako forma nie odpowiada muzyce współczesnej. Zdegenerował się.
*
Ciekawe rozmowy podczas przyjęcia w ambasadzie. Turski, Piotrowski[7] – ale i Czesi. Bardzo dużo serdeczności.
*
Majerová na wieczór ze mną na koncercie Kwartetu Juilliarda włożyła swoją Polonię Restitutę. Było to bardzo miłe.
*

Uroczy młodzi chłopcy. Závada (syn poety[8]) – chemik; ten, co stał na chórze, podobny do Częścika. Co się z nimi dzieje „potem"? Po dwudziestu latach rozpływają się w piwie...

*

Tyle się mówi o „współczesności", ale przecież każdy dobry artysta jest współczesny *sans le savoir*[9]. Wczoraj myślałem o pokrewieństwie muzyki Albana Berga z pisaniem Kafki. Nasunęła mi tę myśl dziwaczną część kwartetu Berga (a właściwie *Lirycznej suity*) *allegro misterioso*, będąca beznadziejnym chrobotaniem owadów w zamkniętym pudełku. Przypomniało mi to technikę i nastrój Kafki. A może to Austria wydawała takich ludzi? Może dlatego tak nienawidzę byłej Galicji i jej cech charakterystycznych. My zawsze, nawet w dwudziestoleciu, mieliśmy bok otwarty na stepy Ukrainy i Azji, w tym leży nasze nieszczęście i nasze zbawienie.

Popołudnie u Teigovej[10]: koszmar, ta mieszczańskość w samej swej esencji, tak charakterystyczna dla Pragi po dziś dzień. Dlatego mi Czesi przypominają Duńczyków. Trudno sobie wyobrazić coś bardziej dla nas obcego. A mimo wszystko czuje się tu coś bliskiego, rodzonego w atmosferze – oczywiście tylko w historii. W dzisiejszej codzienności – nic. Zamknięta mieszczańskość na prywatno i oficjalna socjalistyczność na publiczno, obie rzeczy, a zwłaszcza ich połączenie – dla nas nie do przyjęcia.

*

Kafka, Alban Berg, po trosze Bartók – dają wyraz s w o j e j współczesności. Są dlatego podobni.

*

Żadne miasto świata (może Kijów?) nie jest tak *envahi*[11] przez wieś jak Praha. Na ulicach, w sklepach, w kawiarniach – co chwila chłopi, bardziej prymitywni, bardziej chłopscy niż nasi.

Tak samo nigdzie się nie widzi tylu pokrzywionych, garbatych, kalekich (nie inwalidów wojennych). A przecież rozebrani robotnicy na ulicy mają specjalny gatunek ciała, bardzo piękną skórę. To połączenie cielesnej piękności z pokraczną postacią spotykanych na ulicy ułomnych jest osobliwością tego miasta. Nie do publikacji w reportażach, ale do zamknięcia w jakimś dziele sztuki. Chyba najlepiej plastycznym.

*

Bardzo bogata galeria dawnej sztuki. Uderzające realizmem ukrzyżowania, parę osobliwych, ekspresjonistycznych Chrystusów. Dziwne rzeczy. Rembrandty[12], sianokos Bruegla[13], portrety Kupeckiego[14] z niesamowitymi żywymi oczyma (chyba był Żydem z pochodzenia?). I w tym wszystkim jeden mały Corot[15], raczej niepozorny. I przed tym obrazem znowu ściśnienie serca, znowu łzy w gardle – jak przed *Zaślubinami św. Katarzyny* w Luwrze[16]. Jakaż jest ta tajemnica malarstwa? Ach, jakiż to obraz. Ukradłbym go, bo żadna reprodukcja nie daje nic. Zupełnie nic. Dla tego Corota warto było przyjechać do Pragi.

*

Dziwne, że z Czechami łączy mnie dość dużo wspomnień. Teraz sobie przypomniałem, że pierwszym przekładem moich utworów była maleńka, bardzo ładna czeska plakietka, zawierająca *Legendę o św. Merkurym Smoleńskim*[17]. Była to pierwsza moja rzecz opublikowana w obcym języku i patrzyłem na nią ze wzruszeniem. Było to bardzo dawno, chyba było to tłumaczenie dokonane z „Pro Arte", gdzie ta legenda była drukowana – nie z książki. Bo *Legendy i Demeter* wyszły dopiero w roku 1921[18]. Gdzieś jeszcze niedawno widziałem tę plakietkę. Przypomniała mi ona młodość i wszystkie jej dziwactwa. Upór przede wszystkim i tę niezachwianą pewność, że się ma rację. (Mój spór z Ignacym Rosnerem[19] o przekład Manna[20] *Łazika z Tormesu* – jakiż byłem naiwny).

W sumie jednak z młodości ma się niedobre wspomnienia. Robiło się same głupstwa.

Chociaż gorsze są głupstwa wieku dojrzałego.

[1] *Národní divadlo* (czes.) – Teatr Narodowy.
[2] Bela Bartók (1881–1945) – węgierski kompozytor, pianista i etnograf. Od 1940 roku na emigracji w Stanach Zjednoczonych, gdzie zmarł. Autor m.in. *Suity tanecznej* (1923), *Muzyki na instrumenty strunowe, perkusję i czelestę* (1936), *Koncertu na orkiestrę* (1943), trzech koncertów fortepianowych, dwóch koncertów skrzypcowych, dwóch rapsodii na skrzypce i orkiestrę oraz sześciu kwartetów smyczkowych. *I Kwartet smyczkowy* jest dziełem młodzieńczym, został skomponowany w 1908 roku.
[3] *Mad'ar* (czes.) – Węgier.
[4] Juilliard String Quartet powstał w 1946 roku przy Juilliard School w Nowym Jorku. Działa nieprzerwanie do dziś, współpracując z coraz to nowymi muzykami. Dyskografia zespołu liczy ponad sto pozycji, wśród nich znajduje się wysoko cenione nagranie sześciu kwartetów smyczkowych Beli Bartóka. W 1960 roku Juilliard String

Quartet występował w składzie: Robert Mann (I skrzypce), Isidore Cohen (II skrzypce), Raphael Hillyer (altówka), Claus Adam (wiolonczela). Koncert zespołu na festiwalu „Praska Wiosna" odbył się 18 maja 1960 roku. Jarosław Iwaszkiewicz pisał o ich występie: „Wspaniały kwartet amerykański (kwartet Juilliarda), który mógł tu wprowadzić jakąś nową nutę, rozczarował mnie. Dał on program długi i nużący: – *Suita liryczna* Albana Berga jest długa i gadatliwa, pierwszy kwartet Bartóka nie należy do jego arcydzieł (jeszcze się w nim nie wykrystalizowała ta wspaniała indywidualność artystyczna [...]) – a wreszcie długi i «pod Beethovena» komponowany *Kwartet C-dur* Dvořáka, nie darmo jest tak rzadko grywany, nawet w ojczyźnie kompozytora. Dopiero kiedy na bis zagrali Haydna i Schuberta – chociaż i to bardzo są rzeczy «ograne» – zrobiło się weselej na duszy" (J. Iwaszkiewicz, *Praskie Jaro. Listy o muzyce*, „Nowa Kultura" 1960, nr 24).

[5] Wykonywanym wówczas utworem Albana Berga była *Liryczna suita* na kwartet smyczkowy z lat 1925–26. „*Liryczna suita* Albana Berga – relacjonował Iwaszkiewicz praską recepcję utworu – wywołała wiele nieporozumień. Publiczność czeska nie jest przyzwyczajona do tego typu muzyki – a znowuż młodzi, jak to młodzi, demonstracyjnie bili brawa, nawet przerywając wykonanie kwartetu. Bo rzeczywiście, nic nie wskazuje na to, że utwór tego typu rzeczywiście się skończył. Nie ma to, jak dawne czasy, kiedy się wiedziało, gdzie jest początek, [...] a gdzie zakończenie!" (J. Iwaszkiewicz, *Praskie Jaro. Listy o muzyce*, „Nowa Kultura", 1960, nr 24).

[6] A. Dvořák, *Kwartet C-dur* op. 61 (1881). Utwór nawiązuje do skomponowanego przez Beethovena *Kwartetu smyczkowego F-dur „Razumowskiego"* op. 59 nr 1 (1806).

[7] Stanisław Piotrowski (ur. 1912) – w latach 1957–63 radca Ambasady PRL w Pradze. Następnie ambasador PRL w Ankarze (1967–71) oraz pracownik centrali MSZ w Warszawie, m.in. na stanowiskach wicedyrektora departamentu (1964–67) i radcy ministra (1971–72).

[8] Mowa o synu Viléma Závady (1905–1982) – czeskiego poety, tłumacza i literaturoznawcy.

[9] *Sans le savoir* (fr.) – w sposób nieświadomy, naturalnie.

[10] Helena Teigová (1902–1986) – czeska tłumaczka; przełożyła m.in. *Popiół i diament* Jerzego Andrzejewskiego, *Dom kobiet* Zofii Nałkowskiej, *Noce i dnie* Marii Dąbrowskiej, *Pokolenie* Bohdana Czeszki. Z utworów Iwaszkiewicza przetłumaczyła *Brzezinę*, *Panny z Wilka* i *Kochanków z Marony*.

[11] *Envahi* (fr.) – opanowane.

[12] W Národní gálerie w Pradze znajdują się obrazy Rembrandta *Uczony w pracowni* (1634) i *Fragment zwiastowania Najświętszej Marii Panny* (przed 1600).

[13] P. Bruegel, *Sianokosy* (1565). Obraz znajduje się w Národní gálerie w Pradze.

[14] Jan Kupecký (1667–1740) – malarz czeski, jeden z najbardziej popularnych portrecistów środkowej Europy w I połowie XVIII wieku. W Národní gálerie w Pradze znajdują się m.in.: *Portret miniaturzysty Karla Bruniego* (1709), *Autoportret* (1707) oraz *Autoportret malarza pracującego nad portretem żony* (1711).

[15] Jean Baptiste Camille Corot (1796–1875) – malarz francuski, wywarł duży wpływ na impresjonistów, zwłaszcza na Claude'a Moneta.

[16] Zob. tom 1, przypis nr 4 na s. 294.

[17] J. Iwaszkiewicz, *Legenda o svatém Merkurovi Smolenském*, przeł. J. Matouš, czerwiec 1923. Utwór prozą poetycką, napisany w maju 1917 roku w Kijowie, pomieszczony w zbiorze *Legendy i Demeter* (1921). Dedykowany w pierwszym wydaniu książki Józefowi Czapskiemu.

[18] Pierwodruk *Legendy o św. Merkurym Smoleńskim* miał miejsce w „Skamandrze" 1921, z. 4, nie zaś w „Pro Arte", więc tłumaczenie mogło zostać dokonane na podstawie publikacji książkowej z tego samego roku. Na łamach „Pro Arte" ukazała się inna z próz poetyckich Iwaszkiewicza: *Legenda o baszcie św. Bazylego* („Pro Arte" 1919, z. 4).

[19] Ignacy Rosner (1865–1926) – polityk, prawnik i publicysta. W latach 1919–26 pracował w redakcji „Kuriera Polskiego", w latach 1920–26 był redaktorem naczelnym tego pisma. Jarosław Iwaszkiewicz publikował na łamach „Kuriera Polskiego", jesienią zaś 1921 roku objął po Antonim Słonimskim rubrykę kulturalną w tym piśmie i redagował ją do stycznia 1923 roku. W 1926 roku Ignacy Rosner założył „Nowy Kurier Polski".

[20] Maurycy Mann (1880–1932) – historyk i teoretyk literatury, romanista. W 1919 objął jako profesor nadzwyczajny Katedrę Filologii Romańskiej na Uniwersytecie Warszawskim, w której prowadził wykłady z zakresu italianistyki oraz innych literatur i języków romańskich. W 1923 roku ukazał się przełożony przez niego, opatrzony wstępem i przypisami *Żywot Łazika z Tormesu* (1554), anonimowy hiszpański utwór, który dał początek powieści łotrzykowskiej.

21 maja 1960

Doskonała recenzja z koncertów Jasia Krenza dzisiaj w „Rudem Pravie"[1]. Podkreślone – to, co i ja pisałem – żarliwość w grze orkiestry i świeżość w wykonaniu *Don Juana* Straussa. Rzeczywiście oni to grają tak, jakby Strauss wczoraj to skomponował. Nie są Straussem ani przez chwilę znudzeni, toteż i słuchacz nie nudzi się ani chwili. Cieszę się dla Jasia.

*

Wczoraj posiedzenie w wydawnictwie państwowym, które wydało mojego *Chopina*, a teraz wydaje tom opowiadań, pokaźny[2]. Z początku idzie tępo. Oni są sztywni. Pokazują mi ostatni zeszyt „Inostrannoj Litieratury" z moimi dobrymi zresztą fotografiami i z rozmową ze mną. Zdaje się, że to im dopiero imponuje. Ale rozmowa się ożywia, oni jednak bardzo dużo tłumaczeń z polskiego wydali i nasza literatura jest im dobrze znana. Trochę mi wstyd za nas.

Ale dopiero kiedy mnie zabierają do Pelikana na obiad, rozmowa zaczyna się prawdziwa. Najprzód mówimy o *Teściu Kondeliku i narzeczonym Vejvarze*[3] – co nas wprowadza nie tylko na temat humoru czeskiego, ale także istoty czeskiego mieszczaństwa, w której to sprawie tak mało się zmieniło. Wystarczy zobaczyć mieszkanie i *ambiance*[4] pani H[eleny Teigovej], żeby to zrozumieć. (Nie Branislava, tam tego nie ma!) Czechosłowacji się nie rozumie, dopóki nie uprzytomni się sobie siły tradycji austriackiej i potęgi mieszczaństwa czeskiego, które byś nie wiem jak smarował na czerwono, a śmierdzieć będzie dulszczyzną na sto metrów. Stąd też kult myśli i kultury rosyjskiej – jako odtrutki, jako s z e r o k i e g o poglądu. Nam tej odtrutki nie trzeba. (Oczywiście na ten ostatni temat nie mówiliśmy).

I wreszcie z wolna rozmowa schodzi na literaturę polską – i po pewnej chwili łapię się, że prowadzimy rozmowę, jak u nas na wsi się prowadziło: przypominamy sobie poszczególne momenty *Trylogii*. Jeden z moich rozmówców woli Zagłobę, drugi Wołodyjowskiego – i rozpoczyna się dyskusja na ten temat.

Wreszcie jeden z nich (sam dyrektor wydawnictwa) przypomina sobie jakieś nowele Sienkiewicza, które zrobiły na nim wielkie wrażenie w młodości, a raczej w dzieciństwie. Z treści wynika, że mówi o *Starym słudze* i *Hani*[5]. Przypominam mu te tytuły i jest uszczęśliwiony.

Co jest w tym pisarzu? Skąd bierze się ten czar, którym potrafi on tak usidlić nawet cudzoziemców? Jest to dla mnie zawsze zagadką – choć fakt pozostaje faktem.

To jest jedna z zasadniczych tajemnic polskiej literatury.

*

Byliśmy wczoraj na cmentarzu w Wyszehradach, na grobie Nezvala[6]. Bardzo przypomina ten cmentarz Nowodziewiczy Monastyr. Tak samo te uszeregowane sztywne groby i pomniki stojące jak żołnierze w szeregu.

Widziałem grób Smetany[7] (z gwiazdką zamiast krzyża – czy mason?) i Dvořáka, secesyjną ohydę „nastrojową" na swoistym Campo Santo.

W bardzo brzydkim mauzoleum pochowano starych pisarzy czeskich, między innymi Juliusza Zeyera[8] i Vrchlickiego[9]. Obu pamiętam z dzieciństwa, Vrchlický robił na mnie wrażenie tajemniczości i zmysłowości. Zeyer estetyzował, jak ja w dzieciństwie. Miło było, że byłem na ich grobie. Ale modlić się za nich w Pradze nie można. Co za zadziwiające bezreligijne społeczeństwo. Z dawnej religii w obyczaju nic nie zostało.

*

Porównać dwa style: nowe witraże w odbudowanej katedrze wrocławskiej i nowe witraże u św. Wita. U św. Wita zupełnie niedobre, potworności – i nawet techniczna słabizna. Zadziwiające.

*

Stara Majerová mówiła mi, że dawniej były w Pradze słowiki, ale że teraz wygnały je kosy. I rzeczywiście, wszędzie mnóstwo kosów, są bardzo „aktywne", gwiżdżą donośnie, parują się, latają. Wczoraj na cmentarzu na Wyszehradach nie można było rozmawiać, tak ćwierkały i tak mocno gwizdały. Takie były nachalne, chociaż było bardzo zimno. Krejčí[10] powiada, że nigdy w życiu nie słyszał słowików. To samo mówi Pilařova.

*

Mělník – prześliczne stare miasteczko na wzgórzu, w miejscu gdzie wpada Wełtawa do Łaby. Z balkonu restauracji widać Łabę i kanał do niej wpadający, a nieco dalej Wełtawę. Nad rzekami stary park, drzewa wielkie – z tej strony góra, wysoka wieża kościoła i zamek, w którym właśnie mieści się restauracja. Miasteczko z domami z XVIII, a może jeszcze dawniejszego wieku, a najdziwniejsze, że domy nie wysokie, tylko jednopiętrowe. Siedzimy przy obiedzie i sycimy się pejzażem pełnym spokoju. Łabą jedzie holownik i ciągnie barki – do Hamburga.

– Boże drogi – mówię do Pilařa – to już stąd prosto do Hamburga, jak wy jesteście posunięci bardzo na zachód!

Widok daleki, łąki szmaragdowe. Przez most na Łabie bez przerwy jadą ciężarówki, transporty wojskowe.

*

Koncert w trzecim podwórzu Hradu. Cudowna ściana świętego Wita (ta najstarsza część) i na tym tle orkiestra, sześć harf stoi rzędem (bo skład powiększony) na tle gotyckiej ściany kościoła: zupełnie dekoracja do jakiegoś romantycznego dramatu. I potem ta muzyka, szczyty naiwności i muzycznej inwencji, mieszanina wysokiego stylu i rubasznej prostoty – to, co tak charakterystyczne dla sztuki czeskiej i co mnie tak w niej pociąga.

Z sześciu poematów *Má vlast* Smetany[11] znam tylko *Wełtawę*, która jest naiwna, urocza i melodyjna. Flety „udające" wodę. I taka śmieszna, robiona płynność, *like water*...[12]

Zarazem wzruszające. I te tłumy słuchające w skupieniu tej swojej własnej muzyki. Oni kochają tę muzykę i nie mają wobec niej tej snobistycznej wstydliwości, jaką my mamy wobec Moniuszki na przykład, którego się lubi, gra i słucha – ale wszystko z przymrużonym okiem. Byłem z Borzywojem Křemenakiem[13], gadaliśmy z nim możliwie szczerze. Oni wszyscy mają jednak jakiś specjalny kult dla polskiej literatury. Przykro mi, że ja, właściwie mówiąc, nic z ich pisarstwa nie znam, nic nie lubię. Oczywiście z pisarstwa współczesnego. Bo tam w oddali zawsze jest Zeyer i Vrchlický, którzy stali u kolebki moich dramatów, pisanych między trzynastym a osiemnastym rokiem życia. Potem już nie ma śladów. Choć może w *Oktostychach* jest coś z Vrchlickiego. Bardzo byłem zadowolony z tego koncertu na Hradzie.

*

Umieć to wszystko zamknąć jak radio. I żeby już potem nie było nic.

*

Choćbyś umarł, życie idzie dalej.

[1] Omówienie praskich koncertów Wielkiej Orkiestry Symfonicznej Polskiego Radia pod batutą Jana Krenza, zatytułowane *Znamenitý orchestr – výtečný dirigent*, zostało opublikowane na łamach gazety „Rudé Právo" 21 maja 1960. W relacji z koncertów „Praskiej Wiosny" Lucjan Kydryński w następujący sposób streszczał artykuł: „[...] «Rudé Právo» w recenzji zatytułowanej *Znakomita orkiestra – wybitny dyrygent* pisze, że występ WOSPR stanowił niezapomniane przeżycie dla melomanów i przyniósł wielki sukces jej dyrygentowi oraz solistce. Był doskonałym uświetnieniem tego wielkiego wydarzenia w świecie muzycznym, jakim jest «Praska Wiosna»" (L. Kydryński, *Z WOSPR na czterech festiwalach. Korespondencja własna z ČSR*, „Ruch Muzyczny" 1960, nr 13). Jarosław Iwaszkiewicz pisał o czeskich koncertach WOSPR: „Jan Krenz przeszedł sam siebie [...] – i wzbudził nie tylko entuzjazm sali, ale dostał w prasie czechosłowackiej takie krytyki, jakie rzadko daje się gdziekolwiek czytać" (J. Iwaszkiewicz, *Praskie Jaro*, „Twórczość" 1960, nr 7).

[2] Mowa o wyborze opowiadań *Benátské krajky*, przeł. H. Jechová, A. Măštan, M. Stădrá, H. Teigová, Praha 1960.

[3] I. Herrmann, *Otec Kondelík a ženich Vejvara* (1898). Powieść przełożona po raz pierwszy na język polski w 1902 roku przez Pawła Hulkę-Laskowskiego pt. *Ojciec Kondelik i narzeczony Wejwara*. W 1912 roku ukazał się przekład Kazimiery Uhlenfeld pt. *Teść Kondelik i zięć Wejwara: drobne przygody z życia porządnej rodziny praskiej*.

⁴ *Ambiance* (fr.) – otoczenie, środowisko.

⁵ Obydwie nowele Sienkiewicza miały swój pierwodruk na łamach „Gazety Polskiej", *Stary sługa* w 1875 roku, *Hania* w 1876, następnie zostały wydane w t. 1 *Pism* (1880). Wraz z nowelą *Selim Mirza* stanowią tryptyk, ogłoszony pod pseudonimem Litwos, początkowo pt. *Z natury i z życia*, zwany „małą trylogią".

⁶ Vítězslav Nezval (1900–1958) – poeta, współtwórca czeskiej awangardy. Autor m.in. tomów: *Most* (1922), *Pantomima* (1924), *Matka naděje* (1938), *Pět minut za městem* (1940), *Zpěv míru* (1950). Iwaszkiewicz odwiedził grób Nezvala w 60. rocznicę urodzin poety.

⁷ Bedřich Smetana (1824–1884) – czeski kompozytor, pianista, dyrygent i pedagog, twórca narodowego stylu w muzyce czeskiej. Autor m.in. oper: *Sprzedana narzeczona* (1866), *Dalibor* (1867), *Libusza* (1872), *Dwie wdowy* (1874), *Czarcia ściana* (1882) oraz cyklu poematów symfonicznych *Moja ojczyzna* (1879).

⁸ Julius Zeyer (1841–1901) – poeta i dramaturg, uznawany za prekursora czeskiego modernizmu. Autor m.in. powieści: *Jan Maria Plojhar* (1891), *Dom pod tonącą gwiazdą* (1897, wyd. pol. 1927), zbioru nowel *Trzy legendy o krucyfiksie* (1895, wyd. pol. 1924).

⁹ Jaroslav Vrchlický, właśc. Emil Frída (1853–1912) – poeta i tłumacz, profesor uniwersytetu w Pradze. Wywarł wpływ na rozwój narodowej literatury czeskiej, zarówno dzięki swemu bogatemu poetyckiemu dorobkowi, jak i dzięki przekładom dzieł klasyków literatury europejskiej: Dantego, Tassa, Ariosta, Calderona, Goethego, Hugo, Mickiewicza. Autor m.in. utworów: *Duch i świat* (1878, wyd. pol. 1884), *Mythy I–II* (1879), *Nové epické básně* (1881).

¹⁰ Karel Krejčí (1904–1979) – czeski slawista i polonista. Od 1945 profesor języka polskiego i literatury polskiej na Uniwersytecie Karola w Pradze. Od 1958 pracownik naukowy Instytutu Słowiańskiego Czechosłowackiej Akademii Nauk. Doctor honoris causa UW (1965). W jego dorobku ważne miejsce zajmują prace poświęcone polskiemu romantyzmowi. Autor m.in. przełożonych na język polski książek: *Recepcja Sienkiewicza wśród Czechów i Słowaków* (1966), *Wybrane studia slawistyczne: kultura, literatura, folklor* (1971), *Praga, legenda i rzeczywistość* (1974). O publikacji z 1971 roku Iwaszkiewicz pisał w felietonie *Krejči* („Życie Warszawy" 1972, nr 55).

¹¹ Cykl poematów symfonicznych Bedřicha Smetany *Má vlast* (*Moja ojczyzna*) powstał w latach 1872–79. Składa się z sześciu części: *Vyšehrad* (1872–74), *Vltava* (1874), *Šárka* (1875), *Z českých luhů a hájů* (1875), *Tábor* (1878) i *Blaník* (1879). Na festiwalu „Praska Wiosna" utwór ten wykonywała orkiestra pod dyrekcją Karela Ančerla. Iwaszkiewicz wspominał o tym koncercie jako o największym wrażeniu festiwalu. „Świetne wykonanie tych genialnych poematów – pisał – całe otoczenie Hradu, wspaniałe gotyckie ściany i złocenia odwiecznej katedry – pogoda majowa i dolatujące z podhradzkich ogrodów ćwierkanie i gwizdanie kosów – wszystko to składało się na niebywałe słuchowisko i widowisko. Nie mąciły wrażenia przelatujące od czasu do czasu nad katedrą i podwórcem samoloty (pasażerskie) – a wykonanie poematów Smetany było tak obliczone, że uderzenie godziny piątej na wielkim zegarze ko-

ścioła, które mogłoby zamącić muzykę, wypadło akurat w przerwie między utworami. I właśnie te poematy Smetany dały mi najwięcej do myślenia. Jakaż jest ta Ojczyzna Smetany? Na odpowiedź składały się inne sprawy, nie tylko muzyka.

A więc wspaniałe pejzaże Pragi w majowych dniach, kiedy wszystko zieleni się i kwitnie, a więc wycieczki w okolice tego miasta, tak pełne czułych, prawie sentymentalnych widoków (jak na przykład spływ Wełtawy i Łaby, i miasteczko ciche na wzgórzu nad tym spływem, i stary park pomiędzy rzekami, i daleki widok na szmaragdowe łąki) – a więc i pamiątki minionych czasów, zamki i pałace w niezwykłej obfitości, występujące wszędzie naokoło stołecznego miasta i dalej..." (J. Iwaszkiewicz, *Praskie Jaro*, „Twórczość" 1960, nr 7).

[12] *Like water* (ang.) – jak woda. Formuła, którą arystokratyczna angielska publiczność określała muzykę Chopina podczas pobytu kompozytora w Wielkiej Brytanii.

[13] Bořivoj Křemenak (1923–1972) – czeski tłumacz; przełożył m.in. *Myśli nieuczesane* Stanisława Jerzego Leca (1962) i *Solaris* Stanisława Lema (1972).

28 maja 1960

Wczoraj wieczorem wyjąłem listy Jurka, „pamiątki", fotografie, oglądałem, czytałem. Jak to się bardzo zestarzało przez jeden rok, jak wytchnęło wszystko, co było życiową treścią tych spraw. Braknie tutaj jakiegoś „utrwalacza". Wiem nawet, jakiego. I wszystko w tej sprawie zdaje się być tak smutno odcięte. Dzisiaj poświęciliśmy płytę na jego grobie, nb. bardzo ładną, ale tak mi było potwornie zobaczyć na miejscu mogiły – kamień. To już jest odcięcie ostateczne. Póki była mogiła, miało się uczucie jakiegoś kontaktu, czegoś jeszcze, co nas łączyło. Płyta kamienna przecięła wszystko. Było dużo narcyzów – zawsze mi się serce ściska, gdy na te narcyzy patrzę. Coraz bardziej rozumiem – niezaślepiony namiętnością – czym były ostatnie miesiące jego życia. I mnie powinna była ogarniać rozpacz, że to tak bardzo bezpłodne i zaprzepaszczone wszystko, a ja zwracałem uwagę na szczegóły, które dziś już nie mają najmniejszego znaczenia. Olbrzymi, intensywny kawał życia osobistego odchodzi, wysycha, że tak powiem, zaciera się. Właściwie trzeba by było płakać od rana do wieczora.

Dobranoc, dobranoc – jak ci mówiłem do trumny.

29 maja 1960

Oczywiście Ochab wyznaczył mi wizytę na wczorajszy dzień, kiedy myślałem zupełnie o czym innym i byłem myślami przy tamtym grobie. Lało i było zupełnie zimno, oczywiście włożyłem dziurawe buty i nogi miałem całkiem mokre. Zajechaliśmy po drodze do takiej małej knajpki naprzeciwko zieleniaka (nazywa się Astoria) – gdzie dają tylko flaki, od rana do wieczora, ale nie ma wódy, więc rozminęliśmy się z naszym celem.

Ochab postawił mi trzy pytania: jaka jest sytuacja w Związku, jakie są stosunki międzynarodowe – to znaczy z innymi związkami – jak się zapatruję na wydawanie tomików poetyckich przez Związek? Odpowiadałem na nie, jak potrafiłem: jak zwykle bardzo niezręcznie i niedyplomatycznie. Szczególnie to dotyczy sytuacji w Związku. Albo ja wiem choć coś na ten temat? Nie mam pojęcia, muszę blagować. Ochab powrócił do kwestii Jasienicy[1] – ale ostatecznie powiedział, że nie jest to żadna tragedia. Na to ja, że mam z Jasienicy większą pociechę niż z Żółkiewskiego i że partyjni w Zarządzie to albo leniuchy (Żółkiewski, Kruczkowski), albo szaleńcy (Putrament).

Gdy referowałem sprawę stosunków międzynarodowych, spytał o stosunki z Chińczykami. Nie musiałem mu na to nic powiedzieć, bo to stoi na martwym punkcie. Mówiłem o uregulowaniu mniej więcej tych stosunków ze związkami republik socjalistycznych. Potem przeszliśmy do kwestii wyjazdów. Powiedziałem, że osobiście jestem za jak najczęstszymi wyjazdami pisarzy i to na obie strony. Trochę może za bardzo rozwiodłem się nad tym, jak rozsuwają się horyzonty przy wyjazdach na wschód, po prostu myśli się większymi liczbami i większymi ideami. Ochab dość naiwnie mówił o entuzjastach Zachodu, takich co padają na klęczki przed samochodami czy wystawami sklepowymi. Powiedział mi, że musimy zrozumieć, iż oni robią wielki wybór tych, których się puszcza na Zachód. Trzeba pilnować, żeby głupstw nie gadali. „Bo musicie pamiętać, że nie tylko polskie oczy na to patrzą – a gdzie indziej uważa się na każde słowo. Nawet u nas wewnętrzni wrogowie naszej ogólnej polityki czepiają się każdej takiej rzeczy... Musicie zdawać sobie sprawę z tego, jak wyglądają takie rzeczy na tle naszej ogólnej polityki. Oczywiście my zdajemy sobie sprawę, że na wewnątrz [sic!] to wszystko ma minimalne znaczenie, ale trzeba myśleć o tym, jak to wygląda dla innych". Trzeba mu było przyznać rację.

Potem mówił mi o pretensjach pisarzy do rozstrzygania wszystkich zagadnień. O pysze pisarskiej. Zatrzymał się przez chwilę na tym, co narozrabiał Przyboś w Jugosławii[2]. „Wierszy Przybosia nie można strawić, a cóż dopiero jego polityki". Mówiłem z nim o wstrzymaniu książek Parandowskiego i Iłłakowiczówny. Nie wiedział o tym (?) i był zaskoczony. Obiecał, że sprawdzi obie rzeczy i zastanowi się, jak rozstrzygnąć sprawę. Gdy omawiałem stosunki pisarskie polsko-radzieckie, próbowałem wyciągnąć z niego historię Putramenta. Ale nie puścił farby, nic nie powiedział o Putramencie – w przeciwieństwie do Kraśki[3] – a ja oczywiście nie chciałem dać poznać po sobie, że wiem o tym coś bliżej. Zapowiedział mi tylko wizytę Markowa[4], który przyjedzie załagodzić... Co? Chciałem spytać, ale byłoby to już zbyt okrutne. Pytał mnie, co myślę o powrocie Hłaski. Powiedziałem, że chciałbym, aby wrócił. „A potem co?" – krzyknął. „Puścić mu płazem to wszystko, co gadał na Polskę i na Związek Radziecki?" Właściwie mówiąc, rozmowa była bezprzedmiotowa, ale raczej zostawiła we mnie wrażenie pozytywne.

[1] Paweł Jasienica (1909–1970), właśc. Leon Lech Beynar – eseista historyczny, prozaik i publicysta. W czasie II wojny światowej żołnierz AK, w 1948 roku aresztowany i więziony przez władze PRL. W latach 1959–62 pełnił funkcję wiceprezesa Zarządu Głównego, po 1960 roku ukazały się jego najważniejsze książki: *Dwie drogi. O powstaniu styczniowym* (1960), *Myśli o dawnej Polsce* (1960), *Polska Piastów* (1960), *Polska Jagiellonów* (1963), *Rzeczpospolita Obojga Narodów* (1967–72). W 1964 roku należał do sygnatariuszy „Listu 34" i w 1968 roku stał się obiektem napaści politycznych ze strony władzy i działaczy POP PZPR przy ZLP. Jarosław Iwaszkiewicz przeciwstawił się wówczas rezolucji POP skierowanej do Zarządu o wykluczenie Jasienicy ze Związku.

[2] Julian Przyboś przebywał w Jugosławii z delegacją polskich pisarzy od 21 września do 11 października 1959 roku. Nie udało się ustalić, o jakim epizodzie mowa.

[3] Wincenty Kraśko (1916–1976) – działacz partyjny i państwowy, prawnik, dziennikarz. W latach 1960–71 kierownik Wydziału Kultury KC PZPR. Po 1945 roku pracował jako dziennikarz, redaktor prasy partyjnej. W latach 1956–60 I Sekretarz Komitetu Wojewódzkiego PZPR w Poznaniu, od 1959 członek Komitetu Centralnego PZPR, sekretarz KC (od 1974). Od 1972 członek Rady Państwa, w okresie 1971–72 wicepremier. W latach 1957–76 poseł na Sejm PRL.

[4] Gieorgij Markow (1911–1991) – radziecki prozaik i działacz kulturalny, w latach 1971–81 prezes Związku Pisarzy ZSRR.

389

1 czerwca 1960

Tak samo piesek będzie biegł,
Tak samo liść się będzie chwiać,
I to nie „już ostatni ścieg",
Tylko się bardzo zachce spać!

I potem już nie będzie nic,
Zatrze się dół, zatrze się szczyt,
I jeśli zniknie jeden widz
Cały się teatr zapadnie. Cyt!

7 czerwca 1960
W radiu dziś mówili o słowikach śpiewających w Szczecinie. Rzeczywiście śpiewały tak bardzo podczas akademii pierwszomajowej. Słychać było przez okno. Przypomina to mi naszą najintymniejszą rozmowę: o śmierci.

Roma, czerwiec 1960
Dopiero po kwitnących oleandrach, które widzę po raz pierwszy w takiej obfitości, widzę, że nie byłem w Rzymie o tej porze roku. Oleandry są wszystkich odcieni różowego koloru: od koloru mięsa do bladoróżowego, białych mało. W ogrodach, na ulicach wielkie różowe kule. To bardzo piękne. I pachnie.

*

Z Margaritą Aligier[1] i z Maksymem Tankiem[2] w Santa Maria Maggiore. Oglądamy te mozaiki – ale to ich nie bierze. Są za bardzo bizantyjskie. Natomiast co jest barok lub renesans, to ich wzrusza. Margarita z podziwem patrzy na młodych mężczyzn gorąco modlących się w głównej kaplicy. „Co się w takich ludziach dzieje?" – pyta się[3].

*

Zupełnie bezsensowny film Rosselliniego *La notte era a Roma*[4]. Coś tak głupiego. Byłem wczoraj na piazza delle Muse. Tłum ludzi tam zebrany już był filmem. Grupa młodych chłopców (14–15 lat) z jedną dziewczynką, tak prześliczna i śmieszna. Zupełnie gotowa scena. Póki Włosi filmowali to, co już jest gotowe, co prosi się samo, co jest „włoskim przedstawieniem" – to było dobrze. Narodził się neorealizm włoski. Kiedy ten materiał trzeba przekomponować – możliwości zawodzą. *Il generale della Rovere*[5] już budził wątpliwości. *La notte* jest czymś wzywającym o pomstę do nieba.

Scena z kopułą świętego Piotra w głębi, kiedy „Ruski" leży na dachu i nie patrząc na świętego Piotra, śpiewa sentymentalną rosyjską piosenkę – nie do zniesienia. Mdła uczuciowość przez cały czas. Bardzo się rozczarowałem.

*

Dzisiaj audiencja u Gronchiego[6]. Trudno o większy banał i pospolitość. A w gruncie rzeczy był nawet niegrzeczny, bo kazał nam za długo czekać. Wspaniały tylko widok z tarasu Kwirynału – na Watykan!

*

Stary służący w pensjonacie mówi: *lei non smokare?*[7] lub *un po' di cheese?*[8] Coś tak śmiesznego. Amerykanizacja.

*

Strasznie mi miło, bo Rzym tak się zrósł u mnie teraz z Hanią. Co chwila ten albo inny fragment przypomina mi ją, myślę o niej tu więcej niż gdzie indziej i myślę z bardzo wielką czułością. Przykro mi jest na przykład na via Palermo, tam gdzie mamy obrady[9], bo tutaj (a raczej na przyległej via Milano) kłóciliśmy się bardzo. Byłem dla niej niedobry, irytowałem się na jej dziwactwa, a teraz mam ostre wyrzuty sumienia z tego powodu. Szkoda, że nie może być tu teraz ze mną. Taki zupełnie inny jest Rzym letni niż Rzym zimowy. I znowu ten przyjazd do Rzymu jak do Radomia: nic nie dziwi, a wszystko jest jakby dawno znajome i kochane. Najpiękniejsze miejsca pozdrawiam od Hani. Coś jakby rodzinnego. Może ja wolę Rzym niż Paryż?

*

Jeżeli się od świętego Piotra wzniesie wprost na lewo (stojąc twarzą do frontonu), to droga idąca w górę, ciasna, pomiędzy murami, doprowadza do wejścia do willi Abamelek. Jest to dawna willa Abamelek--Łazariewych, licząca obecnie trzydzieści pięć hektarów, to jest tyle, co Stawisko – położona za pomnikiem Garibaldiego i nad świętym Piotrem. Właściciele zapisali tę willę państwu rosyjskiemu na utworzenie czegoś w rodzaju willi Medici dla młodych artystów rosyjskich. Oczywiście o stworzeniu takiego miejsca studiów mowy być nie mogło – i teraz jest to letnia rezydencja ambasadora rosyjskiego. Wczoraj byłem tam w nocy. Wjazd jak do jakiejś dawnej rezydencji – Biała Cerkiew, Stawiszcze – olbrzymi park ze stawem (!). Drzewa eukaliptusowe, dęby olbrzymie, niebo ciepłe, głębokie, włoskie, z gwiazdami. Jednym słowem nadzwyczajne. Tak wyglądał Rzym za czasów Słowackiego czy Mickiewicza. Mówił mi Ungaretti, że jeszcze pięćdziesiąt lat temu (epoka Karola) wszystko wyglądało inaczej, wille i ogrody, spokój i cisza. Na tym tle skromniutkie „komunistyczne" przyjęcie u ambasadora sowieckiego wyglądało smutno i żałośnie. Przykre kręcenie ogonem Angiolettiego[10], a zwłaszcza Vigorellego[11] przed radziecką ambasadą. Nie podobało się mi to. Ale za to nocny powrót samochodem stamtąd, spośród drzew, przez plac Świętego Piotra, przez piazza del Popolo, aż do piazza delle Muse (to jest Monte Pincio dla proletariatu) – w nocy, pustymi uliczkami, coś fantastycznego. To była noc świętego Jana, Kupała, rzymskie sobótki. Temat dla Wyspiańskiego.

*

Kupiłem sobie krawat u Salvatore Morriello: czarny, w bardzo drobne białe kropki. W tym stylu materiały nosiła zawsze ciocia Didkowska. Zdejmując dzisiaj ten krawat, przypatrzyłem się materiałowi i zaraz w głowie wyniknął nastrój z tamtych lat, sprzed sześćdziesięciu lat, z najwcześniejszego mojego dzieciństwa. Co za siła tamtych wrażeń, które trwają, rzeczywiście „wrażone" w sam byt ludzkiej istoty, mogą one wypłynąć po takim czasie żywo i przytomnie. Kochana ciocia, jak dawno już jej nie ma. Co znaczy słowo „nie ma"?

*

Wczoraj byłem w generalicji urszulanek, u matki Stanisławy [Połotyńskiej]. Miałem tremę przed tym spotkaniem. Tym bardziej, że Rena pisała, iż matka przypomina Jurka[12]. Ale nie przypomina – raczej matkę Jurka. Jest to naiwna, nie bardzo dobra osoba, raczej serdecznie usposobiona. Orientowała się co do Szymka – niestety niewiele potrafi zrobić dla dzieci. Klasztor – zupełna forteca. Dopiero potem powiedział mi tenże Ungaretti, że na via Nomentana olbrzymie tereny należały do sióstr i że całą parcelację przeprowadziły one i stąd te olbrzymie fundusze. Rozmowa raczej banalna, kompletne nieorientowanie się w zagadnieniach. Zresztą bardzo gościnna i ujmująca. Czekałem w rozmównicy ordynackiej, przeprowadziła mnie do „lepszej". O Jurka niewiele pytała. Widać, że sprawa jest jej obojętna.

Dziś rano telefon od matki Stanisławy. Przepraszała, że nie mogła mnie zatrzymać na kolacji. Że w Polsce na pewno by to zrobiła. A potem „przez pamięć naszego Jurka" prosiła, abym wyrobił jej wizę do Polski. Czytałem książkę Żukrowskiego o Indiach[13]. Dla niej także nie ma śmierci, tylko przejście do lepszego świata. A dla mnie śmierć j e s t.

*

Mówiła mi matka Stanisława, że msza za Jurka w polskim kościele była bardzo uroczysta i z „wszystkimi odpustami"[14]. Tadzio Zajączkowski pisał też, że w Kopenhadze było bardzo uroczyście. Poczciwie reprezentował mnie w kościele. Jeżeli Jurek był w czyśćcu, to chyba już dawnośmy go wymodlili. Jest już aniołem.

*

Musiałem czekać na matkę Stanisławę przez godzinę. Poszedłem do św. Agnieszki, która leży naprzeciwko generalicji, i trafiłem akurat na wieczorną mszę. Była to więc ta niedoszła msza za Jurka u św. Agnieszki za murami. Modliłem się za niego do łez. A jednocześnie wlazłem w ten zwyczajny Rzym. Dewotki odmawiały różaniec, jakiś staruszek spowiadał się tak głośno, że wszystko było słychać. Kobiety w ławkach zachodziły się ze śmiechu, niestety ja nic nie uchwyciłem. W ogródku za św. Agnieszką, gdzie jest grota Matki Boskiej i ta urocza linia cyprysów – mieszkają koty. *Koty świętej Agnieszki*. Ładny tytuł opowiadania. Może napisać?[15] I tak mi było przyjemnie w tym „zwyczajnym" świecie, w świecie jak za czasów cioci Didkowskiej. Rzym bez turystów, świat bez odrzutowców i bomb atomowych, przytulny i przyjazny. Świat ciszy. (Turkot po bruku nie liczy się).

Tak się straszno robi, gdy się o tym pomyśli. I nawet ten kościół św. Agnieszki – to zwyczajny kościół, nie ten „elektronowy". Bez „my chcemy Boga", bez megafonów. Kazanie jakiegoś księżula było po prostu kazaniem.

To nie jest tęsknota do dawnych czasów, nie jestem *laudator temporis acti*[16] – ale pragnienie spokoju, spokoju.

Tego mało jest teraz na świecie.

*

Odwiedzałem dzisiaj koty w Panteonie i na Largo Argentina. O, jakże zmienione! Wyleniałe, chude, zmożone upałem! Zupełnie inne niż zimą. Nadaremnie szukałem Agryppy po wszystkich kątach Panteonu. Zapewne tak stracił na figurze, że go nie poznałem. Pochowane w dziurach, w cieniu, leżały cienie naszych kotów. I z tego względu Rzym jest milszy w zimie. Staje się n a s z y m Rzymem.

„W Rzymie ja jestem blacharz..."[17]

*

W autobusie dwóch maturzystów z koleżanką. Jeden z chłopców dość nikły, wątły, o olbrzymich czarnych oczach, położonych w niezwykle głębokich oczodołach, mówił szybko i wesoło. Miał czarne potargane włosy. Przypominał Słowackiego. Wyobraziłem sobie, że Julek także tak mówił (bo jakoś musiał mówić), że był taki młody i chyba czasami ożywiony – i zrobiło mi się dziwno. Tak bardzo stawiamy „ich" na koturnach, że trudno nam sobie jest nawet wyobrazić, że byli zwyczajnymi ludźmi. Że rozmawiali z sąsiadami w dyliżansie, mieli specjalny *timbre*[18] głosu, jakieś swoje tiki. Chłopak podobny do Słowackiego był zupełnie pospolity, zwyczajny. Czy mógłby być Słowacki taki sam?

Dużo myślę o Słowackim. Patrzyłem na jego tablicę na via Babuino[19]. Mówił o nim Bażan. Trzeba go znowu poczytać: może mi przywróci młodość.

*

Dzisiaj mi Brzechwa podsunął temat do wielkiej sztuki, o którym sam od tylu lat myślę. Pani Kalergis[20]. Powiązania z muzyką, polityką, literaturą. Raczej w obrazach: w ośmiu na przykład obrazach.

Nie wiedziałem, że królowa Wiktoria[21] korespondowała z nią.

Oczywiście nitką, na której powinno się to wszystko skrystalizować, jest miłość Norwida...

Może warto?

*

Mieszkałem w Rzymie:
Hotel Majestic.
Albergo dei Principi (na piazza di Spagna, tam gdzie dziś Olivetti).
Albergo w Lido di Roma.
Albergo Locarno, koło piazza del Popolo (dwa razy – 1937, 1939).

Albergo Umberto (?) na via Nazionale, może Savoia.

Inny hotel na via Nazionale.

Pensionat Pinciano.

Albergo Parioli.

Biblioteka Polska, vicolo Doria 2.

Albergo Genio.

Albergo Minerva.

U Reny [Jeleńskiej], via Dandolo 16.

Hotel Ermitage.

Villa Era.

*

Zdawało mi się, że jaskółki rzymskie są o wiele większe od naszych. Dopiero Rena mi powiedziała, że to nie są jaskółki, tylko *rondoni*[22] – o wiele większe i cięższe od jaskółek – i szare. Są niezgrabne i nie umieją się wznosić z ziemi. Były wysoko – i pełne było ich niebo na przyjęciu w firmie Olivetti, parę dni temu, na dachu tego budynku, gdzie dawniej się mieścił hotel dei Principi. Było pięknie. Od strony kopuły szła wielka sina chmura, ale Trinità dei Monti i Schody Hiszpańskie były oświetlone rudo. I owe *rondoni*, które latały wysoko i niespokojnie. Piękny moment.

Wczoraj rano niebo niebieskie i przejrzyste jak lazur. I znowu wysoko, bardzo wysoko owe *rondoni*. Nie pamiętam ich dawniej. Jak inaczej za każdym razem wygląda to miasto. Wygląda każde miasto.

*

Zawsze rozstanie z Reną takie pełne smutku. Narzekam na rodzinę, ale co ja bym bez niej robił? Najgorsza rzecz w starości to samotność. Bardzo mi jej żal.

*

Oleandrów są dwa gatunki: jeden ten zwyczajny, sztywny, z epoki cioci Didkowskiej, takie jak kwitły u mamy, mocno różowe lub śnieżnobiałe. A drugi gatunek dotychczas mi nieznany. Kwiaty znacznie bardziej wiotkie, lżejsze, puszyste. Te są też różowe lub białoróżowe, biel lekko zaróżowiona. Cudowne. Dwa krzaki na forum Trajana pełne kwiatów, ten kontrast!

Tu na Parioli niektóre ulice całe w szeregu tych bufiastych różów. Ale kiedy przyjechaliśmy przed tygodniem, wszystko było jeszcze świeże.

Dziś jest przypalone, przymięte. Upał działa. W ciągu tych kilku dni trawy pożółkły. Na Monte Pincio, w willi Borghese, ludzie spali w zielonej trawie, dzisiaj – widziałem – leżą na uschniętej. Zakwitły jakieś drzewa drobnym, sterczącym białym kwiatem. Pachną miodem jak lipy, oglądałem się. Ale lipę tylko jedną gdzieś widziałem – i niekwitnącą.

[1] Margarita Aligier (1915–1992) – poetka rosyjska. Członkini zarządu Związku Pisarzy ZSRR. Autorka m.in. zbiorów wierszy: *God roździenija* (1938), *Zoja* (1942), *Leninskije Gory* (1953), *Nieskolko szagow* (1962).

[2] Maksim Tank (1912–1995) – poeta białoruski, jego twórczość ewoluowała od poezji romantyczno-rewolucyjnej, przez wiersze wojenne, ku intymnej liryce filozoficznej. Po wojnie redagował pisma „Wożyk" i „Połymja", pełnił funkcję pierwszego sekretarza i przewodniczącego Związku Pisarzy Białoruskich. Autor m.in. przekładów polskich poetów romantycznych i wierszy Jarosława Iwaszkiewicza.

[3] Iwaszkiewicz zacytował powyższy dialog w *Podróżach do Włoch*, przypisując wypowiedzi Margarity Aligier innej rosyjskiej poetce, Wierze Inbier. „W Santa Maria Maggiore byłem z Wierą Inbier – pisał. – Wiera Inbier była bardzo wrażliwą poetką. Jej leningradzkie wiersze osiągnęły wysoki poziom artystyczny. W Santa Maria Maggiore, w tej wspaniałej bocznej kaplicy sykstyńskiej, całej złoconej, gdzie pochowani są papieże: Pius V i Sykstus V, na klęczniku widniała postać młodego człowieka całkiem pogrążonego w modlitwie. Miał wygląd ekstatyczny. Wiera Inbier powiedziała: – Dałabym nie wiem co, aby wiedzieć, co się dzieje w duszy tego człowieka. Uśmiechnąłem się. – Nie modliła się pani nigdy w Leningradzie? – Nie – powiedziała – pisałam wiersze. – To na jedno wychodzi – zauważyłem" (J. Iwaszkiewicz, *Podróże do Włoch*, s. 106–107).

[4] Właśc. *Era notte a Roma* (*Noc w Rzymie*, 1960, reż. R. Rossellini). W filmie wystąpili m.in.: Giovanna Ralli, Renato Salvatori, Leo Genn, Siergiej Bondarczuk, Peter Baldwin i Paolo Stoppa.

[5] *Il generale della Rovere* (*Generał della Rovere*, 1959, reż. R. Rossellini). W roli głównej wystąpił Vittorio De Sica.

[6] Giovanni Gronchi (1887–1978) – włoski polityk, działacz Partii Demokracji Chrześcijańskiej. W latach 1955–62 prezydent Republiki Włoskiej.

[7] *Lei non smokare* (wł.-ang.) – Czy pan nie pali? – Połączenie włoskiego pytania: *Lei non* (Czy pan nie...) z angielskim czasownikiem *smoke* (palić), do którego dodano końcówkę fleksyjną włoskiego czasownika *fumare* (palić).

[8] *Un po' di cheese* (wł.-ang.) – Może trochę sera? – Połączenie włoskiego pytania: *un po' di* (może trochę...) z angielskim rzeczownikiem *cheese* (ser).

[9] Iwaszkiewicz przebywał w Rzymie na obradach zarządu międzynarodowego stowarzyszenia pisarzy Comunità Europea degli Scrittori (COMES). Powołana w 1958 roku organizacja miała być platformą dialogu pisarzy podzielonej politycznie Europy.

[10] Giovanni Battista Angioletti (1896–1961) – włoski pisarz, krytyk literacki i eseista. Autor m.in. utworów prozatorskich: *Eclisse di luna* (1943), *La memoria* (1949),

Narciso (1949), *Giobbe uomo solo* (1955) oraz tomów esejów: *I grandi ospiti* (1960), *Tutta l'Europa* (1961), *Gli italiani sono onesti* (1968).

[11] Giancarlo Vigorelli (1913–2005) – włoski pisarz, dziennikarz i krytyk sztuki, jeden z założycieli i wieloletni sekretarz Comunità Europea degli Scrittori. Autor m.in. utworów: *Carte francesi* (1959), *Il gesuita proibito* (1963), *La terrazza dei pensieri* (1967), *Manzoni pro e contro* (1976).

[12] Teresa (Rena) Jeleńska złożyła jej wizytę w związku z prośbą Iwaszkiewicza o zamówienie mszy żałobnej w intencji Błeszyńskiego w pierwszą rocznicę jego śmierci. Swoje wrażenia relacjonowała listownie w następujący sposób: „Matka – która jest ujmująca: *una signora*, pełna taktu i wdzięku, ładna wydaje się (wiadomo, że ich strój upiększa, tzn. te kwefy i kornety) – młoda jeszcze, ma duże rozumne niebieskie oczy. Sądząc z fotografii, którą widziałam u Was, musi być nieco podobna do siostrzeńca" (list do Jarosława Iwaszkiewicza z 28 maja 1960, w: J. Iwaszkiewicz, T. Jeleńska, K. A. Jeleński, *Korespondencja*, s. 289).

[13] Mowa o zbiorze opowiadań Wojciecha Żukrowskiego *Wędrówki z moim Guru* (1960). Żukrowski w latach 1956–59 pełnił funkcję radcy do spraw kultury w Ambasadzie PRL w Indiach.

[14] Msza żałobna w pierwszą rocznicę śmierci Jerzego Błeszyńskiego została odprawiona 28 maja 1960 w kościele polskim pw. św. Stanisława w Rzymie przez wikariusza tego kościoła, ks. Franciszka Okroya. Iwaszkiewicz pierwotnie prosił Teresę Jeleńską o zamówienie mszy w kościele Sant'Agnese fuori le mura, lecz gdy Jeleńska tam dotarła, nie było już możliwości zamówienia mszy na ten dzień.

[15] Utwór pod takim tytułem nie powstał.

[16] *Laudator temporis acti* (łac.) – chwalca przeszłości.

[17] „W Rzymie ja jestem blacharz, / Imituję tylko złote wyroby" – słowa z wiersza Iwaszkiewicza *Rzym w zimie* z tomu *Jutro żniwa* (1963). Nawiązują do rodzinnej anegdoty o domokrążnym handlarzu, który deklarował: „w zimie ja jestem blacharz".

[18] *Timbre* (fr.) – brzmienie.

[19] Juliusz Słowacki mieszkał w Rzymie w 1836 roku w Albergo Babuino, przy via Babuino 165. Poświęcona mu pamiątkowa tablica została odsłonięta na tym budynku w 1959 roku, w 150. rocznicę urodzin i 110. rocznicę śmierci poety.

[20] Maria Nesselrode, 1 v. Kalergis, 2 v. Muchanow (1822–1874) – pianistka-amatorka, uczennica Chopina, wielka miłość Cypriana Kamila Norwida. W latach 1847––57 prowadziła w Paryżu salon artystyczny, w którym bywali Alfred de Musset, Théophile Gautier, Heinrich Heine, Ferenc Liszt, Fryderyk Chopin, Richard Wagner, Stanisław Moniuszko. Od 1858 roku w Warszawie. Była mecenasem sztuki, przyczyniła się do otwarcia w Warszawie Instytutu Muzycznego (późniejszego Konserwatorium), współzałożycielka warszawskiego Towarzystwa Muzycznego, zawiązku późniejszej Filharmonii Warszawskiej. Projekt utworu Iwaszkiewicza jej dotyczącego nie został zrealizowany.

[21] Wiktoria Hanowerska, właśc. Aleksandryna Wiktoria z Welfów (1819–1901) – królowa Zjednoczonego Królestwa Wielkiej Brytanii i Irlandii w latach 1837–1901.

[22] *Rondoni* (wł.) – jerzyki.

Roma, 25 czerwca 1960

Dzisiaj, kiedy siedziałem na kolacji w ogrodzie pensjonatu, pod kwitnącą, letnią magnolią – przyszedł Jurek i usiadł przy stole. Chciałem, aby sobie poszedł, aby spał sobie, nie przerywał snu. Ale on nie odchodził. Położył mi rękę na dłoni i mówił: nie przejmuj się! – jak zawsze. Potem odszedł. Mówi, że mu niedobrze pod tym okropnym kamieniem. Wczoraj w Santa Maria sopra Minerva znowu ten posąg Michała Anioła, który mu opisywałem, przy którym tyle myślałem o nim, kiedy jeszcze żył i telefonował z Kruka do Rzymu, i tyle myślałem potem, kiedy już umarł. Tym razem tylko chwila oglądania, zepsuł mi ją nieznośny przewodnik. Zwrócił mi uwagę na to, że posąg ma lewą nogę krótszą niż prawą. Rzeczywiście. Ale po co mi to. Ani mnie, ani Jurciowi...

*

Poza tym [razem] byłem we Włoszech bez Rzymu:

w 1928 – Genova

w 1931 – San Gimignano, Florencja

w 1949 – Wenecja – Genova – Milano

w 1938 – Sycylia, przejazdem przez Rzym.

*

To jest szesnasty raz.

*

Powiedział mi Brzechwa po moim przemówieniu w Comunità [Europea] degli Scrittori – że podziwiał formę tego przemówienia, „i tak bez przygotowania". To właśnie jest zadziwiające u mnie w tego rodzaju przemówieniach – ów zupełny brak przygotowania. Vigorelli zwrócił się w ostatniej chwili, żeby ktoś z Polaków przemawiał – i ja, jeszcze idąc na estradę, nie wiedziałem, o czym będę mówił. To zdarza mi się ostatnio wielokrotnie – im mniej w i e m, o czym mam mówić, tym lepiej wychodzi. Tym razem zresztą nie były to puste frazesy: znowu było to przemówienie „kojące", starające się przekonać, że musimy i Bażana, i Lehmanna[1] wysłuchać do końca.

Zadziwiające, jak Rosjanie są nieprzygotowani na inny sposób myślenia, jak zawsze „zaskakuje" to, co mówią i myślą na Zachodzie. Bażan i Czakowski[2] byli kompletnie speszeni, dlatego że Lehmann im się przeciwstawił. Co oni sobie wyobrażają?

Ta cała Comunità przypomina mi początki Ruchu Pokoju. Ruscy wzięli się teraz z innego końca, ale i to tak niedźwiedziowato, jak swego czasu biedny Fadiejew. Im więcej tych „styków" – czeskie słowo zrobiło karierę – tym lepiej. Ale dziwnie, jak ludzie nic nie rozumieją.

*

Jak Majerová w ambasadzie jadła lody!

[1] John Lehmann (1907–1989) – angielski poeta, redaktor i wydawca; członek Comunità Europea degli Scrittori; brat pisarki Rosamond Lehmann. Autor tomów poetyckich *A Garden Revisited* (1931), *The Age of the Dragon* (1951), trzytomowej autobiografii: *Whispering Gallery* (1955), *I Am My Brother* (1960), *The Ample Proposition* (1966) oraz książek biograficznych, m.in. *Edith Sitwell* (1952), *Virginia Woolf and Her World* (1975).

[2] Aleksandr Czakowski (1913–1994) – rosyjski prozaik i działacz partyjny. W latach 1955–63 redaktor naczelny pisma „Inostrannaja Litieratura", a od 1962 do 1988 „Litieraturnoj Gaziety". Autor m.in. powieści *Było to w Leningradzie* (1944–47, wyd. pol. 1951), *Blokada* (t. 1–5 1968–75, wyd. pol. t. 1–4 1972–79).

26 czerwca 1960

Z zadziwiającą obojętnością żegnałem się z Rzymem. Tak mało w nim widziałem tym razem, tak mało czułem. Nowość: targ na placu Vittoria, oleandry, piazza delle Muse. Ale poza tym wszystko zwykłe i obce. Chodzenie po Rzymie jak po zwyczajnym mieście, to męczy. Osadza jakiś specjalny smutek, taki jaki pozostawiają rzeczy niepotrzebne, zaginione, dawniej kochane. Coś jak listy dawne, z których nagle ulatnia się cały zapach, cała treść. Listy, na które czekało się bardzo, z biciem serca, a które leżą teraz w szufladzie jak zeschłe kwiaty oleandrów. Mało radosnych wspomnień zawiera dla mnie Rzym, nie czułem tu nigdy tej młodości co w Paryżu. Jakaś dojrzałość i smutek tej dojrzałości. Dlatego może ta obojętność. No i zatajone łzy wśród obcych rzeczy, obcych ludzi, których nic nie obchodzi to, co się we mnie dzieje. Może dlatego dobrze mi było z Reną. Te dwa starcze smutki jakoś harmonizowały.

Ale słońce i kwiaty, i morze do tego nie pasowały. Już prędzej noc i gwiazdy – i odsunięty „horyzont" nieba, mający zupełnie teatralny kolor. *Arrivederci Roma!*[1] Kiedy?

*

Za kościołem Santa Maria Maggiore via Carlo Alberto prowadzi do dużego placu Vittorio Emanuele, pokrótce zwanego piazza Vittorio. Jest to duży prostokąt zieleni i drzew, obstawiony jakimś starym akweduktem – ale cały obramowany targiem. I to jakim targiem! Przypomniał mi się targ w Palermo – mimo wszystko daleko bardziej malowniczy. Ale ten rzymski targ o wiele bogatszy. Jakie tu kwiaty i owoce! Jakie jarzyny! Dziwne, bo pomidory tu niedobre, oczywiście szklarniowych nie ma, a gruntowe niedojrzałe i fugowane, staromodne. Szparagi też niedobre. Ale sery, konserwy, owoce! A potem znowuż kosze i konfekcja, i materiały. Sprzedający ciągną, namawiają – i nie tylko można, ale trzeba się targować. Kupiłem jakiś jedwab dla Magdusi. Ustąpił z 1800 na 1200 lirów, jedną trzecią. Bielizna w złym gatunku, ale mnóstwo. To wszystko w słońcu, w kwiatach, w kwitnących oleandrach, na tle tych oleandrów i dziwacznego, barokowego kościoła. Szkoda, że nigdy tu przedtem nie byłem, muszę tu wracać... o ile wrócę do Rzymu. Tym razem nie rzuciłem monety do fontanny Trevi![2]

[1] *Arrivederci Roma!* (wł.) – Do widzenia, Rzymie! – Tytuł piosenki z filmu *Arrivederci Roma* (1958, reż. R. Rowland), wykonywanej przez śpiewaka i aktora Mario Lanza, w duecie z grającą w tym filmie kilkunastoletnią Luisą Di Meo.

[2] Rzymski przesąd głosi, że ten, kto wrzuci monetę do fontanny di Trevi, powróci do tego miasta. Motyw ten pojawi się w wierszu Iwaszkiewicza ***Nie rzucam monet do fontanny Trevi* z tomu *Śpiewnik włoski* (1974).

Zurych, 26 czerwca 1960

Miasto wysiłków intelektualnych, wspomnień o rozmyślaniach. Jak przemówić do rozsądku jednym i drugim? Jak wytłumaczyć, że racje są po obu stronach, że życie intelektualne i uczuciowe ważniejsze od wszelkich teorii. Spotkanie z [Nicolasem] Nabokovem – przed czterema laty – i skonstatowanie wyjaławiającego działania Zachodu. A Kocik Jeleński cały naelektryzowany ideami, myślami – złudzeniami, że dla człowieka można coś zrobić, można, oczywiście – i ja to powtarzam – ale czy trzeba? Czy nie jest to wszystko filantropią dostojnej paniusi? Tak właśnie, jako filantropię, bardzo często widzę działalność pisarzy, poetów, myślicieli. Nic nie mogą zdziałać, bezsilni są wobec zagadnień polityki i ekonomiki. Ale przypominają mi się tutaj te rozmowy – i nawet czasami te wiary: Nabokova w swoją muzykę, Jurka Lisowskiego w potęgę intelektu, Czakowskiego w... co? W NKWD? W realizm socjalistyczny? Czuję się tu okropnym nihilistą.

Stawisko, 12 lipca 1960
Dziś mija dwa lata od naszej niesamowitej eskapady: Żytomierz, Berdyczów, Winnica, Niemirów, Hajsyn, Daszów. Od znalezienia grobu ojca i od tego cudownego, letniego, ukraińskiego wieczoru w Kamienohurce. Dwa lata! Dopiero dwa lata, już dwa lata. Jakaż to była cudowna podróż, ale jednocześnie jakoś mało dostało mi się do środka, była zbyt męcząca i zbyt przelotna, jak sen wydają mi się widoki Daszowa i Kalnika, sylwetki „wałów" na horyzoncie pomiędzy Daszowem a Kalnikiem, Sob i droga, którędy Conrad jeździł do Daszowa na pocztę z Kazimierówki. Wczoraj, dwa lata temu, był telefon od Jurka z Warszawy do Hotelu Kijowskiego. Do dziś w głowę zachodzę, dlaczego chciał nam tylko zakomunikować nieprzyjemne rzeczy: o śmierci biednego Perrunia[1], o wypadku na kolei, w którym zginął mały Szepelski i jeszcze jakieś takie przykre wydarzenie. Były to początki jego amorów z Lilką, może go w tym coś tak rozeźliło. Wspominaliśmy dziś z Hanią ten czarodziejski pobyt w Kijowie, dzień i wieczór w Plutach[2], to ciepło niesamowite po zachodzie słońca i lilie u Kornijczuków, i dwugodzinny spacer po Dnieprze. Mógłbym narysować kształt chmury, jedynej chmury z całego dnia, chmury, która pod koniec spaceru na chwilę zakryła słońce. Było bardzo pięknie. A potem pejzaż ukraiński, częściowo wołyński – i lipcowa aleja podwójnych lip z Winnicy do Niemirowa. Lipy były akurat w pełnym kwiecie i czarodziejski zapach towarzyszył samochodowi. I napisy: Niemirów, Brzozowka (to Stanisława Brzozowskiego) – droga do Sitkowiec. Za mało to pozostawiło śladów we mnie. Co prawda wszystko zrobione w błyskawicznym tempie. Tyle razy opowiadałem o tej podróży, a nie zapisałem jej nigdzie, chyba gdzieś w listach, to szkoda, bo powinna była przetrwać gdzieś, niesamowity powrót do dawnych miejsc po czterdziestu latach. Powinna była powstać nowa *Podróż do Patagonii* – ale nie powstała. Za bardzo mnie zaabsorbowały potem hece z Jurkiem – i tak to pozostało. To mnie jeszcze absorbuje. Dzisiaj jeszcze płakałem z tęsknoty.

¹ Perro – pies rasy chow-chow, zginął pod kołami kolejki WKD latem 1958 roku.
² Pluty – miejscowość letniskowa pod Kijowem. Od 1954 roku Ołeksandr Kornijczuk i jego żona Wanda Wasilewska mieli tam daczę.

14 lipca 1960

*Im Balladenton*¹.

Z okna mojego gabinetu dziś całe rano widać za rzadkim laskiem brzozowym pasącego się białego konia. Chorą brzozę wycięto przedwczoraj i powstała wśród moich ukochanych brzóz luka. Przez tę lukę widać w głębi, w lekkim dole łąkę, w której widnieje biała sylwetka konia, który schyla głowę, skubiąc trawę. Dalej ziemia się trochę wznosi i jest lasek sosnowy, bardzo ciemny. Niebo dziś bardzo pochmurne, sine i dramatyczne obłoki lecą niebem ponad laskiem. Wszystko to tworzy zadziwiający – trochę secesyjny – obraz. Przypomina to Maxa Klingera², nawet prerafaelitów; to jest coś bardzo dziwnego. Tak „ilustrowano" ballady Chopina na początku dwudziestego wieku.

To zawsze mnie bardzo dziwi, jak czasami w naturze nagle rozgrywa się jakiś fragment zupełnie zapożyczony ze sztuki. Gdzieś niedawno widziałem *Coquelicots* Moneta.

Dziś w ambasadzie francuskiej wielkie przyjęcie w ogrodzie. Ogród otoczony dość niskim murkiem. Na murek wdrapało się dwóch chłopców, może po 12–14 lat, wsparci o mur jak aniołki Rafaela wlepiali oczy w gości i przyjęcie. Zresztą nie mieli nic z Rafaela, byli dosłownie „przytoczeni" z obrazów Makowskiego³.

Wystawa Makowskiego, jedno z największych przeżyć malarskich – od dawna!⁴ Zwłaszcza epoka środkowa, nie ostatnia, działa na mnie porażająco. Dziewczynka w oknie, wieńczenie tej dziewczynki, klatka z kanarkiem⁵ – działają na mnie tak jak freski Benozza, jak Monet i Sisley⁶, jednym słowem, jak największe malarstwo.

Napisałem o tym „editorial" do „Twórczości", ale dosyć głupi: naiwność formy nie pozwala na wyrażenie tego, co chciałem wyrazić⁷. Wieczny brak wykształcenia filozoficznego.

¹ E. Grieg, *Im Balladenton* (1896) – utwór fortepianowy wchodzący w skład cyklu *Lyrische Stücke* (op. 65 nr 5). Edward Grieg był ulubionym kompozytorem młodości Iwaszkiewicza, który o okresie ok. 1914 roku napisał we wspomnieniu *Moje koncer-*

ty: „W tym to właśnie czasie nie tylko grywałem mnóstwo Griega, ale nawet wiersze pisywałem «pod Griega»" (J. Iwaszkiewicz, *Moje koncerty*, maszynopis w Muzeum im. Anny i Jarosława Iwaszkiewiczów w Stawisku).

[2] Max Klinger (1875–1920) – niemiecki malarz, grafik i rzeźbiarz. Autor obrazów o tematyce mitologicznej i religijnej oraz grafik ujmujących w sposób symboliczny dzieje losu ludzkiego.

[3] Tadeusz Makowski (1882–1932) – polski malarz, od 1908 roku tworzący w Paryżu, w kręgu francuskich kubistów.

[4] Wystawa obrazów Tadeusza Makowskiego w Muzeum Narodowym w Warszawie została otwarta 27 czerwca 1960 roku.

[5] Dziewczynka w oknie jest detalem obrazu Tadeusza Makowskiego *Kapela dziecięca* (1922), znajdującego się w zbiorach Muzeum Narodowego w Warszawie. Epokę środkową twórczości malarza datuje się między 1914 i 1928 rokiem, jest ona związana z pobytami malarza w Bretanii. Powstały wtedy pejzaże oraz sceny rodzajowe, malowane z natury w stylu naiwnego realizmu, inspirowane malarstwem Pietera Bruegla (starszego) i Henri Rousseau.

[6] Alfred Sisley (1839–1899) – angielski malarz tworzący w Paryżu, jeden z przedstawicieli francuskiego impresjonizmu. Autor m.in. pejzaży okolic Paryża i brzegów Sekwany.

[7] J. Iwaszkiewicz, *Cudów nie ma*, „Twórczość" 1960, nr 9. Pisarz w tym artykule przedstawiał malarstwo Makowskiego jako element rozwoju polskiej sztuki oraz szukał genezy twórczości artysty.

Warszawa, 18 lipca 1960

Dość niefortunnie wyszedłem na dwóch tygodniach nieprzyjeżdżania do Warszawy. W Stawisku atmosfera cały czas fatalna i niepokój wielki, sprawiony przez Hanię i przez nierozstrzygniętą i nader przykrą sprawę Anusi[1]. Hania żyje tylko tą sprawą, która ją podnieca i denerwuje w sposób nieprawdopodobny. Nie mogę podzielać jej niepokojów, oczywiście przykro mi z powodu Anusi – nie mogę jednak wytrzymać w tej atmosferze przerysowującej wszystko, w stanie stałej egzaltacji i niezmiennego patosu. Bardzo mnie to męczy. Przyjechałem na parę dni na Szucha i też mi niedobrze. To zadziwiające, jak o b c o ja się tu czuję, jak mi nie odpowiada ta atmosfera. Marysia stara się być bardzo miła dla mnie, jestem jej za to bardzo wdzięczny – ale tu odczuwam moją samotność jeszcze bardziej niż na Stawisku. Ogarnia mnie tu smutek bezbrzeżny. I wspomnienie Jurka tu bardziej palące. Na Stawisku był tylko gościem przecież – tutaj mieszkał – i to w najstraszliwszej epoce, tu wszystko mi go przypomina, nawet szum „dębów w alei

Szucha"[2], który on sobie tak naiwnie przywłaszczył. Tak mi trudno myśleć o tym wszystkim. I w ogóle bardzo trudno, bardzo przykre uczucie starzenia się, ramolenia. Demokryt[3] popełnił samobójstwo ze strachu przed upadkiem intelektualnym starości. Może bym i ja tak zrobił? Widok Andrzeja Pilawitza zachęca bardzo do tego. Chociaż Janek [Wołosiuk] twierdzi, że to ona[4] wmówiła w niego, że on jest ramolem, a on poddał się tej myśli. Świetny *sujet*[5] dwuosobowej sztuki.

[1] Zapis związany z kłopotami szkolnymi wnuczki Iwaszkiewiczów, Anny Włodek.
[2] Nawiązanie do utworu Iwaszkiewicza *Nocny śpiew dębów w Alei Szucha*. Wiersz, zaplanowany przez autora do cyklu *Droga*, poświęconego Jerzemu Błeszyńskiemu, został opublikowany w książce Zbigniewa Chojnowskiego *Poetycka wiara Jarosława Iwaszkiewicza*, s. 326–327.
[3] Demokryt z Abdery (ok. 460–ok. 370 p.n.e.) – grecki filozof przyrody, uważany za twórcę koncepcji atomizmu. Lukrecjusz w następujący sposób mówi o jego śmierci:

Demokryt, gdy go pamięć zawodzić jęła stale
Z wiekiem późnym, nie czekał, aż sama śmierć nadleci,
Ale jej dobrowolnie nie zląkł się wyjść naprzeciw.
(T. Lucretius Carus, *O naturze wszechrzeczy*, przeł. E. Szymański, Warszawa 1957, s. 118).

[4] Helena Poleska, żona Andrzeja Pilawitza.
[5] *Sujet* (fr.) – temat.

Stawisko, 21 lipca 1960
Na stole dalie: już jesień.

22 lipca 1960
Bardzo zły stan nerwów, ale to bardzo zły. Chwilami zupełna prostracja. Nie chce się niczego. Nie piszę zupełnie. Bardzo źle sypiam. I to okropne uczucie, że to nikogo nic nie obchodzi. Że nikt palcem o palec nie stuknie, aby mi choć trochę ulżyć. Żadne moje życzenie nie jest spełnione. Szofer nie chce mnie wozić, kucharka nie chce mi gotować, żona nie chce słuchać. Nastrój w domu nie do zniesienia, na każdym kroku natykam się na coś, co mnie drażni, na coś, co mi staje w poprzek. Naprawdę chwilami ma się tego dosyć. Hania nie zdaje sobie sprawy, czym są dla mnie te „drobiazgi". Jak mnie to męczy. Co tam

Hania – nikt nie zdaje sobie sprawy. Szymek dziś dwa razy przyjechał samochodem parę g o d z i n później, niż miał. I dziwi się, że takie czekanie doprowadza mnie do szału. Nikt nie wierzy, że ze mną jest tak źle. Wszyscy mnie lekceważą.

29 lipca 1960

Stryjkowski powiedział dziś, że u nas na dwudziestego szóstego[1] było inaczej niż zwykle, tak spokojnie – w gruncie rzeczy tak smutno. Myślę, że ma rację. U nas jest tak smutno. Bo ja jestem smutny. Czemu się mam weselić? Trudne życie, smutne życie – niedocenione i przez nikogo nierozumiane. Moje zainteresowania, moje ciężkie żmudne prace nikogo nie obchodzą. Nikt nawet się nie zastanowi, czym ja żyję.

Ale nie bądźmy tacy. Narzekanie jest czymś niegodnym rozumnego i d o b r z e w y c h o w a n e g o człowieka.

[1] 26 lipca – dzień imienin Anny Iwaszkiewiczowej.

1 sierpnia 1960

Dziś spotkanie Józia Ciechowicza wiozącego siano z turczynieckich stawów. „Skąd wieziesz siano? A czyj to koń?" Brat jego i Marian Jarzyniak szli za wozem. Przypomniał mi się tak dokładnie epizod Zamoyłły ze śniadania[1]. Jeszcze nie byłem stary, kiedy to pisałem dwadzieścia trzy lata temu. Józio zawsze piękny, rasowy – niby piękny Czapski. Szkoda, że go tak mało widuję. Bardzo szlachetny typ robotnika, jak ci Polacy Tołstoja.

[1] Chodzi o opowiadanie *Śniadanie u Teodora* z 1938 roku, które pierwotnie miało być fragmentem powieści *Pasje błędomierskie* (1938). Utwór został opublikowany na łamach „Wiadomości Literackich" (1938, nr 29), a następnie w zbiorze *Opowiadania 1918–1953* (t. 1–2 1954).

2 sierpnia 1960

Po tylu dniach słoty piękne dni specjalnie smakują. Od samego rana delektuję się tym światłem i tymi widokami jak z impresjonistów.

Mgiełka i w mgiełce pola, kolorowe dalie. Woźą dziś żyto. Pachnie pełnym latem. Sam w Stawisku, jak co roku. Trudno, smutno i cicho. Pracuję nad trzecim tomem[1].

[1] Trzeci tom powieści *Sława i chwała* ukazał się w 1962 roku.

3 sierpnia 1960
Dziwno „pracować nad trzecim tomem" – przewracać się po puchowych łożach intelektu, kiedy dzieją się tak ważne i straszne rzeczy. W oddali sprawa Kongo[1], która może przybliżyć się lada chwila – a z bliska potworna sprawa powodzi i słoty niszczącej żniwa. Sandomierskie jabłka spłynęły z wodą. I znowu ukrywania i kłamstwa naszej prasy: jak zwykle prawdy dowiadujemy się z „Le Monde". Ręce opadają – a przy tym instynkt pcha do spraw życia.

Mam duże zmartwienia z Szymkiem Piotrowskim. Wykazuje całkowitą obojętność na m o j e sprawy, nie staje nigdy po mojej stronie. Obawiam się, że mam w nim wroga. Bardzo to mnie męczy w ostatnich czasach – bo miałem do niego wielkie zaufanie.

[1] W Kongu (od 1970 roku Zair) toczyła się w latach 1960–65 wojna domowa, w której brały udział siły ONZ.

4 sierpnia 1960
Uczucie kompletnej samotności. Zupełnie sam. Nikogo! Nikogo! Jak w „drugim śnie Oli"[1]. To przerażające.

[1] Chodzi o scenę z trzeciego tomu *Sławy i chwały* i sen Oli Gołąbkowej.

6 sierpnia 1960
Melancholia tej pogody. Już ściernisko przed domem. Korzystam z tego, aby odwiedzić stare sosny, poklepać je po karku. Księżyc bladoróżany i ciemne obłoki. Potworna, do głębi przejmująca samotność. W domu dwie stare Heleny [Iwaszkiewiczówna i Korpys], Jasio [Wołosiuk] i ja. Las wydaje się dziki i ponury, wszystko zapuszczone i

straszne. Zarośla i chaszcze – a sam dom tragiczny i ciemny. Hela sama siedzi na ganku – staruszka, która nie bardzo wie, co się naokoło dzieje, a może wspominać tylko swoje jałowe i bezsensowne życie. Ten „ibsenowski dom", jak go nazywał Breiter. Przez dziesiątki lat taki sam, niezmiennie smutny, bez blasku, bez radości, dom, z którego wszyscy uciekają. A taki przejmująco piękny!

8 sierpnia 1960

O, jak mnie to wszystko wypompowało! A mimo wszystko tamto było życie, kontakt z ludźmi i ludzkimi sprawami. A teraz szklana ściana, samotna klatka – i właściwie nic, co by interesowało. Jurek, Lilka, Szymek – to byli zwyczajni ludzie i ludzkie sprawy. A Stawisko jest n i e l u d z k i e. *Voilà le mot juste!*[1]

[1] *Voilà le mot juste!* (fr.) – Oto właściwe słowo!

12 sierpnia 1960

Krowa ryczy boleśnie, jesiennie; niebem lecą odrzutowce, zostawiając trzy długie, białe ślady; czytam „drugiego" *Fausta*, sceny Heleny, śmierć Euforiona (wstrząsająco piękne, mimo krótkich wierszy). Wszystko to razem świadczy o zupełnym bezsensie życia. Jedno nic nie ma do drugiego, nic wspólnego – chyba to, że się wszystko przełamuje i odbija we mnie. Ale tam właśnie chaos największy.

Dziś piąta rocznica śmierci Manna. Dużo o tym piszą, w radio czytano opis ostatniej sonaty Beethovena z *Doktora Faustusa*. Wydał mi się ten fragment wielosłowny i pretensjonalny. Trochę mi jest, jak w tym liście do Hani: „Mann siedział koło mnie, mówiliśmy bardzo ciekawe rzeczy", ale nie pamiętam co[1]. W gruncie rzeczy nie pamiętam, co mi powiedział Mann. Zachwycałem się tak – czytając – ale w głowie zostało mało – i trochę mi przykro, kiedy go porównują z Goethem. Najbardziej mnie przejął siódmy rozdział *Lotty*[2], monolog wewnętrzny Goethego. A może on rzeczywiście coś wiedział o Goethem? A *Die Betrogene*[3] naprawdę przeczytałem po napisaniu *Tataraku*.

[1] Chodzi o list do Anny Iwaszkiewiczowej 15 marca 1927 roku, w którym Iwaszkiewicz opisywał swoje wrażenia w związku z przyjazdem Tomasza Manna do Polski na zaproszenie polskiego Pen Clubu. „[14 marca] wieczorem byliśmy z Mannem u Fukiera i tam gadaliśmy i awanturowaliśmy się; Horzyca miał cudowny odczycik o E.T.A. Hoffmannie, ale coś cudownego! Mann był zachwycony i wzruszony. Potem poszliśmy do «Oazy» i ja siadłem obok Manna i Pannwitza (chargé d'affaires) i gadaliśmy cały czas o muzyce – o Wagnerze i o Pfitznerze itd., itd. Cały czas myślałem o *Tristanie*, pamiętasz tę okrutną, straszną nowelę? Mam jakiś taki głód, chciwość w stosunku do wielkich ludzi, chciałbym żłopać każde ich słowo, każdy gest, sposób chodzenia, jedzenia. Mann jadł omlet ze szpinakiem, odkroił kawałeczek widelcem i, rozmawiając z Goetlem, zostawił go na widelcu, na talerzu: patrzyłem na ten kawałeczek i myślałem, że ten kawałek nagle za chwilę zmieni się w kawałek Manna, największego prozaika Europy dzisiejszej; omlet – dzieło polskiej kury i polskiego kucharza. Sam Mann prosty, ale mądry i przyjemny, ma łatwość konwersacji, ale skarżył się Radziwiłłowej, że najbardziej męczące jest to czyhanie ze wszystkich stron na jego «mądre powiedzenia», ciągłe naprężanie, żeby być inteligentnym" (A. i J. Iwaszkiewiczowie, *Listy 1927–1931*, oprac. M. Bojanowska, E. Cieślak, przypisy muzyczne A. Matracka-Kościelny, książka w przygotowaniu).

[2] T. Mann, *Lotta w Weimarze* (1939, wyd. pol. 1958).

[3] T. Mann, *Die Betrogene* (1953, wyd. pol. *Oszukana* w: T. Mann, *Ostatnie nowele* 1958).

19 sierpnia 1960

Przecież ja zawsze kłamię. „Ja tylko tak udaję, że się nocy nie boję..."[1] Bo otacza nas noc i chaos cierpienia, bezsensownego cierpienia. Czytam książkę o chuliganach, o ich rodzicach, o prostytutkach: morze łez i żadnego sensu. Wszystko, co się dzieje w polityce, w rzeczach. Ta klęska pogody, zgniłe żyta, zmarnowane kartofle, pobite jabłka. W Katowicach dziś w pełni dnia nastąpiła zupełna ciemność. Wypadki: łódź utonęła w Szczecinie, troje rodzeństwa 28, 26, 24 lata utonęło, taki sam wypadek na Doubs. Ludzie kulili się z zimna 15 sierpnia we Francji. Wczoraj trzy lata, jak zabił się Wawa[2]. To wszystko straszne i niewytłumaczalne. Ta cała potężna masa niezrozumiałego chaosu pokryta wątłą powłoczką porządku, kultury, pozornego szczęścia. Odczuwam to w każdej chwili i do najgłębszej głębi, jak codzienny ból – i nigdy o tym nie mówię. Przecież to j e s t kłamstwo.

[1] „Ja tylko tak udaję, / że się nocy nie boję" – początek wiersza oznaczonego numerem XXXVII z tomu *Lato 1932* (1933).

² Wawrzyniec Jerzy Żuławski, „Wawa" (1916–1957) – syn Jerzego Żuławskiego, brat Juliusza i Marka; muzykolog, kompozytor, taternik. W latach 1945–49 wykładał w konserwatorium w Łodzi, od 1950 w PWSM w Warszawie. Od 1932 uprawiał wspinaczki w Tatrach, później w Alpach. Autor książek o tematyce górskiej, m.in. *Wędrówki alpejskie* (1939), *Sygnały ze skalnych ścian* (1954), *Tragedie tatrzańskie* (1956). Zginął 18 sierpnia 1957 roku w Alpach, uczestnicząc w akcji poszukiwania alpinistów zaginionych w masywie Mont Blanc.

20 sierpnia 1960

Biedny Kaden. Przeczytałem jakąś recenzyjkę z jego *Aciaków*[1] i zrobiło mi się przykro, niby serdecznie, a poklepuje się go po plecach. Gdyby on wiedział! Jak człowiek nigdy nic nie wie, jaki będzie pośmiertny los jego dzieł. Nie cierpiałem tego człowieka przed wojną. Nie znosiłem jego pewności siebie, jego potwornej techniki fortepianowej, jego stylu – i stosunku do ludzi. Wszystkim zazdrościł (nawet Karolowi) i wszystkich nienawidził. Nie lubiłem jego odgórnego stosunku do wszystkiego, co było pisarstwem. Jego uwielbienie dla Kazia [Wierzyńskiego], jego „szkółka niedzielna" – wszystko to mnie drażniło. Ale już w czasie okupacji, kiedy spotkałem się z nim dwa czy trzy razy (z Jankiem Gebethnerem[2]) w kawiarni, czułem do niego wiele sympatii. Mówił o swoim stylu, o potrzebie prostoty. A potem opowiadał o tej scenie w gestapo, fantastycznej[3]. Mówił, że to będzie przedmiotem jego pierwszego felietonu po wojnie. Nie napisał go. A teraz, chociaż nie nabrałem zapału do jego literatury, to jednak żal mi go, smutno, że się teraz traktuje jak ucznika tego „wielkiego pisarza", któremu niepomiernie kadzono i który sam się uważał za następcę co najmniej Żeromskiego – a nawet Żeromskiego i Reymonta razem.

Cieszę się, że mogłem drukować w „Twórczości" te szczątki utraconej jego powieści[4]. Nic ona nikomu nie dała – ale pozwoliła dać temu skrzywdzonemu przez los i przez potomność pisarzowi jakąś tam satysfakcję.

Pamiętam także, co mi mówił po ukazaniu się *Legend i Demeter*. Chyba to było w dwudziestym pierwszym czy dwudziestym roku? Zwrócił uwagę na to, jak się zaczynają *Gody jesienne* – na przyjazd Stefana. Powiedział, że tamta reszta to nieważne, a to jest dobre, bardzo dobre. Wtedy czułem się tym dotknięty, teraz – po czterdziestu latach! – widzę, że miał zupełną rację. W tym początku *Godów* kryje się zresztą zalążek wielu rzeczy, od *Panien z Wilka* aż do *Kochanków z Marony*.

¹ J. Kaden-Bandrowski, *Aciaki z I a* (1932). Powieść wznowiona w 1960 roku.
² Jan Stanisław Gebethner (1894–1981) – księgarz, wydawca. Od 1929 roku kierował założoną w 1857 roku przez Gustawa Adolfa Gebethnera i Augusta Roberta Wolffa firmą wydawniczą „Gebethner i Wolff".
³ Chodzi prawdopodobnie o rozmowę zanotowaną przez Józefa Brodzkiego: „[Juliusz Kaden-Bandrowski] przesłuchiwany w gestapo, na zapytanie, co robi obecnie, odpowiedział: «To samo, co Goethe w ostatnich latach swojego życia – poprawiam swoje dawne prace»" (J. Brodzki, *Romana Kaden-Bandrowska*, „Nowa Kultura" 1962, nr 22).
⁴ Powieść *Białe skrzydła*, trzecia część cyklu *Czarne skrzydła* (1928–29), *Mateusz Bigda* (1933). Powstała w latach 1939–42, jej maszynopis, złożony w wydawnictwie Gebethnera i Wolffa, spłonął w czasie powstania warszawskiego. Zachowane fragmenty opublikowano pod tytułem *Jedwabny węzeł* w „Twórczości" 1959, nr 11.

21 sierpnia 1960

Zupełna samotność w domu: nikogo prócz dwóch staruszek Helen i Jasia. Chłód jak w listopadzie i puszczyk krzyczy w lesie. Mietek i Antoni¹ piekli kartofle w ognisku koło budy. Gwiazdy. „Spokój, spokój, prawie szczęście!"

Słuchałem dziś rano w radio *Martwej natury* Konopnickiej² i płakałem jak bóbr. Zdaję sobie sprawę z całego naturalizmu tego opowiadania, zresztą wspaniałego. Ale płakałem z wszystkich innych, nie literackich powodów, a Danilewiczowa³ pyta w swej recenzji z *Tataraku*, dlaczego w moich nowelach wszyscy mężczyźni płaczą. Bo wszystkie nowele są o mnie, droga pani Danilewiczowa.

¹ Mieszkańcy Brwinowa.
² M. Konopnicka, *Martwa natura* – nowela ze zbioru *Moi znajomi* (1890), zawierającego utwory publikowane na łamach czasopism w latach 1887–89. Jest to poruszająca, lakoniczna narracja o zmarłym nędzarzu, którego matka pragnie ocalić przed bezimiennym pochówkiem.
³ Maria Danilewicz Zielińska (1907–2003) – historyk literatury, prozaik, bibliograf, krytyk literacki. Od 1942 roku przebywała w Londynie, kierując Biblioteką Polską i publikując w pismach emigracyjnych, m.in. „Wiadomościach", w których prowadziła stałą rubrykę „Szkiełko i oko" (1952–63, pseud. „Szperacz"), „Kulturze" (stałe rubryki: „W oczach Londynu" 1963–66, „Krajowe nowości wydawnicze", „Kredowe koło", „Czytam" 1971–77). Od 1954 stale współpracowała jako krytyk literac-

ki z Radiem Wolna Europa. Po śmierci pierwszego męża, Ludomira Danilewicza, w 1973 roku poślubiła Adama Kazimierza Zielińskiego, prawnika, z zamiłowania historyka stosunków polsko-portugalskich. W tymże roku przerwała pracę w Bibliotece Polskiej i wyjechała na stałe do Portugalii. Wydała m.in. powieść *Dom* (1956), szkice literackie *Pierścień z Herkulanum i płaszcz pokutnicy* (1960), *Szkice o literaturze emigracyjnej* (1978); pośmiertnie ukazały się *Polonica portugalskie* (2005). Napisana przez nią recenzja *Tataraku*, zatytułowana *Nowele Iwaszkiewicza*, ukazała się w londyńskich „Wiadomościach" 1960, nr 32.

22 sierpnia 1960

Zadziwiające, jak mnie nie lubią tutaj, w Podkowie. Baniewicz[1] musiał odwołać mój odczyt o Chopinie, „bo nikt by nie przyszedł". Trudności, jakie są z naprawą wszystkiego: telefonu, elektryczności, wody. Stosunek do mnie Gminy Podkowa Leśna – wszystko nacechowane głęboką nieżyczliwością. Plotki jakieś na mój temat krążą. Znowu mi mówił dzisiaj architekt, budujący dom turystyczny w Sandomierzu, że „będziemy sąsiadować". Nie mogę się opędzić plotce, że mam dom w Sandomierzu. Zupełnie fałszywe pojęcie o mnie mają chyba wszyscy, a emigracja (i Gryc!) bardzo się do tego przyczynili. Trochę mi jest przykro z tego powodu.

[1] Tadeusz Baniewicz (1879–1974) – inżynier, twórca Elektrycznej Kolei Dojazdowej (EKD) i jej dyrektor do upaństwowienia kolei w 1947 roku. W późniejszych latach był naczelnikiem Zarządu Warszawskich Kolei Dojazdowych oraz pracownikiem Rady Komunikacji w Ministerstwie Komunikacji. Od 1930 roku mieszkaniec Podkowy Leśnej, zasłużony społecznik związany z tą miejscowością, współzałożyciel Towarzystwa Miłośników Miasta-Ogrodu Podkowa Leśna.

25 sierpnia 1960

Dowiedziałem się ubocznie, że Ernst Robert Curtius umarł[1]. Raptem zrobiło mi się smutno, zawsze chciałem zobaczyć go i dowiedzieć się, co się stało i dlaczego, że tak się stało. Myślę, że zaplątał się w jakieś Petainowskie kombinacje, miłość do Francji zrobiła go faszystą – chciał pożreć Francję, tak ją kochał. A przecież to jest *personnage*[2] tak nierozerwalnie związana u mnie z heidelberską baśnią – najdziwniejszą i najniebezpieczniejszą przygodą mojego życia. I Karla [Schefolda] tak dawno nie widziałem, Bergstraesser chciał się zobaczyć ze mną w Monachium i jakoś mi się to nie udało. Teraz właśnie wyszedłem na balkon u siebie, zobaczyłem „łabędzia z gwiazd" i wszystko stanęło mi w oczach. Nawet te *truites au bleu*[3] (pierwszy raz widziałem, że są tak niebieskie, turkusowe) z czerwonymi ozdobami z raków. To zadziwiająca awantura – słabe odbicie tylko to są heidelberskie wiersze, *Kochankowie z Werony*[4], heidelberskie sceny w *Sławie* – i wspomnienie nastroju w zupełnie pustym Schlosshotelu, do którego wróciłem z Frankfurtu – i ten strach Karla przed moją gwałtownością – można powiedzieć – szaleństwem. A poznanie Lesia Brezy[5] w Brukseli! Ale to już trzydzieści trzy lata temu – i nie trzeba wspominać.

Widziałem dziś w Brwinowie (chodziłem na cmentarz) na ulicy Helę Hollak[6] – i przypomniałem sobie, jak jej mąż wszedł do nas i powiedział o śmierci Edwarda VII![7] Mój Boże!

[1] Ernst Robert Curtius zmarł 19 kwietnia 1956 roku w Rzymie.

[2] *Personnage* (fr.) – osobowość.

[3] *Truites au bleu* (fr.) – pstrągi na niebiesko.

[4] Zob. tom 1, przypis nr 2 na str. 234.

[5] Achilles Breza (1903–1965) – brat pisarza Tadeusza Brezy, znana postać warszawskiego środowiska artystycznego w XX-leciu międzywojennym. W drugiej połowie lat 20. odbywał w Belgii studia rolnicze, przerwane wstąpieniem do wojska. W czasie II wojny światowej, po kampanii wrześniowej, administrował majątkami rodzinnymi w Żabiej Woli i Celejowie w okolicy Puław. W 1943 roku, wracając z Puław, został omyłkowo ostrzelany przez oddział partyzantów. Epizod ten Iwaszkiewicz umieścił w trzecim tomie *Sławy i chwały*, nadając postaci Walerego Royskiego pewne rysy biografii i osobowości Brezy. Po kapitulacji Warszawy w 1944 roku Achilles Breza gościł przez pewien czas na Stawisku. Iwaszkiewicz wspominał go jako „jednego z najpiękniejszych mężczyzn, jakiego zdarzyło mi się spotkać" (zob. J. Iwaszkiewicz, *Książka o Madzi*, „Życie Warszawy" 1979, nr 181).

[6] Helena Hollakowa z d. Osińska (1878–1972) – mieszkanka Brwinowa. Z rodziną Hollaków utrzymywała stosunki towarzyskie matka Jarosława Iwaszkiewicza, w czasie gdy Iwaszkiewiczowie mieszkali w Kijowie.

[7] Edward VII Wettyn (1841–1910) – król Wielkiej Brytanii i Irlandii, zmarł 6 maja 1910 roku.

31 sierpnia 1960

Recenzje o *Tataraku* nagle bardzo grzeczne i bardzo pochlebne. Wciąż powtarzają wyrażenie „piękna sztuka pisania". Recenzent „Expressu" ucieszył się z tego tomu, jak ucieszył się z dwóch tomów dawnych nowel. Ja wiem, na czym to polega. Nowele z *Tataraku* niczym nie szokują czytelnika, czytelnik zgadza się ze wszystkim, niczym nie czuje się zaskoczony. Nowele są „takie jak dawniej, takie jak wszystkie". Wszyscy jak gdyby z głęboką dezaprobatą wspominają (między wierszami) *Sławę i chwałę*, której nie mogą dać rady. Możliwe, że i to jest bardzo słabe, ale przede wszystkim nie układa się w żadne szufladki, nie jest „takie jak wszystko", chociaż oczywiście jest takie jak dawniej. Niedawno Kisielewski[1] na ulicy powiedział mi: „Panie Jarosławie, pan powinien być świadomie staroświeckim pisarzem, ta współczesność to się panu nie udaje". Oczywiście powiedział to – jak zwykle – w zamiarze zrobienia mi przykrości. Ale może miał rację. Nowele zawarte w *Tataraku* są niedobre. Są powtarzaniem samego siebie (cóż robić? starość!) i dlatego wywołują pochlebne opinie różnych matołków i niematołków. Najzabawniejsze i najbardziej charakterystyczne, że Danilewiczowa w Londynie a Pregerówna[2] w „Nowej Kulturze" napisały mniej więcej to samo, zupełnie inaczej hierarchizując wartość poszczególnych nowel. Chciałbym coś napisać „zupełnie inaczej" – ale to już chyba niemożliwe.

Dyskusja o literaturze w „Przeglądzie Kulturalnym" – coś zabójczego[3]. Te bzdury, co oni potrafią napisać. Niestety, Zbyszek Bieńkowski trzyma prym w tym względzie. Podług niego literaturę polską współczesną determinują Witkacy, Leopold Buczkowski[4] i Gombrowicz. Niech mu Pan Bóg tego nie pamięta. Bardzo ciekawe takie spoglądanie tylko na marginesy. Inni dyskutanci nie lepsi. Wygłupiają się *à qui mieux mieux*[5].

[1] Stefan Kisielewski (1911–1991) – publicysta, prozaik, kompozytor i krytyk muzyczny. Założyciel i do 1948 redaktor pisma „Ruch Muzyczny", od 1945 publicysta „Tygodnika Powszechnego". W drugiej połowie lat sześćdziesiątych nawiązał współpracę z paryską „Kulturą". Autor m.in.: powieści *Sprzysiężenie* (1947), *Zbrodnia w Dzielnicy Północnej* (1948), wspomnień *Abecadło Kisiela* (1990) oraz *Dzienników* (1996). W latach 1957–65 poseł na Sejm PRL z Koła Posłów Katolickich „Znak".

[2] Janina Preger (1915–1993) – krytyk literacki. Recenzje, artykuły oraz przekłady głównie z języka rosyjskiego publikowała m.in. w „Nowej Kulturze" (1950–57, 1960––63), „Życiu Literackim" (1954–64), „Tygodniku Kulturalnym" (1962–67). Recenzję zbioru *Tatarak* pt. *Stare i nowe opowiadania Iwaszkiewicza* zamieściła w „Nowej Kulturze" 1960, nr 32.

413

[3] *Dyskusja o literaturze*, „Przegląd Kulturalny" 1960, nr 33. W dyskusji udział wzięli: Marcin Czerwiński, Julian Przyboś, Ryszard Matuszewski, Mieczysław Jastrun, Zbigniew Bieńkowski i Julian Rogoziński.

[4] Leopold Buczkowski (1905–1989) – prozaik, malarz, grafik i rzeźbiarz. Do roku 1960 ukazały się jego powieści: *Wertepy* (1947), *Czarny potok* (1954), *Dorycki krużganek* (1957) i zbiór opowiadań *Młody poeta w zamku* (1960).

[5] *À qui mieux mieux* (fr.) – jeden przez drugiego.

3 września 1960

Czy „misja", „męczeństwo" pisarza (patrz Kafka) to nie przesada? Czy naprawdę słowo pisarskie może coś zmienić w losach ludzkości? Czy Dostojewski ma wpływ na Chruszczowa, a Faulkner[1] na Eisenhowera? Nie. Przypisywanie więc sobie misjonarstwa, nadludzkiej władzy czy nawet ludzkiego wpływu jest złudzeniem pychy. A jednak czym byłaby Rosja bez Dostojewskiego, a Ameryka bez Faulknera? Jakieś powiązanie tych faktów istnieje, tylko nie polega ono na „misji", na przywiązywaniu wagi do k a ż d e g o słowa. Trzeba zdawać sobie sprawę z proporcji zjawisk. Byle tylko nie odmierzać chłodu.

[1] William Faulkner (1897–1962) – pisarz amerykański. Autor m.in. powieści: *Sartoris* (1929, wyd. pol. 1960), *Wściekłość i wrzask* (1929, wyd. pol. 1971), *Światłość w sierpniu* (1932, wyd. pol. 1959), *Absalomie, Absalomie!* (1936, wyd. pol. 1959), *Koniokrady* (1962, wyd. pol. 1966) oraz zbiorów opowiadań. W 1949 roku został laureatem Nagrody Nobla.

8 września 1960

Tołstoj uczył „jak żyć". Ja nie tylko nie uczę, ale nawet sam nie wiem, „jak żyć". Jakoś tam żyję, ale to przecie nie jest życie. Jakaś miska soczewicy gdzieś się tu chowa. Alem jako żywo niczego nie sprzedawał: nigdy nie miałem moralnego poczucia odpowiedzialności za własne życie. Na tym polega sekret mojej płytkości.

Sandomierz, 14 września 1960

Zobaczenie na własne oczy rozparcelowanych terenów za Świętym Pawłem, zniszczenia historycznego wąwozu i całkowitego zbabrania

„mojego" widoku, który tak od dwudziestu czterech lat ukochałem – było wczoraj jak pchnięcie kulą w pierś. Gdy Szymek do tego dołożył mi wiadomość, że cmentarz brwinowski przeznaczony jest na „skasowanie", poczułem po raz pierwszy, że już trzeba z tego świata się usuwać, nie ma po co żyć. Jest to może tylko zafiksowanie i wzmocnienie tego niejasnego uczucia, którego doznaję od śmierci Jurka. Ale te szały urbanistów – a raczej konieczność przemian rozwojowych – są dla mnie czymś nie do pojęcia. Ostatecznie trzeba się zgodzić wobec tego na parcelację Stawiska. Coraz ciaśniej dla mnie na tym świecie. Nie ma już tego widoku, tego spaceru, tych kwiatów w wąwozie, przypominających Podole, tego miejsca na brzegu, gdzie siadywałem, gdzie mnie Andrzej [Brustman] sfotografował tak pięknie na tle pszennego pola. Plebania i stodoła stare, świętopawelskie, zakryte nowym okropnym domem. Trzeba będzie już skończyć z tymi przyjazdami, nie ma po co już przyjeżdżać do Sandomierza, trzeba się wynieść do Ghany! To, co tu jest, staje się już współczesnym miastem, odpycha mnie, czyni mnie starym – w najistotniejszym sensie tego słowa, to znaczy człowiekiem, którego martwi i niecierpliwi n o w e. To smutne.

Ostatecznie Szymek P[iotrowski] to wielki zawód. Ma za mało umiejętności okazywania uczuć czy pomocy. Czasami za bardzo widać, że go niecierpliwię. Więcej niż Hania. W nocy dzisiaj nie spałem, myślałem, że źle robię, myśląc i mówiąc (Szymkowi, Arełkowi) o ciężarze mego życia. To wszystko trzeba po prostu przyjąć – mądrość naśladowań. Krzyż trzeba przyjąć i nieść, jakby to było najprostsze w świecie. Ale czy ja to potrafię? Chciałbym być bardzo prosty, ale gdy się przykłada prostą linię do desenisów tak skomplikowanej rzeźby, jaką jest zewnętrzność (a i wnętrze) mojego życia – nie wynika z tego żadne rozwiązanie matematyczne – tylko konfuzja i nieporozumienie. Trzeba sobie w przyszłości odczytywać ten zapis dziennika. Właściwie dla mnie nadszedł ten czas życia, że trzeba by odejść do pustelni jak guru czy *postriczsia w monachi*[1], odejść już od wszystkiego. Czuję, jak nici wiążące mnie z życiem słabną, przestaję kochać, przestaję się bawić, coraz trudniej mi pisać... *Et pourtant*[2].

---

[1] *Postriczsia w monachi* (ros.) – wstąpić do zakonu.
[2] *Et pourtant* (fr.) – a jednak.

Sandomierz, 17 września 1960

Wczoraj rano pojechaliśmy samochodem z Szymkiem i z Wickiem Burkiem do Łańcuta, wróciliśmy dziś w południe: to dwie godziny jazdy. Cudowne jesienne dnie z szafirowym niebem. Wczoraj wieczorem w Łańcucie ciemny wieczór z gwiazdami – i tak „pamiętny" zapach siana. (Tuwim zachwycał się tym epitetem[1]). Cudownie. Łańcut imponujący. Spałem w pokoju księcia Adama Czartoryskiego[2]. Myłem się w jakichś niebywałych kryształowych misach. Ale najpiękniejszy park, drzewa nieprawdopodobne.

Ale w tym wszystkim odczuwałem żal. Przedwczoraj zacząłem ostatni rozdział *Kochanków z Marony* i ciągle mi się wydawało, że ich porzuciłem wszystkich u Gulbińskiej, że czekają na mnie, marzną w tym topniejącym śniegu Arek, Ola, Eufrozyna[3] – i że ciągle patrzą w moją stronę i czekają, kiedy przyjadę i ich uwolnię. Nie mogłem się opędzić temu wrażeniu w parku, w pałacu i podczas przenudnych referatów na temat Konopnickiej[4]. Wróciłem do nich z radością – ale w Łańcucie w nocy nie mogłem się oprzeć i napisałem na jakimś świstku najważniejszą, „wyzwalającą" scenę tego rozdziału. Była ona odbita we mnie jak w fotografii i mogłem ją zapisać, choć byłem pod gazem (z Wyką, Konradem Górskim[5], Klemensiewiczem[6] i „polonistkami", które są czymś w rodzaju „mandolinistek" biskupa Kowalskiego[7]).

Szymek wrócił dziś na Stawisko. Oczywiście bardzo się niepokoję o jego drogę.

---

[1] Julian Tuwim w liście do Iwaszkiewicza z 14 czerwca 1933 roku pisał: „Dziękuję Ci, miły Jaropełku, Jarogniewie, Jaromirze, za książkę, w której kilka wierszy przepięknych! ([...] np. w którymś jest «pamiętny zapach siana». Otóż ten «pamiętny» jest, moim zdaniem, utrafieniem w samo sedno siana. Czy zauważyłeś, że w nim i mięta pachnie?)" (J. Tuwim, *Listy do przyjaciół-pisarzy*, oprac. T. Januszewski, Warszawa 1979, s. 29). Wspomniany epitet pochodzi z pierwszej strofy wiersza oznaczonego numerem XXVIII z tomu *Lato 1932*:

Przez tak pamiętny zapach siana
I woń pokorną chłopskich żniw –
Przyjdzie jak radość niespodziana
Wonniejszy uśmiech twój nad dziw"
(J. Iwaszkiewicz, *Wiersze*, t. 1, s. 342).

[2] Adam Kazimierz Czartoryski, książę (1734–1823) – polityk, pisarz, krytyk literacki i teatralny, 1758-94 generał ziem podolskich; członek Familii (początkowo jej

kandydat na króla Polski), należał do grupy reformatorów skupionych przy Stanisławie Auguście Poniatowskim, w latach 1773–80 członek Komisji Edukacji Narodowej, od 1788 poseł na Sejm Czteroletni. Pokój, o którym pisze Iwaszkiewicz, jest jednym z pomieszczeń Apartamentu Paradnego w zamku w Łańcucie. Na przełomie XVIII i XIX wieku, gdy właścicielką zamku była księżna marszałkowa Izabela Lubomirska, nosił nazwę „Apartamentu Księcia Generała" (Adama Kazimierza Czartoryskiego – brata księżnej). Po przebudowie, w końcu XIX wieku, apartament był przeznaczony dla najznakomitszych gości.

³ Postacie z opowiadania *Kochankowie z Marony* (1960).

⁴ Na zamku w Łańcucie odbywała się trzydniowa międzynarodowa sesja naukowa poświęcona Konopnickiej, zorganizowana w 50. rocznicę jej śmierci przez Towarzystwo im. Marii Konopnickiej i Instytut Badań Literackich.

⁵ Konrad Górski (1895–1990) – historyk literatury, edytor, profesor Uniwersytetu Stefana Batorego w Wilnie (1934–39) i Uniwersytetu im. Mikołaja Kopernika w Toruniu (1945–50 i 1957–70). W XX-leciu międzywojennym autor podręczników literatury polskiej dla szkół ponadpodstawowych. Po 1945 roku publikował prace z dziedziny tekstologii i edytorstwa oraz rozprawy dotyczące polskiej literatury doby staropolskiej i romantyzmu. W 1961 objął redakcję naczelną *Dzieł wszystkich* Adama Mickiewicza

⁶ Zenon Klemensiewicz (1891–1969) – językoznawca, profesor Uniwersytetu Jagiellońskiego w Krakowie (1939–61), od 1954 członek PAN; autor licznych prac z zakresu składni polskiej, historii języka i stylu artystycznego. Wydał m.in. *Zarys składni polskiej* (1957), *W kręgu języka literackiego i artystycznego* (1961), *Historię języka polskiego* (t. 1–3 1961–72).

⁷ Jan Maria Michał Kowalski (1871–1942) – arcybiskup mariawicki. Po ukończeniu Akademii Duchownej w Petersburgu pełnił funkcję wikariusza w parafii warszawskiej. W 1900 roku przystąpił do Zgromadzenia Kapłanów Mariawitów, a w 1903 został wybrany na Ministra Generalnego. 5 grudnia 1906 roku wraz z założycielką mariawityzmu, Feliksą Marią Franciszką Kozłowską, został ekskomunikowany imiennie przez papieża Piusa X za szerzenie poglądów niezgodnych z nauką kościoła katolickiego oraz za nieposłuszeństwo wobec decyzji Świętego Oficjum z 4 września 1904 roku o rozwiązaniu Związku Mariawitów. Jako pierwszy w Kościele Mariawitów w 1909 roku został konsekrowany na biskupa przez biskupów starokatolickich w Utrechcie. Po śmierci Felicji Kozłowskiej przyjął tytuł arcybiskupa.

W 1928 roku Jan Maria Michał Kowalski wywołał skandal obyczajowy w Płocku, gdy został oskarżony o demoralizację klasztoru Zgromadzenia Sióstr Mariawitek. Postawiono mu zarzuty dopuszczania się czynów lubieżnych z trzema wychowankami – wchodzącymi w skład dwunastoosobowego zespołu mandolinistek – i trzema zakonnicami. W 1931 roku został skazany na trzy lata więzienia. To wydarzenie, obok rosnącego sprzeciwu kleru mariawickiego wobec autorytarnego przewodzenia wspólnocie, przyczyniło się do usunięcia w 1935 roku arcybiskupa Kowalskiego przez Kapitułę Generalną Zgromadzenia Kapłanów Mariawitów ze stanowiska zwierzchnika Kościoła Starokatolickiego Mariawitów.

19 września 1960
Przed chwilą przyszedł Zbyszek Rammat bez Andrzeja, bardzo podenerwowany. Z wielką trudnością wyznał mi, że nie możemy się wi-
dywać, gdyż na ten temat są plotki i on ma wielkie przykrości z tego
powodu. Widywanie się to polegało na zjedzeniu kolacji z wódką rok
temu – i wizycie jego i Andrzeja u mnie w zeszły czwartek. Napisał do
mnie dwa listy. Oczywiście, że zrozumiałem to i zgodziłem się na to –
i nie próbowałem go nawet przekonać. Bardzo to ładnie z jego strony,
że załatwił to w ten sposób – przez rozmówienie się wprost, a nie przez
jakieś uniki. W ogóle bardzo mi się podoba ten chłopak, charakter, że
tak powiem, pierwszorzędny. Jurek miał oko, gdy mi go pokazał. Bardzo wielka szkoda, że tak się stało, jak stało. Zbyszek ma wszystkie
zalety, jakich mi tak brakowało, ma tę północną solidność, rozeznanie,
rozum. Mógłby być jakimś tam podtrzymaniem dla mnie, który zawsze
potrzebuję tego elementu męskiego na co dzień. I przez głupotę ludzką
taka rzecz się rozpada, zostaje z niej tylko żal. Do mojego brzegu zawsze przypłynie albo trzaska, albo gówno. Zbyszek ma w sobie tyle
ciepła, serdeczności, rozwagi. Zeszłoroczna nasza rozmowa była od
razu taka, jak gdybyśmy się znali od dawna. Przy tym jest ładny i przypomina Czesia (także zapewne Jadźwing, bo z Łotwy). Wszystko takie
głupie i zniechęca do życia. Poczciwy Szymek, że się trzyma pomimo
plotek. Ale to mi już tak obrzydło.
Skończyłem wczoraj *Kochanków z Marony*. Trochę za krótkie.

20 września 1960
Wczorajsza rozmowa ze Zbyszkiem Rammatem, dzisiejsza poranna scena z Burkiem na grobie żony, popołudniowa rozmowa z Tadziem
Zdybem (Burek mówi Zdybiem), cudowna pogoda, taka bezbrzeżnie
jesienna – wszystko to napełnia nieskończonym smutkiem. Tadzio (ma
44 lata) długo mówił o tym, jak życie przemija, jak już właściwie dla
niego jest skończone, że mu już nic nie da, był tym zdziwiony jakby i
zasmucony. Zwracałem rozmowę na inne, aktualniejsze tematy, a on
wciąż wracał do swojego. Było mi go żal, bo swoje to już dawno wiem.
Ta pogoda ciepła, ale z wiatrem, z niebem pełnym gwiazd jakaś zadziwiająca i nadająca się do szczęścia dla innych. Po wczorajszej śmierci

Janka (w *Kochankach z Marony*) czuję się tak, jakby Jurek drugi raz umarł. Trochę żyłem z nim, pisząc – po skończeniu jak zwykle pustka i jałowość. W nocy „rozbity pejzaż" jeszcze gorszy, na horyzoncie – gdzie była Wisła i las – mnóstwo świateł: siarka. Jak to będzie wyglądało za sto lat? Przemiany świata są czasem straszne, w Warszawie tego nie odczuwam, Warszawa nie jest dla mnie „inna", „martwa"...

Sandomierz, 21 września 1960
W dalszym ciągu pogoda najpiękniejsza, jaka tylko może być o tej porze. Coś tak cudownego – byłem dziś na spacerze na wałach wiślanych tam, gdzie byłem dwa lata temu z Andrzejem B[rustmanem] i gdzie mnie on fotografował z bukietem kwiatów w ręce. Doszedłem do tego olbrzymiego drzewa, co gada. To jest niezwykłe wrażenie – ono jest w wiecznym ruchu i wiecznie s y c z y liśćmi. Nikt na to nie zwraca uwagi, a dla mnie to niesamowite wrażenie. Idąc i wracając, widziałem Zbyszka R[ammata], który uganiał się, siedząc za plecami jakiegoś motorowerzysty – jechali co najmniej setką. Zbyszek ukłonił mi się *с виноватым видом*[1]. A mnie się serce ścisnęło – z tego powodu, że on ma to swoje własne życie, do którego wzbronił mi dostępu. Jest to zwyczajna zazdrość w stosunku do młodych – ale jednocześnie to mnie tak męczy, ta niemożność poznawania, przenikania cudzych żyć. Wiem, że to jest wręcz niemożliwe, przypominam sobie doświadczenia z Jurkiem – takie bolesne – ale uczucie zostaje uczuciem, ściśnięcie serca wobec przelatującego całym pędem motoru. Mam wrażenie, że w sprawie Zbyszka nie chodziło tu o kobietę. „Mam bardzo wielkie przykrości" – powiedział. Ciekawy jestem, kto mu te przykrości czyni.

Odczytałem dzisiaj całych *Kochanków z Marony*. Chyba to dobre. Oczywiście powtarzanie moich odwiecznych motywów, ale forma: chyba trochę amerykańska, same dialogi, akcja w dialogach – bez żadnych opisów ani pejzażu, ani stanów wewnętrznych, jak gdyby trochę inna niż u mnie zawsze. Ha! Zobaczymy.

---

[1] *С виноватым видом* (ros.) – z widocznym poczuciem winy.

22 września 1960

O szóstej rano czytać, co myśli Stawar[1] o *Bez dogmatu* Sienkiewicza, to trzeba być wariatem.

[1] Andrzej Stawar, właśc. Edward Janus (1900–1961) – krytyk literacki i tłumacz, m.in. utworów Fiodora Dostojewskiego, Michaiła Szołochowa i Aleksego Tołstoja. Autor tomów szkiców i studiów: *Tadeusz Żeleński-Boy* (1958), *O Gałczyńskim* (1959), *Pisarstwo Henryka Sienkiewicza* (1960), *O Brzozowskim i inne szkice* (1961), *Pisma ostatnie* (1961). Iwaszkiewicz czytał książkę *Pisarstwo Henryka Sienkiewicza*. Poświęcił jej felieton *Stawar o Sienkiewiczu* („Życie Warszawy" 1960, nr 247).

Stawisko, 6 października 1960

Parę dni temu zaszedłem na Bracką 20, w podwórze, aby zobaczyć tamten pałacyk. Nie byłem tam od czasu, kiedy tam mieszkali Brzozowscy[1] (Bilińscy) i nawet inaczej to sobie wyobrażałem, myślałem, że pałacyk stoi, jak się wchodzi w podwórze po prawej ręce, a tymczasem on stoi wprost. Nie byłem tam znaczy ze czterdzieści lat. A miałem dziwne wrażenie, że przychodzę do znajomego, rodzonego domu. Przecież tu mieszkała księżna Anna, Jaś Wiewiórski przychodził do ojca – a teraz tam mieszkała Ola z dziećmi i tu przyniósł Spychała trupa Andrzeja, tu go pochowano naprzeciw schodów w podwórzu[2]. Tak zadziwiająco ta fikcja zamieszkała we mnie, że ten pałacyk zdał się własnym domem, a jednocześnie czymś nierealnym, wymyślonym. W oknach pokoju Janusza paliło się światło... Oni wszyscy jeszcze tam żyli dla mnie. Nigdy nie miałem tak dziwnego wrażenia konkretnego istnienia fikcji. Nazajutrz przyszły niemieckie egzemplarze tej książki[3].

[1] Pałacyk przy ul. Brackiej 20 w Warszawie, opisany przez Iwaszkiewicza w *Sławie i chwale* jako siedziba księżnej Bilińskiej, został zbudowany w 1882 roku i do 1945 należał do rodu Brzozowskich. Całkowicie zniszczony podczas powstania warszawskiego, po wojnie został odbudowany.

[2] Postaci i wydarzenia z drugiego i trzeciego tomu powieści Iwaszkiewicza *Sława i chwała*.

[3] J. Iwaszkiewicz, *Ruhm und Ehre*, t. 1, München 1960. Przekładu *Sławy i chwały* dokonał Klaus Staemmler.

9 października 1960
Wczoraj przyjął nas Cyrankiewicz[1]. Dotychczas go bardzo nie lubiłem, zawsze trochę pozuje, „wielkuje", chwilami robi wrażenie nadętego. Wczoraj mi się podobał, trochę żartował, starał się być miły. Zrobił wrażenie zorientowanego w kwestiach literackich. Podobał mi się jego sposób myślenia i reagowania na sprawy, niezmiernie realny i ścisły. Zniecierpliwił się dwa razy moim „tumannym" wyrażeniem, nieścisłością i pewną niedbałością. Zresztą Zawieyski, Kruczkowski, a zwłaszcza Brzechwa doskonale sobie potrafili z nim poradzić. Tym razem odczułem większe zaufanie do niego. Nie obiecał nam żadnych ogólnych rzeczy, za to obiecał parę rzeczywiście *réalisable*[2].

Dzisiaj w Stawisku Jurkowie Lisowscy[3], Artur Taube i uroczy Piotr Błeszyński, strasznie go kocham.

Przenosiny ostateczne Teresy z góry do dawnego pokoju. Serce mi się kraje nad „rozsypką" tego życia, ale ona w dobrym humorze i zadowolona. Serce mam przepełnione czułością dla niej i nie umiem tego wyrazić. Tak ją bardzo kocham.

[1] Józef Cyrankiewicz (1911–1989) – działacz socjalistyczny i komunistyczny, w latach 1954–70 premier.
[2] *Réalisable* (fr.) – wykonalnych.
[3] Jerzy Lisowski z pierwszą żoną, Anną z d. Horoszkiewicz, poślubioną w 1951 roku (później żoną Romana Zaleskiego), przyjaciółką Marii Iwaszkiewicz.

Stawisko, 21 października 1960
Przeczytałem ostatnio *Rodzinną Europę* Czesia[1]. Bardzo zastanowiła mnie ta książka. Oczywiście pomijając cały komentarz, który mógłbym napisać do tego dziwnego „dziełka". Pomija on zupełnie moją osobę, która odgrywała w wielu omawianych przez niego momentach życia przecież ważną rolę. Dobrze, że pomija – ogranicza się do jednej złośliwej uwagi, podczas kiedy jest niesprawiedliwy i okropny dla Marka Eigera[2], dla Leszka[3] i dla wielu innych. Zwłaszcza to, co pisze – nieprawdziwie – o śmierci Marka, jest okropne[4]. Na szczęście zachowały się jego listy[5] – z nich wiadomo będzie, co znaczy jego pierwszy przyjazd na Stawisko w jesieni 1930 roku („Uwielbiam pana!"[6]), czyje pieniądze utonęły w Renie na wycieczce, kto pomagał Jędrychowskiemu[7],

421

dlaczego konsul w Strasburgu był taki uprzejmy (po mojej depeszy z Ministerstwa Spraw Zagranicznych) – pod czyim czuwającym okiem odbyła się ta cała wyprawa, co znaczyły dwa tygodnie spędzone przez Czesia w Brukseli u mnie, z weekendem w Zout, mój przyjazd do Wilna w maju 1936 itd., itd. Nie o to chodzi. Chodzi mi o samą książkę, której filozofia nie bardzo mi się podoba. Pyszna i chaotyczna dusza Czesia lubuje się tu w snobizmach intelektualnych, jak Leszek lubował się w snobizmach towarzyskich. A naprawdę to nie jest – mimo wszelkie pozory – najsilniejsza strona Czesia. Wszystkie te sofizmaty, mające na celu pokazanie niezwykłości jego osoby i niezwykłości jego sytuacji w Europie, w podszewce mają zatajoną zwyczajną potrzebę wybielenia siebie. Znakomity *essay* Jeana Jacquesa'a Mayoux o Conradzie[8] w sposób spokojny wyjaśnia, że podszewką całego dzieła Conrada jest zagadnienie czegoś, co za wulgarnie byłoby nazwać „zdradą", ale czegoś w tym rodzaju – i kary czy odkupienia za to. Otóż i wszystko, co pisze Miłosz, jest też bazowane na zasadniczym tonie wyrzutów sumienia – i wiecznym tłumaczeniu się, że tam na Zachodzie on jest bardzo na miejscu. Trochę drażniąca czułość sumienia: no, jest tam, i bardzo dobrze. Ja na przykład nie mam nigdy wyrzutów sumienia i nie staram się tłumaczyć siebie. Tak wyszło, bo myślałem, że tak musiało być. Potem zobaczyłem, że byłem naiwny jak dziecko i bardzo się myliłem (w ocenie Bieruta na pewno nie tak bardzo jak się dzisiaj, w tej chwili sądzi) – i kropka. Nie piszę o tym nigdy. Bardzo rzadko w dzienniku. W twórczości literackiej śladu tego nie ma. Może po prostu dlatego, że jednak zostałem tu, przeżyłem Październik 56 roku ze wszystkimi, że nie „zdradziłem" zasadniczo. A u niego to męczące gromadzenie dowodów, że on się nie nadawał do życia w Polsce. Ależ nie nadawał się i do życia w Ameryce, do życia w ogóle. Przecież on jest albatrosem[9]. W sumie wrażenie ujemne całej książki, ostatecznie ma się do czynienia z pychą niepomierną, z pogardą do człowieka i zamyka się ostatnią stronę z myślą: „szatańska książka". Dziwny jest los tego człowieka, wieczny niepokój samouwielbienia. Ale i coś z naiwnej, wschodniej wiary w możność uzyskania odpowiedzi „na wszystkie pytania".

Leżę w grypie. Trzynastego miałem wyjechać do Neapolu, miałem już wszystko w ręku[10]. Co za pech, teraz chyba nieprędko się wyrwę, a

tak mi tego potrzeba. Zacząłem dwunasty rozdział *Sławy i chwały*, o-
lśniewają mnie nowe idee, zresztą w związku z czytaniem Miłosza.

[1] Cz. Miłosz, *Rodzinna Europa*, Paryż 1959.

[2] Marek Eiger (1899–1940) – poeta, prozaik, krytyk literacki i tłumacz, publikują-
cy pod pseudonimem Stefan Napierski. Od 1924 roku stały recenzent „Wiadomości
Literackich", gdzie również debiutował jako poeta. Blisko zaprzyjaźniony z rodziną
Iwaszkiewiczów, był częstym gościem w Stawisku.

[3] Chodzi o Leszka Serafinowicza (Jana Lechonia). W latach 30. był on attaché
kulturalnym ambasady polskiej w Paryżu. „Właściwie czułem do tej ambasady nienawiść – pisze Miłosz w *Rodzinnej Europie*. – Zaludniały ją wspaniałe okazy utytuło-
wanych durniów, przymilnych tylko wobec cudzoziemców, natomiast niegrzecznych
i wręcz chamskich wobec swoich obywateli. Zaliczałem do nich również attaché kulturalnego, poetę, który raczył zaprosić mnie parę razy na śniadanie w swoim wytwor-
nym apartamencie, choć, niestety, nie mieliśmy o czym mówić. Dyplomacja dla tych
ludzi sprowadzała się do snobizmu, «stosunków» [...] i do wiedzy gastronomicznej"
(Cz. Miłosz, *Rodzinna Europa*, Warszawa 1998, s. 212–213).

[4] W 1939 roku Marek Eiger został aresztowany przez hitlerowców i uwięziony na
Pawiaku. Zginął rozstrzelany w Palmirach. „Marek, zdegenerowany potomek wielkich kapitalistów, właścicieli fabryk cementu – pisał Miłosz w *Rodzinnej Europie* –
miał wszystkie cechy właściwe środkowowschodnim Europejczykom jego pokroju,
to znaczy: pieniądze, znajomość obcych języków, duży księgozbiór, neurastenię i ho-
moseksualizm. W porównaniu z bladym, drobnym gryzoniem w okularach, ja, mimo
moich wewnętrznych zawiłości, byłem okazem prymitywnej witalnej siły". Okoliczności aresztowania i stracenia Eigera opisuje w sposób następujący: „Wkrótce po za-
jęciu Warszawy przez wojska niemieckie Marek został aresztowany i skazany na śmierć
– za szpiegostwo ekonomiczne w Niemczech. [...] Jeżeli współwięźniowie przekazali
prawdę, nie miał siły iść i ten skrzeczący worek przerażenia niesiono pod mur, przed
lufę karabinu maszynowego" (Cz. Miłosz, *Rodzinna Europa*, s. 250–253). Iwaszkiewicz wyraża odmienną opinię o ostatnich dniach życia przyjaciela, pisze: „Bardzo się
niepokoił przez ostatni rok życia, jak ptak przed odlotem. Podobnie na Pawiaku uspokoił się zupełnie: stało się. Do końca zachowywał się znakomicie (J. Iwaszkiewicz,
Portrety na marginesach, s. 100). Miłosz wrócił do okoliczności śmierci Eigera w swej
ostatniej książce, zbiorze miniatur *Spiżarnia literacka*. Napisał: „[...] Muszę przyznać
się do pomyłki w moim niegdysiejszym opisie jego ostatnich chwil, co było oparte na
błędnych informacjach. Kiedy dokonało się, jego nerwice znikły i na wykonanie wyroku szedł spokojny. Rozstrzelano go w Palmirach 2 kwietnia 1940 roku" (Cz. Miłosz, *„Ateneum"*, w: tegoż, *Spiżarnia literacka*, Kraków 2004, s. 68–69).

[5] Blok listów Czesława Miłosza do Jarosława Iwaszkiewicza został przekazany
przez Iwaszkiewicza w 1974 roku Bibliotece Instytutu Badań Literackich PAN w
Warszawie. Zgodnie z wolą Czesława Miłosza korespondencja ta jest objęta zakazem
druku przez pięćdziesiąt lat po śmierci nadawcy listów.

⁶ Zdanie otwierające pierwszy list Czesława Miłosza do Jarosława Iwaszkiewicza, napisany 30 listopada 1930 roku. Młody poeta przyjechał na Stawisko z Suwałk, gdzie mieszkali jego rodzice, w drugiej połowie stycznia 1931 roku.

⁷ Stefan Jędrychowski (1910–1996) – prawnik, ekonomista, działacz polityczny; od 1944 w PPR, potem w PZPR, w latach 1944–45 ambasador w Paryżu, w latach 1951–56 wicepremier, 1956–68 przewodniczący Komisji Planowania przy Radzie Ministrów, 1968–71 minister spraw zagranicznych, 1971–74 minister finansów, od 1956 do 1971 członek Biura Politycznego KC PZPR. Iwaszkiewicz poznał go w latach 30. jako kolegę Czesława Miłosza z wileńskiego Uniwersytetu Stefana Batorego.

Latem 1931 roku Jędrychowski wraz z Miłoszem i Stefanem Zagórskim przedsięwzięli podróż z Wilna do Paryża, której częścią była wyprawa kanadyjką po Renie. Wyprawa zakończyła się kraksą, wskutek której zatonęły plecaki podróżników. Pożyczywszy pieniądze i wyrobiwszy dokumenty w konsulacie w Strasburgu, Jędrychowski, Miłosz i Zagórski dotarli do Paryża. (Losy wyprawy zostały opisane w *Rodzinnej Europie* w rozdziale *Podróż na Zachód*).

⁸ Szkic, o którym mowa, to *Joseph Conrad*, przełożony przez Annę Iwaszkiewiczową, opublikowany w „Twórczości" 1961, nr 4, a następnie przedrukowany w tomie *Conrad w oczach krytyki światowej*, pod red. Z. Najdera, Warszawa 1974. Jarosław Iwaszkiewicz wspominał o tym tekście w artykule *O Conradzie* („Twórczość" 1961, nr 4).

Jean Jacques Mayoux (1901–1987) – francuski krytyk, profesor literatury Uniwersytetu Paryskiego, autor książek poświęconych twórczości Diderota, Flauberta, Melville'a, Joyce'a i Becketta.

⁹ Aluzja do wiersza Charles'a Baudelaire'a *Albatros*, w którym ptak ten symbolizuje poetę – pięknego podczas wzlotu ducha, szpetnego, gdy stąpa po ziemi.

¹⁰ Jarosławowi Iwaszkiewiczowi odebrano na lotnisku bilet do Neapolu i wykreślono go z listy pasażerów, uzasadniając to koniecznością pilnego wylotu urzędnika z Ministerstwa Komunikacji. „Jarosław odesłał Galińskiemu paszport z bardzo ostrym listem. Nie chce więcej w tych warunkach «reprezentować»" – napisał o tym wydarzeniu Jan Maria Gisges (J.M. Gisges, *A po człowieku dzwoni dzwon*, Rzeszów 1985, s. 180).

24 października 1960

Wczoraj wizyta Cocteau¹ na Stawisku. Spóźnili się o półtorej godziny i przyjechali zupełnie po ciemku. Był ambasador, Pierre Emmanuel², ten chłopaczek Kokta (miły)³, Jurkowie Lisowscy. Zabawne zachowanie Cocteau, który wziął taki ton, jakbyśmy byli przed laty najlepszymi przyjaciółmi. Zresztą był bardzo serdeczny i bez cienia owej francuskiej *facticité*, której tak nienawidzę. Co prawda, gdy zacząłem wspominać dawne czasy i gdzie mogłem rozmawiać z jego matką⁴ (Pierre

424

de Lanux?[5] Paul Clemenceau[6]?) – nagle rozczulił się: to są światy, które już sześciokrotnie pokrywał potop. I rzeczywiście on już staruszek, trochę „w piętkę goni", a to wszystko, o czym mogę mu mówić z dawnego Paryża, rzeczywiście pokryte jest nie tyle warstwami potopów, ile warstwami kurzu i starzyzny. Zabawny ten jego aktorek, bo zadziwiony całym stylem życia – wyobrażał sobie, że niedźwiedzie chodzą po ulicach Warszawy. Wspominaliśmy i gadaliśmy, on zawsze taki „głośny", a ja ten cichy. Pierre Emmanuel bardzo uroczy, chciałbym go spotkać jeszcze i trochę pogadać – bo cóż to było wczoraj, krótko i przy wódce. Jurek ich jakoś źle powiózł z tego Nieborowa, dlatego spóźnili się – Cocteau był oburzony, że Jurek kazał mu mieć swój paszport przy sobie. Ambasador bardzo się śmiał, ja powiedziałem: *„Mais que pensez-vous? On est tout de même derrière le rideau de fer. On l'oublie parfois, mais on y est"*[7]. Powiało coś takiego, starym Paryżem, rozdziałem z *Sławy i chwały*, Nabokov, Sasza Rzewuski[8], Kazelcia – i to wszystko rzeczywiście przysypane wieloma warstwami. To, co minęło na zawsze. I my, jak jakieś resztki jeszcze. Wyobrażam sobie, jaką mumią wydaje się Strawiński!

[1] Jean Cocteau (1888–1963) – francuski pisarz, malarz, grafik i reżyser filmowy. Od 19 do 25 października 1960 roku przebywał w Warszawie w związku z odbywającymi się od połowy października Dniami Francuskimi w Polsce. 20 października był przyjmowany przez pisarzy w Domu Literatury. W 1960 roku na ekrany kin wszedł wyreżyserowany przez Cocteau film *Testament Orfeusza*, który polska publiczność obejrzała 22 października na przeglądzie filmów francuskich. Jarosław Iwaszkiewicz przed 1918 rokiem dostał w prezencie od Karola Szymanowskiego tom *Śpiew gregoriański* Jeana Cocteau. Autora poznał w Paryżu w 1925 roku. W *Książce moich wspomnień* przywołuje „audiencję", podczas której poeta przyjął gościa w kąpieli, rozmawiając o poezji. „Był to czarujący gaduła – pisze Iwaszkiewicz – inteligentny jak bies, ale też nieprawdopodobnie w każdym swoim odezwaniu się sztuczny, maskujący się. Miałem ochotę przypiec go rozpalonym żelazem, ażeby wydobyć z niego choć jeden szczery i prosty odruch" (J. Iwaszkiewicz, *Książka moich wspomnień*, s. 214). Iwaszkiewicz zadedykował „pamięci Jana Cocteau" cykl wierszy *Październik* z tomu *Krągły rok*.

[2] Pierre Emmanuel, właśc. Noël Mathieu (1916–1984) – francuski poeta i dziennikarz, wydawca „Preuves". Działacz Kongresu Wolności Kultury, potem w Fondation d'Entraide Intellectuelle Européenne, od 1969 roku prezes międzynarodowego Pen Clubu. W 1960 roku uczestniczył w obchodach Dni Francuskich w Polsce.

[3] Édouard Dermit (1925–1995) – francuski malarz i aktor, przyjaciel i przybrany

syn Jeana Cocteau, jedyny spadkobierca poety. Zagrał m.in. w jego filmach *Orfeusz* (1950) i *Testament Orfeusza* (1960). Jego rola podczas wizyty Cocteau w Polsce nie ograniczała się do towarzyszenia poecie, miała też związek z udziałem w ostatnim filmie, który był wówczas prezentowany polskiej publiczności.

⁴ W liście z Paryża do Anny Iwaszkiewiczowej z 21 lutego 1925 roku Jarosław Iwaszkiewicz wspomina, że tego dnia w salonie F. Le Grix, redaktora „Revue Hebdomadaire", poznał matkę Jeana Cocteau (por. A. i J. Iwaszkiewiczowie, *Listy 1922––1926*, s. 296). Matką artysty była Eugénie Cocteau.

⁵ Pierre de Lanux (1887–1955) – francuski pisarz i dyplomata.

⁶ Paul Clemenceau – brat premiera Francji Georges'a Clemenceau. Prowadził wraz z żoną słynny w Paryżu połowy lat 20. salon przy Avenue d'Eylau 12.

⁷ „*Mais que...*" (fr.) – „Cóż pan myślał? Znajdujemy się bądź co bądź za żelazną kurtyną. Zapomina się o tym czasem, ale nie zmienia to faktu, że tak jest".

⁸ Aleksander (Sasza) Rzewuski (1898–1983) – syn generała Adama Rzewuskiego. Pochodził ze szlacheckiej zrusyfikowanej rodziny, mieszkającej w Kijowie. Młodszy brat Ady Rzewuskiej, później Lubomirskiej, której Jarosław Iwaszkiewicz w młodości udzielał prywatnych lekcji. Po wyjeździe do Paryża rysownik i dekorator, współpracujący m.in. z Casino de Paris. Wspominał pisarz: „Trudno sobie wyobrazić, czym był dom Rzewuskiego w Paryżu. Stare Amerykanki, młodzi tancerze, muzycy, malarze, wielkie damy, wszystko w nieporządku, ciągłe interesy, telefony, zamówienia, wizyty – a pośrodku tego chaosu zdenerwowany, kapryśny jak kobieta młodzieniec, nieumiejący sobie poradzić z tym wirem, który sam rozpętał jak uczeń czarnoksiężnika. Miał w sobie teraz całą paryską sztuczność, ową *facticité*, tak charakterystyczną dla ludzi z wielkiego francuskiego świata i dla modnych artystów. Plotki o Rzewuskim krążyły po całym Paryżu, jakieś stare milionerki ginęły z miłości do niego, jakieś komedie i dramaty kręciły się wkoło jego postaci. Ale słyszałem i wiele dobrego, szukano u niego porady i opieki w trudnych sytuacjach, i ten na pozór kruchy, wiotki chłopiec udzielał ich, radził, pomagał... Dziwną drogę wybrał ten człowiek, aby wyjść ze światowego chaosu, który naprawdę mógł oszołomić: został benedyktynem w opactwie Solesme i w ciągu ostatnich lat, przeszedłszy wszystkie stopnie, był wyznaczony przed samą wojną na opata jednego ze szwajcarskich klasztorów. Jako zakonnika już go nie widziałem, lecz osoby, które się z nim stykały, opowiadały mi, że był wesołym, spokojnym mnichem i że z humorem znosił zarówno ciężką regułę benedyktynów, jak i trapiące go w ukryciu echa wielkiego świata. Jedna z Amerykanek, które się w nim kochały, sprowadziła do Solesme fakira, a ten czarował dostarczane do klasztoru jarzyny, zapewniając milionerkę, że «brat Czesław» (takie bowiem przybrał polskie imię zakonnik), spożywszy te jarzyny, porzuci klasztor i pospieszy w jej objęcia. Doświadczenia fakira nie udały się i światowy malarz odnalazł zdaje się prawdziwy spokój w klasztornym ukryciu" (J. Iwaszkiewicz, *Książka moich wspomnień*, s. 225–226). Osoba Rzewuskiego nadała rysy bohaterce *Sławy i chwały*, Ariadnie Tarło. O tomie jego wspomnień, zatytułowanym *Przez niewidzialny kryształ*, Iwaszkiewicz pisał w felietonie *Cztery księgi pamiętników z czasów mojej młodości. 2. Sasza Rzewuski*, „Życie Warszawy" 1976, nr 295.

27 października 1960
Cudowny, ciepły, „żółty" dzień. Melancholia takich dni z niczym nieporównana. Po dwóch tygodniach choroby wyszedłem dziś na kwadransik. Zaszedłem w te gąszcze, gdzieśmy kiedyś sadzili z Głodkowskim te ostatnie dąbki. Myślałem, że one wszystkie zginęły, a gdyby się jaki zachował – to teraz łatwo by było je odnaleźć, bo one w jesieni mają jaskrawopurpurowe liście. I rzeczywiście, po tych liściach znalazłem jakie sześć sztuk tych dębów, takie są już duże i prześliczne. Potem byłem nad stawem, gdzie spuszczali wodę – mają łapać ryby. Było prześlicznie, brzozy zupełnie pomarańczowe – i dużo jeszcze liści na drzewach. To wczoraj było trzydzieści dwa lata, jakeśmy się przenieśli na Stawisko. Hania, wspominając to dzisiaj, mówiła, że byliśmy wtedy tacy piękni. Ale chyba nie chciałbym znowu robić na nowo tej całej drogi, od tamtego czasu do dziś. To była bardzo ciężka droga. Jak ciężka, tego nikt nie wie. I cała nasza piękność rozsiała się po tej drodze jak żwir.

30 października 1960
Wychodziłem wieczorem. Patetycznie, bezlistne drzewa, księżyc, lecące obłoki, i ten ciepły *Hauch*[1], który poobrywał dzisiaj wszystkie liście. Szeleszczą pod nogami, jak w Malinie[2]. Stęskniony jestem do tych patetycznych jesiennych widoków, uprzytamniają mi jakoś patos życia. Tak się złożyło, że w ostatnich latach wszystkie te „wielkie" widoki ukazywały mi się w tragicznym świetle późnej jesieni. Daleki widok na Salerno, połowy ryb widziane w nocy z Ravello, Acireale, barokowe fasady w deszczu i w wichrze, Ostia w deszcz, grób Zielińskiego w Schondorf, w listopadowej mgle, jezioro Starnberg w blasku pierwszego listopada... Nawet tego wszystkiego nie mogę sobie wyobrazić w pełnym blasku słońca i zieleni. Stawisko też wygląda tak nadzwyczajnie w tej żółciźnie i blasku księżyca. Jak moje życie.

[1] *Hauch* (niem.) – podmuch.
[2] W Malinie koło Kijowa mieszkał gimnazjalny kolega Jarosława Iwaszkiewicza, Jura Mikłucho-Makłaj.

12 listopada 1960

Wczoraj jadłem obiad z Arturem Międzyrzeckim[1] w Bristolu. Wychodząc, spotkaliśmy w hallu Witolda Małcużyńskiego[2], miotającego się tu i tam. Był zupełnie nieprzytomny z przerażenia: chwycił za rączkę piecyka elektrycznego i sparzył sobie całą prawą dłoń, a wieczorem miał koncert. Nie wiedział, co robić. Jego szwagier i warszawski sekretarz, Władek Minkiewicz[3], poleciał gdzieś po pomoc i przepadł. Pobiegliśmy z Arturem natychmiast do apteki, która jest naprzeciw Bristolu. Tam poradzono nam bardzo życzliwie, aby natychmiast robić okłady ze spirytusu. Dano nam ten spirytus, pozwolono zapłacić poza kolejką i wróciliśmy szybko do hotelu. Witold był już u siebie w numerze. Zaaplikowaliśmy ten spirytus, ktoś z hotelu przyniósł denaturat. Dopiero potem wpadł zziajany Minkiewicz z okrzykiem: „Pielęgniarka wyszła na obiad!"". Okazuje się, że szukał punktu opatrunkowego. Małcużyński zaczął mu robić „piekielną" awanturę, więc wycofaliśmy się pospiesznie z Arturem.

Wieczorem było wszystko dobrze, grał wspaniale *Koncert d-moll* Brahmsa.

„Niezaradni" poeci są jednak zaradniejsi od adwokatów i ludzi praktycznych.

[1] Artur Międzyrzecki (1922–1996) – poeta, prozaik, eseista i tłumacz. W latach 1974–85 członek redakcji „Twórczości". Od 1959 roku członek polskiego Pen Clubu, w latach 1991–96 jego prezes oraz wiceprezes międzynarodowej federacji Pen Clubów. Autor m.in. zbiorów wierszy: *Strony przydrożne* (1949), *Południe* (1956), *Noc darowana* (1960), *Piękne zmęczenia* (1962), szkiców literackich: *Warszawa Prusa i Gierymskiego* (1957), *Powrót do Sorrento* (1958), *Poezja dzisiaj* (1964), *Dialogi i sąsiedztwa* (1970), a także zbiorów opowiadań oraz utworów dla dzieci. Iwaszkiewicz zadedykował Międzyrzeckiemu utwór *Florencja w deszczu* ze zbioru *Jutro żniwa* (1963). Wybór listów Anny i Jarosława Iwaszkiewiczów do Artura Międzyrzeckiego został opublikowany na łamach „Twórczości" 1996, nr 2.

[2] Witold Małcużyński (1914–1977) – pianista, laureat konkursów pianistycznych w połowie lat 30., uczeń Ignacego Paderewskiego. Od 1945 roku mieszkał w Szwajcarii. W 1958 wystąpił po raz pierwszy po wojnie w ojczyźnie, rok później przyczynił się do odzyskania przez Polskę przechowywanych w Kanadzie skarbów wawelskich i cennych archiwaliów, m.in. rękopisów Fryderyka Chopina. Był jurorem Międzynarodowych Konkursów Pianistycznych im. Fryderyka Chopina w 1960 i 1970 roku. W 1960 odbył tournée koncertowe po Polsce.

[3] Władysław Minkiewicz (1913–1988) – żołnierz AK, tłumacz literatury włoskiej, autor książki *Mokotów, Wronki, Rawicz. Wspomnienia 1939–1954* (1990).

20 listopada 1960
Przedwczoraj był obiad w ambasadzie kanadyjskiej: minister Golań-ski[1] z żoną, ambasadorowie finlandzcy, ambasadorowie szwajcarscy, pan i pani Kelly z British Council. Cudzoziemcy o Polsce: stale z zachwytem, z entuzjazmem, z serdecznością. Ambasador szwajcarski: ależ wy sobie nie zdajecie sprawy, wy jesteście w awangardzie, w sztuce, w muzyce, w literaturze, jakie wy macie teatry, jaką literaturę. Szalone zainteresowanie. Pani Kelly posunęła się do tego stopnia, że powiedziała, że takich jarzyn, jak w Polsce, nigdzie nie ma. Parę dni temu w ambasadzie szwedzkiej Dunka – pani Fischer – opowiadała, że byli parę tygodni w Budapeszcie i Bukareszcie, bo on tam został oddelegowany. „Pani nie ma pojęcia – powiedziała do Hani – z jaką przyjemnością wróciliśmy do Warszawy. Tak pokochaliśmy to miasto, czujemy się tu jak w domu". Absolutnie nie mam wrażenia, aby to były nieszczere komplementy, oni naprawdę uważają, że Polska to kraj „zajmujący". Nam to jakoś trudno jest ocenić.

[1] Henryk Golański (1908–1995) – w latach 1959–65 minister szkolnictwa wyższego.

23 listopada 1960
Stawisko to jednak dobry wynalazek. Gdzie można by było spędzić dzień jak dzisiejszy, w absolutnej ciszy i w absolutnej samotności. Żeby nie jeden telefon Putramenta i jeden Teresy (tak ją bardzo kocham i tak mi jej żal, a ona nic o tym nie wie), to żadnego kontaktu z zewnętrznością. Dzień okropny, ciemny, przykryty chmurami z mocnym i bardzo zimnym wiatrem. Wyszedłem o ściemnianiu się do lipowej alei, nic bardziej smutnego, wyobrazić sobie trudno. Trzy lata z rzędu byliśmy o tej porze za granicą i teraz tak trudno się przyzwyczaić do tego beznadziejnego smutku. Świadomość, że jest się zupełnie samotnym – i ta cisza, aż dzwoni w uszach – jak w grobie.

7 grudnia 1960
Czytałem dziś *Sukę* Jesienina[1]. To opowiadanie z kotką Niczewo Tennessee Williamsa[2], i nagle odczułem ten ogrom cierpienia, jakim

przepełniony jest świat, już nawet nie ludzkiego cierpienia, ale cierpienia zwierząt. Jakie to ma znaczenie? Uczucie dna (Dąbrowska powiedziała dziś, jadąc ze mną samochodem: „Te dni to jest dno roku!"). I niemożność wynurzenia się. I własna słabość, małość, złość. Boże, Boże mój, czemuś mnie opuścił? Łzy.
Mój Jurku, uśmiechnij się ze mnie.

[1] Siergiej A. Jesienin (1895–1925) – poeta rosyjski, należał do najbardziej ekscentrycznych postaci rosyjskiej bohemy lat 20., współzałożyciel ugrupowania imażynistów, uznających za główną zasadę w poezji samowystarczalność obrazu. Wydał m.in. cykle wierszy *Moskwa karczemna* (1924, inny przekł. pol. *Moskwa pijacka*), *Motywy perskie* (1925) oraz poemat *Czarny człowiek* (1925). Przekłady jego utworów na język polski ukazały się m.in. w wyborach *Poezje* (1960), *„Inonia" i inne wiersze* (1984), *Moja gwiazdo płoń* (1991).
Wiersz, o którym mowa, to *Pieśń o suce* (1915). W przekładzie Seweryna Pollaka został opublikowany w antologii *Dwa wieki poezji rosyjskiej*, oprac. M. Jastrun i S. Pollak, Warszawa 1947.
[2] Chodzi o opowiadanie z tomu *One arm* (1948), które w przekładzie Teresy Truszkowskiej ukazało się pt. *Przekleństwo* w zbiorze *Jednoręki i inne opowiadania* (1984). Tennessee Williams, właśc. Thomas Lanier Williams (1911–1983) – dramaturg i nowelista amerykański. Autor m.in. sztuk: *Szklana menażeria* (1945, wyst. pol. 1946), *Tramwaj zwany pożądaniem* (1947, wyst. pol. 1957), *Kotka na rozpalonym, blaszanym dachu* (1955, wyst. pol. 1972).

8 grudnia 1960
Najbardziej mi ciąży jednak atmosfera Związku Literatów. Bardzo nie lubię tej gromady chciwych, egoistycznych i ograniczonych ludzi. A poza tym drażni mnie rola, którą tam teraz odgrywam. Przede wszystkim zaś Pucio [Putrament], który wszelkimi drogami próbuje na mnie naciskać, nawet w sprawach, w których żadnego nacisku nie potrzeba. Mierzi mnie ta podejrzliwość i nieufność, tak charakterystyczna dla mieszkańców namiotu z rogu Alei Jerozolimskich i Nowego Światu[1]. Nieufność, która kazała staremu Ostapowi [Dłuskiemu] patrzeć przez szparę w drzwiach, czy się nie zatrzymuję niepotrzebnie w pustym sekretariacie. Coś z *Obywateli* Brandysa[2]. Jeżeli się nie zgadzałem z polityką węgierską – to od razu mogłem mieć kontakty ze szpiegami! Oni to nazywają czujnością. Putrament nie dowierza, niucha, a jednocześnie ciągle chce czegoś, co byłoby korzystne dla nich. Najzabawniej-

sze, że był zadowolony z mojej mowy sopockiej[3] – a teraz mu ktoś wskazuje, czy sam się domyśla, co tam było *contra* niemu i jego robocie. Za stary jestem na takie rzeczy – i szpakami karmiony. Niemniej przeto stwarza to atmosferę raczej nie do zniesienia, każde moje pójście na Krakowskie Przedmieście wymaga dużego wysiłku woli, oczywiście męczy to potwornie na dłuższą metę. Może z tego płynie moje skrajne znużenie, a co najważniejsze – zniecierpliwienie. Pen Club nie lepszy, owo walne zgromadzenie sprzed paru dni, przerażający obraz nieumiejętności życia i błędnych spojrzeń. Oni wszyscy żyją w jakimś tumanie, nie widząc ani nie czując rzeczywistych zarysów spraw tego świata. Królowanie w jakimś odosobnieniu, w zadowoleniu z własnego ja – mowy nie ma o jakichś wątpliwościach co do własnej istoty. Jaś [Parandowski] jest też taki sam. Przykra jest przynależność do takiej wspólnoty – i nawet czasami nie dziwi mnie pogarda, z jaką niektórzy odnoszą się do przedstawicieli społeczności literackiej. Dobrze, że mam „inne życie". Tylko coraz trudniej mi jest zdobywać się na nurkowanie do zimnej wody tego innego życia. Starość i pod tym względem nas męczy.

[1] Chodzi o warszawski gmach KC PZPR.
[2] K. Brandys, *Obywatele* (1954).
[3] W dniach 25–26 listopada 1960 roku w Sopocie obradował XI Walny Zjazd Delegatów Związku Literatów Polskich.

14 grudnia 1960
Dnia siódmego listopada 1917 roku (w dzień wybuchu rewolucji październikowej) wypowiedziałem w swoim odczycie o Ibsenie te słowa[1]. Mówiłem o ostatnim dramacie wielkiego Norwega:
„Tak kończy epilog swego życia, swego dzieła, Ibsen. Widzieliśmy, jak stopniowo zmieniał się jego stosunek do życia, jak od konstrukcji patriotycznych pogłębiał się coraz bardziej, jak pożegnał się z filozofią Hegla – począł badać i nauczać. Jak ulegając wiecznej dialektyce życia, której nigdzie chyba tak wyraźnie nie można prześledzić jak u niego, przerzucił się do antytezy, potępiając swoje nauczanie. I zakończył dzieło swego życia i swej myśli syntezą swego epilogu".
„Jednakże ostatecznie synteza nie może być nigdy udziałem ludzkiego umysłu. Musi się w niej zawierać zgrzyt, prowadzący do nowe-

go rozszczepienia dialektycznego, zgrzyt zapładniający na nowo myśl ludzką".

„Przeto pytanie, czy lepsza jest śmierć na szczycie, czy szczęście w dolinie, pozostanie na zawsze otwartym".

Dzisiaj wydaje mi się to mądrzejsze, niżby się człowiek spodziewał. Zapowiada się w tych odczytach człowiek inteligentniejszy, niż się ostatecznie ukształtował. Myślę, że zaszkodziła mi tu atmosfera Warszawy, w której się znalazłem w rok po napisaniu tych słów. Powierzchowność i dowolność sądów, dowcipasy – a właściwie i nieuctwo Tuwima i Tolka [Słonimskiego] – ogarnęły mnie zbyt ścisłą siecią, abym mógł kształcić dalej moje myślenie. Jednak Uniwersytet Kijowski i wykłady filozofii, na które łaziłem, miały swoje znaczenie.

Oczywiście trzeba tu dodać pogardę dla wiedzy Miecia Rytarda i jego ubóstwianie intuicji, jego kult irracjonalizmu. Pod tym kątem widzenia pokazali mi oni (Miecio i Tuwim potem) Rimbauda, zasypując ruchomymi piaskami wszystko, co było we mnie racjonalne. Jednym słowem to, co zawsze powiadam, zgubił mnie brak wykształcenia. A zadatki na znośne myślenie, jak widać, były!

¹ Chodzi o odczyt, jaki Jarosław Iwaszkiewicz wygłosił w kijowskim teatrze „Studya" Stanisławy Wysockiej.

20 grudnia 1960

W „Więzi" artykuł Pędzińskiego¹ o mnie, generalny – nawet nie bardzo zły. Z artykułu wynika, że zatrzymałem się na progu, przy wejściu do świątyni. Może to i prawda, ale kto kroki swe skierował do świątyni, już do niej wszedł. Przypomina on tam *Zmowę mężczyzn* i mówi o niedocenieniu tej książki. Oczywiście ma rację. (Po wznowieniu nie było ani jednego omówienia). Nigdy nie zapomnę, jak po wyjściu tej książki spotkałem się w jakiejś restauracji z Fiłosofowem². Zaprosił mnie do swego stolika i z całą swą pogardą do polskości i do nas zapewniał, że „oni tutaj nie mogą zrozumieć takiej książki, że ona przerasta «ich» poziom i żebym nie spodziewał się sprawiedliwej oceny". Przyznałem mu rację. Zresztą nie spodziewałem się sprawiedliwej oceny – nie spodziewam się do dziś dnia...

432

¹ Zbigniew Pędziński (1928–1967) – krytyk literacki i publicysta, ogłaszał liczne recenzje i artykuły m.in. w „Kamenie" (1956–67), „Twórczości" (1956–67), „Przewodniku Katolickim" (1957–67), „Współczesności" (1958–67). Jako krytyk i felietonista współpracował z Polskim Radiem. Był działaczem katolickim związanym z poznańskim oddziałem „Więzi", na której łamach publikował w latach 1958–67. Szkice literackie i recenzje wydał w zbiorach *Dalecy i bliscy* (1957) i *Z notatnika szeregowego recenzenta* (1971). Wspomniany artykuł to *Non omnis moriar...?*, opublikowany w „Więzi" 1960, nr 10. Autor podkreślał „Heraklitowe pochylenie się nad przemijającym strumieniem śmiertelnych rzeczy, postaci świata i człowieczych egzystencji" jako „ulubioną postawę Iwaszkiewicza-pisarza". Przywołując *Zmowę mężczyzn* i dramat *Kwidam*, poszukiwał w deklarowanym przez Iwaszkiewicza sceptycyzmie pytań natury religijnej.

² Dymitr Fiłosofow (1872–1940) – rosyjski krytyk, eseista, działacz emigracyjny. Od 1919 roku emigrant polityczny w Polsce, gdzie redagował pisma rosyjskiej emigracji i zorganizował klub dyskusyjny „Domik w Kołomnie" (1934–36), służący zbliżeniu intelektualnych środowisk polskich i rosyjskich.

1961

Praga, 24 stycznia 1961

Koncert w Smetanovej síni[1]. Taki sobie, moralnie obojętny[2]. Siedzieliśmy w loży. W drugim rzędzie od końca dziewczyna z jasnymi włosami, niby ten portret Tycjana w Galeria Borghese. Zadziwiający typ, piękna. Urocza. I nagła tęsknota do kobiecości. Całe życie zmarnowałem bez kobiet, a teraz chciałbym mieć jakąś taką dobrą, ciepłą kobietę, z tą grzywą jasnych włosów. Żal.

*

Podczas symfonii Brahmsa przyszedł Jurek. Stanął za plecami i pochyliwszy się, pocałował mnie w głowę. Powiedział: co, stary! I zrobiło mi się bardzo przyjemnie, ale on odszedł pomiędzy rzędami krzeseł, unosząc się na pół łokcia nad ziemią. Bardzo to dziwnie wyglądało.

[1] Smetanova síň – największa sala koncertowa Pragi, mieszcząca się w Domu Miejskim (Obecní dům); odbywa się w niej m.in. pierwszy koncert corocznego festiwalu Praska Wiosna.

[2] Powiedzenie nawiązujące do twórczości o. Mariana Pirożyńskiego (1899–1964) – redemptorysty, pedagoga i publicysty, autora popularnych w dwudziestoleciu międzywojennym poradników dydaktycznych dla młodzieży. W jednym z nich, zatytułowanym *Co czytać? Poradnik dla czytających książki. Beletrystyka* (1932), oceniał twórczość poszczególnych pisarzy pod kątem jej moralnego wpływu na czytelnika. Poszczególnym dziełom przydawał lakoniczne opinie typu: „nieszkodliwe", „moralnie obojętne", „wprawdzie bez większej wartości, ale nieszkodliwe", „niezdrowa", „raczej szkodliwa". Krytykiem tej pracy był Tadeusz Boy-Żeleński, który poświęcił książce o. Pirożyńskiego polemiczne artykuły *Ku czemu Polska idzie* i *„Moralnie obojętne"*.

26 stycznia 1961

Wczoraj uroczyste podpisanie umowy ze Związkiem Pisarzy Czechosłowackich. Skála bardzo ładnie przemówił potem do mnie. Ja mu odpowiadałem dość swobodnie, chociaż mam mętlik w głowie. I na zakończenie chciałem powiedzieć „co daj nam Boże", ale przed słowem „Boże" przestraszyłem się, zatrzymałem i zacząłem się plątać. Zastąpiłem Pana Boga losem w sposób bardzo niezgrabny. Śmiałem się z tego w duchu przez cały wspaniały obiad, który potem nastąpił.

Siedziałem oczywiście koło Majerovej!

*

Wczoraj wieczorem z Gisgesem[1] Staroměstské Náměstí[2], ciemno i ponuro. Nigdzie na świecie chyba nie zachowały staromiejskie uliczki tego nastroju ciemna i beznadziejności, co tam, naokoło Tynu i całego placu. Brudno, samotnie, okna nieoświetlone, prawie bez przechodniów. Uliczki arkady, uliczki wąwozy. Wszędzie wydawało mi się, że idzie Kafka. Tu się go dopiero w pełni pojmuje, w tych przeraźliwych ulicach starej Prahy.

Szyld malutki: Davidek, *knihař*[3].

*

Napisałem trzy listy do Sz[ymka]. Znowu?
Tak trudno żyć bez przyjaźni.

*

W ambasadzie Zbyszek Kiljan[4]. Co za urok, co za pewność siebie, wiara, że on wie wszystko najlepiej. I to się udziela. W obszernych wywodach byłem prawie socjalistą.

Mam szacunek dla tego słowa, ono coś u mnie oznacza. Ale przecie nie mogę go używać na co dzień, wobec tego wszystkiego, co się dziś socjalizmem nazywa.

On wierzy, on zresztą jest podobny do żołnierzy 1831 roku, do tych co otaczali Dembowskiego[5] na procesji w 1846. Tacy zbyt łatwo zmieniają się w fanatyków. A wtedy zaczyna się sfera Geneta. *Pompes funèbres*[6]. Za mało to zbadana w moim życiu sfera.

Jak zabawnie oni nic nie wiedzą.

*

Niedawno Marysia (po przyjęciu dla dramaturgów radzieckich) powiedziała z Dostojewskiego: Miał szczere oczy rosyjskiego człowieka, który kłamie.

Na to Hania powiedziała: On wszystko wiedział. I Czechow wszystko wiedział.

Ja: Iwaszkiewicz też wszystko wiedział.

Marysia: Jak można żyć, zastanawiam się, kiedy się wszystko wie.

Ja: Bo ja udaję, że nic nie wiem.

[1] Jan Maria Gisges (1914–1983) – poeta, prozaik i działacz kulturalny. W latach 1951–75 sekretarz Zarządu Głównego ZLP. Autor m.in. książki biograficznej o Jarosławie Iwaszkiewiczu *A po człowieku dzwoni dzwon* (1985), tomów wierszy: *Idącym naprzód* (1954), *Modrzewie* (1959), *Przeczuwanie* (1970), powieści: *Pamięć serca* (1968), *Wyklęty* (1970), *Czas słyszany po latach* (1977).

[2] Staroměstské Náměstí (czes.) – Rynek Staromiejski.

[3] *Knihař* (czes.) – introligator.

[4] Zbigniew Kiljan (ur. 1933) – w latach 1956–61 attaché w Ambasadzie PRL w Pradze. Wcześniej od 1955 roku pracował w centrali MSZ w Warszawie na stanowisku referenta.

[5] Edward Dembowski (1822–1846) – polski działacz lewicy niepodległościowej, krytyk literacki, filozof, pisarz. Przywódca powstania krakowskiego. Zginął w Krakowie 27 lutego 1846 roku, idąc w przebraniu księdza na czele procesji, której celem było niedopuszczenie do współpracy chłopów z wojskami austriackimi przeciwko powstaniu.

[6] J. Genet, *Pompes funèbres* (1947, wyd. pol. *Uroczystości żałobne* 1995).

Zurych, 7 lutego 1961

W Zurychu trzeba czekać trzy godziny na samolot do Rzymu. Napiłem się kawy i koniaku (2 fr. 60!!) i siadłem gdzieś z boku. Dworzec lotniczy w Zurychu, niedawno jeszcze tak zachwycający, teraz stracił swój blask, bo zrobił się za ciasny. Tłumy różnojęzyczne i różnokolorowe, mnóstwo ludzików egzotycznych. Coraz to z jakiegoś samolotu wysuwa się strumyk ludzi, trochę speszonych i nieobeznanych z olbrzymim dworcem.

Oto właśnie z drzwi numer pięć wysuwa się pochodzik i naprzód jakaś czarna pani z dwoma chłopcami w „ponczach" przez głowę zarzuconych, potem jakieś inne egzotyczne pasażery, a na końcu nieśmiały Tadzio Breza, posuwa się, jakby szedł w orszaku mnichów. Nic nie widzi i bardzo zdziwiony, kiedy go pociągam za połę, bo przechodzi tuż obok mnie. Nie jest to Tadzio Breza z Warszawy, ale przekształcony w podróżnego *quelconque*[1], którego nikt w tłumie nie rozpoznaje. Zszarzały i zatarty. Ucieszył się bardzo. Zawołałem go na kawę, a potem siedzimy i gadamy, ale w tym momencie, kiedy przystępujemy do spraw istotnych, rozlega się głos:

„*Les passagers pour Lisbonne, Santa Maria, Caracas et Curaçao sont priés...*"[2]

I mój pasażer do Curaçao porywa się i wychodzi przez drzwi numer trzy. Kiwa mi jeszcze ręką z daleka i już go widzę wsiadającego do olbrzymiego ptaka KLM-u[3].

Za chwilę i mój rumak do Rzymu podany.

[1] *Quelconque* (fr.) – jakikolwiek.
[2] „*Les passagers pour Lisbonne...*" (fr.) – „Pasażerowie do Lizbony, Santa Maria, Caracas, Curaçao proszeni są..."
[3] KLM – nazwa holenderskich linii lotniczych.

Roma, 9 lutego 1961
Odwiedzam oczywiście „moich" Caravaggiów w Santa Maria del Popolo[1]. Oczywiście niespodzianka – koń w obrazie św. Pawła stoi w przeciwnym kierunku, niż sobie zawsze wyobrażam. I w ogóle we wspomnieniu widzę zupełnie inny obraz!

W kaplicy, gdzie są te Caravaggia, ustawiono szaro-matowo malowane pudełka na postumencie. Wrzuca się tam sto lirów, wybiera odpowiedni język za pomocą małego trzpieńka i bierze się słuchawkę do ręki. Rozlega się głos *speakera*[2] opowiadającego o całym kościele.

Oczywiście rzecz jest pomylona, bo *speaker* mówi o frontonie, o pierwszej kaplicy na lewo, o drugiej kaplicy na prawo – a ty jesteś przywiązany za pomocą słuchawki do kaplicy z Caravaggiami.

Dawniej przewodnik żywy prowadził od kaplicy do kaplicy, od murka do murka i pokazywał naocznie, objaśniając. A tu jest to samo, co byś gdzieś przeczytał, znowu trzeba zapamiętywać i cisnąwszy słuchawkę (jak ja to uczyniłem), lecieć obejrzeć omawiane cuda.

Okropne są te z d o b y c z e   t e c h n i c z n e, które niby to dobre, są o jakiś tam procent gorsze od dawnych i wypróbowanych sposobów. Prowadzą one wprost do „nowego wspaniałego świata"[3].

[1] Zob. tom 1, przypis nr 1 na s. 463.
[2] *Speaker* (ang.) – lektor.
[3] Aluzja do antyutopii Aldousa Huxleya *Nowy wspaniały świat* (1932, wyd. pol. 1933).

15 lutego 1961

Byłem dzisiaj na górze w Quisisanie, odwiedziłem moją znajomą[1]. Przez te sześć lat osiwiała zupełnie, ale tak samo opowiada o swoich synach. Umberto – który był wtedy mały i podawał mi z powagą wino, pracuje w Excelsiorze, jest podobno bardzo ładny i wysoki. Ma 16 lat. Ale jest jeszcze mniejszy, którego nie znam, może się urodził przez ten czas, co mnie tu nie było? Leży dzisiaj w łóżku, bo przeziębił się na karnawale.

Ładnie dziś było bardzo, migdały rozkwitają, mimozy w pełnym kwiecie, całe drzewa jak puch. „Moja" willa stoi zawsze taka pełna uroku, chciałbym ją mieć, jak kobietę. Bardzo się dużo pobudowali – i okropnie! – na drodze do Mola. Dawniej było tam tak samotnie. Szkoda!

*

Jeżeli jeszcze kiedy przyjadę, to zamieszkać w Miramare albo albergo Nettuno, albo villa Piccina (u p. Børgensena) – *si vede*[2]. Ale nie w Metropolu, w tej ciasnocie.

*

Jakie to charakterystyczne. Karłowicz był w Taorminie w roku 1903, na krótko przed śmiercią ojca[3]. Stary tu siedział, bo myślał, że mu będzie lepiej. Oczywiście Mieczysław zajęty był chorobą ojca, ale Sycylii jak gdyby nie zauważył. Był tylko tydzień, bo bardzo się spieszył do Berlina, na lekcje i egzaminy do Urbana[4]. Nie odegrało to ani w jego życiu, ani w twórczości żadnej roli.

W parę lat potem był w Palermo i Taorminie Szymanowski[5]. Pobyt na Sycylii był przełomowym momentem w jego twórczości i w jego filozofii. O ile ciekawsza, pełniejsza, bardziej ludzka jest natura Szymanowskiego.

*

Jasne jest, że przebywanie w takim pięknie jak tu i bez żadnego zajęcia, nawet bez żadnej rozmowy, powoli oczyszcza psychikę z jej zaśmiecenia. Owo zaśmiecenie mojego wnętrza ostatnio było bardzo intensywne. Toteż warstwy brudu schodzą z duszy powoli. Ale jednocześnie od dołu przenikają bardzo intensywnie dawno zasypane piaskiem czasu w s p o m n i e n i a. I całe światy wynurzają się pod błahymi pretekstami. Tak w Giardino Publico, w klatce z pięknymi ptakami (niestety nie ma już tam białych pawi – jak dawniej), jest mnóstwo synogarlic. Wołają one tak samo, jak synogarlice cioci Didkowskiej w Ilińcach. I nagle cały tamten świat sprzed sześćdziesięciu lat wynurza się tak plastycznie i wyraźnie. Można by narysować stołowy pokój, kanapę krytą włosieniem czy ceratą i tę klatkę nad nią, w oknie, gdzie wisiały synogarlice. I ten okrzyk, okrzyk mojego dzieciństwa: „ku-kru! ku-kru!". Gdzie, tu, raptem Barbarówka[6] w całej swojej krasie.

To wczoraj rano. A dzisiaj po południu przyglądałem się grającym w tenisa. I nagle zachciało mi się zagrać, ale nie tu – i nawet nie w Podkowie z Erwinem i Jackiem Rewkiewiczem[7] – ale w Stawiszczach[8] z Tolem [Hanickim], Janką [Smolnicką], Jadzią [Hanicką], Jankiem Świerczyńskim. I znowu ten zaginiony świat wynurzył się tak plastycznie. Wszystko, wszystko, każde źdźbło trawy, każde drzewo, każdy mebel i te bardzo kochane twarze, i ten cały nastrój młodości: *youth!*[9]

I jednocześnie taki straszny żal tego całego szmatu naszej zaprzepaszczonej kultury. Dobrze, jeszcze nas trochę żyje, którzy wiemy, co to było, jakie to miało i ma znaczenie. Ale potem? Nikt nie będzie wiedział, a to takie ogromne, takie ważne.

Oczywiście Zachód także ważny, ale tamto nam zabrano tak gwałtownie, tak okrutnie. I już teraz nie bardzo u nas się tamte sprawy rozumie. Stawiszcze...

*

W moim pokoiku (w mojej celi) w hotelu Metropol znajdują się stare, drewniane meble z końca XIX wieku, bardzo zresztą przyjemne. W nocnym stoliku z jasnego drzewa – wielki urynał, rzecz niespotykana już nigdzie, w żadnym, najprostszym czy najbardziej eleganckim hotelu.

Jest duży, z ciężkiej mocnej porcelany, ze złoconym brzegiem i z girlandą wielkich czerwonych róż między dwoma paskami, namalowaną na bokach. Solidny i wspaniały. Ciężki.

Nie wiem dlaczego, ale mi przypomina Balzaca. Musiał takich używać w Wierzchowni, w hotelu Pod Różą, wszędzie[10]. To już chyba ostatni nocnik w Europie.

*

Willa Rocca Bella jest chyba najpiękniejsza w Taorminie. Widok bezpośrednio na wulkan cudowny, a ogród – jeden z piękniejszych, jakie widziałem. Stare cyprysy i na ich tle wielkie drzewa migdałowe, całe zasypane kwieciem. Furta obejmuje akurat całą Etnę, a między ogrodem a Etną nic nie widać. Zatkało mnie, gdy stanąłem przed nią. Teraz budują tam olbrzymi hotel Bristol. Gdy to skończą, to wiele zepsują.

[1] W artykule *Z podróży* Iwaszkiewicz wspomina o „mojej dawnej przyjaciółce, właścicielce ludowej oberży ze wspaniałą galerią ludowego malarstwa, położonej w górze nad Taorminą, która mnie systematycznie wprowadza w szczegóły hotelarskiej kariery swoich czterech synów" (J. Iwaszkiewicz, *Z podróży*, „Twórczość" 1961, nr 5).
[2] *Si vede* (wł.) – zobaczymy.
[3] Jan Aleksander Karłowicz (1836–1903) – etnograf, muzykolog i językoznawca; ojciec Mieczysława Karłowicza.
[4] Heinrich Urban (1837–1901) – niemiecki kompozytor i pedagog. Oprócz Mieczysława Karłowicza jego polskim uczniem był m.in. Ignacy Paderewski.
[5] Karol Szymanowski przebywał na Sycylii dwukrotnie: w 1911 i 1914 roku.
[6] Zob. tom 1, przypis nr 17 na s. 122.
[7] Młodzi sąsiedzi z Podkowy Leśnej.
[8] Zob. tom 1, przypis nr 1 na s. 104.
[9] Zob. tom 1, przypis nr 6 na s. 136.
[10] Wierzchownia – majątek wieloletniej ukochanej Honoré de Balzaca, polskiej arystokratki Eweliny z Rzewuskich Hańskiej (1801–1882), od 1850 roku żony pisarza. Znajdował się w nim późnoklasycystyczny pałac, wzniesiony w latach 20. XIX wieku. Hańska i Balzac pobrali się w Berdyczowie na Ukrainie, w kościele św. Barbary. W drodze na Ukrainę pisarz zatrzymał się w krakowskim hotelu Pod Różą, przy ulicy Floriańskiej. Na ścianie tego budynku wmurowano pamiątkową tablicę o treści: „Tu mieszkał Balzac 4–5 maja 1850. Polskie Towarzystwo Współpracy z Francją".

Taormina, 18 lutego 1961
W przeddzień wyjazdu (6 lutego) rozmowa z Ochabem. Mają pretensje, że nic nie robiłem jako poseł, a potem znowu chcą, żebym był posłem. Posłem z Sandomierza. Powiedziałem mu, że jestem za stary na to. Ochab, że Adenauer[1] jeszcze starszy, a jak pracuje na pożytek

swojej ojczyzny. Odpowiedziałem mu szczerze, że co innego Adenauer, co innego ja. Adenauer jest specjalistą od polityki, to jego fach, a dla mnie te wszystkie rzeczy oprócz pisania to jest moje h o b b y. Ja powinienem siedzieć i pisać przy biurku, i więcej nic. Śmiał się, ale tak jest. Straszliwie mnie zawsze irytuje u polityków to wyzyskiwanie dla swoich celów wszystkich i wszystkiego, nieliczenie się z tym, że moja działalność literacka może im przynieść daleko więcej niż sterczenie w Sejmie czy też podpisywanie takiej czy innej odezwy. Taki potworny brak szacunku dla faceta, który od czterdziestu lat idzie na czele frontu literatury, taka chęć wyzyskania do ostatka, wypicia ostatniej kropli krwi dla ich bzdurnych celów, tyleż zmierzających do uszczęśliwienia ludzkości, co zeszłoroczny śnieg. Jestem głęboko przekonanym socjalistą – alić to przecie nie socjalizm. Po drodze w Rzymie widziałem Surkowa, znowu wyciągnął przede mną całą historię z Putramentem i nie krępował się w wyrazach i epitetach. Oni też tam z tym Breitburdem[2], czy jak on się tam nazywa, nie zasypiali gruszek w popiele: to do Guttusa, to do Quasimoda, miałem wrażenie rozciągania sieci. A Włosi robią wrażenie dziecinnych, naiwnych – najgorszego typu ludzi. Bo naiwność to najgorsza rzecz – ty o tym coś wiesz, Jarosław.

[1] Konrad Adenauer (1876–1967) – niemiecki polityk, w latach 1949–63 kanclerz RFN.

[2] Gieorgij Breitburd (1921–1976) – tłumacz literatury włoskiej na język rosyjski.

Taormina, 19 lutego 1961
Kupiłem sobie tutaj nieznaną mi książkę Juliena Greena pt. *Varouna*[1], której nie znałem. „Duszo, jakie to głupie!"[2] – nie spodziewałem się, że Julien Green napisał takie świństwo – i to jeszcze z jakimiś teoryjkami półmetapsychicznymi. Ale nie o to mi chodzi, dużo jest złych książek na świecie. (*La Loi* Rogera Vaillanda[3], także tu przeczytane, także niedobre). Ale Julien Green *prétend*[4], że jesteśmy tylko emanacją naszych przodków, że w nich są zalążki wszystkiego, czym są nasze losy i charaktery, i że jesteśmy zawsze tylko jakimś przystankiem pomiędzy przodkami a potomkami. Otóż ja nigdy tak nie odczuwałem. Nigdy nie myślę o tym, co zawdzięczam moim przodkom i w jaki sposób od nich pochodzę. Co prawda może to i z tego powodu, że nie zna-

łem moich dziadków, żadnych, a ojca znałem tak mało. Ale wydaje mi się, że w całej mojej rodzinie tak bardzo jestem nieoczekiwanym wyskokiem, że nie mam w sobie nic z obu dziadków ani nic z obu babek, że zawdzięczam trochę mojemu ojcu, może coś Jakuba Krzeczkowskiego[5] przeszło na mnie i na Karola Szymanowskiego. Ale to wszystko dopiero po głębokim zastanowieniu się, ponieważ zacząłem myśleć pod wpływem tej lektury. Nigdy nie odczuwam siebie wstecz, poza moich rodziców; tak samo mało myślę o wnukach, czasami o Maćku, który jest taki dziwny i do nikogo niepodobny. Anusia może najbardziej wyszła z moich sióstr, z Nuci, tak samo jak jej matka – tu widzę te pokrewieństwa, podobieństwa i odskoki. Tak, ale to wszystko wyrozumowane. Tego instynktu łączności z przodkami, o której mówi Green, nigdy nie odczuwam.

[1] J. Green, *Varouna* (1940, wyd. pol. *Waruna* 1959).
[2] Rodzinne powiedzenie Iwaszkiewiczów, będące cytatem słów wypowiedzianych przez pewną staruszkę po lekturze biblijnych psalmów.
[3] R. Vailland, *La Loi* (Prawo, 1957). Za tę powieść pisarz otrzymał Nagrodę Goncourtów.
[4] *Prétend* (fr.) – twierdzi.
[5] Jakub Krzeczkowski – dziadek Marii Iwaszkiewiczowej z d. Piątkowskiej, matki Jarosława Iwaszkiewicza, i Anny Szymanowskiej z d. Taube, matki Karola Szymanowskiego.

[*20 lutego 1961*]
Urodziny moje w Taorminie. Moi z telegramami wyprztykali się w poprzednich dniach. Dziś nie przyszło nic. Jurek by zatelefonował, ale nikt nie ma jego gestu. Z rana przyszedł portier hotelu z bukietem fiołków, które pachną w całej celi. Potem pojechałem na Mola. To samo uczucie co w Piazza Armerina. Po co ludzie mieszkają tam? Co oni tam robią? Po co „Costantino Patrizio" zbudował ten zamek w roku 350 przed Chrystusem?[1] Oryginalna tablica z greckim napisem wmurowana w ścianę katedry.

Widok od tej Chiesa Madre niezapomniany. Między kościołem a Etną jakby nic nie było. A wzgórza wokół Castelmola, coś zupełnie niebywałego: szare, i szare, stare, walące się domy. A spod nich całe kaskady migdałowych drzew okrytych kwiatami.

Smutek starej kultury ukryty w tym całym pejzażu. Na wzgórzach owce i pasterze: zaraz mi w uszach zabrzmiała ta cała modulacja z pierwszego aktu *Rogera*.

Jakże dziwnie zacząłem sześćdziesiąty ósmy rok życia: modlitwą do Etny.

¹ Zamek w Mola (miasteczku koło Taorminy, założonym w VIII w. p.n.e., dziś: Castelmola) zbudowano, gdy miasto powstawało z ruin po zniszczeniu go przez tyrana Syrakuz Dionizosa I. Odbudowę miasta datuje się na 350 r. p.n.e., dokonał jej Andromaco, ojciec władcy Syrakuz Timoleona. O tablicy poświęconej jednemu z twórców Mola pisał Jarosław Iwaszkiewicz: „Prawdopodobnie Castelmola [...] istniała tu już za czasów rzymskich, o czym świadczy napis na kamieniu dzisiaj wmurowanym w mury kościoła, a mówiącym o Konstantym Patrycjuszu budowniczym. [...] Najwięcej podobno zasług względem miasteczka miał ów «Patrycjusz» Konstanty. Ciekawy jestem, jak on wyglądał? Jaką broń nosił? Kiedy żył i dlaczego pragnął uwiecznić swe nazwisko w marmurze? Ocalał on jeden z dziesiątków tysięcy w pamięci potomności – o nim jednym wiemy coś niecoś, chociażby to, że się nazywał Konstanty, ale już nie bardzo wiemy, co oznacza w danym kontekście tytuł patrycjusza" (J. Iwaszkiewicz, *Castelmola*, „Przegląd Kulturalny" 1961, nr 21).

21 lutego 1961
Dzisiaj dzień wyjazdu. Migdały opadają.

Tak się dziwnie złożyło, że zaczęły kwitnąć w dzień mojego przyjazdu, a zaczynają opadać z końcem mojego pobytu. Tak jakbym to wyliczył albo otrzymał depeszę i przyjechał tylko to obserwować.

Nasze drzewa kwitną piękniej, tylko że te są duże, rozłożyste – niklejsze dużo od naszych czereśni czy wiśni, nie mówiąc już o jabłoniach. Nie są jednakowe wszystkie w kolorze, niektóre różowe, a niektóre czysto białe. Środek każdego kwiatu jest różowy i w zależności od tego środka koloryt całego drzewa staje się odmienny.

Wczoraj z Castelmola cała dolina pomiędzy Mola a Etną wyglądała jak welon różowawy. Na drodze do Piazza Armerina, gdzieś koło Motta Sant'Anastasia, na tle żółtych piasków taka różowa kaskada robiła znowuż zupełnie inne wrażenie.

Ale tam, w głębi lądu, migdałów mało. Nigdzie nie widziałem ich kwiatów na tle zielonej pszenicy.

*

443

Odczyt o Paderewskim w Katanii. Krytyk dzisiejszego numeru „Sicilii"[1] ma za złe prelegentowi zbytni zachwyt dla kompozycji Paderewskiego. Prelegent – dziś staruszek – przypomina koncert Paderewskiego jeszcze w rzymskim Augusteum i wrażenie, jakie mu pozostawił na całe życie. Zestawiam to z wrażeniem z filmu *Kapo*[2] i tych polskich słów, które tam rozbrzmiewają.

Albo pianiści, albo cierpiętnicy. Horror. Z tego właśnie trzeba się wyrwać. Wyrywamy się, ale trudno.

*

Hania i Szymek telefonowali wczoraj wieczorem. Bardzo się ucieszyłem ich głosami. Oczywiście mówią, że „wszystko dobrze". Ale mniejsza o to.

Wyobraziłem sobie ich w podłą pogodę przy telefonie w Stawisku, podobno straszne mgły. A ja tutaj nad Morzem Śródziemnym, w zapachach, z widokiem na dymiącą Etnę. Wśród kwiatów – i bardzo stęskniony do Stawiska. Nie do Warszawy.

Bardzo dziwne wrażenie. Jakieś takie pomnażające.

*

Etna zmieniła kształt wierzchołka. Odłożyła ogromny stos żużli i unoszą się nad jej kraterami aż dwa białe dymy. W nocy widać czerwoną ranę.

---

[1] „Giornale di Sicilia" – włoska gazeta codzienna wychodząca w Palermo od 1860 roku, założona przez włoskiego dziennikarza Girolamo Ardizzone.

[2] *Kapo* (1959, reż. G. Pontecorvo). Film opowiada prawdziwą historię młodej żydowskiej dziewczyny uwięzionej w hitlerowskim obozie w Oświęcimiu, która korzystając z szansy zmiany personaliów awansuje w hierarchii obozowej. W roli głównej wystąpiła Susan Strasberg.

Milano, 22 lutego 1961

Jazda pociągiem całą noc z południa na północ niesamowita. W dodatku w takim tempie. Dobrze, że nie miałem wagonu sypialnego, zmęczyłem się, ale za to widziałem wiele.

Zbudziłem się, kiedy stanęliśmy na stacji. Niesamowite spiętrzenie budynków, dziesięcio- i więcej piętrowych, depczących opuncje i agawy. Ponad torem przerzucone zmurszałe łuki starych dróg, a zaraz za miastem olbrzymie lekkie łuki betonowe, kroczące przez doliny, jeden za drugim: podbudowy pod nową autostradę *del Sole*[1]. Najlepiej by to wyszło na drzeworycie, te łuki i domy jeden nad drugim. Tak mi się przedstawiło tajemnicze miasto, do którego ani rusz nie mogę dotrzeć: Salerno.

Marzę o nim od wielu lat.

*

Sandro jest sprzedawcą obuwia w jednym ze sklepów w Katanii. Nie na samej via Etnea, ale niedaleko. Jedzie do wujaszka (*zio*[2]) do Vicenzy i jest widocznie zaaferowany. Jest tak piękny, że dech zapiera, kiedy się na niego patrzy. Ta piękność z *1001 nocy*, arabski książę, podobny do Pawła [Hertza] w młodości, ale nie ma żydowskiego typu. Wargi ma wypukłe i małe. Mają taki kolor, jak gdyby Sandro przed chwilą jadł czarne jagody.

Jest uprzejmy: częstuje mnie kawą ze starego termosu, który włożony jest do ślicznego nowego futerału z surowego płótna, uszytego oczywiście w domu. W Neapolu na stacji kupuje mi *fogliatellę*, naszą napoleonkę, zresztą okropną, którą muszę zjeść przy nim.

Otwiera kuferek, aby wyjąć mydło, wszystko starannie, pięknie zapakowane, przykryte woskowanym papierem. Znać kochającą rękę.

Sandro ma dwa tygodnie wakacji. Jedzie na północ. Vicenza stała się teraz największym centrum wyrobu broni. Zapewne *zio* tam znalazł zajęcie. Ten „perski książę" jedzie tam na wypoczynek.

Wszystko się dziwnie wiąże na tym świecie.

*

Livio Garzanti[3] powiedział: „Wszystko, co spotykam z Polski, to jacyś półbogowie".

*

W Taorminie w „katedrze", która jest mniejsza i skromniejsza niż kościół w Zwoleniu, na jednym z ołtarzy stoi postać św. Agaty. Przewodniki powiadają, że jest to posąg dłuta Montaniniego (z XVI w.). Na pierwszy rzut oka nie wydaje się to oczywiste, raczej wygląda to na początek XIX w., ale oni tam już wiedzą. Natomiast głowa posągu – mógłbym przysiąc – jest przysztukowaną głową efeba z greckiej rzeźby z III wieku przed Chrystusem. Im bardziej się jej przypatrywać, tym piękniejsza.

W pierwszej chwili nie mogłem zrozumieć, co figura trzyma w ręku. Potem dopiero zrozumiałem, że to są szczypce, zwyczajne szczypce, w które ujęta jest urwana pierś kobieca. Święta Agata poniosła męczeństwo przez urwanie piersi rozpalonym żelazem. Pierś w szczypcach jest krągła jak jabłko i odgrywa rolę symbolu, bo sama Agata jest przy obu piersiach. Pomyślałem sobie, że posąg ten mógłby być ważny dla naszych czasów, kiedy się tyle mówi o babskich cyckach w literaturze. Kiedy się tyle tego widzi w kinie. Św. Agata powinna być patronką Lollobrigidy[4] i Sophii Loren[5].

*

Spotkanie się z *Pietą* Rondaninich[6] jest zawsze przeżyciem ponad ludzką miarę. Chyba jest to szczytem twórczości plastycznej – czymś rzeczywistym, a jednocześnie odrealnionym. Czymś uproszczonym, a jednocześnie „przefajnowanym", jakby powiedział nieboszczyk Lechoń. W literaturze chyba odpowiada temu *Polały się moje łzy...*[7] Cierpienie, do jakiego wzniósł się ten dziki człowiek (Michał Anioł), nie ma sobie podobnego. Jakże ubogie, mieszczańskie i cukierkowe są moje cierpienia. Może cały mój niedosyt polega na tragiczności, na złym gatunku cierpienia.

Mieści się w tej rzeźbie przeczucie wszystkich cierpień ludzkości, przeczucie XX wieku.

Cóż za wielkość w tym wrednym, małym człowieku: szczyty człowieczeństwa. I to wszystko prawda, pomimo że to obrabiał tak ckliwy pisarz jak Romain Rolland[8].

Widziałem dziś dużo rzeczy i ludzi, i wciąż mam przed oczami tego Michała Anioła.

*

Rozmowa z Italo Pietra[9], znowu o Polsce i znowu to samo: żeby nie zmarnować okazji, żeby nie zmarnować możliwości. A tyle przecie można by było zrobić. Dla zrozumienia i dla porozumienia.

Czy u nas to rozumieją? A co najważniejsze, czy u nas tego chcą? Czy zapatrzenie się w Moskwę będzie słabsze od poczucia obowiązku narodowego? Stoimy przed wielką odpowiedzialnością. Za parę lat już będzie wiadomo.

*

U pani Frova[10] pani Wikińska. Żydówka. Bardzo dawno wyjechała z Warszawy.

Opowiadam coś i mówię: „Grand Hotel". Pytają gdzie. „Na Kruczej" – odpowiadam. „Gdzie jest Krucza?" – pyta Wikińska. – „Zapomniałam". „Jak to? Nie pamięta pani? Tam gdzie była Edwarda, kapeluszniczka".

Oczywiście pamiętała, gdzie była Edwarda!

*

Indro Montanelli[11] napisał *Storia di Roma*. Coś w rodzaju naszego Jasienicy, tylko gorsze.

Montanelli mieszka na piazza Navona i ma psa, który nazywa się Gomułka.

*

Kolekcja Michałów Aniołów:
Pietà Rondaninich (Milano)
Pietà z Palestriny[12] (F[lorencja], Ak[ademia])
Pietà z katedry florenckiej[13]
Dawid[14]
Czterech *Niewolników*[15]
Pietà u św. Piotra[16]
Grobowce Medyceuszy[17].

[1] Autostrada *del Sole* (autostrada słońca) – nazwa włoskiej autostrady A1, o długości 759 km, łączącej Mediolan z Neapolem.

[2] *Zio* (wł.) – wuj.

[3] Livio Garzanti (ur. 1921) – włoski pisarz i wydawca. Od 1954 roku prowadził założone w 1936 przez swego ojca, Aldo Garzantiego, mediolańskie wydawnictwo Garzanti. W 1961 roku, po śmierci ojca, stał się jego właścicielem. W tym samym roku w wydawnictwie Garzanti ukazał się wybór opowiadań Iwaszkiewicza *Le signorine di Wilko* (przeł. F. Wars).

[4] Gina Lollobrigida, właśc. Luigina Lollobrigida (ur. 1927) – włoska aktorka filmowa, w latach 50. i 60. uważana za symbol seksu. Wystąpiła m.in. w filmach: *Fanfan Tulipan* (1952), *Piękność nocy* (1952), *Rzymianka* (1954), *Najpiękniejsza kobieta świata* (1955), *Salomon i królowa Saby* (1959). W 1961 roku laureatka nagrody Złotego Globu.

[5] Sophia Loren, właśc. Sofia Villani Scicolone (ur. 1934) – wybitna włoska aktorka. Jest pięciokrotną laureatką Złotego Globu. Wystąpiła m.in. w filmach: *Dwie noce z Kleopatrą* (1953), *Piękna młynarka* (1955), *Pożądanie w cieniu wiązów* (1958), *Matka i córka* (1960), *Małżeństwo po włosku* (1964), *Słoneczniki* (1969). Za rolę w filmie *Matka i córka* otrzymała w 1961 roku nagrodę dla najlepszej aktorki na MFF w Cannes, zaś w 1962 roku statuetkę Oscara. W 1991 nagrodzono ją honorowym Oscarem za całokształt twórczości, w 1994 zaś nagrodą Złotego Niedźwiedzia, również za

wkład w rozwój kinematografii. Jarosław Iwaszkiewicz wspomina przypadkową wspólną podróż z aktorką w sycylijskim rozdziale *Podróży do Włoch*.

⁶ Michał Anioł, *Pietà* Rondaninich (1564). Od 1952 rzeźba znajduje się w Castello Sforzesco w Mediolanie.

⁷ Właśc. ***Polały się łzy me czyste, rzęsiste...* – incipit wiersza Adama Mickiewicza, datowanego na lata 1839–40.

⁸ Romain Rolland jest autorem biografii *Żywot Michała Anioła* (1905, wyd. pol. 1924).

⁹ Italo Pietra (1911–1991) – dziennikarz włoski, w latach 1960–72 redaktor „Il Giorno".

¹⁰ Franciszka Wars Frova (zm. 2001) – tłumaczka literatury polskiej; urodziła się i młodość spędziła w Polsce, jej mężem był włoski archeolog. Przełożyła m.in. utwory Kazimierza Brandysa: *Samson* (wyd. wł. 1961), *Obrona „Grenady"* (wyd. wł. 1961), *Listy do pani Z.* (wyd. wł. 1964) oraz *Panny z Wilka* Jarosława Iwaszkiewicza (wyd. wł. 1961).

¹¹ Indro Montanelli (1909–2001) – włoski pisarz, historyk i dziennikarz. Autor m.in. prac: *Storia di Roma* (1957), *Storia dei Greci* (1959) oraz pięciotomowej monografii historycznej, napisanej z Roberto Gervaso, *L'Italia* (1965–69).

¹² *Pietà* z Palestriny (1550) – rzeźba przypisywana Michałowi Aniołowi. Znajduje się we florenckiej Galleria dell'Accademia.

¹³ Michał Anioł, *Pietà* (1547–53) – rzeźba przedstawiająca Chrystusa, Nikodema (według części badaczy Józefa z Arymatei), Marię Magdalenę oraz niedokończoną postać Marii. Według Giorgia Vasariego, miała ozdobić grób autora, praca nad rzeźbą została jednak przezeń zarzucona. Dzieło znajduje się we florenckim muzeum katedralnym.

¹⁴ Michał Anioł, *Dawid* (1501–04) – rzeźba ze zbiorów Galleria dell'Accademia we Florencji.

¹⁵ Michał Anioł, *Niewolnicy* (*Jeńcy*) (ok. 1530) – nieukończona rzeźba, mająca zdobić nagrobek papieża Juliusza II. Obecnie we florenckiej Galleria dell'Accademia.

¹⁶ Michał Anioł, *Pietà* (1498–1500) – rzeźba z bazyliki św. Piotra w Watykanie.

¹⁷ Grobowce Medyceuszy – alegoryczne rzeźby nagrobne wykonane w latach 1525–31 przez Michała Anioła w zaprojektowanej przezeń kaplicy grobowej rodziny Medyceuszy we florenckim kościele San Lorenzo.

Florencja, 25 lutego 1961

Dziś przyjechałem tu z Mediolanu. O Mediolanie całe studium trzeba napisać jako ilustrację do tez Alberta Schweitzera¹. W każdym razie znalezienie się we Florencji napełnia dawnym szczęściem. Mało zmieniona.

W trzy dni mediolańskie nudne „oficjalne" piły. Śniadanie w restauracji, od którego mi oko bielało (gerydon z owocami!) z Livio Garzanti i panią Dalai. Przyszedł potem dyrektor „Il Giorno" Italo Pietra, wielka figura. Potem byliśmy z panią Frova w redakcji „Il Giorno" na długiej rozmowie z tymże Pietrą – bardzo interesująca, potwierdzająca całkowicie moje stanowisko. Wczoraj wieczorem wielkie przyjęcie u starego Mondadoriego (*il Presidente*[2]) na cześć Ungarettiego. Było bardzo przyjemnie.

Spotkałem: Vittorio Sereni[3], Elio Vittorini, Alberto Mondadori[4], jego żonę, Montale[5], Soldati[6], Piovene, Piovenowa, Luigi *** od dodekafonii[7], Ungaretti itd. Byłem bardzo *brillant*[8]. Bufet fantastyczny. Mieszkanie też, w starym stylu.

Widok na Signorię niebywały, niebo florenckie, prawie fioletowe. Zapomniałem już, że to takie piękne.

[1] Albert Schweitzer (1875–1965) – niemiecki teolog, filozof, lekarz, duchowny ewangelicki, znawca twórczości Bacha i autor monumentalnej monografii kompozytora. W 1952 za działalność charytatywną otrzymał Pokojową Nagrodę Nobla.

[2] *Il Presidente* (wł.) – prezes.

[3] Vittorio Sereni (1913–1983) – poeta włoski. Opublikował m.in. tomy poezji: *Non sanno d'essere morti* (1955), *La guerra girata altrove* (1969) oraz książki prozatorskie: *L'opzione* (1964), *Gli immediati dintorni primi e secondi* (1983).

[4] Alberto Mondadori (1914–1976) – wydawca, eseista i poeta. Syn Arnolda Mondadoriego, w latach 1927–1957 jego współpracownik.

[5] Eugenio Montale (1896–1981) – włoski poeta, krytyk literacki, eseista i tłumacz. Autor m.in. zbiorów poezji *Ossi di seppia* (1925), *Le occasioni* (1939), *La bufera e altro* (1956), *Quaderno di quattro anni* (1977). Laureat literackiej Nagrody Nobla w 1975 roku.

[6] Mario Soldati (1906–1999) – włoski pisarz, scenarzysta, reżyser teatralny, telewizyjny i filmowy; autor m.in. powieści psychologicznej *Listy z Capri* (1954, wyd. pol. 1965) oraz zbioru nowel *Opowiadania wachmistrza* (1967, wyd. pol. 1971).

[7] Luigi Nono (1924–1990) – kompozytor włoski, jeden z najwybitniejszych dodekafonistów. Autor utworów orkiestrowych, wokalno-instrumentalnych, kameralnych, muzyki elektronicznej oraz oper: *Intolleranza 1960* (1960), *Al gran sole carico d'amore* (1975), *Prometeo* (1984).

[8] *Brillant* (fr.) – błyskotliwy.

Florencja, 27 lutego 1961
Byłem tylko co na piazza Giuseppe Poggi; wszystko mi się już poplątało w mojej biednej głowie, to, co tam przeżyłem w owym *Pensio-*

ne, i to, co skomponowałem[1]. Wyobrażałem sobie czegoś Panufnika i starego Zielińskiego w oknach tego pensjonatu i wydawało mi się, że ja naprawdę wróciłem tam w nocy i pensjonatu nie było. A to Józik wrócił. Oczywiście o Józiu myślę ciągle, na jesieni będzie równe trzydzieści lat, jakeśmy się fotografowali przed kościołem Santa Croce. A on mnie już wtedy uważał za staruszka. Dziwne, kochane, biedne stworzenie – co za genialny talent w nim zginął. Ta neurastenia!

[1] Iwaszkiewicz mieszkał w Pensione Piccardi na piazza Giuseppe Poggi 1 podczas swojej podróży do Toskanii wiosną 1931 roku, w towarzystwie młodego malarza Józefa Rajnfelda. „W dobrych parę lat po tym pobycie w pensjonacie florenckim – pisze w *Podróżach do Włoch* – napisałem opowiadanie *Kongres we Florencji,* gdzie szczegółowo opisałem nasze siedlisko, zaludniając je mieszkańcami, którzy nigdy tam nie byli. I teraz tak mi się poplątały te prawdziwe przeżycia z fikcją, że zupełnie nie wiem, co jest wspomnieniem rzeczywistości, a co wspomnieniem mojego opowiadania i niezwykle intensywnych przeżyć związanych z jego kompozycją. Wiem, że była na pewno ta stara Niemka, która mieszkała w pensjonacie z całą profesorską biblioteką swego ojca, na szafach tej biblioteki stały popiersia poetów, m.in. Goethego, nazwałem ją więc panną Goethe. [...] Była taka okropna służąca i nawet nazywała się Lucia. Był właściciel pensjonatu, krzyczący nocami eksoficer. Ale czy była córka [właściciela] pensjonatu? Czy była Carla? Zdaje się, nie było, a przecież ją pamiętam, mam ją przed oczami. [...] A profesor Zieliński? Byłem z profesorem Zielińskim w Wiedniu, w Heidelbergu, w Barcelonie – ale nie byłem we Florencji. A przecież widzę go, jak leży w ogromnym d r e w n i a n y m łożu na piazza Giuseppe Poggi [...]. [...] Ja nie jestem ja – jestem zewnętrznie podobny do Witka Lutosławskiego, któremu zadedykowałem *Kongres we Florencji,* aby pozbyć się ostatecznie tej mieszaniny prawdy i fikcji, której nigdy w równym stopniu nie przeżywałem" (J. Iwaszkiewicz, *Podróże do Włoch*, s. 69–70). Witold Lutosławski stanowił prototyp głównego bohatera *Kongresu we Florencji* Emanuela Krasowicza, kompozytor Andrzej Panufnik nadał rysy kompozytorowi Luśniakowi, prof. Tadeusz Zieliński stał się prototypem prof. Cielińskiego. W 1961 roku Iwaszkiewicz napisał wiersz ***Nad Arnem na placu stanąłem**, który został włączony do tomu *Jutro żniwa*:

> Nad Arnem na placu stanąłem
> (piazza Giuseppe Poggi)
> już sam nie wiedziałem po co
> stanąłem pod tamtym domem
>
> czy żeby przywołać powroty
> czy osoby które niegdyś tu żyły
> czy księgi które stworzyłem –
> już nie pamiętam po co

i znowu chciałem nowego
za daleko wypłynąłem po prostu
spod białego
prostego nowego mostu

nachylony nad grobem książąt
w pylnej zakrystii świętego Wawrzyńca
jak przyłapany złoczyńca
wyrzekłem się wspomnień: wiążą

wspomnienia to łańcuchy
w różu kopuł marmurowych
– niebieskie drogi jak ślady nart –
trzeba wszystko od nowa
zaczynać kleić okruchy
i zawsze stawiać domki z kart

jak dom na placu Giuseppe Poggi
(J. Iwaszkiewicz, *Wiersze*, t. 2, s. 267).

Florencja, 1 marca 1961
Niewielkie mam siły – czas nie jest po temu – aby zrobić portret po-
dwójny Campettich[1] i w ogóle opisać wczorajszy dzień spędzony w
Lukce. Zresztą to opisać się nie da. Zadziwiające losy tej kobiety – zupełnie już ślepej, nieprzytomnej i nic nierozumiejącej. To olbrzymie
mieszkanie (osiem pokojów na dwoje staruszków!), nawet bardzo ładne, tylko ponure – i piekielnie zimne. Zaplątana w te swoje lukskie stosunki – przede mną wywaliła wszystkie swoje żale, dwadzieścia jeden
lat pożycia z nieznośną teściową, małomiasteczkowe plotki i komentarze, przygody ze służącymi. Wspomnienia dzieciństwa i młodości, „majątek" pod Sieradzem, konna jazda... widzę to, coś jak w Tomaszowie.
Byli w Polsce, ale nie podobało się im, bo owoce niedobre. Nawet jabłka nie, a śliwki okropne. I tak od przeszło dwudziestu pięciu lat tkwi w
tym wszystkim, wytłumaczyć cokolwiek jest trudno, a najtrudniej to,
że mam kontakt z Garzantim. I wszystko to przy zwiedzaniu cudownych kościołów lukkańskich, San Frediano, Duomo, San Michele. Zadziwiająca fasada tego ostatniego, coś nieprawdopodobnego. A św. Marcin na katedrze, zupełnie mój Henryk[2]. I to wszystko w deszcz, w wil-
goć, ciasne uliczki, zachowane mury otaczające całe miasto, dęby kor-

kowe rosnące na wieżach. I potem na rozstanie: „Pan mi nic o Polsce nie opowiedział, a ja nic nie wiem. Czasami tak tęsknię...". A przecież to nic nie można opowiedzieć, bo ona nic nie rozumie. Tym razem nie „potęga Żydówek mówiących po polsku", a „smutek Żydówek mówiących po polsku". Frova też pytała mnie, odwożąc samochodem na dworzec w Mediolanie: „Czy ja bardzo z w ł o s z c z a ł a m tutaj?", a kiedy ja powiedziałem, że jakżeż, że bynajmniej, to się ucieszyła: „Chwała Bogu, bo ja zawsze chciałam być Polką...".

Zagadnienia nie do rozwiązania.

[1] Felicja Campetti z d. Baumgarten – polska pisarka, dziennikarka i tłumaczka z języków norweskiego i duńskiego, publikująca pod pseudonimem Felicja Aum. Iwaszkiewicz poznał ją w 1933 roku w czasie pracy dyplomatycznej w Kopenhadze. „Była bardzo inteligentna, stara i zgorzkniała. Jednak pasowała do środowiska duńskiego, gdzie jest mnóstwo takich starych panien, samodzielnych pracownic, rozsypanych po ślicznych kopenhaskich mieszkaniach. Mimo to czuła się widocznie osamotniona, ciążyła do towarzystwa polskiego i po pewnym czasie stała się stałym gościem naszych bardziej intymnych zebrań. Była osobą miłą i życzliwą. Od niej dostała moja żona pierwszą wiązankę gerberów; długi czas nie wiedzieliśmy, co to za kwiaty, i nazywaliśmy kwiatami Baumgarten!" (J. Iwaszkiewicz, *Podróże do Włoch*, s. 60). Felicja Baumgarten wyszła za mąż za esperantystę i nauczyciela matematyki w Lukce i osiadła we Włoszech. W kwietniu 1937 roku pisarz odwiedził ją w Lukce. Jej przyjaźń z Iwaszkiewiczami trwała przez lata 30., okres II wojny światowej – kiedy Felicja Campetti, mimo iż ukrywała się w związku z żydowskim pochodzeniem, jako obywatelka włoska miała możliwość wielokrotnego pisania do Stawiska – i lata powojenne.

[2] Henryk Sandomierski, bohater powieści Iwaszkiewicza *Czerwone tarcze*.

2 marca 1961

Wczoraj jechałem torpedą z Florencji do Rzymu. Przejeżdżaliśmy obok Castiglion Fiorentino. Jest to toskańskie miasteczko, jak zwykle na górze. Nad miasteczkiem góruje wysoka wieża. I nagle uprzytomniłem sobie, że to nad tą właśnie wieżą ujrzałem obłok, duży biały obłok, kiedy przejeżdżałem tamtędy na wiosnę 1938 roku. A w tym obłoku nagle, jak skondensowana raptem myśl objawiła mi się *in nuce*[1] cała treść *Sławy i chwały*. Z tego obłoku nad Castel Fiorentino poczęła się ta cała męka, która dotąd się jeszcze nie skończyła.

*

Zwyczajny spacer po Rzymie. Rzym jako codzienne, zupełnie zwykłe miasto. To nudne. Tu trzeba mieć entuzjazm, a ja entuzjazmu nie mam. Patrzę trochę zdziwiony na to wszystko. Że się ludziom chce tak kręcić, tak spieszyć. Że się innym chce „zwiedzać". Co zwiedzać? *Des curiosités de Rome*[2]. „*Comment visiter les beautés de Florence*"[3] – tak się nazywa jakaś książeczka. *Et pourquoi visiter les beautes de Florence? de Rome? Pourquoi faire?*[4] Turystyka współczesna jest jedną z największych klęsk ludzkości. Już to gdzieś napisałem[5]. Pustka naszych żyć jest przerażająca.

*

Wczoraj sam jeden chodziłem po palatyńskim wzgórzu. Smutek, samotność – ale i trochę radości. Dużo radości z tego piękna, z tych drzew osypanych pomarańczami, z tych zielonych masywów drzew – na tle niebieskiego nieba.

Bardzo mnie zastanowiły freski w domu Liwii[6]. Benozzo Gozzoli niedaleko jest od nich. Tradycja przetrwała.

[1] *In nuce* (łac.) – dosł.: w skorupce orzecha, w przenośni: w formie lapidarnej, zwartej.

[2] *Des curiosités de Rome* (fr.) – osobliwości Rzymu.

[3] *Comment visiter...* (fr.) – W jaki sposób zwiedzać atrakcje Florencji.

[4] *Et pourquoi visiter...* (fr.) – I po co zwiedzać atrakcje Florencji lub Rzymu? Po co to wszystko?

[5] „Turystyka – to jedna z największych klęsk XX wieku. Oczywiście mówię o turystyce bezmyślnej, która tłumem ospałych podróżników zamula najpiękniejsze i wymagające delikatnej czułości zakątki świata" (J. Iwaszkiewicz, *Karnawał w Taorminie*, „Przegląd Kulturalny" 1961, nr 14).

[6] We wzniesionym w latach 75–50 p.n.e. domu żony cesarza Augusta, Liwii Drusilli (58 p.n.e–29 n.e.), zachowały się freski o motywach przyrodniczych i mitologicznych.

Rzym, 6 marca 1961

Wczoraj byłem z Zarembami[1] w Tarquinii i Cerveteri. Wdzięczny im jestem, że mnie tam zabrali i pokazali tych Etrusków. Malowidła w Tarquinii i nastrój cmentarza w Cerveteri (mimozy i fiołki kwitną obficie) robią duże wrażenie. Ale przygnębili mnie trochę Zarembowie. Cała wycieczka była zresztą zrobiona z myślą, aby mnie naciągnąć na

„opiekę" nad Ewą. Nie potrzebują mnie naciągać. Cenię Ewę jako pisarkę. Ale świat, w którym oni żyją, tak nieprawdziwy, tak nieodpowiadający rzeczywistości, że naprawdę trudno zrozumieć, jak tak można istnieć. A poza tym podejrzliwość: wszystko jest niedobre, wszystko jest jakieś zepsute i nierzeczywiste. W ich oczach (Ewa ślepnie!) wszystko się wykrzywia w przykry i groteskowy obraz. Ludzie, miasta, zdarzenia, sztuka. To, co mówią o Rzymie – okropne, o ludziach – całkiem dowolne. Ewa powiedziała, że chuligaństwo w Rzymie i kradzieże samochodów zaczęły się dopiero po wyświetleniu *Dolce vita*[2]. A on – radca ambasady – potakiwał jej. Czyż można być równie krótko, a raczej „dowolniewzrocznym"?

[1] Ewa Szelburg-Zarembina (1899–1986) – pisarka, autorka utworów dla dzieci i młodzieży, oraz jej mąż Józef Zaremba (1900–1988) – pedagog i wydawca, od 1948 roku redaktor naczelny Centralnego Urzędu Wydawniczego i Wiedzy Powszechnej, w latach 1952–57 prezes Centralnego Urzędu Wydawnictw. W latach 1957–61 był attaché kulturalnym Ambasady Polskiej w Rzymie.

[2] *La dolce vita* (*Słodkie życie*, 1960, reż. F. Fellini) – włosko-francuski film fabularny, w którym zagrali m.in. Marcello Mastroianni, Alain Cuny, Anouk Aimée i Anita Ekberg; nagrodzony Złotą Palmą na festiwalu w Cannes w 1960 roku.

7 marca 1961

Przedwczoraj *Dolce vita*, dzisiaj *La notte*[1]. Wielkie oskarżenia strasznego, bezmyślnego, a zwłaszcza okrutnego świata, w jakim żyjemy. To bardzo s t r a s z n e filmy.

Wat powiedział Ewie Szelburg-Zarembinie, że jedynym pisarzem, który się zachował porządnie w czasie okupacji, był Aleksander Wat[2]. Nielicho.

[1] *La notte* (*Noc*, 1961, reż. M. Antonioni) – włosko-francuski film fabularny, z udziałem Marcello Mastroianniego i Jeanne Moreau, nagrodzony statuetką Złotego Niedźwiedzia na festiwalu filmowym w Berlinie w 1961 roku.

[2] Aleksander Wat po wybuchu II wojny światowej znalazł się we Lwowie. 24 stycznia 1940 został aresztowany przez NKWD. Lata 1940–41 spędził w radzieckich więzieniach we Lwowie, Kijowie, Moskwie i Saratowie. 20 listopada 1941 został zwolniony na mocy amnestii po pakcie Sikorski–Majski. Mieszkał z żoną i synem w Ałma Acie i Ili w Kazachstanie. W marcu 1943 był powtórnie aresztowany za odmowę przyjęcia radzieckiego paszportu i więziony około trzech miesięcy w Ałma Acie. W kwietniu 1946 roku powrócił z rodziną do Polski.

9 marca 1961

Moravia jest brzydki i niesympatyczny. Jest wysoki, a twarz ma trochę jak u kundla-mieszańca, nieregularną, jaką miewają pół-Żydzi. Podobno jest całym Żydem. Jest nerwowy, widać, że hipochondryk, a poza tym bardzo siebie ceni. Nie chce ustąpić partnerowi ani trochę. Nie chce wyjść na spotkanie, czeka. Więc ja atakuję. Zaczyna się od wybierania pierwszej potrawy. Kelner proponuje *lazzani* albo coś takiego. Ja mówię: „*lazzani*" bez wahania. On mówi: „*lazzani*", potem zmienia, potem znów wraca do *lazzani*, potem znowu zmienia. Wreszcie woła kelnera, który już odszedł, i każe dać sobie *lazzani*. Powiadam: „Często pan zmienia opinie!". Nie bardzo mu się to podobało, uważał to za aluzję polityczną. Więc ja mu Irzykowskiego: „Tylko krowa nie zmienia przekonań!". *Vache*[1] po francusku brzmi dwuznacznie. W dalszym ciągu mu się nie podoba. Zmieniam temat. Opowiadam mu o *Matce Joannie* i proteście kurii biskupiej[2]. Bardzo go to interesuje. „Księża są u was mocni, mocni". „Jak pan widzi" – powiadam. Cieszy się. Potem mówi o pustce, którą autor odczuwa po wydrukowaniu książki. On teraz wydał tę *La noia*[3], pusto mu i nie chce się pisać. *La noia* podobno rzeczywiście nudna. Potem pyta, czy u nas jest cenzura. Oczywiście, jest! „Nienawidzę cenzury – powiada – wszelkiej cenzury. Chciałbym, żeby się zmieniła w zająca czy ptaka. Wtedy bym pif, paf! zastrzelił ją na miejscu!" Trochę dziwna metafora. Pyta o rosyjską literaturę. Mówię, że w Rosji się wiele zmienia. „Ale książek dobrych nic ma!" – powiada. Ja mu przeczę, ale nie chce mnie słuchać. „Nie ma i koniec!" Mówimy o przekładach z polskiego. Czytał Miłosza *Rodzinną Europę*, ale mówi, że bardzo zły przekład (Rysia Landaua[4]). Pyta o moje rzeczy. Opowiadam o Garzantim. Morra[5] wtrąca się do rozmowy i mówi coś o trudności przekładu tytułu *Sławy i chwały*. Próbuję wytłumaczyć Moravii, o co chodzi, a on chwyta w lot. „Oczywiście – mówi – tytuł powinien brzmieć *La gloria e la fama*". Uważam, że to świetnie brzmi. Potem zaczyna się nudzić. Widać, że ja go nie obchodzę nic a nic. Pierwszy zaczyna się żegnać. Kawy nie pił – nie może spać.

---

[1] *Vache* (fr.) – krowa. Jako przymiotnik lub przysłówek *en vache* oznacza: podły, podstępny; po świńsku, podle.

[2] Mowa o filmie fabularnym *Matka Joanna od Aniołów* (1961, reż. J. Kawalerowicz, scen. J. Kawalerowicz i T. Konwicki). Biuro Komisji Episkopatu Polski dla

Spraw Radia, Filmu i Telewizji uznało ekranizację opowiadania Iwaszkiewicza za film z kategorii „niedozwolonych, które wprost lub pośrednio występują przeciwko chrześcijańskim zasadom wiary i obyczajów" (cyt. za: M. Fik, *Kultura polska po Jałcie. Kronika lat 1944–1981*, Londyn 1989, s. 335). Z kolei Jan Maria Gisges wspominał: „Jakoś wkrótce po premierze filmu, w początku marca 1961 roku, przyszedł do mnie w Domu Literatury Paweł Jasienica, który opowiadał, że w Krakowie księża z ambon zabraniają wierzącym chodzić na film Kawalerowicza i Konwickiego *Matka Joanna od Aniołów* pod groźbą nieudzielenia rozgrzeszenia i pod tą samą groźbą nie wolno im czytać opowiadania Iwaszkiewicza. Jak mówią w Warszawie, w kościele Świętego Krzyża kaznodzieja podobnie obkłada ekskomuniką obydwa te dzieła" (J. M. Gisges, *A po człowieku dzwoni dzwon*, s. 37).

[3] A. Moravia, *La noia* (Nuda, 1960).

[4] Ryszard (Riccardo) Landau – tłumacz na język włoski, przekładał m.in. utwory Witolda Gombrowicza, Stanisława Jerzego Leca, Sławomira Mrożka, Stanisława Ignacego Witkiewicza. *Rodzinna Europa* (*Europa familiare*) Czesława Miłosza ukazała się w jego przekładzie w mediolańskiej oficynie Silva Editore w 1961 roku, w ramach przygotowywanej przez Aleksandra Wata kolekcji polskiej literatury współczesnej.

[5] Mario Morra (ur. 1935) – włoski reżyser i scenarzysta.

[*10 marca 1961*]

Moravia – wczoraj – zrozumiał od razu o co chodzi w tytule *Sława i chwała*. Nad tym tytułem wiele się zastanawiano w Mediolanie. Nawet chciano go zmienić. A on powiedział od razu: „*La gloria e la fama*".

*

Na dziwnej ulicy di Porta San Sebastiano z dwóch stron mury i duże ciemne ogrody. W pewnym miejscu „ogrody Scypionów". I ten grobowiec Scypionów[1], zarośnięty i ponury. Największych Scypionów tam nie ma. A przynajmniej nie zachowały się napisy. Ale dużo jakichś młodych chłopców, historycy głowili się nad ich stosunkami rodzinnymi, a potem przestali. To nie ma żadnego znaczenia, tylu ich umarło.

Grobowiec Scypionów – nieznany prawie nikomu – jakiż temat dla Słowackiego, dla Norwida. Ale też nikt nie wspomniał na nich.

*

Byłem dziś w kościele św. Eugeniusza[2], dziwnym pomniku naszych czasów. Zbudowany przez Piusa XII na cześć swego patrona, jest pomnikiem pychy. Wnętrze jest architektonicznie niezłe, potworne malarsko. Ale zamiast obrazu w głównym ołtarzu potężna (i dobra) rzeźba św. Eugeniusza – a więc papieża. Ma się takie wrażenie, że Pacelli sam siebie stawiał na ołtarzu. Cezaryzm, który go spokrewnia z jego znanymi współcześnikami. Mało tego ołtarza: nad posągiem fresk, a nad wyjściem witraż uwieczniający papieża w znanej pozie z rozwartymi ramionami. Na wszystkich witrażach wyobrażeni święci papieże. Rzadko można spotkać taką świątynię samouwielbienia. Cieszę się, że tam zaszedłem. To bardzo ciekawe – i wiele tłumaczące zjawisko.

[1] Najsłynniejszy z rodu Korneliuszów – Publiusz Korneliusz Scypion Afrykański, który pokonał wodza Kartaginy Hannibala w bitwie pod Zamą w 202 roku p.n.e. – jest pochowany w Liternum koło Neapolu, gdzie znajdowała się jego ulubiona willa. Grobowiec Scypionów w Rzymie wzniesiono dla Korneliusza Scypiona Barbatusa, do połowy II w. p.n.e. byli w nim grzebani inni członkowie rodu.
[2] Kościół przy viale delle Belle Arti w Rzymie, ufundowany przez papieża Piusa XII (Eugenia Pacellego), powstawał w latach 1942–51, od 1960 pod wezwaniem św. Eugeniusza. Twórcą brązowej statui patrona świątyni jest Attilio Selva.

14 marca 1961
Wczoraj wieczorem spacer przez fora cesarskie do Colosseum i z powrotem przez Kapitol. Niezapomniane wrażenie. Mury Palatynu oświetlone na żółto, ściana Colosseum biała, wnętrze żółte. Oświetlenie wydobywa charakter materiału. Granity, trawertyny, marmury nabierają życia. Biały szczyt św. Franciszki Romana[1] ponad ciemnym Forum. I Kapitol, cudowny, cały w blasku.

Na ulicach na ogół pusto. Mimo to o mało nie wpadłem pod samochód.

[1] Kościół zbudowany w IX w. na fundamentach rzymskiej świątyni Wenus. Po pożarze odbudowany w stylu baroku, w 1608 roku został poświęcony św. Franciszce i nazwany Santa Francesca Romana. Fasada z trawertynu jest dziełem Carla Lombardiego (1615).

Stawisko, 14 kwietnia 1961
Chyba to niedobrze, że ten dziennik staje się raczej zbiorem liryków, a nie notatkami o zdarzeniach. Unikam zdarzeń niestety. Znowu gre-

nie[1] i maciągi (nie mówiąc już o sandauerach[2]) będą mówili o estetyzmie. Nie chce mi się odnotować nawet lotu pierwszego człowieka w
kosmos[3]. Wierzyć się w to nie chce, a już nam to potężnie obrzydzili
przez radio i przez telewizję. Napisałem nawet wiersz na ten temat, ale
Anka [Baranowska] mi go zdyskwalifikowała[4]. Nie chce mi się także
pisać o Ostrowcu i Sandomierzu, które odwiedzałem już jako kandydat na posła. Miałem wrażenie, że jestem „u siebie", jak Radziwiłł w
Staszowie[5], a Branicka w Białej Cerkwi. Co za dziwne ciągoty szlacheckie tkwią wciąż w człowieku.

Zakwitły dziś czereśnie na dziesięć dni przed terminem – i to jest
dla mnie nagle ważniejsze niż wszystkie gagariny, Czombe[6] i cały prze-
wrócony do góry nogami świat. Hania jest przejęta i zadaje najgłupsze
w świecie pytania. A ja wyszedłem w ciepłą, pachnącą noc i wetchną-
łem trochę spokoju. I to jest najważniejsze.

Telefonowali dzisiaj. Ktoś chce robić film z *Kochanków z Marony*[7].
Wzdrygnąłem się na tę wiadomość. Wydać na pastwę filmowców coś,
co się przeżyło, co się tak ukochało? Wydać na łup aparatu Jurka i Arka,
i wszystko, co tam jest z krwi. Jeden Lachmann to zrozumiał. „Przeklęte ma pan pióro, kiedy pisze pan takie rzeczy – przeklęte, bo krew z
niego ciekne – bulgotem". „Pytam, czy tak wolno, pytam, czy tak wolno pisać, panie Jarosławie?" On jeden zobaczył, jakie to straszne i jak
okropne było pisać taką rzecz, ile to kosztowało. Właśnie krwi. I oto z
tego robić film! Mój Boże, jakąż żałosną rzeczą jest sztuka. I jak właściwie moja „estetyczna" (co za głupota) pisanina mało ma wspólnego
ze sztuką. Ale tego nikt nie wie i nikt jeszcze nie zrozumiał. Moje pisanie jest tworzeniem przedmiotów, konkretnych przedmiotów, jak stołów, krzeseł. To służy do użytku, nie do jedzenia.

---

[1] Zygmunt Greń (ur. 1930) – krytyk teatralny i literacki, eseista. Autor zbiorów
szkiców krytycznoliterackich i teatralnych: *Godzina przestrogi* (1964), *Książka nienapisana* (1966), *Teatr i absurdy* (1967), *Wejście na scenę* (1968), *Czwarta ściana* (1972). W tomie *Książka nienapisana* omawia powojenną twórczość prozatorską
Iwaszkiewicza.

[2] Artur Sandauer (1913–1989) – krytyk literacki, prozaik i tłumacz. W 1955 roku
ukazała się jego praca *Poeci trzech pokoleń*, zawierająca szkic *Od estetyzmu do realizmu. (Rzecz o Jarosławie Iwaszkiewiczu)*. W 1957 rozpoczął publikację kontrower-
syjnego cyklu krytycznego *Bez taryfy ulgowej* (wyd. książkowe 1959, wyd. nast. pt.
Dla każdego coś przykrego 1966), współpracował m.in. ze „Współczesnością", „Twór-

czóścią", „Polityką", warszawską „Kulturą". Od 1963 docent, później profesor Uniwersytetu Warszawskiego. Autor m.in. tomów szkiców krytycznych: *Moje odchylenia* (1956), *Samobójstwo Mitrydatesa* (1968), *Matecznik literacki* (1972), pracy teoretycznoliterackiej *O jedności treści i formy* (1957), prozy autobiograficznej oraz eseju *O sytuacji pisarza polskiego pochodzenia żydowskiego w XX wieku* (1982).

[3] Jurij Gagarin (1934–1968) – radziecki astronauta, 12 kwietnia 1961 roku jako pierwszy człowiek odbył lot w kosmos, podczas którego dokonał jednokrotnego okrążenia Ziemi. Refleksje na temat tego wydarzenia Iwaszkiewicz opublikował w artykule *Helena i Halina* (imiona córek kosmonauty), na łamach „Twórczości" 1961, nr 6.

[4] Chodzi o wiersz Iwaszkiewicza *Córkom Jurija Gagarina*, opublikowany w rosyjskim przekładzie na łamach miesięcznika „Inostrannaja Litieratura" (1961, nr 6), w oryginale zaś w aneksie do książki Zbigniewa Chojnowskiego *Poetycka wiara Jarosława Iwaszkiewicza*.

[5] Majątek Radziwiłłów mieścił się w Sichowie koło Staszowa. W 1897 roku stał się własnością Macieja Radziwiłła (1873–1920) i jego małżonki Róży z Potockich (1878–1931). W 1920 roku przypadł w spadku najstarszemu ich synowi Krzysztofowi Mikołajowi Radziwiłłowi, w tamtym okresie narzeczonemu Anny Lilpopówny, późniejszej żony Jarosława Iwaszkiewicza. Krzysztof Mikołaj Radziwiłł mieszkał w nim z poślubioną w 1923 roku Zofią z d. Popiel do 1939 roku.

[6] Moise Kapenda Czombe (1919–1969) – polityk kongijski, w czasie secesji prowincji Katangi (1960–63) jej prezydent. W bloku państw socjalistycznych uważany za uzurpatora i zwolennika polityki kolonizacyjnej państw Zachodu. W latach 1964– –65 premier Konga.

[7] Opowiadanie *Kochankowie z Marony* zostało dwukrotnie zekranizowane: przez Jerzego Zarzyckiego w 1966 roku oraz przez Izabelę Cywińską w 2005 roku.

18 kwietnia 1961

Wczoraj był przejazdem przez Warszawę do Pragi Lowa Szejnin z żoną. „Moi" go zabawiali i wozili po Warszawie, a ja miałem jakiś idiotyczny wieczór „solidarności Ruchu Oporu"[1]. Po wieczorze pojechałem na dworzec i jeszcze zastałem Lowę. Było bardzo miło i serdecznie. Rozochociliśmy się i pojechaliśmy po odejściu pociągu do Spatifu. Był tam tłum ludzi, bo oblewano wernisaż Kobzdeja[2]. Oczywiście każdy starał się mówić mi o *Kochankach z Marony*, czasem udatniej, czasem mniej udatnie. Brandysowa (mocno podpita), mówiąc z entuzjazmem, dodała, że jednak uważa, że są tam pewne „dialogowe pęknięcia".

Nie o to chodzi zresztą. Ale o to, że taż Brandysowa opowiadała bardzo podejrzaną historię o poznaniu „duszy rosyjskiej" w Moskwie.

Chyba blagowała. Ale mówiła z wielką emfazą, jak jakiś młody człowiek, do którego przysiedli się w Aragwi, czcił wielkiego pisarza polskiego Kazimierza Brandysa i jak go zapytał ten Ruski, jak po polsku *„apielsin"* – i Kazio odpowiedział „pomarańcz". I powtarzała kilkakrotnie, jak ten pisarz polski powiedział „pomarańcz" i nawet do głowy jej nie przychodziło, że kompromituje i jego, i siebie. Mnie na dźwięk słowa „pomarańcz" robi się zimno, usiłowałem nie patrzeć na Jurka Lisowskiego, bo wiem, że i on tego nienawidzi. Na ogół jednak było bardzo przyjemnie. Wypiłem bardzo dużo wódki, ale czułem się dobrze. Taki był mój pierwszy dzień w roli posła z Sandomierza[3]. Jerzy Hryniewiecki[4], który także tam był, powiedział mi: „Fe, nie spodziewałem się tego po tobie, że zostaniesz posłem prowincjonalnym".

Przysłano mi dzisiaj z Kijowa książkę o literaturze polskiej współczesnej, napisaną po ukraińsku. Są to eseje o poszczególnych pisarzach. Każdy pisany przez innego krytyka. O mnie pisze Werwes[5], podobno jeden z lepszych. Boże, jakież to okropne, schematyczne, nieprawdziwe i niesprawiedliwe. Stawanie na głowie, żeby zrobić ze mnie socrealistę, przemilczanie *Famy*, *Wzlotu* itd. Całkowite przekreślanie początków mojej twórczości. Borejsza zawsze mówił, że *Czerwone tarcze* to powieść naprawdę marksistowska. Werwes pisze, że jest to powieść faszystowska. Oczywiście najlepsze osiągnięcia to *Róża* i *Ucieczka Felka Okonia*. Nieprzyjmowanie do wiadomości, że ja mogę myśleć inaczej niż oni – tylko wszystko przypisywanie nieświadomości. „Nie rozumiał" – i koniec. I absolutna niemożliwość pomyślenia, że to oni nie rozumieją. Ataki na Jurka Kwiatkowskiego i na Berezę[6] – że spychają mnie na pozycje „rewizjonistyczne", ale że ja nie jestem rewizjonistą, broń Boże. Do głowy takiemu nie przyjdzie, że ja jestem po prostu pisarzem. Rozpacz chwyta za serce, kiedy się czyta takie elaboraty. I pomyśleć, że innych tam n i e m a.

[1] 18 kwietnia 1961 roku odbywały się w całym kraju demonstracje sprzeciwu wobec inwazji na Kubę, mającej na celu obalenie rządów Fidela Castro. W Warszawie zorganizowano marsz uliczny i demonstrację pod ambasadą Kuby. Tego samego dnia rząd PRL wydał oświadczenie, w którym potępił inwazję na Kubę i wyraził solidarność z narodem kubańskim. Inwazji dokonały szkolone i wyposażone w Stanach Zjednoczonych wojska złożone z uchodźców kubańskich. Wydarzenia te miały miejsce w dniach 17–19 kwietnia i znane są jako „inwazja w Zatoce Świń".

² Aleksander Kobzdej (1920–1972) – malarz, grafik i architekt. Od 1951 roku profesor warszawskiej ASP, autor sztandarowych obrazów polskiego socrealizmu. Na przełomie lat 50. i 60. uprawiał eksperymentatorską twórczość niefiguratywną.

³ Sejm PRL III kadencji rozpoczął obrady 16 kwietnia 1961 roku. Jarosław Iwaszkiewicz był w nim bezpartyjnym posłem, wybranym z okręgu w Ostrowcu Świętokrzyskim, do którego należał Sandomierz.

⁴ Jerzy Hryniewiecki (1908–1988) – architekt, profesor Politechniki Warszawskiej, od 1957 roku poseł na Sejm PRL. Iwaszkiewicz po raz pierwszy zetknął się z nim jako trzyletnim dzieckiem, latem 1911 roku, gdy udzielał prywatnych lekcji w majątku Byszewy pod Łodzią. Był synem Bolesława Hryniewieckiego, botanika, profesora uczelni w Odessie i Warszawie, skoligaconego z rodziną Wandy i Feliksa Zdzitowieckich, właścicieli sąsiedniego majątku w Skoszewach. Jerzy Hryniewiecki zaprojektował wnętrza warszawskiego mieszkania pisarza przy ulicy Kredytowej 8/9, a także część mebli z tego mieszkania oraz z mieszkań Iwaszkiewiczów w Kopenhadze i Stawisku. Autor licznych projektów architektonicznych, m.in.: Stadionu X-lecia, Supersamu przy ul. Puławskiej 2, basenów KS Legia w Warszawie i Hali Sportowo-Widowiskowej „Spodek" w Katowicach.

⁵ Hryhorij Werwes (ur. 1920) – ukraiński krytyk i historyk literatury. Autor wstępów do ukraińskich i rosyjskich edycji dzieł m.in. Adama Mickiewicza, Juliusza Słowackiego, Elizy Orzeszkowej, Bolesława Prusa, Władysława Reymonta, studiów dotyczących polskiej i ukraińskiej literatury oraz literatury ukraińskiej na tle literatury europejskiej. Opatrzył posłowiem ukraińskie wydanie *Sławy i chwały* Jarosława Iwaszkiewicza (1966). Autor książki *Jarosław Iwaszkiewicz: szkic krytycznoliteracki*, opublikowanej w języku ukraińskim (1978), rosyjskim (1985) oraz w polskim przekładzie (1979). Jarosław Iwaszkiewicz pisał o jego pracach w felietonie *Werwes* („Życie Warszawy" 1972, nr 301).

⁶ Henryk Bereza (ur. 1926) – krytyk literacki. W latach 1966–78 kierował działem krytyki redagowanego przez Iwaszkiewicza miesięcznika „Twórczość", w latach 1979––88 kierował działem prozy, po śmierci Jarosława Iwaszkiewicza zaś piastował funkcję zastępcy redaktora naczelnego miesięcznika. Współpracował z Iwaszkiewiczem również w działalności związkowej, w latach 1964–69 jako członek Zarządu Oddziału Warszawskiego ZLP, a w latach 1972–75 członek Zarządu Głównego. Autor m.in. tomów szkiców krytycznych i literackich: *Sztuka czytania* (1966), *Związki naturalne* (1972), *Taki układ* (1981), *Bieg rzeczy* (1982), *Sposób myślenia* (1989), *Oniriada. Zapisy z lat 1976–1996* (1997). Pisarstwu Iwaszkiewicza poświęcił m.in. szkice: *Mistrzostwo*, pomieszczony w tomie *Taki układ* oraz *„Sława i chwała" Jarosława Iwaszkiewicza*, opublikowany w zbiorze *Z problemów literatury polskiej XX wieku*, t. 3, *Literatura Polski Ludowej*, pod red. A. Brodzkiej i Z. Żabickiego (1965). Jarosław Iwaszkiewicz napisał o jego twórczości felieton *Prozaiczne początki* („Życie Warszawy" 1972, nr 19).

8 maja 1961

Byłem dziś u [Karoliny] Jasińskiej. Leży w łóżku, ciężko chora, ale już w nowej chacie. Jest chora nieuleczalnie. Leży sobie w łóżku jak aniołeczek, bielutka jak opłatek, gotowa. Myślałem sobie, że mało końców jest tak szczęśliwych, wychowała dobrze pięcioro dzieci, które musiała hodować po śmierci męża, dzieci są dobre, uczciwe, mili ludzie z życiami też udanymi, ma dobrych zięciów (Jurek Wojciechowski[1] to wybitny człowiek), całe życie mieszkała w chacie ulepionej z chrustu, a teraz zbudowała sobie taki śliczny, murowany domek, trzy pokoje i kuchnia, i chociaż jest teraz sama i opuszczona, to jednak dzieci przyjeżdżają, troszczą się o nią. Bardzo piękny żywot. Byłem bardzo wzruszony, gdy się z nią żegnałem. Szła cudowna wiosenna burza, spotkałem Mietka, Polesie tak mało zmienione. Czułem strumień życia (i śmierci) przepływający przeze mnie. Może to trochę sentymentalne, ale tak było. Spokój, spokój, prawie szczęście.

Wrażenia z Moskwy i Zakopanego

Wróciłem z Moskwy 28 kwietnia bardzo zmęczony[2]. Zmienił się styl przyjęć, w ciągu tygodnia nie byłem ani razu w teatrze, natomiast byłem na sześciu prywatnych przyjęciach i dwóch oficjalnych. Bardzo się z tego cieszyłem, bo widziałem mnóstwo ludzi i mnóstwo „wnętrz". To było bardzo pouczające. Byłem u Ogniewych[3], Staniukowiczów[4], Bełzy[5], Fiedina, Erenburga, a poza tym w ambasadzie (Furcewa[6] i Koniew[7]) i na wielkim obiedzie w Związku Pisarzy, gdzie byli Surkow, Fiedin, Szczipaczow[8], Złatowa[9], Twardowski, Paustowski i wielu innych. Najciekawsze były oczywiście rozmowy z Iljuszką [Erenburgiem] i Fiedinem.

W gruncie rzeczy bardzo to charakterystyczne dla zmian, jakie następują tam – to, że dopuszcza się cudzoziemców do takich intymności. Przyjęcie u Ogniewych, spotkanie z trzema w jednej osobie rzeźbiarzami, pobyt w Pierediełkinie z Fiedinem – to bardzo pamiętne rzeczy. Z tarasu willi Fiedina roztacza się szalenie ruski widok, na laski świerkowe i brzozowe, na takie pagórki nad rzeczkami, jakie tylko tam są. Widać też bardzo ładną cerkiewkę kolorową, odnowioną, podobno z czasów Iwana Groźnego. Córka Fiedina pokazała mi tę cerkiewkę i willę obok niej i powiedziała, że tam mieszka „*nasz patriarch*", patriarcha „*wsieja Rusi*" Aleksiej[10]. Zaraz obok cmentarz na *kosogorze*[11], a na cmentarzu trzy duże sosny jak trzy palmy. Tam leży Borys Pasternak.

U Erenburga też ślicznie, choć piekielnie daleko od Moskwy. Jedzie się raczej złą drogą (ostatni kawałek wręcz koszmarny), obok zrujnowanego klasztoru Nowyj Jerusalim, opisanego przez Czechowa[12]. Ale sama willa mała, drewniana, z mnóstwem roślin w środku (to samo u Fiedina – cudowne hibiskusy), na górce, a u stóp górki rzeczka i łączka za rzeczką, wszystko śliczne. Psy też prześliczne, i dwie stare, siwe jak gołąbki siostry, które zajmowały się całą kolacją. Bardzo było uroczo, Erenburg opowiadał dużo złośliwych rzeczy o swoich kolegach – i oczywiście znowu mówił o torturach „strachu".

Dopiero teraz trochę poznaję ten kraj i ludzi – i napełnia mnie podziw, jak bardzo dawniej byłem naiwny i nie orientowałem się w sytuacji tych ludzi. Byli dla mnie bardzo serdeczni.

Z Fiedinem rozmawiałem w ogródku na ławce, mówiliśmy o okropnościach naszego wieku. Przytoczyłem mu aforyzm Leca: ludzie dziewiętnastego wieku nie mieli pojęcia, że po dziewiętnastym nastąpi dwudziesty[13]. „Dla mnie najokropniejsze to jest to – powiedziałem – że mamy do czynienia z taką ilością kłamstwa". Fiedin zamilkł, popatrzył mi w oczy i potem powiedział: „Tak, to prawda. To kłamstwo jest straszne. Wszyscy kłamią".

Po powrocie trzy dni w Zakopanem. Mieszane uczucia: z jednej strony wspomnienia tak żywe, dawne z lat 1921–25 i nowe z roku 1959, a z drugiej straszliwa obcość tego wszystkiego, co tam się do tego stopnia zmieniło. Ślub Teresy z Wojtkiem[14] wzruszający, w starym kościółku, jakiś smutny jednocześnie. Śluby naszych córek takie dziwne, takie inne w stylu niż całe nasze życie. Hania była bardzo wzruszona i ja też. W sumie pobyt miły.

[1] Jerzy Wojciechowski – zięć Karoliny Jasińskiej, wówczas przodownik pracy.

[2] Iwaszkiewicz przyjechał do Moskwy 21 kwietnia razem z Janem Brzechwą w celu omówienia współpracy między Związkiem Literatów Polskich a Związkiem Pisarzy Radzieckich.

[3] Władimir Ogniew (ur. 1923) – rosyjski prozaik, teoretyk literatury i scenarzysta filmowy. Jego publikacje Iwaszkiewicz omawiał na łamach „Życia Warszawy". Szkic wspomnieniowy Ogniewa o Iwaszkiewiczu *Władza życia* opublikowano w tomie *Wos-*

pominanija o Jarosławie Iwaszkiewicze. W przekładzie Roberta Papieskiego został wydrukowany na łamach „Twórczości" (2009, nr 2).

[4] Jadwiga Staniukowicz oraz jej mąż Kirył Staniukowicz (1916–1989) – rosyjski naukowiec, astronom i fizyk.

[5] Igor Bełza (1904–1994) – rosyjski muzykolog i kompozytor. Od 1953 roku profesor Instytutu Historii Sztuki Akademii Nauk ZSRR, w którym kierował Sekcją Kultury Krajów Demokracji Ludowej (1959–61). Od 1961 w ramach Instytutu Słowianoznawstwa Akademii Nauk ZSRR kierował oddziałem kultury krajów słowiańskich. Współzałożyciel i członek Towarzystwa Przyjaźni Polsko-Radzieckiej, członek radzieckich i zagranicznych stowarzyszeń muzycznych. W tomie *Wospominanija o Jarosławie Iwaszkiewicze* ukazał się jego szkic *„Ob obszczestwie, o muzyke, o dalniej storonie..."* *Iz wospominanij o Jarosławie Iwaszkiewicze.*

[6] Jekatierina Furcewa (1910–1974) – radziecka działaczka polityczna i państwowa. Od 1960 roku minister kultury ZSRR, w latach 1957–61 członkini prezydium KC KPZR.

[7] Iwan Koniew (1897–1973) – radziecki dowódca wojskowy, marszałek. W czasie II wojny światowej dowódca m.in. I Frontu Ukraińskiego, w którego składzie walczyła II armia Wojska Polskiego. W latach 1956–60 był naczelnym dowódcą wojsk Układu Warszawskiego. Od sierpnia 1961 dowodził grupą wojsk radzieckich w NRD. Od 1962 roku pełnił funkcję generalnego inspektora w Ministerstwie Obrony ZSRR.

[8] Stiepan Szczipaczow (1899–1980) – poeta rosyjski. Autor m.in. zbiorów wierszy: *Pod niebom Rodiny mojej* (1937), *Lirika* (1939), *Słuszaju wremja* (1970) oraz tomu wspomnień *Trudnaja otrada* (1972).

[9] Jelena Złatowa (1906–1968) – żona Stiepana Szczipaczowa.

[10] *Nasz patriarch...* (ros.) – nasz patriarcha, patriarcha całej Rusi. Honorowy tytuł piastowany przez głowę autokefalicznej Cerkwi Rosyjskiej. Patriarcha Aleksy, właśc. Siergiej Simanski (1877–1970) w latach 1945–70 piastował godność Patriarchy Moskiewskiego i całej Rusi.

[11] *Kosogor* (ros.) – zbocze, pochyłość.

[12] Klasztor Nowa Jerozolima (ros. *Nowyj Jerusalim*), będący architektoniczną repliką świątyni palestyńskiej, leży w pobliżu miejscowości Istra, która dawniej nosiła nazwę Woskriesieńsk. Czechow, ukończywszy w 1884 roku studia medyczne, w szpitalu w Woskriesieńsku rozpoczął praktykę lekarską. Pierwsze doświadczenia w dziedzinie medycyny oraz zawarte w tym czasie znajomości stały się źródłem wielu jego późniejszych opowiadań. W liście do Nikołaja Aleksandrowicza Lejkina, pisarza i wydawcy, notował: „Mieszkam teraz w Nowej Jerozolimie. Żyję z aplombem, gdyż czuję w swej kieszeni paszport (sic) lekarza... Przyroda dookoła przepiękna. Przestrzenie i absolutny brak letników. Grzyby, wędkowanie i szpital ziemstwa. Klasztor pełen poezji. Stojąc podczas nabożeństwa wieczornego w półmroku krużganków i sklepień, wymyślam tematy dla dźwięków. Tematów wiele, ale pisać zupełnie nie jestem w stanie..." (cyt. za: R. Śliwowski, *Antoni Czechow*, Warszawa 1986, s. 53).

[13] Przytoczony aforyzm pochodzi ze zbioru *Myśli nieuczesane* Stanisława Jerzego Leca i dokładnie brzmi: „Bardzo mało ludzi przewidywało w XIX wieku, że po nim

nastąpi wiek XX" (cyt. wg: S. J. Lec, *Myśli nieuczesane*, Kraków 1987, s. 70). Stanisław Jerzy Lec (1909–1966) – poeta, satyryk i aforysta. Publikował m.in. w „Nowej Kulturze" (1954–62), „Przeglądzie Kulturalnym" (1954–63), „Szpilkach" (od 1955), „Twórczości" (od 1955). Autor m.in. zbiorów liryki: *Barwy* (1933), *Rękopis jerozolimski* (1956), *List gończy* (1963), zbiorów satyr i fraszek: *Spacer cynika* (1946), *Z tysiąca i jednej fraszki* (1959), *Kpię i pytam o drogę* (1959), *Fraszkobranie* (1966) oraz cyklu aforyzmów *Myśli nieuczesane* (1957).

[14] Wojciech Suda – drugi mąż młodszej córki pisarza Teresy Iwaszkiewicz, pracownik wydawnictwa „Wiedza Powszechna".

17 maja 1961

Przedwczoraj otwarcie Sejmu. Komedia. Trochę byłem zniecierpliwiony. Przedtem śniadanie z Dominikiem Horodyńskim. Jest to najniedyskretniejszy człowiek na świecie. Przez pół godziny rozpytywał mnie o moje dochody i obliczał moje zarobki, przy czym oczywiście nie dawał się przekonać, że mam trudności finansowe. Przez drugie pół mówił o mojej żonie i twierdził, że walnie przyczyniłem się do jej „świętości". Żałowałem potem, że go zaprosiłem na to śniadanie.

20 maja 1961

Wczoraj list od Reny J[eleńskiej]. Przytacza mi – zapewne z pewną utajoną złośliwością – opinie o mnie ks. Okroya[1], Maryni Czapskiej[2], Herlinga[3]. Trudno o głupsze rzeczy. Martwi to u ludzi, których raczej ceniłbym. A przede wszystkim jakieś lekceważenie mojej osoby, doszukiwanie się u mnie rzeczy ubliżających. Czyżbym naprawdę nie był – mimo wszystko – poważnym człowiekiem?

[1] Franciszek Okroy (1914–2006) – duchowny, zakonnik Towarzystwa Chrystusowego. W latach 1948–70 wikariusz kościoła św. Stanisława w Rzymie. Wspomniana przez Renę Jeleńską opinia ks. Okroya dotyczyła filmu Jerzego Kawalerowicza *Matka Joanna od Aniołów*. W liście do Iwaszkiewicza, pisanym z Rzymu 12 maja 1961, Rena Jeleńska zanotowała: „Jak Ci pisałam w poprzednim liście, ks. Okroy, tak dobrze rok temu do Ciebie usposobiony, zżyma się bardzo z powodu Twojego filmu" (J. Iwaszkiewicz, R. Jeleńska, K. A. Jeleński, *Korespondencja*, s. 308).

[2] Teresa Jeleńska pisała o rozmowie z Marią Czapską: „Pytałam – bo mnie Hania o to prosiła – dlaczego nie chciała spotkać się z Tobą w Paryżu, a z Hanią tak. Mówiła, że Hanię bardzo lubi i ceni, a Tobie ma za złe niektóre rzeczy, ale głównie nie chcia-

ła, bo bała się, że w rozmowie możesz potem przekręcić coś czy też wymyślić coś, przypisując jej wypowiedzenia całkiem niezgodne z prawdą i to ogłosić. Był to asumpt do tego z powodu artykułu o Croce [sic!] – to coś napisał o mnie. Jej ukochany brat też jej odradzał spotkanie z Tobą z tego powodu. Powiedz to Hani" (list z 12 maja 1961, w: J. Iwaszkiewicz, T. Jeleńska, K. A. Jeleński, *Korespondencja*, s. 306).

³ Gustaw Herling-Grudziński (1919–2000) – prozaik, krytyk literacki, eseista i tłumacz. Od 1955 roku mieszkał w Neapolu, mąż Lidii Croce, córki Benedetta Crocego. Współpracownik pism włoskich, w tym „Tempo Presente" (1956–98). Od 1966 stały współpracownik paryskiej „Kultury". Autor m.in. tomu wspomnień *Inny świat* (1953), książek prozatorskich: *Skrzydła ołtarza* (1960), *Drugie przyjście i inne opowiadania* (1963), *Wieża i inne opowiadania* (1988), *Don Ildebrando: opowiadania* (1997), *Gorący oddech pustyni* (1997), *Biała noc miłości: opowieść teatralna* (1999), zbiorów esejów oraz diariusza *Dziennik pisany nocą* (1973–2000). Na łamach „Kultury" komentował zbiory prozy Jarosława Iwaszkiewicza – jego recenzje znalazły się w zbiorze szkiców literackich *Wyjścia z milczenia* (zob. *Kieszonkowy Iwaszkiewicz*; *Dwa opowiadania Iwaszkiewicza*, w: tegoż, *Wyjścia z milczenia. Szkice*, Warszawa 1998, s. 128–134; 160–163). Po śmierci pisarza wraz z Konstantym Jeleńskim opublikował na łamach „Kultury" dwugłos, w którym zadawał pytanie o ocenę twórczości i politycznej postawy Iwaszkiewicza. Tekst został przedrukowany w tomie *Wyjścia z milczenia*. Teresa Jeleńska pisała w przywoływanym liście o rozmowie z Herlingiem-Grudzińskim na temat artykułu Iwaszkiewicza *Wizyta u Benedetto Croce (fragment dziennika)* („Nowa Kultura" 1954, nr 8, przedrukowany w prasie francuskiej i włoskiej), będącego zredagowanym zapisem z dziennika Jarosława Iwaszkiewicza z dnia 23 listopada 1951: „Gustaw twierdzi, że Ci nie odpisał na «bezsensowny» list. Jakoby pisałeś jako usprawiedliwienie, że w owym okresie widziałeś wszystko w tak czarnych kolorach, że mogłeś był napisać coś dużo gorszego jeszcze... Więc tym powiedzeniem pogrążyłeś się jeszcze w jego i familii [Croce] oczach. Gustaw mówi, że na moim miejscu zerwałby z Tobą zupełnie za artykuł w ogóle. Kiedy tłumaczyłam, że ani mi to w głowie, bo Ciebie lubię i cieszę się Twoim towarzystwem, choć naturalnie zrobiłeś mi wielką przykrość osobistą i o to mam żal – powiedział, że mi to wybacza, ale że on by to zrobił [...]" (list do J. Iwaszkiewicza, Rzym, 12 maja 1961, w: J. Iwaszkiewicz, T. Jeleńska, K. A. Jeleński, *Korespondencja*, s. 305).

8 czerwca 1961

Dzisiaj *cocktail* pożegnalny w ambasadzie szwajcarskiej. Przedtem wizyta u doktora Słuckiego, który skonstatował pewne niepokojące zmiany. W tym kontekście zadziwiająca niezmienność takich przyjęć, zebrań z rozmową o byle czym. Nawet osoby zawsze te same: Adam Nagórski¹, Tatarkiewiczowie², Lorentzowie³, Szyfmanowie. Ktoś pewnie zapisuje w tej chwili: zawsze ci sami Iwaszkiewiczowie. Zadziwiająca trwałość „towarzystwa", pomimo zmian ustrojów, wojen, przekształcenia się obyczajów. Stroje jak najprostsze, dziadkowie – czy też przyjaciele dziadków (przyjęcie odbywało się w willi Raua[4], obok nieistniejącej już willi Lilpopów[5]) – byliby zgorszeni tą prostotą, ale sens takiego przyjęcia zawsze ten sam: *facticité*. Jadwinia zgorszona, że my tacy starzy bywamy jeszcze na „takim czymś". A mimo wszystko ja lubię taki „raut" czy „*cocktail*", bo jest to utwierdzenie się jakiejś żywotnej, ludzkiej siły – i spojrzenie w przyszłość pełne ufności, że zawsze te spotkania zbiorowe ludzi będą istniały. Jest w tych przyjęciach jakaś afirmacja, czy będzie to u pani Verdurin[6], czy u Lechonia, czy w szwajcarskiej ambasadzie. Wzruszający jest ten upór ludzki utrzymywania się w formie, stawienia czasowi upartej twarzy żywego istnienia, walki z przemijaniem. Dlatego też życie towarzyskie jest formą sztuki. Proust o tym wiedział.

[1] Adam Nagórski (1885–1982) – adwokat, w XX-leciu międzywojennym bliski warszawskim kręgom literackim i artystycznym. Po wojnie radca prawny ambasady brytyjskiej i innych ambasad zachodnich w Warszawie.

[2] Władysław Tatarkiewicz (1886–1980) – filozof i historyk filozofii, autor wielokrotnie wznawianej *Historii filozofii* (t. 1–2 1931, t. 3 1950), *Historii estetyki* (1960––1967), rozprawy *O szczęściu* (1947). Teresa z d. Potworowska Tatarkiewiczowa (1892–1978) – tłumaczka literatury anglosaskiej, m.in. powieści Waltera Scotta i Josepha Conrada. Teresa Tatarkiewiczowa jest autorką *Wspomnień*, opublikowanych wraz z *Zapiskami do autobiografii* Władysława Tatarkiewicza w ich wspólnej książce *Wspomnienia* (1979).

[3] Stanisław Lorentz i jego żona, Irena Lorentzowa (1903–1983).

[4] Willa Raua – neorenesansowy pałacyk u zbiegu Alei Ujazdowskich i ul. Pięknej (Aleje Ujazdowskie 27), ufundowany przez Wilhelma Ellisa Raua, przemysłowca warszawskiego, współzałożyciela zakładów metalowych „Lilpop, Rau i Loewenstein". Na kupionej w 1865 roku posesji Rau podjął budowę pałacyku, angażując architekta Leandra Marconiego. Budowę zakończono w 1868 roku. Po 1906 roku pałacyk kupili Braniccy, potem Radziwiłłowie. Willa, zniszczona w czasie powstania warszawskiego, została odbudowana w latach 1948–49 z przeznaczeniem na ambasadę Szwajcarii, która mieści się tam do dziś.

[5] Willa Stanisława Lilpopa, dziadka Anny Iwaszkiewiczowej, mieściła się przy Alejach Ujazdowskich 29. Zaprojektowana przez Jana Kacpra Heuricha, została zbudowana w 1852 roku. Po śmierci Stanisława Lilpopa w 1866 roku rezydencja znalazła się w rękach rodziny Radziwiłłów. Przed 1939 mieściła się w niej siedziba ambasady USA. Willa, zniszczona w czasie wojny, została zburzona przed 1960 rokiem. Obecnie w tym miejscu mieści się nowy gmach ambasady USA.

[6] Sidonia Verdurin – jedna z głównych postaci w powieści Marcela Prousta *W poszukiwaniu straconego czasu*.

10 czerwca 1961

Mam przed sobą fotografię Jurka. Patrzy na mnie wyraźnie. Oczy błyszczą wśród przepięknie wykrojonych powiek. Raz tylko powiedział: „Lubię, kiedy mnie całujesz w powieki".

12 czerwca 1961

Druga suita z *Dafnisa i Chloe*[1]. Raptem obnażenie namiętności, wielkiej namiętności, jaka kryła się w tym malutkim ciele i w tym prawdziwie francuskim dobrym wychowaniu, to znaczy zapięciu na wszystkie guziki zarówno surduta, jak i kamizelki. A jednocześnie cały początek (*Wschód słońca*) robi wrażenie olbrzymiej fali, której wierzchołek się załamuje. Załamanie się, zawiędnięcie, zakończenie całej ery, całej kultury – oto czym jest Ravel. Jednocześnie jest to ostatnia muzyka, która mnie wzrusza, ale to wzrusza do głębi. Porusza jakieś najgłębiej leżące warstwy poetyckie – i jednocześnie obnaża tę bezpłodność, na którą Francja ginie. Gdyby tak cała kultura nasza potrafiła ginąć: z takim uśmiechem, z takim wdziękiem, a jednocześnie wskazując na jakieś nieokreślone i niezabliźnione rany. Ale nasza kultura jak bardzo stary człowiek kurczowo trzyma się życia i chyba nie potrafi umrzeć z godnością.

Muzyka to złoty klucz.

[1] M. Ravel, *Dafnis i Chloe* (1912) – utwór orkiestrowy, napisany w latach 1909–12 dla baletu Sergiusza Diagilewa. Kompozytor podzielił go na dwie suity koncertowe: I Suita: *Nokturn, Interludium, Taniec wojenny*; II Suita: *Świt, Pantomima, Taniec ogólny*.

15 czerwca 1961

Jakże trudne, ciężkie i bezpłodne dni. Same przykrości, to w domu, to w redakcji, to w Związku. Od rana do wieczora gadanina – bezsensowna i niemająca bezpośredniego celu. W poniedziałek przyjęcie w ambasadzie francuskiej. Hania w ogrodzie była w ciężkim zimowym płaszczu i włóczkowej chusteczce na głowie. Można sobie wyobrazić, ile mnie to kosztowało. W domu sprawa Maćka i sprawy dzierżawy, niezwykle pogmatwane. Pawłową[1] zabiła ciężarówka, Pogrozińska u- mierająca[2], Helena [Korpys] zachorowała, Hela [Iwaszkiewiczówna] czuła się przedwczoraj bardzo niedobrze. Czesi przyjechali, jubileusz... Lawina! Jutro posiedzenie Prezydium Związku, pojutrze Rady „Czytelnika". Można zupełnie, dokładnie zwariować. Dlaczego to wszystko mam robić ja? Potworna słabość charakteru, za to jednak niewspółmierna ta pokuta.

Jaś Parandowski, pokazując swój krawat: Popatrz, to na San Lorenzo we Florencji, koło grobowców Medyceuszy.

Ja (pokazując zupełnie t a k i s a m krawat): Patrz, a to na Stalinallee we Wschodnim Berlinie.

[1] Bronisława Duda (Pawłowa) – wieloletnia kucharka, najpierw w domu Stanisława Wilhelma Lilpopa przy Górnośląskiej w Warszawie, potem w domu Anny i Jarosława Iwaszkiewiczów w Stawisku. Maria Iwaszkiewicz poświęciła jej rozdział *Pawłowa i kuchnia* w książce *Z moim ojcem o jedzeniu* (1980).

[2] Jadwiga Pogrozińska zmarła 28 czerwca 1961 roku.

Como, 17 lipca 1961
Tak ogromna przerwa w prowadzeniu mojego dziennika spowodowana rzeczą prostą: brakiem odpowiedniego zeszytu. Bo pisać się chce tylko w ładnym zeszycie. Znalazłem dzisiaj w Gallerii Vittorio Emanuele w Mediolanie ten tom – i zaraz piszę. Jestem w Como na całodziennej wycieczce. Jestem tak zmęczony po tych wszystkich Aalborgach i Turynach[1], że trudno mi jest napisać coś specjalnego. Dzisiaj jest ostatni dzień bardzo dziwnej i trudnej podróży, która mi przyniosła taką masę wrażeń, jakiej mój umysł nie może już udźwignąć. Przede wszystkim Dania: Kopenhaga, Møn, Århus i Aalborg. Potem Turyn, Saint- -Vincent, Cervinia – no i Mediolan. Dzisiaj Como i cały dzień na jeziorze, które już żadnego wrażenia nie robi, zupełnie pocztówka. Jestem dziesięć dni we Włoszech, ale cały czas tylko myślę o Danii, o tym wszystkim, co tam zdobyłem. W Turynie i Saint-Vincent napisałem *essaye* o pani Heiberg[2] i Oehlenschlägerze[3], a tutaj czytam zadziwiającą książkę o Hermanie Bangu[4] – i cały czas myślę o nim i o tamtych

czasach. Nocami śni mi się koszmar: o trudnych rzeczach rozmawiam po duńsku. Nie mogę się od tego odczepić. Ciągle mnie pytają (i tam także): dlaczego Dania? Oni tego nie rozumieją. *Parce que c'est Fontainebleau!*[5] To takie proste. Ja sam nie rozumiem mojego stosunku do tego kraju, ale to j e s t ten kraj. I o nim sprawia mi niewymowną przyjemność pisanie i mówienie. Cieszę się z przyszłej książki. A dlaczego ją kocham? Dlaczego rozumiem? *Non lo so*[6].

[1] W lipcu 1961 roku Jarosław Iwaszkiewicz brał udział w kongresie COMES w Turynie, odbywającym się w 100. rocznicę zjednoczenia Włoch. Pisał o nim w artykule *Literatura a risorgimento* („Twórczość" 1961, nr 9).

[2] J. Iwaszkiewicz, *Muza epoki*, w: *Gniazdo łabędzi. Szkice z Danii* (1962). Zob. przypis nr 51 na s. 173.

[3] Adam Gottlob Oehlenschläger (1779–1850) – wybitny duński poeta i dramatopisarz epoki romantyzmu. Tomem *Digte* (1803) zainicjował przełom romantyczny w literaturze swego kraju. Autor tomów: *Poetiske Skrifter* (t. 1–2 1805 – w jego skład wchodzi najsłynniejszy utwór pisarza, dramat *Aladdin*), *Nordiske Digte* (1807). Esej Iwaszkiewicza *Czy Wyspiański czytał Oehlenschlägera?*, datowany: Turyn, 15 lipca 1961, został opublikowany na łamach „Twórczości" (1961, nr 11), a następnie wszedł w skład tomu *Gniazdo łabędzi. Szkice z Danii*. Autor zadedykował go Kazimierzowi Wyce.

[4] Herman Bang (1857–1912) – duński pisarz i dziennikarz. Autor m.in. powieści: *Beznadziejne pokolenia* (1880, wyd. pol. 1902), *Tina* (1889, wyd. pol. 1904), *Michael* (1904, wyd. pol. 1928), *Bezdomni* (1906, wyd. pol. 1914). Iwaszkiewicz był tłumaczem jego powieści *Przy drodze* (1886, wyd. pol. 1963). Pisał o nim także w książce *Gniazdo łabędzi*, w rozdziałach *Sztuka Banga* i *Przy drodze*. Książka, o której wspomina w diariuszu, to *Årene der gik tabt, Den miskendte Herman Bang* autorstwa Harry'ego Jacobsena, wydana w 1961 roku, będąca trzecim tomem czterotomowej monografii o pisarzu. Iwaszkiewicz poświęcił tej książce artykuł *Herman Bang* („Życie Warszawy" 1961, nr 223).

[5] *Parce que c'est Fontainebleau!* (fr.) – Ponieważ to jest Fontainebleau! – Podwójna aluzja Iwaszkiewicza: do tytułu eseju Anny Iwaszkiewiczowej *Moje „Fontainebleau"* oraz do fragmentu powieści *Jean Santeuil* Marcela Prousta, który Anna Iwaszkiewiczowa zacytowała w swoim eseju i który w jej tłumaczeniu brzmi następująco: „Tak, jeśli wsiądę teraz do pociągu, jeśli tam pojadę, zobaczę Fontainebleau, nie zobaczę czegoś piękniejszego czy mniej pięknego, zobaczę to właśnie, rzecz odpowiadającą tej nazwie, która kojarzy się dla mnie z tak pięknymi rzeczami, coś, co naprawdę nazywa się Fontainebleau. I gdy będę chodził po jego ulicach, dotykał ręką jego domów, kiedy będę przechodził między jego drzewami i usiądę na jednej z jego skał, mogłoby mi powiedzieć: «Tak, jesteś w Fontainebleau, to wszystko jest Fontainebleau...»" (A. Iwaszkiewiczowa, *Moje „Fontainebleau"*, w: *Dzienniki i wspomnienia*, s. 549).

[6] *Non lo so* (wł.) – nie wiem.

Stawisko, 27 lipca 1961

Roman Jasiński wczoraj (na imieninach Hani) opowiadał, że był o-
statnio w Paryżu i mieszkał u Artura Rubinsteina. Arturowi zebrało się
na zwierzenia i opowiadał o najdawniejszych czasach w Warszawie.
Między innymi o rodzinie Wertheimów[1]. Roman coś zaczął mówić o
Eugeniuszu Pankiewiczu[2]. Mówili o jego pieśniach. Roman powiedział,
że najbardziej lubi jego pieśni *Dobranoc* i *Poranek*[3]. Artur wstał, siadł
do fortepianu i zagrał obie pieśni od początku do końca, ze wszystkimi modulacjami, ze wszystkimi szczegółami. Cóż to za niebywały
m u z y k!

[1] Rodzina Wertheimów prowadziła w Warszawie salon muzyczny. Należeli do niej:
Aleksandra Klementyna Wertheimowa z d. Leo (zm. 1931) i Piotr Aleksander Juliusz
Wertheim (zm. 1922) – dyplomata, ich syn Juliusz Edward Wertheim (1880–1928) –
pianista, dyrygent i kompozytor, oraz dwie córki: Paulina z Wertheimów Radwanowa
i Joanna z Wertheimów Koziełł-Poklewska – śpiewaczka. Roman Jasiński wielokrotnie wspomina tę rodzinę na kartach książki *Zmierzch starego świata. Wspomnienia
1900–1945*, gdzie pisze m.in.: „Dom Wertheimów był w Warszawie powszechnie
znany, lecz nie cieszył się najlepszą opinią. Chodziły skandaliczne plotki na temat
romansów starej pani Aleksandry, przygód miłosnych jej córki Radwanowej z młodym Arturem Rubinsteinem, a też szczególnych upodobań syna domu, Juliusza. Nie
znam dokładnie wszystkich tych historii, lecz niewątpliwie, mając możność zapoznać
się z rękopisem wspomnień Artura Rubinsteina [*Moje młode lata*], znalazłem w ustę-
pach odnoszących się właśnie do owego okresu pełne potwierdzenie tych krążących
o rodzinie Wertheimów opowiadań. Otóż Artur Rubinstein, który kochał się jako kil-
kunastoletni wyrostek najpierw w siostrze Julka, Joannie, z kolei stał się kochankiem
jej matki, by wreszcie zawiązać miłosny stosunek z drugą jego siostrą, Pauliną Rad-
wanową. Oczywiście, że ów Rubinsteinowski epizod nie był w dziejach rodziny czymś
wyjątkowym i był w ogóle możliwy tylko w środowisku, w którym na sprawy erotyczne zapatrywano się, jak na owe czasy, z imponującą wyrozumiałością i swobodą"
(R. Jasiński, *Zmierzch starego świata. Wspomnienia 1900–1945*, Kraków 2006, s.
124). W autobiografii Artura Rubinsteina *Moje młode lata* rodzina Wertheimów została sportretowana jako Harmanowie.

[2] Eugeniusz Pankiewicz (1857–1898) – kompozytor, pianista i pedagog, starszy
brat malarza Józefa Pankiewicza. Autor pieśni solowych z towarzyszeniem fortepianu, pieśni chóralnych, utworów fortepianowych i *Tematu z wariacjami f-moll* na kwartet smyczkowy (1882).

[3] Pieśni *Na dobranoc* i *Poranek* są częściami cyklu sześciu pieśni *Z miłosnych
dziejów* op. 19 do słów Michała Bałuckiego (wyd. 1930).

31 lipca 1961
Śniło mi się wczoraj, że szedłem po ulicy Małej Włodzimierskiej w Kijowie, do Parandowskiego, który miał tam zakład pogrzebowy. Przed wejściem do biura stała jakaś pani w wielkim kapeluszu i grubej żałobie, w welonie z krepy i grała na skrzypcach *Ave Maria*. „Oho, znowu jakiś pogrzeb!" – pomyślałem sobie. Wszedłem do środka, a tam Parandosio bardzo uśmiechnięty i radosny siedział przy długim dębowym stole, otoczonym całym przez klientów. „Cholera – myślałem – mam do niego sprawę, a on musi załatwić interesantów".
Obudziłem się ze śmiechu!

1 sierpnia 1961
Rozpiera mnie duma. Przyszła książka Bronarskiego[1], takiego muzykologa. Kilka razy wymienia moje prace muzykologiczne. „Znakomity" wstęp do listów Chopina[2]. Z niczego nigdy nie jestem t a k i zadowolony.

[1] Ludwik Bronarski (1890–1975) – polski muzykolog, pedagog i pianista, od 1914 roku mieszkający w Szwajcarii. Zajmował się studiami nad twórczością Fryderyka Chopina, opracował wydanie *Dzieł wszystkich* kompozytora (t. 1–21 1949–61). Autor m.in. studiów: *Harmonika Chopina* (1935), *Études sur Chopin* (t. 1–2 1944, 1946), *Chopin et l'Italie* (1947). W 1961 roku ukazał się w Polsce wybór z dwóch ostatnich prac, zatytułowany *Szkice chopinowskie*.
[2] Przywoływany przez pisarza fragment brzmi: „Jarosław Iwaszkiewicz w swej znakomitej przedmowie do nowego wydania listów podnosi «niewątpliwy talent literacki» Chopina dowodzący «wielostronności» kompozytora i charakteryzuje go jako «wybitnie nieraz połyskujący», «wirtuozyjnie i błyskotliwie lśniący»" (L. Bronarski, *Szkice chopinowskie*, przeł. A. Szweykowska, wstęp J. M. Chomiński, Warszawa 1961, s. 36). Iwaszkiewicz napisał przedmowę do książki *Korespondencja Fryderyka Chopina*, zebrał i oprac. B. E. Sydow, Warszawa 1955.

4 sierpnia 1961
Ten tydzień spędzam samotnie w Stawisku. Przy posiłkach zabawna koniunktura: ja, Hela i mała Lenka, córka Wiesia. Dziecko zresztą przemiłe. Piszę książkę o Danii[1] z dość dużym zapałem. Śpieszę się zresztą z tym. „Już czas, już czas!" Przez te kilka dni ani jednego tele-

fonu, ani jednego zapytania – ani od rodziny, ani od przyjaciół. Tylko wtedy, kiedy czegoś trzeba, np. Janek [Wołosiuk] o artykuł. Głupio mi pomyśleć, że już nie mam przyjaciół. Że jestem sam. Wiem, że jestem stary i nudny, ale chociażby z szacunku.

Miałem rozmowę z Szymonem. Zarzuciłem mu mnóstwo rzeczy. Nie odpowiedział mi ani słowa, ani wczoraj, ani dziś. Jest bardzo twardy i szorstki. Oschły przede wszystkim. A mnie potrzeba jednego serdecznego słowa, wiedzieć, że ktoś nie to, że mnie kocha (to już niemożliwe), ale że mnie lubi, takiego jakim jestem, egoistę, egotystę, hedonistę i czym tam jeszcze ja jestem.

Okropna pogoda, zimno, wiatr, na jutro zapowiadają deszcze ciągłe, i smutek tak bezbrzeżny. Piszę o Danii, przypominam Kopenhagę, tam było mi lepiej. Nie mówiąc już o tych dwóch dniach trzy lata temu, nie, to już cztery lata. Trzy lata temu była wycieczka samochodowa.

Ach, Boże.

Anegdota literacka

Parę dni temu opowiadała mi Pola Gojawiczyńska, że gdzieś w lutym czy marcu 1945 roku, wychodząc z redakcji „Rzeczypospolitej" w Łodzi, gdzie robiła korektę *Kraty*[2], natknęła się na Borejszę z Marią Dąbrowską. Borejsza przywiózł ją właśnie z Dąbrowy Kościelnej[3] pod Łowiczem, gdzie była od powstania. Borejsza ucieszył się i prosił Polę, aby się zaopiekowała Dąbrowską.

– Co znaczy „zaopiekować"? – spytała Pola.

– Pani Dąbrowska ma mieszkać u Nałkowskiej. Niech pani zaprowadzi ją na Bandurskiego 8.

Pola zabrała Dąbrowską i idą.

– Czy pani już jadła obiad? – pyta Pola.

– Nie, jeszcze nie.

– No, to ja panią zapraszam.

Poszły do Grandu, zjadły dobry obiad z wódką i idą dalej Piotrkowską. Maria zachwyca się wystawami.

– Boże, jakie wspaniałe rzeczy. (W Łodzi rzeczywiście było wtedy wszystkiego pod dostatkiem). Jakie materiały, jakie towary...

Zatrzymują się przed jedną wystawą.

– Ach, Boże – mówi Maria – herbata! Jaka wspaniała herbata. Chciałabym sobie kupić, tak dawno nie piłam prawdziwej herbaty. Ale nie mam ani grosza.

– Sprzeda pani coś i będzie pani miała na herbatę – mówi Pola.

– Ja już nic nie mam do sprzedania. Całą biżuterię straciłam.

– Ja nie mówię o biżuterii – powiedziała Pola – ale to, co pani napisała. Widziała pani Borejszę. On od pani wszystko kupi. Niech go pani poprosi o pieniądze.

Dąbrowska się wyprężyła.

– Nie, ja t e r a z nie będę ani pisała, ani drukowała.

„Aha – pomyślała Pola – to ja jestem ta swołocz, co drukuje, a ty jesteś ta czysta! Nie kupię ci tej herbaty".

I poszły w dalszą drogę.

[1] J. Iwaszkiewicz, *Gniazdo łabędzi. Szkice z Danii* (1962).

[2] Na poły dokumentalna powieść Poli Gojawiczyńskiej *Krata*, ukazująca życie więzienne kobiet na Pawiaku, była publikowana na łamach pisma „Rzeczpospolita" (1945, nr 59–147). Jej książkowe wydanie ukazało się w 1945 roku.

[3] Pomyłka autora. Chodzi o Dąbrowę Zduńską.

23 sierpnia 1961

Basia Woroniecka[1] umarła, Perla Quintana umarła, „Batory" ma być zastąpiony innym statkiem. Kiedy się jest starym, widzi się już całość życia ludzi i przedmiotów, domów, okrętów. Basia dla mnie zawsze jest tą młodą, ładną panną, z epoki Sosnkowskiego[2]. Perla „damą" z dyplomacji, z argentyńskiej arystokracji, widzę całe jej życie jak z perspektywy ptaka.

Obie te śmierci napełniają mnie smutkiem, to jest finał mojej epoki. O śmierci Perli pisała do mnie Zoja Riisager. Na jej weselu zięć Aleksandra III zmieniał mi talerze. Mój Boże! Z listu Zoi ucieszyłem się, bardzo ją lubiłem. Napisałem do niej do Paryża, może napisze mi jakieś szczegóły. Dziwne, odkąd dowiedziałem się o tej śmierci, nie tak mi się już chce do Ameryki Południowej.

Proponowano mi na Kubę. Oczywiście nie pojechałem.

[1] Barbara Taczanowska z d. Woroniecka (1899–1957) – córka Michała księcia Woronieckiego, prezesa Towarzystwa Zachęty Sztuk Pięknych, i Franciszki z d. Krasiń-

skiej. Iwaszkiewicz pisze o niej w *Książce moich wspomnień*: „Najstarsza córka księstwa Woronieckich, Basia, zwróciła się kiedyś do mnie z prośbą o ofiarowanie jej mojego przekładu *Otage* Claudela, który bardzo chciała przeczytać. Gdy wybierałem tę książkę, nawinęła mi się pod ręce *Zenobia Palmura*. Nie namyślając się długo, ofiarowałem także i tę pracę pannie Woronieckiej, jako napisaną u nich w Dębinkach, i zaopatrzyłem ją dedykacją, nie pamiętając o tym, że treść tej powieści, która wywołała proces o obrazę moralności, nie jest bynajmniej odpowiednia dla «dobrze wychowanej panienki» z arystokratycznego domu. W parę dni później książę Woroniecki wpadł wzburzony do Zachęty i zrobił mi straszną awanturę, zwracając książkę. Oczywiście rozumiałem jego stanowisko i tym przykrzej mi było, że w ten sposób postąpiłem. Konflikt przybrał dość duże rozmiary, trzeba się było wynieść od Woronieckich" (s. 191–192). Barbara Woroniecka zmarła 30 lipca 1957 roku w Szydłowcu.

[2] Kazimierz Sosnkowski (1885–1969) – działacz niepodległościowy, generał, polityk; od 1905 w PPS, w 1908 założyciel Związku Walki Czynnej, współpracownik Józefa Piłsudskiego. W latach 1914–16 szef sztabu I Brygady Legionów Polskich, w latach 1917–18 internowany w Magdeburgu. Od 1920 do 1924 był ministrem spraw wojskowych i członkiem Rady Obrony Państwa (tę właśnie „epokę" Iwaszkiewicz ma na myśli). Od listopada 1939 do lipca 1941 pełnił funkcje wicepremiera i ministra stanu; w 1941 przeciwnik układu polsko-radzieckiego. W 1944 osiedlił się w Kanadzie, w latach 1949–54 podejmował próby zjednoczenia polskiej emigracji.

31 sierpnia 1961

Marysia przypomniała wczoraj wierszyk o pieskach, o Mausym i o Perro:

Jak wielbłądy w Samarkandzic,
Jak tygrysy u stóp Buddy,
Leżą sobie na werandzie,
Jeden rudy, drugi ruddy[1].

Pojechali dzisiaj Paustowscy z córką, zostawiając po sobie długi srebrzysty ślad[2]. Wyjątkowi zupełnie ludzie. Jego lubię wtedy, kiedy się robi poważny, kiedy zaczyna traktować siebie i wszystko na serio. Zazdroszczę mu tej powagi.

Czuję się dziś bardzo niedobrze, a pogoda na razie taka cudna. Jutro 1 września!!

[1] O psach Mausym i Perro pisze wiele Anna Iwaszkiewiczowa w książce *Nasze zwierzęta* (1978), gdzie przywołany przez pisarza wierszyk cytuje z następującym komentarzem: „Z tych czasów, kiedy oba pieski były jeszcze razem w Stawisku, pozo-

stał wierszyk, który Jarosław zaimprowizował pewnego letniego popołudnia, patrząc na nie, jak wygrzewały się w słońcu, leżąc na werandzie, po obu stronach schodów. Zapamiętaliśmy wszyscy tę zabawną strofę" (A. Iwaszkiewiczowa, *Nasze zwierzęta*, wyd. drugie, Warszawa 1989, s. 57).

[2] Konstanty Paustowski ze swą trzecią żoną Tatianą Arbuzową (1903–1978) – aktorką Teatru im. Meyerholda – oraz jej córką z poprzedniego małżeństwa Galiną Arbuzową przebywał w Polsce na zaproszenie Związku Literatów Polskich. 5 sierpnia w imieniu ZLP witał go Jarosław Iwaszkiewicz wraz z przedstawicielami Ministerstwa Kultury i Sztuki. 7 sierpnia Paustowscy gościli w Stawisku. Podczas trwającej niemal miesiąc wizyty autor *Dalekich lat* zwiedził Kraków, Zakopane, a następnie wyruszył w trasę, którą przebył jako żołnierz w czasie I wojny światowej: odwiedził Lublin, Radom, Ojców, Częstochowę. Pojechał także do Gdańska, a pod koniec sierpnia – na Pojezierze Mazurskie. Na zakończenie wizyty w Polsce spotkał się z dziennikarzami w siedzibie ZLP, gdzie, dzieląc się wrażeniami z podróży, powiedział m.in.: „Ogromnie się cieszę ze spotkań z polskimi pisarzami. Doznałem wiele serdeczności i odnowiłem stare przyjaźnie – m.in. z Jarosławem Iwaszkiewiczem, Marią Dąbrowską, Antonim Słonimskim. Poznałem również spośród pisarzy młodszego pokolenia – Jerzego Ficowskiego – syna mojego kolegi z czasów szkolnych" (*Doznałem wiele serdeczności...*, „Życie Warszawy" 1961, nr 206).

4 września 1961

Moja książka o Danii tak jakby skończona. Prawie wszystko, co chciałem, napisałem. Kelles-Krauzowa[1] w bardzo niegrzeczny sposób odebrała mi *Barbarę*[2]. Pisałem książkę z bardzo wielkim zapałem i przyznam się, że z przyjemnością. Książki o Bangu jeszcze czytam i tak mi jakoś przyjemnie wejść w ten gąszcz duńskiego życia i duńskiej kultury z owej epoki. Z wielkim smutkiem skonstatowałem, że mieszkając w Danii, tak nic o niej nie wiedziałem – cała znajomość była powierzchowna i bez prawdziwego zainteresowania. Sam Franz von Jessen[3] – którego przecież widywałem dość często – ile mi mógł powiedzieć. On w młodości znał Banga i to całe towarzystwo. Trzeba przyznać, że teraz sztuka, kultura, społeczeństwo duńskie ani w połowie nie jest tak interesujące, jak na przełomie stuleci. Chciałbym może jeszcze kiedyś napisać jakieś głębsze studium o Bangu. Tylko muszę jeszcze dużo przeczytać. Na razie jestem zadowolony z tego, co zrobiłem. Od jutra nowa praca.

[1] Maria Kelles-Krauzowa (1885–1969) – tłumaczka literatury duńskiej, m.in. utworów Martina Andersena-Nexø, Hilmara Wulffa, Hansa Scherfiga.

² W 1967 roku w przekładzie Marii Kelles-Krauzowej ukazała się powieść *Barbara* duńskiego prozaika Jørgena-Frantza Jacobsena (1900–1938).

³ Franz von Jessen (1870–1949) – dziennikarz duński, reportażysta; w latach 1892––94 przebywał w Berlinie, Wiedniu i Paryżu, gdzie poznał Hermana Banga. Następnie był korespondentem w Grecji, Francji, na Bałkanach (m.in. pisał o zabójstwie króla Serbii Aleksandra Obrenowicia w Belgradzie w 1903 roku), w Rosji i w Chinach. Od 1913 dziennikarz w duńskiej gazecie „Berlingske Tidende".

10 września 1961

Jak tu skupić się do pracy, kiedy takie nastroje. Naprawdę wygląda na przygotowania wojenne, nawet w lasach pod Nadarzynem[1]. Do tego i osobiście czuję się nietęgo fizycznie. I znowu awantura z tym biedakiem Słonimskim. Cóż to za ptasi móżdżek, olśniony tylko swą osobowością. Jaka szkoda, tak się źle zestarzał, a kiedyś go lubiłem. Okropnie się czuję.

Ewa Szelburg telefonowała do Gisgesa po przyjeździe z Rzymu: dlaczego taka nieżyczliwa atmosfera otacza Iwaszkiewicza?

> Gdy słychać pierwsze pomruki gromu,
> Jak ten, co trwożnie przyspiesza kroku,
> Aby przed burzą zdążyć do domu,
> Ukryć się trzeba wśród rzeczy bliskich,
> Drzew, ulic, mebli, ruin i mroku,
> Jak wśród przyjaciół, najbliższych krewnych...
>   A. Słonimski[2]

[1] Pod Nadarzynem znajdowały się dwie jednostki rakietowe, będące jednym z elementów obrony przeciwlotniczej wokół Warszawy. Zlikwidowano je w pierwszej połowie lat 90.

[2] „Gdy słychać pierwsze pomruki gromu"... – fragment wiersza Antoniego Słonimskiego *Jan Lechoń*. Zob. A. Słonimski, *Poezje zebrane*, Warszawa 1964, s. 527.

13 września 1961

Nowe doświadczenie, wczorajsza wizyta w Byszewach, w pięćdziesiąt lat po pierwszym tam przyjeździe (1911–1961). Do zadziwienia, jak wiele rzeczy zostało niezmienionych. Jak dużo „tego samego". Sadzawka, kuźnia, gdzie Józek [Świerczyński] kuł, a przede wszystkim sam dom. Zabudowania gospodarcze te same, solidnie z kamienia polnego ustawione. Ogród zdewastowany, ale stary dąb na miejscu, piękniejszy niż dawniej i ta aleja leszczynowa na skraju ogrodu, taka sama, zdawałoby się, jak wtedy, wyjście do „zagajnika", dziś lasu, zupełnie identyczne – i widok na pola w stronę Moskwy[1] ten sam. Ale trochę jest tu tak, jak na piazza Giuseppe Poggi, tyloma osobami zaludniłem ten dom, ogród, pejzaż – że już dzisiaj nie wiem, co tu było prawdziwe, a co fikcyjne, ale wszystko takie przejmujące do głębi. Drogie Byszewy. Skoszewy bez zmian, tylko w Skoszewach dziwaczny kościół, groby Plichtów[2] straszliwie zaniedbane, zarośnięte i nie do rozpoznania. Zdzitowieckich[3] dobrze utrzymane. Na stacji w Rogowie byłem też, i ta droga podówczas odbyta z Józkiem w czerwcowy przedwieczór, i poczciwy Antoni – i koniki takie śliczne. Brzeziny wydały mi się bardzo ładne, a droga do Lipin i same Lipiny bardzo zmienione. To samo Nowosolna. To dziwne – o dwie godziny samochodem ma się tę krainę baśni, krainę tak wczesnej młodości – i nigdy się nie korzysta z tej możliwości. A to takie wzruszające.

Krajobraz tej dolinki z Nowosolnej do Strykowa zawsze zachwycający, wytrzymuje porównania, nie dlatego piękny, że wspomnienia. Dalekie widoki, wiele planów – i wczoraj wrześniowa mgła. Ach, pięknie.

[1] Wieś niedaleko Byszew, w gminie Nowosolna.
[2] Obok kościoła parafialnego pw. św. Barbary, wybudowanego w połowie lat 30. na miejscu świątyni z XVII w., spalonej w 1914 roku, spoczywa Teodor Plichta (1755––1833) – dziedzic dóbr w Byszewach. Na cmentarzu parafialnym w Skoszewach, w sąsiedztwie kościoła, znajdują się groby Adolii z Kurdwanowskich Plichtowej (1840––1909), Włodzimierza Plichty (1846–1918), Józefa Plichty (1860–1931) – właściciela majątku w Byszewach w okresie, kiedy przyjeżdżał doń Jarosław Iwaszkiewicz – oraz Marii Plichtowej (1864–1969).
[3] Na cmentarzu parafialnym w Skoszewach znajduje się grób Henryka Zdzitowieckiego – od drugiej połowy XIX wieku współwłaściciela dóbr w Skoszewach – oraz jego żony Emilii Zdzitowieckiej.

14 września 1961
Ta ostatnia mowa Gomułki bynajmniej nie uspokoiła ludzi[1]. Mam wrażenie, że on – jak oni wszyscy – zupełnie nie zna swojego narodu.

478

Przemówienie wywołało efekt wręcz przeciwny. A on się złościł na „małe duszyczki", a duszyczki małe – ale bardzo zmęczone. Oni nie wliczają zmęczenia i znudzenia.

Inna rzecz, że komuś bardzo chodzi o zamącenie naszej stabilizacji. Kole ich ona w oczy.

[1] Chodzi o przemówienie Władysława Gomułki wygłoszone podczas centralnych uroczystości dożynkowych 10 września 1961 roku, na Stadionie X-lecia w Warszawie. Gomułka jako cel polskiej polityki międzynarodowej wskazał pakt pokojowy z dwoma państwami niemieckimi. Zagwarantował podpisanie porozumienia z Niemiecką Republiką Demokratyczną, Niemiecką Republikę Federalną zaś nazwał „czołową siłą polityki agresji i zimnej wojny w Europie". Wskazując na Berlin Zachodni jako na „siedlisko organizacji szpiegowskich i dywersyjnych", zaproponował utworzenie w nim ośrodka o statusie wolnego i zdemilitaryzowanego miasta. Odniósł się również do światowego wyścigu zbrojeń. „Nie chcemy [...] wojny, tylko pokoju – oświadczył na zakończenie. – Nie zamyślamy na nikogo napadać, a tylko będziemy się bronić wszystkimi środkami, jeśliby na nas napadnięto. Potencjalny napastnik zdaje sobie jednak sprawę z tego, że agresja przeciwko Związkowi Radzieckiemu i innym państwom socjalistycznym byłaby popełnieniem samobójstwa. Ogromna moc niszczycielska nowoczesnych broni przekształciła wojnę w absurd" (*Realizujemy plany wszechstronnego rozwoju Polski z głęboką wiarą w pokojową przyszłość świata. Przemówienie tow. Władysława Gomułki na Centralnych Dożynkach w Warszawie*, „Trybuna Ludu" 1961, nr 250). Przemówienie to spotkało się z szerokim odzewem w kraju i za granicą.

26 września 1961

Tak piszę o tych Duńczykach i że tak ich kocham. A to taki głupi naród. W piątek byłem na obiedzie u Jespersenów, ona milutka i językami mówi, ale ta głupota nieporównana, nic nie rozumie, najprostszego żartu – i prosi, żeby jej objaśniać. Dzisiaj jadłem obiad z dwoma dziennikarzami z Information. Oni nic nie rozumieją – no, i nic nie wiedzą. Mają opisać ten obiad ze mną. Wyobrażam sobie, jakie to będą bzdury. Szkoda!

Sandomierz, 7 października 1961

Niestety po paru cudownych, nieprawdopodobnych dniach, zachmurzyło się i ochłodziło, wiatr wieje okropny. A tak było pięknie. Cały czas myślę o takich samych październikowych dniach sprzed trzech lat. To już trzy lata, trzy lata. Sandomierz coraz mniej ma uroków: rozbudowuje się i rozwija, zamiera w nim to, co było takie piękne. Starzejemy się oboje, i miasto, i ja. Popisuję trochę, ale z trudem i nawet mój smutek nie jest bardzo intensywny. Tęsknię do domu, do redakcji, do Szymka, do wszystkiego. A tu mi się staje obco – po dwudziestu pięciu latach. Bo akurat jest dwadzieścia pięć lat, kiedy wynająłem mieszkanie u Świestowskich. Kawał czasu!

8 października 1961
Druga niedziela października, odpust w Sandomierzu. Widowisko nieprawdopodobne, Meksyk w pełni. Tłum kolorowy bajecznie (wszystko w słońcu), zapchane ulice i kramy z dziwacznymi przedmiotami i zabawkami. Baloniki i wata cukrowa. Oczywiście trafiki z różnościami, a raczej z kolorowymi kogutami i psami, malowanymi na zielono i niebiesko. Całe składy straszaków, z których chłopcy nie przestają strzelać, w tym całym tłumie orszak kleryków z dwoma sufraganami w fioletach, idący po celebransa. Po chwili orszak wraca już z biskupem, strojnym w biret i rękawiczki, obszerny płaszcz, wszystko fiołkowe, dzwonią dzwony katedry, w to wszystko z remizy wyjeżdża straż pożarna. Nic podobnego nie widziałem. Wygrałem, a właściwie wytargowałem, ogromnego koguta w pawie sine plamy. Cóż to za zadziwiający kraj! Najzabawniejsze, że Wicek Burek jak gdyby zażenowany, wstydzi się „ludowości" tej fety. A to są jego imieniny, bo wszystko jest z powodu Wincentego Kadłubka[1]. Szkoda, że nie można zobaczyć, jak to tutaj wyglądało przed Tatarami.

[1] Odpust w Sandomierzu obchodzony jest w niedzielę poprzedzającą dzień pamięci bł. Wincentego Kadłubka, przypadający na 9 października. Wincenty Kadłubek (ok. 1150–1223) – kronikarz, autor *Kroniki polskiej*, kancelista i kapelan nadworny księcia Kazimierza II Sprawiedliwego, biskup krakowski (1208–18). Związany był z Ziemią Sandomierską: urodził się prawdopodobnie we wsi Karwów koło Opatowa (lub Kargów niedaleko Stopnicy), zmarł w klasztorze cystersów w Jędrzejowie. Pełnił godność prepozyta kolegiaty pw. Narodzenia Najświętszej Marii Panny w Sandomierzu. Został beatyfikowany w 1764 roku. Jego relikwie przechowywane są w sandomierskiej katedrze.

9 października 1961

Piękno dzisiejszego dnia wprost niewiarygodne. Wzruszające do łez. Ciepło, powietrze miękkie, lekki dzisiaj wiatr. (Wczoraj wiało). Ogrody pełne kwiatów, w polu widziałem bławatki, kremowe skabiozy, cykorie. Można było nazbierać polny bukiet jak w czerwcu. Byłem na swoim ukochanym miejscu (zepsutym – jeszcze doszły kominy huty szklanej). Wracałem, stanąłem na Świętopawelskiej. Drzewa jeszcze zielone, jeden klon żółty, słońce świeciło przez liście. I był w powietrzu lekki szelest. W starym domku za drzewami ktoś grał nieustannie na rozstrojonym fortepianie *Rewe ta stohne Dnipr szyjrokij*[1]. Zrobiło mi się niesamowicie. Przypomniałem sobie, jak śpiewaliśmy to w lesie, w Oratowie, u pani Sabiny Iwaszkiewiczowej[2] – siostry, Anielka, Jaś Iwaszkiewicz, Bogusia Orłoś, może Kazio Madeyski, już nie pamiętam. Było to chyba w [18]98 czy [18]99 roku. I raptem mi się tak wszystko, wszystko przewinęło. Niesłychany moment. I ten leciutki szelest żółknących liści. Cudownie.

Wieczorem

Po przedstawieniu głupiego *Zielonego Gila*[3]: prawdziwe szczęście jest tylko w sztuce. Mimo wszystko.

[1] *Rewe ta stohne Dnipr szyjrokij* (ukr.) – Stękają, ryczą dnieprowe fale. – Ukraińska pieśń ludowa ze słowami Tarasa Szewczenki, które otwierają poemat *Urzeczona*, napisany w 1838 roku. Na język polski przełożył go Władysław Syrokomla, w jego przekładzie również zacytowany incipit utworu (zob. T. Szewczenko, *Urzeczona*, w: tegoż, *Wybór poezji*, oprac. M. Jakóbiec, Wrocław 1974, BN II 178, s. 3).

[2] Sabina Iwaszkiewiczowa z d. Sławińska, żona Ferdynanda Iwaszkiewicza, była właścicielką majątku w Oratowie (powiat Lipowiec, gubernia kijowska). Miała troje dzieci: Annę, Jana i Mariana.

[3] Tirso de Molina, *Zielony Gil* (ok. 1616, adaptacja pol. Juliana Tuwima 1950).

12 października 1961

Jeszcze jeden dzień cudownego ciepła i cichego, miękkiego powietrza. Drzewa brązowieją i wszystko ma taki poussinowski koloryt brązu podszytego złotem. Na moście było tak nieprawdopodobnie pięknie, nie chciało się myśleć o wszystkich złych rzeczach. Dalekie widoki z mgiełką są piękniejsze niż kiedykolwiek. Co za szczęście taki czas.

Stawisko 17 października 1961
Dzisiaj, w dzień zjazdu (XXII KPZR), mój artykuł w „Prawdzie"[1].
Nawet w stosunku do tego co „poprawiałem", prawie pod dyktando
Romanowicza – poprzerabiano wszystko i użyto najbardziej banalnych
zwrotów. Z nimi absolutnie nie można zaczynać! Przykrość dla mnie
wielka – ale co za „honor", artykuł w „Prawdzie"!

[1] J. Iwaszkiewicz, *U nas obszczyje ideały*, „Prawda" 1961, nr 290 z dnia 16 października 1961. Artykuł był poświęcony znaczeniu XXII Zjazdu KPZR, który odbył się w dniach 17–31 października 1961 roku w Moskwie, proklamował osiągnięcie socjalistycznego etapu rozwoju społeczeństwa radzieckiego oraz przyjął program działań społeczno-gospodarczych na okres przejścia do komunizmu. Zamykały go zdania: „Zbudujemy nasz świat, nowy świat! Będzie on państwem, gdzie zatriumfują Pokój, Praca, Wolność, Równość i Szczęście, które staną się udziałem wszystkich narodów" (przeł. R. Romaniuk).

26 października 1961
Dzisiaj znowuż śniadanie w Jabłonnie dla królowej Elżbiety i dla
Marie-José[1]. Po śniadaniu (znakomitym – wciąż jeszcze Kucharski!)
siedziałem przy kawie *entre les deux reines*[2] i trochę podpity wesoło
rozmawiałem z nimi. I paradoks tej sytuacji – Jabłonna, królowa, straszny Galiński[3], Kucharski, Hania – amalgamat rzeczy, z których każda
ciągnęła za sobą długi ogon wspomnień. Powstaje tkanina z krzyżujących się nitek – jakże gęsta i o jakże dziwacznym deseniu.

W zeszły poniedziałek konferencja „Delfinka i Paulinka" w Nieborowie[4]. Mieszkałem w jednym pokoju z Mauersbergerem[5]. Dużo z nim
gadałem, jakby nigdy nic.

Dzisiaj Nobla przyznano Ivo Andriciowi[6]. Na długie lata zamknięto
ją tym samym dla Słowian. Biedna Maryjka[7]!

[1] Królowa belgijska Elżbieta odwiedziła Polskę na zaproszenie przewodniczącego Rady Państwa Aleksandra Zawadzkiego w dniach 25–27 października 1961 roku, wracając z ChRL i ZSRR. Królowej towarzyszył baron Antoine Allard z małżonką oraz księżna Marie-José (1906–2001) – najmłodsza córka Elżbiety i Alberta I, króla Belgii. Goście zwiedzili m.in. budowę nowego szpitala na Bielanach, pałacyk Ostrog-

skich – siedzibę Towarzystwa im. Fryderyka Chopina oraz wysłuchali recitalu forte-
pianowego w wykonaniu Haliny Czerny-Stefańskiej.

[2] *Entre les deux reines* (fr.) – pomiędzy dwiema królowymi.

[3] Tadeusz Galiński (ur. 1914) – działacz partyjny i państwowy, dziennikarz. W
latach 1958–64 minister kultury i sztuki.

[4] Zorganizowane w Nieborowie posiedzenie Rady Naukowej Towarzystwa im. Fryderyka Chopina poświęcone było kwestii autentyczności domniemanych listów Fryderyka Chopina do Delfiny Potockiej upublicznionych przez Paulinę Czernicką. W
posiedzeniu wzięli udział zaproszeni przez Towarzystwo goście, którzy wygłosili dwadzieścia referatów. Jednym z prelegentów był Jarosław Iwaszkiewicz. Zebrani odrzu-
cili tezę przypisującą autorstwo listów kompozytorowi.

[5] Adam Mauersberger (1910–1988) – historyk literatury, muzeolog. W latach 1947–
–49 pracownik PIW-u, od 1957 do 1969 roku kierował Muzeum Literatury im. Adama Mickiewicza w Warszawie. Jego postaci poświęcony jest jeden z rozdziałów książki Piotra Mitznera *Gabinet cieni* (2007).

[6] Ivo Andrić (1892–1975) – bośniacki powieściopisarz, nowelista i poeta, tworzący z wyboru w języku serbskim. Laureat literackiej Nagrody Nobla za całokształt twórczości w 1961 roku. Autor m.in. pisanych w okresie okupacji niemieckiej powieści:
Most na Drinie (1945, wyd. pol. 1956), *Konsulowie ich cesarskich mości* (1945, wyd.
pol. 1960), *Panna* (1945, wyd. pol. 1962) oraz opowiadań *Pripovetke* (t. 1–3 1924,
1931, 1936), *Przeklęte podwórze* (1954, wyd. pol. w wyborze opowiadań *Portret rodzinny* 1966). Po II wojnie światowej pełnił funkcję prezesa Związku Pisarzy Jugosłowiańskich.

[7] O Ivo Andriciu Maria Dąbrowska pisała w swoim dzienniku pod datą 2 listopada
1960 roku podczas podróży po Jugosławii: „[...] wiem, że jest uważany za największego, obok Krleży, pisarza Jugosławii. I że niektórzy porównują jego twórczość z
moją. [...] Andrić jest czarującym, delikatnym eleganckim starszym panem wygląda-
jącym nader młodo [...]. Okazuje się, że przed pierwszą wojną światową studiował w
Krakowie. Zna polski, czyta polską literaturę, cytuje Słowackiego [...]. Andrić w czasie obiadu wspomina, ile za jego studenckich lat nawet znakomite osobistości Krakowa poświęcały czasu i uwagi studentom obcej narodowości. Np. Marian Zdziechow-
ski, wówczas profesor w Krakowie, zapraszał go i innych cudzoziemskich studentów
codziennie do ich domu na podwieczorek. «I gdyby nie to – kończy – że wybuchła
pierwsza wojna europejska, może zostałbym w Polsce na zawsze». Z takimi dziwnymi rzeczami się spotykamy" (M. Dąbrowska, *Dzienniki powojenne*, t. 4, s. 103–104).

28 października 1961

Dała mi Hania dzisiaj do przeczytania obszerny swój elaborat –
wspomnienie o Ustce[1]. Na trzydziestu trzech stronach jest o wszystkim,
dzieje rodziny Karczewskich[2], Maciek, Anusia, obie córki – o mnie

tylko raz wzmianeczka, że nie lubię morza. Poza tym dużo o przełomach duchowych, o kościołach – o księdzu Ziei. Ani słowa o tym, że to j a, nie ksiądz Zieja, namówiłem ją do przystąpienia do komunii w dniu naszego srebrnego wesela (pierwszy raz po dwunastu latach!), ciągle mowa o trudnej ścieżce, o walkach wewnętrznych, o cierpieniu – i żadnego zdawania sobie sprawy, że te cierpienia obracają się w fikcji, w pustce życiowej. Na każdym kroku widać, jak ciąży jej Stawisko, życie ze mną, rodzaj naszego życia, jak nie bierze absolutnie żadnego udziału w tym, co ja robię, jak jej w najmniejszym stopniu nie interesuje ani moja twórczość, ani moje borykanie się, ani moje „cierpienia". Bardzo tragiczne po czterdziestu latach pożycia małżeńskiego skonstatowanie, że pozostało się sobie zupełnie obcymi ludźmi (czy zrobiło się, nie pozostało) i że już nic nie ma między nami wspólnego. Bardzo bolesna konstatacja – i jeszcze jedno potwierdzenie kompletnej samotności. Zresztą praca Hani bardzo ładnie napisana. Ale smutno strasznie.

[1] Mowa o szkicu Anny Iwaszkiewiczowej *Moje „Fontainebleau"*, napisanym w 1961 roku. Szkic ten został opublikowany pośmiertnie na łamach „Twórczości" (1980, nr 12), a następnie w książkach Anny Iwaszkiewiczowej: *Szkice i wspomnienia* (do druku podała M. Iwaszkiewicz-Wojdowska, wstępem opatrzył P. Hertz, Warszawa 1987) oraz *Dzienniki i wspomnienia* (oprac. P. Kądziela, 2000).
[2] Rodzina Janiny Karczewskiej, u której Anna Iwaszkiewiczowa wynajmowała pokój na czas pobytów w Ustce, w willi przy ulicy Żeromskiego 8.

Roma, 3 listopada 1961
Te moje ciągłe powroty do Rzymu to bardzo zadziwiająca historia. Znowu Rzym – i tym razem z wielką radością i ciągle z tym samym smutkiem – bo zawsze to wspomnienie, że on był wtedy żywy, telefonował do Albergo Genio, dlaczego nie ma zadzwonić do Albergo Bologna? Nie tak tu czuję to wieczyste oddalenie. Tak bardzo się pogodziłem z tym, że to był okropny człowiek – tak bardzo jestem niepogodzony z jego śmiercią. I dobrze, że nie byłem wczoraj na Zaduszki na jego grobie: to takie „oficjalne" uznanie go za odeszłego, a przecież on dla mnie żyje. I właśnie najbardziej żyje tu, w Rzymie, gdzie każdej chwili – zdaje się – odnajdę ten głos w tubce telefonicznej, głos, który mnie oszukiwał w rzeczach, które mogły być powiedziane tak otwarcie.

A tu te idiotyzmy penklubowe, Parandowscy i Jeleńska, na co trzeba wiele, wiele cierpliwości[1]. Nie zbywa mnie na niej, ale po co?

[1] Jarosław Iwaszkiewicz przebywał w Rzymie na zebraniu Pen Clubu i wraz z Ireną i Janem Parandowskimi mieszkał u Reny Jeleńskiej na via Dandolo 16.

4 novembre 1961!

Podejrzliwość ludzka, szczególnie w stosunku do mnie, nie ma granic. Wczoraj Parandocha wystąpiła z twierdzeniem, że niemożliwe jest, abym ja tyle czytał, ile czytam. Że muszę mieć murzynów (Wiesia? Szymka?), którzy czytają książki i referują mi potem. *Quelle idée!*[1] I to zdawałoby się osoba, która mnie jako tako zna. Widocznie jej Jasio nic nie czyta i wszystko się jej wydaje przesadne z tego powodu. Przykro, kiedy ludzie, zdawałoby się „przyjacielscy", zgłaszają takie twierdzenia. Jak będzie zniekształcony mój umysł i charakter, zanim nastąpi ostateczne zapomnienie!

[1] *Quelle idée!* (fr.) – Co za pomysł!

7 listopada 1961

Jakoś mi tym razem okropnie w tym Rzymie. Bardzo mi obco, może także ze względu na moich „towarzyszy podróży", których im bardziej się zna, tym bardziej wydają się nie z mojego ciasta. Miałem dziś niedobry sen o Hani, śniła mi się śmiejąca się i młoda, odjeżdżająca w taksówce z Tadziem Brezą, z miną, jakby zrobiła pyszny kawał. Bardzo tęsknię do domu, do Hani, dzieci, Szymka. Niepokoi mnie ten sen i w ogóle wszystko, nie mówiąc już o polityce, która naprawdę dreszczem przejmuje. Jeszcze ta jutrzejsza jazda do Reggio Emilia, bardzo nie na rękę mojemu usposobieniu, tyle tylko, że będę mógł Szymkowi opowiedzieć o via del Sole. Dzisiaj śniadanie z Vigorellim i Wasilewskim[1], nie wiem który antypatyczniejszy, każdy w swoim rodzaju. Nie lubię ja tych rzeczy – a ciągle muszę znosić i końca nie widać. Teraz marzeniem moim jest mieszkać stale w Stawisku, żeby nie było potrzeba wyjeżdżać do Warszawy i mieć ten wolny ranek w Stawisku, naprawdę to bardzo niewielkie wymagania. Tutaj czuję się nerwowo niedobrze. Dzisiaj czytałem dziennik Angolettiego[2]. Czy można naprawdę pisać dla siebie, w notatkach takie w i e l k i e frazy? To chyba nawet u Włocha nie może być szczere. Dziennik to przecie miejsce dla półtonów, półzdań. Notatki z jakichś bladych rozmyślań, zupełnych dywagacji. Właściwie nawet taki dziennik nie odbija codziennego życia, bo wpisuje się tu nie te rzeczy najważniejsze, które są istotą przeżywanych dni, ale notuje się te myśli, które mogłyby się ulotnić bez śladu...

Jestem bardzo niezadowolony z tych kawałków trzeciego tomu *Sławy i chwały*, które napisałem w Rzymie. Są zbyt „pobieżne", a ja tak nie lubię tego stylu. Ale to już naprawdę jest wynik olbrzymiego wysiłku i... strachu.

[1] Andrzej Wasilewski w latach 1961–64 był radcą kulturalnym i I sekretarzem Ambasady PRL w Rzymie.

[2] Iwaszkiewicz pisze o którymś z nowo wydanych tomów eseistyki Angolettiego: *I grandi ospiti* (1960, wyróżniony Premio Viareggio) lub *Tutta l'Europa* (1961).

10 listopada 1961

Dzisiaj śniadanie u Chiaromonte[1]. Ona[2] mądrzejsza od niego (matka jej urodziła się w Łomży!) – rozmowa bardzo ożywiona i inteligentna. On dużo mówił o współczesnej literaturze włoskiej – ale nie wydaje mi się, aby mówił prawdziwe rzeczy, trochę upraszcza, trochę koloryzuje. Pod niebiosa wynosi Moravię. Dla mnie to okropny pisarz i bardzo niesympatyczny człowiek. Pycha prawie taka jak u Gombrowicza (znowu *Dziennik* w „Kulturze"[3]). Widziałem go tym nawrotem dwa razy, ale nie zamieniłem z nim ani jednego znaczącego zdania.

Bezsensowny ten mój pobyt w Rzymie, nie darmo tak nie chciałem jechać tym razem. Z całego pobytu jedynie rozmowa z Kocikiem Jeleńskim coś warta – i też jak zwykle czułem się mały i upokorzony. Ale on mnie, zdaje się, rozumie. Byłby dobry przyjaciel – gdyby był w kraju...

Parandowscy bardzo trudni. Ale trzeba być cierpliwym. Czytam moje nowelki ze zbioru *Tatarak*. Boże, jakież to jest słabiuchne!

[1] Nicola Chiaromonte (1905–1972) – włoski eseista, publicysta, krytyk literacki i teatralny. W latach 1956–68 wraz z Ignaziem Silone redagował miesięcznik „Tempo Presente". Autor m.in. tomów szkiców: *La situazione drammatica* (1959), *Credere e*

non credere (1971), *Scritti politici e civili* (1976), *Il tarlo della coscienza* (1992). W Polsce ukazał się tom zapisków Chiaromontego z lat 1955–71 *Notesy* (1995) oraz wybór esejów *Granice duszy* (1996). Spotkanie Iwaszkiewicza z Chiaromontem i jego żoną zaaranżowała Teresa Jeleńska.

[2] Miriam Rosenthal Chiaromonte (1911–2008) – Amerykanka, od 1942 roku żona Nicoli Chiaromontego, z którym w latach 50. zamieszkała w Rzymie. Przyjaźniła się z wieloma twórcami ważnymi dla kultury europejskiej i polskiej, m.in. z Gustawem Herlingiem-Grudzińskim, Czesławem Miłoszem, Adamem Zagajewskim, Marią i Bohdanem Paczowskimi.

[3] W. Gombrowicz, *Fragment z dziennika*, „Kultura" 1961, nr 11.

13 listopada 1961

Mój pobyt w Rzymie niby to dobiega końca, chociaż Hania dzisiaj telefonowała, że w kraju straszne burze śnieżne i oblodzenia i żadne samoloty nie chodzą. Na lotnisku tutaj powiedziano jednak, że samolot z Warszawy dziś przyszedł. Więc chyba jutro odjedzie? Dzisiaj proponowano mi, abym został na dziesięć dni, dwa tygodnie, z powodu konferencji „hiszpańskiej" – ale nie zgodziłem się pod pretekstem zdrowia. A prawdziwy powód oczywiście to owe *huis clos*[1], które przeżywam na via Dandolo. Rena zupełnie już niepoczytalna, chłód piekielny i marmurowe podłogi bez dywanika przy łóżku – a przy tym Parandowscy, w obcowaniu zupełnie niemożliwi. On jest straszny, egoista, fantasta, sybaryta – zupełnie nie do zniesienia na co dzień. Rozkapryszenie obojga straszne – a ona zawsze jeszcze myśli, że jest pełna wdzięku. Dobra w gruncie rzeczy kobieta, ale strasznie niedelikatna. To połączenie ich z Reną doprowadziło moje nerwy do stanu potwornego, codziennie pod wieczór jestem bliski płaczu. Okropnie, potwornie, bezsensownie mi się ten Rzym tym razem nie udał. Telefon od Hani i Szymka dzisiaj zamiast mi dodać sił – oczywiście raczej odjął. Hania bardzo zdenerwowana, bo Jasio dostał świnki – więc boi się o Maćka. Zawsze to samo. No i mnie nastraszyła tym samolotem. W listach zresztą to samo, to dziwne, jak ona mi zawsze odbiera siły zamiast dodawać. Zawsze jestem pozostawiony sam sobie!

Jeżeli to będzie ostatni mój zapis w dzienniku, to mi jest przykro, że tak odmalowałem moich „przyjaciół", ale taki jestem potwornie przygnębiony tymi dwoma tygodniami. Zamiast wypoczynku ten straszny stan.

¹ *Huis clos* (fr.) – zamknięte drzwi. Aluzja do sztuki Jeana Paula Sartre'a *Przy drzwiach zamkniętych* (1944, wyst. pol. 1947), w której pada zdanie: „Piekło to inni".

Stawisko, 17 listopada 1961

Dzień typowo jesienny, mgła i ciemno. W domu cicho i ciepło. Jasno przede wszystkim. Mamy od niedawna znakomite światło. Trzeci dzień nie wychodzę z domu, jest zacisznie i dobrze. Tylko Hania, Hela, ja i nowa koteczka (Percy Zwierżątkowskaja, a *recte* Persy Wasiljewna – córka Bazylego – Zwierżątkowskaja – nazwana tak na pamiątkę Witkacego¹). Tak mogłoby być codziennie, żeby nie potrzeba jeżdżenia do Związku i do redakcji. Cisza taka otacza dom, że aż w uszach dzwoni. Nie ma telefonów ani wizyt, drzemie przyroda, dom i my z nimi. Tak powinna wyglądać nasza starość. Ale takie dni to wyjątek.

¹ Kotka Anny i Jarosława Iwaszkiewiczów została nazwana na cześć bohaterek powieści *Pożegnanie jesieni* i dramatu *Persy Zwierżontkowskaja* Stanisława Ignacego Witkiewicza. Osobny rozdział poświęciła jej Anna Iwaszkiewiczowa w książce *Nasze zwierzęta*, w której wyjaśniała historię jej imienia: „Kiedy Marysia przyniosła pokazać ją, zupełnie jeszcze maleńką, i zdecydowaliśmy się wziąć ją od razu, orzekliśmy, że jej oryginalna uroda ma jakieś cechy urody bohaterek witkacowskich, nadaliśmy jej więc imię fascynującej, wyrafinowanej i trochę właśnie «zwierzątkowatej» dziewczynki z *Pożegnania jesieni*" (A. Iwaszkiewiczowa, *Nasze zwierzęta*, s. 68–69).

20 listopada 1961

Muzyka, muzyka...

Chciałem w Rzymie pójść na film *Aimez-vous Brahms?*¹ – ale Parandowscy mnie odmówili. Tak tego żałuję, wczoraj słyszałem piosenkę z tego filmu, zrobioną przez Aurica² z *Allegretta* trzeciej symfonii Brahmsa. Ta melodia dla mnie tak pamiętna z tego wieczora, kiedyśmy się upili z Jurkiem i Austriakiem – i już nigdy nie będę wiedział, co to była za historia? – i potem był koncert symfoniczny³, i Romek [Totenberg] grał *I Koncert* Karola, a Rowicki⁴ dyrygował tą symfonią – i potem ta melodia dźwięczała mi w uszach przez wiele, wiele dni – w Rabce jeszcze, w tych pustych i dziwnych dniach początku 1958 roku.

A dzisiaj znowu *Szeherezada* Rimskiego. Hania się rozczulała, bo jej się przypomniało mieszkanie na Górnej i to, jak graliśmy to na cztery ręce. A mnie przypomniały się o wiele, wiele dawniejsze czasy, mieszkanie na Kuźnieczej – to z 1913/14 roku – i ten mój pokój tam, długi z pianinem, i moje drewniane łóżko tam – i ta epoka, kiedy przede mną melodia III części *Szeherezady* otworzyła sezam bajkowy. I przypomniał mi się Józio Św[ierczyński], i cała historia tej długoletniej i tak dziwnej przyjaźni, to wszystko, co z sobą przeżyliśmy, na pół świadomi istoty tego stosunku. Jakiż on był piękny w tym husarskim mundurze, i Byszewy, i te wieczory, kiedy on przychodził właśnie na Kuźnieczną i potem zostawał na noc, bo było za późno wracać na Małą Włodzimierską. Nigdy go nie kochałem, ale byłem tak przywiązany, aż do Wilna w 1938 roku, do ostatniego spotkania u George'a[5]. To wszystko: *Szeherezada*, Józio, jakiś niedostępny świat „wielkiego życia" – wszystko to zlało się potem w jedno w *Ucieczce do Bagdadu*. To była po prostu młodość.

[1] *Aimez-vous Brahms?* (*Czy pani lubi Brahmsa?* 1961, reż. A. Litvak) – film na podstawie powieści Françoise Sagan pod tym samym tytułem (1959).

[2] Georges Auric (1899–1983) – kompozytor francuski. Współpracownik Sergiusza Diagilewa oraz Jeana Cocteau – skomponował muzykę do filmów Cocteau: *Krew poety* (1930), *Piękna i bestia* (1946), *Orfeusz* (1950). W latach 1954–78 prezes Société des Auteurs, Compositeurs et Éditeurs de Musique (SACEM). Autor oper, baletów, pieśni, muzyki kameralnej i filmowej, m.in. muzyki do filmu *Aimez-vous Brahms?*

[3] Zob. przyp. nr 5 na s. 208.

[4] Witold Rowicki (1914–1989) – dyrygent, skrzypek i kompozytor. Współtwórca w 1945 roku Wielkiej Orkiestry Symfonicznej Polskiego Radia i do 1947 jej dyrektor artystyczny, a po powrocie do kraju Grzegorza Fitelberga, jego zastępca. W latach 1950–55 oraz 1958–77 dyrektor artystyczny i dyrygent orkiestry warszawskiej Filharmonii Narodowej, z którą wystąpił 445 razy w kraju i 358 razy podczas czterdziestu ośmiu zagranicznych tournée. Na koncertach 14 i 16 marca 1958 kierował wykonaniem *III Symfonii* Brahmsa.

[5] George (Żorż) – familiarna nazwa reprezentacyjnego hotelu św. Jerzego w Wilnie. Zbudowany w latach 1893–95 według projektu architekta Tadeusza Rostworowskiego był ulubionym miejscem zabaw zamożnych ziemian, przyjeżdżających do Wilna z prowincji, a także polityków i artystów (zatrzymywał się tu m.in. Fiodor Szalapin). Hotel, zniszczony w czasie II wojny światowej, został po wojnie odbudowany jako hotel Vilnius.

25 listopada 1961

Mój sen parę dni temu:

Zajechałem przed ganek w Byszewach i ktoś mi otwiera drzwi, widzę w głębi kuchnię i kucharza, i jakichś państwa. Pytam o Józiów Świerczyńskich[1], ktoś mi wskazuje na drzwi na prawo, już we wnętrzu domu, zaopatrzone w dzwonek elektryczny. Naciskam dzwonek i długo dzwonię. Drzwi są oszklone i zaciągnięte firaneczkami. Ktoś mi się przypatruje przez firankę i wreszcie otwierają drzwi. Wnętrze to dawna jadalnia w Byszewach (przed 1913 rokiem), przy stole siedzi duże towarzystwo, przewodniczy mu Zosia Św[ierczyńska], która jest jednocześnie Helą[2]. Wita się ona ze mną i bardzo się cieszy z mojego przybycia. Pijemy wino z wysokich kieliszków i coś jemy. Bardzo mnie dziwi nieobecność Józia, ale nic nie mówię. Wreszcie wszyscy wstają od stołu i wychodzą, nie przez te drzwi, przez które ja przyszedłem. Gdy już wszyscy wyszli, spostrzegam, że za siedzeniem Zosi stoi wysokie łoże, na którym, otoczony prześcieradłami, leży Józio. Jest on półnagi, ale widać, że ma odkrajane pół ręki i pół nogi, i ma tylko kikuty, głowa odchylona w tył i podwiązana białym bandażem (tak jakby była odcięta). Wszystko razem robi wrażenie uszkodzonego starożytnego posągu. Ale Józio jest żywy i młody, strasznie mi go żal i pochylam się ku niemu. Dotykam jego jedynej, zgiętej w kolanie i owłosionej nogi. A on patrzy na mnie i wysypuje z jedynej zdrowej dłoni szereg blaszek, podobnych do tych, co przybijają na trumnach: blaszki są czarne z białymi napisami. Blaszki wyślizgują się jedna za drugą.

Pytam: – Co to jest?

A on odpowiada:

– To spis szkół kijowskich w naszych czasach.

[1] Zofia z Kurkiewiczów i Józef Świerczyńscy.
[2] Helena Kurkiewiczówna, siostra Zofii.

Praga, 4 grudnia 1961

Wczoraj przedstawienie *Wesela pana Balzaka*, w tych okolicznościach jak gdyby nowa premiera[1]. To nie jest dobre przedstawienie. U najlepszych aktorów (Madaliński[2], Pietraszkiewicz[3]) skłonność do szarży i nieoczekiwanych gierek. Sztuka jest dobra. Oczywiście parę drętwych sloganów trzeba by skreślić. Ale rzecz zadziwiająca, trzy lata ledwie minęło – a już ulotniły się dla mnie ze sztuki „jurkowe" znaczenia. Już nie mam tego wrażenia, co za pierwszym razem, że wszystko, każde powiedzenie jest z tamtej sprawy i że wszystko jest rozgrywką: Lilka, Jurek i ja. Oczywiście zostały takie powiedzenia, jak „dobrze, że było" i „wszystko jak chcesz" – ale sama esencja zwietrzała. Tak szybko ulatnia się aktualność. Zostaje to, co jest nadbudową – i teraz to już mnie tak nie wzrusza. Madalińskiemu skreślono w drugim akcie najmocniejszy ustęp. Hańcza[4] jest osioł – swoją drogą.

Sensacyjna propozycja Jerzego Jasieńskiego[5], abym objął dyrekcję Teatru Polskiego! W najśmielszych snach nie przychodziło mi to do głowy. Gdyby to lat dziesięć temu!!

[1] Na początku grudnia 1961 roku zespół warszawskiego Teatru Polskiego odbywał tournée po Czechosłowacji. Po występach w Bratysławie i Brnie, 2 grudnia aktorzy Teatru Polskiego przybyli do Pragi. Tego samego dnia przyjechał tam Jarosław Iwaszkiewicz, którego sztuka *Wesele pana Balzaka* była wystawiana w Pradze przez Teatr Polski.

[2] Lech Madaliński (1900–1973) – aktor teatralny i filmowy. Występował m.in. na deskach Teatru Polskiego w Warszawie (1952–62) oraz Teatru Narodowego (1962––73). W *Weselu pana Balzaka* wystąpił w roli tytułowej.

[3] Leon Pietraszkiewicz (1907–1987) – reżyser i aktor. W latach 1949–76 aktor Teatru Polskiego w Warszawie. W *Weselu pana Balzaka* wystąpił w roli Halperyna.

[4] Władysław Hańcza (1905–1977) – aktor teatralny i filmowy, reżyser teatralny. W latach 60. związany z Teatrem Dolnośląskim w Zielonej Górze, Teatrem im. Bogusławskiego w Kaliszu i Teatrem Zagłębia w Sosnowcu. Wystąpił w wielu filmach fabularnych, m.in. w *Popiołach* (1965) Andrzeja Wajdy, *Panu Wołodyjowskim* (1969) i *Potopie* (1974) Jerzego Hoffmana, serialu telewizyjnym *Chłopi* (1972) w reżyserii Jana Rybkowskiego oraz cyklu komediowym Sylwestra Chęcińskiego *Sami swoi* (1967), *Nie ma mocnych* (1974), *Kochaj albo rzuć* (1977). W 1959 roku wyreżyserował w Teatrze Polskim *Wesele pana Balzaka*.

[5] Jerzy Jasieński (1913–2008) – pianista, krytyk, działacz muzyczny i teatralny, od 1949 roku pracował w Ministerstwie Kultury i Sztuki jako dyrektor departamentu twórczości, imprez i obchodów artystycznych, a także w Centralnym Zarządzie Oper, Filharmonii i Instytucji Muzycznych oraz Teatrów Dramatycznych. W latach 1964–66 był dyrektorem i kierownikiem artystycznym Teatru Polskiego w Warszawie, a następnie warszawskiego Teatru Wielkiego. Od 1968 do 1992 roku pełnił funkcję wiceprezesa Warszawskiego Towarzystwa Muzycznego, a w latach 1980–89 wicedyrektora Polskiego Wydawnictwa Muzycznego oraz dyrektora Centralnej Biblioteki Nutowej.

Stawisko, 13 grudnia 1961

Co za szczęście jednakże móc powrócić za każdym razem do mojego gabinetu. Pokój ten z każdym rokiem staje się bardziej naładowany. Mówię nie tylko o książkach, które mnożą się przeraźliwie, czekając na nową wojnę, ale i o atmosferze, stającej się coraz bardziej wyładowaną. Czym? Ciszą, powietrzem, wspomnieniami, życiem. W tym momencie, kiedy odstąpiły ode mnie wszystkie namiętności – w niebieskim cieniu za oknami, w chmurach, które wraz z żyłkowaniem gołych brzozowych gałązek stanowią na szybach deseń witraży, w moich obrazach, w nieładzie biurka – odnajduję spokój i siły. Tu można zapomnieć o jarmarku i nonsensach Pragi, o zgiełku i bezładnym społeczeństwie „literatów" ze zjazdu katowickiego[1], odrzucić jednym słowem wszystko, czym się pozornie przejmuję. Tutaj zostaje „nagie" życie – ale jaki jest sens tej nagości? Olbrzymia niewiedza ogarnia cię w tej ciszy, potężna i kołysząca. Świadomość, że się nie pozna niczego – ani świata, ani siebie – to znaczy, że tylko siebie. Nigdy mi się bardziej bezsensowną nie wydaje maksyma Kartezjusza *cogito ergo sum*[2], jak w tym pokoju. *Sum ergo cogito* – nie lepsze. *Cogito*? Czy to znaczy ten strumień skojarzeń, który bezprzestannie cieknie we mnie jak przybrudzony film, film „z deszczem"? Czy bezładnie biegnące skojarzenia obrazów – to jest myśl? Przerażające doświadczenia starca, który po zachwytach i porywach – zostaje nad rozbitym korytem. I to przeświadczenie, iż koryto owo było z a w s z e rozbite i że złudzeniem były uroki, w które się je stroiło. Ale jednak cisza i wypoczynek s ą tutaj, są istotne – jak przeczucia wiecznej ciszy, wiecznego wypoczynku i wiecznej nieświadomości.

[1] XII Zjazd ZLP obradował w dniach 8–9 grudnia 1961 roku w Katowicach. Przewodniczył mu Jarosław Iwaszkiewicz. Mowę przezeń wygłoszoną, zatytułowaną *Pisarz – czytelnik – społeczeństwo*, opublikowała „Nowa Kultura" (1961, nr 52–53).

[2] *Cogito ergo sum* (łac.) – Myślę, więc jestem. Formuła pochodząca z *Zasad filozofii* Kartezjusza (1644).

14 grudnia 1961

Skończyłem *Sławę i chwałę*. Nikogo nie ma przy mnie, komu bym to mógł powiedzieć. A jakiż to ciężar.

Okropna awantura ze Słonimskim i z tym jego poemacidłem[1]. Jakież to mizerne.

[1] Chodzi o wiersz Antoniego Słonimskiego *W obronie wiersza* („Nowa Kultura" 1961, nr 2) i opublikowane nieco później artykuły tego autora: *List otwarty* („Nowa Kultura" 1961, nr 4) i *Podsumowanie* („Nowa Kultura" 1961, nr 13). Teksty te stanowiły obronę tradycyjnej estetyki poetyckiej i apoteozę takich jej elementów, jak rytm, rym, liryzm, prawda wewnętrzna autora. Zainicjowały dyskusję estetyczną i pokoleniową, zwaną „dyskusją o poezji", „dyskusją o niezrozumialstwie w sztuce", która toczyła się w prasie literackiej w 1961 roku i na początku roku następnego. Głos w niej zabierali m.in.: Stanisław Grochowiak, Alicja Lisiecka, Hieronim Michalski, Julian Rogoziński, Andrzej Stawar, Marian Piechal, Janusz Wilhelmi, Witold Dąbrowski, Michał Głowiński, Aleksander Bocheński, Janusz Maciejewski, Julian Przyboś i Artur Sandauer.

24 grudnia 1961

Jest gdzieś kraina Alabama, gdzie noce są zawsze ciepłe i konie prychają w nocy, i strzemiono uderza o strzemiono srebrnym dzwonkiem, i ludzie są piękni, młodzi (zawsze młodzi) i szczęśliwi. Grają tam Ravela (i *Sicilianę* Faurego), śpiewają kolędy, te wesołe, i dużo kwiatów rośnie na stepie. I nie ma tam starych i samotnych ludzi. I nie ma tam serc gorących, które na próżno biją, i jeżeli ktoś chce miłości – zawsze ma miłość. Brzmienie gitary na stepie, tupoty kopyt i wszystko takie proste, zwyczajne i nieskomplikowane.

I nie ma żadnych świąt.

1962

1 stycznia 1962

W szybkim pochodzie, jaki przemija obok mnie, wynurzył się nowy, szybko starzejący się młodzieniec. Nowy rok ma przerażającą dla mnie cyfrę, która tak bardzo odbiegła od cyfr, do których byłem przyzwyczajony. Rok ten to sto dwudziesta rocznica urodzin mego ojca, czterdziesta rocznica mego małżeństwa; zapewne będzie to rok ostatni, wobec rozwijającej się mojej choroby, o której jeszcze nikt nie wie. Spotykam go w dziwnej ciszy, samotności i skupieniu. Hania leży w ciężkiej grypie, w domu nie ma nikogo. Samotność. Ale nie powiem, że skupienie – zbyt gwałtowne myśli, zbyt pomieszane uczucia, aby się można było skupić. Nawet nie ma czasu na melancholię, żadne uczucie nie sięga do głębi. Jutro znowu „Nowogrodzka, Pruszków" i nawet to nie boli[1].

[1] Nawiązanie do wiersza ***Jak diabelski Paganini* z tomu Iwaszkiewicza *Warkocz jesieni* (1954). Utwór kończy się zwrotką:

> Aż do rana w zimnym łóżku
> naobracam się do woli.
> Jutro znów: Podkowa, Pruszków,
> Nowogrodzka. Ach! to boli!

(J. Iwaszkiewicz, *Wiersze*, t. 2, s. 244).

2 stycznia 1962

Jak sentymentalna panienka: wszystko mnie potrafi rozmarzyć, dzisiaj tenor, który śpiewał arię Maxa z *Freischütza*[1] (Richard Holm[2] z Monachium) – zaraz się otwierają krainy dziwne, nigdy dostatecznie nieopisane, okolice Salzburga i Berchtesgaden[3]. Tych dwóch turystów, których spotkałem, idących z przewodnikiem gdzieś pod Watzmannem, tyle lat temu. Oni szli z linami gdzieś na trudne rzeczy i byli tak cudownie wyekwipowani i ubrani, z barwnymi kitami na kapeluszach i może byli nie tyle ładni, co szczęśliwi. Pewnie potem chodzili na Polskę, to było w 1929 roku, na dziesięć lat przed tym. I zatęskniłem do tych okolic – najpiękniejszych okolic Europy, i do zapachu tamtejszego siana, kiedy szedłem piechotą z Salzburga do Innsbrucku[4]. To były chyba najlepsze rzeczy, te samotne piesze wycieczki. Albo ta ostatnia ze Staszkiem [Suchym] i Wojtkiem [Janickim].

Putrament mówił dziś Ziemkowi [Fedeckiemu] o moim niezwykłym wyczuciu politycznym. Myślę, że głęboko się myli, mam czasem tylko instynkt, który mnie jednak często zawodzi. Zresztą w sprawie Słonimskiego wszystko wydawało mi się tak jasne, nie trzeba było ani wyczucia, ani instynktu. Gówno jest łatwe do rozpoznania.

[1] *Der Freischütz* (*Wolny strzelec*) – opera niemieckiego kompozytora Carla Marii von Webera, jej premiera odbyła się w 1821 roku.
[2] Richard Holm (1912–1988) – niemiecki tenor, od 1948 roku występował na scenie Bawarskiej Opery Narodowej w Monachium, gdzie zasłynął jako znakomity wykonawca arii z oper Mozarta.
[3] We wrześniu 1929 roku Jarosław Iwaszkiewicz w towarzystwie swojej siostry Anny odbył podróż do Wiednia, Salzburga i Berchtesgaden. Drugim jej etapem (zrealizowanym już samotnie) było Monachium i wycieczka górska na szczyt Alp Bawarskich, Watzmanna.
[4] We wrześniu 1928 roku Iwaszkiewicz odbył samotnie wyprawę trasą: Salzburg – Salzachöfen – Golling – przełęcz Pass-Lueg – Werfen – Innsbruck.

8 stycznia 1962
Przedwczoraj herbatka w Belwederze na uczczenie osiemdziesiątej rocznicy urodzin Lucjana Rudnickiego[1]. Gospodarz Zawadzki, poza tym Ochab, Titkow[2] i trochę partyjnych, z pisarzy Putrament, Ryś Dobrowolski, Lewin, Dziarnowska[3], Żółkiewski itd. Broniewski przywlókł się także, ale wygląda okropnie, jakby zszedł z katafalku, dziwne, ale w tym strasznym stanie bardzo wypiękniał, oczy mu się powiększyły i zrobiły wielkie i jasne, tak kończy się to nieszczęśliwe życie. Do Rudnickiego przemawiał Zawadzki, Galiński, potem niestety ja. Potem mówił Ochab, powiedział dość dziwne rzeczy. Mówił o ubóstwie Polski i

polskich pisarzy, potem mówił do Broniewskiego i Rudnickiego, że zawsze byli wierni partii, nawet w najtrudniejszych chwilach, nie postąpili jak inni pisarze, którzy odesłali swoje legitymacje. „My zresztą rozumiemy – powiedział – że pisarze są najbardziej wrażliwi, poddają się łatwo uczuciom, umiemy sobie wytłumaczyć ich postępowanie, ale..." Potem znowuż powiedział: „Ale są tu tak wybitni pisarze jak towarzysz Iwaszkiewicz, ja mówię «towarzysz», bo przecież ja wiem, że on jest z nami, że on z nami buduje socjalizm, o czym świadczy chociażby ta nienawiść, z jaką traktują go wszelkie «Głosy Ameryki» i «Wolne Europy»" itd. w tym samym duchu. Miałem wrażenie, że moich kolegów po piórze zaparło po prostu – i do dziś dnia jeszcze nikt z nich tego nie powtórzył nikomu – i nikt o tym nie słyszał.

Jestem trochę *perplexe*[4], bo ostatecznie Ochab nie miał racji, ja bym chciał budować socjalizm, ale nie taki, jak oni sobie myślą. Ostatecznie cała moja polityka jest obliczona na bardzo daleką metę, a przede wszystkim na zapewnienie w p ł y w ó w polskiej literaturze, tam czy gdzie indziej – i to można osiągnąć tylko za pomocą zgody, zgody z partią, z pisarzami radzieckimi, czeskimi – oczywiście i zgody na Zachodzie, a nie przez stawanie jak wół przed nowymi wrotami przed każdym odmiennym poglądem i traktowanie jako osobistej złośliwości innego zdania. Tak wyglądają na Zachodzie Bażan, Surkow, Czakowski. W każdym razie to wystąpienie Ochaba – nie wiem, jakie ono będzie miało skutki – można uważać za mój osobisty sukces, za sukces mojej polityki.

---

[1] Lucjan Rudnicki (1882–1968) – prozaik, pamiętnikarz, publicysta, działacz ruchu robotniczego. Od 1898 członek PPS, od 1907 – Socjaldemokracji Królestwa Polskiego i Litwy, a po zjednoczeniu w 1918 roku SDKPiL i PPS-Lewicy w Komunistyczną Partię Robotniczą Polski (od 1925 KPP) był jej członkiem do rozwiązania partii w 1938 roku. Wielokrotnie aresztowany za działalność polityczną, w więzieniach i obozach nabawił się wady słuchu, która uniemożliwiła mu dalszą aktywność polityczną. Zajął się twórczością literacką i publicystyczną (w 1920 roku wydał debiutancką powieść *Odrodzenie*), uczestniczył w wydawaniu legalnych i nielegalnych publikacji lewicowych. Od 1948 należał do ZZLP (od 1949 ZLP). W latach 1952–56 był posłem na Sejm. W 1957 został współzałożycielem, a następnie członkiem Zarządu Głównego Stowarzyszenia Ateistów i Wolnomyślicieli. Jest autorem pamiętników *Stare i nowe* (t. 1–3 1948–60).

[2] Walenty Titkow (ur. 1917) – działacz partyjny, poseł na Sejm PRL w latach 1952–65.

³ Janina Dziarnowska (1903–1992) – powieściopisarka, tłumaczka, działaczka polityczna i kulturalna. Od 1958 współpracowała z czasopismem „Kraj Rad". W 1961 roku otrzymała nagrodę literacką Prezesa Rady Ministrów za twórczość dla dzieci i młodzieży. W latach 1965–72 była członkiem Zarządu Głównego ZLP. Od 1971 ogłaszała przekłady z języka rosyjskiego w „Literaturze na Świecie" i w „Literaturze Radzieckiej". Wydała m.in. powieści: *Miasto nowych ludzi* (1953), *...gdy inni dziećmi są* (1960), *Słowo o Brunonie Jasieńskim* (1978).
⁴ *Perplexe* (fr.) – zakłopotany.

14 stycznia 1962, lecznica rządowa

Jestem na „badaniach" w lecznicy. Dopiero teraz czuję, jakie zrobiłem głupstwo, zamykając się tutaj na dwa tygodnie. Rozpacz mnie ogarnia. Każda medycyna to jest lipa, a tutaj to lipa podwójna, to badanie tu robią, co za granicą, ubrane jest w pontyfikalne szaty. Oczywiście przychodzi tutaj jeszcze i element kompletnego lekceważenia mojej osoby – a że jeszcze w dodatku nie jestem bardzo chory, więc się to tak składa, jakby byli zniecierpliwieni moją tu obecnością. To, na co rzeczywiście cierpię, wychodzi – zdaje się – poza ich medyczne kompetencje. Jednym słowem okropność, a na dobitek atmosfera szpitalna to jest dla mnie najstraszniejsza rzecz na świecie.

Do domu tęsknię jak dziecko, i do Hani. Szymek przychodzi co dzień, ale jak to Szymek, zamyka się w milczeniu – i nic się z tych jego wizyt nie ma. Tęsknię także do Percy, nowej, ważnej osoby w naszym domu.

Czytam ostatnią powieść Macha¹. Nie wolno pisać takich bzdur i nie wolno o tym nie powiedzieć, że to bzdura! Straszne, jak oni się marnują, Mach, Żukrowski... a pamiętam pierwszą *Rdzę* Macha², jakie to było dobre.

¹ W. Mach, *Góry nad czarnym morzem* (1961). Iwaszkiewicz poświęcił książce felieton *Góry nad Czarnym Morzem*. Chwalił w nim malarskość i plastyczność prozy Wilhelma Macha, pisał o jej „niezwykłych pięknościach" i nazywał „znakomitą". Odnosił się także do apostrofy, którą umieścił Mach w swej powieści. „Mach miał dziwny pomysł zwrócenia się w toku powieści bezpośrednio do mnie i do Jerzego Andrzejewskiego. Do mnie tak powiada: «Ty, Jarosławie, mistrz fikcji obiektywnej, zdajesz się – gdy piszesz – od siebie uciekać i zdajesz się ten sam sposób stoickiego o sobie zapomnienia zalecać swoim czytelnikom i tylko gorzki smak znaczeń, zatajony w zmyśleniu i udawaniu, pozwala odgadnąć także i marzenia twoje o sobie samym rzeczywiste». To jest zaczepka! Nie wywołuj, Wilku, z lasu! Zresztą proponuję tu drob-

ną poprawkę – zamiast «marzenia twoje o sobie samym» – «widzenie twoje siebie samego rzeczywiste». Starzy pisarze już nie marzą o sobie – widzą już siebie. Apostrofa ta do mnie nie jest odkryciem Ameryki. Dawno wiadomo, że pisarz, który pisze – ucieka od siebie. Po co ucieka? Aby siebie utwierdzić" (J. Iwaszkiewicz, *Góry nad Czarnym Morzem*, „Życie Warszawy" 1962, nr 18).

[2] W. Mach, *Rdza* (1950).

15 stycznia 1962

Moja droga – w nudzie szpitalnego dnia przychodzą do mnie wspomnienia naszej podróży na Ukrainę[1], której właściwie nigdy i nigdzie nie zapisałem, której nikomu właściwie nie opowiedziałem, bo już nikt się nią nie interesował, nikt się w nią nie wtajemniczał. I tak zostaliśmy tylko we dwójkę jej „dziedzicami" i właścicielami. A była to przecież podróż nad wszelki sposób osobliwa, chwilami wydaje mi się, że to wszystko nieprawda, że mi się to wszystko śniło. Cudowny ranek letni na miejscu, gdzie stał nasz dom, jedyna ocalała lipa, która stała pod oknem „kantoru" ojcowskiego, i ten „magazyn", ten sam, z tymi samymi drzwiami co sześćdziesiąt lat temu – to nadzwyczajne. I tak samo jak w Byszewach to wrażenie – nie, że tak się zmieniło, ale że tyle jeszcze tego zostało i że nie złudzenie ukazywało te pejzaże takie piękne, ale że one były piękniejsze, niż je wtedy widziałem! Na przykład widok „wałów" z drogi pomiędzy Daszowem a Kalnikiem, przecież to zupełnie niesamowity widok. A wtedy mówiło się „chodźmy na wały" i było to najzwyklejsze w świecie. One są wyższe, niż widziałem je w dzieciństwie – jedyny to chyba wypadek, bo wszystko wydaje się zawsze potem mniejsze. Śniadanie obiadowe w Daszowie to zupełny Gogol. *„Anna Stanisławowna, zdiełajtie eto dla mienia, pokuszajtie maliny so smietanoj!"*[2] Zupełnie z Gogolowskiej nowelki. Szczęśliwy jestem, że byliśmy tam razem, ale ty też już nie wspominasz tej podróży. To wielkie szczęście, żeśmy ją odbyli, i smutno mi, że siostry tak tego nie doceniły. Muszę jeszcze pojechać do Tymoszówki...

[1] Zob. przypis nr 1 na s. 235.

[2] *„Anna Stanisławowna..."* (ros.) – „Anno Stanisławowna, niech pani zrobi to dla mnie. Proszę spróbować malin ze śmietaną!"

19 stycznia 1962
Jeszcze w szpitalu. Zabawy w marzenie. Ciągle się myśli o dawnych
(i przyszłych!) podróżach. Tylko nie o żadnych utworach – to wszystko jakby skończone. Mógłbym napisać chyba tylko „moje życie" – bardzo szczegółowo, rok po roku. Kalnik stary dom, Kalnik nowy dom,
Warszawa – trzy grube tomy, ale to z opisem błysków na stole, smaku
kaszki po kąpieli, sukien mamy i sióstr... Jedyna rzecz, co bym mógł
teraz jeszcze wywołać z siebie.
Jeszcze jedna podróż wciąż mi przychodzi do głowy, niedawna, jeszcze nie ma roku. To jazda samochodem z Katanii do Piazza Armerina.
Niezapomniana różowa równina i ta Etna po prawej stronie coraz to
inna. Ten obraz ciągle w głowie przytomny i taki zachwycający, intym-
nie piękny. I potem nagły skok w góry – i raptem ten przejazd kolejowy zupełnie jak u nas (koło Ostrowca na przykład). Wciąż mi w głowie się kręci ten film. To dziwne, że ze wszystkich ostatnich podróży
ta mi tak w głowie została.

20 stycznia 1962
Jadwinia [Iwaszkiewiczówna] zwróciła mi uwagę na to, że pieśń
Roksany w drugim akcie *Króla Rogera* to ukraińska piosenka. Wiedzia-
łem o tym od dawna, ale ona mi przytoczyła słowa:

Oj tam w poli stoıt korczomka
a w taj korczomci żydiwka Chajka...[1]

[1] *Oj tam w poli...* (ukr.) – „Oj, tam w polu karczma stoi, / a w tej karczmie Żydówka Chajka...".

21 stycznia 1962, Stawisko
Narośl na mojej nerce widziana na fotografii rentgenowskiej przypomina lawinę. Spełza z góry takim malowniczym językiem. Żadnych
innych objawów choroby, prócz wewnętrznego przekonania, nie ma.
Trochę mnie podnieca ten kawałek, który teraz trzeba będzie odegrać.

23 stycznia 1962
Znakomita, zupełnie młodzieńcza scena miłosna. (!!)

25 stycznia 1962
Jutro tydzień jak opuściłem lecznicę „z wyrokiem". Cały ten tydzień zupełnie sam w pustym domu w Stawisku, Heli można nie liczyć, jest głucha i niewiele rozumie. Rankami jeżdżę do Warszawy, przedwczoraj miałem taką miłą rozmowę z ludźmi, których chyba najbardziej lubię z literatury: Julkiem Żuławskim, Wilkiem Machem i Stryjkowskim, wszyscy trzej tacy przyjemni, nie za bardzo inteligentni. Miło było mi z nimi rozmawiać, oczywiście z myślą, że to już niedługo. Hania przez cały czas jest w Warszawie z powodu naświetlań tych zatok czołowych, tak że wieczory w zupełnej pustce i ciszy. Człowiek przekonuje się przy tym, jak już nikogo nic nie obchodzi. Żeby jeden telefon, jedno zapytanie, nawet od córek, którym do głowy nawet nie przychodzi, że mogę być chory. Szymek dziś jeździł z Marysią do Jabłonny. Trwało to bardzo długo, a ja jakoś nawet dobrze myśli zebrać nie mogę, piszę automatycznie. Do wczoraj przerabiałem od nowa jedenasty rozdział[1], nic mi to nie pomogło. Jedyną pociechą jest Percy Zwierżątkowskaja, sypia teraz na moim biurku pod lampą, ilekroć ja przy biurku pracuję. Zwierzęta są jednak zawsze najwdzięczniejsze i najbardziej umieją okazać przywiązanie. Nawet listów mi się nie chce pisywać i korespondencja leży odłogiem.

[1] Chodzi o rozdział *Kawalkada* z trzeciego tomu *Sławy i chwały*.

27 stycznia 1962
Pierwszy dzień, kiedy czuję. Jeszcze mnie nie boli, ale wiem, gdzie „to" jest.

31 stycznia 1962
Jest pewnego rodzaju wyrafinowanym okrucieństwem zostawianie mnie tak po całych dniach samego. Zwłaszcza wieczory są trudne.

Oczywiście w śmierci zawsze się jest samotnym – ale to nie jest śmierć jeszcze, tylko duże cierpienie. Co prawda rankami mam to olbrzymie, rozpierające poczucie pełni życia. Teraz, kiedy wiem, gdzie przychodzi kreska końcowa, całe życie komponuje się, nabiera właściwych proporcji i o każdej rzeczy wie się, gdzie leży, w którym miejscu jest. Bardzo dziwne i piękne uczucie. Oczywiście w tych proporcjach dziwnie nikle wypadają wyczyny literackie, ale o tym wiedziałem i dawniej, to nie jest nic nowego. Wszystko zagotowało się dzisiaj we mnie, kiedy Zb[igniew] Bieńkowski[1] zaczął mówić o Przybosiu jak o bóstwie. Dla mnie to zabite stęporem koryto, ten cały Przyboś, ograniczenie i szkodliwość – pozwala sobie mówić o innych wierszach „bełkot" i „brednie", a jego wiersze co? A potem sobie pomyślałem: tak, po Przybosiu zostaną uczniowie i wielbiciele, widać wart tego, a po mnie co? Kręgi na wodzie. Tak smutno patrzeć na to, co po mnie zostaje, nicość tego taka sama, jak nicość mego ciała.

Zresztą to wszystko drobne uwagi, nieoddające mego nastroju, który raczej jest harmonijny. Tylko znowu patos, całe życie patos, ma się tego trochę za dużo. A teraz już do samego końca trzeba będzie być Henrykiem IV[2].

[1] Zbigniew Bieńkowski (1913–1994) – poeta, krytyk literacki, tłumacz. W latach 1950–55 sekretarz redakcji miesięcznika „Twórczość", w okresie późniejszym stały współpracownik tego pisma. Autor m.in. tomów wierszy: *Sprawa wyobraźni* (1945), *Trzy poematy* (1959) oraz szkiców: *Piekła i Orfeusze. Szkice z literatury Zachodniej* (1960), *Modelunki* (1966), *Poezja i niepoezja* (1967), *W skali wyobraźni* (1983).

[2] Henryk IV Lancaster (1367–1413) – król Anglii w latach 1399–1413, tytułowy bohater dwuczęściowej tragedii Williama Shakespeare'a, napisanej w latach 1596–97. Występuje również w tragedii Shakespeare'a *Ryszard II* (1595). W ostatnich latach panowania zmagał się z kłopotami zdrowotnymi i walczył ze spiskowcami w swym otoczeniu. Około 1410 roku realna władza przeszła w ręce jego syna, Henryka V Lancastera.

Londyn, 10 lutego 1962[1]

Byłem dziś w Wallace Collection[2], to o parę kroków od mojego hotelu. Są tam bardzo piękne rzeczy, ale niestety zaszklone, tak że obserwowałem samego siebie pomiędzy postaciami Rembrandta[3]. Dziwnie mi było w tym towarzystwie, bo obraz bardzo dziwny, choć jeden z najpiękniejszych Rembrandtów. Na jednym z obrazów Watteau (odpoczynek w parku?)[4] zauważyłem, że niby to posąg gołej nimfy wśród zieleni i ubranego towarzystwa jest echem *Concerto* Giorgiona i zapowiedzią *Déjeuner sur l'herbe*[5]. Po raz pierwszy zauważyłem Reynoldsa[6], jest on zupełnie inny od wszystkich angielskich portrecistów i wyraźnie zapowiada impresjonistów. Jego *Strawberry Girl* jest zachwycająca, zwłaszcza z bliska, gdy widać robotę. Bardzo dziwne, że dotychczas go nie miałem na oku. Luini[7] i Andrea del Sarto[8] dali mi oskomę do Włoch, pod londyńskim niebem to dziwnie wygląda.

Moją Delfinę jako Matkę Boską Delaroche'a[9] gdzieś sprzątnęli. Za to dzieci Delaroche'a kazały mi zatęsknić za sprzedanym obrazem. Lubiłbym go bardzo w domu.

Londyn w gruncie rzeczy prowincjonalny, ubogi i sympatyczny.

[1] Jarosław Iwaszkiewicz pojechał do Londynu na konsultację medyczną, która potwierdziła opinię warszawskich lekarzy o konieczności wykonania operacji usunięcia nerki.

[2] Wallace Collection – galeria sztuki, utworzona w 1897 z zapisu lady Wallace.

[3] W Wallace Collection eksponowanych jest pięć płócien Rembrandta: *Dobry samarytanin* (1630), *Jean Pellicorne ze swym synem Casparem* (1632), *Susanna van Collen, żona Jeana Pellicorne z ich córką Anną* (1632), *Autoportret w czarnej czapce* (1637), *Portret Tytusa, syna artysty* (1657), akwaforta tego autora *Dobry samarytanin* (1663) oraz obrazy uczniów malarza.

[4] J. A. Watteau, *Odpoczynek w parku* (1718–20). W galerii znajdują się również obrazy Watteau: *Lekcja muzyki* (1716–17), *Gilles i jego rodzina* (1716–18), *Arlekin i Colombina* (1716–18), *Les Champs-Élysées* (1716–18), *Przyjęcie muzyczne* (1717––18), *Postój w lesie* (1718–20), *Poranna toaleta* (1716–18).

[5] E. Manet, *Déjeuner sur l'herbe* (*Śniadanie na trawie*, 1862–63). Motyw połączenia nagiej postaci kobiecej i ubranych postaci mężczyzn był inspirowany znajdującym się w Luwrze płótnem *Koncert wiejski* namalowanym przez Tycjana (ok. 1509). Autorstwo obrazu przypisywano wcześniej Giorgionemu.

[6] Joshua Reynolds (1723–1792) – angielski malarz, teoretyk sztuki, jeden z najwybitniejszych portrecistów. W Wallace Collection znajdują się portrety: *Książę Queensberry* (1759), *Miss Nelly O'Brien* (1762–64), *Mrs Suzanna Hoare z dzieckiem* (1763––64), *Portret dziewczynki* (*The Strawberry Girl*, 1772–73), *Miss Jane Bowles* (1775––76), *Mrs Elizabeth Carnac* (1775–78), *Mrs Mary Nesbitt* (1781), *Mrs Mary Robinson* (1783–84), *Mrs Jane Braddyll* (1788), *Lady Elizabeth Seymour-Conway* (1781), *Frances, hrabina Lincoln* (1781–82) oraz obraz *Św. Jan Chrzciciel w puszczy* (1776).

[7] Bernardino Luini (1480–1532) – malarz włoski. W Wallace Collection znajdują się jego obrazy: *Madonna z dzieciątkiem w pejzażu* (ok. 1520), *Putto zrywający winogrona* (1520–23), *Głowa dziewczyny* (1520–23), *Madonna z dzieciątkiem* (1520–30).

⁸ Andrea del Sarto (1486–1530) – malarz włoski związany z Florencją. W Wallace Collection jest jego obraz *Madonna z dzieciątkiem i młodym Janem Chrzcicielem* (1517–19).

⁹ Chodzi o obraz Paula (właśc. Hippolyte'a) Delaroche'a (1797–1856) *Madonna z dzieciątkiem* (1844), który uznaje się za portret kochanki malarza, Delfiny Potockiej. W Wallace Collection znajdują się także dzieła Delaroche'a: *Joanna d'Arc w więzieniu* (1823–24 oraz 1825), *Barka kardynała Richelieu* (1829), *Ostatnia choroba kardynała Mazarina* (1830), *Edward V i książę Yorku w wieży* (1831), *Kuszenie św. Antoniego* (1832), *Palissy w swej pracowni* (1832), *Zamordowanie hrabiego de Guise* (1832), *Nawrócenie św. Marii Magdaleny* (1834–35), *Matka z dziećmi* (1843–48) oraz *Dzieci uczące się czytać* (1848). W rękach rodziny Lilpopów był obraz Paula Delaroche'a *Dzieci Edwarda*, który został sprzedany w 1922 roku, krótko przed ślubem Anny i Jarosława Iwaszkiewiczów.

Londyn, 11 lutego 1962

Zadziwiające socjologicznie zjawisko to jest zupełne wynarodowienie się rodziny Balińskich. Wczoraj dwie godziny ze Stasiem, raczej przykre. Nigdy nie miałem wielkiego pojęcia o jego charakterze, ale to nie o to chodzi. Tylko ten naturalny ton, którym on mówi, że jego bratankowie nie mówią po polsku i pożenili się i powychodzili za mąż za jakichś „wielkich" cudzoziemców, i że go właściwie nic nie obchodzi Polska i Polacy, że nie pyta o żadne zasadnicze rzeczy, że wszystko naturalne: i to, że jego brat jest przewodniczącym związku katolików angielskich, a drugi jest przedstawicielem w ONZ Hondurasu czy Gwatemali[1]. Nie mam zupełnie pojęcia, skąd się to bierze, bo przecież i nasza „kosmopolityczna" arystokracja tak tego procesu nie przechodzi. I nawet Żydzi polscy inny mają stosunek do kraju i do polszczyzny. Zadziwiające dzieje są tej mojej niby przyjaźni z Balińskim w przeciągu tylu, tylu lat – zawsze z jakąś podszewką nieufności i nieżyczliwości. Ostatecznie lubię go bardzo, ale nigdy mu w s z y s t k i e g o nie powiem, nawet tego, co mówię temu małemu Bormanowi czy Stryjkowskiemu.

Nudno w Londynie.

¹ Bracia Stanisława Balińskiego: Jan Baliński-Jundziłł (1899–1974) – ziemianin, działacz społeczny, współzałożyciel Polish Research Centre, założyciel i prezes Instytutu Polskiego Akcji Katolickiej, prezes „Ogniska Polskiego" w Londynie, oraz Antoni Baliński – działacz polityczny, przedstawiciel Ekwadoru w ONZ.

15 lutego 1962

Ostatecznie jest mi bardzo dobrze w Londynie. Smutno jak wszędzie, ale to uczucie łatwego komfortu. I przy tym starzy przyjaciele – co to znaczy. Ani nie są zbytnio zajmujący, odcięci od swojego i naszego życia, o przekonaniach nawet nie mówimy! Ale jednak te wspomnienia sprzed czterdziestu lat, chociaż się o nich i nie mówi, są stałym łącznikiem, tkanką, która pozwala na porozumienie – nawet nie porozumienie, bo o porozumieniu nie może być mowy – ale na kontakt taki, jakiego nie mam z nikim innym. Wczoraj kolacja we włoskiej restauracji (z cudownymi kelnerami), zupełnie jak u Simona i Steckiego. Trochę to nawet było nudne, bo ostatecznie od tych czasów ujechało się kawałek – i to spory. A tego już oni nie bardzo rozumieją.

A Londyn taki, że – właściwie mówiąc – nie chce się nigdzie chodzić i nic oglądać. To jest przecie tylko miasto do mieszkania i dobrze się czuje, że to jest miasto do mieszkania. Rozumiem teraz Tonia, który tak ubóstwiał to miejsce. I został tu już na zawsze, biedak[1].

[1] Antoni Sobański zmarł 13 kwietnia 1941 roku w Londynie i został pochowany na St. Mary's Roman Catholic Cemetery w tym mieście. Zob. A. Augustyniak, *Hrabia, literat, dandys. Rzecz o Antonim Sobańskim* (2009).

16 lutego 1962

Trochę mi jest straszno w zupełnej samotności, w zupełnie obcym mieście, gdzie w gruncie rzeczy nikt się mną nie interesuje. Trochę mi jest – w tym chłodzie – jakbym sam płynął przez ocean. Zanurzony w ten obcy ruch i czarną beznadziejność. Przed chwilą widziałem księżyc prawie w pełni, w obłokach nad miastem. Przypomniało mi to widok księżyca nad Stawiskiem i serce mi się ścisnęło. Chyba to nie tęsknota, wiem, że w tej chwili byłoby mi bardzo niedobrze w Stawisku, w Warszawie, wszędzie. I że właśnie najlepsza rzecz to ten obcy ocean. Ale poczułem w sercu tak ogromną miłość do tamtego wszystkiego, takie ukochanie domu, Hani, dzieci, wnuków, Szymeczka poczciwego, cmentarza, gdzie leży Jurek, wszystkiego. Jak we mnie dużo jest tego uczucia i jak ono mnie podtrzymuje. Może da mi siłę do zniesienia wszystkiego, co mnie czeka. Bardzo ich kocham wszystkich.

Oxford, 17 lutego 1962
Kot w Dorchester[1]
Jedno z największych wrażeń to odwiedziny opactwa w Dorchester. Wrażeń literackich – powiedziałbym, bo rzadko jakiś pejzaż w całości jest tak literacki, tak odpowiadający romantycznym legendom i staroświeckim rycinom. Do kościoła wchodzi się z boku i od razu trafia się na wielką gotycką ścianę o specjalnie pięknych łukach. Kościół zresztą w całości obojętny, źle odbudowany i źle utrzymany. Na ścianie wisi raptem dosyć dobra kopia mego ukochanego obrazu *Zaślubiny świętej Katarzyny* Correggia. W głębi, w bocznej kaplicy, a raczej w odgrodzonej części prezbiterium, są dwa pomniki rycerzy krzyżowych, chyba z XII czy XIII wieku. Nigdy nie widziałem równie zadziwiających rzeźb. Jeden rycerz pod ścianą leży cały w kolczudze i w hełmie, hełm otacza druciana gęsta siatka, a on ma dwa wąsy jak dwie małe rybki wyłożone na ową siatkę – coś tak dziwnego. Twarz ma zresztą trupią, tak samo jak i ten drugi, najbardziej osobliwy. Ten drugi jest cały poruszony, chociaż ma psa pod nogami, opiera się oń tylko jedną nogą, druga skręcona w ruchu, jak całe ciało. Jedna ręka, wygięta, wyciąga miecz krótki z pochwy, drugą przytrzymuje tę pochwę, ręka wyciągająca, przełożona przez całe ciało, tworzy łuk (przepięknie zresztą rzeźbiony), ubrany jest w rodzaj krótkiej tuniki nałożonej na zbroję, ręce ma nagie – i okropny trupi wyraz twarzy, i głowa otoczona siatkowym hełmem, bardzo ściśle przylegającym, złożona na kamiennej poduszce. Wszystko razem przerażające niepokojem, dalekim od spokoju śmierci. Najdziwniejszy pomnik świata i taki obcy chrześcijańskiemu światu – a i nie pogański. Chyba pogański po nordycku, coś z *Völsunga Sagi*[2].

Z opactwa wychodzi się na stary cmentarz, łagodnym łukiem schodzący ku małej rzeczce otoczonej wierzbami, w której ochrzczony był pierwszy król Wessexu. Rzeczka taka jak ta, w której utopiła się Ofelia. Cały cmentarz ustawiony stojącymi na sztorc tablicami, jak dawniej u nas żydowskie cmentarze. Na jednej takiej tablicy grobowej na szczycie ułożył się w słońcu wielki czarno-biały kot. Tak był prześliczny i życzliwy, dał się pogłaskać i rozmawiał chwilę. Miałem wrażenie zarazem romantyzmu i swojskości. Cmentarz uroczy kończy się dwoma prastarymi domkami, zapadniętymi w ziemię i połamanymi, a za nimi zaraz łąka, wierzby i rzeczka. Wszystko w słońcu i chmurach, prastare i świeże, zdumiewające i jakby od najdawniejszych lat – od czasów Henryka Sandomierskiego – znane. I spokój taki, i powiew historii. Bardzo osobliwe wrażenie.

[1] W rękopisie pierwotny tytuł brzmiał: *Rycerz w Dorchester*. Słowo „Rycerz" zostało przekreślone.
[2] *Völsunga Saga* – saga islandzka z XII wieku, poświęcona rodowi mitologicznego wojownika Völsunga, wnuka boga Odyna – ojca bogów Północy, patrona królów i wojowników. Stała się m.in. źródłem niemieckiego poematu *Pieśń o Nibelungach* (ok. 1200) oraz cyklu operowego Richarda Wagnera *Pierścień Nibelunga* (1848–74).

18 lutego 1962

Przygoda mieszkania w studenckim *college'u*[1] w Oxfordzie jest czymś bardzo zabawnym. Przede wszystkim coś nowego, styl życia, którego nie znałem. Zdzisław[2] jest bardzo miły i dobry dla mnie, a jego koledzy pełni entuzjazmu dla Polski, Bruno Leblond zabawny bardzo z jego zainteresowaniem gramatyką Szobera[3] i filozofią Witkacego...

[1] *College* (ang.) – tu: miasteczko uniwersyteckie.
[2] Jarosław Iwaszkiewicz był gościem Zdzisława Najdera, który w latach 1961–63 studiował filozofię w Oxford University.
[3] Stanisław Szober (1879–1938) – językoznawca, pedagog, profesor Uniwersytetu Warszawskiego. Autor licznych publikacji z dziedziny gramatyki, językoznawstwa, kultury języka i metodyki, m.in. prac: *O podstawach psychicznych zjawisk językowych* (1907), *Gramatyka języka polskiego* (t. 1–3 1914–16), *Życie wyrazów* (części 1–2 1929–30).

21 lutego 1962

Wczoraj trzecia kolacja z Grycem, „imieninowa". Oczywiście nie poruszamy tematów politycznych, ale jego zamknięcie i stanięcie na punkcie Jałty jest zadziwiające. Apodyktyczność wyroków najczęściej niesłusznych (np. że *Wojna i pokój* jest złą powieścią!) zupełnie beznadziejna, a pewność, że jest na dobrej drodze, przerażająca. Mógłby zrobić naprawdę dobrą robotę, wtajemniczając swych czytelników w prawdziwe zagadnienia. A on myśli, że spełni swe zadania, wymyślając ostatnimi słowami. Brakuje mu inteligencji i zrozumienia. A kompletna samotność prowadzi do dziwactw i oschłości. A mimo wszystko dobry człowiek – i jestem do niego od tylu lat przywiązany. Może to jest właśnie przyjaciel, chociaż jesteśmy na dwóch krańcach rozumienia świata i pojmowania naszej roli i naszych zadań w dzisiejszym świecie. Zagrożenie świata powinno prowadzić do integracji lepszych elementów. Ale on właśnie nie zdaje sobie sprawy, że świat jest zagrożony, że świat jest *hanté*[1] jak stary *manor*[2] pełny upiorów, że mu grozi zagłada po prostu z powodu atmosfery, jak domowi Usher[3]. Niefrasobliwość światopoglądu emigracji tutejszej, symplifikacja zapytań zadziwiająca.

Zresztą nie spytano mnie tu ani o jedną istotną sprawę ogólną, ani o jedną sprawę dotyczącą mojego osobistego życia.

[1] *Hanté* (fr.) – nawiedzony.
[2] *Manor* (ang.) – dwór.
[3] Odwołanie do noweli Edgara Allana Poe *Zagłada domu Usherów* (1839).

22 lutego 1962 rano, jeszcze Londyn

Borman mówi: „My rozumiemy ciebie – żeby tam żyć, trzeba lawirować”. Odpowiadam: „To nie o lawirowanie chodzi”. „Przecież nie jesteś komunistą!” Oczywiście.

Ale tego oni nie rozumieją i nie można im wytłumaczyć, że to nie chodzi o lawirowanie, ale o życie razem ze wszystkimi, razem z Polską. I że w tym nie ma żadnej kalkulacji.

Gryc powiada podobno, że się nic nie zmieniłem, i jest zafrapowany. Chodzi o to właśnie, że ja się zmieniłem, rozwiązałem kompleksy, zająłem stanowisko, zdaję sobie sprawę z tego, co zrobiłem. Nadaje mi to pewności siebie, śmiałości w mówieniu, szerokości poglądów. Jestem właśnie zupełnie inny niż za czasów Skamandra. I chyba moja rola w społeczeństwie dzisiaj coś znaczy?

Rzym, 23 lutego 1962

Spotkało mnie coś najgorszego: spadła na mnie w Rzymie kompletna apatia. Niczego mi się nie chce, nic mnie nie interesuje. Jest mi zupełnie wszystko jedno. Tkwię w tym Rzymie bez żadnego sensu. Byle tylko nie w Warszawie, nie w Stawisku, do którego t a k tęsknię. Bez listów, bez wiadomości – ale jakby bez serca, bez myśli. Chce mi się pisać i sam nie wiem co. I po co.

25 lutego 1962

Wyszedł z tego wiersz[1]. Niedobry. Ale apatia nie opuściła mnie. Odcina mnie to zupełnie od świata i trwam jak w przezroczystym krysztale. Nie obchodzi mnie nic, ani Rzym, ani Południe, ani praca, którą mechanicznie odwalam (tłumaczę *Ved vejen*[2]). Dałbym nie wiem co, aby siedzieć z Szymkiem w warszawie i przejeżdżać koło stawów w Walendowie. I wiem, że już nigdy nie będę „tak" przejeżdżać, że spokój odebrany. Może to było szczęście? Może to szczęście ze mnie tak promienieje, że Borman powiedział: „Byłeś taki miły, jakby cała Polska z tobą przyjechała". Odcięty od trzech prawie tygodni zupełnie od domu i świata, sam w sobie. Ciekawy jestem, czy ten wiersz odbija moje uczucia?

Ból jest bardzo dziwny, piekący, jakby świeczkę przystawić do boku. (Kuklinowski)[3].

[1] Chodzi o utwór *Jeszcze jedna podróż*, datowany 24–25 lutego 1962 roku, opublikowany w zbiorze *Jutro żniwa* (1963).

[2] H. Bang, *Ved vejen* (1886, wyd. pol. *Przy drodze* 1963).

[3] Aluzja do sceny z *Potopu* Henryka Sienkiewicza, w której pułkownik Kuklinowski torturuje Kmicica, przypiekając mu bok płonącą pochodnią.

Palermo, 1 marca 1962

Czytam teraz Carla J. Burckhardta *Ma mission à Dantzig*[1], bardzo bezstronnie napisaną książkę. Jego opisy rozmów z Hitlerem, Göringiem[2], Goebbelsem[3] – przerażające. Losy świata, całych narodów, spoczywające w rękach półgłupków, pretensjonalnych, chorych ludzi – i zupełny brak reakcji na to w środowisku angielskim (Eden[4]) czy amerykańskim. Ta wieczna tragedia władzy wpadającej w ręce podoficerów i tragarzy – a losy coraz straszniejsze, a odpowiedzialność coraz większa. A właściwie mało się od tego czasu zmieniło. Chyba [nazwisko nieczytelne] niewiele więcej rozumie od Edena, a może i mniej. Prowadzi to znowu do nieuniknionej katastrofy, ale to już na całego.

¹ Carl Jacob Burckhardt (1891–1974) – szwajcarski historyk i dyplomata, od 1923 roku profesor uniwersytetu w Zurychu, następnie w Genewie. W latach 1937–39 Wysoki Komisarz Ligi Narodów w Gdańsku. Książka *Ma mission à Dantzig* (1961, wydanie polskie pt. *Moja misja w Gdańsku 1937–1939* ukazało się w 1970 roku) jest pamiętnikarską relacją z okresu piastowania tej funkcji.

² Hermann Göring (1893–1946) – niemiecki działacz nazistowski, jeden z najbliższych współpracowników Adolfa Hitlera. W 1932 roku został prezydentem Reichstagu, w 1933 ministrem lotnictwa i premierem Prus. Od 1940 roku marszałek Rzeszy. Po wojnie osądzony przez Międzynarodowy Trybunał w Norymberdze, zmarł śmiercią samobójczą po orzeczeniu wyroku.

³ Joseph Goebbels (1897–1945) – niemiecki działacz nazistowski, od 1933 roku minister propagandy i oświecenia publicznego w rządzie Adolfa Hitlera. Wyznaczony przez Hitlera na jego następcę na stanowisku Kanclerza Rzeszy, pełnił ten urząd przez kilka godzin po samobójstwie Hitlera. Zmarł śmiercią samobójczą. Po wojnie został uznany za jednego z głównych zbrodniarzy hitlerowskich.

⁴ Sir Anthony Robert Eden, hrabia Avon od 1961 roku (1897–1977) – polityk brytyjski, w latach 1923–57 członek Izby Gmin z ramienia Partii Konserwatywnej, w 1935 minister ds. Ligi Narodów, w latach 1935–38 minister spraw zagranicznych, ustąpił w wyniku rozdźwięku z premierem Arthurem N. Chamberlainem, sprzeciwiając się polityce ustępstw wobec rosnących żądań III Rzeszy i Włoch; opowiadał się za zacieśnieniem stosunków z USA. Od września 1939 do maja 1940 minister ds. dominiów; członek gabinetu wojennego Winstona Churchilla; od maja do grudnia 1940 minister wojny, następnie do lipca 1945 minister spraw zagranicznych. W 1945 współprzewodniczący konferencji założycielskiej ONZ w San Francisco. W latach 1951––55 ponownie minister spraw zagranicznych, od 1955 do 1957 premier i przywódca konserwatystów; od 1961 członek Izby Lordów. Autor pamiętników: *W obliczu dyktatorów. 1923–1938* (1962, wyd. pol. 1970), *Obrachunki. 1938–1945* (1965, wyd. pol. 1972).

Palermo, 4 marca 1962

Chciałbym, o ile będę jeszcze mógł, napisać książkę o Palermo. Coś w rodzaju *The Stones of Palermo*¹. Trudno tylko bardzo ludziom wytłumaczyć, że Palermo czy Aarhus jest dla mnie czymś w rodzaju Sandomierza, że nie jest to żadnym „snobizmem", estetyzowaniem czy czymś w tym sztucznym rodzaju, że to jest po prostu „moje", oczywiście dalsze niż Ostrowiec czy Radom, ale naprawdę moje, i że w tym nie ma żadnego udawania ani żadnego poszukiwania egzotyzmu. Tak samo czuć bym się mógł i w Oxfordzie, gdybym lepiej poznał to urocze miasto. A ludziom się zawsze wydaje, że to są popisy. Tak jak ta facetka, którą spotkałem na Przełęczy pod Chłopkiem i opowiadałem, że dwa razy przechodziłem tędy „za granicę", że schodziłem do Słowacji i stamtąd jechałem do Niemiec, Szwajcarii i Francji[2] – odpowiedziała mi: „Tak, a nam wystarcza Bułgaria". Nie zwróciła uwagi na to, że dziwne jest przedostawanie za granicę przez Przełęcz pod Chłopkiem – ale myślała, że ja się chcę popisywać moimi podróżami. Podróż to dla mnie stan naturalny – i wszędzie w Europie czuję się jak w domu. Każde z tych miast jest dla mnie jak dom. Mogę więc pisać o Palermo – tak samo jak o Brwinowie. Nie?

[1] *The Stones of Palermo* (ang.) – Kamienie Palermo. Nawiązanie do tytułu książki Johna Ruskina *The Stones of Venice* (t. 1–5 1851–53).

[2] Pierwsza ze wspomnianych wypraw odbyła się we wrześniu 1928 roku, a druga – dwa lata później.

Agrigento, 6 marca 1962

Wybrałem się, bo było ładne rano. Ale tutaj zastałem potworny zimny wicher, który nagnał chmury i zmienił się w ulewny deszcz. Bez sensu błąkałem się ulicami. Poszedłem do muzeum – *chiuso*[1]. I to nawet w niegrzecznej formie. Świątynie widziałem z daleka za mgłą deszczu, ale to może było jeszcze bardziej wzruszające. Pożegnałem się z nimi.

[1] *Chiuso* (wł.) – zamknięte.

Florencja, 9 marca 1962

We Florencji zamiast spodziewanych listów z domu zastałem czuły list Antka Bormana[1]. To skonstatowanie przez „Londyn", że ja jestem jednak miłym i dość rozumnym człowiekiem, bawi mnie szalenie. Inna sprawa, że ostatnio jest we mnie jakaś dojrzałość, dopełnienie, które pozwala być miłym dla wszystkich i dla wszystkich odczuwać serdeczność i żal. Współczucie, powiedzmy inaczej. Może to ten zachód słońca zabarwia tak cały mój nastrój. Dla Reny naprawdę czuję, że jestem dobry, a przychodzi mi to z wielką trudnością. Odprowadzała mnie dziś na kolej w Rzymie – i znowu niby to żartami proponowała, żebym z nią został, rozwiódłszy się z Hanią. Oczywiście żarty żartami... ale. Może rzeczywiście najgorszy jestem dla rodziny, dla sióstr, dla córek. Ale to zawsze już tak jest, że dla najbliższych ma się w zapasie najgorsze karmelki.

Trochę mi wstyd moich *Sonetów sycylijskich*[2]. To jest jak wiersz do Bieruta[3] – pójście po linii najmniejszego oporu. Wyjątkowa słabizna (słownictwo!) – a w stosunku do metopów z Selinuntu[4] to zawstydzająco ubogie. Już Platen[5] był w stosunku do Sycylii za ubogi. Jeżeli chodzi o metopy, to mają one to, co zresztą wszystkie arcydzieła i trwałe dzieła sztuki, że można z nich czerpać bez końca – i ciągle coś nowego odczuwa się i widzi. Tym razem (zeszłym razem Hera) znalazłem nowe rzeczy w Akteonie. Przypatrzyłem się dobrze jego twarzy: on już nie żyje. Twarz jest już matowa, chociaż kurczowo ściska jednego psa za gardło – samo przeznaczenie go przez Artemidę na zagładę już było jego śmiercią, a psy szarpiące go to już tylko symbol. Sama twarz Akteona zadziwiająca, niepowtarzalna. Artemida ma ten ruch: weź go – który widoczny jest tylko, gdy się stanie z boku, z bliska, tak samo jak okrucieństwo w drobnych dwóch wgłębieniach koło warg. I pomyśleć, że to stało gdzieś na szczycie, nikt tych szczegółów nie mógł zauważyć. Przeznaczone one były jedynie dla artysty... no i dla potomności.

---

[1] Antoni Borman pisał z Londynu: „Kochany Jarosławie! Dwa Twoje listy z Rzymu dostałem. Bardzo Ci dziękuję! Zwłaszcza za ten drugi – taki szalenie miły. Jestem Twego zdania, że stanowczo za mało sobie powiedzieliśmy, ale to Twoja wina, bo za krótko tu popasałeś. Po tylu latach należało nam się więcej. Poniosło Cię do tej brzydkiej Italii i co z tego? Klapa z wydawcą, a tu żadnej klapy by nie było – tylko bardzo zimno, ale za to ruch na ulicach uporządkowany i nawet, gdyby Ci się nie chciało wychodzić, mogłeś był więcej przesiadywać u mnie, ze mną, i też byłoby nam dobrze. [...] Jak najchętniej częste listy od Ciebie, a zwłaszcza o Twoim stanie zdrowia i wyniku operacji. Bardzo Cię proszę o natychmiastową wiadomość. Pewno sam nie będziesz mógł napisać – poproś Marysię, ona to dla mnie zrobi. Musisz być zdrów!! Ściskam Cię bardzo czule i serdecznie, Twój Antoni" (list z 5 marca 1962, maszynopis w archiwum Muzeum im. Anny i Jarosława Iwaszkiewiczów w Stawisku).

[2] *Sonety sycylijskie* – cykl jedenastu wierszy napisanych w 1937 roku, związany z podróżą na Sycylię w kwietniu tego roku, będący literacką reakcją na śmierć Karola Szymanowskiego. Opublikowany w zbiorze *Inne życie* (1938).

[3] Zob. tom 1, przypis nr 4 na s. 515.

[4] Zob. tom 1, przypis nr 1 na s. 455.

[5] August von Platen-Hallermünde (1796–1835) – niemiecki poeta i dramaturg, mistrz

sonetu. Autor cykli wierszy: *Ghaselen* (1821), *Neue Ghaselen* (1823), *Sonette aus Venedig* (1825), *Polenlieder* (1831). Piewca urody Italii. W 1826 roku przeniósł się do Włoch. Zmarł w Syrakuzach na Sycylii. Mottem z utworu Platena Jarosław Iwaszkiewicz opatrzył wiersz *Metop z Selinuntu II.*

Florencja, 12 marca 1962

W swoim liście, mądrym i dobrym, i tak ładnie napisanym, donosi mi Szymek o śmierci biednej Józi Jankowskiej[1]. Tak się złożyło, że znałem ją od wielu lat, najpierw w Milanówku. W restauracyjce, gdzie mama czasem jadała obiady, była kelnerką. A potem, kiedy właściciel restauracji owdowiał, wyszła za niego za mąż. Potem wydzierżawili przed samą wojną klub w Podkowie Leśnej. Wtedy zaczęła się bliższa znajomość i owe słynne przyjęcia „u Jankowskich", na 3 Maja, i na imieniny Józi, 19 marca. Mnóstwo osób bywało na tych przyjęciach, księża z Brwinowa, Ulatosio, różne podkowskie figury (nigdy Baniewiczowie[2]). Przyjęcia zaczynały się około godziny trzeciej wniesieniem wódek i zakąsek, a kończyły się koło dziesiątej wieczorem, kiedy wnoszono płonące półmiski lodów przykrytych sufletem. Były i tańce, i spacery przy księżycu itd. Bardzo lubiłem Józię, jego mniej. Potem mieli restaurację Pod Sosną, a wreszcie malutką kawiarenkę na placu naprzeciwko, gdzie doskonałym gatunkiem wszystkiego, uprzejmością i uśmiechem zwabiała mnóstwo ludzi. Zawsze powtarzała: „dziękuję panu prezesowi", „do widzenia panu prezesowi" – jeszcze słyszę jej głos. Kiedy przed wyjazdem do Londynu obchodziłem „całą Podkowę", chciałem do niej zajść (on umarł przed rokiem) – a potem nie zaszedłem. Teraz żałuję. Trzeba zawsze ulegać pierwszym popędom.

Józia jest pierwowzorem właścicielki oberży w *Matce Joannie*. W filmie zrobili z niej bez sensu Cygankę.

Namówili mnie na pozostanie we Florencji do piętnastego. Hania i Szymek pisali w tej sprawie. Ostatecznie dałem się namówić, ale wydaje mi się, że to nie było rozsądne z mojej strony. Trzeba się było już chyba śpieszyć.

---

[1] Józefa Jankowska z d. Jakubowska – wraz z mężem, Bolesławem Jankowskim, prowadziła restaurację w Podkowie Leśnej. Zmarła 6 marca 1962 roku, jej pogrzeb odbył się w Podkowie Leśnej 9 marca 1962.

[2] Tadeusz Baniewicz z żoną Janiną z d. Mrajską (zm. 1955) – absolwentką Akademii Sztuk Pięknych.

Florencja, 13 marca 1962, 8 rano

Miałbym już dzisiaj wylatywać do domu. Żałuję, że tego nie zrobiłem, bo nie bardzo dobrze się czuję, a „kongres we Florencji" doprowadza mnie do pasji[1]. Głupota Vigorellego, intryganctwo Ruskich, baranie miny Czechów – doprowadzić mogą najcierpliwszego człowieka do zwątpienia o wszystkim.

Wczorajsza „wielka" mowa La Piry[2] mieszała wszystko razem, i Algier, i rokowania w Évian[3], i Erenburga, i Jana XXIII[4] i Nowyj Jerusalim[5], tak potwornie zniszczony i zaniedbany. Traktowanie nader poważnych spraw, jak sytuacja Francji, sobór powszechny czy zbrojenia atomowe – z taką dezynwolturą i taką pewnością siebie – przeraża. Bądź co bądź jest to mer wielkiego miasta, które się uprzemysławia, ma do czynienia z ludźmi – a to wszystko, co mówi, staje się jakąś abstrakcją, jak wiersze Białoszewskiego[6]. A ludzie jego słuchają, klaszczą, biorą na poważno. Jeszcze raz skonstatowanie, że świat jest w rękach „strasznych dzieci" – i to jest najgorsze ze wszystkiego. Takich ludzi nie można traktować z anielską cierpliwością, bo do nich żadna formułka polityczna nie ma zastosowania.

[1] Iwaszkiewicz przebywał we Florencji na kongresie Wspólnoty Europejskiej Pisarzy COMES (*Comunità Europea degli Scrittori*), odbywającym się w dniach 11–15 marca 1962 roku. W skład polskiej delegacji wchodzili ponadto: Zofia Ernstowa, Jan Brzechwa, Artur Międzyrzecki i Jerzy Putrament. Oprócz spraw organizacyjnych związanych z działalnością COMES (m.in. Jarosław Iwaszkiewicz został ponownie wybrany do Zarządu Głównego), tematem dyskusji były relacje między literaturą piękną a telewizją i kinem. 13 marca Iwaszkiewicz wygłosił referat o powiązaniach literatury pięknej z filmem. W wywiadzie udzielonym Beacie Sowińskiej mówił: „W moim wystąpieniu skarżyłem się na niewdzięczność filmu w stosunku do literatury. Weźmy choćby przykład *Matki Joanny od Aniołów* – gdzie mówi się o reżyserze i aktorach, o autorze zaś głucho" (*Literatura a film i telewizja na zjeździe we Florencji. Rozmawiamy z Jarosławem Iwaszkiewiczem*, „Życie Warszawy" 1962, nr 68). Sformułowanie „kongres we Florencji" jest nawiązaniem do tytułu opowiadania pisarza z 1941 roku.
[2] Giorgio La Pira (1904–1977) – prawnik, polityk, członek Trzeciego Zakonu św. Dominika (zgromadzenie świeckich). W latach 1951–57 i 1961–64 pełnił funkcję burmistrza Florencji. Był także posłem z ramienia Partii Chrześcijańsko-Demokratycz-

nej. Brał udział w tworzeniu włoskiej konstytucji po II wojnie światowej. Jako burmistrz Florencji organizował w latach pięćdziesiątych „Kongresy dla pokoju i chrześcijańskiej cywilizacji", których celem było między innymi popieranie idei pojednania pomiędzy wyznawcami judaizmu, chrześcijaństwa i islamu.

[3] W Évian-les-Bains we wschodniej Francji podpisano 18 marca 1962 roku układ francusko-algierski, na podstawie którego Francja uznała niepodległość Algierii.

[4] Jan XXIII, właśc. Angelo Giuseppe Roncalli (1881–1963) – kardynał, od 1958 roku papież. Podczas jego pontyfikatu odbył się kluczowy dla Kościoła katolickiego w XX wieku Sobór Watykański II.

[5] Zob. przypis nr 12 na s. 464.

[6] Miron Białoszewski (1922–1983) – poeta, prozaik, dramatopisarz. Autor zbiorów wierszy: *Obroty rzeczy* (1956), *Rachunek zachciankowy* (1959), *Mylne wzruszenia* (1961), *Było i było* (1965), *Odczepić się* (1978), *Rozkurz* (1980), *Oho* (1985), tomów prozatorskich: *Pamiętnik z powstania warszawskiego* (1970), *Donosy rzeczywistości* (1973), *Szumy, zlepy, ciągi* (1976), *Zawał* (1977). Scenariusze widowisk teatralnych ukazały się w zbiorze *Teatr Osobny 1955–1963* (1971). Jarosław Iwaszkiewicz pisał o *Pamiętniku z powstania warszawskiego* w felietonie *Obroty rzeczy* („Życie Warszawy" 1970, nr 165).

Florencja, 15 marca 1962

Widocznie nie mam wyczucia politycznego, bo wszyscy chwalą to, co robi i co mówi La Pira. Może.

Ostatni wieczór we Florencji. Bardzo zresztą zabawny, bo spędzony z Wierą Panową. To bardzo miła kobieta i oczywiście jako Rosjanka o tyle głębsza i rozważniejsza od wszystkich naszych. Byłem w kościele del Carmine, gdzie ostatni raz chodziłem z Józiem [Rajnfeldem]. Freski Masaccia[1] w złym stanie, nie zrobiły prawie żadnego wrażenia. Potem w Uffizi. Zawsze wielkie uczucia – właściwie dla mnie istnieje tylko włoskie malarstwo i impresjoniści. Ale też to w Uffiziach – jakieś mi się wydawało obce. Ghirlandaio[2] w Palazzo Vecchio, w górnych salach, w Santa Maria Novella – to jest to najpiękniejsze. Tym razem nie widziałem Benozza Gozzoli.

Kongres zwyczajna komedia. Smutno.

Addio Italia!

[1] Masaccio, właśc. Tommaso di ser Giovanni di Simone (1401–1428) – malarz florencki, jeden z prekursorów sztuki renesansu. Freski w kaplicy Brancaccich we florenckim kościele Santa Maria del Carmine, wykonane przed 1428 rokiem, są jego najwybitniejszym osiągnięciem.

² Domenico Ghirlandaio, właśc. Domenico di Tommaso Bigordi (1449–1494) – malarz włoski związany z Florencją. W kaplicy Tornabuonich florenckiego kościoła Santa Maria Novella znajduje się cykl fresków Ghirlandaia przedstawiający sceny z życia Najświętszej Marii Panny i Jana Chrzciciela (1486–90). We florenckim Palazzo Vecchio Ghirlandaio w latach 1482–84 ozdobił freskami Salę Lilii (Sala dei Gigli).

Stawisko, 21 marca 1962

Nie wiem dlaczego: wspomnienie wyprawy saniami z Jurkiem do Morskiego Oka. Wszystko zastygłe w ciszy, samotność zupełna – i ta jego chciwość w chłonięciu tego pejzażu i tej ciszy, których doznawał po raz pierwszy. Widzę jego oczy rozszerzone zdziwieniem i zachwytem. I czuję tę śnieżną, groźną ciszę. Skąd mi przyszło to wspomnienie?

26 marca 1962

Dzisiaj sesja naukowa poświęcona Karolowi[1]. Album Karola z fotografiami. Harry Neuhaus, Artur Taube, Kicia[2] – *les débris*[3]. Takie wielkie życie, wielka twórczość – i grzebią się jak w kiszkach. A jednocześnie wspomnienie tamtych spraw, tamtych ludzi, tamtych nastrojów. Jednak to było bardzo piękne – i właśnie takie twórcze. Czy dzisiejsi młodzi czują tak samo? Wiersze Stachury[4] także niezwykłe w ostatniej „Twórczości"[5]. Może on tak właśnie czuje, jak ja wtedy.

Dziś Ziemek Fedecki powiedział mi z tajemniczą miną, że chodził do wróżki w sprawie mojego zdrowia. Powiedziała, że operacja będzie ciężka, a potem będzie wszystko dobrze. (!)

¹ Sesja naukowa poświęcona twórczości Karola Szymanowskiego w 25. rocznicę jego śmierci została zorganizowana przez Instytut Muzykologii UW pod kierownictwem Zofii Lissy w dniach 23–28 marca 1962 roku na Uniwersytecie Warszawskim. Plonem konferencji była publikacja *Karol Szymanowski. Księga Sesji Naukowej poświęconej twórczości Karola Szymanowskiego* (1964). Jarosław Iwaszkiewicz 26 marca wystąpił z referatem *Karol Szymanowski a literatura*, będącym zmodyfikowaną wersją szkicu pod tym samym tytułem, opublikowanego wcześniej w książce Iwaszkiewicza *Cztery szkice literackie* (1953). W sesji poświęconej kompozytorowi, oprócz Jarosława Iwaszkiewicza, wzięli udział m.in.: Zbigniew Drzewiecki, Zofia Helman, Zofia Lissa, Stefania Łobaczewska, Bohdan Pociej, Jan Stęszewski, Mieczysław Tomaszewski i Tadeusz A. Zieliński.

² Krystyna Dąbrowska z d. Grzybowska, Kicia (1920–1981) – córka Zofii Szyma-

nowskiej, siostry Karola Szymanowskiego; autorka książki wspomnieniowej *Karol z Atmy* (1958, wyd. 2 rozsz. 1977).

[3] *Les débris* (fr.) – szczątki, okruchy.

[4] Edward Stachura (1937–1979) – poeta, prozaik, autor tekstów piosenek. Debiutował w 1963 roku tomem wierszy *Dużo ognia*. Był autorem m.in. poematów: *Przystępuję do ciebie*; *Po ogrodzie niech hula szarańcza* (1968), powieści: *Cała jaskrawość* (1969), *Siekierezada albo zima leśnych ludzi* (1971) oraz zbioru opowiadań *Się* (1977). Po jego samobójczej śmierci Iwaszkiewicz poświęcił mu swój ostatni opublikowany za życia tekst, editorial w pierwszym numerze „Twórczości" z 1980 roku. Trzy listy Edwarda Stachury do Jarosława Iwaszkiewicza zostały opublikowane w tomie Stachury *Listy do pisarzy* (oprac. D. Pachocki, 2006).

[5] E. Stachura, *Dużo ognia (fragmenty poematu)*, „Twórczość" 1962, nr 3.

29 marca 1962

Jak to cudownie, że byłem w Palermo. Dzisiaj wieczorami wyobrażam sobie ulice, place, ludzi. Kawiarnię na via della Libertà i tego uroczego *garçona*[1], który już mnie znał – i który już mnie nigdy nie zobaczy, i Teatro Massimo, i *pupazzetti*[2], i tych dwoje młodych, co grali dziwnymi kartami w „*siciliano*". Jakiś taki dobry nastrój idzie do mnie od tych ludzi i od tego miasta. Miałem dobry pomysł wyrwania się z Rzymu na ten tydzień. I tłumaczenie *Ved vejen* w Albergo Lincoln było takie absorbujące – akurat te wszystkie takie duńskie sceny na kiermaszu. Tak mi się to wszystko zlało w jeden spokojny i pogodny obraz. Szkoda, że to było tak krótko, tydzień to bardzo mało.

[1] *Garçon* (fr.) – tu: kelner.
[2] *Pupazzetti* (wł.) – marionetki.

30 marca 1962

Wczoraj wracałem samochodem z Warszawy, po brzydkim dniu nagle zaczęło się wypogadzać i zachmurzone niebo na zachodzie przybrało odcień bladoróżowy, kwiatu jabłoni. I na tym tle nagle spostrzegłem kontury lipowych drzew w alei koło Zosinka. Rysunek lipowych gałęzi tak charakterystyczny i to „tkwienie" tych drzew w pejzażu tak niesłychanie plastyczne. I to wszystko wydało mi się tak strasznie drogie i takie bardzo polskie.

2 kwietnia 1962
Operacja[1].

[1] Jarosław Iwaszkiewicz przeszedł operację usunięcia nerki.

Stawisko, 27 kwietnia 1962
Mimo wszystko nie stałem się nigdy elementem porządkującym, nie tylko w literaturze, ale nawet w mojej rodzinie. Takim elementem normatywnym był na przykład mój teść; wszystko w naszym życiu rodzinnym stosowało się do niego, wszystko stawało się jego rozmiarom podporządkowane. Wszystko było podług niego, podług jego porządku. Ja nigdy nie mogłem zdobyć podobnej sytuacji. Do mnie nie stosowało się nigdy nic, nawet menu obiadu. Jak zręcznie Hania potrafiła całkowicie usunąć spod mojego wpływu losy i charaktery moich wnuków. Oczywiście – mowy nie ma o tym, aby w literaturze było cokolwiek pod Iwaszkiewicza, od Iwaszkiewicza zależne, przez Iwaszkiewicza scharakteryzowane. Zarówno w domu, jak i w dziedzinie kultury to jest tylko margines.

Kartka od Brustmana z żalami dotyczącymi Sandomierza. To prawda, szkoda. „Smutno"[1].

[1] Andrzej Brustman pisał z Sandomierza: „[...] Nie mogę się powstrzymać od wysłania serdecznych pozdrowień z upalnego Sandomierza (nie do wiary, toż to lato). Ach, jakże się tu zmieniło, meczecik po drugiej stronie Wisły, okrąglak, Europa, smutno" (kartka pocztowa z 23 kwietnia 1962, Muzeum im. Anny i Jarosława Iwaszkiewiczów w Stawisku).

3 maja 1962
W „Nowym Mirze" znowu sesja wspomnień Erenburga[1], we „Współczesności" korespondencja z Moskwy, dająca sprawozdanie z wieczoru autorskiego Iljuszy, gdzie czytał znowu te wspomnienia[2]. Na tych wspomnieniach robi karierę, a jednocześnie obnaża się, oddaje się wprost w ręce przyszłych krytyków – jako przykry, dziwnie niesympatyczny gość, którego nawet „rewolucyjne" przekonania bierze się z niedowierzaniem. To, co pisze o kongresie wrocławskim w piętnaście lat po kon-

gresie – wydaje się tak okropne. Rzeczy, które wówczas były straszne i frapujące – dzisiaj podawane w wątpliwość – mogą tylko oświetlać niebywały oportunizm faceta. Cynizm, z jakim są podane te szczegóły, daje do myślenia, że wszystko jest cyniczne, oportunistyczne – i że mimo ciągłego nadużywania słowa „prawda" właśnie nie ma tam ani odrobiny prawdy, wszystko jest równie *factice*[3] jak dziennik Gide'a, o którym mówi rzeczy bardzo banalne i wielokrotnie już powiedziane; nie umie pokazać ludzi, których widywał, od strony niespodziewanej, zobaczyć ich „na nowo". W sumie wrażenie żałosne, gorsze niż po spowiedzi na Stawisku[4]. No, a Polaków nienawidzi, jak tylko może to robić rosyjski Żyd.

[1] Wspomnienia Ilji Erenburga *Ludzie, lata, życie* ukazywały się w wydaniach książkowych w latach 1961–65. W Polsce pierwszy tom, obejmujący lata 1891–1917, ukazał się w 1961 roku. Tomy 2–5 wydawano w latach: 1963, 1966, 1984.

[2] Mowa o tekście *Ilja Erenburg czyta swoje pamiętniki* („Współczesność" 1962, nr 9), będącym przekładem zamieszczonej w piśmie „Literární Noviny" relacji Marthy Dodd ze spotkania Ilji Erenburga ze studentami Politechniki w Moskwie.

[3] *Factice* (fr.) – sztuczne.

[4] Zob. zapis z 7 lipca 1959, s. 298.

15 maja 1962

Okropny dzień, gwałtowny wicher (w nocy otwierały się wewnętrzne drzwi w domu) i leje już od trzydziestu sześciu godzin jak z cebra, wiatr zszarpuje liście z drzew i rozwiewa jak w jesieni, w domu w pięciu miejscach przeciekają sufity i trzeba podstawiać miski i nocniki. W tym nastroju – trzy osoby w domu, ja chory, Hania przeziębiona – i niepoczytalna Hela. Można oszaleć na fest. Chłód pustki i przerażającego opuszczenia, łąki całe zalane wodą... Wrażenie jakiejś katastrofy żywiołowej. Moje zdrowie nie bardzo, stan nerwów wręcz potworny. W Warszawie rozpoczęła się „sesja naukowa" poświęcona Marii Dąbrowskiej[1], zdaje się trochę przesadzona.

[1] W dniach 15–17 maja 1962 roku odbywała się trzydniowa sesja naukowa, zorganizowana przez Instytut Badań Literackich PAN, przy współpracy ze Związkiem Literatów Polskich, w związku z jubileuszem 50-lecia pracy twórczej Marii Dąbrowskiej. Oprócz referentów zagranicznych, slawistów i tłumaczy, w konferencji wzięli

udział m.in.: Henryk Markiewicz, Janusz Sławiński, Ewa Korzeniewska, Janusz Goślicki, Krystyna Kuliczkowska, Zenon Klemensiewicz, Julian Przyboś oraz Aniela Piorunowa. Przedłużeniem sesji warszawskiej była konferencja naukowa w rodzinnym mieście pisarki, Kaliszu, odbywająca się w dniach 19–20 maja 1962 roku.

25 maja 1962

Przedwczoraj wizyta ruskich pisarzy: Katajew[1], Juzowski[2] i Czikowani[3], przywiózł ich Ziemek Fedecki. Bardzo miłe godziny poranne z malutkim śniadaniem. Z pisarzy spadła kora przymusu (słuchając Katajewa, cały czas myślałem o zakończeniu *Syna pułku*[4]) i stali się bardzo sympatycznymi europejskimi ludźmi, przy tym to starsi panowie, ich młodość to i moja młodość, bardzo zabawne wspomnienie o Nadsonie[5], Siewierianinie[6] (którego trzeba przypomnieć) – dużo o Mandelsztamie, Buninie[7]. Widać, że jest to po XXII zjeździe. W każdym razie było to przyjemne, lepsze niż dawniej – i mniej zgrywy z ich strony. My – i ja, i Fedecki – wykazaliśmy olbrzymią znajomość literatury rosyjskiej. Oni o naszej oczywiście nic nie wiedzą – zawsze ta sama różnica. Ale swoją drogą, już mniej pychy i chęci nauczania.

Wczoraj znowuż dwugodzinna wizyta Szyfmana. Jakiś czas wydawał mi się zramolały, wczoraj znowu rozmawiałem jak z młodym człowiekiem, i co za świeżość spojrzenia, jaka znajomość ludzi, jakie znakomite określenia Semkowa[8], Wodiczki[9] i całego tego operowego bałaganu. Rozmowa naprawdę jak z przyjacielem – i ten pocieszający optymizm, który pozwala temu osiemdziesięcioletniemu człowiekowi robić plany na bardzo daleką przyszłość. Trochę mi było wstyd mojego kwękania i przygotowywania się do końca. Nie robię planów sięgających nawet sześciu miesięcy, a on projekty rozkłada na lata. I znowu propozycja, abym został dyrektorem Teatru Polskiego, z Axerem[10]. Mój Boże, co za pomysły.

Nowo znalezione listy Zygmunta Krasińskiego. W nich takie zdanie: „Mikołaj (I) doprowadzi do komunizmu, a komunizm znów do Mikołaja"[11].

---

[1] Walentin Katajew (1897–1986) – pisarz rosyjski. Autor m.in.: powieści dla młodzieży *Samotny biały żagiel* (1936, wyd. pol. 1938), powieści z okresu II wojny światowej *Syn pułku* (1945, wyd. pol. 1950), eksperymentalnej prozy autobiograficznej

Święta studnia (1967, wyd. pol. 1968), *Trawa zapomnienia* (1967, wyd. pol. 1969), tomów opowiadań i scenariuszy filmowych.

² Josif Juzowski (1902–1964) – rosyjski teatrolog i krytyk teatralny polskiego pochodzenia. Wydał m.in. *Woprosy socyalisticzeskoj dramaturgii* (1934), a także zbiory artykułów: *Spiektakli i pjesy* (1935), *Zaczem ludi chodiat w tieatr?* (1964). Ważne miejsce w jego dorobku zajmują prace o dramatopisarstwie Gorkiego, m.in. *Gorkij na scenie MCHAT-a* (1939), *Gorkij i tieatr* (1947), *Maksim Gorkij i jego dramaturgija* (1959). W ostatnich latach życia pracował nad książką *Polskij dniewnik* (1964).

³ Simon Czikowani (1903–1966) – poeta gruziński. W latach 1944–51 przewodniczący Związku Pisarzy Gruzji. W latach 1954–60 redaktor naczelny gruzińskiego pisma społeczno-literackiego „Mnatobi". W Polsce oprócz wierszy zamieszczonych w *Antologii poezji gruzińskiej* (1961) i *Antologii poezji radzieckiej* (1979) ukazał się wybór jego poezji *W cieniu gór* (1962).

⁴ Powieść Walentina Katajewa *Syn pułku* kończy się snem głównego bohatera, chłopca Wani, nazywanego „pastuszkiem", w którym spotyka się on ze Stalinem. Ostatni akapit utworu brzmi: „Spod prostego daszka czapki patrzyły na Wanię władcze, lekko przymrużone, przenikliwe oczy. Ale pod ciemnymi wąsami Wania zobaczył surowy, ojcowski uśmiech i wydało mu się, że Stalin mówi: – Chodź, pastuszku... Krok śmielej!" (W. Katajew, *Syn pułku*, przeł. J. Dmochowska, Warszawa 1953, s. 239).

⁵ Siemion Nadson (1862–1887) – poeta rosyjski, popularny w ostatnich latach XIX wieku. Pierwszy zbiór *Stichotworienija* (1885) był już za życia poety pięciokrotnie wydany i przyniósł mu Nagrodę Puszkinowską Akademii Literatury. Przez pewien czas mieszkał w podkijowskiej Bojarce, gdzie Iwaszkiewicz w latach gimnazjalnych często odwiedzał swojego kolegę szkolnego Mikołaja Niedźwiedzkiego.

⁶ Igor Siewierianin, właśc. Łotariew (1887–1941) – poeta rosyjski, współtwórca ugrupowania egofuturystów. Autor m.in. zbiorów poezji: *Gromokipiaszczij kubok* (1913), *Złatolira* (1914), *Ananasy w szampanskom* (1915), *Poezoantrakt* (1916). Po rewolucji 1917 roku przebywał na emigracji w Estonii, gdzie wydał kilka zbiorów wierszy oraz powieść autobiograficzną wierszem *Kołokoła sobora czuwstw* (1923). Jarosław Iwaszkiewicz jesienią 1918 roku, przed opuszczeniem Ukrainy, przetłumaczył jego wiersz ****Co wieczór każdy głos*. Utwór nie był publikowany. Rękopis przekładu zachował się w Muzeum im. Anny i Jarosława Iwaszkiewiczów w Stawisku.

⁷ Iwan Bunin (1870–1953) – pisarz rosyjski, laureat literackiej Nagrody Nobla w 1933 roku. Autor zbiorów poetyckich, tomów prozy, m.in.: *Na kraj swieta* (1898), *Listopad* (1901), *Pan z San Francisco* (1915, wyd. pol. 1934). Od 1920 roku na emigracji we Francji – mieszkał w Grasse (do 1945) i w Paryżu. Opublikował wówczas m.in. powieść autobiograficzną *Życie Arsieniewa* (Paryż 1930, wyd. pełne t. 1–2 Nowy Jork 1952, wyd. pol. 1965), książkę memuarystyczną *Wospominanija* (1950), dziennik z okresu rewolucji *Przeklęte dni* (1925, wyd. pol. 1988) oraz tom prozy *Ciemne aleje* (1943, pol. wybór 1981). Jarosław Iwaszkiewicz przełożył jego prozę *Suchodoły* i opatrzył obszernym wstępem jej pierwodruk na łamach „Twórczości". Tekst ten został opublikowany jako wstęp do tomu polskich przekładów opowiadań Iwana Bunina *Gramatyka miłości i inne opowiadania* (1972).

520

⁸ Jerzy Semkow (ur. 1928) – polski dyrygent. W latach 1958–59 dyrektor artystyczny Opery Warszawskiej, do 1961 jej dyrygent. Od 1965 pracował za granicą, dyrygował m.in. orkiestrą Królewskiej Opery w Kopenhadze, orkiestrami symfonicznymi w Cleveland i St. Louis w USA, Orkiestrą Włoskiego Radia i Telewizji RAI. Iwaszkiewicz pisał o przyjaźni z Jerzym Semkowem w *Podróżach do Włoch*: „Moja przyjaźń z Semkowem jest bardzo dziwna. Widzimy się raz na rok, raz na dwa lata. Ale zarazem nie czujemy żadnego podziału czasu. Jesteśmy od razu tak, jakbyśmy się wczoraj rozstali" (s. 117–118).

⁹ Bohdan Wodiczko (1911–1985) – polski dyrygent i pedagog muzyczny. W latach 1955–58 dyrygent Filharmonii Narodowej, w okresie 1961–65 dyrygent i dyrektor artystyczny Teatru Wielkiego w Warszawie. Następnie dyrygent Wielkiej Orkiestry Symfonicznej Polskiego Radia i Telewizji w Katowicach oraz dyrektor Teatru Wielkiego w Łodzi. Od 1973 roku profesor PWSM w Warszawie.

¹⁰ Erwin Axer (ur. 1917) – reżyser, pedagog; w latach 1954–81 dyrektor naczelny i artystyczny Teatru Współczesnego (w latach 1954–57 jednocześnie dyrektor Teatru Narodowego, którego Teatr Współczesny był okresowo filią). W latach 1949–79 wykładał na Wydziale Reżyserii PWST w Warszawie. Wyreżyserował m.in.: *Karierę Artura Ui* Brechta (1962), *Tango* Mrożka (1965), *Trzy siostry* Czechowa (1963). Sztuki inscenizował także w teatrach zagranicznych, m.in. w Wiedniu, gdzie od 1972 współpracował z Burgtheater. Autor miniatur prozatorskich, zebranych m.in. w tomach: *Listy ze sceny* (1955), *Sprawy teatralne* (1966), *Ćwiczenia pamięci* (1984), *Kłopoty młodości, kłopoty starości* (2006).

¹¹ Przywołane zdanie pochodzi z listu Zygmunta Krasińskiego do Bronisława Trentowskiego i brzmi dokładnie: „Mikołaj a komunizm jedno, zupełnie to samo – z Mikołaja wyjdzie komunizm, tak jak z komunizmu wyjdzie Mikołaj" (list z 10 marca 1849, w: Z. Krasiński, *Listy do Augusta Cieszkowskiego, Edwarda Jaroszyńskiego, Bronisława Trentowskiego*, t. 2, oprac. i wstęp Z. Sudolski, Warszawa 1988, s. 177). Listy Krasińskiego do Bronisława Trentowskiego po śmierci nadawcy zostały przekazane jego spadkobiercom i od 1887 roku były publikowane ze znacznymi skrótami. Edytor spuścizny epistolarnej Krasińskiego Zbigniew Sudolski poświęcił im artykuły: *Okruchy wielkiej korespondencji (W 150 rocznicę urodzin Z. Krasińskiego)*, „Twórczość" 1962, nr 10 oraz *Nieznane listy Krasińskiego (II)*, „Przegląd Humanistyczny" 1965, z. 5. Kompletne wydanie książkowe ukazało się w 1988 roku.

28 maja 1962

Wczoraj wizyty: Brandysowie, Stryjkowski, Parandowscy. Parandowscy zawsze „nawodzą¹ nudę" – Brandysowa nie mogła się uspokoić, rzeczywiście, do obcowania z nimi trzeba być przyzwyczajonym. Wtedy się widzi pod powłoką nudziarstwa i obojętności – dużo dobroci. A u niego może nawet przebłyski mądrości. Brandysów nigdy nie mogę rozgryźć, pretensjonalność *Listów do Pani Z.* wywołuje opuszczenie rąk. Mizdrzenia się tyle co u Macha. Dobrze, że jeszcze to są listy do kobiety, rozumie się ich kokieterię. Ale czytelnik... A poza tym lubię go i wysoko cenię niektóre utwory. Trochę ma za dużo goryczy (*Wywiad z Ballmeyerem*[2] – nie do zniesienia). Oboje są wzruszający swoim stosunkiem do mnie.

[1] Nawodzą (przest.) – sprowadzają.

[2] Opowiadanie Kazimierza Brandysa *Wywiad z Ballmeyerem*, napisane w kwietniu 1959 roku, ukazało się w zbiorze opowiadań *Romantyczność* (1960). Jego treścią jest rozmowa amerykańskiego dziennikarza z hitlerowskim generałem, skazanym przez Międzynarodowy Trybunał Wojskowy na kilkunastoletnie więzienie za masakrę ludności wyspy Barnum. W 1962 roku utwór spopularyzowała adaptacja w Teatrze Telewizji, w reżyserii Andrzeja Wajdy, w której wystąpili m.in.: Gustaw Holoubek, Władysław Krasnowiecki i Beata Tyszkiewicz, oraz adaptacja radiowa w Radiowym Teatrze Młodych. Jej reżyserem był Aleksander Bardini, zaś w obsadzie aktorskiej wystąpili: Gustaw Holoubek, Aleksander Bardini, Janusz Bylczyński, Edmund Fiedler, Marian Friedmann, Zbigniew Zapasiewicz i Andrzej Szejnach.

31 maja 1962

Wczoraj kolacja dla redakcji. Bardzo było miło. (Menu: zimne mięsa, sałatka wiosenna, szparagi, lody z lodówki z sosem czekoladowym). Lisowscy, Stryjkowski, Fedecki, Karst[1], Kijowscy[2]. Kijowski opowiadał dużo o podróży na Ukrainę – między innymi rzeczami wstrząsające wrażenia ze Lwowa. Zawsze ostatecznie niszczenie i pogarda.

W ostatnim numerze „Twórczości" rzymski wiersz. Zatytułowałem go *Jeszcze jedna podróż*[3], powinno być właściwie *Ostatnia podróż*, ale niech tam! Dostałem list od Pawełka[4] i od Korotyńskiego[5], obaj w jednakowych wyrazach piszą, że „dawno już czegoś podobnego nie czytali". Zadziwia mnie to, bo odczytuję ten wiersz w druku po wiele razy – i nic. Wydaje mi się czymś bladym i suchym. Jest może tysiączną cząstką tego, co czułem w Londynie i wtedy w Rzymie, w „tygodniu apatii". To właśnie jest okropne, że przekazać możemy tylko drobny procent tego, co czujemy. Może dlatego dobrze jest pisać prędko, improwizować, dyktować, jak piórem pisać na maszynie – może wtedy można ofiarować z siebie więcej m a t e r i a ł u, więcej plazmy, jak na seansie [spirytystycznym].

[1] Roman Karst (1911–1988) – krytyk literacki, germanista, tłumacz. Od 1955 roku był członkiem redakcji „Twórczości", na której łamach publikował liczne artykuły, recenzje, przekłady i od 1964 roku przeglądy prasy niemieckojęzycznej.

[2] Andrzej Kijowski z żoną, Kazimierą Kijowską z d. Adamską – publicystką i dziennikarką (w latach 1963–81 w redakcji czasopisma „Gromada – Rolnik Polski"). Kazimiera Kijowska jest wraz z Janem Błońskim autorką opracowania *Dziennika* Andrzeja Kijowskiego (t. 1–3 1998–99).

[3] J. Iwaszkiewicz, *Jeszcze jedna podróż*, „Twórczość" 1962, nr 5.

[4] Paweł Hertz pisał: „Mój kochany, prześliczne Twoje wiersze w ostatnim numerze «Twórczości». Dawno nic takiego nie czytałem. Bardzo Ci serdecznie gratuluję" (list z 28 maja 1962, rękopis w archiwum Muzeum im. Anny i Jarosława Iwaszkiewiczów w Stawisku).

[5] Henryk Korotyński (1913–1986) – dziennikarz, publicysta, działacz społeczno--polityczny. W latach 1952–72 redaktor naczelny „Życia Warszawy", na którego łamach Iwaszkiewicz publikował felietony z cyklu *Rozmowy o książkach*. Poseł na Sejm PRL.

Szczawno, 1 czerwca 1962

Chłód i leje. Smutno strasznie. Szymek odprowadził mnie tu – ale postarał się zniknąć jak najszybciej. Zawsze muszę wszędzie sam dawać sobie radę. Nie materialnie (bo Szymon coś niecoś tu załatwił), ale moralnie. Po moim rozpieszczeniu chorobowym – trochę będzie tu ciężko.

Szczawno, 6 czerwca 1962

Dzisiaj w gazecie wiadomość o śmierci Walerego Rudnickiego[1]. Umarł w niedzielę. Tak mnie to poruszyło – miał 74 lata, myślałem, że jest starszy. Jeszcze na parę dni przed moim wyjazdem rozmawiał przez telefon z Hanią, proponując mi jakiś wyjazd do Włoch. Ostatni raz go widziałem w ZAiKS-ie, na tym posiedzeniu Zarządu, gdzie mówiłem o moim testamencie. On był ten zdrowy – a ja ten umierający. Łączyło mnie z nim tyle wspomnień: chyba najdawniejszy to mój przyjaciel, nie licząc Niedźwiedzkiego, którego nie widuję. Ale poznałem go w 1916 roku! Mój Boże, „Studya", wszystkie jego amory, Cela Nalep[ińska][2], Lila Nowakowska[3], i te jego role. Krętacz był zawsze nieprawdopodobny, ale jak postawił i ZASP, a teraz ZAiKS. Szkoda go, akurat tyle liczyłem teraz na ZAiKS, a ZAiKS bez niego to już zupełnie nie to. Wspaniały gość swoją drogą jako *das ganze Wesen*[4]. Był dla mnie bardzo dobry. Protegował mnie u Wysockiej, pierwszy deklamował mój pierwszy wiersz (widzę go na schodkach w „Studyach", w drugim saloniku, słyszę jego emfatyczny głos: „Idzie Lilith, idzie Lilith...", przy jakiej to było okazji?) – on mnie zrobił w 1947 roku prezesem czwartej federacji CISAC-u[5] – to wielka była sytuacja. A jego więzienie i rozprawa sądowa! Zadziwiające to były perypetie. Doceniając całkowicie jego wartość, ogromnie go lubiłem. Trzeba go gdzieś opisać – w jakiejś noweli! I Gniewę z mężem... Jeszcze nie doszedłem do sytuacji Szyfmana. Coraz więcej – dla mnie – znajomych umiera.

[1] Walery Jastrzębiec-Rudnicki zmarł w Warszawie 3 czerwca 1962 roku. Pogrzeb odbył się na Cmentarzu Powązkowskim 7 czerwca 1962.

[2] Cecylia Nalepińska-Jaworska z d. Trzaska (1883–1955) – krawcowa, projektantka mody i kostiumów teatralnych, aktorka. Po powstaniu warszawskim mieszkała u Iwaszkiewiczów w Stawisku.

[3] Lila Nowakowska, właśc. Maria Nowakowska (1892–1971) – aktorka, związana przed 1918 rokiem z kijowskim Teatrem „Studya" Stanisławy Wysockiej. W latach 1916–18 uczęszczała do Wyższej Szkoły Malarstwa i Rysunku w Kijowie. Uprawiała twórczość malarską i działalność pedagogiczną.

[4] Das ganze Wesen (niem.) – całość charakteru.

[5] Zob. tom 1, przypis nr 14 na s. 365.

8 czerwca 1962

Dzisiaj, gdy byłem u dr Korczyńskiej, gastrologa, w poczekalni zaatakowała mnie jakaś młoda panna, że właśnie skończyła *Czerwone tarcze* i patata, i patati. Odpowiedziałem jej dość niegrzecznie – i zaraz poprosiła mnie lekarka, i długo u niej siedziałem. Gdy wyszedłem, już tej dziewczyny nie było – i tak mi się zrobiło przykro, i do tej pory nie mogę się uspokoić. Przecie ona *hat gut gemeint*[1], a ja okazałem się starym brutalem. Biedna dziewczyna – odtąd już nie będzie czytała moich książek – to mniejsza, ale nie można tak traktować ludzi. Jest to zresztą także trochę zażenowanie – bo właściwie nie wiadomo, co mówić w takich razach, i chciałby się człowiek schować w mysią dziurę. Wielkiego wysiłku woli trzeba było, aby dość uprzejmie potraktować starą polonistkę z Płocka, którą Wesołowski[2] operował tego samego dnia co mnie. Ona też zaczęła od *Czerwonych tarcz*. Co one z tymi *Tarczami*? Przecież to prawie trzydzieści lat, jak napisałem. Ernstowa[3] telefonowała przed samym moim wyjazdem, poruszona *Brzeziną*. A to napisane równe trzydzieści lat [temu]. Więc się te stare rzeczy nie starzeją? Bardzo to dziwne zjawisko.

[1] *Hat gut gemeint* (niem.) – miała dobre intencje.
[2] Stefan Wesołowski (1908–2009) – lekarz, chirurg urolog, w latach 1954–78 kierownik Kliniki Urologii Akademii Medycznej w Warszawie.
[3] Zofia Ernstowa (1918–1994) – tłumaczka z języka włoskiego, m.in. utworów Alberto Moravii, Elsy Morante, Giuseppe Tomasiego di Lampedusy, Italo Svevo. W latach 1959–70 pełniła funkcję sekretarza generalnego Sekcji Polskiej Wspólnoty Europejskiej Pisarzy COMES (której była członkiem założycielem).

11 czerwca 1962
Rok 1932 chyba był jednym z najważniejszych w moim życiu. W lutym skończyłem *Brzezinę* w Atmie, w kwietniu *Panny z Wilka* w Syrakuzach. To są dwa utwory „przełomowe". W kwietniu byłem pierwszy raz naprawdę (1924 rok się nie liczy) w Rzymie i odbyłem pierwszą podróż po Sycylii, spotkawszy Józia R[ajnfelda] w Syrakuzach. W czerwcu i w lipcu „wielki" wyjazd samochodem do Paryża, jedyny pobyt z pieniędzmi, wielkie przyjęcia, Karol, zaręczyny Rubinsteinów itd. Pierwszy pobyt w hotelu Atala. Ostatni, właściwie mówiąc, szczęśliwy i spokojny pobyt z Hanią w Paryżu. Potem Szwajcaria z Mieciem [Rytardem], wejście na Dent du Midi. Wreszcie w październiku wyjazd do Kopenhagi (Hani w listopadzie) – to chyba dosyć jak na jeden rok. Pierwsze pomysły *Czerwonych tarcz*. To niemało – trzydzieści lat temu.

12 czerwca 1962
Apollinaire miał żurek: w środy[1].

[1] Powyższą uwagę Jarosław Iwaszkiewicz uczynił na marginesie lektury monografii Julii Hartwig *Apollinaire* (1962). Książce tej poświęcił felieton *Kostrowicki herbu „vonch"*, który zaczyna się od zdania: „Wyobrażałem sobie zawsze Apollinaire'a jako jakiegoś Czycza czy Stachurę, zbuntowanego, niepokornego – co powinno się wyrażać nawet w stroju – ale kiedy się dowiedziałem z książki Julii Hartwig, że miewał w swym mieszczańskim mieszkaniu tak zwany «żurek», jak Aniela Zagórska – byłem bardzo rozczarowany" („Życie Warszawy" 1962, nr 155). Guillaume Apollinaire, właśc. Wilhelm Apolinary Kostrowicki (1880–1918) – poeta francuski polskie-

go pochodzenia. Jeden z głównych przedstawicieli francuskiej awangardy poetyckiej początku XX wieku. Autor m.in. zbiorów: *Zwierzyniec albo Świta Orfeusza* (1911, wyd. pol. 1963), *Alcools* (1913), *Calligrammes* (1918), tomu opowiadań *Poeta zamordowany* (1916, wyd. pol. 1966) oraz pism teoretycznych.

22 czerwca 1962

Niepostrzeżenie wiosna przeszła w lato. Nagle znikły bzy i kasztany, zabrano bratki i niezapominajki, lipy pobielały od pączków – i wszystkie drzewa wybujały i ujednostajniły się w zieleni. Cudowny, jakiż radosny proces. Cierpienia i smutki także jakby ulotniły się, wiosenne. Dojrzałe lato powinno być spokojne i szczęśliwe. Zapach kwitnącego wina w starej pergoli też jest pełen szczęścia. Niestety wiem dobrze, że troski się tylko przyczaiły, wszystkie troski, ogólne i indywidualne, krajowe i osobiste.

Prowadziłem tu bardzo bezmyślne życie, za tydzień będę już w domu. Boję się tego powrotu.

Na świętego Jana [24 czerwca 1962]

Dopiero kiedy się wyjdzie za nasyp kolejowy, jest tu ładnie. Idzie się w górę i odkrywają się dalekie widoki. O zachodzie słońca wydawało się to wszystko cudowne. Obłoki były piękne i górki dalekie w sinej barwie. Nie dochodząc do Strugi, pomniczek na cześć Legionów Dąbrowskiego, które tu pobiły Prusaków (w 1807) – tędy się więc wracało z ziemi włoskiej do Polski. Sprzed pomnika odkrywa się duża równina, a raczej niecka, to było miejsce bitwy. Zielono jest w tej chwili – wtedy też było zielono (15 maja). Zbierali siano – wspaniałe – i tak pachniało. Bardzo piękny spacer. Podziw mnie ogarnia, jak bardzo wszystko jest tu zasiedlone, jak zdołaliśmy tu wypełnić wszystkie luki. Dziesięcioletni chłopaczek („zdał do IV klasy") pomagał matce w grabieniu siana, tu się urodził, tu chodzi do szkoły, dla niego ten piękny – nieco obcy dla mnie – pejzaż jest tym pejzażem rodzonym, własnym, który będzie szedł za nim przez całe życie.

Wczoraj mnie Epstein objaśnił, co to jest właściwie „wspólny rynek". Jest to w ostatecznym rachunku blokada „naszego obozu". Od pierwszego lipca obowiązuje prawo jednomyślności – więc Holandia może się nie zgodzić, aby Polska dostarczała jaja do Włoch! Widzę po prostu Spaaka[1], jak wymyśla tę całą aferę. Mam specjalną antypatię do tego człowieka i jestem przekonany, że to nasz największy wróg. Ciekawy jestem, czy będzie w tym roku w Genewie? Polska oczywiście najbardziej ucierpi na tym, bo ma najbardziej rozwinięty eksport (ale produktów rolnych) do Europy Zachodniej. Stąd te szały z rynkami pozaeuropejskimi – cackanie z Brazylią, Dahomejem i Senegalem... co niektórych tak złości.

[1] Paul Henri Spaak (1899–1972) – belgijski polityk, socjaldemokrata, piastujący stanowisko premiera Belgii (1938–39, 1946, 1947–49) i ministra spraw zagranicznych (1936–38, 1939–66). W latach 1955–57 opracował podstawy wspólnego rynku europejskiego – uważa się go za jednego z ojców-założycieli Unii Europejskiej. Jarosław Iwaszkiewicz poznał go na spotkaniach intelektualistów w Genewie (Les Rencontres Internationales de Genève) w 1957 roku.

Stawisko, 30 czerwca 1962

Wczoraj Sartre i Simone de Beauvoir na śniadaniu u nas[1]. Było bardzo przyjemnie, „zaimprowizowane" śniadanie u nas w sypialni. Był z nimi Jurek Lisowski. Atmosfera całkiem swobodna i bez żadnych sztucznych wymądrzań się. Mówiliśmy dużo o Tołstoju. Sartre podkreślał jego naiwność – *même stupidité*[2]. Podzielałem jego zdanie – ale zdaje mi się, że w pewnych sprawach Sartre jest bardzo naiwny. Na przykład kiedy chodzi o Ruskich i o „ruch pokoju". On wyobraża sobie, że można jeszcze coś tutaj zrobić, coś zmienić. Stworzyć jakieś stowarzyszenie „obrony kultury" przed wojną i przed zimną wojną. Wielkie złudzenia na temat intencji rosyjskich. Ona daleko trzeźwiejsza – i przemawiała mu do rozsądku. On chce jeszcze wrócić do Moskwy na kongres[3], bardzo żałował, że ja nie pojadę. A ja się cieszę, że nie muszę. Czuję się naprawdę jeszcze nie bardzo dobrze i nie wiem, jak by to poszło. Siedzieli bardzo długo i podobno byli zachwyceni. Dla mnie Stawisko jest w tak okropnym stanie zapuszczenia, że nie mogę się zachwycać. W ogóle zastałem tutaj całą serię „pasztetów"...

[1] Jean Paul Sartre i Simone de Beauvoir przebywali w Polsce w dniach 24–30 czerwca 1962 roku. Simone de Beauvoir (1908–1986) – francuska pisarka i filozof-

ka, uczyła filozofii w Marsylii, Rouen i Paryżu. Autorka m.in.: powieści *Cudza krew* (1945, wyd. pol. 1963), *Mandaryni* (1954, wyd. pol. 1957), *Kobieta zawiedziona* (1967, wyd. pol. 1989), esejów *Druga płeć* (1949, wyd. pol. 1972) oraz tomów wspomnień, m.in. *Pamiętnika statecznej panienki* (1958, wyd. pol. 1960). Towarzyszka życia Jeana Paula Sartre'a.

[2] *Même stupidité* (fr.) – nawet głupota.

[3] Chodzi o światowy Kongres na Rzecz Powszechnego Rozbrojenia i Pokoju, który odbywał się w kremlowskim Pałacu Zjazdów w Moskwie w dniach 9–14 lipca 1962 roku.

Stawisko, 27 lipca 1962

Jakoś nie mogę się połapać i skupić w tym corocznym sezonie, kiedy jestem sam w Stawisku (przy stole ja i Hela). Jakoś wszystko, co myślę i odczuwam, wszystko, co zapisuję, ma to nieznośne „na niby" – jest niedokończone, niedopracowane i jakby zawieszone w próżni. W głowie sklerotyczna pustka – a na spędzanie czasu jakieś bezmyślne nieopanowane czytanie. Czytanie jest funkcją bardzo ogłupiającą, deprymującą. Czytanie – byle czytać – jest oznaką starości. Kazelcia jak czytywała „prasę", jak Hela teraz ugania się za gazetami – i w moim czytaniu zaobserwowałem coś chorobliwego. Teraz wydają tego takie mnóstwo – dużo śmieci – ale dużo rzeczy wartościowych. Czasami cieszy się człowiek, że jeszcze żyje i może to i owo przeczytać. Na przykład wszystko, co teraz publikują o XVII wieku, o dynastii Wazów, bardzo ważne i nowe, poczynając od listów publikowanych przez Malewską[1]...

Skończyłem tłumaczyć Banga (jeszcze w Szczawnie), teraz Szymek przepisał to i rozmawiał dziś o tym, niespodziewanie subtelnie i inteligentnie. Czasami zaskakuje swoim rozumieniem niektórych spraw.

Jutro ma być u mnie Kuncewiczowa z mężem[2] (!).

[1] Hanna Malewska (1911–1983) – pisarka; twórczyni i redaktor naczelna miesięcznika katolickiego „Znak" (1946–53, 1960–73). Autorka powieści historycznych, m.in.: *Żelazna korona* (t. 1–2 1937), *Kamienie wołać będą* (1946), *Przemija postać świata* (t. 1–2 1954), *Panowie Leszczyńscy* (1961), zbiorów opowiadań i publicystyki oraz wspomnień. W 1959 roku ukazały się opracowane przez nią *Listy staropolskie z epoki Wazów*. Iwaszkiewicz poświęcił im felieton *XVII wiek* („Życie Warszawy" 1960, nr 27).

[2] Jerzy Kuncewicz (1893–1984) – prawnik, działacz niepodległościowy, prozaik, eseista. W latach 1919–25 naczelnik w Ministerstwie Opieki Społecznej, w latach

1925–39 adwokat. Od 1940 do 1955 przebywał wraz z żoną w Wielkiej Brytanii, od 1968 – w kraju. Autor m.in. szkiców *O pełne wyzwolenie człowieka* (1945), *Nieskończoność a rzeczywistość* (1974), *Pięćdziesiąt lat faktów i myśli* (1980), a także zbioru *Biały wróbel i trzy inne sztuki* (1973) oraz wspomnień *Wyspy pamięci* (1985).

9 sierpnia 1962

Zadziwiająca mieszanka, Kuncewiczowa, Lilpopki[1], Jul Godlewski[2] – a potem śmierć Kruczkowskiego[3], pogrzeb i weekend w Krzyżach, nad jeziorem, w głębi ponurych północnych lasów. (To nie dla mnie). W tym wszystkim dziwna niemożność skupienia się, rozłożenia sobie godzin pracy. Czytanie korekt trzeciego tomu! Ledwie się to skończyło, a już wydrukowane – i takie bliskie w rękopisie, staje się takie dalekie i obce, zakończone, oddzielone ogromną przestrzenią. I zawsze to samo: skąd przyszły te wszystkie sprawy i pomysły? Dlaczego Janusz t a k umiera, dlaczego Andrzej jest taki (w każdym rozdziale inny)[4]?

Spacer w alei lipowej. Jak niepostrzeżenie stała się ona aleją starych drzew. Jak niepostrzeżenie prześliznęło się życie.

[1] Felicja Kranc (Krance) z d. Lilpop (zob. tom 1, przypis nr 1 na s. 293) oraz Halina Rodzińska z d. Lilpop (1904–1993) – wówczas wdowa po dyrygencie Arturze Rodzińskim, autorka wspomnień *Nasze wspólne życie* (1976, wyd. pol. 1980). Obydwie prowadziły działalność filantropijną, przewodnicząc amerykańskiemu Komitetowi Pomocy Niewidomym, wspierającemu Towarzystwo Opieki nad Ociemniałymi w Laskach. Dalekie kuzynki Anny Iwaszkiewiczowej.

[2] Julian Godlewski (1903–1983) – prawnik, działacz polonijny, mecenas kultury. W 1963 roku ufundował nagrodę literacką (od 1966 roku im. Anny Godlewskiej), przez wiele lat fundator stałej nagrody dla najlepszego polskiego pianisty Konkursu Chopinowskiego.

[3] Leon Kruczkowski zmarł 1 sierpnia 1962 roku.

[4] Janusz Myszyński i Andrzej Gołąbek – bohaterowie *Sławy i chwały*.

12 sierpnia 1962

Czy zawsze trzeba odgrywać jakąś rolę? Kuncewiczowa w dość naiwny sposób robi wielką pisarkę, mimo to jest sympatyczna, mądra, zabawna. Ale nie może się pozbyć właśnie „roli". Zresztą gada się z nią miło – może dlatego, że mam mało zastrzeżeń co do jej pisarstwa, nic mnie ono nie obchodzi. Mam wrażenie, że i ja gram tego „prostego", łatwego człowieka. Właściwie mówiąc, nigdy nie wiadomo, kiedy się przybierze jakąś w a ż n ą pozę. Składając kwiaty przed trumną Kruczkowskiego, dla wygody gestu przykląkłem na jedno kolano. Tak mnie sfotografowali. Dzisiaj dostałem list od facetki, która mi dziękuje za to, „że przykląkł Pan przy trumnie Kruczkowskiego. To trudny gest, ale tylko to, co trudne, liczy się w życiu. Stał się nam Pan bliższy". Gest odruchowy i niezawiniony – tłumaczą go sobie jako „coś".

20 sierpnia 1962
Jutro pogrzeb Stasia Rotherta[1]. Nikt nie wie, czym dla mnie jest ta śmierć. Znowu oglądam całe życie tego tak bliskiego niegdyś przyjaciela – co prawda nie od kolebki, ale za to do grobu. Wszystko, co w tym człowieku się zmarnowało – i co nieoczekiwanie rozkwitło, co się bynajmniej nie zapowiadało. I te wspomnienia. Ostatnia chyba osoba (nie, jeszcze jest Niunia Stefańska), która mnie łączyła ze wspomnieniem Olka [Landaua] – zresztą i on tyle dla mnie znaczył. Korespondencja nasza spaliła się na Kredytowej w trzydziestym dziewiątym roku. Zwrócił mi, żeniąc się, wszystkie moje listy, ale to było w 1926 roku. Kiedy wczoraj powiedziałem Teresie, że Staś Rothert był ostatnim młodzieńcem, z którym Hania tańczyła – to ona się za głowę schwyciła: w 1926 roku! Na dwa lata przed jej urodzeniem, a dla mnie to takie bliskie, wyciągnąć rękę, ten cały bal wróci: Tetmajer siedzący w hallu, bo syn miał przechodzić we fraku, chciał go zobaczyć, i suknia Hani koloru maku, i Neufeldówna[2] siedząca przy programach czy karnetach (bo to był bal dziennikarski), sam napisałem parę wierszyków na karnetach... A potem już jakoś ustąpiliśmy sobie z życia. Była wyprawa na halę w śnieg, z Witusiem Mieczysławskim (i Witkiem Hulanickim?) – a potem ta noc pijana w czasie okupacji, którą spędziłem u niego z Lulkiem Schillerem... a potem to już rzeczowe spotkania w redakcji. Nigdy nie wspomnieliśmy ani słówkiem o dawnych czasach, o kolacji „pod srebrną różą", o takich różnych konfliktach i o moich wierszach: „Wieczór latu na to dany"...
Na co wieczór latu dany? Aby rozjątrzyć do krwi stare rany? Aby przejąć dreszczem lęku?
Tylko co Kreczmar[3] czytał list Ala[4]. Cudownie to zrobił, z taką za-

530

dziwiającą prostotą; on jest o wiele lepszy deklamator niż aktor. Ale wzruszył mnie bardzo – a listów wysłuchałem, jak gdybym nie ja to pisał. Obce – i za bardzo bebechowate. Ale dobre.

[1] Stanisław Rothert zmarł 17 sierpnia 1962 roku. Jego pogrzeb odbył się 21 sierpnia 1962 na warszawskim cmentarzu ewangelicko-augsburskim.

[2] Bronisława Neufeldówna (1857–1931) – tłumaczka, dziennikarka. Tłumaczyła m.in. powieści Hermana Banga, Arthura Conan Doyle'a oraz Théophile'a Gautier.

[3] Jan Kreczmar (1908–1972) – aktor teatralny i filmowy, reżyser i pedagog. Debiutował w 1929 roku, w dwudziestoleciu międzywojennym występował w teatrach Wilna, Lwowa, Warszawy i Poznania, m.in. w warszawskim Teatrze Polskim. Z tym teatrem związany był również po wojnie, w latach 1946–63. W okresie 1963–72 aktor Teatru Współczesnego w Warszawie. Był wykładowcą Państwowego Instytutu Sztuki Teatralnej (1945–46), Państwowej Wyższej Szkoły Aktorskiej (1947–49), Państwowej Wyższej Szkoły Teatralnej (od 1955). W latach 1950–55, 1957–67 pełnił funkcję rektora tej uczelni. Autor książek *Notatnik aktora* (1966) i *Drugi notatnik aktora* (1971). Iwaszkiewicz dedykował mu cykl wierszy *Plejady* z 1942 roku.

[4] Alo Biliński – jedna z postaci *Sławy i chwały*.

26 sierpnia 1962

Ja tylko tak udaję, że się nocy nie boję... Chodzi się po tym świecie, gada, pracuje, je, śpi i chędoży, tworzy się „dzieła sztuki", ale to wszystko jest udawanie. Chodzi się i robi się to wszystko z zamkniętymi oczami, aby nie widzieć tego, co nas otacza naprawdę. Morze bezsensownego zła, z którego wynurzają się coraz nowe, coraz większe nonsensy. Góry kłamstwa, do którego tak przyzwyczailiśmy się, że sami kłamiemy z ironicznym uśmiechem. Najpoważniejsi ludzie mówią o „nowym" człowieku – bez mrugania okiem, chociaż wiedzą, że żaden nowy człowiek nie istnieje: jest wciąż ten sam stary człowiek, który sam na siebie zastawił najstraszliwsze sidła, pojmał się w nie i szarpie się bez żadnych rezultatów. Okropność męki owadów, zwierząt, człowieka. Wszystko trzeba przyjmować tak, jakby to miało jakieś znaczenie, a znaczenia to nie ma.

27 sierpnia 1962

Trzy dni pobytu w Sandomierzu. Raczej nieudane. Nie potrzebują mnie tam – i nie szanują. A w każdym razie nie doceniają – oni mają inne zagadnienia i zadania i myślą, że ja jestem kimś „z innej opery". Niestety, jestem z tej samej opery – biedny, zagubiony człowiek, który chciałby coś zrobić, żeby innym było lepiej. I nie wie sam, co. Burek zestarzał się i znudniał nie do wiary. Tak przykro...

Genewa, 6 września 1962
Znowu na Rencontres de Genève[1]. W tym roku bardziej niż kiedy indziej przypomina to rozmowy dzieci w palącym się domu. Naiwność i bezużyteczność tych wywodów chwilami przeraża. Mimo woli myśli się o Tołstoju, który zestawiał te „biologie" z walkami zapaśniczymi – i wszystko uważał za zabawy burżuazji. W tym roku dosłownie nie ma nikogo tutaj, nawet J[eana] J[acques'a] Mayoux czy Campagnola, ani księdza Dubarle[2], ani biednego Amrouche'a[3], który popełnił samobójstwo. Poza tym niezmienność programu nużąca: wycieczka do Coppet[4], przyjęcie u Boissierów[5], jeden koncert, jedno przedstawienie...
Gdyby nie wielka radość Hani, że jest tutaj, żałowałbym, żeśmy przyjechali. Ale Hania jest tu tak „u siebie", jest zupełnie inna, rozkwita. Chociaż nie pozbywa się swoich dziwactw. Cieszę się więc dla niej.
Wczoraj spotkaliśmy Wiktę Wittlin, która widziała się z Józiem [Wittlinem] przed tygodniem w Paryżu. Mówiła, że już mnie opłakał. Myślę, że wszyscy, którzy mnie „żałowali", mają do mnie żal, że nie zmarłem. Józio podobno naprawdę w złej formie, ich córka[6] mieszka w Madrycie...

[1] W 1962 roku Rencontres Internationales de Genève odbywały się pod hasłem *Życie i czas*. Brali w nich udział m.in. Paul Chauchard, Jean Piaget, Mihail Ralea, Claude Autant-Lara. Jarosław Iwaszkiewicz pisał o tym spotkaniu w artykule *Międzynarodowe spotkania w Genewie* („Twórczość" 1962, nr 11).
[2] Dominique Dubarle (1907–1987) – ksiądz katolicki, teolog i fizyk jądrowy. W latach 1967–73 dziekan Wydziału Filozofii w paryskim Institut Catholique. Współpracownik Louisa Leprince-Ringueta w badaniach z dziedziny fizyki jądrowej. Uczestnik Rencontres Internationales de Genève w 1952, 1958 i 1961 roku.
[3] Jean Amrouche (1906–1962) – arabski poeta i dziennikarz z Algierii, piszący w języku francuskim, w latach 1945–47 kierował czasopismem „L'Arche", na którego łamach publikowali najwybitniejsi przedstawiciele literatury francuskiej (m.in. Antonin Artaud, Roger Caillois, Albert Camus, André Gide, Henri Michaux); autor licznych audycji radiowych z udziałem filozofów, poetów, powieściopisarzy, malarzy; zainicjo-

wał serię kilkudziesięcioodcinkowych spotkań radiowych z twórcami, m.in. z Gidem, Claudelem, Mauriakiem, Ungarettim. Pisał artykuły, eseje i wiersze o sytuacji człowieka zmuszonego do życia w dwóch kulturach – rodzimej i narzucanej przez kolonizatorów. Wydał m.in.: zbiór poezji o charakterze mistycznym *Cendres* (1934), przełożoną przez siebie na język francuski antologię liryki kabylskiej *Chants berbères de Kabylie* (1939) oraz esej *L'Éternel Jugurtha* (1946). Zmarł 16 kwietnia 1962 w Algierii.

[4] W szwajcarskim Coppet znajduje się pałac Madame de Staël, francuskiej pisarki przełomu XVIII–XIX w.

[5] Léopold Boissier (1893–1968) – szwajcarski prawnik i dyplomata, profesor prawa Uniwersytetu w Genewie, prezes Międzynarodowego Komitetu Czerwonego Krzyża; w 1964 roku otrzymał tytuł doktora honoris causa Uniwersytetu Warszawskiego.

[6] Córka Józefa i Haliny Wittlinów, Elżbieta Wittlin-Lipton.

Genewa, 15 września 1962

Wczoraj śniadanie z Marie-José. Kobieta, która w sposób godny szacunku chce odgrywać jakąś rolę, chce zrozumieć ten świat. Oczywiście bardzo się jej to nie udaje, trudno jej jest, jest bardzo nieśmiała: córka wielkich indywidualności i po długoletnim przygotowaniu (córka króla, następczyni tronu, półroczna królowa[1]) osoba tkwiąca na mieliźnie. Trochę zadziwiająca, bardzo dla mnie czuła – przypuszczam, że bardzo samotna. Dzień był cudowny, Hania okropnie wyglądała w czarnej wełnianej sukni z długimi rękawami i w rzymskim turbanie migdałowym na głowie, spod którego wyglądała biała chusta. Ale za to była mądra i miła.

Menu: *fonds d'artichauts*[2] z groszkiem, *truite saumonée*[3] z zielonym sosem, sery dziwne i legumina bardzo dobra, *crème caramel* z pianą bitą i malinami. Postne.

Dzisiaj u Wiszniaków[4], miłe Żydy w rodzaju Kramsztyków, prócz tego ksiądz (pomagał Algierczykom) i komunista dezerter (piękny chłop, dwadzieścia siedem lat, podobny do Adama Michała Anioła z Sykstyny, zadziwiający). Bardzo trudna rozmowa, nie mogę mówić tego co Hania, a nie możemy się kłócić przy obcych. Gdy rozgadałem się na dobre, przyszedł Cattaui i gadał bez końca. Mały Jean-Loup Wiszniak dał mi swoją książkę – wydaną u Julliarda[5]! Trudno o większy kontrast niż śniadanie wczorajsze i dzisiejsze! Oba zresztą bardzo interesujące. Otoczenie Marie-José wcale niegłupie. W Wiszniakach jednak Chagall[6], *Step* Czechowa...

Niedawno mówiłem Szymkowi: nie znoszę mojego bezbarwnego życia. Może się myliłem?

Ze zdrowiem nie wszystko w porządku, ale czas cudowny, ciepło i spacery nad jeziorem są bardzo przyjemne, co najważniejsze Hania jest w dobrym humorze, ale jakaż nudna! Wystawa Chagalla zadziwiająca, szczególniej rysunki do Biblii, zresztą obrazy też – ta *Samotność* z krową. I ten żydowski zegar polatujący jak anioł w górze[7]. Chagall powinien zrobić ilustracje do Stryjkowskiego.

---

[1] Księżna Marie-José w 1930 roku wyszła za mąż za księcia Piemontu Humberta i wraz z nim objęła tron włoski 9 maja 1946 roku, panując do 2 czerwca 1946 roku, kiedy w powszechnym referendum zniesiono monarchię. Od końca lat 40. Marie-José i Humbert II byli w separacji.

[2] *Fonds d'artichauts* (fr.) – „środki" karczochów.

[3] *Truite saumonée* (fr.) – pstrąg łososiowaty.

[4] Jacques Vichniac i Isabelle z d. Bergier. Isabelle urodziła się w Odessie, skąd wyjechała do Polski, a następnie do Paryża. Poślubiwszy Jacques'a Vichniaca, pisarza publikującego pod pseudonimem Jacques Givet, zamieszkała z nim w Genewie. Obydwoje byli zaangażowani w działania na rzecz praw człowieka.

[5] J.-L. Vichniac, *La Part des choses*, Paris 1962. Jean-Loup Vichniac, syn Jacques'a i Isabelle, był jednym z uczestników Rencontres Internationales de Genève w 1962 roku.

[6] Marc Chagall, właśc. Mosze Segał (1887–1985) – malarz francuski pochodzenia rosyjskiego. W latach 1910–14 przebywał w Paryżu, gdzie związał się z przedstawicielami francuskiej awangardy. Po 1917 roku mieszkał w Rosji. W 1922 roku opuścił kraj, w 1937 otrzymał obywatelstwo francuskie, lata 1941–48 spędził w Nowym Jorku, po czym wrócił do Francji i osiadł w Saint-Paul de Vence w Prowansji, gdzie mieszkał do końca życia.

[7] W Musée Rath w Genewie od 30 czerwca do 16 września 1962 roku trwała wystawa *Marc Chagall et la Bible* (*Marc Chagall i Biblia*). Wspomniane przez Iwaszkiewicza obrazy to *Samotność* (1933, w zbiorach Tel Aviv Museum of Art w Izraelu) oraz prawdopodobnie *Zegar z niebieskim skrzydłem* (1949; kolekcja Idy Meyer Chagall w Bazylei). Ponadto Chagall jest twórcą cyklu *Rysunki do Biblii* (1960); malarz wielokrotnie wracał do motywów biblijnych, tworząc litografie, obrazy olejne i witraże.

Stawisko, 23 września 1962

Powrót „do domu". Bezgraniczny smutek starości i choroby. Jakieś straszne kłopoty córek i żony, które mnie zupełnie nie obchodzą. Za ścianami milczenie i chłód przedwczesnej jesieni – i to niezrozumienie wszystkiego, jak było na początku, tak teraz i na wieki wieków. Nic nie piszę i nie mam pociągu do pisania. Oschłość i samotność wewnętrzna, tak jakbym nie tylko teraz, ale nawet nigdy nikogo nie kochał. Wszyscy się uganiają za czymś, zamiast abyśmy razem usiedli na brzegu drogi i patrzyli, jak przemija świat. Cisza.

26 września 1962
Zadziwiające zjawisko: nic mnie już nie obchodzi: ani meble, ani moje utwory, ani dzierżawca, ani konkurs Dybowskiego[1]. Zostało mi tylko zainteresowanie ludźmi: Arałke [Julian Stryjkowski], Anka [Baranowska], Szymek. Byłem dzisiaj z Hanią u Józi Jędrzejczakowej, śmieszne romantyczne mieszkanie, stary drewniany domek w zapuszczonym kawałku starego milanowskiego lasu. Jakby dobrze było tam mieszkać i żeby nic innego nie było. Dwa pokoiki, drzewa za oknami, proste kwiaty i prości ludzie. Tak bardzo byłoby dobrze, i pisać takie dobre, ciche, proste rzeczy. I wierzyć w ludzi.
Jutro idę znowu do lecznicy.

[1] Prawdopodobnie chodzi o konkurs literacki ogłoszony przez Ludową Spółdzielnię Wydawniczą, której ówczesnym prezesem był Stefan Dybowski (1909–1970) – w latach 1947–52 minister kultury i sztuki, w okresie 1959–63 prezes Ludowej Spółdzielni Wydawniczej.

Warszawa, lecznica, 30 września 1962
Przykro by mi było, gdyby ostatni pobyt w Genewie był moim ostatnim wyjazdem za granicę. Nigdy bardziej nie widziałem tej niewystarczalności Europy niż tym razem. Przeczuwałem tę niewystarczalność bardzo dawno – jeszcze w 1925 roku – ale teraz ogarnęło mnie przerażenie. Jak mogą ci uczeni i mądrzy ludzie tak bardzo nic nie pojmować ze świata, który ich otacza, i z wypadków, które się zbliżają. Już dawniej w Genewie w 1931 roku, kiedy słuchałem Brianda[1] czy lorda Cecila[2], wiedziałem, że to jest zawracanie głowy – ale teraz? Dawniej był strach przed sierżantami, ale teraz do sierżantów doszlusowali nauczyciele ludowi, którzy nic nie rozumieją i są naiwni jak ślimaki. Patrzą tylko we własny pępek, a naokoło świat się wali – albo budzi. Prymi-

tywność przygód Algieru czy Argentyny musi wzbudzić ściśnienie serca, ale prymitywność wielkich umysłów e u r o p e j s k i c h to przerażające. I ostatecznie idzie się na żywioł.

[1] Aristide Briand (1862–1932) – polityk francuski, w latach 1909–29 kilkakrotnie zajmował stanowisko premiera Francji; współtwórca paktu Brianda–Kelloga, tj. międzynarodowej umowy o wyrzeczeniu się wojny, zawartego w 1928 roku w Paryżu przez piętnaście państw, w tym Polskę. W 1926 roku otrzymał Pokojową Nagrodę Nobla.

[2] Edgar Algernon, wicehrabia Cecil of Chelwood (1864–1958) – brytyjski prawnik, polityk i dyplomata, w 1919 współorganizator Ligi Narodów (w 1916 roku opublikował memorandum przedstawiające propozycję unikania wojny, uważane za pierwszy oficjalny dokument wyrażający poparcie Wielkiej Brytanii dla idei powołania Ligi Narodów). Od 1923 zasiadał w Izbie Lordów. Do 1932 roku był brytyjskim delegatem przy Lidze Narodów. W 1937 otrzymał Pokojową Nagrodę Nobla. W 1946 roku, w wieku osiemdziesięciu dwóch lat, brał udział w ostatniej sesji Ligi Narodów w Genewie.

Warszawa, 2 października 1962

Za oknami ciepło i pogoda. W takie dnie jakoś rozsuwa się zasłona na mózgu, jakby się rozwijał muślinowy turban – i nagle w myślach, nawet w półśnie dnia i drzemce nocy (dzisiaj mnie często budzili) rodzą się – tak, rodzą się, nie wstają z podświadomości – najodleglejsze wspomnienia i szczególiki, których nie tylko nie wspominałem nigdy, ale których nie warto wspominać. Nagłe plastyczne przypomnienie ludzi, którzy nie odgrywali żadnej roli, tylko byli. Nie zapamiętałem ich – a teraz nagle się ukazują – i nie we mgle, ale jak na impresjonistycznych obrazach, tacy prawdziwi, a tacy „przetworzeni". Jakaś Stefa Piaskowska czy Winklerówna (1902 rok!), Stefania d'Huet[1], którą tak lubiliśmy wszyscy (z Kalisza) i której nigdy już nie widzieliśmy po tym samym roku, albo koledzy z wojska, którzy nie odgrywali naprawdę żadnej roli w moim życiu – Kranajtys na przykład czy Antoniewicz. Co oznacza ten powrót zapomnianych, umarłych, zatartych? Czy chcą, abym ich zatrzymał, zawarł w jakimś obrazie, jakimś słowie?

Oto dwa gorczyczne ziarna...

Tylko takie ziarnko mogę im rzucić w zapłacie, a przecież niewątpliwie oni tworzyli m n i e.

[1] Stefania d'Huet – nauczycielka języka niemieckiego. Pisze o niej Iwaszkiewicz w *Książce moich wspomnień*: „Jakoś w okolicy Bożego Narodzenia, ostatniej gwiazd-

ki w Kalniku, która specjalnie była wspaniała, znikła Augusta [poprzednia nauczy-cielka języka niemieckiego], a ku wiośnie przyjechała urocza i miła panna Stefania d'Huet spod Kalisza. Udawała ona przede mną Niemkę i rozmawiała ze mną po nie-miecku. Panna Stefania przeżyła razem z nami nagłą katastrofę śmierci mojego ojca, spędziła całe lato 1902 roku u nas i razem z nami wyjechała do Warszawy. Przez ten krótki, ale ciężki okres naszego życia rodzinnego potrafiła wzbudzić wiele sympatii, a w sercu mego brata nawet trochę gorętsze, choć krótkotrwałe uczucia. Jej zawdzię-czam umocnienie się w języku niemieckim" (s. 35).

Warszawa, 3 października 1962
Była taka droga koło Popowej Lewady. Jechało się cały czas brze-giem Sobu i nie trzeba było przejeżdżać przez mosty, aby dostać się do Daszowa. Tą drogą pojechaliśmy kiedyś z Wasyłyną we dwójkę, bied-ką zaprzężoną w jednego konia. Pojechaliśmy na jarmark do starego Daszowa, w bardzo pogodny dzień jesienny, właśnie jak dzisiaj. Cho-dziliśmy między straganami. Na jednym z nich leżały fioletowe śliw-ki. Ściągnąłem jedną śliwkę, baba spostrzegła to i dała mi po łapie. Ze wszystkich stron podniósł się krzyk: coś ty, babo, żałujesz małemu pa-niczowi jednej śliwki, za co dziecko bijesz! Skończyło się na śmiechu. Jeszcze dziś widzę ukośne światło zachodzącego jesiennego słońca i te stragany w starym Daszowie. Cerkiewka tamta ocalała.

Nie jestem antysemitą, chyba są na to dowody. Ale myślę że soli-darność żydowska, zwłaszcza po ostatniej wojnie, jest najsilniejszą wię-zią, jaka istnieje na ziemi. Jest mocniejsza niż węzły przyjaźni, miłości – chyba nawet partii. Dlatego rozumiem antysemityzm partyjny, jest to lęk przed istnieniem więzów mocniejszych niż więzy partyjne. Mówię to à propos sojuszu Stryjkowski–Brandys.

7 października 1962
Czytam nowele Julii Prajs (!)[1]. Oczywiście są niedobre, ale chodzi mi o ich treść. Są to nowele o komunistach. Z wielką dyskrecją poru-szona jest wielka ich tragedia. Ale mnie się zdaje, że trzeba by to bez dyskrecji powiedzieć nareszcie, krzyczeć na wszystkie strony. Ta wia-ra, to cierpienie – i po co? Aby wreszcie wszystko okazało się „kultem jednostki" – a najwyżej, aby ci na dorobku (jak w *Gierydonie* Prajso-

wej) mogli sobie kupić nowe meble. To bardzo podobne do tragedii pierwszych chrześcijan, plus papież, Rzym, zbytek, organizacja kościoła itd. Jednym słowem, wieczny daremny wysiłek ludzki, aby było lepiej, aby ludzie byli szczęśliwi, wiara, że to można uczynić przez jakieś cierpienie – a potem bankructwo wszystkiego i znowu w kółko. Bezsilność wszelkiej idei, łatwość, z którą zwycięża zło, wiecznie to samo: Stalin, Hitler – i biedacy, których się męczy. To przerażające. Stara się człowiek o tym nie myśleć, przejmuje się rolą tego pisarza „dla ludzi", a potem widzi tę przepaść. Zamyka oczy, aby nie patrzeć, ale to niewiele pomaga.

[1] Julia Prajs, właśc. Julia Bristigerowa z d. Prajs (1902–1975) – funkcjonariuszka komunistycznego aparatu bezpieczeństwa, dyrektorka V Departamentu Ministerstwa Bezpieczeństwa Publicznego. W 1956 roku w stopniu pułkownika odeszła z resortu i zajęła się pracą literacką. Pracowała jako redaktor w PIW-ie. Opublikowała powieść *Krzywe litery* (1960) i zbiory opowiadań: *Znak „H"* (1962), *Przez ucho igielne* (1965). Uwaga Iwaszkiewicza dotyczy książki *Znak „H"*, znajdującej się w bibliotece pisarza na Stawisku. Zbiór ten zawiera m.in. opowiadanie *Gierydon*.

13 października 1962
Przedwczoraj przywieziono do lecznicy Wicka Iwaszkiewicza[1]. W tenże dzień skończył on 73 lata. Jest w bardzo złym stanie zdrowia: przedwczoraj stan był groźny. Rozmawiałem z nim i ze Stefą[2] wczoraj, kiedy było lepiej. Zastanowiła mnie ta sprawa: dlaczego moje stosunki z moimi stryjecznymi braćmi były zawsze takie jakieś oschłe i oziębłe? Nawet z Adamem, który jest moim jednolatkiem i z którym często się widywałem. Nie jest to diametralna różnica usposobień, bo bracia Świerczyńscy też tak zupełnie inni, a przecież łączyła mnie z Józkiem tyloletnia, serdeczna i czuła przyjaźń. Nie można porównać tego stosunku ze stosunkiem do krewnych mamy – to znaczy Taubów i Szymanowskich. Mnie się zdaje, że na tym cała rzecz polega: na tym, że mama była z tak innej gliny lepiona niż wszyscy Iwaszkiewiczowie i ich żony, że mamy wychowanie u Taubów, francuszczyzna, lepsze towarzystwo, muzykalność – zresztą pewne magnackie tradycje Piątkowskich – to było przyczyną, że mama czuła się źle w ich towarzystwie, a ja już za mamą. Poza tym Wicek i Stefek[3], nie wiem, jaki byłby Wa-

cek[4], poszli po matce: byli całkowitymi, typowymi Królewiakami, nic z kresowej natury, którą my mamy wszyscy, całe rodzeństwo (nie darmo Nucia [Anna Iwaszkiewiczówna] do pięciu lat mówiła tylko „po chłopsku", to znaczy po ukraińsku). Mimo licznych zetknięć, mimo dobroci stryjenki Czesławowej[5] dla mnie w czasie mojego pobytu w Warszawie w 1912 roku i mieszkania u niej, nigdy to się nie ułożyło w większą serdeczność. I wtedy, kiedy Wicek budował kolejkę EKD i mieszkał w Komorowie, i potem – nigdy to nie był naprawdę braterski stosunek. A jeszcze moje małżeństwo, które mnie umieściło zupełnie w innej dziedzinie. Czasami tego żałuję, bo brakuje mi często takiego oparcia, którego by mi mogli udzielić poważni i solidni bracia, inżynierowie. Ale to już do końca życia będę się musiał obyć bez tego.

À propos mojego przyjazdu do Warszawy w 1912 roku, gdy patrzę na to z perspektywy pięćdziesięciu lat, wydaje mi się ta podróż dość dziwna, ale bardzo znamienna. Wyrwać się w tej epoce z rosyjskiego gimnazjum, z Kijowa i jechać do Warszawy, którą mało znałem, to tylko świadczy o tym, do jakiego stopnia byłem kulturalnie związany z Warszawą i jak zawsze tam dążyłem – jeszcze przed 1918 rokiem. Teraz to widzę i chciałbym podkreślić – ale wówczas było to dla mnie czymś tak naturalnym, jak oddychanie. Oddychałem polską kulturą od dzieciństwa, od zawsze – a że ta kultura ma rozmach XVII wieku, to oczywiście sprawa naszej historii. Ale i wtedy Zosia Świerczyńska, Hela [Kurkiewiczówna], były rzeczy zrozumiałe i „rodzone", ale rodzina moja dyszała czymś obcym. I tak to już pozostało.

Wracając do Wicka – znowu całe życie. Widzę go, jak leci ze złamanej gałęzi na inną gałąź na wielkim drzewie w lesie w Szabelnej (było to w 1901 roku i pamiętam to i z tego względu, że był to nieliczny raz, gdy byłem razem z ojcem, blisko ojca i razem obserwowaliśmy to *salto mortale*[6] Wicka), a potem jako młody chłopak kładł się w oczeretach nad stawem u cioci Masi i kazał się onanizować braciom i kuzynom (to znam tylko z opowiadań) – a potem ten okropny dzień roztopów, kiedy zapłakany chował pierwszą żonę[7] – już tu, w Warszawie, o parę kroków od lecznicy, w kostnicy kościoła Piotra i Pawła – i teraz staruszek prawie umierający. Twarz mu się wygładziła i nabrała wyrazu młodości, jak u cioci Anielci przed śmiercią. I jak to przeszło prędko, zwłaszcza że nam styczne zdarzały się tak rzadko.

[1] Wincenty Iwaszkiewicz (1890–1963) – syn Czesława Iwaszkiewicza, stryja pisarza, i Stefanii Iwaszkiewiczowej z d. Ponikiewskiej. Zmarł 7 marca 1963 roku.

[2] Stefania Oleksińska (zm. 1973) – druga żona Wincentego Iwaszkiewicza.

[3] Stefan Iwaszkiewicz (zm. 1947) – syn Czesława Iwaszkiewicza i Stefanii Iwaszkiewiczowej z d. Ponikiewskiej, brat Wincentego i Wacława, stryjeczny brat Jarosława Iwaszkiewicza.

[4] Wacław Iwaszkiewicz (zm. 1915) – syn Czesława Iwaszkiewicza i Stefanii Iwaszkiewiczowej z d. Ponikiewskiej, brat Wincentego i Stefana, stryjeczny brat Jarosława Iwaszkiewicza. Zginął w czasie I wojny światowej.

[5] Stefania Iwaszkiewiczowa z d. Ponikiewska – żona Czesława Iwaszkiewicza, matka Wacława, Wincentego i Stefana.

[6] *Salto mortale* (wł.) – tu: niebezpieczny skok.

[7] Wiktoria Tarnawska (zm. 1920) – pierwsza żona Wincentego Iwaszkiewicza.

17 października 1962

Takie dziwne listy tu otrzymuję – od Niedźwiedzkiego z Washingtonu, od Bormana z Londynu[1], od Wacka Kościałkowskiego z Laloubère, z Pirenejów[2]. Wszystkie są zresztą z wielką czułością do mnie. Od Morstinowej[3] z Krakowa z podziękowaniem za artykuł, który „przyszedł z tak wysoka". Mój Boże, z bardzo, z bardzo niska, sługa sług Bożych – służka wszystkich pisze te bardzo skromne i ignoranckie artykuły. Tyle tylko, że robią one jakąś robotę – a ze mnie tworzą jakąś instytucję, coś co jest „czymś" i dla tych biednych emigrantów, którzy do mnie tak czule piszą, jakbym „był samą Polską", i dla tych, co co niedziela zaczynają czytać „Życie Warszawy" od mojego artykułu. Jak zwykle, tak i teraz – i tak chyba będzie do końca mojego życia – nie zdaję sobie sprawy ze znaczenia mojego pisania ani z wagi mojej osobowości. Bo wszystko mi się wydaje „na niby".

Miałem wczoraj list od Marysi z Moskwy. Pisze, że Wołodia Ogniew to cudo[4]. Cała rzecz polega na tym, że dla nich istnieją rzeczy na poważno, większość spraw traktują na poważno – a u nas wszystko „na niby" i ciągłe te żarciki i żarciki. Na tym polega cała różnica. I dlatego w gruncie rzeczy lubię pojechać do Moskwy.

[1] Antoni Borman pisał 11 października 1962 roku: „Kochany Jarosławie! Okropnie zmartwiła mnie Twoja nowa choroba – jeszcze mniej elegancka niż ta pierwsza [tyfus], ale przynajmniej nie tak groźna. Każdy stary Żyd cierpi na cukrzycę. Nic się nie martw, to dziś mała dolegliwość. Trochę insuliny, kapka wódki i po wszystkim.

[...] Tęskno mi za Tobą, za Warszawą, za tą garstką niedobitków z Mazowieckiej. Nie wyobrażasz sobie, jak strasznie chciałbym przyjechać. Co raz ktoś stamtąd wraca i tylko potęguje moją nostalgię. Namów Grydza, żeby mnie wysłał, choć to zależy od wielu innych czynników. Ja ani chwili bym się nie zastanawiał, ale realizacja nie jest łatwa. Co Ty o tym sądzisz? Odpisz mi bardzo konkretnie!!! [...] Dziś koncert Artura [Rubinsteina], ale nie idę, bo okropnie drogie bilety. Może pójdę 5-go listopada. Znów będzie grał. Przyjedź, pójdziemy razem. Dobrze? Po koncercie do tej naszej małej restauracyjki włoskiej na wino. Chcesz? Jarosławie, przyjedź!!! Tyle na dziś. Pisz do mnie i do druku, bo najlepiej lubię Ciebie czytać. Ściskam Cię czule i gorąco, Twój Antoni. Pozdrowienia dla p. Hani i wszystkich dziatek" (maszynopis w archiwum Muzeum im. Anny i Jarosława Iwaszkiewiczów w Stawisku).

² Wacław Zyndram-Kościałkowski (1905–1979), pisarz i działacz polityczny, pisał m.in.: „Drogi Jarosławie, jak najserdeczniej za wszystko dziękuję, a zwłaszcza za to, że gdyśmy się spotkali, byłeś dla mnie tym samym Jarosławem sprzed lat. Nawiasowo dodam, że «czas», na ogół bezlitosny, był dla Ciebie wyjątkowo łaskawy, przyznaję, że Ci tego zazdroszczę" (list z 10 października 1962, rękopis w archiwum Muzeum im. Anny i Jarosława Iwaszkiewiczów w Stawisku).

³ Zofia Starowieyska-Morstinowa (1891–1966) – krytyk literacki, eseistka, tłumaczka, współpracowniczka prasy katolickiej, członek kolegium redakcyjnego i stała publicystka „Tygodnika Powszechnego" (1945–53, 1957–66). Debiutowała w 1924 jako krytyk literacki, w latach 1924–29 współpracowała z „Wiadomościami Literackimi". Autorka zbiorów prozy: *Róże pod śniegiem* (1930), *Twoje i moje dzieciństwo* (1939), szkiców: *Kabała historii* (1947), *Kalejdoskop literacki* (1955), *Fakty i słowa* (1956), *Patrzę i wspominam* (1965) oraz tomu wspomnień *Ci, których spotykałam* (1962). Ta ostatnia książka stała się przedmiotem artykułu Jarosława Iwaszkiewicza *Z głów podwawelskich* („Życie Warszawy" 1962, nr 239), o którym mowa. List Zofii Starowieyskiej-Morstinowej, przywoływany w powyższym zapisie Iwaszkiewicza, nie zachował się. Rok później Zofia Starowieyska-Morstinowa opublikowała obszerne omówienie *Sławy i chwały* na łamach „Tygodnika Powszechnego" (1963, nr 35).

⁴ Maria Iwaszkiewicz w kartce pocztowej do ojca pisała: „Tatusiu Kochany. Wszystko jest dobrze. Zajmują się mną. Wołodia Ogniew to cudo. Wypiłam z nimi wszystkimi bruderszafty. Pewnie pojadę do Leningradu i na wieś. Z tym Południem nic nie wyjdzie. Całuję, dziękuję za podróż – Marysia" (kartka pocztowa z 11 października 1962, Muzeum im. Anny i Jarosława Iwaszkiewiczów w Stawisku).

18 października 1962

Zadziwiające zjawisko dla psychologii twórczości to pisanie wierszy przeze mnie tutaj, w lecznicy. Co dzień powstaje wiersz albo dwa. Przez trzy tygodnie lecznicy napisałem dwadzieścia cztery wiersze, bardzo nowe (dla mnie) w formie, prawie bezrymowe. Ale co jest najważniejsze, to atmosfera, w jakiej je tworzę. Mogę porównać do atmosfery *Oktostychów* na wiosnę 1917–1918 roku. Rodzą się one we mnie jak rzeźby, nieodwołalne i namacalne, konkretne jak przedmioty, czasem narzucają się nocą, uczę się ich na pamięć jak czegoś obcego i zapisuję z rana – pomiędzy pójściem do komórki a pobraniem krwi. Wszystkie są krótkie, każdy inny, bardzo często zasadzają się na koncepcie – zresztą zupełnie jak oktostychy, tyle tylko, że rymy mnie nie męczą tak, jak wtedy. Ale cała „gotowość" tych wierszy, całe ich wyrzeźbienie w głowie, całe rozkoszowanie się ich szczegółami, to samo co dawniej. Napisałem w jednym z tych utworów: zrozumiałe to było wówczas, kiedy te dwie wiosny były oczekiwaniem, kiedy czekało mnie całe życie – ale teraz nie ma dosłownie nic przede mną, dojadanie resztek, wzbogacanie się na procentach i raptem ten nieoczekiwany wybuch[1]. Oczywiście zdaję sobie sprawę, że wiersze te obiektywnie niewiele warte – ale subiektywnie mają dla mnie olbrzymie znaczenie, są bardzo dużym – i zupełnie niespodziewanym – przeżyciem, tak jakbym się nagle w kimś zakochał. „Czasami dzień pod wieczór staje się gorętszy"[2].

Balzac brał ślub w Berdyczowie, pani Walewska pochowana jest w Kiernozi[3].

[1] Motyw z wiersza ***Czy teraz jest wiosna?*, który wszedł w skład tomu *Jutro żniwa* (1963), podobnie jak inne napisane wówczas utwory.

[2] Niedokładny cytat z wiersza ***Umrzeć trzeba – lecz lepiej i trudniej*, oznaczonego numerem 113 w zbiorze *Ciemne ścieżki* (1957). W utworze tym ostatni wers brzmi: „Czasami dzień pod wieczór staje się upalny" (J. Iwaszkiewicz, *Wiersze*, t. 2, s. 155).

[3] Maria z Łączyńskich, 1 v. Walewska, 2 v. d'Ornano (1786–1817) – polska arystokratka, kochanka cesarza Francji Napoleona I. Serce Marii Walewskiej znajduje się w grobowcu rodziny jej drugiego męża, na paryskim cmentarzu Père Lachaise, zaś ciało przewieziono do Kiernozi, 20 km od Łowicza, gdzie mieścił się majątek rodziny Łączyńskich – 27 września 1818 roku spoczęło w krypcie kościoła pw. św. Małgorzaty.

Warszawa, 20 października 1962

Zadziwiające jest to muzeum w Palermo. Mieści się w ubogiej obecnie dzielnicy, przechodzi się tak nieprawdopodobnymi ulicami i placem, gdzie baby z całej okolicy zbierają się na pranie i na plotki. Można tam kręcić film bez scenariusza. I potem na rogu wąskiej uliczki wspaniałe pałaczysko – i tam umieszczone podług wszelkich „nowoczesnych" prawideł bardzo nieliczne dzieła szkoły sycylijskiej. Nic tam nie ma wybitnego, oprócz „tańca śmierci" przeniesionego tutaj z owych koszar, gdzieśmy go widzieli z Teresą, i *Zwiastowanie* tak osobliwe Antonella da Messina[1]. No i jest ten biust kobiecy Laurany[2], jedna z ulubionych moich rzeźb. Zawsze mi przypomina Hanię – chociaż właściwie nie jest do niej podobny. Ale jest w niej to jakieś chorobliwe *raffinement*[3], tak charakterystyczne dla rysów Hani. To muzeum w całości, jako położenie, jako urządzenie (jest to połączenie starego pałacu ze starym kościołem) – jego nieprzeładowanie, wszystko składa się na pierwszorzędny urok. Chciałbym tam jeszcze powrócić.

[1] Anonimowy fresk *Tryumf śmierci*, pochodzący z połowy XV wieku, oraz *Zwiastowanie* (ok. 1476) Antonella da Messina znajdują się w Galleria Regionale di Sicilia, w Palazzo Abatellis w Palermo. W 1943 roku Palazzo Abatellis został zniszczony podczas bombardowania i Galleria Regionale di Sicilia została otwarta po jego odbudowie w 1954 roku. Podczas pobytu Jarosława Iwaszkiewicza i Teresy Iwaszkiewicz w Palermo w 1949 roku *Tryumf śmierci* eksponowany był w innym miejscu.

[2] Francesco Laurana (ok. 1430–1502) – rzeźbiarz epoki renesansu urodzony na terenie dzisiejszej Chorwacji, w latach 1466–71 pracujący na Sycylii. W Palazzo Abatellis mieści się sala poświęcona jego twórczości, gdzie eksponowane są rzeźby: *Popiersie Eleonory Aragońskiej*, *Głowa damy* i *Popiersie chłopca*. Iwaszkiewicz pisze zapewne o pierwszej z nich.

[3] *Raffinement* (fr.) – wyrafinowanie, subtelność.

Stawisko, 24 października 1962

Wczoraj Marysia była u nas po powrocie z Moskwy. Jest pod dużym wrażeniem Moskwy i Rosji. To zresztą, co ja zawsze mówię: Warszawa i nasza ojczyzna po Rosji wydają się głęboką prowincją, a nasze zagadnienia czymś niesłychanie malutkim i wtórnym. Wszystkie nasze plusy – prześcignięcia kulturalne – likwidują się bardzo szybko wobec postępów radzieckich w tej dziedzinie. A kiedy oni już coś mają, to mają w bardzo dobrym gatunku – z czym my nie możemy rywalizować, nie stać nas na to, bo jesteśmy na to za ubodzy. Serce się ściska, gdy się pomyśli, co będzie dalej, czy ten wpływ będzie w dalszym ciągu wzrastał, czy zagadnienia będą zawsze większe od naszych i czy będziemy mogli rywalizować jeszcze w dziedzinie kultury, czy też będziemy się „zlewać w ruskim morzu". Straszno o tym wszystkim myśleć – właściwie mówiąc, powinniśmy się cieszyć, kiedy im się tak nie udaje z tą muzyką, z tym malarstwem, jak ciąży jeszcze nad nimi ten Żdanow. Ale z drugiej strony szkoda takich ludzi jak Ogniew, jak Wozniesienski[1] – Jewtuszenko[2] nie, bo to swołocz, karierowicz i poszukiwacz łatwizny. Przeraża jednak to wdeptywanie w ziemię od tylu lat prawdziwych ludzkich wartości i łatwość, z jaką oni na to szli i idą. O Boże!

[1] Andriej Wozniesienski (ur. 1933) – rosyjski poeta i prozaik, wraz z Jewgienijem Jewtuszenką, Bellą Achmaduliną i Robertem Rożdiestwienskim czołowy przedstawiciel tzw. pokolenia „szestidiesiatnikow" – poetów debiutujących w latach sześćdziesiątych, inicjujących odrodzenie współczesnego rosyjskiego języka poetyckiego. Autor m.in. tomów poezji: Parabola (1960, wyd. pol. 1962), Antyświaty (1964, wyd. pol. 1967), Achillesowo sierdce (1966), Tień zwuka (1970), Wypusti pticu! (1974) oraz libretta rock-opery Junona (1981). Iwaszkiewicz poświęcił Wozniesienskiemu i poecie Jewgieniejewowi Winokurowowi, spotkanym na kongresie COMES we Florencji, felieton Dwaj panowie W. („Życie Warszawy" 1962, nr 84).

[2] Jewgienij Jewtuszenko (ur. 1933) – rosyjski poeta, prozaik, scenarzysta i reżyser. Debiutował w 1952 roku zbiorem wierszy Razwiedcziki griaduszczego. Opublikował m.in. tomy: Obieszczanije (1957), Jabłoko (1960), Wzmach ruki (1962), Nieżnost' (1962), Idut biełyje sniegi (1969). Po „pieriestrojce" ukazały się m.in. tomy: Moja emigracija (1991), Niet let. Lubownaja lirika (1993), Bog bywajet wsiemi nami (1996) oraz autobiografia Wołczyj pasport (1998). Dialog Jarosława Iwaszkiewicza z Jewgienijem Jewtuszenką stanowi motto wiersza Iwaszkiewicza Azjaci z tomu Mapa pogody (1977).

30 października 1962

Wczoraj wróciłem z Sandomierza. A więc miałem to najwyższe szczęście: siedzieć w samochodzie obok Szymka w lasach iłżeckich, w pogodny dzień listopadowy. Jeszcze nie listopad, ale bardzo było listopadowo, chociaż cudownie. Jeszcze nigdy nie odczułem tak bardzo intymności tej pory, czegoś takiego innig[1] w tej mgle, w owcach nad Kamienną, w dymach nad Ostrowcem, w pejzażu dalekiej Iłży, całym zamazanym na niebiesko, w iłżeckim targu, w nadrzecznych łąkach, w kościele otoczonym na pół osypanymi drzewkami, podobnymi do obrazów Pankiewicza[2] (coś z polskiego impresjonizmu). Z tak głębokim wzruszeniem przejeżdżałem przez Opatów, Ostrowiec, Iłżę, Jedlińsk, Białobrzegi; Pilica zawsze najwdzięczniejsza z naszych rzek, a o tej porze pełna wody i szczególnie poetycka. Płakać się chce, kiedy się to wszystko tak mija w tak szybkim tempie. I ludzie tacy cudni, prości, uśmiechnięci, zdawałoby się bez problemów. Jakieś złudzenie – ale szczęśliwe złudzenie. Szymek zawsze równy, milkliwy i spokojny, na kraj świata by z nim można, a sam jest wrażliwy na pejzaż, na poezję. Opowiadał mi o jesiennym widoku pól pod Siestrzenią, że niby to nic – a takie piękne. Prześliczny skrót lasami teraz zrobili między Walendowem a stacją nadawczą radia. Najpiękniejsze były jednak lasy iłżeckie: wysokie sosny, podszyte rudymi grabami. Słońca nie było, ale w mgle to było jeszcze piękniejsze, miało większe z n a c z e n i e.

[1] *Innig* (niem.) – serdeczny.
[2] Józef Pankiewicz (1866–1940) – malarz i grafik, pedagog. Od 1906 roku profesor ASP w Krakowie. W 1925 osiadł we Francji jako kierownik i profesor paryskiej filii tej uczelni. Autor m.in. obrazów: *Targ na jarzyny na placu za Żelazną Bramą* (1888), *Targ na kwiaty przed kościołem św. Magdaleny w Paryżu* (1890), *Wóz z sianem* (1890), *Lato* (1890). Wywarł znaczny wpływ na rozwój postimpresjonistycznego koloryzmu w malarstwie polskim.

3 listopada 1962

Przyjechał tu Ernesto Sábato[1], pisarz argentyński, z listem polecającym od Gombrowicza. Pod pretekstem choroby wymówiłem się od wszelkich spotkań – ale widziałem go przez chwilę w Bristolu. Czarujący i miły dla mnie, nie tak jak to *murło*[2] Dürrenmatt[3]. Rozmawiałem z nim przez chwilę z wielką przyjemnością, a potem sobie pomyślałem: ilu ich jest! Boże drogi, ilu ich jest, tych pisarzy, i każdy taki ważny... dla siebie. Jednocześnie odczułem to małe – i coraz mniejsze – znaczenie literatury dla współczesnego społeczeństwa. Te legiony pyszałków (nawet tak zdolnych jak Gombrowicz) mają wagę piórka na szalach dzisiejszego świata. I to właśnie jest takie tragicznie smutne. Oczywiście nie byłoby smutno, gdyby pisarze zdawali sobie sprawę ze swojej właściwej wagi. Ale o tym marzyć nawet trudno.

[1] Ernesto Sábato (ur. 1911) – argentyński prozaik i eseista pochodzenia włoskiego. Autor m.in. powieści: *Tunel* (1948, wyd. pol. 1963), *O bohaterach i grobach* (1961, wyd. pol. 1966), *Abaddon – Anioł Zagłady* (1974, wyd. pol. 1978) oraz tomu esejów *Pisarz i jego zmory* (1963, wyd. pol. 1988).

[2] *Murło* (ros.) – tu: brzydal.

[3] Friedrich Dürrenmatt (1921–1990) – szwajcarski dramaturg, prozaik, reżyser i teoretyk teatru. Jeden z pisarzy, którzy przyczynili się do popularności groteski w literaturze XX wieku. Autor m.in. sztuk teatralnych: *Wizyta starszej pani* (1956, wyst. pol. 1958), *Fizycy* (1962, wyst. pol. 1963), *Meteor* (1966, wyst. pol. 1966) oraz powieści *Sędzia i jego kat* (1952, wyd. pol. 1972), *Kraksa* (1956, wyd. pol. 1959), *Obietnica* (1958, wyd. pol. 1960). W październiku 1962 roku Dürrenmatt przebywał w Polsce, 29 października w Związku Literatów Polskich odbyło się przyjęcie na jego cześć.

Zakopane, 7 listopada 1962

Mimo iż tyle razy przysięgałem sobie, że do Zakopanego więcej nie pojadę, jednak jestem znowu tutaj i to podobno na dwa tygodnie. Chyba nie wytrzymam taki kawał czasu. Mieszkać w Zakopanem dla mnie to jakby mieszkać na cmentarzu – na cmentarzu, na którym poustawiano bardzo współczesne i bardzo niegustowne pomniki. Smutno mi tu zawsze, oczywiście sam jestem stary i powinienem na księżą oborę spoglądać, ale tutaj to tak jest okropnie. Tu byli tacy nadzwyczajni ludzie – albo przynajmniej takie nadzwyczajne chwile. Pomyśleć sobie: Karol i Ela [Roj-Rytardowa], i Stryjeński[1], i Witkacy, i nawet takie mniejsze persony jak Jachimecki, Chybiński[2], Kramsztyk – nawet niedawno jeszcze był tu Gałczyński, jeszcze niedawno Jurek B[łeszyński]. A teraz zupełna pustka – ani jednej znajomej twarzy, i nawet te wille i te ulice nieznajome. A ja w gruncie rzeczy nie lubię przebywać z umarłymi. Dlatego tak lubię redakcję „Twórczości" – to jest kontakt z młodymi, nie tymi najmłodszymi, zielonymi, ale tymi, co żyją w tym momencie pełnią – ja ich potrzebuję po prostu do odczuwania życia, twórczości, tego *élan vital*[3], w którym istnieją. A tutaj na każdym kroku kapliczki z umarłymi wspomnieniami. Oczywiście teraz, kiedy piszę o *Harnasiach*[4], pełen jestem myśli o Karolu, ale chciałbym, aby to były myśli o życiu – nie o śmierci, o jego dziele, nie o tym, że jego tu nie ma – tak bardzo nie ma. Nie, nie, to Zakopane na pewno nie dla mnie, ono już mnie nie chce – i ja jego nie chcę. Trzeba prędko wracać do domu. Chociaż Hania mnie tam tak traktuje, jak gdybym zwrócił legitymację partyjną (j e j partii)...

[1] Karol Stryjeński (1887–1932) – architekt, rzeźbiarz, działacz społeczny. Dyrektor Państwowej Szkoły Przemysłu Drzewnego w Zakopanem (1922–27). W latach

1916–27 mąż malarki Zofii Stryjeńskiej. Od 1927 mieszkał w Warszawie. Wykładał na ASP, w 1932 objął stanowisko dyrektora Instytutu Propagandy Sztuki. Zaprojektował m.in.: gmach Instytutu Propagandy Sztuki w Warszawie, schroniska tatrzańskie nad Morskim Okiem, w Dolinie Pięciu Stawów, na Hali Gąsienicowej, mauzoleum Jana Kasprowicza na Harendzie w Zakopanem, skocznię narciarską Wielka Krokiew w Zakopanem. W 1927 nosił się z zamiarem zaprojektowania domu Anny i Jarosława Iwaszkiewiczów w Stawisku. Projekt nie powstał, zaś śladem współpracy Stryjeńskiego i Iwaszkiewczów stał się zrealizowany projekt „domku ogrodnika" w sąsiedztwie Stawiska.

[2] Adolf Eustachy Chybiński (1880–1952) – muzykolog. Profesor uniwersytetów we Lwowie (1917–41) i Poznaniu (1945–52). Od 1914 związany jako członek zarządu z Muzeum Tatrzańskim w Zakopanem. Jeden z inicjatorów badań nad folklorem muzycznym Podhala. Redaktor czasopism: „Kwartalnik Muzyczny" (1928–33, 1948––50), „Polski Rocznik Muzykologiczny (1935–36). Inicjator i redaktor edycji *Wydawnictwa Dawnej Muzyki Polskiej* (1928–51). Jego dorobek obejmuje ponad 600 prac muzykologicznych i artykułów dotyczących dawnej muzyki polskiej, polskiej muzyki współczesnej oraz etnografii muzycznej.

[3] *Élan vital* (fr.) – energia życiowa, pęd życiowy. Termin użyty przez Henri Bergsona w rozprawie *Ewolucja twórcza* (1907).

[4] J. Iwaszkiewicz, *„Harnasie" Karola Szymanowskiego* (1964).

Zakopane, 9 listopada 1962

Kupiłem sobie tutaj książeczkę esejów Virginii Woolf[1], zresztą prześlicznych (*The Death of the Moth*) – w jednym z nich pisze o listach Horace'a Walpole'a[2]. Że pisał je dla potomności, teraz nie można pisać listów dla potomności, żadna potomność nie będzie czytać listów, o ile w ogóle będzie czytała. Że im wtedy, nie już Walpole'owi, ale Virginii Woolf, która odebrała sobie życie na granicy ery atomowej, nie przychodziło nigdy do głowy, że wszystko pójdzie w diabły.

Zygmunt Mycielski, kiedy był w niedzielę w Stawisku, opowiadał o Pawle H[ertzu], że już zupełnie zdziwaczał. Spotkał go na Nowym Świecie, bardzo zakłopotanego (widzę go!) – „bo wyobraź sobie, nie można dostać pasty Colgate do zębów". Sam lubię pastę Colgate – mówi Zygmunt – ale nie jest to moje największe zmartwienie, że nie można jej dostać. Nazajutrz widziałem pastę Colgate na targu na Polnej: 75 złotych sztuka.

Wczoraj w „Przeglądzie Kulturalnym" bezecny wiersz Przybosia przeciwko młodej poezji[3]. Że nie jest piękna, że nie wzrusza. Zadziwiająca prawidłowość ramolenia – od Rabskiego[4] do Przybosia. Po drodze przez Słonimskiego!

[1] Virginia Woolf (1882–1941) – angielska pisarka i krytyk literacki, jedna z inspiratorek grupy Bloomsbury, która od 1906 roku skupiała pisarzy i intelektualistów sprzeciwiających się konwenansom społecznym i artystycznym czasów wiktoriańskich i miała wpływ na rozwój sztuki awangardowej w pierwszej ćwierci XX wieku. Opublikowała m.in. powieści: *Pani Dalloway* (1925, wyd. pol. 1961), *Do latarni morskiej* (1927, wyd. pol. 1962), *Fale* (1931, wyd. pol. 1981), *Lata* (1937, wyd. pol. 1958), *Between the Acts* (1941). Jest też autorką esejów krytycznoliterackich, np. zbioru *The Common Reader* (1925), *The Death of the Moth and the Other Essays* (1942) oraz eseju na temat równouprawnienia *Własny pokój* (1929, wyd. pol. 1997).

[2] Horace Walpole (1717–1797) – angielski pisarz i epistolograf, autor romansu grozy *Zamczysko w Otranto. Opowieść gotycka* (1765, wyd. pol. 1974), a także esejów o sztuce *Anecdotes of Painting in England* (t. 1–4 1762–71). W latach 1937–80 ukazywała się monumentalna 42-tomowa edycja jego korespondencji, zatytułowana *Letters*, będąca cenną historyczno-obyczajową kroniką XVIII wieku w Anglii. Virginia Woolf poświęciła jej szkic *Two Antiquaries: Walpole and Cole*, który wszedł w skład zbioru *The Death of the Moth and Other Essays* (1942).

[3] J. Przyboś, *Oda do turpistów*, „Przegląd Kulturalny" 1962, nr 45. W wierszu będącym pastiszem *Ody do młodości* Adama Mickiewicza autor atakował antyestetyczny wymiar poezji twórców debiutujących po wojnie. Wiersz wywołał liczne polemiki i nadał formułę nurtowi estetycznemu zwanemu turpizmem (od łac. *turpis* – brzydki). Do zarzutów Przybosia odniósł się m.in. Stanisław Grochowiak w artykule *Turpizm, realizm, mistycyzm* („Współczesność" 1963, nr 2). Sam Przyboś złagodził konserwatyzm estetyczny *Ody do turpistów* w opublikowanym na łamach „Współczesności" (1963, nr 6) wierszu *Palinodia* (łac. *palinodia* – odwołanie zarzutów, wiersz, w którym następuje pochwała tego, co było uprzednio ganione).

[4] Władysław Rabski (1865–1925) – krytyk literacki i teatralny, felietonista, dramaturg. Współpracował z „Kurierem Warszawskim", pisywał także do „Wieku", „Ateneum" i „Tygodnika Ilustrowanego". Od 1922 roku poseł na Sejm z listy narodowej demokracji. Ogłosił dramaty: *Asceta* (1893), *Zwyciężony* (1895), tomy poezji: *Światła i kwiaty* (1896), zbiór recenzji: *Teatr po wojnie. Premiery warszawskie 1918–1924* (1925) oraz wybór felietonów: *Walka z polipem* (1925).

Rabski bezwzględnie występował przeciwko nowym kierunkom w sztuce, próbując je zdyskredytować za pomocą kryteriów rasowych i politycznych. Ze szczególnym uporem zwalczał grupę Skamandra, był autorem popularnego później wśród endeckich publicystów powiedzenia, że Julian Tuwim „nie pisze po polsku, lecz tylko w polskim języku". Atakowani poeci nie pozostawali mu dłużni – Rabski stał się jednym z bohaterów „Pierwszej szopki warszawskiej" autorstwa Tuwima, Antoniego Słonimskiego i Jana Lechonia (1922).

10 listopada 1962

Nareszcie niepogoda, nawet śnieg. Zjawił się raptem dzisiaj u mnie Petèr Viereck[1] z żoną[2] i z jakimś facetem z ambasady amerykańskiej. Viereck dziwaczny, musi być dobry poeta, bo taki dziwny w obcowaniu, ona Żydówka rosyjska, oczywiście bardzo dużo o rosyjskiej poezji, o Rosji, o Annie Achmatowej, o różnych takich rzeczach, o Polsce nie wiedzą nic i nic nie chcą wiedzieć. Ale ostatecznie było przyjemnie choć kogoś widzieć – od tygodnia nie mam wiadomości z domu, Hania ani Szymek nie piszą, a redakcja też milczy, wysławszy zaniepokojony telegram. Bardzo jakoś mi ponuro i pusto – a jutro ten okropny dzień, niedziela.

[1] Petèr Viereck (1916–2008) – amerykański poeta, historyk, tłumacz i filozof polityczny. Profesor historii na uczelni Mount Holyoke College w South Hadley, w amerykańskim stanie Massachusetts (1948–87). Laureat nagrody Pulitzera w 1949 roku za tom wierszy *Terror and Decorum*. Autor zbiorów wierszy: *The poet in machine age* (1949), *Strike through the mask!* (1950), *The first morning* (1952), *The persimmon tree* (1956), *The tree witch* (1961), *New and selected poems* (1967), *Door* (2005) oraz rozpraw naukowych z dziedziny historii myśli politycznej.

[2] Anya de Markov – pierwsza żona Petèra Vierecka, córka rosyjskiego emigranta.

11 listopada 1962

Śnieg.

Czterdzieści cztery lata temu rozbrajałem Niemców w Rypinie!!![1]

Piszę tutaj tę książeczkę o *Harnasiach*, wyszedłem z wprawy, przychodzi mi to z trudnością, niewielką mam pomoc w dotychczasowej literaturze. Niestety coraz bardziej się przekonuję, że monografia Łobaczewskiej[2] jest niezmiernie słaba, to, co pisze o *Harnasiach*, wręcz niedopuszczalne i kłamliwe. Przyznam się, że mnie to irytuje. Najgorsza cecha muzykologów to to, że słuchają okiem, a nie uchem. Każda linia melodyczna schodząca w dół – to wariant jednej i tej samej. Wbili sobie w głowę, że *Św. Franciszek* Karola, ten ze *Słopiewni*[3], to jest sabałowa nuta, i choć ty strzelaj, tak twierdzą. Z początku, że przypomina, potem, że to „wariant", a wreszcie po prostu mówią o tej frazie „sabałowa nuta" – i dziwią się, że w zbiorku Mierczyńskiego[4] brzmi ona inaczej. Czasami podzielam zdanie Kisielewskiego, że muzykologów należy powystrzelać.

¹ 11 listopada 1918 roku Jarosław Iwaszkiewicz i Jerzy Mieczysław Rytard znaleźli się w Rypinie, w drodze do majątku Rościszewskich w Radominie pod Płockiem, gdzie pracowała najmłodsza siostra pisarza, Jadwiga Iwaszkiewiczówna. Dzień spędzony w Rypinie Iwaszkiewicz opisał na kartach *Książki moich wspomnień*, nie wspomina tam jednak o osobistym rozbrajaniu żołnierzy niemieckich. Jedyne zdanie poświęcone rozbrajaniu żołnierzy brzmi: „Niemcy, których ostatnio tak butnych widzieliśmy na przystani wiślanej w Warszawie, w Płocku i jeszcze dzisiaj w nocy w Lipnie, składali broń wyrostkom" (J. Iwaszkiewicz, *Książka moich wspomnień*, s. 153).

² S. Łobaczewska, *Karol Szymanowski. Życie i twórczość 1882–1937* (1950).

³ K. Szymanowski, *Słopiewnie* op. 46 (1921). Cykl pięciu pieśni na głos i fortepian do słów Juliana Tuwima. *Święty Franciszek* jest trzecią pieśnią cyklu.

⁴ Stanisław Mierczyński (1894–1952) – etnograf, kompozytor, skrzypek, taternik. Znawca folkloru góralskiego i muzyki ludowej Podhala, opracował zbiory nut i tekstów pieśni ludowych, wydał monografię *Muzyka Podhala* z przedmową Karola Szymanowskiego (1930). Przyjaźnił się z Bartusiem Obrochtą, muzykiem ludowym, któremu poświęcił artykuł *Bartłomiej Obrochta* („Ziemia Podhalańska" 1936, nr 5). W swoich kompozycjach wykorzystywał motywy góralskie (np. *Trio góralskie pieśni podhalańskich* na instrumenty smyczkowe, *Suita podhalańska* na małą orkiestrę). Anna i Jarosław Iwaszkiewiczowie, bywając w latach 20. w Zakopanem, często się z nim spotykali.

Książka Mierczyńskiego, o której mowa, to antologia folkloru podhalańskiego *Pieśni Podhala na 2 i 3 równe głosy* (1935).

Zakopane, 12 listopada 1962

Byłem dziś na starym cmentarzu odwiedzić znajomych, strasznie tam brakuje Karola. Byłem i w kościele, to jest teraz cudowne, przedziwnie harmonijne wnętrze, jedno z najpiękniejszych wnętrz kościelnych w Polsce. Oczywiście myślałem o Teresce i o jej dziwnym ślubie. Dużo i intensywnie myślałem w kościele o moich córkach, Hania by chyba powiedziała, że modliłem się za córki. Smutno mi zawsze, kiedy o nich myślę, wydają mi się nie bardzo szczęśliwe i takie jakieś pomylone w losie, żal mi ich, trochę jak Jadwini było żal żołnierza, co jadł chleb na dworcu. Jakieś to wszystko, co one mają, jest niezupełne, niewydarzone – i one obie tak jakby bez swojego miejsca na ziemi. Tęskniące nie wiadomo do czego i patrzące przez okno na dni, które mijają, ach, jak szybko mijają. I tak się zawsze sam siebie pytam, czy ja im czego nie zabieram, czy ja im czego nie przysłaniam? Te ich dobre humory zbyt często wydają mi się nadrabianiem miną – a tak się nic, nic o nich nie wie. Hania zajęta wnukami – mało myśli o córkach, a mnie jakoś wobec nich i wstyd, no i trudno, i nie mogę przebić tej szklanej ściany, która nas dzieli. Bo ja je bardzo kocham, a tak wygląda, jakbym ja myślał tylko o sobie i o Hani. Tak sobie o tym wszystkim myślałem w tym kościółku, nic takie myślenie nie pomoże, oczywiście, ale zawsze dobrze zrobi. Dobrze mi było w tym kościele. Dodało mi to siły do długiej rozmowy z Andrzejem Ziemilskim. Lubię go sobie, chociaż trochę mętniak i trochę grafoman.

Piękny list od Zygmunta[1], jak zawsze smutny.

[1] Zygmunt Mycielski pisał m.in.: „Kiedy zobaczę publikowane Twoje wszystkie wiersze, z których czytałeś mi niewiele? W «Twórczości»? Są Twoje, ale jakby dziwne, widać wszystko pod spodem. W kiepskiej poezji nie ma nic pod spodem, w dobrej jest, i widać. Światło rzucamy my, żeby się dopatrzeć tego, co tam jest. *Durak* nic z tego nie wie, wiersze odbijają się od niego, tak jak muzyka od niemuzykalnych ludzi. Życie pod spodem wiersza to coś dużo głębszego niż aluzja, to życie wewnętrzne autora-poety. Poeta nie zawsze pisze wiersze, gorzej, gdy pisze je nie-poeta. W Twoim każdym żyje poeta pod tą skórką słów, obrazów, może to sprawa jakiegoś westchnienia, bez którego chyba nie ma wiersza? Zawsze mam wrażenie, że bez westchnienia – nic z tego, robią się trociny, suche. Z frazą muzyczną jest to samo, dlatego trudno mi rozumieć muzykę, która zerwała z frazą, operuje innymi środkami, prymitywnymi w gruncie rzeczy efektami – mam wtedy zawsze wrażenie, że zdjąć te efekty, a naprawdę NIC nie zostaje. Dla mnie barwa, dynamika, hałas, to zawsze tylko pomocnicze środki dla frazy, tematu, rytmu, melodii. Brutalność muzyki narasta od 150 lat w sposób niemożliwy. Słuchając «pod tym kątem», nie można wprost słuchać, takie to paskudne, co oni robią z hałasem! I to w czasie, gdy zaczynamy tonąć i ginąć wprost od hałasu. [...] Cieszę się, że nie będę żył za sto lat. Zaręczam Ci, że to zupełnie nie będzie dla nas. My jesteśmy jeszcze bardzo XIX-wieczni. To się kończy, jeszcze trochę, a pokolenie zapomni o możliwości takiej mentalności jak nasza, takiego istnienia też. Ale może tam zostawimy jakiś ślad – obojętne kto, ty czy kto inny, może zostanie żywego coś, czego dziś nie znamy – może właśnie jakieś westchnienie, które obudzi nagle w innym niż nasz tłumie życie inne niż to, które zapanuje. I odezwie się coś, czego myśmy nie potrafili sprowadzić na ziemię. Sny?" (list z 9 listopada 1962, rękopis w archiwum Muzeum im. Anny i Jarosława Iwaszkiewiczów w Stawisku).

Zakopane, 13 listopada 1962
Wczoraj była pełnia i brzydka pogoda. Późnym wieczorem gra poszarpanych ciemnych chmur nad górami była niezwykle piękna. Księżyc rzucał poprzez chmury jakieś bardzo dalekie odblaski, na całym

niebie odbywała się skomplikowana, gwałtowna akcja. Chociaż było bardzo ciemno, chmury były w kilku kolorach – i czasem ukazywały się gwiazdy. Aż dziw brał, że jeszcze coś tak pięknego i prymitywnego istnieje w tych zmarnowanych, przekreślonych – jak mówi Ziemilski – Tatrach. Długo stałem z zadartą głową i patrzyłem. Dla tego jednego wieczoru warto było przyjechać: odświeżyło to mnie jak kąpiel w iglastym naparze.

14 listopada 1962
Strasznie mi przykro, ale starzeję się zupełnie jak Hela [Iwaszkiewiczówna], coś mi się czasem ubzdura w głowie i jestem przekonany, że tak jest. Po przyjeździe tutaj kupiłem sobie mydło do golenia z angielskim napisem i wymyśliłem, że to musi być mydło amerykańskie, że tu na FIS[1] przysłali amerykańskie mydła czy coś podobnego. Chciałem takie samo kupić w prezencie dla Wiesia i poszedłem do tego sklepu, i zażądałem „mydła amerykańskiego"... Patrzyli na mnie jak na wariata. Powiedzieli: mamy tylko węgierskie „Ca-o-la". Powiedziałem: „Nie, ja nie chcę węgierskiego, a tamto w oknie?". „To jest właśnie to węgierskie". Wstyd mi było, żem się tak wygłupił.

Teraz codziennie z rana w cukierni spotykam Tadzia i Andrzeja (Ziemilskiego i Zielińskiego[2]) – i zauważyłem, że w rozmowie z nimi nie bardzo się mogę wyjęzyczyć. Brak mi słów, wyszedłem z „inteligentnego" żargonu i plotę w sposób naiwny i prymitywny, wobec tego mieszam się coraz bardziej i już zupełnie gadam głupstwa lub milknę, jak moja mama. Obawiam się, że to mi nie przejdzie – ale ostatnio tak mało rozmawiam, że to może po prostu oduczenie się konwersacji? Nie chce mi się, aby to już było ostateczne rozmiękczenie mózgu.

[1] FIS – Fédération Internationale de Ski (Międzynarodowa Federacja Narciarska). W dniach 17–25 lutego 1962 roku w Zakopanem odbywały się Mistrzostwa Świata w narciarstwie klasycznym. Przyjechało na nie 350 sportowców z 19 państw.
[2] Tadeusz Andrzej Zieliński (ur. 1931) – muzykolog, krytyk muzyczny. W 1957 roku ukończył studia muzykologiczne na Uniwersytecie Warszawskim. W latach 1957–60 pełnił funkcję redaktora muzycznego w Polskim Radiu, następnie był członkiem redakcji „Ruchu Muzycznego". Jest autorem monografii: *Bartók* (1969), *Chopin. Życie i droga twórcza* (1993) oraz *Szymanowski. Liryka i ekstaza* (1997). Ponad-

to wydał m.in.: *Ostatnie symfonie Czajkowskiego* (1955), *Koncerty Prokofiewa* (1959), *Spotkania z muzyką współczesną* (1975), *Problemy harmoniki nowoczesnej* (1983).

Zakopane, 19 listopada 1962

Napisałem tutaj książeczkę o *Harnasiach* Karola. Trochę mi było trudno o tym pisać, bo nie jest to jego dzieło, do którego bym pałał specjalnym entuzjazmem, ale napisałem, co mogłem. Przy tej okazji oczywiście znowu mnóstwo czytałem o Karolu, jego *Pisma*[1] i jego listy[2], i okropną, bidną Łobaczewską i Lissę[3], taką dziwną, i to, co Kicia bardzo milutko naskrobała, o wiele lepiej niż jej matka[4], i w ogóle mniej więcej wszystko, co o Karolu napisano, a jest tego jak na nasze stosunki ogromnie dużo – o literacie tyle nie napiszą. Ale z tego wszystkiego wynika po głębokim zastanowieniu, że jego, właściwie mówiąc, ta rodzina zadziobała. Naprawdę to już przesada, wszystko dla rodziny, chimerycznej, antypatycznej, wyzyskującej go (nawet Stasia) – zamiast mu pomagać, utrudniano mu wszystko. A już nie mówiąc o tym *héritage*[5], który na nim ciążył, snobizmu i ciemnoty. Bo tylko przez ciemnotę przywiązał się do tego szarlatana Glaza[6], który zniszczył jego zdrowie i przyśpieszył zgon (może z czyjegoś polecenia?) – tylko ciemnota i snobizm kazała mu jechać na „Południe". Dlaczego mu nie pozwolili umrzeć w Atmie, w Zakopanem, tu by go pochowali, tu byłby na miejscu, nie miałby tej okropnej samotnej śmierci, tego konania – o którym przecież wiedział, że jest konaniem. Ale to jak Jurek – i wiedział, i nie wiedział – myślał: a może? A te okropne baby żarły się między sobą i jego w to wszystko mieszały, wtajemniczały, szargały – nie mówiąc już o wyciąganiu pieniędzy. Moje siostry są też nieznośne – ale one na odwrót, przez negację, przez wycofanie się, przez lęk narzucania się, co też może do rozpaczy doprowadzić, ale w każdym razie to nie jest ta straszna chmura gradowa, ta *staja*[7] kruków, która go zawsze biedaka obsiadała. On zawsze dlatego tak lubił moje siostry, że były takie inne, tak w niczym nie przypominały jego sióstr – i nigdy nie miały żadnych zapędów ani literackich, ani artystycznych. Im bliżej przypatruje się człowiek życiu tego artysty – z im dalszej perspektywy, tym lepiej widzi, jakież to było nieudane życie, jak mu los nigdy nie dał tego, co on chciał i co on lubił, jak on sam sobie budował sztuczne „powodzenia"

– bo tego potrzebował, za wcześnie wychodził na estradę, bo dorabiał sobie liczbę wywołań – tak jakby zewnętrzne oklaski znaczyły coś wobec wewnętrznego przekonania. A przecież on wiedział, że jest wielkim kompozytorem. Jak wielkim, tego dopiero dowiaduje się dzisiejsze pokolenie – żadne lissy i łobaczewskie, nieszczęsne krety muzykologiczne.

W sklepiku naprzeciwko Jędrusia autentyczne ogłoszenia, oczywiście każde na innym kartonie: „Dzisiaj bigos", „Jutro flaki", „Niech żyje wielki Październik!".

W sobotę cudowny spacer o dziesiątej rano na Gubałówkę, w słońcu i w śniegu wyżej kostek, drzewa całe białe, grona jarzębin każde w osobnym białym kubeczku, było niesamowicie pięknie, widok cały dokładny, trochę mgły nad Zakopanem. Wszystko popsuła jakaś ordynarna hałaśliwa wycieczka, oczywiście „inteligencka". Byłem półtorej godziny. Ani razu nie pomyślałem o Jurku i o naszych pobytach na Gubałówce. Myślałem jeszcze o 1947 roku i o Ogniu[8].

[1] K. Szymanowski, *Z pism*, oprac. T. Bronowicz-Chylińska, Kraków 1958.

[2] Zob. przypis nr 1 na s. 127.

[3] Zofia Lissa (1908–1980) – muzykolog. W latach 1945–47 attaché kulturalny Ambasady RP w Moskwie. W 1948 zorganizowała Zakład Muzykologii na Uniwersytecie Warszawskim. W latach 1958–75 pełniła funkcję dyrektora Instytutu Muzykologii UW, pod jej kierownictwem odbyło się wiele sesji naukowych, m.in. sesja poświęcona Karolowi Szymanowskiemu w 1962 roku. Była członkiem Zarządu Związku Kompozytorów Polskich (1947–48) i jego wiceprezesem (1949–53). Do lat 60. była jednym z głównych ideologów realizmu socjalistycznego w sztuce. Autorka m.in. prac: *Zarys nauki o muzyce* (1934), *Muzykologia polska na przełomie* (1952), *Niektóre zagadnienia estetyki muzycznej w świetle artykułów Józefa Stalina o marksizmie w językoznawstwie* (1952), *Historia muzyki rosyjskiej* (1955), *Estetyka muzyki filmowej* (1964), *Studia nad twórczością Fryderyka Chopina* (1970), *Wstęp do muzykologii* (1970) oraz zbiorów artykułów z dziedziny estetyki. Autorka artykułów poświęconych twórczości Karola Szymanowskiego: *Rozważania o stylu narodowym w muzyce na materiale twórczości Karola Szymanowskiego* (w: *Z życia i twórczości Karola Szymanowskiego*, red. J. M. Chomiński, Kraków 1960), *Karol Szymanowski a marksistowska teoria sztuki* („Muzyka" 1962, nr 3), *O kilku nieznanych młodzieńczych listach Karola Szymanowskiego* („Muzyka" 1969, nr 1). Jarosław Iwaszkiewicz karykaturalnie sportretował ją w utworze *Fama*.

554

[4] K. Dąbrowska, *Karol z Atmy* (1958). Autorką książki o kompozytorze i rodzinie Szymanowskich była również jej matka, Zofia Szymanowska (Zioka), która wydała tom wspomnień *Opowieść o naszym domu* (1935), dedykowany Karolowi Szymanowskiemu.

[5] *Héritage* (fr.) – dziedzictwo.

[6] André Glaz, właśc. Abraham Głaz (1899–1969) – osobisty lekarz Karola Szymanowskiego, w 1932 roku skończył studia medyczne w Paryżu, następnie odbył praktykę w zakresie psychoanalizy w Szwajcarii i w Paryżu, którą zakończył w 1939 roku. Po II wojnie światowej osiadł w Nowym Jorku, gdzie w 1950 został członkiem New York Psychoanalytic Association (zob. T. Chylińska, *Karol Szymanowski i jego epoka*, t. 2, Kraków 2008, s. 651–652). Na stosunki między Szymanowskim a jego lekarzem rzuca światło Teresa Chylińska, która pisze: „Bardzo znamienne, że kompozytor deklaruje zaufanie do Glaza od pierwszych chwil znajomości. «Wczoraj znów miałem długą rozmowę z moim lekarzem, to bardzo mądry człowiek. On mię podreperował istotnie z tą wątrobą etc. – ale przecie tu nie o to chodzi! To ten okropny stan nerwów jest przyczyną wszystkiego! A na to chyba jedynie potężny zastrzyk floty może coś pomóc!». [...] Glaz oczywiście musiał wiedzieć o gruźlicy Szymanowskiego i pobycie kompozytora w Davos, może więc jako psychoanalityk i psychoterapeuta uznał, że w przypadku nieodwracalnego zagrożenia gruźliczego, wobec którego medycyna jest bezsilna, należy przede wszystkim zadbać o stan psychiczny pacjenta, jego równowagę nerwową, pracować nad umocnieniem przekonania, że to, co złe, płynie głównie z «okropnego stanu nerwów». Nietrudno zrozumieć, że kontakt z lekarzem mówiącym po polsku, rosyjsku i francusku, pochodzącym z północnych Kresów, do tego człowiekiem o szerokich zainteresowaniach humanistycznych (będzie w przyszłości autorem dwóch interesujących rozpraw o psychologii i dramaturgii *Otella*: *Iago or Moral Sadism* i *Hamleta*: *Hamlet or the Tragedy of Shakespeare*, oraz niedokończonej *MacBeth*), był bardzo pożądany. [...] W kwestiach zdrowia stał się powiernikiem Szymanowskiego, ale nie tylko jego. Cieszył się wzięciem u Polaków z kręgu polskiej ambasady, dla Lechonia bywał wręcz ostatnią «deską ratunku» [...]. U Glaza leczył się też mieszkający od dawna w Paryżu Alfred Gradstein, brat Leonii, a Helena Casella w przyszłości, po pierwszym spotkaniu i długiej rozmowie z Glazem, napisze do Karola: «Ogromnie mnie zainteresował. To jest naprawdę człowiek energiczny, inteligentny, rozumiejący i dobry, taki, jakim go sobie wyobrażałam. Wiele już dobrego dla Pana zrobił i będzie robił nadal»" (T. Chylińska, *Karol Szymanowski i jego epoka*, s. 652–653). Po śmierci kompozytora zarzucano mu, że ukrywał prawdę o rzeczywistym stanie zdrowia pacjenta. Jak podaje Teresa Chylińska: „Leonia Gradstein nazwała go «nędznym lekarzem», «kombinacją szarlatana i hochsztaplera», a postępowanie wobec Szymanowskiego w ostatnich miesiącach życia kompozytora określiła wręcz jako «zbrodnię doktora Glaza»" (tamże, s. 651).

[7] *Staja* (ros.) – stado.

[8] Józef Kuraś, pseud. „Ogień" (1915–1947) – porucznik Wojska Polskiego (według innych danych: major). W czasie II wojny światowej partyzant na Podhalu, bezpośrednio po wojnie nominalny szef Powiatowego Urzędu Bezpieczeństwa Publicz-

nego w Nowym Targu, później dowódca stworzonego przezeń oddziału podziemia antykomunistycznego i niepodległościowego, który działał na Podhalu od 1945 do 1947 roku. 21 lutego 1947, po otoczeniu jego oddziału przez żołnierzy Korpusu Bezpieczeństwa Wewnętrznego, próbował popełnić samobójstwo. Zmarł nazajutrz w szpitalu w Nowym Targu.

Stawisko, 27 listopada 1962

Nie pisałem nic o trudnych dniach, kiedy groziła wojna i wszystko było na włosku[1]. Jakoś trochę przespałem tę sytuację, a raczej uważałem ją za coś naturalnego, jak październik 1956 roku. (Straszna szkoda tamtego czasu!) Ale teraz sytuacja ekonomiczna kraju napełnia mnie prawdziwym niepokojem i lękiem. Tam nic nie można było poradzić, to się działo ponad nami, poza nami, żebyśmy ze skóry wyłazili, to ani Kennedy[2], ani Chruszczow by nas nie posłuchali. Ale ta sytuacja, kiedy nie ma węgla, masła, cukru, kiedy ceny idą w górę z każdym dniem, kiedy robi się jakaś pustka gospodarcza naokoło nas – i kiedy nie można nic o tym powiedzieć – to robi przeraźliwe wrażenie. Odbywa się to tuż pod nosem i chciałoby się, aby ci ludzie nas posłuchali. Jędrychowski czy Lange to przecież są swoi ludzie, przecież z nimi można by rozmawiać – tylko i od nich nic nie zależy, tylko od tego stopniowego załamywania się gospodarczego wszystkich sąsiadów. W dodatku ten nieurodzaj – który mnie dotyka w stopniu minimalnym – ale który działa przygnębiająco: w dalszym ciągu zależni jesteśmy od spraw nieuchwytnych i niemogących być uregulowanymi. Pocisk na Marsa leci, a co to jest urodzaj lub nieurodzaj na jabłka, nie wiemy i nie mamy sposobu na uregulowanie tak podstawowych spraw. Nie mogę słuchać ani czytać sprawozdań ze zjazdu związków zawodowych[3], który jest poświęcony sprawie podniesienia stopy życiowej... Wiadomo, że stopa życiowa tak nieubłaganie i tak bezustannie się obniża. Co tu może pomóc? A przy tym ten popłoch i panika w rozmaitych środowiskach (wiem o tym od posłów) – ludzie są tak przerażeni, że „będzie gorzej", jak za czasów Witosa[4]. I rzeczywiście – ma się takie wrażenie, że od czasów Witosa jest coraz gorzej pod względem poziomu życia codziennego. I tutaj również człowiek jest zupełnie bezsilny – tylko tę bezsiłę bardziej odczuwa jako upokorzenie, jako zawód. Jest się tym posłem. Na szczęście Cichoń[5] w Sandomierzu mówił uczciwie o wszystkich trudnościach (z cyframi, które zaskoczyły zarówno Szymka, jak i mnie) i nie trzeba było się wstydzić blagi. Dlatego miałem pozytywne wrażenie z tego naszego zebrania sandomierskiego. Muszę się jednak wybrać do tego Ostrowca w styczniu – zobaczyć to wszystko jeszcze bliżej.

[1] W październiku 1962 roku CIA wykryła na Kubie obecność radzieckich wyrzutni rakietowych zdolnych do ataku atomowego na USA. Stany Zjednoczone zareagowały ustanowieniem w dniu 22 października 1962 roku całkowitej blokady Kuby. Kryzys kubański doprowadził na skraj wojny nuklearnej, ostatecznie zakończył się wycofaniem przez ZSRR rakiet z Kuby.

[2] John Fitzgerald Kennedy (1917–1963) – prezydent Stanów Zjednoczonych Ameryki Północnej w latach 1961–63.

[3] V Kongres Związków Zawodowych odbywał się w Sali Kongresowej PKiN w Warszawie od 26 listopada do 1 grudnia 1962 roku. Wzięło w nim udział 1200 delegatów, zaś przedmiotem dyskusji były: produkcja i sprawy socjalno-bytowe, reforma ustawodawstwa pracy, polityka płac i zadania samorządu.

[4] Wincenty Witos (1874–1945) – działacz ruchu ludowego i polityk. Premier RP w latach 1920–21, w 1923 i 1926 roku.

[5] Jan Cichoń – członek Powiatowej Rady Narodowej w Sandomierzu.

17 grudnia 1962

W radio koncert fortepianowy Gershwina[1] – i zaraz Paryż 1925. Poznałem go kiedyś na jakimś koncercie, był z Pawłami[2] i Karolem. Jakie to wszystko odległe: i nawet wiedziałem wtedy, że to takie jest. Dawno nie pisałem dziennika, chciałem notować moje wrażenia z rozmów z wielkimi tego świata, Stasiem Trepczyńskim[3], Strzeleckim[4], Galińskim – ale później ogarnęło mnie zniechęcenie. Zjazd Literatów[5] zniechęcił mnie jeszcze bardziej do wszystkiego, a zwłaszcza do „życia literackiego", meskineria to fantastyczna i polityka akurat pod Putramenta, któremu zależy na tego typu rzeczach. Bardzo się rozczarowałem do niego, bo miałem go za podleca w większym stylu, za demona, za belzebuba – a okazał się po prostu *miełkij bies*[6] i diabeł białoruski, taki, co w beczce po kapuście siedzi. Bardzo do wszystkiego rozczarowany, w złym zdrowiu jestem, napisałem tych kilkadziesiąt wierszy nie wiadomo po co i tkwię w pustym domu, w okropnej pogodzie, z sercem, co już odmawia posłuszeństwa – i nawet nie chce mi się wspominać. Ten „Paris, Exposition des Arts Décoratifs"[7] nudzi mnie niesłychanie. Jestem teraz natomiast pełen muzyki Karola, kupiłem dla Hani na gwiazdkę album płyt (bardzo przyzwoite nagrania) – w czym *II Kwartet*, którego n i e z n a ł e m; wykonanie przez kwartet im. Borodina[8] znakomite – a samo dzieło niespodziewanie wspaniałe, sama esencja Karola i gór, Zakopanego. A ponieważ czytam teraz dramaty Witkacego, to znowuż odżywa we mnie tamta epoka sprzed 1925 roku – a i potem w Zakopanem. *II Kwartet* to chyba jest razem z drugim *Koncertem skrzypcowym*, z *Pieśniami kurpiowskimi* i z moją *Brzeziną*[9]. Niezła była epoka. Czy teraz gdzieś takie rzeczy są? Penderecki[10] i Białoszewski? Też nie. Jakoś nie wydaje mi się, aby teraz były jakieś wielkie przeżycia – to cośmy nazywali „artystyczne", to jest zupełnie co innego...

Jako powinszowanie z powodu wyboru ponownego na Prezesa Związku Literatów (jedyne) otrzymałem anonim z wymysłami, gdzie nazwano mnie „kanalią" i wzdychają, aby mnie wreszcie „ktoś kopnął". Może i kopnie?

Najśmieszniejszy w tym jest Arełe, który chcąc mnie „pocieszyć", urządza całą kampanię na rzecz mojej książki o Danii – a przecież to mnie nic nie obchodzi – to raz, a pisanie o moich książkach nic mnie tamtych rzeczy nie zreperuje. Ale on sądzi po sobie, dla niego najważniejsze, żeby o jego książkach m ó w i o n o.

---

[1] George Gershwin (1898–1937) – amerykański kompozytor i pianista, dążący do stworzenia narodowej muzyki amerykańskiej poprzez połączenie elementów muzyki rozrywkowej i symfonicznej. Autor m.in. utworów: *Błękitna rapsodia* na fortepian i orkiestrę jazzową (1924), *II Rapsodia* (1931), poemat symfoniczny *Amerykanin w Paryżu* (1928), musicali i utworów z gatunku muzyki filmowej. *Koncert fortepianowy F-dur* skomponował w 1925 roku.

[2] Paweł Kochański (1887–1934) – skrzypek i pedagog – i jego żona Zofia Kochańska. Paweł Kochański był pedagogiem w szkołach muzycznych Warszawy (od 1907 profesor w konserwatorium) i Petersburga (1916–18). W 1920 wyjechał z Polski. Koncertował w Europie, w 1924 roku osiadł w Stanach Zjednoczonych, gdzie wykładał w Juilliard School of Music w Nowym Jorku. Współpracował i przyjaźnił się z Karolem Szymanowskim, który dedykował mu oba *Koncerty skrzypcowe*.

[3] Stanisław Trepczyński (1924–2002) – polityk i dyplomata, jeden z najbliższych współpracowników Władysława Gomułki. Przez wiele lat pełnił funkcję kierownika kancelarii Sekretariatu KC PZPR. W latach 70. był m.in. wiceministrem spraw zagranicznych. W 1972 roku piastował godność przewodniczącego 27. Sesji Zgromadzenia Generalnego ONZ. W latach 1977–81 był ambasadorem PRL we Włoszech.

[4] Ryszard Strzelecki (1907–1988) – działacz partyjny. Członek KC PZPR (1948––71), Biura Politycznego KC (1964–70) oraz Rady Państwa (1961–72). W latach 1960–70 pełnił funkcję sekretarza KC PZPR. Wieloletni poseł na Sejm PRL.

[5] Walny Zjazd Związku Literatów Polskich odbywał się w Warszawie w dniach 7––8 grudnia 1962 roku. Wzięło w nim udział 92 delegatów. Jarosław Iwaszkiewicz otworzył go sprawozdaniem z trzyletniej działalności ustępującego Zarządu Głównego, zaś Ryszard Matuszewski wygłosił referat pt. *Sytuacja literatury polskiej*. Dokonano wyboru nowych władz Związku. Prezesurę Jarosława Iwaszkiewicza przedłużono na kolejną kadencję. Wiceprezesami zostali: Czesław Centkiewicz, Aleksander Maliszewski i Jerzy Putrament. Funkcję skarbnika miał pełnić Jerzy Jurandot, zaś sekretarza Związku – Jan Maria Gisges.

[6] *Miełkij bies* (ros.) – dosł. „drobny diabeł", mały diabełek.

[7] Zob. t. 1, przypis nr 12 na s. 500.

[8] Kwartet smyczkowy założony w Moskwie w 1945 roku jako Kwartet Filharmonii Moskiewskiej, dziesięć lat później zyskał obecną nazwę. Skład oryginalny tworzyli: Rościsław Dubiński, Jarosław Aleksandrow (skrzypce), Dmitrij Shebalin (altówka), Walentin Berliński (wiolonczela). Po zmianach osobowych, związanych z przechodzeniem na emeryturę kolejnych członków zespołu, kwartet istnieje do dziś. Uważa się go za jeden z najlepszych zespołów muzyki kameralnej, klasycznego wykonawcę kameralistyki rosyjskiej (w tym utworów Dymitra Szostakowicza, z którym Kwartet Borodina współpracował).

[9] *II Kwartet smyczkowy* Karola Szymanowskiego (op. 56) powstał w 1927 roku, prawykonanie odbyło się w 1929, zaś partytura została opublikowana w 1931 roku. *II Koncert skrzypcowy* (op. 61) Szymanowski pisał w latach 1932–33. W 1933 roku odbyło się jego prawykonanie, zaś partyturę opublikowano rok później. Cykl *12 pieśni kurpiowskich* (op. 58) Szymanowski komponował w latach 1930–32. Partyturę utworów opublikowano w trzech zeszytach, w latach 1934–35. *Brzezina* Jarosława Iwaszkiewicza została ukończona w lutym 1932 roku, w zakopiańskiej Atmie Karola Szymanowskiego, gdy kompozytor pracował nad cyklem kurpiowskim. Opowiadanie ukazało się drukiem w 1933 (antydat. 1932), w tomie *Panny z Wilka*; *Brzezina*.

[10] Krzysztof Penderecki (ur. 1933) – kompozytor, dyrygent i pedagog. Jeden z pierwszych awangardowych twórców w Polsce, którego dorobek znalazł szerokie uznanie za granicą. Jego pierwszym znacznym sukcesem kompozytorskim było zdobycie trzech nagród w konkursie kompozytorskim, zorganizowanym w 1959 roku przez Związek Kompozytorów Polskich. Prezentacja kompozycji *Strofy* na Festiwalu „Warszawska Jesień" w tym samym roku wywołała zainteresowanie twórczością Pendereckiego w kraju i za granicą. Nagroda UNESCO przyznana w 1961 za kompozycję *Ofiarom Hiroszimy – Tren* stała się początkiem międzynarodowych sukcesów twórcy i obecności jego muzyki w światowych salach koncertowych. Przed 1962 rokiem stworzył m.in. utwory: *Epitaphium Artur Malawski in memoriam* (1958), *Emanacje* (1958), *Psalmy Dawida* (1958), *Strofy* (1959), *Anaklasis* (1960), *Ofiarom Hiroszimy – Tren* (1960), *Polymorphia* (1961), *Fonogrammi* (1961), *Kanon* (1962), *Fluorescences* (1962). Wykładał w Akademii Muzycznej w Krakowie (1959–66, 1972–87 – w tym okresie peł-

niąc funkcję rektora uczelni), Folkwang Hochschule für Musik w Essen (1966–68), Yale University w New Haven (1973–78).

28 grudnia 1962

A może ja tylko tak udaję, że mnie wzrusza wiersz Pawlikowskiej, że kołysze mnie muzyka Karola? Może w gruncie rzeczy jestem głęboko *inculte*[1] i obojętny na sprawy poezji i muzyki? Może dlatego to uczucie głębokiej pustki i bezsiły, które mnie opanowało – i z takim znawstwem pisałem niedawno o bezsile twórczej Witkacego?[2] Tak doskonale sobie zdaję sprawę z niedostateczności tego, co robię, z tego braku głębiny, o czym wzmiankuje Gombrowicz – i to mnie właśnie męczy. A najbardziej mnie męczy niemożność wypowiedzenia się i strach przed kłamstwem. Tak, najbardziej mnie męczy to, że może wszystko kłamię samemu sobie, wszystko udaję, wszystko ukrywam. Dokopać się do ostatecznego dna, prawdziwego pokładu szczerości. Czy to możliwe?

[1] *Inculte* (fr.) – tu: ignorancki.
[2] J. Iwaszkiewicz, *Dramaty Stanisława Ignacego Witkiewicza*, „Twórczość" 1963, nr 2. W tym samym numerze Iwaszkiewicz podał do druku skierowane do niego dwa listy Stanisława Ignacego Witkiewicza, poprzedzone wstępem adresata.

1963

6 stycznia 1963

Już po świętach. Odjechały przed godziną dzieci, które były jakiś czas w Stawisku. Jutro zwyczajny dzień, wcześnie wstają, idą do szkoły, do zajęć – strasznie to trudno myśleć o tym, jak im jest trudno i ciężko, jaka to jest męka i właściwie mówiąc, niemająca wiele sensu. Jak to będzie, właściwie mówiąc, z tą nauką za lat sto, za pięćdziesiąt? Czy zawsze będzie to taka męka i taka strata czasu, takie ślęczenie – i wieczne ścieranie z pewnymi siebie, a mało wartościowymi pedagogami?

Zeszło mi na pedagogiczne rozmyślania, ale to było jakieś ześlizgnięcie się myśli – siadałem do tego zeszytu z zupełnie innymi myślami: raz jeszcze odczułem bolesny, dogłębny kolec przemijania, zamyślenia, koncentracji myśli na rzeczach, które ulatują tak szybko. Wieczorny spacer z Medorem[1] jest jak pacierz, jak rachunek sumienia – zwrócenie myśli na te rzeczy, o których musi myśleć stary i smutny człowiek. I czasami, jak wczoraj, jak dzisiaj – ten spacer połączony jest z taką jasnością i intensywnością myśli, wylotem poza siebie, znowu podniesieniem się „gdzieś”, jak wtedy w tym małym hoteliku w Finlandii, w Helsinkach[2]. Wszystkie słowa oczywiście nic tu nie znaczą i nie mogą odmalować tego stanu, ani intensywności myśli, ani dotykalności żalu. Nie ma to nic wspólnego z mistycyzmem, nie jest to przerażenie metafizyczne à la Witkacy, to jest jakiś ogromny, metafizyczny – czy niemetafizyczny – smutek i dotykalny prawie powiew przemijania. Są tu i wspominania np. dawnych świąt, jeszcze w Kalniku, albo niedawnych, kiedy jeszcze zupełnie wierzyłem Jurkowi, i jednocześnie ta wiedza i o tym, że to przeminęło, i że nie było takie, jakie mi się wydawało, i ta odległość rzeczywistości od marzenia o zdarzeniach, prawdy od wspomnienia, ten cały *grand écart*[3] – to właśnie ten ból i smutek, i jednocześnie wielkie poczucie pełni. Chyba jestem przepełniony – stąd te wiersze, stąd spokój, stąd ta prostota wyrażeń i bardzo surowy sąd o wszystkim, co nie jest proste i nie jest ludzkie.

[1] Medor – czarny pudel, mieszkający na Stawisku od 1960 roku. Wiele miejsca poświęciła mu Anna Iwaszkiewiczowa w książce *Nasze zwierzęta* (1978).
[2] Zob. tom 1, zapis z 27 czerwca 1955 roku.
[3] *Grand écart* (fr.) – mocny rozdźwięk. Nawiązanie do tytułu powieści Jeana Cocteau *Le grand écart* (1923).

15 stycznia 1963
Zadziwiające, jak mało w tym dzienniku rzeczy „ogólnych". W momentach, kiedy się dzieją rzeczy ważne, czy chociażby nawet tylko „ważne", nic nie notuję. Czy to dlatego, że to mnie nic nie obchodzi? Czy też dlatego, że przeraża mnie to narastanie kryzysu światowego i to robienie przez wszystkich *bonne mine*[1] do tragedii, która grozi ludzkości. Nade wszystko zaś drażnią mnie środki, których się używa, aby samemu sobie zamydlić oczy. Te wszystkie *table ronde*[2], *culture européenne*[3] i tym podobne historie. Bardzo często sam wierzę w potrzebę tej walki o zachowanie kultury europejskiej, a potem mi się to wszystko wydaje zbędne, niepotrzebne i zupełnie beznadziejne. Wierzę mimo wszystko, że ten wysiłek obrony jest potrzebny. Jeżelibym nie wierzył, nie tworzyłbym chyba, nie pisał tych wierszydeł i romansideł, bo przecież mi się wydaje, że jest w tym jakaś czynność zasługująca na kontynuację. A potem te kryzysy niewiary. I wtedy naprawdę nie bardzo ważne, czy Chruszczow poluje pod Olsztynem[4] i co Gomułka naprawdę myśli o Ulbrichcie[5]!!

[1] *Bonne mine* (fr.) – dobra mina.
[2] *Table ronde* (fr.) – okrągły stół, tu: spotkanie dyskusyjne.
[3] *Culture européenne* (fr.) – kultura europejska.
[4] W dniach 10–14 stycznia 1963 roku przebywali w Polsce z nieoficjalną wizytą Nikita Chruszczow i Nikołaj Podgornyj. W Łańsku koło Olsztyna spotkał się z nimi Władysław Gomułka.
[5] Walter Ulbricht (1893–1973) – niemiecki polityk socjalistyczny, w latach 1949––60 wicepremier, od 1960 do 1973 roku przewodniczący Rady Państwa Niemieckiej Republiki Demokratycznej. Rzecznik dogmatycznego komunizmu.

Paryż, 22 stycznia 1963
Dzisiaj po południu spotkanie z Alą Leonhard[1] w Deux Magots. Rozmowa czysto paryska: opowiadała mi szczegół ze swojego życia u bogatej ciotki i śmierć jednego z jej kuzynów, Maxime'a, który miał pięknego kochanka Filipa, ukrywanego przed matką i braćmi. Gdy Maxime czuł się bardzo źle, prosił Alę o sprowadzenie Filipa. Ala sprowadziła go, a potem ukrywała w swoim pokoju przed wzrokiem rodziny. Mały, żegnając się, powiedział do Ali: *„Je reviendrai demain voir m o n p è r e*[2]"! Z tego dowiedziała się, że Maxime go usynowił. Popłoch w rodzinie. Maxime umiera. Połowę majątku (bardzo dużego) zapisał Filipowi. Na to już nic nie można poradzić. Ale czterej pozostali bracia urządzają narady i *conciliabule*[3], aby obalić owo usynowienie, bo wtedy Filip będzie dziedziczył po starej ich matce, a to jest *g r o s*[4] olbrzymiego majątku. Same obrazy warte miliony. Cała historia obalenia tego usynowienia, zachowanie się Filipa, pogrzeb, intrygi rodzinne – wszystko to razem *une haute comédie*[5]. Ubawiłem się szalenie.

O dwa stoliki od nas siedział taki „Filip", wyjątkowej urody i cały czas – i to bardzo nachalnie – robił do mnie oko. Paryż.

[1] Alina Leonhard z d. Goldman – przyjaciółka Anny i Jarosława Iwaszkiewiczów. W czasie wojny ukrywała się w Podkowie Leśnej. Po wojnie emigrowała do Paryża. Jej babka pochodziła z rodziny Citroën.

[2] *Je reviendrai...* (fr.) – Wrócę jutro, żeby zobaczyć się z moim ojcem.

[3] *Conciliabule* (fr.) – tajne zgromadzenie.

[4] *Gros* (fr.) – największa cześć.

[5] *Une haute comédie* (fr.) – klasyczna komedia.

29 stycznia 1963
Byłem wczoraj w Maisons-Laffitte u Czapskich. Bardzo wzruszające spotkanie. Po tylu latach z Józiem, jakbym się wczoraj rozstał, gadałem, opowiadałem. Pokazywał mi swoje obrazy, bardzo dobre, portrety Marka Hłaski i Zb[igniewa] Herberta bardzo dobre. Wielka rozmowa o Brzozowskim. Bezładnie o wszystkim, temat zeskakuje na temat. Nic, co by nas zderzyło, jakoś szczęśliwie uniknąłem. Oni chłonęli każde moje słowo, zatrzymywali mnie na śniadanie – i było takie gadanie, jak przed czterdziestu laty. Józio zawsze mądry, idealista, coś

z rosyjskiej rewolucji na zawsze do niego przykleiło się. Rozstaliśmy się po czterech godzinach, wzruszeni.

Dziś dzwonili do mnie. Marysia [Czapska] powiedziała: „Dziękuję panu za pańską wizytę". Mój Boże!

Stawisko, 7 lutego 1963

Wczoraj rozmowa z Wincentym Kraśko; wezwano mnie tam przez Putramenta z powodu mojego referatu na Zjeździe, który chciałem wydrukować w „Twórczości"[1]. Oczywiście argumenty przeciwko drukowaniu tego dziecinne: co powie Zachód. Potem, że to pogorszy stosunki pisarzy i „góry". Wreszcie prośba *ad personam*[2], żeby to wycofać.

Byłem zły i niecierpliwy. Na zapewnienie, że mnie tam szanują, odpowiedziałem, że mnie męczą. Kazali mi być prezesem Związku, gdzie wszystkim rządzi Putrament. A przez zniekształcenie moich sprawozdań, niemożność drukowania referatu, fałszują całkowicie nie tylko moje przekonania, ale nawet całą moją osobowość.

Po raz pierwszy zobaczyłem, że Kraśko nie jest wcale taki miękki. Praca w partii położyła na nim swoje piętno nieludzkości. Nic go w gruncie rzeczy – jak wszystkich innych – nie obchodzę jako twórca i człowiek, tylko co można ze mnie wycisnąć na korzyść ich działania. Przy takich konstatacjach ogarnia człowieka rozpacz i żal. Nie nadaję się stanowczo ani do takiej pracy, ani do walki.

Bardzo zachwycał się trzecim tomem *Sławy i chwały* i powiedział: w tym roku minister kultury nie będzie miał kłopotu z nagrodą[3]. To znaczy: ustąp w sprawie referatu, a będziesz miał pieniądze. Wzdrygnąłem się.

Ostatecznie musiałem ustąpić. Zdenerwowałem się ogromnie – zaraz potem wystąpił cukier. Jak tu żyć w takich warunkach, kiedy nawet taka sytuacja, jak moja, nic nie pomaga w obronie tego, co chcę powiedzieć. Bardzo zły czas.

Przy okazji załatwiłem sprawę wyjazdu do Szwajcarii, Niemiec Zachodnich i Włoch. Dzisiejsza nota Chruszczowa do Francji i Niemiec[4] bynajmniej nie budzi nadziei, że tę podróż będę mógł odbyć.

Zimno się robi!

¹ Jarosław Iwaszkiewicz w referacie na Walnym Zjeździe ZLP 7 grudnia 1962 roku mówił m.in. o nieufności władz w stosunku do pisarzy i o braku kontaktu między środowiskiem pisarzy i przedstawicielami władz, przywołując jako przykład, że w ostatnich dwóch latach nie odbyło się żadne tego rodzaju spotkanie. Poruszył kwestie wysokości i procedur wypłacania honorariów autorskich i problem nieistniejącego Funduszu Literatury. Zdał również sprawę z działania Związku w mijającej kadencji. Maria Dąbrowska w *Dziennikach* w następujący sposób skomentowała to wystąpienie: „Bardzo dobre przemówienie Iwaszkiewicza. Mówił wyjątkowo jak na niego śmiało o złym stanie spraw wydawniczych, o nieufności czynników rządowych do pisarzy, o niemożności uzyskania żadnej rozmowy o sprawach życiowych pisarzy z ministrem kultury i sztuki, o krzywdzącej prowizji itp." (M. Dąbrowska, *Dzienniki powojenne*, t. 4, wybór, wstęp i przypisy T. Drewnowski, Warszawa 1997, s. 218). Tekst tego wystąpienia nie został opublikowany.

² *Ad personam* (łac.) – tu: osobista.

³ W lipcu 1963 roku Iwaszkiewicz otrzymał nagrodę Ministra Kultury i Sztuki za trzeci tom powieści *Sława i chwała*. Laureatami nagród I stopnia w 1963 roku byli także: Kazimierz Serocki, Ludwika Nitschowa, Franciszek Strynkiewicz, Bronisław Dąbrowski i Tadeusz Łomnicki.

⁴ Nota rządu ZSRR do rządów Francji i RFN, wręczona 5 lutego 1963 roku przez ministra spraw zagranicznych ZSRR Andrieja Gromykę ambasadorom RFN i Francji w Moskwie, związana była z zawartym przez te państwa traktatem o współpracy, podpisanym 22 stycznia 1963 roku. Stwierdzano w niej, że traktat francusko-niemiecki przyczynia się do zaostrzenia sytuacji w Europie, a wojskowa współpraca tych dwóch państw otwiera RFN drogę do pozyskania broni atomowej i stanowi zagrożenie światowego pokoju. W razie decyzji rządów Francji i Niemiec, które byłyby realizacją tych obaw, rząd ZSRR groził podjęciem odpowiednich kroków.

Stawisko, 10 lutego 1963

W zeszły piątek wezwał mnie do siebie Aleksander Zawadzki. Myślałem, że w jakichś sprawach osobistych czy literackich, a to chodziło o posiedzenie Frontu Jedności Narodu, gdzie należę do prezydium – a nigdy tam nie chodzę. Pytał, czy mam jakieś zasadnicze sprzeciwy, czy też po prostu nie zjawiam się... Trudno mi było powiedzieć, że nie przywiązuję większej wagi do tego frontu. Potem zadał parę pytań dotyczących środowiska literackiego, z których wynikało, że o tych sprawach nie ma najmniejszego pojęcia. Trudno mu było wszystko wykładać. Ze wszystkiego, co mówił i o co pytał, wynikało, że jest to człowiek bardzo ograniczony i, jak to oni wszyscy, pozbawiony ludzkich uczuć, humoru i sceptycyzmu. Takie straszne serio – a potem jak przyjdzie Poznań, to zaskoczenie. Ma się wrażenie: kompletny brak kontaktu ze społeczeństwem. Żeby jedno pytanie o mnie osobiście: jak mi się powodzi, jak pracuję, czy mam ciepło, czy mam samochód. Widać było (u Kraśki to samo), że chodzi tylko o cytrynę, którą chciałoby się wycisnąć do swojej potrawy, i to jak najbardziej. Rozmowa prowadzona w przepięknym wnętrzu belwederskim (urządzono mu teraz pokoje na piętrze – prześliczne) podziałała na mnie przygnębiająco. Nie mogę się otrząsnąć z przygnębienia wywołanego tymi rozmowami – z Kraśką, z Zawadzkim. Ta potworna oschłość, nieludzkość działaczy politycznych. Nawet gracz w szachy czulszy jest dla swoich pionków.

I wtedy oczywiście znowu odskok mimowolny w stronę estetyzmu. Jedyny wypoczynek, jedyne ocalenie w pięknie. Albo *Coquelicots* Moneta, albo wiersze Czesia – a w ostateczności uroda chłopaka, który robił do mnie oko w Les Deux Magots. Dwuznaczne „ocalenie".

19 lutego 1963

Podróż do Poznania jak zawsze wzruszająca – doskonała pod względem komunikacyjno-organizacyjnym[1]. Mój „wieczór" bardzo udany. Nie pretensjonalny, ciepły. Wiersze moje oczywiście nie wywołały większego wrażenia. Czy nowe, czy słabe? Przedstawienie *Kwidama*[2] śmieszne trochę, bardzo prowincjonalnie „pod Dejmka"[3], ze wstawkami zupełnie obcych tekstów. Zresztą fragment *Księgi Hioba* cudowny. Kwiaty, „sto lat" i mili ludzie: Ratajczak[4], Hebanowski[5], nowy człowiek Pietryk[6], uroczy, inteligentny, „nowoczesny". Lubię mimo wszystko Daneckiego[7], szelma to on jest – ale zabawny. W sumie trochę męczące. Sam nie wiem, kiedy podpisałem dwie umowy z Wydawnictwem Poznańskim[8]. Uważam to za pewną przesadę. Kiedy ja to napiszę? Miejsce po operacji zaczęło boleć.

[1] Jarosław Iwaszkiewicz przebywał w Poznaniu w dniach 17–18 lutego 1963, na zaproszenie Klubu Studentów „Od nowa" i Teatru „5". 18 lutego spotkał się z literatami poznańskimi, był gościem „Poniedziałku poetyckiego" w klubie „Od nowa", gdzie oprócz poety wystąpili: Ryszard Danecki, Kazimierz Bartoszyński i Stanisław Hebanowski, mówiący o poezji, prozie i dramaturgii Iwaszkiewicza. Tego samego dnia Teatr „5" wystawił dramat *Kwidam* w adaptacji Jarosława Iwaszkiewicza.

[2] Zob. przypis nr 3 na s. 85. Spektakl w poznańskim Teatrze „5" wyreżyserował Stanisław Hebanowski, w obsadzie aktorskiej wystąpili: Leonard Pietraszak, Danuta

Balicka, Irena Maślińska, Cezary Kussyk, Marian Pogasz i Włodzimierz Saar. Premiera odbyła się 14 stycznia 1963 roku.

[3] Kazimierz Dejmek (1924–2002) – reżyser teatralny i aktor. Od 1962 roku dyrektor naczelny i artystyczny Teatru Narodowego w Warszawie. W estetyce swych przedstawień przeszedł ewolucję od idei socrealizmu, łączonego z ambitnymi wzorcami rosyjskiej szkoły Konstantego Stanisławskiego, do teatru obrachunkowego, dotykającego współczesnych problemów historycznych i społecznych. Autor licznych adaptacji klasyki dramaturgii i literatury polskiej oraz wystawień dramatów doby staropolskiej. W 1968 roku zwolniony ze stanowiska dyrektora artystycznego Teatru Narodowego, w związku z kontrowersjami politycznymi wywołanymi przez przygotowaną przezeń inscenizację *Dziadów* Adama Mickiewicza. W latach 1969–72 reżyserował za granicą. Po powrocie do kraju związany ze scenami teatralnymi Łodzi i Warszawy. W latach 1993–96 pełnił funkcję ministra kultury i sztuki.

[4] Józef Ratajczak (1932–1999) – poeta, prozaik, eseista i tłumacz, współzałożyciel poznańskiej grupy literackiej Wierzbak (1956–60). W latach 1958–62 pracował jako kierownik artystyczny klubu studentów „Od nowa", gdzie organizował m.in. tzw. „Poniedziałki poetyckie". Autor tomów wierszy: *Niepogoda* (1957), *W środku gwaru* (1965), *Miejsce z muru* (1966), *Ballada dziadowska* (1973) oraz powieści i opowiadań zaliczanych do tzw. „nurtu wiejskiego", m.in.: *Sny w słońcu* (1961), *Gniazdo na chmurze* (1970), *Wianek z baranich kiszek* (1976). Był również autorem kroniki *Życie teatralne Poznania* (t. 1–4 1983–85) oraz książek dla dzieci.

[5] Stanisław Hebanowski (1912–1983) – reżyser teatralny i tłumacz. W latach 1948––59 był kierownikiem literackim poznańskich teatrów dramatycznych. W 1957 założył w Poznaniu Teatr Atelier, którym kierował do 1959. W 1960 przeniósł się do Zielonej Góry, nie tracąc kontaktu ze środowiskiem teatralnym Poznania, m.in. w latach 1961–63 był kierownikiem artystycznym i reżyserem poznańskiego Teatru „5". W 1963 powrócił do Poznania na stanowisko kierownika literackiego Teatru Polskiego. W 1969 przeniósł się do Gdańska, gdzie do 1973 pełnił funkcję kierownika literackiego, a następnie do 1980 kierownika artystycznego Teatru Wybrzeże.

[6] Edmund Pietryk (ur. 1938) – dramatopisarz, prozaik, poeta. W 1960 roku uzyskał dyplom ukończenia Państwowej Wyższej Szkoły Teatralnej i Filmowej w Łodzi i do 1964 pracował jako aktor w Teatrze Polskim w Poznaniu. W owym czasie był autorem sztuki *Dziesiątka*, nagrodzonej w 1961 roku w krakowskim konkursie dramaturgicznym. W 1963 zdobył nagrodę w konkursie debiutów dramaturgicznych teatru Ateneum w Warszawie za utwór *Trzy i pół człowieka*. W późniejszych latach opublikował m.in. zbiory opowiadań *Szczerbate koleiny* (1967), *Chilijska ostroga* (1970), *Złota uliczka* (1974) oraz wiersze *Szept brzoskwiniowy* (1974), *Palenie wrzosów* (1978).

[7] Ryszard Danecki (ur. 1931) – poeta, prozaik, tłumacz i publicysta. Redaktor dziennika „Gazeta Poznańska", „Tygodnika Zachodniego" oraz „Expressu Poznańskiego". Działacz Oddziału Poznańskiego ZLP, przez kilka kadencji jego sekretarz. Autor m.in. zbiorów wierszy *Czarny sześcian ciszy* (1958), *Na opalenie skrzydeł* (1969), *Patrol poetycki* (1977), powieści *Kropla oceanu* (1966), zbioru opowiadań *112 godzin szczęścia* (1988). Pisał również libretta oper kameralnych, teksty kantat i pieśni.

[8] Nakładem Wydawnictwa Poznańskiego w 1963 roku ukazała się przełożona przez Jarosława Iwaszkiewicza powieść Hermana Banga *Przy drodze*, a w 1964 roku zbiór prozy Iwaszkiewicza *Heydenreich; Cienie. Dwa opowiadania*.

21 lutego 1963

Przykre wspomnienie: wczorajsze „imieniny", takie wszystko było nieudane, puste, nieszczere. Hania bardzo rozdrażniona – i po powrocie do domu gadanina do dwunastej w nocy, wszystko o wnukach. Janek [Wołosiuk] też dobry, wyrzucił Maćka z domu. A wnuki wiedzą, gdzie znajdą „współczucie", uskarżają się przed babcią i potem wszystko rozbija się na mojej głowie. Chwilami już sił nie ma na to. I wszyscy tacy biedni naokoło, a mogli być szczęśliwi. Hania, Maciek, Anusia, Teresa – wszystko jakieś pogmatwane i nie takie, jak powinno być. Nieba im chciałbym przychylić, ale oni chcą tylko pomocy materialnej. I człowiek między całą tą skomplikowaną rodziną czuje się tak bardzo samotny. Słaba pociecha sukcesy literackie. W „Trybunie Ludu" wielki artykuls Sadkowskiego[1] pod tytułem *Dzieło Jarosława Iwaszkiewicza*. To brzmi dumnie. Widać *Sława i chwała* to duża książka, skoro można ją tak różnorodnie interpretować.

Od Galińskiego ogromny kosz kwiatów.

[1] Wacław Sadkowski (ur. 1933) – krytyk literacki, eseista, tłumacz. Współpracownik „Życia Warszawy" (1955–67), „Trybuny Ludu" (1955–68), „Nowych Książek" (od 1957). Członek redakcji warszawskiego tygodnika „Kultura" (1963–64), „Współczesności" (1969–72). Redaktor naczelny miesięcznika „Literatura na Świecie" (1972–93). Autor m.in. tomów szkiców krytycznych: *Literatura katolicka w Polsce* (1963), *Penetracje i komentarze* (1967), *Kręgi wspólnoty* (1971), książek poświęconych literaturze europejskiej: *Drogi i rozdroża literatury Zachodu* (1968, wyd. 2 rozsz. 1978), *Wśród książek z literatury angielskiej i amerykańskiej* (1971), *Od Conrada do Becketta* (1989), *Proza świata* (1999) oraz popularnych ujęć monograficznych: *Parnicki* (1970), *Rusinek* (1971), *Andrzejewski* (1973), *Kuśniewicz* (1974). Artykuł, o którym mowa, to *Dzieło Jarosława Iwaszkiewicza. Nad kartami cyklu „Sława i chwała"*, „Trybuna Ludu" 1963, nr 53. Nieco później Wacław Sadkowski pisał o powieści Iwaszkiewicza w artykule *Mój Kandydat do Nagrody Ministra Kultury. Proponuję „Sławę i chwałę"* („Nowa Kultura" 1963, nr 19).

22 lutego 1963
Marysia 39 lat!!
Przyszło dzisiaj do mnie czterech chłopaków od Batorego, żeby im opowiedzieć o „Skamandrze". Nagrali to na magnetofon i mają puścić w klasie. Boże, co za urok, znowu taka młodzież jak w czasie okupacji. Nawet nie pamiętam, jak się nazywają, choć mi się przedstawili: dwóch braci Wajs czy Walc, tacy „intelektualiści", i jeden taki uroczy blondyn, i inny z X klasy, brunet, bardzo ładny, technik od magnetofonu. Wcale nie od swingu ani od jazzu, naprawdę interesujący – i chyba gotowi do życia. Tak mnie to wzruszyło: ciągłość, ciągłość.

Biedny Antoni S[łonimski]. Dzisiaj na niego poważny, ale słuszny atak w „Nowej Kulturze"[1]. Przemawiał też w Pen Clubie, nawet ładnie mówił – i bez dowcipasów – tylko co chwila wstawiał bez potrzeby angielskie słowa i ciągle: ja, mnie, o mnie. A wszystko u biedaka już w przeszłości. Bardzo bym go kochał, gdyby nie był taki nieznośny. Choć znam go czterdzieści pięć lat, zawsze jest taki opryskliwy, niechętny, zazdrosny. Szkoda.

---

[1] Chodzi o niepodpisany artykuł *Różewicz załatwiony odmownie?* Jego tematem był felieton Antoniego Słonimskiego o spektaklu w Teatrze Telewizji *Mała stabilizacja* Tadeusza Różewicza, zamieszczony na łamach „Szpilek". Wnioski anonimowego autora dotyczą całej felietonistyki i krytyki literackiej Słonimskiego. Pisze on m.in.: „[...] Współczesny teatr absurdu znalazł się poza zasięgiem Nestora Satyry, tak jak poza jego zasięgiem znalazło się np. malarstwo abstrakcyjne, poezja Białoszewskiego czy Grochowiaka (o czym dowiadujemy się z innych felietonów Słonimskiego, utrzymanych w podobnej tonacji). Oczywiście w fakcie tym nie ma nic groźnego, jest on nawet poniekąd zrozumiały, jeśli przypiszemy go zmienności «optyki» i «akustyki» różnych pokoleń. [...] Natomiast protest budzi nadawanie własnemu n i e r o z u-m i e n i u cech obiektywnych i przenoszenie go na wybitne dzieło z istotnie zdawkową nonszalancją. [...] Protest budzi również owo porozumiewawcze mruganie do masowego widza, schlebiające obskurantyzmowi estetycznemu. Niewyrobiony literacko odbiorca sztuki zaczyna być dumny ze swego «nierozumienia», jeśli je dzieli z kimś, kto przemawia tak autorytatywnie. [...] Krytyczny czytelnik dostrzeże zapewne, że sposób, w jaki Słonimski «załatwia odmownie» wybitnego pisarza, zwraca się przeciw niemu i że to w końcu sam Słonimski «załatwia siebie odmownie». Zdrowy rozsądek w rzeczach sztuki zbyt często podszeptuje nie lada głupstwo" (*Różewicz załatwiony odmownie?*, „Nowa Kultura" 1963, nr 8).

Zurych, 1 marca 1963

Wszystkie domowe sprawy odpłynęły i nabrały prawdziwych proporcji – tutaj te parę dni spędzonych w towarzystwie bardzo wspaniałych (i bardzo nieinteligentnych) ludzi zajęły mnie zupełnie innymi za-
gadnieniami. Bardzo to ciekawe i odpowiedzialne być członkiem jury,
które przysądza światowej sławy ludziom olbrzymie sumy pieniędzy
(nagrody w tym roku wynoszą po 225 000 franków szwajcarskich)![1]
Ale jednocześnie ogarnia żałość, że człowiek sam ogląda się za 100
frankami i co dzień liczy drobne pieniądze, które zostają w portmonet-
ce, i nie może kupić głupiej chustki za 20 franków dla córek czy wnu-
czek. Im bardziej zresztą człowiek obraca się między wielkimi tego
świata, tym bardziej ogarnia go przerażenie, że są tak mali i nierozum-
ni. Próżność, pycha – to są motory ich działania. A poza tym nie widzą
najzwyklejszych rzeczy. Wczoraj siedziałem przy obiedzie koło prof.
Granita[2], sekretarza Komitetu Nobla, Szweda pochodzącego z Finlandii. Nie wiedział nic o Polsce (naukowiec) i pytał się, czy my mamy
jakie kopalnie.

Najmilsze były pierwsze dwa dni w Zurychu, kiedy byłem zupełnie
sam. Znowu przeżycie Moneta w tutejszym muzeum, jak przed miesiącem w Paryżu[3]. To zawsze jest czymś najbardziej tajemniczym, co
łączy mnie z tym malarzem. Wciąga mnie jakoś w swoją głębię i zupełnie nie umiem nazwać uczuć, których doznaję, stojąc przed jego
Coquelicots czy *Nympheas*[4], czy przed damą z zieloną parasolką. Jest
tutaj coś z odczucia przyrody, powietrza, wiatru, co go spokrewnia ze
mną. Wczoraj czytałem zakończenie pierwszego tomu *Sławy i chwały*,
jest tam opis wyglądu Zosi w lesie, zupełnie wzięty z Moneta[5]. Pisząc
to, nie zdawałem sobie z tego sprawy.

Potem film: od cara do Stalina. Zdjęcia archiwalne, zrobione przez
samego Mikołaja II, nieprawdopodobne. Kiedy pomyślałem sobie, że
przecie to wszystko przerobiłem – od chwili, kiedy Aleksandra[6] tak
kłaniała się, jak lalka chińska na filmie, czy wtedy, kiedy ją widziałem
przy wyjeździe do Kijowa, aż do zdjęcia Chruszczowa (z Gomułką ponad nim), na tej samej mównicy w pałacu kremlowskim, z której ja
przemawiałem – zimno mi się zrobiło. Ładna epoka!

[1] Jarosław Iwaszkiewicz zasiadał w Komitecie Nagrody im. Balzana, ufundowa-
nej przez Eugenio Balzana (1874–1953) – wydawcę włoskiego dziennika „Corriere

della Sera". Przyznawała ją od 1961 roku International Balzan Foundation, z siedzibą w Mediolanie. Jej laureatami w pierwszych dwóch latach byli: Nobel Foundation (1961), papież Jan XXIII, historyk Samuel Eliot Morison, kompozytor Paul Hindemith, biolog Karl von Frisch i matematyk Andriej Kołmogorow (1962). W 1962 roku jurorów poróżniła procedura przyznania nagrody Paulowi Hindemithowi, którego zawiadomiono o niej jeszcze przed akceptacją całego gremium jury. Iwaszkiewicz odegrał w tej sprawie rolę mediacyjną, której szczegóły opisuje w *Podróżach do Włoch* (s. 112). W 1963 roku zapanowała blokada decyzyjna związana z nieprecyzyjnym podziałem kompetencji między Komitetem Nagrody im. Balzana (Zurych) i Zarządem Fundacji (Mediolan). Po niezaakceptowanej przez gremium Komitetu próbie wręczenia nagrody Organizacji Narodów Zjednoczonych (1964) wstrzymano jej przyznawanie do 1978 roku. Nagroda jest przyznawana do dziś.

[2] Ragnar Arthur Granit (1900–1991) – neurofizjolog szwedzki pochodzenia fińskiego, w latach 1937–40 profesor fizjologii uniwersytetu w Helsinkach, od 1940 – w Królewskim Karolińskim Instytucie Medyczno-Chirurgicznym w Sztokholmie (w latach 1946–67 kierownik katedry neurofizjologii); od 1945 do 1967 dyrektor Instytutu Neurofizjologii im. A. Nobla w Sztokholmie; członek Królewskiej Szwedzkiej Akademii Nauk (w latach 1963–65 przewodniczący). W 1967 roku otrzymał Nagrodę Nobla (razem z H. K. Hartlinem i G. Waldem) za odkrycie podstawowych procesów chemicznych i fizjologicznych zachodzących w oku i mózgu podczas widzenia.

[3] W kolekcji Kunsthaus w Zurychu znajduje się najliczniejsza w Europie po paryskiej kolekcja płócien Claude'a Moneta, m.in. obrazy z cyklu *Nenufary*.

[4] *Nympheas* (*Nenufary*) – tytuł cyklu obrazów Claude'a Moneta, liczącego 250 płócien.

[5] Fragment powieści *Sława i chwała*, o którym mowa, brzmi: „Stała o krok czy dwa przed nim, na brzegu lasu, opierając się o gruby pień rudawej sosny, która tutaj rosła. Widział jej nikły profil pod niebieskim cieniem białego kapelusza i niebieskie paski bluzeczki, które stawały się szare w świetle bardzo jasnego dnia odzianego w szafirowe niebo, i szarą spódniczkę, na której grały zielone refleksy gęstych, czerwcowymi liśćmi okrytych gałęzi. Zosia miała na ręku wielki bukiet białych bzów, białych róż i białych kalii, ale każdy z tych kwiatów miał swoją własną, osobliwą biel, biel śniegu, biel ciała i biel prześcieradła; cały ten rysunek, jakby wykrojony z papieru, tkwił przyklejony na tło zielonego pola i jasnego nieba. Duża sosnowa gałąź wznosiła się nad głową Zosi jak czarny grożący palec" (J. Iwaszkiewicz, *Sława i chwała*, t. 1, Warszawa 1978, s. 559).

[6] Aleksandra Romanowa, urodzona jako Alicja Wiktoria Helena Hessen-Darmstadt (1872–1918) – ostatnia cesarzowa Rosji. Córka księcia Hesji Ludwika IV i księżniczki Alicji Koburg, żona ostatniego władcy imperium rosyjskiego, Mikołaja II Romanowa.

Stawisko, 12 marca 1963

Rzeczywiście można się powiesić – co mam wielką ochotę uczynić: z jednej strony mowa Chruszczowa[1], przerażająca w swoim prymitywizmie i bezwzględności godnej Żdanowa, z drugiej numer „Kultury" paryskiej, najdobitniej dowodzącej wielkiego sekretu, że t a m n i c n i e m a[2]. Po przygnębiającym plenum Zarządu Związku Literatów to wszystko może usposobić jak najbardziej czarno. Zaatakowani wszyscy przyjaciele: Erenburg, Paustowski, Wozniesienski. Prostactwo mowy przerażające – i te oklaski, i okrzyki „hańba". Usilny nacisk redakcji „Prawdy", abym się wypowiedział na temat tej mowy. Cokolwiek bym napisał, oni napiszą swoje. Ale tutaj nie mogę nawet c z e g o k o l w i e k napisać. Wstrząśnięty jestem do głębi. I nawet mnie sonata Brahmsa w wykonaniu Artura i Henia Szerynga nie pocieszyła – zupełnie nie pocieszyła. Jeszcze bardziej, jeszcze dokładniej ujrzałem przepaść, w jaką się to wszystko stacza. Przepaść pod nogami – to właśnie to najstraszliwsze. I znowu Chruszczow mówi o wojnie. Mój Boże. Przede wszystkim wielkie rozczarowanie, bo ta mowa wydaje mi się błędna politycznie: jak w szachach obliczona na dwa posunięcia. A dalej? Bardzo mnie to wszystko przygnębiło.

[1] Mowa premiera ZSRR i I sekretarza KC KPZR Nikity Chruszczowa, wygłoszona 8 marca 1963 roku podczas spotkania przywódców partii i rządu z przedstawicielami środowiska artystycznego na Kremlu. Chruszczow przypominał, że najważniejszym zadaniem literatury i sztuki jest „wychowanie wszystkich ludzi w duchu ideałów komunistycznych", nazywał literaturę i sztukę „ideową bronią partii". Za artystów wypełniających to zadanie uznał poetę Demiana Biednego, powieściopisarza Michaiła Szołochowa i rzeźbiarzy socrealistycznych Eugeniusza Wuczeticza i Lwa Kerbela. Pozytywnie wypowiadał się również o utworach przedstawiających okres historii ZSRR związany z „kultem jednostki", wskazując na *Jeden dzień Iwana Denisowicza* Aleksandra Sołżenicyna, *Odwilż* Ilji Erenburga i poemat Aleksandra Twardowskiego *Za dalą dal*. Przestrzegał przy tym przed traktowaniem tego okresu w jednoznacznie krytyczny sposób. Wychodząc od tezy o toczącej się walce ideologii socjalistycznej i kapitalistycznej, Chruszczow skrytykował utwory, które ukazują Związek Radziecki w złym świetle. Najwięcej uwagi poświęcił krytyce postawy Ilji Erenburga, zarzucając autorowi memuarów *Ludzie, lata, życie* opisywanie rewolucji radzieckiej z pozycji obserwatora, brak ideologicznego zaangażowania, oraz stwierdzając, iż w okresie „kultu jednostki" nie był on w żaden sposób prześladowany, w odróżnieniu od pisarzy, którzy pomimo tragicznych doświadczeń potrafili zachować wierność partii. Odrębnym wątkiem, którego bohaterami stali się Ilja Erenburg, poeta Jewgie-

nij Jewtuszenko i prozaik Wiktor Niekrasow, była kwestia obrony burżuazyjnej sztuki plastycznej: abstrakcjonizmu i formalizmu, które Chruszczow uznał za jedną z form ideologii burżuazyjnej.

Nazwiska Konstantego Paustowskiego, Andrieja Wozniesienskiego, Wiktora Niekrasowa i Jewgienija Jewtuszenki pojawiły się w kontekście wyjazdów tych pisarzy na Zachód i udzielanych tamtejszej prasie wywiadów na temat życia w ZSRR. Podobnie jak schlebianie burżuazyjnym gustom estetycznym, Chruszczow uznał taką postawę za przykład koniunkturalizmu i poszukiwania taniej popularności.

Kończąc swe przemówienie, Chruszczow oświadczał: „Nie znaczy [...] bynajmniej, że po potępieniu kultu jednostki nastała era anarchii, że osłabł [...] ster rządów, że nawa społeczna pływa tak, jak ją poniosą fale, i że każdy może sobie poczynać zupełnie samowolnie, zachowywać się tak, jak mu się żywnie podoba. Tak nie jest. Partia realizowała oraz będzie nadal konsekwentnie i niezłomnie realizować nakreśloną przez nią politykę leninowską, nieprzejednanie występując przeciwko wszelkim ideowym wahaniom i próbom naruszenia norm życia naszego społeczeństwa". Przemówienie to zostało opublikowane 10 marca 1963 roku na łamach „Prawdy" („Prawda" 1963, nr 69), jego streszczenie opublikowała „Trybuna Ludu" (1963, nr 70). Na łamach „Prawdy" ukazał się później szereg aprobatywnych komentarzy, napisanych przez pisarzy radzieckich i krajów „demokracji ludowych". Jarosław Iwaszkiewicz nie wypowiedział się. Polskich pisarzy reprezentował Józef Ozga-Michalski.

[2] Marcowy numer paryskiego miesięcznika „Kultura" (1963, nr 3) zatytułowany był *Dziesięć lat po śmierci Stalina* i zawierał następujące teksty: Julian Ursyn Niemcewicz *Śmierć władcy*, Paweł Hostowiec (Jerzy Stempowski) *Notatnik niespiesznego przechodnia*, Józef Czapski *Jak nie krzyczeć?*, Borys Lewickyj *10 lat po śmierci Stalina*, Józef Berger *Jemiljanow*, Feliks Mantel *Rozmyślania o karcerze*, Jan Rojewski *On*. W dziale *Archiwum polityczne* zamieszczono artykuły Juliusza Mieroszewskiego *Dramat Europy*, Aleksandra Kawałkowskiego *Potwierdzona alternatywa*, Londyńczyka (Juliusza Mieroszewskiego) *Kronika angielska*. Dział *Kraj* składał się m.in. z artykułów: Witold Jedlicki *Glossa do „Chamów i Żydów"*, (Korespondent z Warszawy) *Zastępcze plenum*, Józef Czapski *Rafał Glücksman*, Janina Miedzińska *Jeszcze jedna nieudana próba*. W działach *Kronika kulturalna* i *Książki* opublikowano artykuły: Marian Bohusz-Szyszko *Malarstwo Turkiewicza*, Pierre Rouve *O Turkiewiczu*, Gustaw Herling-Grudziński *Jegor i Iwan Denisowicz*, Stanisław Mackiewicz *Poprawki*, Tymon Terlecki *Autoreferat o „Literaturze"*.

19 marca 1963

Zbliża się dziesięć lat od mojej podróży do Chile. W moim wspomnieniu wszystko zostało, jak było, a przecież dzieci Aidy już są dorosłymi chłopcami[1], narodziło się ich więcej zapewne (*uno o dos niños más*[2]) i wszystko tam się też ku starości pochyliło. Ale Ocean Spokojny taki sam, z tymi niesamowitymi ptakami, które wtedy tam latały. Te pelikany z ciężkimi dziobami i pani [nazwisko nieczytelne] w Viña del Mar[3], z którą rozmawialiśmy o Walerym Rudnickim i o Małej Ziemiańskiej. I to spotkanie z Perlą [Quintaną] przy powrocie – ach, jakież to wzruszające i jak się wierzyć nie chce, że to było. Teraz, tu, w tej ohydnej zimie, w lęku, w zdenerwowaniu, w chorobie, w dojmującej, dogłębnej samotności – kiedy nie ma obok mnie dosłownie nikogo. Tamto wydaje się bajką i snem. Mówiła mi Ewa Fiszer[4], że tam o mnie pamiętają.

[1] Dzieci Aidy i Miguela Barriosów – gospodarzy Iwaszkiewicza, gdy przebywał na Kontynentalnym Kongresie Kultury w Santiago w kwietniu 1953 roku – to trzej synowie: Gonsalo, Rodrigo i Alvaro oraz córka Aidita. Na podstawie informacji, jakie pisarz zawarł w liście do swej młodszej córki, Teresy Markowskiej, oraz w *Listach z podróży do Ameryki Południowej*, można ustalić, że w 1963 roku chłopcy mieli odpowiednio: 14, 12 i 10 lat, zaś Aidita – 17 lat.

[2] *Uno o dos niños más* (hiszp.) – jedno czy dwoje dzieci więcej.

[3] Więcej o wizycie w Viña del Mar napisał Iwaszkiewicz w *Listach z podróży do Ameryki Południowej*: „[...] Odwiedzamy także instytut doświadczalny biologii morskiej uniwersytetu w Santiago. Uprzejmy jego kierownik pokazuje nam nie tylko urządzenia, ale i przechowywane w akwariach i skrzyniach z wodą morską wszelakie dziwy Oceanu. Są tam kraby i ukwiały, gwiazdy morskie i ryby... Cuda prawdziwe. Gmach instytutu, ze wszystkich stron oszklony, stoi na skałach wysuniętych na wody; na tych skałach siedzą gromady mew, kormoranów i pelikanów. Zadziwia mnie lot tych ptaków z olbrzymimi dziobami. Jak one niosą przed sobą w powietrzu te wielkie dzioby, niby olbrzymie naczynia?" (J. Iwaszkiewicz, *Listy z podróży do Ameryki Południowej*, w: tegoż, *Podróże*, t. 1, Warszawa 1981, s. 235–236).

[4] Ewa Fiszer (1926–2000) – poetka, tłumaczka literatury francuskiej i angielskiej. W latach 1950–51 wchodziła w skład redakcji „Nowej Kultury". Publikowała reportaże w czasopiśmie „Świat" (1955–62) i artykuły krytyczne oraz wywiady w pismach „Film" (1957–64) i „Przegląd Kulturalny" (1957–60). Autorka zbiorów wierszy *Doświadczenia* (1949) i *Trzecia rano* (1982). Przełożyła m.in. wielokrotnie wznawiany cykl powieści dla młodzieży Lucy Maud Montgomery.

13 kwietnia 1963[1]

Znalazłem wczoraj w „szufladzie osobliwości" zaproszenie na bal „Pologne Littéraire"[2] w dniu 21 lutego 1927. Zaproszenie to zawiera spis gospodarzy i gospodyń, pań z wielkiego świata i z literatury. Czytając po kolei te nazwiska przedstawicielek i przedstawicieli polskiego owoczesnego społeczeństwa, uprzytomniłem sobie losy tych wszystkich osób. Wrażenie było wstrząsające. Każde nazwisko godne wielkiej, dramatycznej powieści, każde zaopatrzone we własną niepowtarzalną, a okropną tragedię. Na przykład po kolei:

Askenazowa Szymonowa[3] – pogrzeb jej pod cudzym nazwiskiem, na Powązkach – chociaż chyba nie była ochrzczona – w 1942 roku, okropny. Córka zamordowana przez Niemców.

Balińska Ignacowa[4] – jej śmierć tragiczna, rozproszenie synów, wynarodowienie wnuków, spotkanie ze Stasiem (tak podobnym do matki) ostatnio w Londynie. Czyż to nie powieść?

Bandrowska Kaden Juliuszowa[5] – śmierć obu synów w czasie okupacji, straszna śmierć Juliusza, niedawno zmarła w domu starców, na pół sparaliżowana – z emeryturą z łaski... Cyrankiewicza.

Beckowa Józefowa – wiadomo, też powieść[6].

de Bondy Władysławowa – *recte* Zosia Łempicka[7], bezsensowny mąż, okropny, te straszne „herbatki" u nich, dzisiaj główny filar *Słownika języka polskiego*, pożyteczna, uczona – z tych przepaści snobizmu wyzwolona. Jedyna powieść pozytywna, optymistyczna.

Bormanowa Antoniowa[8] – wiadomo.

Breiterowa Emilowa[9] – ukrywanie się w Gołąbkach, nawrócenie, potem straszna śmierć Emila, więzienie długoletnie samej Rysi, ciężka sytuacja obecna, świecznik[10]...

Broniewska Władysławowa – *recte* Jasia Br[oniewska]. Skąd ona tu, komunistka, w tych parażach[11]? Los też niezwykły.

Brydzińska Maria[12] – jeszcze wtedy nie Maurycowa Potocka, ale prawie. Baletnica, aktorka, przyjaciółka Jaracza[13], hrabina – na wygnaniu w Londynie, matka Natalii. Romans.

Itd., itd., itd. Każde nazwisko, każdy los poruszający i skomplikowany. Co za naród, co za społeczeństwo!!

[1] Zapis z tego dnia stał się częścią felietonu Iwaszkiewicza *Na karnawał*, opublikowanego na łamach „Życia Warszawy" 1967, nr 31.

[2] „La Pologne Littéraire" – miesięcznik w języku francuskim, poświęcony literaturze polskiej, wydawany przez Mieczysława Grydzewskiego i Antoniego Bormana w latach 1926–36.

[3] Felicja Askenazowa z d. Tykociner, żona Szymona Askenazego (1866–1935) –

historyka, dyplomaty i polityka. Ich córką była Janina Askenazy, którą uważa się za jeden z prototypów żydowskiej bohaterki *Wielkiego Tygodnia* Jerzego Andrzejewskiego.

[4] Maria Balińska z d. Chomętowska – autorka utworów dla dzieci, żona Ignacego Balińskiego (1862–1951), matka poety Stanisława Balińskiego.

[5] Romana Kaden-Bandrowska z d. Lewińska – żona pisarza Juliusza Kadena-Bandrowskiego. W latach 1915–16 aktorka Teatru im. Juliusza Słowackiego w Krakowie. Ostatnie lata życia spędziła w domu dla nieuleczalnie chorych w Radości pod Warszawą. Jej pogrzeb odbył się 22 maja 1962 roku na Cmentarzu Powązkowskim. Juliusz Kaden-Bandrowski zginął 8 sierpnia 1944 roku w Warszawie. Raniony odłamkiem pocisku artyleryjskiego w kamienicy przy ul. Kaliskiej 15, zmarł po kilku godzinach w punkcie sanitarnym. Kaden-Bandrowscy mieli dwóch synów bliźniaków: Pawła i Andrzeja, sportretowanych przez ojca w opowiadaniach *Aciaki z I a* (1932). Andrzej Kaden-Bandrowski (1920–1943) – student, podporucznik AK, zginął 3 czerwca 1943 roku przed Pocztą Główną w Warszawie, rozrywając się granatem, by nie dostać się z obciążającymi materiałami w ręce hitlerowców. Paweł Kaden-Bandrowski (1920–1944) – student, uzdolniony muzyk, porucznik AK, poległ w powstaniu warszawskim 15 września 1944 roku na ulicy Okrąg na Czerniakowie.

[6] Jadwiga Salkowska, 1 v. Burhardt-Bukacka, 2 v. Beckowa (1896–1974) – druga żona ministra spraw zagranicznych Józefa Becka. Autorka wspomnień *Kiedy byłam Ekscelencją* (1990).

[7] Zofia de Bondy-Łempicka (1893–1964) – tłumaczka i językoznawczyni. Autorka pozycji: *Słownik skrótów* (1928), *Słownik rzeczy i spraw polskich* (1934), *Podręczny słownik języka polskiego* (1958). Wraz ze Stanisławem Skorupką i Haliną Auderską opracowała popularny *Mały słownik języka polskiego* (1968). Żona Władysława de Bondy – poety, prozaika i dramaturga.

[8] Halina Lenczewska (Hapa), 1 v. Korngold, 2 v. Bormanowa (1907–1959) – dziennikarka, założycielka i redaktor pisma „Kobieta w Świecie i w Domu". Autorka tomu reportaży *ZSRR w oczach kobiety* (1936). W czasie wojny w Wielkiej Brytanii m.in. prowadziła świetlicę dla polskich lotników w Blackpool.

[9] Maria Breiterowa z d. Rotmil, od 1920 roku żona krytyka literackiego i teatralnego Emila Breitera. Jej mąż został aresztowany przez gestapo 22 czerwca 1943 roku w Gołąbkach i tego samego dnia zamordowany.

[10] Zob. przypis nr 6 na s. 230.

[11] Paraże – skrócona i spolszczona forma wyrażenia *de haut parage* (fr.) – wysokiego rodu.

[12] Maria Brydzińska z d. Gąsiorowska (1897–1990) – aktorka rewiowa, teatralna i filmowa. Od 1907 roku występowała w warszawskich teatrach rewiowych. Związana również z Teatrem Polskim i Teatrem Małym (1918–23). 14 maja 1928 roku wyszła za mąż za Maurycego Stanisława Potockiego (1894–1949) – właściciela dóbr w Jabłonnie. Mieli córkę Natalię Marię Janinę Potocką, 1 v. Jenner, 2 v. Poklewską (1929–1974). W 1947 roku Maria Brydzińska wyjechała do Wielkiej Brytanii, a po śmierci męża – do Francji, gdzie zmarła. Pochowana została na cmentarzu Brompton w Londynie.

[13] Stefan Jaracz (1883–1945) – aktor teatralny i filmowy, pisarz i publicysta. De-

biutował jako aktor w 1904 roku w krakowskim Teatrze Ludowym K. Gabryelskiego, w 1911 rozpoczął występy w Warszawie: grał w teatrze Bagatela, Teatrze Małym, od 1913 w Teatrze Polskim pod dyrekcją Arnolda Szyfmana, od 1921 w Reducie Juliusza Osterwy, następnie w Teatrze Narodowym. W 1930 założył warszawski teatr Ateneum, na którego deskach występował do 1939 (od 1951 jego imienia). Pośmiertnie wydano zbiór jego ważniejszych artykułów *O teatrze i aktorze* (1962).

Rzym, w maju 1963

Poczciwe moje Albergo Bologna. Okropne hotelisko z tymi rozwydrzonymi Włochami zawsze w hallu i z niemiłą obsługą. A jednak przyzwyczaiłem się do tego pokoiku z widokiem na placyk piazza dei Capretari i na wieżyczkę Sapienzy i przychodzę do przekonania, że tu mi było dobrze. W zeszłym roku napisałem tu *Jeszcze jedną podróż* – w tym roku dwa opowiadania: *Heydenreicha* i *Cienie*. Nie wiem, czy są dobre. Pewnie nie, starcze. Ale wiem, że pisałem je bardzo intensywnie. Niechybnie największym wrażeniem tego pobytu były wielkie uroczystości związane z nagrodą imienia Balzana, a nawet nie te uroczystości, ale zetknięcie się z osobowością Jana XXIII[1]. To niezapomniane wrażenie – tego zwykłego człowieka, który ponad te wszystkie (tandetne trochę) wspaniałości przenosi nietkniętą swoją prostotę, swoją chustkę do nosa, swoje *occhiali*[2] w czarnej rogowej oprawie. Przyznam się, że taką niezwykłość osobowości czułem tylko raz dawniej: wobec Piłsudskiego. Bo już ani Valéry, ani Paderewski, ani Ravel tego nie dawali. Karol – podobno, ale ja tego nigdy nie odczuwałem.

I jeszcze jedno: villa Adriana[3] odziana w dżdżyste szare popołudnie, z niskimi, sinymi chmurami. Te kariatydy odbijające się w wodzie i zapuszczone gęstwiny traw i drzew, i pustka zupełna – deszcz wypłoszył turystów. I ta jednak prymitywność: chęć przeniesienia do tej willi wszystkich „osobliwości", jakie widział w swoim państwie. Jakoś nie mogę odczuć tej osławionej „wielkości" Rzymian – w przeciwieństwie do Hani. Zawsze mnie fascynuje średniowiecze: Awentyn, Otton III, Porta di Largo, wyspa na Tybrze i to dziwne naczynie w kościele „św. Wojciecha".

I znowu to mieszkanie w Rzymie, „jak w Sandomierzu" – miasto niezwiedzane po turystycznemu, ale przeżywane na całkiem zwyczajno.

---

[1] Jan XXIII został laureatem Nagrody Balzana za rok 1962. O spotkaniu z papieżem – przy okazji odbioru przezeń nagrody – Iwaszkiewicz napisał w *Podróżach do Włoch*:

„[...] osoba Jana XXIII [...] sprawiła na mnie niezapomniane wrażenie. To zagubienie się małej i grubej figurki pośród wspaniałości Watykanu, podówczas jeszcze nie naruszonej, wyraz tej twarzy, owych oczu, w których widać było i dobroć, i dowcip, jakąś łagodną ironię w stosunku do całego tego uczonego jury, ciała rzeczywiście dość osobliwego, a poniekąd i do samego siebie. [...] Było to na parę tygodni przed jego śmiercią i już był cierpiący. Znać to było po drobnym ruchu nogi, który miewamy, kiedy ogarnia nas dotkliwy ból. Było coś niezwykle ludzkiego w tym objawie bólu, mimo okazałych strojów, barw i śpiewów chóru Kaplicy Sykstyńskiej. Kiedy się widziało Jana XXIII w całym przepychu i pompie papieskiego dworu – miało się nieodparte wrażenie, że ta cała pompa męczy go i zniechęca. Gest ręki, wyjęcie chustki do nosa, otarcie czoła lub żądanie okularów były elementami, którymi te uroczyste okoliczności starał się sprowadzić do powszednich, ludzkich i codziennych wymiarów. Dostrzegało się wtedy w nim ten ważny element: gospodarność. [...] Tę troskę gospodarską spostrzegam na zmęczonej twarzy Jana XXIII, w jego zatroskanych i dobrych oczach, w gestach jego dużych dłoni. I poprzez tę troskę przebija rys charakterystyczny – ojcostwa; kiedy patrzyłem na papieża z bliska podczas wręczania nagrody Balzana, uderzał mnie ten rys ojcostwa. I jak ze zdaniem ojca syn nie zawsze się zgadza, ale wdzięczny mu jest za opiekę, troskliwość i myśl o przyszłości, tak samo w stosunku do Jana XXIII ma się wdzięczność za jego dobroć. Ten chyba jest sekret jego niezwykłej popularności" (J. Iwaszkiewicz, *Podróże do Włoch*, s. 82, 86). Postać Jana XXIII pojawia się również w wierszu Iwaszkiewicza *Rzym* z tomu *Muzyka wieczorem* (1980).

[2] *Occhiali* (wł.) – okulary.

[3] Willa Hadriana – zbudowana z inicjatywy cesarza Hadriana jako letnia rezydencja w Tivoli pod Rzymem w latach 118–134. Najrozleglejsza zabudowa pałacowa okresu starożytności, cechuje się eklektyzmem rozwiązań architektonicznych i krajobrazowych, inspirowanych podróżami Hadriana do Grecji i Egiptu.

Stawisko, 20 czerwca 1963

I znowu Stawisko przeżywam jak co roku (chyba to ostatni rok już) w całym pięknie lata. Czerwiec przeokropny, po pięknym maju, żyto wysokie i te ukochane sosny. Zawsze ten sam widok od sosny przy drodze na dom, na pole żyta, na lipy. Tylko co roku drzewa coraz to większe, coraz bardziej rozrośnięte, gęstsze i jak gdyby zieleńsze. Sam w domu z Helą i Medorkiem, cisza aż w uszach dzwoni i smutek prawie taki, jak w listach Orzeszkowej, których piąty tom czytam właśnie[1]. Ta dziwna potrzeba miłości – była wtedy w moim wieku. Czy ja miałem miłość w życiu? Chwilami myślę o sobie jak Orzeszkowa.

Wczoraj obiad z Julą Żiwow[2] i Mają Koniewą[3] w Rycerskiej. Cóż za fajne kobity, jaka intensywność myślenia, jaka powaga! Maja urocza, w takiej się zakochać. I co za różnica z naszymi plotkarkami i dzierlatkami kawiarnianymi, tak powiało czymś innym. Bardzo to dziwne. Opowiadały zresztą dziwne i przerażające rzeczy o różnych ich sprawach, które bynajmniej nie są tylko „ich" sprawami. Smutne to, ale pocieszające, że tam są tacy ludzie, jak te dwie dziewczyny, jak Ogniew, jak Frołow[4]. Bardzo mnie jakoś nastroiło optymistycznie to obcowanie z tymi dziewczynami. Ta, co latała w kosmosie i dzisiaj wylądowała, Tierieszkowa[5], pewnie jest taka sama.

[1] E. Orzeszkowa, *Listy zebrane*, t. 5, *Do przyjaciół: Tadeusza Bochwica, Jana Bochwica, Janiny Szoberówny*, oprac. E. Jankowski, Wrocław 1961. Iwaszkiewicz poświęcił tej publikacji felieton *Spóźnione mewy* („Życie Warszawy" 1963, nr 167).

[2] Julia Żiwowa (ur. 1925) – tłumaczka literatury polskiej, przekładała m.in. utwory Marka Hłaski, redaktorka Państwowego Wydawnictwa Literatury Pięknej.

[3] Maja Koniewa (ur. 1923) – córka marszałka Iwana Koniewa z jego pierwszego małżeństwa, redaktorka moskiewskiego Wydawnictwa Literatury Zagranicznej, zajmowała się literaturą polską.

[4] Władimir Frołow – teatrolog rosyjski. Współautor książki *Na scenach polskich i radzieckich* (1977). Iwaszkiewicz opatrzył wstępem polskie wydanie jego prac *Dramaturgia i teatr* (wybór W. Borysow, 1977). W tomie *Wospominanija o Jarosławie Iwaszkiewicze* opublikował poświęcony pisarzowi tekst „*Wrożdiennoje stremlenije k sczastju...*".

[5] Walentina Tierieszkowa (ur. 1937) – radziecka kosmonautka, pierwsza w historii kobieta, która odbyła lot po orbicie okołoziemskiej (16–19 czerwca 1963). W dniach 23–28 października 1963 przebywała w Polsce wraz z delegacją kosmonautów radzieckich. Od 1967 roku wchodziła w skład Rady Najwyższej ZSRR. W 1997 przeszła na emeryturę w randze generała lotnictwa.

3 lipca 1963
Już i lipiec. Lato. Cudowne. Wczoraj wróciłem z uroczej wycieczki do Krakowa[1]. Jak zwykle latem sam w domu. Cisza i zapach letniej nocy, ale nie samotność.

Przede mną na biurku fotografia Jerzego. To już pięć lat od tamtego lata. Pięć lat.

Pięć lat starości.

[1] Do Krakowa Iwaszkiewicz pojechał w towarzystwie Jerzego Lisowskiego, Juliana Stryjkowskiego, Anny Baranowskiej i Wiesława Kępińskiego. Jednym z punktów wycieczki było złożenie kwiatów na grobie Karola Szymanowskiego na Skałce.

12 lipca 1963
Całe opowiadanie[1]
Jest ciepła noc lipcowa. Słońce zaszło na różowym tle nieba i bardzo długo było jasno. Spotkałem Mietka Goździkowskiego i chodziliśmy z pół godziny po dębowym lasku. Tymczasem Szymek męczył się na łąkach z traktorem, który ugrzązł na drodze i nawet częściowo obsunął się do rowu. Gdzieś koło pół do jedenastej poszedłem tam do nich. Przyjechał drugi traktor, podwiązali drutem – i jak tylko przyszedłem, ruszyli. Traktorzysta, wspaniały blondyn, był bardzo zażenowany przedtem i aż blady ze złości. Teraz się rozchmurzył. Na tym traktorze, który wyciągał, siedział starszy szofer z brodą. Naokoło kręcił się jakiś młodzik, bardzo kędzierzawy, z wąsikiem. Zacząłem mu mówić per pan, a to się okazał po prostu Jurek Kaczanowski, którego znam od dziecka. Ma 17 lat i pracuje w Pruszkowie, w zakładach 1 Maja. Był bardzo wesoły i wspominałem mu wesele jego rodziców[2]. Wreszcie traktory ruszyły. Wziąłem tego młodego traktorzystę za rękę i powiedziałem: „Jedźcie z Bogiem!". Ucieszył się i rozjaśnił, i był taki ładny. Powiedział: „No, była tu robótka". I pojechali: Jurek na pierwszym traktorze, Szymek na drugim. Zostałem sam w ciemności, w nocy. Lipy tak pachną, aż duszą. Poza tym cichuteńko i ciemno. Odgłos oddalających się traktorów. Odczułem wtedy piękno tego wszystkiego, zwyczajnego, codziennego. Urok tych ludzi, maszyn (pług podniesiony w górę za traktorem wyglądał jak potwór) i ta ciepła, cicha natura, chowająca w sobie tyle napięć, kontrastów i starć, a taka pozornie łagodna. Cudowne lato. Poczułem głęboką radość, że dożyłem do tego momentu ciepła, ciszy i dojrzałości. Pod każdym względem.
Bardzo kocham Szymka, traktorzystów, Jurka, wszystkich.

---

[1] Motywy pojawiające się w tym zapisku zostały wykorzystane w opowiadaniu *Popik*, napisanym 16 listopada 1964 roku, opublikowanym pośmiertnie na łamach „Pulsu" 1993, nr 2.

[2] Jerzy Kaczanowski był synem Jana Kaczanowskiego, długoletniego fornala na Stawisku, który poślubił Zofię Kozikównę. Zob. M. Iwaszkiewicz, *Z pamięci*, s. 118––119.

Sandomierz, 21 lipca 1963

Nie wiem, dlaczego tak rzadko teraz zasiadam do dziennika. Chyba nie dlatego, że nie mam żadnej myśli, żadnej sprawy do zanotowania. Chyba przeciwnie, mam ich za dużo. Ale chyba odgrywa tu pewną rolę ogólne zniechęcenie, jakie mnie ostatnio ogarnęło. Zniechęcenie to ma różne źródła, ogólne i osobiste. Bardzo ostatnio przeżywałem te sprawy polityczne, które siłą rzeczy muszą się odbić na Związku (to znaczy na mojej w nim roli) i na „Twórczości". Przygnębiła mnie rozmowa z Putramentem, który starał się mnie wtajemniczyć w polityczne rozgrywki XIII Plenum[1]. Napełniło mnie to lękiem i niesmakiem. Co ja mam z tym wspólnego? Ohyda polityki, jeszcze takiej polityki – którą ja uważam za krótkowzroczną i, co najważniejsze, za kołtuńską, pochlebiającą kołtunerii, światopoglądowi „sekretarza i proboszcza", który wszystko sprowadza do jednego mianownika. Poza tym takie fałszywe sytuacje jak ta, która wynika z owego sławetnego „jury" Ministerstwa Kultury – gdzie oczywiście nie bierze się pod uwagę naszego zdania, a mówi się o celach ogólnych, o „kulturze masowej", co jest jeszcze jednym symbolem owego kołtuństwa i tej władzy, która się znajduje w rękach sierżantów i półanalfabetów. Nie odnosi się to tylko do Polski: do całego świata, do Europy przede wszystkim i Ameryki. Bo może Chińczycy mają rację w potępieniu tego wszystkiego, co jest naszym chlebem powszednim, chlebem wypieczonym z mąki pospolitości, z drożdżami kłamstwa, z solą strachu. Czuję się wplątany w to wszystko zupełnie bez powodu. Boli mnie takie interpretowanie *Sławy i chwały* w myśl tych kołtuńskich zasad. Przecież tam nie o to chodzi. Nie o wejście wojsk radzieckich i nie o znaczenie Jasia Wiewiórskiego, ale o to wielkie skonstatowanie, że i Jaś Wiewiórski, i Janusz – i nawet Edgar – mają swoje głęboko uzasadnione racje. I w zetknięciu tych racji rodzi się ten konflikt, który gubi Andrzeja i Helenkę, i Huberta, i Bronka. Bronka też, bo przecież antysemityzm to też jest mieszczaństwo. Może mieszczaństwem jest także dążenie do szczęścia. I tutaj znowu Chińczycy mają rację. Chińczycy, czyli faszyści. „Żyć można albo umrzeć, siano musi być zebrane".

Do ogólnego mojego pesymizmu jeszcze na domiar złego przeczytałem tu *Tristes tropiques* (w okropnym polskim tłumaczeniu) – najbardziej pesymistyczna książka świata dzisiejszego[2]. Podważa ona jakąkolwiek wiarę w wartości kultury. Sprowadza istnienie człowieka do najprostszych funkcji życiowych i w nich tylko widzi jaką taką wartość człowieczeństwa. „Świat rozpoczął swoje istnienie bez człowieka, świat skończy się bez człowieka". „Wszelkie wartości duchowe zamknięte są we wnętrzu istnienia ludzkości". Nie mają one żadnego znaczenia obiektywnego. Myśl oczywiście jasna i słuszna, sam do tego dochodziłem, ale konstatowanie tego *ex cathedra* bardzo jest bolesne. „Są rzeczy, których mędrzec nie mówi nikomu"[3].

[1] XIII Plenum KC PZPR odbywało się w lipcu 1963 roku. Otwarto je 4 lipca 1963 roku referatem *O aktualnych problemach ideologicznej pracy partii*, wygłoszonym przez Władysława Gomułkę. Oceniając rolę twórczości literackiej w walce o przemianę światopoglądu społecznego, Gomułka zarzucił literaturze pomijanie tematyki walki o rozwój gospodarczy kraju, „doli ludu polskiego w Polsce obszarniczej i kapitalistycznej", tematyki rewolucji, walki żołnierza polskiego oraz wskazał na „luki w tematyce antyimperialistycznej, demaskatorskiej". Piętnował „utwory o pesymistycznej, a czasem wręcz katastroficznej wymowie ideowej, niekiedy dziwaczne w formie, płaskie i ubogie pod względem intelektualnym", które noszą „szyld nowoczesności". „W utworach niektórych młodych pisarzy – stwierdzał – znajdujemy ekstrakt cynizmu. Trudno bez obrzydzenia przebrnąć przez ich opowiadania. Jest tam zresztą sporo zapożyczeń i wzorów literatury francuskiej i amerykańskiej. A nasze wydawnictwa i pisma literackie podobne obrzydliwości drukują. I co gorsza są krytycy, którzy takie utwory wychwalają". W „twórczości rozrachunkowej" dostrzegł chęć przekreślenia osiągnięć socjalizmu. Filmowi polskiemu zarzucił, wymieniając tytuły dzieł tzw. „szkoły polskiej", „pozory głębi psychologicznej i filozoficznej", „płyciznę intelektualną i poznawczą", oderwanie od warunków społecznych budującej socjalizm Polski i ucieczkę od jej głównych problemów. Krytykę literacką uznał za „jedno z najsłabszych ogniw naszego frontu kulturalnego" (cyt. za: „Trybuna Ludu" 1963, nr 185). Jarosław Iwaszkiewicz skomentował to wystąpienie na łamach „Twórczości", pisząc m.in.: „Z największą satysfakcją powitali pisarze polscy referat i dyskusję na XIII Plenum PZPR. Świadczą o tym liczne artykuły w prasie codziennej i tygodniowej. [...] Słowa, które padły zarówno w referacie, jak w dyskusji XIII Plenum, wywarły głębokie wrażenie na społeczeństwie pisarskim. Tym bardziej, że obywatelskiego stanowiska pisarzy polskich – pomimo tych czy innych dewiacji – nikt nie może kwestionować. Przypuszczać należy, że zapowiedziane – a bardzo przez pisarzy pożądane – inicjatywy dyskusyjne pomiędzy kierownictwem partyjnym a środowiskami twórców, obywatelską pozycję pisarzy należycie wyjaśnią" (J. Iwaszkiewicz, *O optymizmie*, „Twórczość" 1963, nr 9).
[2] Książka Claude'a Lévi-Straussa *Tristes tropiques* (1955) ukazała się w języku polskim pt. *Smutek tropików* w przekładzie Anieli Steinsberg w 1960 roku. Iwaszkiewicz poświęcił tej lekturze felieton *Smutek tropików* w „Życiu Warszawy" (1963, nr 191).

³ Parafraza utworu Adama Mickiewicza *Stopnie prawd*, wchodzącego w skład cyklu *Zdania i uwagi*. W całości brzmi on:

Są prawdy, które mędrzec wszystkim ludziom mówi,
Są takie, które szepce swemu narodowi;
Są takie, które zawierza przyjaciołom domu;
Są takie, których odkryć nie może nikomu.

(A. Mickiewicz, *Stopnie prawd*, cyt. za: tegoż, *Wiersze*, oprac. Cz. Zgorzelski, w: *Dzieła poetyckie*, t. 1, Warszawa 1979, s. 337).

Sandomierz, 22 lipca 1963

Najpiękniejszy letni dzień i wieczór, jaki pamiętam od wielu lat. Od rana do wieczora ani chmurki na niebie. Andrzej [Brustman] nie przyszedł, choć obiecał. Jestem sam w całej archeologii[1]. Na podwórku więzienia, w małym zakątku trochę młodzieży, dziewczynki po 13, 14 lat. Chłopak, może szesnastoletni, gra na harmonii. Jest ciemno, bardzo ciepło, powiew od Wisły. Dziewczynki chichoczą, chłopiec gra, gra. Skocznie a smutno, jak to na harmonijce w letni wieczór. I w dołku coś boli i ssie. Taka straszna tęsknota – nawet nie po czasie przeszłym, ale po rzeczach nieosiągniętych. Wydaje mi się ich tak dużo, tych obciętych nitek, które bolą w środku. I już nowych nie będzie. Nie mam komu o tym powiedzieć. I nikt by nie zrozumiał, o co chodzi. Umarli nie wrócą, a młodzi nie przychodzą. Och, jak ja im zazdroszczę tego wieczornego słuchania harmonijki.

¹ Iwaszkiewicz znalazł lokum w Pracowni Archeologicznej Zakładu Archeologii Wczesnośredniowiecznej Instytutu Historii Kultury Materialnej PAN, która mieściła się przy ulicy Zamkowej 14, „w nieistniejącym już dzisiaj XIX-wiecznym piętrowym domu, zbudowanym na północnym skraju dziedzińca zamkowego, długoletniej siedzibie administracji więziennej”. Zob. W. Burek, J. Iwaszkiewicz, *Sandomierz nas połączył. Korespondencja z lat 1945–1963*, s. 169, przypis 316.

Sandomierz, 23 lipca 1963

Jednym z największych błogosławieństw mojego żywota jest znajomość języków. Oto siedzę tutaj w Sandomierzu, pogrążając się na przemian w książce Vigorellego o Teilhardzie de Chardin[1] (po włosku) i w tłumaczeniu Kierkegaarda (z duńskiego)[2]. I jedna, i druga filozofia

– zresztą tak bardzo sobie przeciwstawna, że Vigorelli nazywa Teilharda anty-Kierkegaardem – oparte są moim zdaniem na tak prymitywnej i dziecinnej koncepcji Boga, że oczywiście to samo kładzie je na łopatki. Wielki uczony Teilhard, wspaniały badacz i utwierdziciel ewolucjonizmu, powiada gdzieś, że „Bóg stara się walczyć ze złem i umniejszyć jego znaczenie na ziemi". To rojalistyczne pojmowanie Boga jest dla mnie czymś zadziwiającym. Zwłaszcza w tak wielkim umyśle! Bóg zajmujący się, starający się, gospodarujący – to wychodzi całkowicie poza moje pojęcie. Nawet gdybym wierzył w Boga, nie wyobrażałbym go sobie takim – oczywiście wplątanym w świat, rozwijającym się wraz ze światem, ale identycznym z ewolucją – w myśl zresztą Teilharda de Chardin – nie stojącym na zewnątrz „gazdą". Cały Teilhard de Chardin, wraz z modą na niego, pachnie mi czymś tandetnym, ułatwionym, zbyt wypolerowanym i kiczowatym – jakaś filozoficzna *Trędowata*. Kierkegaard zaś to nie filozof, to poeta. Namiętny, zabijany swoimi kompleksami (ojca, homoseksualizmu, impotencji) – zrozpaczony człowiek, który chce tak rozmawiać z Bogiem jak Mickiewicz, ale oczywiście rozmowa nie wychodzi, pan, który kazał Abrahamowi zabić Izaaka, jest za bardzo na zewnątrz świata, jest też jakimś „królem" (trzeba by się zastanowić, czy monarchizm jako ustrój społeczny nie oddziaływał wyraźnie na filozofię tych facetów), i to wystawienie na próbę, które przypomina nieco niehumanistyczną *Rękawiczkę* Schillera[3]. Kierkegaard to przede wszystkim powieściopisarz, pisał antypowieści, jak Sartre, i na tej płaszczyźnie raczej trzeba ich porównywać.

Oszalałem – upał, Sandomierz, najście turystów, *„tristes tropiques"* – a ja rozmyślam o filozofii egzystencjalistycznej.

[1] G. Vigorelli, *Il gesuita proibito. Vita e opere di P. Teilhard de Chardin* (1963). Pierre Teilhard de Chardin (1881–1955) – jezuita, francuski teolog, filozof i antropolog, twórca koncepcji ewolucjonizmu chrześcijańskiego. W polskim przekładzie ukazały się wybory z dzieł Teilharda de Chardin: *Wybór pism* (1965), *Pisma wybrane* (1967), *O szczęściu, cierpieniu i miłości* (2001), *Rozum i wiara* (2003).

[2] Mowa o książce *Bojaźń i drżenie. Choroba na śmierć*, która w przekładzie i ze wstępem Iwaszkiewicza ukazała się w 1969 roku.

[3] F. Schiller, *Rękawiczka* (1797). Balladę tę przełożył na język polski Adam Mickiewicz i zamieścił w zbiorze *Ballady i romanse* (1822).

Lipiec 1963

Raz jeszcze uciec przed klątwą, niezłomnie brzmiącą: „Nie wolno ci być – masz patrzeć! Nie wolno ci żyć – masz tworzyć! Nie wolno ci kochać – masz wiedzieć!". Raz żyć w serdecznym a prostym uczuciu, kochać i chwalić! (*leben und loben*[1]). Raz jeden być pomiędzy wami, u was, być waszym, wy, żywi! Raz chłonąć was haustami, w zachwycie – o rozkosze powszedniości! Tomasz Mann[2].

[1] *Leben und loben* (niem.) – żyć i chwalić.

[2] Przywołane idee Tomasz Mann wyraził w opowiadaniu *Tonio Kröger* (1903) i XXV rozdziale powieści *Doktor Faustus* (1947, wyd. pol. 1960). Zob. T. Mann, *Tonio Kröger*, w: tegoż, *Nowele*, przeł. L. Staff, Warszawa 1956, s. 123–186; T. Mann, *Doktor Faustus*, przeł. M. Kurecka, W. Wirpsza, Warszawa 1960, s. 291–330.

24 lipca 1963

Cały dzień z Kierkegaardem i Teilhardem de Chardin. Bez obiadu. Sen o Szymonie i pięknym psie. Potem spacer wałami nad Wisłą do „mojego" drzewa. Upał i cisza, drzewo n i e s z e l e ś c i. Chłopcy na mostku, potem Cyganie. (Ale wiersz już napisany parę dni temu)[1]. Kolacja w okrąglaku z budowlanymi. Smutne szczegóły życia na prowincji, ale bardzo miło. Stasio Komasa[2] (?), coś najbardziej uroczego, co spotkałem w ostatnich czasach. Sam wdzięk. Niezwykłe spotkanie – na jeden wieczór. Dużo wódki. Potem młody księżyc nad Wisłą, upalny niebieski czar. Boże, jakie życie jest piękne. Wiersze w radio i oberek Karola[3] z tym moim ukochanym motywem. C a ł e piękne, jak to mówi Teilhard. Całe, całe.

[1] Wiersz *Pławienie koni*, opublikowany pod tytułem *Zatopiona katedra* na łamach „Nowej Kultury" (1963, nr 19) i później pod ostatecznym tytułem w zbiorze *Krągły rok* (1967). Wiersz składa się z siedmiu części. Część pierwsza powstała 27 czerwca 1963, zaś w lipcu zostały napisane: cz. 2 (3 lipca), cz. 3 (21 lipca), cz. 4–5 (22 lipca), cz. 6 (26 lipca w Sandomierzu), cz. 7 (25 lipca w Sandomierzu) (zob. Z. Chojnowski, *Ustalenia dotyczące czasu i okoliczności powstawania wierszy Jarosława Iwaszkiewicza...*, s. 283).

[2] Dopisek Iwaszkiewicza: „Kosmała, Kosmeła?".

[3] Chodzi o utwór Karola Szymanowskiego z cyklu *Cztery tańce polskie: Mazurek, Krakowiak, Oberek, Polonez* (1926).

26 lipca 1963

Przeczytałem encyklikę *Humani generis* Piusa XII[1]. Zadziwiające podobieństwo tonu do przemówień Iljiczowa[2]: nie wolno, trzeba, każdy musi, kto rozumie, ale ogólnie: podporządkowanie każdej swobodniejszej myśli „celom finalnym", czyli zdobyciu władzy nad światem. Dziś wiadomość o podpisaniu układu w sprawie zaprzestania doświadczeń z bombami atomowymi[3]. Doszli szybko do porozumienia, oczywiście przeciw Chińczykom. I niech mi tu nie zawracają głowy „ideologią". Każda ideologia bierze w łeb, kiedy chodzi o władzę. Każda ideologia jest tylko pozorem, a w najlepszym razie pozorem. Wszystko inne to kłamstwo, przeraźliwe kłamstwo. Koszmar, który mnie nawet we śnie prześladuje.

Dzisiaj myśl o wszystkich moich Annach, żywych i nieżywych. Ileż ich było! Bardzo stawiam na Anusię [Włodek], czyż jeszcze jeden zawód? Upał.

[1] Pius XII w encyklice *Humani generis. O pewnych fałszywych poglądach zagrażających podstawom nauki katolickiej*, opublikowanej 12 sierpnia 1950 roku, ustosunkował się krytycznie do ówczesnych prądów naukowo-filozoficznych (egzystencjalizmu, pragmatyzmu, historyzmu, ewolucjonizmu) oraz tez ewolucjonistycznych w teologii. Podjął się zdefiniowania relacji między wiarą i rozumem.

[2] Leonid Iljiczow (1906–1990) – radziecki działacz partyjny i państwowy, dziennikarz, filozof marksista. W latach 1938–40 pełnił funkcję redaktora odpowiedzialnego w czasopiśmie „Bolszewik", od 1940 do 1944 tę samą funkcję sprawował w gazecie „Prawda", w latach 1944–48 był redaktorem naczelnym gazety „Izwiestia", od 1951 do 1952 funkcję tę pełnił w „Prawdzie". W latach 1958–61 kierował komórką propagandy i agitacji KC KPZR. Od 1961 do 1965 był sekretarzem KC KPZR. Od 1962 członek Akademii Nauk ZSRR. Po 1965 pracował w Ministerstwie Spraw Zagranicznych w randze wiceministra.

[3] 15 lipca 1963 roku w Moskwie rozpoczęły się rokowania przedstawicieli USA, ZSRR i Wielkiej Brytanii na temat zakazu doświadczeń z bronią nuklearną. Zakończyły się one 25 lipca parafowaniem układu o zaprzestaniu prób nuklearnych w atmosferze, przestrzeni kosmicznej i pod wodą. Układ podpisały następnie rządy trzech państw biorących udział w rozmowach. W Moskwie omawiano również kwestię układu o nieagresji między państwami członkowskimi NATO i Układu Warszawskiego.

Stawisko, 31 lipca 1963

Dziś Hania wyjechała do Zakopanego z wnukami. Zaczął się doroczny okres mojej samotności na Stawisku – jak zawsze z bardzo melancholijnymi uczuciami i wspomnieniami. Czuję się dość kiepsko – i właśnie melancholijnie. Nie mogę się przyzwyczaić do tej samotności. Pobyt Andrzejów Pilawitzów[1] napełnił mnie szalonym przygnębieniem. Zupełny rozkład człowieka to straszny widok. A pamiętam go przecież jako pięknego ułana, eleganckiego, nudnawego, ale jednak ładnego chłopca. A teraz to monstrum nieruchawe, upadające, niemogące się poruszać – i tylko bezmyślnie pesymistyczne. Zasmucił mnie na długo ten widok – choć nigdy go nie lubiłem. Okropnie przygnębiający ten widok starych ludzi – naokoło mnie same *épaves*[2], naprawdę czasami się żyć nie chce – i wydaje mi się, że sam się staję taką „epawą". Piszę jeszcze jako tako – ale to już uważa się u nas za jakieś hokus-pokus, podczas kiedy to normalny, trwający proces, żadne odnowienie czy odrodzenie. *Jutro żniwa*[3] porównują z *Wikliną* Staffa[4], aliści to jest zupełnie co innego, wynik innego procesu. Nie jest to „obrona ustępującej generacji", jak napisała ta idiotka Marta Wyka, ale po prostu kontynuacja[5]. Zresztą niektóre generacje nie ustępują – pozostają na zawsze.

[1] Andrzej Pilawitz i jego żona Helena Poleska.

[2] *Épaves* (fr.) – wraki.

[3] J. Iwaszkiewicz, *Jutro żniwa. Nowe wiersze* (1963).

[4] L. Staff, *Wiklina* (1954).

[5] Marta Wyka (ur. 1938) – historyk literatury i krytyk literacki; debiutowała w 1961 roku na łamach tygodnika „Współczesność". Od 1963 roku związana z Instytutem Badań Literackich PAN, od 1975 z Instytutem Filologii Polskiej UJ w Krakowie. Autorka m.in. prac monograficznych: *Gałczyński a wzory literackie* (1970), *Brzozowski i jego powieści* (1981), *Leopold Staff* (1985), tomów szkiców literackich: *Głosy różnych pokoleń* (1989), *Szkice z epoki powinności* (1992), *Światopoglądy młodopolskie* (1996), *Punkty widzenia* (2000), *Niecierpliwość krytyki* (2006) oraz książek wspomnieniowych: *Krakowskie dziecko* (1998), *Przypisy do życia* (2007). Mowa o artykule *Iwaszkiewicz 63*, stanowiącym omówienie tomu poezji *Jutro żniwa*. Autorka pisała w nim m.in.: „Z niewątpliwym momentem zwątpienia w autentyczną wartość tej twórczości łączy się u Iwaszkiewicza przeświadczenie, iż należy on do pokolenia literackiego, które musi ustąpić, cofnąć się przed napierającymi nań nowymi generacjami. Świadomość ta nie jest zresztą wyłączną własnością Iwaszkiewicza. Występuje ona u wszystkich prawie poetów jego pokolenia. [...] Trudno jest poecie przezwyciężyć nieuniknioną prawidłowość odwrotu pokoleń literackich. Lecz

najmocniej chyba ją odczuwa i na swój sposób osłabia, oddala" (M. Wyka, *Iwaszkiewicz 63*, „Współczesność" 1963, nr 15).

17 sierpnia 1963

Czytałem dziś pamiętniki Stefana Spiessa[1] – i nagle jedno zdanie o powrocie do opustoszałej Warszawy w 1918 roku wywołało przede mną jak różdżka zaklęta cały obraz tej epoki. Poczułem jej obraz z całą plastycznością i zatęskniłem gwałtownie i boleśnie do szczęścia, jakie wtedy odczuwałem. Jedyny to czas, za powrót którego oddałbym nie wiem co: ta dziwna Warszawa, mieszkanie u Gucia na Wiejskiej 21[2] i to zgromadzenie niebywałych jakichś odczuwań; sam koloryt tej jesieni, zapach warszawskiego chleba, odkrywające się zupełnie nowe i nieznane perspektywy pod każdym względem. Odkrywanie po prostu życia, które było w Kijowie ukryte przede mną – a miałem przecież już dwadzieścia cztery lata. I ci nowi przyjaciele, i jakiś dreszcz historii – wszystko, wszystko – czemu to nie może wrócić? I ten sam Stefan Spiess, pierwsza moja wizyta u niego – jakieś nieokreślone możliwości „wielkiego" życia, o którym tak intensywnie marzyłem, wracając z koncertów w Kijowie, z Kupieckiego Klubu czy ogrodu, piechotą przez cały Kreszczatik i [Wielką] Wasylkowską, do naszego nędznego mieszkania. Nie myślałem wówczas, że mi się aż t y l e zrealizuje z tych marzeń, a jednak chciałbym, aby wrócił ten czas. Jesień 1918 roku, „Pikador", pikadorczycy, kawa u Turka i pierwsze kolacje w Astorii. Czuję to tak mocno, tak wyraźnie – z takim przejmującym smutkiem. Tak bardzo odczuwam, że to minęło jak sen – i dzieli mnie od tego blisko pół wieku czasu. Jakież to były intensywne wrażenia, skoro je tak do dziś pamiętam. I ta podróż do Radomina[3], Wisłą przez Płock, i hotel Angielski w Płocku, i ta wątróbka smażona. Taki był smak szczęścia – tego słowa, które tak często powraca w moim dzienniku. Smutek przejmujący w letni pogodny, cichy dzień.

Bardzo mi brak już Hani.

[1] S. Spiess, *Ze wspomnień melomana* (1963). Iwaszkiewicz poświęcił książce felieton *Ze wspomnień Melomana* („Życie Warszawy" 1963, nr 221).
[2] Iwaszkiewicz po przeniesieniu się z Kijowa do Warszawy w październiku 1918 roku mieszkał krótki czas w warszawskim mieszkaniu Augusta Iwańskiego.
[3] Zob. przypis nr 5 na s. 106.

26 sierpnia 1963
Jutro przyjeżdża już Hania. Stęskniłem się do niej, ale mimo wszystko jak spokojny był ten miesiąc bez niej. Zebrania staruszków (Szyfman, Hesia[1] i Hela) miały swój urok[2]. Myślę, że tak mogłoby być zawsze, gdyby nie niepokój Hani i troszczenie się o tak wiele rzeczy, które właśnie mogłyby być po prostu „przydane". Wszystko można rozstrzygnąć bez niepokoju, kiedy się ma głębokie przeświadczenie, że tak mało od nas zależy i tak mało w naszym losie można „poprawić". Cisza tych czterech zrezygnowanych żyć (bo Szyfman robi tyle hałasu, aby się wydawało, że on jeszcze nie zrezygnował!) – wytwarzała harmonijny spokój – co w połączeniu z pięknym latem było w gruncie rzeczy bardzo piękne. Już ani Szyfmana, ani Hesi, ani tym bardziej Heli nie interesuje nic z prawdziwego istnienia. I mnie to przekonywało o tym, że w gruncie rzeczy jest wszystko jedno, czy się coś pamięta, czy nie pamięta, czy odróżnia się Pimpusia od Szarusi, czy się odróżnia dur od moll. Po prostu doznawało się rozkoszy wegetacji – a prawdziwi ludzie, którzy zjawili się na tym horyzoncie – Telakowska czy Zygmunt Mycielski – chociaż mówili tak ciekawie, opowiadali o rzeczach nieistniejących: dwór Rainiera w Monaco[3] czy metody medyczne doktora Sobańskiego wydawały się dalszym ciągiem tych fantasmagorii, które mnie tak teraz prześladują w nocy. A może prześladują mnie i w dzień?

Miałem dziś list od Osmańczyka[4] rozsnuwający jakieś cudowne projekty podróży do Ameryki Południowej. Czytam także *Pamiętniki* Domeyki[5]. Ciągnie mnie tam coś. Przedwczoraj miałem śniadanie z Joaquinem Gutiérrez[6]. Jakoś to się składa.

---

[1] Helena Męcińska z d. Marconi, Hesia (zm. 1969) – córka Heleny z Lilpopów Marconi, siostry Stanisława Wilhelma Lilpopa. Siostra cioteczna Anny Iwaszkiewiczowej.

[2] W tym czasie na Stawisku gościli Arnold Szyfman i Helena Męcińska. W szkicu *Arnold Szyfman* Iwaszkiewicz w następujący sposób opisywał okoliczności ich pobytu: „W roku 1963 Marysia [Szyfmanowa] wyjechała na dłuższy czas do Ameryki, Szyfman odczuwał swoją samotność, nie mógł się zdecydować na żadne letnisko czy wczasy. Zaproponowałem wtedy, aby przyjechał do nas na Stawisko. Zgodził się chętnie – i nawet nie odbył swoich niejako obrzędowych wahań, które przeżywał przy każdej, nawet mało ważnej decyzji. Moja żona wyjechała do Zakopanego, w domu była tylko moja siostra Helena, której to były już ostatnie miesiące życia, zaprosiliśmy także kuzynkę mojej żony, Helenę z Marconich Męcińską, której wojna zadała

wyjątkowo ciężkie ciosy, i tak przeszło nam to wspólne lato, które ja nazwałem «latem starców». Młodzieży i dzieci nie było, wszystko to gdzieś szalało w górach i nad morzem. Lato było bardzo piękne, schodziliśmy się na wspólne posiłki poświęcone spokojnym rozmowom i wspomnieniom. Męcińska opowiadała o swojej szczęśliwej młodości, spędzonej w willi Marconich, o starej Warszawie, tej z Kostrzewskiego, który był bliskim przyjacielem rodziny (stąd mamy parę pięknych jego obrazów), my z siostrą wspominaliśmy czasy ukraińskie – i późniejsze – a Szyfman Kraków swojej młodości. Zresztą spotykał tutaj całkowite zrozumienie mojej siostry, z którą prawie był jednolatkiem – a do koleżanek siostry należały Helena Radlińska (Boguszewska), Jadwiga Mrozowska, Niusia Szyllerówna [...]. Mam wrażenie, że Arnold czuł się dobrze u nas w domu, dużo czytał i odpoczywał po rujnującej pracy w Teatrze Wielkim, gdzie wysiłek codziennego użerania się o każdą rzecz przewyższał jego starcze możliwości. Mówił mi: «Jaka ta twoja siostra jest miła. Ona nic nie mówi». [...] Tych parę tygodni starczej idylli wbiło mi się bardzo w pamięć i mam wrażenie, że zostały one także w pamięci Arnolda" (J. Iwaszkiewicz, *Aleja Przyjaciół*, s. 126–127).

³ Rainier III (1923–2005) – od 1949 roku książę Monaco. Organizował w Monaco konkurs kompozytorski (Concours Musical Prince Rainier III de Monaco). W 1961 roku Zygmunt Mycielski otrzymał na tym konkursie nagrodę specjalną za swoją *II Symfonię*. Od tego czasu uczestniczył w pracach jury konkursu.

⁴ Edmund Jan Osmańczyk (1913–1989) – dziennikarz prasowy i radiowy, prozaik, poeta. W latach 1947–69 korespondent zagraniczny Polskiego Radia i Polskiej Agencji Prasowej. Od 1969 zajął się działalnością publicystyczną oraz pracą naukową. Autor m.in. tomów szkiców publicystycznych i publicystyczno-historycznych: *Powrót* (1955), *Nasza Europa* (1971), *Rzeczpospolita Polaków* (1977), *Trzy Europy* (1989), *Encyklopedii spraw międzynarodowych i ONZ* (1974), reportaży oraz kilku książek wspomnieniowych. W latach 1952–61 i 1969–85 poseł na Sejm PRL. W 1989 roku wybrany z ramienia Komitetu Obywatelskiego do Senatu.

⁵ Ignacy Domeyko (1802–1889) – mineralog, geolog, inżynier górnictwa, badacz Chile; od 1946 profesor uniwersytetu w Santiago (w latach 1867–83 rektor); stworzył naukowe podstawy eksploatacji bogactw naturalnych, przyczynił się do zorganizowania nauki i szkolnictwa wyższego w Chile, założył sieć stacji meteorologicznych, opracował mapę geologiczną Chile. Badania formacji jurajskiej i opisy nowych minerałów przyniosły mu światową sławę. Autor m.in. memuarów *Moje podróże. Pamiętniki wygnańca* (oprac. E. H. Nieciowa, t. 1–3 1962–63). Iwaszkiewicz poświęcił im felieton *Domeyko* („Życie Warszawy" 1963, nr 268).

⁶ Joaquin Gutiérrez (1918–2000) – poeta i prozaik, pochodzący z Kostaryki, wydał m.in. powieści *Maglar* (1946), *Puerto Limón* (1950, wyd. zmienione 1968) oraz zbiór *Poesia* (1937).

25 września 1963
I znowu jesień. Cudowne jasne dni, ciepłe gwiaździste noce, radość istnienia. Warszawa taka rozkoszna, kolorowa, piękna. Młodzi ludzie tacy piękni, dziewczyny z zachwyconymi twarzami, chłopcy, do których należy wszystko – plus przyszłość.

We mnie zamierające wspomnienia „dobrego" sierpnia. Pobyt staruszków – Szyfmana, Hesi – w Stawisku i m o c n e ofiarowanie się moje, żeby coś dla nich zrobić. Potem wrześniowe wspomnienia Genewy, dwa tygodnie w tym „dobrze urządzonym Radomiu", widziane jak jakieś mieszczańskie i nieosiągalne szczęście. Marie-José i Wiszniakowa, Irena Krzywicka i Nela Rubinsteinowa, i jakieś powiązanie czy ścieranie się z tymi losami. Bogactwo zbyt może dojrzałe. Bal hiszpański w Lozannie pod oknami sanatorium, w którym umarł Karol[1], hotel w Montreux, w którym mieszkaliśmy trzydzieści jeden lat temu (w tym samym pokoju) – jak targ z owocami i kwiatami, których się wszystkich nie kupi. Koncert w Montreux i to wykonanie *III Symfonii* Karola, którego póki życia nie zapomnę. I nawet nie mogę o tym nikomu powiedzieć. Hania zawsze niezadowolona z tego, co ma, wzdychała do *Czwartej*. A o ileż ta trzecia większa, bardziej z mojego świata, bardziej z Tymoszówki i z młodości, bardziej niewytłumaczona i bardziej tajemnicza w swojej ekstazie. Co jest „Bogiem" w tej symfonii. „Ja i Bóg – jesteśmy sami nocy tej". Bogactwo nieprzebrane. I z tym wszystkim to, co powiedziałem Szymkowi, że mam szare życie, nie jest całkiem bezpodstawne. Odczuwanie pustki we mnie i naokoło mnie dochodzi do natężenia prawie bolesnego. Uczucie pogrążenia w wodzie „bez dna i bez pokrywki" – jak za czasów Jury Mikłucho-Makłaja. Co to właściwie znaczy?

Brak wiary, brak idei, brak Boga, świat jak szybko obracający się i bezsensowny film. Losy tych wszystkich ludzi, o których mówię, i tysiąca innych jak tańce papug w klatkach. Zoo w Buenos Aires – ten ślad dotkliwy poczucia nierealności, nierzeczywistości świata. I ta zupełna „niemożność". Nic z tego, co chciałem wyrazić, niewyrażone, nic z tego, co chciałem odczuć – nieodczute. I nikogo obok mnie. Jurek B[łeszyński] jaki był, taki był, ale póki żył, b y ł przy mnie. Wszystko jedno, co nim powodowało, ale był.

Myślę, że wyrazem naszych smutnych i barbarzyńskich czasów jest muzyka, którą częstują nas na Jesieni Warszawskiej. Głos słodki i rozpaczliwy tenora, który chce przekrzyczeć *il tumulto delle strade*[2] – u Nona. Jakież to bebechy. A gdzie równowaga, spokój, dojrzałość? Krzyk i strach – czyż to jedyne ludzkie uczucia? Może rzeczywiście nie ma miłości?

[1] Karol Szymanowski zmarł w sanatorium Clinique du Signal w Lozannie, 29 marca 1937 roku.
[2] *Il tumulto delle strade* (wł.) – zgiełk ulic.

29 września 1963
Wszystko wydaje się już tylko jakimiś strzępami życia, zbutwiałymi szmatami, za które się człowiek chwyta w poczuciu bezsiły i omdlewania. To, co przychodzi, nie ma żadnego już znaczenia – i właściwie machinalny tylko rozpęd: biuro, praca, dom. Wszystko w najwyższym stopniu nieporządne. Podróże rysują się jak widma niepotrzebnego zmęczenia, a w domu chłód, samotność – a właściwie osamotnienie – i jakieś obrzydliwe namiastki prawdziwych chorób. Jesień przeraża i przejmuje dojmującym smutkiem. Ale nawet tego smutku nie odczuwa się do głębi. Samym naskórkiem. Tak mnie martwi Hania, córki, wszystkie takie odległe ode mnie i niemogące mi nic dać. Niestarające się nawet coś dać. A poza tym nikogo. Trochę przyjaźni było u Szymka, a teraz ten szał gospodarstwa oderwał go od moich spraw. Trochę to się ciągnie, nudno i niepotrzebnie, ta ostatnia komedia. Zaraz będzie padał śnieg.

6 października 1963
Miałem zamiar szczegółowego opisania mojej piątkowej rozmowy z Zenonem Kliszką[1]. Była ona znacząca i zrobiła na mnie dość duże wrażenie. Ale dzisiaj po południu spędziłem pół godziny na słuchaniu muzyki Chopina w wykonaniu Światosława Richtera[2]. Po wyjeździe tłumu dzieci było w domu zupełnie cicho – i na dworze po jesiennym deszczu też zupełnie cicho. Przez okno widziałem topolę, która nabrała miedzianego koloru i stała nieruchoma. Jesienny pejzaż – tak cudow-

ny – i ta niezmiennie piękna muzyka tak mnie jakoś napełniły poczuciem wieczności i rzeczy niezmiennych, że nagle ta rozmowa z politykiem pełnym kompleksów i chwilami żałosnym wydała się zupełnie niegodna uwagi. Uważam, że są rzeczy ważniejsze od polityki, zwłaszcza tak niedobrej. Może to właśnie Kliszko miał na myśli, mówiąc do mnie: „Bo pan to nas traktuje z góry, arystokratycznie. Ja nie mówię, że pan jest arystokratą, ale nas traktuje pan jak arystokrata".

Tylko tym poczuciem „rzeczy ważniejszych" mogę tłumaczyć to powiedzenie, bo przecież właściwie jestem nieśmiały i skromny. Boję się „ich". Gdzieżbym mógł traktować „z góry"!

Jutro jadę do Rzymu.

[1] Zenon Kliszko (1908–1989) – działacz partyjny i państwowy, z wykształcenia dziennikarz. W latach 1957–70 sekretarz KC PZPR. W latach 1957–72 poseł na Sejm PRL, pełnił m.in. funkcję wicemarszałka Sejmu i przewodniczącego klubu PZPR.

[2] Światosław Richter (1915–1997) – pianista rosyjski. W latach 1937–44 uczeń Henryka Neuhausa, znanego Iwaszkiewiczowi z ukraińskiego okresu jego biografii. Początkowo występował tylko w ZSRR. Od początku lat 50. koncertował w Europie Środkowej i Wschodniej, a od 1960 na Zachodzie, występując w najważniejszych salach koncertowych i zyskując sławę pianisty-wirtuoza. Od 1954 roku wielokrotnie występował w Polsce, m.in. na festiwalu Warszawska Jesień (1958, 1980). Autor licznych nagrań płytowych.

Bari, 18 października 1963

Ausgerechnet[1] musiałem dojechać do Bari![2] Wybierałem się tu przed dziesięciu laty, kiedy myślałem o powieści o królowej Bonie[3], i dwa razy te „studia" były pretekstem do podań o paszport. No i jestem tu teraz, kiedy nie mam już pomysłów ani zamiarów pisania powieści. Zwłaszcza o królowej Bonie. Przyznam się, że byłem trochę wzruszony przed jej pomnikiem, i ten napis: *„regina Poloniae, magna ducissa Lithuaniae, Russiae, Prussiae, Samogitiae..."*[4]. Boże drogi, co ten napis znaczy na tym pustkowiu, w gwarnym i niesympatycznym mieście, gdzie wszystko takie zupełnie inne, w zbyt purystycznie odnowionym kościele, gdzie zimno i nieprzytulnie – i zupełnie już niemodlitewnie. Gdzież to porównać z katedrą wawelską! Będę gorąco za przeniesieniem prochów Bony na Wawel. Żeby jednak babsko wróciło!

Pogoda cudowna, wczoraj winobranie i Castel del Monte[5], i katedra w Trani, i wszystkie takie „wielkie" rzeczy. Bardzo mi było dziwnie – skąd ja tutaj. I znowu myśl o borach iłżeckich. *C'est une idée folle*[6]. Coca-cola poczciwy dla mnie strasznie, obwozi mnie wszędzie i na siłę mnie tu trzyma. No ale...

[1] *Ausgerechnet* (niem.) – akurat, właśnie.

[2] Iwaszkiewicz przebywał w Bari na zaproszenie Alfo Cocoli – włoskiego adwokata, męża polskiej poetki Kazimiery Alberti. Pisarz poznał go w Polsce, dokąd Cocola przyjechał, poszukując bliskich swej zmarłej małżonki. Iwaszkiewicz otrzymał wówczas zaproszenie do Bari. W *Podróżach do Włoch* w następujący sposób wspominał okoliczności wyjazdu: „Miałem tej jesieni jechać do Włoch, wybierałem się do Amalfi [...] i bardzo mi się nie chciało zbaczać do Bari. Toteż z Rzymu zadepeszowałem do adwokata: «Bardzo przepraszam, przyjechać nie mogę, pozdrowienia Iwaszkiewicz». Na co w parę godzin potem dostałem odpowiedź telegraficzną: «Najlepszy pociąg z Rzymu do Bari odchodzi o 13.10, czekam Bari na dworcu o godzinie siódmej w czwartek. Cocola». Cóż robić? Pojechałem do Bari. I do dziś dnia się z tego cieszę" (J. Iwaszkiewicz, *Podróże do Włoch*, s. 162).

[3] Zob. tom 1, przypis nr 2 na s. 307, oraz przypis nr 4 na s. 458.

[4] *Regina Poloniae...* (łac.) – królowa Polski, wielka księżna litewska, ruska, pruska i żmudzka. Napis na pomniku upamiętniającym Bonę, pochowaną w prezbiterium kościoła św. Mikołaja w Bari.

[5] Iwaszkiewicz opisywał wrażenia związane z Castel del Monte: „Od dawna chciałem zobaczyć to cudo średniowiecznej architektury. Zamek ten – w gruncie rzeczy zamek myśliwski i strażniczy – niemogący stanowić rezydencji, jest kwintesencją tego, co wyraża romans średniowieczny, średniowieczna pieśń rycerska. Położony w zadziwiającym pustkowiu, dziś jeszcze oddzielony od siedzib ludzkich godzinami drogi, od momentu ukazania się podróżnemu na horyzoncie przykuwa jego oczy do swej tajemniczej sylwetki. Wokół panuje taka pustka, jak we wstępie do trzeciego aktu *Tristana*. [...] Czy Fryderyk II – sam planując ten zamek – pragnął zakląć w jego mury jakieś symboliczne znaczenia, czy też zabarwiają go tajemnicą wieki, które nad zamkiem przeszły, ogołacając go ze wszystkich zbędnych ozdób, a pozostawiając sam mur – nie wiadomo. Tylko wiadomo, że od pierwszej chwili ujrzenia Castel del Monte robi potężne wrażenie i że wciąga w jakąś grę, w jakąś akcję sakralną czy teatralną. Kontakt z tym zamkiem jest bardzo swoisty i tajemniczy" (J. Iwaszkiewicz, *Podróże do Włoch*, s. 168–170).

[6] *C'est une idée folle* (fr.) – Cóż za zwariowana myśl.

Amalfi, 22 października 1963[1]
Śmierć w Amalfi
Kiedy tu przyjechałem przedwczoraj, usiadłem na tarasie mojego

594

pokoiku w pensjonacie Sole i powiedziałem sobie: „No, nareszcie, sam z sobą". Ale po namyśle przyszedłem do przekonania, że nie mam „sam sobie" nic do powiedzenia. To smutne tak pod koniec życia powiedzieć sobie: nic. Ale tak jest w istocie.

Widocznie nie miałem nic wielkiego w sobie, ani wielkiej wiary, ani wielkiej namiętności. A jeżeli je miałem kiedy, to odpadły ode mnie jak płatki kwiatu, odsłaniając niezapłodniony rdzeń. Myślę, że za mało kochałem w życiu, nie dość kochałem Hanię, nie dość kochałem córki. Więcej, nie dość kochałem siebie, to znaczy moją twórczość – pozostawałem do niej w stosunku obojętnym. I słusznie, ponieważ nie mogłem nigdy uwierzyć w jej wielkość, której nie miała. A przecież tęsknota, gwałtowne pożądanie wielkości jest zasadniczym rdzeniem mojego życia. Ale nigdy nie wiedziałem, na czym ta wielkość może polegać.

Wczoraj w „Nouvelles Littéraires" czytałem jakąś recenzję z dzieła Steinera[2] o Tołstoju i Dostojewskim. O tych dwóch pisarzach czytam zawsze wszystko ze ściśniętym sercem. Nawet przypominanie Turgieniewa, takiego mi bliskiego i którego niezdarnie naśladowałem – *toutes proportions gardées*[3], jak powiedział o tym Edmond Jaloux[4] – ściska mnie w gardle. Dziś w nocy nie spałem jak zwykle i myślałem o noweli *Wiesiennyje wody*[5], i przypomniałem sobie nastrój, z jakim to czytałem, na górce, na Prozorowskiej ulicy w Kijowie, tej bardzo pamiętnej wiosny 1910 roku. Było tyle białych plam na mapie naszej literatury – nie pokazałem na żadną z nich i nie powiedziałem jak Conrad: tam będę. Może poszedłem po linii najmniejszego oporu?

Czasami wydaje mi się, że jestem niedoceniany, niedostatecznie brany pod uwagę. Ale niedocenianych pisarzy nie ma. Widocznie takie jest moje dzieło, nieporównywalne do żadnego innego. Sienkiewicz, Prus, Orzeszkowa, że mówię o naszych, jakżeż trafili w społeczeństwo, jak z nim współgrali, jak byli w i e l c y jako wyraz swojego społeczeństwa. I nikt im nie wymyślał od „kanalii"...

Parę lat temu zdawało się, że znajdę drogę do Europy. Okazało się i to niewypałem. Książki moje przetłumaczone na inne języki utonęły w morzu przeciętności, niezauważone, niespostrzeżone. Wydawcy rozczarowani – cóż w tym dziwnego, też ludzie. Im chodzi o zarobki, o „wylansowanie", o pieniądze.

Przywiązywałem pewną wagę do tomiku *Jutro żniwa*. Recenzje, które się o nim ukazały, beznadziejne. Niezrozumienie zupełne, ale poza tym jednak mogę na ich podstawie stwierdzić, że to nie jest tak dobre, jak ja myślałem, jak chciałem, żeby było. Dużo włożyłem w ten tom, dużo pożegnań – ale i dużo powitań. Najgorsze jest to „docenianie" mnie przez partię, przez „Trybunę Ludu". Mój Boże! Ale przecież to jest zupełnie nie to, czego wy chcecie. Nawet mój bunt jest tak mały, że niedostrzegalny, nie da się podciągnąć pod żadne znane zjawisko. To tak sobie powtarzam w tej dziurze, którą jest Amalfi. Pusto tu i smutno po sezonie, ubogo i brudno, tylko słońce i morze jednakowe. Na plaży mnóstwo „Tadziów" i tak mi przyszedł do głowy tytuł tej notatki, zapożyczony z tytułu noweli słabego pisarza, jakim był w gruncie rzeczy Tomasz Mann[6]. Jemu się też chciało być Goethem, co większa – wyobrażał sobie, że j e s t czymś w rodzaju Goethego. Biedaczek! Ja przynajmniej tych złudzeń nie mam. I to właśnie jest mój smutek, moja śmierć, ta moja małość i nicość.

[1] Zapis z 22 października 1963 roku, w nieco skróconej i zmienionej formie, wszedł w skład rozdziału *Amalfi* w tomie *Podróże do Włoch* Jarosława Iwaszkiewicza.

[2] George Steiner (ur. 1929) – historyk literatury, filozof i powieściopisarz, profesor uniwersytetów w Genewie, Oksfordzie i Uniwersytetu Harvarda w Cambridge. Opublikował m.in.: *The Death of Tragedy* (1961), *Po wieży Babel: problemy języka i przekładu* (1975, wyd. pol. 2000), *A Reading Against Shakespeare* (1986), *What is Comparative Literature?* (1995), *Nostalgia for the Absolute* (2004), *The Idea of Europe* (2005), *My Unwritten Books* (2008). Książka *Tolstoy or Dostoevsky*, o której wspomina Iwaszkiewicz, ukazała się w 1958 roku i była debiutem naukowym Steinera.

[3] *Toutes proportions gardées* (fr.) – zachowując wszelkie proporcje.

[4] Edmond Jaloux (1878–1949) – francuski pisarz, krytyk i historyk literatury. Poprzedził przedmową francuski przekład *Panien z Wilka* (*Les demoiselles de Wilko*) autorstwa Paula Cazina, wydany w Paryżu w 1938 roku. Autor m.in. książek: *Le Reste est silence* (1909), *Les Amours perdues* (1919), *Les Barricades mystérieuses* (1922) oraz siedmiotomowego cyklu *L'Esprit des livres* (1922).

O pokrewieństwie prozy Iwaszkiewicza i Turgieniewa Edmond Jaloux pisał w przedmowie do *Panien z Wilka*: „Czy to dzięki podobieństwu tematów, czy też dzięki pewnemu pokrewieństwu w sposobie ich traktowania, nie można czytać *Panien z Wilka* i *Brzeziny*, nie myśląc o Turgieniewie. Zwłaszcza *Panny z Wilka* przypominają nieodparcie *Gniazdo szlacheckie*. Sztuka p. Iwaszkiewicza jest niewątpliwie mniej doskonała, mniej czysta od sztuki wielkiego powieściopisarza rosyjskiego. Nie posiada ona konturu równie prostego i równie giętkiego (*souple*). Przede wszystkim jednak nie potrafi on w tym stopniu, co jego mistrz, znaleźć naturalnego zakończenia dla swoich opowiadań. [...] Ale podobnie jak Turgieniew, p. Iwaszkiewicz posiada odczucie natury, sprawia iż jest ona wokół nas obecna ze swymi zapachami, swymi szmerami, swym milczeniem, owym życiem tajemnym, które się wokół nas mrowi, a w którym uczestnictwo przychodzi z takim trudem. Podobnie jak Turgieniew, celuje on w rysowaniu postaci kobiecych, tworzy je spontaniczne, szczere, zindywidualizowane. W tej dziedzinie *Panny z Wilka* są czymś niezwykłym" (*Jaloux o „Pannach z Wilka"*, „Wiadomości Literackie" 1938, nr 35).

[5] I. Turgieniew, *Wiesiennyje wody* (1872, wyd. pol. *Wiosenne wody* 1879). Nowela ta jest często porównywana z opowiadaniem Iwaszkiewicza *Kongres we Florencji*, napisanym w 1941 roku.

[6] Tytuł tego zapisku, *Śmierć w Amalfi*, stanowi odwołanie do noweli Tomasza Manna *Śmierć w Wenecji*.

23 października 1963

Wczoraj widziałem nad morzem łódź. Wiosłował nią nagi piękny chłopak, drugi płynął obok łodzi w hełmie i z płetwami na nogach: ten płetwonurek zanurzał się co i raz i widać sięgał głęboko pod wodę. Nagle wynurzył się z ostrogą w ręce, miał na niej przebitą rybę, którą ugodził w głębi wody. Podał ostrogę z rybą temu, co był w łódce. Ten chciał strząsnąć rybę z dzidy. Mimo że potrząsał z całej siły, ryba nie spadała z ostrogi. Drugi zniecierpliwił się, wlazł do łódki i sam zaczął strząsać rybę. Ryba nie spadała. I tak po kolei, wyrywając sobie dzidę z ręki, strząsali rybę i nie mogli strząsnąć. Widok był zbyt okrutny, odwróciłem się.

I pomyślałem sobie: to ja. Życie mnie przebiło jak ostroga i chciałoby strząsnąć. A ja się trzymam tej dzidy i nie daję się strząsnąć. Dlaczego? Po co?

Amalfi, 26 października 1963

Przedwczoraj cały dzień w Paestum. Tyle razy się tam wybierałem, tyle razy machałem na to ręką – no i wreszcie byłem. Najprzyjemniejsze z całego dnia – spacer wiejską drogą wzdłuż muru, zbieranie szyszek piniowych i obiad na małej stacyjce, w ogródku, z uroczym poczciwym starym psem i milutkim kotem, całym czarnym. Muzeum (metopy z VI wieku – prototypy palermitańskich) bez wrażenia. Piękno świątyń i ich samotnego położenia straszliwie zepsute przez główną drogę Salerno–Reggio, która przechodzi pod samym nosem biednych gmachów. Robią wrażenie przerażonych i bardzo zasmuconych. Oczywiście drzemie w nich dorycka powaga, coś z Eschylosa[1] – zwłaszcza, kiedy się spojrzy od tyłu ku górom, wtedy się robi jakaś całość, jakiś pejzaż. A tak za bardzo jakoś są włączone w życie, za mało skupienia, morze daleko, ledwie widać skrawek, nie można nawet porównać z pejzażem Agrygentu, który jest wstrząsający. Nawet tak, z daleka, w deszczu, jak go widziałem w zeszłym roku. Wyniosłe, samotne świątynie widać na tle morza. Ale z całości wycieczki mam wrażenie pozytywne – jakiegoś spokoju i przemijania. Dobrze mi tam było. I potem było tak przez cały dzień, jak po wysłuchaniu fugi Bacha.

Good bye, Amalfi!

[1] Ajschylos z Eleusis (525–456 r. p.n.e.) – grecki tragik, autor 70 tragedii i 20 dramatów satyrowych. W całości zachowało się siedem tragedii: *Błagalnice*, *Prometeusz skowany*, *Siedmiu przeciw Tebom*, *Persowie* oraz trylogia *Oresteja*.

Monachium, 1 listopada 1963

Bardzo śmiesznie przyjechać do Monachium, kiedy pan senator „w niełasce". Schöndorff nie był na dworcu i nawet mnie nie przyjął, umówił się dopiero ze mną na poniedziałek. Tymczasem opiekują się mną poczciwi Lachmannowie[1]. Ale mi się jeszcze nigdy nie wydały tak okropne te Niemcy. Monachium po Rzymie wydało mi się tak brzydkie, ponure, ohydne – i Niemcy też. W 1957, 58 była to jakaś nowość, zresztą powietrze było inne. Jakoś się wydawało, że to pójdzie, teraz oni są straszni i to miasto wywołuje same niedobre wspomnienia. Jest ruchliwe, pełne przystojnych ludzi, ale ponure. Oczywiście odgrywa tu rolę i to, że jest listopad w pełni, a w Rzymie było lato, zimne lato – ale w Amalfi do ostatniego dnia zupełnie ciepło z kąpielami w morzu. We wtorek o zmroku poszedłem jeszcze do tego ogródka na Awentynie, było cicho i niewyrażalnie pięknie. Drogę miałem bardzo męczącą, ale będę miał jeszcze gorszą w powrocie do domu. Miasto zawalone towarami, wczoraj w *Kaufhausie*[2] po prostu w głowie mi się zakręciło na widok tej ilości koszul, jakimi zasłany jest cały parter. Sklepy spożywcze też niebywałe – no i jakież życie umysłowe. Książki, teatry, nie to, co w biednym Rzymie. Ale już mi się chce piekielnie do domu, tym bardziej, że nie bardzo się dobrze czuję. Czytam jakieś bzdury pornograficzno-detektywistyczne i właściwie mówiąc, nie wiadomo, po co tu sterczę. Ze Staemmlerem[3] nie będę się mógł widzieć, bo on gdzieś wyjeżdża piątego, a przed piątym trudno, abym do tego Frankfurtu jechał. Jednym słowem pobyt raczej nieudany. Lachmannowie mili i urocza Ania[4]. Zachwycona była laleczkami, które jej przywiozłem.

[1] Piotr Lachmann z pierwszą żoną, Renatą Lachmann (ur. 1936) – tłumaczką, profesor slawistyki i literaturoznawstwa na uniwersytetach w Bochum, Yale i Konstancji nad Jeziorem Bodeńskim, autorką książek z dziedziny teorii literatury.

[2] *Kaufhaus* (niem.) – dom towarowy.

[3] Klaus Staemmler (1921–1999) – tłumacz literatury polskiej. Autor przekładów na język niemiecki m.in. dwóch tomów *Sławy i chwały* (*Ruhm und Ehre*, t. 1, München 1960; t. 2, Berlin 1962), *Kongresu we Florencji* (*Kongress in Florenz. Roman*, München 1958) oraz opowiadań Iwaszkiewicza: *Die Liebenden von Marona. Erzählungen* (München 1962), *Drei Mühlen. Erzählungen* (Frankfurt 1965), *Heydenreich. Mephisto-Walzer* (Frankfurt 1966), *Die Rückkehr der Proserpina. Erzählungen* (München 1967), *Zwei Kirchen. Erzählungen* (Berlin 1970), *Die Fräulein von Wilko: drei Novellen* (Frankfurt 1985).

[4] Anna Lachmann (ur. 1962) – córka Renaty i Piotra Lachmannów, później tancerka.

Monachium, 3 listopada 1963

Wczoraj wieczór z Tadeuszem Nowakowskim. Wrażenie wielkiej goryczy i rozdrażnienia. Niby to znakomicie poinformowany, ale w nastroju rozmowy wychodzi obcość i co najważniejsze – niedostateczne wyważanie problematów. Niektóre rzeczy przeceniane, niektóre niedoceniane. Okropnie mówi o wszystkich działaczach tutejszych, pisarzach i tłumaczach. Z radością skonstatował, że ostatnia powieść Marka H[łaski] jest zupełną klapą[1]. O Gombrowiczu unikałem rozmowy – za bardzo bolesna dla mnie kwestia, a oni nie bardzo rozumieją, na czym polegają jego wygłupy. Za duży to pisarz, by był primadonną jednego sezonu – ale... Ostatecznie padło pytanie, czy wydrukowałbym jego nowelę w „Twórczości". Wolałem szczerze odpowiedzieć: nie! Ale, że on może mieć te złudzenia. Oczywiście chodzi o to, żeby mieć czytelników. Podobno Wierzyński przyjeżdżał do Rzymu, aby się radzić pani Marii [Dąbrowskiej], czy ma wrócić do kraju. (To nie od Nowakowskiego ta wiadomość). Pani Maria nie powiedziała ani tak, ani nie. No bo jakże? Przecież on i w kraju nie miałby czytelników, bo pisze okropnie. I po tylu latach przecież i on by nic nie rozumiał, i jego by nie rozumieli. W ostatecznym rozrachunku rozmowa z Nowakowskim: ziejący smutek, jak wszystkie rozmowy z emigrantami. Zaplątanie się bez wyjścia, brnięcie coraz dalej mimo woli. Nowakowski pisze już wprost po niemiecku. Przebieg sprawy nieunikniony. Żal, że w kraju nie piszą o nim. Czyż on nie rozumie, że o tak miernej figurze w „Free Europe"[2] nie można pisać – i, prawdę powiedziawszy, nie chce się pisać.

[1] W tym czasie w paryskim Instytucie Literackim ukazały się *Opowiadania* Marka Hłaski (1963).

[2] Tadeusz Nowakowski od 1952 roku współpracował z Rozgłośnią Polską Radia Wolna Europa jako komentator polityczny i kulturalny.

Monachium, 5 listopada 1963
Przedwczoraj jakieś przyjęcie w klubie „Tucankreis". Werner Egk[1] czytał libretto swojej nowej opery. Bardzo dobre dramatycznie – i nawet ideowo. Na podstawie noweli Kleista: *Die Verlobung in San Domingo*[2]. Siedziałem przy stole z Schöndorffem, obok Lali Anderson. Lala Anderson była *créatrice*[3] – czy raczej *elle a crée*[4] – piosenki *Lili Marleen*[5]. Boże drogi! Zimno mi się zrobiło, gdy się o tym dowiedziałem.

[1] Werner Egk (1901–1983) – niemiecki kompozytor i dyrygent, autor utworów orkiestrowych, wokalno-instrumentalnych i oper, do których pisał również libretta. Wśród jego oper są m.in.: *Die Zaubergeige* (1935), *Peer Gynt* (1938), *Columbus* (1942), *Irische Legende* (1955), *Der Revisor* (1957). 27 listopada 1963 roku odbyła się w Monachium premiera opery *Die Verlobung in San Domingo*.

[2] Heinrich von Kleist (1777–1811) – niemiecki dramaturg i nowelista. Autor m.in. dramatów: *Amphitryon* (1805–1807), *Rozbity dzban* (1811) oraz nowel: *Michał Kohlhaas* (1808), *Zaręczyny w San Domingo* (*Die Verlobung in San Domingo*, 1811). Jego utwory ukazały się w języku polskim w *Dziełach wybranych* (1960) oraz w tomie *Dramaty i nowele* (1969).

[3] *Créatrice* (fr.) – twórczyni.

[4] *Elle a crée* (fr.) – ona stworzyła.

[5] Lale Anderson, właśc. Eulalia Bunnenberg (1905–1972) – niemiecka śpiewaczka, aktorka kabaretowa i filmowa. Tekst piosenki *Lili Marleen* został napisany przez niemieckiego żołnierza Hansa Leipa przed wyjazdem na front rosyjski w 1915 roku. Opublikował go w 1937 roku w zbiorze swych wierszy. W 1938 Norbert Schultze napisał muzykę do tego tekstu. Przed 1939 rokiem po raz pierwszy piosenkę nagrała i wykonała Lale Anderson. Najsłynniejszą wykonawczynią piosenki była Marlena Dietrich.

600

Monachium, 6 listopada 1963

Dzisiaj zastałem w wydawnictwie listy od Hani i od Szymka. List Szymka wyjątkowo miły i jak zawsze dobrze napisany[1]. Dziwna rzecz, jak ten człowiek, milkliwy i skryty, w listach się jakoś otwiera i naprawdę może być dobry i kochany. W życiu zawsze mi brak jego serdeczności, czegoś bliższego, jakiegoś kontaktu, a w listach wszystko to odnajduje się, ukazuje – to bardzo przyjemne. Niestety tak rzadko pisuje! Dzisiaj rozmowa z Schöndorffem. Zawsze się czuję tak szalenie skrępowany w rozmowach z nim. Zastanawiam się, co to tak działa. Może jego głupota?

---

[1] Szymon Piotrowski pisał m.in.: „Kochany Panie Prezesie! Dlaczego Grek [otrzymał literacką Nagrodę Nobla]? Dlaczego człowiek, o którym nigdy nie słyszałem, który mnie nic nie obchodzi? Dlaczego nie Polak, ten nasz, ten mnie bardzo bliski? I to z dziedziny literatury! [...] Czytałem dzisiaj wszystkie listy Pana – po kolei, jeden po drugim. I jak zawsze jestem pełen zazdrości za lekkość pisania, tę bezpośredniość i wychwytywanie tych wszystkich drobnych rzeczy (oczywiście nie tylko drobnych) i za przelewanie ich na papier. [...] Zmartwił mnie ostatni list z 23 października. Chodzi o moje ambicje. Przecież wie Pan dobrze, że przeżyłem już na świecie 30 lat, że niczego specjalnego nie dokonałem, a to znaczy, że i nie dokonam. Ale przecież nie może Pan mieć żalu o to, że domagam się należnego dla Pana szacunku od ludzi (od piesków, czy małych złośliwych psów). Przecież należy się to Panu z wielu różnych względów. Choćby i za samą dobroć, którą tak wszyscy wykorzystujemy. [...] Zresztą ma Pan rację, mam ambicje, ale w stosunku do Pana osoby, a to dlatego, że sam nie oczekuję niczego od życia. Tym bardziej nie chcę żadnego występowania w TV (jak Pan kiedyś powiedział w żalach), nie chcę nawet słyszeć, jak Pan mówi o śmierci, bo mnie to sprawia ogromną przykrość. Rzadko miewam chwile szczerości i bardzo za to przepraszam" (list z 27 października 1963, rękopis w archiwum Muzeum im. Anny i Jarosława Iwaszkiewiczów w Stawisku).

Stawisko, 12 listopada 1963

Od jakiegoś czasu prześladuje mnie wspomnienie epoki, gdy w jesieni 1912 roku Nula [Anna Szymanowska] mieszkała w tym samym domu co my, u cioci Józi na Diełowej – i kiedy przyjeżdżałem po nią do Dawydowych czy Glinków na Lewaszowską, aby ją zabrać i odprowadzić do domu. (Raz nas Glinkowa odesłała swoją karetą). Wrażenie było ogromne, kiedy ze swojej nędznej dzielnicy i ubogiego mieszkania, którego tak nie umiała urządzić mama, zjawiałem się we wspaniałych, pięknie umeblowanych, nieco przyciemnionych salonach Glinków. Musiałem wysłuchać końcowej rozmowy Nuli z Sonią Glinką[1], dostawałem herbaty, powiedziałem parę zdań po francusku („*nous habitons au même numero*"[2]) – kiedyś byłem po Nulę u Dawydowych podczas balu, który odbywał się u Trepowa[3], generał-gubernatora kijowskiego, i widziałem postrojone panie, które szły na ten bal do „carycy", tak przezywano Trepową, pani Natalia była w czarnej sukni, Sonia w różowej. Dymitr Dawydow w mundurze kamerju[nkie]rskim[4], ale nieogolony, wyszedł, ale po chwili wrócił. Wyszedł tylko na schody, przywitał się z gospodarzami i zaraz wycofał. *Kakaja skuka*[5].

Kręci mi się po głowie opowiadanie zrobione z tego materiału.

[1] Sonia Glinka (zm. 1919) – kuzynka Dawydowów, przyjaciółka Anny Szymanowskiej.
[2] *Nous habitons au même numero* (fr.) – Mieszkamy pod tym samym numerem.
[3] Fiodor Trepow (Triepow) (1854–1938) – generał rosyjski. W latach 1898–1903 gubernator kijowski. Od 1903 roku senator. Generalny gubernator Galicji w okresie 1916–19. Po rewolucji październikowej na emigracji we Francji.
[4] Kamerjunkier – w XVIII i XIX wieku młodszy szambelan dworu w Rosji i na dworach książąt niemieckich.
[5] *Kakaja skuka* (ros.) – Jakiż smutek.

18 listopada 1963

Rozkoszuję się teraz wieczorowymi spacerami z Medorkiem. Listopad prawdziwy, noc czarna i gwiazdy. Wiatr. Smutek zupełny. A jednocześnie rozkosz ciszy, gwiazd zaplątanych w gołe gałązki brzózek i taka jakaś jesienna tajemnica i milczenie. Noc listopadowa. W takie wieczory najbardziej odczuwam beznadziejność istnienia, niemożność dowiedzenia się czegokolwiek, nadania jakiegokolwiek znaczenia światu. A jednocześnie pełnia istnienia, głęboki instynkt życia, westchnienie wszechświata, które przechodzi przez noc i kumuluje we mnie. Cudowne uczucie.

Przedwczoraj kolacja w ambasadzie ze Steinbeckami[1]. Biedny, zmęczony człowiek, z uroczym wyrazem niebieskich źrenic. Bełkoce, mówiąc. Ona bardzo miła, prosta Amerykanka w najlepszym gatunku. Przypomina panią Dows (matkę Thybergowej[2]), Edytę Morris. W sumie było przyjemnie, bo to d o b r z y ludzie.

[1] John Ernest Steinbeck (1902–1968) – amerykański pisarz i reporter; autor m.in. powieści *Myszy i ludzie* (1937, wyd. pol. 1948), *Grona gniewu* (1939, wyd. pol. 1956), *Na wschód od Edenu* (1952, wyd. pol. 1958) oraz reportaży z II wojny światowej *Była raz wojna* (1958, wyd. pol. 1961); laureat literackiej Nagrody Nobla w 1962 roku. 15 listopada 1963 roku przyjechał do Polski z żoną, Elaine Anderson Steinbeck (1914––2003), aktorką. Podczas dziesięciodniowego pobytu odbył kilka spotkań autorskich, zwiedzał kraj (m.in. Kraków, Oświęcim, Żelazową Wolę, Wrocław, Kętrzyn) oraz wziął udział w polowaniu w lasach mazurskich.

[2] Margaret Thyberg z d. Dows – żona Knuta Richarda Thyberga (1896–1980), szwedzkiego dyplomaty. Z małżeństwem Thybergów Iwaszkiewicz utrzymywał stosunki towarzyskie, gdy w latach 1932–35 pełnił w Kopenhadze obowiązki sekretarza poselstwa Rzeczypospolitej Polskiej.

Stawisko, 1 grudnia 1963
Zabójstwo Kennedy'ego[1], wieczór Steinbecka (moje przemówienie), Światowa Rada Pokoju, konferencja IBL-u (moje przemówienie), heca z Balzanem, tłumy ludzi i gadania, parę rzeczy napisanych – domowe sprawy tak skomplikowane, tuman w głowie, myśli kręcą się i wirują, złe sny. Przykrość, że Szymek nie jedzie ze mną do Moskwy[2], to pasmo moich ostatnich dni. Bardzo niespokojne życie – to niedobrze.

[1] 22 listopada 1963 roku John Fitzgerald Kennedy, od 1961 prezydent Stanów Zjednoczonych, zginął w zamachu w Dallas.

[2] 4 grudnia 1963 roku Iwaszkiewicz pojechał do Moskwy na międzynarodową konferencję, której tematem była obrona światowego pokoju. Podczas pobytu w Moskwie spotkał się z pisarzami, m.in. z Fiedinem, Markowem, Kożewnikowem i Czakowskim, oraz ze studentami filologii polskiej Uniwersytetu Moskiewskiego.

Nota edytorska

Zasady wydania II tomu *Dzienników* Jarosława Iwaszkiewicza są zgodne z opisanymi w nocie edytorskiej do tomu I. Przypisami opatrzono tylko te postacie i kwestie, które pojawiają się w tekście po raz pierwszy, przy pozostałych nie stosowano odsyłaczy (poza szczególnymi przypadkami) do tomu I.

Za podstawę opracowania przyjęto rękopisy Iwaszkiewicza, przechowywane w archiwum Muzeum im. Anny i Jarosława Iwaszkiewiczów w Stawisku.

W niniejszym tomie wykorzystano następujące autografy:

I. Zeszyt gładki, sygn. Muz. Iwasz./AL/254, format 21,5 cm x 15 cm, w twardej, szarej oprawie, z wizerunkiem lwa na okładce i wytłoczonym napisem: „A WARTIME LOG". Na pierwszej stronie widnieje tytuł napisany ręką Iwaszkiewicza: „Dziennik 1955–58 r." z dopiskiem: „Dziennik – zaczęty 1 sierpnia 1955 roku. Pierwsze strony wydarte nie przeze mnie". Zeszyt zawiera 98 kart, zapisanych czarnym, niebieskim, zielonym i czerwonym atramentem, przedzielonych szesnastoma kartami z gładkiej tektury. Obejmuje okres od 1 sierpnia 1955 do 26 stycznia 1958.

II. Zeszyt gładki, sygn. Muz. Iwasz./AL/255, 22 cm x 17,5 cm, w miękkiej, niebieskiej oprawie (spłowiałej), na której widnieje tytuł napisany przez Iwaszkiewicza: „Genewa 1956, Rabka 1958, Stawisko 1959". Zeszyt zawiera 73 ponumerowane karty, w większości zapisane dwustronnie, przy użyciu czarnego, granatowego i czerwonego atramentu. Obejmuje: zapisek poczyniony 17 września 1956 w Genewie, opatrzony adnotacją „Do Dziennika" (jedna strona); dwie wersje zakończenia opowiadania, które ostatecznie zyskało tytuł *Opowiadanie szwajcarskie* (pierwsza na 1¼ strony, druga na 1½ strony; zapisek poczyniony 20 września 1956 w Genewie, opatrzony adnotacją: „Do Dziennika" (1 strona); fragment *Opowiadania szwajcarskiego* (5 stron); zapisek sporządzony w Sandomierzu 19 czerwca 1957, opatrzony adnotacją: „wciągnąć do dziennika"; regularny dziennik, rozpoczynający się 18 lutego 1958, a kończący się 24 października 1959.

Na karcie nr 37, pod datą: Roma, 29 listopada 1958 – wklejona czarno-
-biała pocztówka, przedstawiająca rzeźbę Chrystusa dłuta Michała Anioła z
kościoła Santa Maria sopra Minerva.

Na karcie nr 55, pod datą: 12 czerwca 1959 – wklejone trzy zasuszone
kwiatki, podpisane: „Kwiaty zerwane przez Jurka w Dolinie Chochołowskiej
(5 maja 1959) i zasuszone przez niego w «naszej» mapce samochodowej".

Na karcie nr 56, przy dacie 22 sierpnia 1959 – wklejona karteczka z pieczątką Urzędu Parafialnego w Poroninie, opatrzona datą 30 lipca, o treści:
„Przyjąłem ofiarę na Mszę św. na dzień 28.VII godzinę 7.30. Poronin d. 9.VII
1959". U dołu nieczytelny podpis.

Kartę nr 72 stanowi luźna karteczka o rozmiarze 14,5 cm x 4 cm o treści:
„Włożyliśmy mu moje krótkie kalesony. Chciałem mu zawiązać mój czarny
krawat, ale Szymek wyrwał mi to i powiedział: nie, nie, trzeba na trójkącik. I
rzeczywiście zawiązał bardzo zgrabny węzeł «na trójkącik»". Fragment ten
w identycznym brzmieniu znajduje się w dzienniku pod datą 24 października
1959.

Między stronicami znajduje się luźna biała koperta z napisem: „fiołki grudniowe 1932", a w niej złożona na pół karteczka w rozmiarze 14 cm x 10,5
cm, sygnowana jako karta nr 73, na której widnieje napis: „Stawisko, 27 XII
32". W środku karteczki – dwa zasuszone, przyklejone taśmą fiołki, a pod nimi
podpis: „grudniowe fiołki".

III. Ilustrowany kalendarz na rok 1956, sygn. Muz. Iwasz./AL/154 I w for-
macie 21 cm x 15 cm, w sztywnej, kolorowej okładce z napisem: „VENEDIG
1956". Na pierwszej stronie widnieją sporządzone przez autora napisy, u góry:
„Jarosław Iwaszkiewicz", poniżej: „Carnet mondain", u dołu: „Opisanie Wenecji". Fragment diariusza opatrzony tym tytułem zajmuje piętnaście kart
dwustronnie zapisanych czarnym i niebieskim tuszem; zaczyna się on w kalendarzu przy dacie 25 marca, gdzie widnieje powtórzony tytuł „Opisanie Wenecji", z późniejszą adnotacją: „wciągnąć do dziennika pod 26 III 56". Tu potrzebne jest wyjaśnienie, iż nie cały ten fragment jest dziennikiem sensu stric-
to. Obok zapisów o charakterze ściśle diarystycznym znajdują się partie tekstu dopisane później i włączone z drobnymi zmianami do książki Podróże do
Włoch. Oto pierwszy z nich:

„Nie pierwszy raz byłem na Torcello. Ale z tamtego pierwszego pobytu, z
pobytu późnej jesieni, pozostało wspomnienie czegoś straszliwie przejrzałe-
go i skończonego, czegoś, co przypominało moją rozpoczętą i spaloną w 1939
roku powieść. Powieść ta o zburzeniu Rzymu kończyła się założeniem Wenecji jako jakiejś nowej formy kulturowej, jako czegoś, co rozpoczynało nowy

etap ludzkości. Dopiero dzisiaj wiem, że to były etapy Europy, nie ludzkości. A przecież właśnie na Torcello zaczęła się Wenecja. Pamiętam ostatnie majestatyczne zdania zakończenia tej powieści. Zakończenie było napisane. Otóż tę suchą majestatyczność, tę żółtość i ten brąz odnalazłem w tamten jesienny wieczór w Torcello. Cały *Sąd Ostateczny* na ścianie chóralnej kościoła wydał mi się jak wyschnięta winnica, jak liście przywarzone jesienią z fiołkowymi gronami w środku. Hania chciała koniecznie własnoręcznie zerwać winne grono w winnicy i Rena Jeleńska poprosiła jakąś babę, aby pozwoliła nam wejść do winnicy i zerwać to grono. Było już ciemnawo, jesienny dzień prędko się kończy nawet w Wenecji – i weszliśmy do tej winnicy. Było to tuż koło hotelu, w którym zawsze zatrzymuje się Hemingway. Hemingway jeździł zawsze z Włoch do Meksyku polskim statkiem «Jagiełło», który musieliśmy sprzedać Rosji właśnie wtedy, kiedy nocowaliśmy na nim w Genui. Nie zapomnę tego wieczornego obiadu, podczas którego przyszła wiadomość, że «Jagiełło» już jest sprzedany i musi odpłynąć do Odessy. Rozpacz tego kapitana. Opowiadał nam dużo o Hemingwayu: musiał od rana pić szampana... Otóż to wszystko, co ja piszę, to wszystko, co odczuwałem wówczas w tej winnicy obok hotelu, jest w tak doskonałej sprzeczności z Hemingwayem, jest tak obce jego sztuce i tak inne od jego sztuki – że to rwanie grona winnego odbywało [się] jak gdyby jakiś obrządek przeciw Hemingwayowi. Hania nic o tym nie wie do dziś dnia. Aleśmy tam szli pomiędzy krzakami winnej macicy jak ludzie ubodzy, jak żebracy życia, którzy n i g d y nie zerwali winnego grona z krzaku winnego, którzy przybyli z kraju piasków i wysokich, bezpłodnych, nieowocowych drzew, drzew, które szumią całymi nocami i które są gadatliwe jak sny. Hemingway jest małomówny jak ludzie bogaci, ja jestem gadatliwy, bo gadaniem chcę pokryć moje ubóstwo, ubóstwo mojego kraju i ubóstwo mojej myśli. Jeszcze nigdy nie czułem się tak ubogi – jak te biedne kobiety, które przy kanale na Torcello starały się nam sprzedać równie piękne jak bezsensowne koronki, rozpięte na krosienkach i na aksamitnych poduszkach.

I kiedy wracaliśmy statkiem do Wenecji, nie widziałem nawet morza, tylko nad morzem owo jesienne pasmo zachodniego nieba, rudo-purpurowe i trochę zwiędłe jak liście owej winnej macicy.

Dzisiaj było zupełnie co innego. Jechaliśmy motorówkami jak łodziami Amfitryty. Dzioby naszych łódek rozbijały fontanny kryształowej wody, a Adriatyk był tak niebieski jak czasami lazur nieba w sierpniu, o głębokich, nieprawdopodobnych tonach. Minęliśmy, jak gdyby nie zwracając na nią uwagi, cmentarną wyspę San Michele. Cóż za dziwactwo, cała wyspa przeznaczona na cmentarz, bo ludzkie ciała muszą się rozsypywać w ziemi. Więc kawał ziemi wyrywa się morzu, grodzi białymi marmurami po to, aby tam chować całe pokolenia umarłych, pokotem. Mały placyk, na którym lądują trumny, jest pełen wdzięku, jest kształtny i biały i przeciwstawia się zarówno trumnom, jak gondolom. Nasze szybkie łodzie pędzone przez trytony mijają te ustronne i smutne miejsca, gdzie widać nad murami niewiele cyprysów.

W słoneczny poranek wielkopiątkowy nawet ponure Torcello wygląda inaczej niż w jesienny dzień. W hotelu nie ma Hemingwaya, za to czeka na nas bardzo wykwintne śniadanie (bez mięsa), na które zaprosił nas nawet nie wiem kto. Dzwony dziś nie dzwonią, bo to Wielki Piątek, ale stukają kołatki. Znowu oglądamy ten straszny *Sąd*, rzeczywiście dziwaczne i potężne malowidło, które ma tę właściwość, że o każdej porze dnia inaczej wygląda i o każdej porze roku. A może po prostu odbija usposobienie tego, który nań patrzy, jak w zwierciadle widziałem wtedy jesień moją i smutek mój, a teraz widzę zieloną trawę, która wesołymi trawnikami otacza kościoły i zgromadzone z trudem ułamki, które mówią bardzo dużo archeologom, ale już nic nie mówią poetom.

Jednak mimo wszystko Torcello jest o wiele piękniejsze w jesieni, z krwawym zachodem słońca. Ponury koloryt nieba bardziej odpowiedni jest do ruin, ułamków i do tej architektury, która, zapominając o rzymskiej przejrzystości, jeszcze nie ma romańskiej wspaniałości, romańskiego królewskiego rozmachu. Pasuje ta jesień do całkiem innej strony włoskiego pejzażu i włoskiej architektury: do strony dionizyjskiej. A nawet, powiedziawszy więcej, do strony tragicznej, którą najbardziej odczuwa się na Sycylii i w południowych Włoszech, w zamkach Fryderyka Drugiego. Coś, co się dzisiaj widzi w samotnym zamku Castel del Monte, który sterczy na niewysokim wzgórzu w takiej samotności i opuszczeniu, o jakiej Torcello słabe daje pojęcie. Tu są jeszcze ludzie – tam już tylko historia. I to historia dziwaczna, niezrozumiała, tragiczna... Historia Torcello także jest taka. Koloniści uciekający przed hordami barbarzyńców przyszli tu najpierw i dopiero Torcello opuścili dla Wenecji. Ale spotkało ich najtragiczniejsze zdarzenie, bo uciekając od barbarzyńców, pragnąc ocalić resztki «kultury», to, do czego byli przywiązani – sami stali się «barbarzyńcami», zdziczeli i utracili nie tylko przepisy dawnych materiałów i budowli, ale nawet samą potrzebę budowania. Dzieje kultur i cywilizacji noszą w sobie niejedną taką tragedię; przeciwstawiają się one sobie jak tematy w fugach Bacha – i zanikają; wstają i gasną, nakładając się na siebie jak fale morza.

W powrotnej drodze kierowcy motorówek zdradzają znaczne ożywienie: i oni widać mieli dobre śniadanie. Ścigają się, wyprzedzają jeden drugiego i wpadają w ślady motorów, które zmieniają się w pieniste łożyska zadziwiającej urody. Jak trytony wyprawiają harce po falach Adriatyku. Trochę to dla mnie nieprzyjemne. Zawsze boję się żartów z wodą.

Jeżeli chodzi o dramatyzm pejzażu włoskiego, to mogę odnotować jeszcze jedno. Tak się złożyło, że nigdy nie byłem na Capri. W s z y s c y mi zawsze opowiadają o banale tego i o piękności, kształt skał i lazur morza, bardzo to musi być piękne oczywiście. Ale ja widziałem dwa razy Capri, raz nad ranem, w drodze statkiem z Palermo do Neapolu w cieniu mokrej, wiosennej nocy, mokrej i nieruchomej, a potem kiedyś, przelatując z Neapolu na Sycylię, w burzę zimową i deszcz, pomiędzy fiołkowymi obłokami, które były złe, wściekłe i tragiczne, prawie jak nad Oceanem (wylot z Lizbony i przylot do Recife). I wtedy spomiędzy chmur, rzucając wzrok na dół, zobaczyłem Capri, mały, tragiczny ułamek, jak ten telamon strzaskany, leżący na wznak na polu pod Agrygentem. Leżała mała, smutna, ciemna wysepka, cała usiana smugami deszczu, nieprzyjemna i jakby zagubiona. «To jest Capri?» – pomyślałem sobie. Z lazuru, z kształtów wapiennych skał nie było tu nic, urocze wille ukazywały tylko mokre dachy, a po wzgórzach pięły się czarne i białe, wypukłe owady. Były to owce czy kozy.

W takich momentach rozumie się tragiczną podszewkę Włoch, dramatyczność tego pejzażu. Kiedyś w Apeninach...

Ale nie, nie będę tego opowiadał. To wspomnienie z Radicofani już chyba nie ujrzy światła dziennego. Nie opowiem o nim nigdy.

To właśnie wracając z Torcello, mijamy posąg Colleoniego oświetlony zachodzącym słońcem. Byliśmy jeszcze w fabrykach szkła w Murano. Żałosny widok. Ci cudowni ludzie ze swoją niezwykłą techniką pracy, wszystko tu się odbywa jak genialna improwizacja – i zabawa szkłem jak ciastem, jak mydłem, z którego wydyma się cudowne bańki. Pokazują nam, jak robią ze szkła małe zwierzątka, osły i słoniki. Zdawałoby się, że pokażą potem same arcydzieła. I potem spacer po składzie gotowych wyrobów, gdzie po prostu przerażenie chwyta wobec potworności, szpetoty tych szkieł. A kiedyś, jeszcze niedawno, zachwycały te szkła kruche i przejrzyste, ich barwy nikłe lub intensywne, ale proste. Skąd się to wzięło, że dzisiaj te szkła są tak bardzo brzydkie? Jedna z pań mówi, że w całym olbrzymim składzie ledwie, ledwie znalazłaby dwie-trzy rzeczy na prezenty dla kogoś, ale nie ma tam ani jednej rzeczy, którą by kupiła dla siebie. Wszyscy jednogłośnie przyznają, że to *le goût américain* tak popsuł wyroby z Murano. Pochlebiając najordynarniejszym smakom amerykańskich wojażerów, dorobkiewiczów czy milionerów z urodzenia, robotnicy z Murano popsuli jeden z najpiękniejszych przemysłów Italii. Czyż naprawdę nie można się temu jakoś przeciwstawić? Nauczyć Amerykanów, aby kupowali przejrzyste, piękne, proste kule i kuby – takie jak dawniej wyrabiali wspaniali dmuchacze? Bardzo to smutna sprawa.

Najdziwniejsze to wszystko we wspomnieniu, kiedy się jedno nakłada na drugie, dawne wspomnienia na nowe, nowe na dawne i robi się ta mieszanina barw, kształtów, chłodu, smutku i niepokoju, jaką jest dla mnie Wenecja.

Szkoda, że nie napisałem większego utworu poświęconego Wenecji, może bym się pozbył tego koszmaru, jakim jest ona zawsze dla mnie. Miasto różowych kościotrupów.

Nie słuchałem nigdy muzyki w Wenecji, a przedwczorajszego koncertu w Fenice już nie pamiętam, nie wiem, jak to brzmi. Ale barwy, obrazy, rzeźby, architektura – to zrosło mi się z Wenecją tak niezmiennie, kształty się piętrzą i Santa Maria della Salute cała w białych konchach plącze się z purpurową *Assuntą*.

Idzie Salome z głową Błoka
Przez opuszczoną sień olbrzymów

W tym mieście czarno-zielonkawym,
Pełnym różowych kościotrupów,
Dzwony wzlatują hymnem łzawym
Jak ptaki nad stosami łupów.

Nikt nie wszedł dziś na plac marmuru,
Pałace, kolumnady, domy
I pośród głębin czarnych chóru
Ta sama błąka się Salome.

Wspomnienie purpurowej *Assunty* wlecze się za mną stale; jeżeli powracam do Wenecji, to powracam zawsze do tego obrazu, którego wielkość poruszała takich ludzi, jak Delacroix, Matejko, Wyspiański, Kraszewski, Norwid, Wyka. A każdy z nas widział swoją *Assuntę*. Czy mam powiedzieć: «swoje wniebowstąpienie?».

Pisałem kiedyś te słowa: «Podniosłem głowę i w blasku przedpołudnia – widocznie niebo się rozchmurzyło – ukazała mi się wizja czerwona lecącej Madonny. Nie wiem, czy Słowacki widział ten obraz, ale przypomniał mi on w tej chwili jego widzenie, na pół krwawe, a na pół błogosławione. W czerwonym obłoku, w płomieniach wniebowstąpienia, w czerwonych, purpurowych szatach piękna dojrzała kobieta, matka, leciała w niebo. [...] *Assunta* płonęła przede mną przez chwilę jeszcze. Patrzyłem na to wspaniałe, odwieczne i wieczyste dzieło sztuki. Kiedy i ono rozpadnie się w popiół?».

To dobrze, że byłem tam z córką, że jej pokazałem to najosobliwsze miasto świata, zanim znikniemy z powierzchni ziemi. Bo dla mnie to wszystko jedno ostatecznie, czy to ja zniknę, czy Wenecja".

Za tym, że jest to fragment napisany po 1956, przemawiają co najmniej dwa fakty: opis zamku Castel del Monte oraz przywołanie nazwiska Kazimierza Wyki w kontekście *Assunty*. Po raz pierwszy Iwaszkiewicz zobaczył Castel del Monte dopiero w październiku 1963, przy okazji pobytu w Bari, nie mógł więc pisać o zamku Fryderyka II w 1956 tak, jakby znał go z autopsji. Z kolei Kazimierz Wyka zajął się *Assuntą* Tycjana w eseju *Matejko i Wenecjanie*, powstałym między listopadem 1970 a marcem roku następnego i opublikowanym w trzecim tomie książki *Wędrując po tematach* (1971). Notabene wzmianka Iwaszkiewicza o Wyce stanowi w tym przypadku swoisty gest wdzięczności, bowiem autor *Matejki i Wenecjan*, pisząc o związkach łączących polskich artystów i pisarzy z Wenecją, osobne miejsce poświęcił opowiadaniu Iwaszkiewicza *Koronki weneckie I*.

Drugi ze wspomnianych fragmentów, dopisanych w kalendarzu do dziennika i włączonych potem z drobnymi zmianami do *Podróży do Włoch*, brzmi następująco:

„Zapewne szatan prowadził moją rękę, kiedy w samotnej, opuszczonej (niepogoda oczywiście) Taorminie zacząłem pisać może nawet nieoczekiwanie dla siebie te słowa, opisujące kawiarnię Floriana w Wenecji. Może to było skutkiem odczuwanej boleśnie samotności – co się wyraziło w zdaniu owoczesnego weneckiego wiersza «nikt nie wszedł dziś na plac marmuru» – że chciałem na siłę sprowadzić kogoś na ten plac i do tej kawiarni i wybór mój padł na osobę, z którą były związane zupełnie inne wspomnienia. Zacząłem tak ten opis:

«Kawiarnia Floriana była zupełnie pusta. Spytałem wysokiego, przystojnego kelnera, o której zamykają. Okazało się, że jeszcze mam pół godziny czasu. Poprosiłem o czekoladę.

Czerwone kanapy dziwacznie dopasowane do wielokształtnych salonów ziały pustką, a śliczne meble, krzesła i stoliki zdawały się pochodzić z jakichś miejskich, opuszczonych dziś domów. Na ścianach pastele kolorowe wyobrażały Turczynki i Tatarki. Pięknie zbudowana Murzynka obnażała swe czarne piersi. Było zupełnie jak za czasów Longhiego.

Gdy smętnie popijałem ową czekoladę, myśląc o deszczu i o samotności, które prześladują mnie tak regularnie, do salonu (tak chyba trzeba nazywać tę kawiarnię) weszła Carmen. Przywitałem się z nią skwapliwie i poprosiłem, aby usiadła przy mnie. Miała na sobie skromny, czarny wełniany kostium, a na głowie ten sam kapelusik z niezapominajek, który miała u mnie na śniadaniu, przed trzydziestu laty w Kopenhadze. Było jej do twarzy w tym kapeluszu, miał on bowiem zupełnie kolor jej oczu».

W ten sposób najzwyczajniej w świecie ściągałem z tamtego świata moją

zmarłą przyjaciółkę, mieszałem do weneckiego pejzażu pejzaż bardzo odleg-
ły i plątałem minione, przeszłe czasy w dość bezsensownej gmatwaninie, która
podświadomie miała tylko to na celu, aby uzupełnić moją zrealizowaną podróż podróżą nigdy niezrealizowaną i nigdy niezrealizowaną miłością.

Moja przyjaźń z Carmeną jest jednym z cenniejszych wspomnień, jakimś
takim bardzo ludzkim szeregiem obrazów, które chciałbym zatrzymać, utrwalić, zapisać. Może dlatego obrazy te mnie tak obległy w Wenecji, że były jak
odbicie w wodzie, jak odbicia kolorów pałacowych i blasków, fioletów zachodu i malachitów zabrudzonych wód, które dawno przestały być czyste.

Tyle razy byłem w Wenecji, nigdy nie wiązało mnie z tym miastem jakieś
głębsze, istotniejsze uczucie, nie odczuwałem tu nigdy nic poza podziwem, a
raczej nawet zdziwieniem, że coś podobnego istnieje, i związanie nagle z tym
miastem tak intymnego i tak nieokreślonego wspomnienia było zupełnym zaskoczeniem. Właśnie tak, jakby ktoś mi to dyktował.

Bo przecież Carmen pamiętałem zawsze w światowym otoczeniu. W korpusie dyplomatycznym, przy królewskim dworze, to znaczy w zupełnej bajce
Andersena, na parkiecie wywoskowanym, w srebrnej lamowej sukni, w ama-
rantowych pantofelkach, na tle eleganckiego – może nie eleganckiego, ale w
każdym razie wystrojonego – towarzystwa; patrzyłem w jej oczy przy dźwię-
kach tej staroświeckiej muzyki tanecznej, kiedy la cucaracha wydawała się
szczytem rozpasania i kiedy taniec ledwie śmiał zrywać ze starą dziewiętna-
stowieczną tradycją, kiedy to tango było czymś bardzo śmiałym – i czego nie
chciały tańczyć cnotliwe damy.

Południowoamerykański dom Carmeny był dla mnie zawsze czymś nie-
docywilizowanym, nakrycia na stole zbyt proste, krzesła zbyt ordynarne, takie, jakie później widywałem w urugwajskich hacjendach. A wszystko, co się
działo naokoło stołu, mimo całej wyrafinowanej kultury, przypominało koła
zgromadzone przy herba mate naokoło ogniska, przypominało obyczaje don
Secundo Sombra.

A pieśń o sapo curruru, o śpiewającej ropusze, zrosła się już na zawsze ze
wspomnieniem tej wykwintnej kobiety, która była jak kwiat.

Carmen śpiewała przy gitarze czystym, ale nie wielkim głosem ludowe
piosenki Południowej Ameryki. I to właśnie była ta wielka egzotyka, która
mnie wciągała w tajemnice nie mojego kręgu, ale kręgu, który pociągał mnie
swoim wyrazem. Jeszcze w dzieciństwie czytywałem jakieś powieści i opowiadania z tego kontynentu i na zawsze zapadły one w moją świadomość, a
raczej w moją wyobraźnię, jako dziedziny skromnej, ale wyraźnej fantastyki,
czegoś w rodzaju snu, który powracał czasami, nie zanadto często, i okraszał
moje noce barwą strunnej muzyki i zapachem egzotycznej nocy.

Przy tym ten piękny śpiew, niskim głosem, był jak gdyby czymś w rodzaju uśmiechu: uśmiechu Giocondy, to znaczy sygnałem porozumienia znaczniejszego niż tylko nić porozumienia dwojga ludzi należących do europejskiego «towarzystwa» w sensie, który już zaczynał tracić swe znaczenie, ale porozumienia ponad porozumieniami, pewnej ludzkiej łączności.

Wyrażała się w tej piosence – i w tym uśmiechu, który jej towarzyszył – ta pewna zbieżność uczuć, zbieżność spraw, ogólnoludzkie porozumienie, które było czymś niezwykle cennym w moim życiu.

Może to właśnie była ta zbieżność, która kazała mi w momencie podświadomej fabulacji, w momencie «opowiadania bajki» wprowadzić na wenecki «plac marmuru» postać z zupełnie innej dziedziny, ale będącą również czymś niecodziennym, a zwłaszcza czymś dziwnym. Zjawiskiem nocnym, snem o Argentynie, o ogniskach, wokół których pito herba mate i śpiewano te pieśni, które mimo wszystko były podobne do pieśni otaczających moje dzieciństwo.

I jeszcze ten niebieski kapelusik. Carmena chyba nie była ładna. Już nie wiem, ale z tej wizyty u mnie zapamiętałem jej niebieskie oczy i niebieski kapelusz. Dopiero znacznie później zrozumiałem, jak olbrzymią ofiarą dla niej było to przyjście do mnie. Powiedziała mi po prostu: «Przyjdę do pana na śniadanie». Oczywiście, bardzo ucieszyłem się z tego. Ale to było jak w noweli mojej *Nowa miłość*. Tyle tylko, że nie mogłem nie otworzyć drzwi, choć rozumowanie moje było identyczne. Mogłem tylko powiedzieć do mojego przyjaciela Jeana: «Przyjdź także, pogadamy o francuskiej literaturze, ona jest bardzo inteligentna». I rzeczywiście, gadaliśmy bardzo dużo o francuskiej literaturze, we trójkę. Potem ona wyszła, a Jean został. Powiedział: «Ona nie jest tak bardzo inteligentna, jak mówiłeś». «Możliwe» – przyznałem.

Dopiero potem dowiedziałem się, kiedy byłem u niej w Buenos Aires, że nigdy nie wychodzi s a m a. Że nie pokazuje się nigdzie z obcym mężczyzną, że zawsze ma przy sobie jakąś damę. To była z jej strony znaczna ofiara.

Nawet wtedy, kiedy zadepeszowałem: «Będę przejeżdżał przez Buenos Aires, wyjdź na lotnisko» – zupełnie jakbym jechał z Częstochowy i zadepeszował do Koluszek: wyjdź na dworzec – przyszła z jakąś damą, starszą i pełną godności osobą. I dopiero w ostatnim momencie, kiedy już wychodziłem na płytę lotniska, rzuciła mi się na piersi. Na chwilę. Czy wiedziała, że to ostatni raz?

Bo to był ostatni raz. Zoja R. napisała wkrótce potem z Paryża, że umarła. Zoja nie pisywała do mnie, a więc wiedziała, że będzie mi zależało na tej wiadomości. Wszyscy, zdaje się, wiedzieli.

W jakiś czas potem na wielkim przyjęciu w olbrzymiej ambasadzie w Warszawie, w szalonym gwarze i towarzyskim rozgardiaszu podeszła do mnie ambasadorowa belgijska i powiedziała, że wraca właśnie z Argentyny, gdzie jej mąż polował na pampasach, i że spotkała w Buenos Aires córkę Carmeny. I ta mówiła jej, że jej matka miała do mnie «wielkiego *faible'a*». Tak się wyraziła: *un grand faible*. Czyż to nie scena ze światowej powieści?

A tu sprowadziłem ją nieoczekiwanie do Floriana, w tym niebieskim kapeluszu, i kazałem przeżywać na nocnych kanałach Wenecji prawdziwie filmową przygodę. A przy okazji obrabowałem inną osobę z pomysłu pisania powieści... ale o tym opowiem chyba w innym mieście".

Przytoczony zapis opatrzony został przez Iwaszkiewicza datą: 29 marca 1956 (mylną, ponieważ 29 marca przypadł we czwartek, a w tekście mowa jest o Wielkim Piątku). Chociaż data wskazywałaby na diarystyczny charakter tego zapisku, to co najmniej trzy fakty świadczą o tym, że fragment ten został dopisany po 1956. Po pierwsze, cytat zaczynający się od słów „Kawiarnia Floriana była zupełnie pusta..." pochodzi z utworu *Opowiadanie z kotem*, napisanego przez Iwaszkiewicza w 1964. Po drugie, owo przyjęcie „w olbrzymiej ambasadzie w Warszawie" (chodzi o ambasadę radziecką), podczas którego podeszła do Iwaszkiewicza ambasadorowa belgijska, odbyło się 8 kwietnia 1965, o czym pisze Iwaszkiewicz w swoim dzienniku pod datą 9 kwietnia 1965. Po trzecie zaś, w dzienniku pod datą 23 kwietnia 1975 Iwaszkiewicz notuje, iż o Perli Quintanie (występującej w *Podróżach do Włoch* jako Carmen) właśnie świeżo napisał w szkicu *Wenecja*, co pozwala datować dopisane fragmenty na pierwszą połowę roku 1975.

Pozostałe stronice kalendarza wypełnione są gdzieniegdzie skrótowymi zapisami o charakterze kalendarzowym. Ponadto przy dacie 2 stycznia widnieje autograf wiersza *Zmarzły glicynij bzowe szarfy*, zaś przy dacie 16 stycznia – autograf wiersza *Idzie Salome z głową Błoka* (weszły one w skład tomu *Ciemne ścieżki*, 1957).

IV. Zeszyt gładki o wymiarach 17,5 cm x 22 cm, z nalepką na niebieskiej okładce i tytułem zapisanym ręką Iwaszkiewicza „Genewa 1957", sygn. Muz. Iwasz./AL/241. Na pierwszej stronie wklejona kolorowa pocztówka z widokiem Lemanu. Na następnej stronie rozpoczyna się opatrzony datą 24 sierpnia 1957 fragment *Dzienników* zatytułowany *Opisanie Kopenhagi*. Nad nim widnieje adnotacja: „Wciągnąć do dziennika (14 IX 57)". Tekst zajmuje 17 kart zapisanych jednostronnie czarnym atramentem. Reszta brulionu pozostała niezapisana.

V. Kołonotatnik gładki, sygn. Muz. Iwasz./AL/256, format: 26,5 cm x 20,5 cm, w czerwonej miękkiej okładce z napisem ręką Iwaszkiewicza w prawym górnym rogu: „Paryż 1959" i adnotacją innym charakterem pisma: „Dziennik". Zawiera 57 ponumerowanych kart, zapisanych jednostronnie niebieskim i czarnym atramentem oraz niebieskim długopisem. Obejmuje okres od 30 października 1959 do 15 czerwca 1961 roku (choć jako ostatni widnieje w zeszycie zapis z 12 czerwca, wprowadzony do dziennika innym kolorem i po zapisie z 15 czerwca). Między ostatnią stronę zeszytu a okładkę został włożony zasuszony żółty kwiat.

W środku znajdują się luźne karty: 1) Ulotka z repertuarem Teatro Eliseo w sezonie 1957–58. 2) „Świadectwo szczepienia ospy" w dniu 15 września 1948 roku z pieczątką na rewersie i wizą Republiki Argentyny, wystawione 20 września 1948 roku. 3) Kartka z notesu z tekstem zapisanym ręką Iwaszkiewicza (długopisem): „Kapelusz ks. Heleny / Rachunki za przyjęcie" i poniżej (ołówkiem): „Geniusz jest czymś wzniosłym, lecz niedoskonałym". 4) Kartka z bloku listowego z nagłówkiem „Jarosław Iwaszkiewicz" i parafrazą fragmentu *Pieśni o Mackie Majchrze* z *Opery za trzy grosze* Brechta:

Kiedy rekin krwią się splami
Krew w pamięci musi trwać,
Jurek nosi rękawiczki
Żeby nic nie było znać.

Na odwrocie karty nr 3 widnieją skrótowe notatki o treści: „Rozmowa z Sartre'em: antysemityzm; pesymizm (mimo to żyjemy); sprawy „na niby"; sprawa węgierska; ewentualny przyjazd do Warszawy; o filmie (*Freud*) – o *Pop[iele i diamencie]*". Tę notkę autor rozwinął pod datą 20 listopada 1959 we fragmencie zatytułowanym „Spotkanie z Sartre'em".

Pochodzące z tego zeszytu zapiski, obejmujące okres od 30 października 1959 do 8 maja 1961, zostały wcześniej opublikowane pt. *Z „Dziennika"*, w „Twórczości" 2003, nr 2–3, w wersji przygotowanej przez Małgorzatę Bojanowską i Ewę Cieślak.

VI. Notatnik w kratę, sygn. Muz. Iwasz./AL/257, format: 14,5 cm x 10,5 cm, w twardej oprawie koloru ciemnozielonego. Zawiera 140 numerowanych kart (poza lakonicznymi notatkami) zapisanych jednostronnie ołówkiem, czarnym i niebieskim atramentem, niebieskim długopisem. W tekście przerywniki graficzne wykonane zieloną, czerwoną i niebieską kredką. W zeszycie znajdują się zapiski prowadzone między 13 maja 1960 i 14 marca 1961. Na wklejce okładki ręką Iwaszkiewicza napis czarnym atramentem: „Dziennik (*Mozart Reise nach Prag*)" i dopisek niebieską kredką: „Z podróży do Pragi". Na pierwszej stronie adnotacje Iwaszkiewicza: „Jarosław Iwaszkiewicz, Praha, maj 1960" (zapisane czarnym ołówkiem), „Zielony Notes (zapiski z podróży)" (zapisane niebieskim atramentem, wyraz „notes" zastąpił przekreślone słowo „zeszyt"), „Praski notatnik" (zapisane czerwoną kredką i przekreślone atramentem). U dołu strony zapisane czarnym atramentem daty: 1960–1961. Na odwrocie karty nr 2 (obok strony z zapiskiem z 14 maja 1960) widnieją skrótowe notatki, sporządzone ołówkiem i bez daty: „Mówi Skála i ja" oraz poniżej: „Kupiłem sobie *Krutniawę*". Na odwrocie karty nr 5 (obok zapisu z 15 maja 1960) adnotacja ołówkiem i bez daty: „Kubka i Milada Kubkova". Na odwrocie karty nr 9 lista spisana ołówkiem i bez daty: „Kupić: brylantyny, szczotki do paznokci, coś po goleniu, płaszcz, buty, chustki, koszule, ranne pantofle!". Poniżej dopisane długopisem: „Wszystko kupione!". Na odwrocie karty nr 16 (obok zapisu z 17 maja 1960) zapisane ołówkiem i bez daty: „Fr. Hrubin z żoną na koncercie", poniżej: „Teigova z Helenką i Jiři Stach". Na odwrocie karty nr 18 (obok kolejnych fragmentów zapisu z 17 maja) adnotacja: „Rozkoszny sklep pasmanterii (nici, tasiemki, wstążki itd.). Kupiłem dla Magdusi aksamitkę na szyję".

Na karcie nr 54 został zapisany wiersz, pod którym widnieje data: 1 czerwca 1960 – datę spod wiersza przeniesiono do góry, tworząc oddzielny zapis. Pod wierszem znajduje się adnotacja: „Roma, czerwiec 1960", poprzedzająca niedatowane zapiski oddzielane jedynie znakiem graficznym (zachowanym w niniejszej publikacji). Na odwrocie karty nr 64 dopisek na marginesie: „Willa Abamelek = willa Wolkonsky". Na odwrocie karty nr 91 adnotacja Iwaszkiewicza: „Znowu Praga, styczeń 1961". Na karcie nr 100 adnotacja: „Italia. Luty 1961", poprzedzająca zapis z 7 lutego 1961. Na karcie nr 105 pod datą: Taormina, 14 lutego 1961, wklejony żółty kwiat. Na odwrocie karty nr 138, między notatkami zaczynającymi się od zdań: „Na dziwnej ulicy di porta San Sebastiano..." i „Byłem dziś w kościele św. Eugeniusza..." zapisek ołówkiem: „200 kościołów" (liczba 200 zastąpiła przekreśloną liczbę: 175).

W notatniku znajdują się luźne karty. 1) Wycinek artykułu *Z koncertû Pražkého Jara. Znamenitý orchestr – výtečný dirigent*, z adnotacją Iwaszkiewicza niebieską kredką: „Sobota, 21 V 60, «Rude Pravo»". 2) Blankiet hotelowy zawiadamiający o telefonie do „Pana Iwaszkiewicza" z „Casa Editrice Mondadori", 23 czerwca o godz. 10.00. Na odwrocie blankietu ręką Iwaszkiewicza niebieskim długopisem: „Ambasada: 87 22 13, 87 81 29, 87 81 37"; „Mondadori (sig. Rossi) 47-11-47, 48-15-85", ołówkiem: „Cavriani, 48-11-81" oraz zapisane czerwonym długopisem cyfry: „16815".

VII. Zeszyt gładki, sygn. Muz. Iwasz./AL/258, format: 20,5 cm x 16 cm, w twardej płóciennej oprawie koloru czerwonego. Zawiera 59 ponumerowanych kart zapisanych jednostronnie lub dwustronnie niebieskim i czarnym atramentem, niebieskim długopisem, ołówkiem oraz czerwonym flamastrem.

Na wklejce okładki adnotacja Iwaszkiewicza niebieskim atramentem: „Jarosław Iwaszkiewicz, Milano, VII 1961" oraz niżej napisane długopisem daty: „17 VII 61–6 X 63". Zeszyt zawiera zapiski z tego okresu.

Na karcie nr 18 przed notatką z 1 stycznia 1962 zapisana czerwonym flamastrem data: „1962". Na karcie nr 39 ujęta w nawias uwaga Iwaszkiewicza: „Zapis 30 września w niebieskim genewskim zeszycie, tam gdzie *Jutro żniwa*". Zapis ten, sporządzony w zeszycie o sygnaturze Muz. Iwasz./AL/28, wprowadzono do *Dzienników* na właściwe miejsce.

W zeszycie VII znajdują się luźne karty. 1) Plan pobytu w Rzymie w dniach 4–14 listopada 1961 roku (opatrzony zapisaną czerwonym długopisem mylną datą: 1960). Został on sporządzony na odwrocie blankietu zaproszenia wystosowanego przez Pen Club Internazionale na odbywającą się w dniach 2–3 listopada 1960 w Palazzetto Venezia (przy Piazzetta San Marco 51) konferencję *Problemi della traduzione letteraria e dei traduttori*. 2) Plan pobytu w Londynie w dniach 8–21 lutego 1962 roku, w Rzymie w dniach 22–26 lutego 1962 oraz w Palermo w dniach 1–7 marca 1962 (na jednej z kartek z planem widnieje zapisana czerwonym flamastrem mylna data: 1961). 3) Notatki terminowe na temat zajęć pisarza w okresie od 23 listopada do 24 grudnia 1962 roku oraz od 7 do 16 stycznia 1963 roku. 4) Blankiet telegramu nadanego 14 maja 1963 do Jarosława Iwaszkiewicza, przebywającego w Albergo Bologna w Rzymie, o treści: „*D'ordre de la Fondation Internationale Balzan, Zurich, contrevaleur de Sfr. 250. – pour un jeton de présence*".

VIII. Zeszyt w kratkę z wklejonymi liniowanymi kartkami, sygn. Muz. Iwasz./AL/260, format: 20 cm x 15,5 cm, w miękkiej ceratowej oprawie w zielono-czarną kratę. Na wyklejce okładki ręką Jarosława Iwaszkiewicza adnotacje: „Roma X [19]63" (w prawym rogu, ołówkiem), „Dziennik" (pośrodku, czerwoną kredką) i niżej, dopisek długopisem: „Bari 18 X 63 – Stawisko 28 IV 70". Zeszyt o 145 numerowanych kartach, zapisanych poza jednym przypadkiem jednostronnie czarnym i niebieskim atramentem oraz niebieskim i zielonym długopisem. Zawiera zapiski z wymienionego okresu. W niniejszym tomie publikowane są zapisy prowadzone między 18 października 1963 i 1 grudnia 1963.

Zapiski z okresu 1960–1961 były prowadzone na przemian w zeszytach V, VI, VII. W zeszycie V po notatce datowanej 7 czerwca 1960 znajduje się adnotacja Iwaszkiewicza: „Tu chyba wstawić notki ułamkowe z podróży majowej do Pragi i czerwcowej do Rzymu?". W edycji książkowej zapiski scalono, łącząc je w porządku chronologicznym.

Zapis z 17 maja 1960 w oryginale został rozbity na dwie części, przedzielone powtórzoną datą dzienną. W edycji książkowej pozostawiono pierwszą datę, zaś zapisek drugi (rozpoczynający się od słów: „Urocze popołudnie u Branislavów...") oddzielono gwiazdką. Inaczej postąpiono z dwoma zapiskami sygnowanymi datą 26 czerwca 1960: notatką zapisaną w zeszycie VI prawdopodobnie w Rzymie i zapiskiem w zeszycie V sporządzonym w Zurychu (informacja o miejscu powstania widnieje przy zapisku). Iwaszkiewicz umieścił pierwszą datę na końcu zapisu rozpoczynającego się od słów: „Z zadziwiającą obojętnością żegnałem się z Rzymem", wykonanego w zeszycie VI, dopisując po nim innym atramentem niedatowaną notatkę związaną z podróżą do Rzymu, zaczynającą się od słów: „Za kościołem Santa Maria Maggiore...". Datę umieszczoną na końcu pierwszego ze wspomnianych zapisów przesunięto na jego początek, zaś następującą po nim notatkę potraktowano jako sporządzoną tego samego dnia i oddzielono gwiazdką. Odmienne miejsce powstania notatek z Rzymu i Zurychu oraz związany z tym ich charakter, skłoniły edytora do umieszczenia ich oddzielnie.

Układ tomu jest chronologiczny. Pomyłki w datowaniu zostały sprostowane, dotyczy to dwóch fragmentów. Obydwa pochodzą z podróży do Rzymu, którą Iwaszkiewicz odbył w lutym i marcu 1961 roku. 1) Pod datą 15 lutego 1961 widnieją zapiski oddzielone przez Iwaszkiewicza gwiazdkami. Siódmy z tych zapisków, zaczynający się od słów: „Urodziny moje w Taorminie..." został zapewne sporządzony 20 lutego 1961, tego bowiem dnia Iwaszkiewicz obchodził urodziny. Dlatego też w niniejszej edycji tą właśnie datą został on opatrzony i zgodnie z chronologią przeniesiony w stosowne miejsce. 2) Pod datą 2 marca 1961 widnieją, podobnie jak wcześniej, oddzielone gwiazdkami zapiski. Czwarty z nich, zaczynający się od zdania: „Moravia – wczoraj – zrozumiał od razu, o co chodzi w tytule *Sława i chwała*" – nie mógł powstać 2 marca, ponieważ Iwaszkiewicz spotkał się z Moravią 9 marca, co odnotował w późniejszych zapiskach. Słowo „wczoraj" pozwala określić czas powstania tegoż zapisu na 10 marca. Jest rzeczą oczywistą, że następujące dalej dwa zapiski, oddzielone gwiazdkami, powstały również 10 lub po 10 marca, wobec czego zostały przeniesione – wraz z zapiskiem o Moravii – na właściwe miejsce.

Mimo długotrwałych kwerend nie udało się zdobyć informacji o niektórych osobach występujących w *Dziennikach*. Będziemy wdzięczni za wszelkie uzupełnienia do tekstu i komentarzy, jeśli Czytelnicy zechcą je nadesłać na adres SW „Czytelnik".

Zeszyty I, II, III, IV, obejmujące zapisy od 7 stycznia 1956 do 24 października 1959 zostały opracowane przez Agnieszkę i Roberta Papieskich. Zeszyty V, VI, VII, VIII, obejmujące zapiski od 30 października 1959 do 1 grudnia 1963, zostały opracowane przez Radosława Romaniuka.

Podczas pracy nad II tomem *Dzienników* byliśmy wspierani łaskawą pomocą wielu osób. Pani Marii Iwaszkiewicz serdecznie dziękujemy za lekturę roboczej wersji opracowania *Dzienników* oraz wydatną pomoc w zidentyfikowaniu wielu występujących w tekście osób. Panu Wiesławowi Kępińskiemu jesteśmy wdzięczni za objaśnienie niektórych faktów związanych z biografią Jarosława Iwaszkiewicza. Pani Alicji Matrackiej-Kościelny, dyrektor Muzeum im. Anny i Jarosława Iwaszkiewiczów w Stawisku, wyrażamy głęboką wdzięczność za stworzenie dogodnych warunków pracy. Pani Małgorzacie Zawadzkiej dziękujemy za pomoc w korzystaniu z archiwum fotograficznego Muzeum, za konsultacje przy tłumaczeniu zwrotów z języka francuskiego oraz szczegółowe informacje dotyczące biografii i twórczości Jeana Cocteau. Pani Małgorzacie Bojanowskiej i pani Ewie Cieślak, kustoszkom Muzeum, dziękujemy za życzliwą pomoc w korzystaniu z zasobów archiwum oraz udostępnienie opracowywanych przez nie listów Anny i Jarosława Iwaszkiewiczów. Pani Zofii Dzięcioł jesteśmy wdzięczni za pomoc w ustaleniu nazwisk osób z kręgu pracowników Stawiska. Serdeczne podziękowania pragniemy złożyć profesor Elżbiecie Tarnawskiej za informacje dotyczące Sabiny Iwaszkiewicz i jej rodziny, profesorowi Leonardowi Neugerowi z Uniwersytetu Sztokholmskiego za pomoc w skonstruowaniu biogramów Gunnara Gunnarssona i Nilsa Åke Nilssona, a także profesorowi Krzysztofowi Arczewskiemu z Politechniki Warszawskiej za informacje na temat Mieczysława Pietraszka. Pani Beacie Brzywczy, dyrektor Biura Spraw Osobowych i Szkolenia MSZ, oraz panu Jackowi Iwanowskiemu z archiwum MSZ dziękujemy za udzielenie informacji związanych z występującymi w *Dziennikach* dyplomatami PRL. Podziękowania za wspieranie nas pomocą i wiedzą przy opracowaniu tekstu i przypisów zechcą przyjąć również: pani Anna Romaniuk, pan Tomasz Łubieński, pan Piotr Lachmann, pan Jerzy Krzemiński, pan Włodzimierz Olszaniec, a także pan Daniel Reniszewski z Muzeum-Zamku w Łańcucie oraz pan Michał Michalski, który udzielił nam informacji dotyczących drzewa genealogicznego rodziny Iwaszkiewiczów.
Panu Tomaszowi Wroczyńskiemu, prodziekanowi Wydziału Polonistyki

Uniwersytetu Warszawskiego, serdecznie dziękujemy za udział w pierwszej fazie prac nad częścią niniejszej edycji.

Szczególne wyrazy wdzięczności kierujemy pod adresem profesora Andrzeja Gronczewskiego, który patronował naszym pracom edytorskim, stale wspierając nas swoją rozległą erudycją i cennymi radami.

Słowa podziękowań należą się także pani redaktor Biance Dziadkiewicz z SW „Czytelnik", której wnikliwe uwagi pomogły nam w końcowej fazie pracy.

Agnieszka Papieska, Robert Papieski, Radosław Romaniuk

Indeks osób

621

623

635

Spis ilustracji

Nekrolog Jerzego Błeszyńskiego. Ze zbiorów Muzeum im. Anny i Jarosława Iwaszkiewiczów w Stawisku (dalej: Muzeum w Stawisku).

Jarosław Iwaszkiewicz z wnuczką Magdusią w Stawisku, ok. 1957. Fot. Archiwum Muzeum w Stawisku/FOTONOVA.

Anna i Jarosław Iwaszkiewiczowie w Kalniku na Ukrainie, w środku gospodarz Sienkiewicz, który znał ojca Iwaszkiewicza, 1958. Fot. Archiwum Muzeum w Stawisku/FOTONOVA.

Artur Rubinstein z Jarosławem Iwaszkiewiczem podczas przyjęcia w Stawisku, 4 czerwca 1958. Fot. Archiwum Muzeum w Stawisku/FOTONOVA.

Premier NRD Otto Grotewohl i Jarosław Iwaszkiewicz jako przewodniczący delegacji Ogólnopolskiego Komitetu Obrońców Pokoju, Berlin, kwiecień 1959. Fot. Archiwum Muzeum w Stawisku/FOTONOVA.

Ołeksandr Kornijczuk, Jarosław Iwaszkiewicz i Nikita Chruszczow podczas III Zjazdu Pisarzy Związku Radzieckiego w Moskwie, Kreml, 23 maja 1959. Fot. Archiwum Muzeum w Stawisku/FOTONOVA.

Jarosław Iwaszkiewicz, Stawisko, lata 60. Fot. Archiwum Muzeum w Stawisku/FOTONOVA.

Od lewej stoją: NN, Władimir Ogniew, Jarosław Iwaszkiewicz i Wiktor Borysow, Moskwa, kwiecień 1961. Fot. FOTONOVA.

Jarosław Iwaszkiewicz w Stawisku z psem Kasią, ok. 1962. Fot. Wiesław Kępiński.

Z Jarosławem Iwaszkiewiczem stoją od lewej: Wanda Bogatyńska, Magdalena Markowska, Magdalena Kępińska, Jan Wołosiuk i Anna Włodek, Stawisko, 1961 lub 1962. Fot. Archiwum Muzeum w Stawisku/FOTONOVA.

Julian Stryjkowski i Jarosław Iwaszkiewicz, Kraków, lipiec 1963. Fot. Wiesław Kępiński, Archiwum Muzeum w Stawisku/FOTONOVA.

Anna Baranowska, Jarosław Iwaszkiewicz i Jerzy Lisowski, Kraków, lipiec 1963. Fot. Wiesław Kępiński.

Od lewej siedzą: Wiktor Borysow, John Steinbeck, Jarosław Iwaszkiewicz i Czesław Centkiewicz – podczas spotkania autorskiego Steinbecka w Warszawie, listopad 1963. Fot. Archiwum Muzeum w Stawisku/FOTONOVA.

Na oklejce: fragment zdjęcia przedstawiającego Artura Rubinsteina z Jarosławem Iwaszkiewiczem podczas przyjęcia w Stawisku, 4 czerwca 1958. Fot. Archiwum Muzeum w Stawisku/FOTONOVA.

Spis treści

Spółdzielnia Wydawnicza „Czytelnik"
ul. Wiejska 12a, 00-490 Warszawa
Warszawa 2010. Wydanie I (dodruk)
Ark. wyd. 39,2; ark. druk. 41,5+0,5
Skład: WMC SC, Warszawa
Druk i oprawa: Drukarnia Wydawnicza
im. W.L. Anczyca SA, Kraków